Polizei- und Ordnungsrecht

Polizei- und Ordnungsrecht

Polizei- und Ordnungsrecht
Verwaltungsvollstreckungsrecht
Versammlungsrecht

von

Prof. Dr. jur. Rolf Schmidt

Hochschule für Angewandte Wissenschaften
Hamburg

21. Auflage 2020

Schmidt, Rolf: Polizei- und Ordnungsrecht
21. völlig neu bearbeitete und aktualisierte Auflage – Grasberg bei Bremen 2020
ISBN 978-3-86651-237-5; Preis 23,80 EUR

© Copyright 2020: Dieses Buch ist urheberrechtlich geschützt. Die dadurch begründeten Rechte, insbesondere die des Nachdrucks, der Entnahme von Abbildungen und Prüfungsschemata, der Wiedergabe auf photomechanischem oder ähnlichem Wege und der Speicherung in Datenverarbeitungsanlagen bleiben, auch bei nur partieller Verwertung, dem Verlag Dr. Rolf Schmidt GmbH vorbehalten.

Autor: Prof. Dr. Rolf Schmidt c/o Verlag Dr. Rolf Schmidt GmbH
Druck: Pinkvoss GmbH, 30519 Hannover
Verlag: Dr. Rolf Schmidt GmbH, Wörpedorfer Ring 40, 28879 Grasberg bei Bremen; Tel. (04208) 895299; Fax (04208) 895308; www.verlag-rolf-schmidt.de; E-Mail: info@verlag-rolf-schmidt.de

Für Verbraucher erfolgt der deutschlandweite Bezug über den Verlag versandkostenfrei.

Vorwort

Gegenstand dieses Buches ist zunächst das **Polizei- und Ordnungsrecht** einschließlich des **Vollstreckungsrechts**. Wegen der damit verbundenen erhöhten Grundrechtsrelevanz gehören die beiden Materien zu Recht in allen Bundesländern zum Kernbereich des Curriculums. Fundierte Kenntnisse sind daher unabdingbar.

Von nicht weniger großer Bedeutung ist das **Versammlungsrecht**, weil es für den Bürger oft das einzige Mittel ist, sich im Kollektiv an der öffentlichen Meinungsbildung zu beteiligen und sich insbesondere für andere wahrnehmbar zu politischen Themen zu äußern. Sich friedlich und ohne Waffen zu versammeln ist ein wesentliches Element einer demokratischen Gesellschaftsform. Die Bedeutung des Versammlungsrechts spiegelt sich folgerichtig in der Prüfungs- und Examensrelevanz wider, weswegen das Versammlungsrecht ebenfalls Gegenstand dieses Buches ist.

Die vorliegende 21. Auflage befindet sich auf dem Stand von März 2020 und berücksichtigt zunächst die polizeigesetzlichen Neuregelungen. Daneben galt es, die seit der letzten Auflage ergangene Rechtsprechung einzupflegen, namentlich:

- BVerfG NJW 2019, 1432 (Grundsatz der Verhältnismäßigkeit)
- BVerfG NJW 2019, 584 (E-Mail-Anbieter muss IP-Adressen temporär speichern und den Strafverfolgungsbehörden nennen)
- BVerfG NVwZ 2020, 220 (Subdelegierte Verordnung)
- BVerfG NJW 2019, 827 (Automatisierte Kennzeichenerfassung)
- BVerfG 26.2.2020 – 2 BvR 2347/15 (Geschäftsmäßige Förderung der Selbsttötung)
- BVerfG NVwZ 2020, 63 („Recht auf Vergessenwerden II")
- BVerwG NVwZ 2019, 1281 (Durchsetzung einer versammlungsrechtlichen Verfügung auf der Grundlage allgemeinen Polizeirechts)
- OVG Lüneburg NZV 2020, 145 (Section Control)
- OVG Münster K&R 2019, 824 (Übersichtsaufzeichnungen von einer Versammlung)
- VGH Mannheim 22.2.2020 – 1 S 560/20 (Fackel-Mahnwache in Pforzheim)
- VGH Mannheim 18.12.2019 – 1 S 2382/19 (Erkennungsdienstliche Maßnahmen)
- OLG Frankfurt/M NStZ-RR 2020, 56 (Kein Einsatz von privaten Dienstleistern zur Überwachung des ruhenden Verkehrs)
- OLG Köln 5.2.2020 – III-1 RBs 27/20 (Auch Fernbedienung für Navigationsgerät unterfällt § 23 Ib StVO)
- OLG Frankfurt/M NStZ-RR 2020, 53 und LG Frankfurt/M 27.11.2019 – 2 Ss-OWi 1092/1 (Gesetzeswidrige Verkehrsüberwachung durch private Dienstleister)

Allen Kapiteln ist gemeinsam, dass zur Konkretisierung und Veranschaulichung zahlreiche Beispielsfälle mit Lösungsvorschlägen aufgenommen wurden. Zudem werden durch Zusammenfassungen, Prüfungsschemata, hervorgehobene Lerndefinitionen und Klausurhinweise das Lernen und die Examensvorbereitung deutlich erleichtert.

Mein Mitarbeiter, Herr Marc Bieber, hat zuverlässig Korrektur gelesen. Dafür danke ich ihm sehr herzlich.

Kritik und Verbesserungsvorschläge sind weiterhin willkommen und werden unter *verlagrs@aol.com* erbeten.

Hamburg, im März 2020   *Prof. Dr. jur. Rolf Schmidt*

Inhaltsverzeichnis

1. Kapitel - Einführung in das Gefahrenabwehrrecht 1
A. Gegenstand der Bearbeitung 1
B. Die geschichtliche Entwicklung des Polizeirechts 2
C. Einheits- und Trennungssystem 5
D. Gesetzgebungs- und Verwaltungskompetenzen 6
E. Sonderordnungsbehörden, Ordnungsbehörden, Vollzugspolizei 14
F. Musterentwurf eines einheitlichen Polizeigesetzes 16
G. Allgemeine Aufgaben der Polizei; Zuständigkeiten 18
H. Trennung von Aufgaben und Befugnissen 22
I. Subsidiarität polizeilichen Handelns/Privatrechtsklauseln 25
J. Vollzugshilfe 29
K. Übertragung von Aufgaben und Befugnissen durch andere Rechtsvorschriften 31
 I. Aufgabe der Strafverfolgung 32
  1. Doppelfunktionalität der Polizei 33
  2. Doppelfunktionale Maßnahmen der Polizei 34
 II. Aufgabe der Ordnungswidrigkeitenahndung 40
 III. Aufgabe der Straßenverkehrsüberwachung 43
L. Hoheitliche Aufgabenerfüllung und private Sicherheitsdienste 43

2. Kapitel - Prüfung einer Gefahrenabwehrmaßnahme 49
A. Problemkreise/Ebenen der Prüfung 49
B. Prüfungsschema in Bezug auf eine Gefahrenabwehrmaßnahme ... 51
C. Rechtsschutz 52

3. Kapitel - Polizeiliche Befugnisse nach den Polizeigesetzen 54
A. Eingriff in Grundrechte/Erfordernis einer Rechtsgrundlage 54
 I. Spezialgesetzliche Eingriffsermächtigung 55
 II. Präventivpolizeiliche Standardmaßnahmen 56
  1. Anwendungsvorrang vor der Befugnisgeneralklausel 56
  2. Rechtsnatur und Einteilung der Standardmaßnahmen 57
  3. Maßnahmen der Informationsbeschaffung und -verwertung ... 60
   a. Eingriff in das allgemeine Persönlichkeitsrecht 60
   b. Allgemeine Regeln der Datenerhebung; Ausweispflicht von Bediensteten ... 67
   c. Einzelne Befugnisse 69
    aa. Offene Bild- und Tonaufzeichnung; Videoüberwachung 70
     a.) Videoüberwachung öffentlicher Veranstaltungen und Ansammlungen 70
     b.) Videoüberwachung öffentlicher Flächen 72
     c.) Offene Bildaufzeichnung zur Eigensicherung 77

        d.) Einsatz von Kennzeichenlesesystemen bei Verkehrskontrollen 79
        e.) Rechtsschutz 85
    bb. Befragung 86
        a.) Formelle Rechtmäßigkeit 86
        b.) Materielle Rechtmäßigkeit 87
            aa.) Befragung i.e.S. 87
            bb.) Personenkontrollen im öffentlichen Verkehrsraum 90
            cc.) Rechtsschutz 92
    cc. Prüfung von Berechtigungsscheinen 93
    dd. Identitätsfeststellung (IDF) 95
    ee. Erkennungsdienstliche Maßnahmen 106
    ff. Verdeckte Datenerhebung durch besondere Mittel 114
        a.) Längerfristige Observation 115
        b.) Großer Lauschangriff 118
        c.) Verdeckter Einsatz technischer Mittel zur Anfertigung von
            Bildaufnahmen und -aufzeichnungen 126
        d.) Telekommunikationsüberwachung (TKÜ) 128
        e.) Online-Durchsuchung von Computern 138
        f.) Quellen-Telekommunikationsüberwachung („Quellen-TKÜ") 146
        g.) Erhebung und Speicherung von Verkehrsdaten 149
        h.) Einsatz von Vertrauenspersonen (V-Leuten) 158
        i.) Einsatz von verdeckten Ermittlern („VE") 158
        j.) Polizeiliche Beobachtung („PB") bzw. Ausschreibung 161
    gg. Generalklausel zur Datenerhebung 163
d. Umgang mit Daten 166
    aa. Speicherung, Übermittlung, Kennzeichnung 166
    bb. Zweckbindung der erlangten Daten 167
    cc. Datenabgleich, Rasterfahndung und Datenanalyse 170
    dd. Übermittlung von Daten 182
    ee. Verwertbarkeit rechtswidrig erhobener Daten 183
    ff. Löschung, Berichtigung und Sperrung von Daten 184
    gg. Benachrichtigungspflichten 184
4. Einschränkungen der räumlichen Bewegungsfreiheit 185
    a. Vorladung 185
    b. Kurzfristige Platzverweisung 189
    c. Betretungs- und Aufenthaltsverbote 193
    d. Wohnungsverweisung und Rückkehrverbot zum Schutz vor
        häuslicher Gewalt 197
    e. Ingewahrsamnahme (Festnahme) von Personen 202

f. Aufenthaltsvorgabe und Kontaktverbot 218
  g. Elektronische Aufenthaltsüberwachung 218
 5. Durchsuchungen und Sicherstellungen 220
  a. Durchsuchung von Personen 220
  b. Durchsuchung von Sachen 226
  c. Betreten und Durchsuchen von Wohnungen 231
  d. Sicherstellung (bzw. Beschlagnahme) von Sachen 248
 6. Gefährderansprachen/Gefährderanschreiben und Meldeauflagen 264
 7. Zusammenfassung und Abgrenzung zur Befugnisgeneralklausel 267
 III. Befugnisgeneralklausel 269
 1. Erfordernis einer generalklauselartigen Ermächtigung 269
 2. Vereinbarkeit der Generalklausel mit dem Bestimmtheitsgrundsatz 270
B. Formelle Rechtmäßigkeit einer Gefahrenabwehrmaßnahme 272
 I. Zuständigkeit der Gefahrenabwehrbehörde 272
 II. Verfahren/Form/Begründung 275
 1. Allgemeine Verfahrensvorschriften, insbesondere Anhörung 275
 2. Besondere Verfahrensvorschriften 275
 3. Form und Begründung 276
C. Materielle Rechtmäßigkeit der Gefahrenabwehrmaßnahme 278
 I. Voraussetzungen der Rechtsgrundlage 278
 1. Gefahr für ein Schutzgut der öffentlichen Sicherheit (oder Ordnung) 278
  a. Schutzgut „öffentliche Sicherheit" 280
   aa. Unverletzlichkeit der Rechtsordnung 280
   bb. Unverletzlichkeit der subjektiven Rechte u. Rechtsgüter des Einzelnen ... 282
   cc. Bestand des Staates und der Einrichtungen und Veranstaltungen des
       Staates oder sonstiger Träger der Hoheitsgewalt 283
  b. Schutzgut „öffentliche Ordnung" 284
  c. Gefahr eines Schadenseintritts 292
   aa. Gefahrenbegriffe 292
    a.) „Einfache" (konkrete und abstrakte) Gefahr 292
    b.) Gegenwärtige Gefahr 294
    c.) Erhebliche Gefahr 294
    d.) Gefahr für Leib oder Leben 295
    e.) Gemeine Gefahr 295
    f.) Dringende Gefahr 295
    g.) Drohende Gefahr 296
    h.) Gefahr im Verzug 299
    i.) Latente Gefahr 300
   bb. Störung und Schaden 301

- a.) Störung als realisierte Gefahr 301
- b.) Schaden 301
- cc. Gefahrenlagen 301
  - a.) Objektive Gefahrenlage 301
  - b.) Subjektive Gefahrenlage (Anscheinsgefahr; Scheingefahr) 302
    - aa.) Anscheinsgefahr 302
    - bb.) Putativgefahr (Scheingefahr) 306
  - c.) Gefahrenverdacht (Verdachtsgefahr) 306
- 2. Konsequenzen einer nicht vorliegenden Gefahrenlage für die Falllösung 310

II. Einhaltung des Ermessensspielraums 312
1. Rechtsnatur des Ermessens; Opportunitätsprinzip 312
2. Entschließungsermessen; Auswahlermessen 313
   - a. Entschließungsermessen (Einschreitermessen) 315
   - b. Auswahlermessen 315
3. Ermessensgrenzen und Ermessensfehler 316
   - a. Ermessensmangel (-nichtgebrauch; -unterschreitung) 316
   - b. Ermessensüberschreitung 317
   - c. Ermessensfehlgebrauch (Ermessensmissbrauch) 318
   - d. Antizipiertes Ermessen auch im Gefahrenabwehrrecht? 318
4. Ermessensreduzierung auf Null 319

III. Beachtung des Grundsatzes der Verhältnismäßigkeit 323
1. Verfassungsrechtliche Grundlagen 323
2. Komponenten des Verhältnismäßigkeitsgrundsatzes 323
   - a. Der legitime Zweck der Gefahrenabwehrmaßnahme 323
   - b. Geeignetheit der Gefahrenabwehrmaßnahme 324
   - c. Erforderlichkeit der Gefahrenabwehrmaßnahme 325
   - d. Die Angemessenheit der Gefahrenabwehrmaßnahme 327
3. Zeitliche Grenzen des Verhältnismäßigkeitsgrundsatzes 328

IV. Polizeirechtlich Verantwortliche (Störer) 329
1. Übersicht über die Polizeipflichtigkeit 329
2. Verhaltensverantwortlichkeit und Zustandsverantwortlichkeit 330
3. Als Störer in Betracht kommende Personen/Personengruppen 331
   - a. Verhaltensverantwortlichkeit 333
     - aa. Das Verhalten als Anknüpfungspunkt für die Inanspruchnahme 333
     - bb. Der polizeirechtliche Verursacherbegriff 334
     - cc. Mehrheit von Verantwortlichen 336
   - b. Objektiv nicht gegebene Verantwortlichkeit 337
     - aa. Anscheinsstörer 337
     - bb. Scheinstörer (Putativstörer) 338

        cc. Verdachtsstörer 338
      c. Minderjährige Verantwortliche 339
    4. Zusatzverantwortlichkeit gegenüber Aufsichtsbedürftigen 339
    5. Zusatzverantwortlichkeit gegenüber Verrichtungsgehilfen 340
    6. Zustandsverantwortlichkeit 342
    7. Begrenzungen der Verantwortlichkeit 349
    8. Rechtsnachfolge in polizeiliche Pflichten 349
    9. Mehrheit von Verantwortlichen (Störermehrheit) 350
    10. Ende der Polizeipflichtigkeit/Rechtsnachfolge 355
  V. Inanspruchnahme Nichtverantwortlicher („polizeilicher Notstand") 356
    1. Einführung in die Problematik 356
    2. Voraussetzungen 357
      a. Gegenwärtige erhebliche Gefahr 357
      b. Vorrangigkeit der Heranziehung des Störers 358
      c. Vorrangigkeit behördeneigener Mittel 359
      d. Keine Inanspruchnahme des Nichtstörers bei dessen erheblicher eigener Gefährdung und bei Verletzung höherwertiger Pflichten 361
    3. Folgen einer Inanspruchnahme des Nichtstörers 361
D. Gefahrenabwehr außerhalb der Rechtsform des Verwaltungsakts 362
  I. Abgrenzung zum Verwaltungsakt 362
  II. Rechtmäßigkeitsvoraussetzungen 362
  III. Öffentliche Warnungen 363
E. Rechtsverordnungen (Gefahrenabwehrverordnungen) 364
  I. Rechtsnatur und Bedeutung 364
  II. Ermächtigungsgrundlage 366
  III. Formelle Rechtmäßigkeit 366
  IV. Materielle Rechtmäßigkeit 366
  V. Die Rechtswidrigkeit der Polizeiverordnung und ihre Folgen 368
  VI. Rechtsschutz gegen rechtswidrige Polizeiverordnungen 368
F. Rechtsnachfolge in polizeirechtliche Pflichten 369
G. Verwaltungsvollstreckung 372
  I. Form und Funktion der Verwaltungsvollstreckung 372
  II. Rechtsgrundlagen für die Anwendung von Zwang 373
  III. Allgemeine Voraussetzungen der Vollstreckung 374
  IV. Zwangsmittel 376
    1. Zwangsgeld und Zwangshaft 376
    2. Ersatzvornahme 377
    3. Unmittelbarer Zwang 378
  V. Rechtmäßigkeit des Verwaltungszwangs im gestreckten Verfahren 381

    1. Allgemeine Voraussetzungen 381
    2. Das Zwangsverfahren... 387
        a. Androhung des Zwangsmittels 387
        b. Festsetzung des Zwangsmittels 388
        c. Anwendung des Zwangsmittels.. 389
    3. Abschlussfall 390
  VI. Rechtmäßigkeit des Verwaltungszwangs im gekürzten Verfahren 392
    1. Sofortvollzug vs. unmittelbare Ausführung 392
    2. Rechtmäßigkeitsvoraussetzungen... 393
    3. Schusswaffengebrauch durch den Polizeivollzugsdienst...................... 395
    4. Rechtsschutz gegen Zwangsmittel im Sofortvollzug 395
  VII. Insbesondere: Unmittelbarer Zwang 399
    1. Begriff und Bedeutung.. 399
    2. Androhung.. 400
    3. Anwendung des Zwangsmittels, insbesondere Schusswaffengebrauch............ 402
    4. Abschlussfall 406
H. Kosten und Ersatzansprüche 407
  I. Die Kostentragung der Gefahrenabwehr 407
  II. Kostenersatzansprüche der Verwaltung... 409
  III. Entschädigungs- und Schadensersatzansprüche des Adressaten................. 414
I. Abschleppen verbotswidrig abgestellter Kfz 419

4. Kapitel – Versammlungsrecht 432

A. Einführung 432
B. Begriff der Versammlung 438
C. Beschränkungen der Versammlungsfreiheit 453
D. Rechtfertigung von Beschränkungen auf der Grundlage des VersG 455
  I. Öffentliche Versammlungen 456
    1. Öffentliche Versammlungen unter freiem Himmel 457
        a. Grundrechtsschutz unter dem Gesetzesvorbehalt des Art. 8 II GG 457
            aa. Das Versammlungsgesetz als spezialgesetzliche Regelungsmaterie 457
            bb. Anmeldepflicht nach § 14 I VersG; Spontan- und Eilversammlungen 459
            cc. Formelle Rechtmäßigkeit versammlungsrechtlicher Maßnahmen............. 461
            dd. Materielle Rechtmäßigkeit versammlungsrechtlicher Maßnahmen........... 462
        b. Bannmeilen und befriedete Bezirke 485
    2. Öffentliche Versammlungen in geschlossenen Räumen 486
  II. Nichtöffentliche Versammlungen 491

Abkürzungsverzeichnis

a.A.	anderer Ansicht
a.a.O.	am angegebenen Ort
abl.	ablehnend (-e, -er)
Abl	Amtsblatt
Abs.	Absatz
AEUV	Vertrag über die Arbeitsweise der EU (davor: EG)
a.F.	alte(r) Fassung
AG	Aktiengesellschaft; Ausführungsgesetz
AGVwGO	Ausführungsgesetz zur Verwaltungsgerichtsordnung
allg.	allgemein (-e, -er)
Alt.	Alternative
Anm.	Anmerkung
AO	Abgabenordnung
AöR	Archiv des öffentlichen Rechts (zitiert nach Bänden und Jahrgang)
Art.	Artikel
ASOG	Allgemeines Sicherheits- und Ordnungsgesetz
AsylG	Asylgesetz
ATDG	Antiterrordateigesetz
Aufl.	Auflage
AufenthG	Aufenthaltsgesetz
BauGB	Baugesetzbuch
Bay	Bayern
BayObLG	Bayerisches Oberstes Landesgericht
BayPAG	Gesetz über die Aufgaben und Befugnisse der Bayerischen Staatlichen Polizei
BayVBl	Bayerische Verwaltungsblätter
BayVerfGH	Bayerischer Verfassungsgerichtshof
BayVGH	Bayerischer Verwaltungsgerichtshof
BB	Der Betriebs-Berater (Zeitschrift)
BBodSchG	Bundesbodenschutzgesetz
BDSG	Bundesdatenschutzgesetz
BeamtStG	Beamtenstatusgesetz
BefBezG	Gesetz über befriedete Bezirke für Verfassungsorgane des Bundes
Berl.	Berlin
BerlASOG	Allg. Gesetz zum Schutze der öffentlichen Sicherheit oder Ordnung in Berlin
BFH	Bundesfinanzhof
BGB	Bürgerliches Gesetzbuch
BGBl	Bundesgesetzblatt
BGH	Bundesgerichtshof
BGHZ	Entscheidungen des Bundesgerichtshofes in Zivilsachen
BImSchG	Bundesimmissionsschutzgesetz
BImSchVO	Bundesimmissionsschutzverordnung
BJagdG	Bundesjagdgesetz
BKA	Bundeskriminalamt
BKAG	Gesetz über das Bundeskriminalamt
BNDG	Gesetz über den Bundesnachrichtendienst
BPolG	Bundespolizeigesetz
BR	Bundesrat
Brand.	Brandenburg, brandenburgisch
Brem	Bremen, bremisch
BremGebBeitrG	Bremisches Gebühren- und Beitragsgesetz
BremGVG	Bremisches Gesetz über die Vollstreckung von Geldforderungen im Verwaltungswege
BremPolG	Bremisches Polizeigesetz
bspw.	beispielsweise
BtMG	Betäubungsmittelgesetz
BVerfG	Bundesverfassungsgericht
BVerfGE	Entscheidungssammlung des Bundesverfassungsgerichts
BVerfGG	Gesetz über das Bundesverfassungsgericht
BVerfSchG	Gesetz über den Bundesverfassungsschutz
BVerwG	Bundesverwaltungsgericht
BVerwGE	Entscheidungssammlung des Bundesverwaltungsgerichts
BW	Baden-Württemberg, baden-württembergisch
BWVBl	Baden-Württembergische Verwaltungsblätter

CR		Computer und Recht (Zeitschrift)
DAR		Deutsches Autorecht (Zeitschrift)
DB		Der Betrieb (Zeitschrift)
ders.		derselbe
DÖV		Die Öffentliche Verwaltung (Zeitschrift)
DSG		Datenschutzgesetz
DSGVO		Datenschutz-Grundverordnung der EU
DV		Die Verwaltung (Zeitschrift)
DVBl		Deutsches Verwaltungsblatt (Zeitschrift)
EDV		Elektronische Datenverarbeitung
EG		Europäische Gemeinschaft(en)
EG		Vertrag zur Gründung der Europäischen Gemeinschaft in der seit dem 1.5.1999 vom EuGH benutzten Zitierweise (davor: EGV; nunmehr: AEUV)
EGGVG		Einführungsgesetz zum Gerichtsverfassungsgesetz
EGMR		Europäischer Gerichtshof für Menschenrechte
EGStGB		Einführungsgesetz zum Strafgesetzbuch
EGStPO		Einführungsgesetz zur Strafprozessordnung
EinlPrALR		Einleitung des Preußischen Allgemeinen Landrechts
EMRK		Europäische Menschenrechtskonvention
EU		Europäische Union
EuGH		Gerichtshof der Europäischen Gemeinschaften
f.		folgende(r/s)
FahrlehrerG		Fahrlehrergesetz
FamFG		Gesetz über das Verfahren in Familiensachen und in Angelegenheiten der freiwilligen Gerichtsbarkeit (früher: FGG)
FeV		Fahrerlaubnisverordnung
ff.		fortfolgende
Fn.		Fußnote
Fs/Fs.		Festschrift
FVG		Finanzverwaltungsgesetz
FZV		Fahrzeugzulassungsverordnung
G		Gesetz
G 10		Gesetz zur Beschränkung des Brief-, Post- und Fernmeldegeheimnisses
GastG		Gaststättengesetz des Bundes
GewArch		Gewerbearchiv
GewO		Gewerbeordnung
GewSchG		Gewaltschutzgesetz
GG		Grundgesetz
GmbH		Gesellschaft mit beschränkter Haftung
GVG		Gerichtsverfassungsgesetz
Hamb.		Freie und Hansestadt Hamburg, hamburgisch
HmbFAnG		Hamburgisches Fischerei- und Angelgesetz
HmbPolDVG		Hamburgisches Gesetz über die Datenverarbeitung der Polizei
HmbSOG		Hamburgisches Gesetz zum Schutz der öffentlichen Sicherheit und Ordnung
Halbs.		Halbsatz
HandwO		Handwerksordnung
HdbStR		Handbuch des Staatsrechts, herausgegeben von Isensee/Kirchhof, 3. Auflage 2003 ff.
Hess.		Hessen, hessisch
HessSOG		Hessisches Gesetz über die öffentliche Sicherheit oder Ordnung
h.L.		herrschende Lehre
h.M.		herrschende Meinung
i.d.F.		in der Fassung
i.S.e.		im Sinne eine (r) oder (s)
i.V.m.		in Verbindung mit
InfSchG		Infektionsschutzgesetz
JA		Juristische Arbeitsblätter (Zeitschrift)
JöR		Jahrbuch des Öffentlichen Rechts der Gegenwart
JR		Juristische Rundschau (Zeitschrift)
JuSchG		Jugendschutzgesetz

Jura	Juristische Ausbildung (Zeitschrift)
JuS	Juristische Schulung (Zeitschrift)
JZ	Juristenzeitung (Zeitschrift)
KrWG	Kreislaufwirtschaftsgesetz
KUG	Kunsturhebergesetz
LadenschlussG	Gesetz über den Ladenschluss
LBO	Landesbauordnung
LDSG	Landesdatenschutzgesetz
LFGB	Lebensmittel-, Bedarfsgegenstände- und Futtermittelgesetzbuch
Lit.	Literatur
LKRZ	Zeitschrift für Landes- und Kommunalrecht Hessen – Rheinland-Pfalz – Saarland
LS, Ls.	Leitsatz
LStVG	Landesstraf- und Verordnungsgesetz
LuftSiG	Luftsicherheitsgesetz
LuftVG	Luftverkehrsgesetz
LuftVO	Luftverkehrsordnung
LVwG	Landesverwaltungsgesetz
LVwVG	Landesverwaltungsvollstreckungsgesetz
MADG	Gesetz über den militärischen Abschirmdienst
MarkenG	Markengesetz
MDR	Monatsschrift des Deutschen Rechts (Zeitschrift)
MeckVor	Mecklenburg-Vorpommern, mecklenburg-vorpommerisch
MEPolG	Musterentwurf eines einheitlichen Polizeigesetzes des Bundes und der Länder
m.w.N.	mit weiteren Nachweisen
Nds.	Niedersachsen, niedersächsisch
NdsPOG	Niedersächsisches Polizei- und Ordnungsbehördengesetz
n.F.	neue Fassung, neue Folge
NJ	Neue Justiz (Zeitschrift)
NJW	Neue Juristische Wochenschrift (Zeitschrift)
NRW	Nordrhein-Westfalen, nordrhein-westfälisch
NRWPolG	Polizeigesetz des Landes Nordrhein-Westfalen
NuR	Natur und Recht (Zeitschrift)
NVwZ	Neue Zeitschrift für Verwaltungsrecht
NVwZ-RR	NVwZ-Rechtsprechungs-Report
NWVBl	Nordrhein-Westfälische Verwaltungsblätter (Zeitschrift)
NZV	Neue Zeitschrift für Verkehrsrecht
OBG	Ordnungsbehördengesetz
OLG	Oberlandesgericht
OVG	Oberverwaltungsgericht
OVGE	Rechtsprechungssammlung der Oberverwaltungsgerichte Münster und Lüneburg
OWiG	Gesetz über Ordnungswidrigkeiten
PAG	Polizeiaufgabengesetz
PassG	Passgesetz
PBefG	Personenbeförderungsgesetz
PBG	Polizeibehördengesetz
PersAuswG	Personalausweisgesetz
POG	Polizeiorganisationsgesetz
PolG	Polizeigesetz
PolKV	Polizeikostenverordnung
POR	allgemeines Polizei- und Ordnungsrecht
PreußPVG	Preußisches Polizeiverwaltungsgesetz
ProdSG	Produktsicherheitsgesetz
PsychKG	Gesetz über Hilfen und Schutzmaßnahmen bei psychischen Krankheiten
PVDG	Polizeivollzugsdienstgesetz
RhlPfl.	Rheinland-Pfalz, rheinland-pfälzisch
RhlPflPOG	Polizei- und Ordnungsbehördengesetz von Rheinland-Pfalz
Rn	Randnummer
Rspr.	Rechtsprechung
S.	Satz, Seite, siehe
Saarl.	Saarland, saarländisch

SaarlPolG	Saarländisches Polizeigesetz
Sachs.	Freistaat Sachsen
Sächs	sächsisch
SachsAnhSOG	Gesetz über die öffentliche Sicherheit oder Ordnung des Landes Sachsen-Anhalt
SächsDSG	Sächsisches Datenschutzgesetz
SächsPVDG	Sächsisches Polizeivollzugsdienstgesetz
SchlHolst.	Schleswig-Holstein, schleswig-holsteinisch
SchlHolstLVwG	Allgemeines Verwaltungsgesetz für das Land Schleswig-Holstein
SG	Sozialgericht
s.o./u.	siehe oben/unten
SOG	Gesetz über die öffentliche Sicherheit oder Ordnung
SprengstoffG	Sprengstoffgesetz
st. Rspr.	ständige Rechtsprechung
StGB	Strafgesetzbuch
StGH	Staatsgerichtshof
StPO	Strafprozessordnung
StVG	Straßenverkehrsgesetz
StVO	Straßenverkehrsordnung
StVollzG	Strafvollzugsgesetz
StVZO	Straßenverkehrs-Zulassungsordnung
Thür.	Thüringen
ThürOBG	Thüringer Gesetz über die Aufgaben und Befugnisse der Ordnungsbehörden
ThürPAG	Thüringer Gesetz über die Aufgaben und Befugnisse der Polizei
ThürVBl	Thüringische Verwaltungsblätter
TierGesG	Tiergesundheitsgesetz (vormals: Tierseuchengesetz)
TierSchG	Tierschutzgesetz
TKG	Telekommunikationsgesetz
TKÜ	Telekommunikationsüberwachung
UWG	Gesetz gegen den unlauteren Wettbewerb
UZwG	Gesetz über den unmittelbaren Zwang bei Ausübung öffentlicher Gewalt durch Vollzugsbeamte des Bundes
UZwGBW	Gesetz über die Anwendung unmittelbaren Zwangs und die Ausübung besonderer Befugnisse durch Soldaten der Bundeswehr und zivile Wachpersonen
VereinsG	Gesetz zur Regelung des öffentlichen Vereinsrechts
VerfGH	Verfassungsgerichtshof
VersG	Versammlungsgesetz
VerwArch	Verwaltungsarchiv (zitiert nach Bänden und Jahrgang)
VerwR	Verwaltungsrecht
VG	Verwaltungsgericht
VGH	Verwaltungsgerichtshof
vgl.	vergleiche
VollstrKO	Kostenordnung zum Verwaltungsvollstreckungsgesetz
VR	Verwaltungsrundschau (Zeitschrift)
VwGO	Verwaltungsgerichtsordnung
VwVfG	Verwaltungsverfahrensgesetz
VwVG	Verwaltungsvollstreckungsgesetz
VwZG	Verwaltungszustellungsgesetz
VwZVG	Verwaltungszustellungs- und Vollstreckungsgesetz
WaffG	Waffengesetz
WaStrG	Bundeswasserstraßengesetz
WBO	Wehrbeschwerdeordnung
WHG	Wasserhaushaltsgesetz
WRV	Weimarer Reichsverfassung
ZPO	Zivilprozessordnung
ZollVG	Zollverwaltungsgesetz
ZRP	Zeitschrift für Rechtspolitik
zust.	zustimmend (-e, -er)

Lehrbücher, Grundrisse und Kommentare

Dietel, Alfred/Gintzel, Kurt/Kniesel, Michael: Versammlungsgesetze, 18. Auflage 2019
Erbguth, Wilfried/Mann, Thomas/Schubert, Mathias: Besonderes Verwaltungsrecht, 13. Auflage 2020
Götz, Volkmar/Geis, Max-Emanuel: Allgemeines Polizei- und Ordnungsrecht, 16. Auflage 2017
Gusy, Christoph: Polizei- und Ordnungsrecht, 10. Auflage 2017
Hartmann, Arthur/Schmidt, Rolf: Strafprozessrecht, 7. Auflage 2018
Kingreen, Thorsten/Poscher, Ralf: Grundrechte, 35. Auflage 2019
Kingreen, Thorsten/Poscher, Ralf: Polizei- und Ordnungsrecht, 10. Auflage 2018
Knemeyer, Franz-Ludwig: Polizei- und Ordnungsrecht, 11. Auflage 2007
Kugelmann, Dieter: Polizei- und Ordnungsrecht, 2. Auflage 2012
Lisken, Hans/Denninger, Erhard: Handbuch des Polizeirechts, 6. Auflage 2018
Maurer, Hartmut/Waldhoff, Christian: Allgemeines Verwaltungsrecht, 19. Auflage 2017
Möller, Manfred/Warg, Gunter: Allgemeines Polizei- und Ordnungsrecht, 6. Auflage 2011
Muckel, Stefan: Fälle zum Besonderen Verwaltungsrecht, 7. Auflage 2019
Sachs, Michael: Grundgesetz. Kommentar, 8. Auflage 2018
Schenke, Wolf-Rüdiger: Polizei- und Ordnungsrecht, 10. Auflage 2018
Schenke, Wolf-Rüdiger: Verwaltungsprozessrecht, 16. Auflage 2019
Schmidt, Rolf: Allgemeines Verwaltungsrecht, 22. Auflage 2020
Schmidt, Rolf: Fälle zum Polizei- und Ordnungsrecht, 8. Auflage 2018
Schmidt, Rolf: Grundrechte, 25. Auflage 2020
Schmidt, Rolf: Öffentliches Baurecht, 17. Auflage 2019
Schmidt, Rolf: Staatsorganisationsrecht, 21. Auflage 2020
Schmidt, Rolf: Verwaltungsprozessrecht, 19. Auflage 2019
Schoch, Friedrich: Besonderes Verwaltungsrecht, 15. Auflage 2013

Weitere Literatur, insbesondere Aufsatzliteratur, ist in den Fußnoten angegeben.

1. Kapitel
Einführung in das Gefahrenabwehrrecht

A. Gegenstand der Bearbeitung

Das Gefahrenabwehrrecht stellt die wohl schärfste Form der Eingriffsverwaltung dar. Wegen der mit ihm verbundenen erhöhten Grundrechtsrelevanz gehört es in allen Bundesländern zum Kernbereich des Curriculums. Fundierte Kenntnisse sind daher unabdingbar. Die vorliegende Bearbeitung behandelt vornehmlich studien- und examensrelevante Inhalte. Sie orientiert sich dabei am Aufbau von Prüfungsarbeiten. Das Gefahrenabwehrrecht wird – nach einer kurzen Einführung – nach Möglichkeit also so dargestellt, wie es auch in der Fallbearbeitung anzuwenden ist.

> **Beispiel:** Während einer Versammlung verhalten sich einige Versammlungsteilnehmer unfriedlich. Die Polizei stellt die Identität der betreffenden Personen fest und durchsucht sie nach Waffen bzw. gefährlichen Werkzeugen.
>
> In derartigen Fällen dürfen die Maßnahmen *Identitätsfeststellung* und *Durchsuchung* nicht gleich am Maßstab des allgemeinen Polizei- und Ordnungsrechts (d.h. des Polizeigesetzes) geprüft werden. Vielmehr muss zunächst untersucht werden, ob sich die betreffenden Personen auf das Versammlungsgrundrecht stützen können und ob das Versammlungsgesetz spezialgesetzliche Rechtsgrundlagen enthält, die die Anwendbarkeit des allgemeinen Polizei- und Ordnungsrechts sperren.

Folgerichtig werden im vorliegenden Buch ab Rn 111 nach einer Einführung in das Polizei- und Ordnungsrecht (POR) zunächst die Rechtsgrundlagen dargestellt, und bei ihnen wiederum zunächst die speziellen vor den allgemeinen, wie das auch in der Fallbearbeitung zu tun ist. Lediglich das Verwaltungsvollstreckungsrecht und das Versammlungsrecht werden aus Gründen der Systematik und der Übersichtlichkeit im Anschluss an das allgemeine Polizei- und Ordnungsrecht behandelt.

Weiterhin erhebt das Buch den Anspruch, anschaulich und verständlich geschrieben zu sein, und dabei sowohl den Ansprüchen der universitären Ausbildung als auch denjenigen der Polizeihochschulen des Bundes und der Länder gerecht zu werden. Dass das Polizei- und Ordnungsrecht Landesrecht ist, ändert daran nichts. Denn die Innenministerkonferenz ist stets bestrebt, die einheitliche Prägung des Polizei- und Ordnungsrechts zu wahren. Folglich sind die Polizeigesetze des Bundes und der Länder jedenfalls in Bezug auf die materiell-rechtlichen Befugnisse weitestgehend vergleichbar, teilweise sogar identisch. Wenn dennoch Unterschiede im Detail vorliegen, wird diesem Umstand dadurch Rechnung getragen, dass – trotz des erheblichen redaktionellen Aufwands – durchgängig (und nicht nur sporadisch) die wichtigsten Vorschriften des Polizei- und Ordnungsrechts des Bundes und aller 16 Bundesländer in den Fußnoten zitiert werden.

B. Die geschichtliche Entwicklung des Polizeirechts[1]

3 Der Polizeibegriff hat seinen Ursprung in dem griechischen Wort „Politeia", das als **„Staat"** oder **„Gemeinwesen"** zu übersetzen ist. Es bezeichnet die Verfassung des städtischen Gemeinwesens und den bürgerschaftlichen Status und fand insbesondere über das römische Recht Eingang in die deutsche Rechtssprache des **Spätmittelalters** sowie der „Reichspolizeiordnungen" von 1530, 1548 und 1577. Entsprechend der Bedeutung des Wortes „Politeia" wurde der Begriff „Polizey" im Sinne eines Zustands der „guten Ordnung des Gemeinwesens" verstanden. Der „guten Ordnung" bedürftig erschienen nahezu alle Lebensbereiche der Untertanen, sodass insbesondere Vorschriften über Handel und Gewerbe, Erb-, Vertrags- und Liegenschaftsrecht, Religionsausübung, allgemeine Sittlichkeit sowie Kleiderordnungen usw. erlassen wurden. Hierauf basierend wurde im Zeitalter des **Absolutismus** des 18. Jahrhunderts die Polizeigewalt zum Inbegriff der den Fürsten zustehenden absoluten Staatsgewalt, des *ius politiae*, von dem allerdings im Laufe der Zeit einzelne Bereiche abgesondert wurden, nämlich die auswärtigen Angelegenheiten, das Heer- und Finanzwesen sowie die Justiz. Wo aber die absolute Staatsgewalt den Fürsten verblieb, unterlag auch die Polizeigewalt **keinen rechtlichen Beschränkungen**. Sie gab den Fürsten die Möglichkeit, in alle Lebensbereiche der Untertanen zur **„Förderung der allgemeinen Wohlfahrt"** reglementierend einzugreifen. Man bezeichnete die absolutistischen Staaten des 18. Jahrhunderts deshalb als **Polizeistaaten** und die Tätigkeit, welche durch die Polizeigewalt ausgeübt wurde, als **Polizei**. Sie umfasste sowohl die Gewährleistung der öffentlichen Sicherheit als auch die Förderung der umfassend verstandenen, durch den Monarchen zu definierenden allgemeinen Wohlfahrt. Die Polizei war damit zum Herrschaftsinstrument des absolut und willkürlich regierenden Landesherrn geworden.

4 Erst mit der Philosophie der **„Aufklärung"** waren eine Einschränkung der Staatsaufgaben und folglich eine **Beschränkung des Begriffs der Polizei** als innere Staatsverwaltung verbunden. Der Göttinger Staatsrechtler Johann Stephan Pütter erhob 1770 in seinem Werk „Institutiones Juris Publici Germanici" die Forderung nach einer Beschränkung der polizeilichen Aufgaben, indem er formulierte: „Politiae est cura avertendi mala futura; promovendae salutis cura non est propriae politiae" (Aufgabe der Polizei ist die Sorge für die Abwendung bevorstehender Gefahren; die Förderung der Wohlfahrt ist nicht die eigentliche Aufgabe der Polizei). Pütters Polizeibegriff gelangte durch Carl Gottlieb Svarez in das **Preußische Allgemeine Landrecht von 1794** (ALR). In § 10 Teil II Titel 17 (§ 10 II 17) hieß es: „Die nöthigen Anstalten zur Erhaltung der öffentlichen Ruhe, Sicherheit und Ordnung, und zur Abwendung der dem Publiko, oder einzelnen Mitgliedern desselben bevorstehenden Gefahr zu treffen, ist das Amt der Polizey."

5 In der Folgezeit geriet die im ALR vorgenommene Einschränkung der Polizeibefugnisse auf die Gefahrenabwehr jedoch wieder weitgehend in den Hintergrund. Zwar besaß § 10 II 17 ALR nach wie vor Gültigkeit, allerdings war in der Praxis – nicht zuletzt aufgrund zahlreicher königlicher Verordnungen und Bestrebungen konservativer Kreise – eine Wiedererstarkung des Polizeistaats und der „Wohlfahrtspolizei" feststellbar. So lag dem preußischen Gesetz über die Polizeiverwaltung vom 11.3.1850 wieder der Gedanke einer fast unbegrenzten Zuständigkeit zugrunde, die dort begann, wo Kriegswesen, auswärtige Angelegenheiten, Finanzen und Rechtspflege aufhörten.

---

[1] Quellen zu Rn 1-18: *H. Maier*, Die ältere deutsche Staats- und Verwaltungslehre (Polizeiwissenschaft), 2. Aufl. 1980; *Harnischmacher/Semerak*, Deutsche Polizeigeschichte, 1986; *Preu*, Polizeibegriff und Staatszwecklehre, 1983; *Schenke*, POR, § 1; *Knemeyer*, POR, § 1; *Götz/Geis*, POR, § 2; *Drews/Wacke/Vogel/Martens*, POR, 9. Aufl. 1986, S. 3 ff.; *Meixner/Fredrich*, HessSOG, 12. Aufl. 2016, Einführung; *Böhrenz/Siefken*, NdsPOG, 9. Aufl. 2014, Einführung.

Zu einer nachhaltigen Einengung des herrschenden weiten Polizeibegriffs und der Abkehr vom Polizeistaat kam es erst nach der Verfestigung des liberalen bürgerlichen Rechtsstaats. In Preußen setzte das Preußische Oberverwaltungsgericht die Beschränkung der polizeilichen Befugnisse durch. In seinem **Kreuzberg-Urteil** vom 14.6.1882 (PreußOVG 9, 353 ff.), in dem es um die Gültigkeit einer aus ästhetischen Gründen erlassenen Polizeiverordnung des Berliner Polizeipräsidenten zum Schutz des auf dem Kreuzberg zur Erinnerung an die Freiheitskriege errichteten Denkmals, und damit um Wohlfahrtspflege, ging, stellte das Gericht unter Berufung auf § 10 II 17 ALR fest, dass Aufgabe der Polizei die Aufrechterhaltung von öffentlicher Sicherheit oder Ordnung, nicht aber die Förderung des allgemeinen Wohls sei. Bei der Wohlfahrtspflege sei vielmehr „der Weg der Spezialgesetzgebung" zu beschreiten. Da die Polizeiverordnung des Berliner Polizeipräsidenten nicht der Gefahrenabwehr diene, sondern vielmehr eine Maßnahme der Wohlfahrtspflege darstelle, sei sie nicht mit § 10 II 17 ALR vereinbar und damit unwirksam.[2] Das Gericht statuierte damit die **Begrenzung der Polizeibefugnisse auf die Gefahrenabwehr**.

In der Folgezeit baute das PreußOVG seine Judikatur aus und entwickelte auf der Grundlage richterlicher Rechtsfortbildung unter Berücksichtigung des § 10 II 17 ALR das Polizeirecht fort. Diese den Polizeibegriff einschränkende Rechtsprechung fand eine gewohnheitsrechtliche Anerkennung auch in anderen nord- und mitteldeutschen Staaten, z.B. in Oldenburg, Braunschweig und Sachsen. Demgegenüber erfolgte die rechtsstaatliche Beschränkung des Polizeibegriffs in den süddeutschen Staaten durch den **Gesetzgeber**. Die Polizeistrafgesetzbücher von Baden (1863/1871), Bayern (1861/1871), Hessen-Darmstadt (1847) und Württemberg (1839/1871) enthielten sowohl mit Strafsanktionen bewehrte Verbotstatbestände als auch Ermächtigungen zum Erlass von Polizeiverordnungen (sog. Landesstraf- und Verordnungsgesetze – LStVG).

An diesem liberal-rechtsstaatlichen Polizeibegriff hielten in der Zeit der **Weimarer Republik** (1919-1945) Gesetzgebung und Verwaltungsrechtslehre fest. Von der Ermächtigung zur Regelung des gesamten Polizeirechts in Art. 9 Nr. 2 der Weimarer Reichsverfassung (WRV) hat das Reich keinen Gebrauch gemacht, sodass das Polizeirecht, von Regelungen in Spezialmaterien (wie z.B. im Bereich des Verkehrsrechts, des Eisenbahn-, Strom-, Schifffahrts- und Luftverkehrsrechts) abgesehen, eine Domäne des Landesrechts blieb.

Während einige Länder von einer rechtsförmlichen Regelung ihres Polizeirechts absahen und sich demgemäß mit der Annahme gewohnheitsrechtlicher Ermächtigungen begnügten (z.B. Braunschweig, Mecklenburg-Schwerin, Sachsen), kodifizierten andere Länder ihr Polizeirecht erstmals (wie Thüringen mit seiner Landesverwaltungsordnung vom 10.6.1926). Die bedeutendste Kodifikation jener Zeit war das **Preußische Polizeiverwaltungsgesetz** (PreußPVG) vom 1.6.1931. Sein § 14 lautete:

(1) *Die Polizeibehörden haben im Rahmen der geltenden Gesetze die nach pflichtgemäßem Ermessen notwendigen Maßnahmen zu treffen, um von der Allgemeinheit oder dem Einzelnen Gefahren abzuwehren, durch die die öffentliche Sicherheit oder Ordnung bedroht wird.*

(2) *Daneben haben die Polizeibehörden diejenigen Aufgaben zu erfüllen, die ihnen durch Gesetz besonders übertragen sind.*

---

[2] PreußOVG 9, 353, 384; vgl. hierzu auch *Rott*, NVwZ 1983, 363 f.

10 Vergleicht man § 14 I PreußPVG mit dem Wortlaut der Befugnisgeneralklauseln der heutigen Polizeigesetze[3] und § 14 II PreußPVG mit dem Wortlaut der Aufgabenzuweisungsnormen[4], wird die Bedeutung des § 14 PreußPVG für das moderne Polizeirecht überaus deutlich.

11 Die Machtergreifung der **Nationalsozialisten** 1933 markierte den Beginn eines neuen totalitären Polizeistaates. Eines der wichtigsten Instrumente zur Beherrschung des Staates im Sinne der nationalsozialistischen Ideologie war die bereits 1933 für Preußen errichtete Geheime Staatspolizei (Gestapo), deren Aufgabe nicht nur die Erforschung „aller staatsgefährlichen Bestrebungen im gesamten Staatsgebiet", sondern auch die Verwaltung der Konzentrationslager war. Maßnahmen der Gestapo, z.B. die Verhängung der „Schutzhaft", hinter der sich regelmäßig die Einweisung in ein Konzentrationslager verbarg, waren verwaltungsgerichtlicher Kontrolle entzogen.[5] Durch „Führererlass" vom 17.6.1936 (RGBl I S. 487) wurde „zur einheitlichen Zusammenfassung der polizeilichen Aufgaben im Reich" ein „Chef der Deutschen Polizei" im Reichsministerium des Innern bestellt. Mit diesem Amt wurde der „Reichsführer SS" betraut. Ihm unterstanden das Reichssicherheitshauptamt, in dem als „Sicherheitspolizei" Kriminalpolizei und Gestapo sowie der Sicherheitsdienst (SD) zusammengefasst waren.

12 Wenig rechtsstaatlich geprägt war auch das Polizeirecht in der **früheren DDR**. Zwar galt zunächst das PreußPVG fort. Jedoch setzten sich die Vollzugsorgane über viele rechtsstaatliche Grundsätze hinweg und wendeten das Polizeirecht i.S.d. DDR-Regimes an. So wurde insbesondere für die Beantwortung der Frage, ob ein bestimmtes Verhalten als eine Störung der öffentlichen Sicherheit oder Ordnung zu qualifizieren sei, als maßgeblich angesehen, ob ein Sachverhalt dem „gesellschaftlichen Fortschritt" im Wege stand. Im Gesetz über die Aufgaben und Befugnisse der Deutschen Volkspolizei vom 11.6.1968 (Volkspolizeigesetz) vollzog sich dann der Wandel des Polizeibegriffs zu einem „sozialistischen Polizeibegriff". Man beschränkte sich nicht mehr auf Gefahrenabwehr, sondern bezog die „sozialistische Wohlfahrtspflege" (vgl. insbesondere die Präambel zum Volkspolizeigesetz) ein. Dies bedeutete letztlich eine Rückkehr zum absolutistischen und zentralistischen Polizeirecht (vgl. Rn 3).

13 Nach dem Zusammenbruch des Dritten Reichs 1945 wurden materielles Polizeirecht und die Polizeiorganisation wesentlich von den **Besatzungsmächten** beeinflusst. Ihr Ziel war neben der Entnazifizierung und Entmilitarisierung die Demokratisierung der Gesellschaft und die Dezentralisierung der Polizei. Dies führte insbesondere in den Ländern der britischen und amerikanischen Besatzungszone zur Entstaatlichung (Kommunalisierung) der Polizei, zur Beschränkung der polizeilichen Befugnisse (Beseitigung der Befugnis zum Erlass von Polizeiverordnungen) und zur Entpolizeilichung der Verwaltungsrechtsbereiche (z.B. des Gewerbe- und Baurechts). Demgegenüber verzichtete die französische Militärregierung auf eine einheitliche und umfassende Reorganisation des Polizeiwesens. Sie beschränkte sich im Wesentlichen auf die Beseitigung nationalsozialistischer Vorschriften. In der sowjetischen Zone ging man von einer teilweisen Fortgeltung des PreußPVG aus (Rn 9 f.).

---

[3] Vgl. Bund: § 14 BPolG; Bay: Art. 11 I PAG; BW: § 3 PolG; Berl: § 17 I ASOG; Brand: § 10 PolG; Brem: § 10 I PolG; Hamb: § 3 I SOG; Hess: § 11 SOG; MeckVor: § 13 SOG; Nds: § 11 SOG; NW: §§ 8 I PolG, 14 OBG; RhlPfl: § 9 I POG; Saar: § 8 I PolG; Sachs: § 12 I PVDG; SachsAnh: § 13 SOG; SchlHolst: §§ 174, 176 LVwG; Thür: § 12 I PAG.
[4] Bay: Art. 2; Hamb: § 3; SchlHolst: § 162; Thür: § 2; alle übrigen Länder: § 1.
[5] Zur Aufgabenbeschreibung der Gestapo siehe BVerfGE 6, 132, 208.

C. Einheits- und Trennungssystem

Vor dem Hintergrund der aufgezeigten historischen Entwicklung des Polizeirechts und der in der früheren britischen und amerikanischen Besatzungszone nach Beendigung des Dritten Reichs vorgenommenen „**Entpolizeilichung**" lässt sich die heutige Rechtslage in den Ländern verstehen. Bayern, Berlin, Hamburg, Hessen, Niedersachsen, Nordrhein-Westfalen, Rheinland-Pfalz und Schleswig-Holstein führten infolge der „Entpolizeilichung" das sog. **Trennungs- oder Ordnungsbehördensystem** ein, in dem die Gefahrenabwehr auch heute noch grundsätzlich von den Behörden der **allgemeinen Ordnungsverwaltung** („Verwaltungsbehörden der Gefahrenabwehr"[6], z.B. Gewerbe-, Bau-, Umwelt und Ausländerbehörden) und nur subsidiär von der Polizei im engeren Sinne, d.h. von der **Vollzugspolizei** (Polizeivollzugsdienst), wahrgenommen wird. Deren Aufgabenbereich ist nach wie vor auf die Gefahrenabwehr in Eilfällen, die Mitwirkung bei der Verfolgung von Straftaten und Ordnungswidrigkeiten, die Vollzugshilfe bei der Durchsetzung der Verfügungen der allgemeinen Ordnungsverwaltung sowie die sonstigen gesetzlich genannten Aufgaben beschränkt. Man meinte, hierdurch einen Missbrauch der Polizeigewalt, wie er im Dritten Reich insbesondere für die Gestapo typisch war, verhindern zu können. Aus heutiger Sicht ist diese Überlegung jedoch gegenstandslos, weil seit Geltung des Grundgesetzes 1949 *alle* Staatsbehörden an Gesetz und Recht gebunden sind (Art. 20 III GG) und grundrechtsbeschränkende Maßnahmen *stets* einer parlamentarischen Rechtsgrundlage bedürfen. Für eine Aufrechterhaltung der organisatorischen Trennung zwischen Ordnungsverwaltung und Vollzugspolizei ließe sich allenfalls anführen, dass insbesondere im Zeichen des sozialen Rechtsstaats die Aufgaben der Ordnungsbehörden vielfach durch andere staatliche Zielsetzungen überlagert werden. Dies führt dazu, dass einzelne Materien, die früher dem Polizeirecht zugeordnet wurden, nunmehr auch Normierungen anderer, über die Gefahrenabwehr hinausreichender Zwecke enthalten (so z.B. die Landesbauordnungen und das Bundesimmissionsschutzgesetz).[7] Dies mag auch die neuen Bundesländer Brandenburg, Mecklenburg-Vorpommern, Sachsen-Anhalt und Thüringen bewogen haben, nach der Wiedervereinigung 1990 diesem System beizutreten.

Die organisatorische Trennung von Ordnungs- und Polizeiverwaltung setzt sich in einigen Ländern auch bei den gesetzlichen Eingriffsermächtigungen fort. In Bayern, Brandenburg, Nordrhein-Westfalen, Thüringen und neuerdings auch in Sachsen stützen sich die Ordnungsbehörden, sofern Spezialgesetze fehlen, auf ein allgemeines Ordnungsbehördengesetz (bzw. Polizeibehördengesetz) des Landes (OBG; LStVG; PBG). Davon getrennt gibt es für die Polizei jeweils ein eigenständiges Polizei(aufgaben)gesetz (PolG, PAG). Diese konsequente Trennung vermisst man in den übrigen Bundesländern des Trennungssystems: Diese haben zwar Ordnungsbehörden und Polizeibehörden institutionell getrennt, stellen aber für beide Behörden ein und dasselbe Eingriffsgesetz zur Verfügung, sofern Spezialgesetze nicht einschlägig sind, nämlich ein allgemeines (gemeinsames) Ordnungsbehörden- und Polizeigesetz.

Demgegenüber gehen die Länder Baden-Württemberg, Bremen und Saarland nach wie vor von einem **Einheitssystem** aus. In diesen Ländern bezieht sich der (einheitliche) Polizeibegriff („Polizei im institutionellen bzw. organisatorischen Sinn") auf sämtliche Behörden, die polizeiliche Aufgaben i.S.d. materiellen Polizeirechts wahrnehmen. Darum werden auch z.B. in der Freien Hansestadt Bremen sämtliche zur Gefahrenabwehr berufenen Behörden in §§ 65 ff. BremPolG genannt, die sich alle auf die Eingriffsbefugnisse des BremPolG stützen können. Des Weiteren findet das Einheitssystem seinen

---

[6] So die Bezeichnung in Hamburg, Niedersachsen und Sachsen-Anhalt. In Berlin, Brandenburg, Mecklenburg-Vorpommern, Nordrhein-Westfalen, Rheinland-Pfalz und Schleswig-Holstein werden sie Ordnungsbehörden, in Bayern Sicherheitsbehörden und in Hessen Gefahrenabwehrbehörden genannt.
[7] *Schenke*, POR, Rn 14.

17 In den Ländern des Einheitssystems sind mit dem Begriff **Polizei** daher nicht nur der Polizeivollzugsdienst, sondern generell die Gefahrenabwehrbehörden gemeint. Der (einheitliche) Polizeibegriff umfasst sämtliche Behörden, die polizeiliche Aufgaben i.S.d. materiellen Polizeibegriffs wahrnehmen, also sowohl die (Sonder-)Ordnungsbehörden als auch den Polizeivollzugsdienst. Hierin besteht der signifikante Unterschied zu den „entpolizeilichten" Ländern des Trennungssystems: Nur in den Ländern des Einheitssystems ist das jeweilige Landespolizeigesetz mit seinen Eingriffsbefugnissen umfassend sowohl für Ordnungs- als auch Vollzugspolizeibehörden anwendbar.

Ausdruck in den entsprechenden Aufgabenzuweisungsnormen (vgl. die Bestimmungen der Polizeigesetze der Länder), die umfassend von „Polizei" sprechen. Sie weisen der Polizei die Aufgabe zu, Gefahren für die öffentliche Sicherheit (und Ordnung) abzuwehren, und stellt klar, dass zu dieser Aufgabe auch die Vorbereitung der Verhinderung künftiger Gefahren und die Verhütung von Straftaten zählen. Damit nehmen auch die Länder des Einheitssystems in Übereinstimmung mit der Doktrin der britischen Besatzungsmacht eine strikte **Trennung von Aufgaben und Befugnissen** vor (vgl. dazu näher Rn 14 ff.).

17 In den Ländern des Einheitssystems sind mit dem Begriff **Polizei** daher nicht nur der Polizeivollzugsdienst, sondern generell die Gefahrenabwehrbehörden gemeint. Der (einheitliche) Polizeibegriff umfasst sämtliche Behörden, die polizeiliche Aufgaben i.S.d. materiellen Polizeibegriffs wahrnehmen, also sowohl die (Sonder-)Ordnungsbehörden als auch den Polizeivollzugsdienst. Hierin besteht der signifikante Unterschied zu den „entpolizeilichten" Ländern des Trennungssystems: Nur in den Ländern des Einheitssystems ist das jeweilige Landespolizeigesetz mit seinen Eingriffsbefugnissen umfassend sowohl für Ordnungs- als auch Vollzugspolizeibehörden anwendbar.

18 Unabhängig von der organisatorischen Trennung zwischen Ordnungsbehörden und Vollzugspolizei sind Gefahrenabwehrbehörden primär die **Ordnungsbehörden** (Ortspolizeibehörden). Die **Vollzugspolizei** ist i.d.R. nur dann zuständig, wenn eine Gefahrenabwehr unter Dringlichkeits- und Effektivitätsgesichtspunkten unaufschiebbar erscheint, also in Situationen, in denen die primär zuständigen, jedoch mit bürokratischen Mitteln arbeitenden Ordnungsbehörden nicht rechtzeitig einschreiten könnten. Um einen solchen sog. **Eilfall** festzustellen, ist eine Verlaufsprognose anzustellen: Gelangt ein objektiver Beobachter in der Rolle des handelnden Beamten zu dem Ergebnis, dass die mit bürokratischen Mitteln arbeitende Ordnungsbehörde nicht ebenso wirksam und rechtzeitig einschreiten könnte wie die Vollzugspolizei, sind deren Eilfallkompetenz und damit deren sachliche Zuständigkeit zu bejahen. Vgl. dazu Rn 52 ff.

18a Fraglich ist, ob der Begriff der Polizei geschützt ist, d.h. ob den Trägern der Polizei ein **Namensrecht** zusteht, das es z.B. privaten Einrichtungen verwehrt, den Begriff zu verwenden. Das OLG Hamm bejaht diese Frage unabhängig vom Bestehen einer eingetragenen Wortmarke/Bildmarke nach dem Markengesetz. Der Begriff „Polizei" stehe für eine Behörde, die öffentliche Polizeigewalt ausübe. So werde er auch in den Polizeigesetzen des Bundes und der Länder benutzt und im Rechtsverkehr verstanden.[8] Dem ist zuzustimmen. Private Einrichtungen (etwa private Sicherungsdienste) sind keine Träger öffentlicher Polizeigewalt und demzufolge nicht befugt, sich „Polizei" zu nennen. Tun sie es gleichwohl, können sie wegen Namensrechtsverletzung auf Unterlassung in Anspruch genommen werden (§§ 12, 1004 I BGB analog). Bei Bestehen eines Markenrechts nach dem Markengesetz kommt der spezielle Unterlassungsanspruch nach § 14 MarkenG in Betracht.[9]

D. Gesetzgebungs- und Verwaltungskompetenzen

19 Bevor eine Unterscheidung zwischen Sonderordnungsbehörden, allgemeinen Ordnungsbehörden und Vollzugspolizeibehörden vorgenommen werden kann, müssen zunächst die Gesetzgebungs- und Verwaltungskompetenzen geklärt werden. Nach der Grundregel des **Art. 30 GG** sind die Ausübung der staatlichen Befugnisse und die Er-

---

[8] OLG Hamm K&R 2016, 617, 618 f.
[9] Insbesondere kommt hier keine öffentlich-rechtliche Streitigkeit in Betracht, die zur Eröffnung des Verwaltungsrechtswegs führen würde, da kein Über-/Unterordnungsverhältnis vorliegt und auch die streitentscheidenden Normen nicht dem öffentlichen Recht, sondern dem Zivilrecht zugeordnet sind. Aus diesem Grund kann der Träger der Polizeibehörde auch nicht über die polizeiliche Befugnisgeneralklausel eine Untersagungsverfügung erlassen.

füllung der staatlichen Aufgaben Sache der **Länder**, soweit das Grundgesetz keine andere Regelung trifft oder zulässt. Für die Gesetzgebung konkretisiert **Art. 70 I GG** diese Grundregel. Danach haben die Länder das Recht der Gesetzgebung, soweit das Grundgesetz nicht dem Bund Gesetzgebungsbefugnisse verleiht. Inwieweit das Grundgesetz dem **Bund** Gesetzgebungsbefugnisse verleiht, bemisst sich gem. Art. 70 II GG nach den Vorschriften des Grundgesetzes über die **ausschließliche** und die **konkurrierende** Gesetzgebung. Das sind insbesondere die Art. 71 bis 74 GG, aber auch zahlreiche andere Normen des Grundgesetzes, die ausdrücklich auf ein „Bundesgesetz" oder auf ein „Gesetz mit Zustimmung des Bundesrates" verweisen.

Fehlt es also an einer ausschließlichen oder konkurrierenden Bundesgesetzgebungskompetenz, sind die Länder zuständig für die Gesetzgebung. Da das allgemeine Polizeirecht nicht dem Bund zugewiesen ist, wird in der Literatur gelegentlich von einer „Polizeihoheit der Länder" gesprochen. Teilweise liest man auch, dass polizeiliche Gefahrenabwehr allein Sache der Länder sei. Solche Formulierungen sind in ihrer Pauschalität nicht richtig, denn Gefahrenabwehrrecht ist kein „Sonderrecht" der Länder. Richtig ist vielmehr, dass auch in diesem Zusammenhang die für alle Materien geltenden grundgesetzlichen Bestimmungen über die Zuständigkeiten heranzuziehen sind. Danach hat der Bund – wie aufgezeigt – nur dann eine Gesetzgebungskompetenz, wenn sie ihm zugewiesen ist. Das ist in vielen Spezialbereichen des Gefahrenabwehrrechts (also des **besonderen Polizei- und Ordnungsrechts**) der Fall. So hat der Bund

- gestützt auf die **ausschließliche** Gesetzgebungskompetenz u.a. das Passgesetz (Art. 73 I Nr. 3 GG), das Bundespolizeigesetz (das den Grenzschutz einschließt) und das Zollverwaltungsgesetz (jeweils Art. 73 I Nr. 5 GG), das Waffengesetz und das Sprengstoffgesetz (jeweils Art. 73 I Nr. 12 GG), das Luftverkehrsgesetz (Art. 73 I Nr. 6 GG), das Bundeseisenbahngesetz (Art. 73 I Nr. 6a GG), das Luftsicherheitsgesetz (Art. 73 I Nr. 9a GG), das Bundeskriminalamtsgesetz (Art. 73 I Nr. 10a und c GG) und das Bundesverfassungsschutzgesetz (Art. 73 I Nr. 10b und 10c GG)[10],

Beispiel[11]: Gemäß Art. 73 I Nr. 5 GG hat der Bund die ausschließliche Gesetzgebungskompetenz u.a. für den Grenzschutz. In diesem Zusammenhang hat der Bund das Bundespolizeigesetz (BPolG) erlassen, das gem. § 2 I BPolG auch den Grenzschutz umfasst. Für die Gesetzgebungsmaterien des Art. 73 GG haben die Länder die Befugnis zur Gesetzgebung nur, wenn und soweit sie hierzu in einem Bundesgesetz ausdrücklich ermächtigt werden. Erlaubt also ein Landesgesetz Kennzeichenkontrollen zur Verhütung oder Unterbindung der unerlaubten Überschreitung der Staatsgrenze, ist diese Befugnis nur dann mit Art. 73 I Nr. 5 GG i.V.m. Art. 71 GG vereinbar, wenn der Bund die Länder ausdrücklich ermächtigt hat. Gemäß § 2 I BPolG obliegt der Bundespolizei der Grenzschutz, soweit nicht ein Land im Einvernehmen mit dem Bund Aufgaben des grenzpolizeilichen Einzeldienstes mit eigenen Kräften wahrnimmt. Ein solches Einvernehmen besteht aber nicht. Daher verstößt die landesgesetzliche Regelung gegen Art. 73 I Nr. 5 GG i.V.m. Art. 71 GG. Kein Verstoß gegen die genannten Kompetenznormen liegt aber vor, wenn das Landesgesetz Kennzeichenkontrollen zur Verhütung oder Unterbindung des unerlaubten Aufenthalts und zur Bekämpfung der grenzüberschreitenden Kriminalität erlaubt. Zwar besteht auch hier ein Grenzbezug, nach Auffassung des BVerfG dient die Regelung jedoch nicht unmittelbar dem Schutz der Bundesgrenze.[12]

---

[10] Im Zuge der am 1.9.2006 in Kraft getretenen Föderalismusreform (BGBl I S. 2034), in deren Rahmen insbesondere eine Neuverteilung der Gesetzgebungskompetenzen vorgenommen wurde, ist der Kompetenztitel *Abwehr von Gefahren des internationalen Terrorismus* in Art. 73 I GG aufgenommen worden (Nr. 9a). Anschließende Änderungen des BKAG und des BVerfSchG, in die weitere (auch präventivpolizeiliche) Befugnisse aufgenommen worden waren, wurden bereits mehrfach verlängert (dazu *Gnüchtel*, NVwZ 2016, 13 ff.). Zur Föderalismusreform vgl. i.Ü. *R. Schmidt*, Staatsorganisationsrecht, Rn 788 ff.
[11] Siehe BVerfG NJW 2019, 827 ff.
[12] BVerfG NJW 2019, 827, 831.

- und gestützt auf die **konkurrierende** Gesetzgebungskompetenz das Versammlungsgesetz und das Vereinsgesetz (jeweils Art. 74 I Nr. 3 GG a.F.), das Aufenthaltsgesetz (Art. 74 I Nr. 4 GG), die Gewerbeordnung und das Gaststättengesetz (jeweils Art. 74 I Nr. 11 GG a.F.), das Bundesbodenschutzgesetz (Art. 74 Abs. 1 Nr. 18 GG), das Produktsicherheitsgesetz und das Lebensmittel- und Futtermittelgesetzbuch (jeweils Art. 74 I Nr. 20 GG), das Wasserstraßengesetz (Art. 74 I Nr. 21 GG), das Straßenverkehrsgesetz (mit den Rechtsverordnungen Straßenverkehrsordnung, Straßenverkehrs-Zulassungsordnung, Fahrerlaubnisverordnung und Fahrzeugzulassungsverordnung, jeweils Art. 74 I Nr. 22 GG) sowie das Bundesimmissionsschutzgesetz und Kreislaufwirtschaftsgesetz (jeweils Art. 74 I Nr. 24 GG) erlassen. Jedoch sind einige dieser Materien im Zuge der Föderalismusreform 2006 in die originäre Gesetzgebungskompetenz der Länder überführt worden. Das betrifft namentlich das Versammlungsrecht, das Gaststättenrecht und Teile des allgemeinen Gewerberechts.[13]

- Dagegen ist im Zuge der Föderalismusreform 2006 das früher auf die Rahmengesetzgebungskompetenz gestützte WHG (Art. 75 I S. 1 Nr. 4 GG a.F.) in die konkurrierende Gesetzgebungskompetenz des Bundes (Art. 74 I Nr. 32 GG n.F.) überführt worden und das Melde- und Ausweiswesen (Art. 75 I S. 1 Nr. 5 GG a.F.) ist nunmehr Bestandteil der ausschließlichen Gesetzgebungskompetenz des Bundes (Art. 73 I Nr. 3 GG n.F.). Das Waffengesetz und das Sprengstoffgesetz, die früher jeweils als Bestandteil der konkurrierenden Gesetzgebungskompetenz Art. 74 I Nr. 4a GG a.F. unterfielen, sind nunmehr ebenfalls der ausschließlichen Gesetzgebungskompetenz gem. Art. 73 I Nr. 12 GG n.F. unterstellt (s.o.).

21 In **repressiv-polizeilicher** Hinsicht, d.h. hinsichtlich der **Verfolgung von Straftaten und Ordnungswidrigkeiten**, hat der Bund im Bereich der konkurrierenden Gesetzgebung gestützt auf Art. 74 I Nr. 1 GG (Strafrecht; gerichtliches Verfahren) v.a. das **StGB**, die **StPO** und das **OWiG** erlassen. Die Kompetenz zur Regelung des „gerichtlichen Verfahrens" ist nach der Rechtsprechung des BVerfG weit auszulegen. Sie erstrecke sich auf das Strafverfahrensrecht als das Recht der Aufklärung und Aburteilung von Straftaten, die in der Vergangenheit begangen wurden; hierzu gehörten die Ermittlung und Verfolgung von Straftätern einschließlich der Fahndung nach ihnen. Vom Kompetenztitel umfasst sei daher nicht nur das eigentliche gerichtliche, sondern auch das vorgelagerte behördliche Verfahren, sofern es – wie vom Grundsatz her das in der StPO geregelte polizeiliche und staatsanwaltschaftliche Ermittlungsverfahren – mit dem gerichtlichen Verfahren in einem untrennbaren funktionalen Zusammenhang stehe.[14] § 163 I S. 1 StPO hat – somit vom Kompetenztitel des Art. 74 I Nr. 1 GG gedeckt – der Polizei die Aufgabe der **Strafverfolgung** zugewiesen. Die Polizei ist demnach also „**doppelfunktional**" tätig: Sie ist nicht nur (landesrechtlich) für die Gefahrenabwehr zuständig (präventiv-polizeiliche Tätigkeit), sondern auch bundesrechtlich für die Ermittlung von Straftaten (Strafverfolgung) und die Ahndung von Ordnungswidrigkeiten (repressiv-polizeiliche Tätigkeit).[15]

22 Die Grenze zwischen präventiver und repressiver Ausrichtung polizeilichen Handelns ist nicht immer klar. Geht es um die Zuordnung einer Gesetzesvorschrift zum Gefahren-

---

[13] Zu beachten ist, dass im Zuge der Föderalismusreform 2006 der verfassungsändernde Gesetzgeber das früher unter Art. 74 I GG gefasste Versammlungsrecht, Ladenschlussrecht, Gaststättenrecht, Spielhallenrecht sowie das Recht der Schaustellung von Personen, der Messen, der Ausstellungen und der Märkte in die Gesetzgebungskompetenz der Länder überführt hat. Damit sind diese Materien des sog. besonderen Gefahrenabwehrrechts nicht mehr bundesgesetzlich regelbar. Allerdings ist hier wiederum zu beachten, dass bisherige Bundesgesetze in Ländern, die noch keine eigenen Regelungen erlassen haben, fortgelten (vgl. Art. 125a I GG). Das betrifft in erster Linie das Versammlungsgesetz, da erst einige Länder eigene Versammlungsgesetze erlassen haben. Wenn also in den folgenden Beispielen das VersG genannt wird, ist damit das des Bundes gemeint, das gem. Art. 125a I GG fortgilt. Auch hinsichtlich des Gaststättenrechts haben erst einige Bundesländer eigene Landesgaststättengesetze erlassen. Daher wird auch diesbezüglich diesem Buch das GastG des Bundes zugrunde gelegt.
[14] BVerfG NJW 2019, 827, 831 (unter Verweis auf BVerfGE 30, 1, 29).
[15] Zu Doppelfunktionalität und doppelfunktionalen Maßnahmen siehe Rn 87 ff.

abwehrrecht oder zur Strafverfolgung/Ordnungswidrigkeitenahndung, ist dies in formeller Hinsicht v.a. mit Blick auf die Gesetzgebungskompetenz von Bedeutung. Das BVerfG stellt bei der Frage, ob eine Vorschrift Gefahrenabwehr regelt oder Strafverfolgung zum Gegenstand hat, auf deren Zielsetzung ab, so wie sie sich in objektivierter Sicht aus ihrer Ausgestaltung ergebe.[16] Dies soll am Beispiel der sog. **Strafverfolgungsvorsorge** verdeutlicht werden. Dabei geht es um Maßnahmen der Polizei, die nicht an eine bereits begangene Straftat oder einen Anfangsverdacht i.S.d. § 152 II StPO anknüpfen, sondern die auf „die Verfolgung noch nicht begangener, sondern in ungewisser Zukunft möglicherweise bevorstehender Straftaten" zielen.[17] Geht es also um die Verhinderung von „möglicherweise bevorstehenden Straftaten", handelt es sich der Sache nach um Gefahrenabwehr, die sich gerade durch die Verhinderung der Verletzung von Schutzgütern der öffentlichen Sicherheit kennzeichnet, wozu wiederum die objektive Rechtsordnung und damit die Normen des StGB gehören. Gleichwohl stehen das BVerfG und das BVerwG auf dem Standpunkt, die Strafverfolgungsvorsorge gehöre zum gerichtlichen Verfahren i.S.d. Art. 74 I Nr. 1 GG und betreffe gegenständlich das repressiv ausgerichtete Strafverfahren, da sie mit dem gerichtlichen Verfahren in einem untrennbaren funktionalen Zusammenhang stehe.[18] Folgt man dem, kommt es hinsichtlich der Frage, ob den Ländern eine Gesetzgebungsbefugnis zusteht, entscheidend darauf an, ob der Bundesgesetzgeber von seiner Gesetzgebungskompetenz abschließend Gebrauch gemacht hat (siehe Art. 72 I GG), was durch Auslegung der bundesgesetzlichen Vorschrift zu ermitteln ist. Maßgeblich sind Wortlaut, Zweck, historischer und normgenetischer Hintergrund; bei Unionsrechtsbezug ist auch der Wille des Unionsgesetzgebers zu beachten. Hat danach der Bundesgesetzgeber von seiner Gesetzgebungskompetenz abschließend Gebrauch gemacht, ist gem. Art. 72 I GG die Gesetzgebungskompetenz der Länder gesperrt.

> **Beispiel**[19]: Ermächtigt ein Landesgesetz zur Telekommunikationsüberwachung und nennt dabei die „Vorsorge für die Verfolgung von Straftaten" als Regelungszweck, besteht damit eine Kollision mit der Bundesgesetzgebungskompetenz aus Art. 74 I Nr. 1 GG. Auf der Basis der Annahme des BVerfG, die Strafverfolgungsvorsorge gehöre trotz ihrer präventiven Ausrichtung zum gerichtlichen Verfahren i.S.d. Art. 74 I Nr. 1 GG und betreffe gegenständlich das repressiv ausgerichtete Strafverfahren, liegt ein Verstoß gegen die Gesetzgebungskompetenzregeln nur dann nicht vor, wenn der Bund von seiner Gesetzgebungskompetenz nicht abschließend Gebrauch gemacht hat (Art. 72 I GG). Nach Auffassung des BVerfG hat im Bereich der Telekommunikationsüberwachung der Bundesgesetzgeber von der in Art. 74 I Nr. 1 GG normierten konkurrierenden Gesetzgebung zur Strafverfolgung abschließend Gebrauch gemacht, sodass die Länder gemäß Art. 72 I GG von der Gesetzgebung ausgeschlossen sind.[20] Die damalige Regelung des § 33a I Nr. 2 und 3 NdsSOG, welche die „Vorsorge für die Verfolgung von Straftaten" als eigenständiges Tatbestandsmerkmal der Telekommunikationsüberwachung vorsah, verstieß damit gegen die Kompetenzvorschriften des Grundgesetzes und war (bereits) formell verfassungswidrig.

Auf dem Gebiet der Strafverfolgungsvorsorge sind die Länder also nur dann befugt, landeseigene Regelungen zu erlassen, wenn der Bund von seiner konkurrierenden Gesetzgebungskompetenz nicht abschließend Gebrauch gemacht hat.

22a

---

[16] BVerfG NJW 2019, 827, 831.
[17] BVerfG NJW 2019, 827, 831. Zuvor schon BVerfGE 113, 348, 369 f.
[18] BVerfG NJW 2019, 827, 831 mit Verweis auf BVerfGE 103, 21, 29; 113, 348, 370; BVerwG NVwZ 2012, 757, 760. Siehe dazu auch Rn 93 ff.
[19] Nach BVerfGE 113, 348 ff.
[20] BVerfGE 113, 348, 369 f.

Beispiel[21]: In Hamburg wird die Reeperbahn mittels 12 Videokameras polizeilich überwacht. Die offen durchgeführte Beobachtung soll potentielle Straftäter von der Begehung einer Straftat abschrecken und diese dadurch verhindern. Das Abschreckungspotential besteht darin, dass potentielle Täter mit der Aufzeichnung ihrer Taten rechnen müssen und damit, die Aufzeichnung werde nicht nur für die Identifizierung, sondern auch als Beweismittel in einem Strafverfahren zur Verfügung stehen. Daneben zielt die offene Videoüberwachung auf die Verfolgung „noch nicht begangener, aber in ungewisser Zukunft möglicherweise bevorstehender Straftaten", soll also der Vorsorge für die Verfolgung von Straftaten dienen.

Da durch die Videoüberwachung ein Eingriff in das durch Art. 2 I i.V.m. Art. 1 I GG geschützte Recht auf informationelle Selbstbestimmung vorliegt, bedarf es zur Rechtfertigung zunächst einer Rechtsgrundlage. Diese könnte in § 100h I S. 1 StPO, aber auch in § 18 III HmbPolDVG zu sehen sein. Das BVerwG verweist hinsichtlich der Gesetzgebungskompetenz für Maßnahmen der Strafverfolgungsvorsorge auf die Rechtsprechung des BVerfG, wonach diese kompetenzmäßig dem „gerichtlichen Verfahren" i.S.d. Art. 74 I Nr. 1 GG zuzuordnen sei, nämlich der Sicherung von Beweismitteln für ein künftiges Strafverfahren.[22] Sollte also die Videoüberwachung der Reeperbahn als Maßnahme der Strafverfolgungsvorsorge der Bundesgesetzgebungskompetenz unterfallen und sollte der Bundesgesetzgeber mit § 100h I S. 1 StPO abschließend von seiner Gesetzgebungskompetenz Gebrauch gemacht haben, wäre § 18 III HmbPolDVG kompetenzwidrig zustande gekommen.

Daher stellt sich die Frage, ob der Bundesgesetzgeber abschließend von seiner Gesetzgebungskompetenz Gebrauch gemacht hat. Das BVerwG meint – wiederum mit Verweis auf die Rechtsprechung des BVerfG –, der Bundesgesetzgeber habe keine allgemeine abschließende Regelung hinsichtlich der Strafverfolgungsvorsorge getroffen, sodass die Landesgesetzgeber nicht generell gehindert seien, Befugnisse zum Zwecke der Gefahrenvorsorge zu treffen, selbst wenn der Bundesgesetzgeber parallel dazu Regelungen zur Strafverfolgungsvorsorge getroffen habe. Die Frage, inwieweit der Bund von seiner Gesetzgebungskompetenz zur Regelung der Strafverfolgungsvorsorge Gebrauch gemacht habe, lasse sich nur anhand der einschlägigen Bestimmungen und des jeweiligen Sachbereichs feststellen.[23] Entscheidend seien das Gesetz selbst und der hinter diesem stehende Regelungszweck, ferner die Gesetzgebungsgeschichte und die Gesetzesmaterialien.[24] Ein abschließendes Gebrauchmachen könne danach auch dann vorliegen, wenn der Bundesgesetzgeber absichtlich von einer Regelung absehe.[25] Der Bundesgesetzgeber habe zwar strafprozessuale Ermächtigungen zur Strafverfolgungsvorsorge geschaffen wie z.B. in § 81b Var. 2 StPO, allerdings keine allgemeine abschließende Regelung hinsichtlich der Strafverfolgungsvorsorge getroffen. Auch § 81b Var. 2 StPO regele nicht abschließend, unter welchen Voraussetzungen Bilder für Zwecke künftiger Strafverfolgung angefertigt werden dürfen. Dasselbe gelte mit Blick auf § 100h StPO.[26]

Daher sei § 8 III HmbPolDVG a.F. (jetzt: § 18 III HmbPolDVG), der die offene Videoüberwachung bspw. der Reeperbahn zum Zwecke der Gefahrenvorsorge und der Strafverfolgungsvorsorge zulasse, kompetenzmäßig zustande gekommen.

22b Die **Straftatenverhinderung** (Straftatenverhütung), überwiegend auch als **vorbeugende Bekämpfung von Straftaten** bezeichnet, kennzeichnet nach Auffassung des BVerfG Maßnahmen, die drohende Rechtsgutverletzungen von vornherein und in einem Stadium verhindern sollen, in dem es noch nicht zu strafwürdigem Unrecht gekommen ist. Diese seien präventiv-objektiv unmittelbar auf den Schutz der Integrität der Rechtsordnung und der durch sie geschützten Rechtsgüter gerichtet und daher der

---

[21] Nach BVerwG NVwZ 2012, 757 ff.
[22] BVerwG NVwZ 2012, 757, 760 mit Verweis auf BVerfGE 113, 348, 369. Siehe später auch BVerfG NJW 2019, 827, 831.
[23] BVerwG NVwZ 2012, 757, 760 mit Verweis auf BVerfGE 109, 190, 229.
[24] BVerwG NVwZ 2012, 757, 760 mit Verweis auf BVerfGE 98, 265, 300 f.
[25] BVerwG NVwZ 2012, 757, 760 mit Verweis auf BVerfGE 32, 319, 327 f.
[26] BVerwG NVwZ 2012, 757, 761.

Gefahrenabwehr zuzuordnen.²⁷ Denn es gehe um Beseitigung und Verhinderung von Gefahren und Störungen der öffentlichen Sicherheit (wozu auch die Begehung von Straftaten zählt) und Ordnung.²⁸ Derartige Maßnahmen seien allenfalls insoweit der Bundeskompetenz zuzuordnen, als sie zu einem von ihr erfassten Sachbereich in einem notwendigen Zusammenhang stehen, insbesondere für den wirksamen Vollzug der Bundesregelung erforderlich sind.²⁹ Dem ist zuzustimmen.

> **Beispiel:** Diente also im Beispiel von Rn 22 die landesrechtliche Ermächtigung zur Telekommunikationsüberwachung der „vorbeugenden Bekämpfung von Straftaten", wäre dies kompetenzrechtlich grundsätzlich nicht zu beanstanden. Denn für die vorbeugende Bekämpfung von Straftaten besteht grundsätzlich keine konkurrierende Gesetzgebungskompetenz des Bundes nach Art. 74 I Nr. 1 GG (gerichtliches Verfahren unter Einschluss des Strafverfahrens). Etwas anderes gölte nur dann, wenn die landesgesetzliche Ermächtigung zur Telekommunikationsüberwachung in einem notwendigen Zusammenhang mit einem von Art. 74 I Nr. 1 GG erfassten Sachbereich (hier: gerichtliches Verfahren unter Einschluss des Strafverfahrens) stünde, insbesondere für den wirksamen Vollzug der Bundesregelung erforderlich wäre. Und auf der Basis der Rechtsprechung des BVerfG wäre die landesrechtliche Vorschrift – wie aufgezeigt – mit Art. 74 I Nr. 1 GG unvereinbar, wenn sie als Regelungszweck die „Vorsorge für die Verfolgung von Straftaten" nennte, außer, der Bund hätte von seiner Gesetzgebungskompetenz nach Art. 74 I Nr. 1 GG nicht abschließend Gebrauch gemacht (wie das vom BVerwG hinsichtlich der offenen Videoüberwachung von öffentlichen Plätzen oder Straßenabschnitten, an denen vermehrt Straftaten begangen werden, angenommen wurde).³⁰

22c Klarer ist der Bezug zum Gefahrenabwehrrecht bei der **Gefahrenvorsorge**. Bei dieser wird der Staat bereits „im Vorfeld konkreter Gefahren aktiv, die zwar zum Zeitpunkt des Handelns noch nicht konkret drohen, aber später entstehen können".³¹ Durch das polizeiliche Handeln soll entweder das spätere Entstehen einer Gefahr verhindert oder zumindest deren wirksame Bekämpfung ermöglicht werden.³² Darunter können auch Maßnahmen zur Gefahrenverhütung fallen, d.h. Maßnahmen, die der späteren Gefahrenabwehr dienen.³³

22d In den Bereich der Strafverfolgungsvorsorge fallen auch **erkennungsdienstliche Maßnahmen**.³⁴ Bei diesen handelt es sich nach allgemeiner Auffassung um die Erhebung personenbezogener Daten zur Feststellung der Identität sowie zur Feststellung von Eigenschaften, die die Person identifizieren oder charakterisieren. Als erkennungsdienstliche Maßnahmen kommen insbesondere das Fertigen von Lichtbildern und Fingerabdrücken, aber auch die Feststellung äußerer körperlicher Merkmale (Augenfarbe, Haarfarbe, Narben, Tätowierungen, Behinderungen etc.) sowie Messungen (Körpergröße, Körpergewicht etc.) in Betracht, was den Eingriff in das Grundrecht auf infor-

---

[27] BVerfGE 113, 348, 369.
[28] BVerfG NJW 2019, 827, 831 f. mit Verweis auf BVerfGE 100, 313, 394.
[29] BVerfGE 113, 348, 369 mit Verweis auf BVerfGE 109, 190, 215.
[30] Siehe BVerwG NVwZ 2012, 757, 760 f., wo das Gericht zwar konstatiert, dass Maßnahmen der Strafverfolgungsvorsorge dem gerichtlichen Verfahren i.S.d. Art. 74 I Nr. 1 GG zuzuordnen seien. Allerdings habe der Bundesgesetzgeber keine allgemeine abschließende Regelung hinsichtlich der Strafverfolgungsvorsorge getroffen, sodass die Landesgesetzgeber nicht generell gehindert seien, Befugnisse zum Zwecke der Gefahrenvorsorge zu treffen, selbst wenn der Bundesgesetzgeber parallel einzelne Regelungen zur Strafverfolgungsvorsorge (vgl. etwa § 81b Var. 2 StPO) getroffen habe. Daher sei § 8 III HmbPolDVG a.F. (jetzt: § 18 III HmbPolDVG), der die offene Videoüberwachung bspw. der Reeperbahn zum Zwecke der Gefahrenvorsorge zulasse, kompetenzmäßig zustande gekommen.
[31] Das BVerfG drückt sich hier m.E. sehr unklar aus. Denn gibt es nach dem BVerfG „konkrete Gefahren", die „zwar zum Zeitpunkt des Handelns noch nicht konkret drohen, aber später entstehen können" (BVerfG NJW 2019, 827, 832), müsste es auch „noch nicht konkret drohende konkrete Gefahren" geben. Ähnlich auch die Formulierung des BVerwG (NVwZ 2012, 757, 759), das zwar zunächst zutreffend auf die Verhinderung der Entstehung von Gefahren abstellt, dann aber auch darauf, „eine wirksame Bekämpfung sich später realisierender, momentan aber noch nicht konkret drohender Gefahren zu ermöglichen".
[32] BVerfG NJW 2019, 827, 832 mit Verweis auf BVerfGE 113, 348, 368.
[33] OVG Lüneburg NZV 2020, 145, 146 (Section Control) – dazu Rn 177c.
[34] Siehe BVerwG NJW 2006, 1225, 1226: Maßnahmen der Strafverfolgungsvorsorge.

mationelle Selbstbestimmung (Art. 2 I i.V.m. Art. 1 I GG) evident werden lässt. Regelmäßig liegt daneben auch ein Eingriff in das Grundrecht der Freiheit der Person (Art. 2 II S. 2 GG) vor, da die Maßnahmen auf der Polizeiwache durchgeführt werden. Das Erfordernis einer parlamentarischen Rechtsgrundlage wird damit klar. In Betracht kommen § 81b Var. 1 StPO, wenn die Maßnahmen der Durchführung eines Strafverfahrens dienen, § 81b Var. 2 StPO, wenn es um „vorsorgende Bereitstellung von sächlichen Hilfsmitteln für die sachgerechte polizeiliche Aufgabenwahrnehmung"[35] geht, und die Regelungen in den Polizeigesetzen, wenn die Maßnahmen der (allgemeinen) Gefahrenabwehr dienen.[36] Bei einem Vergleich der beiden Varianten des § 81b StPO wird deutlich, dass die Var. 2 (auch) präventivpolizeiliche Aspekte beinhaltet, was nicht nur eine Abgrenzung zu den gefahrenabwehrrechtlichen Regelungen des Bundes und der Länder erforderlich macht, sondern auch die Frage nach der Gesetzgebungskompetenz des Bundes für die Regelung präventivpolizeilich orientierter erkennungsdienstlicher Maßnahmen aufwirft. Das BVerwG räumt ein, dass es sich bei § 81b Var. 2 StPO nicht um eine Regelung im Bereich der Strafverfolgung, sondern um die Ermächtigung zu Maßnahmen der Strafverfolgungsvorsorge handele.[37] Damit wird schon einmal klar, dass Strafverfolgungsvorsorge etwas anderes ist als Strafverfolgung. § 81b Var. 2 StPO solle „der zukünftigen Durchführung der Strafverfolgung in Bezug auf mögliche spätere oder später bekanntwerdende Straftaten zugutekommen". Hinsichtlich der Gesetzgebungskompetenz des Bundes führt das BVerwG aus, dass der Strafverfolgungsvorsorge zuzurechnende erkennungsdienstliche Maßnahmen vom Kompetenztitel des Art. 74 I Nr. 1 GG umfasst seien, denn die dortige Zuständigkeitsbeschreibung für „das Strafrecht und den Strafvollzug" sowie das „gerichtliche Verfahren" enthalte keine Einschränkung dahingehend, „dass Maßnahmen, die sich auf zukünftige Strafverfahren beziehen, von der Zuweisung der konkurrierenden Gesetzgebungskompetenz nicht erfasst sein sollen".[38]

Das wirft freilich verfassungsrechtliche Probleme auf, namentlich, ob die Erstreckung der Zuständigkeitsbeschreibung für „das Strafrecht und den Strafvollzug" sowie das „gerichtliche Verfahren" in Art. 74 I Nr. 1 GG auf die präventivpolizeilich ausgerichtete Strafverfolgungsvorsorge, der ja die erkennungsdienstlichen Maßnahmen zugeordnet sind, nicht zu weit geht und damit den Grundsatz aus Art. 30, 70 I GG aushöhlt. Da aber das BVerfG mit dem Argument des „untrennbaren funktionalen Zusammenhangs mit dem gerichtlichen Verfahren"[39] die Strafverfolgungsvorsorge der Kompetenzzuweisung des Art. 74 I Nr. 1 GG zuschreibt, soweit sich entsprechende Maßnahmen auf die Durchführung künftiger Strafverfahren beziehen[40], und man erkennungsdienstliche Maßnahmen als Teil der Strafverfolgungsvorsorge ansieht, dürfte die Frage zumindest für die Praxis beantwortet sein. Raum für die Gesetzgebungskompetenz der Länder bleibt dann nur, soweit von diesen erlassene Regelungen lediglich zu erkennungsdienstlichen Maßnahmen befugen, die sich nicht auf die Durchführung künftiger Strafverfahren beziehen. Siehe i.Ü. auch die Darstellung bei Rn 93 ff.

23 Kann (danach) weder eine geschriebene noch ungeschriebene Gesetzgebungskompetenz des Bundes begründet werden, bleibt es bei der Grundregel des Art. 70 I GG. Den

---

[35] Siehe BVerwG NJW 2006, 1225, 1226.
[36] Neben den Landespolizeigesetzen sind erkennungsdienstliche Maßnahmen auch in § 24 BPolG, § 43 BKAG, § 15 II Nr. 7 AsylG, §§ 49, 89 AufenthG und weiteren Gesetzen geregelt.
[37] BVerwG NJW 2006, 1225, 1226.
[38] BVerwG NJW 2006, 1225, 1226. Später auch BVerfGE 113, 348, 371 (mit Verweis auf BVerfGE 103, 21, 30); BVerwG NVwZ 2012, 757, 760 (Offene Videoüberwachung der Reeperbahn).
[39] Mit der Formulierung: „...im untrennbaren funktionalen Zusammenhang mit dem gerichtlichen Verfahren" rückt die Kompetenzzuschreibung in die Nähe der ungeschriebenen Gesetzgebungskompetenz des Bundes „Zuständigkeit kraft Sachzusammenhangs", siehe bei *R. Schmidt*, Staatsorganisationsrecht, Rn 843 ff.
[40] BVerfG NJW 2019, 827, 831 mit Verweis auf BVerfGE 103, 21, 29; 113, 348, 370. Siehe aber auch BVerwG NVwZ 2012, 757, 760: „Der Bundesgesetzgeber hat aber keine allgemeine abschließende Regelung hinsichtlich der Strafverfolgungsvorsorge getroffen." Siehe dazu auch Rn 93 ff.

Ländern verbleibt somit insbesondere die Gesetzgebungsbefugnis für das **allgemeine Polizei- und Ordnungsrecht**. Es wäre aber falsch, pauschal von einer „Polizeihoheit der Länder" zu sprechen. Denn auch das Bundesrecht kennt – wie aufgezeigt – Materien des Gefahrenabwehrrechts.

Die soeben dargestellte Verteilung der Gesetzgebungskompetenzen bezieht sich auch auf das **Verwaltungsvollstreckungsrecht**. Dem liegt folgende Überlegung zugrunde: Die Verwaltungsvollstreckung hat eine dienende Funktion. Sie zielt auf die Durchsetzung des durch die Verfügung konkretisierten materiellen Rechts ab und lässt sich aus systematischer Sicht als „Fortsetzung des Verwaltungsverfahrens" bezeichnen. Entsprechend der Verteilung der Gesetzgebungskompetenzen zwischen Bund und Länder gilt daher der Grundsatz, dass *der* Gesetzgeber, der für das Verwaltungsverfahrensrecht zuständig ist (das sind auch bei Bundesgesetzen grds. die Länder, vgl. Art. 83 GG), auch das Verwaltungsvollstreckungsrecht (mit) regeln darf. 24

> **Beispiel:** Setzt der Bund für die Ausführung der Bundesgesetze Bundesbehörden (vgl. Art. 86 ff. GG) sein, muss er auch das Verwaltungsverfahren (BundesVwVfG) und das Vollstreckungsverfahren (BundesVwVG) regeln. Die Länder müssen die Ausführung und die Vollstreckung ihrer Landesgesetze durch Landesverwaltungsverfahrensgesetze und Landesvollstreckungsgesetze regeln. Aber auch wenn die Länder Bundesgesetze ausführen (Art. 83 ff. GG) müssen sie zur Regelung der Ausführung und Vollstreckung Landesgesetze schaffen.

Unabhängig von den Gesetzgebungskompetenzen gilt, dass – soweit das Grundgesetz nichts anderes bestimmt oder zulässt – gem. Art. 83 GG die Länder (neben ihren Gesetzen) auch die Bundesgesetze als eigene Angelegenheiten **ausführen**. Es besteht daher, wie bei Art. 70 I GG bezüglich der Gesetzgebung, eine Zuständigkeitsvermutung zugunsten der Länder. 25

Hinsichtlich der Frage der Behördenzuständigkeit für die **Verwaltungsvollstreckung** gilt dasselbe Prinzip wie für das Verwaltungsverfahrensrecht: Bei der Frage, ob bundes- oder landesrechtliche Vollstreckungsregelungen anzuwenden sind, kommt es *nicht* darauf an, ob die durchzusetzende Verpflichtung auf Bundes- oder Landesrecht beruht, sondern ausschließlich darauf, welche Behörde vollstreckt. So können Bundesbehörden nur Bundesrecht und dieses auch nur nach bundesrechtlichen Vollstreckungsvorschriften vollstrecken. Landesbehörden können Landesrecht ausschließlich nach Landesvollstreckungsvorschriften vollstrecken.

> **Beispiel:** Die Bundespolizei kann als Bundesbehörde ausschließlich nach bundesrechtlichen Vorschriften (hier: BundesVwVG) vollstrecken. Die Polizei Hamburg kann als Landesbehörde Landesgesetze (hier: HmbSOG) ausschließlich nach Landesvollstreckungsrecht an (hier: HmbVwVG sowie §§ 17 ff. HmbSOG) vollstrecken.

Geht es um die Vollstreckung von Bundesrecht durch Landesbehörden, ist die Frage nach dem anwendbaren Vollstreckungsrecht dagegen differenzierter zu beantworten: Führen die Landesbehörden Bundesgesetze als eigene Angelegenheiten aus, richten sich Verwaltungsverfahren und Verwaltungsvollstreckung grds. nach Landesrecht. Allerdings kann der Bundesgesetzgeber gem. Art. 84 I, 85 I GG bzw. unter dem Gesichtspunkt der Annexkompetenz für die Behörden der Landesverwaltung vollstreckungsrechtliche Sonderregelungen erlassen.

> **Beispiel:** Beim AufenthG handelt es sich um ein Bundesgesetz. Gemäß der Grundregel in Art. 83 GG führen die Länder Bundesgesetze als eigene Angelegenheiten aus. Daher vollstrecken Landesbehörden auch bei der Ausführung von Bundesrecht grundsätzlich nach den landesrechtlichen Vollstreckungsvorschriften, es sei denn, der Bundesgesetzgeber hat vollstreckungsrechtliche Sonderregelungen erlassen. Das ist etwa bei den

§§ 57 ff. AufenthG der Fall. Diese bundesrechtlichen Vorschriften regeln umfassend (und grds. abschließend) das von den Ländern durchzuführende Vollstreckungsverfahren zur Durchsetzung der ausländerrechtlichen Ausreisepflicht. Auf die landesrechtlichen Vollstreckungsregelungen kann (und darf) insoweit nicht zurückgegriffen werden.

26 Muss ein Bundesgesetz ausgeführt (d.h. angewendet) werden, ist zu beachten, dass die Gesetze vielfach keine oder unvollständige Regelungen über das Verwaltungsverfahren beinhalten. Für die Frage, welches Recht dann ergänzend zur Anwendung kommt, ist entscheidend, ob das Bundesgesetz durch eine Bundesbehörde oder durch eine Landesbehörde ausgeführt wird:

- Für **Bundesbehörden** gilt Bundesrecht, d.h. die das Bundesgesetz ausführende Bundesbehörde muss das Verwaltungsverfahren des VwVfG, VwVG und des UZwG des Bundes anwenden. Ein Rückgriff auf das Landesgesetz ist unzulässig (s.o.).

- Bei **Landesbehörden** richtet sich das Verwaltungsverfahren nach Art. 83 GG: So kann es ein Ausführungsgesetz des Landes zum Bundesgesetz geben, das das Verwaltungsverfahren regelt (vgl. etwa die Ausführungsgesetze zum GastG oder zum LFBG). Subsidiär gilt das für alle Landesbehörden zur Gefahrenabwehr geltende allgemeine Ordnungsbehördengesetz bzw. das Polizeigesetz, das auch einzelne Materien des Verwaltungsverfahrens regelt. Im Übrigen kommen ergänzend das für sämtliche Verwaltungsbehörden des Landes geltende VwVfG, VwVG und das UZwG des Landes zur Anwendung.

27 Aus der bei Rn 26 genannten Verwaltungskompetenz der Länder auch für Bundesgesetze folgt, dass – sofern eine Landesbehörde handelt – das Landesverwaltungsverfahrens- bzw. Landesverwaltungsvollstreckungsgesetz anzuwenden sind, auch wenn die sich (inhaltlich) von dem entsprechenden Bundesgesetz nicht unterscheiden. Es wäre ein methodischer Fehler, bei der Ausführung eines Bundesgesetzes durch eine Bundesbehörde das LandesVwVfG oder bei der Ausführung eines (Bundes- oder auch Landes-)Gesetzes durch eine Landesbehörde das BundesVwVfG heranzuziehen.

E. Sonderordnungsbehörden, Ordnungsbehörden, Vollzugspolizei

28 Sind die terminologische Unterscheidung zwischen Trennungs- und Einheitssystem sowie die Gesetzgebungs- und Verwaltungskompetenzen geklärt, kann nunmehr die Unterscheidung zwischen Sonderordnungsbehörden, allgemeinen Ordnungsbehörden und Vollzugspolizeibehörden vorgenommen werden.

29 **Sonderordnungsbehörden** sind alle Behörden, denen im Rahmen ihres speziellen Aufgabenbereichs als „Annex" auch die Abwehr von bereichsspezifischen Gefahren (z.B. Gefahren durch schädliche Umwelteinwirkungen, durch unzuverlässige Gewerbetreibende, durch gefährliche Bauten etc.) zugeschrieben sind. Das Sonderordnungsrecht ist stets spezialgesetzlich geregelt und zwar in zahlreichen Bundes- und Landesgesetzen (z.B. StVG/StVO/StVZO/FeV/FZV, BImSchG, GewO, LBauO). Die Ausführung fällt i.d.R. in die Kompetenz besonderer Fachbehörden (Sonderordnungsbehörden).

30 Sonderordnungsbehörden des **Bundes** sind bspw. die Verwaltung der Bundeswasserstraßen durch Wasser- und Schifffahrtsämter und Direktionen (§§ 24 ff. WaStrG); die Luftaufsicht durch Bundesbehörden und die – ausdrücklich beliehene – FlugsicherungsGmbH (§§ 27a ff.; 31 II Nr. 18 LuftVG); das Kraftfahrtbundesamt (§§ 28-30 StVG) und der Bundestagspräsident nach Art. 40 II S. 1 GG. Die Sicherheitsdienste des Bundes (Bundesamt für Verfassungsschutz, MAD und BND) haben das in §§ 8 ff. BVerfSchG, 4 ff. MADG, 2 ff. BNDG geregelte Datenverarbeitungsrecht zum Schutz der freiheitlichen demokratischen Grundordnung in ihrem jeweiligen Zuständigkeitsbereich.

Behörden des **Landes** sind Sonderordnungsbehörden, wenn ihnen im Rahmen ihres fachgebietsbezogenen Aufgabenbereichs zugleich spezielle Kompetenzen zur Gefahrenabwehr zugewiesen sind, die sich i.d.R. als Teil ihrer Fachaufgaben darstellen. Es kann sich dabei um landeseigene Behörden handeln, die unter Umständen mehrinstanzlich gegliedert sind. Denkbar ist auch, dass nach den Bestimmungen der Ordnungsgesetze/Polizeigesetze die Behörden der Kreise und/oder der Gemeinden im Rahmen der ihnen zugewiesenen Fachkompetenzen spezifische Aufgaben der Gefahrenabwehr als Sonderordnungsbehörden wahrzunehmen haben. 31

> **Beispiele:** In den Flächenstaaten sind Sonderordnungsbehörden („Sonderpolizeibehörden") etwa das Landeseichamt/die Eichämter, das Oberbergamt/die Bergämter, die Gewerbeaufsichtsämter, die Gesundheitsämter und etwaige Immissionsschutzbehörden. Viele sonderordnungsrechtliche Kompetenzen sind der Kreisverwaltung zugewiesen - etwa die Bauaufsicht, das Straßenverkehrsamt, die Ausländerbehörde, vielfach auch die Versammlungsbehörde.

Immer dann, wenn eine Fachbehörde (Sonderordnungsbehörde) zur Gefahrenabwehr nicht vorhanden oder nicht zuständig ist, fällt die Gefahrenabwehr in den Zuständigkeitsbereich der **allgemeinen Ordnungsbehörden**. 32

Allgemeine Ordnungsbehörden in den **Ländern** („allgemeine Polizeibehörden") sind die Behörden, die „im Zweifel" alle Aufgaben der Gefahrenabwehr „auffangen", nämlich immer dann, wenn die Aufgabe nicht einer Sonderordnungsbehörde zugewiesen ist. 33

In den Flächenstaaten ist die allgemeine Ordnungsverwaltung stets **mehrinstanzlich** gegliedert. Während die oberste und die obere allgemeine Ordnungsbehörde durch landeseigene Organe gebildet werden (Minister, Regierungspräsident), werden auf der Kreis- und Gemeindeebene die kommunalen Körperschaften für das Land zur Wahrnehmung der Ordnungsaufgaben tätig. Dabei handelt es sich jedoch nicht um eigene (Selbstverwaltungs-) Aufgaben. Die Gefahrenabwehr ist eine **Landesaufgabe**, die von Kreisen und Gemeinden im Rahmen des übertragenen Wirkungskreises, also „im Auftrag des Landes", vollzogen wird. 34

Auf **Bundesebene** gibt es keine allgemeine Ordnungsbehörde. Denn der Bund hat nur in ganz bestimmten Fachbereichen Verwaltungskompetenzen mit der Folge, dass eine allgemeine Verwaltungsbehörde des Bundes nicht besteht. Beim Bund gibt es demgemäß nur Sonderordnungsbehörden. 35

Schließlich ist die **Vollzugspolizei** (der Polizeivollzugsdienst) organisatorisch von den Ordnungsbehörden zu unterscheiden. Ihre Aufgabe ist es, „unbenannte Gefahren" abzuwehren. Die Vollzugspolizei ist zuständig, unaufschiebbare Maßnahmen zu treffen, und wird tätig, wenn die Gefahr so dringend ist, dass auf Entscheidungen der Ordnungsbehörden nicht gewartet werden kann. 36

- Verwaltungsbehörden des **Bundes** mit vollzugspolizeilichen Kompetenzen sind das Bundeskriminalamt, die Zolldienste, die Bundeswehr und die Bundespolizei (vgl. zur Bundespolizei § 1 I S. 2 i.V.m. § 57 BPolG[41]). 37

- Auf **Landesebene** ist die Vollzugspolizei eine eigenständige, landesunmittelbare Verwaltungsbehörde. In der Regel ist sie in ihrer Kompetenz auf den „ersten Zugriff" beschränkt (sog. „Eilfallkompetenz", s.o.). Sie kann – landesrechtlich unterschiedlich – horizontal und vertikal dekonzentriert gegliedert sein. 38

    ⇨ Horizontal (fachlich) kann es neben der Schutzpolizeibehörde die Bereitschaftspolizei, Wasserschutzpolizei und Kriminalpolizei geben.

---

[41] Zur räumlichen Begrenzung und sachlichen Zuständigkeit der Bundespolizei vgl. BVerwG NVwZ 2015, 91 f. (mit Bespr. v. *Gnüchtel*, NVwZ 2015, 37 ff.); OVG Koblenz DÖV 2013, 441 (mit Bespr. v. *Waldhoff*, JuS 2014, 191).

⇨ Vertikal (hierarchisch) kann insb. die Schutzpolizei in zwei Instanzen (i.d.R. auf Bezirks- und Kreisebene) gegliedert sein. Die im Zweifel zuständige untere Instanz ist in vielen Bundesländern örtlich in Polizeidirektionen bzw. Polizeipräsidien aufgeteilt.

Zur Bedeutung dieser Unterscheidung für die Fallbearbeitung vgl. Rn 53 ff.

F. Musterentwurf eines einheitlichen Polizeigesetzes

39 Da das Polizeirecht – bedingt durch die erläuterten Einflüsse der Besatzungsmächte, geschichtliche Vorgaben, geographische Unterschiede und abweichende politische Verhältnisse – als allgemeines Recht der Gefahrenabwehr nach Art. 30 und 70 I GG in die Gesetzgebungskompetenz der Länder fällt, haben die Länder dieses Recht in den Jahren von 1951 bis 1970 mit erheblichen Unterschieden in der Organisation und nicht unwesentlichen Abweichungen in materiell-rechtlicher Hinsicht erlassen. Infolge der zunehmenden Mobilität der Bevölkerung, des Anwachsens der Kriminalität, vermehrter Großdemonstrationen und anderer Massenveranstaltungen ergab sich dann jedoch verstärkt die Notwendigkeit, Polizeikräfte der Länder und des Bundes zur Unterstützung der Polizeien anderer Länder einzusetzen. Die so eingesetzten Polizeibeamten waren gezwungen, das höchst unterschiedliche Recht, das am Einsatzort gilt, zu kennen und anzuwenden. Hieraus ergab sich die Forderung nach einer Vereinheitlichung des Polizeirechts. Da eine Bundesgesetzgebungskompetenz jedoch nicht besteht, die zu einer deutschlandweiten einheitlichen Rechtslage hätte führen können, beschlossen die Innenminister der Länder im Jahre 1972, zumindest einen „Musterentwurf" als freilich unverbindliche „Vorlage" für die Landesparlamente erarbeiten zu lassen, damit diese ihre Polizeigesetze vereinheitlichen konnten.

40 Ein solcher „Musterentwurf eines einheitlichen Polizeigesetzes" (MEPolG) ist von mehreren Kommissionen unter Beteiligung der Polizeibehörden, der Justiz, der Berufsvertretungen der Polizeibeamten, der kommunalen Spitzenverbände sowie zahlreicher Wissenschaftler erstellt worden. Auch die Öffentlichkeit hatte Gelegenheit, sich zum MEPolG zu äußern. Dieser ist sodann erstmals am 11.6.1976 und – nach Harmonisierung mit den Vorschriften des Strafverfahrensrechts – abschließend am 25.11. 1977 beschlossen worden. Er sah einheitliche Regelungen für die Aufgaben und Befugnisse der Polizei, für die Vollzugshilfe, für die Zwangsanwendung, für die Entschädigung und für die Amtshandlungen von Polizeibeamten anderer Länder und des Bundes vor.

41 Im MEPolG **nicht** enthalten waren Regelungen über die Erhebung und Verarbeitung personenbezogener Daten. Denn zur damaligen Zeit wurden die Informationsbeschaffung und -verwertung größtenteils noch nicht als Grundrechtseingriffe angesehen, sodass es trotz des verfassungsrechtlichen Grundsatzes vom Vorbehalt des Gesetzes nicht geboten schien, sie gesetzlich zu regeln und damit in den MEPolG aufzunehmen.

42 Dass die Verneinung der Grundrechtsrelevanz bei Maßnahmen der Datenerhebung und -verarbeitung – jedenfalls aus heutiger Sicht – kaum vertretbar war, wurde bereits im Jahre 1977 von einigen liberalen Rechtsprofessoren erkannt. Im Januar 1979 wurde der vom „Arbeitskreis Polizeirecht" (zu den Mitgliedern zählten: Denninger, Dürkop, Hoffmann-Riem, Klug, Podlech, Rittstieg, Schneider, Seebode) erarbeitete „Alternativentwurf einheitlicher Polizeigesetze des Bundes und der Länder" (AEPolG) vorgelegt. Absicht der Verfasser war es, ein „Gegenkonzept" zum MEPolG vorzustellen. Die Bedeutung des AEPolG lag insbesondere darin, dass er ein besonderes Kapitel „Informationsverarbeitung" (§§ 37 ff.) enthielt, die – wie gesehen – im MEPolG keiner – auch nicht ansatzweisen – Regelung zugeführt worden war. Besondere Beachtung

verdienten darüber hinaus die vorgeschlagenen Regelungen hinsichtlich Beobachtung und Befragung (§ 11), Erstellung von Persönlichkeitsprofilen (§ 12), Ausforschung von Veranstaltungen (§ 13) und vor allem zum Schusswaffengebrauch gegen Personen (§ 64). Damit waren die Verfasser ihrer Zeit weit voraus, was sich mit der Bestätigung ihrer Rechtsauffassung durch das **Volkszählungsurteil** des BVerfG v. 15.12.1983[42] bestätigte. Mit diesem Urteil hat sich endgültig die Rechtsauffassung durchgesetzt, dass jede Erhebung von personenbezogenen Daten grundsätzlich einen **Eingriff in das Grundrecht auf informationelle Selbstbestimmung** (Art. 2 I i.V.m. 1 I GG) darstelle. Freie Entfaltung der Persönlichkeit setze nämlich gerade unter den modernen Bedingungen der Datenverarbeitung den Schutz des Einzelnen gegen unbegrenzte Erhebung, Speicherung, Verwendung und Weitergabe seiner persönlichen Daten voraus.[43]

Trotz der angeführten Bedenken wurde der MEPolG in nahezu unveränderter Form von Bayern, Nordrhein-Westfalen, Rheinland-Pfalz und Niedersachsen übernommen. Im BremPolG v. 26.3.1983 haben Grundgedanken des AEPolG Aufnahme gefunden. 43

In einer zweiten Phase, die (wegen § 31 BVerfGG) maßgeblich von dem Volkszählungsurteil des BVerfG beeinflusst war, haben das Saarland, Hessen, Hamburg, Berlin und Schleswig-Holstein den MEPolG mit teilweise nicht unerheblichen Abweichungen in Landesrecht umgesetzt und hierbei auch datenschutzrechtliche Gesichtspunkte, die denen des BremPolG von 1983 glichen, berücksichtigt. 44

Der Bund ist dieser Entwicklung durch Änderung des Gesetzes über den Bundesgrenzschutz vom 18.8.1972 (BGBl I S. 1834) am 19.10.1994 (BGBl I S. 2978) gefolgt. Für den kriminalpolizeilichen Kompetenzbereich des Bundes gilt das Gesetz über das Bundeskriminalamt und die Zusammenarbeit des Bundes und der Länder in kriminalpolizeilichen Angelegenheiten (BKAG) vom 7.7.1997 (BGBl I S. 1650), das jedoch in der Folge mehrmals geändert und durch Befugnisse zu technischen Datenerhebungsmaßnahmen erweitert wurde.[44] 45

Im Hinblick auf die in den Bundesländern aufgrund des Volkszählungsurteils bestehende unterschiedliche Rechtslage sah sich die Innenministerkonferenz (IMK) erneut veranlasst, eine einheitliche Regelung zu erarbeiten. Am 23.6.1984 beschloss sie, sich wegen des notwendigen Datenverbunds der Polizeibehörden des Bundes und der Länder, um ein einheitliches Vorgehen bei der Informationsgewinnung und -verarbeitung zu bemühen. Der Arbeitskreis II der IMK hat daraufhin einen „Vorentwurf zur Änderung des Musterentwurfs eines einheitlichen Polizeigesetzes des Bundes und der Länder" erarbeitet. Die IMK sah in diesem Vorentwurf eine „Grundlage" für möglichst einheitliche Vorschriften für die polizeiliche Datenerhebung und -verarbeitung in Bund und Ländern (Beschluss der IMK vom 18.4.1986). 46

Dieser Vorentwurf, der (ohne Alternativen) in den MEPolG v. 25.11.1977 eingefügt worden ist, hatte Auswirkungen auf entsprechende Gesetzesänderungen in Hessen, Nordrhein-Westfalen, Bayern und Baden-Württemberg. In den Folgejahren haben die Parlamente dieser Länder unter teilweiser Übernahme des Vorentwurfs zur Änderung des MEPolG ihre Polizeigesetze erneut unter datenschutzrechtlichen Gesichtspunkten novelliert. Diese Novellierungstendenz ist auch heute noch zu beobachten, allerdings maßgeblich beeinflusst einerseits durch das Bestreben nach der Aufnahme von immer neuen **Datenerhebungsmaßnahmen** wie bspw. 47

---

[42] BVerfGE 65, 1 ff.
[43] BVerfGE 65, 1, 44 ff.
[44] Zur Verfassungsmäßigkeit der Vorschriften des BKAG bzgl. heimlicher Überwachungsmaßnahmen (Wohnraumüberwachungen, Online-Durchsuchung, Telekommunikationsüberwachungen, Verkehrsdatenerhebungen und Überwachungen außerhalb von Wohnungen mit besonderen Mitteln der Datenerhebung) zur Abwehr von Gefahren des internationalen Terrorismus vgl. BVerfG NJW 2016, 1781, 1785 ff. (BKA-Gesetz).

- den Einsatz **automatisierter Kennzeichenlesesysteme** (Rn 174 ff.),
- die Verwendung von Körper- bzw. Schulterkameras (sog. **„Bodycams"** – Rn 171 ff.),
- den verdeckten Einsatz technischer Mittel zum gezielten Abhören und Aufzeichnen des nichtöffentlich gesprochenen Wortes in und aus einer durch Art. 13 I GG geschützten Räumlichkeit („Wohnung") bspw. mit Hilfe von Tonbandgeräten, Richtmikrofonen oder „Wanzen" (großer **„Lauschangriff"** – Rn 268 ff.),
- die **Telekommunikationsüberwachung** (TKÜ – Rn 293 ff.),
- die **Online-Durchsuchung** von Computern (Rn 308 ff.),
- die **„Quellen-TKÜ"** (Rn 308t ff.)
- und die **elektronische Aufenthaltsüberwachung** (EAÜ – Rn 486).

und andererseits durch europarechtliche Datenschutzvorgaben und Rechtsprechung des EuGH, des EGMR und des BVerfG, die über die Einhaltung unionsrechtlicher, konventionsrechtlicher und grundgesetzlicher Vorgaben wachen.

48 Im Zuge der Verwirklichung der **deutschen Einheit** ist in der ehemaligen DDR – für die damals noch handlungsunfähigen Länder Brandenburg, Mecklenburg-Vorpommern, Sachsen, Sachsen-Anhalt und Thüringen sowie Berlin (Ost) – auf der Grundlage des MEPolG das Gesetz über Aufgaben und Befugnisse der Polizei vom 13.9.1990 (BGBl I S. 1489) ergangen. In der Folgezeit haben die neuen Bundesländer eigenständige Polizeigesetze bzw. Gesetze über die öffentliche Sicherheit oder Ordnung erlassen.

49 Heute sind – wie am Beispiel der Datenerhebungsmaßnahmen aufgezeigt – die Polizeigesetze der Länder so weit vom MEPolG entfernt, dass eine Heranziehung des MEPolG als Referenz für eine länderübergreifende Darstellung nicht empfehlenswert ist. Daher werden auch im Rahmen der vorliegenden Darstellung nach Möglichkeit alle polizeigesetzlichen Vorschriften in den Fußnoten zitiert.

G. Allgemeine Aufgaben der Polizei; Zuständigkeiten

50 Die ersten Paragraphen fast aller Polizeigesetze[45] enthalten (generalklauselartige) **Aufgabenzuweisungen**; sie weisen der Polizei[46] die Aufgabe zu, Gefahren für die öffentliche Sicherheit (oder Ordnung) abzuwehren, und stellt klar, dass zu dieser Aufgabe auch die Vorbereitung der Verhinderung künftiger Gefahren und die Verhütung von Straftaten zählen. Damit nehmen die Polizeigesetze in Übereinstimmung mit dem MEPolG eine strikte **Trennung von Aufgaben und Befugnissen** vor.

51 Primär zuständig für die Gefahrenabwehr sind die **(Sonder-)Ordnungsbehörden** (Ortspolizeibehörden), weil sie auf ihrem jeweiligen Sachgebiet über spezielle Kenntnisse und Ausrüstung verfügen, um effektive Gefahrenabwehr vornehmen zu können. Zu beachten ist jedoch die in den allgemeinen Gefahrenabwehrgesetzen (Polizeigesetzen) enthaltene Aufgabenbegrenzung, wonach die (Sonder-)Ordnungsbehörden Aufgaben der Gefahrenabwehr nur ausüben, soweit diese ihnen übertragen worden sind. Diese Aufgabenbegrenzung hat ihren Grund darin, dass das besondere Gefahrenabwehrrecht nicht nur spezielle Aufgabenzuweisungsnormen, sondern auch spezielle Rechtsgrundlagen enthält (vgl. z.B. § 35 GewO, § 29 LuftVG, § 2 LuftSiG) und die (Sonder-)Ordnungsbehörden in erster Linie die speziellen Aufgaben wahrnehmen und sich dabei auf diese speziellen Rechtsgrundlagen stützen sollen.

---

[45] Lediglich in Bayern ist die Aufgabenzuweisung in Art. 2 PAG, Art. 6 LStVG geregelt. Auch Schleswig-Holstein regelt die polizeilichen Aufgaben in §§ 162 I, 163 I LVwG.
[46] Zur Unterscheidung zwischen (Sonder-)Ordnungsbehörden und Vollzugspolizei vgl. Rn 28 ff.

Beispiel: Lässt der Gastronom G in den Hinterräumen seiner Gaststätte illegale Prostitution[47] zu, ist klar, dass die Rechtsgemeinschaft diesen Zustand nicht dulden darf. Da von dem Betrieb einer Gaststätte stets Gefahren ausgehen können (eine Gaststätte also „abstrakt" gefährlich ist, man denke auch an andere unhaltbare Zustände wie unhygienische Toiletten, verdorbene Speisen, den Ausschank von Alkohol an Minderjährige etc.), hat der (Bundes-)Gesetzgeber zur Abwehr „gaststättenspezifischer" Gefahren ein spezielles Gefahrenabwehrgesetz erlassen, das Gaststättengesetz (GastG).[48] Dieses Gesetz sieht vor, dass dem Betreiber einer Gaststätte die Gaststättenerlaubnis (die Konzession) zu entziehen ist, wenn die Voraussetzungen des § 15 II i.V.m. § 4 I Nr. 1 GastG vorliegen. Da die Beurteilung der Frage, ob diese Voraussetzungen vorliegen, einen gewissen Sachverstand voraussetzt, haben die zum Erlass von Ausführungsgesetzen zum GastG berufenen Landesgesetzgeber zugleich die Gaststättenbehörden für zuständig erklärt. Rechtstechnisch ergibt sich für den vorliegenden Fall somit folgende Rechtslage:

- ⇨ Zuständig für die Beurteilung der Sach- und Rechtslage und damit für die Ausführung des GastG ist die Gaststättenbehörde.
- ⇨ Auch nur diese ist es, die eine auf § 15 II i.V.m. § 4 I Nr. 1 GastG gestützte gaststättenrechtliche Ordnungsverfügung erlassen kann.
- ⇨ Der Polizeivollzugsdienst ist nicht zuständig für Maßnahmen auf der Grundlage des GastG.

Dagegen ist der **Polizeivollzugsdienst** zuständig, wenn eine Gefahrenabwehr unter Dringlichkeits- und Effektivitätsgesichtspunkten unaufschiebbar erscheint, also in Situationen, in denen die primär zuständigen, jedoch mit bürokratischen Mitteln arbeitenden (Sonder-)Ordnungsbehörden nicht rechtzeitig einschreiten könnten. Um einen solchen sog. **Eilfall** festzustellen, ist eine Verlaufsprognose anzustellen: Gelangt ein objektiver Beobachter in der Rolle des handelnden Beamten zu dem Ergebnis, dass die mit bürokratischen Mitteln arbeitende (Sonder-)Ordnungsbehörde nicht ebenso wirksam und rechtzeitig einschreiten könnte wie die Vollzugspolizei, sind deren Eilfallkompetenz und damit deren sachliche Zuständigkeit zu bejahen.

52

Beispiel: Der Betreiber einer Gaststätte in Köln lässt in den Hinterräumen seiner Gaststätte den Handel mit Drogen zu. Als die Vollzugspolizei eines Nachts einen entsprechenden Hinweis erhält, begibt sie sich sofort in die Gaststätte und stellt eine erhebliche Menge Kokain sicher.

An sich wäre die Gaststättenbehörde als Sonderordnungsbehörde zuständig. Da eine Benachrichtigung der Bediensteten der Gaststättenbehörde jedoch nur während der üblichen Dienstzeiten möglich ist und vorliegend aufgrund der Dringlichkeit sofort gehandelt werden muss, ist die Vollzugspolizei aufgrund ihrer Eilfallkompetenz zuständig.

Gegenbeispiel[49]**:** Rentner C glaubt, bei den ständigen Radarkontrollen an der zweispurigen Universitätsallee gehe es dem Staat nur um die Finanzierung des Haushalts. Täglich fährt er deshalb die Universitätsallee ab, um „Radarfallen" aufzuspüren. Immer wenn er eine entdeckt, platziert er sich ca. 100 m davor am Straßenrand und warnt die heranfahrenden Autofahrer mit einem Schild, auf dem steht: „Vorsicht Radarfalle". Polizeibeamter P wird darauf aufmerksam und weist C an, derartige Warnungen sofort und auch in der Zukunft zu unterlassen.

Da das Verbot nicht nur für den betreffenden Tag, sondern auch für die Zukunft gelten soll, sind in der Verfügung zwei Regelungen und mithin zwei Verwaltungsakte enthalten: das tagbezogene Verbot, die Radarwarnung fortzusetzen, und das zukunftsbezoge-

---

[47] Auch nach Inkrafttreten des Prostitutionsgesetzes ist die Prostitution selbstverständlich illegal, wenn die Prostituierten minderjährig sind und/oder zur Prostitution gezwungen werden und/oder (bei Ausländerinnen) sich illegal in der Bundesrepublik aufhalten und der Prostitution nachgehen.
[48] Zur Föderalismusreform siehe Fußnoten 10 und 13 und i.Ü. *R. Schmidt*, Staatsorganisationsrecht, Rn 788 ff.
[49] Nach *Muckel*, Fälle BesVerwR, S. 40 ff.

ne Verbot, sie wieder aufzunehmen. Während das tagbezogene Verbot nur sofort ausgesprochen werden konnte[50], wäre bezüglich des zukunftsbezogenen Verbots durchaus Zeit gewesen, die zuständige Ordnungsbehörde (hier: die Straßenverkehrsbehörde) zu informieren. Diese hätte gleichsam wirksam zukünftige Radarwarnungen des C verhindern können.

53 Besteht ein sog. Eilfall, bedeutet das jedoch nicht, dass die Sonderordnungsbehörde automatisch ihre Zuständigkeit verliert. Vielmehr behält sie ihre Zuständigkeit und ist *neben* der Vollzugspolizei zuständig. Um in derartigen Fällen ein „Kompetenzgerangel vor Ort" auszuschließen, gilt das „**Recht des ersten Zugriffs**" (auch **Grundsatz der Erstbefassung** genannt). Es besagt, dass von mehreren zuständigen Behörden diejenige zur Gefahrenabwehr befugt ist, die zuerst vor Ort ist und aktiv wird. Das schließt freilich nicht aus, dass die andere Behörde gebeten wird, Amtshilfe zu leisten.

Beispiel: Im Gaststättenfall von Rn 51 könnten die Beamten des Polizeivollzugsdienstes zur Amtshilfe gem. den Vorschriften des Landespolizeigesetzes verpflichtet werden.

54 In der Regel ist der Polizeivollzugsdienst trotz Vorliegens eines Eilfalls **nicht zuständig**, Gefahrenabwehrmaßnahmen auf **spezielle Gefahrenabwehrgesetze** zu stützen. Denn diese Gesetze erklären meist nur die Sonderordnungsbehörden für zuständig. Das trifft jedenfalls auf die meisten Rechtsgrundlagen des GastG, der GewO, des ProdSG, des StVG und der StVO zu. Steht also eine Maßnahme des Polizeivollzugsdienstes in Frage, muss bzgl. der Rechtsgrundlage stets der Grundsatz beachtet werden, dass das Spezialgesetz die Anwendung eines allgemeinen Gesetzes ausschließt (lex specialis derogat legi generali). Ist allerdings der Polizeivollzugsdienst nicht zuständig, das Spezialgesetz anzuwenden, kann dieses für das Handeln des Beamten keine Sperrwirkung zulasten des allgemeinen Gesetzes entfalten.

Beispiel: Die Ausführungsgesetze zum GastG bzw. Gaststättenzuständigkeitsverordnungen der Länder erklären die Gaststättenbehörden als zuständige Sonderordnungsbehörden. Der Polizeivollzugsdienst ist daher nicht zuständig zur Ausführung des GastG. Er kann gefahrenabwehrrechtliche Maßnahmen nur im Rahmen der Eilfallkompetenz auf das Polizeigesetz stützen.

55 Wenn aber das Spezialgesetz (ausnahmsweise) auch die Zuständigkeit des Polizeivollzugsdienstes begründet, bleibt es bei dem Grundsatz, dass der Polizeivollzugsdienst seine Maßnahme auf das Spezialgesetz stützen muss. In diesem Fall gehen Anwendbarkeit des Spezialgesetzes und sachliche Zuständigkeit der Behörde einher.

Beispiel: An einem kalten Sonntagabend im Januar ereignet sich ein schwerer Verkehrsunfall in der Augsburger Straße. Unmittelbar nach dem Ereignis erreichen die beiden Polizeivollzugsbeamten A und B den Unfallort, an dem sich bereits mehrere Kraftfahrzeuge gestaut haben und sich eine Menschenansammlung gebildet hat. Um zum Ort des Geschehens vordringen zu können, schalten die Beamten Martinshorn und Blaulicht ihres Dienstwagens kurz ein, sodass sich die Fahrzeuge und die Schaulustigen zur Seite bewegen. Ist diese Maßnahme formell rechtmäßig?

Der Einsatz des Martinshorns ist rechtstechnisch ein Platzverweis. Denn durch einen solchen wird eine Person vorübergehend eines Ortes verwiesen oder ihr wird vorübergehend das Betreten eines Ortes verboten. Die Platzverweisung greift in Art. 2 II S. 2 GG ein. Denn die Freiheit der Person schützt trotz ihres weiten Wortlauts („Freiheit") die

---

[50] Vgl. auch OVG Düsseldorf NJW 1997, 1596; VG Saarbrücken DAR 2004, 668 f. zur Rechtmäßigkeit einer Untersagungsverfügung wegen Verstoßes gegen die öffentliche Sicherheit und zur Sicherstellung des Schildes. Zur Rechtmäßigkeit der Vernichtung der sichergestellten Sache vgl. Rn 565 und 578. Zur Zulässigkeit von Radarwarnungen im Rundfunk als Teil eines Verkehrskonzepts vgl. wiederum VG Saarbrücken DAR 2004, 668 f. Zu den sog. Radarwarngeräten vgl. Rn 565 und 578.

körperliche Bewegungsfreiheit. Damit ist das Recht gemeint, jeden beliebigen Ort aufzusuchen oder bei ihm zu verweilen.[51] Ein Platzverweis stellt daher einen Eingriff in Art. 2 II S. 2 GG dar, weil der Betroffene verpflichtet wird, den Ort zu verlassen.[52]

Daher ist eine *Rechtsgrundlage* erforderlich. Bevor jedoch auf die polizeigesetzliche Standardmaßnahme *Platzverweisung*[53] zurückgegriffen werden kann, ist zunächst zu untersuchen, ob eine Spezialvorschrift außerhalb des allgemeinen Polizei- und Ordnungsrechts greift. In Betracht kommt § 38 I StVO. Danach ist das Einschalten des Martinshorns und des Blaulichts im Fall von höchster Eile gestattet, wenn Menschenleben zu retten, schwere gesundheitliche Schäden oder eine Gefahr für die öffentliche Sicherheit oder Ordnung abzuwenden sind. § 38 I StVO ist auch eine gefahrenabwehrrechtliche Vorschrift, sofern auf die genannten Schutzgüter abgestellt wird.

Die *Zuständigkeit* ergibt sich aus § 44 StVO i.V.m. der Aufgabenzuweisungsnorm des Landespolizeigesetzes, wonach die (Vollzugs-)Polizei auch für Aufgaben zuständig ist, die ihr durch andere Rechtsvorschriften übertragen worden sind. Eine solche andere Rechtsvorschrift ist gerade § 44 I StVO.

Als allgemeine *Verfahrensvorschrift* ist zwar an § 28 I VwVfG zu denken, doch ist eine Anhörung ohnehin wegen § 28 II Nr. 1 VwVfG entbehrlich. Denn wegen des ausschließlichen Einschreitens aufgrund der Eilfallkompetenz ist das „öffentliche Interesse" zu bejahen. Zudem liegt „Gefahr im Verzug" vor. Darüber hinaus ergibt sich die Entbehrlichkeit der vorherigen Anhörung aus § 28 II Nr. 4 VwVfG, da sich die mit dem Einschalten des Martinshorns verbundene Aufforderung, zur Seite zu treten, an jeden richtet, der sich im Gefahrenbereich aufhält.

Des Weiteren besteht die Zuständigkeit der Polizei nur für die Abwehr von Gefahren für die **öffentliche Sicherheit** (oder Ordnung). Unter dem Aspekt der öffentlichen Sicherheit geschützt ist entsprechend der Legaldefinitionen einiger Polizeigesetze (vgl. dazu näher Rn 628 ff.) die Unverletzlichkeit

(1) der *objektiven Rechtsordnung,*
(2) der *subjektiven Rechte und Rechtsgüter des Einzelnen*
(3) sowie der *Einrichtungen und Veranstaltungen des Staates oder sonstiger Träger der Hoheitsgewalt.*

Die Betroffenheit eines der genannten Schutzgüter hat eine Gefährdung der öffentlichen Sicherheit zur Folge und befugt grds. zum Einschreiten. Allerdings ist zu beachten, dass der Schutz privater Rechte primär den ordentlichen Gerichten obliegt (dazu Rn 68 ff.).

Das anfänglich in allen Polizeigesetzen enthaltene alternative Schutzgut **öffentliche Ordnung** war aufgrund verfassungsrechtlicher Bedenken zwischenzeitlich aus den meisten Polizeigesetzen herausgenommen worden, ist in jüngerer Zeit jedoch wieder in die meisten Polizeigesetze eingefügt worden. Eine Betroffenheit dieses Schutzguts befugt daher in den betreffenden Ländern wieder zu gefahrenabwehrrechtlichen Maßnahmen (näher Rn 637 ff.).

Schließlich muss eine **Gefahr** (für eines der geschützten Güter) bestehen. Die Polizeigesetze befugen zur Abwehr konkreter und abstrakter Gefahren. Auch eine **Stö-**

---

[51] BVerfGE 94, 166, 198; *Kunig*, in: v. Münch/Kunig, GG, Art. 2 Rn 74.
[52] Vgl. bereits *R. Schmidt*, BesVerwR, 4. Aufl. 2000, S. 89. Später auch *Kingreen/Poscher*, POR, § 16 Rn 4; a.A. VGH München NVwZ 2000, 454, 455 f. (Eingriff nur in Art. 2 I GG). Nach *Hetzer*, JR 2000, 1, liegt sogar ein Eingriff in Art. 11 GG vor.
[53] Vgl. zum vorübergehenden Platzverweis § 12 MEPolG; Bund: § 38 BPolG; Bay: Art. 16 PAG; BW: § 27a PolG; Berl: § 29 I ASOG; Brand: § 16 PolG; Brem: § 14 PolG; Hamb: § 12a SOG; Hess: § 31 SOG; MeckVor: § 52 SOG; Nds: § 17 I POG; NRW: § 34 PolG, § 24 OBG; RhlPfl: § 13 POG; Saar: § 12 PolG; Sachs: § 18 PVDG; SachsAnh: § 36 I SOG; Schl-Holst: § 201 LVwG; Thür: § 18 PAG.

rungsbeseitigung, also die Beseitigung der Folgen einer bereits realisierten Gefahr, kann eine Maßnahme der Gefahrenabwehr sein, sofern die Störung Zukunftsbezug hat, von ihr also Gefahren (für die Zukunft) ausgehen. Vgl. dazu näher Rn 657 ff.

> **Hinweis für die Fallbearbeitung:** Ist also die Zuständigkeit der Polizei nur in Eilfällen (die Polizeigesetze sprechen von „Unaufschiebbarkeit") gegeben und liegt ein Eilfall nur bei einer „Gefahr für die öffentliche Sicherheit (oder Ordnung)" vor, dürfte man die Zuständigkeit der Polizei eigentlich nur dann bejahen, wenn eine **Gefahr für die öffentliche Sicherheit** (oder Ordnung) durch eine entsprechende (inzidente) Prüfung bejaht wurde. Das Vorliegen einer Gefahr für die öffentliche Sicherheit (oder Ordnung) ist aber (trotz ihrer Nennung im Tatbestand der Zuständigkeitsnorm) eine Frage der materiellen Rechtmäßigkeit. Man vermeidet das Problem einer inzidenten Prüfung, indem man die Gefahr unter Hinweis auf die Möglichkeit ihres Vorliegens als gegeben unterstellt (sog. abstrakte Prüfung, vgl. *Muckel*, Fälle Bes-VerwR, S. 20). Diese Vorgehensweise sollte zu keiner Beanstandung durch den Korrektor führen.

H. Trennung von Aufgaben und Befugnissen

60 Wie bereits bei Rn 14 ff. erwähnt, haben die Landesgesetzgeber seit Verabschiedung des Musterentwurfs eine strikte **Trennung von Aufgaben und Befugnissen** der Polizei vorgenommen. Damit haben sie der früher vorherrschenden traditionellen Vorstellung des Preußischen Polizeiverwaltungsrechts eine Absage erteilt. Diese Vorstellung beruhte darauf, dass wenn der Staat eine Behörde einrichtet und ihr eine bestimmte Aufgabe zuweist, er sie zugleich (stillschweigend) ermächtigt, Grundrechtseingriffe vorzunehmen. Man hat erkannt, dass dieses preußische Gedankengut mit einem modernen Rechtsstaat nicht (mehr) zu vereinbaren ist. Polizei- und ordnungsrechtliche Maßnahmen greifen mitunter nämlich in erheblichem Maße in die Rechtssphäre (**Freiheitsgrundrechte**) des betroffenen Bürgers ein und stellen damit eine der schärfsten Formen der **Eingriffsverwaltung** dar. Aufgrund der damit verbundenen außerordentlichen Grundrechtsrelevanz gilt die Gesetzmäßigkeit der Verwaltung – d.h. **Vorrang und Vorbehalt des Gesetzes** (Art. 20 III GG) – uneingeschränkt. Daraus folgt, dass die Verwaltung in der gewünschten oder für erforderlich gehaltenen Weise nur tätig werden darf, wenn sie dazu durch **hinreichend bestimmtes** Gesetz ermächtigt ist. Gerade dies vermögen Aufgabenzuweisungsnormen nicht zu leisten. Sie werden den Anforderungen des Vorbehalts des Gesetzes nicht gerecht und berechtigen die Polizei- und Ordnungsbehörden daher *nicht* zu Eingriffen in Freiheit und Eigentum des Individuums.

61 Folgerichtig gehen heute alle Polizeigesetze von einer strikten Trennung von Aufgaben und Befugnissen aus. Greift ein polizeiliches Mittel in die Rechtssphäre des Einzelnen ein, muss hierfür eine ausdrückliche gesetzliche Ermächtigungsgrundlage (**Rechtsgrundlage**) in Form einer „Befugnis" vorliegen. Nur diese wird dem Grundsatz vom Vorbehalt des Gesetzes gerecht. Dabei genügt für weniger grundrechtsbelastende Maßnahmen auch eine generalklauselartige Befugnisnorm.

> **Beispiel:** Aufgrund von Beißvorfällen, die sich immer wieder im Zusammenhang mit sog. Listenhunden ergeben, erteilt Polizeiobermeister P dem Halter eines Rottweilers, der mit seinem Tier gerade auf dem Elbufer spazieren geht und es frei herumlaufen lässt, die Weisung, dass er den Hund an die Leine zu nehmen habe.
>
> Eine Gefahr liegt vor; P ist auch zuständig, im Rahmen seiner sog. Eilfallkompetenz unaufschiebbare Maßnahmen der Gefahrenabwehr vorzunehmen. Allerdings befugt ihn die entsprechende Zuständigkeitsnorm des Landespolizeigesetzes nicht zu grundrechtsbeeinträchtigenden Maßnahmen; hierfür bedarf es wegen des Grundsatzes vom Vorbe-

halt des Gesetzes einer gesetzlichen Ermächtigung. Sofern weder in dem Hundegesetz noch in dem Polizeigesetz des Landes entsprechende spezielle Befugnisnormen enthalten sind, kann P sich auf die polizeiliche Befugnisgeneralklausel stützen, die bei Vorliegen einer Gefahr für die öffentliche Sicherheit zum Ergreifen der erforderlichen Maßnahmen befugt. Die öffentliche Sicherheit ist vorliegend unter dem Aspekt *Rechtsordnung* betroffen, sofern nach dem Hundegesetz ein Leinenzwang für einen Rottweiler besteht; in jedem Fall ist das Schutzgut *subjektive Rechte und Rechtsgüter des Einzelnen* betroffen.[54]

Davon unbeschadet können die Aufgabenzuweisungsnormen der Polizeigesetze jedoch Rechtsgrundlage für gefahrenabwehrbehördliche und polizeiliche Tätigkeiten sein, die **nicht mit Eingriffen in die Rechtssphäre** der Bürger verbunden sind. Ob eine Handlung in Grundrechte eingreift oder nicht, sollte danach vorgenommen werden, ob die fragliche Maßnahme individualbezogen oder -beziehbar ist und dabei für den Betroffenen belastend wirkt.

Beispiele: Kontroll- und Streifengänge, Streifenfahrten, „Surfen" von Polizeibeamten im Internet, aber auch die bloße Anwesenheit von Polizeibeamten bei Großveranstaltungen (Konzerten, Fußballspielen etc.) sind entweder nicht individualbezogen oder nicht belastend. Zwar mag im Einzelfall die bloße Anwesenheit von Polizeibeamten als Belästigung und Einschränkung der freien Entfaltung der Persönlichkeit empfunden werden, einen Grundrechtseingriff durch sie anzunehmen, ginge aber zu weit.

Ein Sonderproblem besteht in Bezug auf staatliche Informationstätigkeit, konkret wenn es um öffentliche Warnungen etwa vor gesundheitsschädlichen Produkten (Glykolwein, salmonellenverseuchte Nudeln etc.) oder vor jugendgefährdenden Sekten geht. Nach der Rspr. des BVerfG (E 105, 252 ff.; E 105, 279 ff.) sollen staatliche Warnungen keine Grundrechtseingriffe darstellen. Das ist abzulehnen. Denn wäre das der Fall, bräuchte die Exekutive keine formell-materielle Rechtsgrundlage für entsprechende Warnungen. Dann aber fragt sich, warum der Gesetzgeber z.B. ein Geräte- und Produktsicherheitsgesetz (GSPG) erlassen hat, das Rechtsgrundlagen für Produktwarnungen enthält (vgl. dazu im Einzelnen Rn 850 ff.).

Mit den Aufgabenzuweisungsnormen ist die Abwehr von Gefahren den Gefahrenabwehr- bzw. Polizeibehörden gesetzlich übertragen worden. Das schließt eine **Subdelegation** an andere Behörden, die nicht zur Gefahrenabwehr befugt sind, oder gar an Private, die nicht Beliehene sind und als solche Aufgaben der Gefahrenabwehr übertragen bekommen haben, **aus**. Daher dürfen z.B. ein Land oder eine Gemeinde (etwa um Kosten zu sparen) Streifengänge nicht vertraglich an einen privaten Sicherheitsdienst delegieren.

Hat sich die Aufgabenerfüllung **im Rahmen der geltenden Gesetze** (Grundsatz der Gesetzmäßigkeit der Verwaltung, s.o.) zu halten, bedeutet das zunächst, dass die Polizeibehörden insbesondere die Schranken zu beachten haben, die durch die Verfassung zum Schutz des Einzelnen in Form von Grundrechten errichtet worden sind. Da umgekehrt einzelne Grundrechte sich nur im Rahmen der „verfassungsmäßigen Ordnung" (vgl. Art. 2 I GG) oder der „allgemeinen Gesetze" (vgl. Art. 5 II GG), wozu auch die Polizeigesetze mit ihren Aufgaben- und Befugnisnormen gehören, ausgeübt werden dürfen, stellen die Polizeigesetze gerade in diesen Bereichen Eingriffsgrundlagen zur Verfügung. Demgegenüber dürfen z.B. Rundfunk, Presse und Fernsehen nicht unter Berufung auf die polizeigesetzlichen Befugnisnormen beschränkt werden. Die Landespressegesetze enthalten abschließende sondergesetzliche Regelungen, die Rundfunk,

---

[54] Vgl. dazu auch BVerwGE 116, 347, 354.

Presse und Fernsehen „polizeifest" machen.[55] Gleiches gilt für Kunst und Wissenschaft, Forschung und Lehre (Art. 5 III GG). Auch bei einer Vielzahl anderer Rechtsgebiete ist der Rückgriff auf die Befugnisnormen der Polizeigesetze grds. ausgeschlossen, weil in diesen Rechtsgebieten die Materie durch spezielle Normen geregelt ist. Zumeist ist gleich auch die Zuständigkeit einer Sonder(ordnungs)behörde angeordnet.

Dies gilt etwa für das Bau-, Versammlungs-, Vereins-, Tiergesundheits- und Tierschutzrecht (vgl. etwa § 24 I WaStrG; § 29 I S. 2, III LuftVG; §§ 3 und 5 LuftSiG; §§ 17, 20, 24, 25 BImSchG; §§ 4 I, 5, 15-17, 19 GastG; § 3 VereinsG; §§ 24a, 25, 33a I S. 3, II, 33d I S. 2, III, IV, 33e, 51 GewO; § 16 InfSchG; § 4 StVG; §§ 38 I, 44 II, 45 I-III StVO; § 17 I, III StVZO; §§ 5, 6, 24 TierGesG; §§ 5, 12a, 19a, 13, 15 VersG).

65 Lediglich, wenn die Spezialregelungen die Materie nicht oder nicht abschließend regeln, wird der Rückgriff auf das allgemeine Polizei- und Ordnungsrecht diskutiert. Das betrifft Teilgebiete des Versammlungsrechts, vgl. dazu eingehend Rn 1077 ff.

66 Da Gefahrenabwehr gerade auf Vermeidung und Verhütung von Beeinträchtigungen abzielt und damit eine Daueraufgabe der Verwaltung darstellt, verlangt sie schließlich auch die Sammlung von Erfahrungswissen über Gefahrenlagen und -verläufe. Sie darf, soll sie effektiv sein, nicht zu spät einsetzen. Daher befugen die Polizeigesetze die Polizei auch zum Treffen von „**Vorbereitungen**, um künftige Gefahren abwehren zu können" (vgl. die ersten Vorschriften der meisten Polizeigesetze). Damit ist gemeint, dass sich die Polizeibehörden auf mögliche künftige Gefahrenquellen einzustellen und Vorsorge zu treffen haben (sog. **Gefahrenvorsorge**[56]). Hierbei wird die Polizei bereits im Vorfeld konkreter Gefahren tätig, d.h. bei einer Sachlage, bei der noch keine (konkrete) Gefahr besteht, aber später eintreten könnte.[57] Die Gefahrenvorsorge soll also entweder das spätere Entstehen einer Gefahr verhindern oder zumindest deren wirksame Bekämpfung ermöglichen.[58] Dies geschieht dadurch, dass die Polizei insbesondere organisatorische Maßnahmen trifft, z.B. Atemschutzgeräte vorhält, um bei einem Chemieunfall eingreifen zu können. Aber auch das „Sammeln" von personenbezogenen Daten gehört hierher, z.B. das Erstellen einer Liste mit Abschleppunternehmern, die für den Fall, dass falsch geparkte Fahrzeuge abgeschleppt werden sollen, beauftragt werden können, sowie die Videoüberwachung öffentlicher Flächen (dazu Rn 153 ff.). Aber auch bei Maßnahmen der Gefahrenvorsorge gilt, dass bei Grundrechtseingriffen Befugnisnormen erforderlich sind.

67 Schließlich gehört zur Abwehr der Gefahren für die öffentliche Sicherheit (und Ordnung) auch die **Verhütung von Straftaten** (vgl. ebenfalls die entsprechenden Vorschriften der Polizeigesetze). Dabei geht es nach Auffassung des BVerfG um Maßnahmen, die darauf gerichtet sind, den „Eintritt der Gefahr einer Straftat bereits im Vorfeld" zu verhüten.[59] Es geht also nicht um die Verhinderung einer bevorstehenden Straftat, sondern um die Verhinderung des Eintritts „der Gefahr einer Straftat", weshalb man bei der Straftatenverhütung besser von **vorbeugender Verbrechensbekämpfung** im Vorfeld konkreter Delikte sprechen sollte. Die Polizei kann diese Aufgabe in vielfältiger Form erfüllen. Mögliche Maßnahmen sind z.B. die Beratung von Bürgern („Die Kriminalpolizei rät"), die Beobachtung von Drogenszenen, aber auch ganz

---

[55] Vgl. dazu etwa VGH Mannheim DVBl 2010, 1569 ff.
[56] Die Gefahrenvorsorge als Aufgabe der Gefahrenabwehr darf nicht verwechselt werden mit der Strafverfolgungsvorsorge, die dem Bereich der Strafverfolgung zuzuordnen ist (vgl. dazu Rn 22a/22b und 93a).
[57] Das BVerfG drückt sich hier m.E. sehr unklar aus. Denn gibt es nach dem BVerfG „konkrete Gefahren", die „zwar zum Zeitpunkt des Handelns noch nicht konkret drohen, aber später entstehen können" (BVerfG NJW 2019, 827, 832), müsste es also auch „noch nicht konkret drohende konkrete Gefahren" geben.
[58] BVerfG NJW 2019, 827, 832 mit Verweis auf BVerwGE 141, 329, 335.
[59] BVerfG NJW 2019, 827, 832. Siehe dazu bereits Rn 22b.

allgemein Informationsbeschaffung und -verarbeitung. Wie bei der Gefahrenvorsorge gilt aber auch hier, dass bei Grundrechtseingriffen Befugnisnormen erforderlich sind.

Auch **erkennungsdienstliche Maßnahmen** können der Straftatenverhütung zuzuordnen sein, sofern sie präventivpolizeiliche Zwecke verfolgen (siehe bereits Rn 22). Sie setzen jedoch den Verdacht voraus, dass der Betroffene bereits eine Straftat begangen hat, derentwegen nun erkennungsdienstliche Maßnahmen getroffen werden[60] (um eine Wiederholung zu verhindern). Erforderlich ist also eine Wiederholungsgefahr.[61] Siehe dazu näher Rn 93 ff.

I. Subsidiarität polizeilichen Handelns/Privatrechtsklauseln

In den sog. Privatrechtsklauseln[62] bestimmen die Polizeigesetze, dass der **Schutz privater Rechte** grundsätzlich **keine** Aufgabe der Polizei ist.

68

Mit dieser Regelung tragen die Polizeigesetze dem Umstand Rechnung, dass alle Staatsorgane nur im Rahmen der Kompetenzordnung vorgehen dürfen (Art. 20 III GG, s.o.). Teil der Kompetenzordnung ist, dass der Schutz privater Rechte primär den ordentlichen Gerichten und den ihnen zugeteilten Vollstreckungsorganen obliegt. Die Polizei als ausführendes Organ des öffentlichen (Gefahrenabwehr-)Rechts hat sich daher auf das zum Schutz der öffentlichen Sicherheit unbedingt Erforderliche zu beschränken und sich grds. jedweden Einmischens in privatrechtliche Angelegenheiten zu enthalten. Von privatrechtlichen Streitigkeiten Betroffene müssen daher grundsätzlich zivilgerichtlich gegen die andere Privatperson vorgehen. Daran ändert auch das u.U. lange dauernde Hauptsacheverfahren nichts, denn in eiligen Angelegenheiten kann effektiver Rechtsschutz durch eine zivilgerichtliche einstweilige Verfügung, insb. den Arrest (vgl. §§ 935, 940, 916 ff. ZPO), gerichtet auf ein Unterlassen gem. §§ 823 I, 1004 BGB, erlangt werden. Eine derartige einstweilige Verfügung kann innerhalb kürzester Zeit erwirkt werden.

69

Das Subsidiaritätsprinzip gilt aber nicht, wenn gerichtlicher Schutz trotz der Möglichkeit einer einstweiligen Verfügung **nicht rechtzeitig** zu erlangen ist und wenn ohne polizeiliche Hilfe die Verwirklichung des Rechts **vereitelt** oder **wesentlich erschwert** würde. Dann obliegt auch der Schutz privater Rechte der Polizei.

70

> **Beispiel:** M ist seit 6 Monaten mit der Zahlung des Mietzinses im Rückstand. Um den angekündigten Konsequenzen aus dem Weg zu gehen, versucht er, nachts unter Mitnahme seiner Habe auszuziehen. Doch der Vermieter V wird von Nachbarn informiert; er ruft zum Schutz seines gesetzlichen Pfandrechts (§ 562 BGB) die Polizei. Diese verbringt die M gehörenden Gegenstände in einen leeren Raum innerhalb des Hauses des V und versiegelt den Raum.
>
> In diesem Fall greift das Subsidiaritätsprinzip nicht, weil selbst gerichtlicher einstweiliger Rechtsschutz zu spät käme und das Vermieterpfandrecht vereitelt würde.

Für diesen Fall erforderlich ist aber ein **Antrag** des Rechtsinhabers auf Einschreiten der Polizei. Zwar ist dieses Erfordernis nur in einigen Polizeigesetzen normiert[63], es versteht sich in den übrigen Polizeigesetzen aber als ungeschriebenes Tatbestandsmerkmal. Denn wenn ein gerichtlicher Rechtsschutz nicht ohne Antrag möglich wäre, kann für ein polizeiliches Einschreiten zugunsten privater Rechte nichts anderes gelten.

70a

---

[60] VGH Mannheim 18.12.2019 – 1 S 2382/19 Rn 13 mit Verweis auf BT-Drs. 12/7562, S. 54 (zu § 24 BPolG).
[61] BT-Drs. 12/7562, S. 54.
[62] Bund: § 1 IV BPolG; BW: § 2 II PolG; Bay: Art. 2 II PAG; Berl: § 1 IV ASOG; Brand: § 1 II PolG; Brem: § 1 II PolG; Hamb: § 3 III SOG; Hess: § 1 III SOG; MeckVor: § 1 III SOG; Nds: § 1 III POG; NRW: § 1 II PolG; RhlPfl: § 1 III POG; Saar: § 1 III PolG; Sachs: § 2 II PVDG; SachsAnh: § 1 II SOG; SchlHolst: § 162 II LVwG; Thür: § 2 II PAG.
[63] Vgl. BW: § 2 II PolG; Sachs: § 2 II PVDG.

70b Das Subsidiaritätsprinzip greift auch nicht, wenn das Polizeigesetz eine **Ausnahme** davon statuiert.

> **Beispiel:** Ein gesetzlich geregelter Fall, der eine Ausnahme vom Subsidiaritätsprinzip vorsieht, ist z.B. die Sicherstellung von Sachen zum Schutz vor Verlust oder Beschädigung.[64]

70c Weiterhin greift das Subsidiaritätsprinzip nicht, wenn überhaupt kein zivilgerichtlicher Schutz zur Verfügung steht. Das ist der Fall, wenn die Gefahr durch ein Naturereignis verursacht wird.

> **Beispiel:** Nach einem Sturm droht eine alte Eiche auf das Haus des E zu stürzen. Die zuständige Polizeibehörde (Ordnungsbehörde) erteilt E die Weisung, den Baum sofort fällen zu lassen. E ist der Meinung, dass ausschließlich sein Haus betroffen sei und daher die Privatrechtsklausel greife.
>
> Die Auffassung des E geht schon deshalb fehl, weil die Gefahr von einem Naturereignis ausgeht und gegen Naturereignisse der Zivilrechtsweg nicht offensteht. Unbeschadet dieses Umstands besteht aber auch Öffentlichkeitsbezug, weil schwerwiegende Grundrechte betroffen sind (man denke an den Fall, dass der Baum auf das Haus stürzt und dadurch Personen zu Schaden kommen). Vgl. dazu Rn 71 und 73.

71 Das Subsidiaritätsprinzip gilt auch dann nicht, wenn neben dem Privatinteresse *auch* **Öffentlichkeitsbezug** besteht. Dies ist bereits im Tatbestand der Generalklausel durch die Betonung „öffentliche" Sicherheit zum Ausdruck gebracht. Öffentlichkeitsbezug besteht etwa dann, wenn Normen der Strafgesetze, der StPO, des OWiG sowie pönalisierte Privatrechtsnormen verletzt werden, was insbesondere bei einer Verletzung/Gefährdung der Rechtsgüter **Leib, Leben, Freiheit, Ehre und Eigentum** der Fall ist. Hier ist ein präventivpolizeiliches Einschreiten ohne weiteres möglich.

> **(Weitere) Beispiele des Nichteingreifens der Subsidiaritätsklausel:**
> (1) Die Verletzung der zivilrechtlichen **Unterhaltspflicht** nach §§ 1360, 1360a, 1569 ff. BGB wird strafrechtlich durch § 170 StGB sanktioniert.
> (2) **Hausbesetzungen** werden privatrechtlich nach §§ 858 ff. BGB behandelt und strafrechtlich durch § 123 StGB sanktioniert.
> (3) Auch das **Zuparken eines Pkw** wird privatrechtlich nach §§ 858 ff. BGB behandelt und strafrechtlich durch § 240 StGB sanktioniert.[65]
> (4) Schließlich ist die **Unterbringung eines Obdachlosen** oder von **Flüchtlingen** zu nennen (vgl. Rn 635).
>
> In Fällen dieser Art kommen insbesondere eine Identitätsfeststellung, ein Platzverweis und eine Mitnahme zur Dienststelle (Gewahrsam) in Betracht. Dabei ist es unerheblich, ob ein Strafantrag oder eine Strafanzeige gestellt wurden. Ein fehlender, aber erforderlicher Strafantrag hindert zwar die Strafverfolgung, beseitigt jedoch nicht die Strafrechtswidrigkeit und damit nicht das öffentliche Interesse, gefahrenabwehrrechtlich einzuschreiten.

72 Öffentlichkeitsbezug bedeutet jedoch nicht, dass die Verletzung/Gefährdung des privaten Rechts im öffentlichen Raum (öffentliche Straßen, Wege, Plätze) stattfinden müsste, um den Öffentlichkeitsbezug herzustellen. Vielmehr kann Öffentlichkeitsbezug auch im sog. **semi-öffentlichen** Raum vorliegen. Zum semi-öffentlichen Raum gehören

---

[64] Vgl. Bund: § 47 BPolG; BW: § 32 PolG; Bay: Art. 25 PAG; Berl: § 38 ASOG; Brand: § 25 PolG; Brem: § 23 PolG; Hamb: § 14 SOG; Hess: § 40 SOG; MeckVor: § 61 SOG; Nds: § 26 POG; NRW: § 43 PolG; § 24 OBG; RhlPfl: § 22 POG; Saar: § 21 PolG; Sachs: § 31 PVDG; SachsAnh: § 45 SOG; SchlHolst: § 210 LVwG; Thür: § 27 PAG.
[65] Da in derartigen Fällen zivilgerichtlicher Schutz trotz der Möglichkeit einer einstweiligen Verfügung zu spät käme, wäre auch schon aus diesem Grund ein Einschreiten möglich.

Einrichtungen oder Plätze, die zwar im Eigentum Privater stehen, jedoch dem Zutritt einer unbestimmten Zahl von Personen offenstehen.[66]

Beispiele[67]**:** Einkaufszentren (und deren Parkplätze); Sportstadien; Konzerträume; Bahnhöfe und Bahnhofsvorplätze, Messegelände etc. Vgl. auch das Beispiel bei Rn 212.

Öffentlichkeitsbezug (und damit eine Ausnahme vom Subsidiaritätsprinzip) besteht darüber hinaus auch dann, wenn eine **unbestimmte Zahl von Personen** betroffen ist. Denn in diesem Fall ist ein Belang der Allgemeinheit betroffen und es besteht ein öffentliches Interesse am Einschreiten.

73

Beispiel: A führt seinen Hund täglich im Bürgerpark aus und lässt ihn dabei dessen „Geschäfte" auf dem nahe gelegenen öffentlichen Kinderspielplatz verrichten. Polizist P weist A an, den Hundekot zu beseitigen.

Zwar droht durch die Hundeexkremente nicht notwendigerweise eine schwere Gesundheitsgefahr für die Kinder. Aufgrund des Einzugsgebiets des Spielplatzes sind aber eine unbestimmte Zahl von Kindern und damit die Öffentlichkeit betroffen. Das Subsidiaritätsprinzip steht daher der Verfügung des P nicht entgegen (diese wäre auch im Übrigen rechtmäßig).[68]

Schließlich greift das Subsidiaritätsprinzip nicht, wenn dem betroffenen privaten Recht in seiner Wertigkeit ein gesteigerter Rang zukommt und **schwere Schäden** drohen. So haben insbesondere die Grundrechte durch den ihnen innewohnenden **staatlichen Schutzauftrag** (was v.a. für Art. 2 II S. 1 GG zutrifft) maßgeblichen Einfluss.[69]

74

Beispiel: Während einer Streifenfahrt an einem Samstagabend entdeckt die Polizei den S, der gerade im Begriff ist, sich von einer Brücke zu stürzen. Als er sich weigert, Hilfe entgegenzunehmen, nimmt ihn die Polizei unter Widerstand mit auf die Dienststelle (polizeiliche Ingewahrsamnahme in Form des Schutz- bzw. Verhinderungsgewahrsams).

Mit Blick auf die *Ingewahrsamnahme* liegt ein Eingriff in das Grundrecht auf Freiheit der Person (Art. 2 II S. 2 GG) vor. In der *Suizidverhinderung* könnte zunächst ein Eingriff in Art. 2 II S. 1 Var. 1 GG vorliegen. Das würde aber voraussetzen, dass der Freitod durch das Grundrecht auf Leben geschützt ist. Nach insoweit zutreffender h.M. ist das nicht der Fall. Auf Basis der (bisherigen) h.M. liegt aber ein Eingriff in die von Art. 2 I GG geschützte allgemeine Verhaltensfreiheit vor. Auch das ist abzulehnen. Vielmehr ist von einem Eingriff in das allgemeine Persönlichkeitsrecht (APR) aus Art. 2 I i.V.m. 1 I GG auszugehen, da die Entscheidung über den Freitod (also die Entscheidung, wie und zu welchem Zeitpunkt das eigene Leben beendet werden soll) einen Kernaspekt des von Menschenwürde geprägten Selbstbestimmungsrechts ausmacht.[70]

Was die Frage nach der Rechtfertigung des Eingriffs in Art. 2 I i.V.m. 1 I GG betrifft, haben auch das BVerwG und der BGH – und nunmehr auch das BVerfG – anerkannt, dass sich der Staat nicht über das Selbstbestimmungsrecht hinwegsetzen darf, solange die betreffende Person zur freien Willensbildung in der Lage ist.[71] Unterstellt man also die Entscheidung, wie und zu welchem Zeitpunkt das eigene Leben beendet wer-

---

[66] *Kingreen/Poscher*, POR, § 5 Rn 44a unter Bezugnahme auf *Gusy*, VerwArch 2001, 344, 366.
[67] Vgl. *Kingreen/Poscher*, POR, § 5 Rn 44b.
[68] Würde P gegenüber A dagegen die Verpflichtung aussprechen, dass dieser in Zukunft den Hund vom Spielplatz fernhalten solle, wäre die Eilfallkompetenz des P nicht gegeben. Die Verfügung wäre dann formell rechtswidrig.
[69] Enger *Schoch*, Jura 2013, 469, 470.
[70] So auch BVerwG NJW 2017, 2215, 2217 sowie BGH MDR 2017, 947 f. Vgl. auch *Muckel*, JA 2017, 794, 796. Dem hat sich nun auch das BVerfG angeschlossen (BVerfG 26.2.2020 – 2 BvR 2347/15 u.a. Rn 201 ff. – Geschäftsmäßige Förderung der Selbsttötung).
[71] BVerwG NJW 2017, 2215, 2216 f.; BGH MDR 2017, 947 f. Während sich das BVerwG mit der Frage nach dem Zugang zu einem Betäubungsmittel, das eine schmerzlose Selbsttötung ermöglicht, befasste und entschied, dass er in extremen Ausnahmesituationen nicht verwehrt werden dürfe, erging die BGH-Entscheidung in Bezug auf eine Anordnung eines Einwilligungsvorbehalts im Betreuungsrecht (§ 1903 BGB). Jedoch hat auch der BGH diese Aussage allgemein formuliert, was die Übertragbarkeit impliziert. Eindeutig aber BVerfG 26.2.2020 – 2 BvR 2347/15 u.a. Rn 211 (Geschäftsmäßige Förderung der Selbsttötung).

den soll, dem Selbstbestimmungsrecht aus Art. 2 I i.V.m. 1 I GG und ist die betreffende Person erkennbar (noch) in der Lage, einen freien Willen zu bilden, könnte eine Suizidverhinderung zur Folge haben, dass sie gegen das Selbstbestimmungsrecht verstößt und rechtswidrig ist.

Jedoch ist über den in Art. 2 I GG genannten Gesetzesvorbehalt (der auch für das allgemeine Persönlichkeitsrecht Anwendung findet) der staatliche Schutzauftrag aus Art. 2 II S. 1 GG[72] heranzuziehen und danach zu fragen, ob dieser den Staat und seine Organe verpflichtet, notfalls auch gegen den (natürlichen) Willen des Betroffenen einzuschreiten und dessen Leben und Gesundheit zu wahren. Nach der hier vertretenen Auffassung ist (unabhängig davon, ob man Art. 2 I i.V.m. 1 I GG oder „nur" Art. 2 I GG heranzieht) danach zu fragen, ob die Entscheidung über den Freitod selbstbestimmt und eigenverantwortlich oder in einem die freie Willensbestimmung ausschließenden Zustand getroffen wurde. Nur bei der Annahme von Letzterem ist eine Suizidverhinderung rechtmäßig, wobei man den Polizei- und Rettungskräften eine Einschätzungsprärogative zubilligen muss.[73]

Das gilt dann auch für die Frage nach der Rechtfertigung des Eingriffs in die Freiheit der Person.

Ergebnis: Unter Berücksichtigung dieser Grundsätze war die Ingewahrsamnahme des S zu seinem Schutz vor einer Gefahr für sein Leben gerechtfertigt.

74a Kommt ein Einschreiten zugunsten privater Interessen in Betracht, steht die Entscheidung, welche Maßnahmen zu ergreifen sind, im pflichtgemäßen **Ermessen** der Behörde. Um das Subsidiaritätsprinzip jedoch nicht zu unterlaufen, darf es sich grundsätzlich nur um vorläufige Maßnahmen handeln. Daher wird sich die Polizei i.d.R. auf die Identitätsfeststellung des Schädigers, die Ingewahrsamnahme bei zulässiger Festnahme und Vorführung einer Person oder die Ingewahrsamnahme entlaufener Minderjähriger, auf einen Platzverweis sowie auf die Sicherstellung zum Schutz des Eigentums beschränken. Selbstverständlich darf die Polizei diese Maßnahmen nur ergreifen, wenn auch die **Tatbestandsvoraussetzungen der jeweiligen Befugnisnorm** vorliegen. Insbesondere befugen die Aufgabenzuweisungsnormen nicht zu Maßnahmen, die mit (Grund-)Rechtseingriffen verbunden sind (Rn 60 ff.).

75 Im Übrigen gelten die aufgezeigten Grundsätze auch für die Verfolgung von Straftaten und Ordnungswidrigkeiten. So hat ein geschädigter Verkehrsteilnehmer keinen Anspruch auf polizeiliche Hilfe bei seiner zivilrechtlichen Beweissicherung. Zwar haben die Polizeibehörden im öffentlichen Interesse liegende Straftaten und ahndungsbedürftige Ordnungswidrigkeiten zu verfolgen, zu ihrem Aufgabenbereich gehören jedoch nicht die Erhebung oder Sicherung von Beweisen, die (ausschließlich) der zivilrechtlichen Anspruchssicherung dienen.

> **Beispiel:** O kollidiert mit seinem Wagen mit dem des T, weil dieser die Vorfahrt missachtet hat. Er ruft die Polizei, die den Unfall jedoch nur unzureichend aufnimmt. Später vor Gericht unterliegt O jedoch, weil er nicht beweisen kann, dass T den Unfall verursacht hat. Daher erhebt er Amtshaftungsklage gegen den Träger der Polizeibehörde und rügt, die Polizei habe keine Fotoaufnahmen gefertigt, nicht genügend nach Zeugen geforscht bzw. nicht alle Zeugen vernommen, nicht alle Unfallspuren ausreichend gesichert und die Unfallstelle nicht maßstabsgerecht vermessen.
>
> In diesem Fall ist auch die Amtshaftungsklage unbegründet, weil durch die gegenteilige Annahme die Stellung der Polizeibehörde insbesondere bei der Aufklärung von Verkehrsordnungswidrigkeiten verkannt würde. Insbesondere bei Ordnungswidrigkeiten sind die

---

[72] Dazu *R. Schmidt*, Grundrechte, Rn 301 ff.
[73] Selbstverständlich muss die Polizei den Suizid stets verhindern, wenn anderenfalls das Leben Unbeteiligter gefährdet würde, etwa weil der Suizidwillige möglicherweise „andere mit in den Tod reißen" würde (Beispiele: Falschfahren auf der Autobahn; Sprung von einer Autobahnbrücke; vor einen Lkw springen etc.).

Polizeibehörden nicht verpflichtet, außer Verhältnis stehenden Verwaltungsaufwand zu betreiben (Opportunitätsprinzip, vgl. § 47 I OWiG[74]). Bei der Beantwortung der Frage, wann der Verwaltungsaufwand außer Verhältnis steht, kommt es nicht auf die Schadenshöhe an. Denn auch Fälle mit großem Sachschaden können durchaus auf geringfügigen Verkehrsverstößen beruhen. Daraus folgt: Der Umfang der polizeilichen Unfallaufnahme kann nicht durch die Schadenshöhe, sondern nur durch Schwere und Bedeutung des zugrunde liegenden Verkehrsverstoßes bestimmt werden.

J. Vollzugshilfe

Gemäß den Bestimmungen der Polizeigesetze leistet der Polizeivollzugsdienst anderen Behörden **Vollzugshilfe**.[75] Mit Vollzugshilfe ist eine besondere Form der Amtshilfe gemeint, die bereits wegen Art. 35 I GG besteht. Hinsichtlich Art, Umfang und Ausmaß der zu leistenden Vollzugshilfe enthalten die Polizeigesetze eine Konkretisierung. Sie verstehen (in Übereinstimmung mit den §§ 25 ff. MEPolG) unter Vollzugshilfe den durch die Polizei anzuwendenden unmittelbaren Zwang auf Ersuchen anderer Behörden zur Durchsetzung der von diesen getroffenen Maßnahmen. Daraus folgt zugleich der prinzipielle Anwendungsbereich der Vollzugshilfe: Diese kommt auf Ersuchen einer anderen Behörde i.d.R. dann zustande, wenn die ersuchende Behörde nicht in der Lage ist, unmittelbaren Zwang bzw. eine Vollzugshandlung vorzunehmen, und die angerufene Vollzugspolizei um Durchführung bittet.

76

> **Beispiel:** Die Gewerbeaufsichtsbehörde (hier: Gaststättenbehörde) sieht sich wegen wiederholten Verstoßes des Gastronomen G gegen lebensmittelrechtliche Vorschriften gehalten, die Gaststätte zu schließen. Sie erlässt eine entsprechende Schließungsverfügung. Weil G die Schließungsverfügung jedoch nicht beachtet, bittet die Gaststättenbehörde die Vollzugspolizei, die Eingänge der Gaststätte zu versiegeln.
>
> Hier liegt ein Fall von Vollzugshilfe vor, sofern man davon ausgeht, dass das Versiegeln einer Eingangstür unmittelbaren Zwang (und keine Ersatzvornahme) darstellt. Siehe auch das Beispiel bei Rn 84.

Die **Rechtsnatur** der Vollzugshilfe ist unklar. Zwar mag die Vollzugshilfe leistende Vollzugspolizei eigenständige Aufgaben übernehmen, damit ist jedoch noch nicht gesagt, dass sie *eigene* Aufgaben erfüllt. Geht man vom Wortlaut der polizeigesetzlichen Bestimmungen über die Vollzugshilfe aus, wonach die Vollzugspolizei nur für die Art und Weise der Durchführung der Vollzugshilfe verantwortlich ist, wird klar, dass sie letztlich *fremde* Aufgaben erfüllt. Wichtig ist diese Erkenntnis für die (staatshaftungsrechtliche) Verantwortlichkeit. Denn nach der (herrschenden) Anvertrauenstheorie (auch Amtsübertragungstheorie genannt)[76] haftet die Behörde, die dem Amtsträger die Aufgaben, bei deren Wahrnehmung die Amtspflichtverletzung begangen wurde, „anvertraut" bzw. „übertragen" hat.

77

> **Beispiel:** Polizeibeamte sind Landesbeamte, da das Gefahrenabwehrrecht Landesrecht ist. Erleidet also jemand in der Freien Hansestadt Bremen durch ein rechtswidriges

---

[74] Gemäß § 47 I OWiG liegt die Verfolgung von Ordnungswidrigkeiten im pflichtgemäßen Ermessen der Verfolgungsbehörde. Solange das Verfahren bei ihr anhängig ist, kann sie es einstellen. Etwas anderes gilt für den Bereich der *Strafverfolgung*. Hier besteht ein Opportunitätsprinzip nur hinsichtlich Bagatelldelikte (vgl. §§ 153 ff. StPO) und stehen dem Gericht und der Staatsanwaltschaft, nicht auch der Polizei zu (vgl. § 163 I StPO, wonach die Polizei Straftaten zumindest dann zu erforschen *hat*, wenn Anhaltspunkte dafür vorliegen, dass die Staatsanwaltschaft ein öffentliches Interesse an der Strafverfolgung haben könnte). Vgl. dazu ausführlich *Hartmann/Schmidt*, StrafProzR, Rn 94 ff.
[75] Vgl. §§ 25-27 MEPolG; Bund: § 63 BPolG; Bay: Art. 2 III, 67-69 PAG; BW: § 60 V PolG; Berl: §§ 1 V, 52-54 ASOG; Brand: §§ 1 III, 50-52 PolG; Brem: §§ 1 III, 37-39 PolG; Hamb: §§ 30, 30a u. b SOG; Hess: §§ 1 V, 44-46 SOG; Meck-Vor: §§ 7 II, 82a ff. SOG; Nds: §§ 1 IV, 51-53 POG; NW: §§ 1 III, 47-49 PolG, § 2 OBG; RhlPfl: §§ 1 IV, 96-98 POG; Saar: §§ 1 IV, 41-43 PolG; Sachs: §§ 37-38 PVDG; SachsAnh: §§ 2 III, 50-52 SOG; SchlHolst: § 168 II Nr. 1 LVwG; Thür: §§ 2 III, 48-50 PAG, § 3 II OBG.
[76] Vgl. *R. Schmidt*, AllgVerwR, Rn 1112; *Schlick/Rinne*, NVwZ 1997, 1065, 1067; BGHZ 53, 217, 218 f.; 99, 326, 330; BGH NVwZ 1994, 823; *Bull/Mehde*, AllgVerwR, § 21 Rn 1066; *Schlick*, NJW 2011, 3341, 3342.

Handeln der Polizei einen Schaden, ist Gegner eines Amtshaftungsprozesses das Land Bremen, da die Polizeibeamten im Dienst des Landes stehen (insoweit lediglich klarstellend §§ 65 ff. BremPolG). Leistet das Land Bremen dagegen dem Land Niedersachsen dadurch Amts- bzw. Vollzugshilfe, dass es Polizeibeamte nach Lüchow-Dannenberg schickt, um die dort eingesetzte Polizei bei einer Anti-Castor-Demonstration zu unterstützen, ist bei einem Fehlverhalten von Polizisten Klagegegner das Land Niedersachsen, auch wenn die rechtswidrigen Handlungen durch Polizisten des Landes Bremen begangen wurden.

78 Soweit sich der Betroffene also gegen die zu vollziehende bzw. vollzogene Maßnahme wendet, hat er gegen den Träger der ersuchenden Behörde vorzugehen; beanstandet er dagegen (lediglich) die Art und Weise der Durchführung der Maßnahme, haben sich seine Rechtsbehelfe gegen den Träger der Polizei zu richten, dessen Beamte das Unrecht begangen haben.

Beispiel: Unterstellt, dass der im obigen Castor-Beispiel durchgeführte Zwang als solcher rechtmäßig wäre, die Beamten des Landes Bremen jedoch bei der Anwendung gegen zwingende Verfahrensvorschriften verstießen, wäre Klagegegner das Land Bremen. Hingegen könnten gegen das Land Bremen gerichtete Rechtsbehelfe nicht darauf gestützt werden, dass der Polizeieinsatz als solcher rechtswidrig gewesen sei. Eine solche Klage wäre an das Land Niedersachsen zu richten.

79 Die Vollzugshilfe weist Parallelen zu der in §§ 4 ff. VwVfG geregelten **Amtshilfe** auf. Beiden gemeinsam ist, dass sie ausscheiden, wenn ohnehin schon Weisungsbefugnisse der ersuchenden Behörde gegenüber der sonst für die Vollzugs- oder Amtshilfe kompetenten Polizei bestehen (§ 4 II Nr. 1 VwVfG). Das ist z.B. beim Weisungsrecht des Innenministers gegenüber den Polizeidienststellen der Fall. Weiterhin liegen Vollzugs- und Amtshilfe nicht vor, wenn die Hilfeleistung in Handlungen besteht, die der ersuchten Behörde als eigene Aufgaben obliegen (§ 4 II Nr. 2 VwVfG). Das ist z.B. der Fall, wenn die polizeiliche Ermittlungstätigkeit auf Ersuchen der Staatsanwaltschaft im Rahmen der Strafverfolgung nach § 161 StPO erfolgt.

80 Im Übrigen sind die Vorschriften der §§ 4 ff. VwVfG subsidiär. Sie greifen bei der Vollzugshilfe, soweit die Vorschriften des Polizeigesetzes keine Regelung enthalten. Danach haben alle Verwaltungsbehörden die Pflicht, allgemeine Amtshilfe zu leisten. Diese kann in verwaltungsinternen Maßnahmen, aber auch in Handlungen mit Außenwirkung bestehen.

81 Im Rahmen der von den Polizeibehörden zu leistenden **Justizhilfe** werden die allgemeinen Vorschriften der Polizeigesetze von folgenden speziellen Vorschriften verdrängt: § 51 I S. 3, § 134, § 161a II S. 1, § 163a III S. 1 StPO, § 372a II S. 2, § 380 II, § 758 III, § 759 ZPO, § 128 IV FamFG. Justizhilfe ist zu leisten, soweit nicht Bedienstete der Gerichte und Staats-(Amts-)anwaltschaften tätig werden.

Beispiel: T ist wegen Vergewaltigung junger Frauen in 20 Fällen angeklagt und sitzt in Untersuchungshaft in der Justizvollzugsanstalt (JVA). Am Tag der Hauptverhandlung hat sich eine große Zahl von Personen vor dem Gerichtsgebäude versammelt. Die Teilnehmer demonstrieren für die Einführung der Todesstrafe. Einige haben sogar Selbstjustiz angekündigt. Um T unbeschadet aus dem Gerichtsgebäude zurück in die JVA zu verbringen, bittet die Justizverwaltung daher um Vollzugs- bzw. Amtshilfe und fordert Beamte des Polizeivollzugsdienstes an. Diese sichern und begleiten den Transport.

Hier richtet sich die Vollzugs- bzw. Amtshilfe nach den Vorschriften des Polizeigesetzes, ggf. i.V.m. §§ 4 ff. VwVfG. Spezielle Vorschriften (aus der StPO) sind nicht ersichtlich.

Zu unterscheiden ist die Vollzugshilfe auch von polizeilichen Schutzgewährleistungen für Vollstreckungshandlungen anderer Behörden (Beispiel: Schutz des Gerichtsvollziehers bei der Vornahme einer Vollstreckungshandlung) und polizeilichen Maßnahmen des ersten Zugriffs, bei denen die Polizei im Eilfall für andere – eigentlich zuständige – Behörden handelt (dazu auch sogleich Rn 84). 82

Kein Fall der Vollzugshilfe liegt auch vor, wenn die Polizei reine Hilfstätigkeiten für andere Behörden vornimmt, z.B. Botendienste oder den Einzug von Gebühren. 83

K. Übertragung von Aufgaben und Befugnissen durch andere Rechtsvorschriften

Schließlich erklären die Brückenvorschriften bzw. Aufgabenzuweisungsnormen der Polizeigesetze[77] die Polizei auch hinsichtlich Aufgaben außerhalb des Polizeigesetzes für zuständig. Sie beziehen sich sogar auf die Übernahme von Aufgaben außerhalb des Gefahrenabwehrrechts, denn der staatliche Schutzauftrag kann sich nicht auf Gefahrenabwehr beschränken, sondern muss sich auch auf Strafverfolgung und Ordnungswidrigkeitenahndung erstrecken. Maßgeblich ist allein, dass eine **Rechtsvorschrift** besteht, die der Polizei eine bestimmte Aufgabe bzw. Befugnis überträgt. Dabei kommt es nicht darauf an, ob es sich um eine Bundes- oder Landesvorschrift, um ein formelles Gesetz, eine Rechtsverordnung oder eine Satzung handelt. 84

Rechtsvorschriften des Bundes, die der Polizei bestimmte Aufgaben bzw. Befugnisse übertragen, sind z.B. §§ 12, 13, 18, 19 VersG; § 131 II, § 158 I S. 1, § 159 I, §§ 161, 163 StPO; § 53 I S. 1 OWiG; § 167 GVG; § 152 GVG i.V.m. §§ 161 StPO und 53 II OWiG; § 758 II, § 759 ZPO; § 33 II, § 379 I FamFG; § 60a II S. 2 GewO, §§ 60c I, § 60d GewO i.V.m. den Zuständigkeitsbestimmungen des jeweiligen Landes; § 36, § 44 II StVO; §§ 38 ff. LFGB (i.V.m. den Ausführungsgesetzen der Länder), § 19 I, § 19 II i.V.m. § 16 sowie § 59 III Nr. 1 AsylG, §§ 16, 17 InfSchG (sofern die Polizei „zuständige Behörde" ist, anderenfalls leistet sie der zuständigen Behörde Vollzugs- bzw. Amtshilfe – dazu Rn 76 ff.).

> **Beispiel:** Die in der Stadt S geplante Frühjahrsbörse der „Terraristika" wurde aufgrund des sich ausbreitenden Coronavirus vom Veranstalter abgesagt. Hintergrund ist die Empfehlung der WHO (Weltgesundheitsorganisation), größere Menschenansammlungen zu meiden und gute Hygienestandards zu beachten. So wurden bereits auch andere Großveranstaltungen abgesagt. Da sich jedoch etliche Halter von Schlangen, Echsen und anderen Reptilien auf den Verkauf ihrer Tiere eingestellt hatten, befürchtet die Gesundheitsbehörde des Landes – auch aufgrund entsprechender Hinweise, die sie aus Internetforen gewonnen hat –, dass Aussteller und Besucher, die beabsichtigt hatten, zur „Terraristika" zu reisen, um dort Tiere zu übergeben oder zu übernehmen, dennoch an dem betreffenden Tag nach S reisen, um dort Tiere auf bzw. in Parkplätzen, Autobahnabfahrten, Restaurants, Cafés und ähnlichen ungeeigneten Orten zu übergeben bzw. zu übernehmen.
>
> Um diesen Aktivitäten zu begegnen, haben die Eigentümer/Mieter des Messegeländes sämtliche Parkplätze auf dem Gelände geschlossen und Einfahrtkontrollen angekündigt. Zudem hat die Stadt S angekündigt, dass im gesamten Stadtgebiet und insgesamt im Umfeld des Messegeländes Mitarbeiter unterwegs seien, um – auch in Polizeibegleitung – Kontrollen durchzuführen.
>
> In diesem Fall stützen sich Kontrollmaßnahmen der Gesundheitsbehörde auf §§ 16, 17 InfSchG. Die Polizei leistet Vollzugs- bzw. Amtshilfe nach Maßgabe des Polizeigesetzes.

---

[77] Siehe etwa die Brückenvorschriften in Art. 2 IV BayPAG, § 1 II HessSOG und § 1 V NdsPOG. Sollte es in einem Bundesland eine solche Brückenvorschrift bzw. Aufgabenzuweisungsnorm im Polizeigesetz nicht geben, wird die Aufgabenzuweisung in dem entsprechenden Ausführungsgesetz, das das Land hinsichtlich der Ausführung des Fachgesetzes erlassen hat, normiert sein. Sollte auch dies nicht der Fall sein, greifen allgemeine Rechtsgrundsätze.

Zudem kann die Polizei auch originär im Rahmen ihrer Eilfallkompetenz Gefahrenabwehrmaßnahmen nach Maßgabe des Polizeigesetzes durchführen wie etwa Personenkontrollen, Durchsuchungen (von Ladeflächen und Kofferräumen) und Platzverweise. Anlasstatbestände für derartige polizeiliche Maßnahmen sind Gefahren für die öffentliche Sicherheit (hier: Leben und Gesundheit von Menschen)[78], die mit der Ausbreitung des Virus und der damit einhergehenden Infektionsgefahr begründet sind. Sollten (aufgrund unsachgemäßer Vorgehensweise bei der Haltung und Übergabe der Tiere) auch Verstöße gegen das Tierschutzgesetz im Raum stehen, würden polizeiliche Maßnahmen auch daran anknüpfen. Denn Rechtsverstöße betreffen die öffentliche Sicherheit.

I. Aufgabe der Strafverfolgung

85 Gemäß Art. 74 I Nr. 1 GG sind das Strafrecht und das gerichtliche Verfahren der konkurrierenden Bundesgesetzgebungskompetenz zugeordnet. Der Bund hat von dieser Gesetzgebungskompetenz Gebrauch gemacht und das StGB und die StPO erlassen. Die **Strafverfolgung**[79] ist demnach also Bundesrecht. Der Bundesgesetzgeber hat mit **§ 163 I S. 1 StPO** angeordnet, dass die Behörden und Beamten des Polizeidienstes Straftaten zu erforschen und alle keinen Aufschub gestattenden Anordnungen zu treffen haben, um die Verdunkelung der Sache zu verhüten. Damit hat die Polizei also ihren zweiten großen Aufgabenbereich zugeordnet bekommen: die Strafverfolgung.

86 § 163 I **S. 1** StPO stellt allerdings keine Eingriffsgrundlage für die Polizei, sondern ausschließlich eine **Aufgabenzuweisungsnorm** dar und statuiert den sog. Strafverfolgungszwang (Legalitätsprinzip – dazu Rn 87/708). Möchte die Polizei in Grundrechte eingreifen, bedarf sie dazu separater Rechtsgrundlagen. Nur diese werden dem Gesetzesvorbehalt (Art. 20 III GG) gerecht. Beamte des Polizeidienstes, insbesondere diejenigen, die zu Ermittlungspersonen der Staatsanwaltschaft bestellt sind (§ 152 GVG – dazu sogleich Rn 86a), können nur nach den für sie geltenden Rechtsgrundlagen der StPO Beschlagnahmungen, Durchsuchungen, Untersuchungen und sonstige Maßnahmen treffen. Dabei ist – ähnlich den Polizeigesetzen – zwischen der (subsidiären) Befugnisgeneralklausel und den Standardmaßnahmen (im Strafprozessrecht spricht man allerdings von „Zwangsmaßnahmen") zu unterscheiden. Die (subsidiäre) **Generalklausel** bildet § 163 I **S. 2** StPO, wonach die Behörden und Beamten des Polizeidienstes im Rahmen des ihnen nach § 163 I S. 1 StPO eingeräumten Aufgabenbereichs befugt sind, alle Behörden um Auskunft zu ersuchen, bei Gefahr im Verzug auch die Auskunft zu verlangen, sowie Ermittlungen jeder Art vorzunehmen, soweit nicht andere (also spezielle) gesetzliche Vorschriften ihre Befugnisse besonders regeln.

Solche anderen (und speziellen) besonderen Vorschriften sind die in der StPO geregelten (Zwangs-)Maßnahmen wie z.B. die körperliche Untersuchung nach § 81a, die DNA-Analyse nach § 81e, die akustische Wohnraumüberwachung („großer Lauschangriff") nach § 100c, die Überwachung der Telekommunikation nach §§ 100a I S. 1, die Online-Durchsuchung von Computern nach § 100b I, die Quellen-Telekommunikationsüberwachung nach § 100a I S. 2[80], die Identitätsfeststellung nach § 163b, die vorläufige Festnahme nach § 127, die Durchsuchung von Personen oder Sachen nach § 102, die Sicherstellung von Sachen nach § 94 etc.

86a Ob die genannten strafprozessualen Befugnisse allen Polizeibeamten zustehen oder nur denjenigen, die zu Ermittlungspersonen der Staatsanwaltschaft bestimmt worden

---

[78] Zur Gefahr und zur öffentlichen Sicherheit, die einer polizeilichen Gefahrenabwehrmaßnahme zugrunde liegen müssen, siehe Rn 626 ff.
[79] Hinsichtlich **Ordnungswidrigkeiten** vgl. Rn 97 ff.
[80] Die Online-Durchsuchung und die Quellen-TKÜ sind durch das Gesetz zur effektiveren und praxistauglicheren Ausgestaltung des Strafverfahrens vom 17.8.2017 (siehe BGBl I 2017, S. 3202) in die StPO aufgenommen worden, vgl. dazu im Einzelnen Rn 308 ff. und Rn 308t ff.

sind, lässt sich nicht generell sagen, sondern hängt von der konkreten Maßnahme ab: So stehen etwa die §§ 81b, 127 II StPO sämtlichen Polizeibeamten zur Verfügung, wohingegen bestimmte Maßnahmen nach §§ 81a I[81], 81c V, 98 I S. 1 und 105 I S. 1 StPO mitunter nur von Ermittlungspersonen der Staatsanwaltschaft getroffen werden dürfen. Wer Ermittlungsperson der Staatsanwaltschaft ist, wird gem. § 152 II S. 1 GVG durch Rechtsverordnungen der Landesregierungen bestimmt.

1. Doppelfunktionalität der Polizei

Da die Polizei sowohl für die Gefahrenabwehr als auch für die Strafverfolgung, sozusagen „doppelfunktional", zuständig ist, spricht man folgerichtig von „Doppelfunktionalität der Polizei". Das kann im Einzelfall, in dem nicht klar ist, ob die Polizei Gefahrenabwehr oder Strafverfolgung betreibt, eine **Abgrenzung** erforderlich machen, zumal sich Strafverfolgung und Gefahrenabwehr in vielfacher Hinsicht unterscheiden:

87

- Unterschiede bestehen zunächst aus rechtsdogmatischer und **kompetenzieller** Sicht: Während die Gefahrenabwehr gem. Art. 30, 70 I GG eine Aufgabe der Bundesländer darstellt, sind die Strafverfolgung und die Ahndung von Ordnungswidrigkeiten gem. Art. 72, 73 Nr. 10, 74 I Nr. 1 GG der Bundeskompetenz zugeordnet. Der Bundesgesetzgeber hat hiervon (abschließend) Gebrauch gemacht und neben dem StGB und der StPO das OWiG erlassen. Eine Ergänzung der Befugnisse zur Strafverfolgung/Ordnungswidrigkeitenahndung durch den Landesgesetzgeber scheidet also grds. aus.

- Des Weiteren bestehen Unterschiede bei den **Eingriffsvoraussetzungen**, die den einzelnen **Befugnisnormen** zu entnehmen sind, sowie bei der **Rechtswegzuweisung**: Während sich der Rechtsschutz gegen Gefahrenabwehrmaßnahmen der Polizei nach den §§ 40 ff. VwGO richtet, sind gegen Maßnahmen der Strafverfolgung und der Ahndung von Ordnungswidrigkeiten grds. die §§ 23 ff. EGGVG bzw. § 98 II S. 2 StPO (analog) bzw. § 101 VII StPO maßgeblich; in diesem Fall ist der Verwaltungsrechtsweg gesperrt und es sind die ordentlichen Gerichte (vgl. § 12 GVG: Amtsgerichte, Landgerichte, Oberlandesgerichte und Bundesgerichtshof) zuständig (§ 40 I S. 1 Halbs. 2 VwGO: anderweitige Rechtswegzuweisung). Bei der mit den Aufgaben der Strafverfolgung und der Ordnungswidrigkeitenahndung betrauten Polizei (vgl. in Bezug auf Straftaten: Kriminalpolizei) handelt es sich nämlich – obwohl sie organisatorisch den Innenministerien zugeordnet ist – um eine Justizbehörde i.S.d. § 23 EGGVG, da sie funktionell Justizaufgaben (Strafrechtspflege) wahrnimmt und der Begriff der Justizbehörde funktionell zu verstehen ist.[82]

- Zu beachten ist auch, dass sich das **Weisungsrecht der Staatsanwaltschaft** nur auf strafprozessuale Maßnahmen bezieht (vgl. § 161 I S. 2 StPO, § 152 GVG). Gäbe also z.B. ein Staatsanwalt im Rahmen einer Geiselnahme dem Sonderkommando der Polizei die Weisung, zur Befreiung der Geisel einen tödlichen Rettungsschuss abzugeben, wäre diese Weisung rechtswidrig, weil sich das Weisungsrecht nicht auf die Gefahrenabwehr erstreckt.

- Schließlich ist zu beachten, dass im Gefahrenabwehrrecht (aber auch im Ordnungswidrigkeitenrecht) das **Opportunitätsprinzip** gilt (vgl. etwa § 47 I OWiG: „Verfolgung von Ordnungswidrigkeiten liegt im pflichtgemäßen Ermessen" und „Solange das Verfahren bei ihr anhängig ist, kann sie es einstellen" oder § 3 I HmbSOG: Gefahrenabwehr nach pflichtgemäßem Ermessen), wohingegen im Strafprozessrecht grundsätzlich das **Legali-**

---

[81] Zwar besteht hinsichtlich § 81a StPO mit Inkrafttreten des soeben genannten Gesetzes zur effektiveren und praxistauglicheren Ausgestaltung des Strafverfahrens unter den in § 81a II S. 2 StPO genannten Voraussetzungen kein Richtervorbehalt mehr (und damit nicht die Begrenzung auf Ermittlungspersonen der Staatsanwaltschaft, wenn es um Maßnahmen bei Gefahr im Verzug geht), das betrifft aber lediglich die Blutprobenentnahme, nicht (generell) die körperlichen Eingriffe und auch nicht die körperliche Untersuchung.
[82] *Schenke*, POR, Rn 419; *ders*, NJW 2011, 2838, 2839 ff.

tätsprinzip (vgl. §§ 152 II, 160, 161, 163 I StPO) Anwendung findet, also ein Strafverfolgungszwang besteht.[83]

Die Notwendigkeit einer Abgrenzung stellt sich immer dann, wenn ein Sachverhalt zugleich eine Gefahrenlage *und* den Verdacht einer Straftat enthält. Denn dann ist unklar, ob die Maßnahme der Polizei, die auf diesen Sachverhalt reagiert, der Gefahrenabwehr oder der Strafverfolgung dient; sie (d.h. die Maßnahme) kann „doppelfunktional" sein (allgemeine Auffassung).

2. Doppelfunktionale Maßnahmen der Polizei

88 Bisher wurde gesagt, dass die Polizei sowohl präventiv also auch repressiv, sozusagen „doppelfunktional" tätig sein könne. Auch wurde gesagt, dass in Zweifelsfällen eine Abgrenzung vorzunehmen und die polizeiliche Maßnahme entweder als Gefahrenabwehrmaßnahme oder als Strafverfolgungsmaßnahme einzustufen sei. Das betrifft namentlich den Fall, dass eine polizeiliche Maßnahme auf einem Lebenssachverhalt basiert, der zugleich eine Gefahrenlage *und* den Verdacht einer Straftat enthält. Reagiert eine polizeiliche Maßnahme auf diesen Sachverhalt und enthält folgerichtig präventive und repressive Komponenten, ist sie **doppelfunktional**.[84]

88a Es ist also terminologisch und sachlich strikt zu unterscheiden: Nach allgemeiner Auffassung spricht man von „Doppelfunktionalität der Polizei", weil die Polizei für Gefahrenabwehr *und* für Strafverfolgung zuständig ist. Demgegenüber spricht man von einer „doppelfunktionalen Maßnahme" der Polizei, wenn diese auf einem Lebenssachverhalt reagiert, der zugleich eine Gefahrenlage *und* den Verdacht einer Straftat enthält und ihre Maßnahme folgerichtig präventive *und* repressive Komponenten beinhaltet.

Beispiele doppelfunktionaler Maßnahmen:

(1) Sucht die Polizei in zugangsgeschützten[85] Bereichen des Internets nach verbotenen Inhalten (Kinderpornographie, illegales Herunterladen von urheberrechtlich geschützten Inhalten, terroristische Aktivitäten etc.) und erfolgt dieses Suchen ohne hinreichenden Tatverdacht, basiert diese Maßnahme auf einem Lebenssachverhalt, der zugleich eine Gefahrenlage *und* den Verdacht einer Straftat enthält. Daher dient auch diese Maßnahme sowohl präventiven als auch repressiven Zwecken.

(2) Durchsucht die Polizei Personen, die sich auf der Anreise zu einer Demonstration befinden, nach Waffen, kann dies der Gewährleistung einer friedlichen Versammlung (dann präventiver Charakter der Maßnahme), aber auch der Beweissicherung bei der Aufklärung von Straftaten (dann repressiver Charakter der Maßnahme) dienen.

(3) Setzt die Polizei im Rahmen von Verkehrsüberwachungsmaßnahmen zum Zwecke des automatisierten Abgleichs mit dem Fahndungsbestand automatisierte Kennzeichenlesesysteme (AKLS) ein[86], stellt sich die Frage, ob diese Maßnahme gefahrenabwehrrechtlicher Natur ist oder der Strafverfolgung dient. Der Einsatz von Systemen zur automatisierten Erfassung und Auswertung von Kfz-Kennzeichen soll v.a. der Suche nach Fahrzeugen oder Kennzeichen dienen, die als gestohlen gemeldet sind oder nach denen aus sonstigen Gründen gefahndet wird. Dies wiederum kann sowohl der Gefahrenabwehr als auch der Strafverfolgung dienen.

---

[83] Zu den Begriffen vgl. Rn 706 ff.
[84] Vgl. *Ehrenberg/Frohne*, Kriminalistik 2003, 737, 738. Siehe auch BVerfG NJW 2019, 827, 832.
[85] Anderenfalls läge schon kein Grundrechtseingriff (bzgl. des Rechts auf informationelle Selbstbestimmung gem. Art. 2 I i.V.m. Art. 1 I GG) vor, denn wer seine personenbezogenen Daten offen im Internet darstellt, verzichtet auf seinen Grundrechtsschutz aus Art. 2 I i.V.m. 1 I GG.
[86] Vgl. etwa Bund: § 27b BPolG; Bay: Art. 39 PAG; Berl: § 24c ASOG; Brand: § 36a PolG; Brem: § 29 V PolG; Hamb: § 19 PolDVG; MeckVor: § 43a SOG; Nds: § 32a POG; RhlPfl: § 27b POG; Thür: § 33 VII PAG.

Da aus den genannten Gründen (Rn 87) trotz des Umstands, dass der Lebenssachverhalt zugleich eine Gefahrenlage *und* den Verdacht einer Straftat enthält, eine Zuordnung der Maßnahme entweder zur Gefahrenabwehr oder zur Strafverfolgung nicht offenbleiben kann, sind die Abgrenzungskriterien aufzuzeigen. Das BVerfG stellt für die Beurteilung der Rechtsnatur einer polizeilichen Maßnahme in erster Linie darauf ab, wo ihr **Schwerpunkt** (ihre **Dominanz**) liege.[87]

So hat das BVerfG beim Einsatz automatisierter Kennzeichenlesesysteme hinsichtlich der Abgrenzung entschieden, dass der Schwerpunkt des verfolgten Zwecks maßgeblich sei. Bei doppelfunktionalen Maßnahmen, bei denen sich ein eindeutiger Schwerpunkt weder im präventiven noch im repressiven Bereich ausmachen lasse, stehe dem Gesetzgeber ein Entscheidungsspielraum für die Zuordnung zu. Daher könnten entsprechende Befugnisse unter Umständen sowohl auf Bundes- als auch auf Landesebene geregelt werden. So sei der Landesgesetzgeber folglich nicht an dem Erlass einer der Gefahrenabwehr dienenden Regelung gehindert, weil diese ihren tatsächlichen Wirkungen nach auch Interessen der Strafverfolgung diene und damit Regelungsbereiche des Bundes berühre. Maßnahmen könnten vielmehr auch als Landespolizeirecht zulässig sein, wenn sie präventiv und repressiv zugleich wirkten. Denn eine sachliche Überschneidung könne nicht völlig ausgeschlossen sein. Daraus folge: Genauso wie der Bund Maßnahmen zur Strafverfolgung regeln dürfe, die sich zugleich förderlich für die Gefahrenabwehr auswirkten, dürften die Länder Regelungen zur Gefahrenabwehr treffen, die sich zugleich förderlich für die Strafverfolgung auswirkten.[88] Liege also die Zweckrichtung einer landesgesetzlichen Regelung über den Einsatz automatisierter Kennzeichenlesesysteme im Abgleich mit einem Fahndungsbestand, um bestimmte Gefahren im Einzelfall abzuwehren, die Herausbildung und Verfestigung gefährlicher Orte zu bekämpfen, gefährdete Orte zu schützen, polizeiliche Kontrollstellen zur Verhinderung schwerer Straftaten oder zum Schutz von Versammlungen zu unterstützen sowie die grenzüberschreitende Kriminalität zu bekämpfen oder den unerlaubten Aufenthalt mittels Schleierfahndung zu verhüten oder zu unterbinden, seien die präventivpolizeilichen Zwecke nicht infrage zu stellen. Dass einige dieser Zwecke – wie insbesondere die Kennzeichenkontrolle an gefährlichen Orten oder im Rahmen der Schleierfahndung – bei objektivierter Betrachtung im Ergebnis zugleich der Strafverfolgung nützlich seien, sei nach diesen Maßstäben unschädlich.[89] Das gelte auch für den anschließenden Datenabgleich mit dem Fahndungsbestand.[90]

In der Literatur wird vertreten, dass bei Zweifeln bei der Feststellung der Dominanz die Maßnahme dem Bereich der Gefahrenabwehr zuzuordnen sei[91], da Gefahrenabwehr wichtiger sei als Strafverfolgung[92]. Andere halten die Kriterien für die Bestimmung des Schwerpunkts zu vage und wollen sich auf den Wortlaut der gesetzlichen Aufgaben- und Befugnisnormen zurückbesinnen und die Abgrenzung zwischen präventivem und repressivem Charakter einer polizeilichen Maßnahme anhand der mit ihr verfolgten **Zielsetzung** vornehmen. Diese knüpfe an die **Finalität** des polizeilichen Handelns an. Ohne eine solche Ermittlung der mit einer polizeilichen Maßnahme verfolgten Absicht lasse sich die Rechtmäßigkeit des polizeilichen Handelns ohnehin nicht feststellen. Dann müsse es aber ebenso möglich sein, dieser Absicht bereits bei der Rechtswegbestimmung Rechnung zu tragen. Eine von der subjektiven Zielsetzung abstrahierende Betrachtungsweise, die demgegenüber darauf abstelle, ob objektiv die Voraussetzungen für ein Handeln auf dem Sektor der Strafverfolgung und/oder der Gefahrenabwehr gegeben seien, laufe auf eine Verwechslung der Frage, ob die Polizei auf einem bestimmten Sektor tätig sein dürfe, mit der hinaus, wie sie tatsächlich gehan-

---

[87] BVerfG NJW 2019, 827, 832 (vgl. zuvor schon BVerwGE 47, 255, 264).
[88] BVerfG NJW 2019, 827, 832.
[89] BVerfG NJW 2019, 827, 832.
[90] BVerfG NJW 2019, 827, 832.
[91] *Knemeyer*, POR, Rn 522.
[92] So ausdrücklich *Kingreen/Poscher*, POR, § 2 Rn 12/15 unter Bezugnahme auf BVerfGE 39, 1, 44.

delt habe. Damit werde verkannt, dass eine zum Zweck der Strafverfolgung getätigte Maßnahme selbst dann ein Akt der Strafverfolgung bleibe, wenn der durch sie Betroffene strafrechtlich nicht verantwortlich und nur die Möglichkeit eines polizeirechtlichen Vorgehens eröffnet sei. Vor allem scheitere die Schwerpunkttheorie aber daran, dass es der Polizei nicht verwehrt sein könne, sich bei bestimmten polizeilichen Akten sowohl auf das Polizeigesetz als auch auf die StPO zu berufen. Die Schwerpunkttheorie schränke damit unter Verkennung der instrumentalen Funktion, die dem Prozessrecht im Verhältnis zum materiellen Recht zukomme, die materiell-rechtlichen Handlungsbefugnisse der Polizei aus prozessrechtlichen Gründen ein, indem es dieser unmöglich gemacht werde, ihr Handeln (vorsichtshalber) auf zwei verschiedene Rechtsgrundlagen zu stützen.[93]

91 Der zuletzt genannten Auffassung ist zwar zuzugeben, dass sie sich auf die gesetzlichen Aufgaben- und Befugnisnormen „zurückbesinnen" will, allerdings ist den gesetzlichen Bestimmungen gerade nicht zu entnehmen, dass die Rechtsnatur einer polizeilichen Maßnahme nach der subjektiven Zielsetzung des handelnden Beamten bestimmt werden soll. Im Gegenteil widerspräche es geradezu dem Rechtsstaatsprinzip, wenn sich die Polizei (ggf. im Nachhinein) eine „passende" Rechtsgrundlage für ihr Handeln aussuchen und dann behaupten könnte, die Zielsetzung ihrer Maßnahme habe sich an dieser Rechtsgrundlage ausgerichtet. Nach der hier vertretenen Auffassung ist für die Bestimmung der Rechtsnatur der Maßnahme daher eine **gemischte objektiv-subjektive** Betrachtungsweise geboten. Danach ist Ausgangspunkt für die Ermittlung der Rechtsnatur der Maßnahme deren **Schwerpunkt**, allerdings wie er sich aus der Sicht eines **durchschnittlichen Polizeibeamten** (und damit aus objektivierter Sicht) darstellt. Danach gilt: Liegen Anhaltspunkte dafür vor, dass ein *Tatverdacht* besteht und führt die Polizei weitere Sachverhaltsaufklärungen durch bzw. ergreift Maßnahmen, um den staatlichen Strafanspruch zu gewährleisten, ist von einer repressiv-polizeilichen Tätigkeit auszugehen. Geht es dagegen primär um Schadensabwendung, ist die polizeiliche Maßnahme dem Bereich der Gefahrenabwehr zuzuordnen. Freilich ist die Bestimmung der Rechtsnatur der Maßnahme auf eine Tatsachenbasis zu stützen, bei der *auch* die Intention des handelnden Beamten zu berücksichtigen ist.[94]

92 Eine besondere Abgrenzungsproblematik ergibt sich, wenn der Charakter von Maßnahmen innerhalb eines Polizeieinsatzes wechselt (sog. **Gemengelage**). Lässt sich selbst nach der oben entwickelten Methode der Schwerpunkt nicht feststellen, muss für jede polizeiliche Einzelmaßnahme eine separate Schwerpunktbildung vorgenommen werden. So ist es denkbar, dass verschiedene Einzelmaßnahmen eines Polizeieinsatzes unterschiedlichen Aufgabenzuweisungsnormen und Befugnisnormen (Rechtsgrundlagen) zuzuordnen sind. Ist aufgrund des Gesamtcharakters des Einsatzes auch eine Trennung in Einzelmaßnahmen nicht möglich, muss im Rahmen der Fallbearbeitung die Rechtswegfrage zunächst offengelassen und bei der Begründetheit des Rechtsbehelfs geprüft werden, ob Befugnisnorm, gleichgültig aus welchem Bereich, das Verhalten der Polizei rechtfertigt. Sodann ist der entsprechende Rechtszweig, dem die Befugnisnorm zuzuordnen ist, einzuschlagen.

93 Schließlich bestehen Abgrenzungsprobleme zwischen präventiver und repressiver Ausrichtung polizeilichen Handelns bei der sog. **Strafverfolgungsvorsorge**. Wie bereits bei Rn 22 aufgezeigt, versteht man darunter Maßnahmen der Polizei, die nicht an eine bereits begangene Straftat oder einen Anfangsverdacht i.S.d. § 152 II StPO an-

---

[93] *Schenke*, POR, Rn 423. Vgl. auch *Schenke*, NJW 2011, 2838, 2841 f.; ihm folgend *Graulich*, NVwZ 2014, 681, 690.
[94] Ganz ähnlich nun auch VG Düsseldorf 21.4.2010 – 18 K 3033/09.

knüpfen, sondern die auf „die Verfolgung noch nicht begangener, sondern in ungewisser Zukunft möglicherweise bevorstehender Straftaten" zielen.[95]

Beispiel[96]: K ist strafgerichtlich in erster Instanz wegen Geldwäsche verurteilt worden. Über die Berufung ist noch nicht entschieden worden. Um zu verhindern, dass K sich künftig erneut an derartigen Delikten beteiligt, zumal seine Beteiligung an ähnlichen Vorfällen noch nicht geklärt ist, hat der Polizeipräsident von B ihn aufgefordert, sich im Polizeipräsidium einzufinden, damit Fingerabdrücke und Lichtbilder von ihm genommen werden können. ⇨ Vgl. Rn 93b.

93a
Das Nehmen von Fingerabdrücken und das Fertigen von Lichtbildern unterfallen dem Begriff der **erkennungsdienstlichen Maßnahmen**. Wie bereits bei Rn 22d beschrieben, handelt es sich nach allgemeiner Auffassung dabei um die Erhebung personenbezogener Daten zur Feststellung der Identität sowie zur Feststellung von Eigenschaften, die die Person identifizieren oder charakterisieren. Als erkennungsdienstliche Maßnahmen kommen insbesondere das Fertigen von Lichtbildern und Fingerabdrücken, aber auch die Feststellung äußerer körperlicher Merkmale (Augenfarbe, Haarfarbe, Narben, Tätowierungen, Behinderungen etc.) sowie Messungen (Körpergröße, Körpergewicht etc.) in Betracht (zur Grundrechtsrelevanz und zum Erfordernis einer parlamentarischen Rechtsgrundlage siehe Rn 22d). Erkennungsdienstliche Maßnahmen unterfallen wiederum dem Begriff der Strafverfolgungsvorsorge.[97] Entnimmt man den Maßnahmen der Strafverfolgungsvorsorge den Charakter der Verhinderung von Straftaten, sind sie dem Gefahrenabwehrrecht zuzuordnen.[98] Dieses ist grundsätzlich Ländersache (Art. 30, 70 I GG). Betont man demgegenüber den Zusammenhang mit der Strafverfolgung und dem gerichtlichen Verfahren, unterfällt die Strafverfolgungsvorsorge als Maßnahme der vorbeugenden Bekämpfung von Straftaten als Bestandteil des Art. 74 I Nr. 1 GG grds. der Gesetzgebungskompetenz des Bundes.[99] Das BVerwG führt aus, dass der Strafverfolgungsvorsorge zuzurechnende erkennungsdienstliche Maßnahmen vom Kompetenztitel des Art. 74 I Nr. 1 GG umfasst seien, denn die dortige Zuständigkeitsbeschreibung für „das Strafrecht und den Strafvollzug" sowie das „gerichtliche Verfahren" enthalte keine Einschränkung dahingehend, „dass Maßnahmen, die sich auf zukünftige Strafverfahren beziehen, von der Zuweisung der konkurrierenden Gesetzgebungskompetenz nicht erfasst sein sollen".[100]

Das wirft freilich verfassungsrechtliche Probleme auf, namentlich, ob die Erstreckung der Zuständigkeitsbeschreibung für „das Strafrecht und den Strafvollzug" sowie das „gerichtliche Verfahren" in Art. 74 I Nr. 1 GG auf die präventivpolizeilich ausgerichtete Strafverfolgungsvorsorge, der ja die erkennungsdienstlichen Maßnahmen zugeordnet sind, nicht zu weit geht und damit den Grundsatz aus Art. 30, 70 I GG aushöhlt. Da aber das BVerfG mit dem Argument des „untrennbaren funktionalen Zusammenhangs mit dem gerichtlichen Verfahren" die Strafverfolgungsvorsorge der Kompetenzzuweisung des Art. 74 I Nr. 1 GG zuschreibt, soweit sich entsprechende Maßnahmen auf die Durchführung künftiger Strafverfahren beziehen[101], und man erkennungsdienstliche Maßnahmen als Teil der Strafverfolgungsvorsorge ansieht, dürfte die Frage zumindest für die Praxis beantwortet sein. Raum für die Gesetzgebungskompetenz der Länder

---

[95] BVerfG NJW 2019, 827, 831. Siehe zuvor schon BVerfGE 113, 348, 369.
[96] Vgl. BVerwG NJW 2006, 1225.
[97] Siehe BVerwG NJW 2006, 1225, 1226: Maßnahmen der Strafverfolgungsvorsorge.
[98] So BVerfG NJW 2001, 879; VGH Kassel NVwZ-RR 1994, 652, 653; *Waechter*, DÖV 1999, 138, 140; *Zöller*, RDV 1997, 163, 164. Vgl. nunmehr auch BVerwG NJW 2006, 1225, 1226 f. Vgl. auch BVerwG NVwZ 2012, 757, 760.
[99] BVerwG NJW 2006, 1225, 1226. Später auch BVerfGE 113, 348, 371 (mit Verweis auf BVerfGE 103, 21, 30).
[100] BVerwG NJW 2006, 1225, 1226. Später auch BVerfGE 113, 348, 371 (mit Verweis auf BVerfGE 103, 21, 30).
[101] BVerfG NJW 2019, 827, 831 mit Verweis auf BVerfGE 103, 21, 29; NJW 2019, 827, 830. Mit der Formulierung: „...im untrennbaren funktionalen Zusammenhang mit dem gerichtlichen Verfahren" rückt die Kompetenzzuschreibung in die Nähe der ungeschriebenen Gesetzgebungskompetenz des Bundes „Zuständigkeit kraft Sachzusammenhangs", siehe dazu *R. Schmidt*, Staatsorganisationsrecht, Rn 843 ff.

bleibt dann nur für solche erkennungsdienstlichen Maßnahmen, die dem Bereich der Gefahrenvorsorge zuzurechnen sind, weil nach der Rechtsprechung des BVerwG der Landesgesetzgeber nicht gehindert ist, „Befugnisse zum Zwecke der Gefahrenvorsorge zu treffen, selbst wenn der Bundesgesetzgeber parallel dazu Regelungen zur Strafverfolgungsvorsorge getroffen hat".[102] Von vornherein ist der Landesgesetzgeber zum Erlass von Regelungen zu erkennungsdienstlichen Maßnahmen befugt, die sich nicht auf die Durchführung künftiger Strafverfahren beziehen, sondern rein gefahrenabwehrrechtlicher Natur sind.

93b Jedenfalls stünde einer strafprozessualen Zuordnung, wie das bei anderen strafprozessualen Maßnahmen der Polizei der Fall ist, nicht der Umstand entgegen, dass die der Strafverfolgungsvorsorge dienenden Akte oftmals zugleich präventivpolizeiliche Nebeneffekte mit sich bringen. Wie generell bei der Frage nach der Abgrenzung zwischen präventiver und repressiver polizeilicher Tätigkeit ist auch im vorliegenden Zusammenhang eine objektiv-subjektive Betrachtungsweise geboten.[103] Stehen nach dem objektivierten Willen der Polizei die Beweissicherung bzw. Zuführung des Täters zu den Strafverfolgungsbehörden im Vordergrund, ist von einem repressiv-polizeilichen Charakter der Strafverfolgungsvorsorge auszugehen. In diese Richtung geht die bereits genannte Entscheidung des BVerfG zur präventiven Telekommunikationsüberwachung.[104] Das Gericht hat entschieden, dass die Aufnahme der verdachtsunabhängigen vorbeugenden Telefonüberwachung zum Zweck der Strafverfolgungsvorsorge in das niedersächsische SOG (jetzt: POG) u.a. gegen die Gesetzgebungskompetenzvorschriften des Grundgesetzes verstoßen habe, weil die Strafverfolgungsvorsorge dem Strafprozessrecht und damit der konkurrierenden Gesetzgebungskompetenz des Bundes unterfalle. Von dieser Gesetzgebungskompetenz habe der Bund mit der Regelung der Telekommunikationsüberwachung in der Strafprozessordnung abschließend Gebrauch gemacht.[105] Auch das BVerwG hat sich zu diesem Thema geäußert. Es hat entschieden, dass Maßnahmen der Strafverfolgungsvorsorge zwar gefahrenabwehrrechtlicher Natur seien, dies jedoch nicht bedeute, dass sie zwingend der Gesetzgebungskompetenz der Länder unterfielen. Vielmehr sei die Gesetzgebungskompetenz des Bundes zur Vorsorge für die Verfolgung von Straftaten unmittelbar der Befugnis für die konkurrierende Gesetzgebung in Art. 74 I Nr. 1 GG zu entnehmen. Denn die dortige Zuständigkeitsbeschreibung für das Strafrecht und das gerichtliche Verfahren enthalte keine Einschränkung dahingehend, dass Maßnahmen, die sich auf zukünftige Strafverfahren bezögen, von der Zuweisung der konkurrierenden Gesetzgebungskompetenz nicht erfasst sein sollten.[106] Zwar betonen das BVerfG und das BVerwG mit Blick auf Art. 72 I GG, dass die Sperrwirkung der Bundesgesetzgebungskompetenz nur greife, wenn der Bund abschließend von seiner Gesetzgebungsbefugnis Gebrauch gemacht habe und dass ein abschließendes Gebrauchmachen auch dann vorliegen könne, wenn der Bundesgesetzgeber absichtlich von einer Regelung absehe.[107] Jedoch habe der Bundesgesetzgeber mit § 81b Var. 2 StPO eine abschließende Regelung hinsichtlich der erkennungsdienstlichen Maßnahmen auf dem Gebiet der Strafverfolgungsvorsorge getroffen.[108]

Demnach gilt für das **Beispiel** von Rn 93: Auf der Basis der Rechtsprechung des BVerfG und des BVerwG ist Rechtsgrundlage für die Maßnahmen gegen K trotz deren gefahren-

---

[102] BVerwG NVwZ 2012, 757 LS 2.
[103] Vgl. dazu ausführlich Rn 91 ff.
[104] BVerfGE 113, 348, 369.
[105] BVerfGE 113, 348, 372.
[106] BVerwG NJW 2006, 1225, 1226 f. Vgl. auch OVG Lüneburg NVwZ 2010, 69, 70 f.; VGH Mannheim NVwZ-RR 2015, 26, 28.
[107] BVerwG NVwZ 2012, 757, 760 mit Verweis auf BVerfGE 32, 319, 327 f.
[108] BVerwG NJW 2006, 1225, 1226 f.

abwehrrechtlichen Charakters § 81b Var. 2 StPO, weil Art. 74 I Nr. 1 GG nicht zu entnehmen sei, dass er die Strafverfolgungsvorsorge nicht miterfasse.

Soweit erkennungsdienstliche Maßnahmen also der Strafverfolgungsvorsorge zuzurechnen sind, sind sie von der konkurrierenden Gesetzgebungskompetenz des Bundes gem. Art. 74 I Nr. 1 GG erfasst. Dann stützen sich entsprechende Maßnahmen der Polizei auf § 81b Var. 2 StPO, sodass aus systematischer Sicht ein Rückgriff auf das allgemeine Gefahrenabwehrrecht der Länder ausgeschlossen ist.[109] Folgerichtig hat z.B. der niedersächsische Gesetzgeber mit Änderungsgesetz v. 25.11.2007 die Strafverfolgungsvorsorge aus § 15 NdsSOG (jetzt: § 15 NdsPOG) herausgenommen. Seitdem ist dort lediglich die „Verhütung von Straftaten" genannt, für die erkennungsdienstliche Maßnahmen nach Landespolizeirecht möglich sind.[110] Vgl. dazu auch die Darstellung zu den erkennungsdienstlichen Maßnahmen bei Rn 239 ff.

Weiterführender Hinweis: Aufgrund der „Doppelnatur" des § 81b StPO ergeben sich auch Unterschiede beim Rechtsschutz: Da § 81b Var. 1 StPO unproblematisch der Strafverfolgung zuzuordnen ist, ist gegen eine diesbezügliche richterliche Anordnung die Beschwerde nach § 304 StPO einschlägig; gegen eine Maßnahme der Staatsanwaltschaft bzw. der Polizei in ihrer Funktion als Ermittlungsperson ist die Beschwerde analog § 98 II S. 2 StPO statthaft. Anders verhält es sich bei § 81b Var. 2 StPO. Zwar wurde diesbezüglich die Bundesgesetzgebungskompetenz bejaht (s.o.), was jedoch nichts an der gefahrenabwehrrechtlichen Rechtsnatur von ED-Maßnahmen ändert. Daher ist der Verwaltungsrechtsweg eröffnet.[111]

94 Hinsichtlich der **offenen Videoüberwachung** von öffentlichen Plätzen oder Straßenabschnitten, an denen vermehrt Straftaten begangen werden (Beispiele: Bahnhofsplätze, Hamburger Reeperbahn), hat das BVerwG zwar bestätigt, dass Maßnahmen der Strafverfolgungsvorsorge, also der Vorsorge für die Verfolgung künftiger Straftaten, dem gerichtlichen Verfahren i.S.d. Art. 74 I Nr. 1 GG zuzuordnen seien. Allerdings habe der Bundesgesetzgeber keine allgemeine abschließende Regelung hinsichtlich der Strafverfolgungsvorsorge getroffen, sodass die Landesgesetzgeber nicht generell gehindert seien, Befugnisse zum Zwecke der **Gefahrenvorsorge** zu treffen, selbst wenn der Bundesgesetzgeber parallel dazu Regelungen zur Strafverfolgungsvorsorge (vgl. etwa § 81b Var. 2 StPO) getroffen habe. Daher sei § 8 III HmbPolDVG (jetzt: § 18 III HmbPolDVG), der die offene Videoüberwachung bspw. der Reeperbahn zum Zwecke der Gefahrenvorsorge zulasse, kompetenzmäßig zustande gekommen.[112]

95 Im Einzelfall kann es für den Betroffenen schwer feststellbar sein, ob eine ihm gegenüber vorgenommene polizeiliche Maßnahme der Gefahrenabwehr oder der Strafverfolgung zuzuordnen ist. Das erschwert ihm die rechtliche Überprüfung der Maßnahme sowie die Wahl des einzuschlagenden Rechtswegs. In diesem Fall wird man ihm einen aus dem Rechtsstaatsprinzip abzuleitenden Anspruch auf Mitteilung des Zwecks der polizeilichen Maßnahme einräumen müssen. Kommt die Polizei dieser Auskunftsverpflichtung nicht nach, bedingt dieses Unterlassen die (formelle) Rechtswidrigkeit der polizeilichen Maßnahme. Allerdings wird sich dieses Begründungsdefizit selten im Ergebnis auswirken, da die Begründung bis zum Abschluss der letzten Tatsacheninstanz des verwaltungsgerichtlichen Verfahrens nachgeholt und der Fehler damit geheilt werden kann (vgl. §§ 39, 45 I Nr. 2 und II VwVfG).[113]

96 Lassen die äußeren Umstände nicht ohne weiteres erkennen, ob die Polizei präventiv oder repressiv gehandelt hat, und kommt sie auch nicht ihrer Auskunftsverpflichtung

---

[109] Das ändert aber nichts daran, dass sich die Zuständigkeit der Polizei nach Landespolizeirecht richtet.
[110] Vgl. dazu BVerwG NVwZ 2012, 757, 760; OVG Lüneburg NdsVBl 2009, 202; OVG Lüneburg NdsVBl 2015, 228.
[111] Siehe BVerwG NJW 2006, 1225 ff.
[112] BVerwG NVwZ 2012, 757, 760 f.
[113] Zum Problem des Nachholens einer Begründung vgl. *R. Schmidt*, AllgVerwR, Rn 584 f.

nach, muss dem Betroffenen die Wahl gewährt werden, welchen der beiden Rechtswege er beschreiten möchte. Sollte sich das angerufene Gericht für unzuständig erklären, ist das unschädlich, da das Gericht in diesem Fall die Klage nicht als unzulässig abweisen kann, sondern sie gem. § 17a II S. 1 GVG durch Beschluss an das Gericht des zulässigen Rechtswegs verweisen muss. In einem solchen Fall ist die Klagefrist selbst dann gewahrt, wenn die Klageschrift nach Ablauf der Klagefrist beim zuständigen Gericht eingeht.[114] Auch für die Begründetheitsprüfung hat die Wahl des Rechtswegs i.d.R. keine Bedeutung, weil bei einem Vergleich des § 28 EGGVG mit §§ 113, 114 VwGO deutlich wird, dass die Rechtswegfrage für den Rechtsschutz des Bürgers keine Auswirkung hat.

II. Aufgabe der Ordnungswidrigkeitenahndung

97 Für die Verfolgung von Ordnungswidrigkeiten sind vorrangig die Verwaltungsbehörden (d.h. Ordnungsbehörde) zuständig (vgl. §§ 35-39 OWiG).[115] Gemäß § 53 I S. 1 OWiG können jedoch auch die Polizeibehörden die zur Verfolgung und Ahndung von Ordnungswidrigkeiten berufene Verwaltungsbehörde sein. Ist dies der Fall, haben sie dieselben Rechte und Pflichten wie bei der Verfolgung von Straftaten, soweit das OWiG nichts anderes bestimmt (§ 53 I S. 2 OWiG; über § 46 I OWiG finden die Eingriffsbefugnisse der StPO Anwendung). Anders als bei der Strafverfolgung gilt jedoch nicht das Legalitätsprinzip, sondern das Opportunitätsprinzip (vgl. bereits Rn 87). Denn gem. § 47 I S. 1 OWiG liegt die Verfolgung von Ordnungswidrigkeiten im pflichtgemäßen Ermessen der Verfolgungsbehörde. Solange das Verfahren bei ihr anhängig ist, kann sie es einstellen (§ 47 I S. 2 OWiG).

98 Im Übrigen gilt auch hier, dass § 53 I OWiG ebenso wenig wie § 163 I S. 1 StPO eine Eingriffsgrundlage für die Polizei, sondern ausschließlich eine Aufgabenzuweisungsnorm darstellt. Beamte des Polizeidienstes, die zu Ermittlungspersonen der Staatsanwaltschaft bestellt sind (§ 152 GVG), können daher nach den für sie geltenden Vorschriften der StPO Beschlagnahmungen, Durchsuchungen, Untersuchungen und sonstige Maßnahmen anordnen (§ 53 II OWiG). Eine Ergänzung des Befugniskatalogs der Polizei durch den Landesgesetzgeber scheidet auch hier aus.

99 Ob ein Verhalten ordnungswidrig ist, muss sich durch gesetzliche Bestimmungen ermitteln lassen. Ordnungswidrigkeitentatbestände finden sich zunächst im OWiG selbst. So handelt gem. § 117 I OWiG ordnungswidrig, wer ohne berechtigten Anlass oder in einem unzulässigen oder nach den Umständen vermeidbaren Ausmaß Lärm erregt, der geeignet ist, die Allgemeinheit oder die Nachbarschaft erheblich zu belästigen oder die Gesundheit eines anderen zu schädigen. Diesbezüglich kommt etwa intensiver und anhaltender Partylärm in Betracht. Gemäß § 118 I OWiG handelt ordnungswidrig, wer eine grob ungehörige Handlung vornimmt, die geeignet ist, die Allgemeinheit zu belästigen oder zu gefährden und die öffentliche Ordnung zu beeinträchtigen. Zwar ist wegen der Unbestimmtheit des Begriffs „öffentliche Ordnung" eine restriktive Handhabung geboten, gleichwohl dürfte dieser Ordnungswidrigkeitentatbestand etwa erfüllt sein bei einem diskriminierenden Verhalten (Beispiel: Schwarzafrikanern wird aufgrund ihrer Hautfarbe der Einlass in eine Diskothek verwehrt). Schließlich sanktioniert § 119 OWiG grob anstößige und belästigende Handlungen, etwa das Anpreisen der Schaffung einer Gelegenheit zur Vornahme sexueller Handlungen.

---

[114] BVerwG NJW 2002, 768. Vgl. auch BayVGH BayVBl 2010, 220 f., der zwar ein Wahlrecht des Rechtsschutzsuchenden ablehnt, dennoch mit der hier vertretenen Auffassung die Klage nicht als unzulässig abweist, sondern durch Beschluss an das Gericht des zulässigen Rechtszweigs verweist.
[115] Dabei verfügt die Verwaltungsbehörde grds. über dieselben Rechte und Pflichten wie die Staatsanwaltschaft bei der Verfolgung von Straftaten (§ 46 II OWiG). Ist aber ein **Strafverfahren** eingeleitet worden, werden gem. §§ 40 ff. OWiG von der Staatsanwaltschaft grds. auch die rechtlichen Gesichtspunkte einer Ordnungswidrigkeit mitbehandelt.

99a Auch und gerade außerhalb des OWiG sind zahlreiche Ordnungswidrigkeitentatbestände normiert. Das betrifft insbesondere das Umweltrecht (BImSchG, WHG, BBodSchG etc.), aber auch das Straßenverkehrsrecht. So finden sich Straf- und Bußgeldvorschriften in den §§ 21 ff. StVG. Die bekannteste Bußgeldvorschrift dürfte § 24a StVG darstellen (0,5-Promille-Grenze). Kardinalnorm hinsichtlich Verkehrsordnungswidrigkeiten ist aber § 24 StVG. Diese Vorschrift verweist auf die Rechtsverordnungen, die auf der Grundlage der §§ 6 und 6e StVG erlassen worden sind, namentlich auf die StVO, die StVZO, die FZV und die FeV. In diesen Regelwerken sind zahlreiche Ordnungswidrigkeitentatbestände normiert. Zuständig für die Verfolgung von Verkehrsordnungswidrigkeiten sind nicht nur die Straßenverkehrsbehörden; gem. § 26 I S. 1 StVG sind auch die Behörden oder Dienststellen der Polizei, die von der Landesregierung durch Rechtsverordnung näher bestimmt sind, für die Verfolgung und Ahndung von Ordnungswidrigkeiten nach den §§ 24, 24a StVG zuständig.

99b Letztlich finden sich Ordnungswidrigkeitentatbestände als Schlussbestimmungen in fast allen Ordnungsgesetzen. Sie dienen dazu, den Zwecken des jeweiligen Ordnungsgesetzes zuwiderlaufende Verhaltensweisen zu sanktionieren. Der Rechtsschutz gegen im Bußgeldverfahren getroffene Maßnahmen richtet sich nach § 62 OWiG.

100 Bei Ordnungswidrigkeiten geringerer Relevanz besteht für die Polizei (wie für die allgemeinen Ordnungsbehörden) die Möglichkeit der **Verwarnung** mit (§ 57 II i.V.m. § 56 I S. 1 OWiG) oder ohne (§ 57 II i.V.m. 56 I S. 2 OWiG) Verwarnungsgeld. Die Höhe des Verwarnungsgeldes für Ordnungswidrigkeiten beträgt nach § 56 I S. 1 OWiG mindestens 5 €, höchstens 55 €. Die Verwarnung ist wirksam, wenn der Betroffene nach Belehrung über sein Weigerungsrecht mit ihr einverstanden ist und das Verwarnungsgeld entsprechend der Bestimmung der Polizei bzw. Verwaltungsbehörde entweder sofort zahlt oder innerhalb einer Frist, die eine Woche betragen soll (§ 56 II OWiG). Zahlt der Betroffene also (fristgerecht) das Verwarnungsgeld, gilt die Verwarnung als akzeptiert und die weitere Ahndung der Ordnungswidrigkeit ist nicht mehr möglich (§ 56 IV OWiG). Lässt sich der Betroffene nicht auf die Verwarnung ein bzw. lässt er die Zahlungsfrist verstreichen, leitet die Polizei bzw. die Verwaltungsbehörde regelmäßig das Bußgeldverfahren ein und ahndet die Ordnungswidrigkeit möglicherweise mit einem **Bußgeldbescheid** (§ 65 OWiG). Bei Ordnungswidrigkeiten von nicht geringer Relevanz wird sie von vornherein ausschließlich das Bußgeldverfahren einleiten. Hinsichtlich der Tat selbst, der Zeit und des Ortes der Tat, der gesetzlichen Merkmale der Ordnungswidrigkeit und der angewendeten Bußgeldvorschriften sowie der Beweismittel muss der Bußgeldbescheid eine Begründung enthalten (§ 66 I Nr. 3, 4, III OWiG). Selbstverständlich muss der Bußgeldbescheid auch (im Übrigen) materiell rechtmäßig sein, d.h. der Betroffene muss die Tat auch begangen haben, die Beweiserhebung muss ordnungsgemäß gewesen sein (bei Verkehrsordnungswidrigkeiten bspw. kein Fehler bei der Tatfeststellung[116]) und die Rechtsfolge darf nicht unverhältnismäßig sein.

100a Eine Ordnungswidrigkeit, die **verjährt** ist, darf nicht mehr verfolgt werden (§ 31 I S. 1 OWiG). Verjährungsfristen sind in § 31 II OWiG aufgelistet. Im Bereich der Verkehrsordnungswidrigkeiten nach § 24 StVG ist aber die spezielle Vorschrift des § 26 III StVG zu beachten, wonach die Verjährungsfrist 3 Monate beträgt[117], solange wegen der

---

[116] Siehe dazu etwa die Beispiele bei Rn 102k und 102l.
[117] Die genannte Dreimonatsfrist gilt aber nicht absolut. So wird z.B. gem. § 33 I S. 1 Nr. 1 OWiG die Verjährung unterbrochen durch Übersendung des Anhörungsbogens. Dies gilt jedoch nur, wenn aus dem Bogen hervorgeht, dass die Ermittlungen gegen den Anzuhörenden als Betroffener geführt werden. Richtet sich der Anhörungsbogen also gegen jemanden, dessen Status der Behörde noch unklar ist oder der lediglich als Zeuge geführt wird, unterbricht dies die Verjährung nicht. Weiterhin ist § 33 II OWiG zu beachten, wonach die Verjährung bei einer schriftlichen Anordnung oder Entscheidung in dem Zeitpunkt unterbrochen ist, in dem die Anordnung oder Entscheidung unterzeichnet wird. Das

Handlung weder ein Bußgeldbescheid ergangen noch öffentliche Klage erhoben ist, danach sechs Monate.[118]

100b Rechtsschutz gegen den (noch nicht verjährten) Bußgeldbescheid bietet der **Einspruch**. Die Frist für die Einlegung des Einspruchs beträgt 2 Wochen; Fristbeginn ist die Zustellung des Bußgeldbescheids (§ 67 I OWiG). Der Einspruch bedarf keiner Begründung und kann auf einzelne Beschwerdepunkte beschränkt werden („Teileinspruch", vgl. § 67 II OWiG). Gleichwohl ist eine Begründung dringend anzuraten, damit die Behörde sich mit den Gründen, die nach Ansicht des Betroffenen für die Rechtswidrigkeit des Bußgeldbescheids sprechen, auch auseinandersetzen kann. Nimmt die Behörde den Einspruch als zulässig an, prüft sie ihn inhaltlich, d.h. sie prüft, ob sie den Bußgeldbescheid aufrechterhält oder zurücknimmt (§ 69 II OWiG). Die Behörde wird den Bußgeldbescheid ganz oder teilweise zurücknehmen, soweit die Argumente des Einspruchs sie überzeugt haben oder sie aufgrund der erneuten Prüfung nunmehr zu dem Schluss gekommen ist, dass ihre ursprüngliche Entscheidung nicht oder nicht vollständig einer gerichtlichen Überprüfung standhalten würde. In diesem Fall ergeht eine Abhilfeentscheidung. Sollte die Behörde ihre im Bußgeldbescheid zugrunde gelegte Auffassung aber ganz oder teilweise aufrechterhalten (den Bußgeldbescheid also nicht vollständig zurücknehmen), übersendet sie die Akten über die Staatsanwaltschaft an das Amtsgericht (§ 69 III S. 1 OWiG). Mit dem Eingang der Akten bei der Staatsanwaltschaft übernimmt diese die weitere Verfolgung (§ 69 IV S. 1 OWiG). Die Staatsanwaltschaft kann also das Verfahren einstellen oder weitere Ermittlungen durchführen. Stellt sie (etwa wegen Verneinung des öffentlichen Interesses an der Weiterverfolgung oder wegen erheblicher Zweifel an der Rechtmäßigkeit der Beweiserhebung) das Verfahren ein, ergeht eine Einstellungsverfügung und die Sache ist damit erledigt. Anderenfalls legt sie die Akten dem gem. § 68 OWiG für Ordnungswidrigkeiten zuständigen Amtsgericht vor (§ 69 IV S. 2 OWiG). Dieses prüft dann nach Maßgabe des § 69 V und der §§ 70, 71 ff. OWiG. Insbesondere nimmt das Gericht eine eigene Beweisaufnahme vor und entscheidet nach eigener Überzeugung (§ 261 StPO). Kommt es zu einer Verurteilung, steht dem Betroffenen unter den Voraussetzungen des § 79 OWiG die Rechtsbeschwerde zu. Beschwerdegericht ist das Oberlandesgericht.[119] Bei der Erhebung der Rechtsbeschwerde besteht Pflichtverteidigung („Anwaltszwang").

100c
> **Hinweis für die Fallbearbeitung:** Nach § 2 II Nr. 2 VwVfG findet das VwVfG u.a. bei der Strafverfolgung und der Ahndung von Ordnungswidrigkeiten keine Anwendung. Daher kann ein Bußgeldbescheid auch kein belastender Verwaltungsakt i.S.d. § 35 S. 1 VwVfG sein, weil er nicht das Ergebnis eines Verwaltungsverfahrens nach dem VwVfG ist. Der Bußgeldbescheid ist von seiner Grundanlage her zwar ein Verwaltungsakt, nicht aber ein Verwaltungsakt i.S.d. § 35 S. 1 VwVfG. Vielmehr ist er dem Strafbefehl (§ 407 StPO) nachgebildet, weshalb das **OWiG** den Rechtsstreit auch dem AG zuweist. Ist in einer Klausur also gegen einen Bußgeldbescheid vorzugehen, bestimmen sich Rechtsweg und Zulässigkeitsvoraussetzungen des Einspruches nach §§ 67 ff. OWiG. Bei Justizverwaltungsakten und bei Maßnahmen der (gem. §§ 152 GVG, 163 StPO) repressiv tätigen Polizei (§ 98 II S. 2 StPO (analog) bzw. § 101 VII StPO) greift nach § 23 **EGGVG** die ordentliche Gerichtsbarkeit.

---

heißt: Sobald die Bußgeldbehörde den an den Betroffenen adressierten Anhörungsbogen ausgedruckt und unterschrieben hat, wird die Verjährung unterbrochen.
[118] Achtung: Ordnungswidrigkeiten nach § 24a StVG unterliegen der Verjährung nach § 31 II Nr. 2 OWiG, verjähren also erst nach 2 Jahren.
[119] Das erklärt, warum in den Beispielen bei Rn 102k und 102l ein OLG entschieden hat.

III. Aufgabe der Straßenverkehrsüberwachung

Schließlich gilt es die Aufgabe der Straßenverkehrsüberwachung zu erläutern. Während Verkehrsunterricht gemäß § 48 StVO von den Straßenverkehrsbehörden als allgemeine Ordnungsbehörden erteilt wird, ist die Straßenverkehrsüberwachung Aufgabe der Polizei(vollzugs)behörden. Das geht zunächst aus **§ 44 I StVO** hervor, wonach die Straßenverkehrsbehörden, soweit nichts anderes bestimmt ist, sachlich zuständig sind für die Ausführung der StVO; Straßenverkehrsbehörden sind wiederum die nach Landesrecht zuständigen unteren Verwaltungsbehörden oder die Behörden, denen durch Landesrecht die Aufgaben der Straßenverkehrsbehörden zugewiesen sind. Nach **§ 44 II StVO** ist sogar die (Vollzugs)Polizei befugt, den Verkehr durch Zeichen und Weisungen (§ 36 StVO) und durch Bedienung von Lichtzeichenanlagen zu regeln. Bei Gefahr im Verzug kann zur Aufrechterhaltung der Sicherheit oder Ordnung des Straßenverkehrs die (Vollzugs)Polizei anstelle der an sich zuständigen Behörden tätig werden und vorläufige Maßnahmen treffen; sie bestimmt dann die Mittel zur Sicherung und Lenkung des Verkehrs.

101

Wird die Polizei durch § 44 II StVO befugt, den Verkehr durch Zeichen und Weisungen nach **§ 36 V StVO** zu regeln, handelt es sich bei der zuletzt genannten Vorschrift um eine echte materiell-rechtliche Eingriffsbefugnis. Nach dieser Vorschrift darf die Polizei Straßenverkehrsteilnehmer zur Verkehrskontrolle einschließlich der Kontrolle der Verkehrstüchtigkeit und zu Verkehrserhebungen anhalten. Das Zeichen zum Anhalten kann die Polizei auch durch geeignete technische Einrichtungen am Einsatzfahrzeug, eine Winkerkelle oder eine rote Leuchte geben. Die Verkehrsteilnehmer haben die Anweisungen der Polizei zu befolgen.

102

> Klassisches **Beispiel** für eine Maßnahme auf der Grundlage des § 36 V StVO ist die **Überprüfung von Führerschein und Zulassungsbescheinigung I**. Zwar handelt es sich jedenfalls beim Führerschein um einen Berechtigungsschein, dessen Vorlage die Polizei gem. der polizeigesetzlichen Vorschrift über das Herausverlangen von Berechtigungsscheinen (z.B. Art. 13 III BayPAG oder § 13 V HmbPolDVG) verlangen kann, § 36 V StVO stellt jedoch eine straßenverkehrsrechtliche Spezialbefugnis dar, die in ihrem Anwendungsbereich die Befugnisnormen des allgemeinen Polizeirechts ausschließt. Gleichwohl kann die Polizei auch auf der Grundlage des § 36 V StVO die Vorlage der genannten Papiere nur dann verlangen, wenn der Betroffene im Zeitpunkt des Herausgabeverlangens zum Mitführen gesetzlich verpflichtet ist. Das ist bei einem Fahrzeugführer, der im Rahmen einer Verkehrskontrolle angehalten wird, der Fall. Die Verpflichtung, den Führerschein mitzuführen und auf Verlangen auszuhändigen, ergibt sich dabei aus § 2 I S. 3 StVG, § 4 II FeV, die entsprechende Verpflichtung in Bezug auf die Zulassungsbescheinigung I aus § 11 VI FZV. Vgl. dazu auch Rn 202 ff.

Zur **Video-Verkehrsüberwachung**, zu den **automatisierten Kennzeichenlesesystemen** und zur sog. **Section Control** vgl. Rn 174 ff.; zur Problematik der Übertragung von **Straßenverkehrsüberwachungsmaßnahmen** auf private Dienstleister siehe sogleich Rn 102b ff., insbesondere Rn 102k f.

102a

L. Hoheitliche Aufgabenerfüllung und private Sicherheitsdienste

Das Sicherheitsbedürfnis vieler Unternehmen, aber auch einiger Privatpersonen, veranlasst diese zunehmend, zur Erfüllung ihrer Aufgaben bzw. zur Wahrung ihrer Sicherheitsinteressen private Sicherheitsdienste einzusetzen. Da die Rechtsordnung aber ein Gewaltmonopol des Staates vorsieht und die Ausübung von Gewalt ausschließlich den dafür vorgesehenen Organen der Exekutive überträgt, wäre die (vorbehaltlose) Durchsetzung von Sicherheitsinteressen, insbesondere mit Waffengewalt, durch private Sicherheitsdienste mit der Grundordnung des Grundgesetzes nicht vereinbar. In der Fol-

102b

ge ergibt sich zwangsläufig das Erfordernis einer Abgrenzung zwischen den Befugnissen privater Sicherheitsdienste und Organen der staatlichen Exekutive. Aufgrund des genannten Gewaltmonopols des Staates stehen Befugnisse zum Schutz der öffentlichen Sicherheit oder Ordnung ausschließlich den staatlichen Organen zu; die Befugnisse der privaten Sicherheitsdienste sind – wenn überhaupt – auf solche Rechte begrenzt, die auch sonst Privatpersonen zustehen, die sog. Jedermanns- oder Notrechte wie das Hausrecht (§ 903 BGB), die Notwehr (§ 32 StGB, § 227 BGB), der Notstand (§§ 34, 35 StGB, §§ 228, 904 BGB), die Selbsthilfe (§§ 229, 859 BGB) und die vorläufige Festnahme (§ 127 I StPO). Geht es nicht unmittelbar um Individualschutz, sondern um den Schutz der öffentlichen Sicherheit oder Ordnung, bleibt den privaten Sicherheitsdiensten von vornherein nur das Recht der vorläufigen Festnahme.

102c Um die Qualität der Sicherheitsdienste (Bewachungsgewerbe) zu gewährleisten, macht der Staat deren Arbeit von einer gewerberechtlichen Genehmigung abhängig. So bedarf gem. § 34a I S. 1 GewO der Erlaubnis, wer gewerbsmäßig Leben oder Eigentum fremder Personen bewachen will. Ein umfangreicher Katalog an Versagungsgründen gewährleistet, dass keine ungeeigneten Personen zugelassen werden (vgl. § 34a I S. 3 GewO). Geht es um die Erlaubnis, Waffen zu tragen, stellt das WaffG noch strengere Anforderungen an die Zuverlässigkeit der Person und das Bedürfnis des Waffentragens (§§ 4, 8 WaffG). Im Übrigen stellt § 34a V GewO klar, dass den privaten Sicherheitsdiensten nur die Rechte zustehen, die Privaten auch sonst zustehen. Hinsichtlich der Überwachung von unter deutscher Flagge fahrender Schiffe durch private bewaffnete Sicherheitskräfte („Pirateriebekämpfung") hat der Bundestag im Jahre 2012 eine Änderung der Gewerbeordnung beschlossen und durch § 31 IV S. 3 GewO eine Ermächtigungsgrundlage für den Erlass einer „Seeschiffbewachungsverordnung" geschaffen. Diese ist 2013 in Kraft getreten (vgl. BGBl I 2013, S. 1562). Danach können nach entsprechender Zulassung Bewachungsunternehmern seewärts der deutschen ausschließlichen Wirtschaftszone Bewachungstätigkeiten auf Seeschiffen ausüben.

102d Fazit: Polizei- oder Ordnungsbehörde und privater Sicherheitsdienst nehmen nur ihre jeweiligen Aufgaben wahr: Der private Sicherheitsdienst macht zum Schutz privater Rechte und Rechtsgüter vom Hausrecht und ggf. von den Jedermanns- oder Notrechten Gebrauch, freilich unter strenger Beachtung des staatlichen Gewaltmonopols. Demgegenüber ist die Polizei- oder Ordnungsbehörde als Inhaber des staatlichen Gewaltmonopols befugt, zum Schutz der öffentlichen Sicherheit oder Ordnung einzuschreiten und dabei auch Zwangsmittel einzusetzen.

102e Diese klare Aufgabentrennung schließt allerdings nicht aus, dass staatliche Stellen und private Sicherheitsdienste **zusammenarbeiten**. Diese Zusammenarbeit kann – etwa im Rahmen eines Informationsaustauschs erfolgen.

102f Möchte die Behörde private Sicherheitsdienste rechtlich verbindlich in die hoheitliche Aufgabenerfüllung einbinden, kann sie dies nur in dem hierfür vorgesehenen rechtlichen Rahmen. So kann sie private Sicherheitsdienste zunächst als sog. **Verwaltungshelfer** heranziehen. Allerdings kann damit noch keine Übertragung von hoheitlichen Aufgaben erfolgen, weil es dazu einer gesetzlichen Ermächtigung bedarf. Eine echte Aufgabenübertragung kann daher – wenn überhaupt – nur über das Institut der **Beleihung** erfolgen. Beleihung ist eine Übertragung von hoheitlichen Aufgaben auf natürliche oder juristische Personen des Privatrechts.[120]

---

[120] Vgl. BVerfG NJW 2012, 1563, 1564 ff.; BVerwG DVBl 1970, 735; NVwZ-RR 1991, 330; NVwZ 2011, 368, 369 f.; BremStGH NVwZ 2003, 81, 82 f.; BGHZ 161, 6, 11 ff.; *Waldhoff*, JuS 2011, 191 f.; *Muckel*, JA 2011, 559 und JA 2012, 396, 397; *R. Schmidt*, AllgVerwR, Rn 110 ff.

Beispiele: Setzen öffentliche Verkehrsbetriebe in S- und U-Bahnen und -Bahnhöfen private Sicherheitsdienste ein, handelt es sich bei diesen um Verwaltungshelfer.[121] Zu beachten ist allerdings, dass Verkehrsbetriebe heute fast ausschließlich in Privatrechtsform betrieben werden. Die privaten Sicherheitsdienste sind daher regelmäßig keine Verwaltungshelfer, sondern privatrechtlich beauftragte Dienstleister. Beliehene finden sich etwa bei der Durchführung von Sicherheitsmaßnahmen im Luftverkehr (Personen- und Gepäckkontrolle, siehe § 16a I S. 1 Nr. 1 LuftSiG - Luftsicherheitsassistenten).

Die Beleihung hat aber auch **Grenzen**. Denn das Demokratieprinzip (Art. 20 I, II GG) fordert, dass staatliches Handeln mit Entscheidungscharakter der **demokratischen Legitimation** bedarf. Um die demokratische Legitimation einer Beleihung zu wahren, bedarf sie zunächst einer **parlamentarischen Rechtsgrundlage**.[122] In dem Gesetz müssen Art und Umfang der übertragenen Befugnisse geregelt sein.[123] Da Beliehene belastende Maßnahmen treffen dürfen, sind sie auch bei der Ausübung ihrer hoheitlichen Tätigkeit an die **Grundrechte** gebunden; Art. 1 III GG legt mit der Bezugnahme auf das Dreigewaltenprinzip eine lückenlose Grundrechtsbindung aller Staatsgewalten fest. Dieses Verfassungsgebot würde unterlaufen, wenn sich der Staat durch das Institut der Beleihung grundrechtsfreie Räume schaffen könnte.[124] Verletzt ein Beliehener in Ausübung seiner hoheitlichen Tätigkeit Grundrechte, ist die betreffende Maßnahme rechtswidrig. Zur Kontrolle der Einhaltung der eingeräumten Kompetenz besteht zudem die Pflicht zur umfassenden **Rechts-** und ggf. auch **Fachaufsicht** seitens der Aufsichtsbehörden.[125] Bedenken an der Zulässigkeit der Einbeziehung von Privaten in die Eingriffsverwaltung bestehen auch mit Blick auf den sog. **Funktionsvorbehalt aus Art. 33 IV GG**, weil diese Verfassungsbestimmung hoheitliche Befugnisse grundsätzlich Beamten vorbehält.[126] Zweck ist die Sicherung rechtsstaatlicher und v.a. hoheitlicher Staatsfunktionen.[127] Darauf wird bei Rn 102i ff. eingegangen.

102g

Schließlich kommen eine Aufgabenübertragung bzw. Hinzuziehung von Privaten als sog. **Hilfspolizisten** bzw. **Hilfspolizeibeamte** in Betracht. Einige Polizeigesetze sehen diese Möglichkeit ausdrücklich vor.[128] Das Einsatzfeld variiert in Abhängigkeit von der gesetzlichen Formulierung. So kann z.B. in Hamburg die zuständige Behörde Personen mit deren Einwilligung zur Überwachung und Regelung des Straßenverkehrs zu Hilfspolizisten bestellen (§ 29 I a) HmbSOG). Auch in Hessen können Hilfspolizeibeamte zur Wahrnehmung bestimmter Aufgaben der Gefahrenabwehr oder zur hilfsweisen Wahrnehmung bestimmter polizeilicher Aufgaben bestellt werden (§ 99 I S. 1 Hess SOG). Nach den jeweiligen Bestimmungen haben Hilfspolizeibeamte im Rahmen ihrer Aufgaben grds. die Befugnisse von Polizeivollzugsbeamten (§ 29 II S. 1 HmbSOG; § 99 II S. 1 HessSOG). Das aber wiederum wirft mit Blick auf die demokratische Legitimation und damit auf das Demokratieprinzip (Art. 20 I, II GG) dieselben Fragen auf wie bei der Beleihung: Das (Nicht-)Vorhandensein einer **parlamentarischen Rechtsgrundlage**. So hat das OLG Frankfurt/M entschieden, dass § 99 HessSOG keine hinreichende parlamentarische Rechtsgrundlage biete, die hoheitliche Aufgabe der Ver-

102h

---

[121] *Kingreen/Poscher*, POR, § 5 Rn 60.
[122] So ausdrücklich BVerwG NVwZ 2011, 368, 370. Vgl. ferner *Kiefer*, NVwZ 2011, 1300 f.
[123] Vgl. BVerfG NJW 2012, 1563, 1564 ff.; BVerwG NVwZ 2011, 368, 370; BGH DVBl 1999, 918, 919; *Burgi*, FS Maurer, 2001, S. 588 f.; *Barthel/Lepczyk*, JA 2008, 436, 437; *Waldhoff*, JuS 2011, 191 f.; *Muckel*, JA 2012, 396, 397 f.
[124] *Schnapp/Kaltenborn*, JuS 2000, 937, 938.
[125] Vgl. dazu ausführlich BremStGH NVwZ 2003, 81, 82 f.; später auch *Wolff*, JA 2006, 749, 750.
[126] Zwar spricht Art. 33 IV GG von „Angehörigen des öffentlichen Dienstes (...), die in einem öffentlich-rechtlichen Dienst- und Treueverhältnis stehen" und könnte daher auch Tarifbeschäftigte erfassen (da ja auch diese in gewisser Weise „in einem öffentlich-rechtlichen Dienst- und Treueverhältnis stehen"), jedoch ist nach ganz h.M. der Funktionsvorbehalt „folgerichtiger Bestandteil der institutionellen Garantie des Berufsbeamtentums" (*Badura*, in: Maunz/Dürig, GG Art. 33 Rn 55) und Ausfluss des grundlegenden Unterschieds zwischen Beamtentum und Arbeitsrecht.
[127] BVerfGE 88, 103, 114.
[128] Siehe etwa § 29 HmbSOG und § 99 HessSOG.

kehrsüberwachung auf „Dritte" zu übertragen.[129] Das gilt sowohl für die Überwachung des ruhenden Verkehrs als auch des fließenden Verkehrs.[130]

102i Selbst bei Überwindung der Problematik hinsichtlich des Vorbehalts des Gesetzes bestehen Bedenken an der Zulässigkeit einer Beleihung bzw. einer sonstigen Aufgabenübertragung an Private auch mit Blick auf den sog. **Funktionsvorbehalt aus Art. 33 IV GG**. Diese Verfassungsbestimmung behält hoheitliche Befugnisse grundsätzlich Beamten[131] vor und will damit rechtsstaatliche und v.a. hoheitliche Staatsfunktionen sichern.[132] Zwar spricht Art. 33 IV GG von „in der Regel", lässt also durchaus Ausnahmen zu, allerdings ist stets darauf zu achten, dass die Ausnahme nicht zur Regel wird. Abweichungen vom Grundsatz des Funktionsvorbehalts bedürfen demgemäß (qualitativ) der Rechtfertigung durch einen besonderen sachlichen Grund; zudem sichert Art. 33 IV GG (qualitativ und quantitativ) dem Berufsbeamtentum einen Mindesteinsatzbereich institutionell zu.[133] Denn die Vorschrift geht davon aus, dass (ausschließlich) Beamte die genannten (d.h. genuin hoheitlichen) Staatsfunktionen gewährleisten. Das gilt in besonderem Maße für das Polizei- und Ordnungsrecht, die schärfste Form der Eingriffsverwaltung. Es wäre mit dem Rechtsstaats- und Demokratieprinzip sowie dem Funktionsvorbehalt nicht vereinbar, wenn der Staat die Aufgabe des Schutzes der öffentlichen Sicherheit weitgehend Privaten überließe, die nicht (oder jedenfalls nicht unmittelbar) demokratisch legitimiert sind. Rechtsstaats- und Demokratieprinzip verlangen für die Beleihung privater Sicherheitsdienste daher eine besondere Rechtfertigung, die über die einfache gesetzliche Ermächtigung hinausgeht. Geht es um die Übertragung hoheitlicher Aufgaben auf sonstige Private (also auf nicht beliehene Private), sind die Anforderungen an die Aufgabenübertragung ungleich höher, da der rechtsstaatliche und demokratische Legitimationsgrad (sehr viel) geringer ist. Reduzierung der Personalkosten der öffentlichen Hand kann sicherlich kein Argument für die (ungezügelte) Übertragung von hoheitlichen Aufgaben auf Private sein.[134]

102j Wie bereits angedeutet, sichert der Funktionsvorbehalt aus Art. 33 IV GG hoheitliche Staatsfunktionen. Das bedeutet allerdings nicht, dass hoheitliche Aufgabenerfüllung ausnahmslos von Beamten wahrgenommen werden muss. So sind Ausnahmen vom Funktionsvorbehalt selbst auf dem Gebiet hoheitlicher Tätigkeit zulässig, aber umso eher, wenn Aufgaben nicht schwerpunktmäßig hoheitlich ausgeübt werden müssen, etwa bei Lehrern[135], Professoren oder in (anderen) Randbereichen exekutiver Aufgabenwahrnehmung. Aufgaben auf diesen Gebieten können durchaus von Tarifbeschäftigten und Beliehenen wahrgenommen werden. Hilfreich bei der Beantwortung der Frage nach der Vereinbarkeit einer Beleihung mit Art. 33 IV GG ist auch, wenn das Gesetz, das die Beleihung zulässt, Vorkehrungen trifft, dass die Aufgaben auch von Nichtbeamten ordnungsgemäß ausgeübt werden. So hat das BVerfG hinsichtlich des hessischen Maßregelvollzugsgesetzes entschieden, dass die gesetzlich zugelassene Beleihung nicht nur mit dem Demokratieprinzip, sondern auch mit dem Funktionsvorbehalt vereinbar sei, weil ein Rückgriff auf Beamte im hessischen Maßregelvollzug schon lange vor dem Privatisierungsprozess nicht mehr üblich gewesen sei und die er-

---

[129] OLG Frankfurt/M NStZ-RR 2020, 56, 57.
[130] Für den ruhenden Verkehr OLG Frankfurt/M NStZ-RR 2020, 56, 57; für den fließenden Verkehr OLG Frankfurt/M NStZ 2017, 588 ff.; NStZ-RR 2020, 53, 54; 27.11.2019 – 2 Ss-OWi 1092/19.
[131] Zwar spricht Art. 33 IV GG von „Angehörigen des öffentlichen Dienstes (...), die in einem öffentlich-rechtlichen Dienst- und Treueverhältnis stehen" und könnte daher auch Tarifbeschäftigte erfassen (da ja auch diese in gewisser Weise „in einem öffentlich-rechtlichen Dienst- und Treueverhältnis stehen"), jedoch ist nach ganz h.M. der Funktionsvorbehalt „folgerichtiger Bestandteil der institutionellen Garantie des Berufsbeamtentums" (*Badura*, in: Maunz/Dürig, GG Art. 33 Rn 55) und Ausfluss des grundlegenden Unterschieds zwischen Beamtentum und Arbeitsrecht.
[132] BVerfGE 88, 103, 114.
[133] Vgl. BVerfG NJW 2012, 1563, 1564 ff.
[134] Siehe BVerfGE 119, 247, 261; 130, 76, 109; BVerwGE 57, 55, 59 f.
[135] BVerfGE 119, 247, 267 (mit Verweis auf *Masing*, in: Dreier, GG, Art. 33 Rn 67); BVerfG NJW 2012, 1563, 1564 ff.

folgte Privatisierung zudem eine rein formelle sei, da das Gesetz gewährleiste, dass die Einrichtung in der Hand eines öffentlichen Trägers bleibe und der Beleihungsvertrag (BV) die zur ordnungsgemäßen Durchführung des Maßregelvollzugs erforderlichen personellen, sachlichen, baulichen und organisatorischen Voraussetzungen bereitstelle. Ein rechts- und insbesondere grundrechtskonformer Vollzug sei daher mit den privatisierten Trägern der Maßregelvollzugseinrichtungen in gleicher Weise gewährleistet, wie das bei einem Betrieb der Einrichtung in unmittelbar öffentlicher Regie der Fall wäre.[136]

Um aber den Funktionsvorbehalt aus Art. 33 IV GG nicht leerlaufen zu lassen und rechtsstaatliche und v.a. hoheitliche Staatsfunktionen zu sichern, sind Ausnahmen eng handzuhaben. So sind **hoheitliche Kernaufgaben**, wozu insbesondere Justiz und Polizei gehören, d.h. die vom Staat zu gewährleistende **Sicherheit** der Bevölkerung, grundsätzlich nicht übertragbar. Macht der Staat für sich ein Justiz- und Gewaltmonopol geltend, muss er sich zur Durchsetzung Beamter bedienen.[137] Auch die dem Schutz des Lebens und der Gesundheit der am Straßenverkehr teilnehmenden Menschen dienende **Straßenverkehrsüberwachung** (jedenfalls die Überwachung des fließenden Verkehrs) ist eine hoheitliche Kernaufgabe des Staates, die unmittelbar aus dem Gewaltmonopol folgt und deswegen bei Verstößen berechtigt, mit Sanktionen zu reagieren[138]. Sie muss daher ausschließlich Hoheitsträgern, die in einem Treueverhältnis zum Staat stehen, übertragen sein. Somit ist ausgeschlossen, dass der Staat hoheitliche Regelungs- und Sanktionsmacht an „private Dienstleister" abgibt, damit diese für ihn als „Subunternehmer" tätig werden. Bei der Verkehrsüberwachung des fließenden Verkehrs beim Einsatz technischer Verkehrsüberwachungsanlagen ist daher die Übertragung von Aufgaben an private Dienstleister bzw. Personen, die nicht in einem Dienst- und Treueverhältnis zum Staat stehen, ausgeschlossen.[139]

102k

> **Beispiel**[140]**:** So bedarf eine im hoheitlichen Auftrag von einem privaten Dienstleister durchgeführte Geschwindigkeitsmessung einer parlamentarischen Rechtsgrundlage, die zudem Vorkehrungen trifft, dass die Aufgaben auch von Nichtbeamten ordnungsgemäß ausgeübt werden. Dazu zählt v.a. eine umfassende Rechts- und ggf. auch Fachaufsicht seitens der Aufsichtsbehörden, um die demokratische Legitimation zu wahren. Jedoch muss der Funktionsvorbehalt nach Art. 33 IV GG gewahrt bleiben. Hoheitliche Kernaufgaben, worunter auch die dem Schutz des Lebens und der Gesundheit der am Straßenverkehr teilnehmenden Menschen dienende Straßenverkehrsüberwachung gehört (jedenfalls die Überwachung des fließenden Verkehrs), sind grundsätzlich nicht übertragbar. Ein Verstoß gegen diese Grundsätze führt zur Rechtswidrigkeit der Beweiserhebung und dazu, dass (von der Ordnungsbehörde, der Ortspolizeibehörde, vom Landkreis etc.) auch keine Bußgeldbescheide erlassen werden dürfen. Denn wie aufgezeigt ist die Verkehrsüberwachung eine hoheitliche Aufgabe und darf dementsprechend auch nur von Bediensteten der Hoheitsverwaltung (oder von unter enger staatlicher Aufsicht stehenden beliehenen Unternehmen) wahrgenommen werden.

Das gilt – allerdings in erster Linie nicht auf den Funktionsvorbehalt gestützt, sondern auf die fehlende Ermächtigungsgrundlage – nach dem OLG Frankfurt/M auch für den ruhenden Verkehr, d.h. für die Sanktionierung von Parkverstößen.[141]

102l

> **Beispiel**[142]**:** Der Oberbürgermeister der Stadt F ist als Ortspolizeibehörde auch für die Straßenverkehrsüberwachung (hier: die Überwachung des ruhenden Straßenverkehrs)

---

[136] BVerfG NJW 2012, 1563, 1564 ff.; vgl. auch *Muckel*, JA 2012, 396, 398.
[137] Siehe BVerfGE 49, 24, 56 f.
[138] OLG Frankfurt/M NStZ-RR 2020, 53, 54.
[139] OLG Frankfurt/M NStZ-RR 2020, 53, 54.
[140] Nach OLG Frankfurt NStZ-RR 2020, 53.
[141] OLG Frankfurt/M NStZ-RR 2020, 56, 57.

zuständig. Diese Aufgabe ließ er von einem privaten Dienstleistungsunternehmen durchführen, das er auf privatrechtlicher Basis verpflichtete. Dieses Vorgehen sah er von der Ermächtigungsnorm des § 99 HessSOG gedeckt, weshalb er die „Hilfspolizeibeamten" auch mit einer polizeiähnlichen Uniform ausstatten ließ.

Auf diese Weise wurde auch K des unerlaubten Parkens im eingeschränkten Halteverbot „überführt" und es wurde gegen ihn anschließend (diesmal aber von Bediensteten der Ortspolizeibehörde) ein Verwarnungsgeld von 15 € verhängt (siehe § 56 I OWiG), das K nicht akzeptierte, weshalb ein Bußgeldverfahren eingeleitet wurde (§ 65 OWiG), gegen das K (gem. § 67 OWiG) wiederum Einspruch erhob. Da diesem nicht abgeholfen wurde, kam es zum Gerichtsverfahren (siehe § 68 OWiG). Doch auch das AG half der Sache nicht ab, weshalb K gem. § 79 OWiG Rechtsbeschwerde erhob. Beschwerdegericht war das OLG Frankfurt/M.[143]

Dieses entschied, dass die Feststellungen zu dem Parkverstoß nicht gerichtsverwertbar seien. Auch die Straßenverkehrsüberwachung (einschließlich des ruhenden Verkehrs) sei eine hoheitliche Kernaufgabe des Staates, die unmittelbar aus dem Gewaltmonopol folge. Die Übertragung dieser Aufgabe auf Private bedürfte zumindest einer Ermächtigungsgrundlage, an der es vorliegend fehle. § 99 III HessSOG sei nach Sinn und Zweck der Vorschrift und gemäß der gesetzgeberischen Konstruktion vor dem Hintergrund seines eng auszulegenden Ausnahmecharakters zu Art. 33 IV GG so aufgebaut, dass die jeweilige Behörde für die ihr übertragenen (polizeilichen) Tätigkeiten jeweils eigene Bedienstete und Bedienstete der jeweils nachgeordneten Behörden als „Hilfspolizeibeamte" bestellen könne. Die Stadt F könne daher nach § 99 III HessSOG für die eigene „Stadtpolizei" zwar „eigene Bedienstete" bestellen, nicht aber die Verkehrsüberwachung von privaten Dienstleistern im strafbewehrten Gewand einer Polizeiuniform durchführen lassen.

War damit die Beweiserhebung (mangels Gesetzesgrundlage für die Aufgabenübertragung) gesetzeswidrig, ist nach dem OLG Frankfurt/M das Beweismittel schon nicht geeignet, den notwendigen Beweis zu erbringen (zu der Frage, ob aus der rechtswidrigen Beweiserhebung ein Beweisverwertungsverbot folgt, gelangt man daher schon nicht). Fehlte mithin die Tatsachengrundlage für den Bußgeldbescheid, ist dieser jedenfalls rechtswidrig. Wegen des eklatanten Gesetzesverstoßes wird man sogar eine Nichtigkeit annehmen müssen, da man auch nach den zur Nichtigkeit eines Verwaltungsakts i.S.d. § 35 S. 1 VwVfG entwickelten Grundsätzen (§ 44 I VwVfG) zur Nichtigkeit gelangen würde.[144]

---

[142] Nach OLG Frankfurt/M NStZ-RR 2020, 56.
[143] Zum Ordnungswidrigen- und Bußgeldverfahren siehe oben Rn 100 ff.
[144] Zur Orientierung an § 44 VwVfG siehe OLG Oldenburg NZV 1992, 332.

2. Kapitel
Prüfung einer Gefahrenabwehrmaßnahme

Das Polizei- und Ordnungsrecht kann in Übungs- und Examensklausuren auf verschiedenen Ebenen zu prüfen sein:

A. Problemkreise/Ebenen der Prüfung

Zunächst kann es um die Rechtmäßigkeit einer Gefahrenabwehrmaßnahme gehen. Erfüllt die Maßnahme die Merkmale des § 35 VwVfG, handelt es sich um einen Verwaltungsakt. Man spricht von einer **Gefahrenabwehrverfügung**.

> **Beispiel:** Wegen lautstarker Partymusik aus der Nachbarwohnung ist die Polizei bereits dreimal in dieser Nacht herbeigerufen worden. Als sich Gastgeber und Gäste auch diesmal uneinsichtig zeigen und bei ihrer Auffassung bleiben, es sei ihr gutes Recht, „mal so richtig durchzufeiern", betreten die Beamten die Wohnung und stellen die Stereoanlage sicher. Dem Gastgeber teilen sie mit, dieser könne seine Anlage am nächsten Morgen bei der Polizeiwache wieder abholen.
>
> Bei der Frage nach der Rechtmäßigkeit der polizeilichen Maßnahmen (im vorliegenden Beispiel der Wohnungsbetretung und der Sicherstellung der Stereoanlage) steht regelmäßig die Frage nach dem Primärrechtsschutz (= Abwehr) des Bürgers im Vordergrund. Es ist also eine **Rechtsgrundlage** erforderlich, die zudem rechtsfehlerfrei angewendet werden muss, d.h. die Polizei muss die **Tatbestandsvoraussetzungen** einhalten, **ermessensfehlerfrei** handeln und den Grundsatz der **Verhältnismäßigkeit** beachten (vgl. Rn 729 ff.).
>
> In **prozessualer** Hinsicht kommt eine Anfechtungsklage (§ 42 I VwGO) in Betracht. Da die Rechtswirkungen der Maßnahme zum Zeitpunkt der Einlegung des Rechtsbehelfs in aller Regel jedoch bereits eingetreten sind, die Maßnahme sich also erledigt haben wird, bietet Primärrechtsschutz die *erweiterte Fortsetzungsfeststellungsklage* (§ 113 I S. 4 VwGO analog), wenn das Klägerbegehren auf die Feststellung gerichtet ist, dass die Verfügung rechtswidrig gewesen sei, etwa weil ein Rehabilitationsinteresse (ideelles Interesse), ein rechtliches Interesse (zur Vermeidung einer Wiederholung) oder ein wirtschaftliches Interesse (zur Vorbereitung eines zivilrechtlichen Schadensersatzprozesses) besteht (vgl. Rn 108 ff. sowie *R. Schmidt*, VerwProzR, Rn 415, 501).
>
> Ferner kann auch eine **Gefahrenabwehrverordnung** (sog. Polizeiverordnung = Rechtsverordnung) zu prüfen sein. Prozessual ist zumeist die verwaltungsgerichtliche Normenkontrolle (§ 47 VwGO) einschlägig (vgl. Rn 873 sowie *R. Schmidt*, VerwProzR, Rn 512 ff.).

Auf einer zweiten Ebene können Maßnahmen in der **Verwaltungsvollstreckung** Gegenstand der Untersuchung sein.

> **Beispiel:** Würde im obigen Beispiel sich der Gastgeber weigern, die Stereoanlage herauszugeben, könnte die Polizei Zwang anwenden und die Stereoanlage unter Überwindung von Widerstand an sich nehmen. Eine solche Maßnahme stellt sich rechtstechnisch als unmittelbarer Zwang dar, der aber – wegen der besonderen Grundrechtsrelevanz – zusätzlicher Rechtsgrundlagen bedarf (vgl. Rn 962 ff.).

Schließlich kann sich die Beantwortung der Frage nach der **Kostentragung** als problematisch erweisen. Geht es um einen Erstattungsanspruch der Behörde gegen den betroffenen Bürger, wird zumeist die Kostenerstattung nach einer rechtmäßigen Ersatzvornahme im Mittelpunkt stehen. Aber auch das umgekehrte Verhältnis, wenn der Bürger bspw. die Kosten einer (rechtmäßigen oder rechtswidrigen) Ersatzvornahme zunächst begleicht, später aber aus Gründen der Unverhältnismäßigkeit erstattet verlangt, kann klausurrelevant werden.[145] Auch sind Klausurkonstellationen denkbar, in denen es um Ersatzansprüche des Bürgers gegen den Staat geht, wenn also auf der Primärebene (Gefahrenabwehr) eine Abhilfe nicht oder nicht mehr möglich ist. Die Polizeigesetze der meisten Bundesländer enthalten eine spezialgesetzliche Regelung über Ersatzansprüche, sei es, dass die Gefahrenabwehrmaßnahmen *rechtmäßig* waren (gegenüber einem Nichtverantwortlichen), oder sei es, dass jemand durch eine *rechtswidrige* Maßnahme der Polizei einen Schaden erleidet.[146] Bei der letzteren Variante handelt es sich somit um einen spezialgesetzlich geregelten Fall des enteignungsgleichen Eingriffs.[147] Für diese Art der Ersatzleistungen ist regelmäßig trotz ihres öffentlich-rechtlichen Charakters der ordentliche Rechtsweg gegeben (z.B. Art. 90 I BayPAG, § 86 NdsPOG). Im Folgenden werden diese Problemkreise ausführlich erläutert.

Problemkreise des allgemeinen Polizei- und Ordnungsrechts

(1) Rechtmäßigkeit einer Gefahrenabwehrmaßnahme – Erste Ebene polizeilichen Handelns

- **Eingriffsermächtigung** (Rechtsgrundlage) für jede einzelne polizeiliche Maßnahme
- **Formelle Rechtmäßigkeit** jeder einzelnen polizeilichen Maßnahme: Aufgabe und Zuständigkeit der Polizei; Einhaltung von Verfahrens- und Formvorschriften, ggf. Anhörung und Schriftform der Verfügung
- **Materielle Rechtmäßigkeit** jeder einzelnen polizeilichen Maßnahme:
  - Rechtmäßigkeit der Rechtsgrundlage (nur zu prüfen, wenn Anhaltspunkte für eine Verfassungswidrigkeit bestehen)
  - *Voraussetzungen der Rechtsgrundlage* (insbesondere Gefahr für ein Schutzgut der öffentlichen Sicherheit)
  - Fehlerfreie *Ermessensbetätigung* (Einschreitermessen, Auswahlermessen, d.h. Ermessen bzgl. der Frage, ob eingeschritten werden soll bzw. muss, und Ermessen bzgl. der Festlegung des Mittels und – bei mehreren Verantwortlichen – der Auswahl des Verantwortlichen)
  - Verhältnismäßigkeit der Maßnahme

(2) Rechtmäßigkeit des Verwaltungszwangs (Verwaltungsvollstreckung) – Zweite Ebene polizeilichen Handelns

- Generelle Zulässigkeit des Verwaltungszwangs
- Richtige Auswahl des konkreten Zwangsmittels
- Im gestreckten Verfahren Androhung und ggf. Festsetzung des Zwangsmittels
- Rechtsfehlerfreie Anwendung des Zwangsmittels

(3) Fragen der Kostentragung – Dritte Ebene polizeilichen Handelns

- Erstattung, Entschädigung, Ersatz

---

[145] Vgl. dazu BVerwGE 102, 316 ff. sowie *R. Schmidt*, Fälle zum POR, Fall 13.
[146] Vgl. §§ 45 ff. MEPolG; BW: §§ 55 ff. PolG; Brand: § 70 PolG; Bay: Art. 87 ff. PAG; Berl: §§ 59 ff. ASOG; Brem: §§ 56 ff. PolG; Hamb: § 10 III-V SOG; Hess: §§ 64 ff. SOG; MeckVor: §§ 72 ff. SOG; Nds §§ 80 ff. SOG; NRW: § 67 PolG i.V.m. §§ 39 ff. OBG; RhlPfl: §§ 68 ff. POG; SchlHolst: §§ 221 ff. LVwG; Saar: §§ 68 ff. PolG; Sachs: §§ 47 ff. PVDG; SachsAnh: §§ 69 ff. SOG; Thür: §§ 68 ff. PAG.
[147] Vgl. dazu ausführlich *R. Schmidt*, AllgVerwR, Rn 1204 ff.

B. Prüfungsschema in Bezug auf eine Gefahrenabwehrmaßnahme

Ist nach der Rechtmäßigkeit einer Maßnahme gefragt, empfiehlt sich folgendes dreigliedriges[148] Prüfungsschema:

Prüfung einer Gefahrenabwehrmaßnahme

Möglicher Obersatz:

Die Maßnahme der Polizei war rechtmäßig, wenn sie in formeller und materieller Hinsicht in rechtsfehlerfreier Anwendung einer Rechtsgrundlage erfolgte.

I. Rechtsgrundlage
1. Spezialbefugnis im Besonderen Gefahrenabwehrrecht (Rn 84 ff./114) oder
2. Spezialbefugnis im Polizei- und Ordnungsrecht (Rn 115 ff.) oder
3. polizei- und ordnungsrechtliche Befugnisgeneralklausel (Rn 600 ff.) und
4. keine Subsidiarität des Gefahrenabwehrrechts (Rn 68 ff.)

II. Formelle Rechtmäßigkeit
1. **Zuständigkeit** der handelnden Behörde (Rn 608 ff.) und
2. Ordnungsgemäßes **Verfahren** (Rn 618 ff.) und
3. Einhaltung der **Form**vorschriften (Rn 621 ff.)

III. Materielle Rechtmäßigkeit
1. **Voraussetzungen der Rechtsgrundlage**
   a. Schutzgut der öffentlichen Sicherheit
   b. subsidiär Schutzgut der öffentlichen Ordnung (nicht in allen Bundesländern)
   c. Gefahr für das Schutzgut (je nach Tatbestand konkrete oder abstrakte oder sogar qualifizierte Gefahr)
   d. Pflichtigkeit des in Anspruch Genommenen (Störer, Nichtstörer oder Jedermann)
2. **Rechtsfolge**
   a. Einhaltung der **Ermessensgrenzen** (mögliche Fehler: Ermessensunterschreitung, Ermessensfehlgebrauch, Ermessensüberschreitung):
      - Einschreitermessen (Frage, *ob* eingeschritten werden durfte oder musste)
      - Auswahlermessen (Frage, ob *Auswahl* des Adressaten und des Mittels ermessensfehlerfrei war)
   b. Keine Verstöße gegen den Grundsatz der **Verhältnismäßigkeit** (soweit dieser nicht schon abschließend im Rahmen der Ermessensüberschreitung geprüft wurde) und (bei Verwaltungsakten) den **Bestimmtheitsgrundsatz**

Siehe im Übrigen das Schema bei Rn 627.

---

[148] Gelegentlich ist auch ein zweigliedriges Aufbauschema anzutreffen, das – traditionell begründet – lediglich die formelle und materielle Rechtmäßigkeit untergliedert. Die Rechtsgrundlage wird dabei lediglich bei der materiellen Rechtmäßigkeit genannt. Das zweigliedrige Schema leidet aber einer Schwäche: Oft kommen bestimmte formelle Rechtmäßigkeitsvoraussetzungen (insbesondere einschlägige Verfahrensvorschriften) erst dann in den Blick, wenn die Rechtsgrundlage, d.h. das Gesetz, auf das die Maßnahme gestützt wird, feststeht. Für die Fallbearbeitung ist daher anzuraten, zunächst die Rechtsgrundlage zu benennen, um in einem zweiten Schritt die formellen (rechtsgrundlagenbezogenen) Rechtmäßigkeitsvoraussetzungen und in einem dritten Schritt die materiellen Rechtmäßigkeitsvoraussetzungen zu prüfen (vgl. dazu auch Rn 113 ff.).

C. Rechtsschutz

108 Wie bei Rn 103 erwähnt, handelt es sich bei einer Gefahrenabwehrmaßnahme, die die Definitionsmerkmale des § 35 VwVfG erfüllt, um einen **Verwaltungsakt**, der für die Polizei- und Ordnungsbehörden das wichtigste Handlungsinstrument darstellt. Im Mittelpunkt steht der *befehlende* Verwaltungsakt (Rechtsbefehl zu einem Tun, Dulden oder Unterlassen). Es kommt damit zur (kumulativen) Anwendbarkeit des allgemeinen Verwaltungsverfahrens, wodurch sich die Rechtmäßigkeit der Einzelmaßnahme nicht nur nach dem Polizei- und Ordnungsrecht, sondern auch nach dem allgemeinen Verwaltungsrecht richtet. Auch die Art des Rechtsschutzes (Anfechtungsklage, Fortsetzungsfeststellungsklage, Eilverfahren) wird durch das Vorliegen eines Verwaltungsakts bestimmt. Da sich der gefahrenabwehrrechtliche Verwaltungsakt aber in der Regel bereits vor Klageerhebung **erledigt** haben wird[149], ist verwaltungsprozessual nicht die Anfechtungsklage, sondern die **Fortsetzungsfeststellungsklage** statthaft. Der Prüfungsaufbau orientiert sich dabei grds. an dem allgemein anerkannten Schema:

109

Erweiterte Fortsetzungsfeststellungsklage in Bezug auf eine Gefahrenabwehrverfügung

A. Sachentscheidungsvoraussetzungen
  I. Verwaltungsrechtsweg, §§ 40 I S. 1, 173 VwGO i.V.m. §§ 17a, b GVG[150]
  II. Zuständigkeit des Gerichts, §§ 45 ff., 52, 83 VwGO/§§ 17a, b GVG
  III. Statthafte Klageart: erweiterte Fortsetzungsfeststellungsklage
  ⇨ „Vorherige" Erledigung des Verwaltungsakts, d.h. Erledigung ist i.d.R. bereits vor Klageerhebung eingetreten
  IV. Klagebefugnis, § 42 II VwGO analog
  V. Widerspruchsverfahren, §§ 68 ff. VwGO
  Nach der hier vertretenen Auffassung ist die vorherige Durchführung eines Widerspruchsverfahrens nicht erforderlich (und auch nicht statthaft).
  VI. Frist
  Wenn man die erweiterte (nicht die „normale"!) Fortsetzungsfeststellungsklage dem Bereich der Feststellungsklagen zuordnet, ist das Erfordernis der Einhaltung einer Klagefrist analog den Vorschriften über die Anfechtungsklage weder terminologisch noch dogmatisch überzeugend. Daher lässt sich sagen: Die für die Anfechtungs- und Verpflichtungsklagen geltenden Widerspruchs- bzw. Klagefristen laufen zwar bis zum Zeitpunkt der Erledigung und sind insoweit vom Rechtsschutzsuchenden zu beachten. *Diese* Fristen dürfen im Erledigungszeitpunkt noch nicht – mit der Folge der Bestandskraft – abgelaufen sein. Die erweiterte Fortsetzungsfeststellungsklage analog § 113 I S. 4 VwGO unterliegt dagegen, bis auf den Verwirkungsgedanken, keiner Klagefrist.
  VII. Klagegegner
  Gemäß § 78 I Nr. 1 VwGO (und ggf. ergänzend den Ausführungsgesetzen) ist regelmäßig der Staat (das Land) Träger der Polizei. Die Klage ist daher gegen das betreffende Land zu richten.
  VIII. Besonderes Feststellungsinteresse, § 113 I S. 4 VwGO analog
  1. Schutzwürdiges Interesse rechtlicher Art (Wiederholungsgefahr)
  2. Schutzwürdiges Interesse ideeller Art (Rehabilitationsinteresse)
  3. Schutzwürdiges Interesse wirtschaftlicher Art (Vorbereitung eines Amtshaftungs- oder Entschädigungsprozesses)

---

[149] Vgl. bereits die 9. Aufl. 2005; vgl. auch *Durner*, JA 2010, 398; *Ogorek*, JuS 2013, 639, 641.
[150] Aufgrund der Regelung des § 173 VwGO i.V.m. § 17a II S. 1 u. III GVG sollte entweder der Verwaltungsrechtsweg vor der Zulässigkeit der Klage geprüft werden oder man spricht nicht von Zulässigkeits-, sondern von Sachentscheidungsvoraussetzungen, denn hierzu gehört der Verwaltungsrechtsweg in jedem Fall (vgl. dazu ausführlich *R. Schmidt*, VerwProzR, Rn 25 ff.).

IX. Weitere Sachentscheidungsvoraussetzungen
Des Weiteren sind insbesondere Beteiligungsfähigkeit, Prozessfähigkeit, ordnungsgemäße Klageerhebung und allgemeines Rechtsschutzbedürfnis zu prüfen.

B. Begründetheit
I. Ermächtigungsnorm (Rechtsgrundlage)
⇒ **Spezialgesetz, Standardmaßnahme** oder **Befugnisgeneralklausel**

II. Formelle Rechtmäßigkeit
1. Zuständigkeit: sachlich, örtlich, instanziell
2. Verfahren, insb. **Anhörung** und ggf. deren Entbehrlichkeit
3. Form (ggf. **Schriftform**, bei Polizeivollzugsdienst i.d.R. jedoch **formlos**)

III. Materielle Rechtmäßigkeit
1. *Voraussetzungen der Ermächtigungsnorm* (insbesondere **Gefahr für die öffentliche Sicherheit**)
2. Auf Rechtsfolgeseite fehlerfreie **Ermessensbetätigung** (Einschreitermessen, Auswahlermessen) und **Verhältnismäßigkeit** der Maßnahme. Hinsichtlich der **Störerauswahl** gilt, dass wenn nur eine Person existiert, die als Adressat einer Polizeiverfügung in Betracht kommt, die Störereigenschaft dieser Person i.d.R. bereits auf der Tatbestandsebene zu prüfen ist. Bei mehreren Verantwortlichen ist die Auswahl zwischen ihnen hingegen eine Frage des Auswahlermessens, mithin eine Problematik der Rechtsfolgeseite.

Hinweis für die Fallbearbeitung: In Abweichung zur allgemeinen verwaltungsrechtlichen Klausur kann es im Rahmen des allgemeinen POR durchaus vorkommen, dass vom Bearbeiter verlangt wird, zunächst die materielle Rechtmäßigkeit der polizeilichen Maßnahme (Gefahrenabwehrverfügung) zu prüfen. Erst in einem zweiten Schritt ist dann, je nach Fallfrage, zum prozessualen Rechtsschutz Stellung zu nehmen. Im Übrigen muss wie bei allen Aufbauschemata vor einer unreflektierten Einhaltung der vorgeschlagenen Prüfungsreihenfolge gewarnt werden. Denn die Probleme des Einzelfalls müssen insbesondere im Polizeirecht i.d.R. aufbauschemaübergreifend behandelt werden. So ist beispielsweise die Störerauswahl rechtsdogmatisch ein Bestandteil des Auswahlermessens, gleichzeitig kann sie aber auch bei der Feststellung der Störereigenschaft des Adressaten auf der Tatbestandsseite geprüft werden. Aus diesem Grund bietet es sich bei komplexen Sachlagen an, lediglich die Voraussetzungen i.e.S. der Rechtsgrundlage auf der Tatbestandsseite und die übrigen Prüfungspunkte einschließlich der Störerauswahl auf der Rechtsfolgeseite zu prüfen.

Des Weiteren wird im Folgenden nicht auf die verwaltungsprozessualen Voraussetzungen der Überprüfung polizeilichen Handelns im präventiven Bereich eingegangen, da diese im Rahmen der Anfechtungsklage und der erweiterten Fortsetzungsfeststellungsklage bei *R. Schmidt*, VerwProzR, Rn 111 ff./445 ff. erläutert werden.

3. Kapitel
Polizeiliche Befugnisse nach den Polizeigesetzen

A. Eingriff in Grundrechte/Erfordernis einer Rechtsgrundlage

111 Polizei- und ordnungsrechtliche Maßnahmen greifen teilweise erheblich in die Rechtssphäre (**Freiheitsgrundrechte**) des betroffenen Bürgers ein und stellen damit die wohl schärfste Form der **Eingriffsverwaltung** dar. Aufgrund der damit verbundenen außerordentlichen Grundrechtsrelevanz gilt für diesen Bereich des administrativen Handelns die Gesetzmäßigkeit der Verwaltung – d.h. **Vorrang und Vorbehalt des Gesetzes** (Art. 20 III GG) – **uneingeschränkt**. Die Polizeibehörden dürfen nur in einer Weise tätig werden, zu der sie der Gesetzgeber ermächtigt hat. Dabei ist zu beachten, dass die polizeilichen Vorschriften zur Gefahrenabwehraufgabe[151] keine Ermächtigungsgrundlagen (d.h. Rechtsgrundlagen) i.S.d. Vorbehalts des Gesetzes darstellen, da sie den Polizeibehörden lediglich die Aufgabe der Gefahrenabwehr zuschreiben. Daher spricht man auch insoweit von Aufgabenzuweisungsnormen. Möchten die Polizei- und Ordnungsbehörden Eingriffe in Freiheit und Eigentum des Individuums vornehmen, sind dafür sog. **Befugnisnormen**, d.h. Eingriffsermächtigungen erforderlich. Nur diese genügen den Vorgaben des Gesetzesvorbehalts.

> **Beispiel:** Landwirt L ist u.a. Halter mehrerer Gänse. Als bei einem Tier Vogelgrippe festgestellt wird, ordnet die zuständige Veterinärbehörde durch Verfügung die Tötung aller Tiere an. Aufgrund des vermehrten Auftretens der Vogelgrippe könne nicht ausgeschlossen werden, dass auch andere Tiere des Hofes infiziert seien. Ebenso wenig könne eine Übertragung des Virus auf den Menschen ausgeschlossen werden.
>
> Da vorliegend durch die Tötungsanordnung in das durch Art. 14 GG geschützte Rechtsgut *Eigentum* des L eingegriffen wird, bedarf es nach dem oben Gesagten einer Eingriffsermächtigung (Rechtsgrundlage) ⇨ Rn 114.

Vor allem im Gefahrenabwehrrecht leitet sich die Zuständigkeit der handelnden Behörde aus (dem Normengefüge) der einschlägigen Rechtsgrundlage ab. Darüber hinaus sind an die spezialgesetzlichen Rechtsgrundlagen i.d.R. **besondere Eingriffsvoraussetzungen** geknüpft. Daher entfalten Spezialermächtigungen oftmals eine **Sperrwirkung** gegenüber allgemeinen Rechtsgrundlagen. Bevor also Fragen der (formellen und materiellen) Rechtmäßigkeit der zu untersuchenden Maßnahme behandelt werden können, muss zunächst die **Rechtsgrundlage** (Eingriffsermächtigung) ermittelt und in der Falllösung benannt werden.

112 In der Regel findet im Gefahrenabwehrrecht eine Dreiteilung der Eingriffsermächtigung statt:

1. **Spezialgesetzliche** Eingriffsermächtigung, d.h. eine besondere Befugnis, die sich aus einem Spezialgesetz außerhalb des allgemeinen Polizei- und Ordnungsrechts ergibt (etwa nach dem Versammlungsgesetz – vgl. dazu Rn 114, 1034 ff.)
2. Polizeigesetzliche **Standardmaßnahme** (etwa Ingewahrsamnahme oder Platzverweis) – vgl. dazu Rn 115 ff.
3. Polizeigesetzliche **Befugnisgeneralklausel** (Ermächtigung für eine von der Polizei festzulegende Maßnahme, um eine im einzelnen Fall bestehende konkrete Gefahr für die öffentliche Sicherheit oder Ordnung abzuwehren) – vgl. dazu Rn 600 ff.

---

[151] Vgl. § 1 MEPolG; Bund: § 1 BPolG; BW: § 1 PolG; Bay: Art. 2 PAG, Art. 6 LStVG; Berl: § 1 ASOG; Brand: § 1 PolG; Brem: § 1 PolG; Hamb: § 3 I SOG; Hess: § 1 SOG; MeckVor: §§ 2, 1 SOG; Nds: § 1 POG; NRW: § 1 PolG; RhlPfl: § 1 POG; Saar: § 1 PolG; Sachs: § 2 I PVDG; SachsAnh: § 1 SOG; SchlHolst: §§ 162, 163 LVwG; Thür: § 2 PAG.

> **Hinweis für die Fallbearbeitung:** Die Dreiteilung übt Einfluss auf das Konkurrenzverhältnis aus. Spezialgesetzliche Eingriffsermächtigungen haben gegenüber den Standardmaßnahmen Anwendungsvorrang. Standardmaßnahmen haben wiederum Anwendungsvorrang gegenüber der (insoweit also doppelt subsidiären) Generalklausel. Bei der Frage nach der einschlägigen Rechtsgrundlage ist also auch im Gefahrenabwehrrecht der (allgemeine) Grundsatz zu beachten, dass die speziellen Rechtsgrundlagen den allgemeinen vorgehen (*lex specialis derogat legi generali*). Daher kann bei der Bestimmung der einschlägigen Rechtsgrundlage mithin ein Klausurschwerpunkt auch darin liegen, von mehreren in Frage kommenden Normen die speziellen zunächst exakt zu subsumieren, um dann im Ergebnis – entweder weil das **Spezialgesetz in sachlicher Hinsicht nicht anwendbar** ist oder weil der handelnde **Polizeibeamte nicht zuständig** ist, das Spezialgesetz anzuwenden (dazu bereits Rn 54) – die betreffende Maßnahme entweder als Standardmaßnahme zu qualifizieren oder sie auf die allgemeine **Befugnisgeneralklausel** zu stützen. Da zudem nicht selten bestimmte Zuständigkeits-, Verfahrens- und Formvorschriften erst dann in den Blick geraten, wenn die Rechtsgrundlage feststeht, empfiehlt es sich, auch in der Fallbearbeitung
>
> - zunächst die **Rechtsgrundlage** zu benennen,
> - dann im Rahmen der **formellen Rechtmäßigkeit** der Maßnahme die Zuständigkeit der handelnden Behörde sowie die Einhaltung von Verfahrens- und Formschriften zu prüfen,
> - um schließlich der Frage nach der **materiellen Rechtmäßigkeit** der Maßnahme nachzugehen.[152]

I. Spezialgesetzliche Eingriffsermächtigung

Die einschlägige Rechtsgrundlage kann sich aus einem förmlichen Gesetz, aber auch aus einer Rechtsverordnung (des Bundes oder eines Landes) ergeben. Sie ist nach dem **betroffenen Personenkreis** und/oder dem **betroffenen Sachgebiet** zu bestimmen.

> Im **Beispiel** von Rn 111 stützt sich die Tötungsanordnung auf § 6 I Nr. 20 TierGesG i.V.m. der VO. Das TierGesG ist anwendbar, da Gänse vom Anwendungsbereich des Gesetzes umfasst sind, §§ 1 i.V.m. 2 Nr. 4f TierGesG. Ob die Voraussetzungen der Rechtsgrundlage vorliegen, ist eine Frage der (materiellen) Rechtmäßigkeitsprüfung (dazu später). Ein Rückgriff auf das allgemeine POR ist grds. ausgeschlossen.
>
> Weitere Beispiele spezialgesetzlicher Rechtsgrundlagen sind: § 24 I **WaStrG**; § 29 I S. 2, III **LuftVG**; §§ 3, 5 **LuftSiG**; §§ 17, 20, 24, 25 **BImSchG**; §§ 4 I, 5, 15-17, 19 **GastG**; § 3 **VereinsG**; §§ 33a I S. 3, II, 33d I S. 2, III, IV, 33e, 35, 51 **GewO**; §§ 16, 17 **InfSchG**; § 4 **StVG**; §§ 38 I, 44 II, 45 I-III **StVO**; § 17 I, III **StVZO**; §§ 5, 12a, 19a, 13, 15, 18 III, 19 I **VersG**
>
> Zu beachten ist allerdings, dass sich der **Polizeivollzugsdienst** in den meisten Fällen (vgl. aber Rn 55!) nicht auf eine Spezialregelung stützen kann. Für den Polizeivollzugsbeamten ist dann die entsprechende Vorschrift des allgemeinen POR anwendbar, weil die Spezialregelung nur dann eine Sperrwirkung entfaltet, wenn sie der Amtswalter auch anwenden darf. Vgl. dazu ausführlich Rn 615 f. Freilich kann die Polizei bei Maßnahmen der zuständigen (Sonder-)Ordnungsbehörde aber zur Vollzugs- bzw. Amtshilfe herangezogen werden (siehe dazu nebst Beispiel Rn 84).

Die in der Praxis und im Studium wohl wichtigste spezialgesetzliche Materie des Gefahrenabwehrrechts stellt das **Versammlungsrecht** dar. Aufgrund seiner Komplexität ist dieses Teilgebiet jedoch in einem separaten Kapitel dargestellt. Vgl. Rn 1034 ff.

---

[152] Dieser sog. dreigliedrige Aufbau wird vom Verfasser seit der 1. Aufl. 1997 vertreten; vgl. nun auch *Kingreen/Poscher*, POR, § 27 Rn 2. Zum alternativen zweigliedrigen Aufbau vgl. bereits Rn 107.

II. Präventivpolizeiliche Standardmaßnahmen

1. Anwendungsvorrang vor der Befugnisgeneralklausel

115 Geht es um Eingriffe in grundrechtssensible Bereiche wie das Durchsuchen von Personen, Wohnungen oder Sachen, die Ingewahrsamnahme, die Platzverweisung, die Sicherstellung, die Identitätsfeststellung oder erkennungsdienstliche Maßnahmen, insbesondere aber auch um (heimliche) Maßnahmen der Datenerhebung (Lauschangriffe, Telekommunikationsüberwachung, Online-Durchsuchung etc.), der Datenspeicherung und -verwertung, stellen der im Rechtsstaats- und Demokratieprinzip verankerte Grundsatz vom Vorbehalt des Gesetzes sowie die Wesentlichkeitstheorie strenge Anforderungen an das zu Grundrechtseingriffen ermächtigende Gesetz. Eingriffe in diesen Bereichen können daher nicht über eine Befugnisgeneralklausel legitimiert werden, sondern bedürfen spezieller, inhaltlich sowohl auf Tatbestandsseite als auch auf Rechtsfolgeseite differenzierter Befugnisnormen, die ihren Anwendungsbereich abschließend regeln und folgerichtig der Anwendung der Generalklausel als Eingriffsermächtigung vorgehen. Soweit die Polizeigesetze also bestimmte typisierte polizeiliche Maßnahmen spezialgesetzlich normiert haben, sind die hierzu getroffenen Regelungen (sog. „Standardmaßnahmen") abschließend. Das hat zur Folge, dass insoweit **nicht auf die Befugnisgeneralklausel zurückgegriffen werden darf**. Die Standardmaßnahmen stehen nach dem einschlägigen Landesrecht der *(Vollzugs-)Polizei* zur Verfügung. Die *Ordnungsbehörden* dürfen nur in einigen Bundesländern von ihnen Gebrauch machen, und auch nur dann, wenn die Rechtsgrundlage es ihnen gestattet.

116 **Standardmaßnahmen** sind gesetzlich geregelte Gefahrenabwehrmaßnahmen, die in bestimmten Erscheinungsformen immer wiederkehren, die sich also typologisch erfassen lassen (*typische* Polizeimaßnahmen).[153]

117 Im Vergleich zur Befugnisgeneralklausel ist dabei der Befugnisrahmen für die Behörde auf einen speziellen polizeirechtlich relevanten Sachverhalt zugeschnitten, wohingegen der Befugnisrahmen der Generalklausel „offen" ist und lediglich an das Bestehen einer Gefahr für ein polizeiliches Schutzgut anknüpft. Die Tatbestandsvoraussetzungen der Standardmaßnahmen sind folglich enger als die der Befugnisgeneralklausel und zugleich strenger, weil sie nur an bestimmte und zudem **grundrechtssensible** Sachverhalte anknüpfen und folglich **höhere Einschreitvoraussetzungen** normieren. So ist in den Polizeigesetzen oft von **„gegenwärtiger"**, **„drohender"** oder **„erheblicher" Gefahr** (für ein besonderes Schutzgut der öffentlichen Sicherheit) die Rede. In der Sache geht es um einen qualifizierten Rechtsgüterschutz.

> **Beispiel:** Möchte die Polizei personenbezogene Daten in oder aus einer Wohnung durch den verdeckten Einsatz akustischer Mittel erheben (sog. Lauschangriff), darf sie dies nicht auf der Grundlage der Datenerhebungsgeneralklausel und erst recht nicht auf der Grundlage der allgemeinen polizeilichen Befugnisgeneralklausel. Der mit einer solchen Maßnahme verbundene Grundrechtseingriff in Art. 13 I GG wiegt zu schwer, als dass er sich auf die Generalklausel stützen ließe. Zudem stellen Art. 13 III GG und die hierzu ergangene Rechtsprechung des BVerfG sehr strenge Anforderungen an die Rechtsgrundlage und die Rechtmäßigkeit des Eingriffs (strenge Beachtung des Verhältnismäßigkeitsgrundsatzes, richterliche Entscheidung, verfahrensrechtliche Sicherungen etc.). Daher bedarf es entsprechender Befugnisnormen. Die Gesetzgeber haben diese in ihre Polizeigesetze aufgenommen und lassen den großen Lauschangriff u.a. nur dann zu, wenn dies zur Abwehr einer gegenwärtigen Gefahr für Leib, Leben oder Freiheit einer Person erforderlich ist und diese Gefahr auf andere Weise nicht abgewendet werden kann. Zudem normieren sie das Erfordernis der vorherigen richterlichen Entscheidung

---

[153] *Götz/Geis*, POR, § 8 Rn 11.

und enthalten verfahrensrechtliche Vorschriften (vgl. etwa §§ 18, 22 ff. NRWPolG sowie unten Rn 127 ff.). Entsprechende Überlegungen greifen bei der Telekommunikationsüberwachung, der Quellen-Telekommunikationsüberwachung und der Online-Durchsuchung.[154]

> **Hinweis für die Fallbearbeitung:** Sollten die Vorschriften der Polizeigesetze, die die Standardmaßnahmen betreffen, ihrem Wortlaut nach nicht durchgängig das Vorliegen einer Gefahr (für die öffentliche Sicherheit) voraussetzen, muss in den meisten Fällen das Erfordernis einer Gefahr aufgrund des Charakters der Standardmaßnahmen als Gefahrenabwehrmaßnahmen doch stets angenommen werden. Zu den verschiedenen Gefahrenbegriffen vgl. ausführlich Rn 657 ff.

118 Hinsichtlich der Darstellung der Standardmaßnahmen in diesem Buch sei vorweggenommen, dass durchweg eine **prüfungsorientierte Darstellung** zugrunde gelegt wird. Dabei wird bereits in der Gliederung zwischen **formeller** und **materieller Rechtmäßigkeit** unterschieden, sowie ein Prüfungsschema eingebunden, um eine „prüfungsnahe" Darstellung zu gewährleisten. Dennoch ist es zwingend geboten, hinsichtlich des allgemeinen Prüfungsaufbaus und der allgemeinen Rechtmäßigkeitsvoraussetzungen (rechtsfehlerfreie Auslegung von Tatbestandsmerkmalen, Einhaltung der Ermessensgrenzen, Beachtung des Verhältnismäßigkeitsgrundsatzes) zusätzlich die Ausführungen bei Rn 607 ff. und 625 ff. heranzuziehen.

2. Rechtsnatur und Einteilung der Standardmaßnahmen

119 Hinsichtlich der **Rechtsnatur** kommt den meisten Standardmaßnahmen nach richtiger Auffassung[155] ein **Doppelcharakter** zu:

120 Zum einen sind sie in fast allen Fällen[156] **Verwaltungsakte**, die – nicht anders als die auf die Befugnisgeneralklausel gestützten Maßnahmen – auf ein Gebot (z.B. Vorladung), ein Verbot (z.B. Platzverweis) oder auf eine Duldung (z.B. Gewahrsam) gerichtet sind. Das für die Annahme eines Verwaltungsakts konstitutive Element der Regelung liegt in der **Anordnung** derartiger Maßnahmen gegenüber dem Betroffenen, der hierdurch zu einem **Handeln oder Dulden verpflichtet** wird.

121 Zum anderen liegt in den meisten Standardmaßnahmen ein tatsächliches Element (ein **schlichtes Verwaltungshandeln**), nämlich **die tatsächliche Durchführung (Vollziehung)** der Maßnahme.[157] Diese tatsächliche Durchführung (Vollziehung) der Maßnahme darf nicht mit einer Maßnahme der Verwaltungsvollstreckung (etwa mit dem unmittelbaren Zwang) verwechselt werden. Durchführung der Standardmaßnahme und Verwaltungsvollstreckung sind verschiedene Maßnahmen! Diese Erkenntnis ist wichtig für den Rechtsschutz und unabdingbar für den richtigen Klausuraufbau.

> **Beispiel:** Bei der *Anordnung* der **Durchsuchung**, mit welcher der Betroffene zur Duldung der Durchsuchungshandlung verpflichtet wird, handelt es sich um einen Verwaltungsakt. Davon zu unterscheiden ist die tatsächliche Vornahme der *Durchsuchungshandlung*. Diese stellt das tatsächliche Element der Standardmaßnahme dar, die im Übrigen nicht mit einer Maßnahme der Verwaltungsvollstreckung gleichgesetzt werden

---

[154] Vgl. in der genannten Reihenfolge Rn 293 ff., Rn 308t ff. und Rn 308 ff.
[155] So auch OVG Bremen Nord ÖR 2003, 457, 458; *Schenke*, POR, Rn 115; *Kopp/Schenke*, VwGO, Anh § 42 Rn 35; *Frenz*, JA 2011, 433, 435; *Ronellenfitsch/Glemser*, JuS 2008, 888, 889 (Sicherstellung). Dem sich anschließend *Kugelmann*, POR, 9. Kap. Rn 10; *Poscher/Rusteberg*, JuS 2012, 26, 27.
[156] Außer im Fall der Videoüberwachung und selbstverständlich der heimlichen Überwachungsmaßnahmen, weil bei diesen keine Rechtsfolgeanordnung stattfinden. Zudem soll die heimliche Überwachung dem Betroffenen gerade verborgen bleiben. Würde man bei ihr einen Verwaltungsakt annehmen, wäre dieser unwirksam, weil ein Verwaltungsakt zu seiner Wirksamkeit zumindest bekannt gegeben werden muss (vgl. §§ 41, 43 VwVfG).
[157] Etwas anderes gilt für die Vorladung. Diese besteht nur aus der Anordnung, dass der Betroffene auf der Dienststelle zu erscheinen habe.

darf. Für den Rechtsschutz gilt daher Folgendes: Obwohl dogmatisch zwischen der *Anordnung* der Durchsuchung und deren *Durchführung* zu unterscheiden ist, handelt es sich bei der Durchsuchung um einen einheitlichen Vorgang (die Durchführung der Maßnahme ist nur Mittel zum Zweck). Bei der Frage des Rechtsschutzes ist auf das regelnde Element abzustellen. Daher sind eine **Anfechtungsklage** bzw., da sich die Durchsuchung bereits vor Klageerhebung erledigt haben wird, eine **Anfechtungsfortsetzungsfeststellungsklage** analog § 113 I S. 4 VwGO statthaft.

Gegenbeispiel: Werden bei einer Durchsuchung Sachen gefunden, von denen eine Gefahr für die öffentliche Sicherheit ausgeht, muss die Polizei die Möglichkeit haben, diese Sachen sicherzustellen und zu verwahren. Die Standardmaßnahme **Sicherstellung** erfolgt durch *Anordnung* (regelndes Element) und deren Vollzug durch *Ansichnahme* der Sache (reales Element). Musste die Polizei dagegen die Sache dem Betroffenen (gewaltsam) wegnehmen, um sie sicherstellen zu können, ist das nicht als Ausführungshandlung der Anordnung zu werten, sondern als Zwangsmaßnahme (**unmittelbarer Zwang**). Das hat den Grund, dass die Standardmaßnahme Sicherstellung zwar das Ansichnehmen der Sache umfasst, nicht aber das gewaltsame Besitzergreifen.

122 Da der Verwaltungszwang jedoch keinen Selbstzweck darstellt, sondern der Durchsetzung von Anordnungen und Verfügungen dient, ist klar, dass nur Verwaltungsakte, nicht lediglich schlichtes Verwaltungshandeln, mit Mitteln des Zwangs durchgesetzt werden können. Die Qualifikation der Standardmaßnahmen als Verwaltungsakte hat also den Vorteil, dass sie als Grundverfügungen für spätere Vollstreckungsmaßnahmen fungieren können. Würde man bei Standardmaßnahmen ausschließlich von schlichtem Verwaltungshandeln ausgehen, müsste die Polizei für den Fall, dass der Betroffene sich weigere, der Aufforderung nachzukommen bzw. die Maßnahme zu dulden, zur Vollstreckung systemwidrig eine unausgesprochene „Begleitverfügung" konstruieren[158] und dabei auf die Befugnisgeneralklausel mit ihren viel zu unbestimmten Tatbestandsvoraussetzungen zurückgreifen, auf deren Grundlage dann eine vollstreckbare Grundverfügung erginge. Dieser Konstruktion steht aber schon das vom BVerfG postulierte Gebot entgegen, dass eine Verfügung **eindeutig und unmissverständlich** formuliert sein und für den Betroffenen erkennbar zum Ausdruck bringen müsse, welche Rechtsfolge gelte.[159] Das systemwidrige Zurückgreifen auf die Befugnisgeneralklausel wird diesen Anforderungen nicht gerecht und ist abzulehnen. Man vermeidet das Problem, indem man mit der hier vertretenen Auffassung in einer Standardmaßnahme nicht nur ein schlichtes Verwaltungshandeln, sondern gleichzeitig **auch einen Verwaltungsakt, gerichtet auf Duldung der Maßnahme**, sieht. Freilich gilt das nur hinsichtlich solcher Standardmaßnahmen, denen man eine Regelungswirkung entnehmen kann und die dem Betroffenen gegenüber auch bekannt gegeben werden. Denn ein Verwaltungsakt setzt zu seiner Wirksamkeit ja zumindest die Bekanntgabe voraus (§§ 41, 43 I VwVfG). Heimliche Ermittlungsmaßnahmen wie Wohnraumüberwachung, Online-Durchsuchung, Telekommunikationsüberwachung, Telekommunikationsverkehrsdatenerhebung, Überwachung außerhalb von Wohnungen mit besonderen Mitteln der Datenerhebung (etwa die elektronische Aufenthaltsüberwachung), Rasterfahndung etc. entfalten weder eine Regelungswirkung (und sind daher auch schon gar nicht vollstreckbar) noch werden sie dem Betroffenen gegenüber (vorher) bekannt gegeben. Sie können daher von vornherein lediglich schlichtes Verwaltungshandeln darstellen.

123 Dagegen ist auch nach h.M. die Anwendung unmittelbaren Zwangs im **gestreckten Verwaltungsvollstreckungsverfahren** schlichtes Verwaltungshandeln, weil sie le-

---

[158] Davon gehen offenbar *Kingreen/Poscher*, POR, § 12 Rn 10 aus, indem sie von „begleitendem anordnendem Verwaltungsakt" sprechen.
[159] Vgl. BVerfG NVwZ 2005, 80 zur Auflösung einer Versammlung.

diglich ein tatsächliches Moment aufweise.¹⁶⁰ Nach regelmäßig erfolgtem Vollzug ("Erledigung") wäre insofern ein in einer **allgemeinen Leistungsklage** eingebetteter Folgenbeseitigungsanspruch zu prüfen. Geht man dagegen davon aus, dass mit der Anwendung des Zwangsmittels zugleich die konkludente Verfügung, das Zwangsmittel zu dulden, einhergeht ¹⁶¹, sind die **Anfechtungsklage** bzw. die **Anfechtungsfortsetzungsfeststellungsklage** statthaft. Vgl. dazu ausführlich Rn 928 ff.

Schwierig ist auch die Beurteilung der Rechtsnatur von Zwangsmitteln im **Sofortvollzug**. Während sie bisher überwiegend als **Verwaltungsakte** angesehen wurden, stellen sie nach einer im Vordringen befindlichen Auffassung (wie die Zwangsmittel im gestreckten Verfahren) **schlichtes Verwaltungshandeln** dar. Vgl. dazu Rn 958 ff. 124

Schließlich gewinnen Verwaltungsvollstreckungsmaßnahmen bei den Standardmaßnahmen besondere Bedeutung, wenn bspw. in Abwesenheit des Rechtsinhabers eine Sache durchsucht oder sichergestellt wird. Hier liegt, weil der Verwaltungsakt mangels Bekanntgabe an den Betroffenen nicht wirksam werden kann (§§ 41, 43 VwVfG), im Zeitpunkt des Vollzugs noch kein Verwaltungsakt vor. Gleichwohl ist der Vollzug möglich. Es handelt sich dann um eine unmittelbare Ausführung bzw. um einen Sofortvollzug.¹⁶² 125

Nach ihrem **Regelungsbereich** lassen sich die Standardmaßnahmen in drei Kategorien gliedern: 126

- **Maßnahmen der Informationsbeschaffung** und **-verwertung:** Hierzu zählen die Maßnahmen der Datenbeschaffung (Befragung, Identitätsfeststellung, heimliche Datenerhebung wie Lauschangriff, Telekommunikationsüberwachung, Online-Durchsuchung, Quellen-TKÜ etc.), Datenspeicherung, Datenübermittlung sowie die Rasterfahndung. Vgl. dazu sogleich Rn 127 ff.

- **Einschränkungen der räumlichen Bewegungsfreiheit:** Hierzu zählen z.B. die Platzverweisung, das Aufenthaltsverbot, die Wohnungsverweisung und die Ingewahrsamnahme. Vgl. dazu Rn 401 ff.

- **Durchsuchung von Personen und Sachen** einschließlich der **Sicherstellung**. Vgl. dazu Rn 486 ff.

---

[160] *Kopp/Schenke*, VwGO, Anh § 42 Rn 33; *Kopp/Ramsauer*, VwVfG, § 35 Rn 67; *Schenke*, POR, Rn 572; *Erichsen/Rauschenberg*, Jura 1998, 31, 40; *Schoch*, JuS 1995, 307, 311; *Ronellenfitsch/Glemser*, JuS 2008, 888, 889.
[161] So BVerwGE 26, 161, 164 (Schwabinger Krawalle); *Hufen*, VerwProzR, § 14 Rn 23.
[162] *Götz/Geis*, POR, § 12 Rn 13 ff. Zum Sofortvollzug vgl. Rn 952 ff.

3. Maßnahmen der Informationsbeschaffung und -verwertung
a. Eingriff in das allgemeine Persönlichkeitsrecht

127 **Begriff und Notwendigkeit der Datenerhebung:** Es steht außer Frage, dass die Informationsbeschaffung maßgeblich für die Polizeiarbeit ist. Nur wenn die Polizei über die erforderlichen Informationen verfügt, kann sie ein Lagebild erstellen und entsprechende Gefahrenabwehrmaßnahmen ergreifen. Die Gefahrenabwehrbehörden sind daher regelmäßig darauf angewiesen, für ihre Arbeit personenbezogene Daten zu erheben, zu speichern und zu verarbeiten. Informationsbeschaffung ist mithin ein integraler Bestandteil der polizeilichen Arbeit. Alle Polizeigesetze enthalten demgemäß Bestimmungen über die Informationsbeschaffung, die zumeist unter der Überschrift „**Datenerhebung und -verarbeitung**" zusammengefasst sind.[163] Diese Bestimmungen beziehen sich ihrem Wortlaut nach auf **personenbezogene Daten**. Zwar enthalten die Polizeigesetze i.d.R. keine Erläuterung, was unter „personenbezogenen Daten" zu verstehen ist, zur Begriffsbestimmung kann aber auf die Definition des Art. 3 Nr. 1 der Richtlinie (EU) 2016/680 des europäischen Parlaments und des Rates („Richtlinie zur Datenverarbeitung bei Polizei und Justiz") abgestellt werden. Danach sind personenbezogene Daten „alle Informationen, die sich auf eine identifizierte oder identifizierbare natürliche Person beziehen; als identifizierbar wird eine natürliche Person angesehen, die direkt oder indirekt, insbesondere mittels Zuordnung zu einer Kennung wie einem Namen, zu einer Kennnummer, zu Standortdaten, zu einer Online-Kennung oder zu einem Merkmal oder mehreren besonderen Merkmalen, die Ausdruck der physischen, physiologischen, genetischen, psychischen, wirtschaftlichen, kulturellen oder sozialen Identität dieser natürlichen Person sind, identifiziert werden kann".[164]

> **Beispiele:** Nach allgemeiner Auffassung gehören zu den personenbezogenen Daten insbesondere Name, Vorname, Geburtsort, Geburtsdatum, Anschrift, Telefonnummer, E-Mail-Adresse, Beruf, Familienstand, persönliche Eigenschaften, körperliche Merkmale, gesundheitliche und wirtschaftliche Verhältnisse, Drogenkonsum, Zugehörigkeit zu einer bestimmten gesellschaftlichen Gruppe, Vorstrafen etc.
> Aber auch dynamische IP-Adressen, d.h. IP-Adressen, die ein Access-Provider den Geräten der Nutzer bei der Einwahl ins Internet bis zur Trennung zuteilt, stellen (wie die Cookie-Kennung) personenbezogene Daten (i.S.d. Art. 4 Nr. 1 Datenschutz-Grundverordnung) dar, da sie eine Person identifizierbar machen.[165] Bedeutung erlangt diese Zuordnung, wenn eine Behörde (Verfassungsschutz, BND, Strafverfolgungsbehörde, Gefahrenabwehrbehörde) einen Telekommunikationsdiensteanbieter (hier: einen Access-Provider) verpflichtet, den Anschlussinhaber, dessen Gerät während der Online-Sitzung die dynamische IP-Adresse zugeordnet wurde, zu benennen.

128 Die Datenerhebung erfasst alle Arten des Beschaffens. Daten können **offen oder verdeckt, unmittelbar oder mittelbar** erhoben werden. Dabei beziehen sich Offenheit und Verdecktheit des Beschaffens auf das Verhältnis sowohl zum Betroffenen als auch zum Dritten. Im Einzelnen gilt: **Adressat** der Datenerhebung ist sowohl derjenige, über den die Daten erhoben werden, als auch derjenige, bei dem die Daten (eines Dritten) erhoben werden. **Offen** ist die Datenerhebung, wenn die Polizei keiner-

---

[163] Vgl. Bund: §§ 21 ff. BPolG; BW: §§ 19 ff. PolG; Bay: Art. 30 ff. PAG; Berl: §§ 18 ff. ASOG; Brand: §§ 29 ff. PolG; Brem: §§ 27 ff. PolG; Hamb: §§ 10 ff. PolDVG; Hess: §§ 11 ff. SOG; MeckVor: §§ 26 ff. SOG; Nds: §§ 30 ff. POG; NRW: §§ 9 ff. PolG; RhlPfl: §§ 26 ff. POG; Saar: §§ 26 ff. PolG; Sachs: §§ 53 ff. PVDG; SachsAnh: §§ 14 ff. SOG; SchlHolst: §§ 178 ff. LVwG; Thür: §§ 31 ff. PAG.
[164] Damit ist diese Definition identisch mit der in Art. 4 Nr. 1 der VO 2016/679/EU („Datenschutz-Grundverordnung" – DSGVO). Die DSGVO ist jedoch nicht anwendbar für die Datenverarbeitung bei Polizei und Justiz „zum Zwecke der Verhütung, Ermittlung, Aufdeckung oder Verfolgung von Straftaten oder der Strafvollstreckung, einschließlich des Schutzes vor und der Abwehr von Gefahren für die öffentliche Sicherheit" (Art. 2 II lit. d) DSGVO)." Diesen Bereich deckt die RL 2016/680 ab, die damit die Datenverarbeitung der Polizeien von Bund und Ländern zu repressiven und präventiven Zwecken regelt.
[165] Siehe BVerfGE 130, 151, 181; EuGH NJW 2016, 3579 ff.; BGH NJW 2017, 2416 ff.

lei Anstalten macht, ihr Vorgehen zu verbergen. **Verdeckt** ist die Datenerhebung, wenn sie sowohl für den Betroffenen als auch für den Dritten nicht als polizeiliche Maßnahme erkennbar ist. Das kann etwa dadurch geschehen, dass die Maßnahme unter einem Vorwand erfolgt, der Betroffene oder Dritte also getäuscht wird, oder dass die Polizei mittels technischer Mittel heimlich das nichtöffentlich gesprochene oder geschriebene Wort mithört, mitliest und aufzeichnet. **Unmittelbarkeit** und **Mittelbarkeit** beziehen sich allein auf das Verhältnis zum Betroffenen.[166]

> **Beispiele:** Zur Datenerhebung gehören bspw. die Befragung des Betroffenen oder eines Dritten, der Einsatz Verdeckter Ermittler, also von getarnten Polizeibeamten, die unter einer falschen Identität (einer sog. Legende) Kontakt zur kriminellen Szene aufnehmen, um personenbezogene Daten zu erheben, und die Telekommunikationsüberwachung, also das heimliche Abhören und Aufzeichnen des nichtöffentlich gesprochenen (oder getexteten) Wortes. Zugeordnet in die jeweilige Kategorie ergibt sich:
>
> ⇨ Die durch die Befragung des Betroffenen erlangten Daten sind offen und unmittelbar, die durch das Abhören des Betroffenen erhobenen Daten sind verdeckt und unmittelbar erhoben.
>
> ⇨ Die durch Befragung eines Dritten erhobenen Daten sind mittelbar und offen, die durch sein Abhören erhobenen Daten mittelbar und verdeckt erhoben. Zu beachten ist, dass die durch Befragung eines Dritten erhobenen Daten auch dann offen erhoben sind, wenn die Datenerhebung dem Betroffenen verborgen bleibt.
>
> ⇨ Beim Einsatz eines Verdeckten Ermittlers und bei der Telekommunikationsüberwachung erfolgt die Datenerhebung unter Verschleierung der wahren Identität bzw. heimlich und damit verdeckt.

Um dem Grundsatz der Verhältnismäßigkeit gerecht zu werden, bestimmen die Polizeigesetze, dass die Datenerhebung vorrangig beim **Betroffenen** (also unmittelbar) sowie mit seiner **Kenntnis** (also offen) erfolgt. Möchte die Polizei Daten bei **Dritten** erheben, muss sie zusätzliche Voraussetzungen beachten. Das Gleiche gilt, wenn die Daten heimlich bzw. **verdeckt** erhoben werden sollen, gleichgültig, ob beim Betroffenen oder bei Dritten.

129

Da dem Beschaffen der Daten der Zweck ihrer Verarbeitung (d.h. Auswertung und Verwertung) immanent ist, liegt für den Fall, dass der Polizei unaufgefordert Daten zugehen (sog. **aufgedrängte Daten**), eine Datenerhebung immer nur dann vor, wenn die Polizei zur Kenntnisnahme verpflichtet ist, wenn die Daten also ein polizeiliches Tätigwerden erforderlich machen oder machen könnten.[167]

130

> **Beispiel:** Keine Datenerhebung im Sinne des Polizeirechts liegt vor, wenn eine Frau via Mobiltelefon bei der Polizeidienststelle anruft und sich über das unpflegliche Verhalten eines Fahrgastes in der U-Bahn beklagt. ⇨ Solange derartige Informationen für die Polizei irrelevant sind (etwa, weil eine Gefahr für die öffentliche Sicherheit noch nicht gegeben ist), liegt eine Datenerhebung nicht vor (aufgedrängte Daten). Würde die Frau aber berichten, dass Fahrgäste bedrängt oder gar angegriffen werden, läge in der Entgegennahme der Information durch die Polizei eine Datenerhebung. Denn in diesem Fall wäre die Polizei zur Kenntnisnahme verpflichtet, da die Daten ein polizeiliches Tätigwerden erforderlich machen oder machen könnten.

---

[166] Vgl. § 6 MEPolG; Bund: § 20 BPolG; Bay: Art. 31 II PAG; Berl: § 16 ASOG; BW: § 9 PolG; Brand: § 7 PolG, § 18 OBG; Brem: § 7 PolG; Hamb: § 10 SOG; Hess: § 13 VI SOG; MeckVor: § 71 SOG; Nds: § 8 POG; NRW: § 6 PolG, § 19 OBG; RhlPfl: § 7 POG; Saar: § 6 PolG; Sachs: § 55 II PVDG; SachsAnh: § 10 SOG; SchlHolst: § 220 LVwG; Thür: § 10 PAG, § 13 OBG.
[167] *Kingreen/Poscher*, POR, § 13 Rn 3 mit Verweis auf *Koch*, Datenerhebung und -verarbeitung in den Polizeigesetzen der Länder, 1999, S. 41.

Eine Datenerhebung besteht auch in dem Ablesen und dem Merken bzw. Notieren des Kennzeichens eines verdächtig erscheinenden Kfz, um eine (spätere) Überprüfung vorzunehmen. Denn hierdurch wird es ermöglicht, den Halter des Kraftfahrzeugs zu identifizieren. Eine Datenerhebung liegt auch bei der Aufzeichnung eingehender Telefonanrufe vor (siehe etwa § 27c BPolG)[168] und beim Einsatz sog. Bodycams (dazu Rn 171 ff.).

131 Angaben zu und Beschreibungen über **Sachen** haben grundsätzlich keinen Personenbezug. Etwas anderes gilt aber, wenn sich aus ihnen persönliche Informationen gewinnen lassen. Dann gelten sie als personenbezogene Daten.

Beispiele: Die Fertigung von Bildmaterial über einen Gefahrenort betrifft jedenfalls sachbezogene Daten. Sind auf dem Bildmaterial aber Personen erkennbar, die z.B. über eine Bilderkennungssoftware identifiziert werden könnten, liegen personenbezogene Daten vor.

132 **Wege der Datenerhebung:** Daten können mit Hilfe von elektronischen Datenverarbeitungsanlagen (EDV), aber auch auf jede andere Art wie bspw. mit Hilfe von Bild- und Tonträgern, aber auch schlichten Notizblöcken erhoben, verwertet und gespeichert werden. Daher kommt es letztlich auf die Art des Datenträgers nicht an. Erfolgen Datenerhebung, Datenspeicherung und Datenverarbeitung aber elektronisch, ist dies – wie noch aufzuzeigen sein wird – von besonderer Grundrechtsrelevanz.

133 **Gesetzliche Rechtsgrundlage:** Soweit die Informationsbeschaffung nicht schon auf „klassischen" Standardbefugnissen wie Befragung, Identitätsfeststellung, erkennungsdienstlichen Maßnahmen oder Vorladung beruht, wurde lange Zeit hierfür die Befugnisgeneralklausel als ausreichende Ermächtigung angesehen. Zum Teil wurden die Informationsbeschaffung und -verwertung noch nicht einmal als Grundrechtseingriff angesehen, sodass es auch nach dem Grundsatz vom Vorbehalt des Gesetzes nicht geboten schien, sie gesetzlich zu regeln. Gestützt wurden sie deshalb häufig nur auf interne Dienstvorschriften. Mit dem **Volkszählungsurteil** des BVerfG v. 15.12.1983[169] hat sich jedoch die Rechtsauffassung durchgesetzt, dass jede Erhebung von personenbezogenen Daten grundsätzlich einen Eingriff in das allgemeine Persönlichkeitsrecht (Art. 2 I i.V.m. Art. 1 I GG) in seiner Ausprägung als Grundrecht auf **informationelle Selbstbestimmung** darstellt.[170] Der Schutz der Persönlichkeit verlangt nämlich gerade unter den modernen Bedingungen der Datenverarbeitung eine Reglementierung der Erhebung, Speicherung, Verwendung und Weitergabe der persönlichen Daten. Zwar muss der Bürger Einschränkungen seines Grundrechtsschutzes hinnehmen, wenn dies zur Erfüllung eines höherrangigen Ziels erforderlich ist, diese Beschränkungen bedürfen aber einer **gesetzlichen Grundlage**, aus der sich die **Voraussetzungen** und der **Umfang** der Beschränkungen klar und für den Bürger erkennbar ergeben und die damit dem rechtsstaatlichen Gebot der **Normklarheit** und **Bestimmtheit** entspricht. Darüber hinaus hat der Gesetzgeber bei der Normierung der Eingriffsvoraussetzungen den Grundsatz der **Verhältnismäßigkeit** zu beachten und er muss den Schutz des unantastbaren **Kernbereichs** privater Lebensgestaltung gewährleisten. Schließlich hat er angesichts der Gefährdung der informationellen Selbstbestimmung im digitalen Zeitalter auch **organisatorische** und **verfahrensrechtliche** Vorkehrungen zu treffen, welche der Gefahr einer Verletzung des Persönlichkeitsrechts entgegenwirken.[171]

134 Vor diesem Hintergrund haben die Landesparlamente den gesetzlichen Katalog der materiell-rechtlichen und verfahrenstechnischen Regelungen zur Informationsbeschaf-

---

[168] Vgl. zu den Notrufen Rn 304.
[169] BVerfGE 65, 1 ff.
[170] Zur Frage nach dem Konkurrenzverhältnis zu den (vorrangigen) Art. 7 und 8 EU-GRC siehe Rn 136a ff.
[171] Vgl. BVerfGE 65, 1, 44.

fung und -verwertung erheblich erweitert und nicht mehr die Befugnisgeneralklausel als ausreichend angesehen. Daher beinhalten die novellierten Gefahrenabwehrgesetze nunmehr Rechtsgrundlagen, die mitunter sehr einschneidend in die Persönlichkeitssphäre des Betroffenen eingreifende Maßnahmen gestatten, die auf der Basis einer Datenerhebungsgeneralklausel niemals möglich wären. Dazu zählen bspw.

- der Einsatz **automatisierter Kennzeichenlesesysteme** sowie die sog. **Section Control** (Rn 174 ff.),
- die Verwendung von Körper- bzw. Schulterkameras (sog. „**Bodycams**" – Rn 171 ff.),
- der verdeckte Einsatz technischer Mittel zum gezielten Abhören und Aufzeichnen des nichtöffentlich gesprochenen Wortes in und aus einer durch Art. 13 I GG geschützten Räumlichkeit („Wohnung") bspw. mit Hilfe von Tonbandgeräten, Richtmikrofonen oder „Wanzen" (großer „**Lauschangriff**" – Rn 268 ff.),
- die **Telekommunikationsüberwachung** (TKÜ – Rn 293 ff.),
- die **Online-Durchsuchung** von Computern (Rn 308 ff.),
- die „**Quellen-TKÜ**" (Rn 308t ff.)
- und die elektronische Aufenthaltsüberwachung (EAÜ – Rn 486).

Damit diesbezügliche Grundrechtseingriffe gerechtfertigt sein können, hat das BVerfG dem Gesetzgeber strenge Vorgaben gemacht, die im Einzelnen bei Rn 256 ff. erläutert werden. In Bezug auf die Online-Durchsuchung von Computern hat es zudem dem allgemeinen Persönlichkeitsrecht aus Art. 2 I i.V.m. 1 I GG einen weiteren Schutzgegenstand entnommen, die **Vertraulichkeit und Integrität informationstechnischer Systeme**.[172]

134a

Zu beachten ist jedoch, dass die Regelungen der einzelnen Polizeigesetze in ihrer Komplexität und mit ihren zahlreichen Verweisungen nicht immer überschaubar sind. Inhaltlich und strukturell stimmen sie aber im Wesentlichen überein, sodass sich die nachfolgenden Ausführungen durchaus auf alle Polizeigesetze übertragen lassen.

134b

Auch ist zu beachten, dass es eine Reihe **bereichsspezifischer Fachgesetze** gibt, die für ihren Bereich die Voraussetzungen für die Datenerhebung normieren. Denn es leuchtet ein, dass die Erhebung personenbezogener Daten etwa im Gewerberecht anders zu beurteilen ist als im Ausländerrecht. Daher ist stets das Zusammenspiel verschiedener Gesetze zu beachten, was die Rechtsanwendung nicht unbedingt einfacher macht. Hinzu kommt, dass sowohl der Bund als auch die Länder **Datenschutzgesetze** für ihre Behörden erlassen haben. Das BDSG und das jeweilige LDSG sind notwendigerweise allgemeine Gesetze. Sie regeln nicht bereichsspezifisch Erhebung und Verarbeitung personenbezogener Daten durch die öffentliche Hand. Sie enthalten lediglich Begriffsbestimmungen sowie Schutznormen für den Fall, dass es nach anderen Gesetzen zu Eingriffen in die informationelle Selbstbestimmung kommt. Die Abgrenzung, ob im konkreten Fall das BDSG oder das LDSG zur Anwendung kommt, hängt – vergleichbar dem Anwendungsbereich des VwVfG – allein davon ab, welche Behörde gehandelt hat: Für Bundesbehörden gilt das BDSG, für Landesbehörden das LDSG.[173] Befugnisnormen, die zu Eingriffen in das „Datenschutzgrundrecht" aus Art. 2 I i.V.m. 1 I GG ermächtigen, sind aber den bereichsspezifischen Gesetzen zu entnehmen. Zu diesen zählen insbesondere Datenerhebungsspezialbefugnisse und Datenerhebungsgeneralklauseln nach den Polizeigesetzen. In diesen finden sich Bestimmungen über die allgemeine und besondere Datenerhebung ebenso wie über die weitere Datenverarbei-

135

---

[172] BVerfGE 120, 274, 302 ff. Vgl. dazu näher Rn 308 ff. und allgemein *R. Schmidt*, Grundrechte, Rn 266 ff. (Rn 270a).
[173] Die Datenschutz-Grundverordnung der EU, die an sich (im Kollisionsfall) Anwendungsvorrang genießt, enthält für das Gefahrenabwehrrecht eine Bereichsausnahme. Gemäß Art. 2 II lit. d) DSGVO findet sie keine Anwendung auf die Verarbeitung personenbezogener Daten durch die zuständigen Behörden zum Zwecke der Verhütung, Ermittlung, Aufdeckung oder Verfolgung von Straftaten oder der Strafvollstreckung, einschließlich des Schutzes vor und der Abwehr von Gefahren für die öffentliche Sicherheit. Diesen Bereich deckt die Richtlinie (EU) 2016/680 ab (Rn 127).

tung. Sofern diese Befugnisnormen auch zugleich besondere Aussagen über Begriffe und Schutzansprüche ausweisen, gehen sie sogar diesbezüglich dem LDSG vor.

136

> **Hinweis für die Fallbearbeitung:** Für die Falllösung folgt aus dem Grundsatz der Spezialität als Prüfungsfolge:
>
> - Bei der Frage nach der Rechtsgrundlage ist stets das bereichsspezifische Gesetz heranzuziehen. Im Gefahrenabwehrrecht bedeutet dies auch die Berücksichtigung von Sonderordnungsgesetzen vor den Vorschriften über die Datenerhebung und Datenverarbeitung in den allgemeinen Polizei- bzw. Gefahrenabwehrgesetzen der Länder. Das bereichsspezifische Gesetz muss die Befugnis aufweisen, damit ein Eingriff überhaupt vorgenommen werden kann. Es kann darüber hinaus auch die Schutzansprüche regeln mit der Folge, dass ein Rückgriff auf allgemeine Gesetze (z.B. LDSG) dann überhaupt nicht in Betracht kommt.
>
> - Denkbar ist auch, dass das bereichsspezifische Gesetz zwar den Eingriff, nicht aber den Schutzanspruch im Fall eines unzulässigen Eingriffs regelt. In einem solchen Fall ist ein Rückgriff auf das „nächstallgemeinere" Gesetz zulässig, damit die Lücke gefüllt werden kann. Rechtstechnisch muss so vorgegangen werden, dass der Schutzanspruch aus einem allgemeinen Gesetz abgeleitet wird, während der Tatbestand - die Eingriffsrechtfertigung - sich nach dem bereichsspezifischen Gesetz richtet. Für die Ermittlung, welches das jeweils „nächstallgemeinere" Gesetz ist, gilt bei Landesbehörden im Gefahrenabwehrrecht die Reihenfolge: Sonderordnungsgesetz, allgemeines Polizei- und/oder Ordnungsbehördengesetz, LDSG[174].
>
> **Beispiel:** Die §§ 12a, 19a VersG[175] regeln die Datenerhebung bei öffentlichen Versammlungen. Ist danach eine Datenerhebung rechtswidrig erfolgt, richtet sich der Anspruch auf Löschung nach dem allgemeinen Gefahrenabwehrgesetz des Landes, weil das VersG insoweit eine Lücke aufweist. Sofern der Anspruch auf Löschung rechtswidrig erlangter Daten im allgemeinen Gefahrenabwehrgesetz (Polizeigesetz) geregelt ist, ist ein Rückgriff auf das LDSG nicht zulässig.

136a Ob der bisher aufgezeigte **Prüfungsmaßstab** des **Art. 2 I i.V.m. Art. 1 I GG** angesichts der aktuellen EU-Gesetzgebung, der Rechtsprechung des EuGH und des BVerfG für sich noch Geltung beanspruchen kann, bedarf der Erörterung. Ausgangspunkt ist der **Anwendungsvorrang des EU-Rechts**.[176] Anwendungsvorrang bedeutet zunächst, dass das mit höherrangigem Recht kollidierende niederrangige Recht zwar nicht ungültig ist, allerdings in seiner Anwendung gesperrt wird.[177] Anwendungsvorrang liegt aber auch dann vor, wenn das höherrangige Recht einen Sachverhalt speziell und abschließend regelt. Ließe man in einem solchen Fall das niederrangige Recht ebenfalls zur Anwendung kommen, liefe man ggf. Gefahr, die speziellen und abschließenden Regelungen des höherrangigen Rechts auszuhöhlen. Folgerichtig geht der EuGH seit der Costa/Enel-Entscheidung[178] vom Anwendungsvorrang des EU-Rechts vor jeglichem nationalen Recht (also auch vor nationalem Verfassungsrecht) aus und beansprucht gleichzeitig für sich eine ausschließliche Prüfungskompetenz (in Bezug auf die Vereinbarkeit von nationalem Recht mit Unionsrecht). Auch das BVerfG erkennt den Anwendungsvorrang des EU-Rechts im Grundsatz an, begründet ihn aber

---

[174] Wobei – soweit ersichtlich – keines der Landesdatenschutzgesetze Befugnisnormen i.S.d. Grundsatzes vom Vorbehalt des Gesetzes (Art. 20 III GG) enthält, also auch nicht zu grundrechtseingreifenden Maßnahmen befugt. Kann sich die Behörde demnach nicht auf das Landespolizeigesetz stützen (etwa, weil sie keine Polizeibehörde ist), ist die Datenerhebung (z.B. Videoüberwachung) rechtswidrig. Vgl. dazu auch BVerfG NVwZ 2007, 688, 691 f.
[175] Zur Föderalismusreform vgl. Fußnoten 10 und 13.
[176] Zur Herleitung vgl. ausführlich R. Schmidt, Staatsorganisationsrecht, Rn 327 ff.
[177] Siehe dazu R. Schmidt, Staatsorganisationsrecht, Rn 355 ff.
[178] EuGH Slg. 1964, 1251 ff.; vgl. auch EuGH Slg. 1970, 1125 ff. (Internationale Handelsgesellschaft), aufgegriffen in EuGH NJW 2013, 1215 ff. (Melloni).

nicht mit den Gründungsverträgen, sondern zum einen mit dem Anwendungsbefehl, der aus den Zustimmungsgesetzen zu den Verträgen folgt (vgl. Art. 59 II S. 1 GG), und zum anderen mit der Integrationsermächtigung des Art. 24 I GG a.F. bzw. des Art. 23 I GG i.d.F. von 1992.[179]

Auch die **Grundrechte der GRC** sind integraler Bestandteil des primären Unionsrechts (siehe Art. 6 I EUV). Daraus folgt zunächst, dass sekundäres Unionsrecht nicht nur am Maßstab der Grundfreiheiten, sondern auch stets im Lichte der GRC auszulegen ist.[180] Auch ist die GRC im Rahmen ihres Anwendungsbereichs (siehe Art. 51 I GRC[181]) verbindliche und mit einem **Anwendungsvorrang** gegenüber nationalem Recht (einschließlich der Grundrechte) versehene Rechtsquelle für Unionsbürger. 136b

Das ist konsequent. Überträgt die Bundesrepublik Deutschland Hoheitsrechte auf die EU (siehe Art. 23 I S. 2 GG) und macht diese von den ihr übertragenen Hoheitsbefugnissen Gebrauch, ist der Staat daran gebunden, solange die EU den ihr gesteckten Rahmen nicht verlässt. Das hat dann die genannte Folge, dass der Anwendungsvorrang des EU-Rechts unabhängig davon greift, ob das nationale Recht einschließlich des Verfassungsrechts dem Unionsrecht entgegensteht. Regelt also die EU in Ausübung der ihr übertragenen Rechtsetzungskompetenz eine Materie wie z.B. Aspekte des **Datenschutzes einheitlich und abschließend** für die gesamte Union[182], muss das auf diese Weise geschaffene Rechtsregime jedenfalls dann vorgehen, wenn es eine Materie **vollständig determiniert** und den Mitgliedstaaten insoweit keine Gestaltungsspielräume lässt. Ob das niederrangige Recht dem entgegensteht, spielt dabei keine Rolle. 136c

Der Anwendungsvorrang des EU-Rechts (und damit auch der GRC) hat auch eine prozessuale Seite. Regelt das Unionsrecht einen Sachverhalt abschließend (wie das grundsätzlich im Datenschutzrecht der Fall ist – dazu sogleich) und führt das dazu, dass die Grundrechte des Grundgesetzes insoweit nicht anwendbar sind (sondern hinter den Unionsgrundrechten „ruhend in Kraft"[183] bleiben), kann das BVerfG auch nicht die Vereinbarkeit von Maßnahmen innerstaatlicher Stellen, die zwingendes Unionsrecht anwenden, am Maßstab der Grundrechte des Grundgesetzes prüfen.[184] An sich stehen dem BVerfG (wegen Art. 93 GG) auch nicht die Unionsgrundrechte als Prüfungsmaßstab zur Verfügung. Denn für die Prüfung am Maßstab der Unionsgrundrechte ist der EuGH zuständig. Für Individualbeschwerden in Bezug auf nationale Rechtsakte besteht nach Art. 263 ff. AEUV aber keine Zuständigkeit des EuGH. Ein Unionsbürger hat also keine Möglichkeit, direkt vor dem EuGH die Verletzung eines Unionsgrundrechts durch nationale Stellen zu rügen. Und da nach dem Gesagten die Grundrechte des Grundgesetzes nicht anwendbar sind, kann auch schon deshalb nicht die Verletzung von Grundrechten des Grundgesetzes vor dem BVerfG geltend gemacht werden. Das führt zu einer Rechtsschutzlücke, die das BVerfG geschlossen hat. Es nimmt für sich eine Prüfungskompetenz dahingehend in Anspruch, dass es das durch deutsche Stellen angewendete Unionsrecht (d.h. das sekundäre Unionsrecht) am Maßstab der Unionsgrundrechte prüft.[185] Das entspricht freilich nicht dem Regelungsgehalt des Art. 93 GG, der dem BVerfG allein das Grundgesetz als Prüfungsmaßstab aufzeigt, weshalb die Vorgehensweise 136d

---

[179] BVerfGE 89, 155 ff. (Maastricht); bestätigt in BVerfGE 102, 147 ff. (Bananenmarktordnung), BVerfGE 126, 286, 302 (Honeywell bzw. Mangold) und BVerfG NJW 2016, 1149, 1150 (Identitätskontrolle).
[180] EuGH NVwZ 2013, 1139 f.
[181] Zu beachten ist, dass der EuGH den Anwendungsbereich der GRC über den Wortlaut des Art. 51 I GRC hinaus auf den Anwendungsbereich des Unionsrechts erstreckt (EuGH NJW 2013, 1415, 1416 – Åkerberg Fransson). Danach reicht also der Anwendungsbereich der GRC so weit wie der des Unionsrechts, siehe dazu *R. Schmidt*, Grundrechte, Rn 9c.
[182] BVerfG NVwZ 2020, 63, 66 („Recht auf Vergessenwerden II").
[183] BVerfG NVwZ 2020, 63, 66 („Recht auf Vergessenwerden II").
[184] BVerfG NVwZ 2020, 63, 66 („Recht auf Vergessenwerden II").
[185] BVerfG NVwZ 2020, 63, 67 („Recht auf Vergessenwerden II").

Maßnahmen der Informationsbeschaffung und -verwertung (Datenerhebung)

des BVerfG – trotz des unabweislichen Bedürfnisses nach der Schließung von Rechtsschutzlücken[186] – vom Verfasser an anderer Stelle auch scharf kritisiert wird.[187]

136e Es bleibt mithin abzuwarten, welche Folgewirkungen der genannte Anwendungsvorrang der Grundrechtecharta und die Rechtsprechung des BVerfG haben werden. Man wird aber sagen müssen, dass **unionsrechtlich vollständig vereinheitlichte Regelungen** und damit auch **vollharmonisierende Regelungen des sekundären Unionsrechts** dazu führen, als **alleinigen Prüfungsmaßstab** für Akte nationaler Stellen das **Unionsrecht** anzunehmen. Die Grundrechte des Grundgesetzes werden insoweit erheblich an Bedeutung verlieren. Auch im juristischen Studium wird man daher nicht umhinkommen, sich neben den Grundrechten des Grundgesetzes ausführlich mit den Grundrechten der Grundrechtecharta (Gleiches gilt hinsichtlich der Gewährleistungen der Europäischen Menschenrechtskonvention) auseinanderzusetzen sowie mit deren Verhältnis zueinander. In der künftigen **Rechtsanwendung** wird man auf der Basis der soeben dargestellten Entscheidung des BVerfG hinsichtlich des anwendbaren Prüfungsmaßstabs exakt differenzieren müssen:

- Akte deutscher Stellen, die unionsrechtlich vollständig determinierte Regelungen des Unionsrechts anwenden, werden am Maßstab der Unionsgrundrechte geprüft, soweit die Grundrechte des Grundgesetzes durch den Anwendungsvorrang des Unionsrechts verdrängt werden. Zu den unionsrechtlich vollständig determinierten Regelungen wird man etwa die betreffenden Regelungen der Datenschutz-Grundverordnung (DSGVO) zählen müssen, aber auch vollharmonisierende Regelungen des zivilistischen Verbraucherschutzrechts, etwa die Verbraucherrechterichtlinie 2011/83/EU, die – im Übrigen nicht auf den Verbrauchsgüterkauf beschränkt – eine Vollharmonisierung auf EU-Ebene insbesondere im Fernabsatzrecht erreichen möchte (siehe Erwägungsgründe 2, 4, 5, 7 und 9 sowie Art. 4 der Richtlinie 2011/83/EU).

- Geht es um unionsrechtlich nicht vollständig determiniertes innerstaatliches Recht, ist dieses primär am Maßstab der Grundrechte des Grundgesetzes zu prüfen, auch wenn das innerstaatliche Recht der Durchführung des Unionsrechts dient. Als Anwendungsfeld seien diejenigen Vorschriften der DSGVO genannt, die den Mitgliedstaaten Spielräume lassen, wie z.B. Art. 85 DSGVO („Medienprivileg") oder Art. 88 DSGVO in Bezug auf den Beschäftigtendatenschutz. Auch auf dem Gebiet des Verbraucherschutzrechts ist unionsrechtlich nicht vollständig determiniertes innerstaatliches Recht anzutreffen, etwa in Bezug auf die einen Mindestschutz gewährende (d.h. eine Mindestharmonisierung bewirkende) Verbrauchsgüterkaufrichtlinie 1999/44/EG, die allerdings am 1.1.2022 aufgehoben und durch die einen höheren Harmonisierungsgrad aufweisende Richtlinie 2019/771/EU ersetzt wird (während z.B. Art. 8 II Richtlinie 1999/44/EG den Mitgliedstaaten gestattet, strengere Bestimmungen zur Gewährleistung eines höheren Schutzniveaus für den Verbraucher im Vergleich zur Richtlinie zu erlassen oder aufrechtzuerhalten, steht diese Möglichkeit laut Art. 21 II Richtlinie 2019/771/EU nicht mehr den Mitgliedstaaten, sondern nur noch den Verkäufern offen).

- Rein nationale Akte sind von der vorstehenden Problematik nicht berührt. Für diese gelten von vornherein ausschließlich die Grundrechte des Grundgesetzes als Prüfungsmaßstab.

136f Betrachtet man die beiden zuerst genannten Konstellationen, ist – von der dogmatischen Problematik abgesehen – die Überlegung auf die Frage zu fokussieren, ob das betreffende Unionsrecht das nationale Recht nun vollständig determiniert oder diesem

---

[186] Siehe dazu auch *Hoffmann*, NVwZ 2020, 33 ff.
[187] Siehe bereits den Beitrag des Verfassers vom 1.12.2019 abrufbar unter verlag-rolf-schmidt.de/aktuelles-2019-pruefung-von-akten-deutscher-oeffentlicher-gewalt-am-massstab-von-unionsgrundrechten. Siehe auch *R. Schmidt*, Grundrechte, Rn 222 ff. (zum anwendbaren Prüfungsmaßstab in der Fallbearbeitung) sowie *R. Schmidt*, Staatsorganisationsrecht, Rn 366 ff. Siehe auch die Kritik von *Muckel*, JA 2020, 237, 239.

Spielräume oder Abweichungsbefugnisse lässt, was – bei unklarem Wortlaut – letztlich durch Auslegung (freilich durch den EuGH am Maßstab des EU-Primärrechts) zu ermitteln ist. Im Extremfall kann es sogar sein, dass ein Teil einer Vorschrift des Sekundärrechts das nationale Recht vollständig determiniert und ein anderer Teil derselben Vorschrift dem Mitgliedstaat Spielräume bzw. Abweichungsbefugnisse lässt. Die daraus resultierende Rechtsfolge ist so vorhersehbar wie ambivalent: Der eine Teil der Vorschrift muss sich an Unionsgrundrechten messen lassen, der andere Teil an den nationalen Grundrechten.

Da für den Bereich der Verarbeitung personenbezogener Daten durch die zuständigen Behörden zum Zwecke der Verhütung, Ermittlung, Aufdeckung oder Verfolgung von Straftaten oder der Strafvollstreckung, einschließlich des Schutzes vor und **der Abwehr von Gefahren für die öffentliche Sicherheit**, die Datenschutz-Grundverordnung nicht anwendbar ist (siehe Art. 2 II lit. d) DSGVO), stellt sich die Frage, ob die vom europäischen Parlament und dem Rat erlassene Richtlinie (EU) 2016/680 (**„Richtlinie zur Datenverarbeitung bei Polizei und Justiz"**) eine unionsrechtlich vollständig determinierende Regelung darstellt. Wäre dies der Fall, dürften nationale Maßnahmen, die in Umsetzung dieser Richtlinie erlassen wurden, am Maßstab der Richtlinie und letztlich am Maßstab der Art. 7 und 8 GRC, nicht am Maßstab des Art. 2 I i.V.m. Art. 1 I GG zu messen sein. Der Maßstab des Art. 2 I i.V.m. Art. 1 I GG wäre nur dann eröffnet, wenn die Richtlinie unionsrechtlich nicht vollständig determinierte, sie also Spielräume ließe und die nationalen Maßnahmen lediglich diese Spielräume ausfüllten. Ob die Richtlinie Spielräume lässt, ist anhand ihres Zwecks und Regelungsinhalts zu ermitteln. Hilfestellung geben die Erwägungsgründe.

136g

Der Zweck der Richtlinie besteht in „der Verhütung, Ermittlung, Aufdeckung oder Verfolgung von Straftaten oder der Strafvollstreckung, einschließlich des Schutzes vor und der Abwehr von Gefahren für die öffentliche Sicherheit" (siehe Art. 1 I und die Erwägungsgründe 7 und 11). Da die Richtlinie insbesondere gemäß ihrem Erwägungsgrund 33 lediglich Mindeststandards im Datenschutz vorsieht, dürfen nationale Bestimmungen ein noch höheres Schutzniveau aufweisen. Im Rahmen der Gegenstände des Art. 38 der Richtlinie dürfen nationale Regelungen auch abweichen. Aus alledem folgt, dass die Richtlinie (EU) 2016/680 kein vollständig determiniertes Unionsrecht darstellt. Prüfungsmaßstab für nationale Akte ist damit folgerichtig Art. 2 I i.V.m. Art. 1 I GG, freilich in richtlinienkonformer Auslegung.

136h

Fazit: Sämtliche polizeilichen Maßnahmen der Informationsbeschaffung mit Bezug zu personenbezogenen Daten sind am Maßstab des Art. 2 I i.V.m. Art. 1 I GG zu prüfen und im Lichte der „Richtlinie zur Datenverarbeitung bei Polizei und Justiz" (Richtlinie (EU) 2016/680) vorzunehmen.

136i

b. Allgemeine Regeln der Datenerhebung; Ausweispflicht von Bediensteten

Alle Polizeigesetze enthalten allgemeine **Verfahrensregelungen** der Datenerhebung (in einigen Polizeigesetzen auch als „Grundsätze der Datenerhebung" genannt). Diese Bestimmungen enthalten bestimmte **Vorrangregeln**, wonach eine Datenerhebung zunächst grundsätzlich **offen** zu erfolgen hat. Das bedeutet, dass die Datenerhebung für denjenigen, bei dem und über den sie erfolgt, erkennbar durchzuführen ist, damit der Betroffene weiß, über welche Daten die Behörde verfügt.[188] Denn nur so wird er in

137

---

[188] Vgl. BW: § 19 II PolG; Bay: Art. 31 III PAG; Berl: § 18 II S. 1 ASOG; Brand: § 29 III PolG; Brem: § 27 II S. 1 PolG; Hamb: § 10 III PolDVG; Hess: § 13 VII SOG; MeckVor: § 26 II SOG; Nds: § 30 POG; NRW: § 24 OBG i.V.m. § 9 IV

die Lage versetzt, eventuelle rechtswidrige Eingriffe in sein Grundrecht auf informationelle Selbstbestimmung mit Rechtsschritten abzuwehren. Zur offenen Datenerhebung gehört daher die grundsätzliche **Information des Betroffenen** über deren Rechtsgrundlage und das Ausmaß der Auskunftspflicht oder deren Freiwilligkeit, soweit dies nicht unangemessen ist oder der Zweck der Erhebung dadurch erheblich erschwert oder gefährdet würde.[189] Eine **Ausweispflicht** (Legitimationspflicht) von Polizeibeamten ist nur in einigen Polizeigesetzen ausdrücklich vorgesehen.

138 Die **verdeckte** Datenerhebung, also die Datenerhebung unter Verschleierung der Zugehörigkeit des handelnden Bediensteten zur Polizei oder Ordnungsbehörde bis zum Abschluss der Maßnahme („Verdeckter Ermittler"), oder heimliche Datenerhebung unter Einsatz technischer Mittel ist demgegenüber nur unter strengen Voraussetzungen zulässig. Denn hier ist der Eingriff in das Grundrecht der informationellen Selbstbestimmung besonders deutlich und die rechtliche Abwehr des Eingriffs für den Betroffenen erheblich erschwert, i.d.R. sogar unmöglich. Vielmehr ist dieser auf nachträglichen Rechtsschutz (Fortsetzungsfeststellungsklage) angewiesen. Daher versteht es sich von selbst, dass die gesetzlichen Bestimmungen, die zur verdeckten Datenerhebung ermächtigen, die Eingriffsvoraussetzungen enger umschreiben müssen, um nicht mit Art. 1 I i.V.m. 2 I GG zu kollidieren.

139 Besonders problematisch ist die Erhebung personenbezogener Daten „**auf Vorrat**", insbesondere, wenn die Zwecke der späteren Verwendung noch nicht feststehen. Denn hier ist nur schwerlich ein Allgemeininteresse ersichtlich, das den Eingriff in das Grundrecht auf informationelle Selbstbestimmung rechtfertigen könnte.[190]

140 Personenbezogene Daten sind grundsätzlich **unmittelbar**, d.h. **beim Betroffenen zu erheben**. Nachrangig können sie nach den einschlägigen Bestimmungen der Polizeigesetze auch **mittelbar**, d.h. bei Behörden, öffentlichen Stellen oder bei Dritten („anderen") erhoben werden, wenn die Datenerhebung beim Betroffenen nicht oder nur mit unverhältnismäßig hohem Aufwand möglich ist oder wenn die Erfüllung der polizeilichen Aufgaben gefährdet würde[191], siehe bereits Rn 128 nebst Beispiel.

141 Schließlich sollen Betroffene und Dritte auf die Rechtsgrundlage sowie (jedenfalls nach einigen Polizeigesetzen) auf die beabsichtigte Verwendung der erhobenen Daten hingewiesen werden.

142 **Hinweis für die Fallbearbeitung:** Sofern die genannten allgemeinen Regeln der Datenerhebung keine Eingriffsvoraussetzungen normieren, stellen sie entweder eine Präzision des **Grundsatzes der Verhältnismäßigkeit** dar oder sie sind (lediglich) **Verfahrensvorschriften**, nicht jedoch Rechtsgrundlagen für den Grundrechtseingriff in Art. 2 I i.V.m. 1 I GG (bzw. Art. 7 und 8 GRC). Das bedeutet, dass es zur Datenerhebung einer separaten Befugnisnorm bedarf, freilich unter Beachtung der „Grundsätze der Datenerhebung". In der Falllösung könnte wie folgt formuliert werden: „Die Befragung des X greift in das Grundrecht auf informationelle Selbstbestimmung (bzw. die Gewährleistungen der Art. 7 und 8 GRC) ein. Daher ist eine gesetzliche Rechtsgrund-

---

PolG; RhlPfl: § 26 V POG; Saar: § 25 III PolG; Sachs: § 55 III S. 1 PVDG; SachsAnh: § 15 VI SOG; SchlHolst: § 178 II LVwG; Thür: § 32 III PAG.

[189] Vgl. BW: § 19 III PolG; Bay: Art. 31 IV PAG; Berl: § 18 V ASOG; Brand: § 29 IV S. 1 PolG; Brem: § 27 I PolG; Hamb: § 10 IV PolDVG; Hess: § 13 VIII SOG; MeckVor: § 26 III SOG; Nds: § 30 I POG; NRW: § 24 OBG i.V.m. § 9 VI PolG; Saar: § 25 V PolG; Sachs: § 55 III S. 2, S. 3 PVDG; SachsAnh: § 15 VII SOG; SchlHolst: § 178 III LVwG; Thür: § 32 IV S. 1 PAG.

[190] BVerfGE 109, 279, 308 ff. Zur Verkehrsdatenspeicherung i.S.v. §§ 100g, 101a, 101b StPO und §§ 113a ff. TKG vgl. unten Rn 309 ff. sowie *Hartmann/Schmidt*, StrafProzR, Rn 633 ff.

[191] Vgl. § 6 MEPolG; Bund: § 20 BPolG; Bay: Art. 31 IV PAG; Berl: § 16 ASOG; BW: § 9 PolG; Brand: § 7 PolG, § 18 OBG; Brem: § 7 PolG; Hamb: § 10 PolG; Hess: § 13 VI SOG; MeckVor: § 71 SOG; Nds: § 8 POG; NRW: § 6 PolG, § 19 OBG; RhlPfl: § 7 POG; Saar: § 6 PolG; Sachs: § 55 II PVDG; SachsAnh: § 10 SOG; SchlHolst: § 220 LVwG; Thür: § 10 PAG, § 13 OBG.

> lage erforderlich. Eine solche könnte § ... darstellen, freilich unter Beachtung der Verfahrensnorm des § ... ." Vgl. dazu (und zum Prüfungsaufbau) auch die Ausführungen zur Datenerhebungsgeneralklausel bei Rn 334 ff.

c. Einzelne Befugnisse

Zu den speziellen Befugnissen hinsichtlich der Datenerhebung und -verarbeitung gehören vor allem **Videoüberwachung, Befragung, Beobachtung, Observation**, der **verdeckte Einsatz technischer Mittel**, die Kooperation mit **Vertrauenspersonen** sowie der Einsatz **verdeckt ermittelnder Personen**.[192] Die parlamentarische Überwachung derartiger Maßnahmen sowie datenschutzrechtliche Regularien sind durch entsprechende Vorschriften gewährleistet.[193] Die Beantwortung der Frage nach dem **Rechtsschutz** gegen Maßnahmen, die der Datenerhebung dienen, richtet sich nach deren Rechtsnatur. Würden durch solche Maßnahmen Rechte und Pflichten für den Betroffenen begründet, enthielten sie rechtsverbindliche Regelungen und wären daher als Verwaltungsakte zu qualifizieren. Rechtsschutz böten die Anfechtungsklage bzw. bei Erledigung die Fortsetzungsfeststellungsklage analog § 113 I S. 4 VwGO. Jedoch fehlt regelmäßig die Rechtsfolgeanordnung, weil Datenerhebungsmaßnahmen lediglich der Informationsgewinnung dienen und keine verbindliche Rechtsfolge setzen; jedenfalls fehlt regelmäßig die für die Bejahung eines Verwaltungsakts erforderliche Bekanntgabe, weshalb schon deshalb ein Nicht-Verwaltungsakt in Form einer schlichthoheitlichen Maßnahme vorliegt. Daher sind z.B. Datenerhebungsmaßnahmen, die zunächst ohne Kenntnis des Betroffenen durchgeführt werden (etwa heimliche Überwachungsmaßnahmen, insb. Observation und Lauschangriff[194], Online-Durchsuchung[195], TKÜ[196] und Quellen-TKÜ[197]), später, nachdem der Betroffene darüber in Kenntnis gesetzt wurde oder anderweitig davon erfahren hat, mit der allgemeinen Leistungsklage bzw. Feststellungsklage anzugreifen. Auch wenn in diesen Fällen der Betroffene nachträglich informiert wird, wird aus der Maßnahme nicht im Nachhinein ein Verwaltungsakt.

---

[192] Einzelheiten sind den zitierten Befugnisnormen zu entnehmen. Diese sind (aus rechtsstaatlichen) Gründen derart detailliert formuliert, dass sich nähere Erläuterungen lediglich auf die Wiedergabe des Gesetzestextes beschränken würden. Darauf ist vorliegend verzichtet worden.
[193] Das BVerfG konnte mit Kammerbeschluss v. 25.4.2001 die Frage nach der Verfassungsmäßigkeit der Datenerhebung zur vorbeugenden Verbrechensbekämpfung offenlassen, da es eine diesbezügliche Verfassungsbeschwerde wegen angeblich nicht genügender Begründung nicht zur Entscheidung annahm (vgl. BVerfG NVwZ 2001, 1261, 1262). Zu den Anforderungen an Verfahrensregeln hinsichtlich des großen Lauschangriffs vgl. BVerfGE 109, 279, 308 ff.
[194] Zum (großen) Lauschangriff vgl. Rn 268 ff.
[195] Zur Online-Durchsuchung vgl. Rn 308 ff.
[196] Zur TKÜ (Telekommunikationsüberwachung) vgl. Rn 293 ff.
[197] Zur Quellen-TKÜ vgl. ausführlich Rn 308t ff.

aa. Offene Bild- und Tonaufzeichnung; Videoüberwachung
a.) Videoüberwachung öffentlicher Veranstaltungen und Ansammlungen

144 Gemäß den Bestimmungen der Polizeigesetze[198] darf der Polizeivollzugsdienst bei öffentlichen Veranstaltungen oder Ansammlungen offene Bildaufnahmen sowie Bild- und Tonaufzeichnungen über solche Personen anfertigen, bei denen Tatsachen die Annahme rechtfertigen, dass sie Ordnungswidrigkeiten oder Straftaten begehen werden, und zu erwarten ist, dass ohne diese Maßnahme die Erfüllung polizeilicher Aufgaben nicht möglich wäre oder wesentlich erschwert würde.

Straftat ist eine Tat, die den Tatbestand eines Strafgesetzes verwirklicht (vgl. § 11 I Nr. 5 StGB). Sofern in einigen Polizeigesetzen die Ordnungswidrigkeit nicht nur **geringfügig** sein muss, sollten nur solche Ordnungswidrigkeiten als relevant angesehen werden, bei denen der Betroffene lediglich verwarnt (vgl. § 56 I S. 1, 2 OWiG) bzw. bei denen lediglich ein Verwarnungsgeld (5,- bis 55,- €) erhoben werden kann (vgl. § 56 I S. 1 OWiG).

145 Die genannten **öffentlichen Veranstaltungen** und **Ansammlungen** unterscheiden sich von einer **Versammlung** i.S.v. Art. 8 I GG dadurch, dass die Teilnehmer zwar denselben, nicht aber einen gemeinsamen Zweck verfolgen und damit **weder dem Schutz des Art. 8 I GG noch dem vorrangigen und abschließenden Versammlungsgesetz** unterliegen.

> **Beispiele:** Bei den öffentlichen Veranstaltungen im dargelegten Sinn handelt es sich bspw. um Volksfeste, Jahrmärkte, Schützenfeste, Sportveranstaltungen Messen usw. Eine öffentliche Ansammlung ist hingegen das eher zufällige Zusammentreffen von Personen, die z.B. als Neugierige einen Unfall oder eine Schlägerei umlagern. Auch das mehr oder weniger spontane Zusammenkommen einer Gruppe von Skinheads vor einem Asylbewerberwohnheim ist eine Ansammlung, solange nicht die Voraussetzungen einer Versammlung i.S.d. Art. 8 I GG vorliegen.

146 Die Unterscheidung zwischen öffentlichen Veranstaltungen bzw. Ansammlungen einerseits und Versammlungen i.S.v. Art. 8 I GG andererseits ist deshalb wichtig, weil zum einen die Polizeigesetze der Länder gesetzessystematisch nur bei sehr weiter Grundrechtsinterpretation Gesetze i.S.v. Art. 8 II GG sind und zum anderen die meisten Länder Art. 8 I GG auch nicht in ihren Polizeigesetzen als einschränkbares Grundrecht zitieren[199]. Jedenfalls ist die Befugnis zur Fertigung von Bild- und Tonaufnahmen bei öffentlichen Versammlungen abschließend in §§ 12a, 19a VersG geregelt, sodass ein Rückgriff auf das Polizeirecht systematisch auch insoweit ausgeschlossen ist.[200] Im Übrigen wird zur Abgrenzung zwischen Ansammlung und Versammlung auf die Ausführungen bei Rn 1041 ff. verwiesen.

147 Läge also eine Versammlung i.S.v. Art. 8 I GG statt einer (bloßen) Ansammlung vor und stellte die Bild- und Tonaufzeichnung auf der Grundlage der Polizeigesetze einen Eingriff in den Schutzbereich des Grundrechts dar, wäre sie verfassungswidrig. Ob jedoch Bild- und Tonaufzeichnungen von Versammlungsteilnehmern einen Eingriff in Art.

---

[198] Vgl. Bund: § 21 BPolG; BW: § 21 PolG; Bay: Art. 33 PAG; Berl: §§ 24, 24b, 24b ASOG; Brand: § 31 PolG; Brem: § 29 PolG; Hamb: § 18 PolDVG; Hess: § 14 SOG; MeckVor: § 32 SOG; Nds: § 32 POG; NRW: §§ 15, 15a, 15b PolG; RhlPfl: 27 POG; Saar: § 27 PolG; Sachs: § 57 PVDG; SachsAnh: § 16 SOG; SchlHolst: § 184 LVwG; Thür: § 33 PAG.
[199] Art. 8 I GG wird aber als einschränkbares Grundrecht zitiert in Art. 91 BayPAG, § 8 Nr. 3 BrandPolG, § 10 NdsPOG, § 7 NRWPolG, § 8 Nr. 3 RhlPflPOG, § 10 SächsPVDG und § 11 Nr. 7 SachsAnhSOG, sodass sich die Problematik in Bezug auf Art. 19 I S. 2 GG dort nicht stellt.
[200] Zwar haben die Länder seit 2006 die Gesetzgebungskompetenz für das Versammlungsrecht. Bei Ländern, die noch keine eigenen Regelungen erlassen haben, bleibt es jedoch bei der Anwendung des VersG (vgl. Art. 125a I GG).

8 I GG darstellen, lässt sich nicht zweifelsfrei beantworten. Das BVerfG hat entschieden, dass das Grundrecht aus Art. 8 I GG auch durch faktische Maßnahmen beeinträchtigt werden könne, wenn sie in ihrer Intensität imperativen Maßnahmen gleichstünden. So könnten staatliche Überwachungsmaßnahmen (etwa Dokumentation oder Videoüberwachung) dazu führen, dass die innere Entschlussfreiheit, an einer Versammlung teilzunehmen, beeinträchtigt werde. Führe eine Überwachungsmaßnahme dazu, dass der Betroffene lieber auf die Grundrechtsausübung verzichte, sei von einem Eingriff auszugehen.[201] Das Gleiche gelte, wenn exzessive Observationen und Registrierungen vorgenommen würden.[202]

148 Nach heutiger Grundrechtsinterpretation wird man aufgrund der weitreichenden Möglichkeiten, die die moderne Datenverarbeitung mit sich gebracht hat, bei jeglicher (und nicht nur bei exzessiver) Observation von einem Eingriff in Art. 2 I i.V.m. 1 I GG (hier: Recht auf informationelle Selbstbestimmung) und – bei Vorliegen einer Versammlung i.S.v. Art. 8 I GG – auch in dieses Grundrecht ausgehen müssen. Würden somit auf der Grundlage der polizeigesetzlichen Bestimmungen Bild- und Tonaufnahmen jeglicher Art angefertigt und handelte es sich bei der Veranstaltung um eine von Art. 8 I GG geschützte (öffentliche) Versammlung, wäre die Datenerhebung verfassungswidrig. Anders als z.B. § 14 II HessSOG, der die Erhebung personenbezogener Daten bei oder im Zusammenhang mit öffentlichen Versammlungen und damit auch Videoaufnahmen bei Versammlungen i.S.v. Art. 8 I GG zulässt und damit verfassungsrechtlich äußerst bedenklich ist, sind andere Polizeigesetze diesem schmalen Grat nicht gefolgt und haben von vornherein Bild- und Tonaufnahmen nur bei öffentlichen Veranstaltungen und Ansammlungen zugelassen, die zweifelsfrei *nicht* dem Schutzbereich des Art. 8 I GG unterfallen. Auf der Grundlage dieses überzeugenden Konzepts sind in diesen Ländern Bild- und Tonaufzeichnungen von Personen, die sich auf Art. 8 I GG berufen können, daher nicht nach den Bestimmungen des Polizeigesetzes, sondern – wegen des nicht auszuschließenden Eingriffs in Art. 8 I GG – ausschließlich nach §§ 12a, 19a VersG durchzuführen (vgl. Rn 136).

149 Ist die polizeigesetzliche offene Bild- und Tonaufzeichnung zwar grundsätzlich zulässig, darf sie nur **bei oder unmittelbar im Zusammenhang** mit öffentlichen Veranstaltungen oder Ansammlungen durchgeführt werden. Sie kann daher sowohl *während* der öffentlichen Veranstaltung oder Ansammlung als auch *vorher oder nachher* erfolgen (insbesondere bei der An- und Abreise teilnehmender Personen). Erforderlich ist jedoch stets ein zeitlicher und räumlicher sowie innerer Zusammenhang mit der Veranstaltung oder Ansammlung.

150 Die Formulierung „Tatsachen die Annahme rechtfertigen, dass..." bedeutet, dass keine konkrete Gefahr vorliegen muss, sondern dass eine **abstrakte Gefahr** bzw. ein **Gefahrenverdacht** genügt, um eine Datenerhebung zu den o.g. Zwecken durchzuführen.[203] Voraussetzung für die Bild- und Tonaufzeichnung ist also eine auf tatsächlichen Anhaltspunkten beruhende Prognose, dass Straftaten oder nicht geringfügige Ordnungswidrigkeiten mit hinreichender Wahrscheinlichkeit zu erwarten sind und dass ohne die Bild- und Tonaufzeichnung die Erfüllung polizeilicher Aufgaben nicht möglich wäre oder wesentlich erschwert würde.

151 Die Daten dürfen grundsätzlich nur über **diejenigen Personen** erhoben werden, gegen die sich der soeben genannte (Gefahren-)Verdacht **richtet**, ohne dass die Voraussetzungen der Vorschriften über die polizeirechtlich Verantwortlichen vorliegen

---
[201] BVerfGE 65, 1, 43 (Volkszählung).
[202] BVerfGE 69, 315, 359 (Brokdorf).
[203] Zu den Begriffen *abstrakte Gefahr* und *Gefahrenverdacht* vgl. Rn 659 ff.

müssten. Die Datenerhebung bei Dritten oder zulasten von Dritten ist aber nicht generell ausgeschlossen. Die polizeigesetzlichen Vorschriften umschreiben dies mit Formulierungen wie „..., wenn die Datenerhebung beim Betroffenen nicht oder nur mit unverhältnismäßig hohem Aufwand möglich ist oder die Erfüllung der polizeilichen Aufgaben gefährden würde" (vgl. z.B. Art. 31 II S. 2 BayPAG) oder „Die Datenerhebung darf auch durchgeführt werden, wenn Dritte unvermeidbar betroffen sind" (vgl. z.B. § 27a II S. 1 RhlPflPOG).

152 Die verfassungsrechtliche Rechtfertigung für die Datenerhebung im Zusammenhang mit öffentlichen Veranstaltungen oder Ansammlungen besteht darin, dass von Veranstaltungen und Ansammlungen unter Umständen ein großes Gefahrenpotential ausgeht, weil größere Menschenmengen aufgrund der ihnen innewohnenden Eigendynamik relativ leicht aufgewiegelt werden und Straftäter sich leicht in solchen Menschenmengen verstecken können.

b.) Videoüberwachung öffentlicher Flächen

153 Seit einiger Zeit ermöglichen die Polizeigesetze[204] der Polizei, öffentlich zugängliche Orte, an denen vermehrt Straftaten begangen werden oder bei denen aufgrund der örtlichen Verhältnisse die Begehung von Straftaten besonders zu erwarten ist (etwa Bahnhofsvorplätze, U-Bahnhöfe, Parks, Fußgängerunterführungen etc.), mittels Bildübertragung und -aufzeichnung offen und erkennbar zu beobachten. In Bayern bspw. ist dazu auch der Einsatz sog. **Videodrohnen** zulässig (Art. 47 I Nr. 1 BayPAG).

154 Die Befugnis zur Videoüberwachung öffentlicher Flächen ist problematisch, weil sie nicht notwendigerweise an eine Gefahr anknüpft, sondern (wegen des Verweises in den Befugnisnormen auf die Aufgabenzuweisungsnormen, die vorbereitende Maßnahmen und sogar die Verhütung von Straftaten zulassen) auch lediglich der allgemeinen (Gefahren-)Vorsorge dienen kann. Zwar wird mit dem Argument, dass derjenige, der sich der Öffentlichkeit aussetze und andere beobachte, auch mit der Beobachtung durch andere rechnen müsse – teilweise die Grundrechtsrelevanz derartiger Maßnahmen in Frage gestellt.[205] Dagegen spricht aber schon der Umstand, dass man als Privatperson allenfalls mit der Beobachtung durch private Dritte rechnen muss, nicht aber mit der (ständigen) Beobachtung durch die Obrigkeit, die sich noch dazu technischer und elektronischer Mittel bedient, mit deren Hilfe Informationen erlangt werden können, deren Verarbeitung für den Bürger nicht ersichtlich ist. Darüber hinaus besteht die latente Gefahr der Aushöhlung des Rechts auf informationelle Selbstbestimmung (Art. 2 I GG i.V.m. Art. 1 I GG) der Bürger, sofern eine flächendeckende Überwachung stattfindet.[206] Daher ist ein Eingriff in das Grundrecht auf informationelle Selbstbestimmung selbst bei bloßer Beobachtung mittels Bildübertragung ohne Bildaufzeichnung (sog. Kamera-Monitor-Prinzip) zu bejahen.[207] Es be-

---

[204] Bund: § 27 I BPolG; BW: § 21 II, III PolG; Bay: Art. 33 II, III PAG; Berl: § 24a ASOG; Brand: § 31 III PolG; Brem: § 29 III PolG; Hamb: § 18 III PolDVG; Hess: § 14 III, IV SOG; MeckVor: § 32 III SOG; Nds: § 32 III POG; NRW: § 15a I PolG; RhlPfl: § 27 III POG; Saar: § 27 II PolG; Sachs: § 57 III PVDG; SachsAnh: § 16 II, III SOG; SchlHolst: § 184 III LVwG; Thür: § 33 II PAG. Dagegen enthält – soweit ersichtlich – keines der Landesdatenschutzgesetze Befugnisnormen i.S.d. Grundsatzes vom Vorbehalt des Gesetzes (Art. 20 III GG), befugen also auch nicht zu grundrechtseingreifenden Maßnahmen. Kann sich die Behörde demnach nicht auf das Landespolizeigesetz stützen (etwa weil sie keine Polizeibehörde ist), ist die Videoüberwachung, sofern sie einen Grundrechtseingriff darstellt, rechtswidrig (dazu sogleich).
[205] VG Karlsruhe NVwZ 2002, 117.
[206] Vgl. zur Kritik *Zöller*, NVwZ 2005, 1235 ff.; *Göddeke*, NVwZ 2002, 181, 182; *Roggan*, NVwZ 2001, 134 ff.; *Vahle*, NVwZ 2001, 165 f.; *Dolderer*, NVwZ 2001, 130 ff.; *Maske*, NVwZ 2001, 1248 ff. Das VG Karlsruhe NVwZ 2002, 117, 118 (aufgehoben von VGH Mannheim NVwZ 2004, 498 ff.) erhebt keine Bedenken gegenüber der Verfassungsmäßigkeit des § 21 III BWPolG.
[207] Erfreulicherweise auch VGH Mannheim NVwZ 2004, 498, 499 ff. Das BVerfG hat hingegen offengelassen, ob die bloße (offene) Beobachtung (per Videokamera) einen Eingriff in die informationelle Selbstbestimmung darstellt, im betreffenden Fall den Grundrechtseingriff aber darauf gestützt, dass die Daten auch aufgezeichnet wurden (vgl. BVerfG NVwZ 2007, 688, 690).

steht also die Notwendigkeit der verfassungsrechtlichen Rechtfertigung durch ein verfassungsmäßiges Gesetz, das in verfassungskonformer Weise angewendet wird. Der Zweck einer offenen Videoüberwachung kann jedenfalls in der **Erhöhung des Sicherheitsgefühls** und der **Abschreckung** gesehen werden; Kriminalität kann verhindert werden. Ob aber die Zwecktauglichkeit einer offen durchgeführten Videoüberwachung zur **Terrorismusbekämpfung** gegeben ist, kann nicht ohne weiteres beantwortet werden. Denn der betreffende Personenkreis wird nach Möglichkeit vermeiden, sich in den Kamerabereich zu begeben bzw. sich dort auffällig zu verhalten.

Problematisch ist auch die **Zuständigkeit der Länder** für derartige Maßnahmen. Zwar sind die Länder in Ermangelung einer Gesetzgebungskompetenz des Bundes für das allgemeine Gefahrenabwehrrecht zuständig. Problematisch wird das Ganze aber dann, wenn die Videoüberwachung an keine konkrete Gefahr anknüpft und die erlangten Informationen *aufgezeichnet* und später mehr oder weniger zur Aufklärung von Straftaten eingesetzt werden. Denn für die Aufklärung von Straftaten ist der Bund zuständig (Art. 74 I Nr. 1 GG), der in Bezug auf die Bildaufzeichnung mit § 100h I Nr. 1 StPO auch von seiner Gesetzgebungskompetenz abschließend Gebrauch gemacht hat.[208] Eine Verwendung auf präventiv-polizeilicher Basis gewonnener Erkenntnisse für ein Strafverfahren ist aufgrund der erwähnten Bundesgesetzgebungskompetenz nur auf der Grundlage des § 484 IV StPO zulässig. Überträgt man die Rechtsprechung des BVerfG zur präventiven Telekommunikationsüberwachung[209], wo das Gericht entschieden hat, dass die Aufnahme der verdachtsunabhängigen vorbeugenden Telefonüberwachung zum Zweck der Strafverfolgungsvorsorge in das niedersächsische SOG (jetzt: POG) u.a. gegen die Gesetzgebungskompetenzvorschriften des Grundgesetzes verstoßen habe, weil die Strafverfolgungsvorsorge dem Strafprozessrecht und damit der konkurrierenden Gesetzgebungskompetenz des Bundes unterfalle, von der der Bund dem Erlass der StPO abschließend Gebrauch gemacht habe, auf die (verdachtsunabhängige) Videoüberwachung, dürfte die Zuständigkeit der Länder für die Videoüberwachung jedenfalls unter dem Aspekt *Aufzeichnung der Beobachtung* zu verneinen sein.[210] Demgegenüber kann man die reine *Beobachtung* (also die Datenerhebung ohne Aufzeichnung – sog. Kamera-Monitor-Prinzip) als Teil der sog. **Gefahrenvorsorge**[211] der Gesetzgebungskompetenz der Länder unterstellen.

Die Videoüberwachung muss „**offen und erkennbar**" erfolgen. Das ist der Fall, wenn Hinweisschilder existieren, die auf die Überwachung hinweisen. Dabei ist jedoch zu beachten, dass auch ein Kamerasymbol auf dem Schild angebracht sein muss, damit der Zweck nicht dadurch unterlaufen wird, dass der Adressat die Schrift nicht lesen kann. Des Weiteren muss die Videoüberwachungsmaßnahme i.d.R. durch die Behördenleitung **angeordnet** werden.[212]

In **materieller** Hinsicht ist die Befugnis mit Blick auf den permanenten Eingriff in das Grundrecht auf informationelle Selbstbestimmung nicht ganz unproblematisch. So ist zunächst nicht ausgeschlossen, dass die Videoüberwachung hintergründig nicht der vorbeugenden Bekämpfung von Straftaten bzw. der Gefahrenabwehr dient, sondern lediglich zu einer Verdrängung der Kriminalität in bislang nicht oder nur gering betroffenen Bereichen führen könnte. In jedem Fall steht die Videoüberwachung unter dem Vorbehalt einer strengen Verhältnismäßigkeitsprüfung, wollte man sie nicht für verfassungswidrig erklären.

---

[208] Vgl. bereits die 12. Aufl. 2009; später auch *Zöller*, NJW-Aktuell Heft 32/2010, 11, 12.
[209] BVerfG NJW 2005, 2603, 2606.
[210] A.A. OVG Hamburg MMR 2011, 128 ff., das der Ansicht ist, der Bund habe die Thematik nicht abschließend geregelt mit der Konsequenz, dass eine Landesgesetzgebungskompetenz für Videoüberwachung bestehe.
[211] Nicht zu verwechseln mit der soeben genannten Strafverfolgungsvorsorge!
[212] Vgl. etwa BW: § 22 VI PolG; Brand: § 32 II S. 1, 34 II, 35 IV PolG; Brem: § 30 PolG; NRW: §§ 16a II, 17 III, 18 II, 19 II, 20 IV PolG; RhlPfl: § 28 V S. 1 POG; § 27 II PolG.

161 Zunächst müsste die Befugnisnorm des Landespolizeigesetzes einen legitimen Zweck verfolgen. Vgl. hierzu bereits Rn 153. Das Ziel der Videoüberwachung würde daher nur dann verfehlt, wenn dadurch Rechtsgüter anderen Orts stärker gefährdet würden. Das kann mangels empirischer Grundlage jedoch nicht angenommen werden.

162 Dass die Videoüberwachung der Reduzierung der Kriminalitätsrate an dem überwachten Ort und damit der Gefahrenabwehr jedenfalls dienlich ist, dürfte keinem vernünftigen Zweifel unterliegen.

163 Um die Frage zu beantworten, ob die gesetzliche Befugnis zur Videoüberwachung öffentlicher Orte wegen anderer, aber weniger in die Grundrechte eingreifender Maßnahmen unverhältnismäßig oder deswegen verfassungswidrig ist, weil sie in ihrer Intensität übermäßig das Recht auf informationelle Selbstbestimmung einschränken könnte, ist eine Definition des „Ortes" der Videoüberwachung erforderlich. Die Befugnisnormen der Polizeigesetze statuieren i.d.R. dazu zwei Beschränkungen. Erstens setzt die Vorschrift **öffentliche Zugänglichkeit** voraus, die besteht, wenn der Zutritt einer unbestimmten Vielzahl von Personen ohne weiteres erlaubt ist und deren Zutritt kein wesentliches Hindernis entgegensteht. Erfasst sind daher öffentliche Plätze, Viertel oder ganze Stadtteile. Nicht zu den zulässigen Orten gehören jedenfalls geschlossene oder private Räume. Zweitens muss es sich um Orte handeln, an denen **vermehrt Straftaten** begangen werden oder bei denen aufgrund der örtlichen Verhältnisse die Begehung von Straftaten besonders zu erwarten ist.[213]

164 Im Übrigen ist die Befugnisnorm nur verfassungsgemäß, wenn die offene Videoüberwachung effektivstes Mittel der polizeilichen Aufgabenerfüllung bei gleichzeitiger Schonung der Grundrechte der Betroffenen ist. In Zweifelsfällen ist sie nach Möglichkeit verfassungskonform auszulegen.

165 Ist die Befugnisnorm demnach der verfassungskonformen Auslegung zugänglich, verlagert sich die Rechtmäßigkeit der öffentlichen Videoüberwachung auf die konkrete Einzelmaßnahme. Die zur Durchführung der Überwachungsmaßnahme berufene Polizei muss stets offenlegen, welchen Rechtsgutsgefährdungen durch die Videoüberwachung begegnet werden soll. Unterstellt man eine solche Offenlegung, ist weiter danach zu fragen, ob der konkrete Überwachungsort tatsächlich Kriminalitätsschwerpunkt ist. Dazu ist von den empirisch ermittelten absoluten Zahlen auszugehen, die vor Inbetriebnahme des Videosystems bzw. der Anordnung über die Verlängerung der Maßnahme für die später zu überwachenden Bereiche vorlagen. Bejaht man auch diese Frage sowie das Vorliegen der weiteren Tatbestandsvoraussetzungen der Befugnisnorm, konzentriert sich die Frage nach der Rechtmäßigkeit der Videoüberwachung auf deren Verhältnismäßigkeit im Einzelfall.[214]

166 Regelmäßig rechtswidrig dürfte die polizeiliche Videoüberwachung in Einkaufszentren sein. Nähme man die Rechtmäßigkeit der Videoüberwachung an, müsste man die Einkaufszentren als Kriminalitätsschwerpunkte, also als Orte qualifizieren, an denen vermehrt Straftaten begangen werden oder aufgrund der örtlichen Verhältnisse zumindest besonders zu erwarten sind. Zwar kann nicht bestritten werden, dass in den Verkaufsräumen gelegentlich Laden- oder Taschendiebstähle begangen werden, diese Art von Straftaten ist jedoch kaum geeignet, eine permanente polizeiliche Videoüberwachung zu rechtfertigen. Zudem wären (in den Eingangsbereichen) bereits eindeutige Hinweisschilder, dass polizeilich videoüber-

---

[213] Dieses Erfordernis ist zwar nicht in allen Polizeigesetzen explizit genannt (so etwa nicht in § 32 III MeckVor, § 32 III Nds, § 184 III SchlHolst), ergibt sich aus den genannten Gründen aber auch dort.
[214] So hat der VGH Mannheim (NVwZ 2004, 498, 499 ff.) die Einzelmaßnahme für rechtmäßig erachtet. Erforderlich sei aber eine verfahrensrechtliche Absicherung des Grundrechtseingriffs in Form einer Dokumentation der Maßnahme, damit die überprüfenden Gerichte die Verwaltungsentscheidung nachvollziehen könnten.

wacht wird, erforderlich, um das in den Befugnisnormen ebenfalls aufgestellte Kriterium der Offenheit und Erkennbarkeit zu erfüllen.

Videoüberwachung öffentlicher Plätze versus Versammlungsfreiheit: Ganz anders stellt sich die Rechtslage dar, wenn auf öffentlich videoüberwachten Flächen (etwa einem Bahnhofsvorplatz) eine Versammlung stattfindet bzw. ein Aufzug vorbeiführt. Nähme man hier einen Eingriff in Art. 8 I GG an, wäre dieser Eingriff nicht zu rechtfertigen. Zwar sind Videoüberwachungen von Versammlungen nicht a priori ausgeschlossen, jedoch nur auf Grundlage der (strengen) §§ 19a, 12a VersG[215] zulässig. Aus diesem Grund sprechen auch die polizeigesetzlichen Bestimmungen, die den offenen Einsatz optisch-technischer Mittel regeln, keinesfalls von Versammlungen; zudem ist Art. 8 GG in den meisten Polizeigesetzen nicht als einschränkbares Grundrecht zitiert[216].

167

Die Frage, ob im Rahmen einer offenen Videoüberwachung öffentlicher Plätze (unbeabsichtigte) Bild- und Tonaufzeichnungen von Versammlungsteilnehmern, die mehr oder weniger zufällig in den Erfassungsbereich der Kamera geraten, einen Eingriff in Art. 8 I GG darstellen, lässt sich nicht zweifelsfrei beantworten. Bei Rn 147 wurde gesagt, dass nach der Rspr. des BVerfG das Grundrecht aus Art. 8 I GG auch durch faktische Maßnahmen beeinträchtigt werden kann, wenn sie in ihrer Intensität imperativen Maßnahmen gleichstehen. Da es für den Grundrechtsschutz nicht darauf ankommen kann, ob das staatliche Verhalten gezielt oder faktisch erfolgt, wird Art. 8 I GG auch durch faktische Maßnahmen jedenfalls dann beeinträchtigt, wenn diese in ihrer Intensität imperativen Maßnahmen gleichstehen und eine abschreckende (oder einschüchternde) Wirkung entfalten.[217] So können staatliche Überwachungsmaßnahmen (Dokumentation, Videoüberwachung[218], Fertigung von Lichtbildern[219]) dazu führen, dass die innere Entschlussfreiheit, an einer Versammlung teilzunehmen oder ihr zu verweilen, beeinträchtigt wird. Ist daher eine Überwachung bzw. Datenerhebung (oder eine andere faktische Maßnahme) geeignet, Versammlungsteilnehmer abzuschrecken oder bei ihnen den Entschluss auszulösen, lieber auf die (weitere) Grundrechtsausübung zu verzichten, ist von einem Eingriff auszugehen.[220] Das BVerfG hat in seiner Brokdorf-Entscheidung einen Eingriff bejaht bei „exzessiven Observationen und Registrierungen".[221] Nach heutiger Grundrechtsinterpretation wird man aufgrund der weit reichenden Möglichkeiten, die die moderne elektronische Datenverarbeitung mit sich gebracht hat, aber bei jeglicher (und nicht nur bei exzessiver) Observation von einem Eingriff in Art. 2 I i.V.m. 1 I GG (hier: Recht auf informationelle Selbstbestimmung)[222] und – bei Vorliegen einer Versammlung i.S.v. Art. 8 I GG – auch in dieses Grundrecht ausgehen müssen.[223] Folgerichtig nehmen jüngere fachgerichtliche Entscheidungen einen Eingriff in Art. 8 I GG bereits dann an, wenn der Einsatz einer Kameraübertra-

168

---

[215] Zwar haben die Länder seit 2006 die Gesetzgebungskompetenz für das Versammlungsrecht. Bei Ländern, die noch keine eigenen Regelungen erlassen haben, bleibt es jedoch bei der Anwendung des Versammlungsgesetzes (vgl. Art. 125a I GG), siehe dazu Rn 1034.
[216] Art. 8 I GG wird aber als einschränkbares Grundrecht zitiert in Art. 91 BayPAG, § 8 Nr. 3 BrandPolG, § 10 NdsPOG, § 7 NRWPolG, § 8 Nr. 3 RhlPflPOG, § 10 SächsPVDG und § 11 Nr. 7 SachsAnhSOG.
[217] Vgl. BVerfG NVwZ-RR 2016, 241, 242; OVG Münster K&R 2019, 824, 825.
[218] Ob es sich bei der Videoüberwachung um eine Übersichts- oder Individualaufnahme handelt, ist bei der Frage nach dem Grundrechtseingriff irrelevant. Wegen möglicher unterschiedlicher Eingriffsintensität kann aber im Rahmen der verfassungsrechtlichen Rechtfertigung zu unterscheiden sein (wie hier *Neskovic/Uhlig*, NVwZ 2014, 1317 f.; nicht differenzierend BerlVerfGH NVwZ-RR 2014, 577); vgl. später auch OVG Koblenz NVwZ-RR 2015, 570.
[219] OVG Münster K&R 2019, 824.
[220] BVerfGE 65, 1, 43 (Volkszählung); später auch BVerfG NVwZ-RR 2016, 241, 242; OVG Koblenz NVwZ-RR 2015, 570; OVG Münster K&R 2019, 824, 825.
[221] BVerfGE 69, 315, 359 (Brokdorf).
[222] Vgl. bereits die 18. Aufl. 2016; später auch *Roggan*, NJW 2018, 723. Ob sich der Schutz der informationellen Selbstbestimmung jedoch aus Art. 2 I GG i.V.m. Art. 1 I GG oder im Anwendungsbereich des EU-Rechts vorrangig aus Art. 7 und 8 GRC ergibt, hängt von dem abschließenden Charakter des Unionsrechts ab (siehe dazu *R. Schmidt*, Grundrechte, Rn 222 ff.).
[223] Siehe bereits die 20. Aufl. 2018, Rn 1070; später auch OVG Münster K&R 2019, 824, 825.

gung oder das Fertigen von Bildern geeignet ist, bei den Versammlungsteilnehmern das Gefühl des Überwachtwerdens mit den damit verbundenen Unsicherheiten und Einschüchterungseffekten zu erzeugen[224], zumal die Teilnehmer auch in Übersichtsaufnahmen in der Regel individualisierbar miterfasst sind[225]. Da durch schlichte Fokussierung und den Einsatz digitaler Techniken Teilnehmer individualisiert werden können, stellt auch die bloße Videobeobachtung – ohne eine Speicherung der Aufnahmen (sog. Kamera-Monitoring-Verfahren) – demnach einen Eingriff in Art. 8 I GG dar[226], sollte der Schwenkbereich der Kamera die Versammlung erfassen. Generell muss wegen der heutigen technischen Möglichkeiten (Zoom) von der Individualisierbarkeit einzelner Teilnehmer und daher von einem Grundrechtseingriff auch bei bloßer Videobeobachtung ohne Aufzeichnung ausgegangen werden.[227]

169 Im Zusammenhang mit Videoüberwachungen öffentlicher Flächen ist aber zu beachten: Zwar können auch unbeabsichtigte Grundrechtsbeeinträchtigungen Grundrechtseingriffe darstellen, wenn sie in ihrer Intensität zielgerichteten Maßnahmen gleichkommen, allerdings ist die Zielrichtung der offenen Videoüberwachung öffentlicher Plätze eine andere als bei §§ 19a bzw. 12a VersG. Dem Polizeivollzugsdienst geht es bei der Überwachung öffentlicher Plätze nicht um die Beobachtung von Versammlungsteilnehmern, sondern ganz allgemein um die Überwachung des öffentlichen Verkehrsraums, in dem die Videoüberwachung durchgeführt wird. Gelangen mehr oder weniger zufällig Versammlungsteilnehmer in den Überwachungsbereich, ist ein Grundrechtseingriff in Art. 8 I GG jedenfalls nicht beabsichtigt und auch die Intensität der Grundrechtsbeeinträchtigung ist nicht so groß, dass zwingend von einem Grundrechtseingriff gesprochen werden muss. Etwas anderes mag freilich gelten, wenn die Versammlung gerade auf oder an der videoüberwachten öffentlichen Fläche angemeldet wurde (vgl. § 14 VersG). Denn dann kann nicht mehr von einem zufälligen Eintreten der Versammlungsteilnehmer in den Überwachungsbereich der Kamera gesprochen werden. In diesem Fall muss die Überwachung unterbleiben; die Kameras sind dann für die Dauer der Versammlung abzuschalten.

170 **Rechtsschutzfragen:** Da mit der Videoüberwachung keine Rechtsfolgeanordnung getroffen wird, handelt es sich um schlicht-hoheitliches Verwaltungshandeln. Der Betroffene kann sein Unterlassungs- bzw. Feststellungsbegehren in Bezug auf die von ihm geltend gemachte Verletzung seines allgemeinen Persönlichkeitsrechts daher mit der Unterlassungs- bzw. allgemeinen Feststellungsklage verfolgen.[228] Das gilt auch für den Fall, dass sich die Maßnahme im Zeitpunkt der Klageerhebung „erledigt" hat.[229] Die Klagebefugnis ist regelmäßig gegeben, da zumindest nicht ausgeschlossen werden kann, dass die geltend gemachte Rechtsverletzung vorliegt. Dabei kommt es richtigerweise nicht darauf an, dass der Kläger Einwohner der betreffenden Gemeinde ist, in der die Videoüberwachung stattfindet.[230] Will der Rechtsschutzsuchende im Eilverfahren vorgehen (d.h. die Videoüberwachung vorläufig unterbinden lassen), steht ihm der Antrag auf Erlass einer einstweiligen Anordnung gem. § 123 I VwGO zur Verfügung.[231]

---

[224] OVG Münster DVBl 2011, 175 f. (das allerdings „bloße Übersichtsmaßnahmen bei Großdemonstrationen" zwar als Eingriff in das allgemeine Persönlichkeitsrecht, nicht aber in Art. 8 I GG wertet); VG Berlin NVwZ 2010, 1442. Auch das BVerwG sieht das (mittlerweile) so (vgl. BVerwG NJW 2018, 716, 720).
[225] OVG Münster K&R 2019, 824, 825.
[226] BVerfGE 122, 342, 368 f.; OVG Koblenz NVwZ-RR 2015, 570; VG Berlin NVwZ 2010, 1442; OVG Münster K&R 2019, 824, 825.
[227] OVG Koblenz NVwZ-RR 2015, 570; VG Berlin NVwZ 2010, 1442; OVG Münster K&R 2019, 824, 825.
[228] Vgl. zu diesen beiden Klagearten *R. Schmidt*, VerwProzR, Rn 365 ff. und 462 ff.
[229] Zum Streit, ob für diesen Fall § 113 I S. 4 VwGO analog anzuwenden ist, vgl. *R. Schmidt*, VerwProzR, Rn 398.
[230] Zu eng daher VGH Mannheim NVwZ 2004, 498 f.
[231] Vgl. dazu näher *R. Schmidt*, VerwProzR, Rn 999 ff.

c.) Offene Bildaufzeichnung zur Eigensicherung

Vor dem Hintergrund der hohen Zahl von Gewalttaten gegen Polizeibeamte wurden in einigen Polizeigesetzen[232] Regelungen in Bezug auf Bildaufzeichnungen zur Eigensicherung aufgenommen. Gemeint ist die Verwendung von Miniatur-Videokameras („körpernah getragene Aufnahmegeräte", auch als **„Bodycams"** bezeichnet), die mittels einer Haltevorrichtung bspw. auf der Schulter eines Polizeibeamten platziert werden und das Geschehen im unmittelbaren Umfeld des Polizisten erfassen und ggf. aufzeichnen.

171

> **Beispiel:** In einer verrufenen Gegend der Stadt führt die Polizei Streifengänge durch. Um potentiellen Angriffen zuvorzukommen bzw. Angriffe von vornherein zu verhindern, nimmt einer der Beamten bei Identitätsfeststellungen mit Kenntnis der kontrollierten Personen das Geschehen mit einer auf der Schulter montierten „Bodycam" auf.

Wegen des damit verbundenen Eingriffs in das Grundrecht auf informationelle Selbstbestimmung (dazu Rn 133 f.) muss sich aus der Befugnisnorm ergeben, unter welchen Voraussetzungen der Einsatz zulässig ist; der Umfang des Grundrechtseingriffs muss sich klar und für den Bürger erkennbar ergeben. So muss die gesetzliche Regelung die Einschränkung enthalten, dass die Videoaufzeichnung offen und ausschließlich zur Eigensicherung der Polizei bei ihrer Aufgabenerfüllung oder zum Schutz Dritter erfolgt. Das Kriterium der Offenheit kann dadurch erfüllt werden, dass der im Einzelfall in der Anhalte- und Kontrollsituation zu startende Betrieb der Kamera durch ein optisches Signal angezeigt wird, das für die angehaltene Person sichtbar ist.

172

Tatbestandlich ist zu unterscheiden. Befindet sich die Bodycam im Bereitschaftsbetrieb und erfasst lediglich im Zwischenspeicher („Arbeitsspeicher") Bild- und Tonmaterial („Pre-Recording"), sieht bspw. § 27a III BPolG vor, dass diese Daten automatisch nach höchstens 30 Sekunden spurenlos zu löschen sind, es sei denn, es erfolgt eine Aufnahme, die dem eigentlichen Zweck der Kamera entspricht, nämlich zum Eigenschutz oder zum Schutz Dritter vor einer Gefahr für Leib, Leben, Freiheit oder Eigentum. Und nach Art. 33 IV S. 5 BayPAG ist zu gewährleisten, dass im Falle einer kurzfristigen technischen Erfassung, an die sich keine unverzügliche Fertigung verarbeitungsfähiger Aufzeichnungen anschließt, die betroffenen personenbezogenen Daten unverzüglich gelöscht werden. Dass mit dem „Pre-Recording" auch Personen erfasst werden, von denen keinerlei Gefahr ausgeht, ist mit Blick auf Art. 2 I i.V.m. 1 I GG nicht ganz unproblematisch, weshalb wohl § 27a III RhlPflPOG gänzlich darauf verzichtet bzw. dies sogar als unzulässig erachtet („Die kurzzeitige Datenerfassung im Zwischenspeicher der Bild- und Tonaufzeichnungsgeräte durch Vorabaufnahmen (Pre-Recording) ist unzulässig"). Wenn aber, wie in Bayern, während des Pre-Recordings keine Daten gespeichert, sondern die erfassten Daten ständig überschrieben und erst ab einem Zeitpunkt gespeichert werden, in dem dies der Beamte zu seinem Schutz oder zum Schutz von Dritten durch Aktivierung der Aufzeichnungsfunktion veranlasst (Art. 33 IV S. 2 BayPAG spricht von der Fertigung „verarbeitungsfähiger Aufzeichnungen"), dürfte dies unproblematisch sein.

172a

Für den eigentlichen Aufnahmebetrieb (d.h. die Fertigung „verarbeitungsfähiger Aufzeichnungen") ist eine abstrakte Gefahr für ein bedeutsames Rechtsgut, namentlich Leib oder Leben, zu fordern, was sich mit Formulierungen wie: „wenn tatsächliche Anhaltspunkte bestehen, dass..." oder: „wenn Tatsachen die Annahme rechtfertigen,

172b

---

[232] Vgl. etwa § 27a BPolG, Art. 33 IV S. 1 BayPAG, § 18 V HmbPolDVG, § 32a MeckVorSOG, § 27a RhlPflPOG. Vgl. auch § 19a BerlASOG und § 31a BrandPolG, § 15c NRWPolG, § 16 III SachsAnhSOG (dazu LVerfG SachsAnh DVBl 2015, 38 f.).

dass..." oder: „dürfen verarbeitungsfähige Aufzeichnungen nur gefertigt werden, wenn dies nach den Umständen zum Schutz von Polizeibeamten oder eines Dritten vor Gefahren für ein bedeutendes Rechtsgut erforderlich ist" klarstellen lässt. Voraussetzung für die Aktivierung des Aufnahmebetriebs einer Bodycam ist also eine auf tatsächlichen Anhaltspunkten beruhende Prognose, dass ein Angriff auf Leib oder Leben des Polizeibeamten oder eines Dritten mit hinreichender Wahrscheinlichkeit zu erwarten ist.

172c Verhältnismäßig ist die Regelung, wenn in ihr (wie in Art. 33 IV S. 2 BayPAG, § 32a I MeckVorSOG, § 15c I NRWPolG und § 27a I RhlPflPOG) zum Ausdruck kommt, dass der Einsatz einer Schulterkamera nur anlassbezogen zulässig ist, dass er zum Schutz des Polizeibeamten oder von Dritten vor Angriffen auf Leib oder Leben erforderlich ist (er also der Verhinderung eines vermuteten Angriffs dient: Ein Aggressor soll sich durch die in Betrieb befindliche Schulterkamera abgeschreckt fühlen, den Polizisten anzugreifen). Soll der Einsatz auch den Zweck verfolgen, Verhaltensweisen oder Vorgänge zur Verfolgung von Straftaten, die mit einem Angriff auf Leib oder Leben verbunden sind, aufzuzeichnen, ist auch dies in der Befugnisnorm zu regeln (so wie bspw. in § 32a VII MeckVorSOG, § 27a I Nr. 2 BPolG). Für die Für diesen Fall wäre dann auch eine weitere Speicherung der Bilddaten zulässig. Für die Fertigung „verarbeitungsfähiger Aufzeichnungen" (also die Betätigung der Aufnahmefunktion) sind separate Befugnisse erforderlich, so wie bspw. nach Art. 33 IV S. 2 BayPAG: „Verarbeitungsfähige Aufzeichnungen dürfen gefertigt werden, wenn dies nach den Umständen zum Schutz von Polizeibeamten oder eines Dritten vor Gefahren für ein bedeutendes Rechtsgut erforderlich ist". Zu begrüßen ist es auch, wenn die Polizeigesetze den bloßen Pre-Recording-Betrieb in Wohnungen ausschließen (vgl. Art. 33 IV S. 4 BayPAG) und dort den Einsatz von Bodycams nur zur Abwehr einer dringenden Gefahr für Leben, Gesundheit oder Freiheit einer Person zulassen, sofern damit nicht die Überwachung der Wohnung verbunden ist (Art. 33 IV S. 3 BayPAG).

172d Des Weiteren ist zu verlangen, dass die gesetzliche Grundlage hinsichtlich der Nutzung der personenbezogenen Daten auch organisatorische und verfahrensrechtliche Vorkehrungen trifft, welche der Gefahr einer Aushöhlung des Persönlichkeitsrechts entgegenwirken. Das kann dadurch bewerkstelligt werden, dass der genannte Verwendungszweck genau bestimmt, maximale Speicherfristen genannt und Löschungspflichten auferlegt werden. Soweit in den Befugnisnormen festgelegt wird, dass der Einsatz der Videotechnik zu einer Verminderung der Aggressivität der Betroffenen führen soll, sowie, dass die durch die Videoaufzeichnung erhobenen Daten im Regelfall spätestens nach 48 Stunden zu löschen sind, ist auch diesem Erfordernis Rechnung getragen. Sollte die Befugnisnorm es zulassen, dass personenbezogene Daten, die zum Eigenschutz oder zum Schutz Dritter vor einer Gefahr für Leib, Leben, Freiheit oder Eigentum erhoben worden sind, 30 Tage aufzubewahren sind (§ 27a IV S. 1 BPolG; vgl. auch § 27a IV RhlPflPOG), ist dies nicht ganz unproblematisch. Wünschenswerter und rechtssicherer wäre es, eine unverzügliche Löschungsfrist festzuschreiben. Immerhin bestimmen § 27a IV S. 2 BPolG und § 27a IV RhlPflPOG, dass die Aufzeichnungen nach Ablauf der 30 Tage unverzüglich zu vernichten bzw. sie zu löschen sind. Die 6-Monats-Frist in § 27a IV S. 3 BPolG dürfte aber zu lang sein. Zu lang dürfte auch die 2-Monats-Frist in Art. 33 VIII S. 1 BayPAG sein. Vorbildlich § 32a V S. 3 MeckVorSOG (Löschung nach Ablauf von 2 Wochen).

173 Auf Anwendungsebene muss der Polizist die generell-abstrakten Vorgaben grundrechtskonform auslegen und ermessensfehlerfrei handeln. Dazu gehört es, die Schulterkamera nur im Bedarfsfall einzuschalten, d.h., wenn eine abstrakte Gefahr für Leib oder Leben vorliegt und ihr Einsatz erforderlich ist.

d.) Einsatz von Kennzeichenlesesystemen bei Verkehrskontrollen

Ebenfalls in jüngerer Zeit wurden in einigen Polizeigesetzen ausdrückliche Rechtsgrundlagen für den präventivpolizeilichen Einsatz automatisierter Kennzeichenlesesysteme (AKLS) im Rahmen von Verkehrsüberwachungsmaßnahmen geschaffen.[233] Danach darf die Polizei bei Kontrollen im öffentlichen Verkehrsraum personenbezogene Daten durch den offenen Einsatz technischer Mittel zur elektronischen Erkennung von Kraftfahrzeugkennzeichen zum Zwecke des **automatisierten Abgleichs mit dem Fahndungsbestand** erheben. Der Einsatz von Systemen zur automatisierten Erfassung und Auswertung von Kfz-Kennzeichen soll v.a. der Suche nach Fahrzeugen oder Kennzeichen dienen, die als gestohlen gemeldet sind oder nach denen aus sonstigen Gründen gefahndet wird. Rechtspolitischer Hintergrund ist die gewünschte Effektivitätssteigerung der Gefahrenabwehr und die Bekämpfung der grenzüberschreitenden Kriminalität. Technisch verläuft das Verfahren wie folgt: Vorbeifahrende Fahrzeuge werden von der Anlage mittels Videokamera automatisiert erfasst, kurzzeitig gemeinsam mit Angaben zu Ort, Datum, Uhrzeit und Fahrtrichtung in einem Arbeitsspeicher festgehalten und im Bruchteil einer Sekunde mit Kennzeichen aus dem Fahndungsbestand abgeglichen. Ist ein Kennzeichen im Fahndungsbestand enthalten (sog. Trefferfall), wird ein Signal ausgelöst und es werden die betreffenden Informationen gespeichert. Die Polizei vor Ort kann dann ggf. weitere Maßnahmen ergreifen. Ist das Kennzeichen nicht im Fahndungsbestand enthalten (sog. Nichttrefferfall), werden die Daten sofort oder unverzüglich (automatisiert) aus dem Arbeitsspeicher gelöscht.

Ein weiterer Anwendungsbereich der automatisierten Kennzeichenerfassung besteht darin, Kennzeichenlesegeräte **auch zur Eigensicherung von Polizeivollzugsbeamten** bei Kontrollen einzusetzen, indem etwa ein vor einer Kontrolle eingesetztes Kennzeichenlesegerät einen Alarm auslöst, wenn sich Beamter und ausgeschriebenes Fahrzeug nähern.

Abzugrenzen sind die genannten Maßnahmen von denjenigen, bei denen Fahrzeuge zwar erfasst, zunächst nicht jedoch automatisiert auch deren Kennzeichen gelesen werden. Das betrifft Maßnahmen der allgemeinen Straßenverkehrsüberwachung, etwa Geschwindigkeitsmessanlagen („Blitzer") und Verkehrsregelanlagen („Rotlichtblitzer"). Bei diesen Überwachungsmaßnahmen werden zwar (ebenfalls) zunächst alle Fahrzeuge erfasst, jedoch werden personenbezogene Daten (Kennzeichen; Fahrer) durch Frontfoto erst dann erhoben, wenn (durch Messung) ein Verkehrsverstoß festgestellt wird. Nach Auffassung des BVerfG liegt bei diesen Maßnahmen ein Grundrechtseingriff nicht bereits in der generellen Erfassung aller vorbeifahrenden Fahrzeuge, da hierbei weder personenbezogene Daten erhoben noch Daten gespeichert würden. Ein Grundrechtseingriff sei erst im „Trefferfall" (also bei Erfassung nach einem Verkehrsverstoß) anzunehmen, da erst dadurch personenbezogene Daten (Frontfoto von Kennzeichen und Fahrer) gespeichert würden.[234]

Hinsichtlich der vorliegend zu behandelnden automatisierten Erfassung von Kraftfahrzeugkennzeichen zwecks Abgleichs mit dem Fahndungsbestand werden – wie aufgezeigt – vorbeifahrende Fahrzeuge von der Anlage automatisiert erfasst, kurzzeitig gemeinsam mit Angaben zu Ort, Datum, Uhrzeit und Fahrtrichtung gespeichert und mit Kennzeichen aus dem Fahndungsbestand abgeglichen. Dies stellt – auch ohne Speicherung – eine Erhebung von Informationen dar, die sich auf eine identifizierte oder

---

[233] Vgl. etwa Bund: § 27b BPolG; Bay: Art. 39 PAG; Berl: § 24c ASOG; Brand: § 36a PolG; Brem: § 29 V PolG; Hamb: § 19 PolDVG; MeckVor: § 43a SOG; Nds: § 32a POG; RhlPfl: § 27b POG; Thür: § 33 VII PAG.
[234] BVerfG NJW 2019, 827, 830.

identifizierbare natürliche Person beziehen[235], und damit eine Erhebung personenbezogener Daten, die unbegrenzt speicherbar und jederzeit und ohne Rücksicht auf Entfernungen in Sekundenschnelle abrufbar sind, weshalb ein **Eingriff** in das Grundrecht auf **informationelle Selbstbestimmung** (Art. 2 I GG i.V.m. Art. 1 I GG) vorliegt.

177a Gerade die Befugnis, verdachtsunabhängig und automatisiert personenbezogene Daten zu erheben und abzugleichen, ist verfassungsrechtlichen Bedenken ausgesetzt, die auch vom BVerfG aufgegriffen wurden. Während das BVerfG in seinem Urteil zur automatisierten Erfassung von Kraftfahrzeugkennzeichen zwecks Abgleichs mit dem Fahndungsbestand aus dem Jahre 2008 einen Eingriff in Art. 2 I GG i.V.m. Art. 1 I GG nur dann angenommen hat, wenn ein erfasstes Kennzeichen im Speicher festgehalten und ggf. zur Grundlage weiterer Maßnahmen gemacht wird (sog. Trefferfall), nicht aber, wenn der (automatisierte) Abgleich mit dem Fahndungsbestand unverzüglich nach der Erfassung vorgenommen wird und negativ ausfällt (also im sog. Nichttrefferfall) und zusätzlich rechtlich und technisch gewährleistet ist, dass die Daten anonym bleiben und sofort gelöscht werden, ohne dass die Möglichkeit besteht, einen Personenbezug herzustellen[236], hat es diese differenzierte Rechtsauffassung nunmehr aufgegeben.

177b In seiner Entscheidung v. 18.12.2018 hinsichtlich der automatisierten Kfz-Kennzeichenkontrollen in Bayern hat das BVerfG nunmehr deutlich gemacht, dass eine automatisierte Kennzeichenkontrolle Eingriffe in das Grundrecht auf informationelle Selbstbestimmung aller Personen, deren Kennzeichen in die Kontrolle einbezogen werden, auch dann begründe, wenn das Ergebnis zu einem „Nichttreffer" führe und die Daten sogleich gelöscht würden.[237] Der Grundrechtseingriff sei hierbei sogar zweifach angelegt, zunächst in dem Erfassen der Kennzeichen und sodann im anschließenden Datenabgleich (Kennzeichenabgleich).[238] Dem ist uneingeschränkt zuzustimmen. Denn auch sonst nimmt das BVerfG bei bloßer Beobachtung ohne Speicherung der Daten (sog. Kamera-Monitoring-Verfahren) völlig zu Recht einen Grundrechtseingriff an.[239] Gleichwohl hat das BVerfG aber auch in dieser Entscheidung eine Differenzierung vorgenommen und hinsichtlich der Annahme eines Grundrechtseingriffs danach unterschieden, ob Kennzeichen bewusst in die Kontrolle einbezogen oder nur zufällig „am Rande miterfasst" werden. Werden Kennzeichen bewusst in die Kontrolle einbezogen, liegt nach Auffassung des BVerfG stets ein Grundrechtseingriff vor. Sei das der Fall, mache es für die Annahme eines Grundrechtseingriffs auch keinen Unterschied, ob der Datenabgleich zu einem „Treffer" oder „Nichttreffer" führt. Denn auch die Einbeziehung der Daten von Personen, deren Abgleich letztlich zu Nichttreffern führe, erfolge nicht ungezielt und allein technikbedingt, sondern sei notwendiger und gewollter Teil der Kontrolle und gebe ihr als Fahndungsmaßnahme erst ihren Sinn.[240] Der Annahme eines Grundrechtseingriffs stehe auch nicht entgegen, dass den Betroffenen im Nichttrefferfall wegen der sofortigen Löschung aller Daten weder Unannehmlichkeiten noch Konsequenzen erwachsen. Denn das ändere nichts daran, dass sie durch die Kennzeichenkontrolle einer staatlichen Maßnahme unterzogen werden. Sie seien von einem spezifischen Fahndungsinteresse erfasst und würden darauf hin überprüft, ob sie oder die von ihnen mitgeführten Sachen behördlich gesucht werden. Zugleich werde ihre ungehinderte Weiterfahrt unter den Vorbehalt gestellt, dass Erkenntnisse gegen sie

---

[235] Siehe dazu die Definition in Art. 3 Nr. 1 der Richtlinie (EU) 2016/680 („Richtlinie zur Datenverarbeitung bei Polizei und Justiz").
[236] Siehe BVerfGE 120, 378, 397 ff.: Eingriff in Art. 8 I GG wegen der möglicherweise abschreckenden Wirkung. Speziell zu Art. 2 I GG i.V.m. 1 I GG vgl. VGH Mannheim NVwZ 2004, 498, 499 ff.
[237] BVerfG NJW 2019, 827, 829.
[238] BVerfG NJW 2019, 827, 829.
[239] BVerfGE 122, 342, 368 f.; OVG Koblenz NVwZ-RR 2015, 570; VG Berlin NVwZ 2010, 1442.
[240] BVerfG NJW 2019, 827, 830.

nicht vorliegen. Dies alles führe zur Annahme eines Grundrechtseingriffs.²⁴¹ Ein Grundrechtseingriff sei i.d.R. aber dann nicht anzunehmen, wenn personenbezogene Daten Dritter nur zufällig am Rande miterfasst würden und unmittelbar nach der Erfassung technisch wieder anonym, spurenlos und ohne Erkenntnisinteresse für die Behörden gelöscht würden.²⁴² Diese Differenzierung ist abzulehnen. Denn eine „automatisierte Kennzeichenerfassung" ist a priori dadurch gekennzeichnet, dass zunächst einmal die Kennzeichen *aller* vorbeifahrenden Kraftfahrzeuge erfasst werden. Dies geschieht auch willentlich und gerade nicht „ungezielt und allein technikbedingt", sondern ist – mit den Worten des BVerfG gesprochen – „notwendiger und gewollter Teil der Kontrolle und gibt ihr als Fahndungsmaßnahme erst ihren Sinn". Bei einer „automatisierten Kennzeichenerfassung", bei der die Kennzeichen *aller* vorbeifahrenden Kraftfahrzeuge vollautomatisch erfasst werden, kann es keine „zufällig am Rande miterfassten" Kraftfahrzeuge geben. Dementsprechend kann es auch hinsichtlich des Grundrechtseingriffs keine Differenzierung geben: Die Halter/Fahrer *aller* erfassten Kraftfahrzeuge sind in ihrem Grundrecht auf informationelle Selbstbestimmung beeinträchtigt.

In jedem Fall aber liegt ein Eingriff in das Grundrecht auf informationelle Selbstbestimmung vor (und das nicht nur im Rahmen der Straßenverkehrsüberwachung), wenn von Anfang an personenbezogene Daten erhoben werden. 177c

> **Beispiel**²⁴³**:** Hinsichtlich der abschnittsbezogenen Verkehrsüberwachung (Abschnittskontrolle; „Streckenradar" bzw. „**Section Control**") führt das OVG Lüneburg aus: „Bei dieser Art der Verkehrsüberwachung werden die Kennzeichen sämtlicher Kraftfahrzeuge sowohl beim Ein- als auch beim Ausfahren aus dem überwachten Streckenabschnitt erfasst. Das bei der Einfahrt in den überwachten Bereich aufgenommene (erste) Foto vom Fahrzeugheck wird automatisiert ausgelesen und in einen sog. Hashwert verwandelt, der als individuelle „Fahrzeug-Identifizierung" (Fahrzeug-ID) dient. Bei der Ausfahrt des Fahrzeugs aus dem überwachten Bereich wiederholt sich dieser Prozess, d.h. es wird grundsätzlich ein zweites Foto erstellt. Danach wird durch Abgleich der erzeugten Hashwerte und Zeitstempel die Durchschnittsgeschwindigkeit ermittelt. (...). Wenn sich dabei eine Geschwindigkeitsüberschreitung ergibt (sog. Trefferfall) (...), löst die zentrale Anlagensteuerung die „Verstoßkamera" aus. Dann werden zwei weitere Fotos gefertigt, nämlich ein hochaufgelöstes Frontbild zur Fahrererkennung und eine Heckaufnahme, die zum Nachweis ggf. verwendeter unterschiedlicher Kennzeichen an Fahrzeugfront und -heck dient."²⁴⁴

In diesem Fall geht das OVG Lüneburg ohne weiteres und auch völlig zu Recht von einem Grundrechtseingriff aus (und zwar auch bereits hinsichtlich des Erfassens der Fahrzeuge beim Einfahren in den Kontrollbereich, da bereits dort eine individuelle Fahrzeug-Identifizierung vorgenommen wird), indem es nach dem Vorliegen einer Rechtsgrundlage fragt. Zutreffend führt das OVG aus, dass die Gesetzgebungsbefugnis der Länder für die Gefahrenabwehr nicht nur hinsichtlich der Abwehr selbst bestehe, sondern auch vorgelagerte Maßnahmen zu deren Verhütung oder zur Vorbereitung von Maßnahmen, die der späteren Gefahrenabwehr dienen, umfasse.²⁴⁵ § 32 VI NdsPOG, der vom OVG als Rechtsgrundlage genannt wird, dient jedenfalls hinsichtlich des Erfassens der Fahrzeuge beim Einfahren in den überwachten Streckenabschnitt der Verhütung von Straftaten und Ordnungswidrigkeiten und ist damit kompetenzrechtlich nicht zu beanstanden.

Fraglich ist aber, ob § 32 VI NdsPOG auch als Rechtsgrundlage für die Messung und das Fertigen weiterer Fotos bei der Ausfahrt des Fahrzeugs aus dem überwachten Bereich herangezogen werden kann. Denn wird bei der Ausfahrt des Fahrzeugs aus dem über-

---

²⁴¹ BVerfG NJW 2019, 827, 830.
²⁴² BVerfG NJW 2019, 827, 829.
²⁴³ Nach OVG Lüneburg NZV 2020, 145.
²⁴⁴ OVG Lüneburg NZV 2020, 145.
²⁴⁵ OVG Lüneburg NZV 2020, 145, 146. Zur Gesetzgebungskompetenz siehe oben Rn 19 ff. (speziell Rn 22c).

wachten Bereich ein Geschwindigkeitsverstoß festgestellt, dient die weitere Maßnahme (Bildaufnahme durch die „Verstoßkamera") der Ahndung der Verkehrsordnungswidrigkeit, womit der Anwendungsbereich der repressiv ausgerichteten Vorschrift des § 100h I S. 1 Nr. 1 StPO eröffnet ist, die im Ordnungswidrigkeitenverfahren über § 46 I OWiG Anwendung findet und den Zugriff auf § 32 VI NdsPOG verhindert.[246] Gleichwohl meint das OVG, die gesamte Anlage habe eine präventive Funktion. Diese verwirkliche sich dadurch, dass sich repressive Maßnahmen wie die Anfertigung von Beweisfotos möglichst erübrigten, weil die Mehrzahl der Kraftfahrer im Wissen um die Inbetriebnahme (bzw. das Vorhandensein) der Anlage die zulässige Höchstgeschwindigkeit einhalten werde.

Dem Einwand, die Anlage unterfalle der Straf- bzw. Ordnungswidrigkeitenverfolgungsvorsorge[247], tritt das OVG mit einem Verweis auf die Rechtsprechung des BVerwG[248] entgegen, wonach in der Rechtsprechung anerkannt sei, dass der Bund von seiner konkurrierenden Gesetzgebungskompetenz jedenfalls bezogen auf Vorsorgemaßnahmen durch offene Überwachung des öffentlichen Raums nicht abschließend und die Länder verdrängend Gebrauch gemacht habe, insbesondere nicht in der Strafprozessordnung.[249] Folgt man dem, stehen die bundesrechtlichen Vorschriften der Heranziehung des § 32 VI NdsPOG nicht entgegen und § 32 VI NdsPOG konnte auch als Rechtsgrundlage für die Messung und das Fertigen weiterer Fotos bei der Ausfahrt des Fahrzeugs aus dem überwachten Bereich herangezogen werden.

177d Fazit: Wie die vorstehenden Erläuterungen aufgezeigt haben, ist also bereits hinsichtlich der Frage nach einem Grundrechtseingriff zu differenzieren:

- Verkehrsüberwachungsmaßnahmen, die gegenüber einer unbestimmten Vielzahl von Personen ohne Erfassung personenbezogener Daten durchgeführt werden und erst im Fall eines Treffers Daten zu einzelnen Personen erfassen („Blitzer" nach Geschwindigkeits- oder Rotlichtverstößen), stellen nach Auffassung des BVerfG – solange der „Blitzer" nicht ausgelöst wird – keinen Grundrechtseingriff dar, da bei diesen Maßnahmen das Fahrverhalten zunächst ohne Erfassung der Kennzeichen und damit unabhängig von einer Zuordnung der Kraftfahrzeuge zu Personen kontrolliert wird.[250] Dem ist zuzustimmen, da in diesem Fall keine personenbezogenen Daten erhoben werden. Das ist erst mit Auslösen des „Blitzers" der Fall. Personenbezogene Daten werden bei den genannten Verkehrsüberwachungsmaßnahmen also dann erhoben, wenn ein Verkehrsverstoß gemessen und hierdurch ausgelöst ein Lichtbild erstellt wird.[251] Bei der abschnittsbezogenen Verkehrsüberwachung („Section Control") findet demgegenüber bereits beim Einfahren in den kontrollierten Bereich eine individuelle Erfassung und damit ein Grundrechtseingriff statt.

- Geht es um die automatisierte Erfassung von Kraftfahrzeugkennzeichen zwecks Abgleichs mit dem Fahndungsbestand, ist ein Eingriff in Art. 2 I GG i.V.m. Art. 1 I GG auch dann anzunehmen, wenn die erhobenen personenbezogenen Daten nicht gespeichert, sondern (weil der Abgleich negativ verlaufen ist) unverzüglich gelöscht werden. Denn auch die Einbeziehung der Daten von Personen, deren Abgleich letztlich zu Nichttreffern führe, erfolge nicht ungezielt und allein technikbedingt, sondern sei notwendiger und

---

[246] Das OVG spricht hier von „Verdrängung" (Rn 36), was m.E. aber nicht zutrifft, weil ein gegen die Sperrwirkung des Art. 72 I GG verstoßendes Landesgesetz nicht „verdrängt" wird, sondern ungültig ist (BVerfGE 102, 99, 115).
[247] Dabei geht es um Maßnahmen der Polizei, die auf „die Verfolgung noch nicht begangener, sondern in ungewisser Zukunft möglicherweise bevorstehender Straftaten" zielen (BVerfG NJW 2019, 827, 831; zuvor schon BVerfGE 113, 348, 369 f.). Das BVerfG steht diesbezüglich auf dem Standpunkt, die Strafverfolgungsvorsorge gehöre zum gerichtlichen Verfahren i.S.d. Art. 74 I Nr. 1 GG und betreffe gegenständlich das repressiv ausgerichtete Strafverfahren, da sie mit dem gerichtlichen Verfahren in einem untrennbaren funktionalen Zusammenhang stehe (BVerfG NJW 2019, 827, 831 mit Verweis auf BVerfGE 103, 21, 29; 113, 348, 370). Siehe dazu näher Rn 93 ff.
[248] BVerwG NVwZ 2012, 757, 760 f.
[249] OVG Lüneburg NZV 2020, 145, 146 mit Verweis auf BVerwG NVwZ 2012, 757, 760 f.
[250] BVerfG NJW 2019, 827, 830.
[251] BVerfG NJW 2019, 827, 830.

gewollter Teil der Kontrolle und gebe ihr als Fahndungsmaßnahme erst ihren Sinn.[252] Dem ist zuzustimmen, da in diesem Fall allein mit der Erfassung der Kennzeichen personenbezogene Daten erhoben werden.

- Lediglich für den Fall, dass personenbezogene Daten Dritter nur „zufällig am Rande miterfasst" werden und unmittelbar nach der Erfassung technisch wieder anonym, spurenlos und ohne Erkenntnisinteresse für die Behörden gelöscht werden, verneint das BVerfG einen Grundrechtseingriff.[253] Das ist – wie aufgezeigt – wiederum abzulehnen, da es bei einer gezielten Kennzeichenerfassung in Bezug auf alle vorbeifahrenden Kraftfahrzeuge keine nur „zufällig am Rande miterfassten" Kennzeichen geben kann.

Liegt ein Grundrechtseingriff vor, gilt es der Frage nach der verfassungsrechtlichen Rechtfertigung nachzugehen. In seinem Urteil aus 2008 zur automatisierten Erfassung von Kraftfahrzeugkennzeichen zwecks Abgleichs mit dem Fahndungsbestand hat das BVerfG unter Hinweis auf das Rechtsstaats- und Demokratieprinzip entschieden, dass die zu grundrechtsbeschränkenden Maßnahmen ermächtigenden Gesetzesvorschriften hinreichend bestimmt sein müssen. Die bloße Benennung des Zwecks, das Kraftfahrzeugkennzeichen mit einem gesetzlich nicht näher definierten Fahndungsbestand abzugleichen, genüge den Anforderungen an die Normenbestimmtheit nicht.[254]

177e

Aber auch hinsichtlich des Grundsatzes der Verhältnismäßigkeit stellt das BVerfG fest, dass die automatisierte Erfassung von Kraftfahrzeugkennzeichen nicht anlasslos erfolgen oder flächendeckend durchgeführt werden dürfe. Der Grundsatz der Verhältnismäßigkeit sei im Übrigen nicht gewahrt, wenn die gesetzliche Ermächtigung die automatisierte Erfassung und Auswertung von Kraftfahrzeugkennzeichen ermögliche, ohne dass konkrete Gefahrenlagen oder allgemein gesteigerte Risiken von Rechtsgutgefährdungen oder -verletzungen einen Anlass zur Einrichtung der Kennzeichenerfassung gäben. Ermögliche eine Norm eine Kennzeichenerfassung „ins Blaue hinein", sei sie nicht nur zu unbestimmt, sondern auch unverhältnismäßig und daher verfassungswidrig.[255]

177f

Soweit also polizeigesetzliche Befugnisnormen diese Vorgaben nicht beachten, sind sie verfassungswidrig. Das BVerfG hat dies für § 14 V HessSOG und § 184 V SchlHolst-LVwG in den Fassungen von 2009 entschieden. Um eine hinreichend bestimmte und auch angemessene Eingriffsermächtigung zu schaffen, stehen den Gesetzgebern nach Auffassung des BVerfG verschiedene Möglichkeiten zur Verfügung:

177g

- So würden einengende Regelungen
  - ⇨ für die Aufnahme in die zulässigen Abgleichsdatenbestände, etwa über den Fahndungsbestand,
  - ⇨ im Hinblick auf die Erfassung der Kennzeichen selbst und
  - ⇨ betreffend die weitere Verwertung der gewonnenen Informationen den verfassungsrechtlichen Vorgaben gerecht.

- Für eine die Verhältnismäßigkeit wahrende Regelung der Voraussetzungen der automatisierten Kennzeichenerfassung scheide auch ein weit gefasster Verwendungszweck beispielsweise dann nicht aus, wenn er mit engen Begrenzungen der Eingriffsvoraussetzungen kombiniert sei, wie es die derzeitige brandenburgische Regelung vorsehe.

- Möglich seien ferner Kombinationen von enger gefassten Zweckbestimmungen, die die Kennzeichenerfassung auf nicht eingriffsintensive Verwendungszwecke begrenzten, mit

---

[252] BVerfG NJW 2019, 827, 830.
[253] BVerfG NJW 2019, 827, 829.
[254] BVerfGE 120, 378, 397 ff.
[255] BVerfGE 120, 378, 406 ff.

177h | **Hinweis für die Fallbearbeitung:** Ist der Einsatz eines Kennzeichenlesesystems Gegenstand einer polizeirechtlichen Fallbearbeitung, empfiehlt sich folgende Prüfung:

- Zunächst ist der Obersatz zu formulieren, dass die Maßnahme – sofern sie in Grundrechte eingreife – einer Rechtsgrundlage bedürfe und formell und materiell rechtmäßig sein müsse.

- Sodann sollte – in Abweichung zum allgemeinen Prüfungsschema – geprüft werden, ob die Maßnahme in den Schutzbereich des allgemeinen Persönlichkeitsrechts eingreift. Zwar handelt es sich um keine Grundrechtsprüfung, bei der zunächst stets die Eröffnung des Schutzbereichs und dann der Eingriff zu prüfen wäre, allerdings kann es auch bei einer polizeirechtlichen Klausur nicht schaden, zunächst den Schutzbereich des fraglichen Grundrechts zu prüfen, wenn – wie vorliegend – nicht klar ist, ob die Maßnahme überhaupt in den Schutzbereich des fraglichen Grundrechts eingreift.

- Ist der Schutzbereich eröffnet, muss der Eingriff geprüft werden. Das ist der Einsatz des Kennzeichenlesegeräts vor Ort, wenn von ihm zumindest eine abstrakte Gefahr für die informationelle Selbstbestimmung ausgeht.

- Liegt ein Eingriff vor, muss bei der dann folgenden Prüfung der verfassungsrechtlichen Rechtfertigung die Rechtsgrundlage benannt werden, auf die sich der Einzelakt stützen könnte.

- Ist die (mögliche) Rechtsgrundlage benannt, muss die Feststellung getroffen werden, dass sich der Einzelakt nur dann auf die Rechtsgrundlage stützen lässt, wenn diese wiederum verfassungsgemäß ist.

- Sodann erfolgt die formelle und materielle Prüfung der Verfassungsmäßigkeit der Rechtsgrundlage.

- In formeller Hinsicht ist v.a. die Gesetzgebungskompetenz der Länder zu erwähnen. Sollte die Rechtsgrundlage primär repressiv (also strafprozessual) ausgestaltet sein, unterfiele die Gesetzgebungskompetenz wegen Art. 74 I Nr. 1 GG dem Bund. Sofern repressive Zwecke jedoch nur sekundären Charakter haben, also Gefahrenabwehr im Vordergrund steht, ist die Gesetzgebungskompetenz des Landes gegeben.[256]

- In materieller Hinsicht sind die o.g. Vorgaben des BVerfG zu beachten: Insbesondere muss die Rechtsgrundlage hinreichend bestimmt sein, die Zweckbestimmung beschreiben und den Grundsatz der Verhältnismäßigkeit wahren.

- Genügt die Rechtsgrundlage diesen Vorgaben, erfolgt die formelle und materielle Prüfung der Rechtmäßigkeit der Einzelmaßnahme.

177i Daraufhin hat der hessische Landtag die verfassungswidrige Regelung in § 14 V HessSOG durch eine Neufassung in § 14a HessSOG ersetzt. Auch § 19 HmbPolDVG, Art. 39 I BayPAG, § 27b I BPolG, § 32a NdsPOG und § 27b I RhlPflPOG nennen konkrete Anlasstatbestände, nach denen der Einsatz automatischer Kennzeichenlesesysteme erlaubt ist, und tragen auch im Übrigen den Vorgaben des BVerfG Rechnung[257], zumal mit § 39 I S. 2 BayPAG die Beschränkung auf eine „Gefahr für ein bedeutendes Rechtsgut" aufgenommen wurde.

177j Dagegen ist fraglich, ob für die **Video-Verkehrsüberwachung** eine Rechtsgrundlage vorhanden ist. Jedenfalls kann als Rechtsgrundlage § 100h I S. 1 Nr. 1 StPO, der über § 46 I OWiG auch im Ordnungswidrigkeitenverfahren Anwendung findet, herangezogen werden, wenn die Erstellung von Beweisfotos nicht automatisch, sondern aufgrund des Einsatzes eines Messbeamten erfolgt, der eine Messeinrichtung bedient und dann individuell eine

---

[256] Vgl. dazu auch *Guckelberger*, NVwZ 2009, 352 ff.
[257] Vgl. hinsichtlich der Bestimmungen des BayPAG BVerwG NVwZ 2015, 906, 907.

Identifizierungskamera auslöst. Denn durch die Beobachtung des Messbeamten und die anschließende Informationsbewertung kann der Anfangsverdacht einer Ordnungswidrigkeit hergeleitet werden, sodass dann § 100h I S. 1 Nr. 1 StPO i.V.m. § 46 I OWiG greift.[258] Ob § 100h I S. 1 Nr. 1 StPO i.V.m. § 46 I OWiG aber auch bei einer *automatischen* Erfassung des Verkehrsteilnehmers als Rechtsgrundlage greift, ist fraglich. Zunächst war das BVerfG der Auffassung, dass dies nicht der Fall sei, sodass es eine entsprechende Maßnahme für verfassungswidrig erklärt hat.[259] Nunmehr hat das Gericht aber entschieden, dass auch bei einer automatischen Video-Verkehrsüberwachung § 100h I S. 1 Nr. 1 StPO i.V.m. § 46 I OWiG als Rechtsgrundlage greife, solange nur ein Anfangsverdacht bestehe. Wenn z.B. das Messgerät bei einer erlaubten Geschwindigkeit von 80 km/h auf einen Grenzwert von 92 km/h eingestellt sei und daher nur solche Fahrzeuge erfasse, die diese Geschwindigkeit erreicht oder überschritten hätten, liege eine verdachtsabhängige Anfertigung von Bildaufnahmen vor, da nicht von allen Verkehrsteilnehmern Bildaufnahmen gemacht würden, sondern nur von solchen, die die zulässige Höchstgeschwindigkeit überschritten haben.[260]

Das BVerfG bejaht also den für § 100h I S. 1 StPO i.V.m. § 46 I OWiG erforderlichen konkreten Anfangsverdacht allein damit, dass nur solche Autofahrer „geblitzt" werden, bei denen aufgrund einer elektronischen Messung zuvor eine Geschwindigkeitsübertretung festgestellt wurde. Damit verzichtet das Gericht auf das Erfordernis eines durch eine menschliche Informationsbewertung festgestellten Anfangsverdachts und gelangt so zur Anwendbarkeit des § 100h I S. 1 StPO.

Zur präventiv-polizeilich orientierten Streckenkontrolle („**Section Control**") siehe Rn 177c.   **177k**

e.) Rechtsschutz

Da mit der Videoüberwachung bzw. der Kennzeichenerfassung keine Rechtsfolgenanordnung getroffen wird, handelt es sich um **schlichtes Verwaltungshandeln**. Rechtsschutz bietet daher die **allgemeine Feststellungsklage** gem. § 43 VwGO.   **178**

---

[258] Vgl. dazu auch OLG Bamberg NJW 2010, 100 f.
[259] BVerfG NJW 2009, 3293 f. (Video-Verkehrsüberwachung); vgl. dazu auch *Bull*, NJW 2009, 3279 ff.; *Muckel*, JA 2010, 74 f.; OLG Düsseldorf DAR 2010, 213 ff.; OLG Bamberg NJW 2010, 100 f.
[260] BVerfG NJW 2010, 2717 f.

bb. Befragung

179 Eine geradezu klassische Form der polizeilichen Informationsgewinnung stellt die Befragung von Personen dar. Wegen des mit ihr verbundenen Eingriffs in das **allgemeine Persönlichkeitsrecht** (Art. 2 I i.V.m. Art. 1 I GG) bedarf sie einer parlamentarischen Rechtsgrundlage, die in den Polizeigesetzen zu finden ist.

Die Befugnisnormen über die **Befragung**[261] gewähren den Polizei- und Ordnungsbehörden die ausdrückliche Befugnis, zu präventiven Zwecken **jede Person** zu „befragen, wenn Tatsachen die Annahme rechtfertigen, dass sie sachdienliche Angaben machen kann, die für die Erfüllung einer bestimmten polizeilichen Aufgabe erforderlich sind".

180 Die Befragung ist ein **Verwaltungsakt**, weil sie das Gebot enthält, der Befragte habe zu antworten. Zwar geht die Antwortpflicht nicht ohne weiteres aus dem Wortlaut des jeweiligen Abs. 1 der Befugnisnormen hervor, weil diese Vorschriften nur ein Fragerecht der Polizei formulieren. Das Fragerecht liefe aber ad absurdum, wenn diesem nicht eine Antwortpflicht gegenüberstünde. Daher ist das Merkmal „zur Regelung" in § 35 S. 1 VwVfG erfüllt.

181 Im Einzelfall schwierig kann die Abgrenzung zur **strafprozessualen Vernehmung des Beschuldigten** nach §§ 163 I i.V.m. 163a I, IV und V StPO sein. Letztere setzt (in Abgrenzung zur präventivpolizeilichen Befragung) den **Anfangsverdacht** einer verfolgbaren Straftat (§ 152 II StPO) voraus und darf von jedem Polizeibeamten angeordnet und vorgenommen werden. Vernommen werden können Verdächtige bzw. Beschuldigte, Zeugen und Sachverständige. Allerdings besteht vor der *Polizei* außer in den Fällen des § 138 StGB (Nichtanzeige geplanter Straftaten) keine Aussagepflicht, sondern nur die Pflicht zur Angabe der eigenen Personalien. Von großer rechtsstaatlicher und praktischer Bedeutung sind die **Belehrungs- und Hinweispflichten** der §§ 136 und 163a IV StPO, deren Nichtbeachtung zu Verwertungsverboten führt.

a.) Formelle Rechtmäßigkeit

182 Hinsichtlich der formellen Rechtmäßigkeit sind zunächst die allgemeinen Voraussetzungen (Zuständigkeit, Verfahren, Form, siehe Rn 607 ff.) zu beachten, wobei eine vorherige Anhörung (§ 28 I VwVfG) nicht nur wegen § 28 II Nr. 1 Var. 2. VwVfG entbehrlich ist, sondern von vornherein nicht in Betracht kommt, da sie sich inhaltlich in der Befragung erschöpft.

183 Unklar ist, ob die in den Polizeigesetzen normierte allgemeine Verfahrensvorschrift über die Datenerhebung („Grundsätze der Datenerhebung")[262] auch für die Befragung gilt. Die Polizeigesetze enthalten keine einheitlichen Regelungen. Während z.B. § 12 III HessSOG auf die allgemeine Verfahrensvorschrift über die Datenerhebung verweist, enthält z.B. § 13 BremPolG keine derartige Geltungsanordnung. Aus rechtsstaatlichen Gründen wird man allerdings für den Fall, dass personenbezogene Daten erfragt werden, praeter legem nicht nur allgemeine Verfahrensvorschriften über die Datenerhebung, sondern sämtliche Verfahrensbestimmungen in Bezug auf Erhebung, Speiche-

---

[261] Vgl. Bund: § 22 BPolG; BW: § 20 I PolG; Bay: Art. 12 PAG; Berl: § 18 III ASOG; Brand: § 11 PolG; Brem: § 13 PolG; Hamb: § 12 PolDVG; Hess: § 12 SOG; MeckVor: § 28 SOG; Nds: § 12 POG; NRW: § 9 PolG und § 24 Nr. 1 OBG; RhlPfl: § 9a POG; Saar: § 11 PolG; Sachs: § 13 PVDG; SachsAnh: § 14 SOG; SchlHolst: § 180 LVwG; Saar: § 11 PolG; Thür: § 13 PolG und § 16 OBG.

[262] Vgl. BW: § 19 III PolG; Bay: Art. 31 PAG; Berl: § 18 V ASOG; Brand: § 29 IV S. 1 PolG; Brem: § 27 I PolG; Hamb: § 10 PolDVG; Hess: § 13 SOG; MeckVor: § 26 SOG; Nds: § 30 V POG; NRW: § 24 OBG i.V.m. § 9 VI PolG; Saar: § 25 V PolG; Sachs: § 55 I PVDG; SachsAnh: § 15 VII SOG; SchlHolst: § 178 III LVwG; Thür: § 32 PAG.

b.) Materielle Rechtmäßigkeit
aa.) Befragung i.e.S.

In materieller Hinsicht muss die Erwartung berechtigt sein, dass die zu befragende Person **sachdienliche Angaben zur Aufklärung des Sachverhalts** in einer **bestimmten polizeilichen Angelegenheit** machen kann. Es muss sich also um eine Angelegenheit innerhalb des der Polizei obliegenden Aufgabenbereichs handeln. Dazu können – entgegen dem ersten Eindruck – nicht nur rein sachbezogene, sondern auch personenbezogene Angelegenheiten gehören.[264]

184

Zwar ist nach der – sehr weit gefassten – Formulierung des Tatbestands als Eingriffsvoraussetzung nicht zwingend das Vorliegen einer Gefahr (für die öffentliche Sicherheit) gefordert, allerdings muss aufgrund des Charakters der Befragung als Gefahrenabwehrmaßnahme doch zumindest das Vorliegen einer **abstrakten Gefahr** bzw. eines **Gefahrenverdachts** angenommen werden.[265] Der die Befragung durchführende Polizeibeamte soll durch die Befragung gerade in die Lage versetzt werden, festzustellen, ob eine konkrete Gefahr vorliegt oder nicht. Gelangt er aufgrund der Befragung zu dem Ergebnis, dass eine konkrete Gefahr vorliegt, hat er anschließend zu prüfen, welche Folgemaßnahmen in Betracht kommen.

185

Adressat einer Befragung kann **jede Person** sein. Eine Störereigenschaft des Befragten ist also nicht erforderlich. Allerdings erfordert auch die Befragung eine rechtsfehlerfreie Adressatenauswahl, dass also die Befragung in erster Linie gegen Verantwortliche zu richten ist. Freilich setzt dies voraus, dass eine verantwortliche Person anwesend ist. Bei einer Befragung wird dies jedoch oft nicht der Fall sein.

186

> **Beispiel:** Die Lebensgefährtin L des S rief die Polizei telefonisch zu Hilfe, da S sie körperlich misshandelt hatte. Der Beamte am Telefon (P) nahm die Personalien der L auf, fragte nach dem Ort des Geschehens und nach den Handlungen, die von S begangen worden seien sollen.
>
> In diesem Fall lag nicht etwa eine Datenerhebung nach der Datenerhebungsgeneralklausel[266], sondern eine Befragung vor. Nach dieser Vorschrift darf die Polizei *jede* Person befragen, von der Angaben zur Aufklärung eines Sachverhalts in einer bestimmten polizeilichen Angelegenheit erwartet werden können. Auf eine Störereigenschaft des Befragten kommt es also nach dem Wortlaut der Befugnisnorm hinsichtlich der Befragung nicht an. Geht man davon aus, dass eine (vorrangige) Befragung des S, der als Verhaltensstörer in Betracht kommt, nicht möglich war oder für eine Gefahrenabwehr zu spät gekommen wäre, war die Befragung der L rechtmäßig.

---

[263] Vgl. BW: §§ 37 ff. PolG; Bay: Art. 53 ff. PAG; Berl: §§ 42 f. ASOG; Brand: §§ 37 ff. PolG; Brem: §§ 36a ff. PolG; Hamb: §§ 34 ff. PolDVG; Hess: § 20 SOG; MeckVor: §§ 36 ff. SOG; Nds: §§ 38 ff. POG; NRW: § 24 OBG i.V.m. §§ 22 ff. PolG; RhlPfl: §§ 31 ff. POG; Saar: §§ 30 ff. PolG; Sachs: §§ 53 ff. PVDG; SachsAnh: §§ 22 ff. SOG; SchlHolst: §§ 188 ff. LVwG; Thür: § 31 II PAG i.V.m. §§ 40-45 ThürDSG.
[264] Für den Fall, dass jedoch die Identitätsfeststellung im Vordergrund steht, vgl. sogleich Rn 189.
[265] Zur abstrakten Gefahr vgl. Rn 666, zum Gefahrenverdacht Rn 689.
[266] Bund: § 21 I u. II BPolG; BW: § 20 II-V PolG; Bay: Art. 32 I u. II PAG; Berl: § 18 I S. 2 u. 3 ASOG; Brand: § 30 I u. II PolG; Brem: § 28 I-VI PolG; Hamb: § 11 PolDVG; Hess: § 13 I u. II SOG; MeckVor: § 27 I-III SOG; Nds: § 31 I-III POG; RhlPfl: § 26 I POG; Saar: § 26 I-III PolG; Sachs: § 55 I PVDG; SachsAnh: § 15 I u. II SOG; SchlHolst: § 179 I u. II LVwG; Thür: § 32 I u. II PAG. In NRW ist die Generalermächtigung nur der Zusammenschau mehrerer Bestimmungen zu entnehmen: so enthält § 9 I S. 1 PolG zunächst nur eine Generalklausel zur Befragung, die aber zusammen mit der Ermächtigung von § 9 III S. 2 PolG, die Daten bei Schwierigkeiten der Befragung auch ohne Kenntnis des Betroffenen zu erheben, die Generalklausel zur Datenerhebung ergibt und zugleich den in anderen Gesetzen oft getrennt geregelten Vorrang der unmittelbaren vor der mittelbaren Datenerhebung enthält.

187 Das bei Rn 185 erörterte weit reichende Fragerecht wird allerdings dadurch relativiert, dass der Befragte nur eine sehr eingeschränkte **Beantwortungspflicht** *in Bezug auf seine Person* hat. Diese ebenfalls in der Befugnisnorm hinsichtlich der Befragung statuierte Pflicht stellt jedoch keine Rechtsgrundlage in Bezug auf die Erhebung personenbezogener Daten dar, sondern nur eine materielle Einschränkung des weiten Befragungsrechts. Das ergibt sich schon deshalb, weil dem Wortlaut der Vorschriften keine Befugnis der Polizei zu entnehmen ist. Die Vorschriften sprechen *nicht* von „die Polizei kann (oder darf) ...", sondern nur von einer Pflicht des Befragten. Zudem spricht die amtliche Überschrift von „Befragung *und* Auskunftspflicht". Damit haben die Gesetzgeber selbst klargestellt, dass zwischen dem Recht zur Befragung und der Pflicht zur Beantwortung ein rechtsdogmatischer Unterschied besteht.

188 Der Befragte braucht grundsätzlich nur **bestimmte Angaben zur Person** zu machen (Name, Geburtsdatum und -ort, Wohnanschrift, Staatsangehörigkeit). Eine weitere Auskunftspflicht besteht nur für die polizeirechtlich Verantwortlichen[267] sowie für Personen, für die gesetzliche Handlungspflichten bestehen. Verweigert die befragte Person die von ihr geschuldete Auskunft oder gibt sie ihre Personalien unrichtig an, ist i.d.R. der Tatbestand einer **Ordnungswidrigkeit** nach § 111 OWiG erfüllt. Erforderlichenfalls kann deshalb – die polizeigesetzliche Befugnisnorm hinsichtlich der Befragung ermächtigt hierzu nicht – die Identität dieser Person nach § 46 OWiG i.V.m. § 163b StPO festgestellt werden. Im Übrigen bleibt es dabei, dass eine Identitätsfeststellung nach allgemeinem Gefahrenabwehrrecht nur unter den Voraussetzungen der einschlägigen Befugnisnorm[268] zulässig ist.

189 Im Zentrum der Befragung stehen also die sachdienlichen Angaben, die für die Erfüllung einer bestimmten polizeilichen Aufgabe erforderlich sind. Das bedeutet, dass nur dann eine Auskunftspflicht besteht, wenn es um andere Angaben als um die Personalien geht und diese nur *zusätzlich* sachdienlich sind. Eine Auskunftspflicht besteht daher nicht, wenn Ziel der „Befragung" allein die Feststellung der **Identität** ist. In diesem Fall ist die „Befragung" keine Befragung im dargelegten Sinn, sondern es handelt sich bei der Maßnahme vielmehr um eine **Identitätsfeststellung**. Es ist also regelmäßig eine Abgrenzung vorzunehmen zwischen der Befragung und der Identitätsfeststellung.

> **Beispiele:**
> **(1)** Gemäß den Bestimmungen der Polizeigesetze ist die **Identitätsfeststellung** zum einen nur zur Abwehr einer konkreten Gefahr und zum anderen nur an einem gefährlichen Ort, einem gefährdeten Ort und an einer Kontrollstelle zulässig. Besteht also keine konkrete Gefahr oder trifft die Polizei eine Person weder an einem der fraglichen Orte noch an einer Kontrollstelle an, kann sie die Personalien nicht verlangen bzw. die Identität nicht feststellen, nur um herauszufinden, ob die Person mit jemandem identisch ist, der einer polizeibekannten und -beobachteten kriminellen Szene zugehört.
>
> **(2)** Demgegenüber kann die Polizei jede Person (an einem beliebigen Ort) **befragen**, wenn Tatsachen die Annahme rechtfertigen, dass sie sachdienliche Angaben machen kann, die für die Erfüllung einer bestimmten polizeilichen Aufgabe erforderlich sind. Für die Dauer der Befragung kann die Person angehalten werden (vgl. nur

---

[267] Vgl. §§ 4-6 MEPolG; BW: §§ 6-9 PolG; Bay: Art. 7-10 PAG; Berl: §§ 13-16 ASOG; Brand: §§ 5-7 PolG; Brem: §§ 5-8 PolG; Hamb: §§ 7-10 SOG; Hess: §§ 6-9 SOG; MeckVor: §§ 68-71 SOG; Nds: §§ 6-9 POG; NRW: §§ 4-6 PolG; RhlPfl: §§ 4-7 POG; Saar: §§ 4-6 PolG; Sachs: §§ 6-9 PVDG; SachsAnh: §§ 7-10 SOG; SchlHolst: §§ 217-220 LVwG; Thür: §§ 7-10 PAG.

[268] Vgl. § 9 MEPolG; Bund: § 23 BPolG; BW: § 26 PolG; Bay: Art. 13 PAG; Berl: §§ 21 f. ASOG; Brand: §§ 12, 14 PolG; Brem: § 11 PolG; Hamb: § 12 SOG, § 13 PolDVG; Hess: § 18 I SOG; MeckVor: § 29 f. SOG; Nds: § 13 POG; NRW: §§ 12 f. PolG; RhlPfl: § 10 POG; Saar: § 9 PolG; Sachs: § 15 PVDG; SachsAnh: § 20 SOG; SchlHolst: §§ 181 f. LVwG; Thür: § 14 PAG.

§ 9 I NRWPolG; § 9a I RhlPflPOG). Die befragte Person ist verpflichtet, auf Verlangen Namen, Vornamen, Tag und Ort der Geburt, Wohnanschrift und Staatsangehörigkeit anzugeben (vgl. nur § 9 II S. 1 NRWPolG; § 9a II RhlPflPOG). Bei der Identitätsfeststellung besteht eine solche Auskunftspflicht nicht.

190 Des Weiteren unterscheidet sich die Befragung von der Identitätsfeststellung hinsichtlich der Mittel zur Durchsetzung: Während bei einer Befragung nur das **Anhalten** (also das Untersagen der Fortbewegung für kurze Zeit) zulässig ist, was lediglich eine **Freiheitsbeschränkung** darstellt, schließt die Befugnis zur Identitätsfeststellung auch das Recht ein, eine Person **festzuhalten**, sie nach Gegenständen, die der Identitätsfeststellung dienen, zu **durchsuchen** und ultimativ (d.h. unter Wahrung des Verhältnismäßigkeitsprinzips) **zur Polizeiwache zu verbringen**, was das Recht der Fortbewegungsfreiheit gem. Art. 2 II S. 2, 104 II GG einschränkt.[269]

191 Obwohl die Befugnisnorm hinsichtlich der Befragung der Polizei ein sehr weit reichendes Befragungsrecht einräumt und dem Befragten eine (wenn auch nur beschränkte) Beantwortungspflicht auferlegt, ist – soweit in den Polizeigesetzen nicht explizit geregelt – unter Heranziehung der Rechtsgedanken der §§ 52 I, 53, 53a und 55 StPO dem Befragten ein **Auskunftsverweigerungsrecht** einzuräumen, soweit er durch die Auskunft sich selbst oder einen Angehörigen der Gefahr aussetzen würde, wegen einer Straftat oder Ordnungswidrigkeit verfolgt zu werden, oder ihm aufgrund seines Berufs ein Zeugnisverweigerungsrecht zusteht.

Zwar erschließt sich die Heranziehung der Rechtsgedanken der strafprozessualen Vorschriften der §§ 52 I, 53, 53a und 55 StPO auf die gefahrenabwehrrechtliche Befragung nicht ohne weiteres, allerdings besteht eine vergleichbare Interessenlage, die es gebietet, die Lücke im Sinne der vorhandenen Regelung zu schließen. Denn für den betroffenen Bürger kann es keinen Unterschied machen, ob er aus Gründen der Strafverfolgung oder der Gefahrenabwehr befragt wird und sich dabei der Gefahr der eigenen Strafverfolgung aussetzt.

Über das Recht zur Auskunftsverweigerung ist vor der Befragung zu belehren. Dabei ist im Einzelnen auf die Voraussetzungen der Auskunftsverweigerung hinzuweisen. Von der Belehrung darf nur abgesehen werden, wenn die Auskunft zur Abwehr einer Gefahr für Leib, Leben oder Freiheit einer Person erforderlich ist. Ist dies der Fall, wird aber ohnehin die Berechtigung zur Auskunftsverweigerung entfallen. Als Fazit lässt sich daher festhalten: Angaben zur Sache müssen regelmäßig nur dann gemacht werden, wenn dies zur Abwehr einer Gefahr für Leben, Gesundheit oder Freiheit einer Person oder für bedeutende fremde Sach- oder Vermögenswerte erforderlich ist.

> **Beispiel:** Die Polizei erhält einen anonymen Anruf. Der Anrufer meint, ein Bekannter wisse, wo Sprengstoff versteckt sei. Als die Polizei den Bekannten befragt, gibt dieser zwar zu, dass er das Sprengstoffversteck kenne, lehnt jedoch weitere Auskünfte ab, weil er sich sonst möglicherweise dem Verdacht strafbaren Umgangs mit Sprengstoff (§ 40 SprengstoffG) aussetze.
>
> Wegen § 52 I StPO ist die Auskunftsverweigerung grundsätzlich berechtigt. Hat die Polizei jedoch Grund zu der Annahme, dass eine (konkrete) Gefahr für Leib oder Leben auch nur einer Person bestehe, ist der Befragte zur Auskunft verpflichtet.

192 Weigert sich der zur Auskunft Verpflichtete, die erforderlichen Angaben zu machen, kommen zur Durchsetzung des Auskunftsbegehrens von den möglichen Zwangsmitteln des Verwaltungszwangs nur das **Zwangsgeld** und **Zwangshaft** (Beugehaft) in Betracht. Eine Ersatzvornahme scheidet aus, weil es sich bei der Auskunft um eine nicht vertretbare Handlung handelt. Unmittelbarer Zwang scheidet aus, da es sich bei dem

---

[269] Zur Relevanz der Unterscheidung von Freiheitsbeschränkung und Freiheitsentziehung vgl. Rn 190/220/404.

Verlangten wohl um eine Erklärung handelt und nach den einschlägigen Bestimmungen der Polizeigesetze unmittelbarer Zwang zur Durchsetzung des Gebots, eine Erklärung abzugeben, unzulässig ist. Zudem bestimmen die Befugnisnormen hinsichtlich der Befragung, dass die Polizei bei der Befragung einer Person keinen Zwang anwenden darf, um eine Aussage herbeizuführen. Im Übrigen ordnen diese Vorschriften i.d.R. an, dass die §§ 68a und 136a StPO entsprechend gelten. Methoden bei der Vernehmung Beschuldigter, die im Rahmen des strafrechtlichen Ermittlungsverfahrens nach § 136a StPO verboten sind (Beeinträchtigung der Freiheit der Willensentschließung und der Willensbetätigung durch Misshandlung, Ermüdung, körperliche Eingriffe, Verabreichung von Mitteln, Quälerei, Täuschung oder Hypnose), weil sie gegen die Menschenwürde (Art. 1 I GG) verstoßen, dürfen daher auch bei der präventivpolizeilichen Befragung nicht angewendet werden.

bb.) Personenkontrollen im öffentlichen Verkehrsraum

193 Eine Brisanz bergen die Regelungen, die **verdachtslose Personenkontrollen ohne Vorliegen einer Störung oder einer konkreten Gefahr** zulassen (vgl. z.B. § 22 Ia BPolG, § 23 I Nr. 3 BPolG, Art. 13 I Nr. 5 BayPAG, § 12 VI NdsPOG, § 180 III SchlHolstLVwG). Die Vorschriften erteilen der Polizei die Befugnis, (sogar) außerhalb von Gefahrenorten oder Kontrollstellen **zur Verhütung von Straftaten von erheblicher Bedeutung mit internationalem Bezug** (wozu auch die illegale Einreise gehört) oder zur vorbeugenden Bekämpfung von Straftaten von erheblicher Bedeutung, bei denen Schaden für Leib, Leben oder Freiheit oder gleichgewichtiger Schaden für Sach- oder Vermögenswerte oder die Umwelt zu erwarten sind (§ 180 III SchlHolstLVwG), Personen anzuhalten, zu befragen und mitgeführte Ausweispapiere zu prüfen und Sachen (auch Kofferräume und Ladeflächen) in Augenschein zu nehmen, **ohne** dass auf die Person bezogene Anhaltspunkte für die Begehung der Straftat vorliegen müssen. Die Reformgesetzgeber meinen, es sei für die Polizei erforderlich, auch außerhalb eines räumlich eng begrenzten Bereichs Personenkontrollen nach bestimmten Spezifikationen (z.B. aufgrund eines bestimmten Täterprofils) durchführen zu können. Diese Befugnis ist nicht ganz unbedenklich. Sie lässt nicht nur eine abstrakte Gefahr bzw. einen Gefahrenverdacht genügen, sondern sie erfordert noch nicht einmal eine Verantwortlicheneigenschaft des Adressaten. Jeder, der (zufällig) an der Kontrollstelle vorbeikommt, kann angehalten, befragt und überprüft werden. Das legt eine **Kollision** der Befugnisnormen mit dem **verfassungsrechtlichen Bestimmtheitsgebot** und dem **Grundsatz der Verhältnismäßigkeit** nahe. Auf der anderen Seite fordern die Regelungen immerhin eine abstrakte Gefahr bzw. einen Gefahrenverdacht *für Rechtsgüter von erheblicher Bedeutung und mit internationalem Bezug* oder die Wahrscheinlichkeit, dass Straftaten von erheblicher Bedeutung, bei denen Schaden für Leib, Leben oder Freiheit oder gleichgewichtiger Schaden für Sach- oder Vermögenswerte oder die Umwelt begangen werden, sodass bei strenger Anwendung des **Differenzierungsverbots** und des **Grundsatzes der Verhältnismäßigkeit** das Verdikt der Verfassungswidrigkeit vermieden werden kann. Dazu gehört zunächst, dass die Kontrollmaßnahmen nicht willkürlich erfolgen; zu fordern ist auch, dass ein für den Betroffenen, aber auch in einer gerichtlichen Überprüfung nachvollziehbares polizeiliches Lagebild angefertigt wird, das die Kontrollen im Rahmen der gesetzlichen Zielsetzung als geeignetes und erforderliches Mittel rechtfertigt.

193a Differenzierungskriterien sind zulässig, wenn sie zur Lösung von kollidierenden Verfassungsgütern notwendig sind. So ist z.B. die polizeiliche Identitätskontrolle von Personen mit dunkler Hautfarbe nicht von vornherein unzulässig. Das gilt insbesondere für den Fall, dass polizeigesetzlich zulässige verdachtslose Personenkontrollen im öffentlichen Raum zur Verhinderung oder Unterbindung unerlaubter Einreise in das Bundesgebiet vorgenommen werden. Hält die (Bundes-)Polizei also Personen mit dunkler Hautfarbe kurzzeitig an, befragt sie und verlangt, dass mitgeführte Ausweispapiere oder Grenzübertrittspapiere zur Prüfung ausgehändigt werden, liegt darin nicht zwingend ein Verstoß gegen Art. 3 III S. 1 GG, wenn man davon ausgeht, dass eine verdachtslose Personenkontrolle nicht von vornherein verfassungswidrig ist. Die Polizei muss einzelfallbezogen vortragen, dass Personen, die ein solches Merkmal aufwiesen, an der entsprechenden Örtlichkeit überproportional häufig strafrechtlich in Erscheinung träten und dass die Anknüpfung an dieses Merkmal zu Zwecken der effektiven Kriminalitätsbekämpfung erforderlich sei.[270] Ein Verstoß gegen Art. 3 III S. 1 GG liegt daher vor, wenn sich die Personenauswahl auf keinerlei sachliche Gründe stützen lässt. Das wäre z.B. der Fall, wenn die Polizei nicht auch andere Personen kontrolliert und sie auch sonst keine Gründe vorbringen kann, warum sie gerade die Personen mit dunkler Hautfarbe (und nicht auch andere Personen) kontrolliert hat.[271] In diesem Fall läge ein sog. racial profiling vor, das mit Art. 3 III S. 1 GG unvereinbar ist.[272]

194 Der Begriff des Lagebilds ist nach polizeilichen Einsatz- und Führungsgrundsätzen definiert. Es beruht auf der Auswertung und Analyse aller für einen bestimmten Deliktstyp wichtigen Erkenntnisse und macht, losgelöst vom Einzelfall, relevante Zusammenhänge und Entwicklungen deutlich. Derartige Lagebilder können internationalen Bezug haben (z.B. über internationale Transportrouten für illegale Drogen, Schleuser, illegale Einwanderer oder aus Osteuropa einreisende Einbrecherbanden) oder sich auf eine Region beschränken (Beispiel: Eine internationale Zuhälter- und Menschenhändlerbande aus Hamburg versucht, die Herrschaft im „Milieu" an sich zu reißen).

195 Nach den Gesetzesmaterialien zu den landesrechtlichen Bestimmungen sind Straftaten mit internationalem Bezug z.B. solche Taten, bei denen Anhaltspunkte bestehen, dass

- die Straftat im Ausland vorbereitet worden ist und sie in Deutschland oder im Ausland ausgeführt werden soll,
- Tatbeteiligte im Ausland wohnen und zur Tatbegehung nach Deutschland einreisen oder von Deutschland aus an der Tatbegehung im Ausland mitwirken
- oder deliktisch erlangte Sachen illegal nach Deutschland eingeführt oder ins Ausland verbracht werden sollen.
- Aber auch bei der illegalen Einreise, die dem Straftatbestand des § 95 AufenthG unterfällt, handelt es sich um eine Straftat mit internationalem Bezug.

196 In der Regel wird von einer organisierten Kriminalitätsform auszugehen sein. Straftaten von erheblicher Bedeutung mit internationalem Bezug sind z.B. Kfz-Verschiebung, Waffen- und Rauschgifthandel, illegale Einfuhr und Ausfuhr von nuklearem Material, Falschgeld-, Dokumenten-, Arzneimittel-, Kunstschmuggel, Abfallverschiebung, Schleuserkriminalität illegale Einreise und Menschenhandel.

197 Die Kontrollbefugnis erlaubt schließlich nur Maßnahmen im **öffentlichen Verkehrsraum**. Darunter fallen nicht nur die dem allgemeinen (Straßen-)Verkehr gewidmeten Straßen, Wasserstraßen, Bürgersteige, Wege, Plätze, Bahnhöfe etc., sondern auch private Verkehrsflächen, die jedermann oder allgemein bestimmten Gruppen von Verkehrsteilnehmern dauernd oder auch nur vorübergehend zur Benutzung offenstehen. Denn mit Blick auf die geschützten Rechtsgüter kann es weder auf die Eigentumsverhältnisse noch auf die öffentlich-rechtliche Widmung des Verkehrsraums ankommen. Entscheidend ist allein, dass der Verfügungsberechtigte die Benutzung durch einen nicht näher bestimmten Personenkreis ausdrücklich oder stillschweigend duldet. Als Beispiel sei der unbefriedete Parkplatz eines Einkaufszentrums genannt. Enthält die Befugnisnorm aber eine Einschränkung bzgl. des Ortes (siehe etwa § 22 Ia BPolG: in

---

[270] OVG Münster NVwZ 2018, 1497, 1500 f.
[271] OVG Koblenz NJW 2016, 2820, 2823 ff.
[272] Siehe auch OVG Münster NVwZ 2018, 1497, 1500 f.

Zügen, auf Bahnanlagen und auf Flughäfen), ist selbstverständlich diese Begrenzung maßgeblich.

197a Gegen die Befugnisnormen der §§ 22 Ia und 23 I Nr. 3 BPolG ist die **Europarechtswidrigkeit** geltend gemacht worden. So hat das AG Kehl ein Strafverfahren wegen § 113 StGB gegen eine Person, die sich einer Personenkontrolle erwehrte, ausgesetzt, und dem EuGH die Frage nach der Konformität der Vorschriften mit EU-Recht vorgelegt. Der EuGH prüfte die Vorschriften am Maßstab des Art. 67 II AEUV i.V.m. dem Schengener Grenzkodex, einer EU-Verordnung[273], die die Sicherung der EU-Außengrenzen zum Ziel hat und für eine weitgehende Abschaffung der EU-Binnengrenzkontrollen gesorgt hat. Systematische Grenzkontrollen an den Binnengrenzen sind gem. Art. 22 Schengener Grenzkodex nicht erlaubt. Zulässig sind gem. Art. 23 lit. a) Schengener Grenzkodex aber stichprobenartige Kontrollen, sofern diese sich auf allgemeine polizeiliche Informationen und Erfahrungen in Bezug auf mögliche Bedrohungen der öffentlichen Sicherheit stützen lassen und keine (systematischen) Grenzkontrollen zum Ziel haben. Der EuGH entschied, dass anlasslose Kontrollen zwar nicht per se rechtswidrig seien, ein gesetzlicher Rahmen aber verhindern müsse, dass diese Kontrollen in der Praxis die gleiche Wirkung hätten wie systematische Grenzkontrollen.[274] Demnach sind §§ 22 Ia und 23 I Nr. 3 BPolG (sowie Art. 13 I Nr. 5 BayPAG) auch daran zu messen. Legt man die Vorschriften aber in der o.g. gebotenen Weise aus, dürfte nicht nur die Verfassungsgemäßheit, sondern auch die Europarechtskonformität gewahrt sein.

cc.) Rechtsschutz

198 Die Befragung ist ein **Verwaltungsakt**. Die Rechtmäßigkeit kann daher – wegen regelmäßig vorliegender Erledigung – mit Hilfe der **Fortsetzungsfeststellungsklage**, ggf. analog § 113 I S. 4 VwGO, überprüft werden. Sollte die Maßnahme mit Mitteln des Verwaltungszwangs durchgesetzt worden sein (dazu zählt insbesondere die zwangsweise Mitnahme zur Wache, nicht aber die Aussageerzwingung), sind gegen die **Anwendung der Zwangsmaßnahme** (bei Eintritt der Erledigung) die **Fortsetzungsfeststellungsklage** analog § 113 I S. 4 VwGO oder die **allgemeine Leistungsklage** statthaft, je nachdem, ob man in der Anwendung des Zwangsmittels einen Verwaltungsakt oder lediglich schlichtes Verwaltungshandeln sieht.

---

[273] Verordnung (EU) 2016/399 über einen Gemeinschaftskodex für das Überschreiten der Grenzen durch Personen („Schengener Grenzkodex").
[274] EuGH EuGRZ 2017, 360, 361 ff. Zwar lag dem Urteil eine frühere Fassung des Schengener Grenzkodex zugrunde (siehe VO 562/2006 in der durch die VO 610/2013 geänderten Fassung), diese wurde jedoch mittlerweile durch die VO 2016/399 ersetzt, was aber nichts an der vom EuGH angemahnten restriktiven Auslegung ändert.

cc. Prüfung von Berechtigungsscheinen

Die Prüfung von Berechtigungsscheinen ist begrifflich und systematisch von der Identitätsfeststellung zu trennen und stellt eine **eigenständige Standardmaßnahme** dar. Die Verortung innerhalb der Befugnisnorm über die Identitätsfeststellung ist daher unglücklich.[275]

199

Bei den in der Vorschrift angesprochenen **Berechtigungsscheinen** handelt es sich um **Nachweise für die Berechtigung der Ausübung bestimmter und besonders geregelter Tätigkeiten**.

> Klassisches **Beispiel** ist der Führerschein, der den Nachweis der Berechtigung zum Führen von Fahrzeugen bestimmter, im Führerschein beschriebener Kraftfahrzeugklassen dokumentiert. Auch Waffenschein, Fischereischein, Jagdschein, Reisegewerbekarte etc. sind Berechtigungsscheine.

In **formeller** Hinsicht gelten die allgemeinen Voraussetzungen (Zuständigkeit, Verfahren Form, siehe dazu Rn 607 ff.). Lediglich die Hinweispflicht, die bei Anwendung der Datenerhebungsgeneralklausel gilt, ist bei der Prüfung von Berechtigungsscheinen nicht zu beachten.

200

In **materieller** Hinsicht befugen die Vorschriften der Polizeigesetze den Polizeivollzugsdienst, sich den Berechtigungsschein aushändigen zu lassen, weil die Tätigkeit, für die ein Berechtigungsschein ausgestellt wird, erlaubnispflichtig ist. Übt jemand eine erlaubnispflichtige Tätigkeit ohne Erlaubnis aus, verstößt er regelmäßig gegen eine Verbotsnorm und erfüllt ggf. auch einen Straf- oder zumindest einen Bußgeldtatbestand. Damit ist die objektive Rechtsordnung betroffen, ein Bestandteil der öffentlichen Sicherheit. Hinsichtlich der erforderlichen Gefahr genügt das Vorliegen einer abstrakten Gefahr bzw. eines Gefahrenverdachts. Das hat seinen Grund darin, dass niemals ausgeschlossen werden kann, dass eine erlaubnispflichtige Tätigkeit ohne Berechtigung ausgeübt wird. Zur Herausgabe verpflichtet ist dementsprechend jeder, der in Ausübung einer erlaubnispflichtigen Tätigkeit angetroffen wird und damit für das Vorliegen einer abstrakten Gefahr bzw. eines Gefahrenverdachts verantwortlich ist. Daher ermächtigt die Befugnisnorm die Polizei, vom Inhaber eines Berechtigungsscheins, der zum Mitführen desselben gesetzlich verpflichtet ist, zu verlangen, dass dieser den Schein zur Prüfung aushändigt. Die Vorschrift statuiert damit keine Mitführungspflicht, sondern setzt diese voraus. Sie befugt lediglich zum Aushändigenlassen eines Berechtigungsscheins, dessen Mitführungspflicht sich aus anderen Vorschriften ergibt. Zu betonen ist aber, dass das Recht, sich den Berechtigungsschein aushändigen zu lassen, nur dann besteht, wenn der Betroffene die Tätigkeit, für die er der Berechtigung bedarf, gerade im Zeitpunkt des Herausgabeverlangens ausübt.

201

Voraussetzung für das Herausgabeverlangen ist also zweierlei: Zum einen muss eine Rechtsvorschrift außerhalb der polizeilichen Befugnisnorm bestehen, die das Mitführen des Berechtigungsscheins vorschreibt, und zum anderen muss der Betroffene die Tätigkeit, für die er der Berechtigung bedarf, gerade im Zeitpunkt des Herausgabeverlangens ausüben.

202

> **Beispiele:** Beim Führen eines Kfz muss der Führerschein (§ 2 I S. 3 StVG, § 4 II FeV), bei der Ausübung des Fahrlehrerberufs der Fahrlehrerschein (§ 10 FahrlehrerG), bei der

---

[275] Vgl. Bund: § 23 IV BPolG; BW: § 26 III PolG; Bay: Art. 13 III PAG; Brem: § 11 V PolG; Hamb: § 13 V PolDVG; Hess: § 18 VII SOG; MeckVor: § 30 SOG; Nds: § 13 III POG; RhlPfl: § 10 III POG; Saar: § 9 III PolG; Sachs: § 15 III PVDG; SachsAnh: § 20 VII SOG. In folgenden Ländern existiert eine eigene Vorschrift: Berl: § 22 ASOG; Brand: § 14 S. 1 PolG; Hamb: etwa §§ 3 und 4 HafenSG; NRW: § 13 PolG; SchlHolst: § 182 LVwG; Thür: § 15 PAG.

Prüfung von Berechtigungsscheinen

Fischerei der Erlaubnisschein zum Fischfang (z.B. § 9 I S. 2 HmbFAnG), bei der Ausübung eines Reisegewerbes die Reisegewerbekarte (§§ 55, 60c GewO), bei der Jagd der Jagdschein (§§ 15, 16 BJagdG), beim Besitz einer Waffe die Waffenbesitzkarte (§ 10 I WaffG), beim Tragen einer Waffe der Waffenschein (§ 10 IV WaffG) und beim Führen eines Taxis der Personenbeförderungsschein (§ 17 IV S. 1 PBefG) mitgeführt werden.

203 Besteht nach diesen Vorschriften eine Mitführungs- oder Vorzeigepflicht, kann die Polizei die Aushändigung gem. den polizeilichen Vorschriften über die Prüfung von Berechtigungsscheinen verlangen (bestehen jedoch Sondervorschriften wie z.B. § 60c GewO für die Vorlage der Reisegewerbekarte oder § 36 V StVO für die Vorlage des Führerscheins, sperren diese die Anwendung der entsprechenden Befugnisnormen der Polizeigesetze). Die Befugnis, sich den Berechtigungsschein aushändigen zu lassen, und diesen zu überprüfen, umfasst das Recht, den Betroffenen für die Dauer der Überprüfung **anzuhalten**. Einer separaten Rechtsgrundlage bedarf es also nicht.

204 **Nicht** um Berechtigungsscheine i.S.d. polizeilichen Bestimmungen handelt es sich bei den Personalausweispapieren; denn diese berechtigen nicht zur Ausübung besonderer Tätigkeiten, sondern dienen lediglich der Feststellung der Identität. Die diesbezügliche Pflicht, das Papier an die Polizei auszuhändigen, besteht im Übrigen gem. den Vorschriften über die Identitätsfeststellung. Das Gleiche gilt hinsichtlich der Vorlage- und Aushändigungspflicht für Ausländer in Bezug auf Pass, Aufenthaltstitel und Bescheinigung über die Aussetzung der Abschiebung (vgl. § 48 AufenthG).

205 Auch bei sonstigen Bescheinigungen (z.B. Zulassungsbescheinigung I gem. § 11 VI FZV), Nachweisen (z.B. Prüfbüchern nach § 29 XI-XII StVZO) oder Urkunden (z.B. Fahrtschreiber-Schaublätter nach § 57a II StVZO, soweit diese noch nicht durch das digitale Kontrollgerät ersetzt worden sind) handelt es sich **nicht** um Berechtigungsscheine, da sie zu keiner Tätigkeit berechtigen, sondern Nachweise über bestimmte sachbezogene Eigenschaften erbringen. Deren Aushändigung kann die Polizei daher ebenfalls **nicht** nach den polizeigesetzlichen Bestimmungen über die Herausgabe von Berechtigungsscheinen verlangen. Hierfür bedarf sie anderer Rechtsgrundlagen wie z.B. § 36 V StVO in Bezug auf die Zulassungsbescheinigung I. Diese Vorschrift ist zudem im Verhältnis zum allgemeinen Polizei- und Ordnungsrecht speziell und geht diesem vor. Daher richtet sich auch die Aushändigung des Führerscheins nach § 36 V StVO, obwohl es sich bei diesem um einen Berechtigungsschein handelt (s.o.). Die Zuständigkeit des Polizeivollzugsdienstes ergibt sich dabei aus § 44 II S. 2 StVO. Zwar wird in § 44 II S. 2 StVO lediglich von der Zuständigkeit in Bezug auf vorläufige Maßnahmen gesprochen, allerdings spricht § 36 V S. 1 StVO von Polizeibeamten, die die Kontrollen durchführen. Damit kann ausschließlich der Polizeivollzugsdienst gemeint sein. Daher kann der Polizeivollzugsdienst die Überprüfung von Führerschein und Zulassungsbescheinigung I auf Grundlage des § 36 V StVO vornehmen.[276]

206 Trifft die Polizei eine Person in Ausübung einer erlaubnispflichtigen Tätigkeit an und kann diese ihre Berechtigung nicht durch Aushändigung eines Berechtigungsscheins nachweisen, liegen sodann eine konkrete Gefahr einer Straftat oder Ordnungswidrigkeit und damit eine Gefahr für die öffentliche Sicherheit vor. Als Folgemaßnahmen kommen ein auf die Befugnisgeneralklausel gestütztes vorläufiges Verbot, die Tätigkeit fortzusetzen, in Betracht sowie eine Identitätsfeststellung.

---

[276] Zur Prüfung des Herausgabeverlangens in Bezug auf Führerschein, Zulassungsbescheinigung I und Personalausweis im Rahmen einer allgemeinen Verkehrskontrolle vgl. *R. Schmidt*, Fälle zum POR, Fall 8.

dd. Identitätsfeststellung (IDF)

Die Identitätsfeststellung hat den Zweck, entweder Personalien einer unbekannten Person festzustellen oder zu prüfen, ob eine Person diejenige ist, für die sie sich ausgibt. Kurz gesagt möchte die Polizei wissen, mit wem sie es zu tun hat. Die Identitätsfeststellung umfasst daher die Ermittlung und Erhebung aller individuellen Merkmale einer Person, die es ermöglichen, sie von einer anderen Person zu unterscheiden und Verwechslungen auszuschließen. Wegen des mit der Identitätsfeststellung verbundenen Eingriffs in das Recht auf informationelle Selbstbestimmung (Art. 2 I i.V.m. 1 I GG)[277], möglicherweise aber auch in die Freiheit der Person (Art. 2 II S. 2, 104 I, II GG), bedarf die Polizei einer Rechtsgrundlage. Diese liefern die Polizeigesetze.

207

> Die **Identitätsfeststellung**[278] dient der Feststellung der Personalien einer unbekannten Person, um Klarheit darüber zu erlangen, mit welcher Person es die Polizei zu tun hat.[279]

208

In ihrer Grundkonzeption setzt die Identitätsfeststellung eine konkrete Gefahr bzw. eine Anscheinsgefahr voraus, sie muss jedoch nicht zwingend geeignet sein, unmittelbar eine konkrete Gefahr abzuwehren oder eine Straftat zu verhüten. Vielmehr ist sie als Maßnahme konzipiert, die Klarheit darüber verschaffen soll, mit welcher Person es die Polizei zu tun hat. Die Anlasstatbestände einer Identitätsfeststellung sind den differenzierten Befugnisnormen zu entnehmen (siehe dazu Rn 214 ff.).

209

Als Personalien einer Person, die nach der polizeigesetzlichen Bestimmung über die IDF festgestellt oder geprüft werden können, kommen Vor- und Familien-, ggf. Geburtsname, Ordens- oder Künstlername, Doktorgrad, Tag und Ort der Geburt, Geschlecht, Größe, Farbe der Augen und andere biometrische Daten, Familienstand, Beruf, Wohnort und Wohnung, Staatsangehörigkeit (vgl. dazu § 111 OWiG, § 4 I PassG, § 1 II PersAuswG) in Frage. Dabei hängt vom Zweck der Maßnahme ab, welche Personalien jeweils zur Feststellung der Identität erforderlich sind. Wird eine hiernach erforderliche Angabe verweigert, liegt eine Ordnungswidrigkeit nach § 111 OWiG vor, was wiederum eine konkrete Gefahr für die öffentliche Sicherheit bedeutet und zu weiteren gefahrenabwehrrechtlichen Maßnahmen befugt. Steht die Identität fest, sind weitere identitätsfeststellende Maßnahmen unzulässig.

210

Dagegen dient die Prüfung durch Abfrage der polizeilichen Fahndungssysteme (Informationssystem der Polizei, **INPOL**)[280], ob eine bestimmte Person gesucht wird, nicht der Identitätsfeststellung; daher ist diese auch speziell in anderen Vorschriften (z.B. § 36h BremPolG, § 25 HessSOG, § 45 NdsPOG) besonders geregelt.

211

Lässt die Befugnisnorm (anders als z.B. Art. 13 I Nr. 6 BayPAG, § 18 I HessSOG oder § 10 I S. 1 RhlPflPOG) die Identitätsfeststellung zum „**Schutz privater Rechte**" nicht ausdrücklich zu, obliegt der Schutz privater Rechte der Polizei nur nach Maßgabe der Aufgabenzuweisungsnorm (z.B. § 3 III HmbSOG, § 1 III NdsPOG – dazu Rn 68 ff.), allerdings i.V.m. mit einer Befugnisnorm. Diese wiederum kann durchaus die Befugnisnorm hinsichtlich der IDF sein. Voraussetzung ist aber das Vorliegen von deren Tatbestandsvoraussetzungen.

212

---

[277] Insoweit klarstellend BVerfG NVwZ 2016, 53. Ausführlich dazu *R. Schmidt*, Grundrechte, Rn 270.
[278] Vgl. Bund: § 23 BPolG; § 42 BKAG; BW: § 26 PolG; Bay: Art. 13 PAG; Berl: § 21 ASOG; Brand: § 12 PolG; Brem: § 11 PolG; Hamb: § 12 SOG, § 13 PolDVG; Hess: § 18 SOG; MeckVor: § 29 SOG; Nds: § 13 POG; NRW: § 12 PolG; RhlPfl: § 10 POG; Saar: § 9 PolG; Sachs: § 15 PVDG; SachsAnh: § 20 SOG; SchlHolst: § 181 LVwG; Thür: § 14 PAG und § 15 OBG.
[279] Zum Begriff der Identität vgl. § 111 OWiG.
[280] Vgl. dazu sogleich Rn 219, aber auch Rn 325, 350 und 362.

Identitätsfeststellung

Beispiel: Bei einer Großveranstaltung im Sportstadion brennt T im engen Gedränge mit einer Zigarette ein Loch in die Lederjacke des O. Gegenüber der herbeigerufenen Polizei, die die Personalien des T aufnehmen möchte, behauptet dieser, dies sei aus Versehen geschehen. T will sich allen polizeilichen Maßnahmen entziehen.

In repressivpolizeilicher Hinsicht hat T den objektiven Tatbestand der Sachbeschädigung (§ 303 I StGB) verwirklicht. Unklar ist lediglich der subjektive Tatbestand, also ob T vorsätzlich gehandelt hat. Sollte dies nach den äußeren Umständen bzw. nach einer entsprechenden Eruierung des Sachverhalts wahrscheinlich sein, darf (und muss) die Polizei eine Identitätsfeststellung nach § 163b StPO vornehmen. Die Zuständigkeit ergibt sich insoweit aus § 163 I StPO (vgl. insoweit auch die Verweisnormen etwa in Art. 2 IV BayPAG, § 1 II HessSOG, § 1 V NdsPOG).

Hält die Polizei dagegen einen Vorsatz für ausgeschlossen, besteht der Verdacht einer Straftat nicht. Eine Identitätsfeststellung nach § 163b StPO ist dann nicht zulässig.

Möglicherweise kommt in diesem Fall aber eine Identitätsfeststellung aus präventivpolizeilichen Gründen in Betracht. Allerdings obliegt z.B. gem. Art. 2 II BayPAG, § 3 III HmbSOG, § 1 III HessSOG oder § 1 III NdsPOG der Schutz privater Rechte der Polizei nur, wenn gerichtlicher Schutz nicht oder nicht rechtzeitig zu erlangen ist und ohne polizeiliche Hilfe die Verwirklichung des Rechts vereitelt oder wesentlich erschwert werden würde (sog. Subsidiarität polizeilichen Handelns – vgl. dazu Rn 68 ff.).

Ein zivilrechtlicher Anspruch des O gegen T gem. § 823 I BGB besteht, da insoweit (vgl. § 276 BGB) Fahrlässigkeit genügt und jedenfalls diese nicht ausgeschlossen werden kann. Auch wird O dadurch, dass T seine Mitwirkung verweigert, ohne die Identitätsfeststellung durch die Polizei kaum in der Lage sein, seine gegenüber T zustehenden zivilrechtlichen Ansprüche durchzusetzen. Art. 2 II BayPAG, § 3 III HmbSOG, § 1 III HessSOG bzw. § 1 III NdsPOG hindern die Polizei somit nicht, eine Identitätsfeststellung zulasten des T vorzunehmen.

Allerdings genügt allein die Überwindung des Subsidiaritätsgrundsatzes nicht. Denn wegen des Grundsatzes vom Vorbehalt des Gesetzes bedarf die Polizei bei grundrechtsbeeinträchtigenden Maßnahmen einer Befugnisnorm. T ist durch die (intendierte) Feststellung seiner Identität in seinem Grundrecht auf informationelle Selbstbestimmung betroffen; die der Polizei für diesen Fall zur Verfügung stehende Rechtsgrundlage ist die polizeigesetzliche Befugnisnorm hinsichtlich der IDF (z.B. Art. 13 I Nr. 6 BayPAG, § 13 HmbPolDVG, § 13 NdsPOG, § 10 RhlPflPOG). Es müssten aber auch deren Tatbestandsvoraussetzungen vorliegen. In Betracht kommt die Variante „Abwehr einer Gefahr". Dies setzt eine konkrete Gefahr voraus, an der es jedoch fehlt, wenn man auf das *Sengen der Jacke* abstellt. Denn dieser Lebensvorgang ist abgeschlossen. Zwar kann auch eine Störungsbeseitigung eine Form der Gefahrenabwehr sein, dies jedoch nur dann, wenn von der Störung weiterhin Gefahren ausgehen. Das ist vorliegend aber nicht der Fall, weil keine weiteren Gefahren von der Zigarette des T erwartet werden können.

Fraglich ist, ob die erforderliche Gefahr angenommen werden kann, wenn man nicht auf den abgeschlossenen Vorgang *Sengen der Jacke* abstellt, sondern auf die Vereitelung der Rechtsverfolgung. Denn auch und gerade die subjektiven Rechte sind polizeiliche Schutzgüter der öffentlichen Sicherheit. Dem könnte allerdings der Zweck der Gefahrenabwehr entgegenstehen. Denn Gefahrenabwehr steht ausschließlich im öffentlichen Interesse. Sofern auch subjektive Rechte geschützt sind, sind sie es nur, sofern eine Rechtsvereitelung droht oder Öffentlichkeitsbezug besteht. Öffentlichkeitsbezug besteht bei solchen subjektiven Rechten, deren Verletzung straf- oder ordnungswidrigkeitenrechtlich sanktioniert ist und im konkreten Fall auch sanktioniert werden kann. Vorliegend ist das jedoch nicht der Fall, da die fahrlässige Sachbeschädigung nicht strafbewehrt ist. In Übereinstimmung mit dem zur Subsidiaritätsklausel Gesagten genügt es für die Annahme eines öffentlichen Interesses aber, wenn eine Rechtsvereitelung droht. Das ist vorliegend der Fall.

Teilt man diesen Standpunkt, bleibt im Ergebnis festzustellen, dass die Polizei die Identität des T präventivpolizeilich feststellen darf, auch wenn der „Schutz privater Rechte" nicht explizit in der Befugnisnorm genannt ist.[281] Liegt sogar der Anfangsverdacht einer Straftat vor, darf die Polizei im Rahmen der Strafverfolgung gem. §§ 163 I, 163b StPO die Personalien des T aufnehmen.

Im Einzelnen gilt:

a.) Formelle Rechtmäßigkeit

Hinsichtlich der formellen Rechtmäßigkeit gelten zunächst die allgemeinen Voraussetzungen (Zuständigkeit, Verfahren, Form, siehe Rn 607 ff.), wobei eine vorherige Anhörung (§ 28 II VwVfG) wegen § 28 II Nr. 1 Var. 2 VwVfG regelmäßig entbehrlich ist. Als besondere (und zusätzlich zu prüfende) Verfahrensvorschrift normieren einige Polizeigesetze für bestimmte Konstellationen, dass dem Betroffenen der Grund bzw. die Rechtsgrundlage für die Identitätsfeststellung genannt werden soll.[282] In den anderen Polizeigesetzen geht diese Soll-Bestimmung aus der allgemeinen Verfahrensvorschrift über die Datenerhebung, die auch für die Identitätsfeststellung gilt, hervor.[283] Bei der Durchsuchung nach Ausweispapieren zwecks Feststellung der Identität ist die in den Polizeigesetzen hinsichtlich der Durchsuchung von Personen enthaltene Verfahrensvorschrift, wonach grds. Männer nur von Männern und Frauen nur von Frauen durchsucht werden dürfen (z.B. § 36 IV HessSOG, § 22 III NdsPOG), analog anzuwenden, weil es für den Betroffenen keinen Unterschied machen kann, ob er aus Gründen der IDF oder aus anderen Gründen durchsucht wird. Ein **Verstoß** gegen Verfahrensbestimmungen führt grundsätzlich zur (formellen) Rechtswidrigkeit; allerdings ist in jedem Einzelfall zu prüfen, inwieweit eine Heilung gem. § 45 VwVfG bzw. eine Unbeachtlichkeit gem. § 46 VwVfG in Betracht kommen. Schließlich ist zu beachten, dass eine Freiheitsbeschränkung zum Zweck der IDF keinesfalls die in den Polizeigesetzen festgesetzte **Dauer** überschreiten darf (vgl. z.B. § 13c HmbSOG, § 35 II HessSOG, § 21 S. 3 NdsPOG).

213

b.) Materielle Rechtmäßigkeit

Als Gefahrenabwehrmaßnahme eignet sich die Identitätsfeststellung, weil durch die **Aufhebung der Anonymität** Gefahren abgewendet bzw. bevorstehende Straftaten verhindert werden sollen. Die sehr differenzierten Polizeigesetze enthalten eine Ermächtigung zur Personalienfeststellung für verschiedenartige, alternativ angelegte Tatbestände:

214

    (1) zur Abwehr einer Gefahr[284]
    (2) für die sog. verrufenen oder gefährlichen Orte
    (3) an einer Kontrollstelle
    (4) für gefährdete Orte bzw. Objekte
    (5) in Grenzgebieten sowie auf Durchgangsstraßen (Bundesautobahnen, Europastraßen und andere Straßen von erheblicher Bedeutung für den grenzüberschreitenden Ver-

---

[281] Vgl. dazu auch den Fall BVerfG NVwZ 2016, 53 f., wo Polizisten eine Identitätsfeststellung gegenüber einer Person vornahmen, von der sie zuvor videographiert worden waren. In diesem Fall war nach Auffassung des BVerfG die Maßnahme bereits deshalb zweifelhaft, da man nicht ohne weiteres davon ausgehen könne, Personen würden von ihnen gefertigte Bildaufnahmen auch veröffentlichen (etwa ins Internet stellen), da dies ja gem. § 33 KUG strafbar sei. Insofern habe es möglicherweise bereits an einer „konkreten" Gefahr (siehe dazu sogleich Rn 215) gefehlt. Zur Frage nach der Zulässigkeit der Fertigung von Film- und Bildaufnahmen von Polizeieinsätzen vgl. auch Rn 580.
[282] Hess: § 18 VI SOG; Nds: § 20 I S. 1 POG.
[283] Vgl. BW: § 19 III PolG; Bay: Art. 31 II PAG; Berl: § 18 V ASOG; Brand: § 29 IV S. 1 PolG; Brem: § 27 I PolG; Hamb: § 10 PolDVG; MeckVor: § 26 III PolG; Nds: § 30 I S. 3 POG; NRW: § 24 OBG i.V.m. § 9 VI PolG; Saar: § 25 V PolG; Sachs: § 55 III S. 2 PVDG; SachsAnh: § 15 VII SOG; SchlHolst: § 178 III LVwG; Thür: § 32 V S. 1 PAG.
[284] Nach Art. 13 I Nr. 1b BayPAG auch zur Abwehr einer drohenden Gefahr für ein bedeutendes Rechtsgut (siehe dazu sogleich und Rn 673a ff.).

kehr) und in öffentlichen Einrichtungen des internationalen Verkehrs zur Verhütung oder Unterbindung der unerlaubten Überschreitung der Landesgrenze oder des unerlaubten Aufenthalts und zur Bekämpfung der grenzüberschreitenden Kriminalität

215 Der in Nr. 1 genannte Tatbestand **„Abwehr einer Gefahr"** setzt grundsätzlich eine konkrete Gefahr[285] und die Störereigenschaft des Adressaten bzw. einen polizeilichen Notstand voraus (Rn 226). Sofern (wie in Bayern) die Identitätsfeststellung auch zur Abwehr einer **drohenden Gefahr** für ein bedeutendes Rechtsgut zulässig ist (vgl. Art. 13 I Nr. 1b BayPAG), ist dies mit Blick auf den Bestimmtheitsgrundsatz und den Grundsatz der Verhältnismäßigkeit nicht ganz unproblematisch. Denn anders als bei einer konkreten Gefahr, also einer Sachlage, bei der im einzelnen Fall die hinreichende Wahrscheinlichkeit besteht, dass in absehbarer Zeit ein *Schaden* für eines der Schutzgüter der öffentlichen Sicherheit (oder Ordnung) eintreten wird[286], ist die drohende Gefahr dadurch gekennzeichnet, dass in absehbarer Zeit der Eintritt einer konkreten Gefahr vermutet wird. Andererseits veranlasst die drohende Gefahr Eingriffsmaßnahmen nur dann, wenn Angriffe von erheblicher Intensität oder Auswirkung auf ein bedeutendes Rechtsgut zu erwarten sind (so Art. 11 III S. 1 BayPAG). Dem lässt sich wiederum entgegenhalten, dass durch die Beschränkung der „bedeutenden Rechtsgüter" auf den Bestand und die Sicherheit des Bundes oder eines Landes, das Leben, die Gesundheit und die Freiheit, die sexuelle Selbstbestimmung, erhebliche Eigentumspositionen und Sachen, deren Erhalt im besonderen öffentlichen Interesse liegt (Art. 11 III S. 2 BayPAG), zwar eine Einschränkung der tatbestandlichen Weite stattfindet, gleichwohl die zeitliche „Vorverlagerung" der Einschreitmöglichkeit aber unübersehbar ist. Zur Frage nach der Verfassungskonformität des Genügenlassens der drohenden Gefahr hatte sich seinerzeit auch das BVerfG geäußert.[287] Allerdings ging es um die Zulässigkeit von heimlichen Überwachungsmaßnahmen, die tief in das Privatleben hineinreichen und daher nur zum Schutz besonders gewichtiger Rechtsgüter wie Leib, Leben und Freiheit der Person sowie der Bestand oder die Sicherheit des Bundes oder eines Landes zulässig sind.[288] Hinsichtlich des Gefahrengrads, der zur heimlichen Überwachungsmaßnahme veranlasst, hat das BVerfG entschieden, dass diese mit Blick auf die hohe Eingriffsintensität u.a. nur dann verhältnismäßig sei, wenn eine Gefährdung der genannten Rechtsgüter im Einzelfall hinreichend konkret absehbar sei.[289] Eine hinreichend konkretisierte Gefahr in diesem Sinne könne aber bereits dann bestehen, wenn sich der zum Schaden führende Kausalverlauf noch nicht mit hinreichender Wahrscheinlichkeit vorhersehen lässt, sofern bereits bestimmte Tatsachen auf eine im Einzelfall drohende Gefahr für ein überragend wichtiges Rechtsgut hinweisen. Damit hat das BVerfG also durchaus die „drohende" Gefahr anerkannt, es hatte dabei aber klar den qualifizierten Rechtsgüterschutz vor Augen. Ob die in Art. 11 III S. 2 BayPAG genannten Schutzgüter gewichtig genug sind, um identitätsfeststellende Maßnahmen auf der Grundlage einer lediglich drohenden Gefahr zu rechtfertigen, wird die Rechtsprechung aufzeigen. Wirklich problematisch könnten allein die Sachen sein, deren Erhalt im besonderen öffentlichen Interesse liegt. Subsumiert man darunter v.a. kritische Infrastruktureinrichtungen, also solche Einrichtungen, bei deren Ausfall oder Beeinträchtigung nachhaltig wirkende Versorgungsengpässe, erhebliche Störungen der öffentlichen Sicherheit oder andere dramatische Folgen eintreten würden[290] (beispielhaft

---

[285] Insoweit klarstellend BVerfG NVwZ 2016, 53. Zum Genügenlassen einer **drohenden** Gefahr für ein bedeutendes Rechtsgut vgl. Rn 673a ff.
[286] Vgl. nur die Legaldefinitionen in § 2 Nr. 3a BremPolG, § 2 Nr. 1a NdsPOG, § 3 Nr. 3a SachsAnhSOG und § 54 Nr. 3a ThürOBG. Vgl. auch BVerwGE 45, 51, 57; *Denninger*, in: Lisken/Denninger, D Rn 47; *Schenke*, POR, Rn 69; *Krüger*, JuS 2013, 985, 987 f.
[287] BVerfGE 141, 220, 272 f.
[288] BVerfGE 141, 220, 270 mit Verweis auf BVerfGE 120, 274, 328; 125, 260, 330.
[289] BVerfGE 141, 220, 271 mit Verweis auf BVerfGE 120, 274, 328 f.; 125, 260, 330 f.
[290] Siehe Bundesamt für Bevölkerungsschutz und Katastrophenhilfe: https://www.bbk.bund.de/DE/AufgabenundAusstattung/KritischeInfrastrukturen/kritischeinfrastrukturen_node.html

seien Energieversorgungsanlagen, Telekommunikationsanlagen, Straßenverkehrseinrichtungen, Einrichtungen der staatlichen Verwaltung genannt), dürften identitätsfeststellende Maßnahmen auch nur zur Abwehr einer „drohenden" Gefahr zulässig sein, wenn man zudem die Ableitungsvoraussetzungen der drohenden Gefahr restriktiv handhabt (siehe Art. 11 III S. 1 BayPAG: Das individuelle Verhalten einer Person begründet die konkrete Wahrscheinlichkeit, dass in absehbarer Zeit ein Angriff von erheblicher Intensität oder Auswirkung zu erwarten ist, oder Vorbereitungshandlungen lassen für sich oder zusammen mit weiteren bestimmten Tatsachen den Schluss auf ein seiner Art nach konkretisiertes Geschehen zu, wonach in absehbarer Zeit ein Angriff von erheblicher Intensität oder Auswirkung zu erwarten ist).

Die anderen Tatbestände **„verrufene oder gefährliche Orte"** (Nr. 2), **„an einer Kontrollstelle"** (Nr. 3) und **„gefährdete Objekte"** (Nr. 4) setzen keine konkrete Gefahr und keinen konkreten Verdacht gegen eine zu überprüfende Person voraus. Die Gesetze verlangen i.d.R. lediglich „die durch Tatsachen gerechtfertigte Annahme, dass in oder an den Objekten Straftaten begangen werden sollen oder sich Straftäter verbergen bzw. dort angetroffen werden". Damit sind eine abstrakte Gefahr bzw. ein Gefahrenverdacht gemeint (vgl. Rn 666/689). Nr. 4 fordert zusätzlich, dass durch die drohenden Straftaten Personen in oder an den Objekten oder die Objekte selbst gefährdet werden. In allen Fällen gilt jedoch, dass der Adressat der Identitätsfeststellung weder polizei- noch notstandspflichtig zu sein braucht. So genügt schon der Aufenthalt der Person an einem Ort, an dem tatsächliche Anhaltspunkte einen Gefahrenverdacht rechtfertigen, wie das gerade an sog. verrufenen oder gefährlichen Orten i.S.v. Nr. 2, aber auch an gefährdeten Orten i.S.v. Nr. 4 der Fall ist. Die Polizeigesetze verlangen dabei (i.S.d. Nr. 2-4), dass die zu kontrollierende Person „an einem (…) Ort angetroffen wird" (vgl. etwa § 13 I Nr. 2-4 HmbPolDVG, § 13 I Nr. 2-4 NdsPOG). Das betrifft die sog. verrufenen oder „gefährlichen" Orte, die „Kontrollstellen" und die „gefährdeten" Orte.

„Verrufene" oder **„gefährliche"** Orte sind solche, von denen Tatsachen die Annahme rechtfertigen, dass dort Personen Straftaten verabreden, vorbereiten oder verüben, Personen angetroffen werden, die gegen aufenthaltsrechtliche Straf- oder Ordnungswidrigkeitenvorschriften verstoßen, und/oder sich gesuchte Straftäter verbergen (vgl. etwa § 13 I Nr. 2 HmbPolDVG). Zu den einschlägigen Orten zählen z.B. Treffpunkte für Kriminelle, Drogenumschlagplätze, Bahnhöfe, Lokale im Rotlichtmilieu, Bordelle (bzw. Orte, an denen der Prostitution nachgegangen wird), Orte, an denen illegale Glücksspiele stattfinden, usw. Selbst Wohnungen können verrufen oder „gefährlich" sein, wenn in ihnen z.B. illegale Wohnungsprostitution ausgeübt oder wenn mit illegalen Drogen gehandelt wird. Art. 13 I Nr. 2c) BayPAG nennt sogar als „gefährlichen" Ort einen solchen, der als Unterkunft oder dem sonstigen, auch vorübergehenden Aufenthalt von Asylbewerbern und unerlaubt Aufhältigen dient. Jedoch dürfen sie wegen des Grundrechtsschutzes aus Art. 13 I GG i.d.R. nur unter den strengen Voraussetzungen der Bestimmungen über das Betreten von Wohnungen betreten werden.

Als **„gefährdete"** Orte bzw. Objekte i.S.d. Nr. 4 gelten besonders anschlagsgefährdete und schutzbedürftige Orte; exemplarisch sind in den Polizeigesetzen Verkehrs- und Versorgungsanlagen und -einrichtungen, öffentliche Verkehrsmittel und Amtsgebäude einschließlich deren unmittelbarer Umgebung genannt (vgl. etwa § 13 I Nr. 3 HmbPolDVG). Dazu zählen z.B.[291] Flughäfen, Bahnhöfe, Elektrizitäts-, Wasser- und Gaswerke, Raffinerien und Pipelines, Flugzeuge, Eisenbahnen, öffentliche Verkehrsmittel (S- und U-Bahnen etc.), Parlaments-, Gerichts- und Behördengebäude, militärische Anlagen, Rundfunksender, Pri-

---

[291] Vgl. *Kingreen/Poscher*, POR, § 14 Rn 36.

vatwohnungen von Politikern, Sportgroßveranstaltungen wie Fußballweltmeisterschaft[292] usw. einschließlich deren unmittelbare Umgebung.

Sofern hinsichtlich der Nrn. 2-4 die meisten Polizeigesetze weder die Verantwortlicheneigenschaft der betroffenen Person noch eine konkrete Gefahr fordern, sondern lediglich von „Tatsachen, die die Annahme rechtfertigen, dass ..." sprechen, kann dies zu verfassungsrechtlichen Problemen führen, siehe dazu Rn 227/228.

216 Die in Nr. 5 genannten Objekte **Grenzgebiete, Durchgangsstraßen** und **öffentliche Einrichtungen des internationalen Verkehrs** sind dadurch gekennzeichnet, dass die Gesetzgeber, die sie in ihre Polizeigesetze aufgenommen haben (so z.B. Art. 13 I Nr. 5 BayPAG), den Gefahren begegnen möchten, die die grenzüberschreitende Kriminalität mit sich bringt. Siehe zu den Voraussetzungen und Bedenken Rn 229 ff.

217 Die Freie und Hansestadt Hamburg ließ sogar **anlasslose Personenkontrollen** in zuvor eingerichteten „**Gefahrengebieten**" zu. So durfte gem. § 4 II S. 1 PolDVG die Polizei im öffentlichen Raum in einem bestimmten Gebiet Personen kurzfristig anhalten, befragen, ihre Identität feststellen und mitgeführte Sachen in Augenschein nehmen, soweit aufgrund von konkreten Lageerkenntnissen anzunehmen ist, dass in diesem Gebiet Straftaten von erheblicher Bedeutung begangen werden und die Maßnahme zur Verhütung der Straftaten erforderlich ist. Bereits die gesetzliche Befugnis zur Einrichtung eines „Gefahrengebiets" mit der damit verbundenen Möglichkeit der anlasslosen Personenkontrollen erschien mit Blick auf den Bestimmtheitsgrundsatz und den Grundsatz der Verhältnismäßigkeit verfassungsrechtlich äußerst problematisch. Zwar sprach die Norm von einem „bestimmten" Gebiet und schloss damit jedenfalls das gesamte Stadtgebiet aus, aber (sonstige) inhaltliche Vorgaben für die maximale Größe des Gefahrengebiets und bzgl. der Voraussetzungen der zulässigen Maßnahmen enthielt die Vorschrift ebenso wenig wie eine Begrenzung der Einrichtung eines Gefahrengebiets in zeitlicher Hinsicht. Immerhin verlangte die Vorschrift hinsichtlich der Einrichtung eines Gefahrengebiets konkrete Lageerkenntnisse und die daraus folgende Annahme, dass in dem Gebiet Straftaten von erheblicher Bedeutung begangen werden und die Personenkontrollmaßnahme zur Verhütung der Straftaten erforderlich ist. Da sich die polizeiliche Lagebeurteilung auf bestimmte Zielgruppen stützen konnte, die vorrangig zu kontrollieren sind, bestand die Gefahr, dass Personen aufgrund äußerer Merkmale zu potentiellen Störern stigmatisiert wurden. Das ließ die Befugnisnorm als äußerst zweifelhaft erscheinen. Schließlich untersagte das OVG Hamburg die Einrichtung von Gefahrengebieten.[293] Zwischenzeitlich wurde die Vorschrift aufgehoben (siehe HmbGVBl 2016, S. 514). Im neu gefassten HmbPolDVG (HmbGVBl 2019, S. 485) lebt die Regelung allerdings wieder auf (§ 13 II S. 1 HmbPolDVG), wenn auch mit dem Unterschied, dass die Personenkontrollen nicht mehr pauschal zur Verhütung von Straftaten von erheblicher Bedeutung vorgenommen werden dürfen, sondern nur beim begründeten Verdacht („konkrete Lageerkenntnisse"), dass die fraglichen Personen verbotene Waffen oder gefährliche Gegenstände mit sich führen (dieser Unterschied macht also aus der vormals anlasslosen Personenkontrolle eine anlassbezogene Personenkontrolle).

218 An den verrufenen, gefährlichen oder gefährdeten Orten kann die Polizei eine **Razzia**, also eine planmäßige Überprüfung der Identität eines größeren Personenkreises[294], vornehmen. Bei den gefährdeten Objekten besteht die Befugnis zur Identitätsfeststellung, wenn Tatsachen die Annahme rechtfertigen, dass an diesen Objekten Straftaten

---

[292] Vgl. dazu *Nolte*, NVwZ 2001, 147, 151 f.
[293] OVG Hamburg NVwZ-RR 2015, 695: Begriff „konkrete Lageerkenntnisse" sei unbestimmt und damit verfassungswidrig. Zudem verstoße die fehlende zeitliche Begrenzung in der Norm gegen den Wesentlichkeitsgrundsatz. Schließlich liege ein Verstoß gegen den Grundsatz der Verhältnismäßigkeit vor.
[294] Allgemeine Auffassung, vgl. etwa *Rachor*, in: Lisken/Denninger, E Rn 339 ff.

verübt werden sollen, durch die diese Objekte selbst oder Personen, die sich darin oder in unmittelbarer Nähe befinden, gefährdet sind.

219 Soll die Identität einer Person z.B. als Hooligan, politisch motivierter Gewalttäter oder Anhänger einer rechtsextremistischen Vereinigung festgestellt werden, werden die Personalien nicht nur erhoben, sondern mit den entsprechenden Dateien des polizeilichen Informationssystems (**INPOL**)[295] abgeglichen. Dieser **Datenabgleich** stellt eine typische Begleitmaßnahme zur IDF dar, ist aufgrund des mit ihm verbundenen weiteren Grundrechtseingriffs in der Fallbearbeitung jedoch separat zu prüfen (Rn 355).

220 **Zulässige Maßnahmen:** Auch auf der Rechtsfolgeseite enthalten die Bestimmungen der Polizeigesetze einen differenzierten Befugniskatalog, der die zur Feststellung der Identität erforderlichen Maßnahmen (siehe etwa Art. 13 II BayPAG) konkretisiert. Sie beinhalten nicht nur das Recht, eine Person anzuhalten, zu befragen und aufzufordern, sich auszuweisen (d.h. sich mitgeführte Ausweispapiere vorlegen zu lassen), sondern bei Verweigerung sie auch festzuhalten, sie nach Gegenständen, die der Identitätsfeststellung dienen, zu durchsuchen und ultimativ (d.h. unter Wahrung des Verhältnismäßigkeitsprinzips) zur Polizeidienststelle zu verbringen (Sistierung), was das Recht der Fortbewegungsfreiheit gem. Art. 2 II S. 2, 104 I GG (kurzfristige Freiheitsbeschränkung) einschränkt.[296] Ein Rückgriff auf die Befugnisnorm „Ingewahrsamnahme" (dazu Rn 449 ff.) ist insoweit nicht erforderlich. Verbringt die Polizei den Betroffenen zwecks Identitätsfeststellung zur Polizeiwache, muss sie diese ohne zeitliche Verzögerung und ohne Umwege durchführen.[297] Außerdem muss sie schon gewichtige Gründe vorbringen, um nicht gegen den Grundsatz der Verhältnismäßigkeit zu verstoßen.

> **Beispiel**[298]: A hat in der Buchhandlung B ein Buch gekauft und bar bezahlt. Unglücklicherweise fällt ihr von dem Wechselgeld, das ihr der Verkäufer ausgehändigt hat, ein Zweieurostück in eine Ritze zwischen Ladentheke und Glasscheibe. Auf ihre Frage, wie sie an das Zweieurostück kommen könne, sagt ihr der Verkäufer V, dies sei unmöglich. Auch könne er ihr nicht nochmals 2,- € aushändigen, da dann die Kasse nicht mehr stimme. Daraufhin holt A 2 Polizisten herbei, die V um Angabe der Personalien bitten. V weigert sich und wird zur Wache gebracht.
>
> Unabhängig davon, ob die Polizei überhaupt zur Sicherung zivilrechtlicher Ansprüche zuständig war (zur Subsidiaritätsklausel vgl. Rn 68 ff. und 212), war das Verbringen zur Dienststelle zwecks IDF unverhältnismäßig und damit rechtswidrig. A hätte es ohne weiteres offengestanden, vom Inhaber des Buchhandels die Herausgabe zu verlangen. Die Mitnahme zur Wache stand zudem völlig außer Verhältnis zum Wert des Wechselgelds.

Zur Abgrenzung zur Befragung vgl. Rn 189.

221 Im Übrigen ist zu beachten, dass der in den Befugnisnormen aufgelistete Katalog an zulässigen Maßnahmen **nicht abschließend** ist. Das folgt aus der Formulierung „insbesondere". Neben den explizit in den Befugnisnormen genannten Maßnahmen sind daher auch andere Maßnahmen möglich. Dazu zählen z.B. die Erkundigung bei Dritten, das Anfragen bei Meldebehörden und anderen Register führenden Stellen wie etwa bei Kfz-Zulassungsstellen und dem Kraftfahrt-Bundesamt (KBA). Zu beachten ist jedoch, dass in diesen Fällen oftmals andere, spezielle Befugnisnormen greifen.

---

[295] Siehe dazu Rn 362 ff.
[296] Bei einer Sistierung zwecks Identitätsfeststellung ist richtigerweise von einer bloßen Freiheitsbeschränkung statt von einer Freiheitsentziehung auszugehen. Eine Freiheitsentziehung bedürfte zudem grds. einer vorherigen richterlichen Entscheidung (vgl. Art. 104 II S. 1 GG).
[297] Vgl. OLG Schleswig NVwZ 2003, 1412 ff.
[298] Nach OLG Düsseldorf NJW 1990, 998 (allerdings mit anderem Ergebnis); *Götz/Geis*, POR, § 8 Rn 15.

222 In der polizeilichen Praxis wird zur Identitätsfeststellung insbesondere die **Aushändigung** mitgeführter **Ausweispapiere** verlangt. Da aber eine Mitführungspflicht weder durch die Befugnisnorm bzgl. der IDF noch durch andere Vorschriften begründet wird, kann ein Nichtmitführen auch nicht sanktioniert werden. Es besteht aber eine (sich aus anderen Vorschriften ergebende) Pflicht, ein Ausweispapier zu besitzen und auf Verlangen einer berechtigten Person oder Stelle vorzuzeigen. In diesem Zusammenhang sind insbesondere zu beachten:

- § 1 I **PersAuswG**, wonach zwar keine Mitführungs-, dafür aber eine Besitz- und Vorzeigepflicht in Bezug auf den Personalausweis besteht,
- § 1 **PassG** i.V.m. § 1 I S. 1 Halbs. 2 PersAuswG, wonach ein gültiger Pass den Personalausweis ersetzt,
- § 3 **AufenthG**, wonach Ausländer zum Besitz (nicht zum Mitführen) eines Passes oder zugelassenen Passersatzes verpflichtet sind (vgl. auch § 48 AufenthG),
- § 64 I **AsylG**, wonach Asylbewerber für die Dauer des Asylverfahrens ihrer Ausweispflicht mit der Bescheinigung über die Aufenthaltsgestattung genügen.

223 Es kommen auch andere Ausweispapiere in Betracht (z.B. Führerschein und Zulassungsbescheinigung I), wobei sich aber eine Überschneidung mit den „Berechtigungsscheinen" und sonstigen Urkunden i.S.d. Bestimmung über die Herausgabe von Berechtigungsscheinen (Rn 199 ff.) ergeben kann. Die Verpflichtung, den Führerschein mitzuführen und auf Verlangen auszuhändigen, ergibt sich aus § 2 I S. 3 StVG, § 4 II FeV, die entsprechende Verpflichtung in Bezug auf die Zulassungsbescheinigung I aus § 11 VI FZV. Ein Verstoß gegen Mitführ- oder Vorzeigepflichten stellt i.d.R. eine bußgeldbewährte Ordnungswidrigkeit dar (vgl. etwa § 5 I Nr. 2 i.V.m. § 1 I S. 1 PersAuswG oder § 75 Nr. 4 FeV i.V.m. § 24 StVG).

224 Die Vielzahl der möglichen Maßnahmen zur Feststellung der Identität wirft die Frage nach dem Rechtsschutz auf, die wiederum nur dann beantwortet werden kann, wenn die **Rechtsnatur** der Maßnahmen feststeht.

- Bezüglich des **Anhaltens** (und des Aufforderns, sich auszuweisen) gilt, dass dieses nur Mittel zum Zweck und demzufolge keine Maßnahme des Verwaltungszwangs darstellt. Der Betroffene kann daher unproblematisch (bei eingetretener Erledigung vor Klageerhebung) Fortsetzungsfeststellungsklage analog § 113 I S. 4 VwGO gegen die Identitätsfeststellung erheben.[299]
- Dasselbe gilt im Prinzip für das **Durchsuchen** der Person nach Gegenständen, die der Identitätsfeststellung dienen. Auch diese Maßnahme stellt lediglich den Durchführungsakt der Standardmaßnahme *Identitätsfeststellung* dar (insbesondere ist sie nicht mit der eigenständigen Standardmaßnahme *Durchsuchung von Personen* zu verwechseln). Der Betroffene kann hier ebenfalls (bei eingetretener Erledigung vor Klageerhebung) Fortsetzungsfeststellungsklage analog § 113 I S. 4 VwGO gegen die Identitätsfeststellung erheben.
- Problematisch ist dagegen das **Verbringen auf die Dienststelle**. Grundsätzlich ist auch das Verbringen auf die Dienststelle die Ausführungshandlung (das reale Element) der *Identitätsfeststellung* und demzufolge keine Maßnahme des Verwaltungszwangs.[300] Etwas anderes gilt aber, wenn der Betroffene sich weigert, mit der Polizei mitzukommen, und die Polizei den Betroffenen unter Anwendung körperlichen Zwangs mit auf die Dienststelle nehmen muss. Hier ist von einem unmittelbaren Zwang auszugehen, was

---

[299] Vgl. dazu den Fall BVerfG NVwZ 2016, 53 f.
[300] Vgl. dazu *Schenke*, POR, Rn 119 ff.

dazu führt, dass (in der Fallbearbeitung je nach Fallfrage) sowohl die Rechtmäßigkeit der Zwangsmaßnahme als auch die Rechtmäßigkeit bzw. Wirksamkeit der Grundverfügung geprüft werden müssen. Zur Begründung dieser Vorgehensweise vgl. im Einzelnen die Ausführungen zur Verwaltungsvollstreckung bei Rn 902 ff.

Beispiel: Um die bei einer Demonstration befürchteten Ausschreitungen und Straftaten i.S.v. § 27 VersG zu verhindern, richtet die Polizei auf einer Ausfallstraße eine **Kontrollstelle** (Fahndungsstelle, dazu Rn 215) ein, um Vorbeifahrende zu kontrollieren. K, der mit der Demonstration nichts zu tun hat, passiert mit seinem Kfz die Stelle und wird kontrolliert. Als er sich nach entsprechender Aufforderung weigert, seine Personalien offenzulegen, wird er von Polizeikommissar X durchsucht. Nachdem keine Hinweise auf die Identität gefunden werden, fordert X den K auf, mit auf die Polizeidienststelle zu kommen. Als K sich weigert mitzukommen, wird er nach ordnungsgemäßer Androhung eines Zwangsmittels zwangsweise zur Dienststelle verbracht. Sind die Maßnahmen rechtmäßig?[301] 225

Hinsichtlich des **Adressaten** der IDF ist zu unterscheiden: Die IDF zur Abwehr einer **konkreten Gefahr** kann nur beim Störer und unter den entsprechenden besonderen Voraussetzungen beim Nichtstörer vorgenommen werden. Bei der Abwehr **abstrakter Gefahren** bzw. beim **Gefahrenverdacht** hingegen ist wiederum zu unterscheiden: 226

- Bei den **verrufenen** oder **gefährlichen** Orten ist insbesondere nach dem Wortlaut der novellierten Polizeigesetze (Rn 215 ff.) der Kreis von Personen, deren Identität festgestellt werden kann, derart unbestimmt, dass jeder erfasst zu sein scheint, der an den entsprechenden Orten angetroffen wird. Daher liegt die Annahme nahe, die entsprechende Vorschrift sei zu unbestimmt und damit **verfassungswidrig**. Bevor eine Gesetzesbestimmung jedoch dem Verdikt der Verfassungswidrigkeit unterfällt, ist zu versuchen, sie verfassungskonform auszulegen. So könnten von vornherein diejenigen aus dem Kreis der Pflichtigen ausgeschlossen werden, bei denen der Verdacht, Störer zu sein, offensichtlich ausscheidet.[302] Eine andere Möglichkeit der Restriktion besteht darin, von einer IDF abzusehen, wenn die Frage, ob der Angetroffene als Störer in Betracht kommt, einer Aufklärung bedarf.[303] Schließlich ist es möglich, eine Beschränkung des Adressatenkreises durch Heranziehung des Grundsatzes, dass polizeiliche Maßnahmen nur gegen den Verantwortlichen zu richten sind, zu erzielen: Danach muss die kontrollierte Person zumindest für eine abstrakte Gefahr bzw. den Gefahrenverdacht verantwortlich sein.[304] In jedem Fall aber muss die Inanspruchnahme einer bestimmten Person willkürfrei sein und sich auf einen Sachgrund stützen lassen. 227

- Die genannten verfassungsrechtlichen Bedenken gelten letztlich auch hinsichtlich der IDF bei **gefährdeten Objekten**, da es nach den Bestimmungen der novellierten Polizeigesetze auch hier genügt, wenn die Person angetroffen wird. Immerhin sehen die (meisten) Landesgesetzgeber vor, dass die Identität einer Person nur festgestellt werden darf, wenn es für die Verhütung der befürchteten Straftat erforderlich ist. Ähnliches dürfte auch für die **Kontrollstellen** und die **Gefahrengebiete** gelten Auch hier muss die Inanspruchnahme einer bestimmten Person jedenfalls willkürfrei sein und sich auf einen Sachgrund stützen lassen. 228

Die meisten Polizeigesetze (und das Bundespolizeigesetz) lassen Polizeikontrollen, Identitätsfeststellungen und ggf. das Verbringen auf die Polizeidienststelle unter bestimmten Voraussetzungen sogar **verdachts- und ereignisunabhängig** zu[305], ins- 229

---

[301] Die Lösung des Falls kann unter verlagrs@t-online.de abgerufen werden (kostenlos).
[302] So *Schenke*, POR, Rn 228.
[303] *Gusy*, POR, Rn 228.
[304] *Kingreen/Poscher*, POR, § 14 Rn 45.
[305] Vgl. Bund: §§ 22 Ia, 23 I Nrn. 2-4 BPolG (dazu Rn 193/197a); Bay: Art. 13 I Nr. 5 PAG; BW: § 26 I Nr. 6 PolG; Berl: § 18 VI S. 1 ASOG; Sachs: § 15 I Nr. 4 PVDG; Thür: § 14 I Nr. 5 PAG.

besondere bei Polizeikontrollen im **Grenzgebiet**[306], auf **Autobahnen** und anderen **Durchgangsstraßen von erheblicher Bedeutung** für die **grenzüberschreitende Kriminalität** sowie in den Verkehrsmitteln und -einrichtungen des **internationalen Verkehrs**. Mit dieser Erweiterung der Befugnisse sollen die Gefahren von Menschenhandel, Drogen- und Waffenhandel, Autoschieberei, illegaler Einreise und sonstiger grenzüberschreitender Kriminalität abgewehrt werden, denen seit dem Schengener Grenzkodex (dazu Rn 197a) nicht mehr durch systematische Grenzkontrollen an den EU-Binnengrenzen begegnet werden kann. Wird über die grenzverkehrsrelevanten Örtlichkeiten ein Schleier engmaschiger Kontrollen geworfen, spricht man von **Schleierfahndung**.[307]

230 Insbesondere im Hinblick auf das Tatbestandsmerkmal „andere Durchgangsstraßen von erheblicher Bedeutung für die grenzüberschreitende Kriminalität" und die fehlende Begrenzung des Adressatenkreises sind die Regelungen nicht gerade bestimmt formuliert, was die Frage nach der Vereinbarkeit mit dem verfassungsrechtlich verankerten Bestimmtheitsgrundsatz und letztlich mit dem Rechtsstaatsprinzip aufwirft.

231 Allerdings ist hinsichtlich der fraglichen Regelungen die Annahme der Nichtigkeit wegen Unbestimmtheit nicht zwingend. Bei restriktiver Auslegung sowie bei Beachtung des Willkürverbots, des Differenzierungsverbots und bei strenger Anwendung des Grundsatzes der Verhältnismäßigkeit lässt sich das Verdikt der Verfassungswidrigkeit vermeiden (siehe bereits Rn 193).[308]

232 **Beispiel:** Die Bundespolizei hat neben ihren Befugnissen zur Identitätsfeststellung, die denen der Landespolizeien entsprechen, in Zügen, auf Bahnanlagen[309] oder auf internationalen Flughäfen die erweiterte Befragungsbefugnis zur Verhinderung und Unterbindung unerlaubter Einreise (§ 22 Ia BPolG). Vom Vorliegen von Verdachtsmomenten ist nicht die Rede. Man könnte daher die Auffassung vertreten, dass die Befugnisnorm zu unbestimmt und daher verfassungswidrig sei. Wendet man die Vorschrift allerdings restriktiv an und verlangt zumindest eine abstrakte Gefahr bzw. einen Gefahrenverdacht für Rechtsgüter von erheblicher Bedeutung und mit internationalem Bezug, besteht kein Grund für die Annahme der Verfassungswidrigkeit (verfassungskonforme Auslegung, s.o.). Zur unionsrechtlichen Bewertung siehe Rn 197a.

233 Ist die Befugnis, von im öffentlichen Verkehrsraum angetroffenen Personen mitgeführte Ausweispapiere zur Prüfung herauszuverlangen und mitgeführte Sachen in Augenschein zu nehmen, auf die vorbeugende Bekämpfung von Straftaten von *erheblicher Bedeutung und mit internationalem Bezug* begrenzt (vgl. z.B. § 12 VI NdsPOG), sollte dies in jedem Fall verfassungsrechtlichen Maßstäben genügen.

c.) Rechtsschutz

234 Die Identitätsfeststellung ist ein **Verwaltungsakt**. Die Rechtmäßigkeit einer solchen Maßnahme kann daher – wegen regelmäßig vorliegender Erledigung – mit Hilfe der **Fortsetzungsfeststellungsklage**, ggf. analog § 113 I S. 4 VwGO, überprüft werden. Sollte die Identitätsfeststellung mit Mitteln des Verwaltungszwangs durchgesetzt worden sein (dazu zählt insbesondere die zwangsweise Mitnahme zur Wache), sind gegen die **Anwendung der Zwangsmaßnahme** (bei Eintritt der Erledigung) die **Fortsetzungsfeststellungsklage** analog § 113 I S. 4 VwGO oder die **allgemeine**

---

[306] Teilweise bis zu einer Tiefe von 30 Kilometern (siehe § 23 I Nr. 3 BPolG – dazu abermals Rn 193/197a).
[307] Vgl. dazu SachsAnhVerfG NVwZ 2002, 1370 ff.
[308] Wie hier BayVerfGH DVBl 2003, 863 ff.; *Horn*, BayVBl 2003, 545.
[309] Zur räumlichen Begrenzung und sachlichen Zuständigkeit der Bundespolizei hinsichtlich Bahnanlagen (zur Frage, ob und inwieweit Bahnhofsvorplätze zu den Bahnanlagen zählen) vgl. BVerwG NVwZ 2015, 91 f. (mit Bespr. v. *Gnüchtel*, NVwZ 2015, 37 ff.); OVG Koblenz DÖV 2013, 441 (mit Bespr. v. *Waldhoff*, JuS 2014, 191).

Leistungsklage statthaft, je nachdem, ob man in der Anwendung des Zwangsmittels einen Verwaltungsakt oder lediglich schlichtes Verwaltungshandeln sieht.

Prüfungsschema der Identitätsfeststellung

I. Rechtsgrundlage für die Identitätsfeststellung

II. Formelle Rechtmäßigkeit der Identitätsfeststellung
1. **Zuständigkeit** der handelnden Behörde (Rn 607)
2. Ordnungsgemäßes **Verfahren** (Einhaltung der allg. Verfahrensvorschriften (Rn 621). Als besondere (und zusätzlich zu prüfende) Verfahrensvorschrift normieren einige Polizeigesetze, dass dem Betroffenen der Grund bzw. die Rechtsgrundlage für die Identitätsfeststellung genannt werden soll.
3. Einhaltung der **Form**vorschriften (Rn 621)

III. Materielle Rechtmäßigkeit der Identitätsfeststellung

1. Tatbestand

Schutzgut der IDF ist die **öffentliche Sicherheit** (Rn 629 ff.). Für diese muss grds. eine **konkrete Gefahr** (Rn 665) bestehen, tw. ist auch eine **drohende Gefahr** ausreichend. Eine **abstrakte Gefahr** (Rn 666) ist ausreichend an gefährlichen und gefährdeten Orten, an Kontrollstellen oder in Kontrollbereichen und in Grenznähe, da diese als neuralgische Örtlichkeiten gelten, bei denen eine IDF ohne Vorliegen einer konkreten Gefahr eine gewisse Abschreckung und eine Verunsicherung des kriminellen Milieus bewirkt. Teilweise sind hier sogar anlasslose Kontrollen als zulässige Maßnahmen vorgesehen.

2. Rechtsfolge

Rechtsfolge ist die **Feststellung der Identität**, ggf. mit Hilfe der in der Befugnisnorm beschriebenen Maßnahmen (Anhalten, Auffordern, sich auszuweisen, Durchsuchen, Verbringen auf die Dienstelle etc.).

Pflichtig sind bei Vorliegen einer **konkreten Gefahr** der **Störer** und unter bestimmten Voraussetzungen auch der **Nichtstörer**. Bei der Abwehr **abstrakter Gefahren** hingegen ist wiederum zu unterscheiden:

⇨ Bei **gefährlichen Orten** ist nach dem Wortlaut der Polizeigesetze der Kreis von Personen, deren Identität festgestellt werden kann, derart weit gefasst, dass jeder erfasst zu sein scheint, der sich an den entsprechenden Orten aufhält oder dort angetroffen wird. Daher ist eine verfassungskonforme Auslegung geboten. So können von vornherein diejenigen aus dem Kreis der Pflichtigen ausgeschlossen werden, bei denen der Verdacht, Störer zu sein, offensichtlich ausscheidet. Eine andere Möglichkeit der Restriktion besteht darin, von einer IDF abzusehen, wenn die Frage, ob der Angetroffene als Störer in Betracht kommt, einer Aufklärung bedarf. Auch ist es möglich, eine Beschränkung des Adressatenkreises durch Heranziehung der Aufgabennorm zu erzielen: Da die Identitätsfeststellung der Person einen Ertrag für die vorbeugende Bekämpfung von Straftaten versprechen muss, muss auch die Person für eine abstrakte Gefahr verantwortlich sein. Schließlich kann dem Begriff des Aufenthalts entnommen werden, dass die Identität nur bei Personen festgestellt werden darf, die an dem gefährdeten Ort verweilen, nicht bei Personen, die ihn lediglich passieren.

⇨ Bei **gefährdeten Orten** darf nach dem Wortlaut der meisten Polizeigesetze die Identität einer Person nur festgestellt werden, wenn es für die Verhütung der befürchteten Straftat erforderlich ist. Das gilt letztlich auch für die IDF bei den **Kontrollstellen**, auch wenn es dem Wortlaut nicht immer deutlich zu entnehmen ist.

⇨ Ein besonderes Problem stellen auch die **grenzverkehrsrelevante Identitätsfeststellung** und die verdachtslose Identitätsfeststellung **im öffentlichen Verkehrsraum** dar. Wendet man die Vorschrift allerdings restriktiv und willkürfrei an und verlangt zumindest eine abstrakte Gefahr für Rechtsgüter von erheblicher Bedeutung und mit internationalem Bezug bzw. die Wahrscheinlichkeit einer schweren Straftat, besteht kein Grund für die Annahme der Verfassungswidrigkeit.

I.Ü. sind die **Ermessengrenzen** und der Grundsatz der **Verhältnismäßigkeit** zu beachten.

ee. Erkennungsdienstliche Maßnahmen

236 Bei **erkennungsdienstlichen Maßnahmen**[310] („ED-Behandlung") handelt es sich nach allgemeiner Auffassung um die Erhebung personenbezogener Daten zur Feststellung der Identität sowie zur Feststellung von Eigenschaften, die die Person identifizieren oder charakterisieren.

237 Ist mit den erkennungsdienstlichen Maßnahmen somit die Erhebung personenbezogener Daten verbunden, greifen sie in das Grundrecht auf **informationelle Selbstbestimmung** (Art. 2 I i.V.m. Art. 1 I GG), ggf. aber auch – da die erkennungsdienstliche Behandlung eine gewisse Zeit auf einer Polizeidienststelle in Anspruch nimmt und der Betroffene zur Überwindung von Widerstand auch festgehalten werden darf – in das Grundrecht der **Freiheit der Person** (Art. 2 II S. 2 GG i.V.m. Art. 104 I GG) ein.

238 Erkennungsdienstliche Maßnahmen sind zwar i.d.R. durch Sichtung und Feststellung körperlicher Merkmale gekennzeichnet, allerdings schließen sie – unter Wahrung des Grundsatzes der Verhältnismäßigkeit – auch leichtere Eingriffe in die körperliche Integrität ein (vgl. dazu Rn 248).

239 Wegen des genannten Grundrechtseingriffs bedürfen erkennungsdienstliche Maßnahmen einer parlamentarischen Rechtsgrundlage, die durchweg in den **Polizeigesetzen** zu finden ist (s.o.). Da andererseits aber auch **§ 81b Var. 2 StPO** erkennungsdienstliche Maßnahmen vorsieht, stellt sich aus systematischer Sicht die Frage nach dem Konkurrenzverhältnis. Geht es um erkennungsdienstliche Maßnahmen im Rahmen der Strafverfolgungsvorsorge, also im Rahmen der „Vorsorge für die Verfolgung noch gar nicht begangener, sondern in ungewisser Zukunft bevorstehender Straftaten", gehören sie zum gerichtlichen Verfahren i.S.d. Art. 74 I Nr. 1 GG.[311] Hat in diesem Zusammenhang der Bundesgesetzgeber von seiner Gesetzgebungskompetenz abschließend Gebrauch gemacht, ist gem. Art. 72 I GG die Gesetzgebungskompetenz der Länder gesperrt. Die Befugnisnormen des allgemeinen Polizei- und Ordnungsrechts sind nicht anwendbar. Geht es indes um Verhütung von Straftaten (überwiegend auch als vorbeugende Bekämpfung von Straftaten bezeichnet), also um Gefahrenabwehr, sind die Bestimmungen der Polizeigesetze einschlägig, da die Länder hierfür die Gesetzgebungskompetenz haben (Art. 30, 70 I GG), siehe dazu Rn 22 ff.

240 Wird also mit der erkennungsdienstlichen Maßnahme nicht die Überführung des Beschuldigten in einem bestimmten Strafverfahren bezweckt, sondern geht es um die **Verhütung von Straftaten**, lässt sich die erkennungsdienstliche Maßnahme auf die entsprechende polizeigesetzliche Vorschrift stützen.

Sind erkennungsdienstliche Maßnahmen der Strafverfolgungsvorsorge auch von der konkurrierenden Gesetzgebungskompetenz des Bundes gem. Art. 74 I Nr. 1 GG erfasst, stützen sich entsprechende Maßnahmen der Polizei auf § 81b Var. 2 StPO, sodass aus systematischer Sicht ein Rückgriff auf das allgemeine Gefahrenabwehrrecht der Länder ausgeschlossen ist. Polizeigesetzliche erkennungsdienstliche Maßnahmen zur Vorsorge für eine etwaige spätere Strafverfolgung sind daher nicht möglich.[312] Geht es im Polizeigesetz aber um die Verhütung von Straftaten (vgl. etwa § 15 I S. 1 Nr. 2 NdsPOG) oder um die vorbeugende Bekämpfung von Straftaten (vgl. etwa Art. 14 I Nr. 3 BayPAG), sind erkennungsdienstliche Maßnahmen auf der Grundlage dieser Bestimmungen durchaus möglich.

---

[310] Vgl. Bund: § 24 BPolG; § 43 BKAG; BW: § 36 PolG; Bay: Art. 14 PAG; Berl: § 23 ASOG; Brand: § 13 PolG; Brem: § 11b PolG; Hamb: § 16 PolDVG; Hess: § 19 SOG; MeckVor: § 31 SOG; Nds: § 15 POG; NRW: § 14 PolG; RhlPfl: § 11 POG; Saar: § 10 PolG; Sachs: § 16 PVDG; SachsAnh: § 21 SOG; SchlHolst: § 183 LVwG; Thür: § 16 PAG.
[311] Siehe BVerfGE 113, 348, 369.
[312] OVG Lüneburg NdsVBl 2015, 228. Zuvor BVerfGE 113, 348, 369 ff.

Die Abgrenzungsproblematik stellt sich aber nicht, wenn es eindeutig um repressiv-polizeiliche erkennungsdienstliche Maßnahmen geht, etwa nach §§ 81b Var. 1, 163b, 163c StPO oder nach den Strafvollzugsgesetzen der Länder.

a.) Formelle Rechtmäßigkeit

Zunächst gelten die allgemeinen Voraussetzungen, die an die formelle Rechtmäßigkeit einer polizeilichen Maßnahme zu stellen sind, nämlich die Beachtung von Zuständigkeits-, Verfahrens- und Formschriften (dazu Rn 607 ff.). Zuständig ist die Polizei; hinsichtlich der erkennungsdienstlichen Maßnahmen von Ausländerbehörden sind jedoch § 71 IV AufenthG und § 19 II AsylG zu beachten. Hinsichtlich des Verfahrens gilt, dass die Anordnung erkennungsdienstlicher Maßnahmen einen **Verwaltungsakt** i.S.v. § 35 VwVfG darstellt, sodass die Anhörungspflicht gem. § 28 I VwVfG zu beachten ist. I.d.R. wird aber der Entbehrlichkeitsgrund des § 28 II Nr. 1 VwVfG in der Variante „öffentliches Interesse" vorliegen; jedenfalls sind eine Heilung gem. § 45 I Nr. 3 VwVfG bzw. eine Unbeachtlichkeit gem. § 46 VwVfG möglich. Da erkennungsdienstliche Maßnahmen eine Form von Datenerhebung sind, gelten für sie darüber hinaus die **Hinweispflichten**, die bei der Datenerhebung unter der Datenerhebungsgeneralklausel und auch allgemein gelten.

241

Zusätzlich statuieren die polizeigesetzlichen Befugnisnormen hinsichtlich erkennungsdienstlicher Maßnahmen, dass, nachdem die Identität festgestellt worden ist und die weitere Aufbewahrung der im Zusammenhang mit der Feststellung angefallenen erkennungsdienstlichen Unterlagen nicht erforderlich gewesen ist oder die Voraussetzungen für die Aufbewahrung der Daten entfallen sind, die erkennungsdienstlichen Unterlagen unverzüglich zu **vernichten** und die personenbezogenen Daten zu **löschen** sind. Diese Regelungen statuieren also eine Vernichtungs- und Löschungspflicht, die von Amts wegen besteht; ein Antrag des Betroffenen ist somit nicht erforderlich, aber auch nicht ausgeschlossen. Die Verpflichtung zu vernichten oder zu löschen besteht jedoch nicht, wenn die Unterlagen oder Daten nach anderen Rechtsvorschriften aufbewahrt bzw. gespeichert werden dürfen. Derartige andere Rechtsvorschriften können sich aus der StPO (wenn die Unterlagen oder Daten zur Durchführung eines Strafverfahrens erforderlich sind) oder speziellen Gesetzen wie z.B. dem Asylgesetz (§ 16 AsylG) und dort, wo es noch an bereichsspezifischen Regelungen zum Datenschutz fehlt, auch aus dem Landesdatenschutzgesetz ergeben.

242

Des Weiteren legen die Polizeigesetze für den Fall, dass die personenbezogenen Daten oder Unterlagen an andere Stellen übermittelt wurden, fest, dass diese über die Löschung oder Vernichtung zu **unterrichten** sind. Zwar haben diese anderen Stellen allein nach den für sie geltenden Rechtsvorschriften zu entscheiden, wann die ihnen übermittelten Unterlagen zu vernichten und Daten zu löschen sind. Aber auch für die Prüfung dieser Frage kann es wesentlich sein, ob aus der Sicht der Stelle, die die erkennungsdienstliche Behandlung vorgenommen hat, noch Gründe für die weitere Aufbewahrung der Unterlagen oder Daten bestehen.

243

Verstöße gegen Hinweis-, Unterrichtungs- und Mitteilungspflichten führen nicht zur Rechtswidrigkeit der erkennungsdienstlichen Maßnahme, da sie diese nicht bedingen, sondern lediglich begleiten und damit nachgeholt werden können.

244

b.) Materielle Rechtmäßigkeit

245 Die Anlasstatbestände für erkennungsdienstliche Maßnahmen variieren in den Befugnisnormen der Polizeigesetze. Typische Anlasstatbestände sind aber:

> **(1)** Eine Identitätsfeststellung ist auf andere Weise nicht oder nur unter erheblichen Schwierigkeiten möglich.
> **(2)** Trotz einer Identitätsfeststellung bestehen Zweifel über die Person oder die Staatsangehörigkeit.
> **(3)** Erkennungsdienstliche Maßnahmen sind zur vorbeugenden Bekämpfung von Straftaten (d.h. zur Verhütung von Straftaten) erforderlich, weil die betroffene Person verdächtig ist, eine mit Strafe bedrohte Tat begangen zu haben, oder wegen einer Straftat verurteilt worden ist, und wegen der Art und Ausführung der Tat die Gefahr der Wiederholung besteht.
> **(4)** Erkennungsdienstliche Maßnahmen sind erforderlich zur Abwehr einer Gefahr[313]

246 Geht es um **vorbeugende Bekämpfung von Straftaten** (Straftatenverhinderung; Straftatenverhütung), bei der die Maßnahmen drohende Rechtsgutverletzungen von vornherein und in einem Stadium verhindern sollen, in dem es noch nicht zu strafwürdigem Unrecht gekommen ist[314], ist – wie aufgezeigt – materielle Voraussetzung für die Vornahme erkennungsdienstlicher Maßnahmen, dass die betroffene Person verdächtig ist, eine mit Strafe bedrohte Tat begangen zu haben, oder wegen einer Straftat verurteilt worden ist, und wegen der Art und Ausführung der Tat die Gefahr der Wiederholung besteht. Der Tatbegehung verdächtig ist eine Person, wenn ein Anfangsverdacht besteht; dieser muss sich auf tatsächliche Anhaltspunkte stützen (insoweit besteht eine Parallele zum für die Einleitung eines Strafverfahrens erforderlichen Anfangsverdacht gem. § 152 II StPO). Zum Begriff der Straftat vgl. die (identischen) Legaldefinitionen in den Polizeigesetzen. Zu beachten ist in diesem Zusammenhang aber: Obwohl Anlass der ED-Behandlung eine Straftat oder zumindest ein Tatverdacht ist, handelt es sich – wenn es um vorbeugende Bekämpfung von Straftaten (Straftatenverhinderung; Straftatenverhütung) geht – um eine präventivpolizeiliche Maßnahme nach den Polizeigesetzen, nicht nach § 81b Var. 2 StPO (siehe dazu Rn 239). In diesem Zusammenhang sind erkennungsdienstliche Maßnahmen auch trotz erfolgter Verurteilung wegen einer Straftat zulässig bei einer entsprechenden Gefahrenprognose, insbesondere bei einer **Wiederholungsgefahr** (s.o.). Die Möglichkeiten der ED-Behandlung beschränken sich also nicht auf den Personenkreis der Tatverdächtigen, die bislang nicht strafrechtlich in Erscheinung getreten sind. Bei der Frage nach der Wiederholungsgefahr kann auf kriminologische Erkenntnisse bzw. Erfahrungssätze zurückgegriffen werden. Bei Anwendung dieser Erfahrungssätze auf den konkreten Fall müssen begründete Anhaltspunkte dafür bestehen, dass der Betroffene künftig strafrechtlich (erneut) in Erscheinung treten wird. Soweit es in den Befugnisnormen zudem „soweit dies ... erforderlich ist", heißt, muss schließlich auch eine Abwägung zwischen den öffentlichen und privaten Interessen getroffen werden. Dabei müssen bei Strafunmündigen auch das jugendliche Alter und die möglichen negativen Wirkungen für die weitere Entwicklung des Kindes Beachtung finden.

> **Beispiel:** Aufgrund verschiedener Zeugenaussagen ist der Polizei bekannt, dass eine aus Kindern bestehende Einbrecherbande von ausländischen Kriminellen angeleitet und geführt wird. Nachdem Ermittlungen zur Aufklärung von Einbrüchen zunächst erfolglos geblieben sind, werden bei einem weiteren Einbruch mehrere Kinder gestellt. Sie werden, da Wiederholungsgefahr besteht, erkennungsdienstlich behandelt.

---

[313] Nach Art. 14 I Nr. 4 BayPAG auch zur Abwehr einer drohenden Gefahr für ein bedeutendes Rechtsgut (siehe dazu sogleich Rn 247 sowie Rn 673a ff.).
[314] BVerfGE 113, 348, 369.

Sofern (wie in Bayern) erkennungsdienstliche Maßnahmen auch zur Abwehr einer **drohenden Gefahr** für ein bedeutendes Rechtsgut zulässig sind (vgl. Art. 14 I Nr. 4 BayPAG), ist dies mit Blick auf den Bestimmtheitsgrundsatz und den Grundsatz der Verhältnismäßigkeit nicht ganz unproblematisch. Denn anders als bei einer konkreten Gefahr, also einer Sachlage, bei der im einzelnen Fall die hinreichende Wahrscheinlichkeit besteht, dass in absehbarer Zeit ein *Schaden* für eines der Schutzgüter der öffentlichen Sicherheit (oder Ordnung) eintreten wird[315], ist die drohende Gefahr dadurch gekennzeichnet, dass in absehbarer Zeit der Eintritt einer konkreten Gefahr vermutet wird. Immerhin veranlasst die drohende Gefahr Eingriffsmaßnahmen nur dann, wenn Angriffe von erheblicher Intensität oder Auswirkung auf ein bedeutendes Rechtsgut zu erwarten sind (so Art. 11 III S. 1 BayPAG). Zwar besteht durch die Beschränkung der „bedeutenden Rechtsgüter" auf den Bestand und die Sicherheit des Bundes oder eines Landes, das Leben, die Gesundheit und die Freiheit, die sexuelle Selbstbestimmung, erhebliche Eigentumspositionen und Sachen, deren Erhalt im besonderen öffentlichen Interesse liegt (Art. 11 III S. 2 BayPAG), eine Einschränkung der tatbestandlichen Weite, gleichwohl ist die zeitliche „Vorverlagerung" der Einschreitmöglichkeit unübersehbar. Zur Frage nach der Verfassungskonformität des Genügenlassens der drohenden Gefahr hatte sich seinerzeit auch das BVerfG geäußert.[316] Allerdings ging es um die Zulässigkeit von heimlichen Überwachungsmaßnahmen, die tief in das Privatleben hineinreichen und daher nur zum Schutz besonders gewichtiger Rechtsgüter wie Leib, Leben und Freiheit der Person sowie der Bestand oder die Sicherheit des Bundes oder eines Landes zulässig sind.[317] Hinsichtlich des Gefahrengrads, der zur heimlichen Überwachungsmaßnahme veranlasst, hat das BVerfG entschieden, dass diese mit Blick auf die hohe Eingriffsintensität u.a. nur dann verhältnismäßig sei, wenn eine Gefährdung der genannten Rechtsgüter im Einzelfall hinreichend konkret absehbar sei.[318] Eine hinreichend konkretisierte Gefahr in diesem Sinne könne aber bereits dann bestehen, wenn sich der zum Schaden führende Kausalverlauf noch nicht mit hinreichender Wahrscheinlichkeit vorhersehen lässt, sofern bereits bestimmte Tatsachen auf eine im Einzelfall drohende Gefahr für ein überragend wichtiges Rechtsgut hinweisen. Damit hat das BVerfG also durchaus die „drohende" Gefahr anerkannt, es hatte dabei aber klar den qualifizierten Rechtsgüterschutz vor Augen. Ob die in Art. 11 III S. 2 BayPAG genannten Schutzgüter gewichtig genug sind, um erkennungsdienstliche Maßnahmen (und die damit verbundene Speicherung in polizeilichen Datenbanken) auf der Grundlage einer lediglich drohenden Gefahr zu rechtfertigen, wird die Rechtsprechung aufzeigen. Wirklich problematisch könnten allein die Sachen sein, deren Erhalt im besonderen öffentlichen Interesse liegt. Subsumiert man darunter v.a. kritische Infrastruktureinrichtungen, also solche Einrichtungen, bei deren Ausfall oder Beeinträchtigung nachhaltig wirkende Versorgungsengpässe, erhebliche Störungen der öffentlichen Sicherheit oder andere dramatische Folgen eintreten würden[319] (beispielhaft seien Energieversorgungsanlagen, Telekommunikationsanlagen, Straßenverkehrseinrichtungen, Einrichtungen der staatlichen Verwaltung genannt), dürften erkennungsdienstliche Maßnahmen auch zur Abwehr einer nur „drohenden" Gefahr zulässig sein, wenn man zudem die Ableitungsvoraussetzungen der drohenden Gefahr restriktiv handhabt (siehe Art. 11 III S. 1 BayPAG: Das individuelle Verhalten einer Person begründet die konkrete Wahrscheinlichkeit, dass in absehbarer Zeit ein Angriff von erheblicher Intensität oder Auswirkung zu erwarten ist, oder Vorbereitungshandlungen lassen für sich oder

---

[315] Vgl. nur die Legaldefinitionen in § 2 Nr. 3a BremPolG, § 2 Nr. 1a NdsPOG, § 3 Nr. 3a SachsAnhSOG und § 54 Nr. 3a ThürOBG. Vgl. auch BVerwGE 45, 51, 57; *Denninger*, in: Lisken/Denninger, D Rn 47; *Schenke*, POR, Rn 69; *Krüger*, JuS 2013, 985, 987 f.
[316] BVerfGE 141, 220, 272 f.
[317] BVerfGE 141, 220, 270 mit Verweis auf BVerfGE 120, 274, 328; 125, 260, 330.
[318] BVerfGE 141, 220, 271 mit Verweis auf BVerfGE 120, 274, 328 f.; 125, 260, 330 f.
[319] Siehe Bundesamt für Bevölkerungsschutz und Katastrophenhilfe:
https://www.bbk.bund.de/DE/AufgabenundAusstattung/KritischeInfrastrukturen/kritischeinfrastrukturen_node.html

zusammen mit weiteren bestimmten Tatsachen den Schluss auf ein seiner Art nach konkretisiertes Geschehen zu, wonach in absehbarer Zeit ein Angriff von erheblicher Intensität oder Auswirkung zu erwarten ist).

248 Welche **Maßnahmen** als erkennungsdienstliche Maßnahmen in Betracht kommen, legen die Befugnisnormen der Polizeigesetze im Einzelnen fest. In den Polizeigesetzen werden

- die Abnahme von Finger- und Handflächenabdrücken,
- die Aufnahme von Lichtbildern,
- die Feststellung äußerlicher körperlicher Merkmale,
- Messungen
- und neuerdings teilweise auch die Entnahme von Körperzellen und deren molekulargenetische Untersuchung zur Feststellung des DNA-Identifizierungsmusters

genannt (vgl. nur Art. 14 II BayPAG, § 16 III HmbPolDVG, § 15 III NdsPOG, § 14 IV NRWPolG; zur DNA-Analyse siehe Art. 14 III BayPAG und § 15a NdsPOG, dazu sogleich), wobei die Polizeigesetze diesen Maßnahmenkatalog nicht als abschließend verstanden haben wollen („Erkennungsdienstliche Maßnahmen sind insbesondere ..." bzw. „und andere vergleichbare Maßnahmen"). Damit sind auch andere, unbenannte Maßnahmen denkbar, solange sie nur mit den aufgezeigten „vergleichbar" sind.

Die Abnahme von **Finger- und Handflächenabdrücken** ist trotz zunehmender Bedeutung der DNA-Analyse und des Abgleichs mit an Tatorten sichergestellten DNA-Spurenmaterialien nach wie vor eine wichtige erkennungsdienstliche Maßnahme. Denn nicht selten hinterlassen Täter (bzw. polizeirechtlich Verantwortliche) am Tatort Finger- und/oder Handflächenabdrücke. Diese beinhalten unveränderliche und individuelle Merkmale jedes Menschen und können so zur Identifizierung beitragen. Die zwecks Abgleichs vom ED-Behandelten entnommenen Finger- und Handflächenabdrücke werden dann mit den am Tatort sichergestellten Finger- und Handflächenabdrücken abgeglichen. Gleiches gilt auch umgekehrt: Am Tatort sichergestellte Finger- und Handflächenabdrücke werden mit in Datenbanken vorhandenen, aus einer ED-Behandlung stammenden, abgeglichen. Die Entnahme von Finger- und Handflächenabdrücken geschieht heute nur noch vereinzelt mittels „Stempelkissens" und Abdrucks auf sog. Fingerabdruckblättern. Heutzutage üblich ist der Digitalscan: Mittels „Automatisierten Fingerabdruck-Identifizierungs-Systems" (AFIS)[320] erfolgt der Abgleich mit bereits im System (d.h. zentral beim BKA) gespeicherten Finger- und Handflächen. Auf diese Weise lässt sich ein „Treffer" oder „Nicht-Treffer" sehr schnell feststellen. Sofern die Polizei vor Ort über ein Digitalscangerät verfügt, geschieht der Abgleich im „Fast-ID-Verfahren" mittels Dateifernübertragung mit der Folge, dass der Betroffene im „Nicht-Trefferfall" ggf. keiner weiteren ED-Behandlung auf der Dienststelle zugeführt werden muss.

Auch die Aufnahme von **Lichtbildern** dient der Erhebung und Speicherung von äußerlich erkennbaren persönlichen Merkmalen (Gesichtsmerkmale, (sonstige) körperliche Merkmale). Die Lichtbilder werden im Informationssystem der Polizei (INPOL)[321] gespeichert, um einen Abgleich mit bereits gespeicherten Lichtbildern zu ermöglichen. Zugang zum INPOL hat jede Polizeidienststelle.

Zu den (sonstigen) **äußerlich wahrnehmbaren Merkmalen** und den Messungen zählen etwa Stimm- und Schriftproben, die Feststellung von Narben und Tätowierungen, Augen- und Haarfarbe, Feststellung von Körpergewicht und -größe, Puls- und Atemfrequenz. Die Aufnahme von Lichtbildern umfasst auch das Verändern von Haar- und/ oder Barttracht, sodass das gewonnene Bildmaterial mit schon vorhandenem vergleichbar wird. Soweit es zur

---

[320] Siehe dazu Rn 370.
[321] Siehe dazu Rn 362 ff.

Feststellung der Identität erforderlich ist, darf die Polizei in einigen Ländern auch Befragungen anderer Personen vornehmen, Urkunden oder sonstige Unterlagen einsehen (§ 16 III S. 2 HmbPolDVG). Ist eine Identitätsfeststellung unbekannter Toter auf andere Weise nicht möglich, darf die Polizei DNA-Material von vermissten Personen und unbekannten Toten sicherstellen, aufgrund richterlicher Anordnung molekulargenetische Untersuchungen durchführen und das erlangte DNA-Identifizierungsmuster zu diesem Zweck in einer Datei speichern; eine Nutzung für andere Zwecke ist nicht zulässig und nach Beendigung der Maßnahme ist das DNA-Identifizierungsmuster zu vernichten (§ 16 IV HmbPolDVG). Und gem. Art. 14 III S. 1 BayPAG darf die Polizei dem Adressaten der erkennungsdienstlichen Maßnahme Körperzellen entnehmen und diese zur Feststellung des DNA-Identifizierungsmusters molekulargenetisch untersuchen, wenn dies zur Abwehr einer Gefahr für ein bedeutendes Rechtsgut erforderlich ist und andere erkennungsdienstliche Maßnahmen nicht hinreichend sind. Sofern mit der Entnahme von Körperzellen ein Eingriff verbunden ist, darf dieser gem. Art. 14 III S. 2 BayPAG nur von einem Arzt vorgenommen werden. Anordnungsbefugt ist der Richter; bei Gefahr im Verzug allerdings auch die in Art. 36 IV S. 2 und 3 BayPAG genannten Personen (Art. 14 III S. 4 BayPAG). Um die Intensität des Grundrechtseingriffs abzumildern, darf sich gem. Art. 14 IV S. 1 BayPAG die molekulargenetische Untersuchung allein auf das DNA-Identifizierungsmuster erstrecken. Anderweitige Untersuchungen oder anderweitige Feststellungen (etwa, um Informationen über Erbanlagen oder Krankheiten zu gewinnen) sind gem. Art. 14 IV S. 2 BayPAG unzulässig. § 15a NdsPOG beschränkt die molekulargenetische Untersuchung zur Identitätsfeststellung auf hilflose Personen und Leichen.

248a Nach dem OVG Lüneburg ist u.U. auch die Vermessung äußerer körperlicher Merkmale im Intimbereich von § 15 I S. 1 Nr. 2 NdsSOG (jetzt: § 15 I S. 1 Nr. 2 NdsPOG) gedeckt. Im zu entscheidenden Fall ging es um einen aus der Haft entlassenen Sexualstraftäter, dessen Geschlechtsteil im Rahmen einer erkennungsdienstlichen Maßnahme vermessen wurde. Die Vermessung sei erforderlich, weil der Täter einer Vergewaltigung durch Tragen einer Maske sein Gesicht verbergen könne und daher das Geschlechtsteil als Identifikationsmerkmal dienen könne. Diese Maßnahme sei auch verhältnismäßig. Dem Eingriff in das allgemeine Persönlichkeitsrecht und die Menschenwürde des Betroffenen stünden die schutzwürdigen Interessen potentieller Opfer weiterer Sexualstraftaten gegenüber. Angesichts des erheblichen Gewichts der Verhütung von Sexualstraftaten müssten die Interessen des Betroffenen zurücktreten.[322] Das ist in zweierlei Hinsicht abzulehnen. Zunächst hätte das OVG rechtsmethodisch die Menschenwürde keiner Abwägung zuführen dürfen, da – mit Blick auf die unmissverständliche Formulierung „unantastbar" in Art. 1 I S. 1 GG – nach ständiger Rechtsprechung (insbesondere des BVerfG) die Menschenwürde keiner Abwägung offensteht.[323] Weiterhin ist der Eingriff in die Intimsphäre unverhältnismäßig, weil zur vorbeugenden Bekämpfung von Straftaten – wie aufgezeigt – materielle Voraussetzung für die Vornahme erkennungsdienstlicher Maßnahmen ist, dass wegen der Art und Ausführung der Tat die Gefahr der Wiederholung besteht. Die bloße Möglichkeit, der Täter könne allein deswegen, weil er wegen einer Sexualstraftat verurteilt worden war, erneut eine Sexualstraftat begehen, reicht sicher nicht aus. Erforderlich wäre zumindest der Nachweis einer abstrakten Gefahr (dazu Rn 249).

248b **Zu weit** ginge es jedenfalls, Maßnahmen, die mit größeren Eingriffen in die körperliche Unversehrtheit verbunden sind (z.B. Blutentnahmen, Entnahmen von Gewebematerial), noch als von der Befugnisnorm (des § 15 NdsPOG) umfasst anzusehen. Möchte der Gesetzgeber derartige Maßnahmen zulassen, muss er diese explizit in der Vorschrift benennen (wie dies etwa durch Art. 14 III BayPAG geschehen ist). In jüngerer

---

[322] OVG Lüneburg NdsVBl 2015, 228.
[323] Vgl. BVerfGE 32, 98, 108; 45, 187, 227; 50, 166, 175; 54, 341, 357; 87, 209, 228; 96, 375, 398; 102, 370, 389; 109, 133, 149.

Zeit sind auch einige Bundesländer dazu übergegangen, die DNA-Analyse aus Gründen der **vorbeugenden Bekämpfung von Straftaten** als erkennungsdienstliche Maßnahme in ihre Polizeigesetze aufzunehmen (siehe etwa § 19 III HessSOG). Mit Blick auf das Urteil des BVerfG zur präventiven Telekommunikationsüberwachung, bei der das Gericht entschieden hat, dass die vorbeugende Bekämpfung von Straftaten präventiv-objektiv unmittelbar auf den Schutz der Integrität der Rechtsordnung und der durch sie geschützten Rechtsgüter gerichtet und daher der Gefahrenabwehr zuzuordnen sei[324], dürfte die verfassungsrechtliche Zulässigkeit derartiger Befugnisse in den Polizeigesetzen der Länder jedenfalls nicht in kompetentieller Hinsicht in Frage zu stellen sein. Im Bereich der Strafverfolgung sind §§ 81e, 81f StPO einschlägige Rechtsgrundlagen.

249 Dient die erkennungsdienstliche Maßnahme der **Identitätsfeststellung**, ist sie folgerichtig auf die **Gefahr** bezogen, die durch die Identitätsfeststellung abgewehrt werden soll.[325] Dient die erkennungsdienstliche Maßnahme der **vorbeugenden Bekämpfung** von Straftaten, will sie dazu beitragen, dass eine Wiederholungstat verhindert wird. Sie dient mithin der Abwehr einer – wenn auch nur abstrakten – Wiederholungsgefahr. Diese Gefahr ist besonders bei Straftaten der Organisierten Kriminalität, des politischen Extremismus und der gewalttätigen Hooligan-Szene gegeben.

> **Beispiel**[326]: Bei Ausschreitungen von gewalttätigen Hooligans werden diese von der Polizei in Gewahrsam genommen und erkennungsdienstlich u.a. durch Anfertigung von Lichtbildern erfasst. Zweck der Datenerhebung ist es, künftig per Videoüberwachung anreisende Besucher von bestimmten Großveranstaltungen zu beobachten und gewalttätige Hooligans zu erkennen und in Gewahrsam zu nehmen, bevor diese erneut Gewalttätigkeiten verüben können.

250 **Adressat** der präventivpolizeilichen, erkennungsdienstlich veranlassten Identitätsfeststellung ist jeder, dessen Identität zum Zweck der in den Vorschriften über die erkennungsdienstlichen Maßnahmen genannten Ziele festgestellt werden soll. Die tatbestandlichen Beschränkungen gegen Nichtverantwortliche sind ebenfalls den jeweiligen Vorschriften zu entnehmen (vgl. etwa § 15 I S. 3 NdsPOG: keine erkennungsdienstlich veranlasste Identitätsfeststellung gegenüber nicht verantwortlicher Person, es sei denn, dass die Person Angaben über die Identität verweigert oder Tatsachen den Verdacht einer Täuschung über die Identität begründen).

251 Schließlich ist auch bei den erkennungsdienstlichen Maßnahmen der Grundsatz der **Verhältnismäßigkeit** zu beachten. Gemäß den Bestimmungen der Polizeigesetze sind erkennungsdienstliche Maßnahmen zulässig zur Identitätsfeststellung, soweit die Identität nicht auf andere Weise festgestellt werden kann. **„Auf andere Weise"** kann die Identität z.B. durch Einholung von Auskünften vertrauenswürdiger Gewährspersonen festgestellt werden. Damit tragen die Vorschriften dem Verhältnismäßigkeitsgrundsatz bereits auf Tatbestandsebene Rechnung. Erkennungsdienstliche Maßnahmen sind daher nur dann zulässig, wenn die Identitätsfeststellung „auf andere Weise" keinen Erfolg haben, ausnahmsweise von vornherein nicht zum Erfolg führen würde oder wegen der mit ihr verbundenen erheblichen Schwierigkeiten ausscheiden müsste (z.B. wenn der Aufenthaltsort einer genannten Gewährsperson erst umständlich ermittelt werden müsste).

252 Weiteres Kennzeichen des Verhältnismäßigkeitsgrundsatzes ist insbesondere der Vorrang der offenen vor der verdeckten Datenerhebung.

---

[324] BVerfGE 113, 348, 369. Siehe bereits Rn 22b.
[325] *Kingreen/Poscher*, POR, § 14 Rn 63.
[326] *Kingreen/Poscher*, POR, § 14 Rn 65.

Zur **Durchsetzung** einer erkennungsdienstlichen Maßnahme darf die Polizei die betreffende Person **vorladen** (siehe etwa § 16 I Var. 3 NdsPOG: Vorladung, wenn dies zur Durchführung erkennungsdienstlicher Maßnahmen erforderlich ist). Insoweit handelt es sich bei der Vorladung um eine Vorbereitungsmaßnahme, die wegen ihres eigenständigen Grundrechtseingriffs jedoch separat zu prüfen ist. Kommt der Betroffene der Vorladung, die der Vorbereitung erkennungsdienstlicher Maßnahmen dient, nicht nach, ist zu beachten, dass die Polizei die Vorladung nicht mit Zwangsmitteln durchsetzen darf (dies darf sie nach den einschlägigen Bestimmungen der Polizeigesetze nur dann, wenn die Vorladung der Identitätsfeststellung dient).

Die Befugnis zur erkennungsdienstlichen Maßnahme beinhaltet geringfügige körperliche Einwirkungen, die zur Durchführung der Maßnahme erforderlich sind. Die die Geringfügigkeitsschwelle übersteigende Zwangsmaßnahmen können nur auf der Basis der Vorschriften über den **unmittelbaren Zwang** gerechtfertigt werden.

> **Beispiel**[327]: Möchte die Polizei Fingerabdrücke nehmen, darf sie auf der Grundlage der Befugnisnorm über die erkennungsdienstlichen Maßnahmen die Hand des Betroffenen anfassen und die Finger an den Scanner[328] halten, sofern der Betroffene einverstanden ist. Sperrt sich der Betroffene jedoch, ist das gewaltsame Führen und Halten der Finger an den Scanner nur unter den zusätzlichen Voraussetzungen des unmittelbaren Zwangs zulässig (etwa nach § 69 I NdsPOG: „Unmittelbarer Zwang ist die Einwirkung auf Personen oder Sachen durch körperliche Gewalt, durch ihre Hilfsmittel und durch Waffen"; nach § 69 II NdsPOG ist körperliche Gewalt „jede unmittelbare körperliche Einwirkung auf Personen oder Sachen").

c.) Rechtsschutz

Eine erkennungsdienstliche Maßnahme ist ein Verwaltungsakt, da zumindest die Duldung der Maßnahme angeordnet wird. Die Rechtmäßigkeit einer solchen Maßnahme kann daher – wegen regelmäßig vorliegender Erledigung – mit Hilfe der Fortsetzungsfeststellungsklage, ggf. analog § 113 I S. 4 VwGO, überprüft werden. Sollte die erkennungsdienstliche Maßnahme mit Mitteln des Verwaltungszwangs durchgesetzt worden sein, sind gegen die Anwendung der Zwangsmaßnahme (bei Eintritt der Erledigung) die Fortsetzungsfeststellungsklage analog § 113 I S. 4 VwGO oder die allgemeine Leistungsklage statthaft, je nachdem, ob man in der Anwendung des Zwangsmittels einen Verwaltungsakt oder lediglich schlichtes Verwaltungshandeln sieht.

---

[327] *Kingreen/Poscher*, POR, § 14 Rn 68.
[328] Zum AFIS vgl. bereits Rn 248, aber auch unten Rn 370.

ff. Verdeckte Datenerhebung durch besondere Mittel

256 Neben den bisher dargestellten Mitteln der Datenerhebung sind in den novellierten Polizeigesetzen vielfach **besondere Mittel** der **Datenerhebung** geregelt, die typischerweise **heimlich** oder **verdeckt** erfolgen bzw. gerade auf Heimlichkeit und Verdecktheit angelegt sind. Darunter fallen (insbesondere)

- die längerfristige Observation (Rn 258 ff.),
- der verdeckte Einsatz technischer Mittel zum Abhören und Aufzeichnen des gesprochenen Wortes, insbesondere in und aus Wohnungen (sog. „Lauschangriff", Rn 268 ff.),
- der verdeckte Einsatz technischer Mittel zur Anfertigung von Bildaufnahmen und Bildaufzeichnungen (Rn 290 ff.),
- die Telekommunikationsüberwachung („TKÜ", Rn 293 ff.) und die Quellen-Telekommunikationsüberwachung („Quellen-TKÜ", Rn 308t ff.),
- die Standortermittlung („Handy-Ortung", Rn 294f/305),
- die „Online-Durchsuchung", d.h. die heimliche Infiltration informationstechnischer Systeme, um die Systeme zu überwachen und Daten auszulesen (Rn 308 ff.),
- die Erhebung und Speicherung von Verkehrsdaten (Rn 309 ff.)
- sowie der Einsatz verdeckter Ermittler („VE", Rn 314 ff.) und von Vertrauenspersonen (V-Leuten, Rn 310 ff.).

257 Wegen der hohen Eingriffsintensität dieser Maßnahmen, aber auch wegen der Hochwertigkeit der betroffenen Grundrechte (insbesondere des **Telekommunikationsgeheimnisses** nach Art. 10 I GG und des **Wohnungsgrundrechts** nach Art. 13 I GG, aber auch des **allgemeinen Persönlichkeitsrechts** nach Art. 2 I i.V.m. 1 I GG) ist die Datenerhebung mit besonderen Mitteln an das Vorliegen spezieller Voraussetzungen geknüpft. So besteht in materiell-rechtlicher Hinsicht vielfach etwa das Erfordernis der Abwehr einer **gegenwärtigen Gefahr für Leib, Leben oder Freiheit einer Person oder einer Straftat von erheblicher Bedeutung**. Noch schärfere Anforderungen an die Datenerhebung in und aus **Wohnungen** stellt Art. 13 III-VII GG. Denn die Unverletzlichkeit der Wohnung hat einen engen Bezug zur **Menschenwürde** und zu dem verfassungsrechtlichen Gebot unbedingter Achtung einer Sphäre der ausschließlich privaten – „höchstpersönlichen" – Entfaltung. Die vertrauliche Kommunikation benötigt einen räumlichen Schutz, auf den die Bürger vertrauen können. Dem Einzelnen soll das Recht, in Ruhe gelassen zu werden, gerade in seinen privaten Wohnräumen gesichert sein, und zwar ohne Angst, dass staatliche Stellen die Entfaltung seiner Persönlichkeit im **Kernbereich privater Lebensgestaltung** überwachen. In diesen Kernbereich darf die heimliche (technische) Überwachung von Wohnraum nicht eingreifen, und zwar auch nicht im Interesse der Effektivität der Prävention oder der Strafrechtspflege oder der Erforschung der Wahrheit. Eine Abwägung nach Maßgabe des Verhältnismäßigkeitsgrundsatzes zwischen der Unverletzlichkeit der Wohnung und dem Strafverfolgungsinteresse bzw. der Gefahrenabwehr findet insoweit nicht statt. Selbst überwiegende Interessen der Allgemeinheit können einen Eingriff in diese Freiheit zur Entfaltung in den höchstpersönlichen Angelegenheiten nicht rechtfertigen. Allerdings verletzt nicht jede akustische bzw. optische Überwachung die Menschenwürde. So gehören Gespräche über begangene Straftaten ihrem Inhalt nach nicht zum absolut geschützten Kernbereich privater Lebensgestaltung (dazu näher Rn 273). Hinsichtlich der **Überwachung der Telekommunikation**, der **Quellen-Telekommunikation** und der **Online-Durchsuchung** von informationstechnischen Systemen gelten im Hinblick auf die Rechtfertigung ähnlich hohe Maßstäbe. Im Einzelnen gilt:

a.) Längerfristige Observation

Längerfristige Observation[329] ist eine planmäßig angelegte Beobachtung, die länger als 24 Stunden oder an mehreren Tagen/Wochen[330] vorgesehen ist oder tatsächlich durchgeführt wird.

258

Die längerfristige Observation kann nach den meisten polizeigesetzlichen Bestimmungen ausschließlich **verdeckt** erfolgen. Ist unter den in diesen Vorschriften genannten Voraussetzungen die verdeckte Datenerhebung zulässig, kommen alle Tarnmaßnahmen in Betracht, die erforderlich sind, damit die verdeckte Datenerhebung nicht als solche erkennbar ist. Dazu gehört der getarnte Einsatz eines Observationsfahrzeugs als Firmenwagen („Sanitär Meier GbR") ebenso wie die Vortäuschung einer falschen Identität des ermittelnden Beamten („verdeckter Ermittler"). Erfolgt die Observation **offen**, kann sie lediglich auf die diesbezüglichen polizeigesetzlichen Bestimmungen gestützt werden. Dagegen kann der verdeckte Einsatz **technischer Mittel** (z.B. heimliche Bild- oder Tonaufnahmen) von vornherein nicht auf die Befugnisnorm zur längerfristigen Observation gestützt werden. Zum einen sind technische Mittel nicht in den Vorschriften erwähnt und zum anderen machten ansonsten die Vorschriften über den verdeckten Einsatz technischer Mittel keinen Sinn.

Für den Bereich der **Strafverfolgung** regelt die StPO in § 163f die längerfristige Observation. Kurzfristige Observationen zur Strafverfolgung können auf die Generalklausel des § 163 I StPO gestützt werden.

259

aa.) Formelle Rechtmäßigkeit

Hinsichtlich der formellen Rechtmäßigkeit gelten zunächst die allgemeinen Voraussetzungen (Zuständigkeit, Verfahren und Form, siehe Rn 607 ff.). Eine besondere (und zusätzlich zu prüfende) Verfahrensvorschrift stellt die bereits mehrfach erwähnte Vorschrift über die „**Grundsätze der Datenerhebung**" dar. Diese Vorschrift stellt besondere Anforderungen an die Rechtmäßigkeit der Datenerhebung, die zugleich für alle Maßnahmen der Erhebung personenbezogener Daten gelten. Da die längerfristige Observation aber grds. verdeckt erfolgen muss, sind stets die Ausnahmeregelungen der Verfahrensvorschrift für die verdeckte Datenerhebung heranzuziehen. Im Übrigen ist der in den Befugnisnormen einiger Polizeigesetze hinsichtlich der Observation statuierte **Richtervorbehalt** zu beachten.

260

bb.) Materielle Rechtmäßigkeit

In materieller Hinsicht normieren die Polizeigesetze verschiedene Voraussetzungen für die Zulässigkeit der längerfristigen Observation.

261

(1) I.d.R. ist die Personenbeobachtung zulässig zur **Abwehr einer gegenwärtigen Gefahr für Leib, Leben oder Freiheit**. In diesem Fall kann Objekt der Observation nur ein polizeirechtlich **Verantwortlicher** sein. Zudem darf die Abwehr der Gefahr auf andere Weise nicht möglich erscheinen.

(2) Auch lassen die Polizeigesetze oftmals die Observation von Personen zu, bei denen **Tatsachen die Annahme rechtfertigen**, dass sie **Straftaten von erheblicher**

---

[329] Vgl. Bund: § 28 II Nr. 1 BPolG, §§ 45 II Nr. 1, 64 II Nr. 1 BKAG; BW: § 22 I Nr. 1 PolG; Bay: Art. 36 I Nr. 1 PAG; Berl: § 25 I Nr. 1 ASOG; Brand: § 32 PolG; Brem: § 32 PolG; Hamb: § 9 I PolG; Hess: § 15 I SOG; MeckVor: § 33 I Nr. 1 SOG; Nds: § 34 I POG; NRW: § 16a I PolG; RhlPfl.: 28 I I POG; Saar: § 28 I Nr. 1 PolG; Sachs: § 63 I Nr. 1 PVDG; SachsAnh: § 17 I Nr. 1 SOG; SchlHolst: § 185 I Nr. 2a LVwG; Thür: § 34 II Nr. 1 PAG.
[330] Hinsichtlich des Zeitraums unterscheiden sich die einzelnen Bestimmungen.

Bedeutung[331] begehen werden, wenn die Verhütung der Straftaten auf andere Weise nicht möglich erscheint.

(3) Schließlich ist die Beobachtung von **Kontakt- oder Begleitpersonen** zulässig, wenn aufgrund bestimmter Tatsachen anzunehmen ist, dass sie mit einer Person nach Nr. (1) oder (2) in Verbindung stehen oder eine solche Verbindung hergestellt wird, dass die Maßnahme zur Erforschung des Sachverhalts oder zur Ermittlung des Aufenthalts der Person führen wird und auf andere Weise weniger Erfolg versprechend oder wesentlich erschwert wäre. Freilich ist auch hier die Abwehr einer Gefahr (oder – wie in Bayern – einer drohenden Gefahr für ein bedeutendes Rechtsgut[332]) erforderlich.

262 **Zweck** der längerfristigen Observation ist also im Wesentlichen die Verhinderung von Schäden an bedeutsamen polizeirechtlich geschützten Schutzgütern (nicht die Aufklärung von Straftaten, wofür die StPO mit § 163f eine entsprechende Rechtsgrundlage enthält), also in Fällen schwerster Kriminalität (z.B. Entführungen und Geiselnahmen) und in Fällen fortgesetzter banden- und gewerbsmäßiger sowie Organisierter Kriminalität. Auch kann eine längerfristige Observation in Form der (offenen) Dauerobservation der Verhütung von Gewalt- und Sexualstraftaten dienen, wie das z.B. in Hamburg mit der Einfügung des § 12c HmbSOG („Polizeiliche Begleitung") gesetzlich ermöglicht wurde. Damit ist es bspw. möglich, aus der Strafhaft entlassene Sexualstraftäter, bei denen eine Sicherungsverwahrung aus Rechtsgründen ausscheidet, für die Dauer von 3 Monaten (mit Verlängerungsmöglichkeit) zu observieren.

263 Die sinngemäße Formulierung **„wenn nicht in anderer Weise"** in allen drei Nummern stellt eine besondere Ausprägung des Verhältnismäßigkeitsgrundsatzes dar. Unzulässig wäre also eine „lückenlose" Erhebung und Dokumentation aller erkennbaren Daten über die beobachtete Person. Das betrifft insbesondere die Datenerhebung über (unverdächtige) Kontakt- oder Begleitpersonen im Rahmen der Observation nach Nr. 3. Erforderlich ist immer nur die Erhebung derjenigen Daten, die für die Aufgabenerfüllung relevant sein können. Etwas anderes gilt für den Fall, dass Dritte von der Datenerhebung unvermeidbar betroffen werden, z.B. weil sie sich in der Nähe der observierten Person aufhalten.

> **Beispiel:** Die Polizei observiert aus präventiven Gründen Angehörige einer Personengruppe, die als Drogenhändler in Betracht kommen. In diesem Zusammenhang werden auch unbeteiligte Passanten abgelichtet.
>
> Diese Maßnahme ist rechtmäßig, weil sich die unbeteiligten Passanten in der Nähe der observierten Personen aufhalten. Außerdem kann niemand ausschließen, dass ein als „harmlos" vermuteter Passant nicht doch im Zusammenhang mit dem erwarteten Drogenhandel steht.

264 Die längerfristige Observation enthält **keine** Befugnis für die Erhebung von Daten in oder aus einer **Wohnung**. Das heimliche Eindringen in eine Wohnung, auch mittels außerhalb der Wohnung angebrachter technischer Mittel (Richtmikrofone, Kameras mit Teleobjektiven, Ferngläser), um dort eine Observation durchzuführen, ist von der Befugnisnorm über die Observation nicht umfasst. Allerdings enthalten die Polizeigesetze in den Bestimmungen über den verdeckten Einsatz technischer Mittel entsprechende Befugnisse (vgl. dazu Rn 268 ff./290 ff.).

265 Eine Observation, die die Voraussetzungen der längerfristigen Observation nicht erfüllt (sog. **kurzfristige** Observation), ist gemäß den polizeigesetzlichen Bestimmungen bereits dann zulässig, wenn „dies zum Zweck der Gefahrenabwehr erforderlich ist" und wenn ohne diese Maßnahme die Erfüllung der polizeilichen Aufgabe gefährdet würde.

---

[331] Vgl. dazu die Legaldefinitionen einiger Polizeigesetze (z.B. § 2 Nr. 5 BremPolG oder § 2 Nr. 10 NdsPOG).
[332] Zur drohenden Gefahr und zu den bedeutenden Rechtsgütern in diesem Sinne vgl. Rn 673a ff.

Der Aussagegehalt dieser Formulierung ist fraglich, da hier lediglich auf die Aufgabenzuweisungsnorm verwiesen wird. Zudem ist die Polizei ohnehin (und zwar bei allen Maßnahmen) nur dann zu Eingriffen befugt, wenn dies zum Zweck der Gefahrenabwehr erforderlich ist.

cc.) Rechtsschutz

Zumindest bei der heimlichen Observation handelt es sich um schlicht hoheitliches Handeln. Denn wäre sie ein Verwaltungsakt, müsste man die Unwirksamkeit annehmen, weil ein Verwaltungsakt zu seiner Wirksamkeit zumindest bekannt gegeben werden muss (vgl. § 43 I S. 1 VwVfG); Zweck der heimlichen Observation ist aber gerade, dass sie ohne Kenntnis des Betroffenen erfolgt. **266**

Rechtsschutz bietet v.a. die **allgemeine Feststellungsklage** gem. § 43 VwGO, gerichtet auf die Feststellung, dass die Maßnahme rechtswidrig gewesen sei. Auch wenn der Betroffene nachträglich über die Maßnahme informiert wird, wird aus ihr nicht im Nachhinein ein Verwaltungsakt. Zur grundsätzlichen Notwendigkeit eines gerichtlichen Rechtsschutzes trotz ergangener richterlicher Anordnung vgl. Rn 287. **267**

b.) Großer Lauschangriff

268 Bei dem sog. **großen Lauschangriff**[333] handelt es sich um den **verdeckten Einsatz** technischer Mittel zum gezielten **Abhören und Aufzeichnen des nichtöffentlich gesprochenen Wortes** in und aus einer durch Art. 13 I GG geschützten Räumlichkeit („Wohnung") bspw. mit Hilfe von Tonbandgeräten, Richtmikrofonen oder „Wanzen".

269 Hinsichtlich des Begriffs der **„Wohnung"** kann auf die Ausführungen zur Standardmaßnahme *Betreten und Durchsuchen von Wohnungen* (Rn 510 ff.) verwiesen werden.[334] Wie der Definition im Übrigen zu entnehmen ist, bezieht sich der Lauschangriff nur auf das **Abhören und Aufzeichnen** des „an Ort und Stelle" **innerhalb der Wohnung gesprochenen Wortes**. Dabei ist zu unterscheiden zwischen dem „**kleinen**" Lauschangriff außerhalb von Wohnungen (vgl. auch § 100f StPO) und dem „**großen**" Lauschangriff, der das **innerhalb einer Wohnung** (vgl. auch § 100c StPO) nichtöffentlich gesprochene Wort betrifft. Nur dieser ist in Art. 13 III und IV GG geregelt und Gegenstand der nachfolgenden Ausführungen.[335]

Im Gegensatz zu Art. 13 **III** GG, der lediglich <u>akustische</u> Überwachungsmaßnahmen (Richtmikrofone, Wanzen) zu Zwecken der <u>Strafverfolgung</u> zulässt, bezieht sich Art. 13 **IV** GG zum einen auf den Einsatz <u>beliebiger</u> technischer Mittel (also auch <u>optische</u> Mittel wie Video- und Infrarotkameras, Nachtsichtgeräte und Bewegungsmelder und sonstige Mittel wie Peilsender oder Global Positioning System - GPS) und zum anderen ausschließlich auf **präventivpolizeiliche** Zwecke, also auf Zwecke der **Gefahrenabwehr**.

270 **Kein** Fall des großen Lauschangriffs liegt vor, wenn mit Hilfe der technischen Mittel nur solche Vorgänge in einer Wohnung erfasst werden, die auch auf natürliche Weise von außerhalb des durch Art. 13 I GG geschützten Bereichs wahrgenommen werden können (z.B. Filmen oder Fotografieren durch ein geöffnetes Fenster).

271 Ebenfalls liegt **kein** Fall des großen Lauschangriffs vor, wenn es um die **akustische Überwachung des Fernmeldeverkehrs** geht. Denn die Telefonüberwachung greift nicht in das Wohnungsgrundrecht ein, sondern in das Grundrecht aus **Art. 10 I GG** und bedarf daher einer Rechtfertigung, die den sich aus Art. 10 GG ergebenden Anforderungen gerecht wird, vgl. dazu Rn 299.

aa.) Formelle Rechtmäßigkeit

272 Hinsichtlich der formellen Rechtmäßigkeit des großen Lauschangriffs gelten zunächst die allgemeinen Voraussetzungen (Zuständigkeit, Verfahren und Form, siehe Rn 398 ff./607 ff.). Eine besondere (und zusätzlich zu prüfende) Verfahrensvorschrift stellt die Vorschrift über die „**Grundsätze der Datenerhebung**" dar. Diese stellt besondere Anforderungen an die Rechtmäßigkeit der Datenerhebung, die zugleich für alle Maßnahmen der Erhebung personenbezogener Daten gelten. Da der große Lauschangriff aber gerade verdeckt erfolgen muss, sind stets die in der Vorschrift enthaltenen Ausnahmeregelungen heranzuziehen. Keinesfalls übersehen werden dürfen der **Richtervorbehalt** (dazu Rn 282), die in den Polizeigesetzen vorgesehene **Befristung** der Maßnahme und die nachträgliche **Unterrichtungspflicht** (dazu Rn 302).

---

[333] Vgl. BW: § 23 I PolG; Bay: Art. 41 I PAG; Berl: § 25 IV ASOG; Brand: § 33a PolG; Brem: § 33 II PolG; Hamb: § 22 PolDVG; Hess: § 15 IV SOG; MeckVor: § 34b SOG; NRW: §§ 17 II, 18 II PolG; RhlPfl: 29 POG; Saar: § 28a PolG; Sachs: § 65 PVDG; SachsAnh: § 17 IV SOG; SchlHolst: § 185 III LVwG; Thür: § 35 I PAG.
[334] Vgl. im Übrigen ausführlich zum Wohnungsbegriff *R. Schmidt*, Grundrechte, Rn 819 ff.
[335] Von einem anderen Verständnis des kleinen Lauschangriffs gehen *Kingreen/Poscher*, POR, § 14 Rn 122 aus. Nach deren Auffassung dient auch der kleine Lauschangriff der Informationsgewinnung aus einer Wohnung heraus, der sich vom großen Lauschangriff nur darin unterscheide, dass er den Schutz der eingesetzten Polizisten bezwecke. Mit Blick auf die klare Unterscheidung, die der Gesetzgeber (in §§ 100c und 100f StPO) vorgenommen hat, ist diese Auffassung aber abzulehnen.

bb.) Materielle Rechtmäßigkeit

Die **Rechtmäßigkeitsvoraussetzungen** für den großen Lauschangriff sind von der Verfassung und deren Interpretation durch das BVerfG **sehr eng** gezogen.[336] Geht es um **repressivpolizeiliche** Lauschangriffe, sind gem. Art. 13 III GG der durch bestimmte Tatsachen begründete Verdacht einer durch Gesetz einzeln bestimmten besonders schweren Straftat sowie die bereits erwähnte richterliche Anordung erforderlich. Das BVerfG fordert in seiner Entscheidung zum großen Lauschangriff vom 3.3.2004[337] darüber hinaus zu Recht, dass durch eine akustische Wohnraumüberwachung nicht in den **absolut geschützten Kernbereich privater Lebensgestaltung** eingegriffen werden dürfe. Die Privatwohnung sei als „letztes Refugium" ein Mittel zur Wahrung der Menschenwürde. Dies verlange zwar keinen absoluten Schutz der Räume der Privatwohnung, wohl aber den absoluten Schutz des Verhaltens in diesen Räumen, soweit es sich als individuelle Entfaltung im Kernbereich privater Lebensgestaltung darstelle.[338] Ob der Schrankenvorbehalt des Art. 13 III GG diesen Abwehranspruch gewährleistet, ist zweifelhaft.[339] Nach der mit 5:3 Stimmen ergangenen Mehrheitsentscheidung des BVerfG ist diese Verfassungsbestimmung jedoch verfassungskonform auszulegen.[340] Folge ist, dass sich das Augenmerk auf die einfachgesetzlichen Normen, die den Gesetzesvorbehalt des Art. 13 III GG ausfüllen, konzentriert. So erklärte das BVerfG in dem besagten Urteil die den Richtervorbehalt ausgestaltenden einfachgesetzlichen Bestimmungen der StPO für mit Art. 13 I, III GG (und auch teilweise mit Art. 19 IV GG) unvereinbar.

273

Das Gericht verpflichtete den (Bundes-)Gesetzgeber, einen verfassungsgemäßen Rechtszustand herzustellen. Am 1.7.2005 ist das Gesetz zur Umsetzung des Urteils in Kraft getreten (BGBl I, S. 1841). Mit diesem trägt der Gesetzgeber den Vorgaben des BVerfG, die auf die Erforderlichkeit eines gesetzlich geregelten vorbeugenden Schutzes des Kernbereichs zielen, insbesondere durch die Vorschriften der §§ 100c und 100d StPO Rechnung.[341]

274

Bei der Umsetzung der verfassungsrechtlichen Vorgaben hat sich der Gesetzgeber in § 100c IV S. 1 StPO für eine **negative Kernbereichsprognose** entschieden. Danach darf die Überwachungsmaßnahme nur angeordnet werden, wenn aufgrund tatsächlicher Anhaltspunkte anzunehmen ist, dass durch die Überwachung kernbereichsrelevante Äußerungen nicht erfasst werden. Dass der Gesetzgeber den absolut geschützten Kernbereich privater Lebensgestaltung nur negativ und nicht positiv formuliert hat, ist nach Auffassung des BVerfG verfassungsrechtlich nicht zu beanstanden. Denn eine abstrakte, alle denkbaren Sachverhaltskonstellationen konkret umschreibende Definition des Kernbereichs privater Lebensgestaltung sei nur schwer möglich. Auch der Verzicht auf eine gesetzliche Normierung des Personenkreises, für den eine Vermutung für kernbereichsrelevante Gespräche bestehe, sei verfassungsrechtlich nicht zu beanstanden, weil der betroffene Personenkreis der Auslegung zugänglich sei.[342] Schließlich sei es auch nicht zu beanstanden, dass der Gesetzgeber nicht explizit eine Rundumüberwachung ausgeschlossen habe. Denn durch die Aufnahme zahlreicher verfahrenssichernder Maßnahmen (Richtervorbehalt, Benachrichtigungs- und Löschungspflicht und sowie das absolute Verwertungsverbot bei rechtswidriger

275

---

[336] Daran wird sehr deutlich, wie brisant die Beantwortung der Frage sein kann, ob Unterbringungsräume von Sicherungsverwahrten und U-Hafträume vom Wohnungsbegriff umfasst sind (oben Rn 821).
[337] BVerfGE 109, 279 ff.
[338] BVerfGE 109, 279, 314. Ähnlich auch BVerfG NJW 2016, 1781, 1786 (BKA-Gesetz).
[339] Für die Verfassungswidrigkeit des Art. 13 III GG vgl. das Minderheitsvotum BVerfGE 109, 279 ff.
[340] So die Senatsmehrheit BVerfGE 109, 279 ff.
[341] Vgl. zur Vereinbarkeit der Neuregelung mit Art. 13 I, III GG BVerfG NJW 2007, 2753, 2754 ff; *Hartmann/Schmidt*, StrafProzR, Rn 596 ff.
[342] BVerfG NJW 2007, 2753, 2754 ff.

Datenerhebung) habe der Gesetzgeber hinreichend zum Ausdruck gebracht, dass er die Erstellung eines umfassenden Persönlichkeitsprofils nicht zulasse.[343]

276 Fraglich ist, inwieweit die vom BVerfG aufgestellten Maßstäbe auch auf die **präventivpolizeiliche** Wohnraumüberwachung Anwendung finden. Hinsichtlich der materiellen Voraussetzungen eines Grundrechtseingriffs in **Art. 13 I GG** ist für präventivpolizeiliche Abhörmaßnahmen der qualifizierte Gesetzesvorbehalt des **Art. 13 IV GG** richtungsweisend. Erforderlich ist danach eine **dringende Gefahr** für die öffentliche Sicherheit, insbesondere eine **gemeine Gefahr oder eine Lebensgefahr**. In Anbetracht der Bedeutung des Wohnungsgrundrechts als besondere Ausprägung des allgemeinen Persönlichkeitsrechts und der Menschenwürde ist in Anlehnung an die Rspr. des BVerfG zum großen Lauschangriff[344], auch wenn diese Entscheidung zu den strafprozessualen Abhörmaßnahmen i.S.v. Art. 13 III GG ergangen ist, darüber hinaus zu fordern, dass trotz Vorliegens der Voraussetzungen des Art. 13 IV GG der **absolute Kernbereich privater Lebensgestaltung** unberührt bleibt.[345] In diesen darf wegen der nicht relativierbaren Menschenwürde selbst bei Vorliegen der in Art. 13 IV GG ausdrücklich genannten tatbestandlichen Anforderungen nicht eingegriffen werden. Dieser Kernbereich lässt sich nach Auffassung des BVerfG allerdings nicht dahin konkretisieren, dass er bestimmte Räume innerhalb einer Privatwohnung generell von einer Überwachung ausnimmt. Er wird vielmehr so umschrieben, dass ein Lauschangriff dann zu unterbleiben hat, „wenn sich jemand allein oder ausschließlich mit Personen in einer Wohnung aufhält, zu denen er in einem besonderen, den Kernbereich betreffenden Vertrauensverhältnis steht – etwa mit Familienangehörigen oder sonstigen engsten Vertrauten – und es keine konkreten Anhaltspunkte dafür gibt, dass die zu erwartenden Gespräche nach ihrem Inhalt einen unmittelbaren Bezug zu Straftaten aufweisen. Zwar gehören nicht sämtliche Gespräche, die ein Einzelner mit seinen engsten Vertrauten in der Wohnung führt, zum Kernbereich privater Lebensgestaltung. Im Interesse der Effektivität des Schutzes der Menschenwürde spricht aber eine Vermutung dafür. Abhörmaßnahmen sind ausgeschlossen, wenn es wahrscheinlich ist, dass mit ihnen absolut geschützte Gespräche erfasst werden."[346]

277 **Verfassungsrechtlicher Hintergrund:** Art. 13 IV GG wurde im Zuge der Verfassungsänderung v. 26.3.1998 eingeführt.[347] Zwar war der Einsatz beliebiger technischer Mittel zu präventivpolizeilichen Zwecken bereits zuvor nach den Polizeigesetzen der Länder zulässig, Art. 13 IV GG legt aber nunmehr fest, dass die gefahrenabwehrrechtliche Wohnungsüberwachung grundsätzlich nur aufgrund **richterlicher Anordnung** stattfinden darf. Seither ist eine präventivpolizeiliche Überwachung ausdrücklich an eine richterliche Anordnung gebunden. Eine Ausnahme besteht nur bei **Gefahr im Verzug**. Dann können auch andere gesetzlich bestimmte Stellen, etwa der Polizeipräsident, das Abhören anordnen, wobei eine richterliche Anordnung unverzüglich nachzuholen ist (vgl. Art. 13 IV S. 2 GG). Der Begriff der „Unverzüglichkeit" ist wie in Art. 104 II S. 2 GG (und z.B. § 13a I HmbSOG, § 33 Hess-SOG, § 19 NdsPOG) zu verstehen. Danach ist jede Verzögerung unzulässig, die sich nicht aus sachlichen Gründen rechtfertigen lässt, mögen diese rechtlicher oder tatsächlicher Natur sein.[348] Materielle Voraussetzung für die Überwachungsmaßnahme ist, dass eine **dringende Gefahr** für die öffentliche Sicherheit, insbesondere eine **gemeine Gefahr** oder eine **Lebensgefahr**, besteht und dass die Maßnahme dem Grundsatz der Verhältnismäßig-

---

[343] BVerfGE 112, 304, 319.
[344] BVerfGE 109, 279 ff.
[345] Für eine Übertragung des vom BVerfG in Bezug auf die repressive Wohnraumüberwachung i.S.v. Art. 13 III GG aufgestellten Grundsatzes vom nicht einschränkbaren absolut geschützten Kernbereich privater Lebensgestaltung plädieren auch *Denninger*, ZRP 2004, 101, 104; *Kötter*, DÖV 2005, 225, 228; *Kutscha*, NJW 2005, 20 ff.; *Lepsius*, Jura 2006, 586, 591 f.; *Ruthig*, GA 2004, 587, 606 ff.; *Schenke*, POR, Rn 194. Anders *Haas*, NJW 2004, 3082, 3084.
[346] BVerfGE 109, 279, 313 f.
[347] Zur Verfassungsmäßigkeit der Gesetzesvorbehalte des Art. 13 GG vgl. BVerfGE 109, 279, 309 ff.
[348] Vgl. bereits die 1. Auflage 1996; vgl. auch BVerfG NVwZ 2006, 579, 580.

keit entspricht. Freilich ist der soeben genannte **unantastbare Kernbereich privater Lebensgestaltung** als nicht relativierbare Eingriffsschranke zu beachten.

278 Ist danach jede verdeckte akustische Wohnraumüberwachung am Maßstab des Art. 13 IV GG i.V.m. Art. 13 I GG zu messen, berührt dies nicht die Anwendbarkeit der polizeigesetzlichen Regelungen in Bezug auf den großen Lauschangriff. Es sind aber die gleichen Restriktionen zu beachten, die auch Art. 13 IV GG i.V.m. Art. 13 I GG aufstellt (**verfassungskonforme Auslegung**). Unter dieser Prämisse ist auch die akustische Wohnraumüberwachung nach den Polizeigesetzen zulässig.

279 Eine **dringende Gefahr** liegt vor, wenn ein besonders wichtiges Rechtsgut (etwa die menschliche Gesundheit) gefährdet ist.[349] Art. 41 I S. 1 BayPAG verlangt eine dringende Gefahr für ein in Art. 11 III S. 2 Nr. 1, 2 oder Nr. 5 BayPAG genanntes bedeutendes Rechtsgut, worunter der Bestand und die Sicherheit des Bundes oder eines Landes, das Leben, die Gesundheit und die Freiheit und Sachen, deren Erhalt im besonderen öffentlichen Interesse liegt, zu verstehen sind. Da es bei einer präventivpolizeilichen akustischen Wohnraumüberwachung zumeist um die Verhütung von Straftaten geht, stellt sich die Frage, inwieweit die Rspr. des BVerfG zur strafprozessualen Wohnraumüberwachung, bei der das Gericht Straftaten, für die das StGB ein Mindeststrafmaß von fünf Jahren Freiheitsentziehung vorsieht, als Mindestvoraussetzung festgelegt hat[350], auch bei der präventivpolizeilichen Wohnraumüberwachung zu beachten ist. Gegen die Übertragung dieser hohen Hürde spricht der Umstand, dass es um die Verhinderung einer Straftat geht und dass der Staat seinem Schutzauftrag nachkommen und sich schützend und fördernd vor Leben und Gesundheit stellen muss. Aus diesem Grund sollte man die präventivpolizeiliche Wohnraumüberwachung sogar zur Verhinderung von Straftaten zulassen, die nicht im Mindestmaß mit einer Freiheitsstrafe von fünf Jahren bedroht sind. Jedenfalls ist die in den Polizeigesetzen genannte Möglichkeit des großen Lauschangriffs zur Abwehr einer gegenwärtigen Gefahr für Leib, Leben oder Freiheit einer Person unbedenklich. Freilich entbindet dies die Polizei nicht von ihrer Pflicht, im jeweiligen Einzelfall nach strengen Maßstäben den Verhältnismäßigkeitsgrundsatz anzuwenden und dabei die bei Rn 251 sowie Rn 257 genannten Restriktionen zu beachten.

280 Hinsichtlich der Wahrung des **absolut geschützten** und damit **unantastbaren Kernbereichs privater Lebensgestaltung** sollen sich nach Auffassung des BVerfG Anhaltspunkte zur Einschätzung der Situation aus der Art der zu überwachenden Räumlichkeiten (Gespräche in Betriebs- und Geschäftsräumen gehörten anders als Gespräche in Privatwohnungen regelmäßig nicht zum Kernbereich privater Lebensgestaltung), aber auch aus der Beziehung des Abgehörten zu seinen Kommunikationspartnern ergeben. So seien zum Kernbereich privater Lebensgestaltung grundsätzlich **Gespräche mit dem Ehegatten oder engsten Familienangehörigen** zu rechnen, aber auch die Kommunikation mit anderen Personen des besonderen Vertrauens wie seelsorgerische Gespräche mit **Geistlichen** und dem **Strafverteidiger**, u.U. auch mit dem Arzt. Eine zeitliche und räumliche Rundumüberwachung sei regelmäßig schon deshalb unzulässig, weil die Wahrscheinlichkeit groß sei, dass dabei höchstpersönliche Gespräche abgehört werden; das könne es erforderlich machen, auf eine nur automatisch erfolgte Aufzeichnung der Gespräche zu verzichten, um jederzeit die Ermittlungsmaßnahme unterbinden zu können.[351] Soweit im Rahmen einer Wohnraumüber-

---

[349] Vgl. BVerfGE 130, 1, 32 und BVerfGE 141, 220, 296, das nicht nur auf den qualifizierten Rechtsgüterschutz abstellt, sondern richtigerweise auch auf die zeitliche Nähe und die Wahrscheinlichkeit eines Schadens Bezug nimmt. Vgl. auch BVerwGE 47, 31, 40.
[350] Diese Grenze wurde vom BVerfG (E 109, 279, 309 ff.) für die Zulässigkeit der *strafprozessualen* Wohnraumüberwachung als Orientierung genannt.
[351] BVerfGE 109, 279, 309 ff.; SächsVerfGH NVwZ 2005, 1310, 1311.

wachung nach Art. 13 IV GG dennoch unvorhersehbar der unantastbare Kernbereich privater Lebensgestaltung betroffen wird, muss in Übereinstimmung mit der Rspr. des BVerfG zu Art. 13 III GG[352] die Überwachung sofort reduziert bzw. abgebrochen werden. Erfolgte Aufzeichnungen sind zu vernichten und unterliegen einem absoluten Verwertungsverbot; sie dürfen nicht einmal als Spurenansätze verwendet werden.[353]

Im Zusammenhang mit heimlichen bzw. verdeckten Datenerhebungen enthielten einige Polizeigesetze bereits *vor* dem soeben erläuterten Urteil entsprechende Regelungen. Andere Landesgesetzgeber haben auf das Urteil reagiert und teilweise mittlerweile entsprechende Regelungen in ihre Polizeigesetze aufgenommen (vgl. etwa Art. 41 III BayPAG, § 33 IV-VI BremPolG). Soweit also entsprechende Vorschriften in den Polizeigesetzen enthalten sind, sehen sie ausdrücklich vor, dass mittels eines großen Lauschangriffs (siehe etwa Art. 41 III BayPAG) bzw. einer Telekommunikationsüberwachung (siehe etwa Art. 42 I S. 1 Nr. 2a BayPAG) nicht in Vertrauensverhältnisse gem. §§ 53, 53a StPO eingegriffen werden darf. Auch sehen alle Polizeigesetze hinsichtlich der Rasterfahndung vor, dass Daten, die einem Berufs- oder Amtsgeheimnis unterliegen, von ihr ausgenommen werden, oder dass Berufsgeheimnisträger nach den §§ 53, 53a StPO nicht verpflichtet sind, personenbezogene Daten, die einem Berufs- oder besonderen Amtsgeheimnis unterliegen, zu übermitteln (siehe etwa Art. 46 II S. 3 BayPAG). Aufgrund der Vorgaben des BVerfG zur Beachtung des Schutzes der dem absolut geschützten Kernbereich privater Lebensgestaltung zuzuordnenden Sachverhalte haben die Polizeigesetze entsprechende Bestimmungen aufgenommen (vgl. etwa Art. 49 III BayPAG).

281 Schließlich stellen die Polizeigesetze klar, dass der verdeckte Einsatz technischer Mittel in oder aus Wohnungen grundsätzlich nur in Bezug auf die Wohnung des **Adressaten** durchgeführt werden darf (siehe etwa Art. 41 I S. 1 i.V.m. III S. 1 BayPAG). Soll die Maßnahme in Bezug auf **andere** Wohnungen durchgeführt werden, verlangen die Polizeigesetze durchweg Tatsachen, die die Annahme rechtfertigen, dass sich die Person, der die Gefahr droht oder von der die Gefahr ausgeht, in der Wohnung aufhält und die Gefahr auf andere Weise nicht abgewehrt werden kann. Alternativ heißt es in einigen Polizeigesetzen, aufgrund bestimmter Tatsachen muss anzunehmen sein, dass der in der Anordnung bezeichnete Adressat sich dort aufhält, die Maßnahme in Wohnungen des Adressaten allein zur Abwehr der Gefahr oder der Straftat nicht möglich oder nicht ausreichend ist und Informationen gewonnen werden können, die für die Abwehr der Gefahr von Bedeutung sind (siehe etwa Art. 41 III S. 2 BayPAG). Die Formulierungen: „Tatsachen die Annahme rechtfertigen, dass..." oder: „aufgrund bestimmter Tatsachen anzunehmen ist, dass..." bedeuten, dass (anders als bei der soeben behandelten Gefahr für das gewichtige Schutzgut) keine konkrete Gefahr vorliegen muss, sondern dass eine **abstrakte Gefahr** bzw. ein **Gefahrenverdacht** genügen, um eine Datenerhebung zu den o.g. Zwecken durchzuführen.[354] Voraussetzung für die präventivpolizeiliche akustische Wohnraumüberwachung ist also eine auf tatsächlichen Anhaltspunkten beruhende Prognose, dass sich der beschriebene Personenkreis mit hinreichender Wahrscheinlichkeit in der Wohnung aufhält. Dass die akustische Wohnraumüberwachung schließlich nur dann rechtmäßig ist, wenn die Gefahr auf andere Weise nicht abgewehrt werden kann, sollte – in Anbetracht der Schwere des Eingriffs und der Bedeutung des Wohnungsgrundrechts – an sich eine Selbstverständlichkeit sein. Die Formulierung in den Polizeigesetzen kann daher nur so verstanden werden, dass dem Rechtsanwender nochmals vor Augen geführt werden soll, dass die akustische Wohnraumüberwachung nur als äußerstes Mittel der Gefahrenabwehr in Betracht kommt,

---

[352] BVerfGE 109, 279, 319 f. Vgl. dazu ausführlich *R. Schmidt*, Grundrechte, Rn 860 ff.
[353] Richtig *Schenke*, POR, Rn 194.
[354] Zu den Begriffen *abstrakte Gefahr* und *Gefahrenverdacht* vgl. Rn 666 und 689.

wenn kein anderes geeignetes Mittel zur Verhinderung der genannten Tatbestände zur Verfügung steht.

282 Um der **verfahrensrechtlichen Dimension der Grundrechte**[355] gerecht zu werden und das Grundrecht der Unverletzlichkeit der Wohnung auch diesbezüglich zu sichern, haben die Landesgesetzgeber umfassende Regularien normiert. Zu nennen ist insbesondere die (Art. 13 II GG konkretisierende) **vorherige richterliche Entscheidung**[356], die nach der zum großen Lauschangriff ergangenen Rspr. des BVerfG[357] zudem den zeitlichen und inhaltlichen Rahmen, die Grenzen und das Ziel der Durchsuchung definieren muss, damit der Eingriff in das Wohnungsgrundrecht messbar und kontrollierbar ist, kurz, rechtsstaatlichen Mindestanforderungen genügt. Lediglich bei **Gefahr im Verzug** kann die Polizei (zumeist aber nur die Behördenleitung bzw. der Polizeipräsident, teilweise auch bestimmte Beamte des höheren Dienstes, wie dies z.B. Art. 41 IV S. 1 i.V.m. Art. 36 IV S. 2 BayPAG genügen lässt) die präventiv-polizeiliche akustische Wohnraumüberwachung (Art. 13 IV GG) anordnen, muss aber die richterliche Entscheidung unverzüglich herbeiführen (vgl. etwa § 22 III S. 7, 8 HmbPolDVG). Wird die polizeiliche Anordnung nicht binnen einer bestimmten Frist (zumeist drei Tage) – für die Fristberechnung gilt § 31 I VwVfG i.V.m. § 187 I BGB – richterlich bestätigt, ist sie zu beenden (vgl. z.B. § 22 III S. 9 Halbs. 1 HmbPolDVG).

Beispiel: Vor einem Haus, in dem die Polizei Terroristen vermutet, werden im Gebüsch Richtmikrofone installiert. Ist die Abhörmaßnahme wegen Gefahr im Verzug ohne richterliche Anordnung erfolgt und wird diese nicht binnen der im Polizeigesetz festgelegten Frist erlangt, ist sie sofort abzubrechen. In diesem Fall sind Bild- und Tonaufzeichnungen unverzüglich zu vernichten, sofern die Aufzeichnungen nicht zur Verfolgung von Straftaten benötigt werden (vgl. z.B. § 22 III S. 9 Halbs. 2 HmbPolDVG).

283 Schließlich ist die Maßnahme (einzelfallabhängig) zu befristen. Gemäß Art. 41 IV S. 4 BayPAG z.B. ist die Maßnahme einzelfallbezogen auf höchstens einen Monat zu befristen und kann um jeweils längstens einen Monat verlängert werden.

284 Da die akustische Wohnraumüberwachung (wie alle heimlichen Überwachungsmaßnahmen) ohne Kenntnis des Betroffenen erfolgt, kommt der gesetzlich vorgeschriebenen **nachträglichen Unterrichtung** des Belauschten, wie sie einige Polizeigesetze vorschreiben, eine besondere Bedeutung zu. Denn erst durch sie wird der Betroffene in die Lage versetzt, gerichtlichen Rechtsschutz, der zwar nicht auf Kassation, aber auf Feststellung der Rechtswidrigkeit gerichtet ist, einzulegen; Benachrichtigungspflichten sieht z.B. Art. 50 BayPAG vor, und Art. 51 und 52 BayPAG enthalten Protokollierungs- und (parlamentarische) Kontrollmöglichkeiten und -pflichten.

285 Fazit: Während die repressivpolizeiliche akustische Wohnraumüberwachung (Art. 13 III GG i.V.m. § 100c StPO) nur zur Aufklärung von Straftaten von erheblicher Bedeutung (i.d.R. solcher, für die der Gesetzgeber eine Mindestfreiheitsstrafe von 5 Jahren vorgesehen hat) zulässig ist, kann die präventivpolizeiliche akustische Wohnraumüberwachung zur Abwehr einer gegenwärtigen Gefahr für Leib, Leben oder Freiheit einer Person angeordnet werden. Hier wie dort ist aber der absolut geschützte und damit unantastbare Kernbereich privater Lebensgestaltung zu beachten. Im Rahmen der präventivpolizeilichen akustischen Wohnraumüberwachung kann aber die Schwelle zum

---

[355] Vgl. dazu ausführlich *R. Schmidt*, Grundrechte, Rn 36 ff.
[356] Vgl. BW: § 23 III PolG; Bay: Art. 41 IV PAG; Berl: § 25 V ASOG; Brand: § 33a IV PolG; Brem: § 33 III S. 1 PolG; Hamb: § 22 III S. 1 PolDVG; Hess: § 15 V S. 1 SOG; MeckVor: § 34b V SOG; Nds: § 35a III POG; NRW: §§ 17 III, 18 III PolG; RhlPfl: 29 VII POG; Saar: § 28 IV PolG; Sachs: § 65 IV S. 1 PVDG; SachsAnh: § 17 V SOG; SchlHolst: § 186 I S. 1 LVwG; Thür: § 35 IV PAG.
[357] BVerfGE 109, 279, 325 ff.

unantastbaren Kernbereich herabgesetzt sein, um den staatlichen Schutzauftrag und damit die Abwehr von Gefahren für besonders gewichtige Schutzgüter nicht wesentlich zu erschweren bzw. unmöglich zu machen. Verfahrensrechtliche Sicherungen stellen der Richtervorbehalt, die Benachrichtigungs- und Löschungspflicht und sowie das absolute Verwertungsverbot bei rechtswidriger Datenerhebung dar.

cc.) Rechtsschutz

286 Da der große Lauschangriff heimlich erfolgt, handelt es sich um schlicht hoheitliches Handeln. Denn wäre er ein Verwaltungsakt, müsste man die Unwirksamkeit annehmen, weil ein Verwaltungsakt zu seiner Wirksamkeit zumindest bekannt gegeben werden muss (vgl. § 43 I S. 1 VwVfG); Zweck des Lauschangriffs ist aber gerade, dass er ohne Kenntnis des Betroffenen erfolgt. Auch die nachträgliche Unterrichtung des Betroffenen macht die Maßnahme nicht zu einem Verwaltungsakt.

287 Rechtsschutz bietet v.a. die **allgemeine Feststellungsklage** gem. § 43 VwGO, gerichtet auf die Feststellung, dass die Maßnahme rechtswidrig gewesen sei. Auch wenn der Betroffene nachträglich über die Maßnahme informiert wird, wird aus ihr nicht im Nachhinein ein Verwaltungsakt.

Fraglich ist, warum ob es überhaupt noch eines gerichtlichen Rechtsschutzes bedarf, wenn die Überwachungsmaßnahme richterlich angeordnet bzw. genehmigt wurde. Denn in diesem Fall hat ja bereits ein Richter über die Rechtmäßigkeit der Maßnahme entschieden. Wäre er zu dem Ergebnis gekommen, dass die Maßnahme rechtswidrig (gewesen) sei, hätte er sie nicht angeordnet bzw. genehmigt. Wenn man jedoch bedenkt, dass die richterliche Anordnung gem. Art. 13 III oder IV GG i.V.m. den entsprechenden Bestimmungen der StPO bzw. den Polizeigesetzen nicht den Erfordernissen eines gerichtlichen Rechtsschutzes i.S.d. Art. 19 IV GG entspricht (ihr fehlen wesentliche Verfahrensgarantien, insbesondere das Recht auf rechtliches Gehör), wird die verfassungsrechtliche Notwendigkeit einer gerichtlichen Prüfung im Rahmen eines ordentlichen Verfahrens nach den Vorschriften der VwGO überaus deutlich. Selbst wenn man das Argument der Rechtsschutzgarantie aus Art. 19 IV GG nicht teilte, verbliebe die Notwendigkeit des rechtlichen Gehörs jedenfalls wegen Art. 103 I GG; und da der Betroffene nicht im Rahmen der richterlichen Anordnung der Überwachungsmaßnahme gehört wird, bleibt das zwingende Erfordernis, wenigstens nachträglichen Rechtsschutz zu gewähren. Ein anderes Ergebnis wäre mit dem Rechtsstaatsprinzip nicht vereinbar.

288 Entsprechend der in § 40 I S. 2 VwGO eingeräumten Ausnahmemöglichkeit wurde gemäß den Bestimmungen der meisten Polizeigesetze zum sachlich zuständigen Gericht nicht das Verwaltungsgericht, sondern das **Amtsgericht** bestimmt (vgl. z.B. § 22 III S. 10 HmbPolDVG). Für das Verfahren gelten die Vorschriften des FamFG entsprechend (vgl. z.B. § 22 III S. 11 HmbPolDVG). Diese Rechtswegzuweisung erfasst allerdings nicht die Gewährung nachträglichen Rechtsschutzes nach Beendigung der Maßnahme. Vielmehr verbleibt es insoweit bei der allgemeinen Rechtswegregelung des § 40 I S. 1 VwGO. Der nachträgliche Rechtsschutz schließt auch die Überprüfung ein, ob die Voraussetzungen einer Gefahr im Verzug vorgelegen haben.[358]

---

[358] BVerfGE 103, 142, 150 ff.

Prüfungsschema für den großen Lauschangriff

Positivdefinition: Bei dem sog. großen Lauschangriff handelt es sich um den verdeckten Einsatz technischer Mittel zum gezielten Abhören und Aufzeichnen des nichtöffentlich gesprochenen Wortes in und aus einer durch Art. 13 I GG geschützten Räumlichkeit („Wohnung") bspw. mit Hilfe von Tonbandgeräten, Richtmikrofonen oder „Wanzen".

Negativdefinition: Kein Fall des großen Lauschangriffs liegt demgemäß vor, wenn
- ⇨ das *außerhalb der Wohnung* gesprochene Wort abgehört wird,
- ⇨ es um die *akustische Überwachung des Fernmeldeverkehrs* (innerhalb oder außerhalb der Wohnung) geht. Denn die Telefonüberwachung greift nicht in das Wohnungsgrundrecht ein, sondern in das Grundrecht aus Art. 10 I GG und bedarf daher einer Rechtfertigung, die sich aus dem Gesetzesvorbehalt des Art. 10 II GG ergeben muss.
- ⇨ es dem verdeckten Einsatz technischer Mittel zur Anfertigung von Bildaufnahmen, also um das *optische* Erfassen von Daten geht.

I. Rechtsgrundlage
II. Formelle Rechtmäßigkeit
1. **Zuständigkeit** der handelnden Behörde (Rn 607)
2. Ordnungsgemäßes **Verfahren** (Einhaltung der allg. Verfahrensvorschriften (Rn 618). Eine besondere (und zusätzlich zu prüfende) Verfahrensvorschrift stellt die Vorschrift über die „Grundsätze der Datenerhebung" dar. Diese stellt besondere Anforderungen an die Rechtmäßigkeit der Datenerhebung, die zugleich für alle Maßnahmen der Erhebung personenbezogener Daten gelten. Da der große Lauschangriff aber gerade verdeckt erfolgen muss, sind stets die in der Vorschrift enthaltenen Ausnahmeregelungen heranzuziehen. Davon unabhängig zu beachten sind der **Richtervorbehalt**, die **Befristung** der Maßnahme und die nachträgliche **Unterrichtung** des Betroffenen.
3. Einhaltung der **Form**vorschriften (Rn 621)

III. Materielle Rechtmäßigkeit
Mit Blick auf die Bedeutung des Wohnungsgrundrechts sind die Rechtmäßigkeitsvoraussetzungen für den großen Lauschangriff sehr eng. Richtungweisend für präventivpolizeiliche Abhörmaßnahmen ist der qualifizierte Gesetzesvorbehalt des Art. 13 IV GG, der wiederum eng auszulegen ist. Erforderlich ist danach eine dringende Gefahr für die öffentliche Sicherheit, insbesondere eine gemeine Gefahr oder eine Lebensgefahr. Darüber hinaus ist zu fordern, dass trotz Vorliegens der Voraussetzungen des Art. 13 IV GG der **absolute Kernbereich privater Lebensgestaltung unberührt bleibt**. In diesen darf wegen der nicht relativierbaren Menschenwürde selbst bei Vorliegen der in Art. 13 IV GG ausdrücklich genannten tatbestandlichen Anforderungen nicht eingegriffen werden. Zum Kernbereich privater Lebensgestaltung sind grds. Gespräche mit dem Ehegatten oder engsten Familienangehörigen zu rechnen, aber auch die Kommunikation mit anderen Personen des besonderen Vertrauens wie seelsorgerische Gespräche mit Geistlichen und dem Strafverteidiger, u.U. auch mit dem Arzt. Ergeben sich im Laufe der heimlichen Überwachungsmaßnahme Anhaltspunkte dafür, dass der absolut geschützte Kernbereich privater Lebensführung betroffen wird, ist die Überwachung sofort einzuschränken bzw. abzubrechen.

Hinsichtlich des Grades der erforderlichen Gefahr ist zu unterscheiden: Für das zu schützende Rechtsgut muss eine konkrete Gefahr bestehen. Hinsichtlich der Frage, ob sich die zu belauschende Person in der Wohnung befindet, fordern die Polizeigesetze „Tatsachen, die die Annahme rechtfertigen, dass sich die Person, der die Gefahr droht oder von der die Gefahr ausgeht, in der Wohnung aufhält und die Gefahr auf andere Weise nicht abgewehrt werden kann". Diese Formulierung bedeutet, dass (anders als bei der soeben behandelten Gefahr für das gewichtige Schutzgut) keine konkrete Gefahr vorliegen muss, sondern dass eine abstrakte Gefahr bzw. ein Gefahrenverdacht genügen, um eine Datenerhebung zu den o.g. Zwecken durchzuführen.

Im Übrigen sind die **Ermessensgrenzen** und der Grundsatz der **Verhältnismäßigkeit** zu beachten, wobei die Grenzen der Zulässigkeit hoch anzusiedeln sind.

c.) Verdeckter Einsatz technischer Mittel zur Anfertigung von Bildaufnahmen und -aufzeichnungen

290 Während der sog. Lauschangriff die <u>akustische</u> Erfassung des nichtöffentlich gesprochenen Wortes darstellt, geht es bei dem verdeckten Einsatz technischer Mittel zur Anfertigung von **Bildaufnahmen** um das <u>optische</u> Erfassen von Daten. Sobald Bilder gespeichert und damit dauerhaft verfügbar sind (Fotos und Videoaufnahmen), also ausgewertet und analytisch bearbeitet werden können, handelt es sich um eine **Bildaufzeichnung**. Der Einsatz von Fernrohren oder Ferngläsern fällt daher nicht unter den Begriff der Bildaufzeichnung, da mit diesen keine Aufnahmen oder Aufzeichnungen im vorgenannten Sinne möglich sind.

Die Polizeigesetze verfügen über entsprechende Befugnisnormen, so etwa Art. 36 I Nr. 2a), II BayPAG. Danach darf die Polizei zur Abwehr einer Gefahr oder einer drohenden Gefahr für ein bedeutendes Rechtsgut[359] personenbezogene Daten mittels Bildaufnahmen oder -aufzeichnungen außerhalb von Wohnungen, auch unter Verwendung von Systemen zur automatischen Erkennung und Auswertung von Mustern und zum automatischen Datenabgleich, erheben über den Verantwortlichen („Störer"), über Kontakt- und Begleitpersonen, wenn bestimmte Anhaltspunkte die Annahme rechtfertigen, dass sie mit der Gefahrenlage in Zusammenhang stehen, und unter den Voraussetzungen der Inanspruchnahme von Nichtverantwortlichen auch über diesen Personenkreis, wenn andernfalls die Erfüllung polizeilicher Aufgaben gefährdet oder wesentlich erschwert würde. Weitere Anordnungs- und Durchführungsvorschriften sind den Polizeigesetzen zu entnehmen.

290a Soweit nach der Gesetzeslage eine **Kombination von Lauschangriff und Bildaufnahmen/-aufzeichnungen** zugelassen ist, kann dies wegen der erhöhten Grundrechtsrelevanz nur unter besonders strenger Handhabung des **Grundsatzes der Verhältnismäßigkeit** rechtmäßig sein.

So sind etwa an die Darlegung der Erforderlichkeit der Bildaufzeichnung besondere Anforderungen zu stellen. Allein die Tatsache, dass der erfasste Bereich einen Kriminalitätsschwerpunkt bildet, wird regelmäßig nicht ausreichen, die Erforderlichkeit zu begründen. Hier wird die Struktur der vor Ort anfallenden Straftaten zu berücksichtigen sein und der vorrangige Einsatz des milderen Mittels der Bildaufnahme und einer (manuellen) Aufzeichnung im Einzelfall in Betracht kommen. Zeigt hingegen die Kriminalitätsentwicklung in einem bereits durch Bildaufnahmen überwachten Bereich, dass Fallzahlen bestimmter Delikte durch die Überwachung nicht spürbar rückläufig sind, weil die Begehung dieser Delikte mittels Übersichtsaufnahmen nur schwer zu erkennen ist und potentielle Täter dies wissen, kann der Einsatz der permanenten Bildaufzeichnung durchaus erforderlich sein, um die angestrebte Abschreckungswirkung zu erzielen. Keinesfalls dürfen hoch auflösende Kameras Eingänge zu Wohnhäusern oder Eingangsbereiche von Arzt- oder Rechtsanwaltspraxen sowie von Presseräumlichkeiten erfassen. Gegebenenfalls muss eine Verkleinerung des überwachten Bereichs im Vergleich zu dem von – Identifizierungen nicht ermöglichenden – Übersichtsaufnahmen erfassten Areal hingenommen werden. Schließlich sind Maßnahmen zu ergreifen, die den Eingriff in das Recht auf informationelle Selbstbestimmung der Betroffenen möglichst gering halten. Hierbei bietet es sich an, das Verfahren technisch so auszugestalten, dass keine Zugriffsmöglichkeit auf die Daten (Aufzeichnungen) besteht, es sei denn, dass sich im Nachhinein für den fraglichen Zeitraum ein polizeilich relevanter Sachverhalt herausstellt.

---

[359] Zur drohenden Gefahr und zu den bedeutenden Rechtsgütern in diesem Sinne vgl. Rn 673a ff.

Fazit: Die Datenerhebung durch den verdeckten Einsatz technischer Mittel gehört zu den besonderen Mitteln oder Methoden der Datenerhebung. Sie ist wegen des besonders intensiven Eingriffs in das Grundrecht auf informationelle Selbstbestimmung nur unter besonders engen Voraussetzungen gegen bestimmte Personen zulässig. **291**

Schließlich ist zu erwähnen, dass die in den Polizeigesetzen normierten engen Tatbestandsvoraussetzungen nur für die **verdeckte** Datenerfassung gelten, sie sich also nicht auf die offene Observation (Aufnahmen aus fest und sichtbar installierten Kameras zur Verkehrslenkung oder ähnlichem) beziehen. **292**

d.) Telekommunikationsüberwachung (TKÜ)

293 Der verdeckte Einsatz technischer Mittel zur Überwachung (d.h. zum Abhören und zum Aufzeichnen) des nichtöffentlich gesprochenen (oder getexteten) Wortes kann auch den **Telekommunikationsverkehr** betreffen. Da damit der technische Vorgang des Aussendens, Übermittelns und Empfangens von Nachrichten jeglicher Art in der Form von Zeichen, Sprache, Bildern oder Tönen mittels Telekommunikationsanlagen[360] gemeint ist, liegt in einem solchen Fall ein Eingriff in das durch **Art. 10 I GG** geschützte **Telekommunikationsgeheimnis** vor, das sowohl den Kommunikationsinhalt als auch den Kommunikationsvorgang als solchen schützt.[361] Dazu zählt der Telefon- und Telefaxverkehr ebenso wie die Datenübertragung zwischen Computern (Chat, E-Mail-Verkehr, über Messenger-Dienste wie WhatsApp versendete Nachrichten etc.), gleichgültig, ob der Datenverkehr über eine Standleitung oder mobil (Handy, Smartphone, Tablet etc.) erfolgt.

294 Bei der TKÜ werden **Telekommunikationsinhalte** entweder von der Polizei selbst unmittelbar **mitgehört** und regelmäßig auch **aufgezeichnet** oder es werden von dem jeweiligen Telekommunikationsdiensteanbieter (z.B. Dt. Telekom, Vodafone u.a.; vgl. § 3 Nr. 6, § 10, § 24 TKG) die Aufzeichnung und Auskunft über Inhalt und Umstände der Telekommunikation verlangt (siehe präventivpolizeilich etwa § 23b BWPolG, Art. 42 BayPAG, § 23 HmbPolDVG und strafprozessual § 100a IV StPO).

> **Beispiel:** Von T wird vermutet, dass er als Mitglied einer Bande, die u.a. gewerbsmäßige Hehlerei betreiben soll, an einer solchen Tat beteiligt ist. Um die Beteiligten aufzuspüren und die Straftaten aufzuklären, ordnet das Ermittlungsgericht eine Telefonüberwachung an. Nach Auswertung der auf diese Weise gewonnenen Informationen kann T überführt werden.
>
> Rechtsgrundlagen und Verfahrensvorschriften dieser strafprozessualen Maßnahme sind §§ 100a I S. 1, II Nr. 1 l), IV, VI, 100d, 100e, 101, 101b I, II StPO.
>
> Ginge es um Gefahrenabwehr, wäre auf die jeweiligen polizeirechtlichen Bestimmungen abzustellen, siehe etwa Art. 42-44 BayPAG, §§ 23, 26 HmbPolDVG – dazu Rn 299.

294a Ist der Telekommunikationsvorgang noch **nicht eingeleitet** oder bereits **abgeschlossen**, greift das Telekommunikationsgrundrecht noch nicht oder nicht mehr; Grundrechtsschutz entfaltet dann aber das Grundrecht auf informationelle Selbstbestimmung (Art. 2 I i.V.m. 1 I GG).

> **Beispiel**[362]**:** Richterin R wird verdächtigt, Dienstgeheimnisse verraten zu haben. Daher durchsucht die Polizei die Wohnung der R und beschlagnahmt einen Computer und ein Mobiltelefon. Nach Auswertung der auf diesen Geräten gespeicherten Daten wird der Verdacht jedoch nicht bestätigt.

294b **Betroffene Grundrechte:** Werden Daten aus informationstechnischen Systemen (Computer, Smartphone, Tablet, Handy etc.) erhoben, die sich in einer von Art. 13 I GG geschützten Räumlichkeit befinden, ist zunächst das Wohnungsgrundrecht betroffen. Ob dieses dann in Idealkonkurrenz zum Grundrecht auf informationelle Selbstbestimmung (Art. 2 I i.V.m. 1 I GG) oder zum Telekommunikationsgrundrecht (Art. 10 I GG) steht, hängt vom Verhältnis dieser beiden Grundrechte zueinander ab. Das BVerfG hat entschieden, dass die nach Abschluss des Übertragungsvorgangs im Herrschaftsbereich des Kommunikationsteilnehmers gespeicherten Verbindungsdaten nicht durch

---

[360] Vgl. die einfachgesetzlichen Legaldefinitionen in § 3 Nr. 22/23 TKG, die zwar weder die Reichweite des Grundrechtsschutzes noch die Begriffe der Polizeigesetze bestimmen, aber durchaus im Rahmen der Verfassungsinterpretation bzw. der Auslegung der polizeigesetzlichen Bestimmungen herangezogen werden können.
[361] Vgl. dazu etwa BVerfG NJW 2007, 2752 ff.
[362] Vgl. BVerfGE 115, 166, 183 ff.

das Telekommunikationsgeheimnis, sondern durch das Recht auf informationelle Selbstbestimmung und gegebenenfalls durch das Recht auf Unverletzlichkeit der Wohnung geschützt seien. Der Schutz des Telekommunikationsgeheimnisses ende in dem Moment, in dem die Nachricht bei dem Empfänger angekommen und der Übertragungsvorgang beendet sei. Insoweit bestehe eine Vergleichbarkeit mit den sonst in der Privatsphäre des Nutzers gespeicherten Daten. Die spezifischen Risiken eines der Kontroll- und Einwirkungsmöglichkeit des Teilnehmers entzogenen Übertragungsvorgangs, denen Art. 10 I GG begegnen wolle, bestünden im Herrschaftsbereich des Kommunikationsteilnehmers nicht mehr.[363] Selbstverständlich wird man diese Rechtsprechung auch auf den Zeitpunkt übertragen müssen, in dem der Kommunikationsvorgang noch nicht begonnen hat.

> Hinsichtlich der Maßnahme gegenüber R im Beispiel bei Rn 294a ist daher neben Art. 13 I GG das Grundrecht auf informationelle Selbstbestimmung aus Art. 2 I i.V.m. 1 I GG betroffen, da die Daten der in der Wohnung der R beschlagnahmten Geräte außerhalb eines Kommunikationsvorgangs erhoben wurden.

Daraus folgt: 294c

- Der **Übertragungsvorgang** (also das Gespräch oder die gesendete Nachricht via SMS o.Ä.) ist durch das **Telekommunikationsgeheimnis** geschützt. Akustische Überwachungsmaßnahmen haben sich am strengen Maßstab des Art. 10 GG zu orientieren. Damit wird der besonderen Schutzwürdigkeit der Telekommunikationsumstände hinreichend Rechnung getragen und die Vertraulichkeit räumlich distanzierter Kommunikation wird gewahrt.

- Vor und nach **Beendigung des Übertragungsvorgangs** greift Art. 10 GG dagegen nicht. In diesem Fall werden die in der Herrschaftssphäre des Betroffenen gespeicherten personenbezogenen Verbindungsdaten aber durch das Recht auf **informationelle Selbstbestimmung** geschützt.

Daher liegt auch bei einer sog. **Online-Durchsuchung eines heimischen Computers** durch die Strafverfolgungsbehörde oder den Verfassungsschutz **kein** Eingriff in das Telekommunikationsgrundrecht vor, weil auch hier nicht auf den Kommunikationsvorgang eingewirkt wird, sondern via Internet bestimmte Programme (Trojaner; Spyware) in einen Computer eingeschleust werden, deren Aufgabe darin besteht, Daten auszuforschen.[364] Eingegriffen wird aber in das Grundrecht der informationellen Selbstbestimmung (nach BVerfG: hier in das Grundrecht auf Gewährleistung der Vertraulichkeit und Integrität informationstechnischer Systeme)[365] und ggf. in das Wohnungsgrundrecht[366]. 294d

Auch bei einer sog. **Quellen-TKÜ** liegt kein Eingriff in Art. 10 I GG vor. Einer Quellen-TKÜ liegt der Umstand zugrunde, dass Telekommunikationsdaten heutzutage kaum noch unverschlüsselt versendet werden. Gerade Messengerdienste wie WhatsApp, aber auch E-Mail-Programme, verschlüsseln die Textnachrichten auf eine Weise, dass sie erst vom Empfangsgerät entschlüsselt werden können, i.d.R. nicht aber von Dritten, die diese Textnachrichten auf dem Kommunikationsweg „abfangen". Daher werden im Rahmen einer Quellen-TKÜ mittels heimlich installierten Spähprogramms (des „Staatstrojaners") Telekommunikationsdaten erfasst, bevor sie vom System des Betroffenen verschlüsselt und versendet werden. Bei der Quellen-TKÜ wird die Telekommunikation sozusagen an der „Quelle" überwacht. Es liegt mithin auch hier ein Eingriff in das Grundrecht auf Gewährleistung der Vertraulichkeit und Integrität informationstechnischer Systeme und ggf. in das Wohnungsgrundrecht vor – siehe dazu Rn 308t ff. 294e

---

[363] BVerfGE 115, 166, 183 ff.
[364] BVerfGE 120, 274, 302 ff.
[365] BVerfGE 120, 274, 302 ff. – vgl. dazu ausführlich Rn 308 ff.
[366] Ob in Art. 13 I GG eingegriffen wird, ist Gegenstand der Darstellung bei Rn 308d.

Telekommunikationsüberwachung (TKÜ)

294f Schließlich liegt **kein** Eingriff in das Telekommunikationsgrundrecht vor, wenn Aktivmeldungen, d.h. die Signale, mit denen ein eingeschaltetes Mobiltelefon („Handy") in regelmäßigen Abständen seine Kennung an die nächste Funkvermittlungsstation sendet[367], mittels IMSI-Catchers abgefragt werden, um den **Standort des Mobiltelefons** (und damit i.d.R. auch den Aufenthaltsort des Besitzers) zu ermitteln. Denn eine reine Standortermittlung erfasst lediglich die technische Kommunikation zwischen Geräten, nicht den durch Art. 10 I GG geschützten Austausch von vertraulichen, persönlichen und individuellen Informationen.[368] Betroffen ist allein das Grundrecht der informationellen Selbstbestimmung. Das gilt auch, wenn mittels **IMSI-Catchers** die Geräte- und Kartennummern eingeschalteter Mobiltelefone und damit die **Identität der Anschlussinhaber** ermittelt werden. Schließlich ist das Grundrecht auf informationelle Selbstbestimmung betroffen, wenn mit dem **Malicious Call Identification Verfahren** (MCID)[369] die Identität der Festnetz-Anschlussinhaber festgestellt wird, ohne dass dabei auf den Gesprächsinhalt zugegriffen wird – siehe Rn 304.

294g Hinweis: Die Frage, ob in der jeweiligen Maßnahme ein Eingriff in das Wohnungsgrundrecht, in das Telekommunikationsgrundrecht oder (nur) in das Grundrecht der informationellen Selbstbestimmung vorliegt, ist nicht nur akademischer Natur, sondern übt Einfluss auf die verfassungsrechtliche Rechtfertigung der Maßnahme aus. Denn zum einen enthalten die genannten Grundrechte unterschiedliche Grundrechtsschranken und zum anderen sind die Prüfungsmaßstäbe unterschiedlich ausgeprägt. Zudem gilt das Zitiergebot des Art. 19 I S. 2 GG nur für Art. 10 und Art. 13 GG, nicht auch für Art. 2 I i.V.m. 1 I GG.[370] Daher kann es für die Frage, ob eine Maßnahme gerechtfertigt ist, entscheidend sein, welches Grundrecht man als betroffen ansieht. Vgl. dazu auch *R. Schmidt*, Grundrechte, Rn 269 ff.

aa.) Formelle Rechtmäßigkeit

295 Hinsichtlich der formellen Rechtmäßigkeit der TKÜ gelten zunächst die allgemeinen Voraussetzungen (Zuständigkeit, Verfahren und Form, siehe Rn 607 ff.). Eine besondere (und zusätzlich zu prüfende) Verfahrensvorschrift stellt die Vorschrift über die **„Grundsätze der Datenerhebung"** dar. Diese stellt besondere Anforderungen an die Rechtmäßigkeit der Datenerhebung, die zugleich für alle Maßnahmen der Erhebung personenbezogener Daten gelten. Da die TKÜ aber gerade heimlich erfolgen muss, sind stets die in der Vorschrift enthaltenen Ausnahmeregelungen heranzuziehen. Keinesfalls übersehen werden dürfen der **Richtervorbehalt** (dazu präventivpolizeilich etwa Art. 42 VI S. 1 BayPAG, § 26 I HmbPolDVG und strafprozessual § 100e I StPO – generell dazu oben Rn 282), die in den Gesetzen vorgesehene **Befristung** der Maßnahme und die nachträgliche **Unterrichtungspflicht** (dazu Rn 284).

---

[367] Zu den technischen Grundlagen: Die über Funk übermittelte Kommunikation wird durch eine sog. IMEI-Gerätenummer (International Mobile Equipment Identity) und eine sog. IMSI-Kartennummer (International Mobile Subscriber Identity) einzelnen Mobiltelefonen bzw. Teilnehmern zugeordnet. Die IMEI-Nummer wird weltweit nur einmal vergeben und einer bestimmten Person, die sich bei Erwerb des Mobiltelefons ausweisen muss, zugewiesen. Sobald das Mobiltelefon eingeschaltet ist, tauscht es mit der Sende- und Empfangsstation (Basisstation) der jeweiligen Funkzelle automatisch diese Identifizierungsmerkmale aus. Der „IMSI-Catcher" simuliert eine Basisstation, sodass sich alle Mobilfunkgeräte im Sendebereich einer Funkzelle in den IMSI-Catcher einbuchen und die Mobiltelefone auf diese Weise geortet und ihre Inhaber bestimmt werden können. Vgl. nunmehr auch *Jochum*, JuS 2010, 719 ff.

[368] BVerfG NJW 2007, 351, 353 f., das der bisher h.M. (vgl. etwa BGH NJW 2001, 1587; NJW 2003, 2034, 2035; VG Darmstadt NJW 2001, 2273, 2274; *Gercke*, MMR 2003, 453, 455; *ders.*, StraFo 2003, 76, 78; *Schenke*, AöR 125 (2000), 1, 20; *v. Denkowski*, Kriminalistik 2002, 117, 119; *Dix*, Kriminalistik 2004, 81, 83) eine Absage erteilt hat. Vgl. auch *Jochum*, JuS 2010, 719, 721 f.

[369] Der teilweise nach wie vor verwendete Begriff der **Fangschaltung** entstammt dem Zeitalter der analogen Telekommunikationstechnik und diente der Identifikation von anonymen Anrufern mittels Erhebung analoger Leistungsdaten. Da das Telekommunikationsnetz heute jedoch vollständig digitalisiert ist, wird das digitale Identifizierungsverfahren *Malicious Call Identification* (MCID) verwendet, sodass der Begriff „Fangschaltung" terminologisch und technologisch überholt ist und in der Fachsprache der Telekommunikation auch nicht mehr verwendet wird.

[370] Siehe dazu *R. Schmidt*, Staatsorganisationsrecht, Rn 186 f.

bb.) Materielle Rechtmäßigkeit

Da das Grundrecht aus Art. 10 I GG – ähnlich wie Art. 13 I GG – die enge Privat- und Persönlichkeitssphäre schützt, müssen schon besondere Gründe vorliegen, damit Abhörmaßnahmen gerechtfertigt sind (vgl. den Wortlaut des Art. 10 I GG: „... sind unverletzlich"). Daher regelt Art. 10 II GG selbst die Voraussetzungen, die an die Rechtmäßigkeit eines Eingriffs zu stellen sind.

So dürfen nach Art. 10 II S. 1 GG Beschränkungen des Telekommunikationsgeheimnisses zunächst nur **durch Gesetz** oder **aufgrund eines Gesetzes** erfolgen.

Gesetze i.S. dieses Vorbehalts sind das Gesetz zur Beschränkung des Brief-, Post- und Fernmeldegeheimnisses (sog. G 10), das die Verfassungsschutzbehörden des Bundes, den MAD und den BND unter den im Gesetz genannten Voraussetzungen ermächtigt, die Telekommunikation zu überwachen, und die nachrichtendienstlichen Gesetze (insbesondere das BNDG), die Eingriffe in den Schutzbereich des Art. 10 GG nicht nur aus Gründen der Strafverfolgung, sondern auch zu präventiven Zwecken zulassen.[371] Auch die Strafprozessordnung lässt (aus Gründen der Strafverfolgung) unter bestimmten Voraussetzungen Eingriffe in das Telekommunikationsgeheimnis zu. Nach § 100a I und IV StPO muss jeder, der Telekommunikationsdienste erbringt oder daran mitwirkt, dem Richter, der Staatsanwaltschaft oder ihren Ermittlungspersonen (§ 152 GVG) die Überwachung und Aufzeichnung der Telekommunikation ermöglichen und die erforderlichen Auskünfte unverzüglich erteilen. Voraussetzung ist, dass der Verdacht einer der Katalogstraftaten des Art. 100a II StPO oder des strafbaren Versuchs einer solchen Straftat oder einer Vorbereitungshandlung dazu vorliegt und dass die Erforschung des Sachverhalts oder die Ermittlung des Aufenthalts des Beschuldigten ohne diesen Eingriff aussichtslos oder wesentlich erschwert wären (die Eingriffsvoraussetzungen sind also restriktiv auszulegen). Zielpersonen der Maßnahme sind neben dem Beschuldigten selbst „Personen, von denen aufgrund bestimmter Tatsachen anzunehmen ist, dass sie für den Beschuldigten bestimmte oder von ihm herrührende Mitteilungen entgegennehmen oder weitergeben oder dass der Beschuldigte ihren Anschluss benutzt". Anordnungsbefugt sind nur Richter und Staatsanwaltschaft (§ 100e StPO). Die Anordnung ist nach § 100e I S. 4 StPO auf höchstens drei Monate zu befristen (mit Verlängerungsmöglichkeit gem. § 100e I S. 5 StPO). Liegen die Voraussetzungen der Anordnung nicht mehr vor, ist die TKÜ unverzüglich zu beenden (§ 100e V S. 1 StPO). § 101 StPO verlangt die Benachrichtigung des Betroffenen nach Abschluss der Maßnahme. Eine weitere Eingriffsgrundlage bilden die §§ 111 ff. TKG zur Auskunftserteilung gegenüber den Sicherheitsbehörden.

Wollen die **Polizeien der Länder** aus Gründen der **Gefahrenabwehr** die Telekommunikation überwachen, d.h. Gespräche mithören und aufzeichnen, bedürfen sie selbstverständlich ebenfalls entsprechender Rechtsgrundlagen. Befugnisnormen hinsichtlich präventivpolizeilicher TKÜ haben fast alle Bundesländer in ihre Polizeigesetze aufgenommen.[372] Danach darf die TKÜ insbesondere durchgeführt werden, wenn dies für die Abwehr einer (konkreten![373]) Gefahr für den Bestand oder die Sicherheit des Bundes oder eines Landes oder für Leib, Leben oder Freiheit einer Person (vgl. etwa § 23b I Nr. 1 BWPolG, § 23 I S. 1 Nr. 1 HmbPolDVG, § 66 I S. 1, S. 2 Nr. 1 SächsPVDG)

---
[371] Vgl. BVerfG NJW 2000, 55 ff. (dazu *Huber*, NVwZ 2000, 393 ff.).
[372] Vgl. etwa § 23b BWPolG, Art. 42-44 BayPAG, § 33b BrandPolG, §§ 23, 26 HmbPolDVG, §§ 15a, b HessSOG, § 34a MeckVorSOG, §§ 33a-c NdsPOG, § 20c NRWPolG, §§ 31-31e RhlPflPOG (vgl. dazu OVG Koblenz NJW 2013, 3671 f., wonach der verdeckte Zugriff der Polizei auf den Inhalt von E-Mails, die auf einem Server des Providers gespeichert sind, nicht von der Befugnisnorm des § 31 RhlPflPOG gedeckt ist, da sie nicht dem Begriff der Telekommunikation unterfallen), §§ 28b, 28c SaarlPolG, § 66 SächsPVDG, § 185a SchlHolstLVwG, § 34a ThürPAG.
[373] So die Forderung von BVerfG NJW 2005, 2603, 2607. Siehe aber Art. 42 I S. 1 Nr. 1 BayPAG, wo auch eine „drohende Gefahr" genügt (dazu Rn 302a).

oder für ein bedeutendes Rechtsgut (Art. 42 I S. 1 Nr. 1 BayPAG) erforderlich ist. Auch der mögliche Adressatenkreis ist in den gesetzlichen Bestimmungen geregelt (vgl. etwa Art. 42 I S. 1 BayPAG, § 23b I Nr. 1 BWPolG, § 23 I S. 1 HmbPolDVG, § 66 I S. 1, S. 2 Nr. 1 SächsPVDG). Fehlt eine entsprechende Rechtsgrundlage, wäre eine Überwachung der Telekommunikation zum Zweck der Gefahrenabwehr daher bereits in Ermangelung einer Rechtsgrundlage rechtswidrig. Diese ließe sich aus systematischen Gründen auch nicht aus der Datenerhebungsgeneralklausel bzw. aus der Vorschrift über den Einsatz besonderer Mittel zur Erhebung von Daten entnehmen; versuchte man dies, verstieße man gegen den verfassungsrechtlichen Bestimmtheitsgrundsatz, da Inhalt und Grenzen der Telekommunikationsüberwachung für den Bürger kaum ersichtlich wären. Außerdem stünde dieser Konstruktion auch das Zitiergebot entgegen, sofern Art. 10 GG in den betreffenden Polizeigesetzen nicht als einschränkbares Grundrecht genannt ist. Abzulehnen ist jedenfalls der Versuch, solche Eingriffsbefugnisse durch eine weite Auslegung der Vorschriften über den Einsatz technischer Mittel bzw. über die Datenerhebung in oder aus Wohnungen herzuleiten. Dem stehen nicht nur die tatbestandlichen Unterschiede, die zwischen Art. 13 GG und Art. 10 GG bestehen, entgegen, sondern auch der grundgesetzliche Gesetzesvorbehalt und das Bestimmtheitsgebot, die eine solche Vorgehensweise – zumal bei derart schwerwiegenden Eingriffen – verbieten.[374]

300 Polizeigesetze, die Art. 10 GG nicht als einschränkbares Grundrecht zitieren, dürfen insoweit auch nicht zur präventivpolizeilichen TKÜ befugen. Die Unzulässigkeit darf auch nicht dadurch umgangen werden, dass die Behörden ihr Vorgehen auf die strafprozessuale Überwachung der Telekommunikation (insb. nach §§ 100a, 100e StPO) stützen und die so gewonnenen Daten für Zwecke der Gefahrenabwehr nutzen. Eine solche Vorgehensweise verbietet sich – unter Zugrundelegung der Rspr. des BVerfG zur präventivpolizeilichen TKÜ[375] – schon deshalb, weil die Verwendung der aus einer strafprozessualen Überwachung der Telekommunikation gewonnenen Daten zu einem anderen als dem strafprozessualen Überwachungszweck ebenfalls einen Eingriff in Art. 10 I GG beinhaltet und dieses Grundrecht wegen Art. 19 I S. 2 GG daher auch zitiert werden muss. Zudem dürfte einer Verwendung strafprozessual erhobener TKÜ-Daten die Regelung des § 101 VIII S. 1 StPO entgegenstehen, die eine Verwendung außerhalb des Strafverfahrens ausschließt.

Freilich führt dieser Befund zu Problemen, wenn aufgrund einer – erlaubten – strafprozessualen TKÜ Erkenntnisse über drohendende schwerwiegende Verletzungen der öffentlichen Sicherheit (insb. durch Begehung von Straftaten mit erheblicher Bedeutung) gewonnen werden, ein strafprozessuales Einschreiten (etwa weil noch nicht das Versuchsstadium erreicht ist) ausscheidet und die Polizei wegen der Nichtzitierung des Art. 10 GG auch keine Eingriffe zum Zweck der Gefahrenabwehr vornehmen kann. In diesem Fall ist die Polizei u.U. trotz Kenntnis drohender Gefahren zum Nichteingreifen verpflichtet und daran gehindert, drohende Straftaten abzuwehren. Aus rechtssystematischen Gesichtspunkten kommt auch ein Rückgriff auf allgemeine Rechtfertigungsgründe (insb. §§ 32, 34 StGB) nicht in Betracht.[376] Daher ist den Landesgesetzgebern, die die präventivpolizeiliche TKÜ (noch) nicht in ihre Polizeigesetze aufgenommen haben – nicht zuletzt unter dem Gesichtspunkt der dem Staat obliegenden grundrechtlichen Schutzpflichten – dringend empfohlen, nicht nur Art. 10 GG als einschränkbares Grundrecht zu zitieren, sondern auch eine gesetzliche Rechtsgrundlage für Datenerhebungen durch Eingriffe in die Telekommunikation sowie die Verwertung von auf diese Weise gewonnenen Daten zu anderen Zwecken zu schaffen.

---

[374] Wie hier nun auch *Kingreen/Poscher*, POR, § 14 Rn 130 ff.
[375] BVerfG NJW 2005, 2603, 2604; NJW 2000, 55.
[376] *Schenke*, JZ 2001, 997, 1003; *ders*, POR, Rn 197b.

301 Besteht also keine spezielle Rechtsgrundlage für die präventiv-polizeiliche Telekommunikationsüberwachung, wäre eine gleichwohl angeordnete oder durchgeführte Maßnahme schon allein deswegen unzulässig.

302 Aber auch dort, wo die TKÜ gesetzlich geregelt ist, kann sie selbstverständlich immer nur letztes Mittel und nur unter strenger Beachtung des Verhältnismäßigkeitsgrundsatzes zulässig sein. In Anlehnung an das zum Lauschangriff Gesagte muss die gesetzliche Grundlage, die zur TKÜ ermächtigt, einen **Katalog von Anlasstatbeständen** enthalten, die dem Schutz von überragend wichtigen Rechtsgütern dienen, sowie **tatsächliche Anhaltspunkte** für das Vorliegen eines solchen Anlasstatbestands fordern, um dem **Bestimmtheitsgrundsatz** und dem **Grundsatz der Verhältnismäßigkeit** bereits auf Tatbestandsseite Konturen zu verleihen. Des Weiteren muss die Tat auch im Einzelfall **schwer wiegen** bzw. es müsste der Schaden, dessen Eintritt es gefahrenabwehrrechtlich zu verhindern gilt, **groß** sein, wenn er einträte, und die entsprechende Ermächtigung muss Vorkehrungen enthalten, um den **Kernbereich privater Lebensgestaltung** (auch nachgelagert) zu schützen. Schließlich sind angesichts der Schwere und Heimlichkeit der Maßnahme ein grundsätzlicher **Richtervorbehalt** sowie eine **nachträgliche Unterrichtung des Betroffenen** erforderlich. Auch ist dem Parlament in periodischen Abständen Bericht zu erstatten, damit dieses seine **Kontrollfunktion** ausüben kann.[377] Schließlich sind Vorschriften erforderlich, die die Mitwirkungspflichten der Telekommunikationsdiensteanbieter regeln. In Bezug auf die Verkehrsdatenspeicherung und -erhebung (siehe dazu Rn 309 ff.) hat das BVerfG entschieden, dass es nicht genüge, wenn der Gesetzgeber (hier: der Bundesgesetzgeber) einerseits eine „Freigabe" der Daten (hier: nach dem TKG, wonach Telekommunikationsdiensteanbieter unter den dort genannten Voraussetzungen die auf der Grundlage von § 113b TKG gespeicherten Daten an die Strafverfolgungs-, aber auch Gefahrenabwehrbehörden übermitteln dürfen) und andererseits eine „Abrufermächtigung" hinsichtlich der „freigegebenen" Daten erteile. Das BVerfG verlangt vielmehr auch eine normklare, mit der Abrufbefugnis korrespondierende Rechtsgrundlage für die Übermittlung. Es sei Aufgabe des Gesetzgebers, nicht nur die Tür zur Abfrage von Daten zu öffnen, sondern auch die Tür zu deren Übermittlung (sog. „Doppeltürmodell"). Erst beide Rechtsgrundlagen (Abrufbefugnis und Übermittlungsbefugnis) gemeinsam, die wie eine Doppeltür zusammenwirken müssten, berechtigten zu einem Austausch personenbezogener Daten[378] (siehe dazu näher Rn 309j ff.). Diese Grundsätze müssen selbstverständlich auch für die TKÜ gelten. Mitwirkungspflichten der Telekommunikationsdiensteanbieter enthält zunächst § 110 TKG. Aber auch die Polizeigesetze müssen Übermittlungsvorschriften enthalten. Art. 43 BayPAG z.B. enthält Übermittlungs- bzw. Mitwirkungsvorschriften. Ist eine TKÜ nach Art. 42 I BayPAG angeordnet, hat gem. Art. 43 I BayPAG jeder Telekommunikationsdiensteanbieter nach Maßgabe der Regelungen des TKG und der darauf beruhenden Rechtsverordnungen zur technischen und organisatorischen Umsetzung von Überwachungsmaßnahmen in der jeweils geltenden Fassung der Polizei die Überwachung und Aufzeichnung der Telekommunikation zu ermöglichen. Es ist jedoch unklar, ob Art. 42 I BayPAG den hohen Anforderungen gerecht wird, die das BVerfG in Bezug auf den großen Lauschangriff, also die heimliche Datenerhebung durch besondere Mittel, aufgestellt hat und die nach hier vertretener Auffassung auf die TKÜ übertragbar sind. So fehlen bereits Anlasstatbestände. Das Gesetz lässt in Abs. I S. 1 Nr. 1 die Abwehr einer Gefahr und – soweit es um ein in Art. 11 III S. 2 Nr. 1, 2 oder Nr. 5 BayPAG genanntes bedeutendes Rechtsgut geht – sogar einer drohenden Gefahr genügen. Das ist nicht unproblematisch, weil dadurch eine TKÜ bereits dann angeordnet und durchgeführt werden kann, wenn eine Gefahr gera-

---

[377] Siehe insgesamt dazu auch BVerfGE 129, 208, 241 ff.
[378] BVerfGE 130, 151, 184.

de noch nicht vorliegt, sondern lediglich einzutreten droht. Damit steht die „drohende" Gefahr zeitlich und graduell noch vor der abstrakten Gefahr (Rn 660 ff.) und dehnt die Möglichkeit einer TKÜ sehr weit in das Vorfeld einer eigentlichen Gefahr aus, was Zweifel an der Verfassungsmäßigkeit hervorruft. Die Zweifel werden noch dadurch verstärkt, dass die TKÜ auch auf Kommunikationssysteme erstreckt werden darf, die räumlich von den durch die Betroffenen genutzten Kommunikationssystemen getrennt sind, soweit sie im Rahmen des Telekommunikationsvorgangs verwendet werden (Art. 42 I S. 2 BayPAG). Das betrifft namentlich den Telekommunikationsverkehr über externe (Speicher-)Systeme wie „Cloudsysteme". Da hilft es mit Blick auf die Schwere des mit der TKÜ verbundenen Eingriffs in Art. 10 I GG auch nur bedingt, dass gem. Art. 42 I S. 3 BayPAG die TKÜ nur angeordnet und durchgeführt werden darf, wenn die Erfüllung einer polizeilichen Aufgabe auf andere Weise aussichtslos oder wesentlich erschwert wäre. Denn das entspricht ohnehin nur dem allgemeinen Grundsatz der Verhältnismäßigkeit.

302a Andererseits darf gem. Art. 42 I S. 1 Nr. 1 BayPAG bei nur drohender Gefahr die TKÜ nur angeordnet und durchgeführt werden zum Schutz eines bedeutenden Rechtsguts i.S.v. Art. 11 III S. 2 Nr. 1, 2 oder Nr. 5 BayPAG, worunter der Bestand und die Sicherheit des Bundes oder eines Landes, das Leben, die Gesundheit und die Freiheit und Sachen, deren Erhalt im besonderen öffentlichen Interesse liegt, zu verstehen sind. Auch sieht Art. 42 VI S. 1 BayPAG eine vorherige richterliche Entscheidung vor, wenngleich bei Gefahr im Verzug die Anordnungsbefugnis auf die höhere Exekutivebene übergeht (Art. 36 IV S. 2 und 3 BayPAG). Den Schutz von Berufsgeheimnisträgern und des Kernbereichs privater Lebensgestaltung gewährleistet Art. 49 BayPAG; Benachrichtigungspflichten sieht Art. 50 BayPAG vor, und Art. 51 und 52 BayPAG enthalten Protokollierungs- und (parlamentarische) Kontrollmöglichkeiten und -pflichten.

302b Insgesamt steht fest: Das Genügenlassen der drohenden Gefahr ist auf den ersten Blick problematisch, auch wenn die damit verbundene Vorverlagerung der Eingriffsmöglichkeit in das Vorfeld der eigentlichen Gefahr nur zum Schutz von bedeutenden Rechtsgütern greift. Bei restriktiver Handhabung der Ableitungsvoraussetzungen der drohenden Gefahr (siehe Art. 11 III S. 1 BayPAG: Das individuelle Verhalten einer Person begründet die konkrete Wahrscheinlichkeit, dass in absehbarer Zeit ein Angriff von erheblicher Intensität oder Auswirkung zu erwarten ist, oder Vorbereitungshandlungen lassen für sich oder zusammen mit weiteren bestimmten Tatsachen den Schluss auf ein seiner Art nach konkretisiertes Geschehen zu, wonach in absehbarer Zeit ein Angriff von erheblicher Intensität oder Auswirkung zu erwarten ist) und strenger Beachtung des Richtervorbehalts bzw. bei äußerster Zurückhaltung der Annahme von Gefahr im Verzug ist die Befugnis zur TKÜ verfassungsgemäß.

302c Eine Erweiterung des Gesetzesvorbehalts findet sich in **Art. 10 II S. 2 GG**. Danach kann das einschränkende Gesetz auch bestimmen, dass die Beschränkung des Brief-, Post- und Fernmeldegeheimnisses dem Betroffenen **nicht mitgeteilt** wird und dass an die Stelle des Rechtswegs die Nachprüfung durch von der Volksvertretung bestellte Organe oder Hilfsorgane tritt, sofern die Beschränkung dem Staats- und Verfassungsschutz, also dem Schutz der freiheitlichen demokratischen Grundordnung oder des Bestandes oder der Sicherung des Bundes oder eines Landes, dient (sog. **Staatsschutzklausel**). Von dieser Ermächtigung hat der Gesetzgeber durch den Erlass des bereits genannten G 10 Gebrauch gemacht. Dadurch besteht eine besondere Eingriffsintensität: Der Betroffene kann den Eingriff in das Brief-, Post- und Fernmeldegeheimnis nicht bemerken und ihn gerichtlich nicht abwehren. Eine gerichtliche Überprüfung kann nur nach Abschluss des Verfahrens stattfinden, da die Überwachungs- und Abhörmaßnahmen grundsätzlich erst nach ihrer Einstellung dem Betroffenen mitgeteilt werden müssen.³⁷⁹ Der gerichtliche Rechtsschutz beschränkt sich dann auf die Feststellung, dass die fragliche(n) Maßnahme(n) rechtswidrig war(en) und der Kläger dadurch in seinen Rechten verletzt wurde, § 113 I S. 4 VwGO analog.³⁸⁰

Die **Verfassungsmäßigkeit** des erweiterten Gesetzesvorbehalts des Art. 10 II S. 2 GG war und ist aus rechtsstaatlichen Gründen umstritten. Dennoch hat das BVerfG (allerdings nur mit 5:3 Stimmen) die Vorschrift im sog. ersten Abhörurteil für mit dem Grundgesetz vereinbar erklärt.³⁸¹ Verfassungsrechtliche Bedenken hat es auch hinsichtlich der Fassung des § 3 G 10 angemeldet, die aufgrund des Verbrechensbekämpfungsgesetzes vom 28.10. 1994 beschlossen wurde, weil sie dem BND die Befugnis einräumte, ohne konkrete Verdachtsmomente den internationalen, nicht leitungsgebundenen Telekommunikationsverkehr abzuhören. Bedenken hatte es auch hinsichtlich der gesetzgeberischen Ausgestaltung der Verarbeitung personenbezogener Daten geäußert. Ermächtige der Gesetzgeber den BND zu Eingriffen in das Fernmeldegeheimnis, verpflichte ihn Art. 10 GG, Vorsorge gegen diejenigen Gefahren zu treffen, die sich aus der Erhebung und Verwertung personenbezogener Daten ergäben. Dazu gehöre insbesondere die Bindung der Verwendung erlangter Kenntnisse an den Zweck, der die Erfassung rechtfertige. Diese Bindung müsse bereits im einschränkenden Gesetz beschrieben sein.³⁸² Unter diesem Gesichtspunkt verwarf das Gericht die Regelungen in § 3 IV und § 3 II S. 2 G 10 (a.F.) i.V.m. § 12 BNDG (a.F.). Diese Entscheidung hatte gem. § 31 II BVerfGG Gesetzeskraft. Das Gericht hatte dem Gesetzgeber eine Nachbesserungsfrist bis zum 30.6.2001 eingeräumt.³⁸³

Der Gesetzgeber ist diesem Postulat inzwischen nachgekommen und hat das Gesetz zur Neuregelung von Beschränkungen des Brief-, Post- und Fernmeldegeheimnisses beschlossen. Dieses Gesetz v. 26.6.2001 hat das bisherige G 10 komplett abgelöst und trägt nicht nur den genannten bundesverfassungsgerichtlichen Beanstandungen Rechnung, sondern schließt darüber hinaus auch Lücken des bisherigen Gesetzes. Im Bereich der strategischen Fernmeldekontrolle, die die Auswertung einer Fülle verschiedener Sachverhalte nach bestimmten Kriterien betrifft, wird die Kontrolle auf internationale Telekommunikation, die durch Lichtwellenleiter gebündelt übertragen wird, ausgedehnt (§ 5 I G 10 n.F.). Im Bereich der Individualkontrolle wurde vor allem der Tatbestand der Volksverhetzung (§ 130 StGB) in den Katalog der Straftatbestände aufgenommen, zu deren Aufklärung und Verhinderung die Nachrichtendienste eine Einzelüberwachung vornehmen dürfen (§ 3 I S. 1 Nr. 6 G 10 n.F.). Außerdem wurden die Pflichten der beteiligten Behörden beim Umgang mit personenbezogenen Daten verschärft: §§ 4 und 6 G 10 n.F. regeln die Löschung, Protokollierung und Sperrung personenbezogener Daten. Danach muss unverzüglich geprüft werden, ob die erhobenen Daten für die Aufgabenerfüllung erforderlich sind. Ist dies nicht der Fall, müssen die Daten sofort gelöscht werden. Die verbleibenden Daten sind zu kennzeichnen.

Im Bereich der Individualkontrolle dürfen die Daten unter den Voraussetzungen des § 4 IV G 10 n.F. weitergeleitet werden. Dort ist jetzt auch klargestellt, dass im Rahmen des G 10 gewonnene Erkenntnisse auch für Verbotsverfahren bei verfassungswidrigen Parteien genutzt werden können (§ 4 IV S. 1 Nr. 3 G 10 n.F.).

§ 12 G 10 n.F. fasst die Bestimmungen zur Mitteilung von Kontrollmaßnahmen an die Betroffenen zusammen. Im Bereich der Individualkontrolle ist eine Mitteilung entbehrlich, wenn die erhobenen Daten sogleich gelöscht werden. Darüber hinaus werden die Kontrollmöglichkeiten der G-10-Kommission erweitert, die den gesamten Prozess der Erhebung, Verarbeitung und Nutzung personenbezogener Daten erfassen (§§ 1 II, 14, 15 G 10 n.F.).

---

[379] Selbst eine Mitteilung von Kontrollmaßnahmen an den Betroffenen ist entbehrlich, wenn die G-10-Kommission festgestellt hat, dass die in § 12 I Nr. 1-3 G 10 n.F. genannten Voraussetzungen vorliegen.
[380] Vgl. dazu BVerwGE 87, 23, 25 ff.
[381] So BVerfGE 30, 1, 26 f.; *Schenke*, in: Bonner Kommentar, Art. 19 Abs. 4 Rn 79.
[382] BVerfGE 100, 313, 359 f.
[383] BVerfG a.a.O. S. 402.

cc.) Gemeinsame Rechen- und Dienstleistungszentren zur TKÜ

303 Um die TKÜ effektiver und wirtschaftlicher zu gestalten, sind etliche Bundesländer dazu übergegangen, gemeinsame Rechen- und Dienstleistungszentren für Telekommunikationsüberwachung der Polizeien zu vereinbaren. Entsprechende Staatsverträge sind bereits 2016 zwischen Bremen, Hamburg, Mecklenburg-Vorpommern, Niedersachsen und Schleswig-Holstein sowie zwischen Berlin, Brandenburg, Sachsen, Sachsen-Anhalt und Thüringen geschlossen und von den Landtagen durch Zustimmungsgesetz ratifiziert worden.[384] So sieht der Staatsvertrag zwischen den genannten norddeutschen Ländern ein gemeinsames Rechen- und Dienstleistungszentrum (RDZ) zur Telekommunikationsüberwachung der Polizeien im Verbund der norddeutschen Küstenländer mit Sitz im Landeskriminalamt Niedersachsen vor (Art. 1 I des Staatsvertrags). Art. 1 II und III des Staatsvertrags legen die wesentlichen Aufgaben des RDZ fest. Dazu gehört die technische Umsetzung, d.h. Durchführung und Auswertung von strafprozessualen TKÜ-Maßnahmen (Art. 1 II S. 1 des Staatsvertrags). Weiterhin unterstützt das RDZ die Vertragspartner bei der Erhebung und Verarbeitung von Inhalts-, Verkehrs- und Bestandsdaten, die im Zusammenhang mit der Durchführung strafprozessualer Maßnahmen erhoben werden dürfen (Art. 1 II S. 2 des Staatsvertrags). Beides gilt auch hinsichtlich präventivpolizeilicher Maßnahmen, soweit das jeweilige Landesrecht entsprechende Maßnahmen vorsieht (Art. 1 II S. 3 des Staatsvertrags). Bis zur Inbetriebnahme des RDZ, die sich voraussichtlich frühestens Ende 2020 realisieren lässt[385], nutzen die Vertragsländer jedoch noch ihre vorhandenen TKÜ-Anlagen.

303a Ob das Vorhaben verfassungsrechtlich Bestand haben wird, bleibt abzuwarten. Da Art. 3 I des Staatsvertrags eine Auftragsdatenverarbeitung vorsieht, das RDZ also nur Auftragnehmer ist und gem. Art. 3 II des Staatsvertrags an Vorgaben und Weisungen des jeweiligen beauftragenden Bundeslandes gebunden ist, also bezüglich Anordnung, Durchführung und Löschung von Überwachungsmaßnahmen keine eigene Entscheidungskompetenz hat (Art. 3 II S. 1 und 2 des Staatsvertrags), womit die jeweiligen verfahrenssichernden Regelungen der Landesrechte gelten, sollten die Regelungen einer verfassungsrechtlichen Prüfung standhalten, zumal Art. 3 III des Staatsvertrags ausdrücklich auf die Verantwortlichkeit des jeweiligen Auftraggebers sowohl für die aus der Erhebung und Verarbeitung gewonnenen Daten als auch für die Löschung von Erkenntnissen aus dem Kernbereich privater Lebensgestaltung hinweist. Rechtsschutzmittel (Rn 307b) sind also gegen die jeweilige Landesbehörde einzulegen.

dd.) Rechtsschutz

304 Da die TKÜ heimlich durchgeführt wird, kommt ihr zum einen keine Verwaltungsaktqualität zu und zum anderen kann sie nicht mit Rechtsbehelfen angegriffen werden, die zur Aufhebung der Datenerhebung führen; vielmehr beschränkt sich der Rechtsschutz auf die nachträgliche Feststellung, dass die Maßnahme rechtswidrig gewesen sei. Bei präventivpolizeilicher Quellen-TKÜ ist statthafte Klageart die verwaltungsgerichtliche allgemeine Feststellungsklage (§ 43 VwGO); bei strafprozessualer Quellen-TKÜ ist gegen die gerichtliche Anordnung die Beschwerde nach § 304 StPO zulässig. Erging die Anordnung durch die Staatsanwaltschaft, ist der Antrag auf gerichtliche Entscheidung analog § 98 II S. 2 StPO zulässig. Der Antrag analog § 98 II S. 2 StPO ist auch gegen die Art und Weise der Durchführung zulässig.

---

[384] Abrufbar ist der Text des Staatsvertrags etwa unter http://www.gesetzblatt.bremen.de/fastmedia/832/2016-06-27-gesetzblatt-2016-nr-59-staatsvertrag-rechen--und-dienstleistungszentrum.pdf
[385] Siehe dazu Drs. 18/2772 des niedersächsischen Landtags.

ee.) Aufzeichnung von Notrufen und Standortermittlung

Von der der TKÜ im soeben besprochenen Sinn ist diejenige zu unterscheiden, bei der es um die **Aufzeichnung von Notrufen** („110" bzw. „112") geht, da man in Fällen dieser Art von einem Einverständnis des Anrufers mit der Aufzeichnung des Anrufs ausgehen kann, wodurch konsequenterweise auch ein Eingriff in Art. 10 I GG zu verneinen ist. Im Übrigen wird die über die bundesrechtliche Norm des § 101 TKG vorgenommene Malicious Call Identification (MCID – dazu bereits Rn 294f) für zulässig erachtet, wenn sie mit Einwilligung des Inhabers erfolgt.

Von dem bei Rn 297-304 behandelten Problemkreis ebenfalls zu unterscheiden ist die reine **Standortermittlung** aus Gründen der Gefahrenabwehr. Obwohl hier der Grundrechtseingriff weniger intensiv ist als beim Mithören des Gesprächsinhalts („nur" Art. 2 I GG i.V.m. Art. 1 GG statt Art. 10 I GG), kommt eine Rechtfertigung auf der Grundlage der Befugnisgeneralklauseln der Polizeigesetze gleichwohl nicht in Betracht. Daher haben die Polizeigesetze auch diesbezüglich spezielle Befugnisnormen eingeführt. So kann z.B. nach Art. 42 IV S. 1 BayPAG die Polizei bei Gefahr oder drohender Gefahr für ein bedeutendes Rechtsgut i.S.d. Art. 11 III S. 2 Nr. 2 BayPAG (das betrifft Leben, Gesundheit und Freiheit) hinsichtlich des Betroffenen technische Mittel einsetzen, um den Standort eines von ihm mitgeführten Mobilfunkendgeräts zu ermitteln. Anordnungsbefugt ist gem. Art. 42 VI S. 1 BayPAG der Richter, wenngleich bei Gefahr im Verzug die Anordnungsbefugnis auf die höhere Exekutivebene übergeht (Art. 36 IV S. 2 und 3 BayPAG). Soweit die Standortbestimmung aber ausschließlich dazu dient, den Aufenthaltsort einer in Gefahr befindlichen Person zu ermitteln, darf die Maßnahme von vornherein durch bestimmte Polizeibeamte angeordnet werden (siehe Art. 42 VI S. 2 BayPAG i.V.m. Art. 36 IV S. 2 und V S. 2 BayPAG). Da der Standort des Mobiltelefons nicht ohne Mithilfe des Telekommunikationsdiensteanbieters ermittelt werden kann, bestehen Mitwirkungspflichten (etwa nach Art. 43 II S. 1 Nr. 3 BayPAG).

Beispiel: S ist im Begriff, sich das Leben zu nehmen. Mittels seines Mobiltelefons („Handy") ruft er seine Freundin an, um sich von ihr zu verabschieden. Doch diese informiert sofort die Polizei und schildert ihr den Sachverhalt. Die Polizei wiederum wendet sich zur Verhinderung des Suizids an den Netzbetreiber N, um sich den Standort des Mobiltelefons geben zu lassen. Ist N verpflichtet, die Standortdaten zu übermitteln?

Eine Standortermittlung ist zumindest technisch möglich, weil der Standort eines eingeschalteten Handys über die „Funkzelle", den örtlich begrenzten Sendebereich, in der sich das Handy befindet, relativ eng eingegrenzt werden kann (siehe Rn 294f). Rechtlich verpflichtet ist ein Netzbetreiber zur Herausgabe der Standortdaten bzw. zur Mitwirkung, wenn eine diesbezügliche gesetzliche Mitwirkungspflicht besteht.

Unterstellt, der Sachverhalt ereignet sich in Bayern, besteht eine Mitwirkungspflicht nach Art. 43 II S. 1 Nr. 3 BayPAG. Danach kann die Polizei, die technische Mittel einsetzt, um hinsichtlich einer Person, für die eine Gefahr für Leben, Gesundheit oder Freiheit besteht, den Standort eines von dieser mitgeführten Mobilfunkendgeräts zu ermitteln, von Diensteanbietern verlangen, ihr die für die Ermittlung des Standorts eines Mobilfunkendgeräts dieser Person erforderlichen spezifischen Kennungen, insbesondere die Geräte- und Kartennummer, mitzuteilen.

Bedenken an der Vereinbarkeit dieser Regelungen mit Art. 2 I GG i.V.m. Art. 1 I GG bestehen insoweit nicht, allein schon vor dem Hintergrund der staatlichen Schutzpflicht.

Die Rechtmäßigkeit der Mitteilung des Standorts eines Mobiltelefons an die Polizei durch den Netzbetreiber zu Zwecken der **Strafverfolgung** bestimmt sich gem. § 100i StPO, der eine verfassungsmäßige Einschränkung des Art. 2 I GG i.V.m. Art. 1 I GG darstellt.[386]

---

[386] Vgl. BVerfG NJW 2007, 351, 353 f. Vgl. nunmehr auch *Jochum*, JuS 2010, 719 ff.

e.) Online-Durchsuchung von Computern

308 Bei der „Online-Durchsuchung von Computern" geht es nicht um die Durchsuchung einer Sache im „klassischen Sinne", sondern um eine Maßnahme der Polizei (oder eines Nachrichtendienstes), mit der (stationär oder via Internet) bestimmte Programme („Trojaner"; Spyware) heimlich auf einem informationstechnischen System (d.h. auf einem Computer, auf einem Smartphone, einem Tablet etc.) installiert werden, um dort gespeicherte Daten auszuforschen und (via Internet) zu übermitteln. Die Online-Durchsuchung ist damit technisch sehr verwandt mit der Quellen-TKÜ, sie unterscheidet sich von dieser aber dadurch, dass gespeicherte Daten jeglicher Art ermittelt und übertragen werden (können), während durch die Quellen-TKÜ (lediglich) mittels heimlich installierten Spähprogramms die Telekommunikation in der Weise überwacht wird, dass Telekommunikationsdaten erfasst werden, bevor sie vom System des Betroffenen verschlüsselt und versendet werden. Das bedeutet: In beiden Fällen wird heimlich ein Spähprogramm auf dem informationstechnischen System der Zielperson installiert. Greift die Behörde mittels dieses Programms auf das gesamte System zu und durchsucht dieses nach Daten (beliebiger Art), spricht man von Online-Durchsuchung. Greift sie dagegen nur auf Telekommunikationsdaten zu, bevor diese vom System des Betroffenen verschlüsselt und versendet werden, liegt eine Quellen-TKÜ vor (die Telekommunikation wird sozusagen an der Quelle überwacht).

308a Unbeschadet der missglückten Terminologie soll die Online-Durchsuchung Schwierigkeiten überwinden für den Fall, dass Straftäter (besonders extremistische und terroristische, aber auch im Bereich der Kinderpornografie etc.) ihre Kommunikation für die Planung und Durchführung einer nächsten Straftat verstärkt über das Internet führen.[387] Mit der Online-Durchsuchung können derartige Aktivitäten aufgespürt und weitere verhindert werden. Daraus ergibt sich ihr regelmäßig anzunehmender doppelfunktionaler Zweck: Zum einen dient sie der Strafverfolgung, zum anderen aber auch der Verhinderung (weiterer) Straftaten. Dementsprechend bedarf es sowohl strafprozessualer als auch präventivpolizeilicher Rechtsgrundlagen, möchten staatliche Stellen zum jeweiligen Zweck vorgehen.

> **Beispiel:** Von T wird vermutet, dass er an einen international agierenden Händlerkreis beteiligt ist, der u.a. mit kinderpornografischem Material handelt. Um die Beteiligten aufzuspüren und den Ring zu zerschlagen, installiert die Polizei auf dem Smartphone des T, während dieser sich in das offene WLAN eines Restaurants eingeloggt hat, ein Programm, mit dem sie die auf dem Speicher des Smartphones befindlichen Dateien kopiert und herunterlädt.
>
> In diesem Fall dürfte der strafprozessuale Zweck im Vordergrund stehen. Rechtsgrundlagen und Verfahrensvorschriften sind der StPO zu entnehmen, namentlich §§ 100b I, II Nr. 1 e), III S. 1 und 3, IV, 100d, 100e, 101, 101b I, III StPO – siehe Rn 308o.

308b Da die Maßnahme ohne Wissen des Betroffenen erfolgt und umfassend Rückschlüsse auf dessen Persönlichkeit zulässt, stellt sie einen schwerwiegenden Eingriff jedenfalls in das Grundrecht auf **informationelle Selbstbestimmung** dar. Das BVerfG hat in seiner Entscheidung vom 27.2.2008[388] jedoch den Schutz, den das Grundrecht auf informationelle Selbstbestimmung entfaltet, nicht für ausreichend erachtet, um dem Eingriff in die Persönlichkeitssphäre, der mit der heimlichen Online-Durchsuchung verbunden ist, zu begegnen. Soweit kein hinreichender Schutz vor Persönlichkeitsgefährdungen bestehe, die sich daraus ergäben, dass der Einzelne zu seiner Persönlichkeitsentfaltung auf die Nutzung informationstechnischer Systeme angewiesen sei, trage das

---

[387] BVerfGE 120, 274, 278.
[388] BVerfGE 120, 274, 302 ff.

allgemeine Persönlichkeitsrecht dem Schutzbedarf in seiner lückenfüllenden Funktion über seine bisher anerkannten Ausprägungen hinaus dadurch Rechnung, dass es die **Vertraulichkeit und Integrität informationstechnischer Systeme** gewährleiste. Dieses Recht fuße gleich dem Recht auf informationelle Selbstbestimmung auf Art. 2 I i.V.m. 1 I GG; es bewahre den persönlichen und privaten Lebensbereich der Grundrechtsträger vor staatlichem Zugriff im Bereich der Informationstechnik auch insoweit, als auf das informationstechnische System insgesamt zugegriffen werde und nicht nur auf einzelne Kommunikationsvorgänge oder gespeicherte Daten.[389]

Warum das BVerfG ein neues Grundrecht „kreiert" hat, erschließt sich nicht ohne weiteres; insbesondere wäre das Grundrecht auf informationelle Selbstbestimmung den Anforderungen durchaus gerecht geworden, hätte man seinen Schutz nur weit genug gefasst. Insbesondere ist es nicht überzeugend, von der Intensität des Grundrechtseingriffs auf eine (noch dazu in Wirklichkeit nicht bestehende) Schutzlücke im Schutzbereich zu schließen. Die Vorgehensweise des BVerfG kann nur so verstanden werden, dass es der besonderen Bedeutung des Grundrechtseingriffs, der mit der heimlichen Infiltration von Computersystemen verbunden ist, schlicht terminologisch Rechnung tragen wollte. **308c**

Teilweise wird auch ein Eingriff in das **Wohnungsgrundrecht** aus Art. 13 I GG bejaht. Zur Begründung wird angeführt, es sei nach der Rechtsprechung des BVerfG auch sonst anerkannt, dass Art. 13 I GG nicht nur vor dem körperlichen Eindringen in die Wohnung schütze, sondern vor jeder Maßnahme, die den durch Art. 13 I GG geschützten Intimbereich beeinträchtige. Schütze Art. 13 I GG etwa auch vor dem Überwachen der Wohnung durch technische Hilfsmittel wie Richtmikrofone („großer Lauschangriff", s.o.) oder vor dem gezielten Ausspähen der Vorgänge in einem Garten durch Luftbildaufnahmen, könne in Bezug auf die Online-Durchsuchung nichts anderes gelten.[390] **308d**

In der Tat spricht einiges für die Richtigkeit dieser Annahme. Denn auch bei der Online-Durchsuchung eines Computers geht es um die Ausforschung personenbezogener Daten, die sich nicht in der Öffentlichkeit abspielt, sondern mitunter auch in durch Art. 13 I GG geschützten Räumen. Das gilt auch dann, wenn es sich bei dem Raum, in dem sich der Computer befindet, um einen Arbeits-, Betriebs- oder Geschäftsraum handelt, da das BVerfG den Schutzbereich des Art. 13 I GG großzügig auslegt und auch derartige Räume einbezieht. Gegen die Eröffnung des Schutzbereichs des Art. 13 I GG spricht allerdings, dass sich der Computer, auf dem sich die Daten befinden, im Zeitpunkt der Online-Durchsuchung auch außerhalb eines durch Art. 13 I GG geschützten Raums befinden kann. Man denke an ein Notebook, das der Benutzer in einem Straßencafé in Betrieb hat und das er über (unverschlüsseltes) WLAN an das Internet angeschlossen hat. Hier von einem Eingriff in Art. 13 I GG auszugehen, wenn eine Behörde in diesem Zeitpunkt einen Trojaner installiert und Daten abruft, kann ersichtlich keinen Bestand haben. **308e**

Richtigerweise wird man daher eine pauschale Eröffnung des Schutzbereichs des Art. 13 I GG ablehnen müssen.[391] Sofern sich der Computer im Zeitpunkt des Datenabrufs aber in einem durch Art. 13 I GG geschützten Raum befindet, kann von einem Eingriff in den Schutzbereich des Art. 13 I GG ausgegangen werden; im Zweifel trägt die Behörde das Risiko, dass sie im Zeitpunkt ihrer Maßnahme in den Schutzbereich des Wohnungsgrundrechts eingreift. **308f**

Klar dürfte indes sein, dass eine Online-Durchsuchung eines Computers **keinen** Eingriff in das **Telekommunikationsgrundrecht** aus Art. 10 I GG darstellt, weil nicht auf den **308g**

---

[389] BVerfGE 120, 274, 302 ff.
[390] Davon gehen etwa *Kutscha*, NJW 2007, 1169, 1170 f., *Rux*, JZ 2007, 285, 287 f. und *Kudlich*, JA 2007, 391, 394 aus.
[391] Vgl. bereits die 11. Aufl. 2007; später auch BVerfGE 120, 274, 302 ff.; vgl. auch *Hinz*, Jura 2009, 141 ff.

308h Unabhängig von der Frage, ob bei einer Online-Durchsuchung ein Eingriff in das Wohnungsgrundrecht oder ausschließlich in das Grundrecht auf Vertraulichkeit und Integrität informationstechnischer Systeme vorliegt, bedürfen die Behörden wegen des Grundsatzes vom Vorbehalt des Gesetzes (Art. 20 III GG) einer **gesetzlichen Grundlage**. Eine solche war seinerzeit nicht vorhanden. Insbesondere sind weder die Vorschriften über die Wohnungsdurchsuchung noch diejenigen über die Durchsuchung von Sachen anzuwenden, da es bei einer Online-Durchsuchung eines Computers eben nicht um eine „Durchsuchung" geht, sondern um eine elektronische Ausforschung von Daten mittels Installation von „Trojanischen Pferden" bzw. von Spionageprogrammen. Das ist qualitativ etwas anderes als eine „Durchsuchung" i.S.d. Vorschriften über die Durchsuchung von Wohnungen oder Sachen. Hinzu kommt, dass die Online-Durchsuchung von Computern gerade heimlich erfolgt, wohingegen nach den gesetzlichen Bestimmungen die Durchsuchung von Wohnungen oder Sachen grundsätzlich mit Kenntnis und in körperlicher Anwesenheit des Berechtigten vorgenommen wird.

308i Gerade aus diesen Gründen hatte seinerzeit das BVerfG für den Bereich der Strafverfolgung die Anwendung des § 102 StPO, der im repressivpolizeilichen Bereich die Durchsuchung der Wohnung legitimiert, abgelehnt und die Online-Durchsuchung eines Computers (wegen fehlender Rechtsgrundlage) für verfassungswidrig erklärt.[393] Auch auf polizeigesetzlicher Ebene gab es seinerzeit keine Rechtsgrundlagen.

308j Somit waren die Gesetzgeber gefordert, entsprechende Rechtsgrundlagen und Verfahrensregelungen zu schaffen, die zudem den (absoluten und damit unantastbaren) **Kernbereich privater Lebensgestaltung**[394] sowie den **Grundsatz der Verhältnismäßigkeit** beachten. Denn diese Grenzen sind bei allen heimlichen Informationseingriffen, also bei sog. Lauschangriffen, bei der Überwachung der Telekommunikation und bei der Online-Durchsuchung, (besonders) zu beachten. Insbesondere die Online-Durchsuchung stellt einen Zugriff auf den gesamten Datenbestand des Betroffenen dar, der auch detaillierte Informationen über die persönlichen Verhältnisse und die Lebensführung des Betroffenen umfasst. Die hierbei erhobenen Daten ermöglichen weit reichende Rückschlüsse auf die Persönlichkeit des Betroffenen bis hin zu einer Bildung von Verhaltens- und Kommunikationsprofilen. Daher muss die gesetzliche Grundlage, die zu Online-Durchsuchung ermächtigt, einen **Katalog von Anlasstatbeständen** enthalten, die dem **Schutz von überragend wichtigen Rechtsgütern** dienen, sowie **tatsächliche Anhaltspunkte** für das Vorliegen eines solchen Anlasstatbestands fordern, um dem **Bestimmtheitsgrundsatz** und dem **Grundsatz der Verhältnismäßigkeit** bereits auf Tatbestandsseite Konturen zu verleihen. Des Weiteren muss die Tat auch im Einzelfall **schwer wiegen** bzw. es müsste der Schaden, dessen Eintritt es gefahrenabwehrrechtlich zu verhindern gilt, **groß** sein, wenn er einträte, und die entsprechende Ermächtigung muss Vorkehrungen enthalten, um den **Kernbereich privater Lebensgestaltung** (auch nachgelagert) zu schützen. Schließlich sind angesichts der Schwere und Heimlichkeit der Maßnahme ein **Richtervorbehalt** sowie eine **nachträgliche Unterrichtung des Betroffenen** erforderlich.

308k Diese Anforderungen, die bereits im Wesentlichen in der 11. Auflage 2007 dieses Buches formuliert waren, hat das BVerfG bestätigt. Es hat entschieden, dass die gesetzliche Be-

---

[392] Vgl. auch BVerfGE 120, 274, 302 ff.; 115, 166, 183 ff. sowie *R. Schmidt*, Grundrechte, Rn 734d.
[393] Es gilt also: keine analoge Anwendung von Rechtsgrundlagen (BVerfG NJW 2007, 930 f.). Die gegenteilige Annahme verstößt gegen den Grundsatz vom Vorbehalt des Gesetzes und damit letztlich gegen das Rechtsstaats- und Demokratieprinzip (Art. 20 III GG).
[394] Vgl. dazu oben Rn 276 ff.

stimmung, die zu Online-Durchsuchung ermächtige, hinreichend bestimmt sein müsse. Pauschale Verweisungen z.B. auf Voraussetzungen des G-10-Gesetzes genügten den Anforderungen des Bestimmtheitsgrundsatzes nicht.[395]

> Demnach bestehen folgende Anforderungen an die Verfassungsmäßigkeit einer gesetzlichen Befugnis zur Online-Durchsuchung:
> - Die Regelung muss bestimmt genug sein, d.h. sie muss **detailliert die Eingriffsvoraussetzungen** beschreiben.
> - Die Regelung darf Online-Durchsuchung nur zulassen zugunsten **überragend wichtiger Rechtsgüter** wie Leib, Leben und Freiheit der Person sowie Güter der Allgemeinheit, deren Bedrohung die Grundlagen oder den Bestand des Staates oder die Grundlagen der Existenz der Menschen berührt.
> - Die Regelung muss Vorkehrungen enthalten, um den **Kernbereich privater Lebensgestaltung** zu schützen.
> - Bei strafprozessualer Online-Durchsuchung muss die Rechtsgrundlage die Anlasstatbestände (die schweren Straftaten) **katalogartig** auflisten und die Einschränkung enthalten, dass die Tat auch im **Einzelfall** schwer wiegen muss.
> - Bei gefahrenabwehrrechtlicher Online-Durchsuchung muss die Regelung eine **konkrete Gefahr** für eines der genannten Rechtsgüter verlangen. Ob eine **drohende Gefahr** unterhalb der Schwelle der Terrorabwehr verfassungsgemäß ist, ist zu bezweifeln.
> - Die Regelung muss schließlich zur vorbeugenden Kontrolle einen **Richtervorbehalt** statuieren und eine nachträgliche **Benachrichtigungspflicht** enthalten.

308l

Daraufhin ist das BKA-Gesetz durch Gesetz v. 25.12.2008 geändert worden. § 49 BKAG (seinerzeit noch § 20k BKAG) erlaubt sowohl präventive als auch repressive Online-Durchsuchung durch das BKA, wobei sich der Anwendungsbereich der Vorschrift auf die Bekämpfung des internationalen Terrorismus beschränkt (siehe § 5 BKAG). Besondere Verfahrensregelungen sowie Regelungen, die den unantastbaren Kernbereich des Persönlichkeitsrechts schützen sollen, finden sich in den §§ 34 II, 45 VII, 46 VI, VII, 49 VII, 50 VIII, 51 VII und 79 I BKAG. Ob diese Rechtsgrundlagen und Verfahrensregelungen den (absoluten und damit unantastbaren) **Kernbereich privater Lebensgestaltung** sowie den **Grundsatz der Verhältnismäßigkeit** beachten, ist bzw. war nicht ganz zweifelsfrei. Gerade der Kernbereichsschutz erscheint bzw. erschien vernachlässigt, weil die Feststellung, ob in den Kernbereich eingegriffen worden ist, i.d.R. erst nach der Online-Durchsuchung getroffen werden kann. Dann aber ist die Kenntniserlangung irreversibel. Immerhin ordnete § 20k VII BKAG (vgl. jetzt § 34 II S. 4 BKAG) hinsichtlich solcher Daten, die dem absolut geschützten Kernbereich zuzuordnen sind, ein Verwertungsverbot an. Mithin war abzusehen, dass die Neuregelungen Gegenstand eines verfassungsrechtlichen Verfahrens sein würden. Bezüglich der Ermächtigung des BKA zum Einsatz von heimlichen Überwachungsmaßnahmen (Wohnraumüberwachungen, Online-Durchsuchung, Telekommunikationsüberwachungen, Verkehrsdatenerhebungen und Überwachungen außerhalb von Wohnungen mit besonderen Mitteln der Datenerhebung) zur Abwehr von Gefahren des internationalen Terrorismus durch das BKAG hat das BVerfG über die Vereinbarkeit der betreffenden Vorschriften des BKAG mit dem Grundgesetz befunden.[396]

308m

Hinsichtlich der Online-Durchsuchung besteht die Kernaussage des BVerfG-Urteils darin, dass § 20k BKAG (nunmehr § 49 BKAG) bei verfassungskonformer Auslegung hinsichtlich seiner allgemeinen Eingriffsvoraussetzungen mit der Verfassung vereinbar

308n

---

[395] BVerfGE 120, 274, 302 ff. mit Bespr. v. *Kutscha*, NJW 2008, 1042 ff.; vgl. auch *Gusy*, DuD 2009, 33.
[396] BVerfGE 141, 220, 268 ff. (BKA-Gesetz).

sei.[397] So beanstandete das BVerfG es nicht, dass die Vorschrift Online-Durchsuchung auch dann zuließ, wenn sich noch nicht mit hinreichender Wahrscheinlichkeit feststellen lässt, dass ohne Durchführung der Maßnahme in näherer Zukunft ein Schaden eintritt, sofern bestimmte Tatsachen auf eine im Einzelfall durch bestimmte Personen drohende Gefahr für eines der in § 20k I S. 1 BKAG genannten Rechtsgüter (das sind Leib, Leben oder Freiheit einer Person oder solche Güter der Allgemeinheit, deren Bedrohung die Grundlagen oder den Bestand des Staates oder die Grundlagen der Existenz der Menschen berührt) hinweisen. Das BVerfG hat entschieden, dass heimliche Überwachungsmaßnahmen, die tief in das Privatleben hineinreichen, nur zum Schutz besonders gewichtiger Rechtsgüter zulässig sind. Hierzu gehörten Leib, Leben und Freiheit der Person sowie der Bestand oder die Sicherheit des Bundes oder eines Landes.[398] Der Schutz von Sachwerten sei hingegen nicht ausreichend gewichtig, um solche Maßnahmen zu rechtfertigen.[399] Auch was die Anforderung an die Gefahr betrifft, lassen sich der genannten Entscheidung wichtige Aussagen entnehmen. Die Erhebung von Daten durch heimliche Überwachungsmaßnahmen mit hoher Eingriffsintensität sei u.a. nur verhältnismäßig, wenn eine Gefährdung der genannten Rechtsgüter im Einzelfall hinreichend konkret absehbar sei.[400] Eine hinreichend konkretisierte Gefahr in diesem Sinne könne aber bereits dann bestehen, wenn sich der zum Schaden führende Kausalverlauf noch nicht mit hinreichender Wahrscheinlichkeit vorhersehen lässt, sofern bereits bestimmte Tatsachen auf eine im Einzelfall drohende Gefahr für ein überragend wichtiges Rechtsgut hinweisen. Die Tatsachen müssten dafür zum einen den Schluss auf ein wenigstens seiner Art nach konkretisiertes und zeitlich absehbares Geschehen zulassen, zum anderen darauf, dass bestimmte Personen beteiligt sein werden, über deren Identität zumindest so viel bekannt ist, dass die Überwachungsmaßnahme gezielt gegen sie eingesetzt und weitgehend auf sie beschränkt werden kann.[401]

Wie noch aufzuzeigen sein wird, ist damit also eine **drohende Gefahr** jedenfalls dann ausreichend, wenn es um die Abwehr von Gefahren des Terrorismus geht.

Daneben beanstandete das BVerfG nicht, dass kernbereichsrelevante Daten vor oder bei der Datenerhebung nicht ausgesondert werden können (also miterhoben werden). Ein Zugriff auf das informationstechnische System sei auch dann zulässig, wenn hierbei eine Wahrscheinlichkeit bestehe, dass am Rande auch höchstpersönliche Daten miterfasst würden. Der Gesetzgeber habe dann aber dem Schutzbedürfnis der Betroffenen durch Sicherungen auf der Aus- und Verwertungsebene Rechnung zu tragen und die Auswirkungen eines solchen Zugriffs zu minimieren („nachgelagerter Kernbereichsschutz"). Entscheidende Bedeutung hierfür komme dabei einer Sichtung durch eine unabhängige Stelle zu, die kernbereichsrelevante Informationen vor ihrer Kenntnisnahme und Nutzung durch das Bundeskriminalamt herausfiltere.[402] An solchen Sicherungsvorkehrungen fehle es im BKAG. § 20k VII S. 3 und 4 BKAG (a.F.) sehe keine hinreichend unabhängige Kontrolle vor und müsse bis zum Ablauf des 30.6.2018 nachgebessert werden.[403]

308o Der im Zuge des Gesetzes zur effektiveren und praxistauglicheren Ausgestaltung des Strafverfahrens v. 17.8.2017 (BGBl I 2017, S. 3202) in die StPO aufgenommene § 100b n.F. enthält sehr detailliert die Zulässigkeitsvoraussetzungen, die im Wesentli-

---

[397] BVerfGE 141, 220, 268 ff.
[398] BVerfGE 141, 220, 270 mit Verweis auf BVerfGE 120, 274, 328; 125, 260, 330.
[399] BVerfGE 141, 220, 270.
[400] BVerfGE 141, 220, 271 mit Verweis auf BVerfGE 120, 274, 328 f.; 125, 260, 330 f.
[401] BVerfGE 141, 220, 272 mit Verweis auf BVerfGE 120, 274, 328 f.; 125, 260, 330 f.
[402] BVerfGE 141, 220, 301 (BKA-Gesetz).
[403] BVerfGE 141, 220, 351 f. (BKA-Gesetz).

chen denen des (grds. für verfassungsgemäß gehaltenen) § 49 BKAG[404] entsprechen. Jedoch erscheint der Straftatenkatalog des § 100b II StPO zu weit gefasst. Denn erlaubt das BVerfG die Online-Durchsuchung u.a. nur dann, wenn sie zugunsten überragend wichtiger Rechtsgüter vorgenommen wird wie Leib, Leben und Freiheit der Person sowie Güter der Allgemeinheit, deren Bedrohung die Grundlagen oder den Bestand des Staates oder die Grundlagen der Existenz der Menschen berührt (s.o.), stellt sich die Frage, wie man dies z.B. beim Bandendiebstahl (§ 100b II Nr. 1h StPO) oder der Hehlerei (§ 100b II Nr. 1k StPO) annehmen möchte. Immerhin fordert § 100b I Nr. 2 StPO, dass die Tat auch im Einzelfall besonders schwer wiegt, was die Verfassungsmäßigkeit „retten" dürfte. Absicherungen des unantastbaren Kernbereichs privater Lebensgestaltung und der Berufsgeheimnisträger enthält hingegen § 100d StPO in genügender Form. Verfahrensgrundsätze (zwingender Richtervorbehalt; Beendigung der Maßnahme; Verwertbarkeit der gewonnenen Daten; Löschungspflichten) enthält § 100e II-VI StPO. Der vom BVerfG hinsichtlich des § 20k BKAG (vgl. nunmehr § 49 BKAG) beanstandete fehlende „nachgelagerte Kernbereichsschutz" (s.o.) ist in § 100d II und III StPO ausdrücklich normiert. Danach ist, soweit möglich, zu gewährleisten, dass durch eine Online-Durchsuchung Daten, die den Kernbereich privater Lebensgestaltung betreffen, erst gar nicht erhoben werden (§ 100d III S. 1 StPO). Dem Kernbereich zuzuordnende Erkenntnisse, die gleichwohl erlangt wurden, sind unverzüglich zu löschen oder von der Staatsanwaltschaft dem anordnenden Gericht zur Entscheidung über die Verwertbarkeit und Löschung der Daten vorzulegen (§ 100d III S. 2 StPO). Die Entscheidung des Gerichts über die Verwertbarkeit ist für das weitere Verfahren bindend (§ 100d III S. 3 StPO). Die Tatsache ihrer Erlangung und Löschung ist zu dokumentieren (§ 100d II S. 3 StPO). Insgesamt dürfte die Neuregelung – bis auf den zu weit gefassten Straftatenkatalog – damit den Anforderungen des BVerfG gerecht werden.

Auf Landesebene haben bislang Bayern (Art. 45 I BayPAG), Hessen (§ 15c HessSOG) und Rheinland-Pfalz (§ 31c RhlPflPOG) gesetzliche Regelungen zur Online-Durchsuchung im Bereich der **Gefahrenabwehr** erlassen. In Hamburg und Thüringen ist die Überwachung und Aufzeichnung der Telekommunikation durch den verdeckten Einsatz technischer Mittel, die in die vom Betroffenen genutzten informationstechnischen Systeme eingreifen (was der Quellen-TKÜ entspricht, dazu oben Rn 294e sowie sogleich), erlaubt, wenn dabei u.a. durch technische Maßnahmen gewährleistet ist, dass ausschließlich laufende Telekommunikation überwacht und aufgezeichnet wird (§ 24 I Nr. 1 HmbPolDVG; § 34a II ThürPAG). 308p

aa.) Formelle Rechtmäßigkeit

Hinsichtlich der formellen Rechtmäßigkeit der Online-Durchsuchung gelten im Wesentlichen dieselben Voraussetzungen wie bei der TKÜ, weshalb auf die Ausführungen bei Rn 295 verwiesen werden kann. Keinesfalls übersehen werden dürfen auch hier der **Richtervorbehalt** (dazu präventivpolizeilich etwa Art. 45 III BayPAG, § 26 I HmbPolDVG und strafprozessual § 100e II StPO), die in den Gesetzen vorgesehene **Befristung** der Maßnahme und die nachträgliche **Unterrichtungspflicht** (dazu Rn 284). 308q

---

[404] § 49 BKAG („verdeckte Eingriffe in informationstechnische Systeme", in der Vorgängerversion § 20k BKAG) ist vom BVerfG (E 141, 220, 304 ff.) – wie im Folgenden ausgeführt wird – im Wesentlichen für verfassungsgemäß erachtet worden.

bb.) Materielle Rechtmäßigkeit

308r Da das Grundrecht auf Gewährleistung der Vertraulichkeit und Integrität informationstechnischer Systeme aus Art. 2 I i.V.m. 1 I GG **hohe Anforderungen** an die verfassungsrechtliche Rechtfertigung stellt, müssen folgerichtig besondere Gründe vorliegen, damit die Online-Durchsuchung gerechtfertigt ist, geht es doch um nicht weniger als die mit einer Infiltration eines informationstechnischen Systems verbundene Erhebung mitunter des gesamten Datenbestands des infiltrierten Systems. Siehe dazu die bei Rn 308l ff. genannten Anforderungen. Einzugehen ist an dieser Stelle aber auf die Regelung in Art. 45 I S. 1 Nr. 1 BayPAG, die das Bestehen einer **drohenden Gefahr** genügen lässt, was angesichts der Schwere des Grundrechtseingriffs mit Blick auf den Bestimmtheitsgrundsatz und den Grundsatz der Verhältnismäßigkeit problematisch erscheint. Denn anders als bei einer konkreten Gefahr, also einer Sachlage, bei der im einzelnen Fall die hinreichende Wahrscheinlichkeit besteht, dass in absehbarer Zeit ein *Schaden* für eines der Schutzgüter der öffentlichen Sicherheit (oder Ordnung) eintreten wird[405], ist die drohende Gefahr dadurch gekennzeichnet, dass in absehbarer Zeit der Eintritt einer konkreten Gefahr vermutet wird. Andererseits veranlasst die drohende Gefahr i.S.d. Art. 45 I S. 1 Nr. 1 BayPAG Eingriffsmaßnahmen nur dann, wenn Angriffe von erheblicher Intensität oder Auswirkung auf ein bedeutendes Rechtsgut (siehe Art. 45 I S. 1 Nr. 1 i.V.m. Art. 11 III S. 2 Nr. 1, 2 BayPAG: Bestand oder Sicherheit des Bundes oder eines Landes; Leben, Gesundheit oder Freiheit von Menschen) zu erwarten oder Güter der Allgemeinheit, deren Bedrohung die Grundlagen der Existenz der Menschen berührt, betroffen sind.

Dieser qualifizierte Rechtsgüterschutz trägt also zu einer deutlichen Einengung der tatbestandlichen Weite bei. Gleichwohl ist die mit dem Genügenlassen der drohenden Gefahr verbundene zeitliche „Vorverlagerung" der Einschreitmöglichkeit unübersehbar. Die Grundrechtsbeeinträchtigung wird sogar noch erhöht, wenn man die Befugnis der Polizei berücksichtigt, auf informationstechnische Systeme und Speichermedien, die räumlich von dem von dem Betroffenen genutzten informationstechnischen System getrennt sind, zugreifen zu dürfen, soweit von dem unmittelbar untersuchten informationstechnischen System aus auf sie zugegriffen werden kann oder diese für die Speicherung von Daten des Betroffenen genutzt werden (Art. 45 I S. 2 BayPAG). Das betrifft namentlich den Zugriff auf sog. „Speicherclouds".

Unter Heranziehung der Entscheidungsgründe, die das BVerfG hinsichtlich der drohenden Gefahr bei der Online-Durchsuchung nach dem BKAG formuliert hat, dürfte die drohende Gefahr, die gem. Art. 45 I S. 1 Nr. 1 BayPAG zur Online-Durchsuchung befugt, jedenfalls dann ausreichen, wenn es um die Abwehr von Gefahren des (internationalen) Terrorismus geht. Doch darauf beschränkt sich Art. 45 I S. 1 Nr. 1 BayPAG nicht. Zugutezuhalten ist der Regelung des Art. 45 I S. 1 Nr. 1 BayPAG, dass die Online-Durchsuchung eine drohende Gefahr für den Bestand oder die Sicherheit des Bundes oder eines Landes, das Leben, die Gesundheit oder die Freiheit von Menschen oder Güter der Allgemeinheit, deren Bedrohung die Grundlagen der Existenz der Menschen berührt sind, voraussetzt. Dagegen mildert der Umstand, dass gem. Art. 45 I S. 3 BayPAG die Online-Durchsuchung nur durchgeführt werden darf, wenn die Erfüllung einer polizeilichen Aufgabe auf andere Weise aussichtslos oder wesentlich erschwert wäre, die Schwere des mit der Online-Durchsuchung verbundenen Eingriffs in Art. 2 I GG i.V.m. 1 I GG nicht. Denn das entspricht ohnehin nur dem allgemeinen Grundsatz der Verhältnismäßigkeit.

---

[405] Vgl. nur die Legaldefinitionen in § 2 Nr. 3a BremPolG, § 2 Nr. 1a NdsPOG, § 3 Nr. 3a SachsAnhSOG und § 54 Nr. 3a ThürOBG. Vgl. auch BVerwGE 45, 51, 57; *Denninger*, in: Lisken/Denninger, D Rn 47; *Schenke*, POR, Rn 69; *Krüger*, JuS 2013, 985, 987 f.

Andererseits sieht Art. 45 III S. 1 BayPAG eine vorherige richterliche Entscheidung vor, wenngleich bei Gefahr im Verzug die Anordnungsbefugnis auf die höhere Exekutivebene übergeht (Art. 36 IV S. 2 BayPAG). Den Schutz von Berufsgeheimnisträgern und des Kernbereichs privater Lebensgestaltung gewährleistet Art. 49 BayPAG; Benachrichtigungspflichten sieht Art. 50 BayPAG vor, und Art. 51 und 52 BayPAG enthalten Protokollierungs- und (parlamentarische) Kontrollmöglichkeiten und -pflichten.

Insgesamt steht fest: Das Genügenlassen der drohenden Gefahr ist auf den ersten Blick problematisch, auch wenn die damit verbundene Vorverlagerung der Eingriffsmöglichkeit in das Vorfeld der eigentlichen Gefahr nur zum Schutz des Bestands oder der Sicherheit des Bundes oder eines Landes, des Lebens, der Gesundheit oder der Freiheit von Menschen oder von Gütern der Allgemeinheit, deren Bedrohung die Grundlagen der Existenz der Menschen berührt, greift. Bei restriktiver Handhabung der Ableitungsvoraussetzungen der drohenden Gefahr (siehe Art. 11 III S. 1 BayPAG: Das individuelle Verhalten einer Person begründet die konkrete Wahrscheinlichkeit, dass in absehbarer Zeit ein Angriff von erheblicher Intensität oder Auswirkung zu erwarten ist, oder Vorbereitungshandlungen lassen für sich oder zusammen mit weiteren bestimmten Tatsachen den Schluss auf ein seiner Art nach konkretisiertes Geschehen zu, wonach in absehbarer Zeit ein Angriff von erheblicher Intensität oder Auswirkung zu erwarten ist) und strenger Beachtung des Richtervorbehalts bzw. bei äußerster Zurückhaltung der Annahme von Gefahr im Verzug ist die Befugnis zur Online-Durchsuchung verfassungsgemäß.

cc.) Rechtsschutz

Allein schon wegen ihrer Geheimheit kommt der Online-Durchsuchung keine Verwaltungsaktqualität zu. Auch kann sie nicht mit Rechtsbehelfen angegriffen werden, die zur Aufhebung der Datenerhebung führen; vielmehr beschränkt sich der Rechtsschutz auch hier auf die nachträgliche Feststellung, dass die Maßnahme rechtswidrig gewesen sei. Bei präventivpolizeilicher Online-Durchsuchung ist statthafte Klageart die verwaltungsgerichtliche allgemeine Feststellungsklage (§ 43 VwGO); bei strafprozessualer Online-Durchsuchung ist gegen die gerichtliche Anordnung die Beschwerde nach § 304 StPO zulässig. Gegen die Art und Weise der Durchführung ist eine gerichtliche Entscheidung analog § 98 II S. 2 StPO zulässig.

308s

f.) Quellen-Telekommunikationsüberwachung („Quellen-TKÜ")

308t Wie bereits bei Rn 294e erläutert, liegt einer Quellen-TKÜ der Umstand zugrunde, dass Telekommunikationsdaten heutzutage kaum noch unverschlüsselt versendet werden. Gerade Messengerdienste wie WhatsApp, aber auch E-Mail-Programme, verschlüsseln die Textnachrichten auf eine Weise, dass sie erst vom Gerät des Empfängers, für den sie bestimmt sind, entschlüsselt werden können, i.d.R. nicht aber von Dritten, die diese Textnachrichten auf dem Kommunikationsweg „abfangen". Um darauf zu reagieren und eine Datenerhebung zu ermöglichen, haben der Bundesgesetzgeber und einige Landesgesetzgeber entsprechende Rechtsgrundlagen geschaffen. Danach werden im Rahmen einer Quellen-TKÜ mittels heimlich installierten Spähprogramms (des „Staatstrojaners") Telekommunikationsdaten erfasst, bevor sie vom System des Betroffenen verschlüsselt und versendet werden. Bei der Quellen-TKÜ wird die Telekommunikation sozusagen an der „Quelle" überwacht, d.h. Daten werden erhoben, bevor die Nachricht verschlüsselt und übermittelt wird. Daher liegt nach der hier vertretenen Auffassung auch kein Eingriff in das Telekommunikationsgrundrecht aus Art. 10 I GG vor, sondern allein in das allgemeine Persönlichkeitsrecht aus Art. 2 I i.V.m. 1 I GG in der Ausgestaltung der Gewährung der Vertraulichkeit und Integrität informationstechnischer Systeme und ggf. in das Wohnungsgrundrecht aus Art. 13 I GG.

aa.) Formelle Rechtmäßigkeit

308u Hinsichtlich der formellen Rechtmäßigkeit der Quellen-TKÜ gelten im Wesentlichen dieselben Voraussetzungen wie bei der TKÜ, weshalb auf die Ausführungen bei Rn 295 verwiesen werden kann. Keinesfalls übersehen werden dürfen auch hier der **Richtervorbehalt** (dazu präventivpolizeilich etwa Art. 42 VI S. 1 BayPAG, § 26 I HmbPolDVG und strafprozessual § 100e StPO), die in den Gesetzen vorgesehene **Befristung** der Maßnahme und die nachträgliche **Unterrichtungspflicht** (dazu Rn 284).

bb.) Materielle Rechtmäßigkeit

308v Da das Grundrecht auf Gewährleistung der Vertraulichkeit und Integrität informationstechnischer Systeme aus Art. 2 I i.V.m. 1 I GG **hohe Anforderungen** an die verfassungsrechtliche Rechtfertigung stellt, müssen folgerichtig besondere Gründe vorliegen, damit auch die Quellen-TKÜ gerechtfertigt ist, geht es doch um nicht weniger als die Infiltration eines informationstechnischen Systems. Dies geschieht zwar nicht so umfassend wie bei einer Online-Durchsuchung, dennoch ist die Intensität des Grundrechtseingriffs erheblich, da durch die Quellen-TKÜ ein Zugriff auf die Telekommunikation stattfindet, von der der Betroffene annimmt, dass sie verschlüsselt werde und so vor dem Zugriff durch Dritte geschützt sei. Die durch die Quellen-TKÜ erhobenen Daten ermöglichen (wie bei der „normalen" Telekommunikationsüberwachung und der Online-Durchsuchung) weit reichende Rückschlüsse auf die Persönlichkeit des Betroffenen bis hin zu einer Erstellung von Verhaltens- und Kommunikationsprofilen.

308w Erforderlich sind daher Rechtsgrundlagen und Verfahrensregelungen, die den (absoluten und damit unantastbaren) **Kernbereich privater Lebensgestaltung**[406] sowie den **Grundsatz der Verhältnismäßigkeit** beachten. Denn diese Grenzen sind bei allen heimlichen Informationseingriffen, also bei sog. Lauschangriffen, bei der Überwachung der Telekommunikation, der Quellen-TKÜ und bei der Online-Durchsuchung, (besonders) zu beachten. In Anlehnung an das zum Lauschangriff, zur Telekommunikationsüberwachung und zur Online-Durchsuchung Gesagte muss die gesetzliche Grundlage, die zur Quellen-TKÜ ermächtigt, ebenso einen **Katalog von Anlasstat-**

---

[406] Vgl. dazu oben Rn 276 ff.

beständen[407] enthalten, die dem Schutz von überragend wichtigen Rechtsgütern dienen, sowie **tatsächliche Anhaltspunkte** für das Vorliegen eines solchen Anlasstatbestands fordern, um dem **Bestimmtheitsgrundsatz** und dem **Grundsatz der Verhältnismäßigkeit** bereits auf Tatbestandsseite Konturen zu verleihen. Des Weiteren muss die Tat auch im Einzelfall **schwer wiegen** bzw. es müsste der Schaden, dessen Eintritt es gefahrenabwehrrechtlich zu verhindern gilt, **groß** sein, wenn er einträte, und die entsprechende Ermächtigung muss Vorkehrungen enthalten, um den **Kernbereich privater Lebensgestaltung** (auch nachgelagert) zu schützen. Schließlich sind angesichts der Schwere und Heimlichkeit der Maßnahme ein grundsätzlicher **Richtervorbehalt** sowie eine **nachträgliche Unterrichtung des Betroffenen** erforderlich. Auch ist dem Parlament in periodischen Abständen Bericht zu erstatten, damit dieses seine **Kontrollfunktion** ausüben kann.

Rechtsgrundlagen, die diesen Anforderungen gerecht werden dürften, bieten strafprozessual die im Zuge des Gesetzes zur effektiveren und praxistauglicheren Ausgestaltung des Strafverfahrens v. 17.8.2017 (BGBl I 2017, S. 3202) eingefügten bzw. geänderten §§ 100a I S. 2 und 3, 100d, 100e StPO. Präventivpolizeilich sind etwa §§ 24, 26 HmbPolDVG, § 15b HessSOG und Art. 42 II BayPAG zu nennen, wobei sich bei Art. 42 II BayPAG erneut die Problematik des Genügenlassens einer drohenden Gefahr stellt, weil eine Quellen-TKÜ demnach bereits dann angeordnet und durchgeführt werden kann, wenn eine Gefahr gerade noch nicht eingetreten ist, sondern lediglich einzutreten „droht", und damit die Möglichkeit der Anordnung und Durchführung einer Quellen-TKÜ weit in das Vorfeld einer eigentlichen Gefahr verlagert wird, was Zweifel an der Verfassungsmäßigkeit hervorruft. Die Zweifel werden noch dadurch verstärkt, dass die Quellen-TKÜ auch auf Kommunikationssysteme erstreckt werden darf, die räumlich von den durch die Betroffenen genutzten Kommunikationssystemen getrennt sind, soweit sie im Rahmen des Telekommunikationsvorgangs verwendet werden (Art. 42 II S. 1 i.V.m. I S. 2 BayPAG). Das betrifft namentlich den Telekommunikationsverkehr über externe (Speicher-)Systeme wie „Cloudsysteme". Da hilft es auch nur bedingt, dass gem. Art. 42 II S. 1 i.V.m. I S. 3 BayPAG die Quellen-TKÜ nur durchgeführt werden darf, wenn die Erfüllung einer polizeilichen Aufgabe auf andere Weise aussichtslos oder wesentlich erschwert wäre. Denn das entspricht ohnehin nur dem allgemeinen Grundsatz der Verhältnismäßigkeit.

Andererseits darf gem. Art. 42 II S. 1 i.V.m. I S. 1 Nr. 1 BayPAG bei nur drohender Gefahr die Quellen-TKÜ nur angeordnet und durchgeführt werden zum Schutz eines bedeutenden Rechtsguts i.S.v. Art. 11 III S. 2 Nr. 1, 2 oder Nr. 5 BayPAG, worunter der Bestand und die Sicherheit des Bundes oder eines Landes, das Leben, die Gesundheit und die Freiheit und Sachen, deren Erhalt im besonderen öffentlichen Interesse liegt, zu verstehen sind. Auch muss gem. Art. 42 II S. 1 BayPAG durch technische Maßnahmen gewährleistet sein, dass ausschließlich laufende Telekommunikation überwacht und aufgezeichnet wird, und der Zugriff auf das informationstechnische System muss notwendig sein, um die Überwachung und Aufzeichnung der Telekommunikation insbesondere auch in unverschlüsselter Form zu ermöglichen. Auch sieht Art. 42 VI S. 1 BayPAG eine vorherige richterliche Entscheidung vor, wenngleich bei Gefahr im Verzug die Anordnungsbefugnis auf die höhere Exekutivebene übergeht (Art. 36 IV S. 2, 3 BayPAG). Den Schutz von Berufsgeheimnisträgern und des Kernbereichs privater Lebensgestaltung gewährleistet Art. 49 BayPAG; Benachrichtigungspflichten sieht Art. 50 BayPAG vor, und Art. 51, 52 BayPAG enthalten Protokollierungs- und (parlamentarische) Kontrollmöglichkeiten und -pflichten.

308x

---

[407] Zwar ergingen die Ausführungen des BVerfG zur strafprozessualen Online-Durchsuchung, aber Anlasstatbestände sind auch im Gefahrenabwehrrecht erforderlich.

Insgesamt steht fest: Das Genügenlassen der drohenden Gefahr ist auf den ersten Blick problematisch, auch wenn die damit verbundene Vorverlagerung der Eingriffsmöglichkeit in das Vorfeld der eigentlichen Gefahr nur zum Schutz von bedeutenden Rechtsgütern greift. Bei restriktiver Handhabung der Ableitungsvoraussetzungen der drohenden Gefahr (siehe Art. 11 III S. 1 BayPAG: Das individuelle Verhalten einer Person begründet die konkrete Wahrscheinlichkeit, dass in absehbarer Zeit ein Angriff von erheblicher Intensität oder Auswirkung zu erwarten ist, oder Vorbereitungshandlungen lassen für sich oder zusammen mit weiteren bestimmten Tatsachen den Schluss auf ein seiner Art nach konkretisiertes Geschehen zu, wonach in absehbarer Zeit ein Angriff von erheblicher Intensität oder Auswirkung zu erwarten ist) und strenger Beachtung des Richtervorbehalts bzw. bei äußerster Zurückhaltung der Annahme von Gefahr im Verzug ist die Befugnis zur Quellen-TKÜ verfassungsgemäß.

cc.) Rechtsschutz

308y Da selbstverständlich auch die Quellen-TKÜ heimlich erfolgt, kommt ihr weder Verwaltungsaktqualität zu noch kann sie mit Rechtsbehelfen angegriffen werden, die zur Aufhebung der Datenerhebung führen; vielmehr beschränkt sich der Rechtsschutz auch hier auf die nachträgliche Feststellung, dass die Maßnahme rechtswidrig gewesen sei. Bei präventivpolizeilicher Quellen-TKÜ ist statthafte Klageart die verwaltungsgerichtliche allgemeine Feststellungsklage (§ 43 VwGO); bei strafprozessualer Quellen-TKÜ ist gegen die gerichtliche Anordnung die Beschwerde nach § 304 StPO zulässig. Erging die Anordnung durch die Staatsanwaltschaft, ist der Antrag auf gerichtliche Entscheidung analog § 98 II S. 2 StPO zulässig. Der Antrag analog § 98 II S. 2 StPO ist auch gegen die Art und Weise der Durchführung zulässig.

g.) Erhebung und Speicherung von Verkehrsdaten

Unter **Verkehrsdatenspeicherung** versteht man die Pflicht von Telekommunikationsdiensteanbietern (z.B. Dt. Telekom, Vodafone u.a.; vgl. § 3 Nr. 6, § 10, § 24 TKG), **Verkehrsdaten** der Telekommunikation über einen bestimmten Zeitraum zu speichern, selbst wenn die Speicherung aus betrieblichen Gründen nicht erforderlich wäre (z.B. bei sog. „Flatrateverträgen"; vgl. § 97 III TKG), damit Ermittlungs- und Gefahrenabwehrbehörden bei Bedarf darauf zurückgreifen können.[408] Verkehrsdaten in diesem Sinne sind Informationen, die im Rahmen einer Telekommunikationsverbindung anfallen und z.B. Auskunft darüber geben, wer, wann, mit wem, von welchem Ort aus per Telefon, Mobiltelefon, Internet oder E-Mail kommuniziert hat (§ 3 Nr. 30, § 96 I, § 113b II, III TKG).[409]

309

Das Problematische an der Verkehrsdatenspeicherung ist, dass die gespeicherten Daten – ohne dass auf Kommunikationsinhalte zugegriffen wird – weitgehende Rückschlüsse auf persönliche Kontakte zulassen und dass sich auf diese Weise das Kommunikationsverhalten jedes Teilnehmers analysieren lässt. Dadurch lassen sich umfangreiche Persönlichkeitsprofile erstellen, was die Grundrechtsrelevanz (mit Blick auf Art. 2 I i.V.m. 1 I GG, aber auch speziell auf Art. 10 I GG) verdeutlicht. Wenn die Verkehrsdatenspeicherung zudem verdachtsunabhängig (d.h. anlasslos) und flächendeckend (d.h. undifferenziert) erfolgt, wird die genannte Grundrechtsrelevanz nochmals erheblich verschärft. Dies hat nicht nur zu heftiger Kritik, sondern auch (hinsichtlich der früheren Gesetzeslage) zu einer Entscheidung des BVerfG geführt. § 113a TKG a.F. ordnete eine Vorratsdatenspeicherung von Verkehrsdaten in erheblichem Umfang für die Dauer von 6 Monaten an. § 113b TKG a.F. erlaubte die Übermittlung der gespeicherten Daten an die zuständigen Behörden. Mit Urteil vom 2.3.2010 hat das BVerfG §§ 113a und 113b TKG a.F. sowie § 100g I S. 1 StPO a.F., soweit dieser den Abruf von Verkehrsdaten erlaubte, die allein aufgrund der Verpflichtung nach § 113a TKG a.F. gespeichert wurden, für verfassungswidrig und nichtig erklärt.[410] Die einschlägigen Regelungen des TKG genügten den Anforderungen an eine hinreichend anspruchsvolle und normenklare Gewährleistung der Datensicherheit, der Begrenzung der Datenverwendung, der Transparenz und des Rechtsschutzes nicht. Entgegen sonstiger vielfacher Übung hat das BVerfG dem Gesetzgeber nicht eine Frist zur Schaffung einer verfassungskonformen Regelung unter vorläufiger Aufrechterhaltung des bisherigen Rechtsstandes eingeräumt, sondern die Nichtigkeit der einschlägigen Normen ausgesprochen. Die anlasslose Speicherung von Verkehrsdaten war daher unverzüglich einzustellen und bereits auf Vorrat gespeicherte Verkehrsdaten waren unverzüglich zu löschen.

309a

Nach Auffassung des BVerfG ist eine sechsmonatige vorsorgliche Speicherung von Telekommunikationsverkehrsdaten, die ohne konkreten Anlass durch die privaten Diensteanbieter zu erfolgen hat, allerdings nicht schlechthin mit Art. 10 I GG unvereinbar.[411] Unter zu schaffenden schärferen Sicherheits- und Transparenzvorkehrungen sowie begrenzten Abrufmöglichkeiten für die Sicherheitsbehörden sei die (künftige) Vorratsdatenspeicherung grundsätzlich zulässig.[412] Der Grundsatz der Verhältnismäßigkeit verlange aber, dass die gesetzliche Ausgestaltung einer solchen Datenspeicherung dem besonderen Gewicht des mit der Speicherung verbundenen Grundrechtseingriffs angemessen Rechnung trägt. Der Abruf und die unmittelbare Nutzung dieser Daten seien

309b

---

[408] *Hartmann/Schmidt*, StrafProzR, Rn 635.
[409] *Hartmann/Schmidt*, StrafProzR, Rn 633.
[410] BVerfGE 125, 260, 347 ff., 363.
[411] BVerfGE 125, 260, 321.
[412] BVerfGE 125, 260, 327 ff.

zudem nur verhältnismäßig, wenn sie überragend wichtigen Aufgaben des Rechtsgüterschutzes dienten. Im Bereich der Strafverfolgung setze dies einen durch bestimmte Tatsachen begründeten Verdacht einer schweren Straftat voraus. Für die Gefahrenabwehr und die Erfüllung der Aufgaben der Nachrichtendienste dürften sie nur bei Vorliegen tatsächlicher Anhaltspunkte für eine konkrete Gefahr für Leib, Leben oder Freiheit einer Person, für den Bestand oder die Sicherheit des Bundes oder eines Landes oder für eine gemeine Gefahr zugelassen werden.[413]

309c Auch der EuGH beanstandete die verdachtsunabhängige Vorratsdatenspeicherung, die durch die EU-Richtlinie über die Vorratsspeicherung von Daten (RL 2006/24/EG) angeordnet worden war, und stellte die Unvereinbarkeit der Richtlinie mit EU-Primärrecht fest.[414] Zwar sei eine Speicherung von Verkehrsdaten auf Vorrat nicht per se unzulässig, sehr wohl aber, wenn sie anlasslos und flächendeckend (d.h. undifferenziert) erfolge. In einem solchen Fall sei sie unverhältnismäßig und verstoße gegen Art. 7 (Achtung des Privat- und Familienlebens) und Art. 8 (Schutz personenbezogener Daten) der EU-Grundrechtecharta. Insoweit hat der EuGH also die Argumentation des BVerfG im Wesentlichen nachgezeichnet.

309d Mit Gesetz v. 10.12.2015 hat der Bundestag eine Neuregelung beschlossen.[415] Kernstück der Novelle ist die Neufassung der §§ 113b TKG und 100g StPO, wobei hinsichtlich § 100g StPO strikt zwischen Abs. I und Abs. II zu unterscheiden ist. § 100g I S. 1 StPO erlaubt die **strafprozessuale Erhebung von Verkehrsdaten** (vgl. § 96 I TKG) für den Fall, dass bestimmte Tatsachen den Verdacht der Begehung (oder Teilnahme an)

⇨ einer besonders schweren Straftat (i.S.v. § 100a II StPO)
⇨ oder einer (beliebigen) Straftat, die mittels Telekommunikation begangen wurde,

begründen, soweit dies für die Erforschung des Sachverhalts erforderlich ist und die Erhebung der Daten in einem angemessenen Verhältnis zur Bedeutung der Sache steht. Einschränkend bzgl. Straftaten, die mittels Telekommunikation begangen wurden, fordert § 100g I S. 2 StPO, dass die Erforschung des Sachverhalts auf andere Weise aussichtslos wäre. Geht es um die Erhebung von **Standortdaten** (vgl. § 98 TKG), ist dies nach § 100g I S. 3 StPO nur für künftig anfallende Verkehrsdaten oder in Echtzeit und nur hinsichtlich besonders schwerer Straftaten i.S.v. § 100a II StPO zulässig, soweit dies für die Erforschung des Sachverhalts oder die Ermittlung des Aufenthaltsortes des Beschuldigten erforderlich ist.

309e § 100g II S. 1 StPO erlaubt, die nach § 113b TKG (anlasslos) gespeicherten Verkehrsdaten zu erheben, wenn bestimmte Tatsachen den Verdacht begründen, dass jemand als Täter oder Teilnehmer eine der in § 100g II S. 2 StPO bezeichneten besonders schweren Straftaten begangen hat oder zu begehen versucht. Einschränkend gilt aber, dass die Tat auch im Einzelfall besonders schwer wiegen muss, die Erforschung des Sachverhalts oder die Ermittlung des Aufenthaltsortes des Beschuldigten auf andere Weise wesentlich erschwert oder aussichtslos wäre und die Erhebung der Daten in einem angemessenen Verhältnis zur Bedeutung der Sache steht.

309f Die Verpflichtung der Telekommunikationsdiensteanbieter, anlasslos (und flächendeckend) bestimmte Daten zu speichern, ergibt sich aus § 113b TKG:

---

[413] BVerfGE 125, 260, 327 ff.
[414] EuGH NJW 2014, 2169, 2172.
[415] „Gesetz zur Einführung einer Speicherpflicht und einer Höchstspeicherfrist für Verkehrsdaten", BGBl I 2015, S. 2218.

- Rufnummern, Zeit und Dauer aller Telefonate sind für 10 Wochen zu speichern (§ 113b I Nr. 1, II S. 1 TKG).
- Rufnummern, Sende- und Empfangszeit aller SMS-Nachrichten sind für 10 Wochen zu speichern (§ 113b I Nr. 1, II S. 2 TKG).
- Zugewiesene IP-Adressen aller Internetnutzer sowie Zeit und Dauer der Internetnutzung sind für 10 Wochen zu speichern (§ 113b I Nr. 1, III TKG).
- Standortdaten der Teilnehmer aller Mobiltelefonate bei Beginn des Telefonats sind für 4 Wochen zu speichern (§ 113b I Nr. 2, IV TKG).
- Standortdaten bei Beginn einer mobilen Internetnutzung sind für 4 Wochen zu speichern (§ 113b I Nr. 2, IV TKG).

Der Umfang der zu speichernden Daten betrifft grds. die Kennungen des anrufenden und angerufenen Anschlusses sowie Datum und Uhrzeit von Beginn und Ende der Verbindung. Einzelheiten bzgl. Telefon-, mobiler Telefon-, Internettelefon- und Internetzugangsdienste sind in § 113b II-IV TKG gesondert geregelt. Verkehrsdaten über aufgerufene Internetseiten und Verkehrsdaten bzgl. des E-Mail-Verkehrs dürfen gem. § 113b V TKG indes nicht gespeichert werden. Um einer weiteren Forderung des BVerfG[416] (Rn 309a) nachzukommen, dürfen gem. § 113b VI TKG Daten, die den in § 99 II TKG genannten Verbindungen zugrunde liegen, ebenfalls nicht gespeichert werden. Es handelt sich dabei um Anschlüsse von Personen, Behörden und Organisationen in sozialen oder kirchlichen Bereichen, die grundsätzlich anonym bleibenden Anrufern ganz oder überwiegend telefonische Beratung in seelischen oder sozialen Notlagen anbieten wie z.B. die Telefonseelsorge. Ein generelles Verbot der Speicherung von Verbindungsdaten, die aus der Telekommunikation von Berufsgeheimnisträgern (§ 53 I StPO) herrühren, ergibt sich aus dem Urteil des BVerfG aber nicht[417], was den Gesetzgeber veranlasste, die differenzierte Regelung zu treffen (dazu Rn 309o f.).

309g

Hinsichtlich der **Speicherung** von Verkehrsdaten durch Telekommunikationsdiensteanbieter ist also zu differenzieren:

309h

- Telekommunikationsdiensteanbieter dürfen (müssen aber nicht!) die in § 96 I S. 1 TKG aufgelisteten Verkehrsdaten speichern, soweit dies nur für die in §§ 91-107 TKG genannten Zwecke erforderlich ist. Das betrifft in erster Linie die Speicherung zu Abrechnungszwecken (etwa bei Inanspruchnahme von Dienstleistungen Dritter) und zur Abwehr von Störungen und Fehlern an den Telekommunikationsanlagen. Eine Speicherdauer zur Konkretisierung der „Erforderlichkeit" in § 96 I S. 1 TKG nennt das Gesetz nicht. Jedenfalls hinsichtlich der IP-Adressen hat aber der BGH entschieden, dass die Speicherung für sieben Tage zulässig sei, da nur so der Internetbetrieb angesichts von Spam, Spionage- und Schadprogrammen aufrechterhalten werden könne.[418]
- Grundlegend anders verhält es sich hinsichtlich des § 113b TKG. Denn gem. § 113b I TKG besteht die gesetzliche Pflicht der Telekommunikationsdiensteanbieter, anlasslos und undifferenziert die in § 113b II-IV TKG aufgelisteten Verkehrsdaten für die genannten (langen) Zeiträume zu speichern.

Der Speicherbefugnis bzw. -pflicht spiegelbildlich gegenüber steht die Befugnis der Strafverfolgungsbehörden zum **Verkehrsdatenabruf**. Auch hier ist zu differenzieren:

309i

- § 100g I S. 1 StPO enthält die Befugnis der Strafverfolgungsbehörden zur Erhebung (i.S. einer Abfrage bzw. eines Abrufs) von Verkehrsdaten, die zuvor von Telekommunikationsdiensteanbietern auf der Grundlage von § 96 TKG zu betrieblichen bzw. geschäftlichen Zwecken gespeichert worden sind.

---

[416] BVerfGE 125, 260, 321.
[417] Siehe *Hartmann/Schmidt*, StrafProzR, Rn 637b.
[418] BGH NJW 2014, 2500, 2501 ff.

Erhebung und Speicherung von Verkehrsdaten

⇨ Demgegenüber bezieht sich § 100g II S. 1 StPO auf den Abruf von Verkehrsdaten, die zuvor von Telekommunikationsdiensteanbietern auf der Grundlage von § 113b TKG anlasslos gespeichert worden sind. Gegenüber § 100g I S. 1 StPO sind die Hürden des Abrufs aber deutlich höher: Es muss um die Aufklärung von besonders schweren Taten gehen, die in § 100g II S. 2 StPO genannt sind, und die Tat, derentwegen der Abruf stattfinden soll, muss auch im Einzelfall besonders schwer wiegen.

309j Das ist insoweit stimmig. Es stellt sich aber die Frage, ob der Reformgesetzgeber damit das vom BVerfG geforderte „**Doppeltürmodell**" beachtet hat. Denn das BVerfG lässt es nicht genügen, wenn der Gesetzgeber einerseits eine „Freigabe" der Daten und andererseits eine „Abrufermächtigung" hinsichtlich der „freigegebenen" Daten erteilt. Es verlangt vielmehr auch eine normklare, mit der Abrufbefugnis korrespondierende Rechtsgrundlage für die Übermittlung. Es sei Aufgabe des Gesetzgebers, nicht nur die Tür zur Abfrage von Daten zu öffnen, sondern auch die Tür zu deren Übermittlung. Erst beide Rechtsgrundlagen (Abrufbefugnis und Übermittlungsbefugnis) gemeinsam, die wie eine Doppeltür zusammenwirken müssten, berechtigten zu einem Austausch personenbezogener Daten.[419]

309k Hinsichtlich des Datenabrufs nach § 100g II S. 1 StPO besteht eine solche „Doppeltür". Denn gem. § 113c I Nr. 1 TKG dürfen Telekommunikationsdiensteanbieter die auf der Grundlage von § 113b TKG gespeicherten Daten in den Fällen des § 100g II S. 1 StPO an Strafverfolgungsbehörden übermitteln.[420] Das ergibt sich aus der Formulierung in § 113c I Nr. 1 TKG, wo von „in § 113b genannten Daten" gesprochen wird.

309l Anders sieht es hinsichtlich § 100g I S. 1 StPO aus. Telekommunikationsdiensteanbieter dürfen auf der Grundlage des § 113b TKG gespeicherte Daten nicht für Zwecke des § 100g I S. 1 StPO übermitteln (d.h. „herausgeben"), da sich § 113c I Nr. 1 TKG nicht auf § 100g I S. 1 StPO bezieht. Hinsichtlich Daten, die nach § 96 TKG zu betrieblichen bzw. geschäftlichen Zwecken gespeichert worden sind, stellt § 113c TKG von vornherein keine Übermittlungsbefugnis zur Verfügung. Im Gegenteil ordnet § 113c II TKG sogar ein Totalverbot der Datenverwendung (und damit auch der Übermittlung) für andere als in § 113c I TKG genannte Zwecke an.

§ 113c TKG erlaubt nur die Übermittlung von Verkehrsdaten i.S.v. § 113b TKG und für die Zwecke des § 100g II S. 1 StPO. Hinsichtlich der Übermittlung von Verkehrsdaten i.S.v. § 96 TKG für Zwecke des § 100g I S. 1 StPO fehlt eine dem „Doppeltürmodell" Rechnung tragende Übermittlungsbefugnis.

§ 96 I S. 2 TKG scheidet aufgrund seiner fehlenden „Normklarheit", die das „Doppeltürmodell" fordert, von vornherein als Übermittlungsbefugnis für Verkehrsdaten i.S.v. § 96 I S. 1 TKG zu Zwecken des § 100g I S. 1 StPO aus.

309m Unter Zugrundelegung dieser Überlegung bedeutet das somit, dass § 100g I S. 1 StPO praktisch leerläuft. Denn selbst wenn man in dieser Vorschrift die Befugnis sähe, auch gemäß § 113b TKG gespeicherte Verkehrsdaten zu erheben, steht ihr in jedem Fall keine korrespondierende Übermittlungsbefugnis gegenüber. Telekommunikationsdiensteanbieter dürfen Daten, die sie (betriebsbedingt) nach § 96 TKG oder (pflichtig) nach § 113b TKG gespeichert haben, wegen § 113c TKG nicht für Zwecke des § 100g I S. 1 StPO übermitteln (i.S.v. zum Abruf bereitstellen). In der Praxis dürfte den Telekommunikationsdiensteanbietern aber ohnehin nicht klar sein, zu welchen Zwecken die Strafverfolgungsbehörden Verkehrsdaten abrufen. Für Telekommunikationsdiensteanbieter besteht lediglich die Pflicht, Daten nach Maßgabe des § 113b TKG zu spei-

---

[419] BVerfGE 130, 151, 184.
[420] In Bezug auf Gefahrenabwehrbehörden der Länder siehe § 113c I Nr. 2 TKG.

chern und zum Abruf bereitzustellen. Rufen die Strafverfolgungsbehörden nach § 113b TKG gespeicherte Daten zu Zwecken des § 100g I S. 1 StPO ab, dürfte diese rechtswidrige Maßnahme daher nicht die Telekommunikationsdiensteanbieter belasten.

Neben dieser Übermittlungsproblematik gibt es eine weitere, generelle Problematik der Verkehrsdatenspeicherung: Die **Anlasslosigkeit** und die **Undifferenziertheit**. Denn während die Erhebung (d.h. der Abruf) von Verkehrsdaten auf Grundlage des § 100g StPO von bestimmten, in der Vorschrift genannten Voraussetzungen (Verdacht einer besonders schweren Straftat oder einer Straftat, die mittels Telekommunikation begangen wurde) abhängt, erfolgt die Speicherung von Verkehrsdaten bei den Telekommunikationsdiensteanbietern anlasslos und undifferenziert. Die Speicherung von Verkehrsdaten, ohne irgendeine Differenzierung, Einschränkung oder Ausnahme anhand des Ziels der Bekämpfung schwerer Straftaten vorzusehen, war aber bereits vom EuGH beanstandet worden, der daraufhin die Unvereinbarkeit der EU-Richtlinie über die Vorratsspeicherung von Daten (RL 2006/24/EG) mit EU-Primärrecht feststellte (s.o., Rn 309c). Insofern erstaunt es doch sehr, dass der deutsche Gesetzgeber an der anlasslosen und undifferenzierten Verkehrsdatenspeicherung festhält. Immerhin wird die Brisanz der Verkehrsdatenspeicherung dadurch abgeschwächt, dass die Abrufbefugnisse der Strafverfolgungs- und Gefahrenabwehrbehörden weder anlasslos noch undifferenziert bestehen, sondern an strenge Voraussetzungen geknüpft sind (zur gefahrenabwehrrechtlichen Seite vgl. Rn 309t).

309n

Bedenken ergeben sich auch hinsichtlich der Betroffenheit von **Berufsgeheimnisträgern** (Seelsorger, Psychotherapeuten, Ärzte, Rechtsanwälte etc.). Hier ist zu unterscheiden: Daten, die den in § 99 II TKG genannten Verbindungen zugrunde liegen, dürfen gem. § 113b VI TKG schon nicht auf Grundlage des § 113b TKG gespeichert werden. Das betrifft Personen, Behörden und Organisationen in sozialen oder kirchlichen Bereichen und deren Mitarbeiter, die grundsätzlich anonym bleibenden Anrufern ganz oder überwiegend telefonische Beratung in seelischen oder sozialen Notlagen anbieten und die insoweit besonderen Verschwiegenheitsverpflichtungen unterliegen (§ 99 II S. 1 TKG). Der Beratung i.S.d. § 99 II S. 1 TKG dienen neben den in § 203 I Nr. 4 und 4a StGB genannten Personengruppen[421] insbesondere die Telefonseelsorge und die Gesundheitsberatung (§ 99 II S. 3 TKG). Jedoch greift das Verbot der Speicherung nur, soweit die Bundesnetzagentur die angerufenen Anschlüsse in eine Liste (d.h. in ein Register) aufgenommen hat (§ 99 II S. 2 TKG). Die Bundesnetzagentur nimmt die Inhaber der Anschlüsse auf Antrag in die Liste bzw. das Register auf, wenn sie ihre Aufgabenbestimmung nach § 99 II S. 1 TKG durch behördliche Bescheinigung nachgewiesen haben (§ 99 II S. 4 TKG). Die Liste wird zum Abruf im automatisierten Verfahren bereitgestellt (§ 99 II S. 5 TKG). Die Telekommunikationsdiensteanbieter haben die Liste quartalsweise abzufragen und Änderungen unverzüglich anzuwenden, d.h. die diesbezügliche Verkehrsdatenspeicherung einzustellen (§ 99 II S. 6 TKG).

309o

Andere Berufsgeheimnisträger i.S.v. § 53 I StPO (also u.a. Rechtsanwälte) hat der Gesetzgeber bewusst nicht in § 99 II TKG aufgenommen, sodass sie betreffende Verkehrsdaten stets gespeichert werden können. Der Gesetzgeber begründet die unterschiedliche Behandlung mit der hohen Zahl an Telekommunikationsdiensteanbietern.[422]

309p

Diesbezüglich ergeben sich Bedenken auf zwei Ebenen: Zum einen ist zweifelhaft, ob man überhaupt von der Verfassungsmäßigkeit einer Speicherpflicht ausgehen kann.

309q

---

[421] § 203 I Nr. 4 StGB: behördlich anerkannte Ehe-, Familien-, Erziehungs- oder Jugendberater sowie Berater für Suchtfragen in einer Beratungsstelle. § 203 I Nr. 4a StGB: anerkannte Schwangerschaftsberatungsstellen.
[422] BT-Drs. 18/5088, S. 33.

Zum anderen ist die unterschiedliche Behandlung der Berufsgruppen in Bezug auf die Aufnahme in die Liste der von der Speicherung ausgenommenen Personen verfassungsrechtlich bedenklich. Es ist zu differenzieren:

⇨ Zunächst ist zweifelhaft, dass die anlasslose und undifferenzierte Verkehrsdatenspeicherung mit EU-Recht und nationalem Verfassungsrecht vereinbar ist.

⇨ In Bezug auf Berufsgeheimnisträger kann in Zeiten moderner Datenverarbeitung und Speichertechnologien jedenfalls bei der Speicherung von Rufnummern und Standortdaten bei beiden Personengruppen die „hohe Zahl an Telekommunikationsdiensteanbietern" kein Hindernis darstellen. Es wäre technisch ohne weiteres möglich, dass sich *alle* Berufsgeheimnisträger mit den betreffenden Anschlussnummern über die jeweiligen Telekommunikationsdiensteanbieter in die von der Bundesnetzagentur bereitgestellte Liste eintragen (lassen), sodass Rufnummern und Standortdaten sämtlicher Berufsgeheimnisträger i.S.d. § 53 I StPO von der Speicherung ausgenommen wären. Insofern überzeugt der Verweis des Gesetzgebers auf die hohe Zahl an Telekommunikationsdiensteanbietern nicht.[423] Bedenken bestehen aber mit Blick auf die Verhältnismäßigkeit wegen des hohen organisatorischen Aufwands.

⇨ Bei der Erfassung von zugewiesenen IP-Adressen (das betrifft i.d.R. also dynamische IP-Adressen) dürfte der mit der Aufnahme in die Liste der von der Speicherung ausgenommenen Personen verbundene Aufwand für die jeweiligen Telekommunikationsdiensteanbieter ungleich höher sein. Das beträfe aber generell die gesetzliche Speicherpflicht für dynamische IP-Adressen. Gleichwohl besteht nach der hier vertretenen Auffassung kein unverhältnismäßiger Aufwand, weil die Zuweisung und Speicherung vollautomatisch erfolgt. Auch Speicherkapazität ist heutzutage kein Thema mehr.

⇨ Davon unbeschadet ist aber zweifelhaft, wie die Bundesnetzagentur gewährleisten können soll, dass nur tatsächlich Berechtigte sich in die Liste ein- und austragen (lassen). Während (vom organisatorischen Aufwand einmal abgesehen) z.B. Psychotherapeuten, Ärzte, Rechtsanwälte über ihre jeweiligen Berufskammern den Nachweis der Berufszugehörigkeit erbringen könnten, wäre das bei Journalisten und Seelsorgern kaum verlässlich möglich.

⇨ Schließlich ergeben sich erhebliche Probleme bei grenzüberschreitender Telekommunikation.[424]

Unter diesen Aspekten dürfte eine bundesverfassungsgerichtliche Befassung mit der Neuregelung mehr als wahrscheinlich sein.[425] Auf europarechtlicher Ebene liegt bereits eine EuGH-Rechtsprechung vor. So hat der EuGH am 21.12.2016 entschieden, dass die Speicherung sämtlicher Verkehrs- und Standortdaten auf Vorrat am Maßstab des im Lichte der Art. 7, 8, 11 und 52 I der EU-Grundrechtecharta auszulegenden Art. 15 I der RL 2002/58/ EG („E-Privacy-Richtlinie"; Datenschutzrichtlinie) in der durch die RL 2009/136/EG geänderten Fassung zu messen sei. Danach sei eine Speicherung sämtlicher Verkehrs- und Standortdaten auf Vorrat nicht von vornherein unionsrechtswidrig. Regelungen, die den von der Speicherung betroffenen Personenkreis auf Fälle beschränkten, bei denen ein zumindest mittelbarer Zusammenhang mit der durch das Gesetz bezweckten Verfolgung schwerer Straftaten bzw. der Abwehr schwerwiegender Gefahren für die öffentliche Sicherheit bestehe, verstießen nicht von vornherein gegen Unionsrecht. Erfasse die Speicherpflicht jedoch pauschal die Verkehrs- und Standortdaten nahezu aller Nutzer von Telefon- und Internetdiensten, gehe sie über das absolut Erforderliche hinaus und sei mit Unionsrecht unvereinbar.[426] Insoweit überrascht

---

[423] Vgl. auch *Roßnagel*, NJW 2016, 533, 538.
[424] Vgl. dazu näher *Hartmann/Schmidt*, StrafProzR, Rn 637b.
[425] Das BVerfG hat mit Beschluss v. 8.6.2016 (NVwZ 2016, 1240) zwei Anträge auf Erlass einer einstweiligen Anordnung, die auf Außervollzugsetzung der Vorschriften über die Verkehrsdatenspeicherung gerichtet waren, abgewiesen. Jedoch ist zu beachten, dass das BVerfG bei Eilanträgen gem. § 32 BVerfGG grds. nur eine Abwägung der Folgen, die eine Außervollzugsetzung mit sich brächte, vornimmt. Eine summarische Prüfung der Rechtslage findet bei § 32 BVerfGG (anders als bei §§ 80 V, 123 VwGO) grds. nicht statt.
[426] EuGH NJW 2017, 717, 720 ff.

dieses Urteil also nicht, reflektiert man erneut die bei Rn 309c, 309n (bereits in der 18. Auflage 2016 dieses Buches) aufgezeigten Aspekte.

Der EuGH legt aber nicht stets strenge Maßstäbe an. So ist er in einer aktuellen Entscheidung, wo es um die Frage ging, ob eine gesetzliche Ermächtigung, die es Strafverfolgungsbehörden erlaubt, von den Betreibern elektronischer Kommunikationsdienste Zugang zu den Telekommunikationsdaten der Nutzer bzw. zu den Identifikationsdaten der Telefonnummern zu erhalten, mit Art. 7 und 8 GRC und der Richtlinie 2002/58/EG vereinbar ist, der Auffassung, dass auch Straftaten, die nicht von besonderer Schwere sind, den Zugang zu von den Betreibern elektronischer Kommunikationsdienste gespeicherten personenbezogenen Daten rechtfertigen können, sofern dieser Zugang nicht zu einer schweren Beeinträchtigung des Privatlebens führe. Das sei der Fall, wenn die betroffenen Informationen über das Privatleben weder als sensibel anzusehen seien noch die Betroffenen durch diesen Eingriff irgendwelche Nachteile erlitten.[427]

Auf nationaler Ebene griff das OVG Münster mit Beschluss v. 22.6.2017 die vom EuGH in seiner Entscheidung v. 21.12.2016 ausgestellten Maßstäbe auf und gab dem Antrag eines Telekommunikationsdiensteanbieters, der Verpflichtung zur Speicherung von Verkehrsdaten auf Vorrat nicht nachkommen zu müssen, statt.[428] Dezidert setzte sich das Gericht mit den Ausführungen des EuGH auseinander und übertrug diese auf den Verfahrensgegenstand. Sowohl das Urteil des EuGH v. 21.12.2016 als auch der Beschluss des OVG Münster v. 22.6.2017 leiden aber an einer methodischen Schwäche: Zwar beschäftigen sie sich mit der Frage nach dem Anwendungsbereich der Datenschutzrichtlinie, nicht jedoch mit derselben Frage in Bezug auf die EU-Grundrechtecharta. Denn nach dem Wortlaut des Art. 51 I S. 1 Hs. 2 der EU-Grundrechtecharta findet sie keine Anwendung auf rein nationale Sachverhalte, d.h. auf Sachverhalte, deren zugrunde liegende Vorschriften nicht in Durchführung des EU-Rechts ergangen sind. Hier sind an sich die mitgliedstaatlichen Grundrechte alleiniger Prüfungsmaßstab. Da der EuGH seinerzeit die Unvereinbarkeit der EU-Richtlinie über die Vorratsspeicherung von Daten (RL 2006/24/EG) mit EU-Primärrecht festgestellt hatte[429] (es also keine mitgliedstaatliche Verpflichtung zur Verkehrsdatenspeicherung mehr gab) und der deutsche Gesetzgeber daher mit Gesetz v. 10.12.2015 eine Neuregelung der Verkehrsdatenspeicherung ohne europarechtliche Verpflichtung beschloss, kann man sich auf den Standpunkt stellen, bei der deutschen Regelung handele es sich um eine Regelung mit rein nationalem Bezug. In diesem Fall griffe dann die EU-Grundrechtecharta gemäß ihres Art. 51 I S. 1 Hs. 2 nicht.

Allerdings hat der EuGH in seinem Åkerberg-Fransson-Urteil entschieden, dass die durch die GRC garantierten Grundrechte auch bei rein nationalen Sachverhalten zu beachten seien, wenn die betreffende nationale Vorschrift in den Geltungsbereich des Unionsrechts falle.[430] Damit weitet der Gerichtshof den Anwendungsbereich der GRC entgegen dem Wortlaut des Art. 51 I S. 1 Hs. 2 GRC aus und erstreckt ihn auf den gesamten Geltungsbereich des Unionsrechts. Der Geltungsbereich des Unionsrechts wiederum bestimmt sich nach den Bestimmungen des EU-Primärrechts und dem dieses konkretisierenden EU-Sekundärrecht. Nach der Rechtsprechung des EuGH in seinem Åkerberg-Fransson-Urteil gilt also: „Die Anwendbarkeit des Unionsrechts umfasst die Anwendbarkeit der GRC". Das ist abzulehnen. Insbesondere macht Art. 6 EUV deutlich, dass durch die Bestimmungen der GRC die in den Primärverträgen festgesetzten Zu-

---

[427] EuGH 2.10.2018 – C-207/16.
[428] OVG Münster K&R 2017, 597, 598 ff.
[429] EuGH NJW 2014, 2169, 2172 – siehe oben Rn 309c.
[430] EuGH NJW 2013, 1415, 1416 (Åkerberg Fransson).

ständigkeiten der Union (und damit auch die Jurisdiktion des Gerichtshofs) in keiner Weise erweitert werden. Gerade darauf läuft die genannte Rechtsprechung des EuGH aber hinaus. Kritisch hat sich dementsprechend auch das BVerfG geäußert. In seiner Entscheidung zur Antiterrordatei hat es überaus deutlich gemacht, dass es diese weite Interpretation hinsichtlich des Anwendungsbereichs der GRC nicht trägt.[431]

Hinsichtlich der Verkehrsdatenspeicherung bleibt also abzuwarten, wie sich das BVerfG positioniert. Nach hiesiger Einschätzung ist völlig offen, ob das BVerfG die vom EuGH vorgenommene weite Anwendung des Unionsrechts teilt. Theoretisch braucht es das aber auch gar nicht. Denn die Anforderungen des Art. 10 I GG bzw. des Art. 2 I i.V.m. 1 I GG sind nicht minder streng (siehe Rn 309b). Die anlasslose und flächendeckende Speicherung von Verkehrsdaten aller Nutzer verstößt gegen diese Grundrechte.

309r Davon unberührt dürfen aber der Inhalt der Kommunikation, Daten über aufgerufene Internetseiten und E-Mail-Daten aufgrund des § 113b TKG nicht gespeichert werden (§ 113b V TKG). Im Übrigen sind gem. § 150 XIII TKG die genannten Verpflichtungen seit dem 1.7.2017 zu erfüllen. Da die Bundesnetzagentur spätestens am 1.1.2017 einen Anforderungskatalog hinsichtlich der genannten Verpflichtungen zu veröffentlichen hatte und dem auch nachgekommen ist, besteht seitdem unbeschadet einer möglichen Verfassungswidrigkeit und des Beschlusses des OVG Münster (siehe Rn 309q) eine Pflicht zur Speicherung von Verkehrsdaten.

309s Aufgrund der Anordnung in § 101a I S. 1 StPO, dass § 100b I-IV StPO auch für § 100g StPO gilt, ergibt sich zwar keine Übermittlungsbefugnis zu Zwecken der Verkehrsdatenerhebung nach § 100g I S. 1 StPO, jedoch ein grundsätzlicher **Richtervorbehalt** für die Erhebung von Verkehrsdaten (nach § 100g II S. 1 StPO); es bedarf also grundsätzlich einer richterlichen Anordnung zur Herausgabe der Verkehrsdaten an Strafverfolgungsbehörden. Bei Gefahr im Verzug kann die Anordnung auch durch die Staatsanwaltschaft getroffen werden (§§ 101a I S. 1, 100b I S. 2 StPO), allerdings nur bezüglich Verkehrsdaten gem. §§ 100g I StPO, 96 I TKG, nicht bezüglich Verkehrsdaten gem. §§ 100g II StPO, 113b TKG (vgl. §§ 101a I S. 2, 100b I S. 2 StPO). Für diese bleibt es beim Richtervorbehalt.

309t Bezüglich des **Gefahrenabwehrrechts** enthält zwar § 113c I Nr. 2 TKG eine dem „Doppeltürmodell" gerecht werdende Übermittlungsbefugnis, allerdings sind zur Datenerhebung spezialgesetzliche Rechtsgrundlagen in den Polizeigesetzen erforderlich. Die meisten Länder verfügen mittlerweile über entsprechende Rechtsgrundlagen[432], die Bezug auf die gesetzliche Neuregelung der §§ 113 ff. TKG nehmen.

So darf in Hamburg die Polizei Verkehrsdaten nur unter den Voraussetzungen des § 23 I HmbPolDVG erheben (§ 25 I HmbPolDVG), wenn dies also insbesondere zur Abwehr einer Gefahr für den Bestand oder die Sicherheit des Bundes oder eines Landes oder für Leib, Leben oder Freiheit einer Person erforderlich ist (§ 23 I S. 1 Nr. 1 HmbPolDVG). Soll die Verkehrsdatenabfrage über andere Personen als polizeirechtlich Verantwortliche erfolgen, sind Tatsachen erforderlich, die die Annahme rechtfertigen, dass diese Personen für Personen nach Nr. 1 bestimmte oder von diesen herrührende Mitteilungen entgegennehmen oder weitergeben (§ 23 I S. 1 Nr. 2a) HmbPolDVG) oder dass die unter Nr. 1 genannten Personen ihre Kommunikationseinrichtungen benutzen werden (§ 23 I S. 1 Nr. 2b) HmbPolDVG). Berufsgeheimnisträgerschutz und Schutz des Kernbereichs privater Lebensgestaltung sind über den Verweis in § 23 I S. 3 HmbPolDVG auf § 21 III S. 1-6 HmbPolDVG gewährleistet.

---

[431] BVerfGE 133, 277, 316. Kritisch auch *Rabe*, NJW 2013, 1407 f. Vgl. auch *Ohler*, NVwZ 2013, 1433, 1436; *Thym*, NVwZ 2013, 889 ff.; *Lange*, NVwZ 2013, 169 ff.; *Geiß*, DÖV 2014, 265, 267 ff. Vgl. auch *Safferling*, NStZ 2014, 545 ff.
[432] Vgl. Bund: § 22a BPolG, § 40 BKAG; BW: § 20a V PolG; Bay: Art. 43 II PAG; Brand: § 33c PolG; Hamb: § 25 IV PolDVG; Hess: § 15a I, II SOG; MeckVor: § 34a V SOG; Nds: § 33c POG; NRW: § 20a PolG; RhlPfl: § 31 VI POG; Sachs: § 67 PVDG; SchlHolst: § 180a LVwG; Thür: §§ 34b, 34e PAG.

Erhebung und Speicherung von Verkehrsdaten

In Bayern ist – wie sich aus dem Verweis in Art. 43 II S. 1 BayPAG auf Art. 42 I S. 1 und IV S. 1 BayPAG ergibt – die Verkehrsdatenabfrage bzgl. der nach § 96 I TKG gespeicherten Verkehrsdaten wiederum bereits auf der Grundlage einer drohenden Gefahr erlaubt. Das Genügenlassen der drohenden Gefahr ist bereits bei den anderen Maßnahmen der verdeckten Datenerhebung problematisiert worden, auch wenn die damit verbundene Vorverlagerung der Eingriffsmöglichkeit in das Vorfeld der eigentlichen Gefahr nur zum Schutz von bedeutenden Rechtsgütern greift. Bei restriktiver Handhabung der Ableitungsvoraussetzungen der drohenden Gefahr (siehe Art. 11 III S. 1 BayPAG: Das individuelle Verhalten einer Person begründet die konkrete Wahrscheinlichkeit, dass in absehbarer Zeit ein Angriff von erheblicher Intensität oder Auswirkung zu erwarten ist, oder Vorbereitungshandlungen lassen für sich oder zusammen mit weiteren bestimmten Tatsachen den Schluss auf ein seiner Art nach konkretisiertes Geschehen zu, wonach in absehbarer Zeit ein Angriff von erheblicher Intensität oder Auswirkung zu erwarten ist) und strenger Beachtung des Richtervorbehalts bzw. bei äußerster Zurückhaltung der Annahme von Gefahr im Verzug (siehe Art. 43 VIII S. 1 BayPAG) ist die Befugnis zur Verkehrsdatenabfrage verfassungsgemäß. Geht es um die Verkehrsdatenabfrage bzgl. der nach § 113b TKG gespeicherten Verkehrsdaten, ist dies von vornherein nur zulässig zur Abwehr einer dringenden Gefahr für den Bestand des Bundes oder eines Landes oder für Leib, Leben oder Freiheit einer Person (Art. 43 II S. 2 BayPAG).

h.) Einsatz von Vertrauenspersonen (V-Leuten)

310 Der Einsatz von Vertrauenspersonen (V-Leuten) ist heute in fast allen Polizeigesetzen vorgesehen.[433]

311 Unter **Vertrauenspersonen** versteht man in Anlehnung an die Legaldefinitionen der Polizeigesetze solche Privatpersonen, deren Zusammenarbeit mit der Polizei Dritten nicht bekannt ist.

312 Aufgrund der Unkenntnis von der polizeilichen Zusammenarbeit werden V-Leute landläufig auch als „Polizeispitzel" bezeichnet. Unerheblich ist, ob die Initiative zur Zusammenarbeit von der Polizei oder von den V-Leuten selbst ausging.

313 Da der Einsatz von V-Leuten als besonderes Mittel der Datenerhebung gerade heimlich gegenüber dem Betroffenen erfolgt (dieser weiß ja nicht, dass die V-Person mit der Polizei zusammenarbeitet) und damit für diesen einen nicht unerheblichen Eingriff in das Grundrecht auf **informationelle Selbstbestimmung** bedeutet, ist eine gesetzliche Bestimmung erforderlich, die im Einzelnen regelt, unter welchen Voraussetzungen V-Leute eingesetzt werden dürfen, die gezielt Daten über bestimmte oder bestimmbare Personen beschaffen sollen.[434] Das gilt umso mehr, als durch den Einsatz von V-Leuten auch verfassungsrechtlich geschützte, §§ 52, 53 StPO unterfallende Vertrauensverhältnisse betroffen sein können. Fehlt eine spezielle Befugnisnorm, ist der Einsatz von V-Leuten unzulässig; insbesondere darf nicht auf die Datenerhebungsgeneralklausel zurückgegriffen werden, da diese die genannten Voraussetzungen nicht erfüllt. Die besondere Schwere dieser Form des Datenerhebungseingriffs fordert nicht nur enge gesetzliche Tatbestandsvoraussetzungen, sondern darüber hinaus eine sorgfältige **Verhältnismäßigkeitsprüfung**. Das gilt umso mehr, wenn der Einsatz der Vertrauensperson auf Veranlassung der Polizei erfolgt, weil dadurch (gezielt) rechtsstaatliche Sicherungsmechanismen umgangen werden könnten.[435]

i.) Einsatz von verdeckten Ermittlern („VE")

314 Von den V-Leuten, die nicht der Polizei angehören, sind die **verdeckten Ermittler** zu unterscheiden.

315 **Verdeckte Ermittler** sind (getarnte) **Polizeibeamte**, die unter **Geheimhaltung ihrer wahren Identität** polizeiliche Aufgaben wahrnehmen.[436]

316 Der Zweck des Einsatzes verdeckter Ermittler besteht darin, unter einer **falschen Identität** (sog. **Legende**) Kontakt zur kriminellen Szene aufzunehmen, um personenbezogene Daten zu erheben, wenn

- dies zur Abwehr einer Gefahr für Leib, Leben oder Freiheit einer Person erforderlich ist, oder wenn
- Tatsachen, die ein wenigstens seiner Art nach konkretes und zeitlich absehbares Geschehen erkennen lassen, die Annahme rechtfertigen, dass Straftaten von erheblicher

---

[433] Vgl. Bund: § 28 BPolG, § 45 II Nr. 5 BKAG; BW: § 22 PolG; Bay: Art. 38 PAG; Berl: § 26 ASOG; Brand: § 34 PolG; Brem: § 34 PolG; Hamb: § 28 PolDVG; Hess: § 16 SOG; MeckVor: § 33 SOG; Nds: § 36 POG; NRW: § 19 PolG; RhlPfl: § 28 POG; Saar: § 28 PolG; SachsAnh: § 18 SOG; SchlHolst: § 185 LVwG; Thür: § 34 II Nr. 5 PAG.
[434] Vgl. etwa § 28 II S. 2 HmbPolDVG, der hinsichtlich formeller Voraussetzungen genauso wie § 29 IV S. 2 HmbPolDVG (verdeckte Ermittler – dazu Rn 316) auf § 20 II HmbPolDVG verweist.
[435] Zur Funktion von V-Leuten bei der **Strafverfolgung** vgl. Hartmann/Schmidt, StrafProzR, Rn 223, 660, 754, 891.
[436] Vgl. Bund: § 28 II Nr. 4 i.V.m. § 28 I BPolG; BW: § 22 PolG; Bay: Art. 37 PAG; Berl: § 26 ASOG; Brand: § 35 PolG; Brem: § 35 PolG; Hamb: § 29 PolDVG; Hess: § 16 SOG; MeckVor: § 33 SOG; Nds: § 36a POG; NRW: § 20 PolG; RhlPfl: § 28 POG; Saar: § 28 PolG; Sachs: § 64 PVDG; SachsAnh: § 18 SOG; Thür: § 34 II Nr. 3 PAG.

Bedeutung begangen werden sollen und der Einsatz zur Verhütung dieser Straftaten erforderlich ist (so § 29 I S. 1 HmbPolDVG).

Zu unterscheiden ist der zum Zweck der Gefahrenabwehr nach Maßgabe der Polizeigesetze durchgeführte Einsatz von verdeckten Ermittlern von demjenigen, der im Rahmen der **Strafverfolgung** in der StPO normiert ist (§ 110a StPO). Beide Einsatzarten stehen mit ihrer jeweils unterschiedlichen Zielsetzung selbstständig nebeneinander und schließen sich grundsätzlich nicht aus (zur Problematik sog. doppelfunktionaler Handlungen und den sich hier stellenden Rechtsschutzproblemen vgl. Rn 93).

> **Beispiel** zur Datenerhebung durch besondere Mittel[437]: Die Polizei erhält anonyme Hinweise, dass der hoch verschuldete Barbesitzer B illegale Drogengeschäfte plant. Daraufhin wird dieser tagelang von Polizeibeamten einer Sondereinheit beobachtet (= Observation i.S.v. Rn 258 ff.). Dabei wird festgestellt, dass B sich recht konspirativ verhält und sich mit mehreren verdächtigen Männern auf verschiedenen öffentlichen Plätzen trifft. Um deren Identität festzustellen, fotografieren die Beamten diese Personen (= verdeckter Einsatz technischer Mittel zur Anfertigung einer Bildaufzeichnung i.S.v. Rn 290 ff.). Bei einem dieser Treffen gelingt es den Beamten, in einem Park ein Abhörgerät zu platzieren, um das Gespräch zu belauschen und aufzuzeichnen (= verdeckter Einsatz technischer Mittel zum Abhören und Aufzeichnen des gesprochenen Wortes i.S.v. Rn 293 ff.). Sodann wird der Polizeibeamte P unter einer „Legende" als Barkeeper in den Betrieb des B eingeschleust. Er hat den dienstlichen Auftrag, die vermuteten Verstrickungen des B in den illegalen Drogenhandel aufzudecken und künftige Straftaten des B zu verhindern (= verdeckter Ermittler i.S.v. Rn 314 ff.).

Die Legende wird auf längere Zeit eingerichtet. Sie soll dem verdeckten Ermittler ermöglichen, mitunter langwierige Einschleusungen in ein Milieu vornehmen und damit die Datenerhebung sachgemäß durchführen zu können. Dazu gehört, dass er zur Erfüllung seines Auftrags unter seiner Legende am **Rechtsverkehr** teilnimmt[438] (z.B. einen Arbeitsvertrag schließt, einen Pkw kauft etc.) und mit Einverständnis des Betroffenen dessen Wohnung betritt[439]. Das Einverständnis darf jedoch nicht durch ein über die Nutzung der Legende hinausgehendes Vortäuschen eines Zutrittsrechts herbeigeführt werden.[440] Anders als der im angloamerikanischen Rechtskreis bekannte „undercover agent" darf er in Wahrnehmung seiner „Rolle" auch keine Straftaten begehen (vgl. aber Rn 323). Auch hat er besonders geschützte Vertrauensverhältnisse (vgl. §§ 52, 53, 53a StPO) zu beachten.

Zur Stützung der Legende des verdeckten Ermittlers darf die Polizei auch **Urkunden** (Führerscheine, Ausweispapiere, Arbeitszeugnisse etc.) herstellen oder verändern.[441] Die polizeigesetzlichen Bestimmungen über verdeckte Ermittler sind nicht nur Befugnisnormen, sondern auch Rechtfertigungsgründe (i.S.d. §§ 267 ff. StGB), vgl. Rn 323.

Urkunde ist die verkörperte (d.h. mit einer Sache fest verbundene) Gedankenerklärung, die geeignet und bestimmt ist, im Rechtsverkehr Beweis zu erbringen, und ihren Aussteller (den Erklärenden) erkennen lässt.[442] Eine Urkunde ist **unecht**, wenn ihre Erklärung nicht von demjenigen stammt (natürliche wie juristische Person), der in ihr als Aussteller bezeichnet ist. **Hergestellt** ist eine unechte Urkunde in dem Moment, in dem erstmals sämtliche Merkmale einer Urkunde vorliegen, die auf einen anderen als

---

[437] Vgl. *Möller/Warg*, POR, Rn 321.
[438] Vgl. etwa § 29 II S. 2 HmbPolDVG.
[439] Vgl. etwa § 29 III S. 1 HmbPolDVG.
[440] Vgl. etwa § 29 III S. 2 HmbPolDVG.
[441] Vgl. etwa § 29 II S. 1 HmbPolDVG.
[442] BGHSt 4, 60, 61; 13, 235, 239; 24, 140, 141; BGH NStZ 2011, 91; NStZ 2013, 105.

ihren *geistigen* Aussteller hinweist.[443] Bei der Herstellung einer unechten Urkunde geht es somit im Kern um die **Identitätstäuschung** bezüglich des Ausstellers, denn der erkennbare Aussteller ist ein anderer als der tatsächliche.

Beispiel: Die Polizei erhält konkrete Hinweise darauf, dass in Kürze ein Bombenattentat verübt werden soll. Polizeibeamter V soll als Hausmeister in das Milieu eingeschleust werden und verdeckte Ermittlungen durchführen. Zur Unterstützung stellt die Polizei verschiedene Arbeitszeugnisse (= Urkunden) her und täuscht über den Urheber.

321 **Verfälschung** ist jede nachträgliche Änderung des gedanklichen Inhalts einer echten Urkunde, durch die der Eindruck erweckt wird, der Aussteller habe die Erklärung in *der* Form abgegeben, die sie durch die Verfälschung erlangt hat.[444]

Beispiel: Würde die Polizei im obigen Beispiel keine (unechten) Arbeitszeugnisse herstellen, sondern einzelne Inhalte (echter Arbeitszeugnisse) verändern, läge ein Verfälschen echter Urkunden vor.

322 **Öffentliche Urkunden** sind durch eine Behörde oder sonstige öffentliche Stelle oder eine mit öffentlichem Glauben versehene Person in der vorgeschriebenen Form ausgestellte Urkunden mit Beweiskraft für oder gegen jedermann (vgl. § 415 I ZPO).

Beispiele: Personalausweise, Reisepässe, Führungszeugnisse etc.

323 Werden auf die o.g. Art und Weise Urkunden gefälscht, verwirklichen die Beteiligten die Tatbestände der §§ 267 ff. StGB. Damit eine Strafbarkeit nicht in Betracht kommt, werden den polizeigesetzlichen Bestimmungen über verdeckte Ermittler **Rechtfertigungsgründe** entnommen.[445] Das gilt auch für die dritte Person, derer sich die die verdeckt ermittelnde Person einsetzende Behörde bei der Herstellung von Urkunden bei der Tatbestandsverwirklichung des § 348 StGB bedient.

324 Da die Datenerhebung durch verdeckte Ermittler nicht offen erfolgt, wird wegen des damit verbundenen besonderen Eingriffs in die Persönlichkeitsrechte ihr Einsatz durch die Polizeigesetze **nur bei Vorliegen besonderer Voraussetzungen (insbesondere qualifizierter Gefahrenlagen)** erlaubt (siehe dazu bereits Rn 316). Verhältnismäßig (i.e.S.) ist der Einsatz, wenn dessen Zweck, Schutz der Allgemeinheit vor dem Gefahrpotential bestimmter Organisationen, die Bedeutung der Grundrechte für die Betroffenen überwiegt. Dabei ist v.a. die Intensität des Einsatzes entscheidend. So dürfen nicht gezielt intime Beziehungen zu Milieuangehörigen eingegangen werden, um Informationen zu gewinnen. Werden gleichwohl Informationen infolge intimer Beziehungen gewonnen, dürfte auch ihre Verwertung unzulässig sein. Zusätzlich wird der Einsatz an **besondere verfahrensrechtliche Voraussetzungen** gebunden, indem er grundsätzlich der richterlichen Anordnung bedarf (vgl. etwa § 29 IV S. 1 HmbPolDVG; die Anordnung des Polizeipräsidenten oder seines Vertreters im Amt reicht für gewöhnlich nur bei Gefahr im Verzug aus, wobei dann eine richterliche Bestätigung unverzüglich einzuholen ist, vgl. z.B. § 29 IV S. 2 i.V.m. § 20 II S. 1-3 HmbPolDVG). Hinsichtlich Anhörung und Unterrichtung gilt: Von einer Anhörung der betroffenen Person durch das Gericht und der Bekanntgabe der richterlichen Entscheidung an die betroffene Person ist abzusehen, wenn die vorherige Anhörung oder die Bekanntgabe

---

[443] LG Bremen StV 1999, 322; BGH StV 1989, 304; BGHSt 1, 117, 121. Vgl. auch *Hecker*, JuS 2002, 224, 225; *Kargl*, JA 2003, 604, 606 f.; BGH NStZ 2003, 543, 544.
[444] OLG Köln NJW 1983, 769; OLG Hamm NJW 1969, 625; *R. Schmidt*, StrafR BT I, 21. Aufl. 2019, Rn 1292.
[445] Der Unterschied zu dem bei Rn 319 Gesagten liegt darin, dass es sich bei der Urkundenfälschung um eine vorbereitende Maßnahme handelt, die den Einsatz des verdeckten Ermittlers erst ermöglicht. Daher bedurfte es eines Rechtfertigungsgrundes, um eine Strafbarkeit auszuschließen. Sofern für dieses Stadium und auch im Übrigen während des Einsatzes keine Rechtfertigungsgründe existieren, folgt daraus die Strafbarkeit des verdeckten Ermittlers für den Fall, dass er Straftatbestände verwirklicht.

der Entscheidung den Zweck der Maßnahme gefährden würde (siehe etwa § 29 IV S. 2 i.V.m. § 20 II S. 7 HmbPolDVG). Eine Gefährdung des Zwecks der Maßnahme wird man annehmen müssen, wenn die vorherige Anhörung oder die Bekanntgabe der Entscheidung das Leben des verdeckten Ermittlers gefährdeten.

j.) Polizeiliche Beobachtung („PB") bzw. Ausschreibung

Die „Polizeiliche Beobachtung" darf nicht mit der bei Rn 258 behandelten längerfristigen Observation verwechselt werden. Im Gegensatz zu dieser geht es bei der PB nicht originär um die Erhebung von Daten, sondern um das Zusammenführen und Speichern von bereits anderweitig erhobenen Daten, die gefahrenabwehrrechtlich relevant sein können. Insbesondere Personen, die strafrechtlich in Erscheinung getreten sind und bei denen die begründete Vermutung besteht, dass sie künftig wiederholt strafrechtlich in Erscheinung treten werden, sind Ziele einer PB. In diesem Fall schreibt die Polizeidienststelle (des Heimatortes) die Person (im INPOL bzw. POLAS) „zur Beobachtung" aus.[446] Erkenntnisse, die etwa anlässlich einer Polizeikontrolle gewonnen werden, können so an die ausschreibende Polizeidienststelle (Rn 327) übermittelt werden. Wegen des hiermit verbundenen Eingriffs in das Grundrecht auf **informationelle Selbstbestimmung** ist eine gesetzliche Grundlage erforderlich.

325

Mit der **Polizeilichen Beobachtung** („PB") darf die Polizei personenbezogene Daten (insb. Kfz-Kennzeichen) zur polizeilichen Beobachtung in einer Datei speichern (Ausschreibung zur polizeilichen Beobachtung), wenn

- die Gesamtwürdigung der Person und der von ihr bisher begangenen Straftaten erwarten lässt, dass sie auch künftig Straftaten von erheblicher Bedeutung begehen wird,
- oder Tatsachen die Annahme rechtfertigen, dass die Person Straftaten von erheblicher Bedeutung begehen wird,

und dies zur vorbeugenden Bekämpfung dieser Straftaten erforderlich ist.[447]

326

Zweck der Ausschreibung zur PB ist es, andere Polizeibehörden (des Landes, der anderen Länder oder des Bundes) sowie die Zollbehörden, soweit sie Aufgaben der Grenzkontrolle nach § 62 BPolG wahrnehmen, nach Maßgabe ihrer polizeigesetzlichen Bestimmungen zur PB zu befähigen und dazu, das (zufällige) Antreffen der ausgeschriebenen Person oder des ausgeschriebenen Kfz der ausschreibenden Stelle zu melden, wenn dies etwa anlässlich von polizeilichen Kontrollen, die die Feststellung der Personalien zulassen (z.B. bei einer Identitätsfeststellung oder der Prüfung von Berechtigungsscheinen), aber auch anlässlich von allgemeinen Verkehrskontrollen erfolgt. Insgesamt soll damit ein Bewegungsbild des Betroffenen erstellt werden, um Verbindungen zu anderen Personen herstellen sowie neue Erkenntnisse und mögliche Rückschlüsse auf geplante kriminelle Vorhaben ziehen zu können.[448]

327

Je detaillierter die ausschreibende Stelle die Zielperson (deren Aussehen, Gewohnheiten, benutztes Kfz, mitgeführte Gegenstände etc.) beschrieben hat, desto größer ist die Wahrscheinlichkeit, dass die Person zufällig „auffällt". Im Falle eines Antreffens dieser Person oder ihres Kfz können also die zufällig und aufgrund anderer Ermächtigung erlangten Daten (z.B. im Rahmen einer Verkehrsunfallaufnahme oder Verkehrs-

328

---

[446] Die Ausschreibung erfolgt regelmäßig in einer Fahndungsdatei (z.B. INPOL-Datei Sach- oder Personenfahndung – dazu Rn 362 ff.) und hat zur Folge, dass dann, wenn eine Person zufällig in eine Polizeikontrolle gerät, die entsprechenden Daten mit der Fahndungsdatei abgeglichen werden und die anlässlich der Kontrolle gewonnenen Erkenntnisse an die ausschreibende Polizeidienststelle übermittelbar sind.
[447] So § 31 I HmbPolDVG; vgl. auch BW: § 25 PolG; Bay: Art. 40 PAG; Berl: § 27 ASOG; Brand: § 36 PolG; Brem: § 31 PolG; Hess: § 17 SOG; MeckVor: § 35 SOG; Nds: § 37 POG; NRW: § 21 PolG; RhlPfl: § 32 POG; Saar: § 29 PolG; Sachs: § 60 PVDG; SachsAnh: § 19 SOG; SchlHolst: § 187 LVwG; Thür: § 37 PAG.
[448] *Petri*, in: Lisken/Denninger, G Rn 282.

kontrolle) an die ausschreibende Polizeibehörde übermittelt werden. Die Befugnis zur Datenübermittlung an die ausschreibende Stelle erstreckt sich auch auf die Personalien von Begleitern, das Kennzeichen des benutzten oder eingesetzten Kfz sowie auf Erkenntnisse über Zeit, Ort, mitgeführte Sachen, Verhalten, Vorhaben und sonstige Umstände des Antreffens (vgl. etwa § 31 II HmbPolDVG). Demnach stellen die Vorschriften zur PB selbst keine Ermächtigungsgrundlage für die gegebenenfalls erforderlichen Identitätsfeststellungen, Verkehrskontrollen etc. (also die Datenerhebung selbst) dar (dies muss auf die jeweiligen Befugnisnormen gestützt werden), sondern sind nur **Rechtsgrundlagen für den Übermittlungsvorgang**.[449]

329 **Tatbestandsvoraussetzung** ist nach den Bestimmungen der meisten Polizeigesetze, dass entweder aufgrund der Gesamtwürdigung der ausgeschriebenen Person und der von ihr bisher schon begangenen Straftaten oder aufgrund von Tatsachen erwartet werden kann, dass sie **Straftaten von erheblicher Bedeutung** begehen wird und dass die Ausschreibung zur vorbeugenden Bekämpfung dieser Straftaten erforderlich ist (vgl. Rn 326).

330 Hinsichtlich der **Verfahrenssicherung** ordnen einige landesrechtliche Bestimmungen an, dass die PB i.d.R. nur vom Polizeipräsidenten oder von seinem Vertreter im Amt, bei Gefahr im Verzug auch vom Polizeiführer vom Dienst angeordnet werden darf (vgl. etwa §§ 31 III S. 1 i.V.m. 21 II S. 2 HmbPolDVG). In anderen Ländern ist die Behördenleitung zuständig mit der Befugnis der Delegation auf Dienststellenleiter bzw. Beamte des höheren Dienstes (vgl. etwa § 37 II S. 1, 2 NdsPOG). Die **Höchstdauer** der PB beträgt i.d.R. ein Jahr. Eine Verlängerung ist zulässig, soweit die Voraussetzungen weiter vorliegen (vgl. etwa § 31 III S. 2, 3, 5 HmbPolDVG; § 37 II S. 5, 6, 8 NdsPOG). Liegen die Voraussetzungen für die Ausschreibung nicht mehr vor, ist ihr Zweck erreicht oder zeigt sich, dass er nicht erreicht werden kann, ist die Ausschreibung selbstverständlich unverzüglich zu **beenden**; Daten sind unverzüglich zu **löschen** (§ 31 IV S. 1 HmbPolDVG) und die Person ist grds. zu unterrichten (§ 31 IV S. 2 HmbPolDVG).

331 Das **strafprozessuale** Gegenstück bildet § 163e StPO. Auch diese Norm ist selbst keine Eingriffsgrundlage für die im Rahmen der Polizeilichen Beobachtung ggf. erforderlichen Identitätsfeststellungen, Verkehrskontrollen etc. (also die Datenerhebung selbst), sondern nur Rechtsgrundlage für den Übermittlungsvorgang. Tatbestandsvoraussetzung für die Ausschreibung ist das Vorliegen zureichender tatsächlicher Anhaltspunkte für eine begangene Straftat von erheblicher Bedeutung, d.h. zumindest ein Anfangsverdacht. Die Ausschreibung darf gem. § 163e IV StPO nur durch das Ermittlungsgericht, bei Gefahr im Verzug auch durch die Staatsanwaltschaft angeordnet werden und ist auf höchstens ein Jahr zu befristen mit Verlängerungsmöglichkeit.

332 Die Beantwortung der Frage nach dem **Rechtsschutz** gegen die Ausschreibung zur Beobachtung richtet sich nach deren Rechtsnatur. Handelte es sich bei der Ausschreibung um einen Verwaltungsakt, wäre sie unwirksam, weil ein Verwaltungsakt zu seiner Wirksamkeit zumindest bekannt gegeben werden muss (vgl. § 43 I S. 1 VwVfG); die Ausschreibung zur Beobachtung erfolgt gerade ohne Kenntnis des Betroffenen. Um diese Folge zu vermeiden, wird man sie wohl als schlichtes Verwaltungshandeln qualifizieren müssen.

333 Rechtsschutz bietet daher die **allgemeine Feststellungsklage** gem. § 43 VwGO. Zur grundsätzlichen Notwendigkeit eines gerichtlichen Rechtsschutzes trotz ergangener richterlicher Anordnung vgl. Rn 287.

---

[449] *Möller/Warg*, POR, Rn 323.

gg. Generalklausel zur Datenerhebung

Lässt sich die Datenerhebung auf keine Spezialnorm stützen und handelt es sich um einen nicht erheblichen Grundrechtseingriff, kommt schließlich als Eingriffsermächtigung die **Datenerhebungsgeneralklausel** in Betracht. Alle Polizei- und Ordnungsgesetze enthalten derartige Befugnisnormen.[450] Sie enthalten die Befugnis, die zur Erfüllung der Aufgaben erforderlichen personenbezogenen Daten zu erheben.

334

> **Hinweis für die Fallbearbeitung:** Bei dem Verhältnis von Datenerhebungsgeneralklausel und Datenerhebungsspezialbefugnissen verhält es sich genauso wie bei dem Verhältnis von Befugnisgeneralklausel und Standardmaßnahmen. Der Rückgriff auf die Datenerhebungsgeneralklausel ist dann verschlossen, wenn Spezialbefugnisse bestehen, die bestimmte Datenerhebungen, etwa bei öffentlichen Versammlungen, von Verkehrsteilnehmern oder von Ausländern, abschließend regeln. Im Übrigen ermächtigt die Datenerhebungsgeneralklausel wegen ihrer Unbestimmtheit (Beachtung des Parlamentsvorbehalts) grundsätzlich nur zu Datenerhebungen minderer Eingriffsintensität; zu Datenerhebungen von gleicher oder höherer Intensität, als sie den durch die Spezialbefugnisse ermächtigten Erhebungen eigen ist, ermächtigt sie nur dann, wenn sie unerwartet und ausnahmsweise anstehen.

335

Typisches **Beispiel** für Datenerhebungsmaßnahmen, die von keiner speziellen Befugnisnorm erfasst werden, ist das Ablesen von Kfz-Kennzeichen oder Hausnummern.

336

a.) Formelle Rechtmäßigkeit der Datenerhebung

Hinsichtlich der formellen Rechtmäßigkeit gelten zunächst die allgemeinen Voraussetzungen (Zuständigkeit, Verfahren und Form, siehe Rn 607 ff.). Eine besondere (und zusätzlich zu prüfende) Verfahrensvorschrift stellt die bereits ausführlich behandelte polizeigesetzliche Vorschrift über die „**Grundsätze der Datenerhebung**" dar. Diese Bestimmung stellt besondere Anforderungen an die Rechtmäßigkeit der Datenerhebung, die zugleich für alle Maßnahmen der Erhebung personenbezogener Daten gelten. Sie verlangt, dass die Datenerhebung vorrangig beim **Betroffenen** (also unmittelbar) sowie mit seiner **Kenntnis** (also offen) erfolgt. Möchte die Polizei nachrangig Daten bei **Dritten** erheben, muss sie zusätzliche Voraussetzungen beachten (vgl. dazu Rn 140). Das Gleiche gilt, wenn die Daten **verdeckt** erhoben werden sollen, gleichgültig, ob beim Betroffenen oder bei Dritten. Des Weiteren ordnen die Polizeigesetze an, dass Betroffene und Dritte auf die Rechtsgrundlage hingewiesen werden sollen.

337

Ein **Verstoß** gegen die Verfahrensbestimmungen führt grundsätzlich (nur) zur formellen Rechtswidrigkeit der Maßnahme; allerdings ist in jedem Einzelfall zu prüfen, inwieweit eine Heilung gem. § 45 VwVfG bzw. eine Unbeachtlichkeit gem. § 46 VwVfG in Betracht kommen. Nach der hier vertretenen Auffassung kann ein Verstoß aber zu einem Verbot der Verwertung der erhobenen Daten führen. Kein Verwertungsverbot gilt jedenfalls bei den Auskünften, vor deren Erhebung nur der Hinweis auf die Rechtsgrundlage der Datenerhebung unterblieben war. Das folgt aus der Formulierung „soll" in den gesetzlichen Bestimmungen.

338

---

[450] Bund: § 21 I u. II BPolG, §§ 9, 39 I BKAG; BW: § 20 II-V PolG; Bay: Art. 32 PAG; Berl: § 18 I S. 2 u. 3 ASOG; Brand: § 30 I u. II PolG; Brem: § 28 I-IV PolG; Hamb: § 11 PolDVG; Hess: § 13 I u. II SOG; MeckVor: § 27 I-III SOG; Nds: § 31 I-III POG; RhlPfl: § 26 I-III POG; Saar: § 26 I-III PolG; Sachs: § 55 I PVDG; SachsAnh: § 15 I u. II SOG; SchlHolst: § 179 I u. II LVwG; Thür: § 32 I u. II PAG. In NRW ist die Generalermächtigung nur der Zusammenschau mehrerer Bestimmungen zu entnehmen: So enthält § 9 I S. 1 PolG zunächst nur die Generalklausel zur Befragung, die aber zusammen mit der Ermächtigung von § 9 III S. 2 PolG, die Daten bei Schwierigkeiten der Befragung auch ohne Kenntnis des Betroffenen zu erheben, die Generalklausel zur Datenerhebung ergibt und zugleich den in anderen Gesetzen oft getrennt geregelten Vorrang der unmittelbaren vor der mittelbaren Datenerhebung enthält.

b.) Materielle Rechtmäßigkeit der Datenerhebung

aa.) Gefahr für ein Schutzgut

339 Nach den Datenerhebungsgeneralklauseln der Polizeigesetze darf die Polizei personenbezogene Daten u.a. erheben, wenn dies **zur Abwehr einer Gefahr** (für die öffentliche Sicherheit und, soweit geregelt, auch für die öffentliche Ordnung) erforderlich ist. Mit dieser Formulierung ist zunächst einmal klar, dass die Schutzgüter der Datenerhebungsgeneralklausel grundsätzlich diejenigen der allgemeinen polizei- und ordnungsrechtlichen Befugnisgeneralklauseln sind. Einige Polizeigesetze erlauben es der Polizei darüber hinaus, personenbezogene Daten zu erheben, wenn dies zur vorbeugenden Bekämpfung von Straftaten oder zur Vollzugshilfe erforderlich ist (so etwa Art. 32 I S. 1 Nr. 1a), 3 BayPAG). Teilweise werden auch der Schutz privater Rechte und die Erfüllung von durch andere Rechtsvorschriften übertragenen Aufgaben genannt (so in Art. 32 I S. 1 Nr. 2, 4 BayPAG). Unter bestimmten Voraussetzungen und in bestimmten Fällen lässt Art. 32 I S. 2 BayPAG zudem die Datenerhebung auch durch molekulargenetische Untersuchung aufgefundenen Spurenmaterials zu. So kann die Untersuchung von aufgefundenem DNA-Material unbekannter Herkunft zum Zwecke der Feststellung des DNA-Identifizierungsmusters, des Geschlechts, der Augen-, Haar- und Hautfarbe, des biologischen Alters und der biogeographischen Herkunft des Spurenverursachers erfolgen („erweiterte DNA-Analyse"), wenn die Abwehr der Gefahr auf andere Weise aussichtslos oder wesentlich erschwert wäre. Eine konkrete Gefahr wird dabei aber nicht vorausgesetzt. Aufgrund der Verweiskette (Art. 32 I S. 2 BayPAG i.V.m. Art. 32 I S. 1 Nr. 1 i.V.m. Art. 2 I BayPAG) ist eine allgemein bestehende Gefahr für die öffentliche Sicherheit oder Ordnung ausreichend. Unter „allgemein bestehende Gefahr" i.S. des in Bezug genommenen Art. 2 I BayPAG wird man – in Abgrenzung zu der dort ebenfalls genannten „konkreten" Gefahr – eine abstrakte Gefahr verstehen müssen, d.h. eine nach allgemeiner Lebenserfahrung oder den Erkenntnissen fachkundiger Stellen mögliche Sachlage, die im Fall ihres Eintritts eine konkrete Gefahr darstellt[451]. Immerhin ist die Gefahrenstufe noch nicht so vage und ins Vorfeld der eigentlichen Gefahr vorverlagert wie die in etlichen anderen Befugnisnormen des BayPAG aufgenommene „drohende Gefahr"[452]. Auch dürfen gem. Art. 32 I S. 3 BayPAG bei der Untersuchung andere Feststellungen als die in S. 2 genannten nicht getroffen werden. Das betrifft etwa Erbinformationen oder Informationen über Krankheiten. Soll die erweiterte DNA-Analyse zum Zwecke des Personenschutzes erfolgen, ist dies schließlich nur zum Schutz der in Art. 11 III S. 2 Nr. 1-3 und Nr. 5 BayPAG genannten bedeutenden Rechtsgüter zulässig. Das ergibt sich aus der Verweiskette gem. Art. 32 I S. 2 BayPAG i.V.m. Art. 32 I S. 1 Nr. 1b BayPAG i.V.m. Art. 11 III S. 2 Nr. 1-3, Nr. 5 BayPAG. Ob diese Einschränkungen im Anwendungsbereich der erweiterten DNA-Analyse ausreichen, um dem Verdikt der Verfassungswidrigkeit zu entgehen, wird die (zu erwartende) verfassungsgerichtliche Rechtsprechung aufzeigen.

340 Wenn die Datenerhebungsgeneralklauseln der Gefahrenabwehr dienen sollen, ist klar, dass auch eine Gefahr vorliegen muss. Es stellt sich aber die Frage, an welchen Gefahrentatbestand sie anknüpfen, d.h. ob eine konkrete Gefahr erforderlich ist oder eine abstrakte Gefahr genügt. Im Anwendungsbereich der Datenerhebungsgeneralklauseln wird es i.d.R. nur um minder schwere Grundrechtsbeeinträchtigungen gehen. Diese lassen in Bezug auf die Datenerhebung eine abstrakte Gefahr genügen. Das ist etwa bei der vorbeugenden Verbrechensbekämpfung und den (sonstigen) Vorfeldmaßnahmen der Fall. Wenn es aber bei der Datenerhebung um das Eindringen in besonders

---

[451] Siehe dazu Rn 660 (mit Bezugnahme auf § 2 Nr. 2 NdsPOG).
[452] Siehe zu dieser Rn 673a ff.

bb.) Pflichtigkeit

Adressaten einer Datenerhebung können nicht nur konkret Verantwortliche sein, sondern auch diejenigen, von denen eine abstrakte Gefahr ausgeht. Zu Letzteren zählen etwa Personen, die sich in abstrakt gefährlichen Milieus oder Umgebungen aufhalten, die von der Polizei (auch) zur vorbeugenden Bekämpfung von Straftaten beobachtet werden.

341

Daten dürfen *über* Verhaltensverantwortliche, Zustandsverantwortliche und Nichtstörer erhoben werden. Das bedeutet nicht, dass die Daten notwendigerweise *beim* genannten Personenkreis erhoben werden müssen. Daten können nachrangig auch bei Dritten erhoben werden. Hierbei ist jedoch zu beachten, dass Dritte nicht verpflichtet sind, Auskünfte zu erteilen. Denn die Datenerhebungsgeneralklauseln enthalten – anders als einige Spezialbefugnisse zur Datenerhebung – diesbezüglich keine Verpflichtung.

342

cc.) Grundsätze der Datenerhebung; Verhältnismäßigkeit

Um dem Grundrecht der informationellen Selbstbestimmung Rechnung zu tragen, normieren die Polizeigesetze die beiden bereits genannten Vorrangregeln über die Datenerhebung sowohl mittels spezieller Datenerhebungsvorschriften als auch mittels einer Datenerhebungsgeneralklausel. Danach gilt der Vorrang der **unmittelbaren vor der mittelbaren**[453] und der Vorrang der **offenen vor der verdeckten** Datenerhebung[454]. Diese Grundsätze sind besonderer Ausdruck der Verhältnismäßigkeit und sollen gewährleisten, dass der Betroffene nach Möglichkeit Kenntnis darüber erlangt, wann welche Daten über ihn erhoben werden und warum dies geschieht, damit er in die Lage versetzt wird, den Eingriff in die informationelle Selbstbestimmung zu erkennen und u.U. Rechtsschutz einzulegen. Ferner sollen die Vorrangregeln gewährleisten, dass die Daten „aus erster Quelle" stammen und somit authentisch und verlässlich sind. Es leuchtet ein, dass über Dritte gewonnene Daten dies nicht (zwingend) sind.

343

Unter welchen Voraussetzungen die mittelbare Datenerhebung zulässig ist, ist den Vorschriften über die Grundsätze der Datenerhebung zu entnehmen.

344

dd.) Rechtsschutz

Die Beantwortung der Frage nach dem Rechtsschutz gegen Maßnahmen, die der Datenerhebung dienen, richtet sich nach deren Rechtsnatur. Werden durch solche Maßnahmen Rechte und Pflichten für den Betroffenen begründet, enthalten sie rechtsverbindliche Regelungen und sind daher als **Verwaltungsakte** zu qualifizieren. Rechtsschutz bieten der Widerspruch bzw. die Anfechtungsklage bzw. bei Erledigung die Fortsetzungsfeststellungsklage analog § 113 I S. 4 VwGO. Fehlt jedoch eine Rechtsfolgeanordnung, weil die Maßnahme nur auf Herbeiführung eines tatsächlichen Erfolgs gerichtet ist, oder fehlt die für die Bejahung eines Verwaltungsakts erforderliche Bekanntgabe, liegt ein **schlichtes Verwaltungshandeln** vor. Daher sind z.B. Datenerhebungsmaßnahmen, die zunächst ohne Kenntnis des Betroffenen durchgeführt wer-

345

---

[453] Bund: § 21 III S. 1 BPolG; BW: § 19 I S. 1 PolG; Bay: Art. 31 II S. 1 PAG; Berl: § 18 IV ASOG; Brand: § 29 II S. 1 PolG; Brem: § 27 I S. 1 PolG; Hamb: § 10 II S. 1 PolDVG; Hess: § 13 VI S. 1 SOG; MeckVor: § 26 I S. 1 SOG; Nds: § 30 I S. 1 POG; NRW: § 9 III S. 1 PolG; RhlPfl: § 26 V POG; Saar: § 25 II S. 1 PolG; Sachs: § 55 II S. 1 PVDG; SachsAnh: § 15 V S. 1 SOG; SchlHolst: § 178 I S. 1 LVwG; Thür: § 32 III PAG.

[454] Bund: § 21 III S. 1 BPolG; BW: § 19 I S. 1 PolG; Bay: Art. 31 II S. 1 PAG; Berl: § 18 IV S. 1 ASOG; Brand: § 29 III S. 1 PolG; Brem: § 27 II S. 1 PolG; Hamb: § 10 III S. 1 PolDVG; Hess: § 13 VII S. 1 SOG; MeckVor: § 26 II S. 1 SOG; Nds: § 30 II S. 1 POG; NRW: § 9 IV PolG; RhlPfl: § 26 V POG; Saar: § 25 III S. 1 PolG; Sachs: § 55 III S. 1 PVDG; SachsAnh: § 15 VI S. 1 SOG; SchlHolst: § 178 II S. 1 LVwG; Thür: § 32 IV PAG.

d. Umgang mit Daten

aa. Speicherung, Übermittlung, Kennzeichnung

346 Während die bisher erörterten Vorschriften der Polizeigesetze die Datenerhebung betreffen, ist nunmehr eine Auseinandersetzung mit der Frage erforderlich, wie mit den gewonnenen Daten zu verfahren ist. Hierzu sind die Regelungen der Polizeigesetze über die Datenverarbeitung[455] sowie diejenigen der Richtlinie (EU) 2016/680 des europäischen Parlaments und des Rates („Richtlinie zur Datenverarbeitung bei Polizei und Justiz")[456] heranzuziehen. Diese ergänzen sozusagen die (allgemeinen) Vorschriften über die Datenerhebung und sollen gewährleisten, dass der mit der Datenerhebung verbundene Eingriff in das Grundrecht der informationellen Selbstbestimmung in verfahrensrechtlicher Hinsicht gerechtfertigt ist. Denn spätestens seit dem genannten Volkszählungsurteil des BVerfG[457] hat sich die Rechtsauffassung durchgesetzt, dass der Grundrechtsschutz auch eine verfahrensrechtliche Dimension beinhaltet, wonach insbesondere das Verwaltungsverfahren so ausgestaltet sein muss, dass nicht die Gefahr für eine Entwertung der materiell-rechtlichen Grundrechtsposition besteht.[458] Hinsichtlich des Umgangs mit personenbezogenen Daten konkretisiert sich dieser (mittlerweile auch unionsrechtlich abgesicherte) Verfassungsgrundsatz darin, dass Umfang und Dauer der Speicherung personenbezogener Daten auf das zur Erreichung des Zwecks erforderliche Maß zu beschränken sind. Die Datenverarbeitung unterliegt damit (wie die Datenerhebung) zugleich dem Übermaßverbot. Die Regelungen der Polizeigesetze tragen den genannten Umständen Rechnung, indem die Polizei personenbezogene Daten nur dann speichern, verändern und nutzen darf, soweit und solange dies zur Wahrnehmung ihrer Aufgaben erforderlich ist.[459] In einigen Polizeigesetzen werden die Verarbeitung und Nutzung sogar ausdrücklich an die Rechtmäßigkeit der Datenerhebung gebunden (sog. Rechtmäßigkeitszusammenhang oder Konnexitätsprinzip).[460] In Ländern, in denen die Rechtmäßigkeit der Datenerhebung nicht ausdrücklich als Voraussetzung für die weitere Verarbeitung und sonstige Nutzung der Daten gefordert wird, steht die Rechtswidrigkeit der Erlangung personenbezogener Daten deren Speicherung, Veränderung und Nutzung zwar nicht von vornherein entgegen, wird aber vielfach zur Einschränkung des der Polizei bei der Verwertung von Daten eingeräumten Ermessensspielraums führen.[461]

347 Zentraler Begriff ist die **Datenverarbeitung**. Darunter ist gemäß der Definition in Art. 3 Nr. 2 der Richtlinie (EU) 2016/680 (s.o.) jeder mit oder ohne Hilfe automatisierter Verfahren ausgeführte Vorgang oder jede solche Vorgangsreihe im Zusammenhang mit personenbezogenen Daten zu verstehen wie das Erheben, das Erfassen, die Organisation, das Ordnen, die Speicherung, die Anpassung oder Veränderung, das Ausle-

---

[455] Vgl. BW: §§ 37 ff. PolG; Bay: Art. 53 ff. PAG; Berl: §§ 42 f. ASOG; Brand: §§ 37 ff. PolG; Brem: §§ 36a ff. PolG; Hamb: §§ 34 ff. PolDVG; Hess: § 20 SOG; MeckVor: §§ 36 ff. SOG; Nds: §§ 38 ff. POG; NRW: § 24 OBG i.V.m. §§ 22 ff. PolG; RhlPfl: §§ 33 ff. POG; Saar: §§ 30 ff. PolG; Sachs: §§ 53 ff. PVDG; SachsAnh: § 22 SOG; SchlHolst: §§ 188 ff. LVwG; Thür: §§ 40 ff. PAG.
[456] Siehe bereits Rn 127.
[457] BVerfGE 65, 1 ff.
[458] BVerfGE 63, 131, 143 (Gegendarstellung); BVerfGE 53, 30, 65 ff. (Mülheim Kärlich); BVerfG NJW 2004, 999, 1004 ff. (großer Lauschangriff).
[459] Vgl. § 10a I MEPolG; BW: § 37 I S. 1 PolG; Bay: Art. 53 PAG; Berl: § 42 ASOG; Brand: § 39 PolG; Brem: § 36a I PolG; Hamb: § 34 PolDVG; Hess: § 20 SOG; MeckVor: § 36 SOG; Nds: § 38 POG; NRW: § 24 OBG i.V.m. § 24 PolG; RhlPfl: § 33 POG; Saar: § 30 PolG; Sachs: § 55 PVDG; SachsAnh: § 22 SOG; SchlHolst: §§ 188 LVwG; Thür: § 40 PAG.
[460] Vgl. z.B. Berl: § 42 I ASOG; Brand: § 39 I PolG; Brem: § 36a I PolG; Nds: § 38 I S. 1 POG; NRW: § 24 OBG i.V.m. § 24 I PolG; Thür: § 40 V, VI PAG.
[461] *Schenke*, POR, Rn 206.

sen, das Abfragen, die Verwendung, die Offenlegung durch Übermittlung, Verbreitung oder eine andere Form der Bereitstellung, der Abgleich oder die Verknüpfung, die Einschränkung, das Löschen oder die Vernichtung. Bleiben die Legaldefinitionen in den Polizeigesetzen dahinter zurück, sind sie richtlinienkonform auszulegen.

Die **Verarbeitung** kann automatisiert, also selbstständig in Form eines computergesteuerten Verfahrens, oder (traditionell) durch Aktenvermerke erfolgen. **Speichern** ist nicht notwendigerweise das Erfassen in einer elektronischen Datei. Denn die Datenschutzbestimmungen sprechen von einem Datenträger. Der Begriff „Datenträger" ist keine Errungenschaft des Elektronikzeitalters, sondern bezieht sich auf jedes Material, auf dem personenbezogene Daten festgehalten werden können. Dazu zählen Papier, Filme, Ton- und Magnetmedien, digitale Aufnahmegeräte etc. Daher stellen auch das Notizenmachen auf einem Papierblock, das hand- oder maschinenschriftliche Schreiben eines Berichts, das Aufnehmen (Aufzeichnen mit Hilfe von Aufnahmegeräten, Film- oder Videokameras) oder Aufbewahren (bereits von anderen erfasster oder aufgenommener) personenbezogener Daten auf einem beliebigen Medium ein Speichern dar. **Verändern** ist die inhaltliche Umgestaltung gespeicherter Daten. Hierunter fallen insbesondere die Aktualisierung und die Berichtigung. 348

> **Beispiel:** Im Rahmen einer Identitätsfeststellung wurden zwar Name, Geburtsort und Wohnort des T aufgenommen, die Beamten haben aber vergessen, den akademischen Grad des Doktors mit in die EDV einzugeben. Hier kann T Berichtigung verlangen.

Unter **Übermittlung** verstehen die Landesdatenschutzgesetze die Weitergabe gespeicherter oder durch Datenverarbeitung gewonnener Daten an einen Dritten. **Nutzung** ist jede sonstige Verwendung gespeicherter oder zur Speicherung vorgesehener personenbezogener Daten. Im Einzelfall schwierig ist die Abgrenzung zur Datenübermittlung innerhalb der Polizei nach den polizeigesetzlichen Bestimmungen (z.B. § 36d BremPolG), wonach die Behörden und Dienststellen der Polizei untereinander personenbezogene Daten übermitteln dürfen, wenn die Übermittlung zur Erfüllung einer Aufgabe der Gefahrenabwehr erforderlich ist. 349

Werden personenbezogene Daten gespeichert, müssen diese **gekennzeichnet** sein. So muss erkennbar sein, von welcher Personengruppe sie herrühren (Störer, Gefährder oder Dritter, potentielle Straftäter, Kontakt- oder Begleitperson etc.). Soweit die Daten aus einem Eingriff in ein Grundrecht herrühren, das nur unter qualifizierten Voraussetzungen beschränkbar ist, wie dies insbesondere bei einem Eingriff gem. Art. 13 III und IV GG, aber auch bei einer heimlichen Überwachung der Telekommunikation (Art. 10 II S. 2 GG) der Fall ist, ergibt sich aus verfassungsrechtlichen Gründen die Notwendigkeit, personenbezogene Daten entsprechend zu kennzeichnen, da sonst die bezüglich solcher Daten bestehenden grundrechtlichen Verwendungsbeschränkungen nicht sichergestellt werden könnten.[462] Die polizeigesetzlichen Bestimmungen stellen dies klar. Zur Speicherung in dem von Bund und Ländern gemeinsam betriebenen elektronischen Informationssystem der Polizei **INPOL** siehe Rn 362 ff. 350

bb. Zweckbindung der erlangten Daten

Vor dem Hintergrund der Menschenwürde, des Grundrechts auf informationelle Selbstbestimmung und der verfahrensrechtlichen Dimension der Grundrechte ist von erheblicher rechtsstaatlicher und grundrechtlicher Bedeutung, zu welchen Zwecken die Speicherung, Veränderung oder Nutzung von Daten erfolgen darf. Nach den Bestimmungen der Polizeigesetze sind Speicherung, Veränderung oder Nutzung personenbezoge- 351

---

[462] BVerfGE 109, 279, 325 ff.

ner Daten grundsätzlich nur zu dem polizeilichen Zweck zulässig, zu dem die Daten erlangt worden sind (**Grundsatz der Zweckbindung**). Zu einem anderen polizeilichen Zweck sind Speicherung, Veränderung oder Nutzung nur erlaubt, soweit die Polizei die Daten zu diesem Zweck erheben darf.[463] Das betrifft in erster Linie sog. **Zufallsfunde**, die sich im Rahmen einer (auf andere Ziele gerichteten) Datenerhebung ergeben. Hier bestimmen die Polizeigesetze teilweise, dass sie nur dann (zum Zweck der Gefahrenabwehr) gespeichert, verändert oder genutzt werden dürfen, wenn sie auch hätten **erhoben** werden können („Rechtmäßigkeit eines hypothetischen Ersatzeingriffs"). Damit wird letztlich ebenfalls dem Umstand Rechnung getragen, dass die weitere Verwendung personenbezogener Daten genauso einen Grundrechtseingriff darstellt wie die ihr zugrunde liegende Datenerhebung und deshalb an denselben grundrechtlichen Erfordernissen zu messen ist wie diese.[464] Bei besonders grundrechtssensiblen Datenerhebungen ordnen die Polizeigesetze jedoch an, dass eine Verwendung der Daten zu anderen als in der Befugnisnorm vorgesehenen Zwecken nicht zulässig ist. Das trifft etwa auf eine Datenerhebung zu, die bspw. bei einem „großen Lauschangriff" i.S.d. Art. 13 IV GG oder bei einer in Art. 10 I GG eingreifenden Telekommunikationsüberwachung gewonnen wurden. Diese dürfen nur zur Abwehr der dort normierten Gründe gespeichert, verändert oder genutzt werden (vgl. etwa § 22 VI S. 1 HmbPolDVG: „Die durch eine Maßnahme nach Absatz 1 erlangten personenbezogenen Daten dürfen nur zu den in Absatz 1 Satz 1 genannten Zwecken verwendet werden.").

352 Unproblematisch ist aber die in den Polizeigesetzen enthaltene Ausnahme, personenbezogene Daten **zu Ausbildungs- und statistischen Zwecken** zu nutzen, wenn die Daten zuvor anonymisiert wurden (vgl. etwa § 37 HmbPolDVG).

353 Die Frage nach dem Zweckbindungsgebot stellt sich auch, wenn die Gefahrenabwehrbehörde personenbezogene Daten, die im Rahmen der **Gefahrenabwehr** erhoben wurden, **zum Zweck der Strafverfolgung** an die Strafverfolgungsbehörde **weiterleiten** möchte. Im Rahmen seiner Gesetzgebungskompetenz (Gefahrenabwehrrecht ist Landesrecht) ist der Landesgesetzgeber in der Lage, die Verwendung solcher Daten zum Zweck der Strafverfolgung von vornherein auszuschließen bzw. zu beschränken.[465] Sollte er dennoch die Weitergabe zulassen, stellt dies noch keine Rechtsgrundlage für die tatsächliche Speicherung, Veränderung oder Nutzung dar. Denn die Verfolgung von Straftaten und die Ahndung von Ordnungswidrigkeiten stehen nach der Kompetenzordnung des Grundgesetzes nur dem **Bundesgesetzgeber** zu (vgl. Art. 74 I Nr. 1 GG). *Dieser* muss also Regelungen über die Nutzung der auf Basis des Landespolizeigesetzes von der Gefahrenabwehrbehörde freigegebenen personenbezogenen Informationen zum Zweck der Strafverfolgung schaffen, was er bspw. mit den §§ 161, 163 I S. 2, 483 StPO getan hat. Die Speicherung, Veränderung oder Nutzung von im Rahmen der Gefahrenabwehr erhobenen Daten zu strafprozessualen Gründen setzen somit sowohl eine Ermächtigung durch den Landesgesetzgeber als auch eine Regelung des Bundesgesetzgebers voraus.

> **Beispiel:** Gehen Vorschriften des Landespolizeigesetzes davon aus, dass Bild- und Tonaufzeichnungen auch zur Verfolgung von Straftaten oder zur Ahndung von Ordnungswidrigkeiten genutzt werden können, enthalten sie zwar eine „Freigabe", stellen aber noch keine Rechtsgrundlage für die tatsächliche Speicherung, Veränderung oder

---

[463] Vgl. § 10 II MEPolG; Bund: § 29 III S. 3 u. 4 BPolG; BW: § 37 II PolG; Bay: Art. 53 II PAG; Berl: § 42 II ASOG; Brand: § 38 I PolG; Brem: § 36b PolG; Hamb: § 34 I, II PolDVG; Hess: § 20 I SOG; MeckVor: § 36 I S. 3 SOG; Nds: § 38 I POG; NRW: § 24 OBG i.V.m. § 23 I PolG; RhlPfl: § 33 II POG; Saar: § 30 I PolG; Sachs: § 55 PVDG; SachsAnh: § 22 II SOG; SchlHolst: § 188 I LVwG; Thür: § 40 PAG.
[464] *Schenke*, POR, Rn 207.
[465] MeckVorVerfG LKV 2000, 345, 347.

Nutzung dar, weil die Verfolgung von Straftaten und die Ahndung von Ordnungswidrigkeiten nach der Kompetenzordnung des Grundgesetzes nur dem Bundesgesetzgeber zustehen (vgl. Art. 74 I Nr. 1 GG). Dieser muss also über die Nutzung personenbezogener Informationen zum Zweck der Strafverfolgung entscheiden.

Umgekehrt darf (ebenfalls aus kompetenzrechtlichen Gründen) über die Verwendung von im Rahmen **strafrechtlicher Ermittlungsverfahren** gewonnener Daten **zu Zwecken der Gefahrenabwehr** nur der Landesgesetzgeber bestimmen.[466] Selbstverständlich setzt auch dies eine Freigabe (diesmal von der Strafverfolgungsbehörde aufgrund einer bundesgesetzlichen Regelung) voraus. So lässt § 481 StPO die Übermittlung personenbezogener Daten aus Strafverfahren an die Polizeibehörde zu Zwecken der Gefahrenabwehr zu.[467] Zu beachten ist jedoch, dass eine solche Verwendung von **ausscheidet**, wenn die spezielle StPO-Norm keine „Freigabe" enthält, was etwa auf die **akustische Wohnraumüberwachung** zutrifft (vgl. § 100d V StPO). Lässt die StPO aber die Übermittlung personenbezogener Daten aus Strafverfahren an die Polizeibehörde zu Zwecken der Gefahrenabwehr zu (was auf die aus einer strafprozessualen Überwachung der **Telekommunikation** (§ 100a I S. 1 StPO) gewonnenen Daten zutrifft), ist eine Rechtsgrundlage in dem betreffenden Landespolizeigesetz erforderlich.

354

---

[466] Vgl. BW: § 38 I S. 1, IV S. 1 PolG; Bay: Art. 53 II PAG; Berl: § 42 III ASOG; Hess: § 20 VI SOG; SachsAnh: § 23 SOG. Nach Brand: § 39 II PolG; Hamb: § 34 II PolDVG; MeckVor: § 37 I SOG; NRW: § 24 II PolG und Thür: § 40 II PAG wird gefordert, dass die weitere Verarbeitung der Gefahrenabwehr dient. Besondere Anforderungen werden nach Nds: § 39 III POG; RhlPfl: § 37 II POG; Saar: § 30 II PolG und SchlHolst: § 189 II LVwG gestellt. Vgl. dazu auch VGH Kassel DÖV 2005, 523 ff.
[467] Vgl. auch VGH Mannheim NJW 2005, 234, 235.

cc. Datenabgleich, Rasterfahndung und Datenanalyse
a.) Datenabgleich

Von der Datenerhebung zu unterscheiden ist der **Datenabgleich**.

355 Unter **Datenabgleich** versteht man den gezielten Vergleich von rechtmäßig erhobenen personenbezogenen Daten mit Dateien, die der Suche nach Personen oder Sachen dienen (sog. **Fahndungsdateien**).[468]

Der Datenabgleich stellt eine besondere Form der Datenverarbeitung dar. Im Gegensatz zur Rasterfahndung (Rn 376 ff.) können in den Datenabgleich nur Dateien der Polizeibehörden, nicht aber fremde Dateien (z.B. von Energieversorgern, Kreditinstituten usw.) einbezogen werden.

356 Durch den Datenabgleich lassen sich sowohl für die Gefahrenabwehr als auch für die Strafverfolgung neue bedeutsame Erkenntnisse gewinnen. Der – i.d.R. automatisierte – Abgleich mit dem Fahndungsbestand ist nach den Bestimmungen der Polizeigesetze ohne besondere Voraussetzungen zulässig. Dem liegt die Überlegung zugrunde, dass es dem Polizeivollzugsdienst – häufig schon zum Zweck der Eigensicherung – grundsätzlich möglich sein muss, hinsichtlich aller Personen (z.B. eine solche in Begleitung einer verdächtigen Person) und Sachen (z.B. eine aufgefundene Waffe), mit denen sie in Kontakt kommt, zu prüfen, ob nach ihnen gesucht wird. Allerdings darf die Ausübung dieser Befugnis nicht willkürlich erfolgen und muss aus einem konkreten Anlass heraus gerechtfertigt sein. Das gilt insbesondere, wenn es um unverdächtige Personen wie z.B. Zeugen, Anzeigeerstatter, Auskunftspersonen oder Finder geht. Ein genereller Abgleich der Daten aller Anzeigeerstatter mit dem Fahndungsbestand ist mit den Bestimmungen der Polizeigesetze daher nicht vereinbar. Andererseits wird sich die Polizei in Fällen einer Identitätsfeststellung, die ja ihrerseits an bestimmte Voraussetzungen geknüpft ist, i.d.R. auch vergewissern dürfen, ob gegen diese Person ein Haftbefehl vorliegt oder z.B. das von ihr mitgeführte Kraftfahrzeug als gestohlen gemeldet ist.

357 Die Bestimmungen der Polizeigesetze über den Datenabgleich erlauben grds. lediglich den Vorgang des Abgleichens selbst. Sie ermächtigen grds. nicht zur Erhebung, Speicherung oder sonstigen Verarbeitung der abzugleichenden Daten. Darüber hinaus dürfen nur „**rechtmäßig erlangte**"[469] Daten **abgeglichen** werden. Diese Einschränkung gilt selbstverständlich in allen Fällen eines Datenabgleichs.

358 Jedoch ist es der Polizei erlaubt, jedes amtliche **Kennzeichen** (auch Versicherungskennzeichen) **von Kraftfahrzeugen** mit den Fahndungsdateien abzugleichen, wenn dies zur Gefahrenabwehr erforderlich ist. Damit ist die Polizei befugt, etwa auf Automärkten oder Großparkplätzen, aber auch bei allgemeinen Verkehrskontrollen, Kfz-Kennzeichen abzulesen und diese mit dem **Fahndungsbestand abzugleichen**. Diesbezüglich enthalten die gesetzlichen Bestimmungen der Polizeigesetze also nicht nur die Ermächtigung zum Datenabgleich, sondern auch die Befugnis, die entsprechenden Daten zu erheben. Zu beachten ist jedoch, dass es sich bei den Dateien des Zentralen Verkehrsinformationssystems ZEVIS, ein beim Kraftfahrtbundesamt (KBA) in Flensburg geführtes Zentralregister, *nicht* um Fahndungsdateien im vorliegenden Zusammenhang handelt. Ein Abgleich mit solchen Dateien, der über das INPOL statt-

---

[468] Vgl. § 10e I S. 1 MEPolG; Bund: § 34 BPolG; § 13 II Nr. 4 BKAG; BW: §§ 39 f. PolG; Bay: Art. 61 PAG; Berl: § 28 ASOG; Brand: § 40 PolG; Brem: § 36h PolG; Hamb: § 48 PolDVG; Hess: § 25 SOG; MeckVor: § 43 SOG; Nds: § 45 POG; NRW: § 25 PolG; RhlPfl: § 37 POG; Saar: § 36 PolG; Sachs: § 87 PVDG; SachsAnh: § 30 SOG; SchlHolst: §§ 195 LVwG; Thür: § 43 PAG.
[469] Bei der Lösung eines Falls muss also die Datenerhebung als „Vormaßnahme" geprüft werden. Ist diese demnach rechtswidrig, kann der Datenabgleich keinesfalls rechtmäßig sein.

Mit dem gem. §§ 31 ff. StVG eingerichteten **ZEVIS** unterstützt, vereinfacht und beschleunigt das KBA die Arbeit der Polizei, Zolldienststellen und der Bundespolizei sowie der Fahrerlaubnis-, Zulassungs- und Bußgeldbehörden. Gemäß KBA-Angaben werden rund 400.000 Halter- und Fahrerlaubnisabfragen täglich (online) über das ZEVIS abgewickelt. Die Informationen werden von berechtigten Stellen sowohl online abgerufen als auch zunehmend online an die zentralen Register mitgeteilt. ZEVIS-Abrufe beim KBA dienen der Verfolgung von Straftaten und Straßenverkehrsordnungswidrigkeiten, bei Verkehrskontrollen, zur Abwehr von Gefahren für die öffentliche Sicherheit und Verwaltungsmaßnahmen auf dem Gebiet des Fahrzeugzulassungs- und des Fahrerlaubniswesens. Mit dem ZEVIS lassen sich insbesondere Fahrzeug- und Halterdaten aus dem **Zentralen Fahrzeugregister** (ZFZR) abrufen. In diesem Register sind zurzeit ca. 60 Millionen Kraftfahrzeuge registriert. Auskünfte aus diesem Register erhalten nur berechtigte Stellen, insbesondere Polizeibehörden, etwa um Halterfeststellungen durchzuführen. Auch die Kfz-Zulassungsstellen können auf das ZFZR zurückgreifen, Daten abrufen und übermitteln. Das Zentrale Fahrzeugregister erfasst, speichert und verarbeitet zunächst die von den Fahrzeugherstellern übermittelten Fahrzeugdaten (Fahrzeugidentifikationsnummern, technische Daten etc.), aber auch die von den regionalen Zulassungsbehörden und den Versicherern (online) übermittelten Fahrzeug- und Halterdaten zu Fahrzeugen mit amtlichem Kennzeichen, Ausfuhrkennzeichen (früher Zollkennzeichen), Oldtimer-Kennzeichen, Saison-Kennzeichen, Versicherungskennzeichen (Leichtmofa, Mofa 25, Mokick, Krankenfahrstühle) sowie Daten über Inhaber von Überführungskennzeichen (sog. rote Kennzeichen). Seit dem 1.10.2017/20.5.2018 werden die von den Überwachungsinstitutionen (TÜV, DEKRA, KÜS, GTÜ etc.) gemeldeten Daten der Hauptuntersuchung und der Sicherheitsprüfung (u.a. Stand des Wegstreckenzählers) als Voraussetzung für die internetbasierte Fahrzeugzulassung im ZFZR gespeichert.[470] Datenmeldungen an das KBA erfolgen bei Neuzulassungen, Umschreibungen, Löschungen, vorübergehenden Stilllegungen und technischen Veränderungen an Kraftfahrzeugen und Anhängern.[471]

Geht es also um eine Halterabfrage, ist genau darauf zu achten, mit welchen Dateien abgeglichen wird. Liegen Verdachtsmomente vor, dass das Fahrzeug oder die Kfz-Kennzeichen gestohlen sein könnten oder dass eine Straftat geplant ist, und erfolgt der Datenabgleich mit Dateien, in denen begangene oder geplante Straftaten registriert sind bzw. die der Suche nach Personen oder Sachen dienen (Fahndungsdateien), lässt sich der Datenabgleich auf die polizeigesetzlichen Bestimmungen über den Datenabgleich stützen. Erfolgt der Datenabgleich indes allein, um den Halter festzustellen, ohne dass ein Verdacht einer Straftat oder Ordnungswidrigkeit vorliegt, sind die polizeigesetzlichen Bestimmungen über den Datenabgleich nicht einschlägig.

> **Beispiel:** Im Rahmen einer allgemeinen Straßenverkehrskontrolle wird auch Autofahrer A angehalten. Der Polizeibeamte P verlangt die Vorlage von Führerschein und Zulassungsbescheinigung I. A wendet ein, er habe sämtliche Unterlagen zu Hause vergessen. Daraufhin führt P eine Halterabfrage durch.
>
> Die **Vorlageberechtigung** stützt sich auf § 36 V StVO. Zwar handelt es sich jedenfalls beim Führerschein um einen Berechtigungsschein, dessen Vorlage die Polizei gem. den polizeigesetzlichen Bestimmungen über die Aushändigung von Berechtigungsscheinen verlangen kann, § 36 V StVO stellt jedoch eine straßenverkehrsrechtliche Spezialbefugnis dar, die in ihrem Anwendungsbereich die Befugnisnormen des allgemeinen Polizeirechts ausschließt. Für P gilt dies allerdings nur dann, wenn er auch für Maßnahmen nach der StVO zuständig war. Dies war der Fall. Die Zuständigkeit des P bestand gem.

---

[470] www.kba.de/DE/ZentraleRegister/ZFZR/zfzr_node.html - letzter Zugriff am 10.2.2020
[471] Quelle: www.kba.de - letzter Zugriff am 10.2.2020.

§ 44 II S. 2 StVO. Zwar wird in dieser Vorschrift lediglich von vorläufigen Maßnahmen gesprochen, allerdings spricht § 36 V S. 1 StVO von Polizeibeamten, die die Kontrollen durchführen. Damit kann ausschließlich der Polizeivollzugsdienst gemeint sein. Daher konnte auch P in formeller Hinsicht die Überprüfung von Führerschein und Zulassungsbescheinigung I auf Grundlage des § 36 V StVO vornehmen.

Materiell-rechtlich kann die Polizei auch auf der Grundlage des § 36 V StVO die Vorlage der genannten Papiere jedoch nur dann verlangen, wenn der Betroffene im Zeitpunkt des Herausgabeverlangens zum Mitführen gesetzlich verpflichtet ist. Das ist bei einem Fahrzeugführer, der im Rahmen einer Verkehrskontrolle angehalten wird, der Fall. Die Verpflichtung, den Führerschein mitzuführen und auf Verlangen auszuhändigen, ergibt sich dabei aus § 2 I S. 3 StVG, § 4 II FeV, die entsprechende Verpflichtung in Bezug auf die Zulassungsbescheinigung I aus § 11 VI FZV.[472]

Ließe sich die **Halterabfrage** auf keine Spezialnorm stützen, käme als Eingriffsermächtigung die polizeigesetzliche **Datenerhebungsgeneralklausel** in Betracht. Sie enthält die Ermächtigung, die zur Erfüllung der Aufgaben erforderlichen personenbezogenen Daten zu erheben. Denkbar ist jedoch auch, die Halterabfrage unter den Begriff des **Datenabgleichs** zu subsumieren. Darunter versteht man den gezielten Vergleich von rechtmäßig erhobenen personenbezogenen Daten mit Dateien, die der Suche nach Personen oder Sachen dienen (sog. Fahndungsdateien). Speziell in Bezug auf die Halterabfrage erlaubt die polizeigesetzliche Vorschrift über den Datenabgleich sogar ausdrücklich den Abgleich von amtlichen Kfz-Kennzeichen mit den Fahndungsdateien, um z.B. festzustellen, ob das Fahrzeug als gestohlen gemeldet wurde. Geht es der Polizei jedoch lediglich um die Überprüfung der gemachten Angaben, also um Feststellung des Halters, erfolgt der diesbezügliche Datenabgleich nicht mit Fahndungsdateien, sondern mit dem Zentralen Verkehrsinformationssystem (ZEVIS).

Geht man davon aus, dass P keine Anhaltspunkte dafür vorlagen, dass der von A gefahrene Wagen gestohlen gewesen sein könnte, konnte und musste er die Halterabfrage daher lediglich auf die Datenerhebungsgeneralklausel stützen (a.A. mit entsprechender Begründung vertretbar).

In formeller Hinsicht ist zu beachten, dass die polizeigesetzliche Vorschrift über die „Grundsätze der Datenerhebung" besondere Anforderungen an die Rechtmäßigkeit der auf die Datenerhebungsgeneralklausel gestützten Datenerhebung stellt, die zugleich für alle Maßnahmen der Datenerhebung gelten. Die Vorschrift verlangt, dass die Datenerhebung vorrangig beim Betroffenen (also unmittelbar) sowie mit seiner Kenntnis (also offen) erfolgt. Möchte die Polizei nachrangig Daten bei Dritten erheben, muss sie zusätzliche Voraussetzungen beachten. Das Gleiche gilt, wenn die Daten verdeckt erhoben werden sollen, gleichgültig, ob beim Betroffenen oder bei Dritten. Des Weiteren sollen Betroffene und Dritte auf die Rechtsgrundlage hingewiesen werden.

Da die erforderlichen Daten nicht in zuverlässiger Weise bei A selbst erhoben werden konnten, blieb P keine andere Möglichkeit, als eine Halterabfrage durchzuführen. Andere Mittel, wie etwa eine Identitätsfeststellung durch Mitnahme des A auf die Dienststelle, hätten in stärkerem Maße in die Grundrechte des A eingegriffen. Daher war die Halterabfrage das mildeste Mittel und damit rechtmäßig.

Sofern die mit der Halterabfrage gewonnenen Informationen notiert, also **gespeichert** worden sind, bedurfte es einer separaten Rechtsgrundlage, die z.B. in Art. 39 III S. 2 i.V.m. 54 I, II BayPAG zu finden ist. Ermessensfehler oder Verstöße gegen den Grundsatz der Verhältnismäßigkeit sind insgesamt nicht ersichtlich.

<u>Ergebnis:</u> Die Halterabfrage und die Datenspeicherung waren rechtmäßig.

361 Auf der Grundlage der polizeigesetzlichen Bestimmungen über den Datenabgleich kommt grds. auch der Einsatz eines sog. „**Kennzeichenlesegeräts**" in Betracht, das

---

[472] Zur Prüfung des Herausgabeverlangens in Bezug auf Führerschein, Zulassungsbescheinigung I und Personalausweis im Rahmen einer allgemeinen Verkehrskontrolle vgl. *R. Schmidt*, Fälle zum POR, Fall 8.

automatisch die Kfz-Kennzeichen vorbeifahrender Fahrzeuge erfassen, mit einer Datei abgleichen und im Trefferfall ein Bild speichern kann. Vgl. dazu bereits Rn 174 f.

Ein wichtiges Instrument des Datenabgleichs ist das von Bund und Ländern seit 1972 gemeinsam geschaffene und betriebene, 2003 neu aufgebaute elektronische **Informationssystem der Polizei INPOL**, das beim **Bundeskriminalamt als Zentralstelle für den elektronischen Datenverbund** (§§ 2 III, 29 I BKAG) eingesetzt ist und seine Grundlage in §§ 29 ff. BKAG findet. Im INPOL werden polizeilich relevante Angaben über Straftäter, Beschuldigte, Verdächtige, potentielle Straftäter, aber auch von Kontakt- und Begleitpersonen, Zeugen, Hinweisgebern, Opfern und vermissten Personen gespeichert. Abgerufen werden können auch Fallgrunddaten, z.B. zum Tatort, zur Tatzeit und zum Delikt, und so Beziehungsgeflechte zwischen verschiedenen Straftaten besser erkannt werden. Zudem können digitale Lichtbilder betroffener Personen in INPOL gespeichert werden. Angeschlossen an das INPOL sind das Bundeskriminalamt (BKA), die Landespolizeien mit ihren Polizeidienststellen, die Bundespolizei und die Zollbehörden. Aufgebaut ist das INPOL als Verbundsystem. Es besteht aus den beiden Bereichen INPOL-Zentral beim Bundeskriminalamt und dem bei der jeweiligen Landespolizei betriebenen System INPOL-Land, das von den Ländern auch als POLAS (Polizeiliches Auskunftssystem) oder POLIS (Polizeiliches Informationssystem) bezeichnet wird. Über INPOL existiert der Zugriff auf nationale und internationale, polizeiinterne und polizeiexterne Datenbestände. So besteht zum einen die Möglichkeit, über das INPOL auf Datenbestände wie das Schengener Informationssystem (SIS) und das Europäische Informationssystem (EIS) bei Europol zurückzugreifen. Zum anderen kann über das INPOL auf polizeiexterne Datenquellen wie das Zentrale Verkehrsinformationssystem (ZEVIS) beim Kraftfahrt-Bundesamt (KBA) in Flensburg (Rn 359 f.) und das Ausländerzentralregister (AZR) beim Bundesverwaltungsamt (BVA) in Köln zurückgegriffen werden. Das INPOL ermöglicht somit Anfragen beispielsweise für eine Funkstreife vor Ort oder bei einer Grenzkontrolle an einem deutschen Flughafen über gesuchte Personen, über Personen oder Sachen, nach denen (auch international) gefahndet wird, über das Vorliegen von Haftbefehlen, Kfz-Diebstählen etc.[473] Intern umfasst das INPOL zahlreiche Teildatenbanken, u.a. die Personen- und Sachfahndung, den Kriminalaktennachweis, die Haftdatei, Zentrale Aktenerschließungssysteme, Spurendokumentationssysteme und zentrale Tatmittelnachweise für bestimmte Kriminalitätsnachweise.[474]

1. Personenfahndung[475]

Kernstück des INPOL und für die polizeiliche Tätigkeit wohl wichtigste Datei ist die Datei „Personenfahndung". In ihr sind die Daten zur

- strafprozessualen Festnahme aufgrund eines Haftbefehls,
- Ingewahrsamnahme zur Gefahrenabwehr,
- Aufenthaltsermittlung,
- Ausweisung, Abschiebung oder Zurückweisung als Ausländer und
- polizeilichen Beobachtung zur vorbeugenden Bekämpfung von Straftaten gesuchter Personen gespeichert.

---

[473] Vgl. https://www.bmi.bund.de/DE/themen/sicherheit/nationale-und-internationale-zusammenarbeit/polizeiliches-informationswesen/polizeiliches-informationswesen-node.html – letzter Zugriff am 10.2.2020.
[474] Vgl. die "Verordnung über die Art der Daten, die nach den §§ 8 und 9 des Bundeskriminalamtgesetzes gespeichert werden dürfen" (BR-Drs. 329/10) sowie *Kingreen/Poscher*, POR, § 15 Rn 23 ff.; *Schenke*, POR, Rn 211.
[475] Zur folgenden Auflistung vgl. *Kingreen/Poscher*, POR, § 15 Rn 23 ff., *Schenke*, POR, Rn 211 sowie die Internetseite des Bundesbeauftragten für den Datenschutz und die Informationsfreiheit (www.bfdi.bund.de, Download am 10.2.2020).

364 Auch können weitere personengebundene Informationen gespeichert werden. Sie dienen
- der Eigensicherung der eingesetzten Beamten (z.B. Person ist bewaffnet, gewalttätig, Konsument von BtM),
- der Unterstützung der Fahndung (z.B. Prostitution, Ausbrecher, BTM-Konsument) oder
- dem Schutz des Betroffenen, damit nach seiner Festnahme unverzüglich ein Arzt hinzugezogen werden kann (z.B. psychisch krank, Konsument von BtM).

2. Sachfahndung

365 In der INPOL-Sachfahndungsdatei werden Gegenstände erfasst, die wegen eines möglichen Zusammenhangs mit Straftaten zum Zwecke der Beweissicherung, der Einziehung oder der Eigentumssicherung gesucht werden (z.B. gestohlene Pkw, Fahrräder, Ausweispapiere, Führerscheine oder Kfz-Kennzeichen, aber auch Waffen).

3. Kriminalaktennachweis (KAN)

366 Alle wesentlichen Informationen über Strafverfahren bezüglich einer Person werden bei der Polizei in Kriminalakten gespeichert. Um die sachbearbeitenden Beamten dabei zu unterstützen, die jeweilige Kriminalakte zu finden und anzufordern, um (weitere) Erkenntnisse über den Verdächtigen zu erhalten, ist der elektronische Kriminalaktennachweis geschaffen worden. Dabei handelt es sich um ein reines elektronisches Fundstellenverzeichnis; Einzelheiten aus einer Kriminalakte sind nicht abfragbar. Möchte der Sachbearbeiter die Kriminalakte einsehen, muss er diese anfordern. Auf Bundesebene wird beim KBA ein Kriminalaktennachweis über alle schweren und überregional bedeutsamen Straftaten geführt. Schwere Straftaten sind Verbrechen und die in § 100a II StPO aufgeführten Straftaten.

367 Das KAN-System stellt darüber hinaus auch personengebundene Hinweise zur Verfügung und gibt Auskunft insbesondere über Namen, Staatsangehörigkeit, Familienstand und enthält Hinweise auf Fahndungsausschreibungen, gegenwärtige Inhaftierungen und vorhandene erkennungsdienstliche Unterlagen (ed-Unterlagen).

4. Haftdatei

368 Gemäß § 18 IV S. 1 BKAG kann das BKA personenbezogene Daten in Dateien speichern, verändern und nutzen, soweit dies erforderlich ist, zum Zwecke des Nachweises von Personen, die wegen des Verdachts oder des Nachweises einer rechtswidrigen Tat einer richterlich angeordneten Freiheitsentziehung unterliegen. Das BKA hat von dieser Befugnis Gebrauch gemacht und die sog. Haftdatei eingerichtet, in der also Personen gespeichert sind, die sich entweder in Haft (Strafhaft; Untersuchungshaft) befinden oder sich in Haft befunden haben. Zweck dieser Datei ist es, dass im Rahmen von Alibiüberprüfungen inhaftierte Personen als Tatverdächtige ausgeschlossen werden können. Die Löschung der Daten erfolgt zwei Jahre nach Haftentlassung.

5. Erkennungsdienstdatei

369 Von den Personen, die erkennungsdienstlich (ed) behandelt wurden, werden in elektronischen Dateien die bei Rn 238 genannten Informationen gespeichert, wenn dies zu präventiven Zwecken erforderlich ist. Um länderübergreifend den Polizeien den Zugang zu diesen Informationen zu erleichtern, ist die Erkennungsdienstdatei geschaffen worden. Ähnlich dem KAN handelt es sich um ein elektronisches Fundstellenverzeichnis, das Auskunft gibt über die Person sowie Art, Grund, Ort und Zeit der ed-Behandlung; es enthält das Aktenzeichen und benennt die aufbewahrende Stelle. Dadurch wird der jeweilige Sachbearbeiter in die Lage versetzt, die ed-Akte anzufordern.

6. Automatisches Fingerabdrucksystem AFIS und DNA-Datenbank

370 Bei dem vom BKA geführten AFIS (Automatisiertes Fingerabdruckidentifizierungssystem) handelt es sich um eine Datenbank von Finger- und Handflächenabdrücken, d.h. von Abdrücken, die aus den Linienmustern an der Spitze eines menschlichen Fingers (oder Daumens) entstehen. Gleiches gilt hinsichtlich Handflächenabdrücken. Die Generierung bzw. Eingabe von Finger- und Handflächenabdrücken in das System geschieht entweder dadurch, dass mittels Spezialkamera „traditionell" genommene Finger- und Handflächenab-

drücke eingelesen, digitalisiert und automatisch verformelt werden, oder dass Finger- und Handflächenabdrücke von vornherein digital erstellt werden, indem Finger und Handflächen von einem Scanner erfasst und die Scans an AFIS übermittelt werden. In der DNA-Datenbank sind genetische Identifizierungsmerkmale („genetischer Fingerabdruck") gespeichert.

7. Datei Vermisste und Tote
Diese Datei dient der Ermittlung und Identifizierung unbekannter Toter und unbekannter hilfloser Personen. Gespeichert werden Daten zur Personenbeschreibung und die Gründe des Verschwindens (Unglück, Familienzwistigkeit, Trunksucht, Abenteurer, Furcht bzw. Flucht vor Strafe).

8. PIOS-Dateien
Unterteilt in Datengruppen Personen, Institutionen, Objekte und Sachen (PIOS) werden z.B. aus Ermittlungsakten, dem Einsatz eines verdeckten Ermittlers oder aus einer polizeilichen Beobachtung gewonnene Daten zur Erstellung eines Lagebilds aus einem bestimmten Kriminalitätsbereich und zur vorbeugenden Bekämpfung von Straftaten gespeichert. Zugriff auf diese Dateien haben nur spezielle Sachbearbeiter beim BKA oder den Landeskriminalämtern. In der Datei PIOS-Landfriedensbruch werden die Daten von Personen gespeichert, die verdächtig sind, Straftaten in örtlichem, zeitlichem und sachlichem Zusammenhang mit einer politisch motivierten Versammlung bzw. Demonstration begangen zu haben (Landfriedensbruch, Mitsichführen von Waffen). Im Vorfeld einer anstehenden Demonstration kann der Datenbestand bundesweit oder unter regionaler Beschränkung in die Datei Personenfahndung überspielt werden, sodass an eingerichteten Kontrollstellen überprüfte Personen, bei denen eine Speicherung vorliegt, einer besonderen Kontrolle zum Zweck der Verhütung von Straftaten unterzogen werden können.

9. SPUDOK-Dateien
In der Spurendokumentations-Datei sind etwa Angaben zum Tatort, zu Zeugen, zu deren Aussagen, zu Asservaten zum Tatverdächtigen etc. enthalten. Zugriff hat lediglich die Ermittlungen führende Dienststelle.

10. Falldateien
In eine Falldatei werden zu einem bestimmten Deliktsbereich Informationen über alle der Polizei bekannt gewordenen Straftaten gespeichert. So sollen nicht aufgeklärte Straftaten durch Vergleich des modus operandi bereits einschlägig in Erscheinung getretenen Straftätern zugeordnet werden. Wohl die wichtigste ist die Falldatei Rauschgift. In ihr werden alle bekannt gewordenen Rauschgiftdelikte einschließlich Personenbeschreibung, näherer Umstände der Tat und Rauschgiftmenge gespeichert.[476]

11. Datei Gewalttäter Sport
Die Datei „Gewalttäter Sport" ist eine vom BKA geführte Verbunddatei gem. §§ 13, 29, 30 BKAG. Die Verbundteilnehmer geben unmittelbar Daten ein und können Daten im automatisierten Verfahren aus den Dateien abrufen. Erhoben, gespeichert und abgerufen werden können Daten über Personen, die im Zusammenhang mit Sportveranstaltungen als Täter oder Adressaten polizeilicher Maßnahmen (Identitätsfeststellungen, Platzverweise) auffällig geworden sind („Hooligans") und von denen Tatsachen die Annahme rechtfertigen, dass sie auch künftig auffallen werden. Zweck der Datei ist die Verhinderung gewalttätiger Auseinandersetzungen und sonstiger Straftaten im Zusammenhang mit Sportveranstaltungen, insbesondere bei Fußballspielen, durch recherchefähige Erfassung von Anlässen, soweit diese im Zusammenhang mit Sportveranstaltungen festgestellt wurden (Kapitel 2.2 der Errichtungsanordnung der Datei „Gewalttäter Sport").

Unabhängig vom INPOL-System steht die **Antiterrordatei**, die im ATDG ihre gesetzliche Grundlage hat. Das Gesetz verfolgt den Zweck, durch Sammlung bestimmter personenbezogener Informationen den Staat und seine Einrichtungen und die Rechtsgü-

---

[476] *Kingreen/Poscher*, POR, § 15 Rn 33.

ter des Einzelnen vor terroristischen und rechtsradikalen Anschlägen zu schützen. Gespeichert werden sämtliche Angaben über Personen, über die sich durch Querverweise ein Verdacht auf geplante terroristische oder rechtsradikale Anschläge erhärten könnte. Dazu zählen Zugehörigkeit zu terroristischen Vereinigungen, Waffenbesitz, Telekommunikations- und Internetdaten, Bankverbindungen und Schließfächer, Schul- und Berufsausbildung, Arbeitsstelle, Familienstand, Religionszugehörigkeit, Verlust von Ausweispapieren, Reisebewegungen und bekannte Aufenthalte an Orten mit terroristischem Hintergrund (bspw. in Ausbildungslagern). Die ATD ist als Verbunddatei angelegt. Zugriff die Inlands- und Auslandsgeheimdienste (Bundesamt für Verfassungsschutz, Landesämter für Verfassungsschutz, Bundesnachrichtendienst, Militärischer Abschirmdienst), Staatsanwaltschaften, Bundeskriminalamt, Landeskriminalämter, Bundespolizei.

376 Einige Vorschriften des ATDG über die Datenerhebung und Übermittlung wurden teilweise für mit dem Grundrecht der informationellen Selbstbestimmung (Art. 2 I i.V.m. 1 I GG), dem Brief-, Post- und Fernmeldegeheimnis (Art. 10 I GG) und der Unverletzlichkeit der Wohnung (Art. 13 I GG) unvereinbar und verfassungswidrig gehalten. Das BVerfG hat jedoch entschieden, dass die Errichtung der Antiterrordatei als Verbunddatei verschiedener Sicherheitsbehörden zur Bekämpfung des internationalen Terrorismus in ihren Grundstrukturen verfassungsgemäß sei, da sie im Kern auf die Informationsanbahnung beschränkt sei und eine Nutzung der Daten zur operativen Aufgabenwahrnehmung nur in dringenden Ausnahmefällen vorsehe. Allerdings unterlägen Regelungen, die den Austausch von Daten der Polizeibehörden und Nachrichtendienste ermöglichen, hinsichtlich des Grundrechts auf informationelle Selbstbestimmung gesteigerten verfassungsrechtlichen Anforderungen. So bedürfe eine Verbunddatei zwischen Sicherheitsbehörden wie die Antiterrordatei hinsichtlich der zu erfassenden Daten und ihrer Nutzungsmöglichkeiten einer hinreichend bestimmten und dem Übermaßverbot entsprechenden gesetzlichen Ausgestaltung. Das ATDG genüge dem nicht vollständig.[477] Das BVerfG hat dem Gesetzgeber eine Frist bis zum 31.12.2014 gesetzt, die beanstandeten Regelungen zu überarbeiten.[478] Eine Neuregelung ist am 1.1. 2015 in Kraft getreten. Ob aber diese Neufassung allen Vorgaben des BVerfG gerecht wird, darf bezweifelt werden. Vor allem die Befugnis zur erweiterten Datennutzung (§ 6a ATDG) dürfte zu weit gefasst sein.[479]

b.) Rasterfahndung

377 Die ebenfalls in den Polizeigesetzen normierte präventivpolizeiliche **Rasterfahndung** stellt eine spezielle, aber auch weitergehende Form des Datenabgleichs dar.

378 Unter **Rasterfahndung** versteht man den gezielten Vergleich von Datenbeständen im Hinblick auf bestimmte Merkmale der gespeicherten Personen oder Tatsachen, um bestimmte Personendaten und/oder Zusammenhänge in Erfahrung zu bringen.[480]

379 Dazu lässt sich die die Rasterfahndung durchführende Stelle von anderen öffentlichen oder privaten Stellen dort gespeicherte Daten elektronisch übermitteln.[481] In einem automatisierten Vorgang werden diese Daten mit den vorhandenen Daten anhand bestimmter, im Vorfeld festgelegter Prüfmerkmale (Geschlecht, Religion, Nationalität, Alter, Beruf, Aufenthaltsort etc.) abgeglichen (Rasterung). Auf diese Weise können die-

---

[477] BVerfG NJW 2013, 1499, 1508 ff.
[478] Vgl. BVerfG NJW 2013, 1499, 1518.
[479] Vgl. auch *Hörauf*, NVwZ 2015, 181, 185.
[480] BW: § 40 PolG; Bay: Art. 46 PAG; Berl: § 47 ASOG; Brand: § 46 PolG; Brem: § 36 i PolG; Hamb: § 50 PolDVG; Hess: § 26 SOG; MeckVor: § 44 SOG; NRW: § 31 PolG; RhlPfl: § 38 POG; Saar: § 37 PolG; Sachs: § 62 PVDG; SachsAnh: § 31 SOG; SchlHolst: § 195a LVwG; Thür: § 44 PAG. Vgl. dazu auch *Lisken*, NVwZ 2002, 513; OLG Düsseldorf NVwZ 2002, 629; OLG Frankfurt NVwZ 2002, 626; BVerfG NJW 2006, 1939 (Verfassungswidrigkeit des § 31 NRWPolG).
[481] In dieser Übermittlungsanordnung ist also keine separate „vorgelagerte" Datenerhebungsmaßnahme zu sehen, sondern sie ist Bestandteil der Rasterfahndung.

jenigen Personen herausgefiltert werden, deren Daten eine Übereinstimmung mit den gesuchten Merkmalen ergeben bzw. nicht ergeben. Der so eingegrenzte Personenkreis wird anschließend weiteren Aufklärungsmaßnahmen (etwa Lauschangriff, TKÜ, Quellen-TKÜ, Observation, Vernehmung, Durchsuchung) unterzogen.[482]

Der Rasterfahndung kommt v.a. in Verbindung mit der Fahndung nach Straftätern, die durch besondere Gewohnheiten charakterisiert sind (etwa bei Terroristen durch häufigen Wohnungswechsel und einen dementsprechend nur sporadischen Strom- und Wasserverbrauch), Bedeutung zu. Die besondere rechtliche Problematik einer Rasterfahndung resultiert daraus, dass unter das Raster vielfach auch völlig unbeteiligte (und unverdächtige) Personen (Nichtstörer) fallen können, bei denen zufällig die für ein Raster erforderliche Kombination von Merkmalen vorliegt und die dadurch zum Objekt polizeilicher Ermittlungsmaßnahmen werden[483] (vgl. dazu näher Rn 385, 386). 380

Die Rasterfahndung stellt einen erheblichen **Eingriff in das Recht auf informationelle Selbstbestimmung** als Element des allgemeinen Persönlichkeitsrechts (Art. 2 I i.V.m. 1 I GG) dar. Dieses Grundrecht gewährt dem Einzelnen das Recht, grds. selbst zu entscheiden, wann und innerhalb welcher Grenzen persönliche Lebenssachverhalte von ihm offenbart und hieraus gewonnene Daten verwendet werden.[484] Das impliziert das Recht, sich der Erhebung, Offenbarung und Verwendung erhobener persönlicher Daten erwehren zu können.[485] Daher versteht es sich von selbst, dass nach den landespolizeigesetzlichen Befugnisnormen – dem Grundsatz der Verhältnismäßigkeit entsprechend – die Rasterfahndung nur dann angeordnet werden darf, wenn sie „zur Abwehr einer (gegenwärtigen) Gefahr für den Bestand oder die Sicherheit des Bundes oder eines Landes oder für Leib, Leben oder Freiheit einer Person erforderlich ist" (so etwa § 50 I HmbPolDVG). Es muss also eine gegenwärtige Gefahr bestehen und ihre Abwehr darf auf andere Weise nicht oder weniger Erfolg versprechend abwendbar sein. Problematisch ist es allerdings, wenn nur vage Verdachtsmomente bestehen, die Rasterfahndung sozusagen zur Gefahrenvorsorge durchgeführt wird (vgl. auch dazu Rn 385, 386). 381

Die Befugnisnormen der Polizeigesetze enthalten Regelungen zunächst hinsichtlich des **Gefahrengrads**, siehe dazu im Einzelnen die polizeigesetzlichen Vorschriften. 382

Neben den unterschiedlichen Anforderungen an die Gefahr nennen die Polizeigesetze auch besondere **Schutzgüter**, von denen mittels der Rasterfahndung Schaden abgewendet werden darf. So knüpft die Rasterfahndung durchweg an eine Gefahr für den Bestand oder die Sicherheit des Bundes oder eines Landes an oder an eine Gefahr für Leib, Leben, Freiheit einer Person oder für Sachen von bedeutendem Wert, deren Erhaltung im öffentlichen Interesse geboten ist (siehe etwa Art. 46 I BayPAG; siehe auch § 26 I HessSOG, wo die Rasterfahndung auch zulässig ist, wenn „gleichgewichtige Schäden für die Umwelt zu erwarten sind"). Ist eines dieser Rechtsgüter gefährdet, ist der automatisierte Abgleich mit anderen Datenbeständen zulässig, wenn dies zur Abwehr der Gefahr erforderlich ist. 383

Schließlich muss die Rasterfahndung auch **verhältnismäßig** sein. Sie muss einen legitimen Zweck verfolgen, zur Erreichung des mit ihr verfolgten Zwecks geeignet, zur 384

---

[482] *Meister*, JA 2003, 83, 84; *Lisken*, NVwZ 2002, 513, 514.
[483] *Schenke*, POR, Rn 213b.
[484] St. Rspr., vgl. nur BVerfGE 84, 192, 194; BVerfG NJW 2013, 3086; BGH NJW 2015, 782, 783 f.; NJW 2015, 489, 491; BGH NJW 2018, 1884, 1886; BVerfG NJW 2018, 2385, 2386 (Durchsuchung von Kanzleiräumen). Siehe dazu ausführlich *R. Schmidt*, Grundrechte, Rn 270.
[485] Vgl. dazu aus jüngerer Zeit BVerfG NJW 2018, 2385, 2386 (Durchsuchung von Kanzleiräumen); BVerfG NJW 2015, 1506, 1507 ff. (Auskunftsanspruch des Scheinvaters gegen Mutter über sexuelle Beziehungen); BVerfG NJW 2017, 1376 f.; NJW 2017, 1377, 1378 (jeweils Kachelmann).

Erreichung dieses Zwecks erforderlich und angemessen sein. Besonderes Augenmerk verdienen dabei die im Vorfeld festgelegten, das Raster ausmachenden Prüfmerkmale (d.h. die Prüfkriterien wie z.B. Geschlecht, Körpergröße, Augenfarbe, Nationalität, Alter, Beruf, Religion, Aufenthaltsort etc.), die zentral erfasst sind und mit denen dann die eingegebenen Merkmale der betreffenden Person oder die Merkmale von Personen, die in einer anderen Datenbank gespeichert sind (also die Prüfmerkmale), abgeglichen werden.[486] Die Erfassung und der Abgleich der Daten sind nur dann sinnvoll, wenn dem jeweiligen Persönlichkeitsprofil besondere Prüfmerkmale in einem sachlogischen Zusammenhang zugeordnet werden können. Geht es um die Fahndung nach sog. Schläfern, also nach Personen mit völlig unauffälliger Lebensführung, die auf „Abruf" aktiviert werden und einen bestimmten Auftrag ausführen (insbesondere einen terroristischen Anschlag verüben) sollen, kann bereits zweifelhaft sein, ob sich überhaupt vernünftige Prüfmerkmale finden lassen.[487]

385 Die meisten genannten gesetzlichen Bestimmungen (etwa § 50 HmbPolDVG) wurden als Reaktion auf die Terroranschläge vom 11. September 2001 eilig in die Polizeigesetze aufgenommen. Da die Bestimmungen anfänglich zumeist aber keine Anforderungen an den Wahrscheinlichkeitsgrad der Gefahr und die Tatsachenbasis der Gefahrenprognose stellten und schließlich auch keine hinreichende Einschränkung hinsichtlich des Verdächtigenkreises enthielten, somit also auch den Datenabgleich von völlig unbeteiligten (und unverdächtigen) Personengruppen zuließen, stellte sich die Frage, ob die betreffenden Bestimmungen nicht zu weit gefasst waren und sich damit als **verfassungswidrig** erwiesen. Nach der hier bereits in der 9. Aufl. 2005 vertretenen Auffassung, die später auch vom BVerfG bestätigt wurde[488], waren die Befugnisnormen aber der **verfassungskonformen Auslegung** zugänglich mit dem Ergebnis, dass sich die Frage nach der Rechtmäßigkeit der Rasterfahndung auf die konkrete Einzelmaßnahme konzentrierte. Mittlerweile sind viele landespolizeigesetzliche Bestimmungen „nachgebessert" worden. So wurden begrenzende Anforderungen an die Wahrscheinlichkeit des Gefahreneintritts sowie an die Nähe der Betroffenen zur abzuwehrenden Bedrohung aufgenommen. Wo dies nicht der Fall ist, stellt sich die Frage nach der verfassungskonformen Auslegung.

386 **Fall**[489]: Um weitere terroristische Anschläge zu verhindern, sucht die Polizei nach sog. „Schläfern" islamistischer Terrororganisationen. Dabei führt sie – unter Berufung auf den Wortlaut der einschlägigen Befugnisnorm – einen Datenabgleich aller an deutschen Hochschulen immatrikulierten Studenten durch. K ist marokkanischer Staatsbürger nichtmuslimischen Glaubens. Er fühlt sich durch die mit der Rasterfahndung verbundene Erfassung seiner Daten in seinem Recht auf informationelle Selbstbestimmung verletzt.

Auszug aus dem Landespolizeigesetz des Landes X:
§ 43 I:
¹Die Polizei darf von öffentlichen und nichtöffentlichen Stellen die Übermittlung personenbezogener Daten von Personen, die bestimmte Merkmale erfüllen, zum Zweck des Abgleichs mit anderen Datenbeständen verlangen, soweit dies zur Abwehr einer Gefahr für den Bestand oder die Sicherheit des Bundes oder eines Landes, für Leib, Leben oder Freiheit einer Person oder zum Schutz von Sachen, deren Erhalt im besonderen öffentlichen Interesse liegt, erforderlich ist. ²Eine Gefahr im Sinne des Satzes 1 liegt in der Regel auch dann vor, wenn konkrete Vorbereitungshandlungen die Annahme rechtfertigen, dass terroristische Straftaten begangen werden sollen. ³Das Ersuchen um Übermittlung ist auf Namen, Anschriften, Tag und Ort der Geburt und andere für den Einzelfall benötigte Daten zu

---

[486] *Meister*, JA 2003, 83, 87; *Lisken*, NVwZ 2002, 513, 514.
[487] *Meister*, JA 2003, 83, 86.
[488] BVerfG NJW 2006, 1939, 1941 ff. (Rasterfahndung nach § 31 NRWPolG a.F.).
[489] Vgl. BVerfG NJW 2006, 1939; OVG Bremen NVwZ 2002, 1530; OVG Koblenz NVwZ 2002, 1528; OLG Düsseldorf NVwZ 2002, 629; KG NVwZ 2002, 1537; OLG Frankfurt a.M. NVwZ 2002, 626, 623.

beschränken. ⁴Die Maßnahme darf nur angeordnet werden, wenn die Abwehr der Gefahr auf andere Weise weniger Erfolg versprechend oder nicht möglich wäre.

§ 43 II:
¹Die Maßnahmen dürfen nur durch den Richter angeordnet werden, bei Gefahr im Verzug auch durch einen Polizeibeamten des höheren Dienstes. ²Die Anordnung ist schriftlich zu erlassen und zu begründen. ³Sie muss den zur Übermittlung Verpflichteten bezeichnen und ist auf die Daten und Prüfungsmerkmale zu beschränken, die für den Einzelfall benötigt werden.

§ 43 III:
¹Ist der Zweck der Maßnahme erreicht oder zeigt sich, dass er nicht erreicht werden kann, sind die übermittelten und im Zusammenhang mit der Maßnahme zusätzlich angefallenen Daten unverzüglich zu löschen und die Unterlagen sind unverzüglich zu vernichten. ²Die Löschung und Vernichtung ist zu dokumentieren.

Lösungsgesichtspunkte: Durch den Datenabgleich könnte das dem K zustehende Grundrecht auf **informationelle Selbstbestimmung** als Teil des allgemeinen Persönlichkeitsrechts aus Art. 2 I i.V.m. 1 I GG verletzt sein, da dieses Grundrecht dem Einzelnen das Recht gewährt, grds. selbst zu entscheiden, wann und innerhalb welcher Grenzen persönliche Lebenssachverhalte von ihm offenbart und hieraus gewonnene Daten verwendet werden.[490] Wer nicht mit hinreichender Sicherheit überschauen kann, welche ihn betreffenden Informationen in bestimmten Bereichen seiner sozialen Umwelt bekannt sind, kann in seiner Freiheit wesentlich gehemmt werden, aus eigener Selbstbestimmung zu planen oder zu entscheiden. Das eröffnet den Schutzbereich des Art. 2 I i.V.m. 1 I GG. In diesem Grundrecht wurde auch K durch die Rasterfahndung beeinträchtigt.

Als **Rechtsgrundlage** für diesen Eingriff kommt § 43 I PolG in Betracht. Diese Vorschrift müsste jedoch verfassungsgemäß sein, um den o.g. Grundrechtseingriff zu rechtfertigen. An der formellen Rechtmäßigkeit bestehen keine Bedenken. Das Land X war gem. Art. 70 I GG zuständig für den Erlass eines allgemeinen Polizeigesetzes. Auch Verfahrensvorschriften wie Richtervorbehalt, Datenverarbeitungs- und Löschungspflichten geben keinen Anlass zur Annahme einer formellen Verfassungswidrigkeit. Bedenken bestehen aber hinsichtlich der materiellen Seite, weil § 43 I S. 2 PolG keine Anforderungen an den Wahrscheinlichkeitsgrad der Gefahr und die Tatsachenbasis der Gefahrenprognose stellt und schließlich auch keine hinreichende Einschränkung hinsichtlich des Verdächtigenkreises enthält, somit also auch den Datenabgleich von völlig unbeteiligten (und unverdächtigen) Personengruppen zulässt; der Verstoß könnte somit an den Bestimmtheitsgrundsatz anknüpfen.

Zwar enthält das Grundgesetz einen Schutzauftrag zur Abwehr von Beeinträchtigungen der freiheitlichen demokratischen Ordnung und scheint daher auch die Rasterfahndung zur Abwehr terroristischer Anschläge nicht nur zuzulassen, sondern auch zu fordern, jedoch nur unter Einhaltung der Regeln des Rechtsstaats. In dem Verbot unangemessener Eingriffe finden auch die Schutzpflichten des Staates ihre Grenze. Für die Rasterfahndung folgt nach Auffassung des BVerfG aus dem Verhältnismäßigkeitsgrundsatz jedoch kein Verbot, das Grundrechtseingriffe zu persönlichkeitsbezogenen Ermittlungszwecken ausnahmslos ausschließt. Das Gewicht der mit der Durchführung einer Rasterfahndung einhergehenden Grundrechtseingriffe sei so hoch, dass der Gesetzgeber die Maßnahme zum Schutz der in der Befugnisnorm genannten hochrangigen Rechtsgüter (Bestand oder Sicherheit des Bundes oder eines Landes; Leib, Leben oder Freiheit einer Person; Sachen, deren Erhalt im besonderen öffentlichen Interesse liegt) bei Vorliegen einer konkreten Gefahr vorsehen dürfe.[491] Die Anforderungen an den Wahrscheinlichkeitsgrad und die Tatsachenbasis der Prognose dürften jedoch nicht be-

---
[490] St. Rspr., vgl. nur BVerfGE 84, 192, 194; BVerfG NJW 2013, 3086; BGH NJW 2015, 782, 783 f.; NJW 2015, 489, 491; BGH NJW 2018, 1884, 1886; BVerfG NJW 2018, 2385, 2386 (Durchsuchung von Kanzleiräumen). Siehe dazu ausführlich *R. Schmidt*, Grundrechte, Rn 270.
[491] So BVerfG NJW 2006, 1939, 1946 zu § 31 I NRWPolG a.F.

liebig vom Gesetzgeber herabgesenkt werden. Selbst bei höchstem Gewicht der drohenden Rechtsgutbeeinträchtigung könne auf das Erfordernis einer hinreichenden Wahrscheinlichkeit nicht verzichtet werden. Auch müsse als Voraussetzung eines schweren Grundrechtseingriffs gewährleistet bleiben, dass Annahmen und Schlussfolgerungen einen konkret umrissenen Ausgangspunkt im Tatsächlichen besitzen. Insbesondere lasse die Verfassung grundrechtseingreifende Ermittlungen bei bloßen Verdachtsmomenten nicht zu. Verzichte der Gesetzgeber auf begrenzende Anforderungen an die Wahrscheinlichkeit des Gefahreneintritts sowie an die Nähe der Betroffenen zur abzuwehrenden Bedrohung und sehe gleichwohl eine Befugnis zu Eingriffen von erheblichem Gewicht vor, genüge dies dem Verfassungsrecht nicht.[492]

Geht es um die Abwehr von (vermuteten) terroristischen Anschlägen, enthält § 43 I S. 2 PolG diese Vorgaben nicht ausdrücklich. Viemehr lässt es die Vorschrift genügen, wenn konkrete Vorbereitungshandlungen die Annahme rechtfertigen, dass terroristische Straftaten begangen werden sollen. Damit rückt die Vorschrift den Gefahrengrad in die Nähe einer „drohenden" oder zumindest abstrakten Gefahr.[493]

Dennoch ist eine solche gesetzliche Bestimmung nicht zwingend verfassungswidrig. Verfassungswidrig ist eine gesetzliche Bestimmung nur dann, wenn sie nicht verfassungskonform ausgelegt werden kann.

Zur Frage nach der Verfassungskonformität des Genügenlassens der drohenden Gefahr hatte sich seinerzeit auch das BVerfG geäußert.[494] In diesem Urteil ging es um die Zulässigkeit von heimlichen Überwachungsmaßnahmen nach dem BKAG, die tief in das Privatleben hineinreichen und daher nur zum Schutz besonders gewichtiger Rechtsgüter wie Leib, Leben und Freiheit der Person sowie der Bestand oder die Sicherheit des Bundes oder eines Landes zulässig sind.[495] Hinsichtlich des Gefahrengrads, der zur heimlichen Überwachungsmaßnahme veranlasst, hat das BVerfG entschieden, dass diese mit Blick auf die hohe Eingriffsintensität u.a. nur dann verhältnismäßig sei, wenn eine Gefährdung der genannten Rechtsgüter im Einzelfall hinreichend konkret absehbar sei.[496] Eine hinreichend konkretisierte Gefahr in diesem Sinne könne aber bereits dann bestehen, wenn sich der zum Schaden führende Kausalverlauf noch nicht mit hinreichender Wahrscheinlichkeit vorhersehen lässt, sofern bereits bestimmte Tatsachen auf eine im Einzelfall drohende Gefahr für ein überragend wichtiges Rechtsgut hinweisen. Damit hat das BVerfG also durchaus die „drohende" Gefahr anerkannt, es hatte dabei aber klar den qualifizierten Rechtsgüterschutz vor Augen. Ein Vergleich mit § 43 I S. 1 PolG ergibt, dass die dort genannten Schutzgüter identisch sind; lediglich die Sachen, deren Erhalt im besonderen öffentlichen Interesse liegt, gehen darüber hinaus. Ob dieses Schutzgut ebenfalls gewichtig genug ist, um eine Rasterfahndung auf der Grundlage einer lediglich drohenden oder zumindest abstrakten Gefahr zu rechtfertigen, ist unklar. Subsumiert man aber darunter v.a. kritische Infrastruktureinrichtungen, also solche Einrichtungen, bei deren Ausfall oder Beeinträchtigung nachhaltig wirkende Versorgungsengpässe, erhebliche Störungen der öffentlichen Sicherheit oder andere dramatische Folgen eintreten würden[497] (beispielhaft seien Energieversorgungsanlagen, Telekommunikationsanlagen, Straßenverkehrseinrichtungen, Einrichtungen der staatlichen Verwaltung genannt), dürfte eine Rasterfahndung auch zur Abwehr einer nur „drohenden" Gefahr zulässig sein.

Interpretiert man § 43 I S. 2 PolG also dahingehend, dass nicht eine allgemeine Verdachtslage ausreichen darf, sondern Tatsachen vorliegen müssen, die die Annahme rechtfertigen, dass in allernächster Zukunft ein von § 43 I S. 1 PolG erfasstes Schutzgut zu Schaden kommen wird, etwa weil tatsächliche Anhaltspunkte für die Vorbereitung

---

[492] BVerfG NJW 2006, 1939, 1946 zu § 31 I NRWPolG a.F.
[493] Zur drohenden und abstrakten Gefahr vgl. Rn 673a und Rn 660.
[494] BVerfGE 141, 220, 272 f.
[495] BVerfGE 141, 220, 270 mit Verweis auf BVerfGE 120, 274, 328; 125, 260, 330.
[496] BVerfGE 141, 220, 271 mit Verweis auf BVerfGE 120, 274, 328 f.; 125, 260, 330 f.
[497] Siehe Bundesamt für Bevölkerungsschutz und Katastrophenhilfe:
https://www.bbk.bund.de/DE/AufgabenundAusstattung/KritischeInfrastrukturen/kritischeinfrastrukturen_node.html

terroristischer Anschläge oder dafür bestehen, dass sich in Deutschland Personen für Terroranschläge bereithalten, die in absehbarer Zeit in Deutschland selbst oder andernorts verübt werden sollen, ist die Verfassungsmäßigkeit der Befugnisnorm zu bejahen. Zur Bejahung der Verfassungsmäßigkeit der Rasterfahndung im Einzelfall sind bzgl. der von der Rasterfahndung betroffenen Personen hinreichend fundierte konkrete Tatsachen erforderlich, die auf das Vorliegen eines „Trefferfalls" bei dem Datenabgleich schließen lassen. Ist das nicht der Fall, ist die Rasterfahndung im Einzelfall rechtswidrig.

> **Fazit:** Die Rasterfahndung greift in das Grundrecht der informationellen Selbstbestimmung der von ihr betroffenen Bürger ein und bedarf daher einer Rechtsgrundlage, die ihrerseits verfassungsmäß sein muss und auch im Einzelfall einer verfassungskonformen Auslegung bedarf. Sofern die polizeigesetzlichen Befugnisnormen eine allgemeine Bedrohungslage genügen lassen, sozusagen an einen Gefahrenverdacht anknüpfen und auch keine Begrenzung des Adressatenkreises enthalten, stellt sich die Frage nach deren Vereinbarkeit mit der informationellen Selbstbestimmung. Jedoch lassen sie sich dergestalt verfassungskonform auslegen, das im konkreten Einzelfall Tatsachen gefordert werden, die die Annahme rechtfertigen, dass die in der Befugnisnorm genannten Rechtsgüter konkret gefährdet sind und von dem Adressaten der Rasterfahndung vermutet wird, dass dieser in Verbindung mit dem Geschehen steht.

387

Die **strafprozessuale** Rasterfahndung ist in §§ 98a und 98b StPO geregelt. Liegen ausreichende tatsächliche Anhaltspunkte für bestimmte, in § 98a I StPO aufgeführte Straftaten von erheblicher Bedeutung vor und wären die Erforschung des Sachverhalts oder die Ermittlung des Aufenthaltsorts des Täters auf andere Weise erheblich weniger Erfolg versprechend oder wesentlich erschwert, können nach § 98b StPO der Richter, bei Gefahr im Verzug auch die Staatsanwaltschaft, eine Rasterfahndung zu Zwecken der Strafverfolgung anordnen. Wie bei der Rasterfahndung zu präventiven Zwecken bestehen strenge Rückgabe-, Lösch- und Benachrichtigungspflichten (§ 98b III, IV StPO).

388

c.) Automatisierte Datenanalyse

Zur vorbeugenden Bekämpfung von besonders schweren Straftaten oder zur Abwehr einer Gefahr für den Bestand oder die Sicherheit des Bundes oder eines Landes oder Leib, Leben oder Freiheit einer Person oder Sachen von bedeutendem Wert, deren Erhaltung im öffentlichen Interesse geboten ist, oder für den Fall, dass gleichgewichtige Schäden für die Umwelt zu erwarten sind, enthalten die Polizeigesetze teilweise auch Befugnisse, die es der Polizei ermöglichen, in begründeten Einzelfällen gespeicherte personenbezogene Daten mittels einer **automatisierten Anwendung zur Datenanalyse** weiterzuverarbeiten (so etwa § 25a I HessSOG). Besonders schwere Straftaten in diesem Sinne sind die in § 100a II StPO genannten (siehe etwa § 25a I Hess-SOG).

389

Hintergrund dieser neuen Regelung ist offenbar der Umstand, dass sich bei einer manuellen, d.h. menschlich gesteuerten, wenngleich computergestützten Datenauswertung die Vielzahl von erhobenen personenbezogenen Merkmalen und ihre komplexen Zusammenhänge kaum verlässlich und v.a. in einem zeitlich angemessenen Rahmen auswerten und verarbeiten lassen. Aus diesem Grund besteht die Möglichkeit, mittels vollautomatisierten Datenauswertungsprozesses, d.h. unter Einsatz von Datenanalyseprogrammen (sog. Intelligence Tools) aus Massendaten („Big Data"), die selbst aus unterschiedlichen IT-Systemen stammen, eine systematische Auswertung vorzunehmen, Querverbindungen aufzuzeigen und damit Entscheidungsgrundlagen zu generieren. So können mittels entsprechender Computersysteme bspw. Bilder aus Überwachungskameras an Flughäfen und Bahnhöfen vollautomatisiert und in „Echtzeit" mit Daten aus unterschiedlichen, miteinander vernetzten Datenbanken abgeglichen und analysiert werden. Freilich wirft dies die Frage nach der Vereinbarkeit mit dem Grund-

390

recht auf informationelle Selbstbestimmung als Unterart des allgemeinen Persönlichkeitsrechts aus Art. 2 I i.V.m. 1 I GG auf. Die Grundrechtsrelevanz ist sogar besonders hoch, da der Vernetzungsgrad, die Verknüpfung von Informationen und die Analysemöglichkeiten aufgrund des vollcomputerisierten Prozesses deutlich erhöht sind. Die anordnende Stelle (nach § 25a III S. 1 HessSOG die Behördenleitung oder der von ihr beauftragte Bedienstete) ist also einem erhöhten Rechtfertigungszwang in Bezug auf Datenerhebung, -verarbeitung, -nutzung, -selektion und -löschung und v.a. hinsichtlich der Überwachung des Systems ausgesetzt, möchte man nicht schon die gesetzliche Befugnis für verfassungswidrig erklären. Selbstverständlich wird sie auch darlegen und begründen müssen, warum sie davon ausgeht, dass die automatisierte Datenanalyse zur vorbeugenden Bekämpfung von besonders schweren Straftaten oder zur Abwehr einer Gefahr für eines der in der Vorschrift genannten Schutzgüter erforderlich ist, wenngleich die Vorschrift offenbar der Abwehr terroristischer Taten dient.

391 Grenzen der automatisierten Datenanalyse setzt auch die Richtlinie (EU) 2016/680 des europäischen Parlaments und des Rates („Richtlinie zur Datenverarbeitung bei Polizei und Justiz") hinsichtlich der Datenverarbeitung (siehe bereits Rn 127). So ergibt sich aus Art. 4 I der RL die Pflicht, Daten nur restriktiv zu erheben („Datenminimierung"). Und das genannte Darlegungs- und Begründungserfordernis in Bezug auf die Datenverarbeitung ergibt sich aus Art. 4 IV der RL. Weiterhin müssen gem. Art. 11 I der RL die Mitgliedstaaten vorsehen, dass eine ausschließlich auf einer automatischen Verarbeitung beruhende Entscheidung – einschließlich Profiling[498] –, die eine nachteilige Rechtsfolge für die betroffene Person hat oder sie erheblich beeinträchtigt, verboten ist, es sei denn, sie ist nach dem Unionsrecht oder dem Recht der Mitgliedstaaten, dem der Verantwortliche unterliegt und das geeignete Garantien für die Rechte und Freiheiten der betroffenen Person bietet, zumindest aber das Recht auf persönliches Eingreifen seitens des Verantwortlichen, erlaubt. Hieraus ergeben sich also auch Verfahrensgarantien. Profiling, das zur Folge hat, dass natürliche Personen auf Grundlage von besonderen Datenkategorien nach Art. 10 der RL[499] diskriminiert werden, ist gem. Art. 11 III der RL unionsrechtlich verboten. Schließlich enthalten Art. 19 ff. der RL umfangreiche Pflichten des Verantwortlichen, insbesondere Protokollierungspflichten und eine Pflicht zur Folgenabschätzung.

dd. Übermittlung von Daten

392 Es steht mittlerweile außer Frage, dass auch die *Übermittlung* von Daten an andere staatliche Stellen einen Eingriff in das Grundrecht auf **informationelle Selbstbestimmung** darstellt und daher eine **gesetzliche Regelung** erforderlich macht. Die Landesgesetzgeber haben daher entsprechende Vorschriften über die Datenübermittlung in ihre Polizei- und Ordnungsgesetze aufgenommen.[500] Danach können personenbezogene Daten zwischen Polizeibehörden/Dienststellen des Polizeivollzugsdienstes (auch anderer Länder) übermittelt werden, soweit dies zur Erfüllung polizeilicher Aufgaben erforderlich ist; ebenso kann die Polizei an andere Behörden oder Stellen, die für die Gefahrenabwehr zuständig sind, personenbezogene Daten übermitteln, soweit die Kenntnis dieser Daten zur Erfüllung von Aufgaben des Empfängers bzw. Drit-

---

[498] Darunter ist gem. Art. 3 Nr. 4 der RL jede Art der automatisierten Verarbeitung personenbezogener Daten zu verstehen, die darin besteht, dass diese personenbezogenen Daten verwendet werden, um bestimmte persönliche Aspekte, die sich auf eine natürliche Person beziehen, zu bewerten, insbesondere um Aspekte bezüglich Arbeitsleistung, wirtschaftliche Lage, Gesundheit, persönliche Vorlieben, Interessen, Zuverlässigkeit, Verhalten, Aufenthaltsort oder Ortswechsel dieser natürlichen Person zu analysieren oder vorherzusagen.
[499] Siehe dazu Rn 127.
[500] §§ BW: §§ 41 ff. PolG; Bay: Art. 55 ff. PAG; Berl: §§ 44 f. ASOG; Brand: §§ 41 ff. PolG; Brem: §§ 36c ff. PolG; Hamb: §§ 38 ff. PolDVG; Hess: §§ 21 ff. SOG; MeckVor: §§ 39 ff. SOG; Nds: §§ 40 ff. POG; NRW: § 24 OBG i.V.m. §§ 27 ff. PolG; RhlPfl: §§ 34 ff. POG; Saar: §§ 32 ff. PolG; Sachs: §§ 82 ff. PVDG; SachsAnh: §§ 26 ff. SOG; SchlHolst: §§ 191 ff. LVwG; Thür: §§ 41 ff. PAG.

ten, an den übermittelt wird, erforderlich ist. Sogar an Private (die Gesetze sprechen von *„Personen oder Stellen außerhalb der öffentlichen Verwaltung"* oder von *„nichtöffentlichen Stellen")* kann die Datenübermittlung zulässig sein.

Freilich sind auch hier die Anforderungen der RL (EU) 2016/680 zu beachten, was bei einer Kollision zur Notwendigkeit einer richtlinienkonformen Auslegung führt. Umfangreiche Vorgaben an die Übermittlung von Daten stellt der bereits genannte Art. 4 der RL auf. Regelungen über die Übermittlung personenbezogener Daten an Drittländer oder internationale Organisationen enthalten die Art. 35-40 der RL.

ee. Verwertbarkeit rechtswidrig erhobener Daten

Wurden Daten rechtswidrig erhoben, stellt sich die Frage nach deren Verwertbarkeit. Besteht eine gefahrenabwehrrechtliche Bestimmung, wonach die Speicherung, Veränderung oder Nutzung von Daten ausdrücklich an die Rechtmäßigkeit der Datenerhebung gebunden sind (vgl. etwa § 36a I S. 1 BremPolG[501]), kann man daraus den Umkehrschluss ziehen, dass die Verwertung *rechtswidrig* erhobener Daten grundsätzlich ausgeschlossen ist, zumal es für sie an einer rechtlichen Grundlage fehlt. Wenn es aber auf der anderen Seite um den Schutz überragend wichtiger Gemeinschaftsgüter (insbesondere das Leben) geht, für den der Staat besondere, aus Art. 2 II i.V.m. Art. 1 I GG abzuleitende, **Schutzpflichten** hat, könnte der Staat diesen Pflichten nicht nachkommen, wenn er rechtswidrig gewonnene Daten nicht verwerten dürfte.[502] Erlangt die Polizei etwa aufgrund rechtswidrig erlangter Daten Kenntnis davon, dass ein Gastronom in von ihm vertriebenen Speisen hochgiftige Substanzen beimischt, trifft die Gefahrenabwehrbehörde eine Verpflichtung zum Einschreiten. Eine gesetzliche Vorschrift, die undifferenziert von einem Verwertungsverbot rechtswidrig erlangter Daten ausginge (und damit einem Einschreiten entgegenstünde), würde diese verfassungsrechtlich gebotene Schutzpflicht verkennen und noch nicht einmal einer verfassungskonformen Auslegung zugänglich sein; sie wäre schlichtweg (teil-)nichtig. Allerdings würde umgekehrt eine aus der staatlichen Schutzpflicht abgeleitete uneingeschränkt zulässige Verwertung rechtswidrig erlangter Daten zu einer Aushöhlung des Verbots rechtswidriger Datenerhebung führen und hätte eine Schwächung des Prinzips der Gesetzmäßigkeit der Verwaltung (Art. 20 III GG) zur Folge. In Übereinstimmung mit dem Strafprozessrecht sollte daher auch im Gefahrenabwehrrecht die Regel aufgestellt werden, dass die Rechtswidrigkeit einer Datenerhebung weder zwingend zu einem Verwertungsverbot noch zwingend zu einer erlaubten Verwertung führt, sondern Gegenstand einer **Abwägung** zwischen dem öffentlichen Interesse an einer Verwertbarkeit und dem Interesse des Betroffenen an einer Unverwertbarkeit ist:

Grundsätzlich gebietet es das Rechtstaatsprinzip, dass **rechtswidrig** erhobene Daten **nicht verwertet** werden dürfen. Überwiegt allerdings das öffentliche Interesse der Gefahrenabwehr das private Interesse an einem Verwertungsverbot, dürfen rechtswidrig erhobene Daten verwertet werden.

Allerdings besteht bei einem **großen Lauschangriff**, bei dem in rechtswidriger Weise in den Kernbereich privater Lebensführung eingegriffen wurde (dazu oben Rn 268), nach der Rspr. des BVerfG ein absolutes Verwertungsverbot hinsichtlich der aus einem solchen Eingriff gewonnenen personenbezogenen Daten.[503] Dem ist zuzustimmen, da hierdurch eine (von subjektiven Erwägungen durchsetzte) Abwägung nicht stattfindet

---

[501] Vgl. ebenso § 42 I BerlASOG; § 39 I BrandPolG; § 24 I NRWPolG; § 38 I S. 1 NdsPOG; §§ 41 ff. ThürPAG.
[502] *Schenke*, POR, Rn 215.
[503] BVerfGE 109, 279, 313 f. Zur Unverwertbarkeit von personenbezogenen Daten, die im Rahmen eines Eingriffs in den durch Art. 13 I GG i.V.m. Art. 1 I und 2 I GG geschützten Kernbereichs privater Lebensführung erhoben wurden, vgl. auch BGH NJW 2005, 3285 ff.

und so der höchstpersönliche (Kern-)Bereich privater Lebensführung der richterlichen Disposition entzogen ist. Entsprechendes wird man hinsichtlich **Telekommunikationsüberwachung** (TKÜ), **Quellen-TKÜ** und **Online-Durchsuchung** annehmen müssen, wenngleich einige Gesetze nicht stets die Löschung und damit Unverwertbarkeit der unter Missachtung des Kernbereichs privater Lebensführung erhobenen Daten anordnen, sondern mitunter – alternativ – die Entscheidung über die weitere Verwendung den Gerichten überlassen (siehe etwa Art. 42 VII, 45 IV BayPAG, jeweils i.V.m. Art. 41 V BayPAG).

397 Davon unabhängig muss es der Gefahrenabwehrbehörde zumindest möglich sein, die ihr aufgrund einer rechtswidrigen Erhebung bekannt gewordenen Daten zum Anlass einer neuen Datenerhebung zu nehmen.[504] Dieser neuen Datenerhebung steht auch nicht entgegen, dass die Beamten „vorbelastet" herangehen und auf der Grundlage von **Spurenansätzen**, d.h. mittelbarer Folgen einer vorangegangenen rechtswidrigen Datenerhebung, Daten nunmehr rechtmäßig erheben. Denn die bereits erläuterte verfassungsrechtliche Schutzpflicht gebietet den Gefahrenabwehrbehörden gerade, Daten zu erheben, um auf deren Grundlage Gefahren abwehren zu können.

ff. Löschung, Berichtigung und Sperrung von Daten

398 Ergänzt durch Datenschutzgesetze enthalten die Bestimmungen der Polizeigesetze auch Regelungen über die Löschung, Berichtigung und Sperrung von Daten.[505] Grundsätzlich sind rechtswidrig gespeicherte Daten zu vernichten. Der Vernichtungspflicht korrespondiert ein entsprechender Anspruch der Person, deren Daten gespeichert wurden. Dieser Anspruch stellt letztlich nichts anderes dar als die einfachgesetzliche Umsetzung des verfassungsrechtlich gewährleisteten öffentlich-rechtlichen Beseitigungsanspruchs, der mit Hilfe der allgemeinen Leistungsklage durchgesetzt werden kann. Zugleich hat der Betroffene einen Auskunftsanspruch.

399 Die Vernichtungspflicht besteht auch dann, wenn es gespeicherter Daten zur Erfüllung der der Polizei gesetzlich zugewiesenen Aufgaben nicht mehr bedarf.[506] Denn dann besteht kein sachlicher Grund mehr für die Aufrechterhaltung des Grundrechtseingriffs.

400 Sind personenbezogene Daten **unrichtig**, bestehen eine Pflicht zur Berichtigung und ein damit korrespondierender Anspruch. Ein Anspruch auf Sperrung von personenbezogenen Daten ist dann gegeben, wenn eine Löschung oder Vernichtung zu unterbleiben hat, etwa weil anderenfalls schutzwürdige Interessen des Betroffenen beeinträchtigt würden oder weil die Daten als Beweismittel für andere Verfahren zwingend zu erhalten sind (vgl. etwa § 59 IV HmbPolDVG).

gg. Benachrichtigungspflichten

400a Alle Polizeigesetze enthalten Benachrichtigungspflichten, wonach der von einer (abgeschlossenen) heimlichen Datenerhebungsmaßnahme Betroffene über die Maßnahme benachrichtigt wird. Gerade nach Beendigung verdeckter Datenerhebungsmaßnahmen sind Benachrichtigungspflichten rechtsstaatlich geboten, damit der Betroffene in die Lage versetzt wird, nachträglichen Rechtsschutz in Erwägung zu ziehen. Ohne Kenntnis wäre er hierzu nicht imstande.

---

[504] *Schenke*, POR, Rn 215; *Hufen*, Fehler im Verwaltungsverfahren, Rn 152.
[505] BW: § 46 PolG; Bay: Art. 62 PAG; Berl: § 48 ASOG; Brand: § 47 PolG; Brem: § 36k PolG; Hamb: § 59 PolDVG; Hess: § 27 SOG; MeckVor: § 45 SOG; Nds: § 39a POG; NRW: § 24 OBG i.V.m. § 32 PolG; RhlPfl: § 39 POG; Saar: § 38 PolG; Sachs: § 91 PVDG; SachsAnh: § 32 SOG; SchlHolst: § 196 LVwG; Thür: § 40 PAG.
[506] BW: § 46 I Nr. 2 PolG; Bay: Art. 62 PAG; Berl: § 48 II Nr. 2 ASOG; Brand: § 47 II Nr. 3 PolG; Brem: § 36k II Nr. 2 PolG; Hamb: § 59 II Nr. 3 PolDVG; Hess: § 27 II Nr. 2 SOG; MeckVor: § 45 II S. 2 Nr. 2 SOG; Nds: § 39a POG; NRW: § 24 OBG i.V.m. § 32 II S. 1 Nr. 3 PolG; RhlPfl: § 39 II Nr. 3 POG; Saar: § 38 II S. 1 Nr. 2 PolG; Sachs: § 91 II PVDG; SachsAnh: § 32 II S. 1 Nr. 2 SOG; SchlHolst: § 196 II S. 1 LVwG; Thür: § 40 PAG.

4. Einschränkungen der räumlichen Bewegungsfreiheit

Die zweite Gruppe der Standardmaßnahmen beschreibt Einschränkungen der persönlichen Bewegungsfreiheit, wodurch stets ein Eingriff in Art. 2 II S. 2 GG, Art. 104 I oder II GG anzunehmen ist. Deshalb beschränken sich die entsprechenden Befugnisnormen der Polizeigesetze auf bestimmte, gravierende Anwendungsfälle. Dazu zählen die **Vorladung**, die **Platzverweisung**, das **Aufenthaltsverbot**, die **Wohnungsverweisung**, das **Rückkehrverbot** sowie die **Ingewahrsamnahme**.

a. Vorladung

Vorladung[507] ist das (schriftliche oder mündliche) *verbindliche* Gebot, auf der Dienststelle zu erscheinen (und zu bleiben), um sachdienliche Angaben zu machen oder um erkennungsdienstliche Maßnahmen zu unterstützen.

Die Vorladung im genannten Sinn darf nur präventivpolizeilichen Zwecken dienen; sie kommt daher nicht in Betracht im Zusammenhang mit der Verfolgung von Straftaten und Ordnungswidrigkeiten, weil die Ladung zu Strafverfolgungszwecken in der StPO (vgl. §§ 163, 161a, 163a StPO; für das Bußgeldverfahren vgl. § 46 I OWiG, der auf die Vorschriften der StPO verweist) abschließend geregelt ist. Allerdings darf die Polizeibehörde Personen im Rahmen ihres Strafverfolgungsauftrags (vgl. z.B. § 1 IV BremPolG i.V.m. § 163 I StPO) vorladen; sie muss die Vorladung dann aber auf die Rechtsgrundlagen der StPO stützen.

Aber auch im Rahmen der Gefahrenabwehr kann die Anwendbarkeit der polizeigesetzlichen Vorschrift über die Vorladung ausgeschlossen sein. Gemäß dem Grundsatz *lex specialis derogat legi generali* gehen *besondere* gesetzliche Vorschriften, die eine Vorladung, verbunden mit Erscheinungspflichten der betroffenen Person, zulassen, vor. Als solche Vorschriften kommen insbesondere § 25 III InfSchG, § 6 III PassG, § 15 II Nr. 3 AsylG, § 2a II StVG sowie die landesrechtlichen Bestimmungen der Meldegesetze in Betracht.

Die Vorladung ist **keine Freiheitsentziehung** i.S.v. Art. 104 II GG und bedarf daher (im Gegensatz zur Vorführung – dazu sogleich Rn 413) **keiner richterlichen Entscheidung**.[508] Vielmehr handelt es sich um eine (bloße) Beschränkung der **Freiheit der Person** (Art. 2 II S. 2 i.V.m. Art. 104 I GG). Zwar wird unter Freiheit der Person die „körperliche Bewegungsfreiheit, jeden beliebigen Ort aufzusuchen oder ihn zu verlassen"[509], verstanden, allerdings wird man auch bei der Vorladung von einer Einschränkung der körperlichen Bewegungsfreiheit ausgehen müssen. Immerhin handelt es sich bei der Vorladung nicht um eine unverbindliche „Einladung", sondern um die Verpflichtung, auf der Dienststelle zu erscheinen.

Aufgrund der mit der Maßnahme verbundenen Regelung ist die Vorladung ein **Verwaltungsakt**. Sie kann daher mit den Rechtsbehelfen der VwGO, die allgemein gegen Verwaltungsakte zulässig sind, angefochten sowie mit Mitteln des Zwangs durchgesetzt werden. Vgl. dazu Rn 108 und 119.

---

[507] Vgl. § 11 MEPolG; Bund: § 25 BPolG; BW: § 27 PolG; Bay: Art. 15 PAG; Berl: § 20 ASOG; Brand: § 15 PolG; Brem: § 12 PolG; Hamb: § 11 SOG; Hess: § 30 SOG; MeckVor: § 50 SOG; Nds: § 16 POG; NRW: § 10 PolG, § 24 OBG; RhlPfl: § 12 POG; Saar: 11 II-IV PolG; Sachs: § 14 PVDG; SachsAnh: § 35 SOG; SchlHolst: § 199 LVwG; Thür: § 17 PAG, § 16 IV-VI OBG.
[508] Vgl. aber NRW: § 10 III S. 2 PolG; SachsAnh: § 35 IV SOG.
[509] BVerfGE 94, 166, 198; *Kunig*, in: v. Münch/Kunig, GG, Art. 2 Rn 74.

aa. Formelle Rechtmäßigkeit

406 Hinsichtlich der formellen Rechtmäßigkeit gelten zunächst die allgemeinen Voraussetzungen (Zuständigkeit, Verfahren, Form, siehe Rn 607 ff.). Als besondere (und zusätzlich zu prüfende) Verfahrensvorschrift normieren die meisten Polizeigesetze, dass der **Grund** für die Vorladung **angegeben** werden soll. „Soll" bedeutet grundsätzlich „muss", und dass nur in atypischen Fällen von der Pflicht abgesehen werden kann. Im Übrigen muss die Begründung so präzise sein, dass der Vorgeladene aus ihr ohne weiteres ableiten kann, aus welchem Grund er vorgeladen wird. Eine nichtssagende Phrase wie „Sie müssen erscheinen, um sachdienliche Angaben zu machen" würde lediglich den Gesetzestext wiedergeben und dem Begründungserfordernis nicht gerecht.

bb. Materielle Rechtmäßigkeit

407 Tatbestandlich setzt die Vorladung nach den meisten Polizeigesetzen alternativ voraus, dass (1) Tatsachen die Annahme rechtfertigen, dass von der vorgeladenen Person sachdienliche Angaben zur Aufklärung des Sachverhalts in einer bestimmten polizeilichen Angelegenheit gemacht werden können oder (2) wenn sie zur Durchführung einer erkennungsdienstlichen Maßnahme erforderlich ist.

Die Formulierung „wenn **Tatsachen die Annahme rechtfertigen, dass** ..." in Nr. 1 bedeutet, dass lediglich eine **abstrakte Gefahr** bzw. ein **Gefahrenverdacht** vorliegen müssen. Gefordert wird also die Prognose, dass die Angaben der vorzuladenden Person geeignet sind, der Polizei die Erfüllung einer bestimmten Aufgabe zu ermöglichen, die ihr im Rahmen der Aufgabenzuweisung nach § 1 des jeweiligen Polizeigesetzes übertragen ist. Als „sachdienliche Angaben" sind alle Angaben persönlicher und sachlicher Natur zu verstehen, die der Aufklärung einer polizeilichen Angelegenheit dienlich sind.

408 Fraglich ist, warum die Gesetzgeber in Nr. 2 die „**Erforderlichkeit**" auf Tatbestandsebene genannt haben. Dass nämlich eine Maßnahme erforderlich sein muss, ist eine rechtsstaatliche Selbstverständlichkeit und kennzeichnet im Übrigen gerade den Grundsatz der Verhältnismäßigkeit, der bei der Rechtsfolge einer Maßnahme zu prüfen ist. Der Begriff der „Erforderlichkeit" ist daher anders zu verstehen: Da die Vorladung gem. Nr. 2 der Durchführung einer erkennungsdienstlichen Maßnahme dient und diese eine abstrakte oder konkrete Gefahr voraussetzt, will die Nennung der „Erforderlichkeit" zum Ausdruck bringen, dass diese Voraussetzung auch für die 2. Variante der Vorladung gilt. Voraussetzung dieser Variante ist also auch eine **abstrakte** oder **konkrete Gefahr**. Daran wird es jedoch fehlen, wenn die Behörde den Sachverhalt durch Einsichtnahme in eigene Dateien oder Akten, öffentliche Register oder Unterlagen öffentlicher Stellen oder durch Auskünfte dieser Stellen selbst aufklären kann.

409 **Pflichtiger** nach Nr. 1 ist jedermann, der sachdienliche Angaben zur Aufklärung des Sachverhalts in einer bestimmten polizeilichen Angelegenheit machen kann, Pflichtiger nach Nr. 2 ist derjenige, der auch Pflichtiger einer erkennungsdienstlichen Maßnahme bzw. einer zu diesem Zweck durchgeführten Befragung ist. Inwieweit eine Pflicht zur Auskunft besteht, ist nach Maßgabe der polizeigesetzlichen Vorschriften über erkennungsdienstliche Maßnahmen bzw. die Befragung zu beantworten.

410 Als besondere (tatbestandliche) Ausprägung des Verhältnismäßigkeitsgrundsatzes normieren die Polizeigesetze, dass bei der Festsetzung des Zeitpunkts der Vorladung **auf den Beruf** und die **sonstigen Lebensverhältnisse** des Betroffenen **Rücksicht** genommen werden soll. Zur Bedeutung des Modalverbs „soll" vgl. Rn 406. Als „Beruf" gelten auch der Nebenberuf, nicht aber Hobbys; unter „sonstigen Lebensver-

hältnissen" fallen z.B. familiäre Verpflichtungen, Verkehrsverhältnisse, Behörden-, Gerichts- oder Prüfungstermine. Eine Nichtbeachtung dieses gesetzlich normierten Übermaßverbots führt zur Rechtswidrigkeit der Vorladung.

cc. Rechtsschutz

Da die Vorladung einen **Verwaltungsakt** darstellt, kann sie mit den Rechtsbehelfen der VwGO, die allgemein gegen Verwaltungsakte zulässig sind, angefochten werden. Hinsichtlich des Suspensiveffekts des Widerspruchs ist § 80 VwGO zu beachten. In der Regel ist die aufschiebende Wirkung gem. § 80 II S. 1 Nr. 2 VwGO ausgeschlossen, sodass ein gleichwohl erhobener Widerspruch nicht die Vollziehung suspendiert. Sollte ausnahmsweise kein Fall des § 80 II S. 1 Nr. 2 VwGO vorliegen, kann die Polizei dem Suspensiveffekt nur dadurch entgehen, dass sie die sofortige Vollziehung nach § 80 II S. 1 Nr. 4 VwGO anordnet und diese Anordnung, falls nicht ausnahmsweise die Voraussetzungen des § 80 III S. 2 VwGO gegeben sind, nach § 80 III S. 1 VwGO schriftlich begründet.[510] Auch kann die Vorladung mit Hilfe der Anfechtungsklage bzw. – bei deren Erledigung – der **Fortsetzungsfeststellungsklage** analog § 113 I S. 4 VwGO überprüft werden.

411

Sollte die Vorladung zwangsweise durchgesetzt worden sein (dazu sogleich), wird der Rechtsschutzsuchende regelmäßig auch die Zwangsmaßnahme überprüfen lassen wollen. Gegen die **Anwendung der Zwangsmaßnahme** sind entweder die Anfechtungsklage bzw. (bei deren Erledigung) die **Fortsetzungsfeststellungsklage** analog § 113 I S. 4 VwGO oder die **allgemeine Leistungsklage** bzw. allgemeine **Feststellungsklage** gem. § 43 VwGO statthaft, je nachdem, ob man in der Anwendung des Zwangsmittels einen Verwaltungsakt oder schlichtes Verwaltungshandeln sieht.

412

dd. Zwangsweise Durchsetzung (sog. Vorführung)

Kommt der Betreffende der Vorladung nicht nach, kann diese unter den in der polizeilichen Vorschrift über die Vorladung beschriebenen Voraussetzungen (vgl. etwa Art. 15 III BayPAG) zwangsweise, d.h. auf der Ebene der Verwaltungsvollstreckung, mit **unmittelbarem Zwang**, der sog. **Vorführung**, durchgesetzt werden. Bei dieser Vorführung, bei welcher der Betroffene von Polizeibeamten abgeholt und (zwangsweise) zur Dienststelle verbracht wird, handelt es sich nach der Rspr. lediglich um eine **Freiheitsbeschränkung** i.S.v. Art. 104 I GG.[511] Diese Auffassung ist nicht ganz unproblematisch, da sie in gewissem Widerspruch zur Definition des BVerfG hinsichtlich der Freiheitsentziehung i.S.v. Art. 104 II GG steht, die dadurch gekennzeichnet sei, dass die körperliche Bewegungsfreiheit für eine gewisse Mindestdauer aufgehoben werde.[512] Die Einstufung entweder als Freiheitsbeschränkung oder als Freiheitsentziehung hat Auswirkungen auf den Richtervorbehalt, da dieser nur für Art. 104 II GG gilt (vgl. dazu Rn 404). Kommt es also im Zusammenhang mit der Vorführung zu einer Freiheitsentziehung, ist unverzüglich eine richterliche Entscheidung über die Zulässigkeit und Fortdauer der Freiheitsentziehung herbeizuführen (vgl. z.B. Art. 18 I S. 1 BayPAG, § 13a I S. 1 HmbSOG). Eine richterliche Entscheidung braucht jedoch nicht herbeigeführt zu werden, wenn anzunehmen ist, dass sie erst nach Wegfall des Grundes der polizeilichen Maßnahme ergehen würde (vgl. z.B. Art. 18 I S. 6 BayPAG, § 13a I S. 2 HmbSOG). Allerdings ist auch in diesem Fall die absolute Obergrenze des Art. 104 II S. 3 GG zu beachten.

413

---

[510] Vgl. zur Regelungstechnik des § 80 VwGO *R. Schmidt*, VerwProzR, Rn 883 ff.
[511] BGHZ 82, 261; BVerwG NVwZ 1990, 69; BayObLG DVBl 1983, 1069 ff.
[512] BVerfGE 105, 239, 248; 94, 166, 198.

Beispiel: Die 13-jährige O wurde sexuell missbraucht. Aus Gründen der Strafverfolgung, aber auch weil eine Wiederholung droht, lädt die Polizei den K zur Durchführung erkennungsdienstlicher Maßnahmen (Anfertigung von Fingerabdrücken) vor, da er verdächtig ist, einen Hang zu Sexualstraftaten zu haben. In der Vorladung wird K darauf hingewiesen, dass er im Fall des Nichterscheinens mit einer Vorführung zu rechnen habe. K wendet ein, dass er sich mitten in der Urlaubsvorbereitung befinde und keine Zeit habe. Als K zum festgesetzten Termin nicht erscheint, wird er (zwangsweise) vorgeführt und drei Stunden später wieder entlassen.

Die Primärmaßnahme, die Vorladung, dient der vorbeugenden Verbrechensbekämpfung und somit der Gefahrenabwehr. Damit ist der präventivpolizeiliche Aufgabenbereich der Polizei eröffnet. Auch sind die Voraussetzungen der Befugnisnorm *Vorladung* (z.B. § 11 I HmbSOG) erfüllt. Die Vorladung war auch geeignet und erforderlich. Fraglich ist allenfalls die Angemessenheit. Jedenfalls gehört der Urlaub nicht zum Beruf i.e.S. Zu „sonstigen" Lebensverhältnissen gehören wichtige Verpflichtungen gegenüber Angehörigen, behördliche Termine u.Ä., aber wohl nicht Urlaubsvorbereitungen (es sei denn, die Urlaubsvorbereitungen sind unumgänglich und die Polizei kann den Termin problemlos verschieben). Die Vorladung war daher auch verhältnismäßig.

Die Zulässigkeit der Vollstreckungsmaßnahme, die zwangsweise Durchsetzung der Vorführungsanordnung, bestimmt sich ebenfalls nach der Befugnisnorm über die Vorladung. So darf die Polizei (z.B. gem. § 11 III S. 1 Nr. 2 HmbSOG) die Vorladung zwangsweise durchsetzen, soweit dies zur Durchführung erkennungsdienstlicher Maßnahmen erforderlich ist. Da vorliegend keine anderen Zwangsmittel Erfolg versprachen, kam lediglich unmittelbarer Zwang in Betracht. Dieser wurde auch angedroht. Schließlich wurde der Richtervorbehalt nicht verletzt. Beide Maßnahmen waren rechtmäßig.

413a Art. 15 III Nr. 1 BayPAG lässt im Zusammenhang mit der Vorführung auch eine drohende Gefahr ausreichen. Das ist nicht ganz unproblematisch, weil dadurch eine Vorführung (und damit eine Freiheitsentziehung) bereits dann erfolgen kann, wenn eine Gefahr gerade noch nicht vorliegt, sondern diese an ihrer „Entstehung" gehindert werden soll. Damit steht die „drohende" Gefahr zeitlich und graduell noch vor der abstrakten Gefahr (Rn 660 ff.) und dehnt die Möglichkeit einer Vorführung sehr weit in das Vorfeld einer eigentlichen Gefahr aus, was Zweifel an der Verfassungsmäßigkeit der Befugnisnorm hervorrufen könnte (siehe dazu im Einzelnen Rn 673a ff.). Da die drohende Gefahr aber für Leib, Leben oder Freiheit einer Person bestehen muss (Art. 15 III Nr. 1 BayPAG), dürfte sie einer verfassungskonformen Auslegung zugänglich sein, wenn von ihr im Einzelfall restriktiv Gebrauch gemacht wird.

414 Ist die Vorladung rechtswidrig, hat dies nicht zwingend zur Folge, dass auch die Vorführung rechtswidrig ist. Denn nach der Rechtsprechung des BVerfG kommt es bei der Frage nach der Rechtmäßigkeit einer Vollstreckungsmaßnahme nicht (mehr) auf die Rechtmäßigkeit ihrer Grundverfügung an (keine Konnexität zwischen Primär- und Vollstreckungsmaßnahme).[513] Freilich eine andere Frage ist, ob in einem solchen Fall der Zwang nicht unverhältnismäßig ist. Das gilt zumindest dann, wenn die Rechtswidrigkeit der Grundverfügung für die Polizei erkennbar ist. Vgl. dazu Rn 346, 906.

---

[513] Die Grundverfügung muss nur wirksam sein; vgl. BVerfG NVwZ 1999, 290, 292; OVG Münster NVwZ 2001, 231; *Schenke*, POR, Rn 540; *Werner*, JA 2000, 902, 904; a.A. *Knemeyer*, POR, Rn 358.

b. Kurzfristige Platzverweisung

Durch eine „einfache" oder „kurzfristige" **Platzverweisung**[514] wird eine Person **vorübergehend eines Ortes verwiesen** oder ihr wird **vorübergehend das Betreten eines Ortes verboten**.

415

Aufgrund der beschriebenen Rechtsfolge greift die Maßnahme in Art. 2 II S. 2 GG ein.[515] Denn die Freiheit der Person schützt trotz ihres weiten Wortlauts („Freiheit") die *körperliche Bewegungsfreiheit*. Damit ist das Recht gemeint, **jeden beliebigen Ort aufzusuchen oder ihn zu verlassen**.[516] Eine Platzverweisung stellt daher in doppelter Hinsicht einen Eingriff dar; zum einen, weil der Betroffene zunächst verpflichtet wird, den Ort – wenn auch nur vorübergehend – zu verlassen, und zum anderen, weil er daran gehindert wird, (vorläufig) den Ort aufzusuchen bzw. an ihn zurückzukehren.[517]

416

Nach den Bestimmungen der Polizeigesetze darf die „einfache" Platzverweisung nur ergehen, um die betreffende(n) Person(en) **vorübergehend** vom Ort fernzuhalten.[518] Abzugrenzen ist die Platzverweisung daher zunächst vom **längerfristigen Betretungs- und Aufenthaltsverbot** (auch „erweiterte" Platzverweisung genannt), das aufgrund seiner Längerfristigkeit die Freiheit beschränkt, an jedem Ort Wohnsitz oder Aufenthalt zu nehmen, und damit in die **Freizügigkeit des Art. 11 GG** eingreift. Vgl. dazu Rn 429 ff. und 435 ff.

417

Des Weiteren ist die Platzverweisung von anderen Vorschriften mit derselben Zielrichtung abzugrenzen, insbesondere von denen des VersG. Platzverweisung und **Aufforderung, den Ort nach der Auflösung einer Versammlung zu verlassen** (§§ 13 II, 18 I VersG), sind verschiedene Maßnahmen; ein Konkurrenzverhältnis besteht insoweit nicht. Eine Spezialvorschrift stellt auch § 8 S. 2 Nr. 1 JuSchG dar.

418

Abzugrenzen ist die Platzverweisung auch von der **Wohnungsverweisung** und vom diesbezüglichen **Rückkehrverbot zum Schutz vor häuslicher Gewalt**. Vgl. dazu Rn 432 ff.[519]

419

Geht es um die Sicherung von **Rettungseinsätzen** und stützt sich die Platzverweisung auf **§ 38 I StVO** (Martinshorn und Blaulicht, um Verkehrsteilnehmer zu bewegen, Platz zu machen[520]), ist für die polizeigesetzliche Vorschrift über die Platzverweisung kein Raum (vgl. dazu das Beispiel bei Rn 55). Geht es aber um Sicherung von Rettungseinsätzen außerhalb des Anwendungsbereichs des § 38 I StVO, ist wiederum die polizeigesetzliche Befugnisnorm anwendbar.

420

---

[514] Vgl. zum vorübergehenden Platzverweis § 12 MEPolG; Bund: § 38 BPolG; BW: § 27a PolG; Bay: Art. 16 PAG; Berl: § 29 I ASOG; Brand: § 16 I PolG; Brem: § 14 I PolG; Hamb: § 12a SOG; Hess: § 31 I SOG; MeckVor: § 52 I SOG; Nds: § 17 I POG; NRW: § 34 I PolG; RhlPfl: § 13 I POG; Saar: § 12 I PolG; Sachs: § 18 PVDG; SachsAnh: § 36 I SOG; Schl-Holst: § 201 I LVwG; Thür: Art. 18 I PAG.

[515] Die gelegentlich genannte Freizügigkeit aus Art. 11 I GG ist nach der hier vertretenen Auffassung nicht einschlägig (dazu *R. Schmidt*, Grundrechte, Rn 754). Sie kommt aber bei längerfristigen Maßnahmen in Betracht, dazu sogleich, Rn 417, 429 ff. und 435 ff.

[516] BVerfGE 94, 166, 198; *Kunig*, in: v. Münch/Kunig, GG, Art. 2 Rn 74.

[517] Vgl. bereits die 4. Aufl. 2000, S. 89; später auch *Kingreen/Poscher*, POR, § 16 Rn 4; a.A. VGH München NVwZ 2000, 454, 455 f. (Eingriff nur in Art. 2 I GG). Nach *Hetzer*, JR 2000, 1, liegt trotz der Kurzfristigkeit ein Eingriff in Art. 11 GG vor.

[518] Vgl. dazu auch VGH Kassel NVwZ 2003, 1392; VGH München NVwZ 2001, 1291; OVG Münster NVwZ 2001, 459; *Nolte*, NVwZ 2001, 147, 152; *Cremer*, NVwZ 2001, 1218, 1219 f.; *Hecker*, NVwZ 2003, 1334 ff.

[519] Dass *„einfache" Platzverweisung*, *Betretungs- und Aufenthaltsverbot* sowie *Wohnungsverweisung* unterschiedliche Maßnahmen sind, ist aufgrund der höchst unterschiedlichen Rechtfertigungsvoraussetzungen selbsterklärlich.

[520] Nach § 38 I StVO ist das Einschalten von Blaulicht und Martinshorn im Fall von höchster Eile gestattet, wenn Menschenleben zu retten, schwere gesundheitliche Schäden oder eine Gefahr für die öffentliche Sicherheit und Ordnung abzuwenden sind. § 38 I StVO dient auch der Gefahrenabwehr (und nicht der Strafverfolgung), sofern auf die genannten Schutzgüter abgestellt wird. Die Zuständigkeit des Polizeivollzugsdienstes für Maßnahmen nach § 38 I StVO ergibt sich wegen Vorliegens einer Gefahr im Verzug aus § 44 II StVO.

aa. Formelle Rechtmäßigkeit

421 Da die **Platzverweisung** (aber auch das **längerfristige Betretungs- und Aufenthaltsverbot**) die verbindliche Anordnung treffen, sich zu entfernen bzw. dem Ort fernzubleiben, stellen sie **Verwaltungsakte** dar. Hinsichtlich der formellen Rechtmäßigkeit gelten daher die allgemeinen Voraussetzungen, die für alle Verwaltungsakte gelten (Zuständigkeit, Verfahren und Form, siehe Rn 607 ff.). Insbesondere können sie grundsätzlich auch **mündlich** ergehen. Für diesen Fall wird man aber jedenfalls beim längerfristigen Betretungs- und Aufenthaltsverbot eine schriftliche Bestätigung oder zumindest eine polizeiinterne Dokumentationspflicht fordern müssen, um eine spätere gerichtliche Nachvollziehbarkeit zu ermöglichen. Sofern Hinweis- und Informationspflichten gegenüber der gefährdeten Person bestehen, berühren Verstöße nicht die Rechtmäßigkeit der Maßnahme (§ 45 VwVfG) bzw. lassen den (gerichtlichen) Aufhebungsanspruch entfallen (§ 46 VwVfG).

bb. Materielle Rechtmäßigkeit

422 Nach den Bestimmungen der Polizeigesetze setzt eine Platzverweisung eine **konkrete Gefahr** voraus, also eine Sachlage, bei der im einzelnen Fall die hinreichende Wahrscheinlichkeit besteht, dass in absehbarer Zeit ein *Schaden* für eines der Schutzgüter der öffentlichen Sicherheit (oder Ordnung) eintreten wird.[521]

Gemäß Art. 16 I S. 1 Nr. 2 BayPAG ist auch eine **drohende Gefahr** ausreichend. Dabei geht es darum, dass eine Gefahr noch nicht besteht; diese soll an ihrer „Entstehung" gehindert werden. Damit steht die „drohende" Gefahr zeitlich und graduell noch vor der abstrakten Gefahr (Rn 660 ff.) und dehnt die Möglichkeit einer Platzverweisung sehr weit in das Vorfeld einer eigentlichen Gefahr aus, was Zweifel an der Verfassungsmäßigkeit hervorrufen könnte (siehe dazu im Einzelnen Rn 673a ff.). Da die drohende Gefahr aber für ein bedeutendes Rechtsgut bestehen muss und darunter der Bestand und die Sicherheit des Bundes oder eines Landes, das Leben, die Gesundheit und die Freiheit, die sexuelle Selbstbestimmung, erhebliche Eigentumspositionen und Sachen, deren Erhalt im besonderen öffentlichen Interesse liegt (Art. 11 III S. 2 BayPAG), zu verstehen ist, dürften die Bedenken im Ergebnis nicht zur Bejahung der Verfassungswidrigkeit führen, zumal der mit einer kurzfristigen Platzverweisung verbundene Eingriff in aller Regel nicht so schwer wiegt.

422a Eine Platzverweisung setzt zwar eine Gefahr für die öffentliche Sicherheit (oder Ordnung) voraus, nach den meisten reformierten Polizeigesetzen ist es aber **nicht** mehr erforderlich, dass der Adressat für die Gefahr **verantwortlich** ist. *Jeder* kann demnach Adressat einer Platzverweisung sein. Die Voraussetzungen über die Inanspruchnahme Verantwortlicher und Nichtverantwortlicher brauchen in diesen Fällen nicht vorzuliegen. Daher ist z.B. eine Platzverweisung gegen einen Journalisten möglich, der ein Gebäude nicht verlassen will, obwohl eine Bombendrohung vorliegt und die Polizei das Gebäude räumen möchte. Erst recht ist eine Platzverweisung gegenüber einem Journalisten rechtmäßig, der sich bei einer Demonstration in die unmittelbare Nähe der Polizeieinsatzleitung begibt, um dort Gespräche zu belauschen, deren Inhalte er mittels Mobiltelefons an die Demonstranten weitergeben möchte.[522] Art. 5 I GG steht dem nicht entgegen. Zum einen ist das Belauschen der Polizei und die Weitergabe so gewonnener Informationen an die Demonstranten keine Pressetätigkeit, und zum anderen überwiegt auch das Interesse der Polizei an einsatztaktischer Geheimhaltung. In der Praxis wichtig sind auch Fälle, in denen sich die Platzverweisung gegen eine Men-

---

[521] Vgl. nur die Legaldefinitionen in § 2 Nr. 3a BremPolG, § 2 Nr. 1a NdsPOG, § 3 Nr. 3a SachsAnhSOG und § 54 Nr. 3a ThürOBG. Vgl. auch BVerwGE 45, 51, 57; *Denninger*, in: Lisken/Denninger, D Rn 47; *Schenke*, POR, Rn 69; *Krüger*, JuS 2013, 985, 987 f.
[522] VG Köln 23.4.2015 – 20 K 5427/13.

schenmenge richtet, aus der die konkrete Gefahr lediglich von einzelnen Personen ausgeht.

Beispiel: Die Polizei erhält an einem Samstagabend um 22 Uhr eine telefonische Bombendrohung bezüglich einer in der Innenstadt gelegenen Diskothek. Da in der jüngsten Vergangenheit bereits zwei Bombenanschläge verübt wurden, die offenbar terroristisch motiviert waren, lässt der Einsatzleiter der Polizei die Diskothek räumen und von Spezialisten durchsuchen. Eine Bombe wird jedoch nicht gefunden. Nach der Durchsuchung können die Gäste die Diskothek wieder betreten. War die Räumung rechtmäßig?

Zunächst müsste eine Rechtsgrundlage vorgelegen haben. In Betracht kommt die präventivpolizeiliche Standardmaßnahme *Platzverweisung* (etwa gem. § 12a HmbSOG). Auch die Räumung eines Lokals oder einer Diskothek bei einer Bombendrohung ist eine Platzverweisung i.S.d. allgemeinen Polizeirechts, da weder im GastG noch im VersG noch in den Katastrophenschutzgesetzen der Länder spezialgesetzliche Rechtsgrundlagen zu finden sind. Bezüglich der formellen Rechtmäßigkeit der Räumung bestehen keine Bedenken. Der Polizeivollzugsdienst ist zuständig bei Gefahr im Verzug. Form- und Verfahrensfehler liegen ebenfalls nicht vor. Insbesondere war eine vorherige Anhörung gem. § 28 II Nr. 1 VwVfG entbehrlich.

Fraglich ist aber die materielle Rechtmäßigkeit. Zunächst muss eine Gefahr für die öffentliche Sicherheit vorgelegen haben. Zur öffentlichen Sicherheit gehören insbesondere Leben und Gesundheit aller sich in der Nähe aufhaltenden Personen. Gefahr ist eine Sachlage, bei der im einzelnen Fall die hinreichende Wahrscheinlichkeit des Eintritts eines Schadens besteht (vgl. nur die Legaldefinition bspw. in § 2 Nr. 3a BremPolG). Vorliegend bestand jedoch objektiv keine Gefahrenlage, da keine Bombe vorhanden war. Da bei der Beurteilung der Gefahrenlage aber auf die objektive Ex-ante-Sicht des handelnden Polizeibeamten abzustellen ist und vorliegend wegen der Hochwertigkeit des zu schützenden Rechtsguts keine allzu hohen Anforderungen an die Wahrscheinlichkeit des Schadenseintritts zu stellen sind, ist von einer der objektiven Gefahrenlage gleichzustellenden *Anscheinsgefahr* [523] auszugehen. Fraglich ist allerdings, wie es sich auswirkt, dass die Gäste nicht verantwortlich waren für die Gefahrensituation. Grundsätzlich sind Maßnahmen nur gegen Verantwortliche zu richten; anderenfalls ist der Grundrechtseingriff grundsätzlich nicht rechtfertigungsfähig. Allerdings setzen die meisten polizeigesetzlichen Vorschriften über die Platzverweisung als Adressaten keine Störer voraus. Nach diesen Vorschriften darf die Polizei *jede* Person des Platzes verweisen, soweit dies zur Abwehr einer Gefahr erforderlich ist. Da die Bombendrohung auch ernst zu nehmen war, war die Räumung auch erforderlich und damit insgesamt rechtmäßig.

<u>Anmerkung:</u> Wie das Beispiel gezeigt hat, waren einige (Tatbestands-)Voraussetzungen der Platzverweisung das Vorliegen einer (Anscheins-)Gefahr für ein Schutzgut der öffentlichen Sicherheit sowie die Erforderlichkeit der Maßnahme. Selbstverständlich müssen aber auch die (übrigen) Aspekte des Verhältnismäßigkeitsgrundsatzes sowie die Ermessensgrenzen beachtet werden. Sollte sich der Fall in einem Bundesland abspielen, dessen Polizeigesetz die Störereigenschaft des oder der Adressaten fordert, ist auf die Figur des Nichtstörers (dazu Rn 826 ff.) einzugehen.

cc. Durchsetzung mit Mitteln des Zwangs

In der Praxis häufig ergänzt wird die Platzverweisung durch die Vorschrift über die Ingewahrsamnahme, welche die Ingewahrsamnahme „zur Durchsetzung einer Platzverweisung" zulässt (sog. **Durchsetzungsgewahrsam** – vgl. dazu ausführlich Rn 468 ff.). Muss die Polizei hierfür jedoch körperliche Gewalt anwenden, ist dies juristisch als **unmittelbarer Zwang** zu bezeichnen und nicht mehr von der Befugnisnorm über die Ingewahrsamnahme gedeckt. Vielmehr sind die besonderen Eingriffsvoraussetzungen

423

---

[523] Zur Anscheinsgefahr vgl. Rn 681 ff.

des LandesVwVG und der Zwangsvorschriften des Polizeigesetzes zu beachten. Das betrifft insbesondere die zwangsweise Räumung eines Veranstaltungsortes. Auch wenn die zwangsweise Durchsetzung des Platzverweises in dem kurzfristigen **Verbringen** von Personen zur polizeilichen **Dienststelle** liegt, handelt es sich *nicht* etwa um eine Ingewahrsamnahme, sondern ebenfalls um eine Maßnahme des unmittelbaren Zwangs zur Durchsetzung des Platzverweises. **Rechtsgrundlage** ist in beiden Fällen daher die Vorschrift über den unmittelbaren Zwang, nicht die über den Platzverweis oder die Ingewahrsamnahme.

424 Bei der kurzfristigen zwangsweisen Verbringung zur Dienststelle handelt es sich lediglich um eine **Freiheitsbeschränkung** i.S.v. Art. 104 I GG.[524] Folge ist, dass es keiner vorherigen richterlichen Entscheidung bedarf, da der Richtervorbehalt nur für Art. 104 II GG (Freiheitsentziehung) gilt (vgl. dazu Rn 404 und 413).

dd. Rechtsschutz

425 Hinsichtlich des **Rechtsschutzes** ist zwischen der Platzverweisung und der Vollstreckungsmaßnahme zu unterscheiden:

426 Da die Platzverweisung eine verbindliche Anordnung trifft, stellt sie einen **Verwaltungsakt** dar. Der von der Platzverweisung Betroffene kann daher **Anfechtungsklage** bzw. (da sich der Platzverweis regelmäßig bereits erledigt haben wird) **Fortsetzungsfeststellungsklage** analog § 113 I S. 4 VwGO erheben.

427 Sollte die Konstellation vorliegen, dass der Eigentümer eines widerrechtlich besetzten Platzes die Ordnungsbehörde auffordert, einen Platzverweis auszusprechen, und sollte diese sich weigern, der Aufforderung nachzukommen, wäre die **Verpflichtungsklage** bzw. der Antrag auf Erlass einer **einstweiligen Anordnung** statthaft. Die Behörde wäre allerdings nur dann zum Einschreiten verpflichtet, wenn ein Platzverweis rechtmäßig wäre und eine Ermessensreduzierung auf Null vorläge. Das wiederum wäre nur dann der Fall, wenn eine Gefahr für ein bedeutendes Rechtsgut bestünde und sich der Eigentümer nicht mit zivilrechtlichen Mitteln zu helfen vermag.

428 Die Anwendung unmittelbaren Zwangs im gestreckten Verwaltungsvollstreckungsverfahren ist (wie die Ersatzvornahme) nach wohl h.M. **schlichtes Verwaltungshandeln,** weil sie ein tatsächliches Moment aufweise.[525] Nach regelmäßig erfolgtem Vollzug („Erledigung") wäre insofern ein in einer **allgemeinen Leistungsklage** eingebetteter Folgenbeseitigungsanspruch zu prüfen. Aber auch eine allgemeine Feststellungsklage kommt in Betracht. Geht man dagegen davon aus, dass die Zwangsmaßnahme zugleich die konkludente Verfügung enthält, die Maßnahme zu dulden[526], liegt ein **Verwaltungsakt** vor, der (bei eingetretener Erledigung) mit der **Fortsetzungsfeststellungsklage** analog § 113 I S. 4 VwGO anzugreifen ist.

Zur **gutachtlichen Prüfung** der zwangsweisen Durchsetzung der Platzverweisung (separate Anfechtung von Grundverfügung und Vollstreckungsmaßnahme) vgl. die Ausführungen zur Verwaltungsvollstreckung (Rn 902 ff.). Im Prinzip gilt dasselbe wie für die Sicherstellung und die Identitätsfeststellung.

---

[524] BGHZ 82, 261; BVerwG NVwZ 1990, 69; BayObLG DVBl 1983, 1069 ff.
[525] *Kopp/Schenke*, VwGO, Anh § 42 Rn 33; *Kopp/Ramsauer*, VwVfG, § 35 Rn 67; *Schenke*, POR, Rn 572 ff.; *Erichsen/Rauschenberg*, Jura 1998, 31, 40; *Schoch*, JuS 1995, 307, 311; unklar, aber wohl ebenfalls von einem schlichten Verwaltungshandeln ausgehend *Knemeyer*, POR, Rn 364.
[526] So BVerwGE 26, 161, 164 (Schwabinger Krawalle); *Hufen*, VerwProzR, § 14 Rn 23.

c. Betretungs- und Aufenthaltsverbote

429 Da die „einfache" Platzverweisung nur ergehen darf, um die betreffende(n) Person(en) **vorübergehend** vom Ort fernzuhalten, kommt sie insbesondere in Betracht, wenn Amtshandlungen, Feuerwehr- oder (sonstige) Rettungseinsätze gesichert werden sollen. Auch im obigen Beispiel von Rn 422a wurden die Gäste nur vorübergehend des Platzes verwiesen, denn nach der Feststellung, dass keine Bombe vorhanden war, konnten sie die Diskothek wieder betreten. Geht es jedoch darum, den oder die Betroffenen **längerfristig** (u.U. für **mehrere Monate**) des Ortes zu verweisen bzw. von dem Ort fernzuhalten („**Betretungs- und Aufenthaltsverbot**")[527], ist die Standardmaßnahme *vorübergehende Platzverweisung* sowohl in zeitlicher als auch räumlicher Hinsicht unzulänglich. Denn um den Begriff „vorübergehend" nicht überzustrapazieren, wird man bei Beschränkungen, die **länger als 24 Stunden** dauern, wohl nicht mehr von einem *vorübergehenden Platzverweis* sprechen können, sondern bereits ein **Aufenthaltsverbot** annehmen müssen.[528] Bis 1996 blieb deshalb in sämtlichen Bundesländern mangels einschlägiger Spezialermächtigung allein der Rückgriff auf die **Befugnisgeneralklausel**, wonach die Gefahrenabwehrbehörden die notwendigen Maßnahmen treffen, um Gefahren für die öffentliche Sicherheit (und Ordnung) abzuwenden.

430 Ein Rückgriff auf die Befugnisgeneralklausel ist aber methodischen Einwänden ausgesetzt. Zwar ist zuzugeben, dass die Standardmaßnahme *vorübergehende Platzverweisung* längerfristige Aufenthaltsverbote nicht abdeckt. Ob damit aber ein Rückgriff auf die Befugnisgeneralklausel zulässig ist, muss bezweifelt werden. Nach der hier vertretenen Auffassung genügt der allgemeine Vorbehalt der öffentlichen Sicherheit, wie er in der Befugnisgeneralklausel vorausgesetzt wird, weder dem qualifizierten Gesetzesvorbehalt des Art. 11 II GG noch dem Bestimmtheitsgebot. Mit der besonderen tatbestandlichen Differenzierung des qualifizierten Gesetzesvorbehalts in Art. 11 II GG soll gerade vermieden werden, dass eine generalklauselartige Ermächtigung zur Beschränkung der Freizügigkeit erfolgt.[529] Auch aus systematischen Gründen ist es wenig überzeugend, in dem Fall, in dem die Tatbestandsvoraussetzungen einer gesetzlich vorgesehenen speziellen Eingriffsermächtigung nicht vorliegen, auf die weitergehende Befugnisgeneralklausel zurückzugreifen. Verneint man daher die Möglichkeit eines solchen Rückgriffs, liegt bei einem längerfristigen Aufenthaltsverbot ein **Verstoß gegen den Vorrang des Gesetzes** (der Verstoß liegt dann in der Missachtung des abschließenden Charakters der Standardmaßnahme *vorübergehende Platzverweisung*) und **gegen den Parlamentsvorbehalt/Vorbehalt des Gesetzes** (der Verstoß liegt dann in der fehlenden Rechtsgrundlage für den Eingriff in Art. 11 GG) vor. Zudem darf bezweifelt werden, ob die Befugnisgeneralklausel hinsichtlich längerfristiger Aufenthaltsverbote überhaupt dem **Bestimmtheitsgrundsatz** genügt. Deshalb kommt nach der hier vertretenen Auffassung auch eine einschränkende Auslegung der Befugnisgeneralklausel nicht in Betracht.[530] Längerfristige Aufenthaltsverbote sind daher rechtswidrig, sofern eine spezielle Eingriffsbefugnis fehlt.

---

[527] Betretungs- und Aufenthaltsverbote können erforderlich werden, um im Rahmen der Bekämpfung des illegalen Drogenhandels und der „offenen Drogenszene" Personen, die bereits mehrfach als Drogenhändler in Erscheinung getreten sind, das Betreten bestimmter Örtlichkeiten zu verbieten, um sie damit von den bekannten Umschlagplätzen und potentiellen Kunden fernzuhalten (vgl. VGH Mannheim NVwZ-RR 1998, 428; OVG Münster NVwZ 2001, 459 u. NVwZ-RR 1998, 155). Gleiches gilt hinsichtlich gewalttätiger Teilnehmer von „Chaostagen" und der „Punk-Szene", um Ausschreitungen zu vermeiden (vgl. OVG Bremen NVwZ 1999, 314 und *Göddeke*, NVwZ 2001, 1232, 1233) oder von „Hütchenspielern", die den Tatbestand des Betrugs verwirklichten (vgl. VGH Kassel NVwZ 2003, 1392).
[528] Wie hier *Schenke*, POR, Rn 132.
[529] So das dem Urteil des OVG (siehe vorletzte Fußn.) vorangegangene Urteil des VG Bremen v. 29.5.1997 – 2 A 149/96. Dem sich anschließend VGH Kassel NVwZ 2003, 1392 (mit Bespr. von *Hecker*, NVwZ 2003, 1334 ff.).
[530] Wie hier VGH Kassel NVwZ 2003, 1392; *Hecker*, NVwZ 2003, 1334, 1335 f.; *ders.*, NVwZ 1999, 261, 262; *Cremer*, NVwZ 2001, 1218, 1219 f.; *Schenke*, POR, Rn 134.

431 Diese Problematik haben denn auch die Reformgesetzgeber erkannt und im Zuge der Novellierungen ihre Polizeigesetze jeweils eine Ergänzung eingefügt, welche (längerfristige) **„Betretungs- und Aufenthaltsverbote"** ermöglicht.[531] Mit einer entsprechenden Ergänzung der Vorschriften über die einschränkbaren Grundrechte wurde noch dazu das Zitiergebot des Art. 19 I S. 2 GG beachtet. Dies ist – auch wenn **Art. 73 I Nr. 3 GG** bestimmt, dass ausschließlich der *Bund* die Freizügigkeit regelt[532] – aus rechtsstaatlicher Sicht zu begrüßen; immerhin machen die Länder dem Bund ja nicht dessen Kompetenz zur Regelung der Freizügigkeit (dazu Rn 435) streitig, sondern verfolgen ausschließlich gefahrenabwehrrechtliche Ziele.

431a **Materiell-rechtlich** verlangen die Befugnisnormen **Tatsachen, die die Annahme rechtfertigen, dass eine Person in einem bestimmten örtlichen Bereich eine Straftat begehen wird** (vgl. etwa § 12b II S. 1 HmbSOG, § 17 IV S. 1 NdsPOG, § 13 III S. 1 RhlPflPOG). Ist das der Fall, kann ihr für eine bestimmte Zeit verboten werden, diesen Bereich **zu betreten** oder sich dort **aufzuhalten**. Voraussetzungen für dieses sog. Betretungs- und Aufenthaltsverbot (auch **„erweiterter" Platzverweis** genannt, siehe Rn 417) sind also zum einen die gesicherte Feststellung bestimmter Tatsachen und zum anderen die hieraus ableitbare, hinreichend wahrscheinliche Schlussfolgerung, dass eine Person in einem bestimmten örtlichen Bereich eine Straftat begehen wird. Die Annahme, dass eine Person eine Straftat begehen wird, darf sich allerdings nicht lediglich auf allgemeine Erfahrungssätze, vage Vermutungen oder unzureichende Anhaltspunkte begründen. Erforderlich ist vielmehr eine auf ganz konkreten und tatsächlichen Anhaltspunkten beruhende Prognose, dass von der Person mit hinreichender Wahrscheinlichkeit die Begehung einer Straftat in einem bestimmten örtlichen Bereich zu erwarten ist und mit einem längerfristigen Betretungs- und Aufenthaltsverbot verhindert werden kann. Dabei ist grundsätzlich auf die konkrete Person und ihr (bisheriges) Verhalten abzustellen, woraus deutlich wird, dass sich die Maßnahme ausschließlich gegen den **Verhaltensstörer** richten kann. Anhaltspunkte für die Begehung einer Straftat liegen z.B. vor, wenn

- die fragliche Person die Begehung der Tat angekündigt oder dazu aufgefordert hat oder Transparente oder sonstige Gegenstände mit einer solchen Aufforderung mit sich führt (dies gilt auch für Flugblätter solchen Inhalts, soweit sie in einer Menge mitgeführt werden, die zur Verteilung geeignet sind),
- bei ihr Waffen, Werkzeuge oder sonstige Gegenstände aufgefunden werden, die ersichtlich zur Tatbegehung bestimmt sind oder erfahrungsgemäß bei derartigen Taten verwendet werden, oder ihre Begleitperson solche Gegenstände mit sich führt und sie den Umständen nach hiervon Kenntnis haben musste, oder
- sie bereits in der Vergangenheit mehrfach aus vergleichbarem Anlass bei der Begehung von Straftaten als Störer betroffen worden ist und nach den Umständen eine Wiederholung dieser Verhaltensweise zu erwarten ist (vgl. dazu das Beispiel bei Rn 431d).

431b Darüber hinaus ist die Gesamtsituation, wenn z.B. andere Personen in dem örtlichen Bereich bereits Straftaten begangen haben oder dies unmittelbar bevorsteht, bei der Prognose zu berücksichtigen, da in solchen Fällen die Wahrscheinlichkeit groß ist, dass auch die einzelne, hinzutretende Person eine Straftat begehen wird. Dies entspricht dem Grundsatz, dass mit zunehmender Gefährdungsintensität und zunächst ungeklärter Gefahrensituation an die Prognosegenauigkeit geringere Anforderungen zu stellen sind.

---

[531] Vgl. BW: § 27a II PolG; Bay: § 16 II PAG; Berl: § 29 II ASOG; Brand: § 16 II PolG; Brem: § 14 II PolG; Hamb: § 12b II SOG; Hess: § 31 III SOG; MeckVor: § 52 III SOG; Nds: § 17 IV POG; NRW: § 34 II PolG; RhlPfl: § 13 III POG; Saar: § 12 III PolG; Sachs: § 21 PVDG; SachsAnh: § 36 II SOG; SchlHolst: § 201 II LVwG; Thür: Art. 18 II PAG.
[532] Vgl. dazu auch Rn 435.

Einschränkungen der räumlichen Bewegungsfreiheit – Betretungs-/Aufenthaltsverbote

Der in den Befugnisnormen genannte örtliche Bereich bezieht – anders als der beim vorübergehenden Platzverweis genannte Ort – auch das **gesamte Stadt- bzw. Gemeindegebiet** mit ein. Zu beachten ist jedoch, dass ein Aufenthaltsverbot in keinem Fall für einen örtlichen Bereich ausgesprochen werden darf, in dem die betroffene Person ihre **Wohnung** hat. Dasselbe gilt, wenn die Person aus einem **vergleichbar wichtigen Grund auf das Betreten des Bereichs angewiesen ist**, was z.B. angenommen werden sollte, wenn sie dort ihre berufliche Tätigkeit ausüben oder einen Familienangehörigen pflegen muss. Die gegenteilige Annahme wäre unverhältnismäßig. Daher muss als „Wohnung" auch die Nebenwohnung nach dem Landesmeldegesetz gelten. Auf die Erfassung der Wohnung im Melderegister kann es dabei nicht ankommen. Denn der Nachweis der Wohnung kann auch auf andere Weise erbracht werden.

431c

Positive Voraussetzung für ein Betretungs- und Aufenthaltsverbot ist, dass Tatsachen die Annahme rechtfertigen, dass die erwartete Straftat *gerade* und *nur* **in dem örtlichen Bereich begangen wird**, für den das Betretungs- und Aufenthaltsverbot erteilt wird. Dies ist nicht der Fall, wenn sich diese Person nur „bei Gelegenheit" ihres Aufenthalts strafbar machen würde. Insoweit ist ein Betretungs- und Aufenthaltsverbot z.B. nicht zulässig in Bezug auf Nichtsesshafte, denen unterstellt wird, sie würden Ladendiebstähle begehen, weil dies auch an jedem anderen Ort geschehen könnte. Anders ist die Situation bei Drogendealern bzw. einer Drogenszene zu beurteilen, die sich in bestimmten Gemeindebereichen etabliert haben.

431d

> **Beispiel:** Die Polizei verfügt über gesicherte Erkenntnisse, dass eine bestimmte Person als Drogendealer in einer offenen Rauschgiftszene in einem bestimmten Stadtgebiet in Erscheinung getreten ist. Nachdem sich die Polizei versichert hat, dass die Person weder in dem betreffenden Stadtgebiet wohnt noch dort einer beruflichen Tätigkeit nachgeht (der Drogenhandel ist selbstverständlich kein Beruf i.S.d. Art. 12 I S. 1 GG, auch wenn er der Schaffung und Erhaltung der Lebensgrundlage dient), erteilt sie ihr daher (in Übereinstimmung mit der maximal zulässigen Dauer nach dem Landespolizeigesetz) für 6 Monate ein Betretungsverbot für das betreffende Stadtgebiet.
>
> Stützt sich die Polizei auf die Erfahrungen mit der Drogenszene, die zeigen, dass (weitere) strafbare Handlungen im selben örtlichen Bereich hinreichend wahrscheinlich sind, ist das Betretungsverbot nicht zu beanstanden. Denn auch nach der Rspr. des VG und des OVG Bremen stellt eine offene Drogenszene als kollektives Geschehen eine Störung der öffentlichen Sicherheit dar, sodass ein Aufenthaltsverbot gegenüber Personen, die in zurechenbarer Weise nachhaltig zur Verfestigung dieser Drogenszene beitragen, gerechtfertigt ist.[533] Ob allerdings die Dauer von 6 Monaten erforderlich ist, ist eine Frage des Einzelfalls (dazu sogleich Rn 431e).

Das Betretungs- bzw. Aufenthaltsverbot ist nicht nur räumlich, sondern auch **zeitlich zu beschränken**. Hierbei bestehen gewisse Unterschiede zwischen den Polizeigesetzen. So hat z.B. der hessische Gesetzgeber eine Höchstdauer von 3 Monaten (vgl. § 31 III S. 4 HessSOG) und der hamburgische Gesetzgeber maximal 6 Monate (§ 12b II S. 1 HmbSOG) vorgesehen. Hierin liegt eine spezifische Ausprägung des allgemein geltenden Grundsatzes der Verhältnismäßigkeit, der bei einer so schwerwiegenden Maßnahme wie dem Betretungs- und Aufenthaltsverbot in besonderer Weise zu beachten ist. Danach dürften zwar mehrmonatige Betretungs- und Aufenthaltsverbote für Angehörige der „Drogenszene" nicht von vornherein unzulässig sein, aber auch hier ist die räumliche und zeitliche Reichweite der Maßnahme im Einzelfall (Wiederholungsfall, Gewichtigkeit des Verstoßes gegen das BtMG, Notwendigkeit des Aufsuchens von sozialen Einrichtungen in diesem örtlichen Bereich) zu prüfen. In Ländern, in denen das

431e

---

[533] VG Bremen 29.5.1997 - 2 A 149/96; OVG Bremen NVwZ 1999, 314, 315 f.

Polizeigesetz keine absoluten Höchstfristen formuliert hat (vgl. etwa § 17 IV NdsPOG, § 13 III RhlPflPOG), ist immerhin geregelt, dass das Aufenthaltsverbot zeitlich auf den zur Verhütung der Straftat erforderlichen Umfang zu beschränken ist. Diese besondere Ausprägung des Verhältnismäßigkeitsgrundsatzes gilt selbstverständlich auch in den Ländern, deren Polizeigesetze Höchstfristen normiert haben.

431f Sofern das Polizeigesetz formuliert, dass die Vorschriften des Versammlungsrechts unberührt bleiben (so etwa § 17 IV S. 4 NdsPOG), ist dieser Hinweis lediglich deklaratorisch, weil die Polizeigesetze ohnehin nicht die Spezialvorschriften des Versammlungsgesetzes tangieren können.[534] Daher wäre z.B. ein Betretungsverbot auf der Grundlage des Polizeigesetzes rechtswidrig, wenn es sich gegen Personen richtete, die sich auf der Anreise zu einer von Art. 8 I GG geschützten Versammlung befänden.[535]

431g Geht es um die Abwehr bzw. die Verhinderung von Gefahren des **internationalen Terrorismus** oder um die Verhütung von Straftaten nach § 5 I S. 2 BKAG, kann gem. § 55 I BKAG das BKA unter den in der Vorschrift genannten Voraussetzungen einer Person (d.h. einem „terroristischen Gefährder") untersagen, sich ohne Erlaubnis des BKA von ihrem Wohn- oder Aufenthaltsort oder aus einem bestimmten Bereich zu entfernen oder sich an bestimmten Orten aufzuhalten (**Aufenthaltsvorgabe; Aufenthaltsgebot**). Unter den gleichen Voraussetzungen kann gem. § 55 II BKAG das BKA zur Abwehr einer Gefahr oder zur Verhütung von Straftaten nach § 5 I S. 2 BKAG einer Person auch den Kontakt mit bestimmten Personen oder Personen einer bestimmten Gruppe untersagen (**Kontaktverbot**). Siehe dazu im Einzelnen Rn 485/486.

431h Art. 16 II S. 1 Nr. 2 BayPAG lässt im Zusammenhang mit **Aufenthaltsverboten** und **Aufenthaltsgeboten** sogar (d.h. ohne Beschränkung auf die Verhütung von „terroristischen Straftaten") eine **drohende Gefahr** ausreichen. Das ist nicht ganz unproblematisch, weil dadurch die Möglichkeit, sich an bestimmte Orte oder in ein bestimmtes Gebiet zu begeben oder den Wohn- oder Aufenthaltsort oder ein bestimmtes Gebiet zu verlassen, bereits dann verwehrt werden kann, wenn eine Gefahr gerade noch nicht vorliegt, sondern diese an ihrer „Entstehung" gehindert werden soll. Damit steht die „drohende" Gefahr zeitlich und graduell noch vor der abstrakten Gefahr (Rn 660 ff.) und dehnt die Möglichkeit eines Aufenthaltsverbots bzw. Aufenthaltsgebots sehr weit in das Vorfeld einer eigentlichen Gefahr aus, was Zweifel an der Verfassungsmäßigkeit hervorrufen könnte (siehe dazu im Einzelnen Rn 673a ff.). Da die drohende Gefahr für ein bedeutendes Rechtsgut aber in Bezug auf die Begehung von Straftaten bestehen muss (siehe Art. 16 II S. 1 Nr. 2 BayPAG), dürfte die Befugnisnorm trotz der nicht unerheblichen zeitlichen Dimension (Art. 16 II S. 3 BayPAG: bis zu drei Monate und um jeweils drei weitere Monate verlängerbar) einer verfassungskonformen Auslegung zugänglich sein, wenn von ihr im Einzelfall restriktiv Gebrauch gemacht und im Zweifel die „polizeiliche Erlaubnis" (siehe Art. 16 II S. 1 BayPAG) erteilt wird.

---

[534] Zur „Polizeifestigkeit" der Versammlungsfreiheit vgl. Rn 1034 f. und 1102 f.
[535] Zum Problem der „Vorfeldmaßnahmen" vgl. Rn 1038 f. und 1101 ff.

d. Wohnungsverweisung und Rückkehrverbot zum Schutz vor häuslicher Gewalt

Mit Ausnahme Bayerns haben alle Bundesländer in ihren Polizeigesetzen die Standardmaßnahme Platzverweisung um die Variante **Wohnungsverweisung und Rückkehrverbot zum Schutz vor häuslicher Gewalt** erweitert. Danach ist der Polizei die Möglichkeit eröffnet, eine gewalttätige Person zur Abwehr einer von ihr ausgehenden gegenwärtigen Gefahr für Leib, Leben oder Freiheit einer anderen Person aus einer Wohnung, in der die gefährdete Person wohnt, sowie aus deren unmittelbarer Umgebung **zu verweisen** und ihr (mit zeitlich begrenzter Wirkung) **die Rückkehr in diesen Bereich zu untersagen**.[536] Der Störer und Adressat der polizeilichen Anordnung darf (lediglich) dringend benötigte Gegenstände des persönlichen Bedarfs mitnehmen. Er ist verpflichtet, der Polizei unverzüglich eine Anschrift oder eine zustellungsbevollmächtigte Person zu benennen. Oft geht auch ein (auf die Befugnisgeneralklausel gestütztes) Kontaktverbot einher.

432

Zwar sieht bereits das **Gewaltschutzgesetz** des Bundes v. 11.12.2001 ein Betretungs- bzw. Rückkehrverbot bzgl. der gemeinsamen Wohnung vor (vgl. § 1 I S. 1 GewSchG), es macht allerdings die behördliche Maßnahme von einer **richterlichen Entscheidung** abhängig (§ 1 I S. 3 GewSchG). Der landespolizeigesetzlichen Wohnungsverweisung und dem Rückkehrverbot verbleiben daher immer dann ein Anwendungsbereich, wenn eine gerichtliche Anordnung nach § 1 I S. 3 GewSchG noch nicht getroffen wurde bzw. (noch) nicht getroffen werden kann, was in **akuten Gefahrsituationen**, insbesondere in den späten Abend- und Nachtstunden sowie am Wochenende der Fall sein dürfte.

433

> **Beispiel:** Es ist Sonntagmorgen 1.45 Uhr, als bei der Polizeiwache ein Anruf eingeht, in dem die Anruferin körperliche Übergriffe ihres wieder einmal angetrunkenen Ehemanns meldet. Dieser ist der Polizei als gewalttätig bekannt und auch schon einschlägig vorbestraft. Nachdem die Polizei vor Ort eingetroffen ist und den Mann befragt, gewinnt sie den Eindruck, dass in der Nacht mit (weiterer) schwerer Gewaltanwendung gegenüber der Ehefrau zu rechnen ist.[537] Daher verweist sie den Mann aus der Wohnung und erteilt ihm ein Rückkehrverbot bis zum Montagmorgen 9.00 Uhr.

Mit der Wohnungsverweisung und dem damit verbundenen Rückkehrverbot sind **erhebliche Grundrechtseingriffe** verbunden. Betroffen sind insbesondere das Grundrecht der Freizügigkeit nach Art. 11 I GG, die Gewährleistung des Eigentums nach Art. 14 I S. 1 GG und möglicherweise die Unverletzlichkeit der Wohnung nach Art. 13 I GG sowie die Berufsfreiheit nach Art. 12 I S. 1 GG.

434

Das **Grundrecht der Freizügigkeit** ist (soweit es sich bei dem Betroffenen um einen Deutschen handelt) betroffen, weil der aus der Wohnung Verwiesene daran gehindert wird, seinen Aufenthalt frei zu bestimmen. Insbesondere schützt Art. 11 I GG auch das Recht, seinen Aufenthalt *innerhalb* des Gemeindegebiets frei zu bestimmen. Das ist mittlerweile nahezu unbestrittene Auffassung.[538] Fraglich ist jedoch, ob die Länder mit Blick auf Art. 73 I Nr. 3 GG überhaupt die Gesetzgebungskompetenz haben, die Frei-

435

---

[536] Vgl. z.B. BW: § 27a III PolG; Berl: § 29a ASOG; Brand: § 16a PolG; Brem: § 14a PolG; Hamb: § 12b I SOG; Hess: § 31 II SOG; MeckVor: § 52 I SOG; Nds: § 17a I S. 1 POG; NRW: § 34a PolG; RhlPfl: § 13 II POG; Saarl: § 12 II PolG; Sachs: § 19 PVDG; SachsAnh: § 36 III SOG; SchlHolst: § 201a LVwG; Thür: § 18 II PAG. In Bayern wird die Wohnungsverweisung offenbar auf die Standardmaßnahme *Platzverweisung* (Art. 16 I PAG) gestützt, was aber mit Blick auf den Bestimmtheitsgrundsatz und die Wesentlichkeitstheorie äußerst fraglich erscheint (vgl. auch Rn 438).
[537] Vgl. hierzu OVG Münster NJW 2015, 1468 f. (vgl. auch unten Rn 438).
[538] Vgl. nur VGH Mannheim NJW 2005, 88 f.; OVG Münster NJW 2002, 2195; OVG Bremen NVwZ 1999, 314, 315 f.; VG Gelsenkirchen, NWVBl 2002, 361, 362; VG Stuttgart VBlBW 2002, 43; *R. Schmidt*, Grundrechte, Rn 730; *Guckelberger*, JA 2011, 1 f.; *Kingreen/Poscher*, Grundrechte, Rn 794; *Kunig*, in: v. Münch/Kunig, GG, Art. 11 Rn 12; *Schenke*, POR, Rn 135 f.; *Alberts*, NVwZ 1997, 45 ff.; a.A. *Wuttke*, JuS 2005, 779, 781.

zügigkeit zu regeln. Denn diese Verfassungsbestimmung räumt i.V.m. Art. 71 GG dem Bund die ausschließliche Gesetzkompetenz zur Regelung der Freizügigkeit ein. Die landesrechtlichen Bestimmungen hinsichtlich der Wohnungsverweisung könnten somit kompetenzwidrig und damit verfassungswidrig sein.[539] Dem ist jedoch entgegenzuhalten, dass es den Ländern bei den Wohnungsverweisungen nicht um die Regelung der Freizügigkeit geht, sondern um Gefahrenabwehr, die nach der Konzeption des Grundgesetzes grundsätzlich in die Gesetzgebungskompetenz der Länder fällt. Die Wahrnehmung dieser Kompetenz erführe erhebliche sachliche Friktionen, wenn es den Ländern bspw. durch die Kompetenz des Bundes nach Art. 73 I Nr. 3 GG verwehrt wäre, ein geschlossenes gesetzliches Konzept der Gefahrenabwehr zu etablieren. Der Begriff der Freizügigkeit in Art. 73 I Nr. 3 GG ist daher enger auszulegen als jener in Art. 11 I GG. Getragen wird dieser Standpunkt auch von der Regelung in Art. 11 II GG (sog. Kriminalvorbehalt), der, „um Straftaten vorzubeugen", ausdrücklich von einer Länderkompetenz ausgeht. Folgerichtig hat sich dieser Auffassung, die bereits vom OVG Bremen im Jahre 1998 vertreten wurde[540], nunmehr auch der VGH Mannheim angeschlossen[541].

436 Das **Grundrecht auf Eigentum** (Art. 14 I S. 1 GG) ist betroffen, weil der aus der Wohnung Verwiesene nicht mehr frei über sein Eigentum bzw. sein Besitzrecht verfügen kann. Da die Wohnungsverweisung aber nur vorübergehend wirkt, liegt keine Enteignung (Art. 14 III GG), sondern lediglich eine Inhalts- und Schrankenbestimmung (Art. 14 I S. 2 GG) vor.

437 Ein Eingriff in das **Wohnungsgrundrecht** liegt jedenfalls dann vor, wenn die Polizei die Wohnung *betritt*, weil hierdurch die durch Art. 13 I GG geschützte Privatsphäre beeinträchtigt wird. Da Art. 13 I GG aber weder ein Recht auf Wohnung noch ein Recht auf eine bestimmte Wohnungsnutzung gewährleistet[542], wird man bei der Wohnungsverweisung wohl keinen Eingriff erblicken können.[543]

438 Ob schließlich ein Eingriff in das **Grundrecht der Berufsfreiheit** (Art. 12 I S. 1 GG) vorliegt, hängt davon ab, ob der von der Wohnungsverweisung Betroffene seine **berufliche Tätigkeit** in der Wohnung ausübt (dazu Rn 444). Möglicherweise liegt auch ein Eingriff in das Grundrecht der **Ehe und Familie** (Art. 6 I GG) vor.[544]

Allein die Aufzählung der betroffenen Grundrechte hat gezeigt, dass die Bundesländer gut beraten waren, spezielle „Wohnungsverweisungsrechte" in ihre Polizeigesetze aufzunehmen. Lediglich Bayern hat bisher keinen Handlungsbedarf gesehen (s.o.). Sofern vertreten wird, hier die Wohnungsverweisung auf die Befugnisnorm bzgl. der einfachen Platzverweisung oder gar auf die Befugnisgeneralklausel zu stützen[545], ist dies weder mit der **Wesentlichkeitsrechtsprechung** des BVerfG noch mit dem **Bestimmtheitsgrundsatz** vereinbar.[546] Derart schwerwiegende Grundrechtseingriffe bedürfen einer ausdrücklichen und detaillierten Rechtsgrundlage, die die Anlasstatbestände (vom Aggressor ausgehende gegenwärtige Gefahr für Leib, Leben oder Freiheit der anderen Person) regelt sowie verfahrensrechtliche Sicherungsmechanismen enthält (insbesondere zeitliche Grenzen aufzeigt). Auf Rechtsanwendungsseite müssen belastbare Anzeichen für die Annahme einer gegenwärti-

---

[539] So vertreten z.B. von *Pernice*, in: Dreier, GG, Art. 11 Rn 24; *Hecker*, NVwZ 1997, 261, 263; *ders.*, JuS 1998, 575, 576; *Waechter*, NdsVBl 1996, 197, 200 f.
[540] OVG Bremen NVwZ 1999, 314, 315 f.
[541] VGH Mannheim NVwZ 2005, 88, 89.
[542] So ausdrücklich BVerfGE 7, 230, 238; *Jarass*, in: Jarass/Pieroth, GG, Art. 13 Rn 8.
[543] A.A. *Guckelberger*, JA 2011, 1, 2.
[544] Vgl. dazu *Petersen-Thrö*, SächsVBl 2004, 173, 175 f.; *Storr*, ThürVBl 2005, 97, 99.
[545] So *Seiler*, VBlBW 2004, 93 ff.; *Traulsen*, JuS 2004, 414, 416 f.
[546] Wie hier *Proske*, VBlBW 2005, 140, 141; *Storr*, ThürVBl 2005, 97, 99; *Wuttke*, JuS 2005, 779, 782. Auch der VGH Mannheim hatte sich seinerzeit dieser Auffassung angeschlossen, jedoch für eine Übergangszeit den Rückgriff auf die Befugnisgeneralklausel zugelassen (NVwZ 2005, 88, 89). Vgl. nunmehr § 27a III BWPolG.

gen Gefahr für Leib, Leben oder Freiheit der anderen Person vorliegen.[547] Fehlt es daran, kommt bspw. eine Gefährderansprache (Rn 597a ff.) in Betracht.

aa. Formelle Rechtmäßigkeit

Da die **Wohnungsverweisung** und das **Rückkehrverbot** die verbindliche Anordnung treffen, sich zu entfernen bzw. der Wohnung fernzubleiben, stellen sie **Verwaltungsakte** dar. Hinsichtlich der formellen Rechtmäßigkeit gelten daher die allgemeinen Voraussetzungen, die für alle Verwaltungsakte gelten (Zuständigkeit, Verfahren und Form; siehe Rn 607 ff.). Insbesondere können sie grundsätzlich auch **mündlich** ergehen. Für diesen Fall wird man aber eine schriftliche Bestätigung fordern müssen. Jedenfalls besteht eine polizeiinterne Dokumentationspflicht, um eine spätere gerichtliche Nachvollziehbarkeit zu ermöglichen. Die Dokumentation stellt gleichzeitig eine wichtige Grundlage für die richterliche Entscheidungsfindung im Rahmen der Eilentscheidung über die zivilrechtliche Schutzanordnung nach § 2 GewSchG dar.

439

bb. Materielle Rechtmäßigkeit

In materieller Hinsicht ist im Rahmen der Krisenintervention vor Ort von den Beamten des Polizeivollzugsdienstes zu fordern, dass sie eine **Gefahrenprognose** für die Zukunft treffen, die die Voraussetzung einer gegenwärtigen Gefahr für eines der in der Befugnisnorm über die Wohnungsverweisung genannten Schutzgüter begründet. Wesentliche Kriterien für die Gefahrenprognose sind insbesondere die gegenwärtige Gefahrensituation, weitere Gewaltandrohungen, wiederholte Gewaltanwendungen in der Vergangenheit, die akuten und ggf. auch früher zugefügten Verletzungen, Aussagen der betroffenen Personen und von Zeugen (Nachbarn, Verwandten, Kindern) sowie Alkoholisierung und damit verbundene wiederholte Gewaltanwendung. In der Regel stellt häusliche Gewalt nicht ein einmaliges Ereignis dar, sondern hat eine lange Vorgeschichte; sie ist ein Seriendelikt mit zunehmender Intensität und kurzfristigen Wiederholungen. Oft ist auch eine Gewaltspirale festzustellen. Dies lässt den Schluss zu, dass sich aktuelle Gewalt mit entsprechender Vorgeschichte auch zukünftig wiederholen wird und dass jederzeit mit neuen gewalttätigen Übergriffen zu rechnen ist. Kommen danach die Beamten zu dem Schluss, den Aggressor aus der Wohnung zu verweisen, ist diese Entscheidung nicht zu beanstanden.

440

Weitere Ausprägung des Verhältnismäßigkeitsgrundsatzes ist die maximale Frist der Wohnungsverweisung. Mit Ausnahme von Rheinland-Pfalz (vgl. § 13 II RhlPflPOG) haben alle Bundesländer in ihren Polizeigesetzen eine Maximaldauer von 10 bis 14 Tagen, jeweils mit Verlängerungsmöglichkeit, vorgesehen.[548] In Rheinland-Pfalz dürfte der Grundsatz der Verhältnismäßigkeit aber keinesfalls längere Fristen ermöglichen. Auf der einen Seite sind diese Fristen lang genug, um das Interesse des Opfers zu gewährleisten, bis zur Erwirkung der zivilgerichtlichen Anordnung vor weiteren Gewaltanwendungen im häuslichen Bereich polizeilich geschützt zu sein. Auf der anderen Seite tragen sie dem Umstand Rechnung, dass die von der Wegweisung betroffene Person in ihren Grundrechten der Freizügigkeit nach Art. 11 I GG und der Gewährleistung des Eigentums nach Art. 14 I S. 1 GG unmittelbar eingeschränkt wird.

441

Konsequenterweise haben die Gesetzgeber mit der Aufnahme des Wohnungsverweisungsrechts in ihre Polizeigesetze zugleich die Standardmaßnahme *Ingewahrsamnahme* um die Befugnis erweitert, den Gewalttäter in Gewahrsam zu nehmen, „wenn dies

442

---

[547] Vgl. dazu OVG Münster NJW 2015, 1468 f.
[548] 10 Tage: Brand: § 16a V PolG; Brem: § 14a IV PolG; Hamb: 12b I SOG; NRW: § 34a V PolG; Saarl: § 12 II PolG; Thür: § 18 II PAG; 14 Tage: BW: § 27a IV PolG; Berl: § 29a III ASOG; Hess: § 31 II SOG; MeckVor: § 52 II SOG; Nds: § 17a I S. 1 POG; Sachs: § 19 I S. 1 PVDG; SachsAnh: § 36 III SOG; SchlHolst: § 201a I LVwG.

zur Durchsetzung der Wohnungsverweisung oder des Rückkehrverbots unerlässlich ist" (vgl. etwa § 13 I Nr. 4 HmbSOG).

443 Stellt die gefährdete Person innerhalb der o.g. Frist einen Antrag auf zivilrechtlichen Schutz vor Gewalt oder Nachstellungen mit dem Ziel des Erlasses einer einstweiligen Anordnung und wird diesem Antrag stattgegeben (vgl. §§ 49 ff. FamFG), enden die auf Grundlage des Polizeigesetzes erlassenen polizeilichen Maßnahmen mit dem Tag der gerichtlichen Entscheidung. Denn in diesem Fall ist für eine polizeiliche Wohnungsverweisung kein Raum mehr. Etwas anderes kann freilich dann gelten, wenn dem Antrag auf Erlass einer einstweiligen Anordnung nicht stattgegeben wird. Ob dann aber die Gründe für eine polizeiliche Wohnungsverweisung aufrechterhalten werden können, ist zweifelhaft; nicht ohne Grund wurde der Antrag auf Erlass einer einstweiligen Anordnung abgelehnt. Etwas anderes gilt nur dann, wenn man von einer Fehlentscheidung des Gerichts ausgeht. In jedem Fall endet die auf Grundlage des Polizeigesetzes durchgeführte Maßnahme nach Ablauf der im Polizeigesetz genannten Frist.

444 Gesetzlich nicht geregelt ist der Fall, wenn der von der Wohnungsverweisung Betroffene seine **berufliche Tätigkeit** in der Wohnung ausübt. Der hiermit verbundene Eingriff in Art. 12 I S. 1 GG ist jedenfalls nicht deshalb rechtswidrig, weil Art. 12 GG nicht in den Polizeigesetzen zitiert ist, denn Grundrechte mit Ausgestaltungs- bzw. Regelungsvorbehalt sind von der Zitierpflicht ausgenommen. In materieller Hinsicht ist eine Abwägung zu treffen zwischen der körperlichen Integrität des Gewaltopfers und der Berufsfreiheit des Aggressors, die im Ergebnis – zumindest bei kurzfristiger Wohnungsverweisung – wohl zugunsten des Gewaltopfers ausfallen dürfte.

445 Zum Schutz der bedrohten Person wird es regelmäßig auch erforderlich sein, die sog. Wegweisung auf die unmittelbare Umgebung der Wohnung auszudehnen, da anderenfalls die gewalttätige Person nicht wirkungsvoll von der Wohnung ferngehalten werden kann (vgl. § 1 I S. 3 Nr. 2 GewSchG). Hierbei muss jedoch – soweit einschlägig – etwa die Berufstätigkeit der betroffenen Person im selben Haus oder im unmittelbaren Umfeld berücksichtigt werden und zu einer individuell ausgestalteten Wohnungsverweisung führen.

446 Die Polizeigesetze enthalten auch keine Aussage über den zu schützenden Personenkreis; es wird lediglich von „der anderen Person" gesprochen. In Anlehnung an die (wenn auch zeitlich später erlassene) Regelung im Gewaltschutzgesetz ist es nicht erforderlich, dass die zu schützende Person ein eigenes Recht zum Besitz der Wohnung hat, sie insbesondere selbst Mieter oder Eigentümer ist. Die Wohnungsverweisung kann also auch zugunsten einer Person erfolgen, die in einer Wohnung wohnt, ohne ein eigenes Recht daran zu haben (vgl. § 2 II S. 2 GewSchG).

> **Beispiel:** T ist Eigentümer einer selbst genutzten Wohnung; seit einigen Wochen lässt er seine Partnerin O, deren Mietverhältnis gekündigt wurde, bei sich wohnen. Eine mündliche oder gar schriftliche Vereinbarung wird nicht getroffen. Nachdem T die O nun mehrmals körperlich misshandelt hatte und dies auch wieder an einem Sonntagmorgen um 2.30 Uhr der Fall ist, ruft O unter der Notrufnummer die Polizei um Hilfe. Die eingetroffenen Polizeibeamten verweisen T für 3 Tage aus der Wohnung.
>
> In diesem Fall ist die Wohnungsverweisung gerechtfertigt. Dass die Wohnung ausschließlich im Eigentum des T steht und O ein Besitzrecht auch nicht aus einem Mietvertrag ableiten kann, steht dem nicht entgegen. Die polizeigesetzlichen Befugnisnormen über die Wohnungsverweisung stellen eine rechtmäßige Inhalts- und Schrankenbestimmung des Eigentums dar.

Es ist auch nicht erforderlich, dass der Verwiesene in der Wohnung wohnt. Es kommt allein darauf an, dass die zu schützende Person dort wohnt.

> **Beispiel:** T und O sind zwar (noch) verheiratet, leben aber in getrennten Wohnungen. T hatte die O mehrmals in ihrer Wohnung aufgesucht und sie des Öfteren dort körperlich misshandelt. Als dies auch wieder an einem Sonntagmorgen um 2.30 Uhr der Fall ist, ruft O unter der Notrufnummer 110 um Hilfe. Die eingetroffenen Polizeibeamten verweisen T für 3 Tage aus der Wohnung.
>
> Auch in diesem Fall ist die Wohnungsverweisung gerechtfertigt. Dass T nicht in der Wohnung wohnt, ist ausweislich des eindeutigen Wortlauts der Befugnisnorm („aus einer Wohnung, in der die *gefährdete* Person wohnt") unschädlich.

Die Regelung, dass der Störer und Adressat der polizeilichen Anordnung **dringend benötigte Gegenstände des persönlichen Bedarfs** mitnehmen darf, trägt ebenfalls der Grundrechtsbeeinträchtigung auf Seiten des von der Maßnahme Betroffenen Rechnung. Während unter „dringend benötigte Gegenstände des persönlichen Bedarfs" z.B. Kleidungsstücke, Utensilien, die der Körperpflege dienen, etc. fallen, bedeutet „Mitnahme", dass die betroffene Person, um weitere Konfrontationen während der Dauer der Wegweisung zu vermeiden, diese Gegenstände unmittelbar im Zusammenhang mit der polizeilichen Verfügung an sich nehmen muss. Da der Pflicht, die Wohnung zu verlassen, i.d.R. rasch Folge zu leisten ist, können in begründeten Ausnahmefällen in Begleitung der Polizei auch nachträglich noch persönliche Gegenstände aus der Wohnung geholt werden.

Sollte sich der Gewalttäter weigern, der Verweisungsanordnung Folge zu leisten, kann die Polizei zur Durchsetzung der Verfügung konsequenterweise **unmittelbaren Zwang** anwenden. In Betracht kommt auch eine **Ingewahrsamnahme**.

e. Ingewahrsamnahme (Festnahme) von Personen

449 **Ingewahrsamnahme**[549] ist eine Einschränkung der Bewegungsfreiheit, d.h. die **Hinderung einer Person, sich in jede Richtung bewegen zu können**.

450 Wie aus der Definition zu entnehmen ist, handelt es sich bei der Ingewahrsamnahme um einen Eingriff in das Grundrecht auf **Freiheit der Person** (Art. 2 II S. 2 GG), wodurch rechtstechnisch jedenfalls eine **Freiheitsbeschränkung** (i.S.d. Art. 104 I GG) vorliegt. Besteht der Gewahrsam sogar für eine gewisse Mindestdauer, kann sogar eine **Freiheitsentziehung** i.S.v. Art. 104 II GG (und Art. 5 EMRK) vorliegen.[550]

Der Unterschied zwischen Freiheitsbeschränkung und Freiheitsentziehung besteht darin, dass die **Freiheitsbeschränkung** den Oberbegriff darstellt und bereits bei einer kurzfristigen Behinderung der Fortbewegungsfreiheit vorliegt, bspw. wenn eine betrunkene Person von der Polizei auf eine Parkbank gesetzt und am Weitergehen gehindert wird. Demgegenüber handelt es sich um eine **Freiheitsentziehung**, wenn die körperliche Bewegungsfreiheit nach jeder Richtung hin und für eine gewisse Mindestdauer aufgehoben wird.[551] Freilich ist diese Definition nicht ganz widerspruchsfrei, denn auch beim Verbringen einer Person zur polizeilichen Dienststelle (Sistierung) zwecks Identitätsfeststellung wird deren Bewegungsfreiheit nach jeder Richtung hin und für eine gewisse Mindestdauer auch dann aufgehoben, wenn die Maßnahme nur eine halbe Stunde dauert. Dennoch wird in diesem Fall einhellig (und richtigerweise) von einer bloßen Freiheitsbeschränkung ausgegangen. Der Grund hierfür besteht darin, dass lediglich die Freiheitsentziehung, nicht auch die Freiheitsbeschränkung, grundsätzlich einer vorherigen richterlichen Entscheidung bedarf (vgl. Art. 104 II S. 1 GG – siehe dazu Rn 495). Würde man also in einer kurzfristigen Sistierung eine Freiheitsentziehung sehen, wäre sie i.d.R. rechtswidrig, weil kaum davon ausgegangen werden kann, dass der Polizeibeamte zuvor eine richterliche Entscheidung einholt. Jüngst hat auch das BVerfG bei der Abgrenzung von Freiheitsbeschränkung und Freiheitsentziehung (im Fall einer Fixierung einer untergebrachten Person) die zeitliche Marke von einer halben Stunde für maßgeblich erachtet.

> **Beispiel**[552]: So stellt eine 5-Punkt- oder 7-Punkt-Fixierung, bei der sämtliche Gliedmaßen des Betroffenen (hier: eines in einer geschlossenen Psychiatrie untergebrachten Patienten) mit Gurten am Bett festgebunden werden, grds. eine Freiheitsentziehung i.S.v. Art. 104 II GG dar. Wie das BVerfG zu Recht ausführt, nimmt die vollständige Aufhebung der Bewegungsfreiheit durch die 5-Punkt- oder 7-Punkt-Fixierung am Bett dem Betroffenen die ihm bei der Unterbringung auf einer geschlossenen psychiatrischen Station noch verbliebene Freiheit, sich innerhalb dieser Station – oder zumindest innerhalb des Krankenzimmers – zu bewegen. Sie sei daher – gerade, weil sie darauf angelegt ist, den Betroffenen auf seinem Krankenbett vollständig bewegungsunfähig zu halten – eine eigenständige freiheitsentziehende Maßnahme.[553] Der freiheitsentziehende Charakter der Fixierung sei nur dann zu verneinen, wenn es sich um eine lediglich kurzfristige Maßnahme handele. Von einer kurzfristigen Maßnahme sei i.d.R. auszugehen, wenn sie absehbar die Dauer von ungefähr einer halben Stunde unterschreitet.[554]

---

[549] Vgl. § 13 MEPolG; Bund: § 39 BPolG; BW: § 28 PolG; Bay: Art. 17 PAG; Berl: § 30 ASOG; Brand: § 17 PolG; Brem: § 15 PolG; Hamb: § 13 SOG; Hess: § 32 SOG; MeckVor: § 55 SOG; Nds: § 18 POG; NRW: § 35 PolG; RhlPfl: § 14 POG; Saar: § 13 PolG; Sachs: § 22 PVDG; SachsAnh: § 37 SOG; SchlHolst: § 204 LVwG; Thür: § 19 PAG.
[550] BVerfG 105, 239, 248; 94, 166, 198. Vgl. auch BVerfG NVwZ 2011, 743 ff.; EGMR NVwZ 2014, 43 ff.
[551] BVerfG NJW 2018, 2619, 2621 (Fixierung von untergebrachten Personen); BVerfGE 105, 239, 248; 94, 166, 198.
[552] BVerfG NJW 2018, 2619 ff. (Fixierung von untergebrachten Personen).
[553] BVerfG NJW 2018, 2619, 2621.
[554] BVerfG NJW 2018, 2619, 2621.

> **Hinweis für die Fallbearbeitung:** Insbesondere wenn es um eine polizeiliche Ingewahrsamnahme einer Person geht, ist fraglich, ob in der Fallbearbeitung eine Unterscheidung zwischen Freiheitsbeschränkung und Freiheitsentziehung vorgenommen werden muss. Denn wie aufgezeigt, ist die Grenzziehung zwischen Freiheitsentziehung und Freiheitsbeschränkung alles andere als klar. Da Art. 104 II GG aber nur die Freiheitsentziehung (nicht auch die Freiheitsbeschränkung) unter Richtervorbehalt stellt und eine Freiheitsentziehung ohne vorherige richterliche Entscheidung
>
> ⇨ nur (maximal) bis zum Ablauf des der Ingewahrsamnahme folgenden Tages,
> ⇨ und nur dann zulässt, wenn der mit der Freiheitsentziehung verfolgte verfassungsrechtlich zulässige Zweck nicht anders erreicht werden kann[555],
>
> muss in der Fallbearbeitung eine Abgrenzung erfolgen. Sollte hinsichtlich der zu prüfenden Maßnahme eine Freiheitsentziehung angenommen werden, müssen deren Voraussetzungen („Unverzüglichkeit"; zeitliche Höchstgrenzen) zusätzlich zu den ohnehin strengen Voraussetzungen der polizeilichen Befugnisnorm geprüft werden, sofern die Maßnahme ohne richterliche Entscheidung durchgeführt wurde.

451 Die Sistierung zur Wache ist zwar der Regelfall des Polizeigewahrsams; dieser liegt aber auch bei anderen freiheitsverkürzenden Maßnahmen vor wie z.B. beim Verbringen zu einer Gefangenensammelstelle, bei Festhalten in einem Polizeifahrzeug oder einem sonst anderen Zwecken dienenden Raum. Das Gleiche gilt im Einzelfall u.U. für die Einschließung von Demonstranten im Freien in Form eines „Polizeikessels".

452 Eine freiheitsentziehende Maßnahme aus Gründen der Gefahrenabwehr kann nicht nur auf die polizeigesetzlichen Befugnisnormen über die Ingewahrsamnahme gestützt werden, sondern auch auf **spezialgesetzliche** Rechtsgrundlagen. In Betracht kommen insbesondere § 8 S. 2 Nr. 2 JuSchG, § 30 II InfSchG und die landesrechtlichen Vorschriften über Hilfen und Schutzmaßnahmen bei psychischen Krankheiten (z.B. §§ 8 ff. HambPsychKG). Zu beachten ist jedoch, dass diese Spezialgesetze die Ingewahrsamnahme durch die „zuständigen Behörden" regeln. Eine Ingewahrsamnahme durch die Polizei ist auf der Grundlage dieser Spezialgesetze i.d.R. ausgeschlossen, was freilich nicht ausschließt, dass die Polizei auf der Grundlage des Polizeirechts die betreffende Person (vorläufig) in Gewahrsam nimmt, um eine konkrete Gefahr abzuwehren. Keinesfalls darf aber auf die Befugnisgeneralklausel zurückgegriffen werden.

453 Die Inhaftnahme nach § 62 AufenthG ist nur nach vorheriger Entscheidung des Amtsgerichts zulässig. Allerdings kann die Ingewahrsamnahme von Ausländern vor einer richterlichen Entscheidung nach § 62 AufenthG aufgrund der polizeigesetzlichen Befugnisnorm zulässig sein.

> **Beispiel:** Ein in Niedersachsen untergebrachter Asylbewerber hat bereits zweimal einer Aufenthaltsbeschränkung nach § 56 I S. 1 AsylG zuwidergehandelt und sich in Bremen niedergelassen, sich also in den Bezirk einer anderen Ausländerbehörde begeben (Vergehen nach § 85 Nr. 2 AsylG). Die Polizei Bremen nimmt den Ausländer daher in Gewahrsam, um ihn an der Fortsetzung einer Straftat zu hindern, und übergibt ihn an die niedersächsische Polizei zwecks Rückführung in den Bezirk derjenigen Ausländerbehörde, in dem sein Aufenthalt gestattet ist.

454 Ist die Polizei **repressiv** tätig, stützt sich die Ingewahrsamnahme nicht auf das Polizeigesetz, sondern z.B. auf § 112 StPO (Untersuchungshaft) oder § 127 StPO (vorläufige Festnahme). Ob im konkreten Fall eine präventivpolizeiliche oder repressivpolizeiliche Ingewahrsamnahme bzw. Festnahme vorliegt, ist nach dem Schwergewicht des polizeilichen Handelns zu beurteilen.

---

[555] Vgl. BVerfGE 22, 311, 317 f.

Beispiel: Während einer Streifenfahrt bemerkt die Polizei, wie ein Mann auf seine Frau einschlägt. Diese fällt sofort zu Boden. Als der Mann gerade dazu ansetzt, auf die Frau einzutreten, überwältigt die Polizei den Mann und verbringt ihn zur Wache.

Hier kommt eine Ingewahrsamnahme sowohl aus Gründen der Gefahrenabwehr (Verhinderung weiterer körperlicher Misshandlungen) als auch der Strafverfolgung (vorläufige Festnahme zur Sicherung des staatlichen Strafanspruchs) in Betracht. Rechtsgrundlage für die Ingewahrsamnahme wäre somit entweder die entsprechende Vorschrift des Polizeigesetzes oder der StPO.

Vorliegend muss bei einer verständigen Würdigung des Sachverhalts davon ausgegangen werden, dass es der Polizei weniger um eine vorläufige Festnahme zur Sicherung des staatlichen Strafanspruchs, sondern primär darum ging, weiteren Schaden von der Frau abzuwenden. Die Rechtmäßigkeit der Ingewahrsamnahme richtet sich daher nach dem Polizeigesetz.

aa. Formelle Rechtmäßigkeit

455 Hinsichtlich der formellen Rechtmäßigkeit der Ingewahrsamnahme gelten zunächst die allgemeinen Voraussetzungen (Zuständigkeit, Verfahren und Form; siehe Rn 607 ff.). Wird die in Gewahrsam genommene Person auf der Dienststelle in einer Gewahrsamszelle oder in einer anderen Gewahrsamseinrichtung untergebracht, ist sie gemäß den Bestimmungen der Polizeigesetze, soweit möglich, von anderen gesondert und nicht in demselben Raum mit Straf- oder Untersuchungsgefangenen unterzubringen; darüber hinaus dürfen der festgehaltenen Person nur solche Beschränkungen auferlegt werden, die die Zwecke der Freiheitsentziehung oder die Ordnung im Gewahrsam erfordern (vgl. etwa Art. 19 III BayPAG; § 13b III HmbSOG; § 20 IV NdsPOG; § 16 III Rhl-PflPOG).

456 Als besondere (und zusätzlich zu prüfende) Verfahrensvorschrift normieren die Polizeigesetze einen **Richtervorbehalt** für freiheitsbeeinträchtigende Maßnahmen. Geht es um freiheitsentziehende Maßnahmen, ist dieser zwar bereits in Art. 104 II GG enthalten, sodass eine Wiederholung in den Polizeigesetzen insoweit an sich überflüssig wäre. Allerdings erstrecken die meisten Polizeigesetze den Richtervorbehalt auch auf freiheitsbeeinträchtigende Maßnahmen unterhalb der Schwelle der Freiheitsentziehung und normieren z.T. strengere (und damit zulässige) Voraussetzungen und geben somit nicht nur die in Art. 104 II GG genannte Höchstdauer der ohne richterliche Anordnung vorgenommenen Freiheitsentziehung wieder. Auch enthalten die Gesetze einen Ausnahmetatbestand für den Fall, dass eine richterliche Entscheidung erst nach Wegfall des Grundes für die freiheitsentziehende Ingewahrsamnahme ergehen würde (vgl. etwa Art. 18 I S. 6 BayPAG, § 36 I S. 2 NRWPolG).

457
> **Hinweis für die Fallbearbeitung:** Zwar handelt es sich bei dem Richtervorbehalt um eine besondere Verfahrensvorschrift und damit um eine formelle Rechtmäßigkeitsvoraussetzung. Da zum Richtervorbehalt sinnvollerweise aber erst dann etwas gesagt werden kann, wenn die materielle Rechtmäßigkeit der Ingewahrsamnahme feststeht, sollte der Richtervorbehalt erst im Anschluss an die materielle Rechtmäßigkeit geprüft werden. Dasselbe gilt für die Verpflichtung, dem Betroffenen den Grund für die Freiheitsentziehung anzugeben. Vgl. dazu insgesamt Rn 477 ff.

458 Weiterhin ist dem in Gewahrsam Genommenen unverzüglich der **Grund** der Freiheitsentziehung **bekannt zu geben** (vgl. dazu Rn 483). Auch ist er darüber zu **belehren**, dass er sich nicht zur Sache zu äußern braucht. Zur **Dauer** der Freiheitsentziehung enthalten die Polizeigesetze ebenfalls Besonderheiten.

bb. Materielle Rechtmäßigkeit

Gemäß den polizeilichen Bestimmungen (vgl. etwa Art. 17 BayPAG; § 13 HmbSOG; § 18 NdsPOG) kann die Polizei eine Person etwa in Gewahrsam nehmen, wenn dies unerlässlich ist

- zum **Schutz** der Person gegen eine ihr drohende Gefahr für Leib und Leben, weil die Person sich erkennbar in einem die freie Willensbestimmung ausschließenden Zustand oder sonst in hilfloser Lage befindet oder sich töten will,
- zur **Verhinderung** einer unmittelbar bevorstehenden Begehung oder Fortsetzung einer Ordnungswidrigkeit von erheblicher Bedeutung (für die Allgemeinheit) oder einer Straftat,
- zur **Durchsetzung** einer Platzverweisung,
- zur **Durchsetzung** einer Wohnungsverweisung oder eines Rückkehrverbots,
- zum Zweck der **Vorführung** gem. §§ 229, 230 III BGB
- sowie teilweise auch zur **Abwehr einer Gefahr für ein bedeutendes Rechtsgut** (siehe Art. 17 I Nr. 3 i.V.m. 11 III S. 2 Nr. 1-3 und Nr. 5 BayPAG).

a.) Schutzgewahrsam

Die polizeigesetzlichen Bestimmungen über den Gewahrsam regeln zunächst den sog. Schutzgewahrsam, der zur Abwehr einer **konkreten Gefahr** für Leib und/oder Leben des in Gewahrsam Genommenen unerlässlich ist. Dabei wird i.d.R. die Gefahr von der zu schützenden Person selbst ausgehen. Die diesbezüglichen Hauptfälle der Selbstgefährdung werden in den Vorschriften zum Schutzgewahrsam beispielhaft genannt. In einem „die freie Willensbestimmung ausschließenden Zustand" können sich insbesondere Menschen mit Selbsttötungsabsicht befinden (Pflicht des Staates, Menschenleben zu schützen, Art. 2 II S. 1 GG). Gleiches gilt etwa im Fall einer Ohnmacht, bei einem epileptischen Anfall oder schweren Nervenschock. Eine „sonstige hilflose Lage" kann insbesondere bei Volltrunkenen, verunglückten Personen, alten Menschen oder Kindern vorliegen, wobei sich Überschneidungen mit der „sonstigen hilflosen Lage" ergeben können. So befindet sich insbesondere der Volltrunkene, der hilflos ist, wohl auch in einem „die freie Willensbestimmung ausschließenden Zustand".

> **Beispiel:** Während einer Streifenfahrt durch die Innenstadt bemerkt die Polizei einen Mann (M), der stark torkelnd über den Gehweg läuft und dabei hin und wieder so dicht an die Fahrbahn gerät, dass einige Autofahrer gefährliche Ausweichmanöver durchführen müssen. Die Beamten halten an und stellen fest, dass M stark nach Alkohol riecht und nicht mehr ansprechbar ist. Sie setzen ihn zunächst auf eine Parkbank, aber M will sofort wieder auf die Straße zulaufen. Daraufhin nehmen sie M mit zur Dienststelle.
>
> Das Setzen auf die Parkbank und die anschließende Verbringung zur Dienststelle waren eine Beschränkung der Bewegungsfreiheit und griffen in Art. 2 II S. 2 GG ein. Denn durch die genannten Maßnahmen war es M verwehrt, sich frei zu bewegen. Als Rechtsgrundlage fungiert die polizeigesetzliche Befugnisnorm über den Gewahrsam. Diese Befugnisnorm enthält auf Tatbestandsseite einen differenzierten Katalog von Anlässen, bei deren Vorliegen eine Person in Gewahrsam genommen werden kann. So kann die Polizei eine Person in Gewahrsam nehmen, um sie vor Gefahren für Leib und Leben zu schützen, weil die Person erkennbar hilflos ist oder sich in einem die freie Willensbildung ausschließenden Zustand befindet (sog. Schutzgewahrsam, um der Schutzpflicht des Staates gem. Art. 2 II S. 1 GG nachzukommen). M lief stark alkoholisiert und torkelnd über den Gehweg und geriet dabei hin und wieder so dicht an die Fahrbahn, dass einige Autofahrer gefährliche Ausweichmanöver durchführen mussten. Dadurch hat er sich und andere Straßenverkehrsteilnehmer gefährdet. Zudem war er aufgrund der Blutalkoholkonzentration nicht mehr ansprechbar. Somit lagen die Voraussetzungen für den Schutzgewahrsam vor. Ermessensfehler und Verstöße gegen den Grundsatz der

Verhältnismäßigkeit sind nicht ersichtlich. Mithin waren das Setzen auf die Parkbank und die spätere Mitnahme auf die Dienststelle rechtmäßig.

461 „Klassischer" Anwendungsfall in der Praxis ist aber der Gewahrsam zur Verhinderung eines **Suizids**. Vgl. dazu auch das Beispiel bei Rn 74.

b.) Verhinderungsgewahrsam

462 Weiterhin regeln die Polizeigesetze den sog. Verhinderungsgewahrsam, den man auch als **Präventiv-** bzw. als **Unterbindungs- oder Sicherungsgewahrsam** bezeichnen kann. Diese Art des Gewahrsams ist nach den polizeigesetzlichen Bestimmungen zulässig, um eine unmittelbar bevorstehende Begehung oder Fortsetzung einer Ordnungswidrigkeit von erheblicher Bedeutung (für die Allgemeinheit) oder einer Straftat zu verhindern (vgl. etwa § 13 I Nr. 2 HmbSOG).

463 Straftaten und Ordnungswidrigkeiten i.S. der polizeigesetzlichen Vorschriften über den Gewahrsam sind tatbestandliche und rechtswidrige, nicht zwingend auch schuldhafte Handlungen, da es um Gefahrenabwehr geht und eine Gefahr auch von einem schuldlos handelnden Menschen ausgehen kann. Eine **Straftat** ist dabei jede rechtswidrige Tat, die den objektiven Tatbestand eines Strafgesetzes (auch Antragsdelikte) erfüllt (vgl. § 11 I Nr. 5 StGB). Eine **„Ordnungswidrigkeit von erheblicher Bedeutung"** (für die Allgemeinheit) liegt vor, wenn ein bedeutsames Rechtsgut betroffen ist. Dies kann insbesondere bei Ordnungswidrigkeiten im Bereich des Straßenverkehrs oder Umweltschutzes der Fall sein. Wegen der Schwere des Eingriffs muss jedoch in einem solchen Fall stets sorgfältig geprüft werden, ob das Gewicht des geschützten Interesses eine Freiheitsbeschränkung bzw. -entziehung rechtfertigt (was insbesondere am Tatbestandsmerkmal „unerlässlich" festgemacht werden kann; vgl. dazu Rn 473).

464 In der Praxis kommt der Verhinderungsgewahrsam insbesondere zur Verhinderung der Teilnahme an einer (wegen vermuteter Gewalttätigkeiten) verbotenen Versammlung (z.B. islamistischer Vereinigungen oder der rechtsextremistischen Szene, aber auch sog. G8-Gegner) in Betracht, wenn davon auszugehen ist, dass die Person eine spezifische Straftat (u.a. §§ 86a, 125, 130 StGB, § 20 VereinsG, § 27 VersG) begehen wird, oder zur Unterbindung von Ausschreitungen durch Hooligans (vgl. dazu das Beispiel sogleich bei Rn 465) oder gewalttätige Fans bei Fußballspielen.

465 Da die von einem Präventivgewahrsam betroffenen Personen aber gerade noch keine Straftat bzw. Ordnungswidrigkeit begangen haben und daher ein Präventivgewahrsam mit Blick auf die Freiheitsrechte nicht unproblematisch erscheint, bestimmen die Polizeigesetze, dass die Begehung einer Ordnungswidrigkeit von erheblicher Bedeutung (für die Allgemeinheit) oder einer Straftat **unmittelbar bevorstehen** muss. Manche Polizeigesetze sehen dies als erfüllt an, „wenn die Person früher mehrfach in vergleichbarer Lage bei der Begehung einer derartigen Ordnungswidrigkeit von erheblicher Bedeutung für die Allgemeinheit oder einer Straftat als Störer in Erscheinung getreten ist und nach den Umständen eine Wiederholung der Straftat oder Ordnungswidrigkeit bevorsteht" (so etwa § 13 I Nr. 2 HmbSOG). Das genügt nach der hier vertretenen Auffassung nicht und dürfte auch nicht den Anforderungen, die Art. 5 I S. 2 lit. c) Var. 2 EMRK an den Polizeigewahrsam stellt (dazu sogleich), gerecht werden. Man wird also ganz konkrete Verdachtsmomente dahingehend fordern müssen, dass eine bestimmte Straftat oder Ordnungswidrigkeit von erheblicher Bedeutung **in allernächster Zeit an einem bestimmten Ort gegen ein bestimmtes polizeiliches Rechtsgut** begangen werden soll.[556] Bloße Vermutungen reichen keinesfalls aus;

---

[556] Vgl. EGMR NVwZ 2012, 1089 f. (hinsichtlich Art. 5 I S. 2 lit. c) Var. 2 EMRK).

vielmehr müssen sich die genannten Verdachtsmomente auf bestimmte Tatsachen stützen lassen.[557] Dies entspricht im Wesentlichen der „gegenwärtigen Gefahr" (z.B. i.S.v. § 2 Nr. 3b BremPolG)[558] und wird in dieser engen Auslegung auch den Anforderungen, die Art. 5 I S. 2 lit. c) Var. 2 EMRK an den Polizeigewahrsam stellt, gerecht.[559]

> **Beispiel**[560]: Der polizeibekannte Hooligan H, Chef einer Hooligangruppe, reiste mit seinen Leuten zu einem Fußballspiel in die Stadt X. Eine Stunde vor Beginn des Spiels nahm ihn die Polizei in Gewahrsam, weil sie sichere Kenntnis darüber hatte, dass sich H mit dem Chef des verfeindeten Hooliganclubs aus X treffen würde, um „Konditionen und Locations" für die im Anschluss an das Spiel geplante Schlägerei festzulegen. Eine Stunde nach Beendigung des Spiels entließ ihn die Polizei aus dem Gewahrsam.
>
> Hier lag ein Verhinderungsgewahrsam vor. Materiell-rechtlich war dieser rechtmäßig, wenn er unerlässlich war, um u.a. die Begehung unmittelbar bevorstehender Straftaten zu verhindern. Ausschreitungen von Hooligans können zahlreiche Straftaten verwirklichen, von Körperverletzungsdelikten (§§ 223-227 StGB) bis hin zum Landfriedensbruch (§ 125 StGB). Lagen der Polizei also ganz konkrete Verdachtsmomente vor, dass im Anschluss an das Fußballspiel Straftaten der genannten Art stattfinden würden, war der Gewahrsam sowohl mit Art. 2 II S. 2 GG als auch mit Art. 5 I S. 2 EMRK vereinbar.[561]

466 Zu beachten ist schließlich, dass der Verhinderungsgewahrsam nur gegenüber Personen erfolgen kann, von **denen die Gefahr ausgeht**. Das geht zwar aus dem Wortlaut der Polizeigesetze nicht explizit hervor, ergibt sich aber zum einen aus dem Vergleich zum Schutzgewahrsam, der auch gegen einen Nichtstörer zu dessen Schutz durchgeführt werden kann, und zum anderen aus der Tatsache, dass Gefahrenabwehrmaßnahmen grundsätzlich nur gegen den Störer zu richten sind.[562]

467 Die Gesetzgebung, die den Schutz- und Verhinderungsgewahrsam betrifft, und die diesbezügliche Gesetzesanwendung sind nicht nur am Maßstab des Grundgesetzes zu messen, sondern auch an dem des Art. 5 EMRK. Der Verhinderungsgewahrsam ist in der genannten engen Auslegung auch mit Art. 5 I S. 2 lit. c) Var. 2 EMRK vereinbar.[563]

c.) Durchsetzungsgewahrsam

468 Weiterhin darf die Polizei eine Person in Gewahrsam nehmen, wenn dies unerlässlich ist zur Durchsetzung einer Platzverweisung.

469 Die Ingewahrsamnahme zur Durchsetzung einer Platzverweisung – auch eines Betretungs- und Aufenthaltsverbots[564] – ist ihrer Rechtsnatur nach nicht etwa die (zwangsweise) Vollstreckung der Platzverweisung, sondern – trotz einer gewissen Nachdrücklichkeit – eine Standardmaßnahme. Im Einzelfall kann jedoch fraglich sein, ob die Befugnisnorm über den Durchsetzungsgewahrsam noch ausreicht, um den damit verbundenen Eingriff in die Freiheit der Person zu rechtfertigen, oder ob die Maßnahme nur unter den Voraussetzungen der Vorschriften über den **unmittelbaren Zwang** zulässig ist. Die Beantwortung dieser Frage hängt davon ab, ob die Polizei körperliche

---

[557] Vgl. BVerwG NJW 1974, 807.
[558] OVG Bremen NVwZ 2001, 221.
[559] Nicht überzeugend daher EGMR NVwZ 2012, 1089 f. Immerhin zeigt sich der EGMR in einer späteren Entscheidung (EGMR NVwZ 2014, 43 ff. – dazu sogleich) „offener" für einen Präventivgewahrsam.
[560] Nach EGMR NVwZ 2014, 43.
[561] Die Mehrheitsentscheidung des EGMR stellt zwar nicht Art. 5 I S. 2 lit. c) Var. 2 EMRK ab, sondern auf Art. 5 I S. 2 lit. b) EMRK (vgl. NVwZ 2014, 43, 45 ff.), allerdings ändert sich dadurch im Ergebnis nichts an der Konventionskonformität.
[562] Vgl. OVG Bremen NVwZ 2001, 221 (allerdings mit unnötigem „Umweg" über Art. 5 I S. 2 lit. c EMRK) und Haase, NVwZ 2001, 164.
[563] Vgl. oben Rn 465 sowie EGMR NVwZ 2014, 43, 45 ff.
[564] Das geht unproblematisch aus dem Wortlaut der Befugnisnormen hervor, die undifferenziert von einer „Platzverweisung" sprechen, worunter letztlich auch das Betretungs- und Aufenthaltsverbot fallen.

Gewalt anwenden muss. Ist dies der Fall, liegt unmittelbarer Zwang vor und es sind die besonderen Eingriffsvoraussetzungen zu beachten.

470 Eine besondere Form des Durchsetzungsgewahrsams ist der sog. **Verbringungsgewahrsam**, dessen Zulässigkeit nicht ganz unproblematisch ist. Hierbei handelt es sich um die Verbringung einer Person von einem Gefahrenort zu einem anderen, weiter entfernten Ort, etwa zu anderen Stadtteilen, zum Stadtrand oder zu einer Gewahrsamseinrichtung. Zweck dieser Maßnahme ist es, in erster Linie Störer durch Schaffung einer räumlichen Distanz an ihren störenden Handlungen zu hindern.[565]

> **Beispiele:** Die Polizei verbringt Gewalttäter oder von einer Versammlung zuvor ausgeschlossene Randalierer zur Verhinderung weiterer Ausschreitungen zu einer polizeilichen Gewahrsamseinrichtung (sog. Gefangenensammelstelle); die Polizei entfernt Obdachlose aus einem Stadtgebiet; im Rahmen eines *Rückführungsgewahrsams* werden anlässlich der „Chaostage" in Hannover die angereisten Punks zu ihren Heimatorten verbracht.

471 Wegen des mit der Verbringung verbundenen Eingriffs in die Rechtssphäre des Betroffenen (Willensentschließungsfreiheit, Bewegungsfreiheit) ist zunächst eine Rechtsgrundlage erforderlich. Bezüglich der kurzfristigen Freiheitsbeschränkung während des Transports ist der Verbringungsgewahrsam als **Verhinderungs-** oder **Platzverweisungsgewahrsam** (s.o.) rechtfertigungsbedürftig und -fähig. Die Umsetzung an den weiter entfernten Ort ist eine Freiheitsbeschränkung bzw. -entziehung, die sich juristisch als eine durch unmittelbaren Zwang vollzogene Duldungsverfügung darstellt. Als Rechtsgrundlage für die vollstreckungsfähige Duldungsverfügung kommen nach h.M. die **Befugnisgeneralklausel**, für die Vollzugsmaßnahme die Vorschrift über den **unmittelbaren Zwang** in Betracht.[566] Nach der hier vertretenen Auffassung ist die Konstruktion des Verbringungsgewahrsams als Duldungsverfügung auf Grundlage der Befugnisgeneralklausel nicht erforderlich, weil der Verbringungsgewahrsam von den Tatbestandsvoraussetzungen der Befugnisnorm bzgl. des Gewahrsams erfasst ist. Insbesondere können auch Standardmaßnahmen mit Mitteln des Zwangs durchgesetzt werden, da sie ihrer Rechtsnatur nach (auch) Verwaltungsakte sind.[567] Außerdem ist nicht einzusehen, warum der Verbringungsgewahrsam nicht auch eine Freiheitsentziehung ist mit dem dann zu beachtenden Richtervorbehalt. Das Abstellen auf die Befugnisgeneralklausel umgeht diese Anforderung und überzeugt daher nicht. Fraglich ist lediglich die Verhältnismäßigkeit. Nach dem LG Hamburg ist der Verbringungsgewahrsam gegenüber dem Gewahrsam in einer polizeilichen Gewahrsamseinrichtung *vor Ort* kein milderes Mittel und somit generell unzulässig.[568] Das Gericht stellt auf einen Zeitvergleich zwischen beiden Maßnahmen ab und kommt zu dem Ergebnis, dass die Ingewahrsamnahme in einer vor Ort befindlichen Gewahrsamseinrichtung eine geringere Zeit in Anspruch nehme und daher gegenüber dem Verbringungsgewahrsam (stets) das mildere Mittel sei. Dem kann so pauschal nicht gefolgt werden. Denn die mit dem Eingesperrtsein verbundenen Begleitumstände (enge Räume, viele Personen, Ungewissheit über die Dauer der Freiheitsentziehung und fehlende Kontaktmöglichkeiten zu Angehörigen) sind ebenfalls in die Prüfung der Verhältnismäßigkeit einzubeziehen. Diese Aspekte sind ebenso wenig in die Abwägung des LG Hamburg eingeflossen wie eine fallbezogene Prüfung des Anschlusses an den ÖPNV (Öffentlicher Personennahverkehr), der Möglichkeit zum Erwerb von Verpflegung, der Übernachtungsmöglichkeiten, der Tages- und Jahreszeit, der konkreten Witterungsverhältnisse sowie des Alters- und Gesundheitszustands des Betroffenen im Fall des Verbringungsgewahrsams.[569] Die

---

[565] *Leggereit*, NVwZ 1999, 263; *Götz*, NVwZ 1998, 679, 682; OVG Bremen NVwZ 1987, 235, 236.
[566] So *Schenke*, POR, Rn 142; *Leggereit*, NVwZ 1999, 263 ff.; a.A. *Kingreen/Poscher* POR, § 17 Rn 5.
[567] Zur Qualifikation der Standardmaßnahmen als Verwaltungsakte vgl. Rn 108 sowie Rn 119 ff.
[568] LG Hamburg NVwZ-RR 1997, 537.
[569] Diese Aspekte berücksichtigt aber OVG Bremen NVwZ 1987, 235, 237.

Annahme einer generellen Unzulässigkeit des Verbringungsgewahrsams, wie sie vom LG Hamburg konstatiert wird, ist somit nicht überzeugend. Vielmehr ist stets eine Einzelfallprüfung anzustellen, bei der sämtliche oben aufgezeigte Argumente gegeneinander abgewogen werden müssen.

> **Beispiel:** Die *Anti-Atom-Liga* e.V. (AAL), deren Mitglieder für eine radikale Durchsetzung ihrer politischen Linie bekannt und teilweise wegen Nötigung und Landfriedensbruchs vorbestraft sind, demonstrierte erneut in der Stadt S vor dem Technologiezentrum. Unter den Demonstranten befand sich M, der sich mit einem Stahlseil und mit Handschellen an das Haupttor ankettete, um die mit Reaktorteilen beladenen Lkw an der Einfahrt zu hindern. Der Einsatzleiter der Polizei ordnete daher die Durchtrennung des Stahlseiles und die Verbringung des M zur im Nachbarort befindlichen Gefangenensammelstelle an. M wurde mitgeteilt, dass für ihn die Veranstaltung zu Ende sei und dass er nunmehr zur Gefangenensammelstelle verbracht werden müsse. Da M mit dem Abtransport seiner Person jedoch nicht einverstanden war und sich heftig wehrte, wurde er schließlich unter Überwindung von Widerstand zur Gefangenensammelstelle verbracht und von dort drei Stunden später, nachdem die Reaktorteile sicher ihr Ziel erreicht hatten, wieder entlassen.
>
> Als Rechtsgrundlage für die Verbringung dient die polizeigesetzliche Befugnisnorm bzgl. des Gewahrsams (z.B. § 15 I S. 1 Nr. 2 und 3 BremPolG). Insbesondere ist die Anwendbarkeit des Polizeigesetzes nicht dadurch gesperrt, dass es sich um eine Versammlung handelte, denn M wurde vor seiner Verbringung gem. § 18 III VersG wirksam ausgeschlossen.[570] Fraglich ist lediglich die Verhältnismäßigkeit. M wurde drei Stunden in der Gefangenensammelstelle festgehalten. Ob ein dreistündiges Festhalten gegen das Übermaßverbot verstößt, ist eine Tatfrage. Jedenfalls macht bei einer solch kurzen Dauer eventuell fehlende Verpflegung die Maßnahme nicht unverhältnismäßig, jedenfalls sofern Getränke bereitstehen und bei den Festgehaltenen ein normaler Gesundheitszustand besteht. Auch bei M konnte von einem normalen Gesundheitszustand ausgegangen werden, sodass sich das Verbringen zur Gefangenensammelstelle insgesamt, aber ohne Berücksichtigung des Zwangselements, als verhältnismäßig erwies. Das Gleiche würde im Übrigen gelten, wenn man den Verbringungsgewahrsam nicht auf die Befugnisnorm zur Ingewahrsamnahme, sondern auf die Befugnisgeneralklausel gestützt hätte. Zur Rechtmäßigkeit des Zwangs vgl. die Darstellung bei Rn 928 ff.

> **Fazit:** Grundsätzlich ist der Durchsetzungsgewahrsam von der Befugnisnorm der Standardmaßnahme *Ingewahrsamnahme* gedeckt. Sobald aber die Polizei zur Durchsetzung eines Platzverweises körperliche Gewalt anwenden muss, ist das juristisch als unmittelbarer Zwang zu bewerten, für den es gesonderter Rechtsgrundlagen bedarf. Dies sind die Vorschriften über den unmittelbaren Zwang, nicht die über den Platzverweis oder die Ingewahrsamnahme.

d.) Ingewahrsamnahme zum Schutz eines bedeutenden Rechtsguts

472 Nach einer am 1.8.2017 in Kraft getretenen Novelle des BayPAG erlaubt dessen Art. 17 I Nr. 3 die Ingewahrsamnahme einer Person, wenn dies zur Abwehr einer Gefahr für ein bedeutendes Rechtsgut i.S.d. Art. 11 III S. 2 Nr. 1-3 u. Nr. 5 BayPAG unerlässlich ist. Bedeutende Rechtsgüter in diesem Sinne sind der Bestand und die Sicherheit des Bundes oder eines Landes, das Leben, die Gesundheit und die Freiheit, die sexuelle Selbstbestimmung, erhebliche Eigentumspositionen und Sachen, deren Erhalt im besonderen öffentlichen Interesse liegt (Art. 11 III S. 2 BayPAG). Zu den Sachen, deren Erhalt im besonderen öffentlichen Interesse liegt, wird man v.a. kritische Infrastruktureinrichtungen zählen müssen, also solche Einrichtungen, bei deren Ausfall oder Beeinträchtigung nachhaltig wirkende Versorgungsengpässe, erhebliche Störungen der

---

[570] Zum Versammlungsausschluss vgl. auch BVerfG NVwZ 2005, 80, 81; VGH Mannheim VBlBW 2008, 60 ff.

öffentlichen Sicherheit oder andere dramatische Folgen eintreten würden.[571] Beispielhaft seien Energieversorgungsanlagen, Telekommunikationsanlagen, Straßenverkehrseinrichtungen, Einrichtungen der staatlichen Verwaltung genannt. Ist auf eines dieser Rechtsgüter in absehbarer Zeit ein Angriff von erheblicher Intensität oder Auswirkung zu erwarten (was aufgrund von Hinweisen nachzuweisen wäre), kann die bayerische Polizei die notwendigen Maßnahmen treffen, um den Sachverhalt aufzuklären und die Entstehung einer Gefahr zu verhindern, wenn im Einzelfall das individuelle Verhalten einer Person die konkrete Wahrscheinlichkeit begründet oder wenn Vorbereitungshandlungen für sich oder zusammen mit weiteren bestimmten Tatsachen den Schluss auf ein seiner Art nach konkretisiertes Geschehen zulassen (Art. 11 III S. 1 BayPAG). Zum Merkmal „unerlässlich" siehe sogleich.

e.) Einschränkendes Erfordernis „unerlässlich"

473 Die Polizei darf eine Person nur dann in Gewahrsam nehmen, wenn dies zur Erreichung der o.g. Gründe „unerlässlich" ist. Auf den ersten Blick scheint dieses Tatbestandsmerkmal überflüssig zu sein, weil ohnehin jedes polizeiliche Handeln zu seiner Rechtmäßigkeit unerlässlich sein muss. Ist eine Maßnahme nicht unerlässlich, ist sie nicht erforderlich und damit unverhältnismäßig. Die „Aufwertung" zum Tatbestandsmerkmal kann also nur so verstanden werden, dass dem Rechtsanwender nochmals vor Augen geführt werden soll, dass die Ingewahrsamnahme nur als äußerstes Mittel der Gefahrenabwehr in Betracht kommt, wenn kein anderes geeignetes Mittel zur Verhinderung der genannten Tatbestände zur Verfügung steht.

> **Beispiel:** Werden bei einer Identitätsfeststellung im Rahmen einer Vorfeldkontrolle bei einigen anreisenden Demonstrationsteilnehmern Waffen und andere gefährliche Gegenstände sichergestellt, ist fraglich, ob die Polizei zusätzlich die betreffenden Personen in Gewahrsam nehmen darf, um Straftaten nach § 27 VersG zu verhindern. Als Rechtsgrundlage für die Ingewahrsamnahme kommt die polizeigesetzliche Befugnisnorm bzgl. des Gewahrsams in Betracht. Die Ingewahrsamnahme müsste aber auch „unerlässlich" sein. Das ist nicht der Fall, wenn ein anderes geeignetes Mittel zur Verfügung steht. In Fällen der vorliegenden Art wird i.d.R. die Sicherstellung der Waffen und gefährlichen Gegenstände genügen, um Straftaten nach § 27 VersG zu verhindern. Nur wenn weitere Tatsachen die Annahme rechtfertigen, die Person werde trotz der Sicherstellung im Zusammenhang mit der Demonstration Ordnungswidrigkeiten von erheblicher Bedeutung oder Straftaten begehen (etwa, weil sie aufgrund eines Datenabgleichs als „reisender Gewalttäter" einzustufen ist), kann ihre Ingewahrsamnahme erforderlich sein. Der Umstand allein, dass die Person in polizeilichen Dateien gespeichert, also „einschlägig bekannt" ist, reicht wiederum für eine Ingewahrsamnahme i.d.R. nicht aus.

e.) Vorführungsgewahrsam

474 Die gesetzlichen Befugnisnormen lassen ferner die Ingewahrsamnahme zum Zweck der Vorführung gem. §§ 229, 230 III BGB zu. Die Befugnis statuiert somit eine Ausnahme vom Subsidiaritätsprinzip, indem sie die Ingewahrsamnahme einer Person zum Schutz privater Rechte dritter Personen zulässt. Voraussetzung ist, dass die Festnahme und Vorführung der betroffenen Person nach den Selbsthilfevorschriften des BGB zulässig ist, ohne dass es auf die mangelnde Erlangbarkeit „obrigkeitlicher Hilfe" ankommt.

---

[571] Siehe Bundesamt für Bevölkerungsschutz und Katastrophenhilfe: https://www.bbk.bund.de/DE/AufgabenundAusstattung/KritischeInfrastrukturen/kritischeinfrastrukturen_node.html

f.) Zuführungsgewahrsam

Weiterhin darf die Polizei Minderjährige, die sich der Obhut von Sorgeberechtigten entzogen haben, in Gewahrsam nehmen, um sie den Sorgeberechtigten oder dem Jugendamt zuzuführen. Mit dieser Vorschrift hat der Gesetzgeber der Polizei die Möglichkeit eröffnet, einen Minderjährigen (d.h. noch nicht 18-Jährigen, vgl. § 2 BGB) den Sorgeberechtigten oder dem Jugendamt zuzuführen, sofern eine Gewahrsamnahme gem. den bisher behandelten Varianten der Befugnisnormen nicht in Betracht kommt. Zwar sind primär die Jugendämter zuständig, können diese jedoch nicht oder nicht rechtzeitig tätig werden, eröffnet die polizeigesetzliche Befugnis zur Ingewahrsamnahme i.V.m. der Eilfallkompetenz der Polizei die Möglichkeit des Zuführungsgewahrsams. Das Gleiche gilt, wenn sich Kinder oder Jugendliche an einem Ort aufhalten, an dem ihnen eine unmittelbare Gefahr für das körperliche, geistige oder seelische Wohl droht (jugendgefährdender Ort). Auch hier sind primär die nach § 8 JuSchG zuständigen Stellen berufen, die Kinder oder Jugendlichen einer erziehungsberechtigten Person zuzuführen oder sie, wenn keine erziehungsberechtigte Person erreichbar ist, in die Obhut des Jugendamtes zu bringen (§ 8 S. 2 Nr. 2 JuSchG). Insofern steht der Polizei auch in diesem Zusammenhang lediglich die Eilkompetenz zu. In materieller Hinsicht ist zu beachten, dass auch der Minderjährige sich auf Art. 11 I GG berufen kann, der mit der Zuführung zum Erziehungsberechtigten verbundene Eingriff in dieses Grundrecht ist aber durch kollidierendes Verfassungsrecht (hier: das elterliche Erziehungsrecht aus Art. 6 II GG, das durch die Vorschriften des BGB-Familienrechts konkretisiert ist[572]) gerechtfertigt.

475

g.) Ingewahrsamnahme Entwichener

Auch erlauben die Polizeigesetze die Ingewahrsamnahme Entwichener. Nach den entsprechenden Bestimmungen darf die Polizei Personen, die aus einer richterlich angeordneten Freiheitsentziehung entwichen sind oder sich sonst ohne Erlaubnis außerhalb der Einrichtung aufhalten, in Gewahrsam nehmen und in die Einrichtung zurückbringen. Als „richterlich angeordnete Freiheitsentziehung" kommen nicht nur die Haftstrafe nach rechtskräftiger Verurteilung, sondern auch die Untersuchungshaft und die freiheitsentziehenden Maßregeln zur Besserung und Sicherung in Betracht. Eine Person ist „entwichen", wenn sie mit Hilfe von Gewalt oder List aus der Haftanstalt oder einer sonstigen Einrichtung entflohen ist. „Sonst ohne Erlaubnis" hält sich eine Person außerhalb einer Vollzugsanstalt oder sonstigen Einrichtung insbesondere auf, wenn sie als Freigänger, nach einem Urlaub, Ausgang usw. nicht rechtzeitig in die Anstalt zurückgekehrt ist.

476

Allerdings ist der Anwendungsbereich dieser Variante des polizeilichen Gewahrsams äußerst gering. Denn nach § 87 StVollzG kann ein Gefangener, der entwichen ist oder sich sonst ohne Erlaubnis außerhalb der Anstalt aufhält, durch die Vollzugsbehörde oder auf ihre Veranlassung hin im Rahmen der sog. Nacheile auch von der Polizei festgenommen und in die Anstalt zurückgebracht werden. Auf § 87 I StVollzG, und nicht auf die polizeigesetzliche Befugnisnorm, muss daher eine Festnahme eines aus einer Vollzugsanstalt (einschließlich eines psychiatrischen Krankenhauses oder einer Entziehungsanstalt, in die eine Person gemäß §§ 63, 64 StGB eingewiesen ist) entwichenen Gefangenen gestützt werden, wenn die Vollzugsbehörde hierzu die Veranlassung gegeben hat. Ist der zeitliche Bezug zum Vollzug nicht mehr gegeben, erlischt das Festnahmerecht nach § 87 StVollzG und es bedarf eines Vollstreckungshaftbefehls nach § 457 II StPO.

---

[572] Das Sorgerecht (Personensorgerecht) umfasst nach § 1631 I BGB auch das Recht, den Aufenthalt des Kindes zu bestimmen. Es ist Teil der elterlichen Sorge (§ 1626 I S. 1 BGB). Das Sorgerecht steht den Eltern (§ 1626 BGB) zu, bei nicht verheirateten Eltern greift § 1626a I, II BGB, im Übrigen § 1626a III BGB. Bei Mündeln greift § 1793 BGB.

cc. Richtervorbehalt und Begründungsgebot

477 Die freiheitssichernde Funktion des Art. 2 II S. 2 GG hat auch eine **verfahrensrechtliche Dimension**. So stellt im Fall der **Freiheitsentziehung** (zur Abgrenzung Freiheitsbeschränkung/Freiheitsentziehung siehe Rn 450) **Art. 104 II GG** zusätzliche Anforderungen an die Grundrechtsschranke. Gemäß Art. 104 II S. 1 GG muss über Anordnung und Dauer der Freiheitsentziehung **der Richter entscheiden** (sog. Richtervorbehalt). Das BVerfG macht deutlich, dass der Richtervorbehalt auf eine vorbeugende Kontrolle der freiheitsentziehenden Maßnahme durch eine unabhängige und neutrale Instanz abziele. Das Grundgesetz gehe davon aus, dass Richter aufgrund ihrer persönlichen und sachlichen Unabhängigkeit und ihrer strikten Unterwerfung unter das Gesetz (Art. 97 GG) die Rechte der Betroffenen im Einzelfall am besten und sichersten wahren können.[573] Richterliche Entscheidungen, die den Freiheitsentzug betreffen, müssten zudem auf zureichender Sachaufklärung beruhen[574] und eine in tatsächlicher Hinsicht genügende Grundlage haben, die der Bedeutung der Freiheitsgarantie entspricht[575]. Erst eine hinreichende Tatsachengrundlage ermögliche es dem Richter, über eine freiheitsentziehende Maßnahme (etwa die Unterbringung in einem psychiatrischen Krankenhaus oder die Fixierung während der Unterbringung) zu entscheiden. Das gelte auch für die Entscheidung, ob die Unterbringung in einem psychiatrischen Krankenhaus fortzusetzen, zur Bewährung auszusetzen (§ 67d II StGB) oder für erledigt zu erklären (§ 67d VI StGB) ist. Nur auf dieser Grundlage könne er die von ihm geforderte Prognose künftiger Straffälligkeit stellen sowie die Verantwortbarkeit einer Erprobung des Untergebrachten in Freiheit und die Verhältnismäßigkeit einer weiteren Unterbringung prüfen. Verletze der Richter diese Maßstäbe, verletze die Anordnung der Fortdauer der Unterbringung das Freiheitsrecht aus Art. 2 II S. 2 GG.[576]

478 Um nach Möglichkeit eine vorherige richterliche Entscheidung zu gewährleisten, müssen die Gerichte organisatorisch Sorge tragen, dass – im Rahmen des Zumutbaren – ein Richternotdienst eingerichtet wird, damit auch nachts und am Wochenende der Richtervorbehalt nicht leerläuft.[577] Sollte eine Freiheitsentziehung ausnahmsweise aufgrund von Gefahr im Verzug ohne richterliche Anordnung durchgeführt werden, ist gem. Art. 104 II S. 2 GG **unverzüglich** eine richterliche Entscheidung **nachzuholen**. „Unverzüglich" heißt nicht etwa (wie bei § 121 BGB) „ohne schuldhaftes Zögern", sondern bedeutet, dass die Verzögerung sachlich zwingend geboten sein muss.[578] Allerdings ist das verfahrensrechtliche Gebot der unverzüglichen Einschaltung eines Richters nicht zwingend dadurch verletzt, dass dieser zur „Unzeit" (etwa an einem Sonntagmorgen um 2.30 Uhr) nicht erreichbar war; die Einrichtung eines durchgängigen richterlichen Bereitschaftsdienstes ist aus Zumutbarkeitsgründen nicht stets erforderlich. Ab den Morgenstunden ist dann aber die Erreichbarkeit eines Richters zu gewährleisten.[579]

Geht es um eine freiheitsentziehende Fixierung einer in einem (psychiatrischen) Krankenhaus **untergebrachten** psychisch kranken Person und wird die Fixierung zur Nachtzeit von einem Arzt zulässigerweise (wegen Gefahr im Verzug) ohne vorherige richterliche Entscheidung angeordnet, hat das BVerfG entschieden, dass – um den Schutz des Betroffenen zu gewährleisten – es in diesem Zusammenhang eines täglichen richterlichen Bereitschaftsdienstes bedürfe, der – in Orientierung an § 758a IV S. 2 ZPO – den Zeitraum von 6:00 Uhr

---

[573] BVerfG NJW 2018, 2619, 2625 mit Verweis auf BVerfGE 77, 1, 51.
[574] BVerfG NJW 2013, 3228, 3229 mit Verweis auf BVerfGE 58, 208, 222.
[575] BVerfG NJW 2013, 3228, 3229 mit Verweis auf BVerfGE 58, 208, 230.
[576] BVerfG NJW 2013, 3228, 3229.
[577] Vgl. BVerfGE 105, 239, 248 (Durchsuchung einer Wohnung).
[578] BVerfG NJW 2018, 2619, 2625; BVerfG NVwZ 2016, 1079 f.; BVerwGE 45, 51, 63; vgl. auch BVerfGE 105, 239, 249; EGMR NJW 2001, 51, 53.
[579] Vgl. BVerfG NVwZ 2006, 579, 580.

bis 21:00 Uhr abdeckt. Eine unverzügliche nachträgliche richterliche Entscheidung sei daher im Regelfall erst am nächsten Morgen (ab 6:00 Uhr) einzuholen.[580] Das lässt sich durchaus auf den präventivpolizeilichen Gewahrsam (etwa nach § 37a NRWPolG) übertragen.

Freilich gilt etwas anderes, wenn aufgrund der Vielzahl von erwarteten Ingewahrsamnahmen (Beispiel: G20-Gipfel) mit einem erhöhten Bedarf an richterlichen Entscheidungen zu rechnen ist. Dann ist ein richterlicher Bereitschaftsdienst auch nachts am Wochenende zwingend einzurichten.[581]   **478a**

Ein Verstoß gegen das Unverzüglichkeitsgebot führt zur Rechtswidrigkeit des Polizeigewahrsams. Zwar wird teilweise vertreten, dass in diesem Fall der Polizeigewahrsam aufzuheben und der Betroffene freizulassen sei[582], regelmäßig dürfte die Feststellung der Rechtswidrigkeit aber erst erfolgen, nachdem der Betroffene bereits aufgrund richterlicher Anordnung in Gewahrsam genommen worden oder die Maßnahme beendet worden ist. In diesem Fall kommt nachträglicher Rechtsschutz (Fortsetzungsfeststellungsklage) in Betracht, der am Gewahrsam nichts mehr ändert.   **478b**

Jedenfalls muss die ohne richterliche Entscheidung durchgeführte Ingewahrsamnahme spätestens bei Erreichen der **zeitlichen Höchstgrenzen** des Art. 104 III S. 1 GG (bei Freiheitsentziehung zu Zwecken der Strafverfolgung) oder des Art. 104 II S. 3 GG (bei Freiheitsentziehung zu Zwecken der Gefahrenabwehr) enden. Liegt mit Ablauf der jeweiligen Frist nicht die richterliche Entscheidung vor, ist der Betroffene sofort freizulassen. Anderenfalls liegt eine Freiheitsberaubung (§ 239 StGB) vor.   **478c**

Der ohne richterliche Entscheidung vorgenommene präventivpolizeiliche Gewahrsam endet also **spätestens am Ende des nächsten Tages** (Art. 104 II S. 3 GG; wiederholend etwa Art. 20 Nr. 3 BayPAG). Das darüber hinausgehende Festhalten bedarf einer richterlichen Entscheidung, die sich an sich aus anderen Gesetzen als den (gefahrenabwehrrechtlichen) Polizeigesetzen legitimieren muss. So kommt repressivpolizeilich die StPO in Betracht: Untersuchungshaft (§§ 112 ff.), psychiatrisches Krankenhaus (§ 81). Auch auf § 62 AufenthG kann eine richterliche Entscheidung (nach § 62 II, III AufenthG) gestützt werden. Um aber derartige Restriktionen zu umgehen, haben einige Bundesländer einen richterlich angeordneten Polizeigewahrsam bis zu 2 Wochen[583] vorgesehen, Bayern sogar bis zu 3 Monaten (mit – theoretisch beliebig oft wiederholbarer – Verlängerungsmöglichkeit bis zu weiteren 3 Monaten)[584]. Ob ein mit richterlicher Entscheidung ergangener (längerfristiger) Polizeigewahrsam, der seine Grundlage im Polizeirecht hat, verfassungsrechtlich überhaupt gerechtfertigt werden kann, ist zweifelhaft. Jedenfalls folgt die Verfassungswidrigkeit nicht aus Art. 104 II S. 3 GG, da diese Verfassungsbestimmung die in ihr genannte Höchstdauer nur für Freiheitsentziehungen festlegt, die die Polizei „aus eigener Machtvollkommenheit", also *ohne* richterliche Entscheidung vornimmt. In den genannten polizeigesetzlichen Vorschriften geht es aber um Freiheitsentziehungen *aufgrund* richterlicher Entscheidung. Die Verfassungswidrigkeit der polizeigesetzlichen Vorschriften über einen längerfristigen Polizeigewahrsam und der längerfristige Polizeigewahrsam selbst lassen sich aber mit Blick auf die mangelnde Erforderlichkeit und die daraus resultierende Unverhältnismäßigkeit begründen.[585] Anders als bei einer Untersuchungshaft besteht etwa kein dringender Tatverdacht (für eine schwere Straftat), der eine Freiheitsentziehung ohne gerichtli-   **478d**

---

[580] BVerfG NJW 2018, 2619, 2626.
[581] BVerfG NVwZ 2006, 579, 580 (bzgl. Anti-Castor-Demonstration).
[582] LG Rostock NJ 2017, 420 mit Verweis auf *Rachor*, in: Lisken/Denninger, E Rn 537.
[583] Vgl. exemplarisch: § 42 I S. 3 BPolG; § 20 I Nr. 3 S. 3 BrandPolG; § 40 I Nr. 3 SachsAnhSOG: 4 Tage; § 17 II S. 2 RhlPflPOG: 7 Tage; § 16 I Nr. 3 SaarlPolG: 8 Tage; § 22 Nr. 3 ThürPAG: 10 Tage; § 28 III S. 4 BWPolG: 14 Tage. Differenzierend nach Gewahrsamnahmegrund etwa § 13c I Nr. 3 HmbSOG.
[584] Art. 20 Nr. 3 S. 3 BayPAG.
[585] Vgl. auch *Kingreen/Poscher*, POR, § 17 Rn 28 mit Verweis auf SächsVerfGH DVBl 1996, 1423.

ches Erkenntnisverfahren rechtfertigen könnte. Tatbestandlich genügen allein die Voraussetzungen der Befugnisnorm über den Polizeigewahrsam. Das bürdet dem Richter, der über die Dauer der Freiheitsentziehung zu entscheiden hat, eine besondere Veranwortung auf. Im Zweifel hat er die Tatbestandsvoraussetzung „unerlässlich" (Rn 473) restriktiv auszulegen, um eine Verletzung des Art. 2 II S. 2 GG zu vermeiden.

478e Aber auch die zeitliche Grenze des Art. 104 II S. 3 GG darf keinesfalls so verstanden werden, als dürfe sie stets ausgereizt werden. Im Gegenteil. Der Polizeigewahrsam darf vielmehr nur die Dauer angeordnet werden, für die er unerlässlich ist. Eine zeitliche Überschreitung macht ihn unverhältnismäßig.[586] Auch die Rechtsprechung verlangt eine strenge Prüfung der Verhältnismäßigkeit der Anordnung des Gewahrsams zur Gefahrenabwehr.[587] Der EGMR hat einen neunzehnstündigen polizeilichen Gewahrsam, den das BVerfG für verfassungsmäßig gehalten hat, für unverhältnismäßig und damit für konventionswidrig erklärt.[588]

478f Fraglich ist, ob eine Freiheitsentziehung rechtswidrig wird, wenn der Richter erreichbar sein müsste, aber nicht erreicht werden kann und die Polizei den in Gewahrsam Genommenen nicht sofort freilässt. Dieser Fall ist – soweit ersichtlich – bislang weder gerichtlich entschieden noch in der Literatur behandelt. Richtigerweise wird man das Grundrecht des Betroffenen auf Freiheit der Person mit den Schutzinteressen der Allgemeinheit abwägen müssen. Dabei wird man den Schutzinteressen der Allgemeinheit nur dann den Vorrang einräumen dürfen, wenn anderenfalls die akute Gefahr bestünde, dass ein irreparabler Schaden für bedeutende Schutzgüter wie Leib, Leben oder Gesundheit einträte. Ist diese Abwägung fehlerhaft (wobei – wie stets – die Ex-ante-Sicht entscheidet), liegt eine strafbare Freiheitsberaubung (§ 239 StGB) vor, wenn der Betroffene nicht sofort entlassen wird.

479 Nach den Bestimmungen der Polizeigesetze braucht eine richterliche Entscheidung jedoch nicht herbeigeführt zu werden, wenn anzunehmen ist, dass sie erst **nach Wegfall des Grundes der polizeilichen Maßnahme** ergehen würde. Freilich ist auch hier die absolute Obergrenze des Art. 104 II S. 3 GG zu beachten.

480 Aufgrund der Formulierung: „wenn anzunehmen ist ..." in den Polizeigesetzen steht der Polizei ein Prognosespielraum zu. Sie hat im Rahmen der Prüfung, ob eine richterliche Entscheidung ergehen muss, einen geschätzten Zeitvergleich vorzunehmen. Hierbei ist die voraussichtliche Dauer der polizeilichen Maßnahme mit der Zeitspanne zu vergleichen, die für die richterliche Entscheidung erforderlich ist. Zu berücksichtigen sind dabei alle Umstände des Einzelfalls, insbesondere die Erreichbarkeit des Richters (s.o.) und in diesem Zusammenhang die Tageszeit, ob es ein Sonn- oder Feiertag ist, die Fahrtdauer des Richters sowie die Vorführbarkeit der in Gewahrsam genommenen Person.

> **Beispiel:** S randaliert auf einem Straßenfest. Die Polizei ermahnt ihn daher zunächst und erteilt ihm schließlich einen Platzverweis. Da S sich auch nicht gehalten sieht, der Platzverweisung Folge zu leisten, wird er zur Durchsetzung des Platzverweises auf die Dienststelle verbracht. Drei Stunden später, nachdem das Straßenfest sein Ende gefunden hat, wird er wieder entlassen.
>
> In diesem Fall bedurfte es keiner richterlichen Entscheidung, sofern angenommen werden konnte, dass sie erst nach Wegfall des Grundes für den Durchsetzungsgewahrsam ergangen wäre. Die Obergrenze des Art. 104 II S. 3 GG wurde ohnehin nicht tangiert.

---

[586] *Kingreen/Poscher*, POR, § 17 Rn 31 mit Verweis auf *Gusy*, POR, Rn 308; *Würtenberger/Heckmann/Tanneberger*, POR, Rn 363.
[587] BVerfGE 83, 24, 35; BVerwGE 45, 51, 56.
[588] EGMR NVwZ 2006, 797, 799. Vgl. auch *Kingreen/Poscher*, POR, § 17 Rn 31.

Auf keinen Fall darf der Polizeigewahrsam verlängert werden, nur um eine richterliche Entscheidung einzuholen. Die gegenteilige Annahme entspräche nicht dem Sinn des Richtervorbehalts.

> **Beispiel:** Würde S im obigen Beispiel nur deswegen über die Dauer des Straßenfestes hinaus in Polizeigewahrsam gehalten, weil die Polizei noch auf das Eintreffen des Bereitschaftsrichters wartet, ist dieser Freiheitsentzug rechtswidrig. Die Beamten machen sich zudem wegen Freiheitsberaubung gem. § 239 StGB strafbar.

> **Fazit:** Bei einer polizeilichen Ingewahrsamnahme ist unverzüglich eine richterliche Entscheidung über Zulässigkeit und Fortdauer der Freiheitsentziehung herbeizuführen. „Unverzüglich" bedeutet, dass jede Verzögerung, die nicht sachlich zwingend geboten ist, den Gewahrsam rechtswidrig werden lässt. Spätestens bei Erreichen der zeitlichen Höchstgrenzen des Art. 104 II S. 3 GG ist der Gewahrsam aufzuheben. Das gilt auch dann, wenn zuvor eine richterliche Entscheidung ergangen ist.

Eine weitere, in den Polizeigesetzen normierte Verfahrensvorschrift ist die Verpflichtung zur unverzüglichen **Bekanntgabe des Grundes** für die Freiheitsentziehung. Die entsprechenden Vorschriften der Polizeigesetze stellen Spezialvorschriften zu § 39 VwVfG dar und dienen dem rechtsstaatlichen Begründungsgebot. Ein Unterbleiben der Begründung kann gem. § 45 I Nr. 2 VwVfG geheilt werden. Art. 104 IV GG gewährt schließlich dem Festgehaltenen ein subjektives Recht auf **Benachrichtigung** der Angehörigen oder einer Vertrauensperson. Eine Versagung dieses Rechts bedingt die Rechtswidrigkeit der Freiheitsentziehung.

Geht es um eine freiheitsentziehende Fixierung einer in einem (psychiatrischen) Krankenhaus **untergebrachten** psychisch kranken Person, folgt nach der Rechtsprechung des BVerfG aus dem Gewährleistungsgehalt des Art. 2 II S. 2 und 3 i.V.m. Art. 104 I S. 1 GG zusätzlich die Verpflichtung, den Betroffenen nach Beendigung der Maßnahme auf die Möglichkeit hinzuweisen, die Zulässigkeit der durchgeführten Fixierung gerichtlich überprüfen zu lassen. Nur so könne gewährleistet werden, dass sich der Betroffene bewusst ist, dass er auch noch nach Erledigung der Maßnahme ihre gerichtliche Überprüfung herbeiführen kann.[589] Das wird man ebenso für den präventivpolizeilichen Gewahrsam annehmen müssen.

dd. Rechtsschutz und zulässiger Rechtsweg

Geht es um die Überprüfung der Ingewahrsamnahme, ist hinsichtlich des Rechtswegs danach zu unterscheiden, ob es sich bei der Maßnahme um eine bloße Freiheitsbeschränkung oder gar um eine Freiheitsentziehung handelt.

- Bei **bloßer Freiheitsbeschränkung** ist § 40 I S. 1 VwGO einschlägig: Es handelt sich um eine öffentlich-rechtliche Streitigkeit, für die der Verwaltungsrechtsweg eröffnet ist. Hinsichtlich der statthaften Klage gilt: Die Ingewahrsamnahme ist zum einen ein **schlichtes Verwaltungshandeln**, weil sie ein tatsächliches Moment aufweist. Zum anderen ist sie ein **Verwaltungsakt**, da sie nicht nur das tatsächliche Element in sich schließt, sondern auch zugleich den Betroffenen verpflichtet, den tatsächlichen Vorgang zu dulden (konkludente Duldungsverfügung). Maßgeblich für den Rechtsschutz ist also die dem Betroffenen gegenüber erlassene Regelung. Zu denken ist daher an Widerspruch und die Anfechtungsklage. Da sich die Ingewahrsamnahme aber regelmäßig erledigt hat, bevor Klage eingereicht wird, ist die **Fortsetzungsfeststellungsklage** gem. § 113 I S. 4 VwGO analog statthaft.

---

[589] BVerfG NJW 2018, 2619, 2623.

- Bei **Freiheitsentziehung** gilt eine Besonderheit: Obwohl hier ebenfalls eine **öffentlich-rechtliche** Streitigkeit vorliegt, ist die Regelung des § 40 I S. 2 VwGO zu beachten, wonach öffentlich-rechtliche Streitigkeiten auf dem Gebiet des Landesrechts durch Landesgesetz einem anderen Gericht zugewiesen werden können. Von dieser Möglichkeit haben die meisten Landesgesetzgeber Gebrauch gemacht (vgl. etwa § 19 III NdsPOG, § 28 IV BWPolG und Art. 18 I, II, 92 I, II BayPAG), wenn es um die gerichtliche Überprüfung präventivpolizeilicher Freiheitsentziehungen geht. Zur Begründung wird angeführt, dass die Amtsgerichte im Allgemeinen ortsnäher als die Verwaltungsgerichte seien und auch sonst über Freiheitsentziehungen (FamFG) entscheiden würden. Ob die Übertragung der Zuständigkeit auf die Amtsgerichte angesichts der unterschiedlichen Struktur von präventivem und repressivem Polizeirecht rechtspolitisch sinnvoll ist, mag dahingestellt bleiben, sie ist jedoch (verfassungs-)rechtlich nicht zu beanstanden.

Für das gerichtliche **Verfahren** gelten in diesen Fällen die Vorschriften des **FamFG** (vgl. etwa § 13a II HmbSOG). Insbesondere wird der Rechtsschutz des Betroffenen nicht unzumutbar erschwert oder verkürzt, da auch in diesem Verfahren der Amtsermittlungsgrundsatz gilt (§ 26 FamFG) und das überprüfende Gericht (i.d.R. das Amtsgericht) die Sach- und Rechtslage an einem Maßstab überprüft, der dem des § 113 I S. 4 VwGO (analog) entspricht.[590] Bezüglich einer Freiheitsentziehung kann die betroffene Person also nicht Widerspruch und Anfechtungsklage erheben, wie ihr das sonst generell gegen polizeiliche Verwaltungsakte möglich ist. Vielmehr enthalten allein das Polizeigesetz bzw. das FamFG Regelungen über die Rechtsmittel. Fraglich ist allein, ob die Zuweisung zu den Amtsgerichten nur den Fall betrifft, dass die Freiheitsentziehung richterlich angeordnet wurde, oder generell bei Freiheitsentziehungen gilt. Die Regelungen der Landespolizeigesetze sind unterschiedlich. § 28 IV S. 1 BWPolG bestimmt, dass für die richterliche Entscheidung über die Freiheitsentziehung nach § 28 III S. 3 BWPolG das Amtsgericht zuständig ist. Daraus folgt, dass die Amtsgerichte lediglich für die Überprüfung der richterlichen Entscheidung über die Freiheitsentziehung zuständig sind und ansonsten die Verwaltungsgerichte. Demgegenüber geht das NdsPOG offenbar davon aus, dass generell Freiheitsentziehungen durch die Amtsgerichte überprüft werden sollen. Denn nach § 19 II, III NdsPOG kann der Betroffene auch nach Beendigung der Freiheitsentziehung innerhalb eines Monats die Prüfung der Rechtmäßigkeit der Freiheitsentziehung beim Amtsgericht beantragen. Dass die Freiheitsentziehung richterlich angeordnet sein musste, fordert die Vorschrift nicht.

Beispiel: Anlässlich einer Demonstration im Technologiepark des niedersächsischen Landkreises L wurden K und andere randalierende Demonstranten von der Vollzugspolizei über Nacht in Gewahrsam genommen, nachdem sie aus der Versammlung ausgeschlossen worden waren (§ 18 III VersG). Später möchte K gerichtlich klären lassen, dass die *Ingewahrsamnahme* als solche sowie die Nichtherbeiholung einer richterlichen Entscheidung rechtswidrig waren.

Die Ingewahrsamnahme ist eine Standardmaßnahme zur Gefahrenabwehr und in den Polizeigesetzen der Länder geregelt (s.o.). Daher liegt ein typischer Fall einer gem. § 40 I S. 1 VwGO vor dem zuständigen Verwaltungsgericht zu erhebenden Fortsetzungsfeststellungsklage vor, bei dem es um die Überprüfung der Rechtmäßigkeit eines erledigten Verwaltungsakts geht. Im Ausgangsfall greift K jedoch nicht nur die Ingewahrsamnahme als solche an, sondern moniert auch, dass keine richterliche Entscheidung eingeholt worden sei. Auch für diesen Fall greift grundsätzlich § 40 I S. 1 VwGO. § 40 I S. 2 VwGO lässt es jedoch zu, dass öffentlich-rechtliche Streitigkeiten auf dem Gebiet des Landesrechts durch Landesgesetz einem anderen Gericht zugewiesen werden können. Von dieser Möglichkeit haben die meisten Landesgesetzgeber Gebrauch gemacht (vgl. etwa Art. 18 I, II, 92 I, II BayPAG, § 28 IV BWPolG, § 13a II HmbSOG, § 19 III NdsPOG), jedenfalls wenn es um die gerichtliche Überprüfung richterlicher Entscheidungen bei präventivpolizeilichen Freiheitsentziehungen geht. Zur Begründung wird vorge-

---

[590] OVG Lüneburg NVwZ 2004, 760, 761 (zur alten Rechtslage nach FGG).

bracht, dass die Amtsgerichte im Allgemeinen ortsnäher als die Verwaltungsgerichte seien und auch sonst über Freiheitsentziehungen entscheiden würden.

Vorliegend geht es um eine Freiheitsentziehung, da die zeitlichen Grenzen einer bloßen Freiheitsbeschränkung überschritten waren. Zwar wendet sich K nicht gegen eine richterliche Entscheidung, weil eine solche ja gerade nicht erging. Die Regelung des § 19 II, III NdsPOG ist aber so zu verstehen, dass sie generell in Bezug auf freiheitsentziehende Maßnahmen die Amtsgerichte für zuständig erklärt. Für das gerichtliche **Verfahren** gelten in diesen Fällen die Vorschriften des **FamFG**. Der Prüfungsmaßstab ist indes mit dem des § 113 I S. 4 VwGO vergleichbar.

Materiell zu prüfen ist also die Rechtmäßigkeit der Ingewahrsamnahme. Es liegt ein Fall des sog. Verhinderungsgewahrsams vor (vgl. dazu Rn 462). Sofern man keinen Verstoß gegen das Übermaßverbot bejaht, war die Ingewahrsamnahme rechtmäßig.

<u>Weiterführender Hinweis:</u> Sollte sich der Betroffene weigern, sich in Gewahrsam nehmen zu lassen, muss die Polizei zur Durchsetzung der Ingewahrsamnahme unmittelbaren Zwang anwenden. In diesem Fall besteht die Möglichkeit des Betroffenen, (auch) gegen den unmittelbaren Zwang vorzugehen. Sofern man in der Anwendung eines Zwangsmittels einen Verwaltungsakt sieht, ist (aufgrund der bereits eingetretenen Erledigung) die Fortsetzungsfeststellungsklage analog § 113 I S. 4 VwGO statthaft. Vgl. dazu die Ausführungen zur Verwaltungsvollstreckung bei Rn 928 ff.

f. Aufenthaltsvorgabe und Kontaktverbot

485 Geht es um die Abwehr bzw. Verhinderung einer Gefahr des internationalen Terrorismus (i.S.v. § 129a StGB), kann gem. § 55 I BKAG das BKA einem „terroristischen Gefährder", d.h. einer Person, bei der bestimmte Tatsachen die Annahme rechtfertigen, dass sie eine Straftat im Bereich des internationalen Terrorismus begehen wird, oder deren individuelles Verhalten eine konkrete Wahrscheinlichkeit dafür begründet, dass sie eine solche Straftat begehen wird (siehe hierzu auch § 56 I BKAG), untersagen, sich ohne Erlaubnis des BKA von ihrem Wohn- oder Aufenthaltsort oder aus einem bestimmten Bereich zu entfernen oder sich an bestimmten Orten aufzuhalten (**Aufenthaltsvorgabe**). Unter den gleichen Voraussetzungen kann das BKA gem. § 55 II BKAG zur Abwehr einer Gefahr oder zur Verhütung von Straftaten im Bereich des internationalen Terrorismus einer Person auch den Kontakt mit bestimmten Personen oder Personen einer bestimmten Gruppe untersagen (**Kontaktverbot**). Regelungen über die Anordnungsbefugnis sowie Durchführungsbestimmungen und Verfahrenssicherungen enthält § 55 III-VI BKAG. Unabhängig vom speziellen Gebiet der Terrorismusabwehr enthalten Landespolizeigesetze ebenfalls Regelungen über Kontakt- und Näherungsverbote (siehe etwa § 12b III HmbSOG). Auf die Verhütung von Straftaten gem. § 129a I und II StGB („terroristische Straftaten") stellt § 27b BWPolG ab. Und Art. 16 II S. 1 Nr. 1 BayPAG lässt sogar (ohne Beschränkung auf die Verhütung von „terroristischen Straftaten") eine drohende Gefahr ausreichen, um ein Kontaktverbot zu erteilen. Das ist nicht ganz unproblematisch, weil dadurch das Verbot, zu bestimmten Personen oder zu Personen einer bestimmten Gruppe Kontakt zu suchen oder aufzunehmen, bereits dann erteilt werden kann, wenn eine Gefahr gerade noch nicht vorliegt, sondern diese an ihrer „Entstehung" gehindert werden soll. Damit steht die „drohende" Gefahr zeitlich und graduell noch vor der abstrakten Gefahr (Rn 660 ff.) und dehnt die Möglichkeit eines Kontaktverbots sehr weit in das Vorfeld einer eigentlichen Gefahr aus, was Zweifel an der Verfassungsmäßigkeit hervorrufen könnte (siehe dazu im Einzelnen Rn 673a ff.). Da die drohende Gefahr aber für ein bedeutendes Rechtsgut bestehen muss und darunter der Bestand und die Sicherheit des Bundes oder eines Landes, das Leben, die Gesundheit und die Freiheit, die sexuelle Selbstbestimmung, erhebliche Eigentumspositionen und Sachen, deren Erhalt im besonderen öffentlichen Interesse liegt (Art. 11 III S. 2 BayPAG), zu verstehen ist (näher Rn 673a), dürfte die Befugnisnorm trotz der nicht unerheblichen zeitlichen Dimension (Art. 16 II S. 3 BayPAG: bis zu drei Monate und um jeweils drei weitere Monate verlängerbar) einer verfassungskonformen Auslegung zugänglich sein, wenn von ihr im Einzelfall restriktiv Gebrauch gemacht und im Zweifel die „polizeiliche Erlaubnis" (siehe Art. 16 II S. 1 BayPAG) erteilt wird.

g. Elektronische Aufenthaltsüberwachung

486 Die elektronische Aufenthaltsüberwachung (EAÜ) dient dazu, den Aufenthaltsort des Trägers eines Sendegeräts (das umgangssprachlich „elektronische Fußfessel" genannt wird) kontinuierlich zu überwachen. Die Polizei- bzw. Sicherheitsbehörden möchten auf diese Weise von bestimmten Personen (etwa Straftätern; aus der Sicherungsverwahrung Entlassenen; terroristischen Gefährdern, d.h. Personen, bei denen gem. § 56 I BKAG bestimmte Tatsachen die Annahme rechtfertigen, dass sie eine Straftat im Bereich des internationalen Terrorismus begehen werden, oder deren individuelles Verhalten eine konkrete Wahrscheinlichkeit dafür begründet, dass sie eine solche Straftat begehen werden) jederzeit über deren exakten Aufenthaltsort informiert sein, um bspw. die Einhaltung von Aufenthaltsbestimmungen, (sonstigen) Weisungen, Bewährungsauflagen etc. kontrollieren zu können. So kann gem. § 56 I BKAG das BKA, wenn es um die Abwehr bzw. Verhinderung einer Gefahr des internationalen Terrorismus

geht, einen „terroristischen Gefährder" dazu verpflichten, ein technisches Mittel, mit dem der Aufenthaltsort dieser Person elektronisch überwacht werden kann, ständig in betriebsbereitem Zustand am Körper bei sich zu führen und dessen Funktionsfähigkeit nicht zu beeinträchtigen. Im Landespolizeirecht gilt Ähnliches, wenn es um die Abwehr einer Gefahr für ein bedeutendes Rechtsgut geht (siehe etwa Art. 34 BayPAG). Auf die Verhütung von Straftaten gem. § 129a I und II StGB („terroristische Straftaten") stellen bspw. § 27c BWPolG und § 31a HessSOG ab.

Da durch die EAÜ nicht nur die Bewegungsfreiheit des Betroffenen (Art. 2 II S. 2 GG) eingeschränkt ist, sondern sich mittels empfangener und gespeicherter Positionsdaten auch ein umfassendes Bewegungsprofil erstellen lässt und damit ein nicht unerheblicher Eingriff in das allgemeine Persönlichkeitsrecht (Art. 2 I i.V.m. 1 I GG) erfolgt, unterstehen Anordnung und Durchführung einem strengen Rechtsregime. Dazu zählen nicht nur detaillierte gesetzliche Bestimmungen über die Voraussetzungen, sondern auch ein grundsätzlicher Richtervorbehalt und weitere Verfahrenssicherungen, Löschungspflichten in Bezug auf die erhobenen und gespeicherten Positionsdaten etc. In Bezug auf die Vereinbarkeit mit dem Grundsatz der Verhältnismäßigkeit[591] ist zu sagen, dass die Geeignetheit gegeben ist, da mit Hilfe der EAÜ das Ziel, den Aufenthaltsort der überwachten Person kontinuierlich zu bestimmen, erreicht wird, auch wenn damit eine Straftat nicht mit Sicherheit verhindert werden kann. Man wird die EAÜ aber nur dann als zwecktaugliches Mittel einstufen können, wenn das Gefährdungspotential der Person, die zum Tragen der elektronischen Fußfessel verpflichtet ist, nicht so groß ist, dass mit der Begehung einer Straftat jederzeit gerechnet werden muss, zur Verhinderung einer Straftat also ausschließlich eine freiheitsentziehende Maßnahme (Haft, Unterbringung) in Betracht kommt. Jedenfalls ist die EAÜ im Vergleich zu einer freiheitsentziehenden Maßnahme (hier käme neben der Haft auch ein Hausarrest in Betracht) das mildere Mittel und damit erforderlich. Die Angemessenheit (d.h. Verhältnismäßigkeit i.e.S.) ist gegeben, sofern die Gründe, die zur Anordnung und Durchführung der EAÜ führen, bei einer Abwägung mit den Freiheits- und Persönlichkeitsinteressen den Vorrang genießen. Zwar ist der Betroffene durch das Tragen einer elektronischen Fußfessel in seiner Lebensführung beeinträchtigt, da jedoch die Sicherheitsinteressen höher wiegen, dürfte die Maßnahme insgesamt angemessen sein. Ein Eingriff in den unantastbaren Kernbereich des Persönlichkeitsrechts, der die EAÜ von vornherein als verfassungswidrig erscheinen ließe, liegt jedenfalls nicht vor.

---

[591] Zu dessen Komponenten vgl. im Einzelnen unten Rn 730 ff.

5. Durchsuchungen und Sicherstellungen

487 Schließlich gilt es, die dritte Gruppe von Standardmaßnahmen zu untersuchen, die Durchsuchungen und die Sicherstellungen. Die Durchsuchung ist in den meisten Polizeigesetzen legaldefiniert:

488 **Durchsuchung** ist das Suchen nach Sachen oder Spuren in oder an der Kleidung[592] des Betroffenen, an seiner Körperoberfläche oder in den ohne Hilfsmittel einsehbaren Körperöffnungen oder Körperhöhlen.[593]

Es geht also um das Suchen nach etwas, was bei äußerlicher Betrachtung zunächst nicht wahrnehmbar ist.[594] Im Übrigen ist bei den Durchsuchungen – da verschiedene Grundrechte betroffen sind – wiederum die Durchsuchung von Personen, von Sachen und von Wohnungen zu unterscheiden.

a. Durchsuchung von Personen

489 Die präventivpolizeiliche Durchsuchung von Personen[595] verfolgt den Zweck, Gegenstände aufzufinden, die jemand bei sich trägt und von denen Gefahren für die öffentliche Sicherheit ausgehen. Damit liegt ein Grundrechtseingriff jedenfalls in Art. 2 I GG (allgemeine Handlungsfreiheit) vor. In den meisten Fällen ist wegen des tangierten Intimbereichs aber auch das allgemeine Persönlichkeitsrecht (Art. 2 I i.V.m. Art. 1 I GG) betroffen.

Objekt kann nur der lebende Mensch sein. Wird eine Leiche durchsucht, handelt es sich rechtlich um eine Durchsuchung von Sachen (vgl. dazu Rn 502 ff.).

490 Die präventivpolizeiliche Durchsuchung darf zum einen nicht mit der präventivpolizeilichen körperlichen Untersuchung (etwa nach § 15 IV HmbSOG) und zum anderen nicht mit der strafprozessualen körperlichen Untersuchung nach den §§ 81a, 81c StPO verwechselt werden. Der wesentliche Unterschied zwischen der Durchsuchung i.S.d. präventiven Polizeirechts und der Untersuchung besteht darin, dass die präventivpolizeiliche Durchsuchung die ohne Hilfsmittel einsehbaren Körperöffnungen oder Körperhöhlen (Nase, Mund, Ohr) betrifft. Das folgt aus dem Definitionsbestandteil „...ohne Hilfsmittel einsehbaren Körperöffnungen oder Körperhöhlen". Auch die Anordnung, sich völlig zu entkleiden und in diesem Zustand eine Körperdrehung vorzunehmen, stellt eine Durchsuchung dar.[596] Demgegenüber dient die körperliche Untersuchung dem Zweck, die vom Willen des Beschuldigten unabhängige Beschaffenheit seines Körpers, auch das Vorhandensein von Fremdkörpern in sämtlichen natürlichen Körperöffnungen (und damit auch im Anal- und Genitalbereich), durch sinnliche Wahrnehmung ohne körperliche Eingriffe festzustellen.[597] Eine präventivpolizeiliche Maßnahme, die sich auf die Nachschau des Anal- und/oder Genitalbereichs erstreckt, ist somit rechtswidrig, wenn keine polizeigesetzliche Befugnisnorm existiert.

Beispiel[598]: Die X wurde anlässlich eines Rockfestivals im Rahmen einer Betäubungsmittelkontrolle von Bediensteten der Polizei kontrolliert. Dabei wurde vom Einsatzleiter vage vermutet, dass X im Genitalbereich ein Päckchen Kokain versteckt haben könnte. Um den angenommenen Drogenkonsum sowie die Abgabe an Dritte zu verhindern, ord-

---

[592] Zur Durchsuchung von Kleidungsstücken vgl. auch Rn 504.
[593] Vgl. z.B. § 19 II S. 1 BremPolG; dem sich anschließend VGH München NVwZ-RR 1999, 310.
[594] *Gusy*, POR, Rn 244; *Kingreen/Poscher*, POR, § 18 Rn 1.
[595] Vgl. § 17 MEPolG; Bund: § 43 BPolG; BW: § 29 PolG; Bay: Art. 21 PAG; Berl: § 34 ASOG; Brand: § 21 PolG; Brem: § 19 PolG; Hamb: § 15 SOG; Hess: § 36 SOG; MeckVor: § 53 SOG; Nds: § 22 POG; NRW: § 39 PolG; RhlPfl: § 18 POG; Saar: § 17 PolG; Sachs: § 27 PVDG; SachsAnh: § 41 SOG; SchlHolst: § 202 LVwG; Thür: § 23 PAG.
[596] OVG Saarlouis LKRZ 2008, 102, 103 ff.
[597] Vgl. OVG Saarlouis LKRZ 2008, 102, 103 ff.; VG Regensburg BayVBl 1999, 347 ff.
[598] Nachgebildet VGH München NVwZ-RR 1999, 310. Vgl. auch OVG Saarlouis LKRZ 2008, 102, 103 ff.

nete er daher eine Visitation der X dergestalt an, dass diese eine Nachschau im Genitalbereich dulden musste. X ist der Meinung, dass diese Maßnahme rechtswidrig gewesen sei.

Unterstellt, dass die Maßnahme gegenüber X präventivpolizeilich erfolgte und dass es keine landespolizeigesetzliche Befugnisnorm für eine körperliche Untersuchung gibt, gilt es zu klären, ob eine Nachschau im Genitalbereich vom Begriff der Durchsuchung umfasst ist. Die Suche nach Fremdkörpern (hier: Betäubungsmittel) im Genitalbereich durch sinnliche Wahrnehmung ist dem Begriff der körperlichen Untersuchung zuzuordnen und nicht dem Begriff der Durchsuchung von Personen. Die Nachschau im Genitalbereich diente gerade der Suche nach Gegenständen in einer Köperöffnung bzw. Körperhöhle, die ohne Hilfsmittel nicht ohne weiteres einsehbar ist. Sie war daher kein Instrument der präventivpolizeilichen Durchsuchung, sondern eines der Untersuchung. Da sich die Befugnis zur Untersuchung nicht aus dem Landespolizeigesetz ergibt, hätte sie sich allenfalls auf die strafprozessuale Befugnisnorm des § 81a StPO stützen lassen können. Da deren Voraussetzungen (dringender Tatverdacht; Richtervorbehalt[599]) nicht vorlagen, war die Untersuchung des Genitalbereichs der X schon deshalb rechtswidrig. Die Auffassung der X ist also zutreffend.

<u>Weiterführender Hinweis:</u> Wäre X aus repressivpolizeilichen Gründen in Anspruch genommen worden (etwa weil man sie des Drogenhandels konkret verdächtigte), hätte es sich um eine **Untersuchung** auf der Grundlage des **§ 81a StPO** (unter Beachtung des § 81d StPO) gehandelt. Denn auf diese Rechtsgrundlage können zum Zweck der Strafverfolgung körperliche Untersuchungen durch Blutabnahme, durch Röntgen, die Verabreichung von Brech- oder Abführmitteln, das Auspumpen des Magens oder das Suchen im After oder (bei Frauen) im Genitalbereich gestützt werden. Sofern entsprechende Rechtsgrundlagen in den Polizeigesetzen fehlen, können derartige Maßnahmen grundsätzlich nicht zu präventiven Zwecken erfolgen. Etwas anderes gilt für atypische Situationen, etwa wenn ein Polizeibeamter von einem Menschen gebissen wird, wobei der „Beißer" verdächtig ist, z.B. HIV-positiv zu sein und den Beamten infiziert zu haben. Hier helfen eine Abnahme und Untersuchung des Blutes, den Sachverhalt zu erforschen. Ob eine Untersuchung des nicht ohne weiteres einsehbaren Genitalbereichs (einer Frau) auf die polizeigesetzliche Befugnisnorm, die es der Polizei aus Gründen des Eigenschutzes erlaubt, eine Person nach Waffen zu durchsuchen, gestützt werden kann, ist eine andere Frage (vgl. dazu Rn 603).

Aber auch im Rahmen der Strafverfolgung ist wegen des Grundsatzes der Verhältnismäßigkeit stets eine restriktive Handhabung der Untersuchung des Genitalbereichs gefordert.

491 Eine Durchsuchung wird zumeist bei **Razzien** und beim **Objektschutz** angeordnet. Typischer Anwendungsfall ist die Durchsuchung von Besuchern von Großveranstaltungen, bei denen Ausschreitungen zu befürchten sind, nach Waffen und anderen gefährlichen Werkzeugen. Im Rahmen des versammlungsrechtlich Zulässigen gilt Entsprechendes für die Teilnehmer von Demonstrationen, da das VersG diese Art von Gefahrenabwehrmaßnahmen nicht regelt. Zu beachten ist allerdings die Sperrwirkung des Versammlungsrechts.[600]

aa. Formelle Rechtmäßigkeit

492 Hinsichtlich der formellen Rechtmäßigkeit gelten zunächst die allgemeinen Voraussetzungen (Zuständigkeit, Verfahren und Form; siehe Rn 607 ff.). Als besondere (und zusätzlich zu prüfende) Verfahrensvorschrift normieren die Polizeigesetze, dass Betroffe-

---

[599] Zwar besteht hinsichtlich § 81a StPO mit Inkrafttreten des Gesetzes zur effektiveren und praxistauglicheren Ausgestaltung des Strafverfahrens am 24.8.2017 (siehe BGBl I 2017, S. 3202) unter den in § 81a II S. 2 StPO genannten Voraussetzungen kein Richtervorbehalt mehr, das betrifft aber lediglich die Blutprobenentnahme, nicht (generell) die körperlichen Eingriffe und auch nicht die körperliche Untersuchung.
[600] Vgl. dazu Rn 1034 ff.

ne nur von Beamten desselben Geschlechts durchsucht werden dürfen, es sei denn, dass die Durchsuchung von einem Arzt oder zur Abwehr einer Gefahr für Leib oder Leben vorgenommen wird.[601] Die Regelung dient damit dem Schutz des Schamgefühls, nicht jedoch der Menschenwürde (Art. 1 I S. 1 GG). Diente sie der Menschenwürde, wäre die Durchsuchung einer Person durch eine geschlechtsverschiedene Person ausnahmslos (und nicht nur im Grundsatz) verboten, weil die Menschenwürde nicht zur Disposition steht.

492a Einen Richtervorbehalt bei Durchsuchungen und Sicherstellungen sehen die Polizeigesetze (anders als §§ 105 und 98 StPO) nicht vor. Die unterschiedliche Regelung ist damit zu erklären, dass das Gefahrenabwehrrecht regelmäßig durch das Erfordernis schnellen Handelns geprägt ist und das Warten auf eine richterliche Entscheidung dem Zweck der Gefahrenabwehr zuwiderliefe. Bis auf einige Maßnahmen wie die präventivpolizeiliche Freiheitsentziehung (vgl. etwa § 13c HmbSOG) und die Durchsuchung von Wohnungen (vgl. etwa § 16a HmbSOG) ist daher für die meisten Standardmaßnahmen wie die Durchsuchung und die Sicherstellung kein Richtervorbehalt vorgesehen.

492b Liegt ein Verstoß gegen die Verfahrensvorschrift vor, führt dies zur (formellen) Rechtswidrigkeit der Durchsuchung. Eine Heilung gem. § 45 VwVfG oder eine Unbeachtlichkeit gem. § 46 VwVfG kommen nicht in Betracht; ließe man dies zu, missachtete man die Ratio der Verfahrensvorschrift.

bb. Materielle Rechtmäßigkeit

493 Auf Tatbestandsebene setzt die Durchsuchung das Vorliegen eines Durchsuchungsgrundes voraus. So ist die Durchsuchung nach den Polizeigesetzen zunächst zulässig, wenn die Person nach den Vorschriften des Polizeigesetzes **in Gewahrsam genommen** bzw. festgehalten werden kann. In diesen Fällen bedarf die Durchsuchung einer **konkreten Gefahr**, die allerdings zumeist identisch ist mit der, die zur Ingewahrsamnahme als Anlasstatbestand der Durchsuchung befugt. Dabei ist es gleichgültig, ob die Ingewahrsamnahme nach dem Polizeigesetz, nach der StPO oder nach anderen Gesetzen erfolgt.

> **Beispiel:** Die auf Streife befindliche Polizei wird in einer dunklen Seitengasse auf einen Mann aufmerksam, der offenbar gerade dabei ist, ein Auto aufzubrechen. Die Polizei nimmt den Mann vorläufig in Gewahrsam und durchsucht ihn nach Einbruchwerkzeugen.
>
> Hier ist die Durchsuchung ohne weiteres zulässig, weil sie zum einen im zeitlichen Zusammenhang mit der Ingewahrsamnahme (gleichgültig, ob sich diese auf das Polizeigesetz oder z.B. in Form einer Festnahme auf § 127 II StPO stützen lässt) steht und sich zum anderen die Gefahr aufgrund der Tatsache, dass der Mann das Versuchsstadium einer Straftat nach §§ 242, 243 I S. 2 Nr. 1 und 2 StGB überschritten hat, auch bereits realisiert hat.

494 Darüber hinaus darf eine präventivpolizeiliche Durchsuchung vorgenommen werden, wenn **Tatsachen die Annahme rechtfertigen, dass Gegenstände vorgefunden werden, die** (nach den Vorschriften des Polizeigesetzes) **sichergestellt** werden dürfen (vgl. etwa Art. 21 I Nr. 1 BayPAG). „Vorgefunden werden" bedeutet, dass die betroffene Person die Gegenstände mit sich führt oder zumindest unmittelbar und sofort darauf zugreifen kann. Insoweit besteht eine Parallele zu § 244 Nr. 2 und § 250 I Nr. 2

---

[601] Vgl. Bund: § 43 IV BPolG; BW: § 29 III PolG; Bay: Art. 21 III PAG; Berl: § 34 IV ASOG; Brand: § 21 III PolG; Brem: § 19 IV PolG; Hamb: § 15 III SOG; Hess: § 36 IV SOG; MeckVor: § 54 II SOG; Nds: § 22 III PolG; NRW: § 39 III PolG; RhlPf: § 18 IV POG; Saar: § 17 III PolG; Sachs: § 27 III PVDG; SachsAnh: § 41 IV SOG; SchlHolst: § 203 II LVwG; Thür: § 23 III PAG.

StGB.[602] Die Formulierung „Tatsachen die Annahme rechtfertigen" bedeutet, dass zwar keine konkrete Gefahr, sondern lediglich eine **abstrakte Gefahr** bzw. ein **Gefahrenverdacht** vorliegen müssen, allerdings muss konkretes Tatsachenmaterial vorhanden sein, das den Schluss zulässt, dass Gegenstände vorgefunden werden, die sichergestellt werden dürfen.

> **Beispiel:** Polizeibeamte, die den Zugang zu einem Rockfestival kontrollieren, bekommen einen glaubhaften Hinweis, dass ein bestimmter Zuhörer ein Messer, das dem Waffenbegriff des WaffG unterfällt, mit sich führt. Sie durchsuchen die betreffende Person und stellen das bei ihr gefundene Messer sicher.

In diesem Fall stellte der glaubhafte Hinweis auf das Mitführen eines Messers eine Tatsache dar, die die Annahme rechtfertigte, dass die angegebene Person ein Messer mit sich führte. Die Durchsuchung der Person war somit rechtmäßig. Das hätte selbst dann gegolten, wenn bei der Durchsuchung kein Messer gefunden worden wäre. Denn maßgeblicher Zeitpunkt für die Beurteilung ist die Ex-ante-Sicht, also der Zeitpunkt, in dem der Beamte über die Maßnahme entscheiden muss.

> **Hinweis für die Fallbearbeitung:** Aus den genannten Anlasstatbeständen folgt, dass die Durchsuchung von Personen i.d.R. mit anderen Maßnahmen einhergeht. Insbesondere ist die Durchsuchung Begleitmaßnahme zur Ingewahrsamnahme und dient dabei verschiedenen Zwecken, etwa der Eigensicherung des Beamten oder der Verhinderung der Selbstgefährdung des in Gewahrsam Genommenen.[603] Auch wird sie häufig als Begleitmaßnahme zur Identitätsfeststellung durchgeführt.[604] Sie ist aber auch häufig eine Vorbereitungsmaßnahme zu einer Sicherstellung.[605] Denn werden bei einer Durchsuchung Sachen gefunden, von denen eine Gefahr für die öffentliche Sicherheit ausgeht, muss die Polizei die Möglichkeit haben, diese Sachen sicherzustellen und zu verwahren. Für die Klausurbearbeitung folgt daraus aber, dass alle Maßnahmen eigenständig geprüft werden müssen.
>
> **Beispiel:** S wird im Vorfeld einer Demonstration von Polizeibeamten durchsucht, weil Tatsachen die Annahme rechtfertigen, dass er Waffen bei sich führt.
>
> ⇨ Da zur Gefahrenabwehr, insbesondere bei Demonstrationen, Waffen sichergestellt werden dürfen (etwa nach § 23 Nr. 2 und 3 NdsPOG), ist ein Anlasstatbestand für eine Durchsuchung gegeben (etwa nach § 22 I Nr. 2 oder II NdsPOG). Die Beamten durften S also durchsuchen. Prüfungstechnisch ist die Rechtmäßigkeit einer (hypothetischen) Sicherstellung im Rahmen des Tatbestands der Durchsuchung zu prüfen. Sollten die Beamten tatsächlich Waffen finden und diese sicherstellen, ist die Sicherstellung später als Folgemaßnahme separat zu prüfen. Allerdings kann hinsichtlich der Rechtmäßigkeit i.d.R. auf die Prüfung der Durchsuchung verwiesen werden.

Auch lassen die Polizeigesetze die Durchsuchung einer Person zu, die sich in einem **die freie Willensbestimmung ausschließenden Zustand** oder sonst **in hilfloser Lage** befindet (vgl. etwa Art. 21 I Nr. 2 BayPAG; § 15 I Nr. 3 HmbSOG; § 22 I Nr. 3 NdsPOG). In einem „die freie Willensbestimmung ausschließenden Zustand" können sich insbesondere Menschen mit Selbsttötungsabsicht befinden (Pflicht des Staates, Menschenleben zu schützen, Art. 2 II S. 1 GG). Gleiches gilt etwa im Fall einer Ohnmacht, bei einem epileptischen Anfall oder schweren Nervenschock.

> **Beispiel:** Die Polizei erhält einen Anruf von einer Frau, in dem diese ihr mittels Mobiltelefons mitteilt, dass sie sich das Leben nehmen wolle. Mit Hilfe einer Standortbestimmung (sog. Handy-Ortung) gelingt es der Polizei, den Aufenthaltsort der Frau zu ermit-

---

[602] Vgl. dazu ausführlich *R. Schmidt*, StrafR BT II, 21. Aufl. 2019, Rn 207 ff. und 391 ff.
[603] *Kingreen/Poscher*, POR, § 18 Rn 6.
[604] *Kingreen/Poscher*, POR, § 18 Rn 6.
[605] *Kingreen/Poscher*, POR, § 18 Rn 6.

teln. Vor Ort durchsucht sie die Frau und stellt ein Teppichmesser sicher, mit dem die Frau sich offenbar die Pulsadern aufschlitzen wollte.

In diesem Fall sind Durchsuchung und Sicherstellung gerechtfertigt.

497 Eine „sonstige hilflose Lage" kann insbesondere bei Volltrunkenen, verunglückten Personen, alten Menschen oder Kindern vorliegen, wobei sich gewisse Überschneidungen mit der Variante *die freie Willensbestimmung ausschließenden Zustand* ergeben können. So befindet sich insbesondere der Volltrunkene, der hilflos ist, wohl auch in einem „die freie Willensbestimmung ausschließenden Zustand".

497a Gemäß Art. 21 I Nr. 3 BayPAG ist die Durchsuchung einer Person auch bei Vorliegen einer nur **drohenden Gefahr** zulässig, also bei einer Sachlage, bei der eine Gefahr noch nicht besteht; diese soll mittels Durchsuchung an ihrer „Entstehung" gehindert werden. Damit steht die „drohende" Gefahr zeitlich und graduell noch vor der abstrakten Gefahr (Rn 660 ff.) und dehnt die Möglichkeit einer Durchsuchung sehr weit in das Vorfeld einer eigentlichen Gefahr aus, was Zweifel an der Verfassungsmäßigkeit hervorrufen könnte (siehe dazu im Einzelnen Rn 673a ff.). Da die drohende Gefahr aber für ein bedeutendes Rechtsgut bestehen muss und darunter der Bestand und die Sicherheit des Bundes oder eines Landes, das Leben, die Gesundheit und die Freiheit, die sexuelle Selbstbestimmung, erhebliche Eigentumspositionen und Sachen, deren Erhalt im besonderen öffentlichen Interesse liegt (Art. 11 III S. 2 BayPAG), zu verstehen ist, dürften die Bedenken im Ergebnis nicht zur Bejahung der Verfassungswidrigkeit führen, zumal der mit einer Durchsuchung verbundene Eingriff in aller Regel nicht so schwer wiegt wie bspw. eine heimliche Überwachungsmaßnahme wie Wohnraumüberwachung, Online-Durchsuchung, Telekommunikationsüberwachung oder Telekommunikationsverkehrsdatenerhebung. Geboten ist aber eine restriktive Handhabung der in Art. 11 III S. 1 BayPAG genannten Ableitungsvoraussetzungen der drohenden Gefahr. So muss das individuelle Verhalten einer Person die konkrete Wahrscheinlichkeit begründen, dass in absehbarer Zeit ein Angriff von erheblicher Intensität oder Auswirkung zu erwarten ist, oder Vorbereitungshandlungen für sich oder zusammen mit weiteren bestimmten Tatsachen müssen den Schluss auf ein seiner Art nach konkretisiertes Geschehen zulassen, wonach in absehbarer Zeit ein Angriff von erheblicher Intensität oder Auswirkung zu erwarten ist. Nur dann ist eine Durchsuchung nach Art. 21 I Nr. 3 BayPAG grundrechtskonform.

497b Auch ermächtigen die Polizeigesetze zur Durchsuchung von Personen, die sich an **gefährlichen** oder **gefährdeten** Orten oder an **Kontrollstellen** aufhalten oder dort angetroffen werden.[606] Damit soll der Polizei die Möglichkeit gegeben werden, neben der Durchsuchung zur Durchsetzung einer Identitätsfeststellung und zur Vorbereitung einer Sicherstellung eine besonders intensive Durchsuchung von Personen an besonders neuralgischen Orten vorzunehmen, um so eine Verunsicherung krimineller Milieus hervorzurufen.[607] Vgl. dazu bereits Rn 216 und 227 f.

498 Schließlich lassen die Polizeigesetze – im Rahmen einer Identitätsfeststellung – die Durchsuchung einer Person zur **Eigensicherung** zu. Danach darf die **Polizei** eine Person, deren Identität nach dem LandesPolG oder anderen Rechtsvorschriften festgestellt werden soll, nach Waffen, anderen gefährlichen Werkzeugen und Explosivmitteln durchsuchen, wenn dies nach den Umständen zum Schutz des Beamten oder eines

---

[606] Vgl. Bund: § 43 I Nr. 4, II Nr. 1, 2 BPolG; BW: § 29 I Nr. 3-5 PolG; Bay: Art. 21 I Nr. 4, 5 PAG; Berl: § 34 II Nr. 2-4 ASOG; Brand: § 21 I Nr. 4-6 PolG; Brem: § 19 I Nr. 4, 5 PolG; Hamb: § 15 II SOG; Hess: § 36 II Nr. 2, 3 SOG; Meck-Vor: § 53 I Nr. 3 i.V.m. 29 I S. 2 Nr. 1-3 SOG; Nds: § 22 I Nr. 4, 5, II Var. 2 POG; NRW: § 39 I Nr. 4, 5 PolG; RhlPfl: § 18 I Nr. 4-6 POG; Sachs: § 27 I Nr. 4, 5 PVDG; SachsAnh: § 41 II Nr. 2, 3 SOG; SchlHolst: § 202 I Nr. 3, 4 LVwG; Thür: § 23 I Nr. 4-6 PAG.
[607] *Kingreen/Poscher*, POR, § 18 Rn 8.

Dritten gegen eine Gefahr für Leib oder Leben erforderlich ist (vgl. etwa § 15 II HmbSOG; § 22 II NdsPOG).

Mit **Waffen** sind Waffen im technischen Sinne gemeint. Das sind Gegenstände, die geeignet und bestimmt sind, Menschen zu verletzen (z.B. Spring-, Fall-, Faust- und Butterflymesser, aber auch Dolche, Stilette, Schlagringe, Schlagstöcke, Gummiknüppel, Handgranaten etc.). Gefährliche Werkzeuge (i.S.d. § 224 StGB) wie z.B. Äxte, Beile, Küchenmesser, Baseballschläger, Eisenketten etc. mögen zwar „waffenähnlich" eingesetzt werden können, sie aber dem Waffenbegriff zu unterstellen, überstiege den möglichen Wortsinn des Waffenbegriffs. Eine Überdehnung des Waffenbegriffs ist auch unnötig, da **„andere gefährliche Werkzeuge"** ebenso erfasst sind. Bei den in der polizeigesetzlichen Befugnisnorm ebenfalls genannten **Explosivmitteln** muss es sich nicht um Sprengmittel, also zum Sprengen bestimmte explosionsfähige Stoffe, handeln, sondern es genügt, dass die Stoffe explosionsfähig sind, wie das z.B. bei Molotow-Cocktails der Fall ist.

499 Aufgrund der Formulierung „deren Identität ... festgestellt werden *soll*" ist die Durchsuchung zur Eigensicherung gerade im Vorfeld der Identitätsfeststellung zulässig. Dabei ist es gleichgültig, ob die Identitätsfeststellung nach dem Polizeigesetz, nach der StPO oder nach anderen Gesetzen erfolgt. Einschränkend gilt jedoch, dass die Durchsuchung nicht routinemäßig vor jeder Identitätsfeststellung vorgenommen werden darf, sondern nur, wenn es „nach den Umständen ... erforderlich ist". Es müssen also bestimmte Anhaltspunkte vorliegen, die für diese Schutzmaßnahme sprechen. Das können Anhaltspunkte sein, die in der Person des Betroffenen liegen (z.B. sein Aussehen ähnelt dem einer gesuchten, als gewalttätig bekannten Person oder sein Verhalten ist aggressiv), es können aber auch allgemeine, auf den Ort der Identitätsfeststellung bezogene Anhaltspunkte sein (z.B. in der Gegend halten sich häufig gewalttätige Personen auf).

> **Beispiel:** An einem Samstagmittag wird die Polizei in die Innenstadt gerufen, weil dort vor einem Café in der Fußgängerzone ein Mann (M) Passanten anbettelt, wodurch sich nicht nur die Passanten, sondern auch die Gäste des Cafés gestört fühlen. M spricht die vorbeigehenden Leute zunächst ruhig an, um nach Geld zu fragen, reagiert aber bei Ablehnung äußerst aggressiv, indem er die Leute anbrüllt. Die Schwelle zur Beleidigung wird dabei aber von M nicht überschritten. Als die Polizeivollzugsbeamten A und B vor Ort eintreffen, ist M gerade wieder dabei, hinter einem Passanten herzulaufen und ihn anzubrüllen. Die Beamten halten M an, wollen von ihm wissen, was er da mache, und fragen ihn nach seinen Personalien. Da M jedoch seine Mitwirkung verweigert, durchsuchen ihn die Beamten nach Ausweispapieren, aber auch nach gefährlichen Gegenständen, um eine mögliche Gefahr von sich selbst abzuwehren, werden aber nicht fündig. M ist der Meinung, dass die Durchsuchung rechtswidrig gewesen sei.
>
> Gemäß den polizeigesetzlichen Vorschriften darf die Polizei eine Person, deren Identität festgestellt werden soll, durchsuchen, wenn dies nach den Umständen zum Schutz des Beamten oder Dritten vor einer Gefahr für Leib oder Leben erforderlich ist. Geht man aufgrund des aggressiven Verhaltens des M davon aus, dass dieser Gegenstände mit sich führen könnte, die zu einem Angriff genutzt werden könnten, liegen die Tatbestandsvoraussetzungen vor. Insbesondere ist die Prognoseentscheidung der Polizei, zum Eigenschutz eine Person nach Waffen oder anderen gefährlichen Gegenständen zu durchsuchen, im Zweifel großzügig zu überprüfen (a.A. vertretbar).

500 Auf der Rechtsfolgeseite gelten die allgemeinen Rechtmäßigkeitsvoraussetzungen (rechtsfehlerfreie **Ermessensausübung**; Beachtung des **Verhältnismäßigkeitsgrundsatzes**).

cc. Rechtsschutz

501 Da die Durchsuchung nicht nur den (schlichtes Verwaltungshandeln darstellenden) tatsächlichen Vorgang der Durchsuchung in sich birgt, sondern zugleich den Betroffenen verpflichtet, die tatsächliche Durchsuchung zu dulden (die Duldungsverfügung ist ein Verwaltungsakt), kommt der Durchsuchung eine Doppelnatur zu. Aufgrund der gleichzeitigen konkludenten Duldungsverfügung sind daher solche Rechtsbehelfe zulässig, die allgemein gegen Verwaltungsakte zulässig sind. In Betracht kommt daher stets die **Anfechtungsklage**. Da sich die Maßnahme in aller Regel jedoch bereits vor Klageerhebung erledigt haben wird, ist in diesen Fällen die **Fortsetzungsfeststellungsklage** analog § 113 I S. 4 VwGO statthaft.

b. Durchsuchung von Sachen

502 Eine Durchsuchung von Sachen[608] wird zumeist nicht isoliert durchgeführt, sondern von der Polizei i.d.R. im Zusammenhang mit anderen Maßnahmen in Betracht gezogen. Analysiert man die in der Befugnisnorm normierten Anlasstatbestände, wird deutlich, dass die Durchsuchung von Sachen regelmäßig

- als **Vorbereitungsmaßnahme** zur Ingewahrsamnahme und zur Sicherstellung,
- als **Begleitmaßnahme** zur Durchsuchung von Personen sowie
- als **Durchsetzungsmaßnahme** zur Identitätsfeststellung ergehen kann.
- Nach einigen novellierten Polizeigesetzen ist die Durchsuchung von Sachen auch dann erlaubt, wenn diese von Personen mitgeführt werden, die sich an einem **bestimmten Ort aufhalten bzw. angetroffen werden**. Das Vorliegen einer Gefahr ist dabei offenbar nicht (stets) erforderlich (siehe etwa § 15a I S. 1 Nr. 4-7 HmbSOG). Immerhin wird bei einigen diese Tatstände gefordert, dass auf die jeweilige Person bezogene tatsächliche Anhaltspunkte die Durchsuchung erforderlich machen (vgl. § 15a I S. 2 HmbSOG in Bezug auf § 15a I S. 1 Nr. 4 und 5 HmbSOG) – siehe dazu Rn 517a/517b.
- Und nach Art. 22 I Nr. 1 BayPAG ist die Durchsuchung einer Sache auch bei Vorliegen einer nur abstrakten Gefahr erlaubt, wenn auf deren Grundlage die Person durchsucht werden darf, die die Sache mitführt (Art. 21 I Nr. 3 BayPAG) – siehe dazu Rn 508a.

503 Fraglich ist, ob die Durchsuchung von Sachen als eigenständige Maßnahme neben den genannten „Hauptmaßnahmen" geprüft werden muss oder ob sie von diesen umfasst ist. Sofern die Befugnisnorm über die Durchsuchung von Sachen eigene Rechtmäßigkeitsvoraussetzungen enthält, die nicht gewürdigt werden könnten, wenn man die Durchsuchung von Sachen als uneigenständige Vorbereitungs-, Begleit- oder Durchsetzungsmaßnahme zur „Hauptmaßnahme" betrachtete, ist sie separat zu prüfen. Das ist regelmäßig der Fall, wenn sie als Vorbereitungsmaßnahme zur Ingewahrsamnahme und zur Sicherstellung sowie als Begleitmaßnahme zur Durchsuchung von Personen ergeht. In diesen Fällen ist sie eigenständig neben der „Hauptmaßnahme" zu prüfen. Ergeht sie dagegen als Durchsetzungsmaßnahme zur Identitätsfeststellung, kann sie zusammen mit dieser geprüft werden.

Beispiel: Die Polizei möchte die Identität einer verdächtigen Person feststellen. Da diese sich weigert, ihre Identität preiszugeben, durchsucht die Polizei den Rucksack der Person nach Gegenständen, die Aufschluss über die Identität geben.

Die Vorschrift über die Identitätsfeststellung (IDF) sieht auf der Rechtsfolgeseite u.a. vor, dass die Polizei zur Feststellung der Identität die Sachen des Pflichtigen nach Ge-

---

[608] Vgl. § 18 MEPolG; Bund: § 44 BPolG; BW: § 30 PolG; Bay: Art. 22 PAG; Berl: § 35 ASOG; Brand: § 22 PolG; Brem: § 20 PolG; Hamb: § 15a SOG, § 3 HafenSG; Hess: § 37 SOG; MeckVor: § 57 SOG; Nds: § 23 POG; NRW: § 40 PolG; RhlPfl: § 19 POG; Saar: § 18 PolG; Sachs: § 28 PVDG; SachsAnh: § 42 SOG; SchlHolst: § 206 LVwG; Thür: § 24 PAG, § 19 OBG.

genständen durchsuchen darf, die zur IDF dienen. Da die Befugnisnorm über die Durchsuchung von Sachen keine Rechtmäßigkeitsvoraussetzungen enthält, die im Rahmen der IDF zu beachten wären, müssen in der Klausur auch nicht die Voraussetzungen der Durchsuchung von Sachen geprüft werden. Etwas anderes gilt nur dann, wenn die Polizei die Sachen nicht nur zur IDF durchsucht, sondern auch zu anderen Zwecken. Dann ist eine separate Prüfung erforderlich.

Unter **Sachen** sind alle körperlichen Gegenstände i.S.v. § 90 BGB zu verstehen, insbesondere bewegliche Sachen wie mitgeführte Taschen, Gepäckstücke oder Fahrzeuge. Auch am Körper befindliche **Kleidungsstücke** (Hose, Jacke, Hemd etc.) unterfallen eigentlich dem Begriff der Sache, allerdings richtet sich deren Durchsuchung wegen des (intensiveren) Eingriffs in die Persönlichkeitssphäre nicht nach der Standardmaßnahme *Durchsuchung von Sachen*, sondern nach der Standardmaßnahme *Durchsuchung von Personen*. Wichtig ist diese Erkenntnis etwa für die Anwendbarkeit der Verfahrensvorschrift, dass Durchsuchungen von Personen grundsätzlich nur von Beamten desselben Geschlechts vorgenommen werden dürfen. **504**

Freilich wird man wiederum von der Anwendbarkeit der Standardmaßnahme *Durchsuchung von Sachen* ausgehen müssen, wenn ein Kleidungsstück durchsucht wird, das der Adressat zuvor ausgezogen hat/ausziehen musste. Auch die Verfahrensvorschrift, dass Durchsuchungen von Personen grundsätzlich nur von Beamten desselben Geschlechts vorgenommen werden dürfen, ist in diesem Fall nicht – auch nicht analog – anwendbar, weil der Schutzzweck (Wahrung der Intimsphäre) dann nicht in dem Maße greift, dass die genannte Verfahrensvorschrift beachtet werden müsste.

Der Begriff der Sache umfasst ferner auch ein **Grundstück**, das nicht befriedetes Besitztum und damit **keine Wohnung** im Sinne der Standardmaßnahme *Durchsuchen von Wohnungen* ist. Die Durchsuchung z.B. eines eingezäunten Hausgartens ist daher nur zulässig, wenn die besonderen Voraussetzungen einer Wohnungsdurchsuchung vorliegen. **Kraftfahrzeuge** sind Sachen und können grundsätzlich auf der Grundlage der Standardmaßnahme *Durchsuchen von Sachen* durchsucht werden. Problematisch ist es aber dann, wenn das Fahrzeug, das durchsucht werden soll, ganz oder teilweise auch Wohnzwecken dient. Das kann z.B. bei Lastkraftwagen mit Schlafkojen, zum Schlafen eingerichtete Kombiwagen, Wohnmobilen oder Wohnwagen der Fall sein. Sieht man diese Fahrzeuge als Wohnung i.S.d. Art. 13 I GG an, dürfen sie nur unter den strengen Voraussetzungen der Standardmaßnahme *Durchsuchen von Wohnungen* durchsucht werden. Im Einzelfall kann es für die Rechtmäßigkeit der Durchsuchung also entscheidend sein, eine Sache oder eine Wohnung anzunehmen. Entsprechend dem Schutzzweck des Art. 13 I GG, die Intimsphäre des Menschen zu wahren, wird man darauf abstellen müssen, ob das Fahrzeug zum Zeitpunkt der Durchsuchung tatsächlich Wohnzwecken dient und im Hinblick darauf mit persönlichen Gegenständen ausgestattet ist. Dieses wird z.B. für ständig bewohnte Wohnwagen oder für Wohnfahrzeuge während eines vorübergehenden Aufenthalts auf einem Campingplatz ohne weiteres anzunehmen sein. Das Gleiche dürfte auch für Wohnmobile gelten, die nicht nur „leer stehen", überführt oder gar nur als Pkw eingesetzt werden, sondern am Tag der Durchsuchung tatsächlich als Übernachtungsgelegenheit gedient haben oder noch dienen werden. Vor diesem Hintergrund wird man auch die Frage, inwieweit **Hausboote** oder **Zelte** auf der Grundlage der Standardmaßnahme *Durchsuchen von Sachen* oder *Durchsuchen von Wohnungen* durchsucht werden dürfen, beantworten müssen.[609]

---

[609] Zum Wohnungsbegriff vgl. sogleich Rn 510 ff.

aa. Formelle Rechtmäßigkeit

505 Hinsichtlich der formellen Rechtmäßigkeit gelten zunächst die allgemeinen Voraussetzungen (Zuständigkeit, Verfahren und Form, siehe Rn 607 ff.). Als besondere (und zusätzlich zu prüfende) Verfahrensvorschriften normieren fast alle Polizeigesetze (vgl. etwa § 15a II S. 1 HmbSOG; § 23 II S. 1 NdsPOG), dass der Inhaber der tatsächlichen Gewalt das Recht hat, **anwesend** zu sein (worauf gem. § 25 I S. 2 VwVfG die Polizisten hinweisen müssen). Damit soll der Betroffene in die Lage versetzt werden, seine Besitz- und Eigentumsposition zu wahren. Für den Fall, dass der Betroffene nicht anwesend ist, soll die Polizei immerhin einen Vertreter, einen erwachsenen Angehörigen, eine Person seines Vertrauens oder eine andere (neutrale) Person heranziehen (vgl. etwa § 15a II S. 2 HmbSOG; § 23 II S. 2 NdsPOG). Weitere Verfahrensvorschrift ist, dass dem Inhaber der tatsächlichen Gewalt auf Verlangen eine Bescheinigung über die Durchsuchung und ihren Grund zu erteilen ist (vgl. etwa § 15a II S. 3 HmbSOG; § 23 II S. 3 NdsPOG). Auf das Recht, eine Bescheinigung verlangen zu können, ist ebenfalls gem. § 25 I S. 2 VwVfG hinzuweisen.[610] Einen Richtervorbehalt für die Durchsuchung sehen die Polizeigesetze (anders als § 105 StPO) nicht vor. Die unterschiedliche Regelung ist damit zu erklären, dass das Gefahrenabwehrrecht regelmäßig durch das Erfordernis schnellen Handelns geprägt ist und das Abwarten einer richterlichen Entscheidung dem Zweck der Gefahrenabwehr regelmäßig zuwiderliefe.

506 Ein Verstoß gegen eine der genannten Verfahrensvorschriften führt zur **formellen Rechtswidrigkeit** der Durchsuchung, sofern man eine **Heilung** gem. § 45 I Nr. 2 VwVfG ablehnt. Unter den Voraussetzungen § 46 VwVfG ist der Verfahrensverstoß aber **unbeachtlich**.

bb. Materielle Rechtmäßigkeit

507 Die materiellen Tatbestandsvoraussetzungen sind in der Befugnisnorm beschrieben und in der Fallbearbeitung i.d.R. durch Sachverhaltssubsumtion zu prüfen. Was den Grad der erforderlichen Gefahr betrifft, ist eine **konkrete Gefahr** nur für den Fall gefordert, dass die Sache einer Person durchsucht wird, die ihrerseits durchsucht werden darf. Bei den übrigen Tatbestandsvarianten genügt eine **abstrakte Gefahr**. Pflichtig ist regelmäßig der Verhaltens- oder Zustandsstörer. Sofern eine Tatbestandsvariante keine Störereigenschaft voraussetzt, müssen selbstverständlich auch nicht die Voraussetzungen für die Inanspruchnahme eines Nichtstörers vorliegen.

507a Näherer Betrachtung bedürfen die in einige Polizeigesetze eingefügten Bestimmungen, wonach die Durchsuchung von Sachen offenbar auch ohne Vorliegen einer konkreten Gefahr möglich ist. Es soll genügen, wenn diese Sachen von Personen mitgeführt werden, die sich an einem **bestimmten Ort aufhalten bzw. angetroffen werden**. So darf etwa gem. § 15a I S. 1 Nr. 4-7 HmbSOG die Polizei eine Sache durchsuchen, wenn

- sie von einer Person mitgeführt wird, die an einem „gefährlichen" Ort, d.h. an Ort angetroffen wird, von dem Tatsachen die Annahme rechtfertigen, dass dort Personen Straftaten von erheblicher Bedeutung verabreden, vorbereiten oder verüben, oder an dem sich gesuchte Straftäter verbergen,

- sie von einer Person mitgeführt wird, die an einem „gefährdeten" Ort, d.h. in einer Verkehrs- oder Versorgungsanlage oder -einrichtung, einem öffentlichen Verkehrsmittel, Amtsgebäude oder einem besonders gefährdeten Objekt oder in dessen unmittelbarer Nähe angetroffen wird und Tatsachen die Annahme rechtfertigen, dass in diesem Objekt oder in dessen unmittelbarer Nähe Straftaten begangen werden sollen, durch die Personen oder das Objekt gefährdet sind,

---

[610] *Rachor*, in: Lisken/Denninger, E Rn 666.

- sie sich an einem „gefährlichen" Ort befindet,
- sie sich in einem „gefährdeten" Ort (bzw. Objekt) oder in dessen unmittelbarer Nähe befindet und Tatsachen die Annahme rechtfertigen, dass an diesem Ort bzw. in diesem Objekt oder in unmittelbarer Nähe Straftaten begangen werden sollen, durch die Personen oder das Objekt gefährdet sind.

Zu den Begriffen „**gefährliche**" Orte und „**gefährdete**" Orte bzw. Objekte siehe Rn 215.

Mit der Formulierung „Tatsachen die Annahme rechtfertigen, dass..." ist eine abstrakte Gefahr bzw. ein Gefahrenverdacht gemeint. Insbesondere kommt es nicht auf die Verantwortlicheneigenschaft des in Anspruch Genommenen. Jeder, der sich in einem der betreffenden Gebiete aufhält, kann also nicht nur einer Identitätsfeststellung (einschließlich Personendurchsuchung), sondern auch einer Sachdurchsuchung unterzogen werden, ohne dass von ihm eine (konkrete) Gefahr ausgehen müsste. Zu den verfassungsrechtlichen Bedenken sowie zu den Anforderungen an eine verfassungskonforme Maßnahme siehe Rn 227/228. Immerhin wird bei einigen diese Tatbestände gefordert, dass auf die jeweilige Person bezogene tatsächliche Anhaltspunkte die Durchsuchung erforderlich machen (vgl. § 15a I S. 2 HmbSOG in Bezug auf § 15a I S. 1 Nr. 4 und 5 HmbSOG – Antreffen an einem gefährlichen oder gefährdeten Ort). Wie die Identitätsfeststellung (einschließlich Personendurchsuchung) muss auch die Sachdurchsuchung jedem Fall willkürfrei sein und sich auf einen Sachgrund stützen lassen. 507b

Einer gesteigerten Aufmerksamkeit bedarf auch die Variante, der zufolge die Polizei ein Fahrzeug durchsuchen darf, in dem sich eine Person befindet, deren Identität bei einer Kontrollstelle festgestellt werden darf mit der Folge, dass sich die Durchsuchung auch auf die in dem Fahrzeug enthaltenen Sachen erstrecken darf (vgl. etwa § 15a I Nr. 8 HmbSOG; § 23 I Nr. 6 NdsPOG). Diese Bestimmung wird man ebenfalls einengend auslegen bzw. anwenden müssen, und zwar dergestalt, dass die Durchsuchung von Fahrzeugen an einer Kontrollstelle zur Identitätsfeststellung einer Person nur zulässig ist, wenn auch die Person und die von ihr sonst noch mitgeführten Sachen zu dem gleichen Zweck durchsucht werden dürfen, wenn die Person also festgehalten werden darf. Durch diese Auslegung lassen sich ungerechtfertigte Unterschiede in der Reichweite der jeweiligen Eingriffsbefugnisse vermeiden. Dient die Durchsuchung eines Kfz an einer Kontrollstelle demgegenüber dem Auffinden von Waffen, anderen gefährlichen Werkzeugen und Explosivmitteln, reicht es aus, wenn diese Maßnahme den Umständen nach zum Schutz gegen eine Gefahr für Leib oder Leben erforderlich ist. Dieser Zweck der Kontrollstelle dürfte sogar der Regelfall sein. 508

> **Beispiel:** Der Verfassungsschutz gelangt aufgrund von Abhörmaßnahmen zu der Erkenntnis, dass Terroristen einen Selbstmordanschlag in der Innenstadt planen. Daher hat die Polizei mehrere Kontrollstellen eingerichtet. In deren Rahmen wird auch T angehalten. Weil dieser sich zudem verdächtig verhält, entschließt sich die Polizei, das Fahrzeuginnere zu durchsuchen.
>
> In diesem Fall durfte die Polizei das Fahrzeug durchsuchen, weil es sich um ein Fahrzeug handelte, in dem sich eine Person befand, deren Identität sie feststellen durfte. Zudem konnte die Polizei die Durchsuchung des Fahrzeugs vornehmen, weil T aus Gründen der Eigensicherung durchsucht werden durfte.

Schließlich ist zu beachten, dass im Fall des Art. 22 I Nr. 1 BayPAG (Durchsuchung einer Sache, die von einer Person mitgeführt wird, die wiederum nach Art. 21 BayPAG durchsucht werden darf) eine Durchsuchung von Sachen auch bei Vorliegen einer nur **drohenden Gefahr** zulässig ist. Das ergibt sich aus dem Verweis auf Art. 21 BayPAG (Durchsuchung von Personen). Nach Art. 21 I Nr. 3 BayPAG ist die Durchsuchung einer Person auch bei Vorliegen einer nur drohenden Gefahr zulässig, also bei einer 508a

Sachlage, bei der eine Gefahr noch nicht besteht, sondern nur zu entstehen „droht". Kann also eine Person trotz Vorliegens einer nur drohenden Gefahr durchsucht werden, gilt das auch für die von der Person mitgeführten Sachen (Handtasche, Rucksack, Aktenkoffer etc., aber auch Pkw). Da die „drohende" Gefahr zeitlich und graduell noch vor der abstrakten Gefahr (Rn 660 ff.) steht und damit die Möglichkeit einer Durchsuchung sehr weit in das Vorfeld einer eigentlichen Gefahr ausdehnt, könnten Zweifel an der Verfassungsmäßigkeit bestehen (siehe dazu im Einzelnen Rn 673a ff.). Da die drohende Gefahr aber für ein bedeutendes Rechtsgut bestehen muss und darunter der Bestand und die Sicherheit des Bundes oder eines Landes, das Leben, die Gesundheit und die Freiheit, die sexuelle Selbstbestimmung, erhebliche Eigentumspositionen und Sachen, deren Erhalt im besonderen öffentlichen Interesse liegt (Art. 11 III S. 2 BayPAG), zu verstehen ist, dürften die Bedenken im Ergebnis nicht zur Bejahung der Verfassungswidrigkeit führen, zumal der mit einer Durchsuchung verbundene Eingriff in aller Regel nicht so schwer wiegt wie bspw. eine heimliche Überwachungsmaßnahme wie Wohnraumüberwachung, Online-Durchsuchung, Telekommunikationsüberwachung oder Telekommunikationsverkehrsdatenerhebung. Geboten ist aber eine restriktive Handhabung der in Art. 11 III S. 1 BayPAG genannten Ableitungsvoraussetzungen der drohenden Gefahr. So muss das individuelle Verhalten einer Person die konkrete Wahrscheinlichkeit begründen, dass in absehbarer Zeit ein Angriff von erheblicher Intensität oder Auswirkung zu erwarten ist, oder Vorbereitungshandlungen für sich oder zusammen mit weiteren bestimmten Tatsachen müssen den Schluss auf ein seiner Art nach konkretisiertes Geschehen zulassen, wonach in absehbarer Zeit ein Angriff von erheblicher Intensität oder Auswirkung zu erwarten ist. Nur dann ist eine Durchsuchung nach Art. 22 I Nr. 1 BayPAG i.V.m. Art. 21 I Nr. 3 BayPAG grundrechtskonform. Unter diesen Voraussetzungen käme dann auch eine Durchsuchung eines vom Durchsuchungsobjekt räumlich getrennten elektronischen Speichermediums in Betracht, soweit von diesem aus darauf zugegriffen werden kann (Art. 22 II S. 1 BayPAG). Namentlich angesprochen ist damit etwa eine Speichercloud.

cc. Rechtsschutz

509 Zum Rechtsschutz gegen die Durchsuchung von Sachen gilt das zur Durchsuchung von Personen Gesagte entsprechend.

c. Betreten und Durchsuchen von Wohnungen

Eine mit Blick auf die Bedeutung des Wohnungsgrundrechts äußerst praxis- und studienrelevante Standardmaßnahme stellt das Betreten und Durchsuchen von Wohnungen zu präventivpolizeilichen Zwecken dar.[611] Eingriffsobjekt ist **Art. 13 I GG**. Dieses Grundrecht dient dem besonderen **Schutz des persönlichen Lebensbereichs**. Der Wohnungsinhaber soll das Recht haben, in seinem „elementaren Lebensraum in Ruhe gelassen zu werden".[612] Eingriffe in dieses Grundrecht sind daher nur unter besonderen Voraussetzungen zulässig. So unterscheidet Art. 13 GG in den Absätzen II und VII **Durchsuchungen** von **sonstigen Maßnahmen**, für die nach dem Wortlaut unterschiedliche Schranken gelten. Die Absätze III bis VI enthalten Spezialregelungen für die **akustische** und **optische** Wohnraumüberwachung (z.B. Abhören mittels Wanze oder Richtmikrofon; Beobachtung mittels Kamera), die zwar in besonders gravierender Weise in das Wohnungsgrundrecht eingreifen, wegen ihres klar umrissenen Anwendungsbereichs jedoch keine Rolle in Bezug auf die Standardmaßnahme *Betreten und Durchsuchen von Wohnungen* spielen. Diese Maßnahmen wurden bereits bei Rn 268 ff. dargestellt. Ob eine **Online-Durchsuchung** von Computern eine Durchsuchung i.S.d. Art. 13 II GG darstellt, ist Gegenstand der Darstellung bei Rn 308 ff. Keinen Fall der Durchsuchung von Wohnungen stellt jedenfalls die heimliche **Überwachung der Telekommunikation** dar. Zwar wird auch mit dieser Maßnahme in besonderem Maße in die Persönlichkeitssphäre eingegriffen, Prüfungsmaßstab ist aber nicht das Wohnungsgrundrecht, sondern das Grundrecht auf Wahrung des Fernmeldegeheimnisses (Art. 10 I GG), vgl. dazu Rn 293 ff.

510

Zentraler Begriff ist die Wohnung. Wegen der Bedeutung des Wohnungsgrundrechts ist der Wohnungsbegriff aus Gründen der Rechtssicherheit und Rechtsklarheit in den meisten Polizeigesetzen in Anlehnung an die Rechtsprechung des BVerfG, das den Wohnungsbegriff weit auslegt[613], legaldefiniert.

511

So umfasst die **Wohnung** i.S.d. Polizeirechts nicht nur Wohn- und Nebenräume, sondern auch Arbeits-, Betriebs- und Geschäftsräume sowie anderes befriedetes Besitztum.[614]

512

Infolge der Hereinnahme des befriedeten Besitztums in den polizeirechtlichen Wohnungsbegriff reicht dieser damit tendenziell weiter als der verfassungsrechtliche Wohnungsbegriff i.S.d. Art. 13 I GG.[615] Zu den Wohnungen i.S.d. Polizeirechts zählen daher zunächst die durch Art. 13 I GG geschützte Räumlichkeiten, also insbesondere Wohnhäuser, aber auch Etagenwohnungen. Auf die Eigentumsverhältnisse (Wohneigentum; Mietnutzung) kommt es nicht an; entscheidend ist allein die tatsächliche Wohnnutzung. Auch Wohnmobile, Campingwagen, Zelte, Hausboote (nicht jedoch ein gewöhnlicher Pkw, siehe Rn 504 f.), gelten i.d.R. als Wohnung i.S.v. Art. 13 I GG, **soweit sie (auch) als Medium zur Entfaltung von Privatheit dienen**.[616]

513

---

[611] Vgl. §§ 19 f. MEPolG; Bund: §§ 45 f. BPolG; BW: § 31 PolG; Bay: Art. 23 f. PAG; Berl: §§ 36 f. ASOG; Brand: §§ 23 f. PolG; Brem: §§ 21 f. PolG; Hamb: §§ 16 f. SOG; Hess: §§ 38 f. SOG; MeckVor: §§ 59 f. SOG; Nds: §§ 24 f. POG; NRW: §§ 41 f. PolG; RhlPfl: §§ 20 f. POG; Saar: §§ 19 f. PolG; Sachs: § 29 PVDG; SachsAnh: §§ 43 f. SOG; SchlHolst: §§ 208 f. LVwG; Thür: §§ 25 f. PAG.
[612] Vgl. BVerfGE 27, 1, 6; 42, 212, 219; 51, 97, 110; 75, 318, 328; 89, 1, 12; 103, 142, 150 ff.; 109, 279, 313; BVerfG NJW 2002, 1333; NJW 2004, 1517; NStZ 2015, 529, 531; NJW 2018, 2185, 2186.
[613] BVerfGE 32, 54, 68 f.; 65, 1, 40; 76, 83, 88; 89, 1, 12. Vgl. auch BVerfG DÖV 2007, 607, 608 f.; NJW 2008, 2426 f.; NVwZ 2009, 1281, 1282; NJW 2018, 2185, 2186.
[614] Vgl. z.B. Art. 23 I S. 2 BayPAG; § 16 I HmbSOG; § 38 I HessSOG; § 24 I NdsPOG.
[615] Zum Wohnungsbegriff i.S.d. Art. 13 I GG, der das bloße befriedete Besitztum wohl nicht erfasst, vgl. *R. Schmidt*, Grundrechte, Rn 820 ff.
[616] Vgl. BVerfG NJW 2004, 1517 (Durchsuchung und Beschlagnahme bei einem Rechtsanwalt); VGH Mannheim DVBl 1998, 96; *Schenke*, POR, Rn 154; *Ruthig*, JuS 1998, 506, 508 ff.

514 Problematisch ist auch, ob **Spinde** (in Sammelunterkünften oder Aufenthaltsräumen von Betrieben) der Privatsphäre und damit dem Wohnungsbegriff unterfallen. Grundsätzlich wird man Spinde der Privatsphäre zuordnen müssen mit der Folge, dass deren Durchsuchung nur unter den Voraussetzungen der Wohnungsdurchsuchung rechtmäßig ist (wobei allerdings die Einschränkungen, die für die Nachtzeit gelten, nicht zu beachten sind). Bei Bundeswehrsoldaten gilt die Besonderheit, dass das Leben in Gemeinschaftsunterkünften nur eine sehr eingeschränkte Privatsphäre genießt, vgl. dazu die auf § 18 SoldatenG ergangene Verwaltungsvorschrift des Bundesverteidigungsministers. Immerhin ist in Spinden von Soldaten ein kleines Privatfach vorhanden. Ein ähnliches Problem besteht bei **dienstlich genutzten Computern** im Hinblick auf den Grundrechtsschutz aus Art. 2 I i.V.m. Art. 1 I GG. Man wird unterscheiden müssen: Wurde der Computer ausschließlich zu dienstlichen Zwecken bereitgestellt, wird man eine schützenswerte Privatsphäre verneinen müssen.

515 Zu den **Nebenräumen** zählen z.B. Keller, Wirtschaftsräume, Dachböden, aber auch Garagen. Unter den Begriff **Arbeits-, Betriebs- und Geschäftsräume**, die ebenfalls vom polizeirechtlichen Wohnungsbegriff erfasst sind, fallen z.B. Werkstätten, Lagerhallen, Verkaufsräume, ärztliche Behandlungszimmer, Kanzleiräume von Rechtsanwälten etc.

516 Zu dem im Zusammenhang mit der Wohnung i.S.d. Polizeirechts genannten **befriedeten Besitztum** gehört das durch Zäune, Hecken, Gräben oder in anderer Weise eingefriedete, nicht nur landwirtschaftlich genutzte Grundstück. Das Grundstück wird jedoch nur dann vom Begriff des befriedeten Besitztums erfasst, wenn es gegenüber der Öffentlichkeit real abgeschirmt ist. Um den Schutz des Art. 13 I GG zu bejahen, muss es sich zudem in unmittelbarer Nähe eines vom Wohnungsbegriff erfassten Gebäudes befinden[617]; es muss stets ein Zusammenhang mit der Wohnung bestehen und der Zugang muss durch ein Hindernis zumindest erschwert werden.

517 Die Unterscheidung zwischen Wohn- und Nebenräumen einerseits und Arbeits-, Betriebs- und Geschäftsräumen sowie sonstigem befriedeten Besitztum andererseits ist unter dem Aspekt der (v.a. zeitlichen) Begrenzung des Betretungsrechts relevant.

518 ▪ So bestimmen die meisten Polizeigesetze, dass **Arbeits-, Betriebs- oder Geschäftsräume** (sowie andere Räume und Grundstücke), die **öffentlich zugänglich** sind oder waren und den Anwesenden zum weiteren Aufenthalt zur Verfügung stehen, zum Zweck der Gefahrenabwehr (damit ist die Aufgabenerfüllung gemäß den Aufgabenzuweisungsnormen der Polizeigesetze gemeint) **während der Arbeits-, Geschäfts- oder Aufenthaltszeit** betreten (nicht auch durchsucht!) werden dürfen. Außerhalb dieser Zeiten scheidet also ein Betreten (und erst recht ein Durchsuchen) bei Vorliegen lediglich einer „Aufgabe der Gefahrenabwehr" aus (vgl. Rn 543 ff.).

519 ▪ Dagegen dürfen die **Wohn- und Nebenräume** i.e.S. sowie Arbeits-, Betriebs- und Geschäftsräume, die (im Umkehrschluss zu oben Gesagtem) **nicht öffentlich zugänglich** sind, grundsätzlich auch in den sonstigen Zeiten betreten (und auch durchsucht) werden, sofern die allgemein für Wohnungsbetretungen und -durchsuchungen geltenden Rechtfertigungsvoraussetzungen vorliegen. Für die Nachtzeit (vgl. dazu § 104 III StPO) gelten jedoch strengere Voraussetzungen an die Rechtmäßigkeit („gegenwärtige Gefahr für Leib, Leben oder Freiheit einer Person" oder „Sachen von bedeutendem Wert"). Besteht aber eine von der Wohnung ausgehende erhebliche, die Nachtruhe Dritter beeinträchtigende Störung, sehen die meisten Polizeigesetze vor, dass die Polizei eine Wohnung auch während der Nachtzeit und ohne diese strengen Voraussetzungen betreten darf. Freilich steht dies in Konflikt zu Art. 13 VII GG, der die Betretung nur zur Abwehr einer gemeinen Gefahr oder einer Lebensgefahr für einzelne Personen zulässt (vgl. dazu Rn 537 ff.).

---

[617] BGH NJW 1997, 2189 zum Vorgarten.

520 Zu beachten ist aber, dass selbst wenn eine Wohnung i.S.d. Polizeirechts vorliegt, das **GastG** und die **GewO** die Anwendbarkeit des allgemeinen Polizei- und Ordnungsrechts im gewerbespezifischen Gefahrenbereich sperren (vgl. § 1 GewO). Liegen also die Voraussetzungen eines Grundrechtseingriffs nach dem GastG oder der GewO vor, kommen von vornherein ein Betreten und Durchsuchen nach dem Polizeigesetz nicht in Betracht. Die Sperrwirkung des GastG und der GewO gilt jedoch **nicht** (1.) für die Polizei im Rahmen ihrer **Eilzuständigkeit** und (2.) für Gefahren, die nicht den Gewerbetreibenden betreffen.[618] Des Weiteren gehen fachgesetzliche Bestimmungen wie z.B. § 17 II **HandwO**, § 16 I **InfSchG**, § 16 III **TierSchG** und § 24 V-VII **TierGesG** den polizeigesetzlichen Bestimmungen über das Betreten und Durchsuchen von Wohnungen vor.

521 Auch ist zu beachten, dass einige Polizeigesetze die Eingriffsvoraussetzungen für das Betreten teilweise weniger streng formulieren, als es **Art. 13 VII GG** zulässt. In einem solchen Fall also der Schutzbereich des Art. 13 I GG eröffnet, ist die betreffende polizeigesetzliche Rechtsgrundlage **verfassungskonform** auszulegen, d.h. ein Eingriff ist nur unter den Voraussetzungen des Art. 13 VII GG, der wiederum eng auszulegen ist, zulässig. Vgl. dazu Rn 537 ff.

522 Da die Polizeigesetze zum Betreten (und Durchsuchen) von Wohnungen ohne Einwilligung des Berechtigten ermächtigen, heißt dies, dass ein Grundrechtseingriff nicht vorliegt und es keiner Rechtfertigung bedarf, wenn der Wohnungsinhaber in das Betreten und Durchsuchen einwilligt (sog. **Grundrechtsverzicht**), wobei die Einwilligung freiwillig sein muss. Sie kann auch konkludent erfolgen.

> **Beispiel:** Auf einer nächtlichen Streifenfahrt beobachtet die Polizei durch ein Wohnzimmerfenster, wie eine Person eine andere mit einer Schusswaffe bedroht. Unbemerkt verschafft sie sich Zugang in die Wohnung, um die Schussabgabe abzuwenden.
>
> Unterstellt, dass nur die bedrohte Person Wohnungsinhaberin ist, darf davon ausgegangen werden, dass sie mit dem Betreten ihrer Wohnung durch die Polizei einverstanden ist. Es liegt ein Grundrechtsverzicht vor, der eine weitere Prüfung der Rechtmäßigkeit der Wohnungsbetretung mit Art. 13 I GG als Prüfungsmaßstab überflüssig macht. Denn wo kein Grundrechtseingriff vorliegt, besteht auch kein Rechtfertigungsbedürfnis. Lässt sich die Frage nach dem Grundrechtsverzicht nicht klären, ist dies unschädlich, sofern die Voraussetzungen des Art. 13 II-VII GG i.V.m. der polizeigesetzlichen Befugnisnorm vorliegen. Zum Grundrechtsverzicht vgl. auch das Beispiel bei Rn 531.

523 Willigt der Wohnungsinhaber jedoch nur unter dem Druck der Obrigkeit ein (Beispiel: die Polizei droht mit der gewaltsamen Öffnung der Tür, falls diese nicht „freiwillig" geöffnet werde), ist die Freiwilligkeit selbstverständlich zu verneinen. Einen Grundrechtsverzicht wird man ebenfalls verneinen müssen, wenn der Betroffene die Tragweite eines Grundrechtsverzichts nicht überblickt. Bei der Annahme eines Grundrechtsverzichts ist also Zurückhaltung geboten.

524 Das Betreten und Durchsuchen von Räumen kann sowohl zum Zweck der **Strafverfolgung** (§§ 102 ff. StPO) als auch zum Zweck der **Gefahrenabwehr** erfolgen. Das kann im Einzelfall die Frage aufwerfen, ob die Polizei repressiv oder präventiv tätig ist bzw. war.

> **Beispiel:** In einem mehrere Wohnungen umfassenden Mietshaus hört ein Mieter lautstarkes Geschrei in der über ihm gelegenen Wohnung. In der Annahme, dass dort körperliche Misshandlungen vorgenommen werden, ruft er die Polizei. Diese erscheint sofort und fordert die in der fraglichen Wohnung befindlichen Personen auf, die Tür zu

---

[618] Vgl. dazu näher Rn 1129 ff.

öffnen. Als diese nicht geöffnet wird und sich im Übrigen das Geschrei noch verstärkt, geht die Polizei von einer Gefahr im Verzug aus und bricht die Tür auf.

Das Aufbrechen der Tür war zum Betreten der Wohnung und zu deren Durchsuchung unerlässlich. Daher ist das Verhalten der Polizei einheitlich zu bewerten. Wie bereits dargestellt, kann die Polizei sowohl präventiv (also zur Gefahrenabwehr) als auch repressiv (also zur Verbrechensbekämpfung) tätig sein. Da hier aber unterschiedliche Rechtmäßigkeitsanforderungen bestehen, kann eine Unterscheidung nicht dahinstehen. Abzustellen ist auf das **Schwergewicht des polizeilichen Handelns**. Bei der Ermittlung des Schwergewichts ist ein objektiver Maßstab anzulegen. Liegen Anhaltspunkte dafür vor, dass ein *Verdacht einer Straftat* besteht und die Polizei weitere Sachverhaltsaufklärungen durchführt, ist von einer repressivpolizeilichen Tätigkeit auszugehen. Steht demgegenüber die *Verhütung von (weiteren) Straftaten* im Vordergrund, ist von einer präventivpolizeilichen Maßnahme auszugehen (vgl. dazu im Einzelnen Rn 87 ff.). Vorliegend wusste die Polizei im Zeitpunkt des Aufbrechens der Tür noch nicht, was sie erwarten würde. Ihr konnte es daher lediglich darum gehen, eine mögliche Gefährdung des Rechtsguts Leib und Leben abzuwenden. Der Zweck des Einschreitens lag also in der Gefahrenabwehr. Die Rechtsgrundlage für das Einschreiten ist somit im Gefahrenabwehrrecht zu suchen. Vorliegend einschlägig sind daher die Normen über das Betreten und Durchsuchen von Wohnungen sowie die über den unmittelbaren Zwang.

Anmerkung: Rechtskonstruktiv ist es möglich (und m.E. auch geboten), zunächst das Aufbrechen der Tür als Maßnahme des unmittelbaren Zwangs zu werten und sodann das Betreten der Wohnung zu prüfen. Es ist aber auch vertretbar, das Aufbrechen der Tür als „Begleitmaßnahme" zum Betreten zu werten. Dann aber kommt der eigenständige Grundrechtseingriff in Art. 14 I S. 1 GG (Eigentumsbeeinträchtigung wegen der Beschädigung der Tür) nicht hinreichend zur Geltung.

aa. Formelle Rechtmäßigkeit

525 Hinsichtlich der formellen Rechtmäßigkeit der präventivpolizeilichen Wohnungsbetretung und -durchsuchung gelten zunächst die allgemeinen Voraussetzungen (Zuständigkeit, Verfahren und Form, siehe Rn 607 ff.). Als besondere (und zusätzlich zu prüfende) Verfahrensvorschrift normieren die Polizeigesetze in Ausprägung des Art. 13 II GG einen **Richtervorbehalt**, der jedoch **nur für die Durchsuchung**, nicht auch für das Betreten gilt (vgl. etwa § 16a I HmbSOG). Durchsuchungen ohne richterliche Anordnung sind nur bei **Gefahr im Verzug** zulässig (vgl. dazu näher Rn 526c ff.).

526 Des Weiteren gewähren die Polizeigesetze das Recht des Wohnungsinhabers, bei der Durchsuchung oder der Betretung **anwesend** zu sein. Auch ist ihm der **Grund** für das Betreten bekannt zu geben, sofern dadurch nicht der Zweck der Maßnahme gefährdet wird. Ferner ist eine **Niederschrift** hinsichtlich der Durchführung der Maßnahme anzufertigen und eine Durchschrift ist auszuhändigen. Der zwingende Inhalt der Niederschrift (Grund, Zeit, Ort, Ergebnis der Durchsuchung) ist den Polizeigesetzen zu entnehmen (vgl. etwa § 16a IV HmbSOG; § 25 IV NdsPOG). Ist die Anfertigung der Niederschrift oder die Aushändigung einer Durchschrift nach den besonderen Umständen des Falles nicht möglich oder würde sie den Zweck der Durchsuchung gefährden, ist der oder dem Betroffenen lediglich die Durchsuchung unter Angabe der verantwortlichen Behörde sowie der Zeit und des Ortes der Durchsuchung schriftlich zu bestätigen (vgl. etwa § 16a V HmbSOG; § 25 V NdsPOG).

526a Insbesondere **Richtervorbehalt**: Gemäß Art. 13 II GG und den insoweit lediglich klarstellenden Bestimmungen der Polizeigesetze[619] dürfen **Durchsuchungen** (nicht

---

[619] Vgl. §§ 20 I S. 1 MEPolG; Bund: § 46 I S. 1 BPolG; BW: § 31 V S. 1 PolG; Bay: Art. 24 I PAG; Berl: § 37 I S. 1 ASOG; Brand: § 24 I S. 1 PolG; Brem: § 22 I S. 1 PolG; Hamb: § 16a I S. 1 SOG; Hess: § 39 I S. 1 SOG; MeckVor: § 59 V S. 1 SOG; Nds: § 25 I S. 1 POG; NRW: § 42 I S. 1 PolG; RhlPfl: § 21 I S. 1 POG; Saar: § 20 I S. 1 PolG; Sachs: § 30 I S. 1 PVDG; SachsAnh: § 44 I S. 1 SOG; SchlHolst: § 208 V S. 1 LVwG; Thür: § 26 I S. 1 PAG.

das bloße Betreten, das ausschließlich unter Art. 13 VII GG subsumiert werden kann) grundsätzlich nur durch den **Richter** angeordnet werden. Der Richtervorbehalt zielt auf eine vorbeugende Kontrolle der Maßnahme durch eine unabhängige und neutrale Instanz.[620] Der Richter darf die Durchsuchung nur anordnen, wenn er sich aufgrund umfassender Prüfung der Ermittlungen überzeugt hat, dass die Maßnahme verhältnismäßig ist. Er muss den zeitlichen und inhaltlichen Rahmen, die Grenzen und das Ziel der Durchsuchung definieren. Dabei verlangt Art. 13 II GG i.V.m. Art. 1 I, III und Art. 20 III GG vom Richter, durch eine geeignete Formulierung des Durchsuchungsbeschlusses im Rahmen des Möglichen und Zumutbaren zu gewährleisten, dass der Eingriff in die Grundrechte rechtsstaatlichen Anforderungen genügt.[621]

Zuständig für die Erteilung der Durchsuchungsanordnung ist das **Amtsgericht**. Denn entsprechend der in § 40 I S. 2 VwGO eingeräumten Ausnahmemöglichkeit wurde gemäß den polizeilichen Bestimmungen (vgl. etwa § 16a I S. 2 HmbSOG; § 25 I S. 2 NdsPOG; § 21 I S. 2 RhlPflPOG) zum sachlich zuständigen Gericht nicht das Verwaltungsgericht, sondern das Amtsgericht bestimmt. Für das Verfahren gelten die Vorschriften des FamFG entsprechend (vgl. etwa § 16a I S. 3 HmbSOG; § 25 I S. 3 i.V.m. § 19 IV NdsPOG; § 21 I S. 3 RhlPflPOG). Diese Rechtswegzuweisung erfasst allerdings nicht die Gewährung nachträglichen Rechtsschutzes nach Beendigung der Durchsuchung. Vielmehr verbleibt es insoweit bei der allgemeinen Rechtswegregelung des § 40 I S. 1 VwGO. Der nachträgliche Rechtsschutz schließt auch die Überprüfung ein, ob die Voraussetzungen einer Gefahr im Verzug vorgelegen haben.[622] Vgl. dazu Rn 288. 526b

Bei **Gefahr im Verzug** kann die Durchsuchung gem. Art. 13 II GG ausnahmsweise auch durch die in den Gesetzen vorgesehenen anderen Organe angeordnet werden. Das sind im Bereich der Strafverfolgung gem. § 105 I StPO die Staatsanwaltschaft und ihre Ermittlungspersonen (§ 152 GVG), im Bereich der hier relevanten Gefahrenabwehr die Polizei selbst[623]. 526c

Im Bereich der Strafverfolgung besteht der Zweck der Eilkompetenz in der Ermöglichung eines schnellen und situationsgerechten Handelns zur Gewährleistung einer effektiven und funktionstüchtigen Strafverfolgung durch die Ermittlungsbehörden[624]; insbesondere soll einem drohenden Beweismittelverlust entgegengetreten werden[625]. Im Bereich der Gefahrenabwehr steht die effektive Verhinderung eines Schadens an einem polizeirechtlichen Schutzgut im Mittelpunkt. 526d

Art. 13 GG enthält keine Legaldefinition des Begriffs „Gefahr im Verzug". Wegen des hohen Wertes des Schutzguts „Wohnung" und der Ausnahmesituation, in der eine Durchsuchung der Wohnung ohne richterliche Durchsuchungsanordnung stattfinden darf, mahnt das BVerfG (jedenfalls bezüglich der Strafverfolgung) eine restriktive Auslegung an.[626] Da die Annahme von „Gefahr im Verzug" die Anordnungskompetenz ausnahmsweise vom Richter auf die Strafverfolgungsbehörden verlagere, sei der Begriff „Gefahr im Verzug" **eng auszulegen**. „Gefahr im Verzug" sei nur anzunehmen, wenn die richterliche Anordnung nicht mehr eingeholt werden könne, ohne dass der Zweck der Maßnahme (regelmäßig die Sicherstellung von Beweismitteln) gefährdet 526e

---

[620] BVerfG NStZ 2015, 529, 531 mit Verweis auf BVerfGE 20, 162, 223; 57, 346, 355 f.; 76, 83, 91; 103, 142, 151.
[621] BVerfG NStZ 2015, 529, 531; BVerfGE 96, 44, 51; 103, 146, 151. Vgl. auch BVerfG NJW 2007, 1345, 1346.
[622] BVerfGE 103, 142, 150 ff.
[623] Vgl. §§ 20 I S. 1 MEPolG; Bund: § 46 I S. 1 BPolG; BW: § 31 V S. 1 PolG; Bay: Art. 24 I PAG; Berl: § 37 I S. 1 ASOG; Brand: §§ 24 I S. 1 PolG; Brem: § 22 I S. 1 PolG; Hamb: § 16a I S. 1 SOG; Hess: § 39 I S. 1 SOG; MeckVor: § 59 V S. 1 SOG; Nds: § 25 I S. 1 POG; NRW: § 42 I S. 1 PolG; RhlPfl: § 21 I S. 1 POG; Saar: § 20 I S. 1 PolG; Sachs: § 30 I S. 1 PVDG; SachsAnh: § 44 I S. 1 SOG; SchlHolst: § 208 V S. 1 LVwG; Thür: § 26 I S. 1 PAG.
[624] BVerfG NStZ 2015, 529, 532.
[625] BVerfG NStZ 2015, 529, 532; BVerfGE 103, 142, 154.
[626] BVerfGE 103, 142 ff.; wiederholt in BVerfG NStZ 2015, 529, 532.

werde.[627] Auf jeden Fall müssten aber stets alle Versuche unternommen werden, eine richterliche Entscheidung herbeizuführen. Der Richtervorbehalt verpflichte daher die Länder, alle möglichen und zumutbaren organisatorischen Vorkehrungen zu treffen, damit ein Richter **jedenfalls bei Tage und in den Abendstunden erreichbar ist**.[628] Daher ist es mit dem Richtervorbehalt des Art. 13 II GG nicht vereinbar, wenn in einer Großstadt am frühen Abend gegen 18:00 Uhr eine Wohnung allein aufgrund der Anordnung der handelnden Polizeibeamten ohne den Versuch, einen richterlichen Durchsuchungsbeschluss zu erwirken, durchsucht wird.[629] Bei **Nachtzeit** (§ 104 III StPO) ist eine Erreichbarkeit jedenfalls bei einem Bedarf zu gewährleisten.[630] Ein richterlicher Bereitschaftsdienst „rund um die Uhr" ist aber nur dann erforderlich, wenn hierfür ein praktisches Bedürfnis besteht. Kommt es also in einem Bundesland nur vereinzelt zu nächtlichen Durchsuchungsanordnungen, gefährdet das Fehlen eines richterlichen Nachtdienstes die Regelzuständigkeit des Art. 13 II GG nicht.[631] Bevor die Polizeibeamten aber eigenmächtig Gefahr im Verzug annehmen, müssen sie wenigstens versuchen, vor der strafprozessualen Wohnungsdurchsuchung eine richterliche Entscheidung herbeizuführen. Ist dies nicht möglich, müssen sie (sofern es um Strafverfolgung geht) zumindest die Anordnung der Staatsanwaltschaft herbeiführen.

526f Die Eilkompetenz der Strafverfolgungsbehörde endet aber (trotz drohenden Beweismittelverlusts), sobald ein Richter mit einem Antrag auf Erlass einer Durchsuchungsanordnung befasst ist (d.h., sobald die Staatsanwaltschaft einen Antrag auf Erlass eines richterlichen Durchsuchungsbeschlusses gestellt hat). Denn ab diesem Zeitpunkt trägt grds. allein der Richter die Verantwortung für die Anordnung der Durchsuchung. Ein Einschreiten ohne richterliche Verfügung ist dann auch bei Annahme von Gefahr im Verzug ausgeschlossen. Lediglich, wenn tatsächliche Umstände eintreten oder bekannt werden, die sich *nicht* aus dem eingeleiteten Prozess der richterlichen Prüfung und Entscheidung über den Durchsuchungsantrag ergeben, und *hierdurch* die Gefahr eines Beweismittelverlusts begründet wird („überholende Kausalität"), kann die Eilkompetenz der Strafverfolgungsbehörde neu begründet werden.[632]

526g Fazit: Nach diesen Grundsätzen muss die Strafverfolgungsbehörde also zunächst versuchen, einen Richter zu erreichen. Die Gerichte wiederum müssen die Erreichbarkeit des Dienst habenden Ermittlungsrichters gewährleisten. Erst wenn bei Beachtung dieser Grundsätze ein Beweismittelverlust droht, dürfen die Staatsanwaltschaft bzw. deren Ermittlungspersonen Gefahr im Verzug annehmen und eine Wohnung ohne richterliche Verfügung durchsuchen.[633] Nach Stellen eines Antrags auf Erlass eines richterlichen Durchsuchungsbeschlusses durch die Staatsanwaltschaft ist die Eilkompetenz der Strafverfolgungsbehörde selbst bei Gefahr im Verzug ausgeschlossen.[634] Etwas anderes gilt nur dann, wenn nachträglich Umstände eintreten oder bekannt werden, die nicht Gegenstand des Antrags auf Erlass eines richterlichen Durchsuchungsbeschlusses waren.[635]

526h Da sich die erwähnten Urteile auf eine *repressivpolizeiliche* Durchsuchung beziehen, ist fraglich, ob die dabei aufgestellten Grundsätze auch auf eine *präventivpolizeiliche* Durchsuchung übertragbar sind. Nach der hier vertretenen Auffassung ist die restriktive Auslegung des Begriffs „Gefahr im Verzug" zwar grds. auf das Gefahrenabwehr-

---

[627] BVerfG NStZ 2015, 529, 532 mit Verweis auf BVerfGE 51, 97, 111; 103, 142, 153 f.
[628] BVerfG NStZ 2015, 529, 531 mit Verweis u.a. auf BVerfGE 103, 142, 152 u. 156; 105, 239, 248.
[629] BVerfG NJW 2007, 1345. Vgl. auch BVerfG NJW 2015, 1005, 1006.
[630] BVerfG NStZ 2015, 529, 531.
[631] BVerfG NJW 2004, 1442.
[632] BVerfG NStZ 2015, 529, 534.
[633] BVerfGE 103, 142, 155 ff.; BVerfG NStZ 2015, 529, 532.
[634] BVerfG NStZ 2015, 529, 534.
[635] BVerfG NStZ 2015, 529, 534.

recht übertragbar. Zu beachten ist aber die hier bestehende engere zeitliche Nähe zum möglichen Schadenseintritt: Während bei der Strafverfolgung nach Auffassung des BVerfG i.d.R. genügend Zeit bleibt, die vorherige richterliche Durchsuchungsanordnung einzuholen, kennzeichnet sich das Gefahrenabwehrrecht gerade durch das Erfordernis des raschen Handelns. Die vorherige Einholung einer richterlichen Durchsuchungsanordnung würde in vielen Fällen die Effektivität der Gefahrenabwehr in Frage stellen. Daher müssen in jedem Einzelfall eine Prognose des handelnden Polizeibeamten über den möglichen Verlauf des Geschehens und eine Abwägung zwischen dem Rechtsgut „Unverletzlichkeit der Wohnung" und dem gefährdeten Rechtsgut, das es im konkreten Fall zu schützen gilt, angestellt werden.

> **Beispiel:** Die Polizei erhielt an einem Sonntag um 11.55 Uhr einen anonymen Anruf, dass in einer Wohnung in der Martinistraße eine Zeitbombe platziert worden sei, deren Zeitzünder auf 14.30 Uhr eingestellt sei. Da die Polizei den Anruf aufgrund einschlägiger Erfahrungen ernst nahm, durchsuchte sie ohne Zögern sämtliche Wohnungen der in der Martinistraße gelegenen Häuser. Verschlossene Wohnungen wurden aufgebrochen.
>
> Hier bestand eine zuverlässige Prognose über das Vorliegen einer gegenwärtigen erheblichen Gefahr für Leib und Leben, sodass jede Zeitverzögerung nicht zu rechtfertigen gewesen wäre. Die vorherige Einholung einer (schriftlichen) richterlichen Durchsuchungsanordnung war somit entbehrlich. Das Aufbrechen und Durchsuchen der Wohnungen waren rechtmäßig.

526i Nach Beendigung der Durchsuchung bedarf es – anders als bei der Ingewahrsamnahme – keiner richterlichen Entscheidung mehr. Rechtsschutz erhält der Betroffene dadurch, dass er nachträgliche Rechtsmittel einlegen kann (siehe dazu Rn 558).

526j Ein Verstoß gegen eine dieser Verfahrensvorschriften führt zur **formellen Rechtswidrigkeit** der Durchsuchung, sofern man eine **Heilung** gem. § 45 I Nr. 2 VwVfG ablehnt. Zu denken ist aber an eine **Unbeachtlichkeit** gem. § 46 VwVfG. Ein Verstoß gegen den Richtervorbehalt ist weder heilbar noch unbeachtlich.

bb. Materielle Rechtmäßigkeit

527 Zwar dienen das Betreten und Durchsuchen einer Wohnung zumeist (nur) der Vorbereitung einer anderen gefahrenabwehrrechtlichen Maßnahme wie z.B. der Vorführung, der Ingewahrsamnahme oder der Sicherstellung, wegen des hohen Schutzniveaus des Art. 13 I GG sind das Betreten und Durchsuchen aber stets separat zu prüfen und an den Maßstäben der Gesetzesvorbehalte der Art. 13 II GG (Durchsuchen) und Art. 13 VII GG (Betreten)[636] zu messen.

528 Die Anlasstatbestände, die zum Betreten und Durchsuchen von Wohnungen ermächtigen, sind in den Befugnisnormen der Polizeigesetze beschrieben. Zentrale Begriffe sind nicht nur die Wohnung, sondern auch das Betreten und die Durchsuchung.

a.) Begriffe des Betretens und der Durchsuchung

529 Während unter **Betreten** das Eintreten, Verweilen und Besichtigen der Wohnung zu verstehen ist, liegt in einer **Durchsuchung** das ziel- und zweckgerichtete Suchen nach Personen oder Sachen oder zur Ermittlung eines Sachverhalts, um etwas aufzu-

---

[636] Zwar heißt es in Art. 13 VII GG „Eingriffe und Beschränkungen dürfen im Übrigen nur zur ... vorgenommen werden", was darauf schließen lässt, dass sich sämtliche in Art. 13 I GG eingreifenden präventivpolizeilichen Maßnahmen (und damit auch die Durchsuchung und der Einsatz technischer Mittel) am Maßstab der Art. 13 VII GG messen lassen müssen. Allerdings versteht die h.M. Art. 13 VII GG so, dass lediglich „alle übrigen Eingriffe" (d.h. alle präventivpolizeilichen Maßnahmen *außer* der Durchsuchung und dem Einsatz technischer Mittel) erfasst sind (vgl. nur BVerfG NJW 2018, 2185, 2186; *Kunig*, in: v. Münch/Kunig, GG, Art. 13 Rn 57 und wohl auch *Sachs*, JuS 2009, 71 f.).

spüren, was der Inhaber des Raums von sich aus nicht offenlegen oder herausgeben will.[637]

530 Das Durchsuchen des Raums erlaubt nicht nur das systematische Durchkämmen, sondern auch das Öffnen von Schränken und das Aufreißen von Wandverkleidungen und das Hochreißen von Fußböden.[638] Ob eine Durchsuchung vorliegt, wenn Personen, die sich offen (also nicht versteckt) in der Wohnung aufhalten, kontrolliert werden, wird uneinheitlich gesehen.[639] Dagegen spricht die o.g. Definition, wo von „ziel- und zweckgerichtetem" Suchen die Rede ist. Dafür spricht aber die Bedeutung des Grundrechtsschutzes aus Art. 13 I GG, der dazu zwingt, wegen des nur für Durchsuchungen geltenden Richtervorbehalts (Art. 13 II GG) im Zweifel eine Durchsuchung anzunehmen.

531 **Beispiel:** Weil die Nachbarin einen heftigen Streit zwischen den Eheleuten M und F und offenbar auch körperliche Übergriffe wahrnimmt, ruft sie die Polizei. Nachdem die beiden Beamten A und B erschienen sind und an der Wohnungstür geklingelt haben, öffnet F, die eine erhebliche und blutende Platzwunde an der Stirn aufweist, die Tür. Sie teilt den Beamten mit, dass sie von ihrem Ehemann (wieder einmal) geschlagen worden sei, und bittet die Polizei herein. In der Wohnung begibt sich B in das Wohnzimmer, wo er M antrifft.

Bezüglich Art. 13 I GG kann bei F von einem Grundrechtsverzicht ausgegangen werden, da sie obrigkeitliche Hilfe in Anspruch nehmen möchte und dazu die Beamten frei von Zwang oder Willensmängeln in die Wohnung bittet. Anders verhält es sich bei M, der mit Sicherheit nicht mit dem Betreten der Wohnung einverstanden sein wird (insbesondere erstreckt sich der Grundrechtsverzicht bei F nicht auf M). Die Rechtfertigung dieses Grundrechtseingriffs bemisst sich am Maßstab der polizeigesetzlichen Befugnisnorm sowie an dem des Art. 13 I, II bzw. VII GG. Ob eine Durchsuchung vorliegt, die grds. eine vorherige richterliche Entscheidung erfordert, ist fraglich.

Nach der o.g. Definition müsste B ziel- und zweckgerichtet nach M oder zur Ermittlung eines Sachverhalts gesucht haben, um etwas aufzuspüren, was M von sich aus nicht offenlegen oder herausgeben will.

Betrachtet man diese Definition unabhängig vom vorliegenden Fall, würde unter den Begriff der Durchsuchung auch die Besichtigung einer Restaurantküche durch einen Mitarbeiter des Gewerbeaufsichtsamts fallen, der den hygienischen Zustand untersuchen möchte. Denn dass der Restaurantinhaber nicht geneigt wäre, etwa verdorbene Lebensmittel, verschmutzte Kühlhäuser oder gar Ungeziefer offenzulegen, dürfte auf der Hand liegen.

Dass gewerberechtliche Betretungs-, Besichtigungs- und Nachschaurechte aber keine Durchsuchungen (i.S.d. Art. 13 II GG) sind, sondern lediglich eine allgemeine Überwachung des Gewerbes darstellen, wurde schon immer angenommen.

Die h.M. nimmt daher eine „Präzisierung" der Definition des BVerfG vor: Das, was aufgespürt werden soll, dürfe sich nicht, wie bei der Besichtigung der Hotelküche, der äußerlichen Betrachtung darbieten. Durchsuchung sei also das Suchen staatlicher Organe nach Personen oder Sachen, die sich in einer Wohnung befänden oder sogar in ihr versteckt seien, um dem Augenschein oder Zugriff entzogen zu sein; es sei durch Handlungen gekennzeichnet, die Verborgenes zu Tage fördern sollen.[640]

Vorliegend kann davon ausgegangen werden, dass B sich in der Wohnung auch nach M umschaut. Damit läge eine Durchsuchung vor, ohne dass auf es die Ziel- und Zweckgerichtetheit ankäme. Die Frage, ob eine Durchsuchung oder ein bloßes Betreten vor-

---

[637] BVerfGE 76, 83, 89; vgl. auch BVerfGE 103, 142, 150 ff.; BVerwG NJW 2005, 454; OVG Bremen Nord ÖR 2003, 457.
[638] Vgl. ausdrücklich § 47 V S. 2 HessSOG sowie *Schenke*, POR, Rn 153 und BVerfG DÖV 2007, 607, 608 ff.
[639] Dafür *Mittag*, NVwZ 2005, 649, 650; dagegen BVerwG NJW 2005, 454, 455; *Hermes*, JZ 2005, 461 ff.
[640] Vgl. *Kingreen/Poscher*, POR, § 18 Rn 23; OVG Hamburg DVBl 1997, 665, 666. Zu den gewerberechtlichen Betretungs-, Besichtigungs- und Nachschaurechten vgl. im Übrigen Rn 543.

liegt, kann aber dahinstehen, wenn es auf die Unterscheidung nicht ankommt. Für eine Durchsuchung wäre der grds. geltende Richtervorbehalt zu beachten, wobei im vorliegenden Fall allerdings Gefahr im Verzug angenommen werden kann, was eine vorherige richterliche Entscheidung entbehrlich macht. Daher sind das Betreten der Wohnung und das „Nachschauen" nach M im Wohnzimmer gerechtfertigt, wenn die Voraussetzungen der Eingriffsnorm und des Art. 13 VII GG vorliegen (dazu sogleich).

b.) Eingriffsvoraussetzungen
aa.) Wohnungsbetretung und -durchsuchung

Die Eingriffsvoraussetzungen sind den polizeigesetzlichen Befugnisnormen zu entnehmen. Die meisten der novellierten Polizeigesetze stimmen hierin im Wesentlichen überein (vgl. etwa § 16 II HmbSOG; § 24 II NdsPOG) und ermächtigen die Polizei, eine Wohnung ohne Einwilligung des Inhabers zu betreten und zu durchsuchen, wenn

532

(1.) Tatsachen die Annahme rechtfertigen, dass sich in ihr eine Person befindet, die (gemäß den entsprechenden Bestimmungen des Polizeigesetzes) **vorgeführt** oder in **Gewahrsam** genommen werden darf,

(2.) Tatsachen die Annahme rechtfertigen, dass sich in ihr eine Sache befindet, die (gemäß den entsprechenden Bestimmungen des Polizeigesetzes) **sichergestellt** werden darf,

(3.) dies zur Abwehr einer **unmittelbar bevorstehenden Gefahr** für Leib, Leben oder Freiheit einer Person oder für Sachen von bedeutendem Wert erforderlich ist,

(4.) von der Wohnung **Emissionen** ausgehen, der nach Art, Ausmaß oder Dauer zu einer erheblichen Belästigung der Nachbarschaft führen[641] bzw. nach Art, Ausmaß oder Dauer geeignet sind, die Gesundheit in der Nachbarschaft wohnender Personen zu beschädigen[642].

Die Formulierung „Tatsachen die Annahme rechtfertigen, dass ..." in Nr. 1 und Nr. 2 bedeutet, dass keine konkrete Gefahr vorliegen muss, sondern dass eine **abstrakte Gefahr** bzw. ein **Gefahrenverdacht** genügen, um eine Durchsuchung zu den o.g. Zwecken vornehmen zu dürfen.[643] Voraussetzung für die Durchsuchung ist jedoch eine auf tatsächlichen Anhaltspunkten beruhende Prognose, dass sich in der geschützten Räumlichkeit eine Person befindet, die vorgeführt oder in Gewahrsam genommen werden darf. Es müssen also die Voraussetzungen der Vorführung oder Gewahrsamnahme vorliegen (was in einer Fallbearbeitung inzident – also verschachtelt innerhalb der Prüfung der Wohnungsbetretung und -durchsuchung – festzustellen wäre). Das wäre wiederum insbesondere der Fall, wenn es um die Verhinderung einer unmittelbar bevorstehenden Begehung oder Fortsetzung einer Ordnungswidrigkeit von erheblicher Bedeutung (für die Allgemeinheit) oder einer Straftat geht (Rn 463). Zu beachten ist jedoch, dass eine Wohnungsbetretung und -durchsuchung auf Grundlage der Nr. 1 oft auch zur Abwehr einer unmittelbar bevorstehenden Gefahr für Leib, Leben oder Freiheit einer Person oder für Sachen von bedeutendem Wert nach Nr. 3 erfolgt. Die Bedeutung der Nr. 1 ist also nicht so groß, wie es der erste Anschein vermuten lässt.

533

> **Beispiel:** Nach Hinweisen aus dem „Milieu" nimmt die Polizei an, dass in einer Privatwohnung sich illegal in Deutschland aufhaltende Ausländerinnen zur Prostitution gezwungen werden. Nachdem die Polizei trotz energischen Klopfens an die Wohnungstür und Aufforderns, die Tür zu öffnen, keine Reaktion erfahren hat, dringt sie aus gefahrenabwehrrechtlichen Gründen gewaltsam in die Wohnung ein.

---

[641] So z.B. § 16 II Nr. 3 HmbSOG.
[642] So z.B. § 24 II Nr. 3 NdsPOG.
[643] Zu den Begriffen *abstrakte Gefahr* und *Gefahrenverdacht* vgl. 666 und 689.

Hier könnte sich das Betreten der Wohnung auf Nr. 1 stützen lassen. Danach ist das Betreten einer Wohnung möglich, wenn Tatsachen die Annahme rechtfertigen, dass sich in ihr eine Person befindet, die in Gewahrsam genommen werden darf. Vorliegend geht die Polizei davon aus, dass sich in der Wohnung junge Frauen befinden, die dazu gezwungen werden, der Prostitution nachzugehen. Da diese nicht im Besitz eines Aufenthaltstitels sind (vgl. § 4 AufenthG), liegt ein strafbewehrter Verstoß gegen § 95 I Nr. 2 AufenthG vor. Die Voraussetzungen für eine Ingewahrsamnahme liegen also vor.[644] Damit durfte die Polizei auch die Wohnung betreten und durchsuchen.

Allerdings greift in Fällen der vorliegenden Art auch Nr. 3: Die Gefahr ist gegenwärtig i.S.v. unmittelbar bevorstehend und besteht auch für die Gesundheit und die Freiheit der Prostituierten. Dass das Betreten der Wohnung auch „erforderlich" sein muss, ist dagegen nicht etwa eine Besonderheit der Nr. 3, sondern als Ausdruck des allgemein geltenden Grundsatzes der Verhältnismäßigkeit eine rechtsstaatliche Selbstverständlichkeit: Jede Gefahrenabwehrmaßnahme muss erforderlich sein.

534 Weiterhin erlauben die Polizeigesetze in unterschiedlicher Ausprägung das Betreten und Durchsuchen einer Wohnung, wenn von ihr **Emissionen** ausgehen, die nach Art, Ausmaß oder Dauer zu einer **erheblichen Belästigung der Nachbarschaft** führen, bzw. **nach Art, Ausmaß oder Dauer geeignet sind, die Gesundheit in der Nachbarschaft wohnender Personen zu beschädigen** (oben Nr. 4). Das wird insbesondere bei überlauter Musik, Partylärm oder Baulärm (Renovierungslärm) der Fall sein. Eine erhebliche Belästigung bzw. Gesundheitsschädigung der Nachbarschaft ist jedoch nur dann anzunehmen, wenn in absehbarer Zeit (einfache) Körperverletzungen i.S.v. § 223 StGB drohen. Anderenfalls wäre der Eingriff in das Wohnungsrecht kaum zu rechtfertigen. Insgesamt ist bei der Ausübung des Wohnungsbetretungsrechts zu beachten, ob und welche spezialgesetzlichen Vorschriften über die Verursachung, Zumutbarkeit und Abwehr der von der Wohnung ausgehenden Emissionen bestehen. Von den Nachbarn danach erkennbar hinzunehmende Beeinträchtigungen (z.B. durch Kinderlärm oder das gelegentliche Feiern) können von vornherein nicht Grundlage einer Wohnungsbetretung sein. Das Gleiche gilt ganz allgemein für Lärmimmissionen, die ein im Rahmen des nachbarlichen Zusammenlebens normales Maß nicht überschreiten, also insbesondere durch übliche und sozialadäquate Verhaltensweisen verursacht werden. Zur Beurteilung können die zivilrechtlichen Kriterien über das Nachbarschaftsverhältnis, die in Bezug auf § 906 BGB entwickelt wurden, herangezogen werden.[645] Jedenfalls ist ein objektiver Beurteilungsmaßstab geboten. Subjektive Empfindlichkeiten der Polizeibeamten oder der betroffenen Nachbarn müssen außer Betracht bleiben.

535 Insgesamt ist dieser Betretungsgrund mit Blick auf Art. 13 I, II, VII GG restriktiv anzuwenden. Streng genommen ist er aber überflüssig, weil die denkbaren Fälle, die den Eingriff in das Wohnungsgrundrecht rechtfertigen, durchweg auf die anderen Betretungsgründe gestützt werden können. Das trifft insbesondere auf die Bei Rn 533 behandelte Nr. 3 zu: Belästigt die Lärmimmission die Nachbarschaft erheblich bzw. schädigt ihre Gesundheit (Nr. 4), liegt zugleich eine gegenwärtige erhebliche i.S.e. unmittelbar bevorstehenden Gefahr vor (Nr. 3). Hinzu kommt, dass Lärm, der zum Einschreiten der Polizei befugen könnte, i.d.R. während der Nachtzeit verbreitet wird. Für das Betreten von Wohnungen während der Nachtzeit gelten ohnehin strengere Regeln (vgl. dazu Rn 537 ff.).

536 Welche Maßnahmen erforderlichenfalls in der Wohnung getroffen werden dürfen (z.B. Sicherstellung einer Musikanlage), richtet sich nicht nach der Befugnisnorm hinsichtlich der

---
[644] Auf Sondervorschriften, die eine Ingewahrsamnahme ermöglichen (etwa §§ 62, 62a, 62b, 82 IV S. 2 AufenthG), soll hier nicht eingegangen werden.
[645] Vgl. hierzu *R. Schmidt*, SachenR II, 9. Aufl. 2018, Rn 94 ff.

Wohnungsbetretung, sondern nach anderen Vorschriften des Polizeigesetzes (insbesondere nach der Befugnisnorm hinsichtlich der Sicherstellung von Sachen) oder nach speziellen Gesetzen.

537 Als materiell-rechtliche Beschränkung des Wohnungsbetretungs- und -durchsuchungsrechts normieren die Polizeigesetze, dass während der **Nachtzeit** eine Wohnung nur unter erschwerten Voraussetzungen (etwa zur Abwehr einer gegenwärtigen Gefahr für Leib, Leben oder Freiheit einer Person) betreten und durchsucht werden darf (vgl. z.B. § 31 I S. 2 BWPolG; § 16 III i.V.m. II Nr. 3 u. 4 HmbSOG; § 24 IV i.V.m. II Nr. 3 u. 4 NdsPOG). „Nachtzeit" umfasst zwischen dem 1. April und dem 30. September die Stunden von 21.00 bis 4.00 Uhr und zwischen dem 1. Oktober und dem 31. März die Stunden von 21.00 bis 6.00 Uhr (vgl. etwa § 31 IV BWPolG; § 16 III HmbSOG i.V.m. § 104 III StPO). Teilweise lassen die genannten Polizeigesetze das Betreten und Durchsuchen einer Wohnung auch während der Nachtzeit zu, wenn von der Wohnung eine erhebliche, die Gesundheit Dritter beeinträchtigende Störung ausgeht. In diesem Fall darf die Polizei also auch während der Nachtzeit die Wohnung betreten (und durchsuchen), ohne dass eine gegenwärtige Gefahr für Leib, Leben oder Freiheit einer Person vorliegen müsste. Voraussetzung ist allein, dass von der Wohnung eine erhebliche, die Gesundheit Dritter beeinträchtigende Störung ausgeht. Das wiederum bedeutet nichts anderes, als dass die Polizei unter den Voraussetzungen der bei Rn 532/535 genannten Nr. 4 die Wohnung betreten darf.[646]

538 Ist damit also eine gegenwärtige erhebliche Gefahr erforderlich, entspricht dies der strengen Regelung des **Art. 13 VII GG**, wonach Eingriffe und Beschränkungen nur unter strengen Voraussetzungen zulässig sind.

539 Art. 13 VII GG unterscheidet strikt zwischen

⇨ Eingriffen und Beschränkungen zur Abwehr einer gemeinen Gefahr oder einer Lebensgefahr für eine einzelne Person (wofür eine spezielle gesetzliche Ermächtigung nicht erforderlich ist; die Befugnis zu Eingriffen und Beschränkungen ergibt sich hier unmittelbar aus Art. 13 VII Halbs. 1 GG),

⇨ und dem Einschreiten zur Verhütung dringender Gefahren für die öffentliche Sicherheit und Ordnung aufgrund einer gesetzlichen Ermächtigung (Art. 13 VII Halbs. 2 GG).[647]

Solche gesetzlichen Ermächtigungsgrundlagen stellen etwa die Befugnisnormen der **Polizeigesetze** dar, sofern sie **verfassungskonform** ausgelegt werden, d.h. wenn trotz der tatbestandlichen Weite der polizeigesetzlichen Eingriffsnormen nur solche Gefahrenabwehrmaßnahmen zugelassen werden, die der Abwehr einer konkreten **dringenden** Gefahr dienen.

540 Mit „**gemeiner Gefahr**" i.S.d. Art. 13 VII Halbs. 1 GG sind Gefahren für die Allgemeinheit gemeint, aber nur solche, die lebensbedrohend sein können wie z.B. Lawinenunglücke, Überschwemmungen und Erdbeben, Feuer- und Einsturzgefahr, Explosionsgefahr, die Freisetzung radioaktiver Strahlung. Auch Seuchengefahren können diese Qualität haben, obwohl sie erst in Art. 13 VII Halbs. 2 GG genannt sind. Im Übrigen muss eine *konkrete* Gefahr vorliegen. Eine „**dringende Gefahr**" i.S.d. Art. 13 VII Halbs. 2 GG liegt vor, wenn ein **besonders wichtiges Rechtsgut** (etwa die menschliche Gesundheit), gefährdet ist. Die

---

[646] Damit folgen die Gesetze (wenn auch möglicherweise nicht beabsichtigt) der von *Hegel* (1770-1831) entwickelten Dialektik vom *Grundsatz*, der *Ausnahme* und der *Gegenausnahme*. Liegen die Voraussetzungen der Gegenausnahme vor, wird die Ausnahme verdrängt, sodass der Grundsatz wieder auflebt. Vgl. dazu auch das Bsp. bei Rn 541.
[647] Vgl. dazu auch (klarstellend) BVerfG NJW 2018, 2185, 2186.

541 Da die bei Rn 537 genannte Befugnis zum Betreten von Wohnungen zur Nachtzeit eine gegenwärtige erhebliche Gefahr der Gesundheitsschädigung voraussetzt und damit keine schwächeren Eingriffsvoraussetzungen normiert als **Art. 13 VII GG**, ist sie mit dieser Verfassungsbestimmung vereinbar.

> **Beispiel:** Wegen lautstarker Partymusik aus der Nachbarwohnung ist die Polizei bereits dreimal in der Nacht von Nachbarn herbeigerufen worden. Als sich Gastgeber und Gäste auch diesmal uneinsichtig zeigen und bei ihrer Auffassung bleiben, sie hätten das Recht, „mal so richtig durchzufeiern", betreten die Beamten die Wohnung und stellen die Stereoanlage sicher. Dem Gastgeber teilen sie mit, dieser könne die Anlage am nächsten Morgen bei der Polizeiwache wieder abholen.
>
> Mit dem Betreten der Wohnung greift die Polizei in das Grundrecht aus Art. 13 I GG ein. Daher benötigt sie eine gesetzliche Rechtsgrundlage. Eine solche könnte die polizeigesetzliche Befugnisnorm hinsichtlich der Standardmaßnahme Betreten und Durchsuchen von Wohnungen sein.
>
> Auszug aus dem Polizeigesetz des Landes X (§ 21)
>
> (1) ¹Die Polizei darf eine Wohnung ohne Einwilligung des Inhabers betreten und durchsuchen, wenn
> 1. Tatsachen die Annahme rechtfertigen, dass sich in ihr eine Person befindet, die vorgeführt oder in Gewahrsam genommen werden darf,
> 2. Tatsachen die Annahme rechtfertigen, dass sich in ihr eine Sache befindet, die nach § 23 Nr. 2[648] sichergestellt werden darf,
> 3. dies zur Abwehr einer unmittelbar bevorstehenden Gefahr für Leib, Leben oder Freiheit einer Person oder für Sachen von bedeutendem Wert erforderlich ist, oder
> 4. von der Wohnung Emissionen ausgehen, die nach Art, Ausmaß oder Dauer geeignet sind, die Gesundheit in der Nachbarschaft wohnender Personen zu beschädigen.
>
> ²Die Wohnung umfasst die Wohn- und Nebenräume, Arbeits-, Betriebs- und Geschäftsräume sowie anderes befriedetes Besitztum.
>
> (2) ¹Während der Nachtzeit (§ 104 III StPO) darf eine Wohnung nur zur Abwehr einer gegenwärtigen Gefahr für Leib, Leben oder Freiheit einer Person oder für Sachen von bedeutendem Wert betreten und durchsucht werden. ²Dies gilt nicht, wenn von der Wohnung eine erhebliche, die Gesundheit Dritter beeinträchtigende Störung ausgeht.
>
> Als Rechtsgrundlage kommen § 21 I S. 1 Nr. 2, 3 und 4 sowie § 21 II in Betracht.
>
> Zunächst scheint § 21 I S. 1 Nr. 2 einschlägig zu sein, weil die Polizei bereits mehrmals erfolglos versucht hat, durch entsprechende Aufforderungen die Störung zu unterbinden. Daher war sie berechtigt, die Musikanlage gem. § 23 Nr. 2 sicherzustellen, wenn dies zur Abwehr einer gegenwärtigen Gefahr erforderlich war. An der Gegenwärtigkeit der Gefahr (Rn 669) bestehen keine Bedenken, weil die Störung bereits eingetreten war.
>
> Auch scheint § 21 I S. 1 Nr. 3 einschlägig zu sein. Demnach müsste die Lärmbelästigung eine unmittelbar bevorstehende Gefahr für eines der genannten Rechtsgüter bedeutet haben. An der zeitlichen Nähe i.S. einer Unmittelbarkeit bestehen keine Zweifel. Es müsste aber die Gefahr für ein bedeutsames Rechtsgut wie die menschliche Gesundheit bestanden haben. Die Verursachung von Lärm in einem Maße, dass die Nachbarn in ihrer Nachtruhe gestört sind, kann eine Beeinträchtigung der körperlichen Unversehrtheit und damit der menschlichen Gesundheit darstellen. Ein Verstoß gegen § 117 OWiG unterhalb dieser Schwelle genügt jedenfalls nicht, um eine erhebliche Gefahr bejahen zu können.

---

[648] Danach darf die Polizei eine Sache sicherstellen, wenn dies erforderlich ist, eine gegenwärtige Gefahr abzuwehren.

Die Geeignetheit der Lärmimmission zur Verursachung einer Gesundheitsschädigung verlangt aber § 21 I S. 1 Nr. 4. Nimmt man im vorliegenden Fall die Gefahr einer Gesundheitsschädigung – trotz des Umstands, dass der Lärm nicht bereits mehrere Nächte verursacht wurde – an, kann sich die Polizei auch auf § 21 I S. 1 Nr. 4 stützen. Insbesondere ist keine (zivil-)rechtliche Vorschrift ersichtlich, die eine Duldungspflicht der Nachbarn begründen würde.

Fraglich ist jedoch, wie es sich auswirkt, dass die Polizei eine Wohnung während der **Nachtzeit** (§ 104 III StPO) betrat. Gemäß § 21 II S. 1 darf während der Nachtzeit eine Wohnung nämlich nur zur Abwehr einer gegenwärtigen Gefahr für Leib, Leben oder Freiheit von Personen oder von Sachen von bedeutendem Wert betreten bzw. durchsucht werden. Vorliegend kommt allein das Schutzgut Leib in Betracht. Jedoch wird man „Leib" anders verstehen müssen als „Gesundheit"; anderenfalls machte die Regelung des § 21 II S. 1 im Vergleich zu § 21 I S. 1 Nr. 3 bzw. 4 keinen Sinn. Mit „Leib" wird man lediglich die unmittelbare physische Beschaffenheit des menschlichen Körpers beschreiben können. An dieser sind die Nachbarn jedoch nicht beeinträchtigt worden, was im Ergebnis zum Nichtvorliegen der Eingriffsvoraussetzungen des § 21 II S. 1 führt.

Allerdings gilt die Einschränkung des § 21 II S. 1 gem. § 21 II S. 2 wiederum nicht, wenn von der Wohnung Emissionen ausgehen, die nach Art, Ausmaß oder Dauer geeignet sind, die Gesundheit in der Nachbarschaft wohnender Personen zu beschädigen. Nimmt man dies im vorliegenden Fall an (insbesondere genügt die *Geeignetheit*; eine tatsächliche Gesundheitsschädigung braucht noch nicht eingetreten zu sein), gilt die soeben geprüfte Einschränkung des § 21 II S. 1 nicht, sodass es bei den Voraussetzungen des § 21 I S. 1 bleibt.[649]

Aber auch unter den Voraussetzungen des § 21 I S. 1 ist Art. 13 VII Halbs. 2 GG zu beachten, der einen qualifizierten Gesetzesvorbehalt enthält, d.h. Eingriffe (hier: das Betreten) nur unter den dort genannten strengen Voraussetzungen (hier: **dringende** Gefahr, d.h. Gefahr für ein **besonders wichtiges Rechtsgut** wie etwa die **menschliche Gesundheit**) zulässt. Demnach genügt das Vorliegen des § 21 I S. 1 Nr. 2 nicht, wenn zwar die Gegenwärtigkeit der Gefahr, nicht aber die Betroffenheit der menschlichen Gesundheit vorliegt. Doch gerade diese wurde für den vorliegenden Fall bejaht, sodass im Ergebnis das Betreten (und Durchsuchen) der Wohnung sowohl auf der Grundlage des § 21 I S. 1 Nr. 2 als auch der der Nr. 3 und 4 rechtmäßig war. Insbesondere sind keine Gründe ersichtlich, die gegen die Einhaltung der Ermessensgrenzen bzw. des Grundsatzes der Verhältnismäßigkeit sprechen.

Aus demselben Grund war auch die Sicherstellung der Musikanlage gem. § 23 Nr. 2 rechtmäßig.

542 Unabhängig von dem soeben behandelten Problem enthalten die Polizeigesetze Befugnisnormen, wonach die Polizei eine Wohnung zur Verhütung **dringender Gefahren** (Art. 13 VII GG) jederzeit **betreten** (nicht auch durchsuchen!) darf, wenn Tatsachen die Annahme rechtfertigen, dass dort bestimmte Personen oder Personengruppen Straftaten von erheblicher Bedeutung verabreden, vorbereiten, verüben oder sich gesuchte Straftäter verbergen. Gleiches gilt, wenn es sich um Schlupfwinkel i.S.v. § 104 II StPO handelt.[650]

---

[649] Dass die Voraussetzungen des § 21 I S. 1 wieder „aufleben", versteht sich von selbst; anderenfalls wären die Betretungsvoraussetzungen während der Nachtzeit geringer als bei Tage.
[650] Vgl. Bund: § 45 IV BPolG; Bay: Art. 23 III PAG; Berl: § 36 IV ASOG; Brand: § 23 III PolG; Brem: § 21 III PolG; Hamb: § 16 IV SOG; Hess: § 38 VI SOG; MeckVor: § 59 IV SOG; Nds: § 24 V POG; NRW: § 41 III PolG; RhlPfl: § 20 III POG; Saar: § 19 III PolG; Sachs: § 29 IV PVDG; SachsAnh: § 43 VI SOG; SchlHolst: § 208 I LVwG; Thür: § 25 III PAG.

bb.) Öffentlich zugängliche Räume

543-554
In Abstufung des Schutzbedürfnisses nach Art. 13 GG erlauben die Polizeigesetze schließlich das **Betreten** (nicht auch das Durchsuchen!) bestimmter Objekte aus jedem im Rahmen der polizeilichen Aufgabenerfüllung sachlich gebotenen Grund.[651] Voraussetzung ist lediglich, dass die Polizei im Rahmen ihrer **Aufgabenerfüllung** handelt, die Räume als **Arbeits-, Betriebs- und Geschäftsräume** gelten oder sonst **öffentlich zugänglich** sind oder zugänglich waren und den Anwesenden zum **weiteren Aufenthalt zur Verfügung stehen**.[652]

- Diese Befugnis setzt also zunächst eine **einfache Gefahr** voraus, da die gesetzlichen Regelungen das Betreten „**zum Zweck der Gefahrenabwehr**" zulassen.

- Des Weiteren bezieht sich das Betretungsrecht ausschließlich auf „**öffentlich zugängliche**" Räume (und Grundstücke). Das sind Objekte, deren Besuch im Grundsatz jeder Person aufgrund einer tatsächlichen oder vermuteten Einwilligung des Inhabers freisteht wie z.B. bei Gaststätten, Kinos, Badeanstalten, Museen, Ausstellungen, Jugendheimen oder (sonstigen) Gemeinschaftshäusern mit Publikumsverkehr. Der Öffentlichkeit zugänglich sind auch Räume, deren Betreten bestimmten Personengruppen untersagt ist (z.B. Kindern, Jugendlichen, Personen in nicht erwünschter Kleidung) oder deren Betreten vom Verlangen eines Eintrittsgeldes oder vom Erwerb einer Eintrittskarte abhängig gemacht wird. Nicht öffentlich zugänglich sind dagegen Clubräume, Vereinslokale, Betriebskantinen, Restaurantküchen u.Ä., zu denen nur Mitglieder oder sonst besonders berechtigte Personen Zutritt haben.

- Die „öffentlich zugänglichen" Räume dürfen während der Arbeits-, Geschäfts- oder Aufenthaltszeit **betreten** werden. Mit der Ausdehnung des Betretungsrechts auf die „Aufenthaltszeit" möchte der Gesetzgeber auch dann ein Betretungsrecht einräumen, wenn die Räume offenbar trotz Schließung weiterhin den Arbeitnehmern, Kunden oder anderen Personen des Publikums über die übliche Arbeits-, Betriebs- oder Öffnungszeit hinaus zur Verfügung stehen. Ein Betretungsrecht nur für die übliche Arbeits-, Betriebs-, Geschäfts- oder Öffnungszeit hätte nicht ausgereicht, weil nach allgemeiner Lebenserfahrung häufig Gefahren gerade nach dieser Zeit entstehen (z.B. Sperrstundenübertretungen, Verstöße gegen Jugendschutzbestimmungen, Drogengeschäfte, illegale Prostitution etc.).

  Aus diesem Grund sind (aus präventivpolizeilicher Sicht) sog. „Swingerclubs" oder „Saunaclubs" besonders praxisrelevant, weil sie trotz des Wortbestandteils „Club" letztlich jedermann offenstehen, der sich an dem Partnertausch beteiligen bzw. die angebotenen Dienste in Anspruch nehmen möchte.[653] Geht man in diesen Fällen von **öffentlich zugänglichen** (Arbeits-, Betriebs- oder Geschäfts-)Räumen aus, ist die Polizei **nur zum Betreten** (nicht auch zum Durchsuchen!) befugt und das auch nur **während der Aufenthaltszeit**.

  Ein Betretungsrecht außerhalb der Arbeits-, Geschäfts- bzw. Aufenthaltszeit ist somit ausgeschlossen, wenn die Polizei lediglich im Rahmen ihrer Aufgabenerfüllung handelt, wenn also lediglich eine einfache Gefahr vorliegt. Möchte die Polizei die betreffenden Räume außerhalb der Arbeits-, Geschäfts oder Aufenthaltszeit betreten (oder auch durchsuchen), darf sie dies nur unter den Voraussetzungen, unter denen sie Wohnungen betreten bzw. durchsuchen dürfte.

---

[651] Vgl. Bund: § 45 V BPolG; BW: § 31 VI PolG; Bay: Art. 23 IV PAG; Berl: § 36 V ASOG; Brand: § 23 IV PolG; Brem: § 21 IV PolG; Hamb: § 16 V SOG; Hess: § 38 VII SOG; MeckVor: § 59 II SOG; Nds: § 24 VI POG; NRW: § 41 IV PolG; RhlPfl: § 20 IV POG; Saar: § 19 IV PolG; Sachs: § 29 V PVDG; SachsAnh: § 43 VII SOG; SchlHolst: § 208 II LVwG; Thür: § 25 IV PAG

[652] Zu beachten ist jedoch, dass sich das Betretungsrecht nicht abschließend aus gewerberechtlichen Gründen ergeben darf. Denn wie bereits gesagt, sperren das GastG und die GewO grds. die Anwendbarkeit des allgemeinen Polizeirechts im gewerbespezifischen Gefahrenbereich (vgl. § 1 GewO). Die Sperrwirkung gilt jedoch nicht (1.) für die Polizei im Rahmen ihrer Eilzuständigkeit und (2.) für Gefahren, die nicht den Gewerbetreibenden betreffen.

[653] Insbesondere wird die Bezeichnung „Club" gewählt, um eine Gaststättenerlaubnispflichtigkeit zu umgehen.

- Geht man bei den Räumlichkeiten indes von **nicht öffentlich zugänglichen** Räumen aus, kommt es von vornherein nicht auf die Arbeits-, Geschäfts oder Aufenthaltszeit an. Auch dann kommen lediglich ein Betreten und Durchsuchen nach anderen Bestimmungen der Befugnisnorm – freilich unter Beachtung der dort genannten Voraussetzungen – in Betracht.

Vor nicht allzu langer Zeit musste sich das BVerfG erneut mit dem Betreten von Geschäftsräumen beschäftigen. Dabei hat es zunächst seine bisherige Auffassung bestätigt, dass (der Öffentlichkeit nicht gänzlich preisgegebene) Arbeits-, Betriebs- und Geschäftsräume vom Schutzbereich des Art. 13 I GG umfasst seien. Sodann hat es aber festgestellt, dass in Bezug auf Geschäftsräume Betretungsrechte, die zu Kontrollzwecken bestünden und dezidiert gesetzlich geregelt seien, nicht als „Eingriffe und Beschränkungen i.S.d. Art. 13 VII GG und damit nicht als Eingriffe in den Schutzbereich des Art. 13 I GG zu verstehen seien".[654] Vielmehr gelte als Prüfungsmaßstab Art. 2 I GG. Daraus folgt:

555

- Es muss eine gesetzliche Befugnisnorm vorliegen, die dezidiert die Voraussetzungen für ein Betreten der Geschäftsräume regelt. Eine solche Vorschrift ist z.B. **§ 17 II HandwO**, die die Handwerkskammer befugt, bei den der Eintragung in die Handwerksrolle unterfallenden Handwerkern (§ 17 I S. 1 HandwO) nach Maßgabe des § 29 II GewO Grundstücke und Geschäftsräume zu betreten, um dort Prüfungen und Besichtigungen vorzunehmen.
- Liegen die Voraussetzungen des § 17 II HandwO vor, richtet sich – nach Auffassung des BVerfG – der Schutz nicht nach Art. 13 I, VII GG, sondern nach Art. 2 I GG (mit den im Vergleich zu Art. 13 I, VII GG sehr geringen Rechtfertigungsvoraussetzungen). Um aber eine übermäßige Einengung des Begriffs „Eingriffe und Beschränkungen" i.S.d. Art. 13 VII GG und damit eine Aushöhlung des durch Art. 13 I GG gewährleisteten Schutzes zu vermeiden, fordert auch das BVerfG, dass die in BVerfGE 32, 54 ff. definierten Kriterien (dazu Rn 1214) im Allgemeinen und die vorliegend einschlägige Vorschrift des § 17 II i.V.m. I S. 1 HandwO im Besonderen eng ausgelegt werden. Sobald auch nur eine Tatbestandsvoraussetzung (etwa die Eintragungsfähigkeit einer bestimmten Tätigkeit) erkennbar nicht gegeben sei, scheide ein Betretungsrecht der Handwerkskammern nach § 17 II HandwO aus.
- Liegen aber die Voraussetzungen der Spezialnorm (etwa § 17 II HandwO) nicht vor, lebt Art. 13 I GG mit den strengen Rechtfertigungsvoraussetzungen wieder auf.

Diese Rechtsprechung erklärt sich vor dem Hintergrund, dass sich die gewerberechtliche Betretungs-, Besichtigungs- und Nachschaurechte kaum mit Art. 13 VII GG vereinbaren lassen, denn § 29 II GewO ermächtigt (wie § 22 II GastG) zur Betretung, ohne dies vom Vorliegen einer „gemeinen" oder „dringenden" Gefahr abhängig zu machen. Offenbar um dieses Ergebnis zu vermeiden[655], hat das BVerfG entschieden, dass Betretungs-, Besichtigungs- und Nachschaurechte, die gesetzlich dezidiert geregelt sind, nicht als Eingriffe und Beschränkungen i.S.d. Art. 13 VII GG zu qualifizieren seien[656], da sich Art. 13 VII GG lediglich auf die Wohnung i.e.S. beziehe und gewerberechtliche Betretungs- und Besichtigungsrechte nicht ausschließen wolle[657].

556

---

[654] BVerfG DÖV 2007, 607, 608 ff.
[655] An dieser Stelle sei nochmals darauf hingewiesen, dass das BVerfG das Dilemma selbst zu verantworten hat, indem es undifferenziert den Schutzbereich des Art. 13 I GG auf Gewerberäume erstreckt.
[656] BVerfG DÖV 2007, 607, 608.
[657] Dies ergibt sich nicht direkt aus BVerfG DÖV 2007, 607, 608 ff., sondern aus der Entscheidung BVerfGE 32, 54, 72 ff., auf das BVerfG in DÖV 2007, 607, 608 ff. verweist. In BVerfGE 32, 54, 72 ff. wird die Vorgehensweise mit historischen (gewohnheitsrechtlichen) Aspekten begründet und damit, dass der Verfassungsgeber die gewerberechtliche Betretung nicht bedacht habe, als er Art. 13 VII GG (damals: Art. 13 III GG) geschaffen habe, aber die Zulässigkeit gewerberechtlicher Betretungen und Besichtigungen nicht habe in Frage stellen wollen.

c.) Adressat der Maßnahme

557 **Adressat** einer Wohnungsbetretung bzw. Wohnungsdurchsuchung ist der Wohnungsinhaber, also derjenige, der berechtigterweise eine Wohnung bewohnt, unabhängig von den Eigentumsverhältnissen. Dazu zählen auch Mieter, Untermieter, Pächter und Hotelgäste. Dies gilt auch für juristische Personen des Privatrechts und andere privatrechtliche Personenvereinigungen.[658] Bei den genannten Gemeinschaftsunterkünften ist i.d.R. nur der Leiter der Organisationseinheit Inhaber. Bei Wohngemeinschaften sind alle Bewohner berechtigt, sofern nicht nur ein Raum von der polizeilichen Maßnahme betroffen ist.

cc. Rechtsschutz

558 Da die Durchsuchung der geschützten Räume nicht nur den (schlichtes Verwaltungshandeln darstellenden) tatsächlichen Vorgang der Durchsuchung in sich schließt, sondern zugleich den Betroffenen verpflichtet, die tatsächliche Durchsuchung zu dulden (die Duldungsverfügung ist ein Verwaltungsakt), kommt der Durchsuchung eine Doppelnatur zu. Aufgrund der gleichzeitigen konkludenten Duldungsverfügung sind daher solche Rechtsbehelfe zulässig, die allgemein gegen Verwaltungsakte zulässig sind. In Betracht kommt daher – da sich die Maßnahme im Zeitpunkt der Klageerhebung erledigt haben wird – die **Fortsetzungsfeststellungsklage** analog § 113 I S. 4 VwGO.

---

[658] BVerfGE 42, 212, 219 f. (Quick-Entscheidung; Durchsuchung).

Prüfungsschema für das Betreten und Durchsuchen von Wohnungen

I. Rechtsgrundlage für das Durchsuchen von Wohnungen
Sofern mit dem Betreten und Durchsuchen einer Wohnung ein Grundrechtseingriff (insb. in Art. 13 I GG) vorliegt, bedarf die Behörde einer Rechtsgrundlage. Diese ist dem Polizeigesetz zu entnehmen. Zu beachten ist jedoch, dass ein Grundrechtseingriff nicht vorliegt, wenn der Wohnungsinhaber in das Betreten einwilligt, wobei die Einwilligung freiwillig sein muss. Willigt der Wohnungsinhaber unter dem Druck der Obrigkeit ein oder ist sich der Bedeutung des Grundrechtsverzichts nicht bewusst, ist ein Grundrechtsverzicht zu verneinen.

II. Formelle Rechtmäßigkeit
1. **Zuständigkeit** der handelnden Behörde (Rn 607 ff.)
2. Ordnungsgemäßes **Verfahren** (Einhaltung der allg. Verfahrensvorschriften (Rn 618 ff.). Als besondere (und zusätzlich zu prüfende) Verfahrensvorschrift normieren die Polizeigesetze in Ausprägung des Art. 13 II GG für Durchsuchungen einen **Richtervorbehalt**. Durchsuchungen ohne richterliche Anordnung sind nur bei **Gefahr im Verzug** zulässig. Des Weiteren enthalten die Polizeigesetze das Recht des Wohnungsinhabers, bei der Durchsuchung **anwesend** zu sein. Auch ist ihm der **Grund** für die Durchsuchung bekannt zu geben, sofern dadurch nicht der Zweck der Maßnahme gefährdet wird. Ferner ist eine **Niederschrift** hinsichtlich der Durchführung der Maßnahme anzufertigen. Der Inhalt der Niederschrift ist dem Polizeigesetz zu entnehmen.
3. **Form**vorschriften (Rn 621 ff.) sind regelmäßig nicht zu beachten

III. Materielle Rechtmäßigkeit
1. Tatbestand
Tatbestandlich muss die Durchsuchung dem Schutz eines polizeilichen **Rechtsguts** dienen. Da die Wohnungsdurchsuchung zumeist als Vorbereitungsmaßnahme für eine Vorführung, Ingewahrsamnahme oder Sicherstellung in Betracht kommt, gelten für sie die gleichen Schutzgüter wie für diese Maßnahmen. Sofern die Wohnung durchsucht wird, um Immissionen abzuwehren, die von der Wohnung ausgehen und die nach Art, Ausmaß oder Dauer geeignet sind, die Nachbarschaft erheblich zu belästigen, sind Schutzgüter die Unverletzlichkeit der Rechtsordnung und die subjektiven Rechte und Rechtsgüter. Schließlich dient sie der Abwehr von Gefahren für Leib, Leben oder Freiheit von Personen oder von Sachen von bedeutendem Wert.

Hinsichtlich der Gefahr gilt, dass wenn die Durchsuchung der Vorbereitung einer anderen Maßnahme dient, eine Gefahr für ein Rechtsgut vorliegen muss, das durch die andere Maßnahme geschützt wird. Insofern ermächtigt die Befugnisnorm zu einer Gefahrerforschung. Erfolgt die Durchsuchung aber als eigenständige Maßnahme, um Immissionen oder Gefahren für Leib, Leben oder Freiheit von Personen oder von Sachen von bedeutendem Wert abzuwehren, muss eine **konkrete Gefahr** bestehen.

Als besondere Ausprägung des Persönlichkeitsrechts und des Verhältnismäßigkeitsgrundsatzes stellen die Polizeigesetze strenge Anforderungen an das Durchsuchen während der **Nachtzeit** (zur Definition vgl. die Polizeigesetze, die tw. auf § 104 III StPO verweisen). Hier darf die Polizei die Wohnung grds. nur zur Abwehr einer gegenwärtigen Gefahr für Leib, Leben oder Freiheit von Personen oder von Sachen von bedeutendem Wert betreten bzw. durchsuchen. Diese Einschränkung gilt nach den meisten Bestimmungen allerdings nicht, wenn von der Wohnung eine erhebliche, die Nachtruhe Dritter beeinträchtigende Störung ausgeht. Zur Vereinbarkeit dieser Regelung mit Art. 13 VII GG vgl. Rn 537 ff.

Eine Besonderheit besteht hinsichtlich des Betretens von öffentlich zugänglichen Arbeits-, Betriebs- und Geschäftsräumen, die ebenfalls dem Schutzbereich des Art. 13 I GG unterfallen. Allerdings dürfen diese während der gewöhnlichen Geschäfts- oder Aufenthaltszeit nur betreten, nicht auch durchsucht werden. Außerhalb dieser Zeiten sowie für Arbeits-, Betriebs- und Geschäftsräume, die nicht öffentlich zugänglich sind, gelten die Eingriffsrechte (Betretungen und Durchsuchungen), die allgemein für Wohnungen gelten.

2. Rechtsfolge
Auf der Rechtsfolgeseite ist der Polizei (wie stets) ein Ermessen eingeräumt. Wegen der großen Bedeutung des Wohnungsgrundrechts sind die Einhaltung der Ermessensgrenzen und des Verhältnismäßigkeitsgrundsatzes besonders wichtig.

d. Sicherstellung (bzw. Beschlagnahme) von Sachen

560 In der Praxis kommt die Standardmaßnahme *Sicherstellung von Sachen* insbesondere nach einer *Durchsuchung von Personen, Sachen* oder *Wohnungen* in Betracht. Denn werden bei einer Durchsuchung Sachen gefunden, von denen eine Gefahr für die öffentliche Sicherheit ausgeht, muss die Polizei die Möglichkeit haben, diese Sachen sicherzustellen und zu verwahren.

561 **Sicherstellung (Beschlagnahme)**[659] ist die **Begründung amtlichen Gewahrsams** (sog. **Verstrickung**) über eine bewegliche oder unbewegliche Sache ohne Einwilligung des Berechtigten.

562 Eingriffsobjekt ist **Art. 14 I S. 1 GG**, da dieses Grundrecht nicht nur vor Eigentumsbeeinträchtigungen im engeren Sinne, sondern auch vor Besitzentziehungen schützt. Rechtmäßige Sicherstellungen halten sich im Rahmen des Art. 14 I S. 2 GG, wonach Inhalt und Schranken des Eigentums durch die Gesetze bestimmt werden.

563 Sichergestellt werden können **alle Arten von Sachen**, auch unbewegliche und flüssige. Auch Tiere können sichergestellt werden.[660] Bei beweglichen Sachen erfolgt die Begründung amtlichen Gewahrsams i.d.R. durch körperliche Entgegennahme oder durch Einschließen in einen Raum oder in ein Behältnis, bei unbeweglichen Sachen meist durch Anbringen eines Siegels. Eine Wohnung bzw. ein Haus können auch durch Einbau eines neuen Schließzylinders und Aufbewahrung der neuen Schlüssel in der Polizeidienststelle sichergestellt werden.[661]

564 Eine Sicherstellung von **Presseerzeugnissen** wegen Gefahren, die von Inhalt oder Form dieser Erzeugnisse ausgehen, ist auf der Grundlage der polizeigesetzlichen Befugnisnorm ausgeschlossen, sofern das LandesPresseG Spezialvorschriften bereitstellt, die die Beschlagnahme nur unter bestimmten, in den presserechtlichen Vorschriften aufgelisteten Voraussetzungen (insbesondere Richtervorbehalt oder Verwirklichung bestimmter Straftaten) zulassen (sog. **Polizeifestigkeit des Presserechts**), vgl. dazu ausführlich Rn 580.

565 Die Polizeigesetze befugen zur Sicherstellung von Sachen zu Zwecken der **Gefahrenabwehr**. Die Sicherstellung von Sachen, die als Beweismittel in **Straf- oder Ordnungswidrigkeiten**verfahren von Bedeutung sein können, richtet sich nach den §§ 94 ff. StPO bzw. § 46 OWiG i.V.m. §§ 94 ff. StPO. Für die Sicherstellung von Sachen, die der Einziehung oder dem Verfall unterliegen, gelten die §§ 111b ff. StPO i.V.m. §§ 73 ff. StGB (ggf. i.V.m. § 46 OWiG, sofern der Sicherstellung eine Ordnungswidrigkeit zugrunde liegt). Abgrenzungsprobleme entstehen im Einzelfall dann, wenn eine Sache verbotswidrig gebraucht wird und einerseits die Voraussetzungen für die

---

[659] Die meisten Polizeigesetze unterscheiden nicht zwischen Sicherstellung und Beschlagnahme. Wo aber vereinzelt eine Unterscheidung getroffen wird (namentlich in §§ 32, 33 PolG BW und §§ 26, 27 PolG Sachs), ist dies in Anlehnung an die Regelung der §§ 94 und 98 StPO geschehen. Danach ist Sicherstellung die Inverwahrungnahme eines Gegenstandes, d.h. die schlichte Begründung amtlichen Gewahrsams. Hingegen liegt eine Beschlagnahme vor, wenn die Sache nicht freiwillig herausgegeben wird und die Sicherstellung daher aufgrund einer ausdrücklichen Anordnung erfolgt. Im Folgenden wird aber in Anlehnung an die meisten Polizeigesetze von einem einheitlichen (Ober-)Begriff der *Sicherstellung* gesprochen, vgl. §§ 21 f. MEPolG; Bund: § 47 BPolG; BW: §§ 32, 33 PolG; Bay: Art. 25, 26, 28 PAG; Berl: §§ 38, 39, 41 ASOG; Brand: §§ 25, 26, 28 PolG; Brem: §§ 23, 24, 26 PolG; Hamb: § 14 SOG; Hess: §§ 40, 41, 43 SOG; Meck-Vor: §§ 61 ff. SOG; Nds: §§ 26, 27, 29 PolG; NRW: §§ 43, 44, 46 PolG, 24 OBG; RhlPfl: §§ 22, 23, 25 POG; Saar: §§ 21, 22, 24 PolG; Sachs: §§ 31, 32 PVDG; SachsAnh: §§ 45, 46, 48 SOG; SchlHolst: §§ 210-212 LVwG; Thür: §§ 27, 28, 30 PAG. Spezialvorschriften für die Sicherstellung, die wegen ihres abschließenden Charakters einen Rückgriff auf das allgemeine POR ausschließen, sind etwa in den Landespressegesetzen zu finden (Rn 564/580).
[660] Dem widerspricht nicht Art. 20a GG (hier: Tierschutz) und § 90a II 1 und 2 BGB, da die für Sachen geltenden Vorschriften auch bei Tieren anwendbar sind (§ 90a S. 3 BGB). Daher kann z.B. ein bissiger Kampfhund sichergestellt werden, damit weitere Beißvorfälle verhindert werden (OVG Münster NVwZ 2001, 2227).
[661] Vgl. VGH Kassel Beschl. v. 29.2.2000 – 11 UE 4487/98.

Sicherstellung (bzw. Beschlagnahme) von Sachen

Einziehung und den Verfall vorliegen, andererseits wegen des Gebrauchs eine Gefahr für die öffentliche Sicherheit besteht. In dieser Gemengelage präventiver und repressiver Aufgabenerfüllung ist eine Abgrenzung zwischen präventivem und repressivem polizeilichem Handeln vorzunehmen.

Beispiel: Im Rahmen einer allgemeinen Verkehrskontrolle erblickt die Polizei bei einem herausgewunkenen Pkw ein sog. Radarwarngerät (siehe dazu Rn 578), das mit Saugnäpfen an der Innenseite der Frontscheibe befestigt ist. Polizeibeamter P greift sofort in das Wageninnere, zieht das Gerät von der Scheibe und nimmt es in Gewahrsam.

In diesem Fall könnte die Sicherstellung auf § 161 I StPO i.V.m. §§ 111b, 111c StPO i.V.m. §§ 46, 53 OWiG i.V.m. § 74 StGB basieren, sofern es der Polizei um die Ahndung einer Ordnungswidrigkeit geht. Denn der Autofahrer hat den Tatbestand des § 6 I Nr. 3 StVG i.V.m. § 23 Ic StVO und damit zugleich die Ordnungswidrigkeitsnorm des § 24 StVG i.V.m. § 49 I Nr. 22 StVO verwirklicht. Das Gerät kann somit eingezogen werden.

Da auf der anderen Seite der Rechtsverstoß im Zeitpunkt des Erblickens des Geräts durch P noch andauerte und damit gleichzeitig eine Gefahr für die öffentliche Sicherheit bestand (es kann davon ausgegangen werden, dass der Fahrer das Gerät auch weiterhin benutzen würde), könnte sich die Sicherstellung auch auf die entsprechende polizeigesetzliche Befugnisnorm (vgl. z.B. Art. 25 Nr. 1 BayPAG, § 14 Nr. 1a HmbSOG, § 26 Nr. 1 NdsPOG) stützen lassen.

Die Abgrenzung zwischen präventivem und repressivem polizeilichen Handeln vollzieht die wohl h.M., indem sie auf den **Schwerpunkt der Maßnahme** abstellt.[662] Andere halten die Kriterien für die Bestimmung des Schwerpunkts für zu vage und beziehen sich auf den Wortlaut der gesetzlichen Aufgaben- und Befugnisnormen und nehmen die Abgrenzung zwischen präventivem und repressivem Charakter einer polizeilichen Maßnahme anhand der mit ihr verfolgten **Zielsetzung** vor. Diese knüpfe an die **Finalität** des polizeilichen Handelns und damit an das subjektive Element des handelnden Polizeibeamten an. Nach der hier vertretenen Auffassung ist für die Bestimmung der Rechtsnatur der Maßnahme daher eine gemischt objektiv-subjektive Betrachtungsweise geboten. Danach ist Ausgangspunkt für die Ermittlung der Rechtsnatur der Maßnahme deren Schwerpunkt, wie er sich für einen unbeteiligten Dritten darstellt. Liegen danach Anhaltspunkte dafür vor, dass ein *dringender Tatverdacht* besteht und die Polizei weitere Sachverhaltsaufklärungen durchführt bzw. Maßnahmen ergreift, um den staatlichen Strafanspruch zu gewährleisten, ist von einer repressiv-polizeilichen Tätigkeit auszugehen. Geht es dagegen primär um Schadensabwendung und die Verhinderung weiterer Rechtsverstöße, ist die polizeiliche Maßnahme dem Bereich der Gefahrenabwehr zuzuordnen. Freilich ist die Bestimmung der Rechtsnatur der Maßnahme auf eine Tatsachenbasis zu stützen, bei der *auch* die Intention der handelnden Beamten zu berücksichtigen ist.

Stellt man sich demgemäß auf den Standpunkt, dass es der Polizei im vorliegenden Fall primär um die Verhinderung weiterer Rechtsverstöße ging, liegt präventivpolizeiliches Handeln vor und als Rechtsgrundlage dient die entsprechende Vorschrift des Polizeigesetzes. Die Gefahr ist gegenwärtig, weil das schädigende Ereignis bereits stattfand und auch in die allernächste Zukunft wirken wird. Ermessensfehler und eine Missachtung des Grundsatzes der Verhältnismäßigkeit sind nicht ersichtlich. Die Sicherstellung war mithin rechtmäßig.[663]

Unklar ist auch die **Rechtsnatur** der Sicherstellung. Sieht man in ihr ausschließlich das tatsächliche Ansichnehmen der sicherzustellenden Sache, handelt es sich um **schlichtes Verwaltungshandeln**.[664] Stellt man sich demgegenüber auf den Standpunkt, dass die Ansichnahme der Sache zugleich die konkludente Verfügung in sich

566

---

[662] Zum Meinungsstand und zu den jeweiligen Nachweisen vgl. Rn 89 ff.
[663] Vgl. dazu Rn 578, *R. Schmidt*, Fälle zum POR, Fall 8 und nunmehr auch VGH München NJW 2008, 1549 f.
[664] Davon gehen *Drews/Wacke/Vogel/Martens*, § 12 Rn 12c und *Schwabe*, NJW 1983, 369 ff. aus.

birgt, der Betroffene habe die Maßnahme zu dulden (sog. **Duldungsverfügung**), stellt sie einen **Verwaltungsakt** dar.[665] Relevant wird diese Unterscheidung immer dann, wenn der Betroffene sich weigert, die Sache herauszugeben bzw. von der Polizei herausnehmen zu lassen, und die Polizei Zwang anwenden muss. Denn eine Zwangsmaßnahme hat nur dienende Funktion und bedarf grundsätzlich einer zu vollstreckenden Grundverfügung. Sieht man in der Sicherstellung also lediglich schlichtes Verwaltungshandeln, kann sie nicht mit Mitteln des Zwangs durchgesetzt werden, weil schlichtes Verwaltungshandeln (mangels Regelungsanordnung) nicht vollstreckt werden kann. Weigert sich in diesem Fall der Betroffene, der Aufforderung Folge zu leisten und die Sache herauszugeben, bzw. verhindert er das Herausnehmen durch die Polizei, muss diese eine hypothetische Begleitverfügung auf der Grundlage der Befugnisgeneralklausel konstruieren, um an eine vollstreckungsfähige Grundverfügung zu gelangen. Eine derartige Konstruktion ist nicht nur überflüssig, sondern auch systemwidrig (vgl. dazu Rn 122). Denn die Vertreter dieser Konstruktion übersehen die Sperrwirkung der Standardmaßnahmen gegenüber der Befugnisgeneralklausel mit ihren weniger stringenten Tatbestandsvoraussetzungen. Das systemwidrige Zurückgreifen auf die Befugnisgeneralklausel vermeidet man aber, indem man in den Standardmaßnahmen nicht nur schlichtes Verwaltungshandeln, sondern gleichzeitig auch einen Verwaltungsakt auf Duldung der Maßnahme sieht.

> Daher stellt im obigen **Beispiel** das Ergreifen des Radarwarngeräts durch P einen Verwaltungsakt dar, der auf Duldung der Sicherstellung gerichtet ist. Sollte sich der Betroffene weigern, der Duldungsverfügung Folge zu leisten, bzw. die Sicherstellung durch Festhalten des Geräts zu verhindern versuchen und muss P Zwang anwenden, um das Gerät in Gewahrsam zu nehmen, liegt **unmittelbarer Zwang** vor.[666]

567 Unabhängig von der gerade behandelten Problematik erfolgt die Sicherstellung in den meisten Fällen durch **Anordnung** („Geben Sie die Sache heraus") und deren **Vollzug** (die Ansichnahme der Sache). Spricht die Polizei die Anordnung aus, der Inhaber der tatsächlichen Gewalt habe die sicherzustellende Sache herauszugeben, liegt definitiv ein **Verwaltungsakt** vor. Denn diese Anordnung ist auf eine ganz bestimmte Rechtsfolge gerichtet, nämlich auf die Herausgabe der Sache. Sollte sich der Betroffene weigern, die Sache herauszugeben, und nimmt die Polizei die Sache gewaltsam entgegen, liegt unmittelbarer Zwang vor (s.o.). Vollstreckbare Grundverfügung ist in diesem Fall nicht etwa eine konkludente Duldungsverfügung, sondern die tatsächlich ausgesprochene Anordnung, die Sache herauszugeben.

> Würde im obigen **Beispiel** P den Autofahrer also auffordern, das Radarwarngerät herauszugeben, läge in dieser Aufforderung bereits eine Sicherstellung (sog. Sicherstellungsverfügung). Würde sich der Autofahrer dann weigern, das Gerät herauszugeben, und müsste P das Gerät selbst von der Windschutzscheibe abziehen und an sich nehmen, läge hierin (lediglich) der Ausführungsakt der Sicherstellung. Zusätzlicher unmittelbarer Zwang läge nur dann vor, wenn der Autofahrer das Gerät z.B. festhielte und P das Gerät nur unter Überwindung von Widerstand an sich nehmen könnte.

568 Abweichend von der hier favorisierten Vorgehensweise ist es konstruktiv auch möglich, in der von der Polizei ausgesprochenen **Anordnung**, die sicherzustellende Sache herauszugeben, nicht eine Sicherstellungsverfügung zu sehen, sondern eine Maßnahme auf der Grundlage der **Befugnisgeneralklausel**. Diese Konstruktion basiert auf der Vorstellung, dass eine Sicherstellung stets das tatsächliche Element der Begründung

---

[665] So OVG Bremen Nord ÖR 2003, 457, 458; *Schenke*, POR, Rn 115 f.; *Kopp/Schenke*, VwGO, Anh § 42 Rn 35; *Nolte*, NVwZ 2001, 147, 152; *Habler*, JuS 2001, 691, 692.
[666] Eine Ersatzvornahme in Form der Selbstvornahme scheidet aus, weil die Herausgabepflicht unvertretbar ist, eine Ersatzvornahme aber eine vertretbare Handlung verlangt.

amtlichen Gewahrsams in sich berge. Schließt man sich dieser Konstruktionsmöglichkeit an, ist die Anordnung, die Sache herauszugeben, zunächst am Maßstab der *Befugnisgeneralklausel* zu prüfen. Sodann ist das tatsächliche Ansichnehmen als Standardmaßnahme *Sicherstellung* zu prüfen. Schließlich muss, sofern die Polizei zur Begründung amtlichen Gewahrsams Zwang anwendet, dieses Verhalten als *unmittelbarer Zwang* geprüft werden. Im Vergleich zu der hier favorisierten, bei Rn 566 erläuterten, Vorgehensweise ist also eine Maßnahme mehr zu prüfen.

Im Übrigen muss die Sicherstellung **auf die Begründung einer behördlichen Verwahrung gerichtet sein**. Ob dies beim **Abschleppen verbotswidrig abgestellter Kfz** der Fall ist, muss bezweifelt werden. Denn die Gefahrenabwehr- bzw. Polizeibehörde verfolgt mit dem Abschleppen von Kfz im Allgemeinen nicht den Zweck, das betreffende Kfz in Verwahrung zu nehmen bzw. den Eigentümer, den Inhaber der tatsächlichen Gewalt oder Dritte von der Sachherrschaft auszuschließen. Regelmäßig wird es ihr nur darum gehen, das Kfz von seinem gegenwärtigen Standort zu entfernen, um eine dort bestehende Gefahr zu beseitigen. In diesen Fällen liegt keine Sicherstellung, sondern eine **Ersatzvornahme** vor, auch wenn die Polizei das Fahrzeug auf einen amtlichen Verwahrplatz verbringen lässt.[667] Als vollstreckbare Grundverfügung für dieses Zwangsmittel fungiert das Halteverbotszeichen, dem die h.M. das Gebot entnimmt, den Wagen weiterzufahren.[668]   569

Eine Sicherstellung des Kfz kommt aber z.B. dann in Betracht, wenn das Fahren eines fahruntüchtigen Verkehrsteilnehmers nicht auf andere Weise (Sicherstellung des Zündschlüssels o.Ä.) verhindert werden kann oder wenn das Kfz nicht verkehrstüchtig oder nicht zugelassen ist und die Gefahr für die Allgemeinheit nicht anders abgewendet werden kann. Zu beachten ist dann aber die gegenüber der polizeigesetzlichen Sicherstellung vorrangige Regelung des § 17 I StVZO. Die Inverwahrungnahme eines Kfz, um den Eigentümer vor Verlust oder Beschädigung zu bewahren, ist aber vorzugswürdigerweise eine Sicherstellung nach Polizeirecht (Rn 577).   570

Der Streit über die Rechtsnatur der Abschleppmaßnahme ist nicht nur akademischer Natur, sondern hat einen ganz konkreten praktischen Bezug: In den meisten Bundesländern sind nämlich die Kosten der Gefahrenabwehr (wozu auch die Sicherstellung gehört) von der Körperschaft zu tragen, deren Aufgaben die handelnde Behörde übernommen hat. Dagegen sind die Kosten der Ersatzvornahme stets von dem Pflichtigen zu übernehmen (Rn 1006 f.).   571

Aus den genannten Gründen ist auch die **„Beschlagnahme" von Wohnraum**, etwa um **Obdachlose** oder **Flüchtlinge** unterzubringen, *keine* Sicherstellung, sondern sie ergeht auf der Grundlage der Befugnisgeneralklausel[669], wobei wegen des Eingriffs in Art. 14 I S. 1 GG (und der Unbestimmtheit der Befugnisgeneralklausel) hohe Anforderungen an die Rechtmäßigkeit zu stellen sind[670].   572

---

[667] Freilich ist auch diese Qualifikation nicht zweifelsfrei (vgl. dazu Rn 927/1031), aber immer noch der Sicherstellungslösung vorzuziehen. Für Ersatzvornahme auch die höchstrichterliche Rspr., vgl. BGH NJW 2014, 2577, 2578; BVerwGE 102, 316, 318 f.; vgl. auch VGH Mannheim NJW 2010, 1898, 1899; OVG Greifswald NordÖR 2005, 328. Aus der Lit. *Schenke*, POR, Rn 164/713 ff.; *Schoch*, POR, Rn 145; *Muckel*, Fälle BesVerwR, S. 170 f.; *Martini*, JA 2002, 955, 960. Für Sicherstellung VGH München NVwZ 1990, 180 und NJW 2001, 1960; *Kingreen/Poscher*, POR, § 19 Rn 4; *Gusy*, POR, 290; *Götz/Geis*, POR, § 8 Rn 60 und § 14 Rn 26. Ist eine Sicherstellung indes gesetzlich angeordnet (wie in Hamburg, vgl. § 14 I S. 2 SOG), ist dies einwandfrei.
[668] BGH NJW 2014, 2577, 2578. Auf die hiermit verbundenen zahlreichen Probleme (Wirksamwerden nachträglich aufgestellter Verkehrsschilder; Überwindung der fehlenden Androhung etc.) wird bei Rn 1025 ff. eingegangen.
[669] Vgl. auch OVG Lüneburg NVwZ 2016, 164, 165 („Beschlagnahme" eines privaten Grundstücks zur Bereitstellung von Unterkünften für Flüchtlinge) sowie (hinsichtlich der Obdachlosenunterbringung) *Volkmann*, JuS 2001, 888, 890; *Muckel*, Fälle BesVerwR, S. 146 und *Erichsen/Biermann*, JuS 1998, 371, 376. Siehe auch *Beaucamp*, JA 2017, 728, 730. Dagegen für Sicherstellung *Schenke*, POR, Rn 38/322; *Götz/Geis*, POR, § 10 Rn 8. Unklar, aber wohl für Befugnisgeneralklausel *Knemeyer*, POR, Rn 444. Vgl. i.Ü. zu dieser Konstellation *R. Schmidt*, Fälle zum POR, Fall 12.
[670] OVG Lüneburg NVwZ 2016, 164, 165.

aa. Formelle Rechtmäßigkeit

573 Hinsichtlich der formellen Rechtmäßigkeit gelten zunächst die allgemeinen Voraussetzungen (Zuständigkeit, Verfahren, Form, siehe Rn 607 ff.). Als besondere (und zusätzlich zu prüfende) Verfahrensvorschrift normieren die Polizeigesetze, dass dem Betroffenen auf Verlangen eine **Bescheinigung** über die sichergestellten Sachen und den Grund für die Sicherstellung auszustellen ist.[671] An die Stelle der Bescheinigung tritt eine **Niederschrift**, wenn eine Bescheinigung „nach den Umständen des Falls" nicht ausgestellt werden kann. Dies trifft insbesondere dann zu, wenn der Inhaber der tatsächlichen Gewalt nicht ermittelt werden kann oder wenn es sich um Kinder oder um Geisteskranke handelt. Die Niederschrift muss erkennen lassen, warum eine Bescheinigung nicht ausgestellt worden ist. Der Eigentümer oder der Inhaber der tatsächlichen Gewalt sind unverzüglich zu unterrichten. Der Begriff „unverzüglich" sollte nicht in Anlehnung an § 121 I BGB („ohne schuldhaftes Zögern") verstanden werden, sondern in Anlehnung an den in den Polizeigesetzen normierten Richtervorbehalt. Danach muss die Verzögerung sachlich zwingend geboten sein.[672] Die Unterrichtung hat also zu erfolgen, sobald und soweit die Polizei hierzu nach dem jeweiligen Stand der Dinge in der Lage ist. Einen Richtervorbehalt für die Sicherstellung sehen die Polizeigesetze (anders als § 98 StPO) nicht vor. Die unterschiedliche Regelung ist damit zu erklären, dass das Gefahrenabwehrrecht regelmäßig durch das Erfordernis schnellen Handelns geprägt ist und das Abwarten einer richterlichen Entscheidung dem Zweck der Gefahrenabwehr regelmäßig zuwiderliefe.

574 Ein Verstoß gegen diese Verfahrensvorschriften führt grds. zur **formellen Rechtswidrigkeit** der Sicherstellung. Eine **Heilung** gem. § 45 I Nr. 2 VwVfG scheidet aus; in Betracht kommt aber eine Unbeachtlichkeit gem. § 46 VwVfG. Vgl. dazu Rn 607 ff.

bb. Materielle Rechtmäßigkeit

575 Die materiellen Tatbestandsvoraussetzungen sind in der Befugnisnorm beschrieben (vgl. etwa Art. 25 I BayPAG; § 14 I S. 1 HmbSOG; § 26 NdsPOG; § 22 RhlPflPOG; §§ 31, 32 SächsPVDG). Danach kommt die Sicherstellung i.d.R. in folgenden Fällen in Betracht:

(1) zum Schutz des Eigentümers oder rechtmäßigen Inhabers der tatsächlichen Gewalt vor Verlust oder Beschädigung,

(2) zur Abwehr einer *gegenwärtigen Gefahr*[673] für die *öffentliche Sicherheit*[674] (unerheblich ist, ob die *Gefahr* von der Sache selbst ausgeht oder von ihrem Besitzer bzw. einem Dritten) und

(3) zur Verhinderung einer missbräuchlichen Verwendung, wenn die Sache von einer rechtmäßig festgehaltenen Person mitgeführt wird.

576 Zu beachten ist, dass der in der polizeigesetzlichen Befugnisnorm genannte Kanon abschließend ist. Liegen die Voraussetzungen nicht vor, hat eine (präventivpolizeiliche) Sicherstellung zu unterbleiben. Ein Rückgriff auf die Befugnisgeneralklausel kommt aus systematischen Gründen nicht in Betracht.

---

[671] Vgl. Bund: § 48 II BPolG; BW: § 33 III S. 2 PolG; Bay: Art. 26 II PAG; Berl: § 39 II ASOG; Brand: § 26 II PolG; Brem: § 24 II PolG; Hamb: § 14 II SOG; Hess: § 41 II SOG; MeckVor: § 62 II SOG; Nds: § 27 II POG; NRW: § 44 II PolG; RhlPfl: § 23 II POG; Saar: § 22 II PolG; Sachs: § 32 II PVDG; SachsAnh: § 46 II SOG; SchlHolst: § 211 II LVwG; Thür: §§ 28 II PAG und 23 II OBG.

[672] VGH Mannheim NVwZ-RR 1998, 429; BVerwGE 45, 51, 63; vgl. auch BVerfGE 105, 239, 249; EGMR NJW 2001, 51, 53, jeweils zum Richtervorbehalt.

[673] Vgl. nur die Legaldefinitionen in § 2 Nr. 3 a u. b BremPolG und § 3 SachsAnhSOG. Art. 25 I BayPAG lässt auch eine drohende Gefahr genügen, sofern sie für ein bedeutendes Rechtsgut besteht (Art. 25 I Nr. 1b BayPAG – dazu Rn 581a).

[674] Das Bezugsobjekt „öffentliche Sicherheit" ist in den meisten polizeigesetzlichen Vorschriften über die Sicherstellung bzw. Beschlagnahme zwar nicht genannt. Wegen der Grundaussage der polizeilichen Befugnisgeneralklausel ist die „öffentliche Sicherheit" aber Bezugsobjekt der Gefahr bei allen Standardmaßnahmen.

Sicherstellung (bzw. Beschlagnahme) von Sachen

Die Sicherstellung nach **Nr. 1** ermöglicht zur Erfüllung der polizeilichen Aufgabe *Schutz privater Rechte* die Sicherstellung von Sachen, um den Eigentümer oder den Inhaber der tatsächlichen Gewalt vor Verlust oder Beschädigung der Sache zu schützen. Dabei ist – im Umkehrschluss zu Nr. 2 – keine gegenwärtige Gefahr erforderlich. Es genügt eine „einfache" Gefahr, also die Wahrscheinlichkeit des Verlusts oder der Beeinträchtigung der Sache bei Nichteingreifen. Die Anwendung dieser Vorschrift, die an die zivilrechtliche Geschäftsführung ohne Auftrag (§§ 677 ff. BGB) erinnert, kommt insbesondere in Betracht, wenn eine **Hausbesetzung** droht, eine wertvolle Sache **dem Zugriff Dritter** ungeschützt **ausgesetzt** oder ein **Tier entlaufen** ist. In jedem Fall muss die Sicherstellung (wie die GoA) dem wirklichen oder mutmaßlichen Willen des Berechtigten entsprechen[675]; anderenfalls wäre der Eingriff in die Privatautonomie, die durch das in den Polizeigesetzen niedergelegte Subsidiaritätsprinzip gerade gewahrt werden soll, nicht zu rechtfertigen.

577

> **Beispiel**[676]: Polizeibeamte stellten (über einen von ihnen beauftragten Abschleppunternehmer) einen am Straßenrand abgestellten Pkw, dessen hintere rechte Seitenscheibe heruntergelassen war, sicher, um ihn vor dem Zugriff durch Unberechtigte (Verhinderung eines Diebstahls von Gegenständen aus dem Auto, des Autos selbst oder von Beschädigungen am Auto) zu bewahren. Zuvor hatten sie vergeblich versucht, den Halter ausfindig zu machen.

In diesem Fall müsste die Polizei im Interesse des Berechtigten gehandelt haben. Wäre der Pkw z.B. auf einem gut besuchten und videoüberwachten Kundenparkplatz eines Supermarktes abgestellt gewesen[677], hätte dies nicht ohne weiteres dem wirklichen oder mutmaßlichen Willen des Berechtigten entsprochen. Hätte es sich bei dem Abstellort aber um eine dunkle Seitengasse gehandelt, wäre das sicherlich anders zu beurteilen gewesen. In diesem Fall wäre ein etwaiger entgegenstehender Wille des Berechtigten, den er insbesondere mit Blick auf die Kostentragungspflicht[678] äußern könnte, unbeachtlich gewesen. Dann wäre auch kein Grund ersichtlich gewesen, warum die Maßnahme unverhältnismäßig gewesen sein könnte.

Die Sicherstellung nach **Nr. 2** setzt eine gegenwärtige Gefahr voraus, also eine Sachlage, bei der die Einwirkung des schädigenden Ereignisses bereits begonnen hat oder in allernächster Zeit mit an Sicherheit grenzender Wahrscheinlichkeit bevorsteht. Möglicher Anwendungsfall ist das Sicherstellen eines Radarwarngeräts im Rahmen einer Verkehrskontrolle, weil in diesem Fall der Rechtsverstoß gegen § 6 I Nr. 3i StVG i.V.m. § 23 Ic S. 1, S. 2 StVO nicht nur bereits vorliegt, sondern ohne die Sicherstellung wahrscheinlich fortdauern würde (vgl. bereits Rn 565). Das gilt auch dann, wenn das Gerät im Zeitpunkt der Verkehrskontrolle nicht eingeschaltet war. Denn § 23 Ic S. 1, S. 2 StVO lässt es genügen, wenn das Gerät betriebsbereit mitgeführt wird. Das wiederum ist der Fall, wenn das Gerät während der Fahrt jederzeit und ohne größeren technischen Aufwand eingesetzt werden kann (es z.B. nur noch an die Stromversorgung angeschlossen und eingeschaltet werden muss).[679]

578

Weiterführender Hinweis: Ob nach bisheriger Regelung mit einer „Blitzer-App" versehene **Smartphones** und **mobile Navigationsgeräte**, bei denen aufgrund einer Zusatzsoftware Standorte (sog. Points of Interest – POI) und damit auch zumindest stationäre Geschwindigkeitsmessanlagen angezeigt werden, unter die Verbotsnorm

---

[675] So nun auch OVG Bautzen NJW 2016, 181, 182.
[676] Nach OVG Bautzen NJW 2016, 181 f.
[677] So im Fall OVG Bautzen NJW 2016, 181 f.
[678] Vgl. dazu Rn 1006 f.
[679] *König*, in: Hentschel/König/Dauer, StVG, § 23 Rn 38; VGH München NJW 2008, 1549 f. An der Betriebsbereitschaft fehlt es z.B., wenn sich das erforderliche Stromkabel nicht im Wagen befindet (VGH München NJW 2008, 1549 f.; AG Lüdinghausen NJW 2008, 2134, 2135). Gleiches dürfte gelten, wenn sich das Gerät im von der Fahrgastzelle nicht erreichbaren Kofferraum befindet.

des § 23 Ic StVO fielen, war angesichts des Wortlauts dieser Vorschrift zweifelhaft. Denn diese Geräte sind in ihrer eigentlichen Funktion nicht dazu bestimmt, Verkehrsüberwachungsmaßnahmen anzuzeigen oder zu stören. Sie dienen der Kommunikation und der Navigation. Die Warnung vor Verkehrsüberwachungsmaßnahmen geschieht nur durch Installation zusätzlicher Software (Blitzer-Apps), womit in gewisser Weise vom Benutzer die Zweckbestimmung verändert wird. Zog man jedoch die präzisierende Vorschrift des § 23c I S. 2 StVO („insbesondere Radarwarn- oder Laserstörgeräte") sowie die Regelungen des § 23 Ia und des § 23 Ib StVO („elektronisches Gerät, das der Kommunikation, Information oder Organisation dient oder zu dienen bestimmt ist"[680]) vergleichend heran, wurde in Abgrenzung zu diesen Vorschriften klar, dass von § 23 Ic S. 1, S. 2 StVO letztlich nur reine Radarwarngeräte und andere zur Anzeige und Störung von Verkehrsüberwachungsmaßnahmen bestimmte Geräte erfasst sein konnten. Gleichwohl hatte sich die Rechtsprechung nicht davon abhalten lassen, in Überdehnung des Wortlauts des § 23 Ic S. 1, S. 2 StVO Smartphones mit installierten Blitzer-Apps jedenfalls dann unter die Verbotsnorm zu fassen, wenn die Blitzer-App auch aktiviert ist.[681] Dem von der Rechtsprechung angeführten Erfordernis einer teleologischen Auslegung standen nicht nur der Wortlaut („dafür bestimmt ist, Verkehrsüberwachungsmaßnahmen anzuzeigen oder zu stören"), sondern auch der aufgezeigte systematische Zusammenhang entgegen. Dass eine Regelungslücke bestand, war ausweislich. Das befugte die Rechtsprechung freilich nicht, insbesondere im Sanktionenrecht Vorschriften jenseits ihres Wortlauts anzuwenden. Zu begrüßen ist es daher, dass der Verordnungsgeber in § 23 Ic StVO nunmehr einen S. 3 angefügt hat, wonach bei anderen technischen Geräten, die neben anderen Nutzungszwecken auch zur Anzeige oder Störung von Verkehrsüberwachungsmaßnahmen verwendet werden können, die entsprechenden Gerätefunktionen nicht verwendet werden dürfen.[682] Mit dieser Formulierung räumt der Verordnungsgeber – wenngleich möglicherweise unbeabsichtigt – ein, dass Navigationsgeräte und Smartphones mit Blitzer-Apps gerade nicht dazu bestimmt sind, Verkehrsüberwachungsmaßnahmen anzuzeigen oder zu stören, und daher gerade nicht unter § 23 Ic S. 1 und S. 2 StVO subsumierbar sind. Insofern wird die vom Verfasser schon immer vertretene Auffassung bestätigt. Die Neuregelung ist also keine bloße Klarstellung, sondern eine echte Schaffung neuen Rechts.

Aber auch auf dem Boden der aktuellen Gesetzeslage gilt hinsichtlich Smartphones mit Blitzer-Apps und Navigationsgeräte mit POI-Funktion: Hat die Polizei keine konkreten Hinweise auf die Benutzung der Zusatzfunktionen, fehlt ihr die Grundlage für weitere Maßnahmen. Insbesondere darf sie ohne konkrete Anhaltspunkte die Geräte nicht nach Vorhandensein solcher Zusatzfunktionen durchsuchen.

579 Eine gegenwärtige Gefahr besteht auch dann, wenn Fahrzeugschlüssel sichergestellt werden sollen, um einen fahruntüchtigen Autofahrer an der (Weiter-)Fahrt zu hindern. Verspricht die Sicherstellung der Schlüssel keinen Erfolg, kann sogar das Fahrzeug sichergestellt werden. Dagegen ist die Sicherstellung des Führerscheins i.d.R. nicht geeignet, eine Maßnahme auf der Grundlage der polizeigesetzlichen Befugnisnorm zu rechtfertigen, da dies den Autofahrer theoretisch ja nicht hindert, die Fahrt gleichwohl fortzusetzen.

580 Besonders problematisch ist die **Sicherstellung von Presseerzeugnissen**, weil damit in das Grundrecht der Pressefreiheit (Art. 5 I S. 2 Var. 1 GG) eingegriffen wird, welche einen hohen Verfassungsrang genießt.[683] Eingriffe in die Pressefreiheit sind nur

---

[680] Siehe dazu OLG Köln 5.2.2020 – III-1 RBs 27/20: Auch Fernbedienung für Navigationsgerät.
[681] Vgl. etwa OLG Celle NJW 2015, 3733; OLG Rostock DAR 2017, 718.
[682] Beschluss des Bundesrates v. 14.2.2020 (BR-Drs. 591/19).
[683] Vgl. dazu BVerfG NJW 2007, 1117, 1118 ff. (Cicero) sowie ausführlich *R. Schmidt*, Grundrechte, Rn 461.

unter den Voraussetzungen des Art. 5 II GG (allgemeine Gesetze, Jugend- und Ehrschutzgesetz) sowie den verfassungsimmanenten Schranken einschränkbar. Demnach scheint die Sicherstellung von durch Art. 5 I S. 2 Var. 1 GG geschützte Presseerzeugnisse nach den Vorschriften der Polizeigesetze möglich, da insbesondere diese „allgemeine Gesetze" i.S.v. Art. 5 II GG sind. Da die Landesgesetzgeber die Voraussetzungen für Eingriffe in die Pressefreiheit aber in den **Pressegesetzen** geregelt haben (Presserecht ist Landesrecht), stellt sich die Frage, inwieweit überhaupt auf das allgemeine Polizei- und Ordnungsrecht zurückgegriffen werden kann. Insbesondere enthalten die Landespressegesetze Bestimmungen, wonach die Sicherstellung/Beschlagnahme von Presseerzeugnissen nur aufgrund einer richterlichen Verfügung und nur aus strafprozessualen Gründen zulässig ist. Ein Rückgriff auf das allgemeine Polizei- und Ordnungsrecht könnte diese Wertung unterlaufen. Insoweit stellt sich ein ähnliches Problem wie beim Versammlungsrecht, wonach im Anwendungsbereich des VersG der Rückgriff auf das allgemeine Polizei- und Ordnungsrecht (ebenfalls) ausgeschlossen ist („Polizeifestigkeit des Versammlungsrechts").[684] Bezüglich des Presserechts lassen sich folgende Überlegungen anstellen:

- Eine Sicherstellung von Presseerzeugnissen wegen Gefahren, die von **Inhalt** oder **Form** dieser Erzeugnisse ausgehen, ist auf der Grundlage der polizeigesetzlichen Befugnisnorm ausgeschlossen, sofern das **LandesPresseG** Spezialvorschriften bereitstellt, die die Beschlagnahme nur unter bestimmten, in den presserechtlichen Vorschriften aufgelisteten Voraussetzungen (insbesondere Richtervorbehalt oder Verwirklichung bestimmter Straftaten) zulassen (sog. **Polizeifestigkeit des Presserechts**).

- Auf der Grundlage des Polizeigesetzes zulässig ist dagegen die Sicherstellung von Presseerzeugnissen, wenn es um die Abwehr von Gefahren geht, vor deren Verwirklichung die landespresserechtlichen Bestimmungen nicht schützen, bzw. wenn es nicht zielgerichtet um Eingriffe in die Pressefreiheit geht.

    Beispiele:
    (1) Ein mit Presseerzeugnissen beladener Kleintransporter ist verunglückt. Die Polizei stellt die auf der Fahrbahn liegenden Presseerzeugnisse auf der Grundlage des Polizeigesetzes sicher, um die Gefahr zu beseitigen.
    (2) Die Polizei erhält telefonisch eine Bombendrohung; der Anrufer teilt mit, die Pressekonferenz der Bundesregierung werde „in die Luft fliegen". Daraufhin räumt die Polizei auf der Grundlage des Polizeigesetzes das Gebäude und stellt in diesem Zusammenhang auch einige Unterlagen der Presse sicher (um diese vor Verlust bzw. Beschädigung zu schützen).

    In Fällen dieser Art geht die Gefahr nicht vom Inhalt der Presseerzeugnisse aus. Daher können die Landespressegesetze auch keine abschließende Regelung entfalten. Der Rückgriff auf das allgemeine Polizei- und Ordnungsrecht ist zulässig.

- Besonders problematisch ist die **Sicherstellung von Film- oder Fotomaterial** eines Angehörigen der Presse durch Beamte des Polizeivollzugsdienstes, wenn der Presseangehörige zuvor etwa einen **polizeilichen Einsatz gefilmt** oder **fotografiert** hat. In diesem Fall geht die Gefahr (für das allgemeine Persönlichkeitsrecht der betroffenen Polizisten, aber auch für die Funktionsfähigkeit einer staatlichen Einrichtung und Veranstaltung – dazu Rn 636) vom **Inhalt** des Presseerzeugnisses aus, sodass der Eingriff in die Pressefreiheit ausschließlich auf der Grundlage des Landespressegesetzes erfolgen könnte. Das ist aber nur dann der Fall, wenn das Pressegesetz abschließende Regelungen enthält, die einen Rückgriff auf das allgemeine Polizei- und Ordnungsrecht ausschließen. Jedenfalls könnten die Regelungen der §§ 111b, c, m, n StPO i.V.m. §§ 74, 74d StGB unterlaufen werden, griffe man auf das allgemeine Polizei- und Ordnungs-

---

[684] Siehe dazu Rn 1034 ff.

Sicherstellung (bzw. Beschlagnahme) von Sachen

recht zurück. Auch ist der Polizeivollzugsdienst nicht zuständig für Maßnahmen nach dem Pressegesetz. Schließlich ist eine Beschlagnahme von Presseerzeugnissen nach den Pressegesetzen nur auf Grundlage einer richterlichen Verfügung zulässig; auf strafprozessualer Ebene sind die Restriktionen nach § 97 V StPO zu beachten. Daher könnte – um diese Wertungen nicht zu unterlaufen – eine Sicherstellung nach den Befugnisnormen des Polizeigesetzes ausgeschlossen sein. Dadurch könnten allerdings irreparable Schäden für bestimmte Rechtsgüter eintreten, insbesondere, weil eine richterliche Entscheidung so kurzfristig nicht eingeholt werden kann.

Daher bietet sich folgende Lösung an: Grundsätzlich sind das Filmen und Fotografieren auch polizeilicher Einsätze nicht verboten.[685] Andererseits darf nicht verkannt werden, dass durch das Filmen bzw. Fotografieren nicht nur einsatztaktische Belange der Polizei betroffen, sondern auch Persönlichkeitsrechte der gefilmten bzw. fotografierten Polizisten (Art. 2 I i.V.m. 1 I GG, die durch § 23 I Nr. 3 KUG einfachgesetzlich konkretisiert sind) verletzt sein können, wobei zu beachten ist, dass die Polizisten weniger als „Privatpersonen" betroffen sind als als Teil eines staatlichen Einsatzes.[686] Staatliche Maßnahmen (auch und insbesondere Polizeimaßnahmen) müssen sich eher der öffentlichen Kritik bzw. Diskussion stellen, was die Möglichkeit des Fertigens von Bildaufnahmen impliziert. Davon unabhängig kann aber durch das Fertigen von Bildaufnahmen die Funktionsfähigkeit der Polizei beeinträchtigt werden, etwa, wenn durch das Fotografieren Zivilfahnder der Polizei enttarnt würden oder wenn Polizisten durch das Fotografieren später nicht mehr für bestimmte Verwendungen (Einsatz als Verdeckte Ermittler etc.) zur Verfügung stünden. Bei gegenwärtiger Gefahr für diese Schutzgüter kann daher die Sicherstellung auf der Grundlage des Polizeigesetzes mit der Begründung bejaht werden, die Aufnahmen würden die Funktionsfähigkeit des Staates und seiner Einrichtungen gefährden bzw. unter Verstoß gegen das Recht am eigenen Bild (als Teil des allgemeinen Persönlichkeitsrechts) bzw. gegen das Kunsturhebergesetz später verbreitet (etwa ins Internet gestellt). Wegen Art. 5 I GG und des Erfordernisses einer „konkreten" Gefahr müssen aber konkrete Anhaltspunkte dafür bestehen, dass gefertigte Bildaufnahmen Schutzgüter des Polizeirechts verletzen bzw. entgegen den Vorschriften des Kunsturhebergesetzes unter Missachtung des Rechts der gefilmten bzw. fotografierten Polizeibeamten am eigenen Bild auch veröffentlicht werden.[687] Wäre demnach eine Sicherstellung von Film- und Fotomaterial möglich, ist wiederum zu beachten, dass wegen §§ 20, 21 VwVfG die Sicherstellung nicht von denjenigen Polizisten vorgenommen werden darf, die persönlich vom Videografieren bzw. Fertigen der Bildaufnahmen betroffen sind.

Zumindest optimistisch ist die Auffassung des VGH Mannheim, wonach – soweit nicht im konkreten Fall gegenteilige Anhaltspunkte vorlägen – nicht davon ausgegangen werden könne, dass ein Pressefotograf unzulässige Lichtbilder veröffentlicht (Vermutung der Rechtstreue), sodass ein generelles Fotografierverbot gegenüber einem Pressefotografen daher grds. unzulässig sei. Noch zweifelhafter ist die Annahme einer Rechtstreue selbst dann, wenn es um einen Einsatz besonders gefährdeter SEK-Beamter gehe und im Falle der Enttarnung der eingesetzten Beamten die Funktionsfähigkeit des SEK bedroht sei.[688]

Erst recht überzeugt eine Entscheidung des BVerfG nicht, in der das Gericht der Auffassung ist, man könne nicht ohne weiteres davon ausgehen, Personen (im konkreten Fall waren es **Privatpersonen**) würden Bildaufnahmen von einem Polizeieinsatz

---

[685] Davon geht auch der Gesetzgeber aus, indem er (generell) lediglich das Verbreiten bzw. Veröffentlichen von Bildaufnahmen regelt (vgl. §§ 22 ff. KUG) – vgl. dazu *R. Schmidt*, Grundrechte, Rn 285.
[686] Vgl. auch dazu *R. Schmidt*, Grundrechte, Rn 285.
[687] Vgl. BVerfG NVwZ 2016, 53 f.; BVerwG NJW 2012, 2676, 2677 f.; OVG Saarlouis AfP 2002, 545. Zur Verletzung des allgemeinen Persönlichkeitsrechts, das auch Polizeibeamten im Dienst zusteht, und zur erlaubten Sicherstellung von Lichtbildfilmen (bei Digitalkameras: Speicherchip) vgl. auch VGH Mannheim NVwZ-RR 1995, 527; NVwZ 2001, 1292; VG Meiningen NVwZ-RR 2012, 551. Vgl. auch BVerfGE 115, 166, 183 ff. (oben Rn 294).
[688] VGH Mannheim DVBl 2010, 1569 ff.

rechtswidrig ins Internet stellen, da dies ja gem. § 33 KUG strafbar sei.[689] Das überzeugt schon deshalb nicht, weil die Strafnorm des § 33 KUG den meisten Privatpersonen unbekannt sein dürfte und daher auch keine abschreckende Wirkung entfaltet. Bei der Frage, ob Polizeibeamte das Foto- und Videografieren ihrer Person dulden müssen, ist richtigerweise bereits verfassungsrechtlich anzusetzen. Deren Recht auf eigenes Bild als Unterart des durch Art. 2 I i.V.m. 1 I GG geschützten allgemeinen Persönlichkeitsrechts muss im Rahmen eines Unterlassungsanspruchs aus § 1004 I S. 2 BGB analog dem Grundrecht auf freie Entfaltung der Persönlichkeit (Art. 2 I GG) der die Film- bzw. Videoaufnahmen fertigenden Privatperson gegenübergestellt und einer Abwägung zugeführt werden. Zwar wiegt das allgemeine Persönlichkeitsrecht wegen seines Bezugs zu Art. 1 I GG und der Möglichkeit, dass Foto- und Videoaufnahmen ins Internet gestellt werden, tendenziell höher als die allgemeine Handlungsfreiheit. Jedoch ist zu beachten, dass in aller Regel nicht die Person des Polizeibeamten im Interesse des die Aufnahmen Tätigenden steht, sondern der Polizeieinsatz als solcher. Es kommt daher stets auf den Einzelfall an.

580a In der Praxis geht die Sicherstellung von Presseerzeugnissen zumeist mit einer Untersagungsverfügung einher, sodass bei der Prüfung der Rechtmäßigkeit zu differenzieren ist.

Beispiel: S ist Mitglied einer fremdenfeindlichen Organisation. Er verkauft in der Fußgängerzone regelmäßig das Presseorgan der Organisation. Als S eines Tages von dem auf Streife befindlichen Polizeibeamten P gefragt wird, ob er eine Erlaubnis für den Zeitungsverkauf vorweisen könne, muss er dies verneinen. P fordert ihn daraufhin auf, den Verkauf der Zeitungen einzustellen. Als S sich dazu nicht bereitfindet, ordnet P die Sicherstellung der restlichen Exemplare an. S gibt diese heraus, ist aber der Auffassung, dass das Vorgehen des P rechtswidrig gewesen sei.

Unterstellt, der Zeitungsverkauf in der Fußgängerzone sei genehmigungspflichtig (d.h. sondererlaubnispflichtig)[690], lag ein Verstoß gegen die landesrechtliche Bestimmung über den zulassungspflichtigen Sondergebrauch (vgl. etwa § 19 HmbWegegesetz) und damit gegen die öffentliche Sicherheit vor. P konnte daher auf der Grundlage des Polizeigesetzes (der Befugnisgeneralklausel) die Unterlassungsaufforderung aussprechen.

Etwas anderes könnte hinsichtlich der Sicherstellung der restlichen Zeitungen gelten, da das Landespressegesetz abschließende Regelungen über die Beschlagnahme von Presseerzeugnissen enthält und daher einen Rückgriff auf das allgemeine Polizei- und Ordnungsrecht ausschließt (Polizeifestigkeit des Presserechts). Jedoch verfolgte P nicht das Ziel der Abwehr von Gefahren, die möglicherweise von Inhalt oder Form der Presseerzeugnisse ausgingen, sondern er wollte schlicht weitere Verstöße gegen die landesstraßenrechtliche Genehmigungspflicht verhindern. In derartigen Fällen entfalten die presserechtlichen Vorschriften keine Sperrwirkung, sodass P die Sicherstellung auf die entsprechende polizeigesetzliche Befugnisnorm stützen konnte.

581 Eine gegenwärtige Gefahr i.S.d. Sicherstellung nach Nr. 2 liegt dagegen unstreitig vor, wenn sich **Schusswaffen** oder **Explosivmittel** im Besitz nicht **sachkundiger oder unberechtigter Personen** befinden, **Giftmüll** unsachgemäß gelagert wird oder jemand eine Sache besitzt, mit der eine **Straftat oder Ordnungswidrigkeit** begangen werden soll (Farbspraydose, Einbruchwerkzeug, nicht zugelassenes Funkgerät). Der Aspekt der Verhinderung von Straftaten oder Ordnungswidrigkeiten erlaubt insbesondere auch die Sicherstellung von Waffen, die eine Person entgegen § 2 III VersG bei

---

[689] BVerfG NVwZ 2016, 53 f.
[690] Ob der Verkauf von Presseerzeugnissen in Fußgängerzonen überhaupt genehmigungspflichtig ist (sog. Sondernutzung) oder mit Blick auf die Bedeutung des Art. 5 I GG nicht als genehmigungsfreier Gemeingebrauch eingestuft werden muss, ist äußerst problematisch, im vorliegenden Zusammenhang aber nicht weiter zu verfolgen; vgl. dazu *R. Schmidt*, AllgVerwR, Rn 1022 ff.

oder auf dem Weg zu einer Versammlung[691] oder entgegen § 42 I WaffG bei einer öffentlichen Veranstaltung mit sich führt, auch solchen, die keine Waffen im technischen Sinne sind. Ferner hat die Rechtsprechung die Sicherstellung von Traktoren auf der Grundlage der Nr. 2 für zulässig angesehen, weil diese für rechtswidrige Blockadeaktionen genutzt werden sollten.

581a Gemäß Art. 25 I Nr. 1b BayPAG ist auch eine **drohende Gefahr** ausreichend. Dabei geht es darum, dass eine Gefahr noch nicht besteht; diese soll an ihrer „Entstehung" gehindert werden. Damit steht die „drohende" Gefahr zeitlich und graduell noch vor der abstrakten Gefahr (Rn 660 ff.) und dehnt die Möglichkeit einer Sicherstellung sehr weit in das Vorfeld einer eigentlichen Gefahr aus, was Zweifel an der Verfassungsmäßigkeit hervorrufen könnte (siehe dazu im Einzelnen Rn 673a ff.). Da die drohende Gefahr aber für ein bedeutendes Rechtsgut bestehen muss und darunter der Bestand und die Sicherheit des Bundes oder eines Landes, das Leben, die Gesundheit und die Freiheit, die sexuelle Selbstbestimmung, erhebliche Eigentumspositionen und Sachen, deren Erhalt im besonderen öffentlichen Interesse liegt (Art. 11 III S. 2 BayPAG), zu verstehen ist, dürften die Bedenken im Ergebnis nicht zur Bejahung der Verfassungswidrigkeit führen, zumal der mit einer Sicherstellung verbundene Eingriff in aller Regel nicht so schwer wiegt wie bspw. eine heimliche Überwachungsmaßnahme wie Wohnraumüberwachung, Online-Durchsuchung, Telekommunikationsüberwachung oder Telekommunikationsverkehrsdatenerhebung. Geboten ist aber eine restriktive Handhabung der in Art. 11 III S. 1 BayPAG genannten Ableitungsvoraussetzungen der drohenden Gefahr. So muss das individuelle Verhalten einer Person die konkrete Wahrscheinlichkeit begründen, dass in absehbarer Zeit ein Angriff von erheblicher Intensität oder Auswirkung zu erwarten ist, oder Vorbereitungshandlungen für sich oder zusammen mit weiteren bestimmten Tatsachen müssen den Schluss auf ein seiner Art nach konkretisiertes Geschehen zulassen, wonach in absehbarer Zeit ein Angriff von erheblicher Intensität oder Auswirkung zu erwarten ist. Nur dann ist eine Sicherstellung nach Art. 25 I Nr. 1b BayPAG grundrechtskonform.

581b Die Sicherstellung nach **Nr. 3** dient der Verhinderung einer missbräuchlichen Verwendung, wenn die Sache von einer rechtmäßig festgehaltenen Person mitgeführt wird. Aus welchem Grund die Person festgehalten werden darf, ist gleichgültig. Daher kommen als Rechtsgrundlage für das Festhalten die polizeigesetzliche Standardmaßnahme *Gewahrsam* ebenso in Betracht wie die *Identitätsfeststellung* oder (repressivpolizeilich) §§ 127 oder 163 b I S. 2 StPO. Unter missbräuchlicher Verwendung versteht das Gesetz den Einsatz der Sache, um Personen anzugreifen, Selbstverletzungen herbeizuführen, eine Flucht zu ermöglichen und Sachen zu beschädigen.

582 Für alle drei Nummern gilt, dass aufgrund der Formulierung „um" in den Befugnisnormen die mitgeführten Sachen nicht tatsächlich in gefährlicher Weise verwendet werden müssen; vielmehr genügt es, dass die Sachen zu den genannten Zwecken **verwendet werden könnten**, sie also zu den in den Nrn. 1-3 beschriebenen Zwecken geeignet sind.

> **Beispiel:** Die Lebensgefährtin L des S ruft die Polizei telefonisch zu Hilfe, da S sie körperlich misshandelt hatte. Beim Eintreffen der Polizeibeamten A und B verließ S mit einem Strick in der Hand das Haus und kündigte seine Selbsttötung wegen der Trennungsabsichten seiner Lebensgefährtin an. Daraufhin erklärten A und B dem S, dass sie ihn in Gewahrsam nehmen müssten, was S auch ohne Widerstand geschehen ließ. Bevor sie ihn in Gewahrsam nahmen, durchsuchten sie ihn nach Gegenständen, mit denen er seine Suizidabsichten hätte verwirklichen können. Die Beamten stellten ein Taschen-

---

[691] Die im Grundsatz geltende Polizeifestigkeit der Versammlungsfreiheit greift hier nicht unter dem Aspekt der „Minusmaßnahme"; vgl. dazu Rn 1034 ff.

messer, eine Krawattennadel ein Feuerzeug und den Strick sicher. Schließlich nahmen sie ihm noch seinen Hosengürtel ab.

Alle genannten Maßnahmen waren rechtmäßig und stützten sich jeweils auf die entsprechende Befugnisnorm des Polizeigesetzes.

Schließlich ist zu beachten, dass nach den gesetzlichen Bestimmungen eine präventivpolizeiliche Sicherstellung nur dann in Betracht kommt, wenn sie auch **„erforderlich"** ist. Auf den ersten Blick scheint dieses Tatbestandsmerkmal überflüssig zu sein, weil ohnehin jedes polizeiliche Handeln zu seiner Rechtmäßigkeit erforderlich sein muss. Ist eine Maßnahme nicht erforderlich, ist sie unverhältnismäßig. Die „Aufwertung" zum Tatbestandsmerkmal kann also nur so verstanden werden, dass dem Rechtsanwender nochmals vor Augen geführt werden soll, dass die Sicherstellung nur dann als Mittel der Gefahrenabwehr in Betracht kommt, wenn kein anderes geeignetes Mittel zur Verhinderung der genannten Tatbestände zur Verfügung steht.

cc. (Rechts-)Folgen einer Sicherstellung

In Abhängigkeit von den landesrechtlichen Regelungen ist ein Kostenersatzanspruch der Behörde gegenüber dem Pflichtigen denkbar (vgl. etwa § 34 III S. 1 SächsPVDG).[692] Umgekehrt wird mit der Sicherstellung ein **öffentlich-rechtliches Verwahrungsverhältnis** begründet, das der sicherstellenden Behörde bestimmte Pflichten auferlegt.[693] Diese richten sich nach den zivilrechtlichen Vorschriften über die Verwahrung (§§ 688 ff. BGB). So ist die verwahrte Sache in erster Linie sorgfältig zu behandeln. Auch ist möglichen Wertminderungen im Rahmen eines vertretbaren Aufwands vorzubeugen. Die Werterhaltungspflicht beinhaltet insbesondere die Pflicht zur sachgerechten Lagerung, Wartung und Pflege der Sache sowie zu ihrem Schutz gegen Beeinträchtigungen durch Dritte. Bei Pflichtverletzungen kommen

- Schadensersatzansprüche nach den Polizeigesetzen,
- ein Amtshaftungsanspruch gem. § 839 BGB i.V.m. Art. 34 GG,
- eine Ersatzpflicht nach den Grundsätzen über die Haftung in vertragsähnlichen verwaltungsrechtlichen Schuldverhältnissen (§§ 688 ff. BGB analog) und
- ein Schadensersatzanspruch aus §§ 241 II i.V.m. 280 I ggf. i.V.m. §§ 281, 282 BGB des öffentlich-rechtlichen Verwahrungsvertrags

in Betracht. Da die Verwahrung jedoch nicht aufgrund einer freiwilligen Vertragserklärung, sondern durch die Sicherstellung der Polizei erfolgt, ist der abgeschwächte Verschuldensmaßstab des § 690 BGB nicht angemessen. Bei Verschlechterung oder Untergang der Sache ist daher der normale Fahrlässigkeitsmaßstab des § 276 BGB heranzuziehen.

Verwahrungsort ist i.d.R. die Dienststelle. Lässt die Beschaffenheit der sichergestellten Sache (z.B. wegen ihres Gewichts, ihres Umfangs oder ihrer leichten Verderblichkeit) die Verwahrung in den Diensträumen jedoch nicht zu oder ist die Verwahrung in den Diensträumen aus anderen Gründen unzweckmäßig, ist die Sache auf geeignete andere Weise aufzubewahren oder zu sichern. Dies ist etwa der Fall, wenn die Behörde nicht über Einrichtungen verfügt, die eine sachgerechte Verwahrung gewährleisten. In solchen Fällen ist die Verwahrung einer dritten (natürlichen oder juristischen) Person zu übertragen.

Beispiel: Die Polizei hat einen Kampfhund sichergestellt. Das Tier wird im städtischen Tierheim untergebracht, bis der Halter die erforderliche Unbedenklichkeitsbescheinigung

---

[692] Vgl. dazu bereits Rn 571, aber auch Rn 1006 f.
[693] Vgl. OLG Schleswig NVwZ 2000, 234, 235.

nachweisen kann.

586 Insbesondere bei großen oder unbeweglichen Sachen können die Sicherstellung und die Aufbewahrung bzw. Sicherung beispielsweise durch Anbringen eines Siegels, Absperren eines Grundstücks oder (bei Gebäuden) durch Austausch des Schließzylinders (um das Betreten der Wohnung oder des Hauses zu verhindern) erfolgen.

587 Im Übrigen geht es der Behörde bei der Sicherstellung um die Begründung amtlichen Gewahrsams, um andere von der Einwirkungsmöglichkeit auszuschließen. Daher ist z.B. die bereits genannte **„Beschlagnahme" von Wohnraum**, um **Obdachlose** oder **Flüchtlinge** unterzubringen, *keine* Sicherstellung, sondern sie ergeht auf der Grundlage der Befugnisgeneralklausel[694], wobei wegen des Eingriffs in Art. 14 I S. 1 GG (und der Unbestimmtheit der Befugnisgeneralklausel) hohe Anforderungen an die Rechtmäßigkeit zu stellen sind[695]. Vgl. dazu das Beispiel „Obdachlosenunterbringung" bei Rn 635. Auch das **Abschleppen eines verbotswidrig abgestellten Kfz** ist grds. *keine* Sicherstellung, sondern eine Ersatzvornahme in Form einer unmittelbaren Ausführung bzw. eines Sofortvollzugs. Denn der Behörde wird es kaum darum gehen, ein amtliches Gewahrsamsverhältnis zu begründen, sondern lediglich darum, den Gefahrzustand zu beseitigen (siehe Rn 569). Der der Ersatzvornahme zugrunde liegende hypothetische Grundverwaltungsakt stützt sich dabei auf das dem Verkehrsschild entnommenen Wegfahrgebot. Vgl. dazu insgesamt Rn 1025 ff.

Eine **Sicherstellung** des Kfz kommt aber dann in Betracht, wenn das Fahren eines fahruntüchtigen Verkehrsteilnehmers nicht auf andere Weise (Sicherstellung des Zündschlüssels o.Ä.) verhindert werden kann, oder wenn das Kfz nicht verkehrssicher oder nicht zugelassen ist und die Gefahr für die Allgemeinheit nicht anders abgewendet werden kann. Zu beachten ist aber die gegenüber der polizeigesetzlichen Sicherstellung vorrangige Regelung des § 17 I StVZO. Die Inverwahrungnahme des Kfz, um den Eigentümer vor Verlust oder Beschädigung zu bewahren, ist aber ein Fall der polizeirechtlichen Sicherstellung (Rn 577).

588 Ungeachtet der Problematik, ob das Abschleppen eines (verbotswidrig abgestellten) Kfz eine Sicherstellung oder eine Ersatzvornahme darstellt, besteht hinsichtlich des abgeschleppten Kfz ein Verwahrungsverhältnis. Fraglich ist lediglich, zwischen welchen Parteien es besteht. Wird der Wagen von der Polizei selbst abgeschleppt und auf einen behördeneigenen Verwahrungsplatz verbracht, besteht unstreitig ein Verwahrungsverhältnis zwischen dem Eigentümer des Kfz und der Behörde. In der Regel wird das Kfz aber durch einen von der Polizei beauftragten privaten Abschleppunternehmer (der weder Beliehener noch Verwaltungshelfer ist) abgeschleppt. Relevant wird die Frage bei Beschädigungen. Es ist zu unterscheiden:

589 ▪ Beschädigungen, die während des Abschleppvorgangs entstehen, sind der Polizei zuzurechnen, da der private Abschleppunternehmer in diesem Fall als Verwaltungshelfer bzw. Erfüllungsgehilfe der Polizei tätig wird. Bei ihm handelt es sich trotz des privatrechtlichen Werk- oder Dienstvertrags mit der Behörde lediglich um einen Beauftragten oder Bevollmächtigten der Vollzugsbehörde.[696] Es liegt also kein privatrechtliches Rechtsverhältnis zwischen dem Eigentümer des abgeschleppten Kfz und dem Abschleppunternehmer vor, sondern ein öffentlich-rechtliches zwischen dem Eigentümer und der Behörde. Ersatzansprüche (z.B. gem. § 56 I S. 2 BremPolG bzw. § 839 BGB i.V.m. Art.

---

[694] Vgl. auch OVG Lüneburg NVwZ 2016, 164, 165 („Beschlagnahme" eines privaten Grundstücks zur Bereitstellung von Unterkünften für Flüchtlinge) sowie (hinsichtlich der Obdachlosenunterbringung) *Volkmann*, JuS 2001, 888, 890; *Muckel*, Fälle BesVerwR, S. 146 und *Erichsen/Biermann*, JuS 1998, 371, 376. Dagegen für Sicherstellung *Schenke*, POR, Rn 38/322; *Götz/Geis*, POR, § 10 Rn 8. Unklar, aber wohl für Befugnisgeneralklausel *Knemeyer*, POR, Rn 444. Vgl. i.Ü. zu dieser Konstellation *R. Schmidt*, Fälle zum POR, Fall 12.
[695] OVG Lüneburg NVwZ 2016, 164, 165.
[696] So auch BGH NJW 2014, 2577, 2578.

34 GG) sind daher gegen den Träger der Polizeibehörde (also gegen das Land) geltend zu machen. Auch liegt aufgrund der Sperrwirkung des § 839 BGB i.V.m. Art. 34 GG kein gesetzliches Schuldverhältnis vor, sodass ein Anspruch des Geschädigten gegen den Abschleppunternehmer nicht aus § 823 BGB in Betracht kommt.

- Anders verhält es sich nach Auffassung des OLG Hamm, wenn der Schaden erst später, d.h. im Zeitraum der Verwahrung auf dem Betriebshof des Abschleppunternehmers entsteht. In diesem Fall habe der Abschleppunternehmer nicht (mehr) als Erfüllungsgehilfe der Behörde gehandelt. Während dieser Zeit hätten die Beamten der Polizeibehörde nämlich keinen Einfluss mehr auf die Verwahrung. In solchen Fällen sei regelmäßig auch nicht davon auszugehen, dass die Beamten es pflichtwidrig unterlassen hätten, Überwachungsmaßnahmen durchzuführen. Denn sie treffe keine Verpflichtung, Aufsicht über die bei einem beauftragten Abschleppunternehmer abgestellten Fahrzeuge zu führen. Daher sei es auch angebracht, ein Verwahrungsverhältnis zwischen dem Eigentümer des Kfz und dem Abschleppunternehmer anzunehmen. Schäden am Fahrzeug, die auf dem Gelände des Abschleppunternehmers entstanden seien, müsse der Geschädigte beim Abschleppunternehmer zivilrechtlich geltend machen.[697]

590

Diese Rechtsauffassung ist abzulehnen. Sie verkennt, dass die *Polizei* es ist, die mit Mitteln des Verwaltungszwangs den Abschleppvorgang einleitet und einen privaten Abschleppunternehmer beauftragt. Beschädigt dieser fahrlässig oder vorsätzlich das Kfz, kann sich die Polizeibehörde nicht ihrer Verantwortung entziehen, indem sie auf die mangelnden Einflussmöglichkeiten verweist. Auch sonst werden ausnahmslos Rechtsbeziehungen nur im Innenverhältnis zwischen dem Unternehmer und der Behörde, nicht aber zwischen der betroffenen Person und dem von der Behörde beauftragten Unternehmer begründet. Nach der hier vertretenen Auffassung sind daher Ansprüche aus dem Verwahrungsverhältnis (z.B. wegen unsachgemäßer Behandlung des Kfz) stets gegen den Rechtsträger der Polizei, nicht gegen den von der Polizei beauftragten Unternehmer zu richten.[698] Vgl. im Übrigen die Ausführungen bei Rn 902 ff.

591

Die praktische Bedeutung dieser Streitfrage ist enorm, weil nach der Konstruktion des OLG Hamm der *Eigentümer des beschädigten Kfz* es ist, der das Risiko der Insolvenz des Abschleppunternehmers trägt. Demgegenüber trägt er ein solches Risiko nicht, wenn er seinen materiell-rechtlichen Anspruch gegen den Rechtsträger der Polizei geltend machen kann.

dd. Rechtsschutz

Die Sicherstellung erfolgt nach der auch hier vertretenen h.M. durch **Verwaltungsakt**, obwohl mit der Sicherstellung eine tatsächliche Ingewahrsamnahme („Ansichnahme") der Sache einhergeht.[699] Kommt der Inhaber der tatsächlichen Gewalt der Anordnung nicht nach, d.h. weigert er sich, die Sache herauszugeben, bedarf die Sicherstellung der Vollstreckung, d.h. der gewaltsamen Besitzergreifung durch **unmittelbaren Zwang** (s.o.). Fraglich ist der Rechtsschutz gegen die Sicherstellung. Hier ist nach den in Betracht kommenden Klagebegehren zu unterscheiden:

592

- Zunächst ist denkbar, dass es dem Betroffenen (lediglich) um die **Feststellung der Rechtswidrigkeit der Sicherstellung** geht. Sofern der Betroffene die Sache freiwillig an die Polizei übergeben hatte, ist lediglich die Rechtmäßigkeit der Anordnung („Sicherstellungsverfügung") zu überprüfen. Diese Überprüfung erfolgt grundsätzlich nicht im Rahmen einer Fortsetzungsfeststellungsklage, sondern im Rahmen einer Anfechtungsklage. Das folgt daraus, dass die Sicherstellungsverfügung einen Verwaltungsakt mit Dauerwirkung darstellt und dieser Verwaltungsakt sich aufgrund der noch bestehenden Rechtswirkung noch nicht erledigt hat. Sollte die Behörde die sichergestellte Sache nach

593

---

[697] So OLG Hamm NJW 2001, 375, 376.
[698] So bereits sämtliche Vorauflagen; später auch BGH NJW 2014, 2577, 2578.
[699] Vgl. nun auch *Ronellenfitsch/Glemser*, JuS 2008, 888, 889.

Sicherstellung (bzw. Beschlagnahme) von Sachen

Klageerhebung wieder herausgeben, kann der Kläger den Prozess dann als Fortsetzungsfeststellungsklage weiterführen. Sollte die Behörde die sichergestellte Sache aber bereits vor Klageerhebung wieder zurückgegeben haben, kann der Betroffene eine Fortsetzungsfeststellungsklage analog § 113 I S. 4 VwGO erheben (analog wegen der Erledigung *vor* Klageerhebung).

594 ▪ Etwas anderes gilt, wenn die Polizei die Sache dem Betroffenen wegnehmen musste, um sie sicherstellen zu können. Hier ist es möglich, dass der Betroffene ausschließlich die mit der Sicherstellung verbundene gewaltsame Besitzergreifung der Sache überprüfen lassen möchte. Da die gewaltsame Ansichnahme juristisch als Zwangsmaßnahme zu werten ist (**unmittelbarer Zwang**) und eine Zwangsmaßnahme *nicht* zur Voraussetzung hat, dass ihre Grundverfügung rechtmäßig ist (keine Konnexität zwischen Primärmaßnahme und Vollstreckungsmaßnahme, s.o.), muss die Rechtmäßigkeit der Zwangsmaßnahme ausschließlich vollstreckungsrechtlich geprüft werden (Bestehen einer Rechtsgrundlage für das Zwangsmittel, Einhaltung des formalisierten Vollstreckungsverfahrens, Beachtung des Verhältnismäßigkeitsgrundsatzes). Die Rechtmäßigkeit der Grundverfügung muss dann (sofern das vom Klausurbearbeiter verlangt wird) separat geprüft werden. Richtige Klageart ist bezüglich der Grundverfügung die Anfechtungsklage (sofern sich die angegriffene Maßnahme noch nicht erledigt hat, anderenfalls die Fortsetzungsfeststellungsklage) und bezüglich der Anwendung des Zwangsmittels die allgemeine Leistungsklage bzw. die Feststellungsklage, wenn man eine Zwangsmaßnahme (zumindest im gestreckten Verfahren) ausschließlich als schlichtes Verwaltungshandeln behandelt. Nimmt man bei den Zwangsmaßnahmen dagegen zugleich eine konkludente Duldungsverfügung an, sind die Anfechtungsklage bzw. (bei Erledigung) die Fortsetzungsfeststellungsklage statthaft. Alle Klagen können aber zusammen erhoben werden (Fall der kumulativen Klagehäufung nach § 44 VwGO).

595 ▪ Schließlich ist es möglich, dass der Betroffene schlicht die **Herausgabe der sichergestellten Sache** begehrt. Sollte sich die Sicherstellungsverfügung (wie regelmäßig) noch nicht erledigt haben, gilt Folgendes: Da die dem Betroffenen gegenüber vorgenommene tatsächliche Ansichnahme der Sache nur eine unvollständige Vollziehungsmaßnahme zum Verwaltungsakt darstellt, kann sie nur im Zusammenhang mit diesem erfolgreich angegriffen werden. Eine allgemeine Leistungsklage auf Herausgabe einer beschlagnahmten Sache (die Herausgabe ist kein Verwaltungsakt) kann somit schon von daher keinen Erfolg haben. Hinzu kommt, dass die Sicherstellungsverfügung einen Verwaltungsakt mit Dauerwirkung darstellt und somit noch Rechtswirkungen (namentlich den Rechtsgrund für den Gewahrsam) entfaltet. Der Betroffene muss also zunächst den Rechtsgrund für den Gewahrsam beseitigen. Dies kann er nur mit der Anfechtungsklage, verbunden mit dem Annexantrag auf Herausgabe der Sache erreichen (§ 113 I S. 1 i.V.m. S. 2 VwGO).[700] Sollte die Anfechtungsklage erfolgreich sein, ergeht als Annexentscheidung die Verpflichtung der Behörde, die beschlagnahmte Sache herauszugeben.

Nur für den Fall, dass sich die Sicherstellungsverfügung bereits erledigt haben sollte, kann der Betroffene sein Rechtsschutzziel über die Fortsetzungsfeststellungsklage (analog) § 113 I S. 4 VwGO erreichen. Aber auch hier gilt, dass er über einen Annexantrag gem. § 113 I S. 2 VwGO (hier allerdings analog) die Herausgabe der Sache erreichen kann.

Beispiel: Im Rahmen einer polizeilichen Vorfeldkontrolle wird der anreisende Demonstrationsteilnehmer D durchsucht, wobei die Polizei einen Schlagstock und ein Klappmesser findet. Diese Gegenstände werden sofort sichergestellt und in Gewahrsam genommen. Nach Beendigung der Demonstration verlangt D die Gegenstände heraus.

---

[700] Zu beachten ist aber, dass § 113 I S. 2 VwGO keine Rechtsgrundlage für den Folgenbeseitigungsanspruch (FBA) darstellt, sondern eine solche voraussetzt. Die Basis für den FBA wird im Rechtsstaatsprinzip i.V.m. den Freiheitsgrundrechten gesehen. Sofern die polizeigesetzlichen Normen über die Sicherstellung die Regelung enthalten, dass die sichergestellten Sachen nach Entfallen der Voraussetzungen für die Sicherstellung herauszugeben sind (vgl. etwa § 26 BremPolG), stellt diese Regelung (nicht der FBA!) die Anspruchsgrundlage für die Herausgabe dar.

Sicherstellung (bzw. Beschlagnahme) von Sachen

Bei der Maßnahme Sicherstellung handelt es sich um einen Dauerverwaltungsakt. Dieser hat sich trotz seiner Vollziehung noch nicht erledigt, stellt also weiterhin den Rechtsgrund für die Verwahrung dar. D kann daher nicht schlicht eine allgemeine Leistungsklage auf Herausgabe der Sachen erheben, sondern muss zunächst den Rechtsgrund beseitigen. Er muss daher **Anfechtungsklage gegen die Sicherstellung** erheben, verbunden mit dem **Annexantrag** auf Herausgabe der Sachen (§ 113 I S. 1 i.V.m. S. 2 VwGO). Sollte die Anfechtungsklage erfolgreich sein, ergeht als Annexentscheidung die Verpflichtung der Behörde, die beschlagnahmte Sache herauszugeben.

Geht es dem Betroffenen primär um Entschädigung aus dem Verwahrungsverhältnis, ist hinsichtlich des Rechtswegs die Regelung des § 40 II S. 1 VwGO zu beachten, wonach für vermögensrechtliche Ansprüche aus öffentlich-rechtlicher Verwahrung der **ordentliche Rechtsweg** gegeben ist. Das in diesem Zusammenhang angerufene Zivilgericht prüft den Rechtsstreit unter allen in Betracht kommenden rechtlichen Gesichtspunkten (§ 17 II S. 1 GVG).

Prüfungsschema für eine Sicherstellung von Sachen

I. Rechtsgrundlage für die Sicherstellung
Da mit der Sicherstellung zumindest eine vorübergehende Besitzentziehung verbunden ist, liegt ein Eingriff in Art. 14 I S. 1 GG vor. Daher bedarf die Behörde einer Rechtsgrundlage. Diese ist als Standardmaßnahme dem Polizeigesetz zu entnehmen.

II. Formelle Rechtmäßigkeit
1. **Zuständigkeit** der handelnden Behörde (Rn 607 ff.)
2. Ordnungsgemäßes **Verfahren** (Einhaltung der allg. Verfahrensvorschriften (Rn 608 ff.). Als besondere (und zusätzlich zu prüfende) Verfahrensvorschrift normieren die Polizeigesetze, dass dem Betroffenen eine Bescheinigung auszustellen ist, die den Grund der Sicherstellung und die sichergestellten Sachen bezeichnet. Ein Verstoß gegen diese Verfahrensvorschriften führt grds. zur formellen Rechtswidrigkeit der Sicherstellung. Eine Heilung gem. § 45 I Nr. 2 VwVfG scheidet aus; in Betracht kommt aber eine Unbeachtlichkeit gem. § 46 VwVfG. Schließlich sind die Vorschriften des Polizeigesetzes über die Durchführung der Sicherstellung, der Verwertung, Einziehung und Vernichtung sowie über die Herausgabe sichergestellter Sachen zu beachten. Allerdings ist es zweckmäßig, diese Vorschrift erst nach der Prüfung der materiellen Rechtmäßigkeit zu prüfen.
3. **Form**vorschriften (Rn 621 ff.) sind regelmäßig nicht zu beachten.

III. Materielle Rechtmäßigkeit
1. Tatbestand
Die materiellen Tatbestandsvoraussetzungen sind in der Befugnisnorm beschrieben. Danach kommt die Sicherstellung in drei Fällen in Betracht:

(1) zum Schutz des Eigentümers oder rechtmäßigen Inhabers der tatsächlichen Gewalt vor Verlust oder Beschädigung,
(2) zur Abwehr einer *gegenwärtigen Gefahr* für die *öffentliche Sicherheit*. Unerheblich ist, ob die *Gefahr* von der Sache selbst ausgeht oder von ihrem Besitzer bzw. einem Dritten und
(3) zur Verhinderung einer missbräuchlichen Verwendung, wenn die Sache von einer rechtmäßig festgehaltenen Person mitgeführt wird.

2. Rechtsfolge
Auf der Rechtsfolgeseite ist der Polizei (wie stets) ein Ermessen eingeräumt. Zu prüfen sind die Einhaltung der Ermessensgrenzen und des Verhältnismäßigkeitsgrundsatzes.

6. Gefährderansprachen/Gefährderanschreiben und Meldeauflagen

597a Relativ neue Phänomene stellen die sog. Gefährderansprachen/Gefährderanschreiben und die Meldeauflagen dar.

597b Unter einer **Gefährderansprache** ist eine Maßnahme zu verstehen, bei der Beamte der Polizei szenebekannte oder in polizeilichen Ermittlungs- bzw. Fahndungsdateien (z.B. „Gewalttäter Sport") gespeicherte Personen (etwa Fans oder Hooligans) im privaten oder beruflichen Umfeld aufsuchen und diese darüber in Kenntnis setzen, dass sie identifiziert seien und ihnen im Falle der Begehung einer Straftat Strafverfolgungsmaßnahmen drohten.[701] Das **Gefährderanschreiben** unterscheidet sich von der Gefährderansprache dadurch, dass der Inhalt in Briefform übermittelt wird.

597c Auf den ersten Blick scheinen Gefährderansprachen rechtlich unproblematisch zu sein, da sie nur auf eine spätere Rechtsfolge hinweisen, die ohnehin vom Gesetz vorgesehen ist und deren Eintritt allein vom Fehlverhalten des Betroffenen abhängt. Mithin könnte es bereits am Grundrechtseingriff fehlen, was jede weitere Diskussion (Erfordernis einer Rechtsgrundlage; Vorliegen einer konkreten Gefahr; Verantwortlichkeit des Adressaten etc.) entbehrlich machte.

597d Jedoch kann der Grundrechtseingriff nicht ohne weiteres verneint werden. Im Gegenteil. Gerade nach dem modernen Eingriffsverständnis liegt ein Grundrechtseingriff auch dann vor, wenn eine staatliche Maßnahme für den Betroffenen eine Wirkung entfaltet, die einer imperativen Maßnahme in Form eines Verbots oder Gebots gleichkommt.[702] Im vorliegenden Zusammenhang wird man dies annehmen müssen, wenn der Betroffene (z.B. ein Hooligan) von der Polizei zu Hause oder am Arbeitsplatz aufgesucht und somit vor den Nachbarn bzw. vor Vorgesetzten und Kollegen „bloßgestellt" wird. Von etwaigen beruflichen Konsequenzen einmal abgesehen, ist damit zumindest ein Grundrechtseingriff in Art. 2 I GG i.V.m. Art. 1 I GG (allgemeines Persönlichkeitsrecht) gegeben. Für diesen Fall bedarf die Polizei einer Rechtsgrundlage.[703] Da es um Gefahrenabwehr geht (die Polizei möchte mit dem „sanften" Mittel des Hinweises auf die strafrechtlichen Konsequenzen die Begehung von Gewalttätigkeiten verhindern) und spezialgesetzliche Befugnisse nicht ersichtlich sind, kommt ausschließlich die **polizeigesetzliche Befugnisgeneralklausel** in Betracht.[704] Diese setzt allerdings das Bestehen einer **konkreten Gefahr** voraus. Ob es für deren Annahme allerdings genügt, dass die betroffene Person in der Szene bekannt oder in der Datei „Gewalttäter Sport" gespeichert ist, darf zu Recht bezweifelt werden. Vielmehr wird man lediglich von einem **Gefahrenverdacht** ausgehen können, der zwar zu Gefahrerforschungseingriffen[705], nicht aber zu Maßnahmen befugt, die gerade die Gefährderansprachen ausmachen. Daher wird man wohl von einer Rechtswidrigkeit ausgehen müssen, sofern keine konkrete Gefahr besteht.[706]

597e Liegt ausnahmsweise ein Eingriff in die Grundrechte des Betroffenen *nicht* vor, etwa weil es bei einem bloßen allgemeinen Hinweis auf die Rechtslage verbleibt und der

---

[701] Ähnlich nun auch *Kreuter-Kirchhof*, AöR 139 (2014), 257, 258.
[702] Vgl. *R. Schmidt*, Grundrechte, Rn 151.
[703] Anders wäre es nur, wenn allein ein allgemeiner Hinweis auf die Rechtslage erfolgte ohne jegliche „Bloßstellung" (so auch *Winkler/Schadtle*, JuS 2015, 435, 436).
[704] Wie hier *Deutsch*, Die Polizei 2006, 145 ff.; *Breucker*, NJW 2006, 1233, 1234. Diese Auffassung wurde auch schon vom OVG Lüneburg (NJW 2006, 391, 392 f.) in Bezug auf das Gefährderanschreiben vertreten.
[705] Zum Gefahrenverdacht und zu den Gefahrerforschungseingriffen vgl. Rn 689 ff.
[706] Unklar *Hebeler*, NVwZ 2011, 1364, 1366, der lediglich konstatiert, die Gefährderansprache sei rechtlich nicht zu beanstanden, wenn sie sachgerecht eingesetzt werde.

Betroffene weder vor Nachbarn noch vor Vorgesetzten oder Kollegen bloßgestellt wird, reicht jedenfalls die polizeiliche Aufgabennorm zur Rechtfertigung aus.[707]

Da man hinsichtlich der Gefährderansprache eine Regelungswirkung i.S.d. § 35 VwVfG verneinen muss, handelt es sich um schlichtes Verwaltungshandeln. Rechtsschutz bieten daher die Leistungsunterlassungsklage bzw. die Feststellungsklage sowie im vorläufigen Rechtsschutz der Antrag auf Erlass einer einstweiligen Anordnung.

597f

Bei den **Meldeauflagen** handelt es sich um ein (noch) effektiveres Mittel, jemanden daran zu hindern, einen bestimmten Ort aufzusuchen. Hauptanwendungsfeld von Meldeauflagen ist die Eindämmung der Gewalt im Umfeld von Sportveranstaltungen, insbesondere von Fußballspielen. Sie kommen aber auch im Vorfeld von Versammlungen in Betracht. Gewaltbereite Fans, Ultras, Hooligans, Autonome etc. werden angewiesen, sich innerhalb eines bestimmten Zeitraums unter Vorlage eines gültigen Ausweisdokuments auf einer Polizeidienststelle (in der Nähe ihres Heimatortes) zu melden.[708] Dadurch werden sie daran gehindert, dass sie bei den Veranstaltungen an Ausschreitungen teilnehmen bzw. dort Gewalttaten verüben können.

597g

Mit der Meldeauflage greift die Polizei bzw. die Ordnungsbehörde in das Grundrecht der Freiheit der Person ein.[709] Denn mit ihr wird das von Art. 2 II S. 2 GG geschützte Recht, jeden beliebigen Ort aufzusuchen[710], zumindest mittelbar beeinträchtigt.[711] Fraglich ist, ob darüber hinaus auch das Recht auf Freizügigkeit (Art. 11 I GG) betroffen ist. Das BVerwG nimmt dies an, wenn Meldeauflagen wiederholt erfolgen.[712] Die überwiegende Literatur verneint einen Eingriff in Art. 11 I GG jedenfalls dann, wenn sich der Betroffene auf einer beliebigen Polizeidienststelle im Bundesgebiet melden darf.[713] Nach der hier vertretenen Auffassung ist auch das Recht auf Freizügigkeit (Art. 11 I GG) betroffen, weil davon ausgegangen werden darf, dass die mit einer Meldeauflage verbundene Hinderung, die Veranstaltung aufzusuchen, für den Betroffenen von so erheblicher Bedeutung ist, dass dem nur durch die Eröffnung des Schutzbereichs des Art. 11 I GG Rechnung getragen werden kann.[714]

597h

Folgt man der hier vertretenen Auffassung und hält Art. 11 I GG für einschlägig, stellt sich die Frage, ob Meldeauflagen – in Ermangelung einer speziellen Rechtsgrundlage[715] – auf der Grundlage der Befugnisgeneralklausel ergehen können. Das BVerwG hält die Befugnisgeneralklausel für ausreichend. Die Grundrechtsrelevanz von Meldeauflagen sei nicht so groß, dass eine spezielle Befugnisnorm erforderlich wäre.[716] Diese Rechtsauffassung ist jedenfalls hinsichtlich der Fälle bedenklich, in denen auch das BVerwG Art. 11 I GG für einschlägig erachtet, denn Eingriffe in dieses Grundrecht dürfen nur unter den Voraussetzungen des qualifizierten Gesetzesvorbehalts des Art. 11 II

597i

---

[707] *Franz/Günther*, NWVBl 2006, 201, 206.
[708] Vgl. auch *Schucht*, NVwZ 2011, 709.
[709] Wie hier *Brenneisen*, Kriminalistik 1999, 483, 485; a.A. *Schucht*, NVwZ 2011, 709, 711, allerdings ohne Begründung, sondern nur mit Verweis auf BVerfGE 22, 21, 26, wonach kein staatliches Gebot, sich zu einem bestimmten Zeitraum an einem bestimmten Ort einzufinden, kein Eingriff in das Grundrecht der Freiheit der Person darstelle. Doch liest man die Entscheidung, lassen sich keine (zwingenden) Gründe finden, sie auf Meldeauflagen zu übertragen.
[710] Vgl. BVerfGE 94, 166, 198; 105, 239, 248; BVerfG NJW 2013, 3228, 3229; *Kunig*, in: v. Münch/Kunig, GG, Art. 2 Rn 74.
[711] Lässt man bei Art. 2 II S. 2 GG mittelbare Eingriffe nicht genügen, verbleibt nur der Rückgriff auf die allgemeine Handlungsfreiheit aus Art. 2 I GG (so BVerwGE 129, 142, 150).
[712] BVerwGE 127, 142, 149
[713] *Breucker*, NJW 2004, 1631, 1632 f.; *Arzt*, Die Polizei 2006, 156, 159.
[714] Vgl. auch *Jarass*, in: Jarass/Pieroth, GG, Art. 11 Rn 7; *Hetzer*, JR 2000, 1 ff. (jeweils zu polizeilichen Aufenthaltsverboten). Mit Einschränkung auch *Schucht*, NVwZ 2011, 709, 711. Später auch *Winkler/Schadtle*, JuS 2015, 435, 437.
[715] Soweit ersichtlich, haben gegenwärtig Brandenburg, Hamburg, Niedersachsen, Rheinland-Pfalz und Sachsen-Anhalt eine Standardmaßnahme „Meldeauflage" normiert (vgl. § 15a BrandPolG, § 11a HmbSOG, § 16a NdsPOG, § 12a RhlPflPOG, § 35a SachsAnhSOG). Die polizeigesetzliche Standardmaßnahme „Vorladung" erfüllt einen anderen Zweck und passt nicht auf die Meldeauflage (wie hier nun auch *Winkler/Schadtle*, JuS 2015, 435, 437).
[716] BVerwGE 129, 142, 149.

GG ergehen. Dies wirft wiederum zwei Probleme auf, die fehlende Gesetzgebungskompetenz der Länder für Beschränkungen des Art. 11 I GG und die Unbestimmtheit der Befugnisgeneralklausel (dazu Rn 600 ff.).

597j Die Gesetzgebungskompetenz zur Regelung der Freizügigkeit unterfällt ausschließlich dem Bund (Art. 73 I Nr. 3 GG). Da aber der Kriminalvorbehalt des Art. 11 II GG einen Aspekt des allgemeinen Gefahrenabwehrrechts bezeichnet, das wiederum in die Gesetzgebungskompetenz der Länder fällt (Art. 30, 70 I GG), folgt daraus, dass die Gesetzgebungskompetenz des Bundes für die Regelung der Freizügigkeit sich nicht auf das allgemeine Gefahrenabwehrrecht bezieht. Da das Grundgesetz die Voraussetzungen für eine Einschränkung des Art. 11 I GG unter dem Aspekt der Vorbeugung strafbarer Handlungen aber in Art. 11 II GG geregelt hat, müssen sich auch die Befugnisnormen der Polizeigesetze am Maßstab des Art. 11 II GG messen lassen. Die landesrechtlichen Befugnisgeneralklauseln haben in Bezug auf Meldeauflagen also nur dann Bestand, wenn sie verfassungskonform dahingehend interpretiert werden, dass sie zu Eingriffen in Art. 11 I GG nur unter den Voraussetzungen des Art. 11 II GG ermächtigen. Damit wäre zugleich das Problem der Unbestimmtheit überwunden. Erfolgt eine Meldeauflage also zur Verhinderung von Straftaten, knüpft dabei an ganz konkrete Tatsachen, die den Schluss zulassen, dass die von der Meldeauflage betroffene Person anderenfalls eine Straftat verüben würde, und ist sie im Übrigen unter Beachtung der Bedeutung des Art. 11 I GG verhältnismäßig, kann sie auf der Grundlage der polizeilichen Befugnisgeneralklausel ergehen. Freilich sind die Landesgesetzgeber aufgefordert, aus Gründen der Rechtsklarheit spezielle Befugnisnormen zu schaffen, etwa systematisch verortet in der Nähe der Aufenthalts- bzw. Betretungsverbote. Rheinland-Pfalz ist dem – wie aufgezeigt – mit § 12a POG nachgekommen.

597k Da man – anders als bei der Gefährderansprache – bei der Meldeauflage eine Regelungswirkung i.S.d. § 35 VwVfG annehmen muss, handelt es sich um einen **Verwaltungsakt**, der entsprechend mit Zwangsmitteln durchgesetzt werden kann. Rechtsschutz bieten die allgemein gegen Verwaltungsakte und deren Vollstreckungsakte zulässigen Rechtsbehelfe.

597l Sofern (sowohl hinsichtlich der Gefährderansprache als auch hinsichtlich der Meldeauflage) ein Bezug zur **Versammlungsfreiheit** besteht (etwa wenn die Anreise zu einer Versammlung verhindert werden soll), sind die versammlungsrechtlichen Besonderheiten zu beachten, vgl. dazu Rn 1101 ff.

7. Zusammenfassung und Abgrenzung zur Befugnisgeneralklausel

Präventivpolizeiliche Standardmaßnahmen („Spezialbefugnisse") knüpfen an Sachverhalte mit erhöhter Grundrechtsrelevanz an und stellen folgerichtig höhere Anforderungen an die Rechtmäßigkeit von Gefahrenabwehrmaßnahmen. Systematisch stellen sie daher auch im Rahmen ihres jeweiligen Anwendungsbereichs eine *abschließende* Regelung dar, sodass ein Rückgriff auf die Befugnisgeneralklausel auch dann ausscheidet, wenn die (vielfach engeren) Eingriffsvoraussetzungen für ein Eingreifen nach den Standardmaßnahmen nicht vorliegen (Sperrwirkung der Spezialbefugnisse). Nur wenn der Sachverhalt nicht abschließend mit Hilfe der Spezialbefugnisse (Standardmaßnahmen) gewürdigt werden kann, ist subsidiär auf die Befugnisgeneralklausel zurückzugreifen.[717] Schließlich ist zu beachten, dass die präventivpolizeilichen Standardmaßnahmen oftmals denen der repressivpolizeilichen Normen sehr ähnlich und in Zweifelsfällen von diesen abzugrenzen sind:

- Bei den (repressivpolizeilichen) Standardmaßnahmen der StPO handelt es sich um abschließende Normierungen (vgl. § 6 EGStPO), die einen primär strafprozessualen Regelungsbereich umfassen und eine Anwendung der primär präventivpolizeilichen Standardbefugnisse des allgemeinen Polizei- und Ordnungsrechts grundsätzlich ausschließen.

- Nur wenn der Sachverhalt *außerhalb* von Strafverfolgungsmaßnahmen auch ein präventives Vorgehen zum Zweck der Gefahrenabwehr erfordert, ist für diesen Bereich das allgemeine Polizei- und Ordnungsrecht anwendbar.

- Schließlich ist zu beachten, dass ein Teilbereich des Sachverhalts repressiv-polizeilich und ein anderer Teilbereich präventiv-polizeilich zu beurteilen sein kann (Doppelfunktionalität der Polizei, Rn 88).

> **Hinweis für die Fallbearbeitung:** Bei der Frage nach dem Rechtsschutz muss in einer Klausur daher zuerst geprüft werden, ob die Polizei präventiv oder repressiv tätig ist. Nur bei präventivem Handeln ist der Verwaltungsrechtsweg eröffnet und das Polizei- und Ordnungsrecht einschlägig. Vgl. dazu ausführlich Rn 87 ff. sowie *R. Schmidt*, VerwProzR, Rn 25 ff. Sodann ist die Rechtmäßigkeit der Maßnahme nach anwendbarem Recht zu prüfen.
>
> **Beispiel:** T wurde wiederholt wegen Trunkenheit im Verkehr (§ 316 StGB) strafgerichtlich verurteilt. In diesem Zusammenhang wurde ihm auch die von einer deutschen Behörde erteilte Fahrerlaubnis entzogen (§ 69 StGB). Gleichwohl nahm T weiterhin am Straßenverkehr teil und geriet (zufällig) in eine allgemeine Verkehrskontrolle, bei der er seinen isländischen Führerschein vorzeigte. Der die Kontrolle durchführende Polizeibeamte P wurde skeptisch und veranlasste eine INPOL-Abfrage, aus der sich ergab, dass T nicht mehr Inhaber einer deutschen Fahrerlaubnis war. T war der Auffassung, dass Island ein Vertragsstaat des EWR (Europäischer Wirtschaftsraum) sei und dass daher die isländische Fahrerlaubnis auch in Deutschland gelte. P war indes der Meinung, dass bei Entziehung der deutschen Fahrerlaubnis auch die isländische Fahrerlaubnis nicht mehr gelte, was bei T ein Fahren ohne Fahrerlaubnis – eine Straftat gem. § 21 I Nr. 1 Var. 1 StVG – zur Folge habe. P stellte daher das von T gefahrene Kfz sicher und verfasste eine Strafanzeige wegen Fahrens ohne Fahrerlaubnis.
>
> Hinsichtlich der Frage nach der Rechtmäßigkeit der Maßnahmen ist zu differenzieren: Das Stellen der Strafanzeige ist eine strafprozessuale Handlung und wegen § 163 I S. 1 StPO korrekt. Zwar hat T insofern Recht, dass Island ein Vertragsstaat des EWR ist und dass daher die isländische Fahrerlaubnis auch in Deutschland gilt. Allerdings gilt diese Fahrerlaubnis nicht, wenn nach deutschem Recht die Fahr-

---

[717] Siehe auch *Rachor*, in: Lisken/Denninger, E Rn 716 f.; *Schenke*, POR, Rn 38; *Beaucamp*, JA 2017, 728.

erlaubnis entzogen wurde (§ 29 III S. 1 Nr. 3 FeV). T fuhr damit ohne gültige Fahrerlaubnis.

Unklar ist die Einordnung der Sicherstellung des Kfz. Diese könnte sich entweder auf §§ 94, 98 StPO oder auf die landespolizeiliche Befugnisnorm über die Sicherstellung von Sachen stützen lassen. Bei der erforderlichen Einordnung ist nach der hier vertretenen Auffassung eine gemischte objektiv-subjektive Betrachtungsweise geboten. Danach ist Ausgangspunkt für die Ermittlung der Rechtsnatur der Maßnahme deren Schwerpunkt, allerdings wie er sich aus der Sicht eines durchschnittlichen Polizeibeamten darstellt. Danach gilt: Liegen Anhaltspunkte dafür vor, dass ein *Tatverdacht* besteht und führt die Polizei weitere Sachverhaltsaufklärungen durch bzw. ergreift Maßnahmen, um den staatlichen Strafanspruch zu gewährleisten, ist von einer repressiv-polizeilichen Tätigkeit auszugehen. Geht es dagegen primär um Schadensabwendung, ist die polizeiliche Maßnahme dem Bereich der Gefahrenabwehr zuzuordnen. Freilich ist die Bestimmung der Rechtsnatur der Maßnahme auf eine Tatsachenbasis zu stützen, bei der *auch* die Intention des handelnden Beamten zu berücksichtigen ist.[718] Vorliegend ging es P wohl kaum um die Beschlagnahme des Kfz, um es als Beweismittel in amtlichen Gewahrsam zu nehmen. Denn hierzu bestand keine Veranlassung. Daher konnte er die Sicherstellung auch nicht auf §§ 94, 98 StPO stützen. Vielmehr wird es P darum gegangen sein, T faktisch an der Weiterfahrt zu hindern und dadurch (andere) Verkehrsteilnehmer zu schützen. Mithin ging es um Gefahrenabwehr. Die gefahrenabwehrrechtliche Sicherstellung richtet sich nach der Vorschrift über die Standardmaßnahme Sicherstellung nach anwendbarem Landespolizeigesetz (z.B. nach § 14 I S. 1 Nr. 1a HmbSOG, § 43 Nr. 1 NRWPolG oder § 26 Nr. 1 NdsPOG). Danach kann die Polizei eine Sache sicherstellen, um eine gegenwärtige Gefahr abzuwehren (so gem. § 43 Nr. 1 NRWPolG und § 26 Nr. 1 NdsPOG) bzw. wenn dies erforderlich ist zur Abwehr einer unmittelbar bevorstehenden Gefahr für die öffentliche Sicherheit oder Ordnung oder zur Beseitigung einer Störung der öffentlichen Sicherheit oder Ordnung (so § 14 I S. 1 Nr. 1a HmbSOG). Da diese Voraussetzungen vorlagen, konnte P das Kfz des T rechtmäßig sicherstellen. Ein Rückgriff auf die Befugnisgeneralklausel kommt daher nicht in Frage.

---

[718] Oben Rn 88.

III. Befugnisgeneralklausel
1. Erfordernis einer generalklauselartigen Ermächtigung

Da der Gesetzgeber auf der einen Seite nicht alle erdenklichen Lebenssachverhalte und Gefahrentatbestände antizipiert spezialgesetzlich normieren kann, auf der anderen Seite jedoch den Grundsatz vom Vorbehalt des Gesetzes beachten muss, der besagt, dass die mit einem Rechtseingriff verbundenen Gefahrenabwehrmaßnahmen stets einer gesetzlichen Rechtsgrundlage bedürfen, ermächtigt er die Polizei- und Ordnungsbehörden zumindest auch generalklauselartig.[719] Danach darf die Polizei die erforderlichen Maßnahmen treffen, um eine im konkreten Fall bestehende Gefahr für die öffentliche Sicherheit (oder Ordnung[720]) abzuwehren.

600

Zu beachten bleibt aber, dass **spezialgesetzliche** Befugnisnormen und polizeigesetzliche Standardmaßnahmen weitestgehend **Anwendungsvorrang** vor der Generalklausel genießen (vgl. bereits Rn 113/598). Daraus folgt, dass die Befugnisgeneralklausel im Anwendungsbereich einer Spezialnorm grundsätzlich verdrängt ist (Subsidiarität der Generalklausel).

601

> **Beispiel:** Nimmt die Polizei eine Person in Gewahrsam, obwohl die Tatbestandsvoraussetzungen der Standardmaßnahme *Ingewahrsamnahme* nicht vorliegen, kann sie ihr Vorgehen nicht damit rechtfertigen, dass die Ingewahrsamnahme eine erforderliche Maßnahme gemäß der Befugnisgeneralklausel gewesen sei.

Ein Rückgriff auf die Befugnisgeneralklausel ist nur dann zulässig, wenn der Sachverhalt nicht oder nicht abschließend mit Hilfe der Standardmaßnahmen einer Lösung zugeführt werden kann.

602

> **Beispiel:** Die Polizei wird während eines Streifengangs am Elbufer auf einen Mann aufmerksam, der seinen Hund frei herumlaufen lässt. Sie weist ihn auf die bestehende Satzung der Stadt hin, wonach ein Leinenzwang am Elbufer besteht, und fordert ihn auf, seinen Hund sofort an die Leine zu nehmen.
>
> Da in diesem Fall keine spezielle Rechtsgrundlage existiert, konnte die Polizei ihre Anordnung auf die Befugnisgeneralklausel stützen.

Im Übrigen ist zu beachten, dass in Fällen, in denen im Polizeigesetz bestimmte Standardbefugnisse geregelt werden, hierin regelmäßig zugleich ein konkludenter Ausschluss anderer ähnlicher oder sogar noch schwerwiegenderer Maßnahmen liegt und diese sich deshalb auch nicht unter Rückgriff auf die Befugnisgeneralklausel rechtfertigen lassen.

603

> **Beispiele:**
> **(1)** Im Polizeigesetz ist als Standardmaßnahme zwar die „Durchsuchung" von Personen, nicht aber auch die „Untersuchung" geregelt. Daraus lässt sich ableiten, dass eine „Untersuchung" auch nicht auf die Befugnisgeneralklausel gestützt werden kann.
> **(2)** Ebenso kann aus der Formulierung „vorübergehend" in der Befugnisnorm hinsichtlich der *Platzverweisung* geschlossen werden, dass ein (längerfristiges) Aufenthaltsverbot auch nicht auf die Generalklausel gestützt werden kann.[721]

---

[719] Vgl. Bund: § 14 BPolG; Bay: Art. 11 PAG; BW: § 3 PolG; Berl: § 17 I ASOG; Brand: §§ 10 I PolG, 13 I OBG; Brem: § 10 I PolG; Hamb: § 3 SOG; Hess: § 11 SOG; MeckVor: § 13 SOG; Nds: § 11 POG; NW: §§ 8 I PolG, 14 OBG; RhlPfl: § 9 I POG; Saar: § 8 I PolG; Sachs: § 12 I PVDG; SachsAnh: § 13 SOG; SchlHolst: §§ 174, 176 LVwG; Thür: §§ 12 I PAG, 5 I OBG.
[720] Die öffentliche Ordnung als 2. Schutzgut ist nicht in allen Polizeigesetzen enthalten. Sie fehlt in § 10 I BremPolG und in § 162 I SchlHolstLVwG.
[721] Wie hier VGH Kassel NVwZ 2003, 1392; *Hecker*, NVwZ 2003, 1334, 1335 f.; *ders.*, NVwZ 1999, 261, 262; *Cremer*, NVwZ 2001, 1218, 1219 f.; *Schenke*, POR, Rn 134; anders aber OVG Bremen NVwZ 1999, 314, 315 f. (richtig dagegen

604 Ein wichtiger Anwendungsbereich der Befugnisgeneralklausel besteht bei Verstößen gegen Gesetze, die zwar ein **Verbot** aussprechen, aber **keine materielle Rechtsgrundlage** zum behördlichen Einschreiten zwecks Durchsetzung der Regelung vorsehen und somit keine Befugnisnorm bereitstellen (sog. *leges imperfectae*). Hier liegt eine wesentliche Funktion der Befugnisgeneralklausel als Rechtsgrundlage.

> **Beispiel**[722]**:** A betreibt in der Stadt S einige Bräunungsstudios mit Münzautomaten. Vornehmlich an den Wochenenden und an den Feiertagen ist der stärkste Kundenandrang zu verzeichnen. S sieht darin einen Verstoß gegen das Landesfeiertagsgesetz und beabsichtigt, mit einer Verbotsverfügung zu reagieren.
>
> Für die Frage, ob eine solche Verbotsverfügung rechtmäßig wäre, müsste wegen des Eingriffs in Art. 12 I GG zunächst eine Rechtsgrundlage bestimmt werden. Das Feiertagsgesetz verbietet zwar grundsätzlich öffentlich bemerkbare Arbeiten an Sonn- und Feiertagen, die geeignet sind, die Ruhe des Tages zu beeinträchtigen. Bei Zuwiderhandlungen gegen die Verbotsnorm ist dem Gesetz jedoch keine Rechtsgrundlage zum behördlichen Einschreiten zu entnehmen. Die Gesetzesverletzung ist lediglich über das OWiG bußgeldbewehrt. Daher stellt die Befugnisgeneralklausel des allgemeinen Gefahrenabwehrrechts eine geeignete Rechtsgrundlage dar. Es müssten aber auch ihre Voraussetzungen vorliegen. Läge ein Verstoß gegen das Feiertagsgesetz vor, wäre das Schutzgut „öffentliche Sicherheit" verletzt. Vor dem Hintergrund des Art. 140 GG i.V.m. Art. 139 WRV sollen nach der Rechtsprechung des BVerwG nur solche Tätigkeiten durch das Feiertagsgesetz sanktioniert werden, die *typischerweise* werktägliche Lebensvorgänge darstellen. Unter Berücksichtigung der Freiheit zur persönlichen Lebensgestaltung seien aber auch gewerbliche Tätigkeiten mit der Zweckbestimmung der Sonn- und Feiertage vereinbar, sofern sie der Befriedigung sonn- und feiertäglicher Bedürfnisse dienten. Das sei bei einem Bräunungsstudio der Fall. Eine Verbotsverfügung wäre somit rechtswidrig.

605

> **Fazit:** Verbotsnormen, d.h. Gesetze, die zwar ein Verbot aussprechen oder ein bestimmtes Verhalten unter Strafe stellen oder mit Bußgeld belegen, erteilen der Verwaltung i.d.R. keine Befugnis, zum Zweck der Unterbindung einzuschreiten. Da sie jedoch Bestandteil der objektiven Rechtsordnung und damit der öffentlichen Sicherheit sind, und diese wiederum Schutzgut der polizeigesetzlichen Befugnisgeneralklausel ist, können Verstöße gegen Verbotsnormen letztlich mit der Generalklausel unterbunden werden. Vgl. dazu auch Rn 629 ff.

2. Vereinbarkeit der Generalklausel mit dem Bestimmtheitsgrundsatz

606 Obwohl eine generalklauselartige Ermächtigung seit vielen Jahrzehnten in den Polizei- und Ordnungsgesetzen aller Länder enthalten ist, werden nach wie vor verfassungsrechtliche Bedenken, insbesondere unter dem Aspekt des **Bestimmtheitsgebots**, geäußert. Das Bestimmtheitsgebot ist Ausdruck des Rechtsstaatsprinzips. Es besagt, dass eine Rechtsvorschrift klar zum Ausdruck bringen muss, welche Auswirkungen die gesetzliche Regelung für den Bürger hat.[723] Ist eine Norm, die zu Grundrechtseingriffen befugt (also eine Befugnisnorm), zu unklar und zu unbestimmt, ist sie jedenfalls dann verfassungswidrig, wenn Maßnahmen mit erhöhter Grundrechtsrelevanz darauf gestützt werden. Es ist jedoch herrschende Rechtsauffassung, dass unbestimmte Rechtsbegriffe und Generalklauseln dem Bestimmtheitsgrundsatz nicht entgegenstehen, wenn nur „minder schwere" Grundrechtseingriffe darauf gestützt werden und die Einhaltung polizeilicher Spielräume richterlicher Überprüfung zugänglich ist. Das ist bei der ordnungsbehördlichen bzw. polizeigesetzlichen Befugnisgeneralklausel jedenfalls in der

---

das dem Urteil des OVG vorangegangene Urteil des VG Bremen v. 29.5.1997 – 2 A 149/96). Immerhin hat der bremische Gesetzgeber darauf reagiert und seinerzeit einen Abs. 2 in die Befugnisnorm eingefügt.
[722] Nachgebildet BVerwGE 90, 337 ff.
[723] Vgl. BVerfGE 49, 168, 181; 59, 104, 114; 62, 169, 182 f.; 80, 103, 107 f.; 114, 1, 53; BVerfG NVwZ 2011, 94, 99 f.

Modalität *öffentliche Sicherheit* der Fall.[724] Bei dieser ist das zulässige Maß an Abstraktheit nicht überschritten und das Bestimmtheitsgebot nicht verletzt, da sich die Bedeutung der öffentlichen Sicherheit aus den Legaldefinitionen der Ordnungsbehörden- bzw. Polizeigesetze ergibt bzw. durch Rechtsprechung und Literatur hinreichende Konkretisierung erfahren hat und zudem der Anwendungsbereich der Befugnisgeneralklausel infolge der Aufnahme zahlreicher Spezialbefugnisse in den jeweiligen Polizeigesetzen mittlerweile stark eingeschränkt ist.

Wenn daher teilweise auch heute noch ausführlich die Verfassungsmäßigkeit der Generalklausel (jedenfalls unter dem Aspekt der öffentlichen Sicherheit) diskutiert oder ernsthaft in Frage gestellt wird, ist dies nicht praxisnah und vermittelt im Übrigen auch ein falsches Bild von dem tatsächlichen Anwendungsbereich der Generalklausel. Denn wie ausgeführt, hat sich gerade in der neueren Gesetzgebung die Tendenz durchgesetzt, zur Bekämpfung einzelner polizeilicher Gefahren nicht nur neue Spezialgesetze zu schaffen, sondern auch die Zahl der Standardmaßnahmen zu erhöhen und damit den Anwendungsbereich der Befugnisgeneralklausel zu verringern.[725] Das betrifft nicht nur solche Maßnahmen, die beim Betroffenen zu schwerwiegenden Grundrechtseingriffen oder zu Eingriffen in bedeutende Grundrechte führen, sondern insbesondere – in Konsequenz der bundesverfassungsgerichtlichen Rechtsprechung zum Grundrecht auf informationelle Selbstbestimmung, die bereichsspezifische Regelungen verlangt[726] – auch die Erhebung und Verarbeitung personenbezogener Daten.[727] Die Länder haben auf diese Rechtsprechung reagiert und zahlreiche detailliert ausformulierte Standardmaßnahmen in Bezug auf die Erhebung und Verarbeitung personenbezogener Daten in die Polizeigesetze aufgenommen. Die breite Darstellung zu den Datenerhebungsmaßnahmen (Rn 127 ff.), aber auch zu den traditionellen Standardmaßnahmen (Rn 401 ff.), sollte dies verdeutlicht haben. Einer Diskussion bezüglich der Vereinbarkeit mit dem Bestimmtheitsgrundsatz bedarf es lediglich hinsichtlich solcher Befugnisgeneralklauseln, die zusätzlich das Schutzgut *öffentliche Ordnung* beinhalten, vgl. dazu Rn 637 ff.

---

[724] BVerfGE 65, 1 ff. Vgl. auch BVerfGE 109, 279, 325 ff. (Teilweise Verfassungswidrigkeit des sog. großen Lauschangriffs); BVerfG NJW 2005, 2603 ff. (Verfassungswidrigkeit der vorbeugenden Telekommunikationsüberwachung); BVerfGE 115, 166, 183 ff. (Eingriff in das allgemeine Persönlichkeitsrecht durch Beschlagnahme von Handy und Computer mit gespeicherten persönlichen Daten).

[725] Aus diesem Grund wird auch in Klausuren und Hausarbeiten – jedenfalls in Bezug auf das Schutzgut *öffentliche Sicherheit* – keine Diskussion darüber erwartet, ob die Generalklausel zu unbestimmt und damit verfassungswidrig sein könnte. Vielmehr wird erwartet, dass der Bearbeiter die unbestimmten Rechtsbegriffe *öffentliche Sicherheit* und *erforderliche Maßnahmen* entsprechend der Bedeutung des zu schützenden Rechtsguts einerseits und der Intensität des Grundrechtseingriffs auf Seiten des in Anspruch Genommenen andererseits auslegt. Denn nur auf diese Weise lassen sich Interessenkonflikte adäquat lösen, was sich letztlich auch in der Bewertung der Arbeit niederschlägt.

[726] BVerfGE 65, 1 ff. Vgl. auch BVerfGE 109, 279, 325 ff. (Teilweise Verfassungswidrigkeit des sog. großen Lauschangriffs); BVerfG NJW 2005, 2603 ff. (Verfassungswidrigkeit der vorbeugenden Telekommunikationsüberwachung); BVerfGE 115, 166, 183 ff. (Eingriff in das allgemeine Persönlichkeitsrecht durch Beschlagnahme von Handy und Computer mit gespeicherten persönlichen Daten).

[727] *Schenke*, POR, Rn 50.

B. Formelle Rechtmäßigkeit einer Gefahrenabwehrmaßnahme

607 Wie alle staatlichen Maßnahmen müssen auch Gefahrenabwehrmaßnahmen formelle und materielle Rechtmäßigkeitsvoraussetzungen erfüllen. Zur Prüffolge vgl. das Aufbauschema bei Rn 107, auf dem die nachfolgenden Ausführungen fußen. Zu den zunächst zu erörternden formellen Voraussetzungen zählen daher die Beachtung von Zuständigkeits-, Verfahrens-, Form- und (ggf.) Begründungsvorschriften.

I. Zuständigkeit der Gefahrenabwehrbehörde

608 Die Zuständigkeit der handelnden Gefahrenabwehrbehörde ergibt sich i.d.R. aus der einschlägigen Rechtsgrundlage bzw. deren Normengefüge. Besonders zu beachten ist die **vorrangige sachliche Zuständigkeit** (Primärkompetenz) der **Sonderordnungsbehörden**. Das sind i.d.R. die örtlichen Sicherheitsbehörden, Ordnungsbehörden, Ortspolizeibehörden, Magistrate etc. (z.B. Wasserbehörden, Gewerbebehörden, Umweltbehörden, Ausländerbehörden etc.), wobei unerheblich ist, ob diese Sonderordnungsbehörden ihre Maßnahmen auf eine **spezielle Eingriffsbefugnis** (z.B. nach WassG, GastG, GewO, AufenthG etc.) oder auf die ordnungsbehördliche bzw. polizeiliche **Befugnisgeneralklausel** stützen.

609 Zur Gefahrenabwehr ist aber gerade (auch) die **Vollzugspolizei** berufen, wobei diese in den überwiegenden Fällen ihre Maßnahmen jedoch ausschließlich nach dem **Polizeigesetz** treffen kann.

610 Hieraus kann sich eine Konkurrenzsituation in Bezug auf die Zuständigkeit ergeben, die über die sog. Eilfallkompetenz gelöst wird: Die Vollzugspolizei ist nur dann zuständig, wenn eine Gefahrenabwehr unter Dringlichkeits- und Effektivitätsgesichtspunkten unaufschiebbar erscheint; anderenfalls fällt die Aufgabe der Gefahrenabwehr in den Zuständigkeitsbereich der fachlich einschlägigen (Sonder-)Ordnungsbehörde.[728]

611 Um einen Eilfall festzustellen, ist eine **Verlaufsprognose** anzustellen: Gelangt ein objektiver Beobachter in der Rolle des handelnden Beamten zu dem Ergebnis, dass die mit bürokratischen Mitteln arbeitende (Sonder-)Ordnungsbehörde nicht ebenso wirksam und rechtzeitig einschreiten könnte wie die Vollzugspolizei, sind deren Eilfallkompetenz und damit deren sachliche Zuständigkeit zu bejahen.

> **Beispiel:** Der Betreiber einer Gaststätte (G) lässt in den Hinterräumen den Handel mit Drogen zu. Als die Vollzugspolizei eines Nachts einen entsprechenden Hinweis erhält, begibt sie sich sofort in die Gaststätte und stellt eine erhebliche Menge Kokain sicher.
>
> Ginge es um die Frage nach der gaststättenrechtlichen Zuverlässigkeit des G bzw. nach der Entziehung der gaststättenrechtlichen Erlaubnis (siehe § 15 II GastG), wäre die Gewerbebehörde als Sonderordnungsbehörde zuständig. Die Vollzugspolizei wäre sachlich nicht zuständig. Das ergibt sich nicht nur aus den verwaltungsorganisatorischen Regelungen über den Vollzug des Gaststättenrechts, die die Gaststättenbehörden für zuständig erklären, sondern auch daraus, dass insoweit kein Eilfall vorliegt, dem von der Vollzugspolizei zu begegnen wäre.
>
> Etwas anderes gilt, wenn es um unaufschiebbare Maßnahmen geht bzw. um solche, für die wiederum die Sonderordnungsbehörde nicht zuständig ist. Das ist bei der Beschlagnahme der Drogen der Fall. Illegale Drogen müssen sofort beschlagnahmt werden. Zum einen gilt es, eine Gefahr für Leben und Gesundheit abzuwehren, und zum anderen sind

---

[728] Vgl. dazu den Wortlaut der meisten Polizeigesetze: „Die Polizei wird außer den in den Gesetzen vorgesehenen Fällen nur tätig, soweit die Abwehr der Gefahr durch eine andere Behörde (das ist also die (Sonder-)Ordnungsbehörde) nicht oder nicht rechtzeitig möglich erscheint." Freilich verliert die (Sonder-)Ordnungsbehörde bei Vorliegen eines Eilfalls ihre Zuständigkeit nicht.

die Drogen als Beweismittel in ein einzuleitendes Strafverfahren einzubringen. Das Unterlassen einer sofortigen Beschlagnahme würde diesen Zwecken zuwiderlaufen.

Besteht ein sog. Eilfall, bedeutet das nicht, dass die (Sonder-)Ordnungsbehörde automatisch ihre Zuständigkeit verliert. Vielmehr behält sie ihre Zuständigkeit und ist *neben* der Vollzugspolizei zuständig. Um in derartigen Fällen ein „Kompetenzgerangel vor Ort" auszuschließen, gilt das „**Recht des ersten Zugriffs**" (auch **Grundsatz der Erstbefassung** genannt). Es besagt, dass von mehreren zuständigen Behörden diejenige zur Gefahrenabwehr befugt ist, die zuerst vor Ort ist und aktiv wird. Das schließt freilich nicht aus, dass die andere Behörde gebeten wird, Amtshilfe zu leisten.

612

> **Zusammenfassung:**
>
> - Besteht **kein Eilfall**, ist ausschließlich die (**Sonder-)Ordnungsbehörde** zuständig. Diese kann sich dabei nicht nur auf Sonderordnungsrecht (Spezialgesetze) stützen, sondern i.d.R. auch auf das Polizeigesetz (oder Ordnungsbehördengesetz).
>
> - Ist hingegen ein **Eilfall** gegeben, greift die Zuständigkeit der **Vollzugspolizei**, die i.d.R. jedoch nur Maßnahmen nach dem Polizeigesetz treffen kann (die Spezialgesetze erklären in erster Linie nur die Sonderordnungsbehörden für zuständig; Ausnahmen bestehen nur dort, wo das Spezialgesetz von „Polizei" spricht). Durch die Zuständigkeit der Vollzugspolizei verliert die Sonderordnungsbehörde jedoch nicht ihre Zuständigkeit. Es besteht eine parallele Zuständigkeit. Um in derartigen Fällen ein „Kompetenzgerangel vor Ort" auszuschließen, gilt das „**Recht des ersten Zugriffs**". Es besagt, dass von mehreren zuständigen Behörden diejenige zur Gefahrenabwehr befugt ist, die zuerst vor Ort ist und aktiv wird. In der Praxis wird dies die Vollzugspolizei sein, was jedoch nicht ausschließt, dass diese die Zuständigkeit an die (fachlich ausgebildete und ausgestattete) Fachbehörde abgibt und sich auf Vollzugshilfe beschränkt.

613

> **Hinweis für die Fallbearbeitung:** Die **Eilfallkompetenz** (d.h. die sachliche Zuständigkeit) der Polizei ist immer eine Frage der **formellen Rechtmäßigkeit** einer Maßnahme. Dies wirft aber folgendes Aufbauproblem auf: Da die Zuständigkeit der Polizei nur in Eilfällen (die Polizeigesetze sprechen von „Unaufschiebbarkeit") gegeben ist und ein Eilfall nur bei einer „Gefahr für die öffentliche Sicherheit" vorliegt, dürfte man die Zuständigkeit der Polizei streng genommen nur dann bejahen, wenn eine **Gefahr für die öffentliche Sicherheit** durch eine entsprechende (inzidente) Prüfung bejaht wurde. Das Vorliegen einer Gefahr für die öffentliche Sicherheit ist aber (trotz ihrer Nennung im Tatbestand der Zuständigkeitsnorm) eine Frage der materiellen Rechtmäßigkeit. Man vermeidet das Problem einer inzidenten Prüfung, indem man die Gefahr unter Hinweis auf die Möglichkeit ihres Vorliegens als gegeben unterstellt (sog. abstrakte Prüfung).[729] Diese Vorgehensweise ist deswegen möglich, weil der Ausgang des Gutachtens (zumindest gedanklich) bereits feststeht.

614

In der Regel ist der **Polizeivollzugsdienst** trotz Vorliegens eines Eilfalls **nicht zuständig**, Gefahrenabwehrmaßnahmen auf **spezielle Gefahrenabwehrgesetze** zu stützen (s.o.). Denn diese Gesetze erklären meist nur die Sonderordnungsbehörden für zuständig. Das trifft jedenfalls auf die meisten Rechtsgrundlagen des GastG, der GewO, des ProdSG, des StVG und der StVO zu. Ist also eine Maßnahme des Polizeivollzugsdienstes zu prüfen, muss bei der Frage nach der Rechtsgrundlage zwar stets der Grundsatz beachtet werden, dass das Spezialgesetz die Anwendung eines allgemeinen Gesetzes ausschließt (lex specialis derogat legi generali), wenn aber der Polizeivollzugsdienst schon nicht zuständig ist, das Spezialgesetz anzuwenden, kann die-

615

---

[729] *Muckel*, Fälle BesVerwR, S. 20.

ses für das Handeln des Beamten keine Sperrwirkung zulasten des allgemeinen Gesetzes entfalten. Wenn aber das Spezialgesetz (ausnahmsweise) auch die Zuständigkeit des Polizeivollzugsdienstes begründet, bleibt es bei dem Grundsatz, dass der Polizeivollzugsdienst seine Maßnahme auf das Spezialgesetz stützen muss. In diesem Fall gehen Anwendbarkeit des Spezialgesetzes und sachliche Zuständigkeit der Behörde einher.

616 **Beispiel:** An einem kalten Sonntagabend im Januar 2020 ereignet sich ein schwerer Verkehrsunfall in der Innenstadt. Unmittelbar nach dem Ereignis erreichen die beiden Polizeivollzugsbeamten A und B den Unfallort, an dem sich bereits mehrere Kraftfahrzeuge gestaut haben und sich eine Menschentraube gebildet hat. Um zum Ort des Geschehens vordringen zu können, schalten die Beamten Martinshorn und Blaulicht ihres Dienstwagens kurz ein, sodass sich die Fahrzeuge und die Schaulustigen tatsächlich zur Seite bewegen. Ist diese Maßnahme rechtmäßig?

Der Einsatz des Martinshorns ist ein Platzverweis. Denn durch einen solchen wird eine Person vorübergehend eines Ortes verwiesen oder ihr wird vorübergehend das Betreten eines Ortes verboten.

Die Platzverweisung greift in Art. 2 II S. 2 GG ein. Denn die Freiheit der Person schützt trotz ihres weiten Wortlauts („Freiheit") die *körperliche Bewegungsfreiheit*. Damit ist das Recht gemeint, jeden beliebigen Ort aufzusuchen oder ihn zu verlassen.[730] Eine Platzverweisung stellt daher einen Eingriff dar, weil der Betroffene, auch wenn er zunächst nur verpflichtet wird, den Ort zu verlassen, daran gehindert wird, an den Ort zurückzukehren, ihn also aufzusuchen.[731]

Daher ist eine Rechtsgrundlage erforderlich. Bevor jedoch auf die polizeigesetzliche Standardmaßnahme *Platzverweisung*[732] zurückgegriffen werden kann, ist zunächst zu untersuchen, ob eine Spezialvorschrift außerhalb des allgemeinen POR greift. In Betracht kommt § 38 I StVO. Danach ist das Einschalten des Martinshorns und des Blaulichts im Fall von höchster Eile gestattet, wenn Menschenleben zu retten, schwere gesundheitliche Schäden oder eine Gefahr für die öffentliche Sicherheit oder Ordnung abzuwenden sind. § 38 I StVO ist auch eine gefahrenabwehrrechtliche Vorschrift, sofern auf die genannten Schutzgüter abgestellt wird.

Die Zuständigkeit ergibt sich aus § 44 StVO i.V.m. der Vorschrift des Polizeigesetzes, die die Polizei auch dann für zuständig erklärt, wenn andere Rechtsvorschriften dies zulassen (vgl. z.B. Art. 2 IV BayPAG, § 1 IV HmbSOG). Eine solche andere Rechtsvorschrift ist gerade § 38 I StVO.

Als allgemeine Verfahrensvorschrift ist zwar an § 28 I VwVfG zu denken, doch eine Anhörung ist ohnehin wegen § 28 II Nr. 1 VwVfG entbehrlich. Denn wegen des ausschließlichen Einschreitens aufgrund der Eilfallkompetenz ist das „öffentliche Interesse" zu bejahen. Zudem liegt „Gefahr im Verzug" vor. Darüber hinaus ergibt sich die Entbehrlichkeit der vorherigen Anhörung aus § 28 II Nr. 4 VwVfG, da sich die mit dem Einschalten des Martinshorns verbundene Aufforderung, zur Seite zu treten, an jeden richtet, der sich im Gefahrenbereich aufhält.

Auch die materiellen Voraussetzungen sind erfüllt. Das Martinshorn enthält die technisierte Aufforderung, zur Seite zu treten; auf die Voraussetzungen eines „normalen" Platzverweises nach dem Polizeigesetz kommt es nicht an, daher ist nicht entscheidend, dass die vom Martinshorn zum „Zurseitetreten" Aufgeforderten keine Störer i.S.d. Poli-

---

[730] BVerfGE 94, 166, 198; *Kunig*, in: v. Münch/Kunig, GG, Art. 2 Rn 74.
[731] Wie hier nun auch *Kingreen/Poscher*, POR, § 16 Rn 4; a.A VGH München NVwZ 2000, 454, 455 f. (Eingriff nur in Art. 2 I GG). Nach *Hetzer*, JR 2000, 1, liegt sogar ein Eingriff in Art. 11 GG vor.
[732] Vgl. zum vorübergehenden Platzverweis § 12 MEPolG; Bund: § 38 BPolG; BW: § 27a PolG; Bay: Art. 16 PAG; Berl: § 29 I ASOG; Brand: § 16 PolG; Brem: § 14 PolG; Hamb: § 12a SOG; Hess: § 31 SOG; MeckVor: § 52 SOG; Nds: § 17 I POG; NRW: § 34 PolG, § 24 OBG; RhlPfl: § 13 POG; Saar: § 12 PolG; Sachs: § 18 PVDG; SachsAnh: § 36 I SOG; Schl-Holst: § 201 LVwG; Thür: Art. 18 PAG, § 17 OBG.

zeirechts sind. Zudem lassen auch die meisten Polizeigesetze den Platzverweis gegenüber jedermann zu.

Da auch an der Einhaltung der Ermessensgrenzen und des Grundsatzes der Verhältnismäßigkeit keine Bedenken bestehen, ist das Einschalten von Martinshorn und Blaulicht rechtmäßig.

II. Verfahren/Form/Begründung

Da eine exakte Unterscheidung zwischen Verfahren und Form i.d.R. nicht zweifelsfrei vorgenommen werden kann, ist es gut vertretbar, (im Rahmen einer Falllösung) diese beiden Prüfungspunkte zusammenzufassen.

1. Allgemeine Verfahrensvorschriften, insbesondere Anhörung

Die wichtigsten Verfahrensregeln des (allgemeinen) Verwaltungsverfahrens enthalten die §§ 9-30 VwVfG mit dem überaus bedeutsamen § 28 VwVfG. Nach § 28 I VwVfG ist dem Betroffenen, in dessen Rechtssphäre durch einen Verwaltungsakt eingegriffen werden soll, zuvor Gelegenheit zur Äußerung zu geben. Diese Regelung trägt insbesondere bei Ermessensverwaltungsakten dem Rechtsstaatsprinzip und der Menschenwürde Rechnung, da der Bürger nicht zum Objekt staatlichen Handelns gemacht werden darf. Außerdem erfordert eine fehlerfreie Ermessensausübung die vollständige Aufklärung des Sachverhalts (vgl. § 24 VwVfG), dem insbesondere die Anhörung des Betroffenen dient. Daraus folgt, dass die grundsätzliche Anhörungspflicht analog § 28 I VwVfG auch für schlichtes Verwaltungshandeln gilt.[733] Von dem Grundsatz der vorherigen Anhörung *kann* bzw. *muss* unter bestimmten Voraussetzungen abgewichen werden, vgl. § 28 II/III VwVfG. Im Gefahrenabwehrrecht ist insbesondere **§ 28 II Nr. 1 VwVfG** von Bedeutung, da eine vorherige Anhörung des Polizeipflichtigen dem eigentlichen Zweck der Gefahrenabwehr – raschen Handelns zur effektiven Abwehr einer Gefahr – oft zuwiderlaufen würde. Ist demnach die vorherige Anhörung entbehrlich, kann auch aus diesem Grund die Frage, ob es sich bei der zu prüfenden Maßnahme um einen Verwaltungsakt handelt (zur Erinnerung: § 28 I VwVfG setzt nach seinem Wortlaut einen Verwaltungsakt voraus, ist aber analog auch auf schlichtes Verwaltungshandeln anwendbar), dahinstehen. Auch auf die Heilungsmöglichkeit nach § 45 I Nr. 3 VwVfG bzw. auf die Unbeachtlichkeitsregelung des § 46 VwVfG kommt es dann nicht an.

2. Besondere Verfahrensvorschriften

Neben den allgemeinen sind die besonderen Verfahrensvorschriften zu beachten. Das sind solche, die sich aus dem bereichsspezifischen Normengefüge ergeben, dem die Rechtsgrundlage entnommen wurde.

- So sind etwa im Rahmen einer freiheitsentziehenden Maßnahme (Polizeigewahrsam) insbesondere der Richtervorbehalt und die zeitliche Höchstdauer zu beachten (vgl. etwa §§ 13a, 13b, 13c HmbSOG).
- Im Rahmen einer Datenerhebungsmaßnahme sind die „Grundsätze der Datenerhebung" zu beachten (vgl. etwa § 10 HmbPolDVG).
- Bei einer Wohnungsdurchsuchung besteht neben dem Richtervorbehalt (vgl. etwa § 16a I HmbSOG) ein grundsätzliches Anwesenheitsrecht des Betroffenen (vgl. etwa § 16a II HmbSOG); weiterhin bestehen die Pflicht zur Mitteilung des Grundes (vgl. etwa § 16a III HmbSOG) und zur Fertigung einer Niederschrift (vgl. etwa § 16a IV HmbSOG).
- Über die Sicherstellung der Sache ist dem Betroffenen auf Verlangen eine Bescheinigung auszustellen (vgl. etwa § 14 II HmbSOG).

---

[733] Vgl. BVerwGE 82, 76, 96; VG Köln NVwZ 1999, 912.

- Eine Durchsuchung einer Person soll nur von Personen gleichen Geschlechts oder von Ärzten vorgenommen werden (es sei denn, die sofortige Durchsuchung ist zum Schutz gegen eine Gefahr für Leib oder Leben erforderlich, vgl. etwa § 15 III HmbSOG).
- Eine körperliche Untersuchung bedarf außer bei Gefahr im Verzug der richterlichen Anordnung (vgl. etwa § 15 IV S. 3 HmbSOG).
- Bei einer Durchsuchung einer Sache hat der Inhaber der tatsächlichen Gewalt das grundsätzliche Recht, anwesend zu sein (vgl. etwa § 15a II S. 1 HmbSOG); zudem ist ihm auf Verlangen eine Bescheinigung über die Durchsuchung und ihren Grund zu erteilen (vgl. etwa § 15a II S. 3 HmbSOG).
- Ferner sind bei einigen Maßnahmen Begründungserfordernisse und Dokumentationspflichten einzuhalten.
- Keine Verfahrensvorschrift ist § 41 I S. 1 VwVfG. Denn die Bekanntgabe ist Wirksamkeitsvoraussetzung, nicht bloße Verfahrensangelegenheit.

620

> **Hinweis für die Fallbearbeitung:** Ob und inwieweit solche besonderen Verfahrensbestimmungen für die Fallbearbeitung eine Rolle spielen, ist der zu prüfenden Maßnahme und den Sachverhaltsangaben zu entnehmen. Stets von Bedeutung dürfte jedenfalls das Anhörungserfordernis sein. In einer Klausur ist daher kurz festzustellen, dass der Betroffene grundsätzlich nach § 28 I VwVfG anzuhören ist, die Anhörung aber wegen § 28 II Nr. 1 VwVfG entbehrlich gewesen sein könnte. Sodann sind die dort normierten Voraussetzungen zu prüfen. In den meisten Polizeirechtsklausuren kann festgestellt werden, dass eine Anhörung (jedenfalls unter dem Aspekt des „öffentlichen Interesses") **entbehrlich** war, weshalb (unter diesem Aspekt) auch die Frage, ob die zu prüfende Maßnahme einen Verwaltungsakt darstellt, dahinstehen konnte. Sollte sich in überaus seltenen Fällen das Gegenteil herausstellen, bleibt immer noch die Möglichkeit der **Unbeachtlichkeit** nach § 46 VwVfG oder der **Heilung** nach § 45 VwVfG. Vgl. dazu auch die eingehenden Erläuterungen bei *R. Schmidt*, AllgVerwR, Rn 559 ff. Für das obligatorische Unterbleiben der Anhörung (§ 28 III VwVfG) gilt Entsprechendes.

3. Form und Begründung

621 Es gilt grundsätzlich die **Formfreiheit** der Verfügung (§ 37 II S. 1 VwVfG). Schriftform bzw. elektronische Form sind nur dann erforderlich, wenn das materielle Recht dies fordert oder zulässt. Im allgemeinen POR ist das i.d.R. jedoch kaum der Fall.

622 Das **Begründungserfordernis** (§ 39 I VwVfG) kommt nur bei schriftlichen (und elektronischen) oder schriftlich (oder elektronisch) bestätigten Verwaltungsakten in Betracht (§ 37 II S. 2, § 39 I VwVfG). Im Gefahrenabwehrrecht ergehen aufgrund der regelmäßig vorliegenden Gefahr im Verzug und der damit verbundenen Eilbedürftigkeit zumeist nur mündliche Verfügungen, sodass ein Begründungserfordernis zumindest dort nicht gegeben ist.

623 Handelt es sich bei der Gefahrenabwehrmaßnahme um einen Verwaltungsakt, kommt dem **Bestimmtheitsgrundsatz** (§ 37 I VwVfG) eine gewisse Bedeutung zu. Das notwendige Maß der Konkretisierung hängt von den konkreten Umständen des Einzelfalls ab. Dies ist erfüllt, wenn der Adressat u.U. auch durch Auslegung erkennen kann, was von ihm gefordert wird. Die Verfügung muss auch deshalb verständlich sein, weil sie den Vollstreckungstitel zur zwangsweisen Durchsetzung des Verbots/Gebots darstellt und auch Grundlage für die spätere Geltendmachung eines behördlichen Kostenersatzanspruchs sein kann (dazu später). Der Bestimmtheitsgrundsatz ist aber ein materiell-rechtliches Erfordernis und daher eine Frage der **materiellen**, nicht der formellen Rechtmäßigkeit.

> **Zusammenfassender Hinweis für die Fallbearbeitung:** In aller Regel ergeben sich bei der **formellen** Rechtmäßigkeit einer Gefahrenabwehrmaßnahme keine allzu großen Probleme.
>
> - Die **sachliche Zuständigkeit** ist eine Frage der Gefahr für die öffentliche Sicherheit (oder Ordnung) und bei Vorliegen einer solchen gegeben (vgl. nur die Aufgabenzuweisungs- bzw. Kompetenznorm des jeweiligen Polizeigesetzes). Das Problem ist, dass man den Prüfungspunkt „Gefahr für die öffentliche Sicherheit oder Ordnung" bzw. „Gefahrenabwehr" aufgrund seines materiell-rechtlichen Charakters nicht vorziehen sollte, obwohl dieser Begriff in den Kompetenznormen verwendet wird, also eigentlich schon hier Tatbestandsmerkmal ist. Man umgeht dieses Problem im Regelfall damit, dass man die Gefahr unter Hinweis auf die Möglichkeit ihres Vorliegens als gegeben unterstellt oder gar nicht erst erwähnt (zur gutachtlichen Prüfung vgl. den Klausurhinweis bei Rn 614). Handelt die Vollzugspolizei, ist zudem zu beachten, dass diese nur für unaufschiebbare Maßnahmen, also im sog. Eilfall, zuständig ist.
>
> - Die **örtliche Zuständigkeit** ist deshalb unerheblich, weil die Vollzugsbeamten der Polizei im gesamten Gebiet des jeweiligen Bundeslandes befugt sind (über das Gebiet hinaus nur aufgrund eines entsprechenden Staatsvertrags bzw. aufgrund einer (gesetzlichen) „Freigabeerklärung" des entsprechenden Bundeslandes, die sich in dessen Landespolizeigesetz befindet, vgl. etwa § 30b HmbSOG).
>
> - Auch die Prüfung des **Verfahrens** und der **Form** bereiten nur selten Schwierigkeiten: Die **Anhörung** des Betroffenen ist möglicherweise wegen vorliegender Gefahr im Verzug entbehrlich (§ 28 II Nr. 1 Var. 1 VwVfG), regelmäßig aber wegen Vorliegens des öffentlichen Interesses (§ 28 II Nr. 1 Var. 2 VwVfG). Sonstige Verfahrensverstöße sind nur dann zu prüfen, wenn der Sachverhalt Anlass dazu bietet. Hinsichtlich der Form gilt, dass vollzugspolizeiliche Verwaltungsakte insbesondere **mündlich** erlassen werden können (vgl. § 37 II S. 1 VwVfG) und sie dann **keiner Begründung** bedürfen (vgl. § 39 I S. 1 VwVfG). Ist die **Rechtsbehelfsbelehrung** unterblieben oder fehlerhaft (etwa weil es entgegen § 58 I VwGO an der Schriftlichkeit der Rechtsbehelfsbelehrung fehlt), hat dies nur die Verlängerung der Rechtsbehelfsfristen auf **ein Jahr** zur Folge (§ 58 II VwGO).
>
> Aus diesen Überlegungen folgt, dass längere Ausführungen zur formellen Rechtmäßigkeit einer Gefahrenabwehrmaßnahme meist fehl am Platz sind. Vielmehr genügt i.d.R. eine kurze Darstellung der obigen Ausführungen.

C. Materielle Rechtmäßigkeit der Gefahrenabwehrmaßnahme

625 Damit eine Gefahrenabwehrverfügung materiell gerechtfertigt ist, müssen zunächst die Voraussetzungen der Rechtsgrundlage vorliegen.

I. Voraussetzungen der Rechtsgrundlage

1. Gefahr für ein Schutzgut der öffentlichen Sicherheit (oder Ordnung)

626 Nach den Befugnisgeneralklauseln (und den meisten klassischen Standardmaßnahmen[734]) muss im einzelnen Fall die Gefahr bestehen, dass am Schutzgut „öffentliche Sicherheit" (oder „öffentliche Ordnung") ein Schaden eintritt.

> **Hinweis für die Fallbearbeitung:** Auch die polizeigesetzlichen Spezialermächtigungen (Standardmaßnahmen) stehen in vielen Fällen *innerhalb* des Schutzguts „öffentliche Sicherheit": Wenn beispielsweise die Identitätsfeststellung *zur Abwehr einer Gefahr* erfolgt (vgl. § 13 I Nr. 1 NdsPOG) und eine Gefahr durch „eine Sachlage, bei der im einzelnen Falle die hinreichende Wahrscheinlichkeit besteht, dass in absehbarer Zeit ein Schaden für die *öffentliche Sicherheit* eintreten wird" definiert wird (vgl. § 2 Nr. 1a NdsPOG), hat auch in Fällen, in denen die Befugnisgeneralklausel zugunsten einer entsprechenden Standardmaßnahme subsidiär zurücktritt, die Voraussetzung *öffentliche Sicherheit* vorzuliegen.

627 In Ergänzung zum Aufbauschema, das bei Rn 107 vorgestellt wurde, empfiehlt sich am Beispiel der Generalklausel folgendes Aufbauschema, wobei in der Prüffolge durchaus Abweichungen angebracht sein können (etwa, wenn keine Verantwortlichenauswahl getroffen werden muss, weil es nur einen Verantwortlichen gibt):

Materielle Voraussetzungen der Befugnisgeneralklausel

1. Voraussetzungen der Rechtsgrundlage
⇨ eine im einzelnen Fall bestehende Gefahr für die öffentl. Sicherheit (oder Ordnung):

a. Schutzgut **„öffentliche Sicherheit"**
- Unverletzlichkeit der Rechtsordnung
- Unverletzlichkeit der subjektiven Rechte und Rechtsgüter des Einzelnen
- Bestand des Staates und der Einrichtungen und Veranstaltungen des Staates oder sonstiger Träger der Hoheitsgewalt

b. subsidiär Schutzgut **„öffentliche Ordnung"** (nicht in allen Bundesländern)
- Gesamtheit der ungeschriebenen Regeln, deren Befolgung nach den jeweils herrschenden und mit dem Wertgehalt des Grundgesetzes zu vereinbarenden sozialen und ethischen Anschauungen als unerlässliche Voraussetzung eines geordneten menschlichen Zusammenlebens innerhalb eines bestimmten Gebiets angesehen wird

c. **Gefahr** eines Schadenseintritts (bzw. Störung als realisierte Gefahr)
- Sachlage, bei der im einzelnen Fall die hinreichende Wahrscheinlichkeit besteht, dass in absehbarer Zeit ein Schaden für eines der Schutzgüter eintreten wird. „Hinreichende Wahrscheinlichkeit" meint eine Gefahrenprognose. Dabei gilt als „Faustformel": Je hochwertiger das bedrohte Rechtsgut ist, desto geringere Anforderungen sind an die Wahrscheinlichkeit zu stellen.[735] Zu den speziellen Gefahren (ge-

---

[734] Zu beachten ist, dass die Landesgesetzgeber zunehmend dazu übergehen, neue Tatbestände (insbesondere im Bereich der Datenerhebung; aber auch zur Bekämpfung der internationalen Terrorismusgefahr) zu schaffen und dabei lediglich eine abstrakte Gefahr zu fordern. Bayern lässt tw. sogar eine drohende Gefahr zu. Ob diese Aufweichung der Eingriffsvoraussetzungen verfassungsgemäß ist, wurde bei den betreffenden Standardmaßnahmen erläutert. Zu den Gefahrenbegriffen vgl. im Übrigen Rn 658 ff.
[735] Siehe auch *Schenke*, JuS 2018, 505, 506.

genwärtige Gefahr, erhebliche Gefahr, Gefahr für Leib und Leben, gemeine Gefahr, dringende Gefahr, Gefahr im Verzug, latente Gefahr) vgl. Rn 669 ff. Zur abstrakten Gefahr, die bei bestimmten Eingriffsbefugnissen genügt, vgl. Rn 666. Zur „drohenden" Gefahr siehe Rn 673a.

Im Übrigen sind folgende **Gefahrenlagen** möglich:
- ⇨ Objektive Gefahrensituation
- ⇨ Anscheinsgefahr
- ⇨ Putativgefahr (Scheingefahr)
- ⇨ Gefahrenverdacht (Verdachtsgefahr)

d. **Pflichtigkeit** des in Anspruch Genommenen (Störer, Nichtstörer oder Jedermann)
Es kommen folgende Verantwortlichkeiten/Problemkreise in Betracht:
- ⇨ Verhaltensverantwortlichkeit
- ⇨ Zustandsverantwortlichkeit
- ⇨ Inanspruchnahme eines Nichtverantwortlichen
- ⇨ Rechtsnachfolge in die Polizei- und Ordnungspflicht
- ⇨ Sonderproblem objektiv nicht gegebene Störereigenschaft (Anscheinsstörer, Scheinstörer (Putativstörer), Verdachtsstörer)

2. Rechtsfolge: Ermessen/Verhältnismäßigkeit

a. **Entschließungsermessen** (Frage, ob eingeschritten werden soll)
b. **Auswahlermessen** (Frage, welches Mittel das Richtige ist; Frage, gegen wen eingeschritten werden muss)

Bei beiden Ermessensarten sind folgende **Ermessensfehler** möglich:

⇨ Ermessensunterschreitung (Ermessensnichtgebrauch)
Der Beamte stellt keinerlei Ermessenserwägungen an, obwohl das Gesetz ihm ein Ermessen einräumt.

⇨ Ermessensfehlgebrauch
Zwar wählt der Beamte eine abstrakt zulässige Rechtsfolge, diese Rechtsfolge ist jedoch nicht vom Zweck der Ermächtigung gedeckt.

⇨ Ermessensüberschreitung
Der Beamte wählt eine andere Rechtsfolge, als vom Gesetz vorgesehen. Dasselbe gilt, wenn die Maßnahme den Grundsatz des Vertrauensschutzes oder den Grundsatz der Verhältnismäßigkeit missachtet oder gegen Grundrechte verstößt. Die Ermessensüberschreitung beinhaltet aus folgendem Grund die Verhältnismäßigkeit: Handelt ein Polizeibeamter unverhältnismäßig, überschreitet er auch das ihm eingeräumte Ermessen (vgl. zum Ermessen und zur Verhältnismäßigkeit Rn 705 ff., 729 ff.). Komponenten des Verhältnismäßigkeitsgrundsatzes sind:

- ⇨ Geeignetheit
  Die Gefahrenabwehrmaßnahme ist geeignet, wenn sie zur Gefahrenbekämpfung bzw. Störungsbeseitigung beiträgt, den Zweck, der legitim sein muss, also wenigstens fördert („Schritt in die richtige Richtung").

- ⇨ Erforderlichkeit
  Die Gefahrenabwehrmaßnahme ist erforderlich, wenn sie von mehreren möglichen und gleich geeigneten Mitteln dasjenige ist, das den Einzelnen und die Allgemeinheit am wenigsten beeinträchtigt (Gebot des Interventionsminimums).

- ⇨ Angemessenheit
  Angemessen ist eine Gefahrenabwehrmaßnahme, wenn das mit ihr verfolgte Ziel in seiner Wertigkeit nicht außer Verhältnis zur Intensität des Eingriffs steht (Zumutbarkeit der Maßnahme = Verhältnismäßigkeit i.e.S.).

Bei mehreren polizei- und ordnungsrechtlich Verantwortlichen ist die **Auswahl des richtigen Adressaten** zu überprüfen.

Sieht man die Verhältnismäßigkeit nicht als einen Fall der Ermessensüberschreitung an, ist sie folgerichtig neben dem Ermessen zu prüfen.

a. Schutzgut „öffentliche Sicherheit"

628 Einige Polizeigesetze haben – in Anlehnung an § 14 PreußPVG und die hergebrachte Rechtsprechung – das Schutzgut öffentliche Sicherheit legaldefiniert. Dieses umfasst drei Teilschutzgüter:

- die Unverletzlichkeit der Rechtsordnung,
- die Unverletzlichkeit der subjektiven Rechte und Rechtsgüter des Einzelnen
- sowie den Bestand (und das Funktionieren) des Staates und der Einrichtungen und Veranstaltungen des Staates oder sonstiger Träger der Hoheitsgewalt.[736]

629 Die Teilschutzgüter können nicht immer scharf getrennt werden; in vielen Fällen überschneiden sie sich sogar. Findet z.B. ein körperlicher Übergriff statt, sind sowohl die Unverletzlichkeit der Rechtsordnung als auch die subjektiven Rechte und Rechtsgüter des Einzelnen betroffen. Denn verwirklicht der Täter einen Straftatbestand der §§ 223 ff. StGB, verletzt er nicht nur die Rechtsordnung (Strafrechtsnormen sind Bestandteil der Rechtsordnung), sondern auch subjektive Rechte bzw. Rechtsgüter des Opfers (das Recht auf körperliche Unversehrtheit ist ein subjektives Recht).

> **Hinweis für die Fallbearbeitung:** Kommt eine Verletzung bzw. Gefährdung der öffentlichen Sicherheit unter mehreren Aspekten in Betracht, sind sämtliche Teilschutzgüter, die betroffen sind oder zumindest betroffen sein könnten, zu prüfen.

Eine inhaltliche Ausgestaltung der drei Fallgruppen haben die Gesetze hingegen nicht vorgenommen. Dies ist weiterhin Rechtsprechung und Literatur überlassen.

aa. Unverletzlichkeit der Rechtsordnung

630 Nach allgemeiner Auffassung besteht das Schutzgut „Unverletzlichkeit der Rechtsordnung" aus der Gesamtheit des geschriebenen Rechts, also letztlich aus der objektiven Rechtsordnung.[737] Diese besteht aus der Verfassung, den einfachen formellen Gesetzen und den nur-materiellen Gesetzen wie den Rechtsverordnungen und Satzungen. Da aber vom Schutzgut der öffentlichen Sicherheit nur die „Unverletzlichkeit" der Rechtsordnung erfasst ist, sind aus der unüberschaubaren Vielzahl von Rechtsvorschriften nur solche polizeirechtlich relevant, die dem Bürger eine bestimmte Verhaltenspflicht auferlegen. Nur wenn der Bürger gegen eine gesetzlich normierte Verhaltenspflicht verstößt, ist die Rechtsordnung verletzt und die Polizei zum Einschreiten befugt. Denn Gegenstand des Schutzguts ist nicht die Rechtsordnung, sondern deren Unverletzlichkeit. Als Rechtsvorschriften, deren Verletzung polizeilich relevant werden kann, kommen insbesondere in Betracht:

631
- **Strafrechtsnormen** und Normen des **Ordnungswidrigkeitenrechts**: Verwirklicht jemand den Tatbestand einer Strafrechtsnorm (z.B. §§ 223 ff. StGB, s.o.) oder begeht eine Ordnungswidrigkeit (indem er etwa einen der Tatbestände der §§ 116 ff. OWiG verwirklicht), liegt eine Verletzung und damit Störung der öffentlichen Sicherheit vor. Da es jedoch stets um Gefahrenabwehr geht, braucht die Behörde keinen Rechtsverstoß abzuwarten, um einzuschreiten. Es genügt die „Gefahr" für ein Schutzgut (zum Begriff der „Gefahr" vgl. Rn 657 ff.).

    a.) Über das Schutzgut öffentliche Sicherheit ist also die Verbindung zu Vorschriften außerhalb des Polizeigesetzes herzustellen. Bei der gutachtlichen Prüfung eines Falls ist

---

[736] Vgl. die Legaldefinitionen bspw. in § 2 Nr. 2 BremPolG (allerdings ohne den „Bestand des Staates", was jedoch unschädlich ist, sofern man die „Einrichtungen und Veranstaltungen des Staates" dementsprechend weit auslegt), in § 3 Nr. 1 SachsAnhSOG und in § 54 ThürOBG. Für die Polizeigesetze der anderen Länder entfalten diese Vorschriften zwar keine normative Wirkung, allerdings gelten dort dieselben Grundsätze infolge ständiger Rechtsprechung.
[737] Vgl. etwa BVerfG NJW 2010, 2193 f.

aufbautechnisch die betreffende Vorschrift, gegen die der Pflichtige verstoßen hat oder haben könnte, inzident zu prüfen, d.h. im Rahmen der Prüfung, ob die Polizei auf der Grundlage der Befugnisgeneralklausel einschreiten und ein Ge- oder Verbot aussprechen durfte.

Beispiel: Die Polizei wird zu einem Straßenfest gerufen, weil ein Angetrunkener randaliert, lautstark herumpöbelt und einige Leute aggressiv beschimpft. Nachdem die Polizei vor Ort eingetroffen ist und den Mann nicht zur Vernunft hat bringen können, erteilt sie ihm einen Platzverweis.

Ein Platzverweis in der vorliegenden Form stellt eine polizeiliche Standardmaßnahme dar. Freilich setzt ein Einschreiten eine Gefahr für ein Schutzgut der öffentlichen Sicherheit voraus. Zum Schutzgut der öffentlichen Sicherheit gehört u.a. die Unverletzlichkeit der Rechtsordnung. Zur Rechtsordnung, deren Verletzung zum polizeilichen Einschreiten befugt, zählen insbesondere Normen des Straf- und Ordnungswidrigkeitenrechts. Ob der Randalierer gegen ein Strafgesetz verstoßen und damit die Rechtsordnung verletzt hat, ist unklar. Auf jeden Fall hat er eine grob ungehörige Handlung vorgenommen, die geeignet ist, die Allgemeinheit zu belästigen und die öffentliche Ordnung zu beeinträchtigen. Damit hat er den Tatbestand des § 118 I OWiG verwirklicht und unter diesem Gesichtspunkt die Rechtsordnung verletzt. Weil auch weder ein Ermessensfehler noch ein Verstoß gegen den Verhältnismäßigkeitsgrundsatz ersichtlich sind, durfte die Polizei den Platzverweis erteilen.

b.) Damit jedoch überhaupt der Anwendungsbereich des allgemeinen Polizeirechts eröffnet ist, darf es sich im konkreten Fall nicht um eine Straf*verfolgung* oder Ordnungswidrigkeiten*ahndung* handeln, sondern es muss um eine *Abwehr* oder *Verhinderung* der Straftat oder der Ordnungswidrigkeit bzw. der daraus entstandenen Gefahren gehen. Anderenfalls handelt es sich um eine repressivpolizeiliche Aufgabe i.S.d. §§ 163 StPO und 53 OWiG, für die sich die Einschreitbefugnis aus der StPO bzw. dem OWiG ergibt und für die gem. § 23 EGGVG bzw. § 98 II S. 2 StPO analog der ordentliche Rechtsweg offensteht (vgl. Rn 598 sowie *R. Schmidt*, VerwProzR, Rn 23 ff.).

- **Verwaltungsrechtliche Verbotsnormen**, die selbst keine Ermächtigung zum präventiven Einschreiten gegen bevorstehende oder andauernde Normverstöße enthalten (*leges imperfectae*): Voraussetzung ist aber, dass sie ein Gebot oder Verbot enthalten, weil die Rechtsordnung nur vor Verstößen gegen Gebots- oder Verbotsvorschriften, nicht vor Verstößen gegen Verfahrens- oder Formvorschriften schützt. Missachtet also jemand eine verwaltungsrechtliche Gebots- oder Verbotsnorm, liegt eine Störung der öffentlichen Sicherheit vor, die zum Einschreiten auf der Grundlage des Polizeigesetzes ermächtigt. Vgl. dazu das bei Rn 604 dargestellte **Beispiel** zu den Bräunungsstudios.

632

- **Polizeiverordnungen** (= Rechtsverordnungen) und kommunale **Satzungen**: Da diese Regelwerke Gebote und Verbote beinhalten, liegt bei einer Missachtung eine Störung der öffentlichen Sicherheit unter dem Aspekt der Unverletzlichkeit der Rechtsordnung vor, die durch Polizeiverfügung auf der Grundlage der Befugnisgeneralklausel beseitigt werden kann.

633

Beispiel: Der Gemeinderat der Wesergemeinde hat auf der Grundlage eines Parlamentsgesetzes eine Satzung über die öffentliche Ordnung erlassen, die u.a. in § 6 eine Leinenpflicht für Hunde auf dem Weserdeich vorsieht.[738] Die beiden Polizeibeamten A und B befinden sich auf einem Streifengang auf dem Weserdeich, als sie einen Mann (M) erblicken, der seinen Hund auf dem Deich frei herumlaufen lässt. Sie fordern ihn auf, das Tier anzuleinen.

Die Aufforderung, den Hund anzuleinen, greift in das Grundrecht der allgemeinen Handlungsfreiheit (Art. 2 I GG) auf Seiten des Mannes ein und bedarf einer Rechtsgrundlage.

---

[738] Vgl. auch VGH Mannheim NVwZ 1999, 560 zu einer Polizeiverordnung, die das Betteln auf öffentlichen Straßen und in öffentlichen Anlagen schlechthin untersagt.

Diese ist in der polizeigesetzlichen Befugnisgeneralklausel zu sehen. Materielle Voraussetzung für die Verfügung ist eine Gefahr für ein Schutzgut der öffentlichen Sicherheit. In Betracht kommt ein Verstoß des Mannes gegen die geschriebene Rechtsordnung. Zu dieser zählen nicht nur Vorschriften des Straf- und Ordnungswidrigkeitenrechts, sondern auch solche des Verwaltungsrechts inklusive Polizeiverordnungen und Satzungen.

M hat die in § 6 der genannten Satzung genannte Leinenpflicht missachtet; er hat damit gegen eine Vorschrift der objektiven Rechtsordnung verstoßen und somit ein polizeiliches Schutzgut verletzt. Zur Beseitigung dieser Störung konnten A und B daher die Aufforderung aussprechen.

bb. Unverletzlichkeit der subjektiven Rechte und Rechtsgüter des Einzelnen

634   Weiteres Teilschutzgut der öffentlichen Sicherheit ist die Unverletzlichkeit der subjektiven Rechte und Rechtsgüter des Einzelnen. Dazu zählen insbesondere Leib, Leben und Gesundheit von Personen. Aber auch Ehre, Eigentum und Freiheit sind erfasst. Überhaupt sind durch die öffentliche Sicherheit **Grundrechte** geschützt. Diesbezüglich ist aber zu beachten, dass nur staatliche Stellen grundrechtsverpflichtet sind; zwischen Privaten gelten die Grundrechte i.d.R. nur mittelbar. Daher können Private jedenfalls unmittelbar keine Grundrechte verletzen, was zum Anlass polizeilichen Einschreitens genommen werden könnte. Allerdings ist eine *mittelbare* Grundrechtsverletzung möglich, nämlich bei Missachtung von Strafrechts- und/oder Privatrechtsnormen. In diesen Fällen ist eine Betroffenheit der öffentlichen Sicherheit unter dem Aspekt *subjektive Rechte und Rechtsgüter des Einzelnen* denkbar. Dann jedoch ist wiederum die bereits Rn 68 ff. erläuterte **Subsidiarität** des staatlichen Schutzes zu beachten: **Privatrechtsnormen** bzw. **private Rechte** sind nur dann geschützt und berechtigen die Polizei nur dann zum Einschreiten, wenn Öffentlichkeitsbezug besteht oder wenn gerichtlicher Schutz nicht rechtzeitig zu erlangen ist und ohne polizeiliche Hilfe die Verwirklichung des Rechts vereitelt oder wesentlich erschwert würde.

635   Ein paradigmatischer Fall der Variante *subjektive Rechte und Rechtsgüter des Einzelnen* ist die **Obdachlosenunterbringung**. Jedenfalls die unfreiwillige Obdachlosigkeit in der Winterzeit stellt eine Gefahr für die öffentliche Sicherheit dar, weil die Rechtsgüter *Leben*, *Gesundheit* und *Vermögen* dessen, der ohne Obdach „auf der Straße steht", gefährdet sind.[739] Als Eingriffsmaßnahme kommt zwar zunächst die Standardmaßnahme Sicherstellung (Beschlagnahme) von Wohnraum zugunsten des Obdachlosen in Betracht, wobei der Wohnungsinhaber/Eigentümer regelmäßig als Nichtstörer in Anspruch genommen wird. Da es bei der Standardmaßnahme Sicherstellung aber um die Begründung amtlichen Gewahrsams an der Sache geht (die Polizei will andere von der Einwirkungsmöglichkeit auf die Sache ausschließen), kann sie letztlich nicht als Eingriffsgrundlage herangezogen werden.[740] In Ermangelung auch sonstiger Standardbefugnisse kann hier nur die Befugnisgeneralklausel taugliche Rechtsgrundlage sein, aufgrund derer eine entsprechende „Beschlagnahmeverfügung" (Duldungsverfügung) erlassen wird.[741] Aus denselben Erwägungen heraus ist auch die „Beschlagnahme" von Wohnraum, um **Flüchtlinge** unterzubringen, *keine* Sicherstellung, sondern sie ergeht (ebenfalls) auf der Grundlage der Befugnisgeneralklausel[742], wobei (wie bei der Obdachlosenunterbringung) wegen des Eingriffs in Art. 14 I S. 1 GG (und der

---

[739] Vgl. bereits die 1. Aufl. 1997; später auch OVG Bremen NVwZ-RR 2013, 361; OVG Bautzen 30.7.2013 – 3 B 380/13. Bei freiwilliger Obdachlosigkeit führt das Selbstbestimmungsrecht zur Verneinung einer Gefahr für die öffentliche Sicherheit (vgl. dazu *Ruder*, NVwZ 2012, 1283, 1284 und unten Rn 837).
[740] Wie hier *Volkmann*, JuS 2001, 888, 890; *Muckel*, Fälle BesVerwR, S. 136, und *Erichsen/Biermann*, JuS 1998, 371, 376. Dagegen für Sicherstellung (Beschlagnahme) *Schenke*, POR, Rn 322, mit dem Argument, dass der Befugnisgeneralklausel der Grundsatz der Subsidiarität entgegensteht. Vgl. zur Unterbringung von Obdachlosen auch unten Rn 727 f., 827, 837 sowie ausführlich *R. Schmidt*, Fälle zum POR, Fall 12.
[741] Vgl. dazu auch OVG Bremen DÖV 1994, 221; VG Bremen NVwZ 1991, 706; OVG Greifswald NJW 2010, 1096 f.; OVG Lüneburg NJW 2010, 1094, 1095 f.
[742] Vgl. auch OVG Lüneburg NVwZ 2016, 164, 165 („Beschlagnahme" eines privaten Grundstücks zur Bereitstellung von Unterkünften für Flüchtlinge).

Unbestimmtheit der Befugnisgeneralklausel) hohe Anforderungen an die Rechtmäßigkeit zu stellen sind[743]. Vgl. dazu auch Rn 727a/827/837.

cc. Bestand des Staates und der Einrichtungen und Veranstaltungen des Staates oder sonstiger Träger der Hoheitsgewalt

Drittes und letztes Teilschutzgut der öffentlichen Sicherheit ist der Bestand des Staates[744] und der Einrichtungen und Veranstaltungen des Staates oder sonstiger Träger der Hoheitsgewalt. Unter **„Bestand des Staates"** fallen die territoriale Unversehrtheit der Bundesrepublik Deutschland und die Handlungsfähigkeit der Staatsorgane. Unter **„Einrichtungen"** sind räumliche Gebilde („Funktionseinrichtungen" wie etwa öffentliche Gebäude, aber auch Wohnheime für Asylbewerber) zu verstehen; bei **„Veranstaltungen"** steht die menschliche Teilnahme im Vordergrund. Darunter fallen etwa Staatsbesuche, Große Zapfenstreiche, Ausstellungen, Polizeieinsätze etc. Da es bei all den genannten Begriffen aber letztlich um den Schutz der staatlichen Organisationshoheit geht, ist im Zweifel eine großzügige Auslegung geboten. So kann bspw. auch die Gewährung eines sicheren und reibungslosen Straßenverkehrs als *staatliche Veranstaltung* gesehen werden. Werden Anlagen, die der Sicherung der Verkehrsführung oder ganz allgemein der Verkehrssicherheit dienen, beschädigt oder in ihrer Funktion beeinträchtigt, liegt eine Störung der öffentlichen Sicherheit unter dem Aspekt *Einrichtungen des Staates* vor.

636

> **Beispiel**[745]**:** Zwei Reporter einer lokalen Zeitung beobachteten einen SEK-Polizeieinsatz; sie gingen auf den Kommandoführer zu und fragten ihn nach dem Grund des Einsatzes. Dieser gab zwar die erbetene Auskunft, untersagte ihnen aber die Anfertigung von Bildaufnahmen und kündigte die Beschlagnahme der Kamera an für den Fall, dass die Reporter gleichwohl Aufnahmen fertigen würden. Die beiden Reporter befolgten das Fotografierverbot und betrachteten das weitere Geschehen aus der Ferne.
>
> Das Fotografierverbot und die „Ankündigung" der Beschlagnahme stellen einen Eingriff in die Pressefreiheit (Art. 5 I S. 2 Var. 1 GG) dar, der aber gem. Art. 5 II GG (hier: allgemeine Gesetze) gerechtfertigt sein könnte. Das Fotografierverbot könnte sich auf die polizeirechtliche Befugnisgeneralklausel (etwa § 11 NdsPOG oder § 3 I HmbSOG) stützen lassen. Dazu hätte eine Gefahr für ein in der Vorschrift genanntes Schutzgut vorgelegen haben müssen. Als Schutzgut in Betracht kommt die Funktionsfähigkeit des SEK-Einsatzes als Bestand des Staates und seiner Einrichtungen und Veranstaltungen. Die Einsatzfähigkeit der Polizeiorganisation ist Teil der Sicherheit des Staates und seiner Einrichtungen. Eine Gefahr für dieses Schutzgut könnte in der zu erwartenden Enttarnung der SEK-Beamten gesehen werden. Eben um die Verhinderung einer Enttarnung der eingesetzten Polizeibeamten ging es dem Einsatzleiter bei der Fotografierverbotsverfügung. Die Beamten sollten nicht abgelichtet werden, um ihre Identität zu schützen. Er sah offenbar die Gefahr, dass die Identität der SEK-Beamten aufgedeckt wird und dadurch Leben und Gesundheit der Beamten und ihrer Familienangehörigen sowie die Einsatzfähigkeit des SEK bedroht sein könnten.
>
> Weiteres Schutzgut der öffentlichen Sicherheit ist das Recht der eingesetzten Beamten am eigenen Bild (als Erscheinungsform des allgemeinen Persönlichkeitsrechts gem. Art. 2 I i.V.m. 1 I GG). Da bei einer Bildveröffentlichung eine Beeinträchtigung des Bildnisschutzes nicht ausgeschlossen werden kann, liegt eine Gefahr auch für dieses Schutzgut vor.
>
> Eine Rechtstreue von Journalisten beim Umgang mit Bildmaterial zu vermuten und daher eine Gefahr für die genannten Schutzgüter zu verneinen, wäre sicherlich naiv (Rn

---

[743] OVG Lüneburg NVwZ 2016, 164, 165.
[744] Nicht in allen Bundesländern, vgl. Rn 628.
[745] Nach BVerwG NVwZ 2012, 2676.

580). Entscheidend sind vielmehr eine Abwägung der gegenüberstehenden Rechtspositionen der Presse und der Gefahrenabwehr sowie deren angemessener Ausgleich.

Die Pressefreiheit besitzt einen hohen Verfassungsrang. „Eine freie, nicht von der öffentlichen Gewalt gelenkte, keiner Zensur unterworfene Presse ist Wesensmerkmal des freiheitlichen Staates und für die moderne Demokratie unentbehrlich"[746]. Dem stehen die Schutzgüter der Funktionsfähigkeit des SEK sowie der Rechte der SEK-Beamten am eigenen Bild gegenüber.

Das BVerwG hat entschieden, dass die mit einer Bildaufnahme verbundene Möglichkeit eines rechtsverletzenden Gebrauchs, insbesondere einer gegen Rechte Dritter verstoßenden Veröffentlichung, nicht notwendig immer auf der ersten Stufe (Fotografierverbot) abgewehrt werden müsse; die drohende Rechtsverletzung könne in vielen Fällen vielmehr auch auf der zweiten Stufe (der Gebrauch des entstandenen Bildes in Form einer Veröffentlichung) verhindert werden. Dies könne bspw. dadurch geschehen, dass die Polizei ihren Rechtsstandpunkt dem Journalisten oder dem ihn beschäftigenden Presseunternehmen mitteilt und auf eine Verständigung über „ob" und „wie" der Veröffentlichung drängt. Nur wenn es aus Ex-ante-Sicht des Einsatzleiters aus zeitlichen oder anderen Gründen von vornherein keinen Erfolg verspreche, gegenüber Pressevertretern auf konsensualem Weg die Beachtung rechtlicher Beschränkungen bezüglich der Veröffentlichung angefertigter Bildaufnahmen zu gewährleisten, sei dieser befugt, durch Nutzung polizeirechtlicher Anordnungsbefugnisse bereits die Bildanfertigung zu unterbinden. Gleiches gelte, wenn aufgrund außergewöhnlicher Umstände des Einzelfalls bereits die Anfertigung von Fotos mit dem Anliegen eines wirksamen Schutzes eines in Rede stehenden Schutzgutes schlechthin unvereinbar wäre.

Da das BVerwG im vorliegenden Fall keine Anhaltspunkte dafür sah, dass durch die Fotos polizeiliche Schutzgüter verletzt worden wären, hat es die Rechtswidrigkeit der Polizeiverfügung festgestellt.

> **Hinweis für die Fallbearbeitung:** Mit guter Begründung ist eine a.A. ebenso vertretbar; jedenfalls wird vom Bearbeiter eine Diskussion erwartet. Geht das Fotografieren von Privaten aus, dürfte die Wahrscheinlichkeit, dass die Aufnahmen unter Verstoß gegen § 22 KUG im Internet veröffentlicht werden, sehr viel höher sein. Zum Fotografieren von Polizeieinsätzen und zur Beschlagnahme von Ausrüstung der Presse vgl. auch Rn 580.

b. Schutzgut „öffentliche Ordnung"

637 Neben dem Schutzgut öffentliche Sicherheit nennen fast alle Ordnungsbehörden- und Polizeigesetze (wieder) das Schutzgut *öffentliche Ordnung*.[747] Dieses ist aber gegenüber dem Schutzgut *öffentliche Sicherheit* subsidiär, darf in der Fallbearbeitung also erst dann geprüft werden, wenn eine Gefahr für die öffentliche Sicherheit nicht vorliegt.[748] Davon unbeschadet wird unter Zugrundelegung der amtlichen Begründung zu § 14 PreußPVG die öffentliche Ordnung wie folgt verstanden:

638 Unter **öffentlicher Ordnung** wird die Gesamtheit der ungeschriebenen Regeln verstanden, deren Befolgung nach den jeweils herrschenden und mit dem Wertgehalt des Grundgesetzes zu vereinbarenden sozialen und ethischen Anschauungen als unerläss-

---

[746] BVerfG NJW 2007, 1117, 1118 ff. (Cicero); NJW 2001, 507 (Presserechtlicher Schutz von „Bekennerschreiben"); BVerfGE 20, 162, 174 (Nachrichtenmagazin „Der Spiegel"); 66, 116, 133 (Springer/Wallraff). Vgl. auch EGMR NJW 2006, 591 (zur Bedeutung von Art. 8 EMRK).
[747] Vgl. aber § 10 I BremPolG und § 162 I SchlHolstLVwG, wo ausschließlich die öffentliche Sicherheit als Schutzgut genannt ist.
[748] Vgl. sämtliche Vorauflagen dieses Buches; später auch *Pünder/Mattig*, JA 2016, 115, 120.

liche Voraussetzung eines geordneten menschlichen Zusammenlebens innerhalb eines bestimmten Gebiets angesehen wird.[749]

639 Wie dieser Definition zu entnehmen ist, kommt es weniger auf ein rechtliches als auf ein gesellschaftliches, d.h. soziologisches und ideologisches Verständnis an. Da die die öffentliche Ordnung konstituierenden herrschenden sozialen und ethischen Wertvorstellungen oft aber nur **schwer feststellbar** sind, ist fraglich, ob die Einbeziehung der öffentlichen Ordnung in den Schutzbereich der polizeigesetzlichen Befugnisnormen der betreffenden Polizeigesetze unter dem Aspekt des **Bestimmtheitsgrundsatzes** nicht zu einer **Verfassungswidrigkeit** der Normen bzgl. der öffentlichen Ordnung führt.[750] Es kann nicht Aufgabe des Staates sein, die Beachtung ungeschriebener Wertvorstellungen mit den Mitteln hoheitlicher Gewalt zu erzwingen. Darüber hinaus sind die für ein geordnetes Zusammenleben wirklich relevanten Störungen aufgrund der enorm gestiegenen Regelungsdichte (nahezu jeder erdenkliche Sachverhalt ist gesetzlich ausnormiert) bereits vom Begriff der öffentlichen Sicherheit erfasst, sodass auch unter diesem Aspekt keine Notwendigkeit besteht, am Begriff der öffentlichen Ordnung festzuhalten.

640 Gleichwohl ist die öffentliche Ordnung in den Bundesländern, die sie zwischenzeitlich herausgenommen hatten, als „Auffangnorm" wieder aufgenommen worden, angeblich, um „Störungen des Gemeinschaftslebens" bei Fehlen einer spezialgesetzlichen Regelung begegnen zu können (so z.B. § 2 Nr. 1a NdsPOG). Nach den Gesetzesbegründungen soll damit das Einschreiten auch gegen sog. „Unordnungszustände" als eine wichtige Aufgabe der Gefahrenabwehrbehörde hervorgehoben und damit gleichzeitig auch eingefordert werden. Es sei erforderlich, der Entwicklung von Kriminalitätsformen entgegenzuwirken, die auf „Unordnungszuständen" ggf. aufbauten oder durch diese gefördert würden. Zwar stünden den Gefahrenabwehrbehörden zur Gewährleistung ihrer Aufgabe insbesondere zahlreiche spezialgesetzliche Regelungen zur Verfügung, mit der Aufnahme der öffentlichen Ordnung solle zusätzlich ein als „sozialwidrig" bewertetes Verhalten, das (noch) nicht der Sanktion durch das Straf- oder Ordnungswidrigkeitenrecht unterfalle und somit auch keine Gefährdung der öffentlichen Sicherheit darstelle, wieder als Verstoß gegen die öffentliche Ordnung geahndet werden können.[751]

641 Diese Annahme ist antiquiert; sie knüpft an die Wertvorstellungen des preußischen Obrigkeitsstaates an, in dem im Übrigen nicht nur Homosexualität, sondern sogar ehewidriges Verhalten unter Strafe gestellt war. Zudem verkennt sie die bereits erwähnte enorme Regelungsdichte des geschriebenen Rechts, das nahezu lückenlos jeden erdenklichen Lebenssachverhalt erfasst und die Polizei in die Lage versetzt, wegen Verstoßes gegen Normen der objektiven Rechtsordnung bereits über die Variante der öffentlichen Sicherheit gefahrenabwehrrechtlich tätig zu werden. Auch aus diesem Grund stellt sich die (Wieder-)Aufnahme der öffentlichen Ordnung in die Polizeigesetze als überflüssig dar, von den genannten verfassungsrechtlichen Bedenken einmal abgesehen.

---

[749] Allg. Auffassung, vgl. nur BVerfGE 69, 315, 352; 111, 147, 152 ff.; BVerfG NVwZ 2004, 90, 91; *Schenke*, POR, Rn 63; *ders*, JuS 2018, 505; Vgl. auch BVerfG-K NJW 2001, 1409 und die Legaldefinitionen in § 3 Nr. 2 SachsAnhSOG und § 54 Nr. 2 ThürOBG.
[750] Entsprechendes gilt mit Blick auf § 118 I OWiG. Nach dieser Vorschrift handelt ordnungswidrig, „wer eine grob ungehörige Handlung vornimmt, die geeignet ist, die Allgemeinheit zu belästigen oder zu gefährden und die öffentliche Ordnung zu beeinträchtigen". Ein paralleles Problem ergibt sich hinsichtlich Art. 2 I GG („Sittengesetz") und § 15 I VersG (Versammlungsverbot oder Auflagen u.a. bei Gefahr für die öffentliche Ordnung).
[751] So die stereotype Begründung der Landesgesetzgeber; vgl. exemplarisch nur das Änderungsgesetz v. 11.12.2003 hinsichtlich des NdsGefAG, welches seither auch als NdsPOG bezeichnet wird.

641a Da die öffentliche Ordnung jedoch im Versammlungsrecht (§ 15 I VersG), aber auch im Ordnungswidrigkeitenrecht (§ 118 I OWiG) eine gewisse Rolle spielt und so mittelbar auch in den Ländern, die das Schutzgut öffentliche Ordnung aus dem Polizeigesetz herausgenommen haben, noch zu einem polizeilichen Einschreiten wegen Verstoßes gegen die objektive Rechtsordnung und damit gegen die öffentliche Sicherheit veranlasst, ist die öffentliche Ordnung nicht ganz bedeutungslos geworden. Das gilt umso mehr, als das BVerfG noch im Jahre 2004 (in Bezug auf § 15 I VersG) die Verfassungsmäßigkeit der öffentlichen Ordnung als Tatbestandsmerkmal einer gesetzlichen Eingriffsgrundlage, wenn auch mit dem Diktum der restriktiven Handhabung, bejaht hat.[752] Daher sind die Argumente, die für und gegen die Verfassungsmäßigkeit sprechen, nicht obsolet geworden.

642 ▪ Als Argument gegen die Verfassungsmäßigkeit wird vorgebracht, dass eine pauschale Verweisung auf ungeschriebene, unbestimmte gesellschaftliche Vorstellungen die demokratischen und rechtsstaatlichen Grenzen der Verwaltung überschreite. Nur das Parlament könne – mit der rechtsstaatlich notwendigen Bestimmtheit – den Kreis der schützenswerten Gemeinschaftsgüter verbindlich festlegen.[753]

643 ▪ Die Gegenposition führt an, dass die ordnungsbehördliche bzw. polizeiliche Generalklausel in jahrzehntelanger Entwicklung durch Rechtsprechung und Lehre nach Inhalt, Zweck und Ausmaß hinreichend präzisiert, in ihrer Bedeutung geklärt und im juristischen Sprachgebrauch verfestigt sei.[754] Selbst das Grundgesetz setze den Schutz der öffentlichen Ordnung in Art. 13 VII, 35 II GG voraus und verlange dabei erkennbar nicht, dass die Parlamente den Kreis der hiervon erfassten Güter abschließend festlegten. Schließlich könne es mit Blick auf das Demokratieprinzip nicht zu beanstanden sein, an die Vorstellungen der Mehrheit anzuknüpfen.[755]

644 ▪ Auch das BVerfG ist (in Bezug auf § 15 I VersG) der Auffassung, dass der Rückgriff auf diesen unbestimmten Rechtsbegriff erforderlich bleiben könne, allerdings durch verfassungskonforme Auslegung zu gewährleisten sei, dass es bei der Rechtsanwendung nicht zu unverhältnismäßigen Grundrechtseingriffen komme. So seien Beschränkungen der Versammlungsfreiheit, darunter auch zur Abwehr von Gefahren für die öffentliche Ordnung, verfassungsrechtlich unbedenklich, wenn sie ein aggressives oder provokatives, die Bürger einschüchterndes Verhalten der Versammlungsteilnehmer verhindern sollten, durch das ein Klima der Gewaltdemonstration und potentieller Gewaltbereitschaft erzeugt werde. Die öffentliche Ordnung könne auch verletzt sein, wenn Rechtsextremisten einen Aufzug an einem speziell der Erinnerung an das durch den Nationalsozialismus begangene Unrecht und an den Holocaust dienenden Feiertag so durchführten, dass von seiner Art und Weise Provokationen ausgingen, die das sittliche Empfinden der Bürger erheblich beeinträchtigten. Gleiches gelte, wenn ein Aufzug sich durch sein Gesamtgepräge mit den Riten und Symbolen der nationalsozialistischen Gewaltherrschaft identifiziere. In solchen Fällen sei unter Berücksichtigung des Grundsatzes der Verhältnismäßigkeit zu klären, durch welche Maßnahmen die Gefahr abgewehrt werden könne. Dafür kämen in erster Linie Auflagen in Betracht. Reichten sie zur Gefahrenabwehr nicht aus, könne die Versammlung verboten werden.[756]

645 ▪ Stellungnahme: Da der Gesetzgeber auch in anderen Bereichen (siehe z.B. §§ 138, 242 BGB, § 3 UWG, § 19 GastG, § 118 OWiG) bei von ihm getroffenen Regelungen an gesellschaftliche Anschauungen anknüpft, ohne dass dagegen bisher grundsätzliche Bedenken geäußert wurden, sollte mit Blick auf die Verbindlichkeit der Rechtsprechung

---

[752] BVerfGE 111, 147, 152 ff.
[753] *Götz/Geis*, POR, § 5 Rn 9 ff.; *Kingreen/Poscher*, POR, § 8 Rn 48/53; *Hebeler*, JA 2002, 521 ff.; *Störmer*, DV 1997, 233 ff.
[754] BVerfGE 54, 143, 144 ff. Vgl. auch BVerwGE 115, 189, 195 ff.
[755] *Muckel*, Fälle BesVerwR, S. 54 f./58 f.; *Schenke*, POR, Rn 65 f.; *Schoch*, POR, Rn 127 ff.; *Fechner*, JuS 2003, 734 ff.; *Schoch*, Jura 2003, 177, 180.
[756] BVerfGE 111, 147, 152 ff. unter Berufung auf BVerfG NJW 2001, 1409 als Beleg für die Richtigkeit seiner Auffassung.

des BVerfG für Gerichte und Behörden (vgl. § 31 I BVerfGG) zumindest in der Praxis auch bezüglich der öffentlichen Ordnung von der Verfassungsmäßigkeit ausgegangen werden. Aufgrund der **schweren Bestimmbarkeit der sozialen und ethischen Wertvorstellungen ist aber eine restriktive Praxis bezüglich der Annahme einer Gefahr für die öffentliche Ordnung** angezeigt.[757] Hinzu kommt, dass sich die sozialen und ethischen Wertvorstellungen im Laufe der Zeit „liberalisieren". Das wird besonders am Beispiel des „Oben-ohne-Badens" deutlich. Während dies in den 1950er Jahren noch als verwerflich galt und somit wegen Verstoßes gegen die öffentliche Ordnung untersagt werden konnte, besteht heute keine Möglichkeit des polizeilichen Einschreitens mehr, was zur Folge hat, dass diesbezüglich nicht mehr danach gefragt werden muss, ob die Aufnahme der öffentlichen Ordnung in die Befugnisgeneralklausel zu deren partiellen Nichtigkeit führt. Als Verstoß gegen die öffentliche Ordnung wurden aber noch angesehen:

(1) Hissen der Reichskriegsflagge (ohne Hakenkreuz!)[758]
(2) Nacktes Auftreten in der Öffentlichkeit[759]
(3) Veranstaltung einer Peepshow[760]
(4) Aggressives Betteln
(5) Verrichtung menschlicher Bedürfnisse in der Öffentlichkeit
(6) Verspotten alter oder hilfloser Personen

Insbesondere das **nackte Auftreten in der Öffentlichkeit** ist der stetige Beweis für die Irrelevanz der Aufnahme der öffentlichen Ordnung in die polizeirechtlichen Befugnisnormen. Denn wer in der Öffentlichkeit (außerhalb designierter Bereiche wie z.B. FKK-Strände) nackt auftritt, nimmt nach den sozialen und ethischen Wertvorstellungen der Rechtsgemeinschaft eine grob ungehörige Handlung vor, die geeignet ist, die Allgemeinheit zu belästigen bzw. die öffentliche Ordnung zu beeinträchtigen. Damit verwirklicht der Betreffende den Ordnungswidrigkeitentatbestand des § 118 I OWiG und verstößt damit gegen die objektive Rechtsordnung als Bestandteil der öffentlichen Sicherheit, deren Verletzung oder Gefährdung zum Einschreiten auf der Grundlage der Befugnisgeneralklausel ermächtigt.

646

Freilich ist davon der Fall zu unterscheiden, dass das nackte Auftreten Gegenstand einer **Versammlung** ist und damit dem Schutzbereich des Art. 8 I GG unterfällt (dazu ausführlich Rn 1034 ff.). Soll z.B. eine unter dem Motto: „Für Nacktheit als zweckdienliche und gesellschaftsfähige Kleidung und gegen das Verstecken von Körpern in blickdichten Ghettos" stehende Nacktradel-Aktion wegen Verstoßes gegen § 118 I OWiG („Beeinträchtigung der öffentlichen Ordnung durch grob ungehörige Handlung") verboten werden, ist bei der Auslegung des Begriffs „öffentliche Ordnung" stets die Bedeutung des Art. 8 I GG zu berücksichtigen. Allein die Verwirklichung einer Verbotsnorm (wie § 118 I OWiG) kann einen Eingriff in Art. 8 I GG nicht rechtfertigen. Denn nach der Brokdorf-Entscheidung des BVerfG[761] können nur solche Eingriffe in die Versammlungsfreiheit gerechtfertigt sein, die zum Schutz von Rechtsgütern ergehen, die bei einer Abwägung mit Art. 8 I GG gleich- oder höherrangig sind. Das sind im Wesentlichen Leib, Leben, Gesundheit, Staatsschutz und bedeutsame Vermögensgüter, nicht jedoch die Verwirklichung von Ordnungswidrigkeitentatbeständen.[762]

647

---

[757] Vgl. *Schenke*, POR, Rn 65.
[758] OVG Münster NJW 1994, 2909. Würde die Reichskriegsflagge das Hakenkreuz zeigen, wäre sie bereits nach § 86a StGB verboten (d.h. strafbar).
[759] OVG Münster NJW 1997, 1180.
[760] BVerwGE 64, 274, 279; BVerwG NVwZ 1987, 411; 1990, 668.
[761] BVerfGE 69, 315, 343 ff.
[762] Unvertretbar daher VG Karlsruhe NJW 2005, 3658, das zwar den Schutzbereich des Art. 8 I GG bejaht, dann aber auf der Ebene der Rechtfertigung des Verbots nicht mehr auf Art. 8 I GG eingeht und das Verbot allein mit der Verwirklichung des § 118 I OWiG begründet. Zwar wäre es durchaus möglich gewesen, bei verfassungskonformer Auslegung des Tatbestandsmerkmals „öffentliche Ordnung" die Nacktradel-Aktion in rechtmäßiger Weise zu verbieten, dies hätte

Beispiel: Da der Gesetzgeber auf der einen Seite nicht alle erdenklichen Lebenssachverhalte und Gefahrentatbestände antizipiert spezialgesetzlich normieren kann, auf der anderen Seite jedoch beachten muss, dass die mit einem Rechtseingriff verbundenen Gefahrenabwehrmaßnahmen wegen des Vorbehalts des Gesetzes stets einer Rechtsgrundlage bedürfen, ermächtigt er die Polizei- und Ordnungsbehörden generalklauselartig.[763] Danach darf die Polizei die erforderlichen Maßnahmen treffen, um im konkreten Fall eine Gefahr für die öffentliche Sicherheit (oder Ordnung[764]) abzuwehren. Sofern das Polizeigesetz neben dem Schutzgut *öffentliche Sicherheit* auch das Schutzgut *öffentliche Ordnung* nennt, stellt sich die Frage, ob dieser Begriff mit dem verfassungsrechtlich garantierten Bestimmtheitsgrundsatz vereinbar ist.[765]

Die h.M. versteht unter *öffentlicher Ordnung* die Gesamtheit der ungeschriebenen Regeln, deren Befolgung nach den jeweils herrschenden und mit dem Wertgehalt des Grundgesetzes zu vereinbarenden sozialen und ethischen Anschauungen als unerlässliche Voraussetzung eines geordneten menschlichen Zusammenlebens innerhalb eines bestimmten Gebiets angesehen wird.[766]

Diese Formel hilft jedoch nicht wirklich weiter. Denn wie ihr zu entnehmen ist, kommt es weniger auf ein rechtliches als auf ein gesellschaftliches, also soziologisches Verständnis an. Da die die öffentliche Ordnung konstituierenden, herrschenden sozialen und ethischen Wertvorstellungen oft aber nur schwer feststellbar sind, ist fraglich, ob die Einbeziehung der öffentlichen Ordnung in den Schutzbereich der Generalklausel unter dem Aspekt des Bestimmtheitsgrundsatzes nicht zu einer partiellen Verfassungswidrigkeit derselben führt. Wenn man jedoch bedenkt, dass der Gesetzgeber auch in anderen Bereichen (siehe z.B. §§ 138, 242 BGB, § 3 UWG) bei von ihm getroffenen Regelungen an gesellschaftliche Anschauungen anknüpft, ohne dass hieran bisher grundsätzliche Bedenken geäußert wurden, sollte auch bezüglich der öffentlichen Ordnung von der Verfassungsmäßigkeit ausgegangen werden. Aufgrund der schweren Bestimmbarkeit der sozialen und ethischen Wertvorstellungen ist aber eine restriktive Praxis bezüglich der Annahme einer Gefahr für die öffentliche Ordnung angezeigt, d.h. bei einer Würdigung der Folgen des Grundrechtseingriffs muss die Bedeutung des Grundrechts für den Betroffenen stets besonders berücksichtigt werden (**verfassungskonforme Auslegung**). Hinzu kommt, dass sich die sozialen und ethischen Wertvorstellungen im Laufe der Zeit „liberalisieren". Das wird besonders am Beispiel des „Oben-ohne-Badens" deutlich. Während dies in den 50er Jahren noch als verwerflich galt und somit wegen Verstoßes gegen die öffentliche Ordnung untersagt werden konnte, besteht heute keine Möglichkeit des polizeilichen Einschreitens mehr, was zur Folge hat, dass diesbezüglich nicht mehr danach gefragt werden muss, ob die Aufnahme der öffentlichen Ordnung in die Befugnisgeneralklausel zu deren partieller Nichtigkeit führt.

648 Bei der gewerblichen Veranstaltung des Spiels „Quasar", bei dem mit **Laserpistolen Angriffs- und Tötungshandlungen an Menschen simuliert werden**, ist zu differenzieren: Zwar ist das Laserspiel im Land Nordrhein-Westfalen, in dem das Schutzgut öffentliche Ordnung nach wie vor in der ordnungsbehördlichen Befugnisgeneralklausel (§ 14 I OBG) enthalten ist, als Verstoß gegen die öffentliche Ordnung

---

jedoch eine gründliche Abwägung mit dem Grundrecht aus Art. 8 I GG vorausgesetzt. Eine solche Abwägung wurde vom VG jedoch nicht ansatzweise vorgenommen.
[763] Vgl. Bund: § 14 BPolG; Bay: Art. 11 I PAG; BW: § 3 PolG; Berl: § 17 I ASOG; Brand: § 10 PolG; Brem: § 10 I PolG; Hamb: § 3 I SOG; Hess: § 11 SOG; MeckVor: § 13 SOG; Nds: § 11 SOG; NW: §§ 8 I PolG, 14 OBG; RhlPfl: § 9 I POG; Saarl: § 8 I PolG; Sachs: § 12 I PVDG; SachsAnh: § 13 SOG; SchlHolst: §§ 174, 176 LVwG; Thür: § 12 I PAG.
[764] Die öffentliche Ordnung als 2. Schutzgut ist nicht in allen Polizeigesetzen enthalten. Sie fehlt – wie gesagt – in § 10 I BremPolG und in § 162 I SchlHolstLVwG, wo ausschließlich die öffentliche Sicherheit als Schutzgut genannt ist.
[765] Beim Schutzgut *öffentliche Sicherheit* wird die Verfassungsmäßigkeit nicht ernsthaft bezweifelt.
[766] BVerfG NJW 2004, 2814, 2815; BVerfG NVwZ 2004, 90, 91; *Szczekalla*, JA 2002, 992, 994; *Tölle*, NVwZ 2001, 153, 154; *Schenke*, POR, Rn 63; *Schoch*, POR, Rn 39; *Heckmann*, JuS 1999, 986, 992. Vgl. dazu auch BVerfG-K NJW 2001, 1409 und die Legaldefinitionen in § 3 Nr. 2 SachsAnhSOG und § 54 Nr. 2 ThürOBG.

(Verstoß gegen die Menschenwürde – dazu Rn 653) angesehen worden⁷⁶⁷, allerdings reicht nach Auffassung des BVerwG die Befugnisgeneralklausel nicht *schlechthin* aus, ein entsprechendes Verbot, das in Art. 12 I GG auf Seiten des Veranstalters eingreift, zu erlassen. Dem Gesetzesvorbehalt des Art. 12 I S. 2 GG gerecht werde grds. nur eine Spezialermächtigung, etwa aus dem Gewerberecht. Soweit eine solche nicht greife (insbesondere, wenn sich der Veranstalter gewerberechtlich ordnungsgemäß verhält), könne das Laserspiel nur *im Einzelfall* auf der Grundlage der Befugnisgeneralklausel wegen Verstoßes gegen die Menschenwürde untersagt werden. Komme demzufolge eine Untersagungsverfügung in Betracht, müsse aber – wenn wie im zu entscheidenden Fall der deutsche Veranstalter mit einem britischen Ausrüster von Laserpistolen einen Franchisevertrag geschlossen hatte – deren Vereinbarkeit mit dem Recht auf freien Dienstleistungs- und Warenverkehr des EU-Rechts beachtet werden. Daher setzte das BVerwG das Verfahren aus und legte die Frage gem. Art. 267 AEUV (Vorabentscheidungsverfahren) dem EuGH vor.

649 Dieser entschied⁷⁶⁸, dass die Untersagung des Betriebs eine Einschränkung der **Dienstleistungsfreiheit** gem. Art. 56 AEUV und der **Warenverkehrsfreiheit** gem. Art. 34 AEUV bedeute und daher der Rechtfertigung bedürfe.⁷⁶⁹ Als Rechtfertigung kämen die ausdrücklich in Art. 52 I AEUV i.V.m. Art. 62 AEUV genannten „Gründe der öffentlichen Ordnung, Sicherheit oder Gesundheit" in Betracht, wobei zu beachten sei, dass eine Einschränkung grundsätzlich nur bei **unterschiedslos** angewendeten nationalen Maßnahmen gerechtfertigt werden könne, die aus zwingenden Gründen des Allgemeininteresses geboten seien. Die Behörde im Ausgangsverfahren habe in der Begründung der Untersagungsverfügung ausdrücklich ausgeführt, dass die betroffene Betätigung des Veranstalters eine Gefahr für die öffentliche Ordnung darstelle. Die Bezugnahme auf eine Gefahr für die öffentliche Ordnung finde sich auch in der Befugnisgeneralklausel (im Originalfall war dies § 14 I OBG NRW), die die Ordnungsbehörde ermächtigte, die notwendigen Maßnahmen zur Abwehr einer solchen Gefahr zu treffen. Diese Untersagungsverfügung habe die Behörde auch gerade ohne Ansehung der Staatszugehörigkeit der Erbringer oder Empfänger der von der Beschränkung betroffenen Dienstleistungen erlassen, mithin unterschiedslos angewendet. Da aber die Maßnahmen zum Schutz der öffentlichen Ordnung unter eine in Art. 52 AEUV aufgezählte Ausnahme vom freien Dienstleistungsverkehr fielen, könne die Frage, ob diese Maßnahme unterschiedslos sowohl auf im Inland ansässige Dienstleistungserbringer als auch auf in anderen Mitgliedstaaten ansässige Dienstleistungserbringer ergangen sei, letztlich aber auch dahinstehen.

650 Im Übrigen sei der Begriff der öffentlichen Ordnung in Art. 52 I AEUV für unterschiedliche Beurteilungen von Land zu Land offen. So sei es aus europarechtlicher Sicht nicht zu beanstanden, wenn eine nationale Behörde zu dem Ergebnis gelange, dass ein Verhalten eines Bürgers rechtswidrig sei, und dieses Ergebnis – gemessen am Maßstab der Verfassung ihres Landes – zutreffe. Insoweit sei den zuständigen innerstaatlichen Behörden ein Beurteilungsspielraum innerhalb der durch das Europäische Primärrecht gesetzten Grenzen zuzubilligen.⁷⁷⁰

651 Ist also die nationale Behörde der Ansicht, dass die von der Untersagungsverfügung betroffene Betätigung eine Gefahr für die öffentliche Ordnung darstelle, weil die ge-

---

⁷⁶⁷ OVG Koblenz NVwZ-RR 1995, 30 f.; OVG Münster NVwZ-RR 1996, 39; i.E. ebenso, ohne jedoch zwischen der öffentlichen Sicherheit und der öffentlichen Ordnung zu unterscheiden, BVerwGE 115, 189, 195 ff. Vgl. dazu auch *Heckmann*, JuS 1999, 986 ff.; *Szczekalla*, JA 2002, 992 ff.; *Aubel*, Jura 2004, 255 ff.
⁷⁶⁸ EuGH NVwZ 2004, 1471, 1472 f.
⁷⁶⁹ Zur Notwendigkeit der Vereinbarkeit einer staatlichen Maßnahme nicht nur mit nationalem Verfassungsrecht, sondern auch mit EU-Recht vgl. *R. Schmidt*, Staatsorganisationsrecht, Rn 327 ff.
⁷⁷⁰ So ausdrücklich EuGH NVwZ 2004, 1471, 1472 f.

werbliche Veranstaltung von Unterhaltungsspielen mit simulierten Tötungshandlungen an Menschen nach der in der öffentlichen Meinung vorherrschenden Auffassung gegen eine in der nationalen Verfassung verankerte grundlegende Wertvorstellung verstoße, nämlich gegen die Menschenwürde, und steht diese Rechtsauffassung im Einklang mit dem Grundgesetz, verstößt das Verbot auch nicht gegen Art. 52 I AEUV.

652 Nach dem Urteil des EuGH bleibt es also bei der nationalen Betrachtungsweise mit dem Grundgesetz als Prüfungsmaßstab. Diesbezüglich hat das BVerwG – wie oben angeführt – entschieden, dass die Untersagungsverfügung rechtmäßig gewesen sei.

653 Ob bei dem Spiel „Quasar" ein Verstoß gegen die **Menschenwürde** (Art. 1 I GG) wirklich vorliegt, ist mehr als fraglich. Zwar kann die Menschenwürde auch von Privaten verletzt werden, jedoch spielen alle Teilnehmer freiwillig an dem Geschehen mit, was einen Grundrechtsverzicht bedeuten könnte. Andererseits ist fraglich, ob die Menschenwürde disponibel ist. Überzeugend scheint es, in Übereinstimmung mit dem vom Verfasser vertretenen positivistischen Verständnis von der Menschenwürde[771] nur den in Extremfällen berührten objektiven Kern der Menschenwürde für indisponibel zu erachten, was wiederum nur dann angenommen werden sollte, wenn dem Betroffenen (im Vergleich zu anderen) in menschenverachtender Weise seine Menschqualität abgesprochen und er zum Objekt eines beliebigen Verhaltens erniedrigt wird. Ob das im vorliegenden Fall angenommen werden muss, darf bezweifelt werden. Denn bei dem „Kampf" im Laserdome bestehen prinzipiell die gleichen Chancen für alle, sodass kein Mitspieler im Vergleich zu anderen in irgendeiner Weise zum Objekt erniedrigt wird. Dennoch hat das BVerwG – ohne einen Hinweis zu geben, ob es den Fall am Maßstab des Schutzguts öffentliche Sicherheit oder an dem der öffentlichen Ordnung prüft – entschieden, dass sich die Teilnehmer mit der Gewaltanwendung gegen andere identifizierten, die dadurch bagatellisiert werde. Sie verspürten ein Vergnügen an simulierten Tötungshandlungen, wenn sie mit ihren an Maschinenpistolen erinnernden Waffen im Nahkampf auf den „Gegner" zielten und nur durch gezielte Schüsse die nötigen Punkte erreichten. Es gehe mithin um das „spielerische Töten" von Menschen, nicht nur um sportlichen Wettkampf, sodass die menschliche Individualität, Identität und Integrität banalisiert und damit die Wertvorstellungen des Grundgesetzes konterkariert würden.[772] Mit Blick auf die Verbrechen des nationalsozialistischen Regimes verstießen daher auch lediglich simulierte Tötungshandlungen generell gegen die Menschenwürde. Auch sei eine Einwilligung der betroffenen Spieler unbeachtlich, denn die aus Art. 1 I und Art. 2 II S. 1 GG herzuleitende Wertordnung der Verfassung stehe nicht im Rahmen eines Unterhaltungsspiels zur Disposition.[773]

654 Verneint man mit der hier vertretenen Auffassung eine Verletzung des nur in Extremfällen berührten objektiven Kerns der Menschenwürde, liegt keine Beeinträchtigung des Schutzguts der öffentlichen Ordnung vor. In diese Richtung geht auch ein Beschluss des VGH Mannheim, wonach zumindest bei einer summarischen Prüfung Paintball-Spiele nicht mit Tötungshandlungen gleichgesetzt werden können.[774]

655 Im Übrigen liegt ein Verstoß gegen die objektive Rechtsordnung als Teilbereich der öffentlichen Sicherheit von vornherein nicht vor. Zwar gehören zur objektiven Rechtsordnung insbesondere Strafrechtsnormen und Normen des Ordnungswidrigkeitenrechts, vorliegend hat der Veranstalter aber weder gegen das Gewaltdarstellungsverbot des § 131 StGB noch gegen § 118 I OWiG verstoßen. Denn das Spiel „Quasar" steht in keinem Zusammenhang mit einer Schrift oder einem Rundfunk und ist daher

---

[771] Vgl. dazu *R. Schmidt*, Grundrechte, Rn 306.
[772] BVerwGE 115, 189, 201 f.
[773] BVerwGE 115, 189, 202.
[774] VGH Mannheim NVwZ-RR 2005, 472.

kein taugliches Tatobjekt i.S.v. § 131 StGB. Auch ein Verstoß gegen § 118 I OWiG, wonach ordnungswidrig handelt, „wer eine grob ungehörige Handlung vornimmt, die geeignet ist, die Allgemeinheit zu belästigen oder zu gefährden und die öffentliche Ordnung zu beeinträchtigen", muss verneint werden. Denn das Geschehen fand in einer (alten) Fabrikhalle statt und war von außen nicht einsehbar; nur die (einwilligenden) Mitspieler erkannten es, sodass die Allgemeinheit nicht belästigt wurde. Damit war das Schutzgut öffentliche Sicherheit unter dem Aspekt der objektiven Rechtsordnung nicht betroffen.[775]

> **Hinweis für die Fallbearbeitung:** Sofern es um die Vereinbarkeit einer auf die Befugnisgeneralklausel gestützten Polizeiverfügung mit nationalem Recht geht, muss der Klausurbearbeiter eines Bundeslandes, dessen Polizeigesetz lediglich das Schutzgut *öffentliche Sicherheit* kennt, das zu untersuchende Verhalten auch nur am Maßstab dieses Schutzguts prüfen. Insofern ergeben sich keine Probleme bei der Handhabung des Schutzguts *öffentliche Ordnung*, denn es existiert nicht. Auch in Bundesländern, bei denen das Schutzgut *öffentliche Ordnung* (wieder) Bestandteil der Generalklausel ist, muss der Bearbeiter zunächst untersuchen, ob das fragliche Verhalten eine Gefahr für die *öffentliche Sicherheit* darstellt.
>
> - Ist das der Fall, kann eine entsprechende Gefahrenabwehrverfügung (bei unterstelltem fehlerfreien Ermessensgebrauch bzw. unterstellter Einhaltung des Grundsatzes der Verhältnismäßigkeit) in rechtmäßiger Weise ergehen. Zur *öffentlichen Ordnung* ist dann wegen ihrer Subsidiarität zur *öffentlichen Sicherheit* auf keinen Fall mehr etwas zu sagen.[776]
>
> - Sollte eine Gefahr für die öffentliche Sicherheit aber zu verneinen sein, ist zu prüfen, ob das fragliche Verhalten eine Gefahr für die *öffentliche Ordnung* darstellt. Dazu muss zunächst die Verfassungsmäßigkeit der Bestimmung in Frage gestellt werden. Hier ist der o.g. Meinungsstreit darzustellen. Folgt man der hier vertretenen Auffassung, ist die Befugnisgeneralklausel, soweit sie die *öffentliche Ordnung* umfasst, nicht verfassungswidrig, muss aber restriktiv gehandhabt werden. Sodann ist danach zu fragen, ob das zu prüfende Verhalten unter den Begriff der *öffentlichen Ordnung* subsumiert werden kann. Dabei kann es vorkommen, dass ein und dieselbe Handlung zwar keine Gefahr für die *öffentliche Sicherheit* darstellt, wohl aber eine Gefahr für die öffentliche Ordnung. Das ist kein Widerspruch, da die beiden Begriffe nicht identisch sind.[777]
>
> - Verhaltensweisen, die zwar keine Gefahr für die *öffentliche Sicherheit* darstellen, wohl aber eine Gefahr für die *öffentliche Ordnung*, werden besonders problematisch, wenn der Fall in einem Bundesland spielt, das die *öffentliche Ordnung* nicht in der Befugnisgeneralklausel aufgenommen bzw. aus dieser gestrichen hat. Das wird bei dem Spiel „Quasar" besonders deutlich, denn die Vertreter, die das Spiel „Quasar" als Verstoß gegen die *öffentliche Ordnung* ansehen, verneinen ausdrücklich einen Verstoß gegen die *öffentliche Sicherheit*.[778] Stellt das Spiel also keinen Verstoß gegen die *öffentliche Sicherheit* dar und enthält die Befugnisgeneralklausel nicht das Tatbestandsmerkmal *öffentliche Ordnung*, muss man konsequenterweise zu dem Ergebnis kommen, dass eine Gefahrenabwehrmaßnahme nicht ergehen kann, auch wenn eine Gefahr für die *öffentliche Ordnung* vorläge, wenn sie im Tatbestand der Generalklausel aufgenommen wäre. Es kann also vorkommen,

656

---

[775] Eine gutachterlich aufbereitete Darstellung des Falls findet sich bei *R. Schmidt*, Fälle zum POR, Fall 14.
[776] Folgt man dagegen der nicht überzeugenden Auffassung *Knemeyers* (POR, Rn 102), der die öffentliche Ordnung als selbstständiges Schutzgut neben der öffentlichen Sicherheit betrachtet, müsste man beide Schutzgüter nebeneinander prüfen.
[777] So hat das BVerwG (NJW 1980, 1640 ff.) bestimmt, dass die öffentliche Ordnung durch Lärm gestört werde, der zwar noch keine Gesundheitsgefahr darstelle (und deshalb nicht die öffentliche Sicherheit beeinträchtige), gleichwohl aber das nach allgemeiner Anschauung zumutbare Maß überschreite.
[778] Das können sie deshalb, weil bei ihnen das Spiel, das verboten werden soll, in einem Bundesland ausgetragen wird, in dem die öffentliche Ordnung noch Bestandteil der Befugnisgeneralklausel ist.

> dass ein Verhalten, das zwar keine Gefahr für die *öffentliche Sicherheit* darstellt, wohl aber eine Gefahr für die *öffentliche Ordnung*, in einem Bundesland untersagt werden kann, in einem anderen Bundesland wiederum nicht. Das ist eine Konsequenz des Föderalismus. Gleichwohl können zumindest dann einheitliche Ergebnisse erzielt werden, wenn man einen Verstoß gegen § 118 OWiG annimmt und diesen Verstoß als Störung der *öffentlichen Sicherheit* qualifiziert. Im Fall „Quasar" war dies jedoch nicht möglich.

c. Gefahr eines Schadenseintritts

657 Kernstück jeder Prüfung polizeilichen Handelns ist der Gefahrenbegriff, der wiederum den zentralen Begriff des Polizei- und Ordnungsrechts ausmacht. Grundsätzlich dürfen die Polizei- und Ordnungsbehörden nur bei Vorliegen einer Gefahr handeln und Freiheitsrechte einschränken.

aa. Gefahrenbegriffe

658 Die Polizeigesetze fordern für ein Einschreiten grds. das Bestehen einer einfachen bzw. konkreten Gefahr. Für bestimmte Situationen (etwa wenn die Polizei gegen sog. Nichtverantwortliche einschreiten möchte) oder im Bereich der Standardmaßnahmen (etwa im Rahmen einer Sicherstellung oder Ingewahrsamnahme) fordern sie sogar das Vorliegen einer besonderen Gefahr. Zu nennen sind diesbezüglich die *gegenwärtige Gefahr*, die *erhebliche Gefahr*, die *Gefahr für Leib und Leben*, die *dringende Gefahr* und die *Gefahr im Verzug*. Des Weiteren unterscheiden die Polizeigesetze die abstrakte von der konkreten Gefahr. Das BayPAG kennt daneben noch die drohende Gefahr (Art. 11 III BayPAG – dazu Rn 673a). Um innerhalb ihres Anwendungsbereichs – zumindest im Ansatz – eine gleichmäßige Rechtsanwendung zu ermöglichen, enthalten einige Polizeigesetze daher Legaldefinitionen einiger Gefahrenbegriffe. Im Übrigen greifen die von Literatur und Rechtsprechung entwickelten Begriffsdefinitionen.

a.) „Einfache" (konkrete und abstrakte) Gefahr

659 Unter einer **konkreten Gefahr** versteht man eine Sachlage, bei der im einzelnen Fall die hinreichende Wahrscheinlichkeit besteht, dass in absehbarer Zeit ein *Schaden* für eines der Schutzgüter der öffentlichen Sicherheit eintreten wird.[779]

660 Mit „Gefahr im einzelnen Fall" ist die **konkrete**, objektiv bestehende Gefahr für ein polizeiliches Schutzgut gemeint. Besteht die Gefahr hingegen nicht lediglich im Einzelfall, sondern handelt es sich um eine allgemeine gefährdende Sachlage oder ein allgemeines gefährdendes Verhalten, liegt eine **abstrakte Gefahr** vor, d.h. eine nach allgemeiner Lebenserfahrung oder den Erkenntnissen fachkundiger Stellen mögliche Sachlage, die im Fall ihres Eintritts eine konkrete Gefahr darstellt (vgl. etwa § 2 Nr. 2 NdsPOG).[780]

661 **Beispiel:** Auf der Straße vorbeigehende Passanten entdecken ein im 5. Stock auf der Fensterbank sitzendes Kleinkind. ⇨ Hier liegt eine Sachlage vor, bei der die hinreichende Wahrscheinlichkeit besteht, dass in absehbarer Zeit (sogar in allernächster Zeit) ein Schaden für das Leben des Kleinkinds (= Schutzgut der öffentlichen Sicherheit) eintreten wird. Es besteht eine konkrete Gefahr.

---

[779] Vgl. nur die Legaldefinitionen in § 2 Nr. 3a BremPolG, § 2 Nr. 1a NdsPOG, § 3 Nr. 3a SachsAnhSOG und § 54 Nr. 3a ThürOBG. Vgl. auch BVerwGE 45, 51, 57; *Denninger*, in: Lisken/Denninger, D Rn 47; *Schenke*, POR, Rn 69; *Krüger*, JuS 2013, 985, 987 f.
[780] Vgl. dazu auch BVerwGE 116, 347, 351; *Gusy*, POR, Rn 126; *Kingreen/Poscher*, POR, § 4 Rn 9; *Schenke*, POR, Rn 70.

Gegenbeispiel: Würde das Kind nicht auf der Fensterbank sitzen, sondern spielend in der Nähe des geöffneten Fensters im Zimmer umherlaufen, wäre wohl nur eine abstrakte Gefahr anzunehmen.

Die Unterscheidung zwischen konkreter und abstrakter Gefahr richtet sich nicht nach der Intensität des drohenden oder möglichen Schadenseintritts, sondern vielmehr nach der **unterschiedlichen Qualität**.

Beispiel: Der von E gefahrene Pkw ist nicht verkehrssicher und damit konkret gefährlich. Nicht verkehrssichere Fahrzeuge sind abstrakt gefährlich.

Das Beispiel zeigt deutlich, dass konkrete und abstrakte Gefahr keine unterschiedlichen Steigerungsformen der Gefährlichkeit darstellen, sondern dass der Unterschied vielmehr im Sachverhalt und in der zu treffenden Maßnahme liegt. Zusammenfassend lässt sich feststellen:

⇨ Eine **konkrete Gefahr** ist eine Sachlage, bei der im einzelnen Fall die **hinreichende Wahrscheinlichkeit** besteht, dass in absehbarer Zeit ein Schaden für die öffentliche Sicherheit oder Ordnung eintreten wird (vgl. etwa § 2 Nr. 1a NdsPOG).

⇨ Eine **abstrakte Gefahr** ist eine nach allgemeiner Lebenserfahrung oder den Erkenntnissen fachkundiger Stellen **mögliche Sachlage**, die im Falle ihres Eintritts eine konkrete Gefahr darstellt (vgl. etwa § 2 Nr. 2 NdsPOG). Auch die in Art. 2 I BayPAG genannte „allgemein bestehende Gefahr" wird man als abstrakte Gefahr im dargelegten Sinn ansehen müssen.

Damit wird die Parallele zu den Kriterien deutlich, die zur Abgrenzung zwischen dem Vorliegen eines Verwaltungsakts (konkret-individuell) und einer Rechtsverordnung (abstrakt-generell) entwickelt wurden.

Die **Unterscheidung** zwischen konkreter und abstrakter Gefahr ist deshalb wichtig, weil die Polizeigesetze unterschiedliche Rechtmäßigkeitsvoraussetzungen an die in Betracht kommenden Maßnahmen aufstellen. Wäre bei einer Inanspruchnahme die Grundrechtsbelastung für den Betroffenen größer, verlangen die Polizeigesetze folgerichtig eine konkrete Gefahr. Dagegen sind „minder schwere" Eingriffe und Regelungen in Polizeiverordnungen (= Rechtsverordnungen) zumeist bereits bei abstrakten Gefahren möglich (zu den Polizeiverordnungen siehe Rn 860 ff.).

Bei den „minder schweren" Maßnahmen, die auch bei Bestehen von lediglich einer **abstrakten Gefahr** möglich sind, handelt es sich in erster Linie um „gefahrenvorbeugende" Maßnahmen, d.h. um Maßnahmen, die der Verhütung künftiger Straftaten dienen. Aber auch (Vorfeld-)Maßnahmen, die der Vorbereitung einer späteren Strafverfolgung oder der Abwehr einer (möglichen) konkreten Gefahr dienen, gehören hierher. Schließlich lassen sich einige („minder schwere") Maßnahmen der Informationsgewinnung auf eine abstrakte Gefahr stützen.

Beispiele[781]: Zu den Maßnahmen der Informationsgewinnung zählen einige Anlasstatbestände der Identitätsfeststellung, die Kontrollstelle, die Befragung, die Videoüberwachung, die Schleierfahndung, die planmäßige Beobachtung und der Einsatz technischer Mittel und verdeckter Ermittler. Ob und inwieweit für die genannten Maßnahmen eine konkrete Gefahr erforderlich ist oder eine abstrakte Gefahr bzw. ein Gefahrenverdacht ausreicht, ist den Ausführungen zu den jeweiligen Maßnahmen zu entnehmen.

---

[781] *Kingreen/Poscher*, POR, § 4 Rn 13a.

667 Schließlich muss die Gefahr (i.S.d. Befugnisnormen) **"bestehen"**. Eine Gefahr besteht nur dann, wenn der Eintritt eines Schadens **hinreichend wahrscheinlich** ist. Welcher Wahrscheinlichkeitsgrad im Einzelfall gefordert werden muss, hängt von der Größe des Schadens und der Wertigkeit des zu schützenden Rechtsguts ab. Je bedeutsamer das betreffende Rechtsgut ist, desto geringere Anforderungen sind an die Wahrscheinlichkeit des Schadenseintritts zu stellen.[782] Die Rechtsprechung[783] lässt folgerichtig bei Maßnahmen zum Schutz von Leben oder Gesundheit wegen der überragenden Bedeutung dieser Schutzgüter bereits eine *entfernte* Wahrscheinlichkeit des Schadenseintritts genügen.

> **Beispiel:** Anschaulich wird diese Relation bei Demonstrationen bzw. Gegendemonstrationen, wenn in der Vergangenheit bereits die öffentliche Sicherheit verletzt wurde, sei es durch Sachbeschädigungen, Körperverletzungen oder durch schlichte Krawalle. Bei einer *Ex-ante*-Beurteilung ist daher in Fällen dieser Art regelmäßig die hinreichende Wahrscheinlichkeit eines erneuten Schadenseintritts gegeben.

668 Anders als viele Standardmaßnahmen stellt die Befugnisgeneralklausel keine besonderen Anforderungen an die zeitliche Nähe des Schadenseintritts oder die Wertigkeit des Schutzgutes. Der Schadenseintritt muss nur bereits im Zeitpunkt der Polizeiverfügung *hinreichend wahrscheinlich* sein. Demgegenüber erfordert z.B. die Ermächtigung zur Inanspruchnahme eines Nichtverantwortlichen eine *gegenwärtige erhebliche* Gefahr und der Sofortvollzug erfordert eine *drohende* Gefahr (vgl. z.B. § 6 II BundesVwVG).

b.) Gegenwärtige Gefahr

669 Im Vergleich zur „einfachen" Gefahr stellt die *gegenwärtige Gefahr* höhere Anforderungen an die zeitliche Nähe und den Grad der Wahrscheinlichkeit des Schadenseintritts.

> In Anlehnung an die Legaldefinitionen einiger Polizeigesetze ist **gegenwärtige Gefahr** „eine Sachlage, bei der die Einwirkung des schädigenden Ereignisses bereits begonnen hat oder bei der diese Einwirkung unmittelbar oder in allernächster Zeit mit an Sicherheit grenzender Wahrscheinlichkeit bevorsteht".[784]

Eine gegenwärtige Gefahr wird z.B. bei den Standardmaßnahmen *Betreten und Durchsuchung von Wohnungen* oder *Sicherstellung* gefordert, da die damit verbundene Grundrechtsrelevanz erhöht ist.

c.) Erhebliche Gefahr

670 Demgegenüber stellt die *erhebliche Gefahr* höhere Anforderungen an die Qualität der betroffenen Rechtsgüter. Auch sie ist in den meisten Polizeigesetzen legaldefiniert.

> **Erhebliche Gefahr** bedeutet eine Gefahr für ein bedeutsames Rechtsgut wie der Bestand des Staates, das Leben, die Gesundheit, die Freiheit oder ein nicht unwesentlicher Vermögenswert.[785]

Eine erhebliche (und auch gegenwärtige) Gefahr wird wiederum bei der Standardmaßnahme *Betreten und Durchsuchung von Wohnungen* gefordert. Im Übrigen lässt die Formulierung „wie" erkennen, dass die Aufzählung der Schutzgüter nicht abschließend

---

[782] Siehe auch *Schenke*, JuS 2018, 505, 506.
[783] Stellvertretend KG NVwZ 2000, 468.
[784] Vgl. nur die Legaldefinitionen in § 2 Nr. 3b BremPolG, § 2 Nr. 1b NdsPOG, § 3 Nr. 3b SachsAnhSOG und § 54 Nr. 3b ThürOBG. Vgl. auch OVG Koblenz DVBl 1998, 101; *Meister*, JA 2003, 83, 86.
[785] Vgl. nur die Legaldefinitionen in § 2 Nr. 3c BremPolG, § 2 Nr. 1c NdsPOG, § 3 Nr. 3c SachsAnhSOG und § 54 Nr. 3c ThürOBG. Vgl. auch *Meister*, JA 2003, 83, 85.

ist. Daher kommen auch andere Rechtsgüter wie z.B. die Ehre (siehe insb. die Tatbestände der Beleidigung und Nötigung), die sexuelle Selbstbestimmung und überhaupt die Willensentschließungsfreiheit jedenfalls insoweit als bedeutsames Rechtsgut in Betracht, wie sie strafrechtlich geschützt werden und den in den Polizeigesetzen genannten Rechtsgütern in ihrer Wertigkeit nicht wesentlich nachstehen. Freilich ist der Anwendungsbereich der Standardmaßnahme *Durchsuchung von Wohnungen* über die explizit genannten Schutzgüter gering, da i.d.R. bereits der Betretungs- bzw. Durchsuchungsgrund, so wie er in den Polizeigesetzen formuliert ist, greift.

d.) Gefahr für Leib oder Leben

Unter **Gefahr für Leib oder Leben** verstehen die Polizeigesetze eine Sachlage, bei der eine nicht nur leichte Körperverletzung oder der Tod einzutreten drohen.[786]

671

Eine Gefahr für Leib oder Leben wird z.B. bei der Standardmaßnahme *Gewahrsam* gefordert. Eine (drohende) Körperverletzung ist nicht nur leicht, wenn eine schwere Beschädigung der Gesundheit oder eine schwere körperliche Misshandlung drohen. Die (bloße) Verwirklichung des § 223 StGB genügt daher nicht stets, um gefahrenabwehrrechtlich einzuschreiten. Auf der anderen Seite befugt eine (drohende) Verwirklichung des § 226 StGB wegen der gewichtigen Folgen, die die Tatbestandsverwirklichung fordert (insb. Verlust eines wichtigen Körpergliedes, des Sehvermögens auf einem oder beiden Augen, des Gehörs, der Sprache oder der Zeugungsfähigkeit; dauernde Entstellung in erheblicher Weise; Verfallen in Siechtum, Lähmung oder Geisteskrankheit), stets zum Einschreiten. Ob die (drohende) Verwirklichung des § 224 StGB zum Einschreiten befugt, ist demnach auf den ersten Blick zwar fraglich, sollte i.E. aber bejaht werden, weil die menschliche Gesundheit ein hohes Schutzgut darstellt, das bei einer Abwägung mit materiellen Rechtsgütern oder der persönlichen Freiheit stets den Vorrang genießt, es sei denn, es handelt sich lediglich um ein paar „blaue Flecken", eine „normale" Ohrfeige, das Ausreißen eines Büschels Haare oder vergleichbare Beeinträchtigungen. Hier ist die Güterabwägung kritischer durchzuführen.

e.) Gemeine Gefahr

Der Begriff der *gemeinen Gefahr* ist vom Katalog der polizeigesetzlichen Legaldefinitionen nicht erfasst. Das braucht er auch nicht, weil die Polizeigesetze die gemeine Gefahr nicht in den Befugnisnormen verwenden. Eine gemeine Gefahr wird aber in Art. 13 VII Halbs. 1 GG für das Betreten von Wohnungen vorausgesetzt. Und weil diese Verfassungsbestimmung enger ist als die in den Polizeigesetzen formulierte Standardmaßnahme *Betreten und Durchsuchen von Wohnungen*, ist sie bei der Prüfung der Rechtmäßigkeit der Wohnungsbetretung stets zu berücksichtigen.

672

Nach allgemeiner Auffassung liegt eine **gemeine Gefahr** vor, wenn ein Schaden für eine unbestimmte Zahl von Personen oder erhebliche Sachwerte droht.[787]

f.) Dringende Gefahr

Auch die dringende Gefahr ist in den Polizeigesetzen nicht legaldefiniert. Jedoch hat das BVerfG eine Definition vorgenommen:

Eine **dringende Gefahr** liegt vor, wenn ein besonders wichtiges Rechtsgut (z.B. ein Menschenleben) unmittelbar gefährdet ist.[788]

673

---

[786] Vgl. etwa § 2 Nr. 1d NdsPOG.
[787] Vgl. etwa *Schenke*, POR, Rn 78.

Es geht also um einen qualifizierten Rechtsgüterschutz, der folgerichtig grundrechtssensiblere Eingriffe zulässt. Die Gesetze begegnen dem mit erhöhten Anforderungen an die zeitliche Nähe des möglichen Schadenseintritts sowie an die Schadenswahrscheinlichkeit. Geht es um besonders tief in die räumliche Privatsphäre eindringende technische Wohnraumüberwachungsmaßnahmen, wozu sämtliche Datenerhebungen wie der große Lauschangriff, aber auch die Videoüberwachung von gem. Art. 13 I GG geschützten Räumlichkeiten zählen, verlangt bereits das Grundgesetz in Art. 13 IV eine dringende Gefahr und nennt dabei zwei Unterfälle, die gemeine Gefahr und die Lebensgefahr. Das BVerfG hat entschieden, dass der Begriff der dringenden Gefahr dabei nicht nur i.S. des qualifizierten Rechtsgüterschutzes auf das Ausmaß, sondern auch auf die Wahrscheinlichkeit eines Schadens Bezug nimmt.[789] Des Weiteren ist die dringende Gefahr in Art. 13 VII Halbs. 2 GG genannt und muss vorliegen, um eine Wohnung betreten (und durchsuchen) zu dürfen.

Als Faustformel lässt sich sagen: dringend = gegenwärtig + erheblich.

g.) Drohende Gefahr

Das BayPAG kennt noch die drohende Gefahr, die zu Maßnahmen befugt, die das Entstehen einer Gefahr für ein bedeutendes Rechtsgut verhindern sollen.

673a Eine **drohende Gefahr** liegt vor, wenn in absehbarer Zeit Angriffe von erheblicher Intensität oder Auswirkung auf ein bedeutendes Rechtsgut zu erwarten sind (Art. 11 III S. 1 BayPAG).

Bedeutende Rechtsgüter in diesem Sinne sind der Bestand und die Sicherheit des Bundes oder eines Landes, das Leben, die Gesundheit und die Freiheit, die sexuelle Selbstbestimmung, erhebliche Eigentumspositionen und Sachen, deren Erhalt im besonderen öffentlichen Interesse liegt (Art. 11 III S. 2 BayPAG). Zu den Sachen, deren Erhalt im besonderen öffentlichen Interesse liegt, wird man v.a. kritische Infrastruktureinrichtungen zählen müssen, also solche Einrichtungen, bei deren Ausfall oder Beeinträchtigung nachhaltig wirkende Versorgungsengpässe, erhebliche Störungen der öffentlichen Sicherheit oder andere dramatische Folgen eintreten würden.[790] Beispielhaft seien Energieversorgungsanlagen, Telekommunikationsanlagen, Straßenverkehrseinrichtungen, Einrichtungen der staatlichen Verwaltung genannt. Ist auf eines dieser Rechtsgüter in absehbarer Zeit ein Angriff von erheblicher Intensität oder Auswirkung zu erwarten (was aufgrund der in Art. 11 III S. 1 BayPAG in 2 Nummern genannten und an die Kriterien des BKAG-Urteils des BVerfG angelehnten Ableitungsvoraussetzungen nachzuweisen wäre), kann die bayerische Polizei die notwendigen Maßnahmen treffen, um den Sachverhalt aufzuklären und die Entstehung einer Gefahr zu verhindern, wenn im Einzelfall das individuelle Verhalten einer Person die konkrete Wahrscheinlichkeit begründet oder wenn Vorbereitungshandlungen für sich oder zusammen mit weiteren bestimmten Tatsachen den Schluss auf ein seiner Art nach konkretisiertes Geschehen zulassen (Art. 11 III S. 1 BayPAG).

673b Inhaltlich geht es also um die Verhinderung der „Entstehung" einer Gefahr, d.h. um eine Sachlage, die sich dadurch kennzeichnet, dass Tatsachen vorliegen, die den Schluss auf ein absehbares Geschehen zulassen. Damit steht die „drohende" Gefahr zeitlich und graduell noch vor der abstrakten Gefahr (Rn 660 ff.), rückt mithin in die

---

[788] Vgl. BVerfGE 130, 1, 32 und BVerfG NJW 2016, 1781, 1785, das nicht nur auf den qualifizierten Rechtsgüterschutz abstellt, sondern richtigerweise auch auf die zeitliche Nähe und die Wahrscheinlichkeit eines Schadens Bezug nimmt. Vgl. auch BVerwGE 47, 31, 40.
[789] BVerfGE 130, 1, 32; 141, 220, 271.
[790] Siehe Bundesamt für Bevölkerungsschutz und Katastrophenhilfe:
https://www.bbk.bund.de/DE/AufgabenundAusstattung/KritischeInfrastrukturen/kritischeinfrastrukturen_node.html

Nähe eines Gefahrenverdachts (dazu Rn 689 ff.) und dehnt die Eingriffsbefugnisse damit sehr weit in das Vorfeld einer eigentlichen Gefahr aus. Ob eine derartige Ausdehnung polizeilicher Einschreitbefugnisse verfassungsgemäß ist, darf bezweifelt werden. Sicherlich ist es ein berechtigtes Anliegen, Vorbereitungshandlungen effektiver abwenden zu können, gerade wenn es um die Verhinderung bspw. terroristischer Anschläge geht. Wenn aber noch nicht einmal eine abstrakte Gefahr erforderlich sein soll (die im Übrigen auch verdeckte Ermittlungsmaßnahmen wie Telekommunikationsüberwachung und Lauschangriffe zulassen würde, siehe Rn 666), geht die Einschreitbefugnis doch sehr weit, zumal die Befugnisgeneralklausel in Art. 11 III S. 1 BayPAG auch keine Beschreibung der zulässigen Maßnahmen enthält, sondern (wie in Art. 11 I BayPAG) von „notwendigen Maßnahmen" spricht. Daher ist die Vereinbarkeit dieser Regelung mit dem Verantwortlichkeitsprinzip, dem Bestimmtheitsgrundsatz sowie dem Grundsatz der Verhältnismäßigkeit fraglich. Da generalklauselartige Befugnisnormen anerkanntermaßen jedoch nur zu minder schweren Grundrechtseingriffen ermächtigen (siehe Rn 606) und Maßnahmen nach Art. 11 III S. 1 BayPAG auch nur zum Schutz „bedeutender Rechtsgüter" i.S.d. Art. 11 III S. 2 BayPAG zulässig sind, dürfte die Regelung damit einer verfassungskonformen Auslegung zugänglich sein.

673c Ist die Verfassungskonformität des Genügenlassens der drohenden Gefahr (wenn auch nur für ein bedeutendes Rechtsgut) also schon im Rahmen der nur zu minder schweren Grundrechtseingriffen ermächtigenden Befugnisgeneralklausel zweifelhaft, gilt das erst recht, wenn der Gesetzgeber die drohende Gefahr auch bei (sehr viel) grundrechtssensibleren Maßnahmen genügen lässt, etwa bei

- der Identitätsfeststellung (siehe Art. 13 I Nr. 1b) BayPAG),
- den erkennungsdienstlichen Maßnahmen (Art. 14 I Nr. 4 BayPAG),
- der Sistierung (Art. 15 III Nr. 1 BayPAG),
- dem Platzverweis (Art. 16 I S. 1 Nr. 2 BayPAG),
- dem Kontaktverbot (Art. 16 II S. 1 Nr. 1 BayPAG),
- dem Aufenthaltsverbot und -gebot (Art. 16 II S. 1 Nr. 2 BayPAG),
- der Durchsuchung von Personen (Art. 21 I Nr. 3 BayPAG),
- in den Fällen des Art. 21 I Nr. 3 BayPAG auch bei der Durchsuchung von Sachen gem. Art. 22 I Nr. 1, II S. 1 BayPAG
- der Sicherstellung (Art. 25 I Nr. 1b) BayPAG)
- und bei etlichen Datenerhebungsbefugnissen (siehe Art. 30, 33, 34, 36 BayPAG).

673d Sogar die äußerst grundrechtssensiblen Bereiche der heimlichen Datenerhebung unter Einsatz technischer Mittel wie

- die Telekommunikationsüberwachung (Art. 42 I S. 1 Nr. 1 BayPAG),
- die Standortermittlung („Handyortung", Art. 42 IV S. 1 Nr. 2 BayPAG),
- der verdeckte Zugriff auf informationstechnische Systeme, um Zugangsdaten und gespeicherte Daten zu erheben („Online-Durchsuchung", Art. 45 I S. 1 BayPAG),
- die sog. Quellen-TKÜ (Art. 45 II S. 1 Nr. 1 BayPAG)
- und die Ermittlung des Standorts eines informationstechnischen Systems (Art. 45 II S. 1 Nr. 2 BayPAG)

sind nicht ausgespart und lassen heimliche Überwachungsmaßnahmen bei lediglich drohender Gefahr zu.

673e Zur Frage nach der Verfassungskonformität des Genügenlassens einer drohenden Gefahr hatte sich seinerzeit auch das BVerfG geäußert.[791] Namentlich ging es um die Frage nach der Verfassungsmäßigkeit des § 20k I S. 2 a.F. BKAG. Diese Vorschrift ließ

---

[791] BVerfGE 141, 220, 272 f.

verdeckte Eingriffe in informationstechnische Systeme (also „Online-Durchsuchung") auch dann zu, wenn sich noch nicht mit hinreichender Wahrscheinlichkeit feststellen lässt, dass ohne Durchführung der Maßnahme in näherer Zukunft ein Schaden eintritt, sofern bestimmte Tatsachen auf eine im Einzelfall durch bestimmte Personen drohende Gefahr für eines der in § 20k I S. 1 BKAG genannten Rechtsgüter (das sind Leib, Leben oder Freiheit einer Person oder solche Güter der Allgemeinheit, deren Bedrohung die Grundlagen oder den Bestand des Staates oder die Grundlagen der Existenz der Menschen berührt) hinweisen. Das BVerfG hat entschieden, dass heimliche Überwachungsmaßnahmen, die tief in das Privatleben hineinreichen, nur zum Schutz besonders gewichtiger Rechtsgüter zulässig sind. Hierzu gehörten Leib, Leben und Freiheit der Person sowie der Bestand oder die Sicherheit des Bundes oder eines Landes.[792] Der Schutz von Sachwerten sei hingegen nicht ausreichend gewichtig, um solche Maßnahmen zu rechtfertigen.[793] Auch was die Anforderung an die Gefahr betrifft, lassen sich der genannten Entscheidung wichtige Aussagen entnehmen. Die Erhebung von Daten durch heimliche Überwachungsmaßnahmen mit hoher Eingriffsintensität sei u.a. nur verhältnismäßig, wenn eine Gefährdung der genannten Rechtsgüter im Einzelfall hinreichend konkret absehbar sei.[794] Eine hinreichend konkretisierte Gefahr in diesem Sinne könne aber bereits dann bestehen, wenn sich der zum Schaden führende Kausalverlauf noch nicht mit hinreichender Wahrscheinlichkeit vorhersehen lässt, sofern bereits bestimmte Tatsachen auf eine im Einzelfall drohende Gefahr für ein überragend wichtiges Rechtsgut hinweisen. Die Tatsachen müssten dafür zum einen den Schluss auf ein wenigstens seiner Art nach konkretisiertes und zeitlich absehbares Geschehen zulassen, zum anderen darauf, dass bestimmte Personen beteiligt sein werden, über deren Identität zumindest so viel bekannt ist, dass die Überwachungsmaßnahme gezielt gegen sie eingesetzt und weitgehend auf sie beschränkt werden kann.[795]

673f Geht es um die Abwehr von terroristischen Straftaten, können nach der BKAG-Entscheidung des BVerfG Überwachungsmaßnahmen auch dann rechtmäßig sein, wenn zwar noch nicht ein seiner Art nach konkretisiertes und zeitlich absehbares Geschehen erkennbar ist, jedoch das individuelle Verhalten einer Person die konkrete Wahrscheinlichkeit begründet, dass sie solche Straftaten in überschaubarer Zukunft begehen wird. Denkbar sei das etwa, wenn eine Person aus einem Ausbildungslager für Terroristen im Ausland in die Bundesrepublik Deutschland einreist. Auch die Möglichkeit, dass von bisher nicht straffällig gewordenen Einzelnen an nicht vorhersehbaren Orten und in ganz verschiedener Weise terroristische Straftaten verübt werden können, genüge.[796] Dagegen werde dem Gewicht eines Eingriffs durch heimliche polizeirechtliche Überwachungsmaßnahmen nicht hinreichend Rechnung getragen, wenn der tatsächliche Eingriffsanlass noch weiter in das Vorfeld einer in ihren Konturen noch nicht absehbaren konkreten Gefahr für die Schutzgüter der Norm verlegt wird. Eine Anknüpfung der Einschreitschwelle an das Vorfeldstadium sei verfassungsrechtlich angesichts der Schwere des Eingriffs nicht hinnehmbar, wenn nur relativ diffuse Anhaltspunkte für mögliche Gefahren bestehen.[797]

673g Für die Verfassungskonformität der **polizeigesetzlichen „drohenden Gefahr"** folgt daraus: Geht es um die Abwehr von Gefahren des (internationalen) Terrorismus, können heimliche Überwachungsmaßnahmen wie Wohnraumüberwachung, Online-Durchsuchung, Telekommunikationsüberwachung, Telekommunikationsverkehrsdatenerhe-

---

[792] BVerfGE 141, 220, 270 mit Verweis auf BVerfGE 120, 274, 328; 125, 260, 330.
[793] BVerfGE 141, 220, 270.
[794] BVerfGE 141, 220, 271 mit Verweis auf BVerfGE 120, 274, 328 f.; 125, 260, 330 f.
[795] BVerfGE 141, 220, 272 mit Verweis auf BVerfGE 120, 274, 328 f.; 125, 260, 330 f.
[796] BVerfGE 141, 220, 272 f.
[797] BVerfGE 141, 220, 273.

bung und die Überwachung außerhalb von Wohnungen mit besonderen Mitteln der Datenerhebung (etwa die elektronische Aufenthaltsüberwachung) trotz Vorliegens lediglich einer drohenden Gefahr zulässig sein. Es müssen aber Tatsachen vorliegen, die zum einen den Schluss auf ein wenigstens seiner Art nach konkretisiertes und zeitlich absehbares Geschehen zulassen, zum anderen darauf, dass bestimmte Personen beteiligt sein werden, über deren Identität zumindest so viel bekannt ist, dass die Überwachungsmaßnahme gezielt gegen sie eingesetzt und weitgehend auf sie beschränkt werden kann. Unter gebotener verfassungskonformer Auslegung können auch „traditionelle" Standardmaßnahmen wie Durchsuchung und Gewahrsamnahme zulässig sein. Für alle Maßnahmen gilt aber: Die gebotene verfassungskonforme Auslegung ist zudem anhand der in Art. 11 III S. 1 BayPAG in 2 Nummern genannten und an die Kriterien des BKAG-Urteils des BVerfG angelehnten Ableitungsvoraussetzungen vorzunehmen. Es muss also im Einzelfall

- das individuelle Verhalten einer Person die konkrete Wahrscheinlichkeit begründen
- oder Vorbereitungshandlungen müssen für sich oder zusammen mit weiteren bestimmten Tatsachen den Schluss auf ein seiner Art nach konkretisiertes Geschehen zulassen,

wonach in absehbarer Zeit Angriffe von erheblicher Intensität oder Auswirkung zu erwarten sind. Immerhin sieht das BayPAG für die schwerwiegenden verdeckten Datenerhebungen eine vorherige richterliche Entscheidung vor (siehe etwa Art. 36 IV S. 1 BayPAG hinsichtlich der besonderen Mittel der Datenerhebung, Art. 42 VI S. 1 BayPAG hinsichtlich der Telekommunikationsüberwachung und Art. 45 III S. 1 BayPAG hinsichtlich der Online-Durchsuchung und Quellen-TKÜ), wenngleich bei Gefahr im Verzug die Anordnungsbefugnis auf die höhere Exekutivebene übergeht (Art. 36 IV S. 2 und 3 BayPAG) und nicht alle Befugnisnormen der Abwehr von Terrorismusgefahren dienen. Gerechtfertigt können diese Maßnahmen schließlich nur dann sein, wenn der unantastbare Kernbereich privater Lebensgestaltung gewahrt bleibt und bestimmte Verfahrenssicherungen eingehalten werden (Richtervorbehalt, zeitliche Grenzen, Löschungspflichten etc.).

Außerhalb dieses qualifizierten Rechtsgüterschutzes dürfte bei Vorliegen einer bloßen nur drohenden Gefahr ein polizeiliches Einschreiten kaum zulässig sein. **673h**

h.) Gefahr im Verzug

> **Gefahr im Verzug** liegt (bei Wohnungsdurchsuchungen) vor, wenn die vorherige Einholung der richterlichen Anordnung den Erfolg der Durchsuchung gefährden würde.[798] **674**

Das Vorliegen einer Gefahr im Verzug macht z.B. bei der Durchsuchung einer Wohnung die an sich erforderliche vorherige Einholung eines richterlichen Durchsuchungsbeschlusses entbehrlich (vgl. Art. 13 II GG). Nach der aktuellen Rspr. des BVerfG muss aber im Rahmen des Möglichen gewährleistet sein, dass die Regelzuständigkeit des Richters für die Durchsuchungsanordnung bestehen bleibt. Das Vorliegen von „Gefahr im Verzug" könne nicht durch Spekulationen begründet werden; es müssten vielmehr auf den Einzelfall bezogene Tatsachen vorliegen. Auch reiche die bloße Möglichkeit eines Beweismittelverlusts nicht aus. Die Voraussetzungen für die Eilzuständigkeit dürften nicht durch ein Abwarten seitens der Strafverfolgungsbehörde selbst herbeigeführt werden. Diese müsste regelmäßig zunächst versuchen, einen Richter zu erreichen. Die Gerichte wiederum müssten die Erreichbarkeit des diensthabenden Ermitt-

---

[798] So BVerfGE 103, 142, 150 ff. unter Bezugnahme auf BVerfGE 57, 91, 111; BVerwGE 28, 285, 291; vgl. auch *Kunig*, in: v. Münch/Kunig, GG, Art. 13 Rn 32.

lungsrichters gewährleisten.⁷⁹⁹ Zu beachten ist allerdings, dass die Rspr. zur strafprozessualen Wohnungsdurchsuchung ergangen ist und nicht ohne weiteres auf das präventivpolizeiliche Betreten und Durchsuchen übertragen werden kann. Im Rahmen einer effektiven Gefahrenwehr muss die Annahme von Gefahr im Verzug eher möglich sein als im Rahmen der Strafverfolgung. Außerdem ergeben sich akute Gefahrensituationen zumeist gerade erst vor Ort und erfordern sofortiges Handeln. Außerhalb von Wohnungsdurchsuchungen sollte Gefahr im Verzug angenommen werden, wenn bei Unterlassung des sofortigen Einschreitens ein Schaden eintreten würde. Damit besteht eine nicht zu leugnende inhaltliche Nähe zur gegenwärtigen Gefahr.

i.) Latente Gefahr

In den Polizeigesetzen nicht genannt ist schließlich die sog. latente Gefahr.

675 Nach allgemeiner Auffassung geht es bei einer **latenten Gefahr** um eine „schwelende" oder „schlummernde" Gefahr, also um eine Gefahr, die zwar vorhanden, aber derzeit noch nicht bemerkbar ist, sondern erst nach Hinzutreten weiterer Umstände zur bestehenden Gefahr wird.⁸⁰⁰

Beispiel: Seit Jahren betreibt S eine ordnungsgemäß genehmigte und errichtete Schweinemästerei kurz hinter der Grenze des unbeplanten Innenbereichs (§ 34 BauGB) zum Außenbereich (§ 35 BauGB). Da sich bislang in der Nähe keine Wohnbebauung befand, hat sich auch noch niemand über etwaige Geruchsbelästigungen beschwert. Im Zuge einer Ausdehnung der Wohnbebauung werden nun in der Nachbarschaft (aber noch innerhalb des unbeplanten Innenbereichs) Wohnhäuser errichtet, deren Bewohner durch die von der Schweinemästerei ausgehende Geruchsbelästigung in erheblichem Maße in ihrem körperlichen Wohlbefinden beeinträchtigt werden.

In Fällen dieser Art soll sich nach der h.M. der zunächst nur latent bestehende Gefahrzustand durch das Heranrücken der Wohnbebauung aktualisiert haben, sodass nunmehr gegenüber dem Schweinemäster – soweit es sich nicht um eine nach Bundesimmissionsschutzrecht genehmigungspflichtige Anlage handelt – gem. § 24 BImSchG nachträgliche Anordnungen erlassen werden können, um die Erfüllung umweltrechtlicher Vorgaben zu gewährleisten. Fraglich ist, ob der Schweinemäster (bis dahin) nicht als Störer in Anspruch genommen werden kann. In den überwiegenden Fällen wird der Inhaber eines immittierenden Betriebs aufgrund der Situationsgebundenheit des Eigentumsschutzes nicht auf Dauer mit der Freihaltung der näheren Umgebung von der Wohnbebauung rechnen können, sodass er auf Beseitigung der Störung (das BImSchG spricht von „schädlichen Umwelteinwirkungen") in Anspruch genommen werden kann.⁸⁰¹

676 Zu beachten ist jedoch, dass die Fälle der latenten Gefahr aufgrund ihrer „Aufschiebbarkeit" nur im Zuständigkeitsbereich der Ordnungsbehörden (insbesondere der Bau- und Umweltbehörden) relevant werden können, denn der Polizeivollzugsdienst ist – wie gezeigt – nur in „unaufschiebbaren" Fällen zuständig (sog. Eilfallkompetenz). Daraus folgt: Der Polizeivollzugsdienst kann terminologisch kaum zur Abwehr einer latenten Gefahr zuständig sein. Die Veränderung der Umwelt kann nicht so schnell erfol-

---

⁷⁹⁹ Vgl. BVerfGE 103, 142, 150 ff. (Durchsuchung der Wohnung eines Polizisten wegen Verdachts der Bestechlichkeit ohne vorherige richterliche Durchsuchungsanordnung). Vgl. dazu auch Rn 282/543/674.
⁸⁰⁰ Vgl. auch *Schenke*, POR, Rn 79 i.V.m. 249.
⁸⁰¹ *Schenke*, POR, Rn 250. Ähnlich dürfte der Fall zu entscheiden sein, in dem eine Person seit Jahrzehnten an einer Bundesstraße eine ordnungsgemäß genehmigte und errichtete Tankstelle betreibt. Sollte sich aufgrund des extrem gesteigerten Verkehrsaufkommens auf der Bundesstraße durch das Ein- und Ausfahren im Bereich der Tankstelle eine Gefahr für die Sicherheit und Leichtigkeit des Straßenverkehrs ergeben, wird der Tankstellenbetreiber zum „Störer" (so *Schenke*, POR, Rn 250; *Knemeyer*, POR, Rn 327; anders OVG Lüneburg OVGE 12, 396: kein Störer; *Götz/Geis*, POR, § 9 Rn 37: Zweckveranlasser), sodass ihm der weitere Betrieb der Tankstelle untersagt werden kann. Aber auch hier dürfte ein Entschädigungsanspruch – diesmal in analoger Anwendung der Vorschriften über die Entschädigung beim Widerruf von Baugenehmigungen – in Frage kommen.

bb. Störung und Schaden
a.) Störung als realisierte Gefahr

Abzugrenzen ist die Gefahr von der **Störung**. Bei ihrem Vorliegen hat sich die Gefahr bereits realisiert. Im Grundsatz lässt sich daher sagen: Die Gefahrenabwehr dient *präventiv* der Verhinderung eines für hinreichend wahrscheinlich gehaltenen Schadens. Eine eingetretene Störung wird hingegen *repressiv* beseitigt. Dennoch gehört auch die *Störungs*beseitigung zur Gefahrenabwehr, soweit von der eingetretenen Sachlage weiterhin eine in die *Zukunft wirkende Gefährdung* ausgeht.[802]

677

> **Beispiel:** A parkt seinen Wagen vor einer Feuerwehrausfahrt. Der gerade vorbeikommende Polizist fordert A auf, das Fahrzeug sofort umzusetzen.

In diesem Fall hat A bereits gegen eine Vorschrift der objektiven Rechtsordnung verstoßen, namentlich gegen § 12 I Nr. 5 StVO. Die mit dem Zuparken einer Feuerwehrausfahrt verbundene Gefahr hat sich damit realisiert. Soweit die Rechtsgutverletzung aber noch andauert und mit (weiteren) Gefahren zu rechnen ist (etwa dergestalt, dass die Feuerwehr nicht rechtzeitig zum Einsatzort gelangen kann), ermächtigt das Polizeirecht auch dann zur Abwehr von Störungen, wenn in der einschlägigen Befugnisnorm ausdrücklich nur die Gefahr erwähnt ist. A muss das Umsetzungsgebot beachten.

b.) Schaden

Schaden i.S.d. Polizeirechts bedeutet die Verletzung eines polizeirechtlich geschützten Rechtsguts.

678

Von einer Minderung im dargelegten Sinn kann aber erst gesprochen werden, wenn die (zu erwartende) Beeinträchtigung einen bestimmten Intensitätsgrad erreicht. Eine bloße Belästigung, Unbequemlichkeit oder Geschmacklosigkeit reicht für einen polizeilichen Eingriff nach der Generalklausel nicht aus.[803]

cc. Gefahrenlagen
a.) Objektive Gefahrenlage

Das Einschreiten zur Gefahrenabwehr setzt grundsätzlich eine **objektiv bestehende Gefahrensituation** voraus (siehe bereits Rn 657). Bei objektiver Betrachtung *ex ante* muss i.S.d. Begriffsbestimmung einer Gefahr die Wahrscheinlichkeit des Schadenseintritts bejaht werden können. Dabei braucht die Polizei aber nicht zu warten, bis sich die Situation so weit zugespitzt hat, dass sie den Eintritt eines Schadens nicht mehr verhindern kann. Anderenfalls wäre eine effektive Gefahrenabwehr kaum möglich. Der vorgefundene Sachverhalt (Lagebeurteilung) muss aber fehlerfrei gewürdigt werden und zu einer zutreffenden Einschätzung (Prognose) führen.

679

> **Beispiel:** Bei einem „public viewing" hat T zu viel getrunken. Dennoch hat er gegenüber Freunden geäußert, er wolle nun mit seinem Wagen nach Hause fahren. Den Freunden gelingt es aber nicht, T dies auszureden. Daher informieren sie den Polizisten P, der am Rande der Veranstaltung „Wache hält". P spricht daraufhin den T an und will

---

[802] Vgl. in diesem Sinn auch die Begründung zu § 8 I MEPolG (Befugnisgeneralklausel), wonach zur Abwehr einer Gefahr auch die Beseitigung einer bereits eingetretenen Störung gehört. Eine Störung sei nämlich unter dem Gesichtspunkt präventiven Handelns der Polizei nur dann relevant, wenn von ihr eine in die Zukunft wirkende Gefährdung ausgehe. Dann aber liege eine Gefahr vor, sodass die Beseitigung einer bereits eingetretenen Störung nicht besonders erwähnt werden müsse.
[803] Demgegenüber schützt z.B. § 3 I BImSchG auch vor „erheblichen Belästigungen".

sich über dessen Absicht erkundigen. Doch T zeigt sich wenig kooperativ. Daher untersagt P dem T den Fahrtantritt, durchsucht T nach dem Wagenschlüssel und stellt diesen sicher.

Hier hatte P Grund zur Annahme, dass T im fahruntüchtigen Zustand das Kfz führen würde. Die damit einhergehende Befürchtung einer Schadensverwirklichung ist rechtlich ebenfalls nicht zu beanstanden. Denn ausgehend von den Äußerungen des T konnte P mit einem entsprechenden Verhalten des T rechnen. Da es um den Schutz hochwertiger Rechtsgüter (Verwirklichung von Schutzgütern der *objektiven Rechtsordnung*: §§ 316, 315c I Nr. 1a, 229, 222 StGB; *subjektive Rechte des Einzelnen*: körperliche Unversehrtheit (Art. 2 II S. 1 GG) ging, brauchte P nicht zu warten, bis sich ein Schaden an polizeilichen Schutzgütern realisiert. Er durfte die genannten Maßnahmen ergreifen.

b.) Subjektive Gefahrenlage (Anscheinsgefahr; Scheingefahr)

680 Nicht selten kommen Fälle vor, in denen die Umstände auf eine Gefahrsituation hindeuten, sodass eine Gefahr für ein Schutzgut angenommen wird, obwohl **objektiv keine Gefahr** besteht. Der Amtswalter bzw. Polizeibeamte glaubt aber, es liege eine Gefahr vor. Von dieser Prämisse ausgehend ergeben sich folgende Gefahrenlagen:

aa.) Anscheinsgefahr

681 Das Einschreiten zur Gefahrenabwehr setzt grundsätzlich eine **objektiv bestehende Gefahrensituation** voraus. Da eine solche definitiv erst nach dem Einschreiten bzw. bei Gefahrverwirklichung (d.h. bei Störungseintritt) festgestellt werden kann („Wissen kann man immer erst hinterher"), die Polizei jedoch zur *Verhinderung* einer Störung tätig werden muss, braucht sie folgerichtig nicht zu warten, bis sich die Gefahrenlage bis zum Äußersten zuspitzt, bevor sie (möglicherweise zu spät) eingreift. Der Sachverhalt muss lediglich fehlerfrei gewürdigt werden und zu einer zutreffenden Einschätzung führen. Maßgeblich kann daher nur eine objektive Betrachtung eines **gewissenhaften, besonnenen und sachkundigen** Polizeibeamten *ex ante* sein: Stellt sich nachträglich heraus, dass eine Gefahrensituation nicht bestand, ändert dies nichts an der Rechtmäßigkeit des Einsatzes. Man spricht in diesem Zusammenhang von einer Anscheinsgefahr.

682 Unter einer **Anscheinsgefahr** versteht man eine Sachlage, bei der die Gefahrenabwehrbehörde im Zeitpunkt ihres Handelns bei verständiger Würdigung der objektiven Anhaltspunkte eine Gefahrenlage annehmen durfte, obgleich sich nachträglich herausstellt, dass eine Gefahr in Wirklichkeit nicht vorlag.[804]

683 Obwohl letztlich keine wirkliche Gefahr besteht, ist nach h.M. die Anscheinsgefahr gefahrenabwehrrechtlich (d.h. auf der Primärebene) der **objektiven Gefahrenlage gleichgestellt**. Die Gleichstellung mit der objektiven Gefahrenlage beruhe auf der genannten *Ex-ante*-Sicht der Gefahrenbeurteilung und der Funktion des Gefahrenabwehrrechts, das eine wirksame Unterbindung des Geschehensablaufs verlange und die Behörden nicht etwa zu tatenlosem Zusehen verpflichte, bis es zur Vermeidung des Schadens (möglicherweise) zu spät sei. Daher ergäben sich auch keine Einschränkungen. Die Gefahrenabwehrbehörden könnten wie bei der objektiven Gefahrenlage einschreiten und Gefahrenabwehrmaßnahmen ergreifen.[805]

Beispiel: Über Funk bekamen die Polizeivollzugsbeamten A und B die Information, ein Mieter eines mehrere Wohnungen umfassenden Mietshauses in der Hamburger Straße habe bei der Wache angerufen und lautstarkes Geschrei sowie Gepolter in der über ihm

---

[804] Allg. Auffassung, vgl. VGH Mannheim BWVBl 2005, 231 f.; *Beaucamp*, JA 2009, 279, 282; *Waldhoff*, JuS 2013, 189 f.
[805] Vgl. BVerwGE 45, 51, 58; VGH Mannheim BWVBl 2005, 231, 232; *Puttler*, JA 2001, 669, 674; *Poscher*, NVwZ 2001, 141, 143; *Jahn*, JA 2000, 79, 83; *Schlink*, Jura 1999, 169; *Schenke*, POR, Rn 80 f.

gelegenen Wohnung gemeldet. Er sei der Auffassung, dass dort wieder einmal körperliche Übergriffe des stets betrunkenen Ehemanns auf seine Frau stattfänden. Daraufhin begaben sich A und B zu der Wohnung. Sie klopften mehrmals an die Tür und forderten die in der Wohnung vermuteten Personen auf, die Tür zu öffnen. Als diese nicht geöffnet wurde und sich im Übrigen das Geschrei noch verstärkte, waren A und B der Auffassung, keine Sekunde länger warten zu dürfen, um ein Unglück noch verhindern zu können. Sie traten die Tür ein und gingen in die Wohnung. Dort trafen sie auf den Mann M, der offenbar völlig betrunken vor dem laufenden Fernseher eingeschlafen war. Im Fernsehen lief gerade ein Milieudrama. Die Lautstärke des Fernsehgeräts hatte M zuvor hochgedreht, da die Batterien seines Hörgeräts leer waren. M´s Frau war nicht zu Hause; sie hatte gerade Dienst an der Kasse im nahe gelegenen Supermarkt. Das vom Nachbarn gemeldete Gepolter rührte offenbar vom Lampenständer, den M im Delirium umgestoßen hatte.

Die <u>Aufforderung, die Tür zu öffnen</u>, könnte sich auf die polizeiliche Befugnisgeneralklausel gestützt haben. Jedoch bedarf es einer Rechtfertigung nur dann, wenn ein (Grund-) Rechtseingriff vorliegt. Daran fehlt es vorliegend. M schlief. Er bekam das Klopfen an der Tür und die Aufforderung, diese zu öffnen, nicht mit. Er war nicht beschwert und konnte diesbezüglich daher auch nicht in seinen Grundrechten beeinträchtigt sein.

Die Aufforderung, die Tür zu öffnen, könnte aber beim <u>Eintreten der Tür</u> relevant werden. Diese Art der Gewalteinwirkung war eine Form des unmittelbaren Zwangs und griff in Art. 14 I GG ein. Als Rechtsgrundlage kommen die Vorschriften des unmittelbaren Zwangs im sog. gestreckten Verwaltungszwangsverfahren in Betracht.

Der Zwang im gestreckten Verfahren (auf Bundesebene vgl. § 6 I VwVG) setzt eine vollstreckbare Grundverfügung voraus. Daran könnte es vorliegend fehlen, weil die Aufforderung der Beamten, die Tür zu öffnen, von M nicht wahrgenommen wurde, ein Verwaltungsakt zu seiner Wirksamkeit jedoch der Bekanntgabe bedarf (§ 43 I S. 1 VwVfG). Der Begriff der Bekanntgabe ist gesetzlich nicht bestimmt. Es ist jedoch gesicherte Rechtsauffassung, dass die Bekanntgabe eines Verwaltungsakts Zugang desselben voraussetzt. Der Begriff des Zugangs von Verwaltungsakten orientiert sich wiederum an dem Begriff des Zugangs von Willenserklärungen nach bürgerlichem Recht.[806] Danach wird eine empfangsbedürftige Willenserklärung nicht bereits mit ihrer Abgabe, sondern gem. § 130 I S. 1 BGB erst dann wirksam, wenn sie dem (abwesenden) Erklärungsempfänger zugeht. Eine Erläuterung, was unter „Zugang" zu verstehen ist, enthält aber auch das BGB nicht. Aus seiner Entstehungsgeschichte wird nur so viel deutlich, dass für das Wirksamwerden der Erklärung weder die bloße Entäußerung seitens des Erklärenden ausreicht noch die tatsächliche Kenntnisnahme durch den Adressaten erforderlich sein soll. Daher wird man einen Mittelweg gehen und fordern müssen, dass die Verantwortlichkeiten und Risiken bei der Übermittlung von Willenserklärungen sachgerecht zwischen Absender und Empfänger verteilt werden müssen: Der *Absender* muss die Erklärung dem Empfänger derart nahebringen, dass dieser sie unter normalen Umständen zur Kenntnis nehmen kann. Es ist dann Sache des *Empfängers*, die ihm gebotene Möglichkeit der Kenntnisnahme auch zu nutzen. Dementsprechend ist eine Erklärung zugegangen, wenn sie derart in den Machtbereich (Herrschaftsbereich) des Adressaten gelangt ist, dass dieser unter normalen Umständen die Möglichkeit hat, von ihr Kenntnis zu nehmen.[807] Auf eine tatsächliche Kenntnisnahme kommt es nicht an.

Das Klopfen an die Tür und die Aufforderung, diese zu öffnen, waren in den Machtbereich des M gelangt. Unter normalen Umständen hatte er auch die Möglichkeit, von der Aufforderung Kenntnis zu nehmen. Dass M in der konkreten Situation nicht in der Lage

---

[806] *Kopp/Ramsauer*, VwVfG, § 41 Rn 7c; *Maurer/Waldhoff*, AllgVerwR, § 9 Rn 69.
[807] *Kopp/Ramsauer*, VwVfG, § 41 Rn 7c; *Maurer/Waldhoff*, AllgVerwR, § 9 Rn 69. Aus dem Zivilrecht vgl. BGH NJW 2004, 1320 f.; BGHZ 137, 205, 208; *Lettl*, JA 2003, 948, 950; *Köhler*, BGB AT, 43. Aufl. 2019, § 6 Rn 13; *Medicus/Petersen*, BGB AT, 11. Aufl. 2016, Rn 274; *R. Schmidt*, BGB AT, 18. Aufl. 2019, Rn 333.

war, die Aufforderung zur Kenntnis zu nehmen, lag außerhalb der „normalen" Umstände.

Dieser Befund entspricht auch der Rspr. des BVerwG zu den Verkehrszeichen. Das Gericht hat entschieden, dass die Bekanntgabe von Verkehrszeichen allein durch deren Aufstellung dergestalt erfolge, dass ein durchschnittlicher Verkehrsteilnehmer Kenntnis nehmen könne. Auf die tatsächliche Kenntnisnahme komme es nicht an.[808]

Dass es sich bei M um eine anwesende, nicht um eine abwesende Person handelte, ändert an diesem Ergebnis nichts. Denn entsprechend dem Gedanken des Zugangs von Willenserklärungen unter Abwesenden genügt es auch für das Wirksamwerden von Willenserklärungen unter Anwesenden, wenn für den Erklärenden vernünftigerweise keine Zweifel bestehen konnten, dass seine Erklärung richtig und vollständig vernommen wurde. Im Interesse einer effektiven – und objektiv erforderlichen – Gefahrenabwehr muss demjenigen, der besondere, dem Erklärenden nicht erkennbare, Schwierigkeiten mit der Vernehmung hat, im Rahmen des Übermittlungskontakts eine gewisse Mitverantwortung für den Verständigungsvorgang zugemutet werden. Nach dieser im Zivilrecht ganz herrschenden und auf den Zugang von Verwaltungsakten übertragbaren sog. eingeschränkten Vernehmungstheorie ist der Zugang einer mündlichen Erklärung daher dann anzunehmen, wenn der Erklärende nach den für ihn erkennbaren Umständen davon ausgehen durfte, dass der Empfänger die Erklärung richtig und vollständig verstanden hat, auch wenn dies tatsächlich nicht der Fall war.

Wurde demnach die Aufforderung, die Tür zu öffnen, bekannt gegeben, konnte sie als vollstreckbare Grundverfügung für den unmittelbaren Zwang fungieren.[809]

Fraglich ist jedoch, ob eine Gefahr vorlag. Daran könnte gezweifelt werden, da sich ja im Nachhinein herausgestellt hat, dass eine objektive Gefahrenlage nicht vorlag und dass die Annahme einer Gefahr damit objektiv unzutreffend war. Dies war A und B allerdings nicht bewusst. Bei verständiger Würdigung der objektiven Anhaltspunkte durften sie allerdings im Zeitpunkt ihres Handelns eine Gefahrenlage annehmen.[810] Gefahrenabwehrrechtlich (d.h. auf der Primärebene) ist diese sog. Anscheinsgefahr der objektiven Gefahrenlage gleichgestellt, denn obwohl ein Wahrscheinlichkeitsurteil subjektive Elemente aufweist, ist die Prognose dahingehend objektiviert, dass es auf die Einschätzung eines gewissenhaften, besonnenen und sachkundigen Amtswalters ankommt.[811] Der maßgebliche Rechtsgrund für die Gleichstellung mit der objektiven Gefahrenlage liegt in der Ex-ante-Sicht der Gefahrenbeurteilung und in der Funktion des Gefahrenabwehrrechts, das eine wirksame Unterbindung des Geschehensablaufs verlangt und die Behörden nicht etwa auf tatenloses Zusehen verpflichtet, bis es zur Vermeidung des Schadens zu spät ist. Daher ergibt sich auch keine begrenzte Befugnis: Aufgrund dieser gefahrenabwehrrechtlichen Zuordnung sind die Behörden nicht darauf beschränkt, bspw. lediglich Maßnahmen zur Aufklärung des Sachverhalts (sog. Gefahrerforschungseingriffe wie beim Vorliegen eines Gefahrenverdachts) zu ergreifen. Sie können wie bei der objektiven Gefahrenlage Gefahrenabwehrmaßnahmen ergreifen.[812] Da M zudem die Gefahr dem Anschein nach verursacht hat, war er als Anscheinsstörer richtiger Adressat der Maßnahmen.[813]

---

[808] BVerwGE 112, 316, 318 ff.
[809] Dasselbe hätte gegolten, wenn M überhaupt nicht zu Hause gewesen wäre. Auch hier wäre der Zugang fingiert worden, weil zugunsten einer effektiven Gefahrenabwehr ein objektiver Maßstab zugrunde zu legen ist.
[810] Vgl. *Puttler*, JA 2001, 669, 674; *Poscher*, NVwZ 2001, 141, 143; *Jahn*, JA 2000, 79, 83.
[811] Vgl. *Schlink*, Jura 1999, 169; *Jahn*, JA 2000, 79, 83; *Schenke*, POR, Rn 80 ff.
[812] Die Gefahrenabwehrmaßnahme wird also nicht dadurch rechtswidrig, dass sich später (gerichtlich) herausstellt, dass objektiv keine Gefahr vorgelegen hat. Vgl. dazu auch BVerfGE 103, 142, 150 ff. (Durchsuchung der Wohnung eines Polizisten wegen Verdachts der Bestechlichkeit ohne vorherige richterliche Durchsuchungsanordnung).
[813] In der Fallbearbeitung müssen die genannten Maßnahmen selbstverständlich ausführlich geprüft werden. Insbesondere wegen des hohen Schutzguts *Unverletzlichkeit der Wohnung* (Art. 13 I GG) bedarf die Polizei beim Betreten einer Wohnung besonderer Rechtfertigungsgründe, die vorliegend jedoch gegeben waren. Vgl. dazu im Einzelnen Rn 510 ff.

684 Die Unterscheidung der Anscheinsgefahr von der objektiven Gefahrenlage (und schließlich auch vom Gefahrenverdacht, vgl. dazu sogleich Rn 685) ist nicht zwingend. *Götz/Geis*[814] wollen auf die Figur der Anscheinsgefahr vollständig verzichten. Fallanalysen ergäben, dass die jeweilige Situation befriedigend entweder als Gefahrenverdacht oder als „echte" Gefahr qualifiziert werden könne. Bei isolierter Betrachtung der Primärebene (Gefahrenabwehr) kann dem sicherlich zugestimmt werden. Allerdings steht der Terminus „Anscheinsgefahr" nicht allein dafür, dass die Verwaltung eine bestimmte Situation *ex ante* als gefährlich einstufen durfte, sondern er beinhaltet darüber hinaus die Information, dass - im Unterschied zur objektiven Gefahr - *ex post* feststeht, dass in Wirklichkeit keine Gefahr vorhanden war. Diesen Umstand übersehen *Götz/Geis*. Er ist aber wichtig für die Beurteilung entschädigungsrechtlicher Fragen, die nicht notwendigerweise mit der gefahrenabwehrrechtlichen Einschätzung identisch ist. Daher ist die Anscheinsgefahr rechtsdogmatisch sehr wohl von der objektiven Gefahrenlage zu unterscheiden, auch wenn Anscheinsgefahr und objektive Gefahrenlage gefahrenabwehrrechtlich gleichgestellt sind.

685 Die gefahrenabwehrrechtliche Gleichstellung der Anscheinsgefahr mit der objektiven Gefahrenlage ist mit Blick auf eine effektive Gefahrenabwehr zumindest dann nachvollziehbar, wenn der in Anspruch Genommene selbst den vermeintlichen Gefahrenzustand hervorgerufen hat. Beruht der Anschein einer Gefahr aber auf Fehlern in der behördlichen Informationsgewinnung, stellt sich die Frage, ob dieser Fehler noch zulasten des Bürgers gehen kann.

> **Beispiel**[815]: O wurde wegen verschiedener Delikte (u.a. wegen illegalen Sprengstoffbesitzes) in die zentrale Fahndungsdatei INPOL (dazu Rn 362 ff.) eingetragen. Später stellte ein Gericht die Rechtswidrigkeit der Eintragung fest. Doch die Polizeidienststelle, die für die Datenpflege zuständig war, löschte die Daten des O nicht aus der Datei. Einige Monate später wurde O von der Polizei gefahrenabwehrrechtlich in Anspruch genommen, indem man seine Wohnung durchsuchte. Dabei stützte die Polizei ihre Maßnahmen maßgeblich auf Erkenntnisse, die sie aus dem INPOL gewonnen hatte.
>
> In diesem Fall ist klar, dass O die Gefahr nicht verursacht hat. Stellt man auf die Sicht der konkret handelnden Beamten ab, war die Wohnungsdurchsuchung gleichwohl rechtmäßig. Denn diese durften aufgrund der ihnen vorliegenden Anhaltspunkte vom Vorliegen einer objektiven Gefahrensituation ausgehen (Fall der Anscheinsgefahr). Stellt man aber auf die Sicht der Polizei als Gesamtheit ab, ist die Annahme einer Anscheinsgefahr fraglich. Denn dann hat die Polizei durch die Nichtlöschung fehlerhafter Daten selbst den Anschein einer Gefahr gesetzt. Dann handelte es sich um eine irrige Annahme einer Gefahr, wobei die Fehleinschätzung auf einer unvertretbaren und damit pflichtwidrigen Einschätzung der Situation beruhte (sog. Schein- oder Putativgefahr, dazu sogleich Rn 687 ff.) mit dem Ergebnis, dass die Wohnungsdurchsuchung rechtswidrig war.
>
> Der VGH Mannheim hat auf die Sicht der handelnden Beamten abgestellt und eine Anscheinsgefahr angenommen, die zum Einschreiten berechtigt habe. Dass eine andere Polizeieinheit es pflichtwidrig versäumt habe, die fehlerhaften Daten zu löschen, könne nicht den handelnden Beamten zur Last gelegt werden.[816]
>
> Bewertung: Die Auffassung des VGH ist bedenklich. Denn die Entscheidung bedeutet, dass der Bürger das Risiko eines fehlerhaften Informationsprozesses zwischen den Polizeibehörden zu tragen hat. Eine solche Annahme kann vor dem Rechtsstaatsprinzip keinen Bestand haben.

---

[814] *Götz/Geis*, POR, § 6 Rn 39.
[815] In Anlehnung an VGH Mannheim BWVBl 2005, 231 f.
[816] VGH Mannheim BWVBl 2005, 231, 232 ff.

Sofern Polizeimaßnahmen in Grundrechte eingreifen, kann der betroffene Bürger vom Staat verlangen, nicht in Anspruch genommen zu werden, wenn *die Polizei selbst* den Anschein einer Gefahr verursacht hat. Die entgegenstehende Entscheidung des VGH Mannheim ist mit dem Rechtsstaatsprinzip nicht vereinbar.

686 Unabhängig von dieser Problematik stellt sich die Frage, ob derjenige, der rechtmäßig als Anscheinsstörer in Anspruch genommen wurde, wenigstens einen **Entschädigungsanspruch** hat. Die Vorschriften der Polizeigesetze kennen nur eine Entschädigung für den sog. Nichtstörer bzw. für jemanden, der durch eine rechtswidrige Maßnahme der Polizei einen Schaden erleidet, nicht aber für den Anscheinsstörer (vgl. Rn 776 ff.). Da aber auch bei der Anscheinsgefahr in Wirklichkeit keine Gefahr besteht und auch der Anscheinsstörer daher (zumindest kostenrechtlich) kein Störer sein kann, ist anerkannt, die Vorschriften über die Entschädigung eines Nichtstörers analog auf den Anscheinsstörer anzuwenden.[817] Ein Entschädigungsanspruch ist aber eingeschränkt, wenn der Anscheinsstörer den Anschein einer Gefahr schuldhaft und zurechenbar (mit-)verursacht hat. Je nach Umfang der Schwere der Mitverursachung kann es sogar zu einem völligen **Ausschluss der Entschädigung** kommen.

bb.) Putativgefahr (Scheingefahr)

687 Wie bereits dargestellt, zweifelt der Polizist bei der *Anscheinsgefahr* aufgrund der objektiven Anhaltspunkte nicht an einer Gefahr, obwohl diese objektiv nicht besteht; er geht aber in vertretbarer Weise vom Vorhandensein einer objektiven Gefahrenlage aus. In diesem Punkt ist die Anscheinsgefahr von der sog. *Putativgefahr* abzugrenzen. Bei dieser besteht zwar ebenfalls keine objektive Gefahrenlage, obwohl der handelnde Beamte eine solche annimmt. Während die Anscheinsgefahr aber die sachgerechte und sorgfältige Sachverhaltswürdigung zur Grundlage hat, beruht die Putativgefahr auf einer **pflichtwidrigen und damit nicht vertretbaren** Einschätzung der Situation. Die bloße Scheingefahr kann daher – anders als die Anscheinsgefahr – nicht der objektiv gegebenen Gefahr gleichgestellt werden. Gefahrenabwehrmaßnahmen sind mithin nicht zulässig. Sollten solche gleichwohl getroffen werden, sind sie rechtswidrig. Dem Betroffenen stehen Entschädigungsansprüche zu (vgl. Rn 1013 ff.). Für die Fallbearbeitung bietet sich folgende Subsumtionsgrundlage an:

688 Unter **Putativgefahr (Scheingefahr)** versteht man die irrige Annahme einer Gefahr, wobei die Fehleinschätzung auf einer unvertretbaren und damit pflichtwidrigen Einschätzung der Situation beruht.

c.) Gefahrenverdacht (Verdachtsgefahr)

689 Bei der *Anscheinsgefahr* wurde gesagt, dass diese vorliege, wenn der Beamte irrig, aber bei verständiger Würdigung der Sachlage und damit in vertretbarer Weise davon ausgeht, es liege eine objektive Gefahrenlage vor. Daher konnte bei Rn 681 ff. die Feststellung getroffen werden, dass die Anscheinsgefahr der objektiven Gefahrenlage gleichzusetzen sei und die Polizei die Befugnis habe, Gefahrenabwehrmaßnahmen zu ergreifen. Demgegenüber ist im Fall des *Gefahrenverdachts* aufgrund einer unklaren Diagnose des Sachverhalts und/oder aufgrund einer unsicheren Prognose des weiteren Geschehensablaufs unklar, ob überhaupt eine Gefahr gegeben ist. Es liegen lediglich **Anhaltspunkte vor, die den *Verdacht* einer Gefahr** begründen. Diese Anhaltspunkte genügen jedoch noch nicht, um bei verständiger Würdigung der Sachlage von einer konkreten Gefahr auszugehen; der Beamte hat lediglich den *Verdacht einer Gefahr* (daher auch der Begriff „Gefahrenverdacht").[818]

---

[817] Vgl. etwa *Schlink*, Jura 1999, 169; *Wernsmann*, JuS 2002, 582, 584.
[818] Siehe auch *Schenke*, JuS 2018, 505, 508.

Beispiel[819]: Polizeibeamter P sieht Kinder in der Nähe der ehemaligen Scharnhorst-Kaserne im Garten des elterlichen Wohnhauses mit einem Gegenstand spielen. Er ist sich nicht sicher, ob es sich um eine Handgranate oder einen Tennisball handelt.

In Ermangelung der genauen Kenntnis kann er nicht von einer Gefahr überzeugt sein. Denn handelte es sich bei dem Gegenstand um einen Tennisball, läge keine Gefahr vor. Von Kindern, die mit einem Tennisball spielen, würde niemand sagen, dass sie sich in großer Gefahr befänden oder dass sie noch einmal Glück gehabt hätten, dass ihnen nichts zugestoßen ist. Solange P nicht überzeugt ist, dass es sich bei dem fraglichen Gegenstand um eine Handgranate handelt, fehlt ihm die erforderliche, an Sicherheit grenzende Überzeugung von dem Vorliegen einer Gefahr.

Gerade aufgrund der unklaren Sachlage ist fraglich, ob der Gefahrenverdacht der objektiven Gefahr gleichgestellt werden kann. Nach der hier vertretenen Auffassung ist das nicht der Fall. Setzte man den Gefahrenverdacht einer konkreten Gefahr gleich[820], läge unabhängig davon, ob tatsächlich ein Schaden droht, immer eine Gefahr vor. Zwar ist dies auch bei der Anscheinsgefahr der Fall, dort aber geht der Beamte vom Vorliegen einer Gefahr aus, wohingegen er beim Gefahrenverdacht nicht weiß, ob eine Gefahr vorliegt. Bei einem Gefahrenverdacht kann daher bereits per definitionem keine Gefahr vorliegen. Wohl aus diesem Grund hat denn auch das BVerwG nunmehr entschieden, dass es unter einem Gefahrenverdacht eine Sachlage ansehe, in denen es aus polizeilicher Sicht trotz Anhaltspunkten für das Bestehen einer Gefahr noch an der hinreichenden Wahrscheinlichkeit eines Schadenseintritts mangele.[821]

690

Daraus folgt, dass der Gefahrenverdacht sowohl terminologisch als auch rechtlich nicht der objektiven Gefahrenlage gleichgesetzt werden kann. Er ist kein minus zur Gefahr, sondern ein aliud. Daher können an sich auch keine Gefahrenabwehrmaßnahmen zulässig sein, da die diesbezüglichen Befugnisnormen an das Bestehen einer Gefahr anknüpfen. Man überdehnte die mögliche Auslegung des Gefahrenbegriffs, behandelte man den Gefahrenverdacht wie eine Gefahr. Etwas anderes gilt nur, wenn der Gefahrenverdacht – wie in Art. 11 III BayPAG – gesetzlich geregelt ist und zu Gefahrenabwehrmaßnahmen berechtigt (dazu sogleich Rn 694 und allgemein Rn 673a ff.). Davon abgesehen sind aber **Maßnahmen zur Aufklärung des Sachverhalts** zulässig, etwa um den Verdacht erhärten (und *dann* von einer Gefahr auszugehen und Gefahrenabwehrmaßnahmen zu treffen) oder widerlegen zu können (und dann von Gefahrenabwehrmaßnahmen abzusehen). Man spricht von **Gefahrerforschungseingriffen**.[822] Als Gefahrerforschungseingriffe kommen aber aufgrund der unsicheren Sachlage grundsätzlich nur *vorläufige* bzw. *vorsorgliche* Maßnahmen in Betracht.[823]

691

Beispiel: Das Hausgrundstück des A grenzt u.a. an eine Bundesstraße. An der straßengeneigten Grenze hat A vor vielen Jahren zehn Eichen gepflanzt. Eines Nachts kommt der Lkw des B von der Fahrbahn ab und rammt sechs von den Eichen. Diese ragen nun infolge des Unfalls über einen Teil der Straße. Die zuständige Ordnungsbehörde gibt A auf, ein Sachverständigengutachten einzuholen, um die Standfestigkeit der Eichen beurteilen zu können.

Hier besteht eine Unsicherheit darüber, ob die gerammten Eichen eine Gefahr für die öffentliche Sicherheit (hier: Sicherheit und Leichtigkeit des Straßenverkehrs) darstellen

---

[819] Nach *Poscher*, NVwZ 2001, 141, 142.
[820] So die frühere Rspr. des BVerwG (DÖV 1982, 521, 522).
[821] BVerwG DVBl 2002, 1562.
[822] Vgl. OVG Münster NVwZ 1982, 46; *Jahn*, JA 2000, 79, 83; *Schlink*, Jura 1999, 169; *R. Schmidt*, BesVerwR, 4. Aufl. 2000, S. 329; *Schenke*, POR, Rn 86. Vgl. später auch *Kingreen/Poscher*, POR, § 4 Rn 59 ff. und *Durner*, JA 2010, 398, 400.
[823] *Di Fabio*, Jura 1996, 566, 568 f. *Endgültige* Maßnahmen kommen ausnahmsweise in Betracht, wenn es um den Schutz besonders wichtiger Rechtsgüter (Leben, Gesundheit, Sachwerte von hohem Wert) geht (so bereits *R. Schmidt*, BesVerwR, 4. Aufl. 2000, S. 329; später auch *Kingreen/Poscher*, POR, § 4 Rn 59).

oder nicht. Dies aufzuklären ist Inhalt der ordnungsbehördlichen Verfügung. Eine andere Frage ist es, ob die Behörde diese Maßnahme dem A auferlegen durfte oder aber (ggf. auf dessen Kosten) selbst durchführen musste.

Nicht als vorläufige Maßnahme zur Aufklärung des Sachverhalts kommt aber z.B. eine Ingewahrsamnahme in Betracht. Denn die damit verbundene Freiheitsentziehung unterscheidet sich nicht von derjenigen, die mit der entsprechenden Standardmaßnahme, für die eine Gefahr Voraussetzung ist, verbunden wäre.[824]

Für die Fallbearbeitung bietet sich nach alledem folgende Subsumtionsgrundlage an:

692 Ein **Gefahrenverdacht** ist anzunehmen, wenn tatsächliche Anhaltspunkte vorliegen, die lediglich den *Verdacht* einer Gefahr begründen. Da diese Situation gerade nicht einer objektiven Gefahrenlage gleichgesetzt werden kann, ist die Behörde darauf beschränkt, Maßnahmen zur Sachverhaltsaufklärung, sog. Gefahrerforschungseingriffe, durchzuführen.

693 Obwohl eine konkrete Gefahr, die von den Befugnisnormen (Standardmaßnahmen; Befugnisgeneralklausel) gefordert wird, gerade nicht vorliegt und beim Gefahrenverdacht daher lediglich Gefahrerforschungseingriffe zulässig sind, bedarf die Polizei hierfür **Rechtsgrundlagen**. Diese sind wiederum die Befugnisnormen, die allerdings teleologisch auf ihrer Rechtsfolgeseite auf Gefahrerforschung beschränkt sind. Anderenfalls wäre es kaum vertretbar, eine Handlungsermächtigung aus der spezialgesetzlichen Befugnisnorm bzw. der Befugnisgeneralklausel herzuleiten.

> **Hinweis für die Fallbearbeitung:** Ist im konkreten Fall unklar, ob eine objektive Gefahrenlage oder lediglich ein Gefahrenverdacht vorliegt, ist nicht zuletzt aufgrund der unterschiedlichen Handlungsermächtigung der Behörde bzw. Verpflichtung des Adressaten eine Abgrenzung vorzunehmen. Dabei kann man nach der „Je-desto-Formel" vorgehen: Je höher der zu erwartende Schaden ist, desto geringer sind die Anforderungen an die Wahrscheinlichkeit des Schadenseintritts. Steht demnach fest, dass eine objektive Gefahrenlage gegeben ist, sind Gefahrenabwehrmaßnahmen zulässig. Anderenfalls sind nur Gefahrerforschungseingriffe zulässig.

694 In einigen Fällen ist die Gefahrenverdachtssituation gesetzlich geregelt (so etwa in § 39 I Nr. 2, § 40 I Nr. 2, 3 PolG NRW). Zu Durchsuchungen von Personen, Sachen und Wohnungen ermächtigen die Polizeigesetze u.U. auch dann, wenn „**Tatsachen die Annahme rechtfertigen**", dass bei der Durchsuchung eine gefährliche oder gefährdete Person oder Sache gefunden werden, sodass dann die Gefahr abgewendet werden kann[825]; Entsprechendes gilt für das Aufenthaltsverbot. Auch Informations- und Datenerhebungsermächtigungen verlangen oft nur, dass „**tatsächliche Anhaltspunkte**" bestehen oder Tatsachen die Annahme der Begehung von Straftaten rechtfertigen, d.h. sie verlangen nur einen, wenn auch konkreten, Verdacht. Dabei kann die Gefahr, die durch Datenerhebung erforscht wird, eine konkrete oder abstrakte sein. In der Nähe eines Gefahrenverdachts steht auch die **drohende Gefahr**, also eine Sachlage, bei der in absehbarer Zeit Angriffe von erheblicher Intensität oder Auswirkung auf ein bedeutendes Rechtsgut zu erwarten sind (siehe Art. 11 III S. 1 BayPAG).[826] Man kann also sagen, dass es sich bei der drohenden Gefahr um einen gesetzlich geregelten Fall des Gefahrenverdachts handelt.

695 Umstritten ist die Frage, von wem Gefahrerforschungsmaßnahmen durchzuführen sind, wer also **Adressat** einer Handlungsverpflichtung sein kann. Denkbar ist, Gefahr-

---
[824] Vgl. OLG München BayVBl 2008, 219.
[825] So bereits die 12. Aufl. 2009; vgl. nun auch *Durner*, JA 2010, 398, 400.
[826] Zur drohenden Gefahr siehe Rn 673a ff.

erforschungsmaßnahmen dem „Verdachtsstörer" aufzuerlegen, oder aber, ihn lediglich zu verpflichten, die von der Behörde vorzunehmenden Aufklärungsmaßnahmen zu dulden.[827]

- Nach einer Auffassung können Gefahrerforschungseingriffe nur von der Verwaltung **selbst durchgeführt** werden. Das folge schon allein aus dem Untersuchungsgrundsatz (§ 24 VwVfG). Der Betroffene (z.B. der Eigentümer einer potentiell gefahrträchtigen Sache) sei aber zur **Duldung** behördlicher Aufklärungsmaßnahmen verpflichtet.[828] Der Inhalt des Gefahrerforschungseingriffs liegt nach dieser Auffassung also in der Auferlegung einer Duldungspflicht.

- Die Gegenauffassung geht davon aus, dass die Aufklärungsmaßnahmen (z.B. Untersuchungen, Probebohrungen, Probeentnahmen, Messungen, Begutachtungen) auch vom **vermeintlich Verantwortlichen verlangt** werden können.[829]

- Stellungnahme: Die zuerst genannte Auffassung macht geltend, dass es der Behörde kaum darum gehen werde, festzustellen, wer Störer sei, sondern darum, ob überhaupt eine Gefahr vorliege. Damit bewege sich die Behörde nicht im Bereich der Gefahrenabwehr, sondern im Bereich der Sachverhaltsermittlung. Demgemäß werde der Rahmen des zulässigen Handelns der Behörde maßgeblich durch § 24 VwVfG bestimmt, der die Aufgabe der Ermittlung des Sachverhalts ausschließlich der Behörde zuweise. Dem ist jedoch entgegenzuhalten, dass die Gefahrerforschung eine Vorstufe und damit ein Teil der Gefahrenabwehr ist, auch wenn sie im Vorfeld der eigentlichen Gefahrenabwehr stattfindet. Dies wird selbst von den Vertretern der zuerst genannten Auffassung eingeräumt, indem sie den Gefahrenverdacht lediglich als eine Gefahr geringeren Wahrscheinlichkeitsgrades ansehen und so der objektiven Gefahrenlage gleichstellen und daher die Befugnisgeneralklausel für unmittelbar anwendbar erklären.[830] Wenn aber für die Gefahrenabwehr selbst unstreitig der Verantwortliche heranzuziehen ist und der Gefahrenverdacht der objektiven Gefahrenlage gleichzustellen ist, muss es auch möglich sein, Maßnahmen zur Gefahrerforschung vom vermeintlich Verantwortlichen zu verlangen. Davon geht auch offenbar Art. 11 III BayPAG aus, der die drohende Gefahr gesetzlich regelt und – der allgemeinen Systematik folgend – Maßnahmen gegen den Verantwortlichen (aber auch Nichtverantwortlichen) zulässt. Wie auch immer man sich positioniert: Sollte sich ex post die Ungefährlichkeit des Verhaltens bzw. des Zustandes herausstellen, ist der Betroffene grundsätzlich zu entschädigen (dazu Rn 1023 f.).

Zu beachten ist, dass im Bereich des **Bodenschutzes** (insbesondere für **Altlasten**) seit dem Inkrafttreten des BBodSchG am 1.3.1999 nicht nur ein bundeseinheitliches Regelwerk zum Bodenschutz, sondern in Gestalt des § 9 BBodSchG auch eine bundeseinheitliche Normierung einer Gefährdungsabschätzung und einer Untersuchungsanordnung bestehen.[831]

> **Beispiel:** Infolge von Abbrucharbeiten auf dem Betriebsgelände einer alten Produktionsstätte ergeben sich Hinweise auf Bodenkontaminationen. Art und Umfang sowie Toxizität der Belastung sind noch nicht bekannt. Es bedarf weiterer Aufklärungsmaßnahmen. Nachdem Verhandlungen zwischen der zuständigen Gefahrenabwehrbehörde und dem Eigentümer U zu keinem annehmbaren Ergebnis führen, erlässt die Behörde gegenüber U die Verfügung, Bodenproben zu entnehmen und untersuchen zu lassen. Ist die Verfügung rechtmäßig?

---

[827] Diese Frage sollte in der Fallbearbeitung erst im Rahmen des Auswahlermessens behandelt werden. Wegen des sachlichen Zusammenhangs wird sie vorliegend aber bereits an dieser Stelle erörtert.
[828] So OVG Koblenz NVwZ 1992, 499, 501; VGH Kassel NVwZ 1991, 498, 500 f.; OVG Münster NWVBl 1990, 159.
[829] VGH Mannheim NVwZ 1991, 491; VBlBW 1993, 298; *Götz/Geis*, POR, § 6 Rn 29; *Schenke*, POR, Rn 90.
[830] So die zutreffende Kritik von *Muckel*, Fälle BesVerwR, S. 83 f.
[831] Vgl. dazu OVG Berlin NVwZ 2001, 582 ff.; *Buchholz*, NVwZ 2002, 563.

Als Rechtsgrundlage für den Erlass der Verfügung kommt die polizei- und ordnungsrechtliche Befugnisgeneralklausel nur dann in Betracht, wenn keine spezialgesetzliche Vorschrift greift. In Betracht kommen vorliegend die Vorschriften des Kreislaufwirtschaftsgesetzes (KrWG) und die der landesrechtlichen Ausführungsgesetze. Der vorliegende Sachverhalt ist aber weder vom Anwendungsbereich (§ 2) noch vom Begriff des Abfalls (§ 3) des KrWG erfasst. Es greift aber die Vorschrift des § 9 BBodSchG. Gemäß Abs. 1 dieser Vorschrift soll die zuständige Behörde die geeigneten Maßnahmen treffen, wenn ihr Anhaltspunkte dafür vorliegen, dass eine schädliche Bodenveränderung oder Altlast bestehen. Abs. 2 dieser Vorschrift ermächtigt die Behörde, eine in § 4 III, V und VI BBodSchG[832] genannte Person zu verpflichten, die notwendigen Untersuchungen zur Gefährdungsabschätzung durchzuführen, sofern aufgrund konkreter Anhaltspunkte der hinreichende Verdacht einer schädlichen Bodenveränderung oder einer Altlast besteht. Es handelt sich bei § 9 II S. 1 BBodSchG also um eine spezialgesetzliche Ermächtigung zur Vornahme eines Gefahrerforschungseingriffs.

Da U unter den in § 4 III BBodSchG genannten Personenkreis fällt, kann er grundsätzlich entsprechend in Anspruch genommen werden.[833] Zu beachten ist aber die Regelung des § 4 V und VI BBodSchG. Sind danach (wie vorliegend) schädliche Bodenveränderungen oder Altlasten nach dem 1.3.1999 bekannt geworden, sind Schadstoffe zu beseitigen, soweit dies im Hinblick auf die Vorbelastung des Bodens verhältnismäßig ist. Vorliegend ist also eine Verhältnismäßigkeitsprüfung vorzunehmen. Je höher der zu erwartende Schaden ist, desto geringer sind die Anforderungen an eine Inanspruchnahme des U. Vorliegend sind konkrete Verdachtsmomente vorhanden. Hinreichend wahrscheinliche Anhaltspunkte liegen daher vor. Die Heranziehung des U zu Maßnahmen der Sachverhaltsaufklärung war somit rechtmäßig.

701 **Weitergehender Hinweis:** Bestätigt sich im Nachhinein die Nichtverantwortlichkeit des Herangezogenen, stellt sich die Frage nach dem Ausgleichs- und Entschädigungsanspruch. Sofern keine spezialgesetzliche Regelung greift, stellt das OVG Münster[834] auf die entsprechende Anwendung der Entschädigung im polizeilichen Notstand ab, der VGH München[835] auf einen allgemeinen öffentlich-rechtlichen Erstattungsanspruch. Ist der Gefahrenverdacht jedoch von dem in Anspruch Genommenen zu verantworten, kann der Entschädigungsanspruch ganz oder teilweise entfallen.[836] Vorliegend würde die Regelung des § 24 I S. 2 BBodSchG greifen.

Weiteres zum BBodSchG findet sich bei Rn 801 ff. Zur Rechtsnachfolge in öffentlich-rechtliche Pflichten vgl. ausführlich Rn 875 ff.

2. Konsequenzen einer nicht vorliegenden Gefahrenlage für die Falllösung

702 Die mit der nicht vorhandenen objektiven Gefahrenlage verbundene Problematik darf auf keinen Fall isoliert behandelt werden. So wirkt sie auf die Qualifikation des Polizeipflichtigen als Anscheinsstörer, Verdachtsstörer oder Nichtstörer (vgl. Rn 776 ff.) sowie auf die Kostentragungspflicht (vgl. Rn 992 ff.) fort. Ebenfalls bringt sie Konsequenzen für die Verhältnismäßigkeitsprüfung mit sich, insbesondere bei der Frage des noch angemessenen Mittels gegen den in eine der jeweiligen Kategorien zugeordneten in Anspruch Genommenen. So sind beispielsweise gegen einen bloßen Verdachtsstörer lediglich Gefahrerforschungseingriffe verhältnismäßig (s.o.).

---

[832] Zur Störerhaftung nach § 4 BBodSchG vgl. BVerfG-K NVwZ 2001, 65 f.; OVG Berlin NVwZ 2001, 582; *Buchholz*, NVwZ 2002, 563 ff.; *Grzeszick*, NVwZ 2001, 721 ff.; *Pützenbacher/Görgen*, NJW 2001, 490 ff.; *Fluck*, NVwZ 2001, 9 ff.; *Frenz*, NVwZ 2001, 13 ff. und *Buck*, NVwZ 2001, 51 f. Zur Eingrenzung der Zustandsverantwortlichkeit unter dem Aspekt der Verhältnismäßigkeit vgl. BVerfG-K NVwZ 2001, 65, 66; BVerfGE 102, 1, 18 ff.; *Grzeszick*, NVwZ 2001, 721 ff. und *Müggenborg*, NVwZ 2001, 39 ff.
[833] Zur Störerauswahl nach dem BBodSchG vgl. *Buck*, NVwZ 2001, 51; *Tiedemann*, NVwZ 2003, 1477.
[834] OVG Münster DÖV 1996, 1049.
[835] VGH München NVwZ-RR 1996, 645.
[836] *Götz*, NVwZ 1998, 679, 687.

Zusammenfassung:

Gefahr:
- Es liegt objektiv eine Gefahrenlage vor
- Der konkrete Polizist erkennt sie auch als solche
- Ein gewissenhafter, besonnener und sachkundiger Polizist würde sie ebenfalls erkennen

Anscheinsgefahr:
- Es liegt objektiv keine Gefahrenlage vor
- Der konkrete Polizist glaubt jedoch, es würde eine solche vorliegen
- Ein gewissenhafter, besonnener und sachkundiger Polizist würde ebenfalls von einer objektiven Gefahrensituation ausgehen

Scheingefahr (Putativgefahr):
- Es liegt objektiv keine Gefahrenlage vor
- Der konkrete Polizist glaubt jedoch, es würde eine solche vorliegen
- Ein gewissenhafter, besonnener und sachkundiger Polizist würde jedoch erkennen, dass eine objektive Gefahrensituation nicht vorliegt

Gefahrenverdacht (Verdachtsgefahr):
- Es ist unklar, ob eine Gefahr vorliegt
- Sowohl der konkrete Polizist als auch der gewissenhafte, besonnene und sachkundige Polizist gehen davon aus, dass lediglich der Verdacht einer Gefahr vorliegt

Drohende Gefahr:
- Steht sehr nah an der Verdachtsgefahr: Es liegt zwar noch keine Gefahr vor, es sind aber in absehbarer Zeit Angriffe von erheblicher Intensität oder Auswirkung auf ein bedeutendes Rechtsgut zu erwarten (Art. 11 III S. 1 BayPAG).
- Bedeutende Rechtsgüter in diesem Sinne sind der Bestand und die Sicherheit des Bundes oder eines Landes, das Leben, die Gesundheit und die Freiheit, die sexuelle Selbstbestimmung, erhebliche Eigentumspositionen und Sachen, deren Erhalt im besonderen öffentlichen Interesse liegt (Art. 11 III S. 2 BayPAG) – siehe näher Rn 673a ff.

Übersicht über die Gefahrenlagen und den Rechtsfolgen

704

	Objektive Gefahrenlage	Anscheinsgefahr	Putativgefahr (Scheingefahr)	Gefahrenverdacht (Verdachtsgefahr)
Sachlage	Objektiv bestehende Gefahr	Objektiv nicht bestehende Gefahr, die Behörde durfte aber in vertretbarer Weise von einer solchen ausgehen	Ebenfalls objektiv nicht bestehende Gefahrenlage, die Behörde nimmt aber in einer irrigen und nicht vertretbaren Weise eine Gefahrsituation an	Unklarer Sachverhalt, aber begründeter Gefahrenverdacht
Zulässige Maßnahmen	Maßnahmen zur Gefahrenabwehr	Wegen der gefahrenabwehrrechtlichen Gleichstellung mit der objektiven Gefahrenlage sind die gleichen Maßnahmen zulässig	Die Putativgefahr beruht auf einer pflichtwidrigen und nicht vertretbaren Einschätzung der Situation. Die kann daher nicht der objektiv gegebenen Gefahr gleichgestellt werden. Gleichwohl getroffene Gefahrenabwehrmaßnahmen sind rechtswidrig.	Maßnahmen zur Sachverhaltsaufklärung, etwa um den Verdacht erhärten oder widerlegen zu können (sog. Gefahrerforschungseingriffe). Ein Gefahrenverdacht berechtigt aber grundsätzlich nur zu *vorläufigen / vorsorglichen* Maßnahmen.
Kostentragung	Grds. der polizeirechtlich Verantwortliche; Ausnahmen: §§ 15 ff. TierGesG, §§ 56 ff. InfSchG	Nach umstrittener Auffassung der Anscheinsstörer, wenn sich bei einer Ex-post-Betrachtung herausstellt, dass er pflichtwidrig den Anschein einer Gefahr gesetzt hat	Die Verwaltung. Zudem bestehen Ersatzansprüche des Betroffenen, vgl. nur § 56 I S. 2 BremPolG (gesetzlich geregelter Fall des enteignungsgleichen Eingriffs) sowie wegen Amtshaftung	Nach h.M. die Verwaltung, da es sich um behördliche Sachverhaltsaufklärungsmaßnahmen handelt. Bei nachträglich festgestellter Verantwortlichkeit des in Anspruch Genommenen dieser selbst.

II. Einhaltung des Ermessensspielraums

1. Rechtsnatur des Ermessens; Opportunitätsprinzip

705 Um es der Polizei jederzeit zu ermöglichen, der Vielgestaltigkeit und Dynamik der Lebenssachverhalte gerecht zu werden und auch auf unbekannte Fälle vor Ort angemessen reagieren und Gefahrenabwehrmaßnahmen ergreifen zu können, haben ihr die Gesetzgeber Handlungsspielräume nicht nur auf der Tatbestandsseite in Form von unbestimmten Rechtsbegriffen, sondern auch auf der Rechtsfolgeseite in Form eines Verwaltungsermessens[837] eingeräumt.

> **Beispiel:** Nach der Befugnisgeneralklausel darf die Polizei die erforderlichen Maßnahmen treffen, um eine im einzelnen Fall bestehende Gefahr für die öffentliche Sicherheit abzuwehren.
>
> Hier sind auf der **Tatbestandsseite** die unbestimmten Rechtsbegriffe *Gefahr* und *öffentliche Sicherheit* formuliert (die die Gesetzgeber, um eine gleichmäßige Gesetzesanwendung durch die Polizei zu gewährleisten und eine gerichtliche Verwerfung wegen zu hoher Unbestimmtheit zu vermeiden, i.d.R. jedoch legaldefiniert haben).

---

[837] Vgl. allgemein zum Ermessen *R. Schmidt*, AllgVerwR, Rn 295 ff.

Auf der **Rechtsfolgeseite** haben die Gesetzgeber dem Normadressaten, d.h. der Polizei, ein Ermessen eingeräumt, indem die Polizeigesetze von *erforderlichen Maßnahmen* sprechen, die die Polizei (bei Vorliegen der Tatbestandsvoraussetzungen) treffen *darf*.

Diese konditionale Fassung ist sämtlichen Befugnisnormen der Polizeigesetze zu entnehmen. Damit folgen die Polizeigesetze dem sog. „Wenn-dann-Schema": Wenn ein konkreter Sachverhalt den Tatbestand einer Norm erfüllt, darf oder soll die im Tatbestand genannte Rechtsfolge eintreten.

Mit der Einräumung von Ermessensspielräumen folgen die Polizeigesetze dem im Gefahrenabwehrrecht allgemein geltenden **Opportunitätsprinzip**[838], wonach es den Gefahrenabwehrbehörden bei Vorliegen der Tatbestandsvoraussetzungen der Befugnisnorm erlaubt ist, nach ihrem Ermessen, wenn auch im Rahmen bestimmter Grenzen, darüber zu entscheiden, ob, wie und gegen wen Maßnahmen getroffen werden sollen. Die *Ratio* des Ermessens liegt in der Freistellung der Wahl der Rechtsfolge eines gesetzlichen Tatbestands, um die Verwaltung in die Lage zu versetzen, von **unnötigen Eingriffen abzusehen** und somit dem **Übermaßverbot Rechnung zu tragen**. Darüber hinaus würde eine ständige Pflicht zum Einschreiten zu einem permanenten Vollzugsdefizit führen.

706

Die Gefahrenabwehrmaßnahmen sind somit in das behördliche Ermessen gestellt[839], wobei mit „Ermessen" selbstverständlich kein „freies", lediglich nach Zweckmäßigkeitsgesichtspunkten orientiertes Ermessen gemeint sein kann, sondern dass die Gefahrenabwehrbehörden ein *pflichtgemäßes* Ermessen ausüben müssen. § 40 VwVfG gibt dabei die strukturellen Vorgaben, wonach die Behörde ihr Ermessen entsprechend dem Zweck der Ermächtigung auszuüben und die **gesetzlichen Grenzen des Ermessens einzuhalten hat**. Diese Ermessensgrenzen werden materiell-rechtlich vor allem durch den Grundsatz der Verhältnismäßigkeit prädeterminiert (Rn 718).

707

Damit steht das Gefahrenabwehrrecht im Gegensatz zur Strafverfolgung, bei der das **Legalitätsprinzip**[840] gilt, das die Polizei zur Erforschung und Aufklärung von Straftaten verpflichtet (Strafverfolgungszwang, vgl. § 163 I S. 1 StPO; vgl. dazu Rn 85 ff.). Das im Rahmen des Opportunitätsprinzips erwähnte Vollzugsdefizit besteht hier nicht, da das Legalitätsprinzip zum Einschreiten nur dann verpflichtet, wenn ein Anfangsverdacht einer Straftat vorliegt (vgl. § 152 II StPO für die Staatsanwaltschaft, deren Ermittlungspersonen Polizeibeamte sind, sofern es um Strafverfolgung geht).[841]

708

2. Entschließungsermessen; Auswahlermessen

Das den Polizei- und Ordnungsbehörden im Rahmen der Gefahrenabwehr eingeräumte Ermessen ist **zweistufig**. Es bezieht sich auf die Entscheidung der Polizei, *ob* sie eine zulässige Maßnahme überhaupt treffen will (Entschließungs- oder Einschreitermessen), und darauf, *welche* von mehreren zulässigen Maßnahmen sie im Fall des Tätigwerdens ergreifen will (Auswahlermessen). Beide Ermessensarten müssen den strukturellen Vorgaben des § 40 VwVfG genügen, deren Einhaltung gerichtlich – im Unterschied zur Auslegung von unbestimmten Rechtsbegriffen – jedoch nur beschränkt kontrolliert werden kann (§ 114 S. 1 VwGO).

709

---

[838] Opportun kann mit nützlich, tunlich oder zweckmäßig umschrieben werden.
[839] Vgl. insoweit klarstellend § 3 I MEPolG; BW: § 3 PolG; Bay: Art. 5 I PAG; Berl: § 12 I ASOG; Brand: § 4 I PolG; Brem: § 4 I PolG; Hamb: § 3 I SOG; Hess: § 5 I SOG; MeckVor: § 14 I SOG; Nds: § 5 POG; NRW: § 3 I PolG; RhlPfl: § 3 I POG; SchlHolst: § 174 LVwG; Saar: § 3 I PolG; SachsAnh: § 6 I SOG; Thür: § 5 I PAG. Zur Rechtsnatur des Ermessens vgl. grundlegend *R. Schmidt*, AllgVerwR, Rn 295 ff. und 601 ff.
[840] Legalität kann als „von Gesetzes wegen" verstanden werden.
[841] Zu beachten ist, dass für die *Staatsanwaltschaft* (und das Gericht) wiederum in gewissen Grenzen das Opportunitätsprinzip gilt (vgl. §§ 153 ff. StPO).

710 Damit unterscheidet sich das Ermessen auch in dieser Hinsicht von den unbestimmten Rechtsbegriffen. Deren Auslegung muss gerichtlich voll überprüfbar sein.[842] Entweder *ist* der Tatbestand einer Befugnisnorm erfüllt oder er ist es *nicht*. Dazwischen gibt es kein Auslegungsergebnis. Anders sieht es beim Ermessen aus. Räumt der Gesetzgeber der Verwaltung Handlungsspielräume, insbesondere bei der Wahl der Mittel, ein, kann der Richter nicht anschließend seine Ermessenserwägungen an die Stelle der der handelnden Behörde setzen. Seine Überprüfung hat sich vielmehr auf die Einhaltung der Ermessensgrenzen zu beschränken. § 114 S. 1 VwGO stellt dies klar.

711 In der Regel enthalten die Befugnisnormen des Gefahrenabwehrrechts sowohl auf ihrer Tatbestandsseite unbestimmte Rechtsbegriffe als auch auf ihrer Rechtsfolgeseite ein Ermessen (sog. **Koppelungsvorschriften** oder **Mischtatbestände**, siehe bereits Rn 705).[843] In diesem Fall ist jede Seite grundsätzlich nach ihren Regeln zu beurteilen. Schwierig wird es, wenn bei der Ermessensbetätigung *dieselben* Erwägungen herangezogen werden müssen, die schon der Auslegung der unbestimmten Rechtsbegriffe zugrunde gelegen haben (Identität des Argumentationshaushaltes). In einem solchen Fall soll nur noch eine einzige rechtsfehlerfreie Ermessensentscheidung möglich sein. Die Ermessensreduzierung auf Null macht im Einzelfall aus der Kann-Vorschrift *faktisch* (nicht rechtsdogmatisch!) eine Muss-Vorschrift.

> **Beispiel:** Die Polizei wird nachts zu einer Gaststätte gerufen, weil dort eine Schlägerei stattfinden soll. Nachdem sie eingetroffen ist und den Sachverhalt aufgeklärt hat, nimmt sie den stadtbekannten Schläger S, von dem die Schlägerei ausging, in Polizeigewahrsam. Dieser macht später gerichtlich geltend, dass die Voraussetzungen für den Gewahrsam nicht vorgelegen hätten.
>
> Als Rechtsgrundlage für die Ingewahrsamnahme kam die Standardmaßnahme *Gewahrsam* in Betracht. Die Polizei musste vor Ort den Sachverhalt aufklären und entscheiden, ob die Ingewahrsamnahme des S zur Verhinderung der unmittelbaren Begehung oder Fortsetzung einer Straftat oder einer Ordnungswidrigkeit von erheblicher Bedeutung unerlässlich sein würde.
>
> Geht man davon aus, dass S jedenfalls den Straftatbestand des § 223 I StGB verwirklicht hat, konnte die Polizei durch die Ingewahrsamnahme weitere Körperverletzungen verhindern. Insbesondere bezieht sich die Beschränkung „von erheblicher Bedeutung" in der Befugnisnorm nur auf Ordnungswidrigkeiten. Anderenfalls wäre dem Schutzbedürfnis der betroffenen Rechtsgüter nicht hinreichend Rechnung getragen, weil § 223 StGB wohl nicht als Straftat von erheblicher Bedeutung angesehen werden kann (etwas anderes mag für die Qualifikationstatbestände des § 223 StGB gelten).
>
> Die Ingewahrsamnahme des S müsste auch „unerlässlich" gewesen sein. Das war der Fall, sofern man davon ausgeht, dass mildere Maßnahmen wie z.B. eine Unterlassungsverfügung oder ein Platzverweis nicht in gleicher Weise weitere körperliche Übergriffe des S verhindert hätten. Genau hier setzt jedoch die Beschwer des D ein, indem dieser geltend macht, die Voraussetzungen für den Gewahrsam hätten nicht vorgelegen.
>
> Aufgabe des Richters (und somit auch des Klausurbearbeiters) ist es nun zu überprüfen, wessen Rechtsauffassung zutrifft. Dabei ist klar, dass nur *ein* Ergebnis möglich ist: Entweder war die Ingewahrsamnahme unerlässlich oder sie war es nicht. War sie es nicht, hat die Polizei den Grundsatz der Verhältnismäßigkeit missachtet, der rechtstechnisch nicht nur bei der Rechtsfolge ansetzt, sondern auch im Rahmen der Auslegung der unbestimmten Rechtsbegriffe zu berücksichtigen ist.
>
> Gelangt man zu dem Ergebnis, dass der Polizeigewahrsam nicht unerlässlich war, etwa mit dem Argument, dass insbesondere das in Betracht kommende mildere Mittel *Platz-*

---

[842] *R. Schmidt*, AllgVerwR, Rn 142 ff.
[843] Vgl. auch dazu ausführlich *R. Schmidt*, AllgVerwR, Rn 308 m.w.N.

verweis mit hinreichender Sicherheit weitere Körperverletzungen durch S verhindert hätte, war der Polizeigewahrsam wegen Verstoßes gegen das Übermaßverbot rechtswidrig.

Ist man jedoch der Auffassung, dass auch ein Platzverweis weitere körperliche Übergriffe durch S nicht mit der erforderlichen Sicherheit ausgeschlossen hätte, etwa mit dem Argument, dass S, nachdem die Polizei den Ort des Geschehens wieder verlassen hatte, hätte zurückkehren und erneut auf andere einschlagen können, war der Polizeigewahrsam jedenfalls auf Tatbestandsebene rechtmäßig.

Dann, und nur dann, bleibt Raum für die Überprüfung, ob die Polizei ermessensfehlerhaft gehandelt hat. Dass die Polizei überhaupt einschreiten musste, steht außer Frage. Zweifelhaft ist nur die Mittelauswahl, ob die Polizei nicht ein anderes, ebenfalls in Betracht kommendes Mittel, das die Rechtssphäre des S jedoch weniger intensiv beeinträchtigt hätte, hätte auswählen müssen. Hier ist die Argumentation allerdings mit der zur Auslegung des unbestimmten Rechtsbegriffs *unerlässlich* kongruent. War der Gewahrsam unerlässlich, liegt auch kein Ermessensfehler vor; war er es nicht, wird man auch eine Ermessensüberschreitung annehmen müssen (zu den Ermessensfehlern vgl. Rn 714 ff.). Die im Rahmen des Ermessens nur eingeschränkt vorhandene Überprüfungsmöglichkeit durch das Gericht (und damit durch den Klausurbearbeiter) spielt im vorliegenden Fall also keine Rolle.

a. Entschließungsermessen (Einschreitermessen)

Entschließungsermessen im Gefahrenabwehrrecht bedeutet, dass die Gefahrenabwehrbehörde entscheiden muss, **ob** sie überhaupt tätig wird. Um diese Entscheidung treffen zu können, muss sie aber häufig erst den Sachverhalt aufklären und prüfen, ob Gründe für ein Einschreiten vorliegen. Möglicherweise eruiert sie sogar Gründe, die ein Einschreiten dringend gebieten. Gerade aus dem Grundsatz der Verhältnismäßigkeit kann abgeleitet werden, dass es Gefahrensituationen gibt, die ein Einschreiten der Polizei nicht nur ermöglichen, sondern sogar erfordern (sog. Ermessensreduzierung auf Null), weil es dem staatlichen Schutzauftrag nicht entspräche, wenn die Polizei – obwohl sie einschreiten könnte – untätig bliebe und subjektive Rechte bzw. Rechtsgüter des Einzelnen oder hochwertige materielle Rechtsgüter den Angriffen anderer oder den Naturgewalten preisgäbe. Folgerichtig entscheidet auch die Rechtsprechung, dass die Polizei zwar ein Einschreitermessen habe, grundsätzlich aber zum Einschreiten verpflichtet sei, wenn „unmittelbare Gefahren für wesentliche Rechtsgüter" bestünden und andere zuständige Behörden oder die Gerichte nicht oder nicht rechtzeitig tätig werden könnten (vgl. dazu näher Rn 671). In diesem Fall kommt der Befugnisgeneralklausel Drittschutz zu und sie fungiert als Anspruchsgrundlage. „Unmittelbare Gefahren für wesentliche Rechtsgüter" dürften in Anlehnung an die Begriffsbestimmungen der Polizeigesetze vorliegen, wenn eine Gefahr für den Staat, für Leib, Leben oder Freiheit einer Person oder für Sachen von bedeutendem Wert besteht und diese Gefahr gegenwärtig ist. Im Fall einer Ermessensreduzierung auf Null hat der betroffene Bürger sogar einen Anspruch darauf, dass die Polizei tätig wird – **Anspruch auf Einschreiten** (zu den Folgen der Verletzung der Handlungspflicht vgl. Rn 726).

712

b. Auswahlermessen

Steht fest, dass die Polizei einschreiten will oder muss, obliegt ihr weiterhin die Wahl, von verschiedenen in Betracht kommenden Maßnahmen die letztlich rechtmäßige sowie sachgerechte und zweckmäßige zu bestimmen (vgl. bereits das Beispiel bei Rn 711). Weiterhin bezieht sich das Auswahlermessen auf die richtige Auswahl des Verantwortlichen (Störer), dies jedoch nur dann, wenn mehrere Pflichtige vorhanden sind.

713

3. Ermessensgrenzen und Ermessensfehler

714 Die allgemeinen Anforderungen an das Ermessen ergeben sich aus § 40 VwVfG (s.o.). Diese Vorschrift bestimmt, dass die Behörde ihr Ermessen entsprechend dem Zweck der Ermächtigung auszuüben und die gesetzlichen Grenzen des Ermessens einzuhalten hat. § 114 S. 1 VwGO greift diese Regelung auf und beschränkt die Kontrollbefugnis der Gerichte auf die Überprüfung, ob die Behörde die Vorgaben des § 40 VwVfG beachtet hat. Damit ist klar, dass eine Überschreitung der gesetzlichen Grenzen des Ermessens die Rechtswidrigkeit jedes Ermessensverwaltungsakts bedingt. Jedoch enthält § 40 VwVfG keine Aussage darüber, worin die gesetzlichen Grenzen bestehen könnten. Der Vorschrift lässt sich lediglich entnehmen, dass es kein freies oder beliebiges Ermessen gibt. Daher waren Rechtsprechung und Literatur schon frühzeitig bemüht, Fallgruppen zu bilden. Als mögliche **Ermessensfehler** kommen danach in Betracht:

a. Ermessensmangel (-nichtgebrauch; -unterschreitung)

715 Das im Gefahrenabwehrrecht regelmäßig eingeräumte Recht zur Ermessensausübung bedeutet auch die Pflicht zur Ermessensausübung. Das geht zwar nicht unmittelbar aus § 40 VwVfG hervor (dort ist wie gesagt nur von „Ermessensgrenzen" die Rede), ist aber rechtslogisch, denn anderenfalls wäre im Gesetz eine rechtlich gebundene Verwaltungsentscheidung angeordnet. Die Behörde muss also erkennen, dass ihr ein Ermessen zusteht und sie muss das Ermessen pflichtgemäß ausüben. Verkennt die Behörde die Pflicht zur Ermessensbetätigung, spricht man von Ermessensmangel. Allgemein anerkannt ist folgende Definition:

716 Stellt die Behörde keinerlei Ermessenserwägungen an, obwohl ihr das Gesetz ein Ermessen einräumt, liegt ein **Ermessensmangel** vor.[844]

717 Ein Ermessensmangel kann in zwei Konstellationen vorkommen: Die Behörde bleibt untätig, weil sie meint, nicht einschreiten zu dürfen, obwohl dies nach der gesetzlichen Lage möglich wäre, oder sie schreitet ein, weil sie rechtsirrig meint, Einschreiten zu müssen, obwohl ihr das Gesetz tatsächlich eine Entscheidungsfreiheit einräumt.

> **Beispiel:** Im Landesgesetz zur Bekämpfung gefährlicher Hunde ist für bestimmte, im Gesetz näher bezeichnete, Hunderassen ein Maulkorb- und Leinenzwang vorgeschrieben. Polizeibeamter P, der sich auf einem Streifengang in einer verrufenen Gegend der Stadt befindet, bemerkt, wie ein offenbar dem Rotlichtmilieu zuzuordnender Mann seinen Hund frei herumlaufen lässt. Dennoch schreitet P nicht ein, weil er sich über die Rasse des Hundes irrt bzw. nicht weiß, dass sich das Gesetz zur Bekämpfung gefährlicher Hunde auch auf diese Hunderasse erstreckt. Tatsächlich handelt es sich bei dem Hund um einen Mastín Español, der auf der Liste gefährlicher Hunde weit oben steht.
>
> Hier liegt ein Fall des Ermessensnichtgebrauchs bzw. der Ermessensunterschreitung vor, weil P fälschlicherweise davon ausgegangen ist, dass der Tatbestand des Gesetzes zur Bekämpfung gefährlicher Hunde nicht erfüllt sei und er deshalb nicht einschreiten dürfe.
>
> Auch im umgekehrten Fall, wenn es sich bei dem Hund um einen Golden Retriever gehandelt hätte, P aber der Meinung gewesen wäre, bei dem Tier habe es sich um einen Kampfhund gehandelt, hätte ein Ermessensnichtgebrauch bzw. eine Ermessensunterschreitung vorgelegen, wenn P dem Hundehalter aufgegeben hätte, dem Tier einen Maulkorb anzulegen. Denn ein Ermessensfehler der beschriebenen Art liegt auch dann vor, wenn der Beamte glaubt, zum Einschreiten verpflichtet zu sein, obwohl ihm ein Ermessensspielraum zusteht. Freilich liegt in dieser Konstellation bereits ein Verstoß gegen den Vorbehalt des Gesetzes.

---

[844] St. Rspr. seit BVerwGE 15, 196, 199.

Ein Ermessensmangel liegt auch dann vor, wenn die Behörde zwar erkennt, dass sie hinsichtlich der Frage, *ob* sie einschreitet, ein Ermessen hat, dann aber hinsichtlich der Frage, *wie* sie einschreitet, nicht alle Aspekte des Falls berücksichtigt

Ferner ist zu beachten, dass die Pflicht zur Ermessensausübung eine Bindung durch Verwaltungsvorschrift nicht ausschließt. Die Behörde hat dann ihr Ermessen gleichsam generalisierend betätigt. Die Ermessensausübung ist in die Erarbeitung der Verwaltungsvorschriften eingeflossen (**antizipiertes Ermessen durch Verwaltungsvorschrift**).[845]

717a

> **Hinweis für die Fallbearbeitung:** Ist im Sachverhalt nicht ausgeführt, dass die Behörde Pro und Contra abgewogen hat (§ 40 VwVfG), spricht dies für einen Ermessensausfall. Dann ist zu erörtern, ob die Ermessenshandhabung zulässigerweise später (im Widerspruchsverfahren) nachgeholt wurde (§ 114 S. 2 VwGO). Denn zum einen prüft auch die Widerspruchsbehörde die Zweckmäßigkeit (§ 68 I S. 1 VwGO)[846], und zum anderen kommt es grds. bei der Beurteilung der Sach- und Rechtslage auf die letzte Behördenentscheidung an. Und dies ist i.d.R. die Entscheidung der Widerspruchsbehörde.

b. Ermessensüberschreitung

Steht der Polizei (wie im Regelfall) ein Ermessen zu, muss sie bei der Ausübung des Ermessens dessen gesetzliche **Grenzen** einhalten (§ 40 VwVfG). Ermessensgrenzen ergeben sich insbesondere aus den Fachgesetzen, aber auch aus den allgemeinen Gefahrenabwehrgesetzen. Im Falle der Missachtung dieser Vorgaben ist das gesetzlich erlaubte Ermessen überschritten, d.h., die gesetzte Rechtsfolge ist von der Norm nicht gedeckt.

718

> **Beispiel:** Eine Verkehrsordnungswidrigkeit i.S.d. § 24a I StVG (0,5-Promille-Grenze) kann gem. § 24a IV StVG mit einer Geldbuße bis zu 3.000,- € geahndet werden. Setzt die Behörde ein Bußgeld fest, das über der genannten Höchstgrenze liegt, überschreitet sie das ihr eingeräumte Ermessen.

Ein Fall der Ermessensüberschreitung liegt ebenfalls vor, wenn die (Polizei-)Behörde den **Grundsatz des Vertrauensschutzes** oder den **Grundsatz der Verhältnismäßigkeit** missachtet oder gegen **Grundrechte** verstößt. Denn liegt ein solcher Verstoß vor, handelt die Behörde gleichzeitig außerhalb ihres Ermessensspielraums.[847] Daraus ergibt sich folgende Definition der Ermessensüberschreitung:

---

[845] Vgl. BVerwGE 31, 212; BVerwG NVwZ 1998, 273 ff. vgl. dazu auch *R. Schmidt*, AllgVerwR, Rn 142/864. Im Gefahrenabwehrrecht kann wegen der dort gebotenen Einzelfallentscheidung aber anders zu entscheiden sein, vgl. Rn 721a.

[846] Sie darf bei Ermessensausfall der Ausgangsbehörde im Widerspruchsbescheid zum ersten Mal das Ermessen ausüben. Denn Streitgegenstand der Klage ist der Ausgangsbescheid in der Gestalt des Widerspruchsbescheids (§ 79 I Nr. 1 VwGO). Hat die Widerspruchsbehörde das Ermessen ordnungsgemäß ausgeübt, ist der Verwaltungsakt bzgl. der Ermessensausübung rechtmäßig. Etwas anderes gilt aber für den Bereich der Rechtsaufsicht, wenn die Rechtsaufsichtsbehörde den Widerspruchsbescheid im *eigenen* Wirkungskreis der Körperschaft, der die Ausgangsbehörde angehört (i.d.R. die Gemeinde), erlässt. Abwägung von Pro und Contra stehen hier nicht der Rechtsaufsichtsbehörde, sondern ausschließlich der Gemeinde zu (vgl. die einschlägigen Bestimmungen der Gemeindeordnungen, etwa Art. 119 Nr. 1 BayGO). In diesem Fall kann die erforderliche Ermessensausübung nur im ersten Teil des Widerspruchsverfahrens, dem Abhilfeverfahren (§ 72 VwGO), nachgeholt werden. Im *übertragenen* Wirkungskreis gilt diese Beschränkung nicht; hier darf die (Widerspruchsbehörde (die i.d.R. auch die Fachaufsichtsbehörde ist) also anstelle der Gemeinde zum ersten Mal Pro und Contra abwägen.

[847] Das ist die vom Verfasser seit der 1. Aufl. 1997 vertretene Auffassung; wie hier auch *Peine*, AllgVerwR, Rn 223; *Hufen*, VerwProzR, § 25 Rn 25 a.E.; *Schenke*, POR, Rn 97; *ders.*, VerwProzR, Rn 738 ff.; *Voßkuhle*, JuS 2007, 429, 430 f. und JuS 2008, 117, 118; *Jötten/Tams*, JuS 2008, 436, 441; *Klatt/Meister*, JuS 2014, 193, 199; *Kment/Vorwalter*, JuS 2015, 193, 199; *Gött/Ruschemeier*, JA 2015, 285, 293; *Pünder/Mattig*, JA 2016, 115, 122. Sofern teilweise vertreten wird, den Grundsatz der Verhältnismäßigkeit aufbauschematisch *nach* dem Ermessen zu prüfen, ist dies abzulehnen. Denn überschreitet die Verwaltung das ihr eingeräumte Ermessen, verstößt sie nach richtiger Auffassung zugleich gegen Grundrechte, gegen allgemeine Grundsätze des Verwaltungsrechts und/oder gegen den Grundsatz der Verhältnismäßigkeit. Für eine separate Prüfung der Verhältnismäßigkeit ist somit kein Raum mehr. Insbesondere ist eine „freischwebende" Verhältnismäßigkeitsprüfung abzulehnen. Etwas anderes gilt freilich für die gebundene Verwaltungsentscheidung. Hier kann die Verhältnismäßigkeitsprüfung selbstverständlich nicht im Rahmen der Ermessensüberschreitung erfolgen. Die Verhältnismäßigkeit ist bei der Auslegung der unbestimmten Rechtsbegriffe zu beachten.

Eine **Ermessensüberschreitung** liegt vor, wenn die Behörde eine andere Rechtsfolge wählt, als vom Gesetz vorgesehen, oder wenn sie den Grundsatz des Vertrauensschutzes oder den Grundsatz der Verhältnismäßigkeit missachtet oder gegen Grundrechte verstößt.

> **Hinweis für die Fallbearbeitung:** Daraus folgt auch für die Bearbeitung von Fällen, dass, um dogmatisch korrekt vorzugehen, die bei Rn 729 ff. beschriebene **Verhältnismäßigkeitsprüfung** hinsichtlich einer angefochtenen Gefahrenabwehrmaßnahme **im Rahmen der Ermessensüberschreitung** erfolgen muss (vgl. Rn 743).

c. Ermessensfehlgebrauch (Ermessensmissbrauch)

719 Schließlich muss die Behörde das Ermessen entsprechend dem Zweck der Ermächtigung ausüben. Anderenfalls liegt ein Ermessensfehler unter dem Gesichtspunkt des Ermessensfehlgebrauchs/-missbrauchs vor.

720 Ein **Ermessensfehlgebrauch** liegt vor, wenn zwar eine abstrakt zulässige Rechtsfolge gewählt wurde, diese Rechtsfolge jedoch „vom Zweck der Ermächtigung" nicht gedeckt ist (§ 40 Var. 2 VwVfG, § 114 S. 1 Var. 2 VwGO).

721 Das ist insbesondere der Fall, wenn sich die Polizei bei ihrer Entscheidung von sachfremden, durch den Gesichtspunkt der Gefahrenabwehr nicht mehr gedeckten Erwägungen leiten lässt (Fall des Ermessensmissbrauchs), bspw. wenn sie unzutreffende Sachverhaltsfeststellungen macht, wesentliche bekannte Umstände nicht berücksichtigt, sachfremde Erwägungen anstellt, aus persönlichen Gründen (vgl. dazu das Beispiel bei Rn 731) oder aus politischem Opportunismus handelt. Der Fehler beruht hier also auf der *Art und Weise*, wie die Behörde zu ihrer Entscheidung gekommen ist. Es handelt sich um eine Verletzung der sog. **inneren Ermessensgrenzen**.[848]

d. Antizipiertes Ermessen auch im Gefahrenabwehrrecht?

721a In diesem Zusammenhang stellt sich weiterhin die Frage, ob ein Ermessensfehlgebrauch (bzw. -nichtgebrauch) auch dann vorliegt, wenn die Exekutivspitze (bzw. das Polizeipräsidium) eine Verwaltungsvorschrift erlässt, die konkrete Handlungsanweisungen enthält und damit dem Amtswalter die Entscheidung abnimmt. Zwar ist es im Allgemeinen Verwaltungsrecht grundsätzlich anerkannt, dass die Verwaltungsspitze durch Verwaltungsvorschrift das Ermessen antizipiert ausüben kann, jedoch ist das Gefahrenabwehrrecht von dem Grundsatz geprägt, sachadäquat auf Einzelfälle zu reagieren. Das gilt jedenfalls für solche Situationen, für deren Begegnung das Polizeigesetz eine konkrete (und damit eine im Einzelfall bestehende) Gefahr fordert. Eine vorweggenommene Ermessensausübung widerspricht diesem Prinzip.

> **Beispiel**[849]: Nach einer „Grundsatzweisung" des Polizeipräsidiums Oberbayern sollten Motorräder von sog. „Hardcore-Rasern" bei einer Geschwindigkeitsüberschreitung von mehr als 40 km/h am Unfallschwerpunkt „Kesselberg" sichergestellt, abgeschleppt und mindestens bis zum nächsten Morgen verwahrt werden. K befuhr die Landstraße im betreffenden Bereich und überschritt die zulässige Höchstgeschwindigkeit um 42 km/h. Er wurde „geblitzt" und einige 100 m weiter angehalten. K beteuerte, künftig nicht mehr die zulässige Höchstgeschwindigkeit zu überschreiten. Dennoch stellte die Polizei eine Ordnungswidrigkeitenanzeige, stellte das Motorrad gemäß der o.g. Grundsatzweisung sicher und ließ es zu einer Verwahrstelle bringen, wo K es zwei Tage später gegen Begleichung der mit Leistungsbescheid festgesetzten Kosten von 280,- € abholen konnte.

---

[848] *R. Schmidt*, AllgVerwR, Rn 328 f.
[849] Nach VGH München DAR 2009, 218 ff.

K ist der Auffassung, dass die Maßnahmen rechtswidrig waren.

Als Rechtsgrundlage für die Sicherstellung kommt die polizeigesetzliche Befugnisnorm über die Sicherstellung in Betracht, wenn die Sicherstellung schwerpunktmäßig präventiven und nicht repressiven Charakter hatte.[850] Allerdings fehlt es wohl an der erforderlichen konkreten und gegenwärtigen Gefahr, da im Regelfall nicht davon auszugehen ist, dass ein Verkehrssünder von dem straßenverkehrsrechtlichen System von Bußgeldern, Fahrverboten und Punkten im Fahreignungsregister unbeeindruckt bleibt, zumal diese Sanktionen nicht unerheblich sind. Auch K zeigte sich einsichtig.

Die Sicherstellung des Motorrads war also wegen Fehlens einer konkreten und gegenwärtigen Gefahr rechtswidrig. Darüber hinaus könnte die Sicherstellung auch wegen Ermessensnichtgebrauchs rechtswidrig sein. Denn das Gefahrenabwehrrecht ist von dem Opportunitätsprinzip geprägt, das dem Amtswalter ein Ermessen bei der Frage nach dem Einschreiten und der Wahl der Mittel einräumt. Wenn aber die Exekutivspitze (bzw. das Polizeipräsidium) dieses Ermessen in Form einer „Grundsatzweisung" vorwegnimmt, mag dies im Rahmen des im Allgemeinen Verwaltungsrecht anerkannten antizipierten Ermessens[851] liegen. Jedoch ist das Gefahrenabwehrrecht von dem Grundsatz geprägt, sachadäquat auf Einzelfälle zu reagieren. Das gilt jedenfalls für solche Situationen, für deren Begegnung – wie vorliegend – das Polizeigesetz eine konkrete (und damit eine im Einzelfall bestehende) Gefahr fordert. Eine vorweggenommene Ermessensausübung widerspricht diesem Prinzip.

Im Bereich des **unmittelbaren Zwangs** – insb. beim **Schusswaffengebrauch** – kommt von vornherein kein antizipierter Ermessensgebrauch in Betracht, da stets die konkrete Situation entscheidet (vgl. dazu Rn 988).

4. Ermessensreduzierung auf Null

Aufgrund der bereits beschriebenen Funktion der Grundrechte als Vorgabe für die Wirksamkeit bzw. für die Auslegung und Anwendung einfachen Rechts haben die Grundrechte für die Exekutive, und damit auch für die Polizei, nicht nur im Rahmen der Verhältnismäßigkeit besondere Bedeutung, sondern auch bei der Ermessensausübung. Dies kann im Einzelfall dazu führen, dass nur *eine* Entscheidung der Verwaltung nicht gegen Grundrechte verstößt. Aus der Ermessensentscheidung wird *faktisch* (nicht rechtsdogmatisch!) eine gebundene Entscheidung. Im Polizei- und Ordnungsrecht ist das insbesondere der Fall, wenn

- Gründe, die für eine andere Entscheidung sprechen, so geringes Gewicht haben, dass es aus Rechtsgründen offensichtlich verfehlt wäre, auf sie abzustellen.

- Im Übrigen liegt eine Ermessensreduzierung regelmäßig vor bei Bestehen einer gesteigerten Gefahr (gegenwärtige Gefahr, dringende Gefahr, erhebliche Gefahr, Gefahr für Leib oder Leben), dazu Rn 668 ff.

722

Wie aus dem letzten Punkt ersichtlich wird, kommt in der polizeilichen Praxis eine Ermessensreduzierung auf Null insbesondere dann in Betracht, wenn es um den Schutz **besonders hochwertiger Rechtsgüter** wie **Leben und Gesundheit** von Menschen (Art. 2 II S. 1 GG) geht.[852] In diesen Fällen wird regelmäßig eine **Pflicht zum Einschreiten** bestehen. Folgerichtig hat es die Rechtsprechung[853] zu Recht als rechtswidrig angesehen, dass die Ordnungsbehörde es unterließ, in der winterlichen Jahres-

723

---

[850] §§ 21 f. MEPolG; Bund: § 47 BPolG; BW: §§ 32 f. PolG; Bay: Art. 25 ff. PAG; Berl: §§ 38 ff. ASOG; Brand: §§ 25 ff. PolG; Brem: §§ 23 ff. PolG; Hamb: § 14 SOG; Hess: §§ 40 ff. SOG; MeckVor: §§ 61 ff. SOG; Nds: §§ 26 ff. POG; NRW: §§ 43 ff. PolG, 24 OBG; RhlPfl: §§ 22 ff. POG; Saar: §§ 21 f. PolG; Sachs: §§ 31 f. PVDG; SachsAnh: §§ 45 ff. SOG; SchlHolst: §§ 210 ff. LVwG; Thür: §§ 27 ff. PAG.
[851] Zur Rechtsnatur der durch Verwaltungsvorschrift vorweggenommenen Ermessens vgl. *R. Schmidt*, AllgVerwR, Rn 145.
[852] Vgl. auch die st. Rspr seit BVerwGE 11, 95, 97.
[853] OVG Lüneburg NVwZ 1992, 502 f.; VGH Kassel NVwZ 1992, 503 f.; OVG Münster NVwZ 1993, 202 f.; VGH Mannheim NVwZ-RR 1996, 439, 440.

zeit einem unfreiwillig Obdachlosen unter dem Aspekt des Gesundheitsschutzes eine Unterkunft zur Verfügung zu stellen (vgl. dazu das Beispiel bei Rn 727).

724 Ferner kann eine Verpflichtung zum Tätigwerden auch bei der Beeinträchtigung **bedeutender Vermögenswerte** (Art. 14 I S. 1 GG) bestehen. Jedoch wird man bei einem Vergleich mit der Wertigkeit der Schutzgüter Leben und Gesundheit nicht stets eine Handlungspflicht annehmen können, zumal gemäß den Bestimmungen der Polizeigesetze der Schutz privater Rechte der Polizei nur dann obliegt, wenn gerichtlicher Schutz nicht oder nicht rechtzeitig zu erlangen ist und ohne polizeiliche Hilfe die Verwirklichung des Rechts vereitelt oder wesentlich erschwert würde. Hier ist in jedem Fall genau zu prüfen, ob es ermessensfehlerhaft ist, wenn es die Polizei unter Abwägung der betroffenen Rechtsgüter unterlässt, einzuschreiten bzw. eine bestimmte Maßnahme zu ergreifen.

725 Zu weit ginge es auch, trotz Vorliegens einer Gefahr oder Störung für die öffentliche Sicherheit eine Polizeistrategie, die in Anlehnung an das in den 1990er Jahren in New York verfolgte Konzept des „High Performance Policing" nach dem **„Nulltoleranzprinzip"** ein Einschreiten bei jedem auch noch so unbedeutenden Rechtsverstoß fordert[854], zu billigen. Dem liegt die Überlegung zugrunde, dass „broken windows", die nicht sofort erneuert werden, Menschen einen Anreiz zu weiteren Zerstörungen geben.[855] Die Forderung, gegen jeden (auch weniger bedeutsamen) Rechtsverstoß vorzugehen, läuft der Sache nach nicht nur auf eine Aufgabe des Opportunitätsprinzips hinaus, sondern ist auch mit dem bereits erwähnten verfassungsrechtlich garantierten Übermaßverbot, das insbesondere dem polizeilichen Handeln Grenzen setzt, unvereinbar.[856] Das schließt freilich nicht aus, in rechtsdogmatisch korrekter Weise unter Beachtung oben aufgezeigter Kriterien eine Reduzierung des Ermessensspielraums (auf Null) anzunehmen.

726 Liegt eine Ermessensreduzierung vor und ist die Polizei zum Einschreiten verpflichtet, hat der von der Gefahr betroffene Bürger ein **subjektives öffentliches Recht**, dass die Polizei ihrer Handlungspflicht (hier: staatlichen Schutzpflicht) nachkommt und zu seinen Gunsten einschreitet (**Recht auf Einschreiten**, siehe bereits Rn 712). Gemäß den allgemeinen Rechtsgrundsätzen ist unter subjektivem öffentlichem Recht die dem Einzelnen kraft öffentlichen Rechts verliehene Rechtsmacht, vom Staat zur Verfolgung eigener Interessen ein bestimmtes Verhalten verlangen zu können.[857] Weigert sich die Polizei, ihrer Pflicht nachzukommen, kann der Anspruchsinhaber das gewünschte Einschreiten gerichtlich einklagen bzw. nachträglich die Rechtswidrigkeit des Untätigbleibens der Polizei gerichtlich feststellen lassen und Schadensersatz wegen Amtspflichtverletzung (§ 839 I BGB, Art. 34 GG) verlangen.

727 Davon zu unterscheiden ist die Frage, ob und inwieweit ein **Dritter** einen Anspruch auf polizeiliches Einschreiten hat. Allein aus der Pflicht zur ermessensfehlerfreien Entscheidung bzw. bei Vorliegen einer Ermessensreduzierung auf Null lässt sich noch kein Anspruch ableiten. Vielmehr ist auch hier ein subjektives öffentliches Recht erforderlich. Bei Ansprüchen Dritter ist das subjektive öffentliche Recht allerdings dadurch konkretisiert, dass eine Rechtsnorm bestehen muss, die nicht nur die Interessen der Allgemeinheit schützen soll, sondern – zumindest auch – den Individualinteressen des

---

[854] *Schenke*, POR, Rn 99.
[855] *Schenke*, POR, Rn 99.
[856] *Schenke*, POR, Rn 99.
[857] *R. Schmidt*, AllgVerwR, Rn 229; *Maurer/Waldhoff*, AllgVerwR, § 8 Rn 2. Vgl. auch OLG Karlsruhe NVwZ 2001, 712 ff.

Klägers (hier: des Dritten) zu dienen bestimmt ist (sog. **Schutznormtheorie**).[858] Ob das bei den polizeilichen Befugnisnormen der Fall ist, ist unklar.[859]

> **Beispiel:** Trotz intensiver Bemühungen ist es dem obdachlosen O nicht gelungen, sich für die winterliche Jahreszeit eine Unterkunft zu besorgen. Insbesondere kommt wegen Überfüllung die Unterbringung im städtischen Obdachlosenheim nicht in Betracht. Dies wiederum veranlasst O, die zuständige Polizeibehörde zu verpflichten, ihn vorläufig in die leer stehende Wohnung des E einzuweisen.

Der von O geltend gemachte Anspruch setzt eine Anspruchsgrundlage voraus. In Ermangelung spezieller Rechtsnormen kommt nur die polizeiliche Befugnisgeneralklausel in Betracht. Hier wiederum ist entscheidend, ob sie eine Norm des objektiven Rechts ist oder aber dem Einzelnen ein subjektives Recht (auf Einschreiten gegenüber Dritten, vorliegend gegenüber E) verleiht. Nur im letzteren Fall ist es überhaupt möglich, dass O der geltend gemachte Anspruch zusteht.

Ob eine Norm nicht nur Allgemeininteressen, sondern auch Individualinteressen schützt, ist unter Anwendung der anerkannten Auslegungsmethoden[860] durch Interpretation zu ermitteln.[861] Auszugehen ist dabei stets vom Wortlaut der Norm (wörtliche Auslegung). Normen des Sicherheits- und Ordnungsrechts ist ihrem Wortlaut nach nicht zu entnehmen, dass sie Individualrechte gewähren. Denn sie sprechen vom Schutz der *öffentlichen* Sicherheit (und Ordnung). Ergibt sich aber aus dem Zweck der Norm, dass *auch* Individualinteressen geschützt werden sollen, kann ein subjektives öffentliches Interesse nicht schon dann verneint werden, wenn der Wortlaut der Norm auf „öffentliche Sicherheit" abstellt. Daher ist anerkannt, dass polizei- und ordnungsrechtliche Befugnisnormen, soweit sie auch auf die Bekämpfung von Gefahren für Individualrechtsgüter wie Leben, Gesundheit, Ehre und bedeutende Vermögensgüter ausgerichtet sind, drittschützend wirken. Denn die öffentliche Sicherheit umfasst gerade auch individuelle Rechte und Rechtsgüter des Einzelnen. Flankierend tritt die sich aus Art. 2 I i.V.m. 1 I GG ergebende staatliche Schutzpflicht hinzu, die besagt, dass sich der Staat schützend und fördernd vor das Leben und die Gesundheit der Menschen stellen muss. Insofern lässt sich sagen, dass zumindest die polizeiliche Befugnisgeneralklausel *auch* den Individualinteressen des O zu dienen bestimmt ist.

O ist obdachlos. Wenn er keine Unterkunft zugewiesen bekommt, drohen aufgrund der winterlichen Jahreszeit erhebliche Gesundheitsschädigungen, Erfrierungen und sogar der Tod.

Doch allein das Vorliegen einer Gefahr für die öffentliche Sicherheit genügt noch nicht, um einen Anspruch auf Tätigwerden zu bejahen. Denn liegen die Tatbestandsvoraussetzungen der Ermächtigungsnorm vor, ist die Behörde zur Gefahrenabwehr lediglich berechtigt, d.h. ermächtigt, grundsätzlich aber nicht verpflichtet. Im allgemeinen Polizei- und Ordnungsrecht gilt nämlich das Opportunitätsprinzip, nicht – wie grundsätzlich bei der Strafverfolgung (vgl. § 163 I StPO) – das Legalitätsprinzip, denn anderenfalls befänden sich die Ordnungskräfte nicht nur in einem ständigen Vollzugsdefizit, sie könnten auch nicht von unnötigen Eingriffen absehen. Gesetzestechnisch wird das Opportunitätsprinzip durch das Modalverb „darf" in den gefahrenabwehrrechtlichen Befugnisnormen klargestellt. Die Behörde darf einschreiten, muss es aber nicht. Gefahrenabwehrmaßnahmen sind somit in das behördliche Ermessen gestellt.

Dieses Ermessen wiederum ist zweistufig ausgestaltet. Es bezieht sich zum einen auf die Frage des „Ob" des Handelns (sog. Entschließungs- oder Einschreitermessen) und

---

[858] BVerwGE 132, 64, 68 ff.; 107, 215, 220; VGH Kassel NVwZ 2001, 112; OVG Münster NVwZ 2000, 336, 337; *Schenke*, in: Bonner Kommentar, Art. 19 Abs. 4 Rn 416; *Konrad*, JA 2002, 967 ff.; *Rinke*, NVwZ 2002, 1180 ff. Die Schutznormtheorie geht auf *Ottmar Bühler*, Die subjektiven öffentlichen Rechte und ihr Schutz in der Verwaltungsrechtsprechung, 1914, zurück (siehe *Muckel*, JA 2017, 636, 637).
[859] Vgl. dazu auch etwa VG Hamburg NJW 2012, 2536 f. (kein Anspruch eines Privaten gegen die Polizei- und Ordnungsbehörde auf Untersagung einer aus seiner Sicht blasphemischen Theateraufführung).
[860] Vgl. dazu ausführlich *R. Schmidt*, AllgVerwR, Rn 269 ff.
[861] BVerwGE 107, 215, 220.

zum anderen auf die Frage des „Wie" des Handelns (sog. Auswahlermessen). Beide Ermessensarten unterliegen denselben rechtlichen Bindungen (§ 40 VwVfG), deren Einhaltung gerichtlich kontrolliert werden kann (§ 114 VwGO). Im Rahmen des *Entschließungsermessens* muss die Behörde darüber befinden, <u>ob</u> sie überhaupt tätig werden will. Ermessensreduzierend wirken sich vor allem die besonders hochwertigen Rechtsgüter Leben und körperliche Unversehrtheit (Art. 2 II S. 1 GG), aber auch bedeutende Eigentumsgüter (Art. 14 I S. 1 GG) aus. Im äußersten Fall ist aufgrund der konkreten Umstände der behördliche Ermessensspielraum so verengt, dass nur *das Ergreifen einer Gefahrenabwehrmaßnahme* als nicht rechtsfehlerhaft erscheint (sog. Ermessensreduzierung auf Null).

Die ernsthaften Gefahren für die Gesundheit (und möglicherweise für das Leben) des O wurden bereits bejaht. Die Polizei muss demnach tätig werden. Ob sie aber auch verpflichtet ist, O die konkrete Wohnung des E zuzuweisen, ist damit noch nicht beantwortet. Denn gegenüber E müsste eine Duldungsverfügung ergehen, mittels derer die Behörde in dessen Grundrecht aus Art. 14 I S. 1 GG eingriffe. Daher kann letztlich zugunsten des O keine einstweilige Anordnung ergehen, wenn die zulasten des E ergehende Duldungsverfügung rechtswidrig wäre.

Auch im Rahmen des Erlasses einer Duldungsverfügung bestehen rechtsdogmatisch sowohl ein Einschreit- als auch ein Auswahlermessen. Da aber kein milderes Mittel ersichtlich ist (die anderen Unterbringungsmöglichkeiten kamen nicht in Betracht), wäre die gegenüber E zu erlassende Einweisungsverfügung geeignet, den Gefahrenzustand zu beseitigen. Schließlich stünde die Einweisung des O in die leer stehende Wohnung des E auch nicht außer Verhältnis zu dem angestrebten Zweck.

Da die Duldungsverfügung offensichtlich rechtmäßig wäre und im Übrigen eine Ermessensreduzierung auf Null besteht, ist der Anspruch des O auf Einweisung begründet. Zum **Rechtsschutz** vgl. *R. Schmidt*, Fälle zum POR, Fall 12.

727a Die Grundsätze der Obdachloseneinweisung gelten auch für die Einweisung von **Flüchtlingen**[862], wobei (wie bei der Obdachloseneinweisung) wegen des Eingriffs in Art. 14 I S. 1 GG (und der Unbestimmtheit der Befugnisgeneralklausel) hohe Anforderungen an die Rechtmäßigkeit zu stellen sind[863]. Die Behörden werden daher zunächst versuchen müssen, geeignete Räume anzumieten (vgl. dazu auch Rn 827/837).

728 Im Übrigen ist anzumerken, dass eine Ermessensreduzierung auf Null, wenn sie denn anzunehmen ist, wohl nur beim **Entschließungsermessen** in Betracht kommt. Denn fordert die Sachlage ein Einschreiten, stehen der Polizei oftmals immer noch mehrere Handlungsmöglichkeiten zur Verfügung.

---

[862] Vgl. OVG Lüneburg NVwZ 2016, 164, 165 („Beschlagnahme" eines privaten Grundstücks zur Bereitstellung von Unterkünften für Flüchtlinge).
[863] OVG Lüneburg NVwZ 2016, 164, 165.

III. Beachtung des Grundsatzes der Verhältnismäßigkeit
1. Verfassungsrechtliche Grundlagen

Der in den Polizeigesetzen deklaratorisch nachgezeichnete[864] Grundsatz der Verhältnismäßigkeit ist Ausdruck des allgemeinen verfassungsrechtlich garantierten Übermaßverbots. Er gilt für alle staatlichen Akte von Verfassungs wegen und wurzelt letztlich im Demokratie- und Rechtsstaatsprinzip. Aufgrund seiner besonderen Bedeutung gerade für die Gefahrenabwehr ist er jedoch, wenn auch lediglich deklaratorisch, in die Polizeigesetze aufgenommen worden. Er begrenzt das polizeiliche Entschließungs- und Auswahlermessen. Inhaltlich besagt er, dass die Freiheit des Einzelnen nur so weit eingeschränkt werden darf, wie es im Interesse des Gemeinwohls unabdingbar ist („nicht mit Kanonen auf Spatzen schießen").[865] Eine Gefahrenabwehrmaßnahme, die in Grundrechte eingreift, ist nach allgemeiner Auffassung demnach nur dann verhältnismäßig, wenn

- der von ihr verfolgte **Zweck legitim** ist, also als solcher verfolgt werden darf,
- der Einsatz des Mittels zur Erreichung des Ziels **geeignet**,
- **erforderlich**
- und **angemessen** ist.[866]

729

2. Komponenten des Verhältnismäßigkeitsgrundsatzes
a. Der legitime Zweck der Gefahrenabwehrmaßnahme

Die **Legitimität** einer Gefahrenabwehrmaßnahme ist in aller Regel gegeben, wenn deren Zweck in der Abwehr einer Gefahr für ein polizeirechtlich geschütztes Rechtsgut, d.h. für ein Schutzgut der öffentlichen Sicherheit, besteht.

730

Zweifel an der Legitimität werden bei einer Fallbearbeitung eher selten in Betracht kommen, etwa wenn der Beamte aus sachwidrigen Gründen handelt, z.B. aus persönlich motivierter Animosität. Jedoch wird in einem solchen Fall zumeist auch ein Befangenheitsgrund i.S.v. § 21 VwVfG vorliegen, sodass die Maßnahme bereits formell rechtswidrig ist. Eine Heilung dieses formellen Fehlers ist nicht möglich, da er vom abschließenden Kanon des § 45 VwVfG nicht erfasst ist. Auch eine Unbeachtlichkeit nach § 46 VwVfG, der zufolge es zwar bei der (formellen) Rechtswidrigkeit der Maßnahme bleibt, jedoch der (gerichtliche) Aufhebungsanspruch entfällt, wird kaum anzunehmen sein. Denn § 46 VwVfG greift nicht, wenn eine andere Entscheidung hätte ergehen können. Kommen mehrere Maßnahmen in Betracht und verstößt der Beamte bei der Mittelauswahl gegen den Grundsatz der Verhältnismäßigkeit, ist die Maßnahme rechtswidrig. Gleichzeitig hat die Verletzung der Verfahrensvorschrift des § 21 VwVfG auch die Entscheidung in der Sache beeinflusst.

731

> **Beispiel:** Weil es in einem Wohngebiet erneut zu einer nächtlichen Ruhestörung durch alkoholisierte Jugendliche kommt, wendet sich die aufgebrachte Nachbarin N gegen 0.45 Uhr an die Polizei. Nachdem Polizeihauptwachtmeister P vor Ort eingetroffen ist, schildert N ihm ihre Beobachtungen. P ist hocherfreut, denn er erkennt in einem der Jugendlichen D, von dem sein Sohn ständig in der Schule und in der Freizeit drangsaliert wird. Er entschließt sich daher, es D mal so richtig „heimzuzahlen" und verspricht der N,

---

[864] Bund: § 15 BPolG; BW: § 5 PolG; Bay: Art. 4 PAG; Berl: § 11 ASOG; Brand: § 3 PolG; Brem: § 3 PolG; Hamb: § 4 SOG; Hess: § 4 SOG; MeckVor: § 15 SOG; Nds: § 4 POG; NRW: § 2 PolG; RhlPfl: § 2 POG; Saar: § 2 PolG; Sachs: § 5 PVDG; SachsAnh: § 5 SOG; SchlHolst: § 73 LVwG; Thür: § 4 PAG.
[865] BVerfGE 19, 343, 348; 69, 135; *Michael*, JuS 2001, 148 ff.
[866] Siehe zum allgemeinen Grundsatz der Verhältnismäßigkeit etwa BVerfG NJW 2019, 1432, 1433 (Parteienfinanzierung); BVerfG NJW 2019, 827, 833 (Automatisierte Kennzeichenerfassung) – jeweils mit Verweis auf die st. Rspr. BVerfGE 67, 157, 173; 120, 378, 427; 141, 220, 265.

sich der Sache persönlich anzunehmen. So geschieht es. P nimmt D umgehend über Nacht in Polizeigewahrsam.

In diesem Fall ist die Maßnahme formell rechtswidrig. P handelte aus persönlichen Gründen und war befangen i.S.v. § 21 I S. 1 VwVfG. Eine Heilung gem. § 45 VwVfG kommt nicht in Betracht, weil ein Verstoß gegen § 21 VwVfG nicht vom Katalog des § 45 VwVfG erfasst ist. Ob eine Unbeachtlichkeit gem. § 46 VwVfG in Betracht kommt, hängt davon ab, ob in der Sache (k)eine andere Entscheidung hätte ergehen können (tatsächliche Alternativlosigkeit). Das wiederum hängt von der materiellen Rechtmäßigkeit der Maßnahme ab. Stehen dem handelnden Beamten mehrere (gleichermaßen zur Gefahrenabwehr geeignete) Mittel zur Verfügung, wählt er aber dasjenige, das den Betroffenen in größerem Maße in den (Grund-)Rechten beeinträchtigt, ist die Mittelauswahl wegen Verstoßes gegen den Verhältnismäßigkeitsgrundsatz materiell rechtswidrig.

Demzufolge war der Polizeigewahrsam über Nacht unverhältnismäßig. Es war schon kein legitimer Zweck erkennbar, D überhaupt in Gewahrsam zu nehmen. Eine Ingewahrsamnahme wäre lediglich dann in Betracht gekommen, wenn D sich trotz entsprechender Aufforderung, die Lärmbelästigung zu unterlassen und nach Hause zu gehen, nicht einsichtig gezeigt hätte und auch ein Nachhausebringen des D durch P nicht möglich gewesen wäre. Doch dazu enthält der Sachverhalt keine Angaben.

Da der Polizeigewahrsam offensichtlich unverhältnismäßig war, hätte eine andere Entscheidung nicht nur ergehen können, sondern auch ergehen müssen. Er war daher materiell und auch formell rechtswidrig.

b. Geeignetheit der Gefahrenabwehrmaßnahme

732 **Geeignet** ist eine Gefahrenabwehrmaßnahme, wenn sie zur Gefahrenbekämpfung bzw. Störungsbeseitigung beiträgt, der Zweck also wenigstens gefördert wird („Schritt in die richtige Richtung").[867] Es geht also um die Zwecktauglichkeit der Maßnahme.

Beispiel: Wird die Polizei zu einem Straßenfest gerufen, weil dort einige angetrunkene Jugendliche randalieren, und erteilt die Polizei Platzverweise, sind diese geeignet, weil durch sie der Zweck – Unterbindung weiterer Randale – gefördert werden kann.

733 Die Polizei hat einen weiten Ermessensspielraum bei der Frage der Geeignetheit. Als untauglich sind lediglich solche Mittel anzusehen, die schon im Ansatz den Zweck verfehlen. Das ist insbesondere der Fall, wenn sie auf etwas tatsächlich oder rechtlich Unmögliches gerichtet sind, so z.B. die Auflage für die Teilnehmer einer Demonstration in der Innenstadt, „jede Beeinträchtigung des Fußgänger- und Fahrzeugverkehrs zu vermeiden". In diesem Fall liegt außerdem ein Verstoß gegen den Bestimmtheitsgrundsatz nahe.

734 Abzustellen ist auf die *Ex-ante*-Sicht des handelnden Beamten. Insoweit ergibt sich eine Parallele zur Anscheinsgefahr: Durfte der Beamte bei verständiger Würdigung der Sachlage von der Tauglichkeit des gewählten Mittels ausgehen, ändert sich an der Rechtmäßigkeit auch dann nichts, wenn sich im Nachhinein herausstellt, dass der Beamte das falsche Mittel gewählt hat, zumal zu berücksichtigen ist, dass ihm im Hinblick auf die Effizienz der Gefahrenbekämpfung oft nur wenig Zeit zur Prüfung bleibt.

735 Sollte sich dennoch die Rechtswidrigkeit ergeben, steht dem Betroffenen zunächst die Fortsetzungsfeststellungsklage analog § 113 I S. 4 VwGO zur Verfügung, die auf die Feststellung der Rechtswidrigkeit der Maßnahme gerichtet ist, sofern es sich bei der

---

[867] Vgl. allgemein zur Geeignetheit BVerfGE 81, 156, 192 (Verunglimpfung der Nationalhymne); 96, 10, 21 (Räumliche Aufenthaltsbeschränkung); 115, 276, 308 (Sportwetten); 126, 112, 144 (Neuordnung des Rettungsdienstwesens); 134, 204, 226 (Werkverwertungsverträge); BVerfG NJW 2018, 2109, 2111 (§ 40 Ia LFGB); BVerfG NJW 2018, 2542, 2543 f. (Befristung von Arbeitsverträgen); BVerfG NJW 2019, 827, 833 (Automatisierte Kennzeichenerfassung).

angegriffenen Maßnahme um einen erledigten Verwaltungsakt handelt.⁸⁶⁸ Begehrt der Betroffene die Beseitigung des durch die Handlung herbeigeführten rechtswidrigen Zustands, steht ihm der Folgenbeseitigungsanspruch zu, sofern die Beseitigung des rechtswidrigen Zustands tatsächlich und rechtlich möglich, und im Übrigen der Behörde auch zumutbar ist.⁸⁶⁹ Darüber hinaus kommen Entschädigungsansprüche gemäß den Bestimmungen der Polizeigesetze sowie Amtshaftungsansprüche gem. § 839 I BGB, Art. 34 GG in Betracht.⁸⁷⁰

c. Erforderlichkeit der Gefahrenabwehrmaßnahme

Erforderlich ist eine Gefahrenabwehrmaßnahme, wenn sie – bei objektiver Betrachtung – von mehreren möglichen und gleich geeigneten Mitteln dasjenige ist, das den Einzelnen und die Allgemeinheit am wenigsten beeinträchtigt.⁸⁷¹ 736

Beispiel: Erteilt die Polizei im Beispiel von Rn 732 Platzverweise, sind diese nur dann erforderlich, wenn eine Ermahnung zu ruhigem Verhalten nicht den gewünschten Erfolg verspricht.

Die Erforderlichkeit stellt auf das Interventionsminimum ab. Eine staatliche Maßnahme darf nicht über das zur Verfolgung ihres Zwecks erforderliche Maß hinaus- und nicht weitergehen, als der mit ihr intendierte Schutzzweck reicht.⁸⁷². Es ist also zu prüfen, ob im konkreten Fall nicht eine zur Gefahrenabwehr gleich wirksame Maßnahme in Betracht kommt, die für den Betroffenen weniger belastend ist (Grundsatz des geringsten Eingriffs). 737

Beispiel: K stellt seinen Wagen in der Nähe der Fußgängerzone verkehrswidrig und verkehrsbehindernd ab und begibt sich auf einen Stadtbummel. Die Polizei sieht sich veranlasst, den Wagen sofort abschleppen zu lassen, weil sich mittlerweile schon ein Verkehrsstau gebildet hat. Der von der Polizei beauftragte Abschleppunternehmer verbringt den Wagen auf seinen Betriebshof außerhalb des Stadtzentrums, wo K ihn gegen Zahlung von 180,- € in Empfang nehmen kann.

In diesem Fall gebietet die Dringlichkeit, die Gefahr sofort zu beseitigen und das Wegfahrgebot, das bei Anwesenheit des Fahrers diesem gegenüber auszusprechen gewesen wäre, mit Mitteln des Zwangs unverzüglich durchzusetzen. Die Verwaltungsvollstreckungsgesetze der Länder sehen diesen sog. Sofortvollzug ausdrücklich vor (vgl. Rn 569/1025 ff.). Fraglich ist lediglich, ob das Verbringen auf den weiter entfernten Betriebshof des Abschleppunternehmers erforderlich war. Das war insbesondere dann nicht der Fall, wenn der Wagen ohne weiteres auf einen öffentlichen, in der Nähe befindlichen Parkplatz hätte versetzt werden können.

Zu beachten ist schließlich, dass ein Verstoß gegen den Grundsatz des geringsten Eingriffs nicht vorliegt, wenn zwar zur Gefahrenbekämpfung ein anderer Eingriff in Betracht gekommen wäre, der den Betroffenen weniger belastet, dieser aber zu einer gravierenden Beeinträchtigung der Allgemeinheit geführt hätte.⁸⁷³ 738

Eng verwandt mit dem zuletzt genannten Punkt ist das Angebot des **Austauschmittels**: Kommen zur Gefahrenabwehr mehrere Mittel in Betracht, genügt es, wenn eines davon bestimmt wird (vgl. etwa § 5 II S. 1 NdsPOG). Richtet sich die Gefahrenabwehr bzw. Störungsbeseitigung an den Verantwortlichen (d.h. muss dieser die Ge- 739

---

⁸⁶⁸ Zur Fortsetzungsfeststellungsklage vgl. ausführlich *R. Schmidt*, VerwProzR, Rn 395 ff.
⁸⁶⁹ Zum Folgenbeseitigungsanspruch vgl. ausführlich *R. Schmidt*, AllgVerwR, Rn 1274 ff.
⁸⁷⁰ Zum Amtshaftungsanspruch vgl. ausführlich *R. Schmidt*, AllgVerwR, Rn 1062 ff.
⁸⁷¹ Vgl. allgemein zur Erforderlichkeit BVerfG NJW 2018, 2109, 2112 mit Verweis auf BVerfGE 113, 167, 259; 135, 90, 118. Vgl. auch BVerfGE 30, 292, 316; 63, 88, 115; 77, 84, 109; 90, 145, 172; 100, 313, 375; 116, 202, 225; 145, 20, 80.
⁸⁷² BVerfG NJW 2018, 2109, 2112 mit Verweis auf BVerfGE 79, 179, 198; 100, 226, 241; 110, 1, 28.
⁸⁷³ *Schenke*, POR, Rn 335; *Kingreen/Poscher*, POR, § 10 Rn 25.

fahr abwehren oder die Störung beseitigen), ist diesem auf Antrag zu gestatten, ein von ihm angebotenes anderes Mittel anzuwenden, durch das der beabsichtigte Erfolg ebenso wirksam herbeigeführt und die Allgemeinheit nicht stärker beeinträchtigt wird (so etwa in Art. 5 II S. 2 BayPAG, § 4 IV HmbSOG, § 5 II S. 2 NdsPOG). Besteht also die in Anspruch genommene Person auf den Einsatz eines bestimmten (gleichermaßen geeigneten) Mittels, ist nur dessen Anwendung rechtmäßig, selbst wenn es bei objektiver Betrachtung einen **gravierenderen Eingriff** in die Rechtssphäre des Betroffenen bedeutet.[874]

Beispiel: E ist Eigentümer eines alten, im Außenbereich gelegenen Bauernhauses. Schon mehrmals hat ihm die Bauordnungsbehörde aufgegeben, er müsse sein Haus instand setzen, um die Einsturzgefahr zu beseitigen. Nachdem die Behörde nunmehr eine Ersatzvornahme ankündigt, macht E geltend, er wolle das Haus abreißen.

In diesem Fall wäre die Durchführung der Ersatzvornahme rechtswidrig, weil E ein Austauschmittel angeboten hat. Dass für E der Abriss u.U. eine gravierendere Beeinträchtigung bedeutet, ist irrelevant, weil er auf einer freien Entscheidung des E beruht und diese im Übrigen von der Behörde auch zu respektieren ist (vgl. die polizeigesetzlichen Bestimmungen über das Ermessen: *„ist* zu gestatten"). Etwas anderes würde nur dann gelten, wenn dadurch die Allgemeinheit stärker belastet würde. Das wäre z.B. der Fall, wenn es sich um ein denkmalgeschütztes Haus handelte, an dessen Erhalt die Allgemeinheit ein Interesse hätte, welches der Gesetzgeber spezialgesetzlich durch das LandesDenkmalSchutzG normiert hat. Doch darüber erhält der vorliegende Sachverhalt keine Angaben.

740 Teilweise enthalten die Polizeigesetze eine zeitliche Grenze der Antragstellung. So bestimmt § 4 IV S. 2 HmbSOG, dass der Antrag nur bis zu dem Zeitpunkt gestellt werden kann, in dem die Voraussetzungen für die Anwendung von Verwaltungszwang vorliegen, spätestens bis zur Unanfechtbarkeit der Aufforderung. Andere Polizeigesetze (etwa Art. 5 II S. 2 BayPAG, § 5 II S. 2 NdsPOG) haben die Zeit zum Angebot des Austauschmittels nicht begrenzt, sodass sich hier die Frage stellt, ob es der Rechtsfriede und der Verwirkungsgedanke gebieten, das Austauschmittel gleichwohl zu befristen, etwa bis zum Eintritt der Bestandskraft des (vollstreckungsfähigen) Verwaltungsakts. Das OVG Bremen hat jedoch entschieden, dass das Austauschangebot unbefristet gemacht werden könne.[875] Das ist nicht ganz unbedenklich. Folgte man dieser Rechtsprechung, hätte es der Betroffene in der Hand, durch Anbieten eines Austauschmittels die Bestandskraft des Verwaltungsakts zu beseitigen. Damit könnte er die Voraussetzungen der sonst für die Aufhebung eines bestandskräftigen Verwaltungsakts vorgesehenen Möglichkeiten nach §§ 48, 49 oder 51 VwVfG umgehen. Gerade mit diesen Vorschriften wollten die Landesgesetzgeber abschließend regeln, unter welchen Voraussetzungen ein unanfechtbar gewordener Verwaltungsakt aufgehoben werden kann.

741 Hiervon unberührt kann der Betroffene selbstverständlich die Gefahr durch Anwendung eines anderen als im Verwaltungsakt vorgesehenen Mittels beseitigen. Denn Zweck des Polizeirechts ist die Gefahrenabwehr. Gelingt diese dem Pflichtigen, ist der Zweck erreicht. Voraussetzung ist aber, dass die Gefahrbeseitigung effektiv ist und die Allgemeinheit nicht stärker belastet als dies durch die im Verwaltungsakt genannte Maßnahme der Fall wäre. Nach Beseitigung der Gefahr unter Anwendung des Austauschmittels hat der Pflichtige dann einen Aufhebungsanspruch in Bezug auf den Verwaltungsakt, den er wegen eingetretener Erledigung im Rahmen einer Fortsetzungsfeststellungsklage analog § 113 I S. 4 VwGO geltend machen kann.

---

[874] Wie hier OVG Bremen, Urt. v. 16.6.1995 – 1 BA 11/95.
[875] OVG Bremen DÖV 1986, 704, 705.

Im Übrigen zeigen die Ausführungen zum Austauschmittel, dass eine scharfe Trennung des Ermessens vom Grundsatz der Verhältnismäßigkeit nicht möglich ist. Hinzu kommt, dass für den Fall, in dem die Behörde unverhältnismäßig handelt, sie gleichzeitig eine andere Rechtsfolge setzt als von der Befugnisnorm vorgesehen. Damit begeht sie einen Ermessensfehler, und zwar in Form der Ermessensüberschreitung.

> **Hinweis für die Fallbearbeitung:** Hieraus wird noch einmal deutlich, dass in einer Klausur, damit dogmatisch korrekt vorgegangen wird, die komplette **Verhältnismäßigkeitsprüfung** hinsichtlich der angefochtenen Gefahrenabwehrmaßnahme im Rahmen der Ermessens*überschreitung* erfolgen muss.[876] Bei der Ermessensüberprüfung ist also zu untersuchen, ob die Maßnahme noch in verhältnismäßiger Weise in geschützte Grundrechtspositionen eingegriffen hat. Ist dies nicht der Fall, war sie wegen Ermessensüberschreitung rechtswidrig. Teilweise wird auch vertreten, den Grundsatz der Verhältnismäßigkeit aufbautechnisch *nach* dem Ermessen zu prüfen. Diese Vorgehensweise ist abzulehnen, denn überschreitet die Verwaltung das ihr eingeräumte Ermessen, verstößt sie zugleich gegen Grundrechte, gegen allgemeine Grundsätze des Verwaltungsrechts und/oder gegen den Grundsatz der Verhältnismäßigkeit. Für eine separate Prüfung der Verhältnismäßigkeit ist somit kein Raum mehr. Insbesondere ist eine „freischwebende" Verhältnismäßigkeitsprüfung abzulehnen.[877]

d. Die Angemessenheit der Gefahrenabwehrmaßnahme

Schließlich muss die Gefahrenabwehrmaßnahme angemessen sein.

> **Angemessen** ist eine Gefahrenabwehrmaßnahme, wenn das mit ihr verfolgte Ziel in seiner Wertigkeit nicht außer Verhältnis zur Intensität des Eingriffs steht (Zumutbarkeit der Maßnahme = Verhältnismäßigkeit i.e.S.).[878]

Es muss also stets eine Abwägung stattfinden zwischen der Intensität des Eingriffs in das grundrechtlich geschützte Rechtsgut und der Wertigkeit des verfolgten Zwecks der Maßnahme. Dabei gilt: Je stärker die Gefahrenabwehrmaßnahme das betroffene Grundrecht des Inanspruchgenommenen einschränkt, desto gewichtiger müssen die gegenläufigen Rechtsgüter sein, damit der Eingriff gerechtfertigt ist. Zu beachten ist aber, dass die Entscheidung hinsichtlich der Gefahrenabwehr i.d.R. rasch getroffen werden muss und dass dem Beamten oftmals nicht viel Zeit bleibt, Für und Wider abzuwägen, was die Schwierigkeit des gebotenen Abwägungsprozesses ausmacht. Daher wird man zugunsten der Gefahrenabwehr eine Unverhältnismäßigkeit nur bei Vorliegen eines **erkennbaren Missverhältnisses von einigem Gewicht** annehmen können.

> **Hinweis für die Fallbearbeitung:** Trotz Heranziehung der aufgezeigten Grundsätze und der Umstände des konkreten Falls ist der Abwägungsprozess mitunter sehr schwierig und nicht selten dominieren subjektive Einschätzungen desjenigen, der die Abwägung vorzunehmen hat. Umso wichtiger sind daher die Heranziehung objektivierbarer Maßstäbe und ein nachvollziehbares Prüfungsverfahren. In Anwen-

---

[876] So auch *Hufen*, VerwProzR, § 25 Rn 30 a.E.; *Schenke*, POR, Rn 97.
[877] Etwas anderes gilt freilich für die gebundene Verwaltungsentscheidung. Hier kann die Verhältnismäßigkeitsprüfung selbstverständlich nicht im Rahmen der Ermessensüberschreitung erfolgen. Die Verhältnismäßigkeit ist bei der Auslegung der unbestimmten Rechtsbegriffe zu beachten.
[878] Vgl. nur BVerfG NJW 2019, 1432, 1433 (Parteienfinanzierung); BVerfG NJW 2019, 827, 830 (Automatisierte Kennzeichenerfassung); BVerfG NJW 2019, 584, 585 (E-Mail-Anbieter muss IP-Adressen temporär speichern und den Strafverfolgungsbehörden nennen); BVerfGE 117, 163, 182 f. (Erfolgshonorar); 133, 277, 322 (Antiterrordateigesetz); BVerwG NJW 2018, 2067, 2070 (Dieselfahrverbot). Dieser allgemeine Grundsatz ist auch in den Polizeigesetzen positivrechtlich festgeschrieben, vgl. etwa Art. 4 II BayPAG, § 4 III HmbSOG, § 4 II NdsPOG, § 2 II NRWPolG, § 2 II RhlPflPOG.

dung der o.g. Formel bietet sich für die Fallbearbeitung daher eine Prüfung in drei Schritten an[879]:
⇨ Zunächst sollte die Intensität des Grundrechtseingriffs festgestellt werden.
⇨ Sodann sollte die Wichtigkeit des Zwecks bestimmt werden, der mit der in Rede stehenden Maßnahme verfolgt wird.
⇨ Schließlich erfolgt die konkrete Abwägung, bei der danach zu fragen ist, ob die Wichtigkeit des Zwecks der Gefahrenabwehrmaßnahme den Grundrechtseingriff rechtfertigen kann. Bei dieser Abwägung ist die o.g. Formel heranzuziehen: Je stärker das Grundrecht beeinträchtigt ist, desto gewichtiger muss der Zweck sein, der mit der Maßnahme verfolgt wird. Dabei gilt zugunsten effektiver Gefahrenabwehr, dass nur ein erkennbares Missverhältnis von einigem Gewicht die Gefahrenabwehrmaßnahme unverhältnismäßig macht.

Beispiel: Erteilt die Polizei im Beispiel von Rn 732 gegenüber den Randalierern Platzverweise, greift sie damit zwar in deren Grundrechte aus Art. 2 II S. 2, Art. 104 I GG ein (Rn 416), allerdings steht das mit den Platzverweisen verfolgte Ziel – die Wiederherstellung eines friedlichen und störungsfreien Straßenfests – nicht außer Verhältnis zur Grundrechtsbeeinträchtigung, zumal die Betroffenen die Störung durch ihr pflichtwidriges und rücksichtsloses Verhalten verursacht haben.[880] Fraglich ist demgegenüber die allgemeine Praxis, dass Kommunen aus generalpräventiven Gründen auch dann straßenverkehrswidrig abgestellte Fahrzeuge abschleppen (lassen), wenn von diesen weder eine Behinderung noch eine Gefährdung ausgehen. Das ist sehr bedenklich und verstößt m.E. eindeutig gegen den Grundsatz der Verhältnismäßigkeit. Gleichwohl wird diese Praxis von den (Verwaltungs-)Gerichten durchweg gebilligt.[881]

746 Im Übrigen ist (wegen Art. 19 IV S. 1 GG) auch die Angemessenheit der Maßnahme in vollem Umfang justiziabel; ein gerichtlich nicht weiter überprüfbarer Beurteilungsspielraum steht dem handelnden Polizeibeamten nicht zu, auch wenn er letztlich eine Prognoseentscheidung trifft. Maßgeblicher Zeitpunkt für die Beurteilung der Rechtmäßigkeit ist wiederum der Zeitpunkt, in dem der Beamte über die Frage des Einschreitens und der Auswahl des Mittels entscheiden muss (also die Ex-ante-Sicht).

3. Zeitliche Grenzen des Verhältnismäßigkeitsgrundsatzes

747 Die polizeigesetzlichen Vorschriften über die Verhältnismäßigkeit normieren eine Ausprägung des Verhältnismäßigkeitsgrundsatzes auch in zeitlicher Hinsicht. Ist der Zweck erreicht oder kann er nicht mehr erreicht werden, muss die Maßnahme eingestellt werden (vgl. etwa Art. 4 III BayPAG, § 4 III NdsPOG). Das schließt freilich nicht aus, eine erneute Maßnahme zu erlassen. Allerdings wird diese kaum rechtmäßig sein, sofern sie sich nicht auf andere Gründe stützen lässt.

---

[879] *Klatt/Meister*, JuS 2014, 193, 196 unter Bezugnahme auf BVerfG NJW 2013, 3228, 3229 (Fall Mollath).
[880] BVerfG NJW 2013, 3228, 3229 mit Verweis auf BVerfGE 22, 180, 219; 45, 187, 223; 58, 208, 224 f.
[881] Vgl. dazu die zahlreichen Nachweise bei *R. Schmidt*, Fälle zum POR, Fall 13.

IV. Polizeirechtlich Verantwortliche (Störer)

Existiert nur eine Person, die als Adressat einer Polizeiverfügung in Betracht kommt, ist die Störereigenschaft dieser Person i.d.R. bereits auf der Tatbestandsebene zu prüfen (Rn 107, 627). Bei mehreren Verantwortlichen ist die Auswahl zwischen ihnen hingegen eine Frage des Auswahlermessens, mithin eine Problematik der Rechtsfolgeseite.[882] Daher soll im Rahmen dieser Bearbeitung die Störereigenschaft des Adressaten zusammenhängend auf der Ebene des Auswahlermessens dargestellt werden.

1. Übersicht über die Polizeipflichtigkeit

Greift die Polizei zur Abwehr von Gefahren für die öffentliche Sicherheit in die Rechte von Personen ein, bedarf sie dazu nicht nur einer Rechtsgrundlage, sondern sie muss sich auch grundsätzlich an denjenigen halten, der für den Gefahrenzustand polizeirechtlich verantwortlich ist, den sog. **Verantwortlichen**.[883] Sofern die gefahrenabwehrrechtlichen Spezialgesetze (vgl. etwa §§ 24 ff. InfSchG, § 4 BBodSchG) und die polizeigesetzlichen Vorschriften über die Standardmaßnahmen den Kreis der Pflichtigen festlegen, dürfen entsprechende Verfügungen nur gegen die dort genannten Adressaten ergehen. Das ergibt sich zum einen aus den Subsidiaritätsregelungen der Polizeigesetze[884] und zum anderen aus dem Grundsatz *lex specialis derogat legi generali*. Allerdings enthalten viele gefahrenabwehrrechtlichen Befugnisnormen (insbesondere die Befugnisgeneralklauseln) keine Aussage, gegen wen entsprechende Maßnahmen zu richten sind. In diesen Fällen findet sich eine begrenzende Regelung in den Normen über die Verhaltens- und die Zustandsverantwortlichkeit.[885] Danach kennen die Polizeigesetze folgende Polizeipflichtigkeiten (Verantwortlichkeiten) von Personen:

(1) die **Verhaltensverantwortlichkeit**, d.h. die Verantwortlichkeit für eigenes Verhalten (vgl. etwa § 6 I NdsPOG)

(2) die **Zusatzverantwortlichkeit** in der Variante, in der das Verhalten von Personen zugerechnet wird, denen gegenüber eine Aufsichtspflicht besteht (vgl. etwa § 6 II NdsPOG)

(3) die **Zusatzverantwortlichkeit** in der Variante, in der das Verhalten von Personen zugerechnet wird, die zu einer Verrichtung bestellt sind und die die Gefahr in Ausübung der Verrichtung verursacht haben[886] (vgl. etwa § 6 III NdsPOG)

(4) die **Zustandsverantwortlichkeit** in der Variante, in der eine Verantwortlichkeit für ein gefahrverursachendes Tier oder eine gefahrverursachende Sache begründet wird, der gegenüber dem oder die tatsächliche Sachherrschaft besteht (vgl. etwa § 7 I NdsPOG)

(5) die **Zustandsverantwortlichkeit** in der Variante, in der eine Verantwortlichkeit für eine *eigene* gefahrverursachende Sache begründet wird (vgl. etwa § 7 II NdsPOG)

(6) die **Verantwortung für derelinquierte Sachen** (vgl. etwa § 7 III NdsPOG)

(7) die **Nichtverantwortlichkeit** nach besonderer Inpflichtnahme (vgl. etwa § 8 NdsPOG

---

[882] Vgl. bereits die 1. Aufl. 1997; später auch B. Hartmann, JuS 2008, 593, 594.
[883] Weit verbreitet ist auch der Begriff **Störer**. Dieser ist jedoch zu eng, weil er vermuten lassen könnte, dass eine Störung bereits eingetreten ist und nur derjenige in Anspruch genommen werden dürfe, der die Störung zu verantworten habe. Zwar kann auch die Störungsbeseitigung zur Gefahrenabwehr gehören, allerdings setzen Gefahrenabwehrmaßnahmen gerade im Vorfeld von Störungen an, um deren Eintritt zu verhindern. Der Begriff Störer trägt diesem Umstand nicht genügend Rechnung und sollte vermieden werden. Terminologisch korrekt ist allein der Begriff Verantwortlicher. Gleichwohl wird auch im Rahmen der vorliegenden Bearbeitung gelegentlich der Begriff Störer verwendet, soweit dies der üblichen Terminologie entspricht.
[884] Vgl. Bay: Art. 7 IV PAG; Berl: §§ 13 IV, 14 V, 16 IV ASOG; Brand: §§ 5 IV, 6 IV, 7 III PolG; Brem: § 8 PolG; MeckVor: § 68 SOG; Nds: § 9 POG; NRW: §§ 4 IV, 5 IV, 6 III PolG; SchlHolst: § 217 LVwG; Thür: §§ 7 IV, 8 IV, 10 III PAG.
[885] Vgl. §§ 4-6 MEPolG; BW: §§ 6-9 PolG; Bay: Art. 7-10 PAG; Berl: §§ 13-16 ASOG; Brand: §§ 5-7 PolG; Brem: §§ 5-8 PolG; Hamb: §§ 7-10 SOG; Hess: §§ 6-9 SOG; MeckVor: §§ 68-71 SOG; Nds: §§ 6-9 POG; NRW: §§ 4-6 PolG; RhlPfl: §§ 4-7 POG; SchlHolst: §§ 217-220 LVwG; Saar: §§ 4-6 PolG; Sachs: §§ 6-9 PVDG; SachsAnh: §§ 7-10 SOG; Thür: §§ 7-10 PAG.
[886] Zu beachten ist, dass diese Haftung kumulativ neben die Haftung des unmittelbaren Verursachers tritt.

750

> **Hinweis für die Fallbearbeitung:** Stützt sich die konkret zu untersuchende Gefahrenabwehrmaßnahme auf eine spezialgesetzliche Befugnisnorm oder auf eine Vorschrift des Polizeigesetzes über eine Standardmaßnahme, muss in der Fallbearbeitung diese als einschlägig befundene Eingriffsermächtigung darauf hin untersucht werden, ob sie eine Aussage über den Adressaten der Regelung trifft. Ist das der Fall, durfte die Verfügung auch nur gegen eine Person des dort genannten Personenkreises ergehen. Ist der Adressatenkreis dagegen nicht festgelegt, gelten die allgemeinen polizeigesetzlichen Vorschriften über die Verhaltens- und Zustandsverantwortlichkeit.
>
> **Beispiele:**
> (1) Nach §§ 24 ff. InfSchG sind die Ermittlungen gegen den dort genannten Personenkreis oder dessen Umfeld zu richten.
> (2) Die Standardmaßnahme „Betreten und Durchsuchung von Wohnungen" richtet sich an den „Inhaber". Andere Personen kommen als Adressaten nicht in Betracht.
> (3) Entsprechendes gilt, wenn eine Standardmaßnahme ausdrückt, dass eine Gefahrenabwehrmaßnahme gegen die Person getroffen werden darf, die sich „dort" aufhält. Hier ist der Adressatenkreis der Verfügung auf die vor Ort anwesenden Personen beschränkt. Spricht eine Standardbefugnis dagegen lediglich von „einer Person", gelten die allgemeinen Bestimmungen über die Verhaltens- und Zustandsverantwortlichkeit.
>
> Die allgemeinen Vorschriften über die Verhaltens- und Zustandsverantwortlichkeit gelten jedoch uneingeschränkt bei der Anwendung der Befugnisgeneralklausel, weil diese keine Richtungsbestimmung enthält.

Die Vorschriften über die Verantwortlichkeit stellen keine Rechtsgrundlagen dar; sie geben lediglich die Richtung vor, gegen wen sich Gefahrenabwehrmaßnahmen zu richten haben. Auch spielen sie eine Rolle bei der Kostenfrage. Prinzipiell stehen dem polizeirechtlich Verantwortlichen keine Kostenerstattungs- bzw. Schadensersatzansprüche zu. Schließlich war *er* es, der die Gefahr verursacht hat und durch die Gefahrenabwehrmaßnahme lediglich in die Schranken seiner Grundrechte verwiesen wurde. Folgerichtig kann er jedenfalls dann, wenn der Polizeieinsatz rechtmäßig war, keinen Ausgleich für die entstandenen Schäden verlangen. Der Träger der Gefahrenabwehrbehörde hat gegen den Verantwortlichen hingegen einen Anspruch auf Kostenerstattung.

2. Verhaltensverantwortlichkeit und Zustandsverantwortlichkeit

751 Gefahrenabwehrmaßnahmen gegen Personen sind regelmäßig mit Rechtseingriffen verbunden. Daher muss der in Anspruch Genommene i.d.R. für den zu bekämpfenden Gefahrenzustand verantwortlich sein. Die Verantwortlichkeit ist ein wesentliches Element des rechtsstaatlich motivierten Polizei- und Ordnungsrechts.

752 Grundsätzlich ist daher nur die Inanspruchnahme **verantwortlicher** Personen vorgesehen. Nur unter strengen Voraussetzungen dürfen auch **nichtverantwortliche** Personen in Anspruch genommen werden[887] (dazu später). Im Übrigen kennt das allgemeine Polizei- und Ordnungsrecht zwei Anknüpfungspunkte für die gesetzliche Bestimmung der Verantwortlichkeit:

---

[887] Vgl. BW: § 9 PolG; Bay: Art. 10 PAG; Berl: § 16 ASOG; Brand: § 7 PolG; Brem: § 7 PolG; Hamb: § 10 SOG; Hess: § 9 SOG; MeckVor: § 71 SOG; Nds: § 8 POG; NRW: § 6 PolG; RhlPfl: § 7 POG; Saar: § 6 PolG; Sachs: § 9 PVDG; SachsAnh: § 10 SOG; SchlHolst: § 220 LVwG; Thür: § 10 PAG.

- das Verhalten von Personen (**Verhaltensverantwortlichkeit** für eigenes Verhalten und die Zusatzverantwortlichkeit für das gefahrenverursachende Verhalten anderer)[888]
- und den Zustand von Sachen (**Zustandsverantwortlichkeit**)[889].

So trifft nach der Legaldefinition der meisten Polizeigesetze die **Verhaltensverantwortlichkeit** in erster Linie denjenigen, der die Gefahr selbst verursacht. Hinzu tritt für Aufsichtspflichtige und Geschäftsherren von Verrichtungsgehilfen die sog. **Zusatzverantwortlichkeit** für das gefahrenverursachende Verhalten anderer, wobei wegen der verschuldensunabhängigen polizei- und ordnungsrechtlichen Verantwortlichkeit eine Exkulpationsmöglichkeit bzw. Haftungsprivilegierung - wie nach den §§ 831, 1664 BGB - *nicht* besteht.

753

Die **Zustandsverantwortlichkeit** erfasst Fälle, in denen die Gefahr von einer Sache (oder einem Tier) ausgeht, und trifft verschuldensunabhängig den Inhaber der tatsächlichen Gewalt bzw. den Eigentümer (oder einen anderen Berechtigten).

754

Bei der Bestimmung der Störereigenschaft ergeben sich im Wesentlichen **drei Problemfelder**, die im Folgenden behandelt werden:

755

- *Mehrere* Ursachen führen zu einer Gefahr (Unmittelbarkeitstheorie, Figur des sog. **Zweckveranlassers**) ⇨ Rn 768 ff.
- Die Störereigenschaft des Adressaten liegt *objektiv* nicht vor (Figur des **Anscheinsstörers**, **Putativstörers** oder **Verdachtsstörers**) ⇨ Rn 775 ff.
- Inanspruchnahme eines *Nichtstörers* (**polizeilicher Notstand**) ⇨ Rn 826 ff.

3. Als Störer in Betracht kommende Personen/Personengruppen

Als Polizeipflichtige kommen zunächst **natürliche Personen** in Betracht. Aufgrund der Zielsetzung des Gefahrenabwehrrechts – effektive Gefahrenabwehr; keine Sanktionierung für persönliches Fehlverhalten – kann es dabei an sich keine Rolle spielen, ob die in Anspruch genommene Person volljährig bzw. geschäfts- oder deliktsfähig ist oder ob sie den Gefahrenzustand schuldhaft herbeigeführt hat. Fehlt der betreffenden Person allerdings die verwaltungsverfahrensrechtliche Handlungsfähigkeit (siehe § 12 VwVfG, wonach bestimmte Personen nicht – auch nicht passiv – handlungsfähig sind), stellt sich die Frage, ob Gefahrenabwehrmaßnahmen, sofern sie Verwaltungsakte darstellen, gegen handlungsunfähige Personen i.S.v. § 12 VwVfG gerichtet werden können; nach der Systematik des Verwaltungsverfahrensrechts müssten Verwaltungsakte vielmehr zu ihrer Wirksamkeit grds. dem gesetzlichen Vertreter zugestellt werden.

756

> **Beispiel:** Während des Streifengangs erblickt Polizist P ein 8-jähriges Kind, das gerade dabei ist, in der Nähe eines landwirtschaftlichen Schuppens mit einem Feuerzeug am Boden liegendes Stroh anzuzünden. Er geht auf das Kind zu und gibt diesem auf, das gefährliche Verhalten sofort einzustellen. Auch verlangt er das Feuerzeug heraus.
>
> Da mit den beiden Aufforderungen jeweils eine bestimmte Rechtsfolge angeordnet wird, handelt es sich um Verwaltungsakte, was zur Anwendbarkeit des VwVfG führt. Das Kind müsste also verfahrensrechtlich handlungsfähig sein. Anderenfalls würden die Verwaltungsakte erst dann wirksam, wenn sie den gesetzlichen Vertretern zugestellt wür-

---

[888] Vgl. § 4 MEPolG; Bund: § 17 BPolG; Bay: Art. 7 PAG; Berl: § 13 ASOG; BW: § 6 PolG; Brand: § 5 PolG, § 16 OBG; Brem: § 5 PolG; Hamb: § 8 SOG; Hess: § 6 SOG; MeckVor: § 69 SOG; Nds: § 6 POG; NRW: § 4 PolG, § 17 OBG; RhlPfl: § 4 POG; Saar: § 4 PolG; Sachs: § 6 PVDG; SachsAnh: § 7 SOG; SchlHolst: § 218 LVwG; Thür: § 7 PAG, § 10 OBG.
[889] Vgl. § 5 I, II S. 1 MEPolG; Bund: § 18 BPolG; Bay: Art. 8 PAG; Berl: § 14 ASOG; BW: § 7 PolG; Brand: § 6 PolG, § 17 OBG; Brem: § 6 PolG; Hamb: § 9 I SOG; Hess: § 7 SOG; MeckVor: § 70 SOG; Nds: § 7 POG; NRW: § 5 PolG, § 18 OBG; RhlPfl: § 5 POG; Saar: § 5 PolG; Sachs: § 7 PVDG; SachsAnh: § 8 SOG; SchlHolst: § 219 LVwG; Thür: § 8 PAG, § 11 OBG.

den.⁸⁹⁰ Da diese nicht vor Ort sind, würden die Verfügungen somit zunächst nicht wirksam sein; das Kind bräuchte den Anordnungen nicht Folge zu leisten.

757 Dass dieses Ergebnis nicht richtig sein kann, liegt auf der Hand. Fraglich ist nur der juristisch gangbare Weg, die sofortige Wirksamkeit der Verfügungen bzw. eine rechtmäßige Gefahrenabwehr herbeizuführen. Stellt man auf § 12 I Nr. 2 VwVfG ab, der die Handlungsfähigkeit beschränkt Geschäftsfähiger bejaht, wenn sie für den Gegenstand des Verfahrens durch Vorschriften des bürgerlichen Rechts als geschäftsfähig oder durch Vorschriften des öffentlichen Rechts als handlungsfähig anerkannt sind, könnte vorliegend die Handlungsfähigkeit des Kindes ggf. bejaht werden, weil es als 8-Jähriges beschränkt geschäftsfähig ist (§ 106 BGB). Soweit Minderjährige gem. § 12 I Nr. 2 VwVfG also verfahrenshandlungsfähig sind, kann auch die Bekanntgabe an sie selbst erfolgen. Problematisch sind indes Maßnahmen gegenüber Verfahrenshandlungsunfähigen. Verneinte man vorliegend für den Gegenstand des Verfahrens die Geschäftsfähigkeit des Kindes oder handelte es sich bei dem Kind um eines, das das 7. Lebensjahr noch nicht vollendet hat, wäre es nach allgemeinem Verwaltungsverfahrensrecht handlungsunfähig. Für diese Fälle böte § 12 I Nr. 2 VwVfG keine Lösung. Zumindest in Fällen unmittelbar bevorstehender Gefahr wird z.T. die Bekanntgabe an den Minderjährigen trotz fehlender Handlungsfähigkeit angenommen.⁸⁹¹ Nach der hier vertretenen Auffassung wird in diesen Fällen im Wege der unmittelbaren Ausführung bzw. des Sofortvollzugs vorzugehen sein.⁸⁹²

758 Weiterhin können **juristische Personen des Privatrechts** wie AG, GmbH, eGen, e.V., für die der Vorstand verantwortlich ist, aber auch OHG, KG, GbR und nichtrechtsfähige Vereine, sofern die als **Personenvereinigungen** ein Mindestmaß an Organisation aufweisen und für eine gewisse Dauer angelegt sind, Adressaten von Gefahrenabwehrverfügungen sein. Fehlt es an dem erforderlichen Maß an Organisation, ist eine an die Personenvereinigung gerichtete Verfügung so auszulegen, dass sie sich an die einzelnen natürlichen Personen wendet.

759 Schließlich können **juristische Personen des öffentlichen Rechts** (Bund, Länder, Gemeinden, Gemeindeverbände, sonstige Körperschaften sowie Anstalten und Stiftungen des öffentlichen Rechts) polizeipflichtig sein. Denn auch Hoheitsträger dürfen die öffentliche Sicherheit (und Ordnung) nicht gefährden. Dennoch wird teilweise die Polizeipflichtigkeit in Frage gestellt mit dem Argument, dass das Grundgesetz eine klare Kompetenzordnung vorgebe und die Gefahrenabwehrbehörde nicht in den Kompetenzbereich einer anderen Behörde eingreifen dürfe. Aus der gesetzlichen Kompetenzordnung ergebe sich, dass jeder Hoheitsträger in seinem Aufgabenbereich Gefahren für die öffentliche Sicherheit selbst zu bekämpfen habe. Den Polizei- und Ordnungsbehörden mangele es an der *Zuständigkeit*, im Zuständigkeitsbereich anderer Behörden Gefahrenabwehrmaßnahmen durchzuführen. Notfalls müsse die Aufsichtsbehörde eingeschaltet werden.⁸⁹³ Zwingend ist diese Argumentation nicht. Insbesondere geht der Hinweis auf die fehlende sachliche Zuständigkeit fehl, denn die Gefahrenabwehrbehörde macht den Fachbehörden ja nicht deren Zuständigkeit streitig, sondern vollzieht lediglich das Gefahrenabwehrrecht; und dafür ist gerade *sie* zuständig. Die Gefahrenabwehrbehörde muss daher Maßnahmen zur Gefahrenabwehr auch gegen den anderen Hoheitsträger ergreifen können.⁸⁹⁴

---

⁸⁹⁰ Siehe BVerwGE 23, 15, 17; 111, 246, 248 ff.; *Kopp/Ramsauer*, VwVfG, § 41 Rn 31.
⁸⁹¹ VGH München DÖV 1984, 433.
⁸⁹² Wie hier auch *Schenke*, POR, Rn 412; *Kopp/Ramsauer*, VwVfG, § 41 Rn 31; *Schenke*, JuS 2016, 507, 509 f. Siehe auch *R. Schmidt*, AllgVerwR, Rn 476.
⁸⁹³ Vgl. OVG Lüneburg OVGE 12, 340.
⁸⁹⁴ Vgl. dazu näher *Borowski*, VerwArch 102 (2011) 58 ff.

> **Beispiel**[895]: Auf der Weser wird in der Nähe Bremens ein Ölfilm entdeckt. Der Verursacher dieser Flussverunreinigung ist unbekannt. Als das Öl sich auszubreiten droht, wird es unter einem massiven Einsatz der Bremer Feuerwehren beseitigt. Die Stadtgemeinde Bremen als Trägerin der öffentlichen Feuerwehr möchte nun die Kosten der Beseitigung von der Bundesrepublik Deutschland erstattet bekommen.
>
> Als Eigentümerin der Bundeswasserstraße trifft den Bund die polizei- und ordnungsrechtliche Zustandsverantwortlichkeit. Die dazu bestehenden landesrechtlichen Vorschriften (vgl. z.B. § 9 HmbSOG) werden auch nicht durch die bundesrechtlichen Regelungen zur Unterhaltungslast des Bundes (§§ 7, 8 WaStrG, §§ 39, 40 WHG) verdrängt. Die Bejahung der polizei- und ordnungsrechtlichen Verantwortlichkeit des Bundes für die in seinem Eigentum stehenden Gewässer bedeutet auch keinen unzulässigen Eingriff in einen fremden Kompetenzbereich. Die Gesetzgebungs- und Verwaltungskompetenz des Bundes, welche die Wasserstraßen als Verkehrswege betrifft, bleibt unberührt. Vorkehrungen zur Wasserreinhaltung und zur Regenerierung von verseuchtem Wasser haben wasserwirtschaftlichen Charakter und insoweit ist die Materie „Wasser" durch das WHG und das Landeswassergesetz den Ländern zur Ausführung zugewiesen. Zu diesem Regelungsbereich gehört die Zustandsverantwortlichkeit des Gewässereigentümers.
>
> War es demnach eine Aufgabe des Bundes, die Gefahr abzuwehren, ist dieser auch polizei- und ordnungsrechtlich pflichtig. Daher kann die Stadtgemeinde Bremen im Zuge der Ersatzvornahme die Kosten für den Einsatz erstattet verlangen.

Allerdings sind mit Blick auf die genannte verfassungsrechtliche Kompetenzordnung solche Maßnahmen, durch die die andere Behörde in ihrer verfassungsrechtlich eingeräumten hoheitlichen Tätigkeit behindert wird, aus Kompetenzgründen untersagt.[896]

> **Beispiel:** Die Nachtruhe störende Hubschrauberflüge der Bundeswehr dürfen nicht durch gefahrenabwehrbehördliche oder polizeiliche Verfügung untersagt werden.

Diese Grundsätze gelten selbst im Bereich des **Verwaltungsprivatrechts**, nicht aber bei der erwerbswirtschaftlichen Tätigkeit und bei fiskalischen Hilfsgeschäften.[897] Dort ist die Verwaltung mit jedermann vergleichbar, genießt also keine Sonderrechtsposition aufgrund ihrer hoheitlichen Stellung.

Fehlt es an einer Rechtsgrundlage, ist der Einsatz von **Zwangsmitteln** gegen Behörden und juristische Personen des öffentlichen Rechts ausgeschlossen. Ein Fachgesetz, das dies zulassen könnte, ist in den meisten Ländern nicht vorhanden.

a. Verhaltensverantwortlichkeit

aa. Das Verhalten als Anknüpfungspunkt für die Inanspruchnahme

Zunächst kann die polizei- und ordnungsrechtliche Verantwortlichkeit denjenigen treffen, der den Gefahrenzustand durch sein Verhalten verursacht hat, den sog. Verhaltensverantwortlichen.[898]

> **Beispiel:** H ist Halter eines Rottweilers. Jeden Nachmittag bei schönem Wetter lässt er den Hund auf dem nahe gelegenen Kinderspielplatz frei herumlaufen. Als aufgebrachte Eltern die Polizei herbeirufen, fordert diese H auf, den Hund sofort an die Leine zu nehmen und einen sicheren Abstand zu den Kindern einzuhalten.

---

[895] In Anlehnung an VGH Kassel NVwZ-RR 1992, 624 (Örtlichkeit geändert).
[896] BVerwGE 29, 52, 59; *Knemeyer*, POR, Rn 352.
[897] Anders *Schenke*, POR, Rn 236, der jedoch nicht zwischen Verwaltungsprivatrecht und Fiskalverwaltung unterscheidet (zur Unterscheidung vgl. *R. Schmidt*, AllgVerwR, Rn 1008 ff.).
[898] Vgl. Bund: § 17 BPolG; BW: § 6 PolG; Bay: Art. 7 PAG; Berl: § 13 ASOG; Brand: § 5 PolG und § 16 OBG; Brem: § 5 PolG; Hamb: § 8 SOG; Hess: § 6 SOG; MeckVor: § 69 SOG; Nds: § 6 POG; NRW: § 4 PolG und § 17 OBG; RhlPfl: § 4 POG; Saar: § 4 PolG; Sachs: § 6 PVDG; SachsAnh: § 7 SOG; SchlHolst: § 218 LVwG; Thür: § 7 PAG und § 10 OBG.

Hier hat H durch sein Verhalten eine Gefahr für die öffentliche Sicherheit (Leben und Gesundheit der Kinder) verursacht. Die Polizei konnte ihn daher als Verhaltensstörer in Anspruch nehmen.

764 Das die Polizeipflichtigkeit auslösende Verhalten kann in einem **Tun** oder **Unterlassen**[899], aber auch in einer bloßen **Reflexbewegung** (etwa bei Betrunkenen oder Ohnmächtigen) bestehen. Ein Unterlassen kann gefahrenabwehrrechtlich allerdings nur dann zur Verantwortlichkeit führen, wenn den Betroffenen eine Rechtspflicht zur Gefahrvermeidung trifft. Diese Rechtspflicht kann sich aus öffentlich-rechtlichen, strafrechtlichen oder privatrechtlichen Vorschriften ergeben.[900]

> **Beispiel**[901]**:** B ist Inhaber eines Lebensmittelgeschäfts im Geltungsbereich eines Bebauungsplans. Die Baugenehmigung, die ihm hierfür erteilt wurde, enthält die Nebenbestimmung, dass aus Gründen des Lärmschutzes keine Warenanlieferungen zwischen 22.00 Uhr und 06.00 Uhr stattfinden dürfen. Unbeachtet dieser Regelung hat B den Warenlieferanten Schlüssel für die Anlieferungsschleuse überlassen, damit diese selbstständig nachts Waren anliefern können. Nachdem sich einige Nachbarn über den nächtlichen Lärm beim Ordnungsamt beschwert hatten, erlässt diese eine Ordnungsverfügung, in der es B unter Androhung von Zwangsgeld untersagt wird, zwischen 22.00 Uhr und 06.00 Uhr Waren anzunehmen oder liefern zu lassen.
>
> Die nächtlichen Lärmimmissionen stellen eine Gefahr für die Gesundheit der Nachbarn dar. Die Pflicht, diese Gefahr zu vermeiden, ergibt sich aus der Baugenehmigung, die wiederum auf Vorschriften des öffentlichen Baurechts und des Immissionsschutzrechts basiert. Zur Frage, ob B aber auch Verhaltensverantwortlicher ist, vgl. Rn 766-770.

765 Aber auch **Vorbereitungshandlungen**, die strafrechtlich unerheblich sind, können sich als polizeirechtlich relevantes Verhalten darstellen.

> **Beispiel:** Jugendliche wollen ihrem Vorbild *Prinz Harry* folgen und auf dem Schulabschlussball mit einer Hakenkreuz-Binde am Arm auftreten. Dazu haben sie sich entsprechende Stoffe besorgt und wollen daraus die Hakenkreuz-Binden erstellen.
>
> Hier ist bereits ein polizeiliches Einschreiten geboten, obwohl noch keiner der Straftatbestände des § 130 StGB verwirklicht ist und es sich lediglich um straffreie Vorbereitungshandlungen handelt. Diese sind jedoch polizeirechtlich von Bedeutung, weil eine Störung der öffentlichen Sicherheit (Begehung einer Straftat) droht.

bb. Der polizeirechtliche Verursacherbegriff

766 Besondere Probleme bei der Feststellung der Verantwortlichkeit ergeben sich insbesondere dann, wenn der Gefahrzustand nur eine mittelbare Folge eines zudem unter Umständen nicht vorhersehbaren Kausalverlaufs darstellt. Um hier die Verantwortlichkeit in einer rechtlich zuverlässigen Weise bestimmen zu können und zudem den Bestimmtheitsgrundsatz nicht zu verletzen, bedient man sich der Theorie der **unmittelbaren Verursachung**: Nach dieser Theorie ist darauf abzustellen, ob ein Verhalten (oder eine Sache) die Gefahrengrenze überschreitet und damit die unmittelbare Ursache für den Eintritt der Gefahr setzt. Dabei soll ein Verhalten dann die Gefahrengrenze überschreiten, wenn es in einem engen **Wirkungs- und Verantwortungszusammenhang** mit dem Gefahrzustand steht.[902] Dass diese Auffassung aber ein Wertungsproblem mit sich bringt, zeigen folgende Beispiele:

---

[899] Vgl. OVG Münster NVwZ-RR 1988, 20.
[900] Vgl. *Schenke*, POR, Rn 239: „auch privatrechtliche Normen".
[901] In Anlehnung an OVG Münster NVwZ-RR 2008, 12 f.
[902] Vgl. *R. Schmidt*, BremPolG, Kommentar, 2006, § 5 Rn 16 ff., *Schenke*, POR, Rn 241 ff. und später auch *Kingreen/ Poscher*, POR, § 9 Rn 9 ff. sowie OVG Münster NVwZ-RR 2008, 12 f.

Beispiele: 767

(1) Die als rechtsradikal bezeichnete Gruppe „Nationales Deutschland" meldet durch ihren Vorsitzenden V einen Aufmarsch durch die Innenstadt an. Gegen diesen geplanten Aufmarsch will das linksgerichtete Bündnis „Gegen Ausländerfeindlichkeit und Fremdenhass" gleichzeitig und an gleicher Stelle demonstrieren.

Würde man die Theorie der unmittelbaren Verursachung zugrunde legen, wäre darauf abzustellen, wer im Sinne eines engen Wirkungs- und Verantwortungszusammenhangs die letzte unmittelbare Ursache für die Gefahr setzen würde. Das wäre wohl das linksgerichtete Bündnis, nicht die als rechtsradikal bezeichnete Gruppe, gegen die sich die Gegendemonstration richten würde.

(2) Ab sofort werden Formel-1-Rennen nur noch über Pay-TV übertragen. Als das letzte Rennen der Saison beginnt, stellt der findige Fernsehhändler H einen Großbildschirm in das Schaufenster seines Geschäfts und stellt draußen auf dem Bürgersteig Bänke und Tische auf. Auch an dem leiblichen Wohl soll es nicht fehlen. Daher schenkt H Bier vom Fass aus und bietet Grillwürstchen an. Bereits wenige Minuten nach dem Start haben sich viele Menschen angesammelt, die auch einen Teil der Fahrbahn einnehmen. Der vorbeikommende Polizist P sieht darin eine Gefahr für die öffentliche Sicherheit und untersagt H die Fortsetzung der Aktion.

Auch hier ist zu bedenken, dass in dem Aufstellen eines Fernsehgeräts letztlich nur ein Anreiz, eine lediglich mittelbare Ursache für die Entstehung der Gefahr liegt. Unter dem Gesichtspunkt der unmittelbaren Verursachung würde man also die Menschen auf der Straße als Verhaltensverantwortliche bezeichnen müssen, nicht aber H.

(3) Auch im Beispiel von Rn 764 waren es die Warenlieferanten, die unmittelbar die Gefahr für die Gesundheit der Nachbarn gesetzt haben. B hat nur eine mittelbare Ursache gesetzt, indem er den Warenlieferanten einen Schlüssel zum Wareneingangstor gegeben hat.

Will man in derartigen Fällen zugunsten einer effektiven Gefahrenabwehr den Initiator 768 einer Gefahr (d.h. den mittelbaren Verursacher) zur Verantwortung ziehen, ist daher nach einem Korrektiv zur Theorie der unmittelbaren Verursachung zu suchen. Rspr. und h.L. bedienen sich in Fällen, in denen die Gefahrengrenze nach dem äußeren Geschehensablauf erst durch eine andere, später handelnde Person überschritten wird, bei wertender Betrachtung jedoch das vorherige Verhalten einer anderen Person bereits in einem unmittelbaren Wirkungs- und Verantwortungszusammenhang mit der Gefahr steht, der Figur des sog. **Zweckveranlassers**.[903] Danach sind solche Personen für die Gefahr verantwortlich, die beabsichtigen oder zumindest billigend in Kauf nehmen, dass ein anderer die Gefahr unmittelbar verursacht. Polizeirechtlich verantwortlich ist demnach also, wer den unmittelbaren Störer „herausfordert".

Auf dieser Basis kann etwa der Omnibusunternehmer, der durch eine Sonderfahrt eine 769 Gruppe von Demonstranten zu einer (wie er weiß) verbotenen Demonstration befördert, als Zweckveranlasser gesehen werden.[904] Als Zweckveranlasser eingestuft wurden auch ein kommerzieller Repetitor, der eine im Rahmen einer universitären Übung anzufertigende Hausarbeit vor dem Abgabetermin mit seinen Kursteilnehmern besprach[905], und ein Geschäftsinhaber, der mit seiner marktschreierischen Schaufensterreklame einen

---

[903] Vgl. *Beaucamp*, JA 2009, 279, 283; *Jahn*, JA 2000, 79, 84; *Zilkens*, JuS 1999, 672, 673; *Götz/Geis*, POR, § 9 Rn 18 ff.; *Knemeyer*, POR, Rn 328 ff.; *Schenke*, POR, Rn 244 ff.; *Zeitler*, DÖV 1997, 371 ff.; BVerfG NVwZ 2000, 1406 f.; VGH Mannheim DVBl 1996, 564; VGH Kassel, NVwZ 1992, 1111, 1113; OVG Weimar NVwZ-RR 1997, 287; OVG Lüneburg NVwZ 1988, 638, 639; OVG Münster NVwZ-RR 2008, 12 f. Soweit ersichtlich, findet sich eine erstmalige systemische Abhandlung bei *Jellinek*, Gesetz, Gesetzesanwendung und Zweckmäßigkeitserwägung, 1913, 310 ff.
[904] *Zeitler*, DÖV 1997, 371 ff.; *Schenke*, POR, Rn 246.
[905] Vgl. *Gromitsaris*, JuS 1997, 49, 51; *Schenke*, POR, Rn 246.

Massenauflauf vor dem Schaufenster seines Geschäfts veranlasste und damit Verkehrsbehinderungen herbeiführte[906].

770 Auch für die **Beispiele** von Rn 767 gilt: Liegt es auf der Hand, dass sich die jeweilige Störung als Folge des Verhaltens des mittelbaren Verursachers zwangsläufig einstellt, ist die jeweilige Gefahrverursachung objektiv bezweckt oder zumindest billigend in Kauf genommen worden. V, H und B wären damit Zweckveranlasser und könnten zur Verantwortung gezogen werden.

771 Die Figur des Zweckveranlassers stößt aber auch auf Kritik.[907] Es wird geltend gemacht, dass sich der Hintermann letztlich im Rahmen seines Rechtskreises bewege. Als selbstverantwortliche Persönlichkeit sei allein derjenige verantwortlich, der letztlich die Gefahrenschwelle überschreite. Nötigenfalls müsse die Störungsbeseitigung über die sog. Notstandspflicht (Inanspruchnahme als Nichtstörer)[908] erfolgen. Insbesondere bei Demonstrationen und ähnlichen Veranstaltungen sei die Figur des Zweckveranlassers problematisch. So könne nicht ohne weiteres angenommen werden, dass den Veranstalter die Verhaltensverantwortlichkeit für Ausschreitungen von Teilnehmern oder Dritten treffe. Schließlich bestehe ein grundrechtlicher Schutz des Veranstalters aus Art. 14 I S. 1, 12 I, 8 I, 2 I GG. Der Grundrechtsschutz könne nicht ohne weiteres durch das Polizei- und Ordnungsrecht beiseitegeschoben werden.

772 Diese Kritik ist grundsätzlich berechtigt, findet ihre Grenze aber dort, wo die Veranstaltung mit den durch sie heraufbeschworenen Gefahren in einem engen Wirkungs- und Verantwortungszusammenhang steht. Letztlich ist eine Abwägung zwischen dem (zu schützenden) Polizeigut einerseits und dem (gefährdenden) Individualgut andererseits erforderlich. Nur wenn das Individualgut in einem engen Wirkungs- und Wertungszusammenhang mit dem Gefahrzustand steht und eine Güterabwägung zugunsten des Polizeiguts ausfällt, kann auch ein rechtmäßiges Verhalten des Handelnden diesen zu einem Zweckveranlasser und damit zum Verantwortlichen werden lassen. Sollte man sich diesem Gedanken nicht anschließen, bleibt nur die Inanspruchnahme des „Zweckveranlassers" als Nichtstörer (Rn 826 ff.).

773 In diesem Zusammenhang ist jüngst die Frage aufgetreten, ob (im Rahmen von Fußballspielen) die Kosten eines Polizeieinsatzes dem Veranstalter (einer Sportgroßveranstaltung) auferlegt werden können. Immerhin profitiert dieser (wirtschaftlich) von dem Event und so erscheint es angebracht, dass dieser auch die Kosten des Polizeieinsatzes trägt. Fände das Event nicht statt, fielen auch keine Polizeieinsatzkosten an. Wie noch bei Rn 992 ff. aufzuzeigen sein wird, geht das Polizei- und Ordnungsrecht im Grundsatz davon aus, dass die Kosten der Gefahrenabwehr vom Staat zu tragen sind, sofern kein Verantwortlicher in Anspruch genommen werden kann. Ob aber ein Veranstalter einer (Sport-)Veranstaltung verantwortlich ist für Schäden bzw. Gefahren, die von Randalierern verursacht werden, darf bezweifelt werden. Insbesondere ist die Einstufung als Zweckveranlasser wohl nicht möglich. Ob es aber dem Gesetzgeber möglich wäre, die Kosten eines Polizeieinsatzes spezialgesetzlich dem Veranstalter aufzubürden, ist Gegenstand der Ausführungen bei Rn 994.

cc. Mehrheit von Verantwortlichen

774 Es ist nicht nur möglich, dass eine Person gleichzeitig Verhaltens- und Zustandsverantwortlicher ist (sog. **Doppelstörer**), sondern auch, dass *mehrere* Personen für ei-

---

[906] *Schenke*, POR, Rn 246, bezugnehmend auf den sog. Schaufensterpuppenfall (PrOVGE 85, 270).
[907] *Tölle*, NVwZ 2001, 153, 154; *Muckel*, DÖV 1998, 18 ff.; *Gusy*, POR, Rn 336; *Kingreen/Poscher*, POR, § 9 Rn 27 ff.; *Beaucamp/Seifert*, JA 2007, 577 ff. Später auch *Böhm*, NJW 2015, 3000, 3001. Offengelassen in BVerfG NVwZ 2000, 1406, 1407.
[908] Vgl. dazu Rn 826 ff.

nen Gefahrenzustand verantwortlich sind: Die eine Person ist Verhaltensverantwortlicher, die andere Zustandsverantwortlicher. Des Weiteren ist denkbar, dass mehrere Verhaltensstörer oder mehrere Zustandsstörer vorhanden sind. Fraglich ist, gegen wen die Polizei hier vorgehen kann oder muss. Da die Beantwortung dieser Frage aber nur sinnvoll ist, wenn die Voraussetzungen nicht nur für die Inanspruchnahme des Verhaltensstörers, sondern auch des Zustandsstörers bekannt sind, kann insoweit auf die zusammenhängende Darstellung bei Rn 816 ff. verwiesen werden.

b. Objektiv nicht gegebene Verantwortlichkeit

Wie bei Rn 680 ff. dargelegt, führt die Prognose einer objektiv nicht gegebenen Gefahr zu den Figuren der Anscheins-, Verdachts- und Scheingefahr. Die damit verbundenen Konsequenzen üben Einfluss auf die rechtliche Einordnung der Verantwortlicheneigenschaft und der (bei Rn 992 behandelten) Kostentragung und Entschädigung aus.

775

aa. Anscheinsstörer

Wegen der im Polizei- und Ordnungsrecht maßgeblichen Ex-ante-Sicht ist die Gefahrenabwehrmaßnahme auch dann rechtmäßig, wenn sich im Nachhinein herausstellt, dass eine Gefahrenlage objektiv nicht bestand. Voraussetzung ist nur, dass der handelnde Amtswalter eine nachvollziehbare und vertretbare Einschätzung der Situation vorgenommen hat. Daher ist die Anscheinsgefahr im Ergebnis auch wie eine objektive Gefahrenlage zu behandeln (siehe Rn 681 ff.). Spiegelbildlich dazu folgt für denjenigen, der die Anscheinsgefahr pflichtwidrig hervorgerufen hat (d.h. wer eine Gefahr dem Anschein nach verursacht), dass er auch wie ein „echter" Störer behandelt wird. Gegenüber einem Anscheinsstörer sind also genauso Gefahrenabwehrmaßnahmen möglich wie gegenüber einem „echten" Störer, weil es bei Ergreifung dieser Maßnahmen ja gerade auf die Ex-ante-Sicht des handelnden Beamten ankommt und dieser im Zeitpunkt seines Handelns bei verständiger Würdigung der objektiven Anhaltspunkte eine Gefahrenlage annehmen durfte, obwohl sich nachträglich herausstellt, dass eine Gefahr in Wirklichkeit nicht vorlag. Das ist zwar mit Blick auf den verfassungsrechtlich verankerten Grundsatz vom **Vorrang des Gesetzes** nicht ganz unproblematisch, da letztlich eine Person in ihren (Grund-)Rechten beeinträchtigt wird, obwohl die gesetzlichen Vorschriften über die Verantwortlichkeit das Bestehen einer tatsächlichen Gefahr voraussetzen. Würde man aber die Rechtmäßigkeit eines polizeilichen Einschreitens von einer nachträglich bestätigten tatsächlichen Störereigenschaft abhängig machen, verkehrte man den Sinn der Gefahrenabwehr, der darin besteht, Gefahren abzuwehren, bevor es zum Schadenseintritt kommt. Das impliziert die Rechtmäßigkeit polizeilichen Einschreitens, wenn der handelnde Beamte im Zeitpunkt seines Einschreitens bei verständiger Würdigung der objektiven Anhaltspunkte eine Gefahrenlage annehmen durfte.[909] Zudem hat auch die Gefahrenabwehr Verfassungsrang. Die Pflicht des Staates, das Leben und die Gesundheit der Bürger zu schützen und zu fördern, ist in Art. 2 II S. 1 GG verankert.[910]

776

Eine Unterscheidung zwischen objektiver Gefahrenlage und Anscheinsgefahr ist aber für das Verwaltungskostenrecht von Bedeutung (vgl. dazu Rn 992): Die Kosten für die Maßnahmen trägt der vermeintliche Störer nur dann, wenn sich *ex post* herausstellt, dass er den Anschein einer Gefahr tatsächlich veranlasst und dafür einzustehen hat.[911] Die objektive Beweislast trägt die Verwaltung.

777

---

[909] Nicht geteilt wird daher die Kritik von *Schenke*, POR, Rn 256 f.
[910] Zur staatlichen Schutzverpflichtung vgl. *R. Schmidt*, Grundrechte, Rn 301 ff.
[911] Vgl. *Schlink*, Jura 1999, 169 ff.; *Wernsmann*, JuS 2002, 582, 584; *Erichsen/Wernsmann*, Jura 1995, 219, 221; *Musil*, JA 2003, 781, 784; *Kingreen/Poscher*, POR, § 9 Rn 23; *Martensen*, DVBl 1996, 286 ff.; *Petri*, DÖV 1996, 443, 447; BGHZ 117, 303, 307 f.; BGH NJW 1996, 3151 f.; JZ 1998, 515 f.; OVG Berlin NVwZ-RR 2002, 632; OVG Hamburg DVBl 1986, 734 f.; kritisch *Schenke*, POR, Rn 254.

778 Einige Befugnisnormen enthalten eine gesetzliche Ausgestaltung der Verantwortlichkeit für eine Anscheinsgefahr, wenn sie es für ein Einschreiten bereits genügen lassen, dass „Tatsachen die Annahme rechtfertigen", dass eine Gefahr tatsächlich vorliegt. Solche Regelungen sind z.T. in den Vorschriften über die Datenerhebung enthalten, bei denen der Gesetzgeber bei der Bestimmung der Adressaten z.T. gerade nicht an die sonst für das polizeirechtliche Handeln maßgebliche Differenzierung zwischen Störern und Nichtstörern anknüpft, sondern es z.B. genügen lässt, wenn bei der Person, über die Daten erhoben werden sollen, tatsächliche Anhaltspunkte dafür vorliegen, dass sie künftig Straftaten begehen oder zumindest eine Störung der öffentlichen Sicherheit verursachen wird.

bb. Scheinstörer (Putativstörer)

779 Würde demgegenüber ein besonnener und sachkundiger Amtswalter die Ungefährlichkeit der Situation erkennen und daher nicht einschreiten, handelt derjenige, der dennoch einschreitet, aufgrund einer **irrigen, pflichtwidrigen** und **nicht vertretbaren** Einschätzung der Situation und folglich **rechtswidrig**. Man spricht diesbezüglich von einer **Scheingefahr** (auch **Putativgefahr** genannt). Anders als die Anscheinsgefahr kann die Scheingefahr der echten Gefahrenlage **nicht** gleichgestellt werden. Ein gefahrenabwehrrechtliches Einschreiten wäre rechtswidrig (Rn 687) und der zu Unrecht in Anspruch Genommene (der entsprechend der Terminologie „Scheingefahr" auch „Scheinstörer" genannt wird) hat ggf. einen Amtshaftungsanspruch bzw. einen Anspruch wegen enteignungsgleichen Eingriffs, sofern die polizeigesetzliche Spezialregelung hinsichtlich der Entschädigung nicht greift.[912]

cc. Verdachtsstörer

780 Von Anscheinsgefahr und Scheingefahr wiederum zu unterscheiden ist der **Gefahrenverdacht** (auch Verdachtsgefahr genannt). Ein solcher ist anzunehmen, wenn aufgrund einer unklaren Diagnose des Sachverhalts und/oder aufgrund einer unsicheren Prognose das Vorliegen einer Gefahr ungewiss ist. Es liegen lediglich **Anhaltspunkte vor, die den *Verdacht* einer Gefahr** begründen (Rn 689). Folgerichtig können an sich auch keine Gefahrenabwehrmaßnahmen zulässig sein (zur **„drohenden Gefahr"** mit der Zulässigkeit von Gefahrenabwehrmaßnahmen vgl. bereits Rn 694 und allgemein Rn 673a ff.). Zulässig sind (vom Sonderfall der „drohenden Gefahr" abgesehen) aber **Maßnahmen zur Aufklärung des Sachverhalts**, etwa um den Verdacht erhärten (und *dann* von einer Gefahr auszugehen und Gefahrenabwehrmaßnahmen zu treffen) oder widerlegen zu können (und dann von Gefahrenabwehrmaßnahmen abzusehen). Man spricht insoweit von **Gefahrerforschungseingriffen** (Rn 691). Durch einen Gefahrerforschungseingriff wird derjenige, der im Gefahrenfall der Verantwortliche wäre, vorläufig als Verantwortlicher in Anspruch genommen. Problematisch ist in diesem Zusammenhang zum einen vor allem, ob dem Verdachtsstörer nur die Duldung der Gefahrerforschungseingriffe aufgebürdet werden kann oder ob er selbst zur Vornahme der Ermittlungshandlungen und praktisch zu deren Vorfinanzierung verpflichtet werden kann, und zum anderen, ob die Behörde selbst die Ermittlungsmaßnahmen durchführt und vom Verursacher die Kosten verlangen kann. Wenn es pflichtgemäßer Ermessensausübung und dem Grundsatz der Verhältnismäßigkeit entspricht, ist es vertretbar, dem Verursacher die Duldungspflicht darüber aufzuerlegen, dass die Behörde selbst die erforderlichen Ermittlungsmaßnahmen durchführt und die damit verbundenen Kosten erhebt. Stellt sich (*ex post*) heraus, dass er Nichtverantwortlicher ist, kann er Entschädigung verlangen und hat auch einen Kostenersatzanspruch, falls er in Vorlage getreten ist. In Ermangelung einer gesetzlichen Anspruchsgrundlage kommt nach

---

[912] Zum enteignungsgleichen Eingriff vgl. ausführlich *R. Schmidt*, AllgVerwR, Rn 1061 ff.

der hier vertretenen Auffassung der allgemeine **öffentlich-rechtliche Erstattungsanspruch** in Betracht.[913]

c. Minderjährige Verantwortliche

In der Regel ergehen Gefahrenabwehrmaßnahmen – jedenfalls sofern sie nicht heimlich erfolgen – als Verwaltungsakte. Heimliche Gefahrenabwehrmaßnahmen ergehen deshalb nicht als Verwaltungsakte, weil es an der erforderlichen Regelungswirkung (vgl. § 35 S. 1 VwVfG) fehlt. Aber auch wenn die Voraussetzungen des § 35 S. 1 VwVfG vorliegen, kann es an der für die Wirksamkeit eines Verwaltungsakts konstitutiven Bekanntgabe (vgl. §§ 41 I, 43 I VwVfG) fehlen. Bedenken an der Bekanntgabe können bestehen, wenn die Verfügung dem Adressaten zwar mitgeteilt worden ist, dieser aber wahrnehmungsunfähig ist (vgl. dazu Rn 683). Auch bei den Verkehrszeichen ist die Bekanntgabe rechtsdogmatisch nicht einwandfrei, wird von der Rspr. aber fingiert (vgl. dazu Rn 1026). Bedenken an der Bekanntgabe bestehen schließlich, wenn der Adressat minderjährig ist. In diesem Fall ist der Verwaltungsakt unter Zugrundelegung des Rechtsgedankens des § 131 BGB grds. dem gesetzlichen Vertreter bekanntzugeben; anderenfalls ist die Bekanngabe nicht erfolgt.[914] Soweit Minderjährige gem. § 12 Nr. 2 VwVfG jedoch verfahrenshandlungsfähig sind, kann auch die Bekanntgabe an sie selbst erfolgen. Problematisch sind indes Maßnahmen gegenüber Verfahrenshandlungsunfähigen, etwa der Vollzugspolizei zur Gefahrenabwehr beim Vorgehen gegen minderjährige Störer in Fällen unmittelbar bevorstehender Gefahr (vgl. Rn 757). In diesen Fällen wird entweder im Wege der unmittelbaren Ausführung bzw. des Sofortvollzugs vorzugehen sein[915] oder man wird die Bekanntgabe an den Minderjährigen trotz fehlender Handlungsfähigkeit annehmen müssen[916]. Vgl. dazu auch Rn 952 ff.

780a

4. Zusatzverantwortlichkeit gegenüber Aufsichtsbedürftigen

Die polizeigesetzlichen Vorschriften über die Verhaltensverantwortlichkeit erstrecken sich auch auf die polizeirechtliche Verantwortlichkeit von Personen, die zur Aufsicht über **Kinder unter 14 Jahren** verpflichtet sind, oder auf Personen, die als **Betreuer** bestellt sind (vgl. etwa Art. 7 II BayPAG, § 6 II NdsPOG). Da die Verantwortlichkeit aber nicht anstelle der der genannten aufsichtsbedürftigen Personen, sondern zusätzlich zu deren Verantwortlichkeit tritt, spricht man auch von Zusatzverantwortlichkeit. Grundsätzlich können sich also Gefahrenabwehrmaßnahmen sowohl an die aufsichtspflichtige als auch die aufsichtsbedürftige Person richten. Welche Störerbestimmung letztlich rechtmäßig ist, richtet sich nach denselben Kriterien, die die allgemeine Störerauswahl bei Störermehrheit prädeterminieren (dazu oben Rn 774).

781

Aufsichtspflichtige Personen sind bei Minderjährigen, und damit bei unter 14 Jahre alten Personen i.S.d. Vorschriften über die Verhaltensverantwortlichkeit, diejenigen, denen die elterliche Sorge (§§ 1626 ff. BGB) zusteht, oder der Vormund, wenn der Minderjährige nicht unter elterlicher Sorge steht (§§ 1723 ff. BGB). Als Aufsichtspflichtige in Betracht kommen aber auch Nachbarn, Verwandte oder Freunde, die die Aufsicht (vertraglich oder faktisch) übernommen haben. Bei Kindermädchen etc. besteht eine Aufsichtspflicht kraft vertraglicher Übernahme.

782

Die **Betreuung** ist in §§ 1896 ff. BGB geregelt. Ist für eine Person ein Betreuer aufgrund einer psychischen Krankheit oder einer körperlichen, geistigen oder seelischen

783

---

[913] Vgl. dazu ausführlich *R. Schmidt*, AllgVerwR, Rn 1321 ff.
[914] BVerwGE 23, 15, 17; BGH NJW 1992, 2633; *Kopp/Ramsauer*, VwVfG, § 41 Rn 31.
[915] Vgl. auch *Schenke*, POR, Rn 412; *Kopp/Ramsauer*, VwVfG, § 41 Rn 31; *Schenke*, JuS 2016, 507, 509 f.
[916] VGH München DÖV 1984, 433.

Behinderung bestellt, können gefahrenabwehrrechtliche Maßnahmen auch gegen den Betreuer gerichtet werden. Voraussetzung ist aber, dass das pflichtwidrige Verhalten dem Aufgabenkreis des Betreuers zuzurechnen ist. Sofern Polizeigesetze weiter formuliert sind (wie z.B. Art. 7 II S. 2 BayPAG, § 8 II S. 2 HmbSOG, § 6 II S. 2 NdsPOG, § 6 II S. 2 HessSOG), ergibt sich das Erfordernis der Zurechnung aus dem rechtsstaatlichen Postulat der Haftungsbegrenzung. Die gegenteilige Annahme würde den Verantwortungsbereich des Betreuers unzulässig ausdehnen und unüberschaubar machen und wäre im Übrigen auch nicht mit den bei Rn 766 beschriebenen Verursachertheorien vereinbar.

Als **Beispiel** für die Inanspruchnahme des Betreuers kommt eine Platzverweisung in Betracht, wenn dem Betreuer die Bestimmung des Aufenthalts des Betreuten obliegt.

5. Zusatzverantwortlichkeit gegenüber Verrichtungsgehilfen

784 Schließlich normieren die polizeigesetzlichen Bestimmungen über die Verhaltensverantwortlichkeit die Zusatzverantwortlichkeit gegenüber Verrichtungsgehilfen. Danach ist nicht nur diejenige Person polizeipflichtig, die zu einer Verrichtung bestellt ist und die Gefahr in Ausübung dieser Verrichtung verursacht, sondern auch diejenige, die die andere Person zu der Verrichtung bestellt hat (vgl. etwa § 6 III NdsPOG). Ob jemand zu einer Verrichtung bestellt worden ist, richtet sich (mit Ausnahme der Exkulpationsmöglichkeit nach § 831 I S. 2 BGB, vgl. Rn 787) nach denselben Kriterien, die im Zivilrecht für die sog. **Verrichtungsgehilfenhaftung** gem. § 831 BGB maßgeblich sind. Danach ist Verrichtungsgehilfe, wer vom Geschäftsherrn eine Tätigkeit übertragen bekommen hat und von Weisungen des Geschäftsherrn abhängig ist.[917]

784a Als Verrichtung kommt jede Tätigkeit für einen anderen in Betracht. Die Tätigkeit kann tatsächlicher oder rechtlicher Natur sein, sie kann entgeltlich oder unentgeltlich erfolgen, auf Dauer (als Arbeitnehmer) oder vorübergehend (einmalige Besorgung) angelegt, niederer (Umgraben eines Gartens) oder höherer (Operation durch einen Arzt; Prozessvertretung durch einen Rechtsanwalt) Art sein.[918]

785 Da die Verantwortlichkeit des Geschäftsherrn darauf beruht, dass er den Gehilfen nicht sorgfältig ausgesucht bzw. überwacht hat, muss der Geschäftsherr auf die Handlungsweise des Gehilfen Einfluss nehmen können. Das ist vor allem bei Arbeitsverhältnissen gegeben. Bei Werkverträgen mit selbstständigen Handwerkern und Unternehmern sowie bei Generalvertretern ist in jedem Einzelfall zu prüfen, ob diese weisungsunterworfen sind.[919]

Beispiele:
(1) Ein bei einer Speditionsfirma für den Transport brennbarer Flüssigkeiten angestellter Kraftfahrer verursacht einen Unfall, bei dem das Fahrzeug umstürzt und seine gefährliche Ladung ins Grundwasser zu geraten droht.

Ein in die hierarchische Organisation eines Unternehmens eingebundener Arbeitnehmer mit begrenzter Entscheidungsbefugnis stellt das Paradebeispiel für einen Verrichtungsgehilfen dar. Im Beispiel sind daher sowohl der Fahrer als auch der Unternehmer verantwortlich.

(2) Bei Bauarbeiten wird durch einen Bagger eines Subunternehmers die Hauptgasleitung in der Nähe der Innenstadt beschädigt. Es besteht Explosionsgefahr.

---

[917] OLG Köln NJW 2000, 2905; *R. Schmidt*, SchuldR BT II, 13. Aufl. 2019, Rn 855; *Sprau*, in: Palandt, BGB, § 831 Rn 6.
[918] Vgl. aus jüngerer Zeit etwa BGH NJW 2000, 2737, 2738 (Haftung des Krankenhausträgers für Hebammen); BGH NJW 1988, 2298, 2299 (Haftung des Krankenhausträgers für Ärzte); BGH WM 1998, 257, 259 (Haftung des Verlegers für einen Testesser in einem Restaurant); OLG Köln NJW 2000, 2905 (Haftung der abwesenden Eltern für die mit der Beaufsichtigung des Hauses betraute 18-jährige Tochter).
[919] Vgl. dazu BGHZ 34, 310, 311.

> In diesem Fall dürfen Gefahrenabwehrmaßnahmen nicht nur gegen den Subunternehmer, sondern auch gegen den Generalunternehmer, nicht jedoch gegen den Bauherrn gerichtet werden, da dieser keine Einwirkungsmöglichkeit auf den Subunternehmer hat. Maßnahmen gegen Letzteren können sich aber auch auf die Bestimmung hinsichtlich der Zustandsverantwortlichkeit stützen.

Weitere Haftungsvoraussetzung ist, dass der Gehilfe den Schaden *in Ausführung der Verrichtung* verursacht hat. Der Gehilfe verursacht den Schaden bzw. die Gefahr, wenn er bei einer *im inneren Zusammenhang* mit seinem Aufgabenbereich stehenden Tätigkeit handelt.[920] Zwischen der aufgetragenen Verrichtung und der Schadenszufügung muss also ein innerer Zusammenhang bestehen. Dabei ist nicht erforderlich, dass gerade die Handlung, die den Schaden verursacht hat, dem Gehilfen aufgetragen war; es genügt, dass die schädigende Handlung in den Kreis der Maßnahmen fällt, welche die Ausführung der Verrichtung darstellen.[921] Selbst bewusstes und eigenmächtiges Zuwiderhandeln gegen Weisungen des Geschäftsherrn stellt das Handeln des Gehilfen nicht ohne weiteres außerhalb des Kreises der ihm aufgetragenen Verrichtung.[922] Auszuscheiden haben jedoch solche Schäden, die lediglich *bei Gelegenheit der Ausführung* zugefügt werden. Solche sog. *Ultra-vires-Handlungen* sind insbesondere Diebstähle und Spritztouren, soweit nicht eine besondere Pflicht zu ihrer Verhinderung besteht. **786**

> In den obigen **Beispielen** ergeben sich in diesem Zusammenhang keine Probleme.

Nach § 831 I S. 2 Var. 1 BGB tritt die Ersatzpflicht nicht ein, wenn der Geschäftsherr bei der Auswahl des Verrichtungsgehilfen, bei der Beschaffung von Vorrichtungen und Gerätschaften und bei der Leitung der Ausführung der Verrichtung die im Verkehr erforderliche Sorgfalt beobachtet hat. Im Gefahrenabwehrrecht ist diese sog. Exkulpationsmöglichkeit jedoch nicht anzuerkennen, da anderenfalls eine effektive Gefahrenabwehr wesentlich erschwert oder unmöglich gemacht würde. **787**

> In den obigen **Beispielen** können sich der Geschäftsherr bzw. der Generalunternehmer also nicht damit entlasten, sie hätten bei der Auswahl der Verrichtungsgehilfen die erforderliche Sorgfalt angewendet oder hätten den Verrichtungsgehilfen die erforderlichen Weisungen erteilt.

Schließlich gilt auch in dieser Variante der Zusatzverantwortlichkeit, dass die Verantwortlichkeit des Geschäftsherrn nicht anstelle der des Verrichtungsgehilfen, sondern zusätzlich zu dessen Verantwortlichkeit tritt. Daher können sich Gefahrenabwehrmaßnahmen zwar grundsätzlich sowohl an die eine als auch an die andere Person richten, welche Störerbestimmung aber letztlich rechtmäßig ist, richtet sich nach denselben Kriterien, die die allgemeine Störerauswahl bei Störermehrheit prädeterminieren (dazu oben Rn 774). **788**

In allen bisher behandelten Varianten der Verhaltensverantwortlichkeit erlischt die Polizeipflichtigkeit bei natürlichen Personen mit dem Tod, bei juristischen Personen mit deren Auflösung. Eine andere Frage ist es, unter welchen Voraussetzungen der Rechtsnachfolger eines Pflichtigen in dessen Pflichtenstellung einrücken muss. Da sich diese Frage sinnvoll aber nur dann beantworten lässt, wenn auch die Voraussetzungen für eine Zustandsverantwortlichkeit bekannt sind, wird insoweit auf die Darstellung bei Rn 789 ff. verwiesen. **788a**

---

[920] BGHZ 11, 151, 152 ff.; BGH NJW-RR 1989, 723 ff.; *Sprau*, in: Palandt, BGB, § 831 Rn 10.
[921] BGH MDR 1955, 282; WM 1977, 1169; *R. Schmidt*, SchuldR BT II, 13. Aufl. 2019, Rn 863.
[922] BGHZ 49, 12, 22.

6. Zustandsverantwortlichkeit

a. Allgemeines

789 Anders als die Bestimmungen über die Verhaltensverantwortlichkeit knüpfen die Vorschriften über die Zustandsverantwortlichkeit[923] die Verantwortlichkeit nicht an das Verhalten von Personen, sondern an das **Verhalten eines Tieres** oder an den **Zustand von Sachen** an (Zustandshaftung). Daher kommt es bei dieser Verantwortlichkeit auch nicht auf die Verursachung einer Gefährdung der öffentlichen Sicherheit durch das Verhalten von Personen an, sondern auf die tatsächliche und/oder rechtliche Beziehung von Personen zu Tieren oder Sachen, die als solche aufgrund **ihres Verhaltens** oder ihrer **Beschaffenheit** oder **ihrer Lage im Raum** die öffentliche Sicherheit oder Ordnung gefährden. Die Zustandshaftung ist verfassungsgemäß; sie stellt lediglich eine Inhalts- und Schrankenbestimmung gem. Art. 14 I S. 2 GG dar und ist im Übrigen Ausdruck der Gemeinwohlbindung gem. Art. 14 II GG.

790 Die Polizei- und Ordnungsgesetze machen die Zustandsverantwortlichkeit an zwei Umstände fest,

- die **tatsächliche (Sach-)Herrschaft** (Inhaber der tatsächlichen Gewalt), vgl. etwa § 7 I NdsPOG,
- und das **Eigentum** über eine Sache, vgl. etwa § 7 II NdsPOG.

b. Inhaber der tatsächlichen Gewalt

791 Vorrangig sind Maßnahmen gegen den **Inhaber der tatsächlichen (Sach-)Herrschaft** zu richten (die polizeigesetzlichen Vorschriften sprechen inkorrekt von „tatsächlicher Gewalt"). Erst nachrangig dürfen Maßnahmen auch gegen den Eigentümer oder einen anderen Berechtigten gerichtet werden. Der Vergleich des Absatzes 1 mit Absatz 2 der jeweiligen Vorschrift über die Zustandshaftung stellt dies klar. Die rechtspolitische Zielsetzung der Regelung besteht darin, dass die Gefahrenabwehrbehörde die oft schwierige Frage nach den Eigentumsverhältnissen nicht zu klären braucht, indem sie bei unklarer Eigentumslage schlicht den Inhaber der tatsächlichen Gewalt in Anspruch nimmt.

792 Unter **Sachen** sind nach der Legaldefinition in § 90 BGB alle **körperlichen Gegenstände** zu verstehen, und zwar unabhängig von deren Aggregatzustand, solange sie von der Außenwelt (räumlich) abgrenzbar sind. Maßgebend ist die Verkehrsanschauung; Beurteilungskriterium ist die Möglichkeit der Besitzverschaffung. Die Abgrenzung zu den „Nichtsachen" ist notwendig, weil nur an Sachen Eigentum und beschränkt dingliche Rechte möglich sind. Formelartig lässt sich sagen: Sache ist, was greifbar ist. Bei einem Grundstück, Auto, Moped oder Fahrrad ist das unproblematisch der Fall. Fehlt es an der **räumlichen Abgrenzbarkeit** des Objekts (Wasser, Luft etc.), scheidet die Sacheigenschaft aus.

793 **Tiere** sind Lebewesen, keine Sachen. § 90a BGB stellt dies klar. Sie stehen aber im Ergebnis den Sachen weitgehend gleich, da auf das Rechtsobjekt *Tier* die für Sachen geltenden Vorschriften entsprechend anzuwenden sind (vgl. § 90a S. 3 BGB und etwa § 7 I S. 2 NdsPOG). Diese Regelung verstößt auch nicht gegen die im Jahre 2002 in das Grundgesetz (vgl. Art. 20a GG) aufgenommene Staatszielbestimmung *Tierschutz*, weil anderenfalls eine Gefahrenabwehrmaßnahme, die sich gegen ein Tier richten

---

[923] Vgl. Bund: § 18 BPolG; BW: § 7 PolG; Bay: Art. 8 PAG; Berl: § 14 ASOG; Brand: § 6 PolG und § 17 OBG; Brem: § 6 PolG; Hamb: § 9 SOG; Hess: § 7 SOG; MeckVor: § 70 SOG; Nds: § 7 POG; NRW: § 5 PolG und § 18 OBG; RhlPfl: § 5 POG; Saar: § 5 PolG; Sachs: § 7 PVDG; SachsAnh: § 8 SOG; SchlHolst: § 219 LVwG; Thür: § 8 PAG und § 11 OBG.

müsste (Beispiel: Erschießen eines Kampfhundes, der Menschen gefährdet, angreift oder gar verletzt/totbeißt), ggf. nicht möglich bzw. rechtswidrig wäre. In einigen Polizeigesetzen wurde daher eine entsprechende Klarstellung in den Bestimmungen über die Zustandsverantwortlichkeit vorgenommen.[924]

Inhaber der tatsächlichen Gewalt ist, wer nach der Verkehrsauffassung die tatsächliche (rechtmäßige oder unrechtmäßige) **Sachherrschaft** ausübt. In Anlehnung an die zivilrechtlichen Vorschriften der §§ 854 und 855 BGB sind das z.B. Mieter, Pächter, Verwahrer, Besitzer[925], Besitzdiener, Dieb usw. Ob der Inhaber der tatsächlichen Gewalt den Zustand eines Tieres oder einer Sache, von der eine Gefahr für Personen oder für (andere) Sachen ausgeht, herbeigeführt hat oder ob diese von einem Dritten, durch Zufall oder höhere Gewalt herbeigeführt worden ist, ist ohne Bedeutung. Auf ein **Verschulden** kommt es – wie bei der Verhaltensverantwortlichkeit – **nicht** an.

> **Beispiel:** Autofahrer A bleibt mit seinem erst wenige Monate alten Wagen im Baustellenbereich einer Autobahn liegen. Die vorbeikommende Polizei ruft über Funk sofort ein Abschleppunternehmen. A ist damit nicht einverstanden, weil er bereits zuvor seinen Freund F angerufen hatte, der mit seinem Wagen vorbeikommen und A´s Wagen abschleppen solle.
>
> Es steht außer Frage, dass von einem im Baustellenbereich einer Autobahn liegen gebliebenen Fahrzeug eine unmittelbare Gefahr für die öffentliche Sicherheit ausgeht. Ein sofortiges Einschreiten der Polizei war daher geboten. Dass A die Gefahrensituation nicht schuldhaft herbeigeführt hat, ist ohne Bedeutung, weil es im Gefahrenabwehrrecht – anders als im Strafrecht – nicht um die Sanktionierung des persönlichen Dafürkönnens, sondern um schnelle und effektive Gefahrenabwehr geht.
>
> Zu weit ginge es jedoch, den Eigentümer eines Waldgrundstücks, das rechtlich und tatsächlich frei zugänglich ist, als Zustandsstörer verantwortlich zu machen, wenn z.B. unbekannte Dritte Abfälle deponieren, von denen eine Gefahr ausgeht.[926]

Maßgeblicher Zeitpunkt für die Polizei- und Ordnungspflicht ist ausschließlich der Zeitpunkt des gefahrenabwehrrechtlichen Einschreitens, nicht etwa der Zeitpunkt des Eintritts der Gefahr. Daraus folgt, dass die Zustandsverantwortlichkeit aufgrund Sachherrschaft mit der Aufgabe der tatsächlichen Gewalt endet.[927] Dagegen endet die Zustandsverantwortlichkeit aufgrund Eigentums nicht notwendigerweise mit der Eigentumsaufgabe (vgl. etwa § 7 III NdsPOG und Rn 812).

Bei **Kraftfahrzeugen** ist darüber hinaus fraglich, wer Inhaber der tatsächlichen Gewalt ist. Nach Auffassung des BGH ist dies der **Fahrzeughalter**. Halter sei, wer die tatsächliche Verfügungsgewalt über das Fahrzeug besitze und es für eigene Rechnung gebrauche.[928]

Verfügungsgewalt besteht darin, dass der Fahrzeugbenutzer Anlass, Ziel und Zeit seiner Fahrten selbst bestimmt. Wer in diesem Sinne verfügungsberechtigt ist, ist auch dann Halter, wenn das Fahrzeug auf eine andere Person zugelassen ist.[929] Eintragung in den Fahrzeugpapieren (Zulassungsbescheinigung I und II) und Haltereigenschaft können also auseinanderfallen. Allerdings besteht ein starkes Indiz dafür, dass der in den Fahrzeugpapieren Eingetragene auch Halter des Fahrzeugs ist.

---

[924] Vgl. z.B. § 6 II BrandPolG; § 7 I NdsPOG; § 5 I NRWPolG; § 7 I HessSOG.
[925] Hinsichtlich des Erbenbesitzers i.S.d. § 857 BGB gilt, dass dieser nur fiktiver Besitzer und daher nicht notwendigerweise Inhaber der tatsächlichen Gewalt ist.
[926] Vgl. OVG Münster NWVBl 2007, 26.
[927] *Schenke*, POR, Rn 278.
[928] Vgl. BGHZ 13, 351, 354; 116, 200, 205 f.
[929] OLG Hamm NZV 1990, 363; KG VRS 113, 209.

797a Eigentum am Fahrzeug ist nach allgemeiner Auffassung von vornherein nicht entscheidend. Daher ist z.B. die Bank, die das Fahrzeug finanziert und sich zur Sicherung des Darlehens das Fahrzeug sicherungsübereignen lässt (§§ 930 BGB), zwar Eigentümer, nicht aber Halter. Umgekehrt ist es aufgrund der genannten Rspr. auch möglich, dass der Eigentümer Halter ist, obwohl er nicht in den Fahrzeugpapieren eingetragen ist.[930]

> **Beispiel:** Großvater G verfügt über einen sehr hohen Schadensfreiheitsrabatt und meldet daher das Fahrzeug seiner Enkelin E auf seinen Namen an.
>
> Hier ist E Eigentümerin; auch ist sie Halterin, wenn sie die laufenden Kosten übernimmt und allein die Verfügungsgewalt innehat, obwohl das Fahrzeug auf den Großvater zugelassen ist.

797b Es ist also stets zu unterscheiden zwischen dem Eigentümer, dem Halter und dem in den Fahrzeugpapieren Eingetragenen. Diese Eigenschaften können in einer Person vereint sein. Es kann aber auch vorkommen, dass von drei Personen jede nur eine dieser Eigenschaften erfüllt. Da die Haltereigenschaft u.a. für die Straßenverkehrshaftung (Haftung gem. § 7 I StVG), die Steuerpflicht und die Versicherungspflicht (§ 1 PflVG: obligatorische Haftpflichtversicherung) ausschlaggebend ist, ist das oben dargestellte, von der Rspr. als möglich erachtete Drei-Personen-Verhältnis in der Praxis aber insofern entschärft, als der Steuerbescheid an denjenigen adressiert ist, der in der Zulassungsbescheinigung I und II eingetragen ist, auf den das Fahrzeug also zugelassen ist. Auch als Versicherungsnehmer der Kfz-Haftpflichtversicherung wird von der Versicherungsgesellschaft nur akzeptiert, wer in den Fahrzeugpapieren eingetragen ist. Daher kann es in der Praxis zwar vorkommen, dass Eigentümer und Halter personenverschieden sind, nicht aber Halter und in den Papieren Eingetragener.

797c Da die formale Eintragung in der Zulassungsbescheinigung I und II nach st. Rspr. für die Haltereigenschaft nicht entscheidend ist, können auch Mieter, Nießbraucher und Entleiher Halter eines Fahrzeugs sein, obwohl jemand anderes in den Fahrzeugpapieren eingetragen ist. Voraussetzung hierfür ist eine Überlassung auf längere Zeit[931] (wenige Stunden oder nur ein Tag reichen hierfür regelmäßig nicht aus), sodass das Fahrzeug dem Einflussbereich des Überlassenden entzogen ist und der Mieter/Entleiher alle mit der Fahrzeughaltung anfallenden Kosten trägt.

797d Auch der Leasingnehmer ist i.d.R. Halter, wenn sich der Leasinggeber nicht Weisungsbefugnisse hinsichtlich des Einsatzes des Fahrzeugs während der Vertragsdauer vorbehalten hat.[932]

797e Vor diesem Hintergrund sind die in der Praxis gelegentlich anzutreffenden Fälle, in denen der Herangezogene behauptet, das Fahrzeug vor dem Eintritt der Störung an einen Unbekannten verliehen zu haben, und dass dieser das Fahrzeug verkehrswidrig abgestellt habe, unproblematisch zu lösen. Fehlt der Nachweis der Gebrauchsüberlassung, spricht eine widerlegbare Vermutung dafür, dass der der Behörde bekannte Halter weiterhin Zustandsverantwortlicher ist.[933] Dies kann als eine Beweislastumkehr gedeutet werden.

798 Voraussetzung für die Zustandshaftung ist, dass von einer Sache eine Gefahr für die öffentliche Sicherheit ausgeht. Das kann etwa der Fall sein, wenn sich auf einem Grundstück eine ungesicherte Baugrube befindet, oder wenn im Baustellenbereich ei-

---

[930] So nunmehr auch *Wille*, JA 2008, 210, 212.
[931] BGHZ 32, 331, 333.
[932] BGH VersR 1983, 656 ff.; *Deutsch/Ahrens*, Deliktsrecht, Rn 381.
[933] VG Göttingen NuR 1995, 571 zur Heranziehung der Kosten für das im Rahmen einer Ersatzvornahme durchgeführte Abschleppen und Entsorgen eines Schrottfahrzeugs.

ner öffentlichen Straße ein Kraftfahrzeug liegen bleibt. In diesen Fällen kann die Polizei den Inhaber der tatsächlichen Gewalt bzw. den Eigentümer in Anspruch nehmen bzw. auf deren Kosten die Gefahr beseitigen (lassen).

Auch die Zustandshaftung folgt dem **Verursacherprinzip**, sodass hier ebenfalls die Kausalitätstheorien (insbesondere die **Theorie von der unmittelbaren Verursachung**)[934] zur Anwendung gelangen. Nach der herrschenden Unmittelbarkeitstheorie muss demzufolge danach gefragt werden, ob die Befindlichkeit einer Sache die Gefahrenschwelle überschritten hat oder nicht. 799

Bei der sog. **latenten Gefahr** (Rn 675 f.) geht es um eine „schwelende" oder „schlummernde" Gefahr, also um eine Gefahr, die zwar vorhanden, aber derzeit noch nicht bemerkbar ist, sondern erst nach Hinzutreten weiterer Umstände zur bestehenden Gefahr wird. In diesem Fall trifft die Zustandshaftung ausnahmsweise nicht den letzten Verursacher, wenn bereits vorher eine *latente* Gefahr vom Zustand einer (anderen) Sache ausging. 800

> **Beispiel:** Seit Jahren steht im unbeplanten Innenbereich (§ 34 BauGB) ein altes Reetdachhaus. Infolge der später näher gerückten Bebauung wird ein Ziegelhaus mit bauordnungsrechtlich zulässiger Feuerstelle neben dem alten Reetdachhaus errichtet. Ohne die Veränderung der Umwelt hätte das Reetdachhaus keine Gefahr dargestellt. Infolge des in Reichweite befindlichen Ziegelhauses mit zulässiger Feuerstelle stellt es nunmehr eine neue Gefahr dar. Man spricht – quasi rückschließend – davon, dass das Reetdachhaus schon immer aufgrund der leichten Entzündbarkeit – latent – gefährlich gewesen sei, um so gegen den Eigentümer vorgehen zu können.

Prinzipiell nichts anderes gilt hinsichtlich der sog. **Altlastenfälle**. Auf Basis der h.M. sind diese Probleme im Rahmen der Ermessensentscheidung zu bewältigen, insbesondere ist im Rahmen des Auswahlermessens zu entscheiden, ob die Behörde gegen den Handlungsstörer vorgeht, statt den Zustandsstörer in Anspruch zu nehmen. Im Anwendungsbereich des **BBodSchG**[935] (siehe dessen § 3) sind der Grundstückseigentümer und der Inhaber der tatsächlichen Gewalt (Mieter, Pächter oder der selbstständige Nießbraucher[936]) über ein Grundstück gem. § 4 II BBodSchG verpflichtet, Maßnahmen zur Abwehr der von ihrem Grundstück drohenden schädlichen Bodenveränderungen zu ergreifen.[937] Darüber hinaus sind der Verursacher einer schädlichen Bodenveränderung oder Altlast sowie dessen Gesamtrechtsnachfolger, der Grundstückseigentümer und der Inhaber der tatsächlichen Gewalt über ein Grundstück gem. § 4 III S. 1 BBodSchG verpflichtet, den Boden und Altlasten so zu sanieren, dass dauerhaft keine Gefahren, erhebliche Nachteile oder erhebliche Belästigungen für den Einzelnen oder die Allgemeinheit entstehen.[938] Zu den Rechtsfragen, die das BBodSchG im Übrigen mit sich gebracht hat, vgl. Rn 821 ff. 801

> **Beispiel:** Das Betriebsgelände der Straßenbaufirma A wird nachts unerlaubt von einem Unbekannten betreten, der ein Dieselölfass umkippt, sodass sich der Inhalt auf das benachbarte Gelände der Gemeinde G ergießt. Wegen der drohenden Boden- und Grundwasserverunreinigung wird der kontaminierte Boden auf Anordnung der zuständigen Ordnungs- bzw. Polizeibehörde abgetragen. G erhebt nun gegenüber A einen Kostenerstattungsbescheid (Leistungsbescheid) wegen einer Ersatzvornahme, die im Wege ei-

---

[934] So auch *Schenke*, POR, Rn 268.
[935] Der Bund besitzt hierfür die Gesetzgebungskompetenz aus Art. 72 i.V.m. 74 I Nr. 18 („Bodenrecht").
[936] Vgl. dazu *Müggenborg*, NVwZ 2001, 39.
[937] Zur Störerauswahl nach dem BBodSchG vgl. *Tiedemann*, NVwZ 2003, 1477 ff.
[938] Vgl. dazu insb. VG Trier NJW 2001, 531 mit Bespr. von *Pützenbacher/Görgen*, NJW 2001, 490 ff. sowie BVerwG NVwZ 2000, 1179, 1181; *Fluck*, NVwZ 2001, 9 ff. und *Frenz*, NVwZ 2001, 13 ff.

ner unmittelbaren Ausführung bzw. eines Sofortvollzugs durchgeführt worden sei (vgl. dazu ausführlich Rn 925 ff.).

Eine schädliche Bodenveränderung liegt vor (vgl. § 4 BBodSchG). Die Rechtmäßigkeit des Leistungsbescheids setzt aber auch die Verantwortlichkeit der A voraus. Zu denken wäre in erster Linie an eine Verhaltensverantwortlichkeit. Allerdings ist unmittelbarer Verursacher und damit Verhaltensstörer nur der unbekannte Dritte, der das Fass umgekippt hat. Die A als Zweckveranlasser zu sehen scheidet aus. Es ist aber erwähnenswert und vertretbar, A wegen der Unterlassung der gebotenen Sicherung des Betriebsgeländes als verhaltensverantwortlich anzusehen, da derartige (Verkehrs-)Sicherungspflichten üblicherweise bestehen und hier verletzt wurden. Es greift aber die Zustandsverantwortlichkeit gem. § 4 II BBodSchG. Danach sind der Grundstückseigentümer und der Inhaber der tatsächlichen Gewalt über ein Grundstück gem. § 4 II BBodSchG verpflichtet, Maßnahmen zur Abwehr der von ihrem Grundstück drohenden schädlichen Bodenveränderungen zu ergreifen. Daher konnte G die Erstattung der Kosten für die Ersatzvornahme verlangen.[939]

802 Eine Zustandsverantwortlichkeit kann auch in den Fällen einer **Anscheinsgefahr** bestehen, wenn der Anschein einer Gefahr also durch den Zustand einer Sache verursacht wurde.

Beispiel: E ist Eigentümer einer Villa am Stadtrand. Aufgrund eines Defekts an der Alarmanlage wird bei der Polizei Alarm ausgelöst. Die vor Ort eingetroffenen Beamten werden auf dem befriedeten Grundstück des E von dessen Rottweiler angegriffen. Einer der Beamten kann den Angriff nur durch einen tödlichen Schuss auf den Hund abwenden. E macht Schadensersatz geltend.

Der von E geltend gemachte Schadensersatzanspruch könnte sich auf die polizeigesetzliche Vorschrift über die Entschädigung rechtswidrig in Anspruch Genommener stützen, flankiert durch den Amtshaftungsanspruch gem. § 839 I BGB, Art. 34 GG, dessen Anwendbarkeit in den Polizeigesetzen klargestellt wird („... bleibt unberührt"). Dazu hätten die Beamten aber rechtswidrig gehandelt haben müssen. Das war jedoch nicht der Fall; vielmehr war E verantwortlich für den Fehlalarm, und zwar unabhängig davon, ob er den Defekt bspw. durch Unterlassen der erforderlichen Wartung verschuldet hat. Seine defekte Alarmanlage hat den Anschein einer Gefahr gesetzt.

Da E somit als Zustandsstörer verantwortlich war und daher rechtmäßig in Anspruch genommen werden konnte, ist der Schadensersatzanspruch unbegründet.

803 Eine andere Frage ist es, ob eine Verantwortlichkeit auch dann besteht, wenn nur der Anschein besteht, von einer Sache gehe eine Gefahr aus. Man kann in diesem Zusammenhang bei der als Pflichtiger in Betracht kommenden Person als „**Anscheinszustandsstörer**" sprechen.

Beispiel: Es ist Jahrmarkt in der Stadt. Die Polizei erhält einen anonymen Anruf, bei dem der Anrufer glaubhaft angibt, er habe die bei einem bestimmten Stand erhältlichen Bratwürste vergiftet. Sofort stellt die Polizei die betreffenden Würste sicher. Die labortechnische Untersuchung ergibt aber, dass es sich um einwandfreie Ware handelt. Der Inhaber des Standes verlangt von der Polizei Ersatz des entgangenen Gewinns.

804 Abweichende Regelungen können sich jedoch aus spezialgesetzlichen Regelungen ergeben. So sieht insbesondere § 9 II BBodSchG vor, dass bei einem aufgrund konkreter Anhaltspunkte bestehenden hinreichenden Verdacht einer schädlichen Bodenveränderung oder einer Altlast die Durchführung der notwendigen Untersuchungen zur Gefahrenabschätzung durch die in § 4 III, V und VI BBodSchG genannten Personen behörd-

---

[939] Zur Eingrenzung der Zustandsverantwortlichkeit unter dem Aspekt der Verhältnismäßigkeit vgl. BVerfGE 102, 1, 18 ff. und *Müggenborg*, NVwZ 2001, 39 ff.

licherseits angeordnet werden kann. Adressat einer solchen Verfügung können damit, wie sich aus der Verweisung aus § 4 III BBodSchG ergibt, auch der Grundstückseigentümer und der Inhaber der tatsächlichen Gewalt über ein Grundstück sein, ohne dass es darauf ankommt, ob die Gefahr tatsächlich von der Sache ausgeht. Allerdings normiert § 24 I S. 2 BBodSchG für den Herangezogenen einen Kostenerstattungsanspruch, wenn sich die Verdachtsmomente nicht bestätigt haben und dieser die den Verdacht begründenden Umstände nicht selbst zu vertreten hat.

Die Haftung des Inhabers der tatsächlichen Gewalt kann **nicht durch Vertrag** mit befreiender Wirkung **auf einen Dritten übertragen werden**. Sie erlischt ausschließlich mit dem Verlust der tatsächlichen Gewalt. Hinsichtlich der Rechtsnachfolge in die Zustandshaftung des Eigentümers vgl. Rn 896. 805

c. Eigentümer oder anderer Berechtigter

Weiterhin darf die Polizei den Eigentümer oder einen anderen Berechtigten in Anspruch nehmen. Beide Personengruppen haften grundsätzlich gleichrangig (beachte jedoch die Ausnahmeregelung in den polizeigesetzlichen Bestimmungen) neben dem Zustandsverantwortlichen. Für die Verantwortlichkeit ist es unerheblich, ob der Eigentümer oder der andere Berechtigte die tatsächliche Gewalt über das Tier oder die Sache ausübt. Die Verantwortlichkeit besteht auch für von Grundstücken ausgehende Gefahren, die auf Naturereignissen beruhen. 806

Bei der Frage nach der Zustandsverantwortlichkeit aufgrund der **Eigentümerstellung** wird an den zivilrechtlichen Eigentumsbegriff (vgl. §§ 903 ff. BGB) angeknüpft.[940] Bei einer rechtsgeschäftlichen Eigentumsübertragung von Grundstücken endet die Zustandshaftung des bisherigen Eigentümers erst mit der Eintragung des neuen Eigentümers im Grundbuch.[941] Steht das Grundstück im Eigentum mehrerer Personen (sog. Miteigentum), sind grundsätzlich alle Miteigentümer verantwortlich, gleichgültig, ob sie Miteigentümer nach Bruchteilen (§§ 1008 ff. BGB) oder Miteigentümer zur gesamten Hand sind (vgl. z.B. §§ 2032 ff. BGB). Bei Miteigentum darf allerdings vom einzelnen Miteigentümer nichts verlangt werden, was nur die Gesamtheit der Miteigentümer leisten kann; anderenfalls ist die Verfügung wegen rechtlicher Unmöglichkeit rechtswidrig bzw. nichtig. 807

Andere Berechtigte sind insbesondere die Inhaber beschränkt-dinglicher Rechte. Dies sind außer den Eigentümern Erbbauberechtigte (ErbbaurechtsVO), Grunddienstbarkeitsberechtigte (§§ 1018 ff. BGB), Inhaber einer beschränkten persönlichen Dienstbarkeit (§§ 1090 ff. BGB), Nießbraucher (§§ 1085 ff. BGB) und Pfandgläubiger (§§ 1205 ff. BGB), aber auch lediglich obligatorisch Berechtigte wie z.B. Mieter, Pächter, Entleiher und Verwahrer.[942] 808

Maßgeblicher **Zeitpunkt der Haftung** ist auch hier der Zeitpunkt der behördlichen Maßnahme. Übt der Inhaber der tatsächlichen Gewalt diese ohne den Willen des Eigentümers aus, ist der Eigentümer – wie bereits festgestellt – nur begrenzt zustandsverantwortlich (dem Eigentümer kann nichts Unmögliches abverlangt werden).[943] Die Zustandsverantwortlichkeit des Eigentümers setzt aber wieder ein, sobald der Dritte seine Sachherrschaft verliert oder aufgibt. 809

---

[940] OVG Koblenz NJW 1998, 625, 626. Vgl. auch OVG Münster NJW 2010, 1988 f.
[941] VGH Mannheim DÖV 1996, 1057; zur Zustandshaftung von Grundstückseigentümern vgl. auch VGH München BayVBl 1997, 502.
[942] Zu den beschränkt-dinglichen Rechten vgl. ausführlich *R. Schmidt*, SachenR II, 9. Aufl. 2018, Rn 11 ff.
[943] OLG Dresden LKV 2003, 582.

Beispiel: Dem E wurde das Auto gestohlen. Die Diebe fahren so lange umher, bis der Kraftstoff verbraucht ist. Sie lassen den Wagen an einer unübersichtlichen Stelle am Straßenrand stehen und fliehen. Später wird der Wagen von einem von der Polizei beauftragten Abschleppunternehmer aus der Gefahrenzone gebracht.

Da die Diebe ihre Sachherrschaft aufgegeben haben, lebt die Eigentümerverantwortlichkeit des E wieder auf. E muss die Bergungskosten tragen.

810 Auf ein **Verschulden** kommt es – wie bei der Verhaltensverantwortlichkeit und der Zustandshaftung in den bisher behandelten Varianten – **nicht** an. Die Verantwortlichkeit ist also ebenfalls unabhängig von Rechtswidrigkeit und Schuld. Daher kann sie auch bei Vorliegen von höherer Gewalt oder durch Verhalten Dritter ausgelöst werden.

Beispiel: Diebe fahren mit einem gestohlenen Pkw durch die Schaufensterscheibe eines Juweliergeschäfts, um sich Zugang zu den Juwelen zu verschaffen. Die Glasscherben, die auf Bürgersteig und Fahrbahn gefallen sind, gefährden Passanten und Fahrzeugverkehr. Sodann fliehen die Diebe mit dem Wagen.

Hier kann der Geschäftsinhaber, der nicht Eigentümer des Grundstücks sein muss, zur Beseitigung der Scherben verpflichtet werden.

811 Eine **Ausnahme** von der Zustandsverantwortlichkeit ist nur beim Eigentümer anzunehmen, wenn der Inhaber der tatsächlichen Sachherrschaft diese ohne den Willen des Eigentümers der gefahrbegründenden Sache ausübt (s.o.).

Daher ist im vorigen **Beispiel** (Rn 810) auch nicht der Eigentümer bzw. Halter des gestohlenen Kfz zustandsverantwortlich. Verantwortlich sind die Diebe, da diese zum Zeitpunkt des gefahrenabwehrrechtlichen Einschreitens Sachherrschaft ausübten.

d. Verantwortlichkeit für herrenlose Sachen (Dereliktion)

812 Nach dem Wortlaut der allgemeinen polizei- und ordnungsrechtlichen Vorschriften über die Zustandsverantwortlichkeit können Maßnahmen auch gegen eine Person gerichtet werden, die **Eigentümer** oder sonst an der Sache berechtigt ist (vgl. etwa § 7 II S. 1 NdsPOG). Veräußert also der Eigentümer die Sache (nach §§ 925, 929 BGB), geht die Zustandsverantwortlichkeit unstreitig auf den Erwerber über (siehe ausführlich Rn 896). Fraglich ist, ob die Zustandsverantwortlichkeit auch dann endet, wenn der Eigentümer das Eigentum an der Sache aufgibt (sog. **Dereliktion**, §§ 928, 959 BGB). Aus den zivilrechtlichen Vorschriften über die Dereliktion könnte der Schluss gezogen werden, dass auch diese die Zustandshaftung des früheren Eigentümers beendet. Dadurch wäre es einem Eigentümer aber möglich, sich schlicht durch Eigentumsaufgabe seiner Zustandsverantwortlichkeit zu entziehen. Folge wäre, dass die Allgemeinheit für die Kosten der Gefahrenabwehr/Störungsbeseitigung aufkommen müsste, was eine ungerechtfertigte Lastenverteilung darstellte.[944] Die Polizei- und Ordnungsgesetze haben diese Problematik jedoch erkannt und geregelt, dass eine Dereliktion die Zustandsverantwortlichkeit nicht beenden kann (vgl. etwa § 9 I S. 2 HmbSOG, § 5 III NRWPolG, § 7 III NdsPOG, § 5 III RhlPflPOG).

Beispiel: Raser R fährt nicht nur gerne schnell, sondern ist auch immer zu einem Scherz bereit. Nachdem er eines Tages einen Verkehrsunfall verursacht hat, bei dem sein Fahrzeug offenbar einen Totalschaden erlitt, erklärte er der eingetroffenen Polizei, die ihm mitteilte, dass er für die Abschleppkosten aufkommen müsse, kurzerhand, dass er das Eigentum an seinem Wagen bzw. an dem, was davon übrig geblieben war, aufgegeben habe und daher nicht mehr verantwortlich sei.

---

[944] Vgl. dazu auch OVG Münster NJW 2010, 1988 f.

Dass R sich seiner Verantwortung nicht entledigen kann, ist klar. Anderenfalls würde der Allgemeinheit die Last für sein Fehlverhalten tragen. Die Polizeigesetze (etwa § 7 III NdsPOG) bestimmen daher, dass die Zustandsverantwortlichkeit nicht mit der Eigentumsaufgabe endet. R hat also die Abschleppkosten zu tragen.

7. Begrenzungen der Verantwortlichkeit

In der Rechtsprechung des BVerwG ist geklärt, dass die polizei- und ordnungsrechtlichen Vorschriften über die Zustandsverantwortlichkeit an die aus der tatsächlichen und rechtlichen Sachherrschaft des Grundeigentümers hergeleitete Rechtspflicht anknüpfen. Der Pflichtige habe dafür zu sorgen, dass von seiner Sache keine Störungen oder Gefahren für die öffentliche Sicherheit oder Ordnung ausgingen. Die Vorschriften über die Zustandshaftung stellten Inhalts- und Schrankenbestimmungen i.S.d. Art. 14 I S. 2 GG dar und seien verfassungsmäßig, weil sie Ausdruck der Sozialbindung des Eigentums in dem Sinn seien, dass Eigentum verpflichte (Art. 14 II GG), die von ihm ausgehenden Gefahren zu beseitigen.[945] Aufgrund der verschuldensunabhängigen Haftung des Störers kann seine unbegrenzte Heranziehung im Einzelfall aber unverhältnismäßig sein. So kann die Zustandshaftung eines Grundstückseigentümers für Gefahren, die auf **Naturereignissen** oder auf Fremdverschulden beruhen, gegen das Übermaßverbot verstoßen[946], denn die Sozialbindung kann wie jede (andere) Grundrechtsschranke ihrerseits nicht schrankenlos sein und wird insbesondere durch das Übermaßverbot begrenzt. Soweit also im Einzelfall die Opfergrenze überschritten wird, kann auch im objektivrechtlichen und verschuldensunabhängigen Polizeirecht eine Inanspruchnahme des Zustandsstörers ausgeschlossen sein. Auch das BVerwG räumt ein (ohne dies jedoch verbindlich zu entscheiden), dass die Grenze der Inanspruchnahme dort bestehe, wo der wertmäßige Umfang der Inanspruchnahme den Wert der Sache erreiche.[947]

813

> **Beispiel:** K ist Eigentümer eines Hanggrundstücks. Da es bereits einige Male zu Felsabgängen kam, trägt ihm die zuständige Behörde auf, Abfangzäune zu errichten.
>
> Nach der Rechtsprechung des BVerwG konnte K rechtmäßig als Zustandsverantwortlicher in Anspruch genommen werden, da die wertmäßige Inanspruchnahme des K den Wert der Sache nicht überstieg.

Auch bei **Altlasten** muss die Verantwortlichkeit des Grundstückseigentümers auf solche Gefahren begrenzt sein, die unmittelbar von seinem Grundstück ausgehen. Hintergrund ist, dass in diesem Fall die Haftung an die Sachherrschaft anknüpft und nicht an die Verursachung einer Gefahrenlage.[948] Würde man die Verantwortlichkeit nicht derart begrenzen, wäre die Inanspruchnahme mitunter unverhältnismäßig. Gut vertretbar sollte daher sein, die Verantwortlichkeit auf den Verkehrswert des Grundstücks zu begrenzen. Aber auch unterhalb dieser Schwelle kann eine Inanspruchnahme unverhältnismäßig sein, wenn das zu sanierende Grundstück den wesentlichen Teil des Vermögens des Pflichtigen ausmacht und die Grundlage seiner privaten Lebensführung einschließlich seiner Familie bildet.[949]

814

8. Rechtsnachfolge in polizeiliche Pflichten

Eine in der Praxis sehr wichtige Problematik ist, ob auch der Rechtsnachfolger eines Polizeipflichtigen durch die Rechtsnachfolge polizeipflichtig wird, wenn und solange die

815

---

[945] BVerwG NVwZ 1999, 231.
[946] Vgl. OVG Koblenz NJW 1998, 625 f.
[947] BVerwG NVwZ 1999, 231. Vgl. dazu auch BVerfGE 102, 1, 18 ff.
[948] VG Trier NJW 2001, 531 mit Bespr. von *Pützenbacher/Görgen*, NJW 2001, 490 ff.
[949] *Schenke*, POR, Rn 272, mit Bezugnahme auf BVerfGE 102, 1, 18 ff.

Gefahr noch nicht beseitigt ist. Da die Rechtsnachfolge jedoch bei Rn 875 ff. behandelt wird, sei darauf verwiesen.

9. Mehrheit von Verantwortlichen (Störermehrheit)
a. Allgemeines

816 Es ist nicht nur möglich, dass eine Person gleichzeitig Verhaltens- und Zustandsverantwortlicher ist (sog. **Doppelstörer**), sondern auch, dass *mehrere* Personen für *einen* Gefahrenzustand verantwortlich sind: Die **eine Person ist Verhaltensstörer, die andere Zustandsstörer**. Des Weiteren ist denkbar, dass für **einen Gefahrenzustand mehrere Verhaltensstörer oder mehrere Zustandsstörer** verantwortlich sind. Fraglich ist, gegen wen die Polizei in diesen Fällen vorgehen kann oder muss. Nach heute wohl einhelliger Auffassung hat die Gefahrenabwehrbehörde bei Vorhandensein mehrerer Verantwortlicher nach **pflichtgemäßem Ermessen** zu entscheiden, wen sie zur Gefahrenabwehr heranzieht. Dieses Auswahlermessen wird ausschließlich von der **Effektivität der Gefahrenabwehr** und dem **Grundsatz des geringstmöglichen Eingriffs** geleitet. Danach hat die Gefahrenabwehrbehörde grundsätzlich gegen *den* Verantwortlichen vorzugehen, der **die Gefahrenlage am schnellsten und effektivsten beseitigen kann**.[950] Kann dies gleichermaßen von mehreren Verantwortlichen geleistet werden, ist eine Störerauswahl unter dem Gesichtspunkt der **Verhältnismäßigkeit** zu treffen.[951] Hierbei können vom Störer zur Gefahrenbeseitigung zu erbringende Aufwendungen, seine persönliche und sachliche Leistungsfähigkeit und seine zivilrechtliche Verfügungs- und Nutzungsbefugnis eine Rolle spielen.[952]

> **Beispiele:**
> (1) E ist Eigentümer eines mehrere Wohnungen umfassenden Mietshauses in der Lüneburger Straße. Eine Wohnung hat er an M vermietet. Als die Ordnungsbehörde von Nachbarn erfährt, dass sich in der Wohnung des M Kakerlaken befänden, erlässt sie gegenüber E die Verfügung, das Ungeziefer zu bekämpfen.
>
> Eine Gefahr für die öffentliche Sicherheit liegt vor, da von Kakerlaken Gesundheitsbeeinträchtigungen ausgehen können. Fraglich ist, ob sich die Behörde auch an den richtigen Adressaten gehalten hat. Grundsätzlich kann sie einzelne Störer jeweils für sich oder mehrere nebeneinander in Anspruch nehmen. Vorliegend ist neben E auch M als Inhaber der tatsächlichen Gewalt Zustandsverantwortlicher. Die Behörde konnte also grundsätzlich frei wählen, wen sie in Anspruch nahm. Mit Blick auf eine effektive Gefahrenabwehr hat die Behörde aber **primär gegen *den* Verantwortlichen vorzugehen, der die Gefahrenlage am schnellsten und effektivsten beseitigen kann**. Kann dies gleichermaßen von mehreren Verantwortlichen geleistet werden, ist eine Störerauswahl unter dem Gesichtspunkt der Verhältnismäßigkeit zu treffen. Vorliegend könnte man sich auf den Standpunkt stellen, dass allein M als Inhaber der tatsächlichen Gewalt über die Wohnung die zügige Kakerlakenvernichtung durchführen könne. Allerdings kann nicht ausgeschlossen werden, dass sich die Kakerlaken bereits auf andere Wohnungen bzw. auf Boden- und Kellerräume ausgebreitet haben. Einzelverfügungen gegen Mieter sind daher im Vergleich zu einer Verfügung gegen den Vermieter wenig effektiv. Aus Gründen einer effektiven Gefahrenabwehr müsste daher vorrangig E in Anspruch genommen werden.

---

[950] VGH Kassel NVwZ-RR 2004, 32; *Schenke*, POR, Rn 285; *Erbguth/Mann/Schubert*, BesVerwR, Rn 534.
[951] VGH München NVwZ 2001, 458; *Gornig/Hokema*, JuS 2002, 21, 23 f.; *Götz/Geis*, POR, § 9 Rn 87 ff.; *Schenke*, POR, Rn 285; *Muckel*, Fälle BesVerwR, S. 9 f.; anders *Knemeyer*, POR, Rn 339, der der Behörde keine Ermessensfreiheit hinsichtlich der Inanspruchnahme polizeipflichtiger Personen zugesteht, sondern die Störerauswahl ausschließlich als eine Frage des Übermaßverbots ansieht. Da sich aber auch die Ausübung pflichtgemäßen Ermessens stets am Übermaßverbot orientiert (sonst wäre das Ermessen schon nicht pflichtgemäß), ändert sich im Ergebnis freilich nichts.
[952] Vgl. *Schenke*, POR, Rn 286.

Einschränkend ist jedoch zu beachten, dass eine Polizeiverfügung dem Adressaten nur solche Pflichten auferlegen kann, die dieser aus tatsächlichen oder rechtlichen Gründen auch erfüllen kann. Eine tatsächliche oder rechtliche Unmöglichkeit des Verlangten macht die Ordnungsverfügung – wenn nicht schon rechtswidrig – zumindest vollstreckungsunfähig. Vorliegend müsste E zur Bekämpfung der Kakerlaken die Wohnung des M betreten. Dem könnte aber das Wohnungsgrundrecht (Art. 13 GG) auf Seiten des M entgegenstehen. Ein Recht zum Betreten der Wohnung ergibt sich zwar grundsätzlich aus § 541a BGB. Die dort genannten Voraussetzungen liegen aber nicht vor. Sollte sich M weigern, E den Zutritt zu gewähren, könnte dies zur rechtlichen Unmöglichkeit des Verlangten führen. Früher wurde vertreten, dass eine Weigerung des Dritten, die Gefahrenabwehrmaßnahme zu dulden, zu einer rechtlichen Unmöglichkeit des Verlangten und somit zur Rechtswidrigkeit der Verfügung führe. Etwas anderes könne sich nur dann ergeben, wenn dem Dritten gegenüber eine separate Duldungsverfügung erlassen werde.[953]

Dagegen geht die heute h.M. davon aus, dass das Fehlen einer an den Dritten gerichteten Duldungsverfügung nicht die Rechtswidrigkeit der Gefahrenabwehrverfügung zur Folge habe. Es ergebe sich lediglich ein Vollstreckungshindernis. Legt man diese Auffassung zugrunde, ist die gegenüber E erlassene Verfügung nicht wegen rechtlicher Unmöglichkeit rechtswidrig. Da sie auch im Übrigen rechtsfehlerfrei erging (insbesondere ist kein milderes Mittel zur Kakerlakenbekämpfung ersichtlich), muss E der Aufforderung nachkommen. M muss die entsprechende Maßnahme dulden.

(2) Das Hausgrundstück des A grenzt u.a. an die Horner Heerstraße. An der straßengeneigten Grenze hat A vor vielen Jahren zehn Eichen gepflanzt. Eines Nachts kommt der Lkw des B aufgrund eines Fahrfehlers von der Fahrbahn ab und rammt sechs von den Eichen. Diese ragen nun infolge des Unfalls über einen Teil der Straße. Die zuständige Ordnungsbehörde möchte wissen, von wem sie entsprechende Maßnahmen verlangen kann.

Hier besteht eine Unsicherheit darüber, ob die gerammten Eichen eine Gefahr für die öffentliche Sicherheit (hier: Sicherheit und Leichtigkeit des Straßenverkehrs) darstellen. Dies aufzuklären ist Aufgabe der Ordnungsbehörde. Hierzu kommen verschiedene Möglichkeiten in Betracht: So kann sie etwa selbst ein Sachverständigengutachten einholen, um die Standfestigkeit der Eichen beurteilen zu können. Sie kann aber auch einen der beiden potentiell Verantwortlichen A und B zu Gefahrerforschungsmaßnahmen heranziehen. Die Entscheidung, wer von den beiden vorrangig heranzuziehen ist, ist eine Ermessensentscheidung, die durch den Grundsatz der effektiven Gefahrenabwehr prädeterminiert ist. Danach ist die Gefahrerforschung demjenigen aufzuerlegen, der sie am schnellsten und effektivsten vornehmen kann. Vorliegend müsste B das Grundstück des A betreten, um entsprechende Maßnahmen durchzuführen. Das wiederum setzt das Einverständnis des A voraus. Sollte dieser sich weigern, müsste die Behörde eine separate Duldungsverfügung erlassen. Darüber hinaus ist eher anzunehmen, dass A die Vorgeschichte des Grundstücks besser kennt, insbesondere was die Bodenbeschaffenheit und damit die Standfestigkeit der Eichen betrifft. Dass A sich infolge des Verhaltens des B in einer „Opferrolle" befindet, hat dabei außer Betracht zu bleiben. A ist Eigentümer seines Grundstücks und kann gem. den Vorschriften über die Zustandsverantwortlichkeit in Anspruch genommen werden. Eventuelle Unbilligkeiten werden über den Innenausgleich bei Störermehrheit ausgeräumt.

(3) In Beispiel (2) ist B mittellos. Auch hier gilt, dass bei der Auswahl entscheidend auf den Grundsatz der Effektivität der Gefahrenabwehr abzustellen ist. Da aber die Inanspruchnahme eines mittellosen Verantwortlichen wenig Erfolg verspricht, wird die Behörde bei der Auswahl zwischen mehreren Störern i.d.R. den Leistungsfä-

---

[953] Vgl. dazu *Muckel*, Fälle BesVerwR, S. 7.

817 higsten, vorliegend A, in Anspruch nehmen. Sollte die Maßnahme diesen über Gebühr belasten, ist an eine Begrenzung des wertmäßigen Umfangs der Inanspruchnahme zu denken.[954]

817 Das soeben Gesagte schließt jedoch nicht aus, dass aus Gründen der Einzelfallgerechtigkeit der Verhaltensstörer (insbesondere bei schuldhafter Herbeiführung der Gefahr) vorrangig herangezogen werden kann. Man stelle sich den Fall vor, dass ein Autofahrer mit einem geliehenen Auto schuldhaft einen Unfall und damit eine polizeirechtliche Gefahrensituation verursacht.[955] Hier primär den Verhaltensstörer heranzuziehen begegnet keinen durchgreifenden Bedenken und ist insbesondere mit dem Standpunkt der ganz h.M. vereinbar. Ist aber der Verhaltensstörer der Polizei nicht bekannt (etwa der flüchtige Fahrer, der zuvor einen Verkehrsunfall verursacht hat) oder kann sie diesen aus sonstigen tatsächlichen Gründen zur Gefahrbeseitigung nicht heranziehen, ist es selbstverständlich ermessensfehlerfrei, den (bekannten) Zustandsstörer (Halter, Eigentümer) in Anspruch zu nehmen.[956]

818 Schließlich ist die Konstellation der Störermehrheit erwähnenswert, in der verschiedene Personen als Störer für eine Inanspruchnahme in Betracht kommen und hierbei eine Person Zustandsstörer *und* Verhaltensstörer (also Doppelstörer) ist. Auch hier kann die Einzelfallgerechtigkeit zu einer Verengung des Ermessensspielraums beitragen mit der Folge, dass nur die Inanspruchnahme des Doppelstörers ermessensfehlerfrei ist.[957]

b. Rechtsfolgen einer fehlerhaften Störerauswahl

819 Ermessensfehler bei der Störerauswahl führen zur Rechtswidrigkeit der Maßnahme und begründen in Abhängigkeit vom Klägerbegehren einen Aufhebungs-, Vollzugsfolgenbeseitigungs- oder Feststellungsanspruch. Ein Ermessensfehler hinsichtlich der Störerauswahl liegt insbesondere vor, wenn die Polizei nicht berücksichtigt hat, dass mehrere Personen als Störer in Anspruch genommen werden konnten oder dass sie selbst ebenfalls einen Verursachungsbeitrag geleistet hat (sie für die Gefahr also mitverantwortlich ist).[958] Bei Mitverantwortlichkeit der Gefahrenabwehrbehörde kann die alleinige Heranziehung eines Störers zur Gefahrenbekämpfung unter dem Aspekt des dem § 254 BGB („Anspruchsminderung bei Mitverschulden") zu entnehmenden Rechtsgedankens ermessensfehlerhaft sein.[959] Das gilt jedoch nicht, wenn die alleinige Heranziehung des Störers das einzige Mittel darstellt, den Gefahrenzustand effektiv zu beseitigen. In diesem Fall bietet sich ein Ausgleich auf der Ebene des Schadensersatzes an.

> **Beispiel:** Es ist Hochsommer; die Außentemperatur beträgt 34 Grad im Schatten, als die auf Streife befindliche Polizei auf einen in der Sonne abgestellten Pkw aufmerksam wird. In dem Wagen befindet sich ein Hund, der offensichtlich unter der Hitze leidet. Der Hund ist als Kampfhund erkennbar, liegt aber mit hechelnder Zunge apathisch auf dem Rücksitz. Fenster und Türen sind verschlossen, sodass es der Polizei zunächst nicht gelingt, den Hund zu befreien. Über eine Halterabfrage kann die Polizei die Telefonnummer des Halters in Erfahrung bringen, es gelingt ihr jedoch nicht, diesen zu erreichen. Daher entschließen sich die Beamten, ein Seitenfenster einzuschlagen und die Tür zu entriegeln. Unter vorsichtiger Ansprache versucht einer der Beamten, den Hund zu ergreifen. Dieser springt jedoch plötzlich hoch, stürzt sich auf den Beamten und verletzt diesen am Hals. Der Kollege beendet den Angriff, indem er das Tier mit einem gezielten Schuss aus der Dienstwaffe tötet.

---

[954] Bei Zustandsverantwortlichen besteht die wertmäßige Grenze der Inanspruchnahme bei Erreichen des Wertes der Sache. Vgl. dazu BVerfGE 102, 1, 18 ff. und *Müggenborg*, NVwZ 2001, 39 ff.
[955] Vgl. *Schenke*, POR, Rn 286.
[956] *Schenke*, POR, Rn 286.
[957] *Schenke*, POR, Rn 287.
[958] *Schenke*, POR, Rn 287.
[959] *Schenke*, POR, Rn 287.

Die Rechtsgrundlage für den Schusswaffengebrauch als besondere Form des unmittelbaren Zwangs ist den Polizeigesetzen zu entnehmen (vgl. etwa § 24 HmbSOG, § 60 HessSOG, § 76 NdsPOG). Mildere Mittel, etwa Pfefferspray, Elektroimpulsgerät oder Schlagstockeinsatz, kamen aufgrund der gebotenen Eile wohl nicht in Betracht. Die Rechtmäßigkeit des Schusswaffengebrauchs setzt grds. aber auch voraus, dass der Halter des Hundes als Verantwortlicher i.S.d. Polizeirechts gilt. Bedenken daran knüpfen an den Umstand, dass grds. nur derjenige polizeirechtlich verantwortlich ist, der die Gefahrenschwelle überschreitet und damit die unmittelbare Ursache für den Eintritt der Gefahr setzt (siehe Rn 766). Dies waren letztlich die Beamten, weil nur durch das Öffnen des Wagens der Angriff möglich war. Auf der anderen Seite war eine Befreiung des Hundes geboten, weil auch der Tierschutz Bestandteil der öffentlichen Sicherheit ist. Dieser ist sogar in Art. 20a GG niedergelegt. Das hätte jedoch nicht ausgeschlossen, das Ordnungsamt bzw. das städtische Tierheim zu informieren und fachkundiges Personal anzufordern, zumal der Hund für die Beamten als Kampfhund erkennbar war. Daher liegt eine Mitverursachung des Gefahrenzustands durch die Beamten vor. Ob die Polizeipflichtigkeit ausgeschlossen oder zumindest eingeschränkt ist, wenn die Gefahrenabwehrbehörde den Gefahrenzustand mitverursacht hat, ist – soweit ersichtlich – gerichtlich noch nicht entschieden. Nach der hier vertretenen Auffassung bietet sich folgende Lösung an: Auf der Primärebene war es nicht rechtsfehlerhaft, einzuschreiten. Dass die Polizei den Gefahrenzustand mitverursacht hat, hat ihr nicht das Recht genommen, den Gefahrenzustand zu beseitigen. Davon zu unterscheiden ist die Schadensersatzebene. Hier kann man mit guten Gründen eine Ausgleichspflicht annehmen, freilich gekürzt um das Maß der Mitverursachung.

Abschließend bleibt zu sagen, dass dem Zustandsstörer gegenüber regelmäßig eine Duldungsverfügung ergehen muss, wenn der Verhaltensstörer in Anspruch genommen wird (siehe dazu Beispiel 2 bei Rn 816). 820

c. Störerauswahl im Anwendungsbereich des BBodSchG

Im Bereich des Bundesbodenschutzrechts sind die Verantwortlichen in § 4 BBodSchG genannt. Gemäß § 4 II BBodSchG sind der Grundstückseigentümer und der Inhaber der tatsächlichen Gewalt (etwa der Mieter, Pächter oder der selbstständige Nießbraucher[960]) über ein Grundstück verpflichtet, Maßnahmen zur Abwehr der von ihrem Grundstück drohenden schädlichen Bodenveränderungen zu ergreifen. Wen von beiden die Gefahrenabwehrbehörde im konkreten Fall zur Gefahrenabwehr heranziehen muss, steht in ihrem Ermessen. Dabei hat sie sich an der Effektivität der Gefahrenabwehr und am Grundsatz der Verhältnismäßigkeit zu orientieren.[961] 821

Bezüglich der Sanierungspflicht steht der Behörde die Vorschrift des § 4 III BBodSchG zur Verfügung. Danach sind der Verursacher einer schädlichen Bodenveränderung oder Altlast sowie dessen Gesamtrechtsnachfolger, der Grundstückseigentümer und der Inhaber der tatsächlichen Gewalt über ein Grundstück verpflichtet, den Boden und Altlasten so zu sanieren, dass dauerhaft keine Gefahren, erhebliche Nachteile oder erhebliche Belästigungen für den Einzelnen oder die Allgemeinheit entstehen.[962]

d. Innenausgleich bei Störermehrheit

Hat die Gefahrenabwehrbehörde bei der Störerauswahl ermessensfehlerfrei gehandelt und in nicht zu beanstandender Weise von mehreren gleichermaßen Verantwortlichen einen herangezogen, ändert dies nichts daran, dass auch die anderen Verantwortlichen rechtswidrig gehandelt haben. Ein Ausgleich kann daher nur noch auf der Ebene 822

---

[960] Vgl. dazu *Müggenborg*, NVwZ 2001, 39.
[961] Vgl. dazu *Buck*, NVwZ 2001, 51 f.
[962] Vgl. dazu – wie bereits erwähnt – insbesondere VG Trier NJW 2001, 531 mit Bespr. von *Pützenbacher/Görgen*, NJW 2001, 490 ff. sowie BVerwG NVwZ 2000, 1179, 1181; *Fluck*, NVwZ 2001, 9 ff.; *Frenz*, NVwZ 2001, 13 ff.

der (nachträglichen) Kostenverteilung vorgenommen werden. In Betracht kommt ein kostenrechtlicher Innenausgleich der Störer untereinander. Fehlt eine spezialgesetzliche Regelung wie etwa § 24 II BBodSchG[963] (dazu sogleich), kommt wegen der polizeigesetzlichen Regelungslücke[964] eine **analoge Anwendung der §§ 426 ff., 254 BGB** in Betracht, soweit vertragliche oder deliktische Ansprüche nicht bestehen. Der BGH[965] hat – außerhalb entsprechender gesetzlicher Regelungen – eine polizeirechtliche Gesamtschuld bisher abgelehnt. Die Rechtsbeziehungen mehrerer Störer zu Polizei- und Ordnungsbehörden glichen nicht einem Gesamtschuldverhältnis, weil die Behörde nicht – wie der schuldrechtliche Gläubiger gegenüber seinen Schuldnern – nach Belieben einen Störer in Anspruch nehmen dürfe. Die Literatur nimmt dagegen durchaus eine analoge Anwendung des § 426 BGB an. Bei der gesetzlichen materiellen Polizeipflicht liege nämlich ebenjene Situation vor, die von § 421 BGB beschrieben werde und an deren Rechtsfolge § 426 BGB anknüpfe.[966]

823 Zu beachten ist, dass im Bereich des **Bodenschutzes** (insbesondere für **Altlasten**) seit dem Inkrafttreten des BBodSchG am 1.3.1999 nicht nur ein bundeseinheitliches Regelwerk zum Bodenschutz, sondern in Gestalt des **§ 24 II BBodSchG** auch eine bundeseinheitliche Normierung eines internen Störerausgleichsanspruchs besteht.[967] Die Vorschrift des § 24 II BBodSchG wirft aber einige Fragen auf. Zwar haben mehrere Verpflichtete unabhängig von ihrer Heranziehung durch die Behörden untereinander einen Ausgleichsanspruch, der Ausgleichsanspruch setzt aber nicht die gesamtschuldnerische Inanspruchnahme mehrerer, sondern nur die abstrakte gesamtschuldnerische Haftung als solche voraus. Fraglich ist, ob der Ausgleichsanspruch (etwa eines in Anspruch genommenen Zustandsstörers) auch gegen einen Eigentümer geltend gemacht werden kann, der keinen Verursachungsbeitrag geleistet hat. Obwohl der Wortlaut dies zuließe, soll nach dem Willen des Gesetzgebers jedoch gewährleistet werden, dass der Grundstückseigentümer, der zur Sanierung herangezogen wird, den Verursacher (oder dessen Rechtsnachfolger) in Anspruch nehmen kann, nicht aber umgekehrt.[968] Folgt man dieser Intention, besteht die Ausgleichspflicht des § 24 II BBodSchG daher zwar grundsätzlich im Verhältnis des Eigentümers zu dem Verursacher und wohl auch zwischen mehreren Mitverursachern, nicht jedoch zwischen mehreren Eigentümern, die nur als Zustandsstörer sanierungspflichtig sind.[969]

> **Beispiel:** Der Tanklastzug des A kommt infolge eines Bremsversagens von der Fahrbahn ab und kippt um. Aus dem leckgeschlagenen Tank fließt Kraftstoff auf das Grundstück des B und droht in das Grundwasser zu sickern. Die Behörde nimmt B in Anspruch, den Boden zu sanieren. Kann B von A einen Ausgleich verlangen?

---

[963] Weitere Beispiele einer gesamtschuldnerischen Störerhaftung: § 15 II S. 2 BerlASOG, § 85 II NdsPOG, § 9 II S. 2 SachsAnhSOG, § 9 II S. 2 ThürPAG. Auch die Brandschutzgesetze der Länder i.V.m. den Feuerwehrsatzungen sehen oft eine gesamtschuldnerische Haftung vor (vgl. BGH NJW 2014, 2730, 2731).
[964] Die polizeigesetzlichen Regelungen über die Gesamtschuld betreffen nur den Fall des Rückgriffs der Polizei auf den Verantwortlichen, vgl. z.B. § 61 II BremPolG sowie in weiteren ausdrücklich geregelten Fällen der Gesamtschuld, z.B. bei der Sicherstellung, der unmittelbaren Ausführung und der Ersatzvornahme. Eine analoge Anwendung des § 24 II BBodSchG auf das allg. POR kommt ebenfalls nicht in Betracht, weil die analoge Anwendung einer spezialgesetzlichen Regelung auf ein allgemeines Gebiet stets unzulässig ist; es fehlt insoweit die vergleichbare Interessenlage, die eine Übertragung der Regelung auf den dort nicht geregelten Fall gebietet (zu den Voraussetzungen einer Analogie vgl. im Übrigen *R. Schmidt*, VerwProzR, Rn 434 ff.).
[965] BGH NJW 1981, 2457, 2458; BGHZ 98, 235, 239; 110, 313, 318; 158, 354, 360; 187, 288; BGH NJW 2014, 2730, 2731; a.A. VGH München BayVBl 1993, 147, 148 und *Finkenauer*, NJW 1995, 432 ff.
[966] *Breuer*, NVwZ 1987, 751, 756; *Kloepfer/Thull*, DVBl 1989, 1121, 1125 f.; *Seibert*, DVBl 1992, 664, 673; *Kohler-Gehrig*, NVwZ 1992, 1049, 1051 f.; *Spannowsky*, DVBl 1994, 560, 563 f.; *Schoch*, JuS 1994, 1026, 1029; *Finkenauer*, NJW 1995, 432, 434; *Pohl*, NJW 1995, 1645, 1648; später (sich anschließend) *R. Schmidt*, BesVerwR, seit der 4. Aufl. 2000, S. 291; *Schenke*, POR, Rn 289; *Gornig/Hokema*, JuS 2002, 21, 23; *Zimmermann*, NVwZ 2015, 787, 788.
[967] Vgl. dazu *Frenz*, NVwZ 2000, 647 f.; *Schönfeld*, NVwZ 2000, 648 ff.; *Frenz*, BBodSchG, 2000, § 24 Rn 22; *Vierhaus*, NJW 1998, 1262 ff.; *Schoeneck*, in: Sanden/Schoeneck, BBodSchG, 1998, § 24 Rn 29.
[968] *Pützenbacher/Görgen*, NJW 2001, 490 ff.; *Vierhaus*, NJW 1998, 1262, 1267; *Kobes*, NVwZ 1998, 786, 796; *Knopp/Albrecht*, BB 1998, 1853, 1857.
[969] Vgl. VG Trier NJW 2001, 531 und *Pützenbacher/Görgen*, NJW 2001, 490, 491.

Hier besteht sowohl eine Verhaltensverantwortlichkeit des A als auch eine Zustandsverantwortlichkeit des B. Vorliegend ist der Eigentümer B zur Sanierung herangezogen worden. Er hat daher auf jeden Fall einen Ausgleichsanspruch gegen den Verursacher A gem. § 24 II BBodSchG.[970]

Wie das Beispiel zeigt, sind auch im Bereich des Bodenschutzes bei einer Verantwortlichenauswahl ausschließlich Prinzipien des Übermaßverbots maßgeblich. So kann es auch bei den **Altlastenfällen** *im konkreten Einzelfall* nur ermessensfehlerfrei sein, den Verhaltensverantwortlichen, nicht den Zustandsverantwortlichen, auszuwählen. Andererseits kann es ermessensfehlerhaft sein, wenn die Behörde den internen (zivilrechtlichen) Ausgleich zwischen den Verantwortlichen bei der Auswahl berücksichtigt, weil es im Gefahrenabwehrrecht *darauf* nicht ankommen kann. Auch wenn die Behörde bei der Verantwortlichenauswahl einen Verantwortlichen unberücksichtigt lässt, handelt sie ermessensfehlerhaft (Ermessensunterschreitung).

10. Ende der Polizeipflichtigkeit/Rechtsnachfolge

Unabhängig von der bei Rn 812 erörterten Dereliktion ist in der polizei- und ordnungsbehördlichen Praxis, aber auch im Studium, die Frage nach dem Ende der Polizeipflichtigkeit bzw. die Frage, unter welchen Voraussetzungen der Rechtsnachfolger eines Pflichtigen in dessen Pflichtenstellung einrücken muss, häufig anzutreffen. Da die Rechtsnachfolge bei Rn 875 ff. behandelt wird, sei darauf verwiesen.

---

[970] Zum Ausgleichsanspruch zweier Eigentümer von benachbarten Grundstücken vgl. VG Trier NJW 2001, 531 mit Bespr. v. *Pützenbacher/Görgen*, NJW 2001, 490 ff.

V. Inanspruchnahme Nichtverantwortlicher („polizeilicher Notstand")
1. Einführung in die Problematik

826 Liegen die Voraussetzungen der Inanspruchnahme einer Person oder mehrerer Personen als Störer (selbst als Zweckveranlasser) nicht vor, kommt nur noch die **Inanspruchnahme eines Nichtverantwortlichen innerhalb einer polizeilichen Notstandsmaßnahme** in Betracht. Gemäß den polizeigesetzlichen Bestimmungen[971] darf die Polizei Maßnahmen ausnahmsweise gegen Personen richten, die weder als Verhaltens- noch als Zustandsverantwortliche polizeipflichtig sind. Der polizeirechtliche Notstand gewinnt insbesondere bei Naturkatastrophen, Unfällen oder Versammlungen an Bedeutung.

> **Beispiele:**
> (1) Während einer Streifenfahrt im Januar außerhalb einer Ortschaft wird die Polizei auf einen offensichtlich Volltrunkenen aufmerksam, der hilflos am Straßenrand liegt. Die Beamten tragen den Betrunkenen in ein nahe gelegenes Haus und verpflichten den Wohnungsinhaber, der hilflosen Person bis zum Eintreffen eines Krankenwagens Unterkunft zu gewähren. ⇨ Rn 844.
>
> (2) Ein Bankräuber hat eine Geisel genommen und ist mit einem gestohlenen Kfz auf der Flucht. Die Polizei verursacht einen künstlichen Stau, um ein Entkommen des Täters zu verhindern. Dadurch werden auch die anderen Autofahrer an der Weiterfahrt gehindert. ⇨ Rn 844.

827 In allen diesen Fällen ist klar, dass die in Anspruch Genommenen nicht verantwortlich sind für den jeweiligen Gefahrenzustand. Es ist aber auch klar, dass die Gefahren nur durch *sie* bzw. nur durch *ihre* Hilfe beseitigt werden können. Daher bestimmen die Polizeigesetze, unter welchen Voraussetzungen eine Inanspruchnahme rechtmäßig ist. Während die soeben genannten Beispiele der Einführung dienten, dominieren zumindest im Studium zwei Anwendungsfelder:

- Notstandseingriffe gegenüber friedlichen und gewaltlosen **Demonstranten** (bzw. **Versammlungsteilnehmern**) zur Vermeidung gewalttätiger Übergriffe von **Gegendemonstranten**[972] (dazu Rn 836/842/1087) sowie
- „Wohnraumbeschlagnahme" zur Einweisung von **Obdachlosen**[973] oder von **Flüchtlingen**[974] (dazu Rn 727/727a/837/843).

828 Die Vorschriften über den polizeilichen Notstand zielen auf einen Interessenausgleich zwischen der Notwendigkeit der Gefahrenabwehr und der Nichtverantwortlichkeit des Dritten (des Nichtstörers). Dieser gesetzlich gefundene Kompromiss lässt aber nur **ausnahmsweise** zu, dass der Nichtstörer zur Gefahrenabwehr herangezogen wird. Die Regelungen zur Haftung des Nichtstörers sind daher **eng auszulegen**.[975]

---

[971] Vgl. Bund: § 20 BPolG; BW: § 9 PolG; Bay: Art. 10 PAG; Berl: § 16 ASOG; Brand: § 7 PolG und § 18 OBG; Brem: § 7 PolG; Hamb: § 10 SOG; Hess: § 9 SOG; MeckVor: § 71 SOG; Nds: § 8 POG; NRW: § 6 PolG und § 19 OBG; RhlPfl: § 7 POG; Saar: § 6 PolG; Sachs: § 9 PVDG; SachsAnh: § 10 SOG; SchlHolst: § 220 LVwG; Thür: § 10 PAG und § 13 OBG.
[972] Vgl. BVerfG NVwZ-RR 2010, 625; BVerfGE 126, 55 ff.; BVerfG NVwZ 1998, 834, 835 f.; VGH Mannheim 22.2.2020 – 1 S 560/20 (dazu Rn 1087).
[973] Vgl. BGHZ 131, 163; BGH DÖV 1996, 78; OVG Berlin JZ 1981, 392; VGH Mannheim NVwZ 1987, 1101 und DÖV 1990, 573; OVG Lüneburg NVwZ 1989, 15; VG Frankfurt a.M. NVwZ 1990, 498; OVG Münster NVwZ 1993, 202; VG Darmstadt DVBl 2002, 494; OVG Greifswald NJW 2010, 1096 f.; OVG Lüneburg NJW 2010, 1094, 1095.
[974] Vgl. auch OVG Lüneburg NVwZ 2016, 164, 165 („Beschlagnahme" eines privaten Grundstücks zur Bereitstellung von Unterkünften für Flüchtlinge).
[975] *Kniesel*, NJW 2000, 2857, 2864; *Jahn*, JuS 2001, 172, 177.

2. Voraussetzungen

Die positiven Voraussetzungen sind in den polizeigesetzlichen Vorschriften über die Inanspruchnahme nicht verantwortlicher Personen festgelegt (vgl. etwa § 10 HmbSOG oder § 8 NdsPOG). Ein polizeilicher Notstand liegt danach vor, wenn *kumulativ*

- eine gegenwärtige erhebliche Gefahr besteht,
- Maßnahmen durch Heranziehung des Störers nicht oder nicht rechtzeitig möglich sind oder keinen Erfolg versprechen (Vorrangigkeit der Heranziehung des Störers),
- die Polizei die Gefahr nicht oder nicht rechtzeitig selbst (durch die der Polizei zur Verfügung stehenden Mittel) oder durch Beauftragte abwehren kann
- und der Nichtstörer ohne erhebliche eigene Gefährdung und ohne Verletzung höherwertiger Pflichten in Anspruch genommen werden kann.[976]

Maßnahmen, die daraufhin ergriffen werden, dürfen nur aufrechterhalten werden, solange die Gefahrenabwehr nicht auf andere Weise möglich ist (vgl. etwa § 8 II NdsPOG). Sollte das Landespolizeigesetz eine derartige Begrenzung nicht vorsehen (wie etwa § 10 HmbSOG), folgt dies dennoch aus den Grundrechten, dem Grundsatz der Verhältnismäßigkeit sowie aus der zeitlichen Dimension des Übermaßverbots. Unter diesen engen Voraussetzungen ist die Polizei befugt, auch einen Nichtverantwortlichen - also ggf. den Inhaber des Gegenmittels - in Anspruch zu nehmen. Einem in Anspruch genommenen Nichtstörer ist jedoch eine Entschädigung zu leisten, wenn er durch die Inanspruchnahme einen Schaden erleidet und nicht von einem anderen Ersatz verlangen kann (vgl. etwa § 10 III HmbSOG).

> **Hinweis für die Fallbearbeitung:** Nimmt die Polizei einen Nichtverantwortlichen in Anspruch, werden in der Klausur regelmäßig Probleme der dritten Ebene polizeilichen Handelns (Schadensausgleich, Erstattung, Rückgriff) relevant. Der Einstieg in die Klausurbearbeitung kann dann in Abhängigkeit von der Fallfrage über den zu prüfenden Schadensausgleichsanspruch des als Nichtverantwortlichen in Anspruch Genommenen erfolgen. In diesem Fall ist inzident die Rechtmäßigkeit der Inanspruchnahme zu prüfen. Zum Inhalt der Entschädigungs- und Schadensersatzansprüche siehe Rn 1013 ff.

a. Gegenwärtige erhebliche Gefahr

Um einen Nichtverantwortlichen (Nichtstörer) in Anspruch nehmen zu können, muss zunächst eine gegenwärtige erhebliche Gefahr bestehen (vgl. etwa § 8 I Nr. 1 NdsPOG). *Gegenwärtig* ist die Gefahr, wenn eine Sachlage besteht, bei der die Einwirkung des schädigenden Ereignisses bereits begonnen hat oder bei der diese Einwirkung unmittelbar oder in allernächster Zeit mit an Sicherheit grenzender Wahrscheinlichkeit bevorsteht.[977] Um eine *erhebliche* Gefahr handelt es sich, wenn ein **bedeutsames Rechtsgut** wie der Bestand des Staates, das Leben, die Gesundheit, die Freiheit oder ein nicht unwesentlicher Vermögenswert gefährdet sind.[978]

---

[976] Zu beachten ist jedoch stets, dass die Nichtverantwortlichenregelungen des allgemeinen Polizeirechts außerdem nur dann zur Anwendung kommen, wenn insoweit keine abweichenden, besonderen Bestimmungen getroffen sind (z.B. Standardmaßnahmen oder §§ 12a, 17a VersG).
[977] Vgl. nur die Legaldefinitionen in § 2 Nr. 3b BremPolG, § 2 Nr. 1 b NdsPOG, § 3 Nr. 3b SachsAnhSOG und § 54 Nr. 3b ThürOBG. Vgl. auch OVG Koblenz DVBl 1998, 101; *Meister*, JA 2003, 83, 86.
[978] Vgl. nur die Legaldefinitionen in § 2 Nr. 3 c BremPolG, § 2 Nr. 1c NdsPOG, § 3 Nr. 3c SachsAnhSOG und § 54 Nr. 3c ThürOBG. Vgl. auch *Meister*, JA 2003, 83, 85.

b. Vorrangigkeit der Heranziehung des Störers

833 Des Weiteren setzt die Inanspruchnahme des Nichtverantwortlichen voraus, dass die Gefahrenabwehrmaßnahme gegen den Verantwortlichen a.) nicht oder nicht rechtzeitig möglich ist oder b.) keinen Erfolg verspricht (vgl. etwa § 8 I Nr. 2 NdsPOG).

aa. Unmöglichkeit der Gefahrenabwehr gegen den Störer

834 Die Unmöglichkeit, vorrangig gegen den Störer vorzugehen, hat sowohl in *tatsächlicher* als auch in *rechtlicher* Hinsicht vorzuliegen (vgl. etwa § 8 I Nr. 2 Var. 1 NdsPOG). Wegen *tatsächlicher* Unmöglichkeit kommt eine Gefahrenabwehrmaßnahme gegen den Nichtstörer in Betracht, wenn der Störer physisch-real nicht bzw. nicht rechtzeitig herangezogen werden kann. Sind also individualisierbare Störer vorhanden und besteht behördlicherseits die tatsächliche Möglichkeit des Einschreitens, sind diese Störer in Anspruch zu nehmen. Aus *Rechtsgründen* sind Gefahrenabwehrmaßnahmen gegenüber dem Störer insbesondere dann ausgeschlossen, wenn sie anderenfalls gegen den Verhältnismäßigkeitsgrundsatz (d.h. gegen das Übermaßverbot) verstießen.[979]

835 > **Hinweis für Fallbearbeitung:** Im Rahmen der Überlegungen zur *rechtlichen* Unmöglichkeit aus Gründen des Übermaßverbots ist die denkbare Inanspruchnahme des Nichtstörers als milderes Mittel im Vergleich zur Heranziehung des an sich verantwortlichen Störers eine Frage des Interventionsminimums, also der Erforderlichkeit der Maßnahme, nicht aber der Verhältnismäßigkeit i.e.S. (Angemessenheit). Demgegenüber lässt die Prüfung der Verhältnismäßigkeit i.e.S. entsprechend den gesetzlichen Vorgaben nur noch die Beurteilung der Relation zwischen der erforderlichen Maßnahme (gegenüber dem Störer) und dem dadurch bewirkten Nachteil zu.

836 Im Fall einer **Gegendemonstration** (Rn 827) müssten die Gegendemonstranten (= Störer) also im Vergleich zu den Demonstranten (= Nichtstörer) in nicht erforderlicher Weise in ihren Rechtsgütern beeinträchtigt werden, damit ein Einschreiten gegen die Demonstranten rechtlich möglich wäre. Jedoch stellt sich die Frage nach der Vorrangigkeit der Inanspruchnahme der *Gegen*demonstranten nur dann, wenn nicht bereits die Demonstranten über die Figur des Zweckveranlassers (Rn 766 ff.) als Störer angesehen wurden.

837 Im Fall einer **Obdachloseneinweisung** (vgl. Rn 727/827), bei der es um die zwangsweise behördliche Einweisung (potentiell) Obdachloser geht, muss grundsätzlich zwischen freiwilliger (Art. 2 I GG) (= grundsätzlich keine Beeinträchtigung der öffentlichen Sicherheit) und unfreiwilliger Obdachlosigkeit (= Gefahr bzw. Störung der öffentlichen Sicherheit wegen der Gefährdung grundrechtlich geschützter Lebensgüter des Obdachlosen, Art. 2 II S. 1 GG, sowie der Verletzung der Menschenwürde, Art. 1 I GG) unterschieden werden (Rn 635). Liegen demnach eine Gefährdung für die grundrechtlich geschützten Rechtsgüter des Obdachlosen und damit die Tatbestandsvoraussetzungen für die Befugnisgeneralklausel[980] vor, hat die Behörde zur Abwehr der Gefahr ihr Ermessen fehlerfrei auszuüben: „Störer" ist der Obdachlose, Maßnahmen gegen ihn sind aber zwecklos. Fehlen öffentliche Unterbringungsmöglichkeiten, während private Haus- und Wohnungseigentümer noch über freien Wohnraum verfügen, stellt sich somit die Frage nach der Notstandspflicht. Eigentümer/Vermieter von Wohnraum dürfen aber grundsätzlich nicht als Nichtstörer in Anspruch genommen werden, wenn diese den Wohnraum entweder selbst nutzen (Arg. Selbstbestimmungsrecht des Art. 14 I S. 1 GG) oder zur anderweitigen Gebrauchsüberlassung vorsehen. Im letzteren Fall kann aber ausnahmsweise eine Inanspruchnahme trotz Nichtverantwortlichkeit in Betracht kommen, wenn die Behörde erfolglos alles sonst Mögliche und Zumutbare getan (etwa Versuche zur Anmietung von geeigneten Räumen unternommen) hat. Entsprechendes gilt hin-

---

[979] *Tölle*, NVwZ 2001, 153, 155; *Schenke*, POR, Rn 315 ff.
[980] Zur Wiederholung wird darauf hingewiesen, dass auch subjektive Rechtsgüter vom Begriff der „öffentlichen Sicherheit" der Befugnisgeneralklausel umfasst sind.

sichtlich der „Beschlagnahme" von Wohnraum, um **Flüchtlinge** einzuweisen[981], wobei (wie bei der Obdachloseneinweisung) wegen des Eingriffs in Art. 14 I S. 1 GG (und der Unbestimmtheit der Befugnisgeneralklausel) hohe Anforderungen an die Rechtmäßigkeit zu stellen sind[982].

Eine besondere Ausprägung des Grundsatzes der Verhältnismäßigkeit ist die **zeitliche Begrenzung** der Inanspruchnahme eines Nichtstörers. Die meisten Polizeigesetze enthalten diesbezüglich keine Regelung. Sie formulieren lediglich lapidar: „solange die Abwehr der Gefahr nicht auf andere Weise möglich ist". Diese Formulierung ist überflüssig, weil es bereits dem allgemeinen und verfassungsrechtlich verankerten Verhältnismäßigkeitsgrundsatz entspricht, belastende Maßnahmen nur so lange aufrechtzuerhalten, wie dies zwingend erforderlich ist. Vorbildliche Regelungen enthalten indes etwa § 33 IV BWPolG (6 Monate) und § 27 III SachsAnhSOG (12 Monate). Wenn man bei einer Obdachloseneinweisung die Einweisungsverfügung jedoch bis zum Beginn des Frühjahrs befristet, wird dies auch ohne gesetzliche Regelung nicht zu beanstanden sein.[983]

bb. Erfolglosigkeit von Maßnahmen gegen Störer

Ist ein Vorgehen gegen den Störer also tatsächlich oder rechtlich unmöglich, kann gegen den Nichtstörer vorgegangen werden (s.o.). Aber auch wenn ein Vorgehen gegen den Störer tatsächlich oder rechtlich **nicht** unmöglich ist, kann eine Inanspruchnahme des Nichtstörers anstelle des Störers zulässig sein, wenn Maßnahmen gegen den Störer keinen Erfolg versprechen (vgl. etwa § 8 I Nr. 2 Var. 2 NdsPOG). Das wäre bspw. der Fall, wenn sich der Störer mit hoher Wahrscheinlichkeit weigern würde, den behördlichen Anordnungen Folge zu leisten.[984]

c. Vorrangigkeit behördeneigener Mittel

Zur Heranziehung des Nichtstörers müsste die Verwaltung weiterhin die Gefahr nicht oder nicht rechtzeitig selbst oder durch Beauftragte abwehren können (sog. Nachrangigkeit der Inanspruchnahme eines Nichtstörers (vgl. etwa § 8 I Nr. 3 NdsPOG). Dazu darf die Behörde trotz Einsatzes aller verfügbaren eigenen und im Wege der Amts- und Vollzugshilfe erreichbaren fremden Kräfte und Mittel nicht in der Lage sein, die Gefahr abzuwehren.[985] Das ist zunächst der Fall, wenn es der Behörde *objektiv* (also tatsächlich) *unmöglich* ist, die durch den Störer verursachten Gefahren durch den Einsatz eigener Mittel oder durch Beauftragte abzuwehren. Insbesondere kann eine haushaltsmäßig angespannte Lage nicht dazu führen, dass ein Einschreiten gegen den Störer abgelehnt wird und damit eine (kostengünstigere) Inanspruchnahme des Nichtstöres zur Gefahrbeseitigung folgt. Entsprechendes gilt für Personalmangel: Sollten Vollzugsbeamte in ausreichender Zahl, beispielsweise zur Sicherung einer Demonstration, nicht zur Verfügung stehen, müssen der Innenminister bzw. der Polizeipräsident notfalls Amts- oder Vollzugshilfe bei einem Nachbarland oder beim Bund (Bundespolizei) anfordern, Art. 35, 91 GG, § 9 III BPolG.[986]

Ist nach dem bisher Gesagten eine Gefahrenabwehr durch die Polizei oder durch Beauftragte *objektiv* möglich, dürfen Gefahrenabwehrmaßnahmen bei einer *rechtlichen* Betrachtungsweise allerdings nicht gegen das Übermaßverbot verstoßen. Würden sie

---

[981] So auch OVG Lüneburg NVwZ 2016, 164, 165 („Beschlagnahme" eines privaten Grundstücks zur Bereitstellung von Unterkünften für Flüchtlinge).
[982] OVG Lüneburg NVwZ 2016, 164, 165.
[983] Vgl. zur zeitlichen Grenze auch OVG Greifswald NJW 2010, 1096.
[984] *Schoch*, JuS 1995, 30, 33.
[985] *Tölle*, NVwZ 2001, 153, 155; *Jahn*, JuS 2001, 172, 177; *Schoch*, JuS 1995, 30, 34.
[986] So auch *Jahn*, JuS 2001, 172, 177.

gegen das Übermaßverbot verstoßen, wäre eine Inanspruchnahme des Nichtstörers trotz objektiver Möglichkeit der Gefahrenabwehr durch behördeneigene Mittel rechtlich unzulässig. Ein Verstoß gegen das Übermaßverbot würde beispielsweise vorliegen, wenn zwischen den Polizeikräften und den Störern schwere Eskalationen und damit unübersehbar große Personen- und Sachschäden, auch bei Unbeteiligten, zu befürchten wären, welche die Polizei unter Aufbietung aller verfügbaren Kräfte nicht verhindern könnte.[987]

Einschränkend muss aber beachtet werden, dass auch wenn die Heranziehung des Nichtstörers im Vergleich zum Einsatz behördeneigener Mittel zwar die mildere und damit verhältnismäßigere Maßnahme zur Vermeidung solcher Eskalationen ist, weiterhin bedacht werden muss, dass die Maßnahmen sich dadurch gegen die grundrechtlich (ggf. - wie bei Versammlungen in geschlossenen Räumen - vorbehaltlos) geschützte Rechtssphäre des Nichtstörers richten und so zum „Werkzeug" der (gewalttätigen) Störer würden.

842   Für den Anwendungsfall **Versammlungsverbot** (Rn 837) müssen die Ordnungskräfte vielmehr bei einer abwägenden Betrachtung auch unter Aufgebot aller verfügbaren Kräfte außerstande sein, die *rechtmäßige* Demonstration (d.h. eine durch Art. 8 I GG geschützte Versammlung) und die Öffentlichkeit vor Personen- und Sachschäden zu schützen.[988] Auch wenn es sich um einen gefahrenabwehrrechtlichen Notstandseingriff handelt, muss dabei die Maxime gelten, dass auch politisch noch so unerwünschte, jedoch friedliche und legale Versammlungen geschützt werden müssen und die Polizei gegen störende, unfriedliche Gegenversammlungen bzw. -demonstrationen vorgehen muss. Unter Beachtung dieser Maxime müsste die Polizei sich dann der physischen Auseinandersetzung mit den Gegendemonstranten (den Störern) stellen, allerdings endet der Grundrechtsschutz für die Ausgangsversammlung dort, wo es zu schweren Konfrontationen mit unübersehbaren Folgen für Leib und Leben der Störer, Nichtstörer oder unbeteiligter Dritter kommt.[989]

843   Für den Anwendungsfall **Obdachloseneinweisung** (Rn 837) bedeutet die Nachrangigkeit der Inanspruchnahme eines Nichtstörers, dass die Behörde sich zunächst um eine Unterbringung des Obdachlosen in einem öffentlichen Obdachlosenheim oder auf dem freien Markt (Wohnungsmiete, Hotel) bemühen muss, bevor sie zu dem Mittel greift, die Wohnung eines Dritten, insbesondere auch die des bisherigen Vermieters, durch Notstandseingriff zwangszubelegen.[990] Polizeirechtlich ist eine mittels Rechtszwangs angeordnete Inanspruchnahme der Unterkunft nicht als Beschlagnahme (Standardmaßnahme *Sicherstellung*) zu qualifizieren, da es bei der Standardmaßnahme Sicherstellung um die Begründung amtlichen Gewahrsams über die Sache geht (die Polizei will andere von der Einwirkungsmöglichkeit auf die Sache ausschließen).[991] In Ermangelung auch sonstiger Standardbefugnisse kann hier nur die **Befugnisgeneralklausel** taugliche Rechtsgrundlage sein, aufgrund derer eine entsprechende Einweisungsverfügung, die die Verpflichtung enthält, die Einweisung zu dulden, erlassen wird.[992] Entsprechendes gilt für die Unterbringung von **Flüchtlingen**.[993]

---

[987] *Götz/Geis*, POR, § 10 Rn 5 ff.
[988] *Kniesel*, NJW 2000, 2857, 2864.
[989] Vgl. auch *Jahn*, JuS 2001, 172, 177.
[990] Vgl. OVG Greifswald NJW 2010, 1096; *Erichsen/Biermann*, Jura 1998, 371, 377. Siehe auch OVG Lüneburg NVwZ 2016, 164, 167; *Beaucamp*, JA 2017, 728, 730.
[991] Wie hier *Muckel*, Fälle BesVerwR, S. 146 f. und *Erichsen/Biermann*, JuS 1998, 371, 376. Demgegenüber für Sicherstellung (Beschlagnahme) *Schenke*, POR, Rn 322, *Götz/Geis*, POR, § 10 Rn 8.
[992] Vgl. auch OVG Greifswald NJW 2010, 1096.
[993] Vgl. OVG Lüneburg NVwZ 2016, 164, 165 („Beschlagnahme" eines privaten Grundstücks zur Bereitstellung von Unterkünften für Flüchtlinge).

d. Keine Inanspruchnahme des Nichtstörers bei dessen erheblicher eigener Gefährdung und bei Verletzung höherwertiger Pflichten

Schließlich darf ein Nichtstörer nur dann in Anspruch genommen werden, wenn dies ohne dessen erhebliche eigene Gefährdung und ohne Verletzung höherwertiger Pflichten geschieht (vgl. etwa § 8 I Nr. 4 NdsPOG). Ob eine erhebliche eigene Gefährdung zu erwarten ist, hängt davon ab, ob nach allgemeiner Erfahrung mit der Gefährdung von Leben oder Gesundheit der nicht verantwortlichen Person zu rechnen ist. Die entfernte Möglichkeit einer Gefährdung begründet kein Verbot der Inanspruchnahme. Die der nicht verantwortlichen Person obliegende Pflicht ist dann höherwertig, wenn durch Nichterfüllung der Pflicht ein höherwertiges Rechtsgut betroffen würde.

844

> In den **Einführungsbeispielen** von Rn 826 gilt: In Beispiel (1) ist zwar der Volltrunkene verantwortlich, dieser kann jedoch nicht in Anspruch genommen werden; die Inanspruchnahme des Wohnungsinhabers ist gerechtfertigt. Fraglich ist indes, ob in Beispiel (2) die Autofahrer den künstlich herbeigeführten Stau dulden müssen. Nach zutreffender Ansicht des LG Bückeburg ist ein von der Polizei auf der Autobahn zur Verfolgung von flüchtigen Straftätern herbeigeführter künstlicher Stau rechtswidrig, wenn davon auszugehen ist, dass Gesundheit oder Leben unbeteiligter Dritter erheblich gefährdet sind.[994]

3. Folgen einer Inanspruchnahme des Nichtstörers

Bestehen die Voraussetzungen der Notstandspflicht nicht mehr, müssen die Maßnahmen aufgehoben werden (vgl. etwa § 8 II NdsPOG, s.o.). Für den Anwendungsfall **Versammlungsverbot** (bzw. -auflösung) hat dieses Postulat keine praktische Relevanz, weil es infolge Zeitablaufs keine aufzuhebende oder rückgängig zu machende Maßnahme gibt. In den Anwendungsfällen **Obdachloseneinweisung** und **Einweisung von Flüchtlingen** beispielsweise muss die Behörde dafür Sorge tragen, dass die Wohnung des Inanspruchgenommenen geräumt wird. Kommt die Behörde dem nicht nach, stellt sich die Frage nach dem Folgenbeseitigungsanspruch.[995]

845

Des Weiteren stellt sich die Frage nach einem Anspruch des Nichtstörers gegen die Verwaltung auf einen angemessenen Ausgleich der durch die Notstandsmaßnahme erlittenen Schäden (dritte Ebene des polizeilichen Handelns).[996] In den Obdachlosenfällen ist beispielsweise eine Nutzungsentschädigung (Kaltmiete und Nebenkosten) zu gewähren[997] sowie ein Ersatz für etwaige Schäden an den Räumen zu leisten. Hat die Verwaltung den Nichtstörer entschädigt, wird sie ggf. versuchen, den Störer in Regress nehmen (Rückgriff). Als Anspruchsgrundlage dafür kommen die spezialgesetzlichen Vorschriften der Polizeigesetze in Betracht (z.B. z.B. § 61 BremPolG, § 10 V HmbSOG, § 85 I NdsPOG), soweit nicht vorhanden auch §§ 677 ff. BGB analog oder der allgemeine öffentlich-rechtliche Erstattungsanspruch.[998]

846

---

[994] LG Bückeburg NJW 2005, 3014, 3015.
[995] Vgl. zu dieser Problematik die ausführliche Darstellung bei Rn 635.
[996] Siehe insbesondere die Ausführungen bei Rn 1013 ff. (Ausgleichs- und Schadensersatzansprüche).
[997] *Schoch*, JuS 1995, 30, 36 mit Verweis auf *Günther/Traumann*, NVwZ 1993, 130, 135.
[998] Vgl. ausführlich *R. Schmidt*, AllgVerwR, Rn 1321 ff.

D. Gefahrenabwehr außerhalb der Rechtsform des Verwaltungsakts

I. Abgrenzung zum Verwaltungsakt

847 Eine zur Gefahrenabwehr getroffene Handlung, die nicht im Erlass eines Verwaltungsakts liegt, besteht, wenn die Polizei- bzw. Ordnungsbehörde nicht durch Verfügung gegenüber dem Adressaten vorgeht, sondern auf andere Weise als durch eine Regelungsanordnung die Gefahr abwehrt.

> **Beispiele von Gefahrenabwehrverfügungen:** Maßnahmen auf der Basis der Befugnisgeneralklausel, aber auch Sicherstellungen und Wohnungsdurchsuchungen, da mit diesen Maßnahmen jedenfalls die Verpflichtung verbunden ist, der Betroffene habe die Maßnahme zu dulden.

> **Beispiele von Gefahrenabwehrmaßnahmen jenseits der Handlungsform Verwaltungsakt:** Heimliche Überwachungen des Telefons oder der Wohnung, da mit diesen Maßnahmen aufgrund der Heimlichkeit gerade nicht die Verpflichtung verbunden sein kann, der Betroffene habe die jeweilige Maßnahme zu dulden. Würde man hier dennoch einen Verwaltungsakt annehmen, scheiterte dessen Wirksamkeit an der Bekanntgabe, weil ein Verwaltungsakt zu seiner Wirksamkeit zumindest der Bekanntgabe bedarf (§§ 41 I, 43 I VwVfG).

848 Der Nicht-Verwaltungsakt ist somit auf die Herbeiführung eines tatsächlichen Erfolgs gerichtet und unterscheidet sich rechtsdogmatisch von einem Verwaltungsakt dadurch, dass er nicht final auf einen rechtlichen, sondern auf einen tatsächlichen Erfolg gerichtet ist. Beim Nicht-Verwaltungsakt fehlt es also am Tatbestandsmerkmal „zur Regelung".[999] Rechtsmittel gegen den Nicht-Verwaltungsakt kann somit nicht die Anfechtungsklage sein; es kommen nur die Feststellungsklage oder die allgemeine Leistungsklage in Betracht.[1000]

II. Rechtmäßigkeitsvoraussetzungen

849 Solange gefahrenabwehrrechtliche Nicht-Verwaltungsakte nicht in subjektive Rechte eingreifen, sind sie von den Aufgabenzuweisungsnormen und dem kompetenzgemäßen behördlichen Handeln gedeckt. Haben sie indes Eingriffsqualität, gelten ähnliche Voraussetzungen wie beim Verwaltungsakt: Es ist eine Befugnisnorm (= Rechtsgrundlage) erforderlich und es müssen die formellen und materiellen Rechtmäßigkeitsvoraussetzungen einschließlich fehlerfreier Ermessensausübung eingehalten werden. Als Befugnisnormen kommen ebenfalls Spezialgesetze, Standardmaßnahmen und die Generalklauseln in Betracht.

Problematisch ist es, wenn der der Gefahrenabwehr dienende Nicht-Verwaltungsakt von der Bundesregierung ausgeht. Denn der Bund hat für den Bereich der allgemeinen Gefahrenabwehr grundsätzlich weder die Gesetzgebungs- noch die Verwaltungskompetenz. Die Problematik betrifft insbesondere die regierungsamtliche Warnung vor bestimmten Produkten oder Organisationen.

---

[999] Vgl. ausführlich *R. Schmidt*, AllgVerwR, Rn 384 ff.
[1000] Zu den Klagearten vgl. ausführlich *R. Schmidt*, VerwProzR.

III. Öffentliche Warnungen

Unter einer **öffentlichen (d.h. behördlichen) Warnung** versteht man Erklärungen von Behörden oder Regierungsorganen, die an die Bevölkerung gerichtet sind und diese vor bestimmten gewerblichen oder landwirtschaftlichen Produkten, aber auch vor bestimmten Institutionen warnen.[1001]

850

> **Beispiele:** Warnung vor (Jugend-)Sekten oder anderen Glaubensgemeinschaften[1002], Veröffentlichung von Arzneimitteltransparenzlisten[1003], Veröffentlichung von Warentests durch Behörden[1004], Empfehlung, in Karton verpackte Getränke zu meiden[1005], Hinweis eines Landrats auf verunreinigtes Trinkwasser[1006], Veröffentlichung einer Liste glykolhaltiger und damit gesundheitsschädlicher Weine[1007], Warnung vor angeblich verdorbenen Teigwaren[1008]

Da die öffentlichen Warnungen bei *R. Schmidt*, AllgVerwR, Rn 893 ff. dargestellt sind, wird insoweit auf die dortigen Ausführungen verwiesen. An dieser Stelle sei lediglich darauf hingewiesen, dass Warnungen vor bestimmten Produkten oder Institutionen für die Betroffenen zum Teil erhebliche Nachteile wie z.B. Imageverlust oder Umsatzeinbußen nach sich ziehen. Denn wenn z.B. eine Warnung vor bestimmten Lebensmitteln ausgesprochen und von der Bevölkerung ernst genommen wird, dann wird das Produkt eben nicht mehr gekauft. Darüber hinaus ist es möglich, dass die Verbraucher dann das ganze Sortiment des Herstellers meiden, weil man sich ja nie sicher sein kann, ob nicht auch andere Produkte mangelhaft sind. Daher muss richtigerweise von Grundrechtseingriffen ausgegangen werden, obwohl der Staat nicht gezielt die Grundrechte derjenigen beeinträchtigt, die durch die Warnungen negativ betroffen sind, sondern es ihm vielmehr um den Schutz der Bevölkerung geht. Auch bei nur mittelbaren Grundrechtseingriffen fordert der Vorbehalt des Gesetzes (Art. 20 III GG) stets ein parlamentarisches Gesetz, das den Grundrechtseingriff legitimiert. Insbesondere bei Warnungen vor bestimmten Produkten oder Institutionen durch die Bundesregierung ist eine solche aber nicht stets vorhanden. Fehlt eine materielle Rechtsgrundlage (wie etwa § 40 LFGB), soll die Kompetenznorm aus Art. 65 GG genügen. Die **ureigenen verfassungsrechtlichen Aufgaben** der Regierung (**Kompetenztitel**: Art. 65 S. 2 GG; Gewaltenteilung) zur Information und Aufklärung (Öffentlichkeitsarbeit) i.V.m. der **Wahrnehmung von Schutzpflichten** - insbesondere aus Art. 2 II S. 1 GG - schlössen das Recht zu öffentlichen Warnungen ein. Voraussetzung sei nur, dass ein hinreichend gewichtiger, dem Inhalt und der Bedeutung des berührten Grundrechts entsprechender Anlass bestehe und dass die mitgeteilten Tatsachen zuträfen und negative Werturteile nicht unsachlich seien, sondern auf einem im Wesentlichen zutreffenden oder zumindest sachgerecht und vertretbar gewürdigten Tatsachenkern beruhten.[1009] Das ist abzulehnen. Denn bei Feststellung auch nur einer Grundrechtsbeeinträchtigung ist von einem Eingriff auszugehen und eine parlamentarische Rechtsgrundlage zu fordern. Eine Kompetenznorm wird dem nicht gerecht. Auf Landesebene kann immerhin die polizeiliche Befugnisgeneralklausel fungieren, die auch der Landesregierung zur Verfügung steht.

851 -859

[1001] Vgl. dazu ausführlich BVerfGE 105, 252 ff. (Glykolwein); 105, 279 ff. (Jugendsekte); BVerfG NJW 2002, 3458 ff. (Scientology-Mitgliedschaft).
[1002] Vgl. BVerfGE 105, 279 ff.; BVerwGE 90, 112, 116; 82, 60, 76; BVerfG NJW 1989, 3269; OVG Hamburg NVwZ 1995, 498; VGH München NVwZ 1995, 793; OVG Münster NJW 1996, 2114; OVG Münster NJW 1996, 2115; BVerwG NVwZ 1994, 162, 163.
[1003] BVerwGE 71, 183.
[1004] BVerwG DVBl 1996, 807 (Warentests von Futtermitteln).
[1005] VGH Kassel NVwZ 1995, 611.
[1006] LG Göttingen NVwZ 1992, 98.
[1007] BVerfGE 105, 252 ff.; BVerwGE 87, 37; OVG Münster NJW 1986, 2783; GewArch 1988, 11.
[1008] OLG Stuttgart NJW 1990, 2690 („Birkel").
[1009] BVerfGE 105, 279, 292 ff.; BVerwGE 82, 78, 82.

E. Rechtsverordnungen (Gefahrenabwehrverordnungen)
I. Rechtsnatur und Bedeutung

860 Die Polizeigesetze ermächtigen die Landespolizeibehörden und die Ortspolizeibehörden, innerhalb ihres Geschäftsbereichs für ihren Bezirk oder Teile ihres Bezirks Polizeiverordnungen zu erlassen.[1010] Nach den (generalklauselartig formulierten) Ermächtigungsnormen der Polizeigesetze sind Polizeiverordnungen Gebote oder Verbote für eine unbestimmte Anzahl von Fällen für eine unbestimmte Anzahl von Personen. Es handelt sich somit um abstrakt-generelle Regelungen, was bedeutet, dass auch das allgemeine Polizei- und Ordnungsrecht die Rechtsform der **Rechtsverordnung** kennt.

Zu beachten ist, dass auch dem **Straßenverkehrsrecht** das Institut der Rechtsverordnung nicht fremd ist. So kann das Bundesverkehrsministerium gem. § 6 StVG Rechtsverordnungen erlassen. Eine solche Rechtsverordnung stellt etwa die StVO dar.[1011]

861 Nach der Rechtsquellenlehre sind Rechtsverordnungen (nur-materielle) Rechtsnormen, die von den durch formelles Gesetz ermächtigten Exekutivorganen (i.d.R. von einer Regierung oder von einzelnen Ministern, siehe Art. 80 I S. 2 und 3 GG) erlassen wurden. Sie werden also nicht der Legislative erlassen, sondern von der Exekutive.

862 Da aber der Erlass von Gesetzen eigentliche Aufgabe der Legislative ist, bedeutet die Befugnis der Exekutive zum Normenerlass eine Durchbrechung des Gewaltenteilungsprinzips. Dennoch bestehen insofern verfassungsrechtlich keine Bedenken, weil die Exekutive nur aufgrund einer Ermächtigung der Legislative und unter Beachtung des dreifachen Delegationsfilters (gem. Art. 80 I S. 2 GG müssen Inhalt, Zweck und Ausmaß der Ermächtigung in der Ermächtigungsnorm bestimmt sein) tätig werden darf.[1012] Es muss **vorhersehbar** sein, „in welchen Fällen und mit welcher Tendenz von der Ermächtigung Gebrauch gemacht werden und welchen Inhalt die zu erlassende Rechtsverordnung haben kann".[1013] Darüber hinaus sind in der Rechtsverordnung die Rechtsgrundlage, d.h. die Ermächtigungsnorm anzugeben (Art. 80 I S. 3 GG, sog. Zitiergebot[1014]). Neben diesen Vorgaben aus Art. 80 I GG ist insbesondere, wenn es um **mehrdimensionale, komplexe Grundrechtskonstellationen** geht, in denen miteinander konkurrierende Freiheitsrechte und andere (widerstreitende) Verfassungsgüter in Einklang gebracht werden müssen, zudem die im Demokratieprinzip wurzelnde **Wesentlichkeitsrechtsprechung** des BVerfG zu beachten, die den parlamentarischen Gesetzgeber verpflichtet, in grundlegenden grundrechtsrelevanten Bereichen alle wesentlichen Regelungen selbst zu treffen. Globale Ermächtigungen an die Exekutive sind demnach also ausgeschlossenDurch diese Vorgaben wird gewährleistet, dass das Parlament seine Aufgabe, zu der es berufen ist, nicht veräußert.

Exemplarisch sind die (ehemaligen) **Kampfhundeverordnungen** genannt, die in Ermangelung spezieller Ermächtigungsgrundlagen auf Grundlage der Verordnungsermächtigung des jeweiligen Polizeigesetzes ergingen, wegen Verstoßes gegen die Wesentlichkeitsrechtsprechung des BVerfG von den Gerichten jedoch zumeist für nichtig erklärt wurden. Die Landesgesetzgeber haben darauf reagiert und nunmehr durchweg sog. **Kampfhundegesetze** erlassen.

[1010] Vgl. BW: § 10 PolG; Bay: Art. 42 LStVG (keine generalklauselartige Ermächtigung, sondern ein Katalog an Spezialermächtigungen); Berl: § 55 ASOG; Brand: §§ 24 ff. OBG; Brem: §§ 48 ff. PolG; Hamb: § 1 II SOG; Hess: §§ 72 ff. SOG; MeckVor: § 17 SOG; Nds: § 55 POG; NRW: §§ 25 ff. OBG; RhlPfl: § 43 POG; Saar: § 59 PolG; Sachs: § 32 PBG; SachsAnh: § 94 SOG; SchlHolst: § 175 LVwG; Thür: § 27 OBG.
[1011] Zu § 23 Ic StVO siehe Rn 578.
[1012] Vgl. VG Düsseldorf NVwZ 2002, 1269, 1271; OVG Berlin NVwZ-RR 2002, 720.
[1013] Vgl. nur BVerfGE 1, 13, 60; 47, 46, 79; 49, 89, 126; 58, 257, 268; 84, 212, 226; 88, 103, 116; BVerfG NVwZ 2015, 1279, 1280 f.; BVerfG NJW 2016, 3648, 3653.
[1014] Zu den Zwecken des Zitiergebots vgl. BVerfGE 101, 1, 41 f.; BVerfG NVwZ 2014, 1219, 1225; NVwZ 2020, 220.

Zu beachten ist jedoch, dass sich Art. 80 I S. 2 GG nur auf Bundesrecht bezieht. Ermächtigt ein förmliches Landes(polizei)gesetz zum Erlass von Rechtsverordnungen, ist Art. 80 I GG nicht unmittelbar anwendbar, weil diese Norm systematisch keine Normativbestimmung für das Landesrecht darstellt. Die meisten Landesverfassungen enthalten jedoch keine Art. 80 GG entsprechende Vorschrift. Die Forderung der Bestimmung bezüglich des Inhalts, Zwecks und Ausmaßes ergibt sich in diesen Fällen aber aus dem Rechtsstaatsprinzip. Da Art. 80 I S. 2 GG eine Konkretisierung des Rechtsstaatsprinzips darstellt, gelten die Grundsätze der Gesetzmäßigkeit der Verwaltung und des Vorbehalts und Vorrangs des Gesetzes auch für die Landesgesetzgebung, und zwar entweder unmittelbar kraft des **Art. 20 III GG oder mindestens über Art. 28 I S. 1 GG** (Homogenitätsklausel).[1015] Landesgesetze, die Landesbehörden zur Verordnungsgebung ermächtigen, müssen also Inhalt, Zweck und Ausmaß in gleicher Weise bestimmen wie ermächtigende Bundesparlamentsgesetze, auch wenn ein entsprechender Verfassungsgrundsatz in den Landesverfassungen nicht explizit aufgeführt ist. Die Ermächtigungsgrundlagen der Polizeigesetze werden diesem Erfordernis gerecht.

863

Die **Bedeutung** der Polizeiverordnung ist in den letzten Jahren zurückgegangen, weil etliche **sondergesetzliche Regelungen** geschaffen wurden, die auch die jeweiligen gefahrenabwehrrechtlichen Aspekte abstrakt-generell erschöpfend behandeln. Solche Regelungen bestehen z.B. im Gewerbe-, Bau-, Immissionsschutz-, Kreislaufwirtschafts-, Hygieneschutz-, Wasser-, Straßen- und Wegerecht. Auch die Ermächtigungen nach den Landesbauordnungen oder nach § 18 GastG gehen dem Erlass einer Polizeiverordnung vor. Weiterhin ermächtigt z.B. Art. 297 EGStGB die Landesregierung, durch Verordnung die Prostitution in bestimmten Gebieten zu verbieten. Daher besteht kaum noch Raum für den Erlass einer Polizeiverordnung. Wo sie aber in Betracht kommt, steht sie wiederum in Konkurrenz zur Befugnis der Gemeinden, **Satzungen** zu erlassen.[1016] In welchen Fällen eine Regelung durch Satzung oder Polizeiverordnung zu erfolgen hat, ist nicht immer einfach festzustellen. Ginge es der Selbstverwaltungskörperschaft in erster Linie um das Aufstellen von Benutzungs- und Verhaltensregeln statt um Gefahrenabwehr, wäre die Regelung durch Polizeiverordnung nicht zweckmäßig und würde im Übrigen auch nicht das Erfordernis der abstrakten Gefahr für die öffentliche Sicherheit erfüllen.

864

> **Beispiel:** Die Gemeinde erlässt auf der Grundlage eines Parlamentsgesetzes eine **Satzung über die öffentliche Ordnung**, die u.a. das **aggressive Betteln** auf öffentlichen Straßen der Gemeinde verbietet.[1017]
>
> In diesem Fall ist die Normierung des Verbots in Form einer Satzung zumindest vertretbar und damit rechtmäßig. Allerdings darf dieses Ergebnis nicht darüber hinwegtäuschen, dass ein Formenmissbrauch naheliegt. Denn die Gemeinde wäre gemäß dem Polizeigesetz (vgl. etwa §§ 65 I Nr. 2, 67 II, 50 II BremPolG, 74 HessSOG, 55 I Nr. 1 NdsPOG) auch zu einer Regelung der Materie in Form einer Polizeiverordnung zuständig gewesen, hätte dann aber die strengeren Verfahrens- und Formvorschriften des Polizeigesetzes beachten müssen. Zudem ist fraglich, ob es nicht doch primär um die Abwehr einer abstrakten Gefahr ging, nämlich um die Verhinderung künftiger Belästigungen der Allgemeinheit. Jedenfalls ist die Regelung des Bettelverbots in Form einer Polizeiverordnung nicht deshalb erforderlich, um bei einem Verstoß polizeirechtlich einschreiten zu können. Denn auch ein Verstoß gegen eine Satzungsbestimmung stellt einen Verstoß gegen die objektive Rechtsordnung als Teilbereich der öffentlichen Sicherheit dar und

---

[1015] So auch BVerwG NVwZ 2003, 95, 96.
[1016] Zur Rechtsnatur von Satzungen vgl. *R. Schmidt*, AllgVerwR, Rn 859 ff.
[1017] Vgl. auch VGH Mannheim NVwZ 1999, 560 zu einer Polizeiverordnung, die das Betteln auf öffentlichen Straßen und in öffentlichen Anlagen schlechthin untersagt.

ermächtigt zum Einschreiten auf der Grundlage des Polizeigesetzes (Untersagungsverfügung gemäß der Befugnisgeneralklausel oder Platzverweis).

> **Hinweis für die Fallbearbeitung:** Unter dem Aspekt der Erstellung von Rechtsgutachten kann eine Rechtsverordnung in zwei Konstellationen zu prüfen sein: Zum einen kann die isolierte Überprüfung angestrebt werden. Hier wird Rechtsschutz durch eine prinzipale Normenkontrolle gem. § 47 I Nr. 2 VwGO ermöglicht, soweit es sich um eine Landesrechtsverordnung handelt und dies landesrechtlich nach den Ausführungsgesetzen zur VwGO zugelassen ist (siehe Rn 873). Diese Form des Rechtsschutzes wird ausführlich bei *R. Schmidt*, VerwProzR, Rn 512 ff., besprochen. Zum anderen kann die Überprüfung im Rahmen eines auf der Grundlage einer ordnungs(sicherheits)behördlichen Verordnung erlassenen Verwaltungsakts erfolgen. In diesem Fall ist Klagegegenstand der Verwaltungsakt, bei dessen Prüfung inzident die Rechtmäßigkeitsprüfung der Verordnung erfolgt. Zur Rechtsverordnung im Allgemeinen und zur Stufenprüfung vgl. *R. Schmidt*, AllgVerwR, Rn 131 und 831 ff. Im Folgenden sollen lediglich gefahrenabwehrspezifische Besonderheiten aufgezeigt werden.

II. Ermächtigungsgrundlage

865 Als untergesetzliche Rechtsnorm bedarf die Rechtsverordnung einer wirksamen Ermächtigungsgrundlage in Form eines Parlamentsgesetzes, das Inhalt, Zweck und Ausmaß bestimmt (Bestimmtheitsgrundsatz, s.o.). Das ist bei den Ermächtigungsgrundlagen der Polizeigesetze der Fall.

III. Formelle Rechtmäßigkeit

866 Angaben zur sachlichen, örtlichen und instanziellen Zuständigkeit des Ermächtigungsadressaten (d.h. des Verordnungsgebers) sind den Polizeigesetzen zu entnehmen. Der Fachaufsichtsbehörde ist dabei ein Selbsteintrittsrecht eingeräumt. Zum Verfahren sei lediglich angemerkt, dass die Vertretungskörperschaften Mitwirkungsrechte bei der Verordnungsgebung haben. Ferner herrschen strenge Formerfordernisse.

IV. Materielle Rechtmäßigkeit

867 Eine Polizeiverordnung ist materiell rechtmäßig, wenn sie zunächst mit dem Normengefüge ihrer Ermächtigungsgrundlage vereinbar ist. Insbesondere sind die im Polizeigesetz enthaltenen inhaltlichen Grenzen zu beachten. Im Übrigen muss die Rechtsverordnung die an ein Parlamentsgesetz zu stellenden Rechtmäßigkeitsvoraussetzungen beachten. Insbesondere sind das EU-Recht, die **Grundrechte** des GG, die **Verhältnismäßigkeit** und die **allgemeinen Verfassungsprinzipien** (wie z.B. der **Bestimmtheitsgrundsatz**) zu beachten. Aufgrund der Bestimmungen in den Polizeigesetzen ist auch und gerade die Abwehr einer **abstrakten Gefahr** legitim.[1018]

868 Während unter „konkrete" Gefahr eine Sachlage verstanden wird, bei der im einzelnen Fall die hinreichende Wahrscheinlichkeit besteht, dass in absehbarer Zeit ein Schaden für eines der Schutzgüter der öffentlichen Sicherheit eintreten wird[1019], genügt es für das Vorliegen einer abstrakten Gefahr, wenn eine allgemeine Sachlage oder ein allgemeines Verhalten besteht, dass in absehbarer Zeit ein Schaden eintreten wird. Auf den Nachweis der Wahrscheinlichkeit des Schadenseintritts im Einzelfall kann dabei verzichtet werden.

Während bei der abstrakten Gefahr der maßgebliche Sachverhalt also nur gedacht und verallgemeinert ist (z.B. eine Polizeiverordnung verbietet jedermann das Betreten von Eis-

---

[1018] Vgl. dazu BVerwGE 116, 347, 351 f.; VGH Mannheim NVwZ-RR 2010, 55; OVG Berlin-Brandenburg 14.7.2017 – 12 S 7.17.
[1019] Vgl. nur die Legaldefinitionen in § 2 Nr. 3a BremPolG, § 2 Nr. 1a NdsPOG, § 3 Nr. 3a SachsAnhSOG und § 54 Nr. 3a ThürOBG sowie oben Rn 659.

flächen, um Personen, insbesondere Kinder, vor dem Einbrechen in das eiskalte Wasser zu bewahren), ist bei der konkreten Gefahr diese Sachlage bereits im einzelnen Fall real eingetreten, d.h. in dem genannten Beispielsfall, dass eine bestimmte Person die brüchige Eisdecke eines Sees betreten hat oder dies beabsichtigt. In diesem Fall (und anderen vergleichbaren Fällen einer konkreten Gefahr) ist allein eine Untersagungsverfügung nach der Befugnisgeneralklausel oder ein Platzverweis das richtige Mittel der Gefahrenabwehr.

Ein Gefahrenverdacht, also eine unklare Diagnose des Sachverhalts bzw. eine unsichere Prognose des weiteren Geschehensablaufs, genügt für den Erlass einer Gefahrenverordnung nicht, da ja gerade unklar ist, ob überhaupt eine Gefahr gegeben ist. Es liegen lediglich Anhaltspunkte vor, die den Verdacht einer Gefahr begründen. Diese Anhaltspunkte genügen jedoch nicht, um bei verständiger Würdigung der Sachlage von einer wenigstens abstrakten Gefahr auszugehen. 869

> **Beispiel**[1020]: Der Polizeipräsident ordnet im Rahmen einer Polizeiverordnung ein örtlich und zeitlich begrenztes **Alkoholverbot** in der Innenstadt an. Im Einzelnen heißt es: „Im Geltungsbereich der Verordnung ist es während der Nachtzeit an den Wochenenden auf den öffentlich zugänglichen Flächen außerhalb konzessionierter Freisitzflächen verboten,
> - alkoholische Getränke zu konsumieren,
> - alkoholische Getränke jeglicher Art mit sich zu führen, wenn aufgrund der konkreten Umstände die Absicht erkennbar ist, diese im Geltungsbereich der Verordnung konsumieren zu wollen."
>
> Der VGH Mannheim hat (im Rahmen einer verwaltungsgerichtlichen Normenkontrolle gem. § 47 I Nr. 2 VwGO) entschieden, dass es an einer hinreichenden (abstrakten) Gefahr für die öffentliche Sicherheit fehle. Es mangele an Anhaltspunkten dafür, dass der Konsum von Alkohol im Verbotsgebiet zur Verbotszeit regelmäßig und typischerweise Gewaltdelikte zur Folge habe. Zwar habe der Polizeipräsident seine Einschätzung der Situation mit statistischem Datenmaterial untermauern können (so seien etwa im Jahr 2008 60 % aller Delikte in der jetzigen Verbotszone unter Alkoholeinfluss begangen worden; auch sei seit Inkrafttreten der Verordnung ein Rückgang der Gewalttaten von bis zu 25 % zu verzeichnen). Diese empirische Grundlegung genüge jedoch nicht, um eine durch Alkoholgenuss hervorgerufene abstrakte Gefahr zu bejahen. Aufgrund der polizeilichen Studien seien zwar Ursachenzusammenhänge zwischen Alkoholkonsum und Gewaltdelikten nicht auszuschließen; sie begründeten jedoch allenfalls einen Gefahrenverdacht, nicht aber eine abstrakte Gefahr. Dass Alkoholgenuss generell zu Aggressivität führe, widerspreche schon der Lebenserfahrung.
>
> Und das OVG Berlin-Brandenburg hat entschieden, dass allein der Konsum bzw. Genuss von Alkohol in der Öffentlichkeit als solcher regelmäßig kein Schutzgut der öffentlichen Sicherheit verletze. Zudem sei die Erforderlichkeit eines Verbots zu verneinen, wenn der Gefahrenabwehrbehörde andere weitreichende Mittel zur Verfügung stünden, deren konsequente Durchführung vergleichbar erfolgreich sein dürfte.[1021]
>
> Fehlt es also an einer abstrakten Gefahr (und/oder an der Erforderlichkeit), ist die Polizeiverordnung unwirksam, weil sie sich insoweit nicht an die Ermächtigung hält.

Im Übrigen liegt der Erlass einer Polizeiverordnung im behördlichen **Ermessen** (vgl. die Bestimmungen der Polizeigesetze: „dürfen"). Eine Pflicht zum Erlass einer Polizeiverordnung besteht nicht. Fordert die übergeordnete Stelle den Erlass einer Polizeiverordnung, kann sich die für den Erlass zuständige Stelle weigern, die nach Ansicht der übergeordneten Stelle erforderliche Polizeiverordnung zu erlassen. Für diesen Fall kommt jedoch das genannte Selbsteintrittsrecht zum Tragen. 870

[1020] Vgl. VGH Mannheim NVwZ-RR 2010, 55. Vgl. auch OVG Berlin-Brandenburg 14.7.2017 – 12 S 7.17; ferner OLG Hamm NVwZ 2010, 1319 f.
[1021] OVG Berlin-Brandenburg 14.7.2017 – 12 S 7.17.

871 Ebenso steht auch die Entscheidung, *welche* (abstrakten) Gefahren durch eine Polizeiverordnung abgewehrt werden sollen, im pflichtgemäßen Ermessen des Verordnungsgebers.

V. Die Rechtswidrigkeit der Polizeiverordnung und ihre Folgen

872 Liegt mindestens eine der o.g. Rechtmäßigkeitsvoraussetzungen nicht vor, ist die Polizeiverordnung rechtswidrig. Eine Heilung von formellen wie materiellen Fehlern kommt nur in Betracht, wenn entsprechende Heilungsvorschriften bestehen. Die zu § 28 I VwVfG entwickelten Grundsätze, dass eine unterlassene Anhörung durch die spätere Möglichkeit der Stellungnahme geheilt werden kann[1022], sind nicht anwendbar, denn § 28 I VwVfG gilt nur in Verwaltungsverfahren nach § 9 VwVfG, nicht aber im Verfahren, das auf den Erlass einer Rechtsverordnung gerichtet ist. Heilungsvorschriften wie z.B. § 214 BauGB bestehen ebenfalls nicht, sodass damit im Ergebnis bei einer festgestellten Rechtswidrigkeit letztlich nur die Folge der **Nichtigkeit** der entsprechenden Polizeiverordnung angenommen werden kann.[1023] Das folgt aus dem Rechtsstaatsprinzip, wonach nur solche Staatsakte verbindlich sind, die mit höherrangigem Recht und letztlich dem Demokratieprinzip vereinbar sind. Ist von einem Gericht die Rechtswidrigkeit einer Polizeiverordnung festgestellt worden, darf die Verwaltung sie nicht anwenden; der Bürger muss sie nicht beachten.

VI. Rechtsschutz gegen rechtswidrige Polizeiverordnungen

873 Hinsichtlich des prinzipalen Rechtsschutzes gegen Polizeiverordnungen gilt im Prinzip dasselbe wie für Bundesrechtsverordnungen[1024]: Gegen Verordnungen, denen eine unmittelbare Wirkung zukommt, die zu ihrer Wirkung also keines weiteren Vollzugsakts bedürfen (sog. selbstvollziehende Verordnungen, auch „Self-executing-Verordnungen" genannt[1025]), ist die **Individualverfassungsbeschwerde** (Art. 93 I Nr. 4a GG, §§ 13 Nr. 8a, 90 ff. BVerfGG) denkbar. Allerdings ist stets die bereits bei Rn 103 genannte vorrangige Möglichkeit der prinzipalen **verwaltungsgerichtlichen Normenkontrolle** gem. § 47 I Nr. 2 VwGO zu beachten.[1026] Nach § 47 II S. 1 VwGO kann jeder mit der Behauptung, durch die Landesrechtsverordnung in seinen Rechten verletzt zu sein oder in absehbarer Zeit verletzt zu werden, beim Oberverwaltungsgericht seines Landes eine Normenkontrolle beantragen. Einschränkend gilt aber, dass die verwaltungsgerichtliche Normenkontrolle nur dann statthaft ist, wenn das Landesrecht dies bestimmt (sog. *landesrechtliches Ergänzungsrecht*, vgl. § 47 I Nr. 2 VwGO).

874 Selbstverständlich kann der Betroffene die Gültigkeit einer Polizeiverordnung von den Gerichten auch **inzident** überprüfen lassen, indem er sich gegen den ihn belastenden **Einzelakt** wendet, der aufgrund der Rechtsverordnung ergangen ist.[1027] Als ein solcher inzidenter Rechtsschutz kommen die **Anfechtungsklage** gem. § 42 I Var. 1 VwGO und die **Feststellungsklage** gem. § 43 VwGO in Betracht. Sie sind jedenfalls immer dann in Be-

---

[1022] Vgl. *R. Schmidt*, AllgVerwR, Rn 549 ff.
[1023] Wie hier *Bohl*, NVwZ 2001, 764, 765; *Aulehner*, JA 2001, 291 ff.
[1024] Vgl. dazu ausführlich *R. Schmidt*, AllgVerwR, Rn 852 ff.
[1025] Selbstvollziehende Gesetze stellen bspw. die Vorschriften des Straf- oder Ordnungswidrigkeitenrechts dar. Da hier dem Betroffenen nicht zugemutet werden kann, zunächst eine strafbare Handlung oder eine Ordnungswidrigkeit zu begehen, um dann anschließend im Straf- oder Bußgeldverfahren die Verfassungswidrigkeit der Norm geltend zu machen, ist die Möglichkeit der Verfassungsbeschwerde anerkannt (BVerfGE 81, 70, 82 f.). Als weiteres Beispiel für ein selbstvollziehendes Gesetz sei die Festlegung von Flugrouten nach § 33 II LuftVO genannt.
[1026] Die Normenkontrolle nach § 47 I Nr. 2 VwGO enthalten: BW: § 4 AGVwGO, Bay: Art. 5 AGVwGO, Brand: § 4 I VwGG, Brem: Art. 7 AGVwGO, Hess: § 15 AGVwGO, MeckVor: § 13 AGGerStrG, Nds: § 75 NJG, RhlPfl: in beschränktem Umfang (§ 4 AGVwGO), Saar: § 18 AGVwGO, Sachs: § 24 I SächsJG, SachsAnh: § 10 AGVwGO, SchlHolst: § 67 LJG, Thür: § 4 AGVwGO. Keine Regelungen bzgl. einer verwaltungsgerichtlichen Normenkontrolle nach § 47 I Nr. 2 VwGO haben Berlin, Hamburg und Nordrhein-Westfalen getroffen (hier kommt aber immer noch inzidenter Rechtsschutz in Betracht).
[1027] Vgl. dazu BVerfG NVwZ 1998, 169 f.

tracht zu ziehen, wenn das Landesrecht die Normenkontrolle gem. § 47 I Nr. 2 VwGO nicht zulässt.

F. Rechtsnachfolge in polizeirechtliche Pflichten

I. Einführung in die Problematik

Unabhängig von der bei Rn 812 erörterten Dereliktion ist in der polizei- und ordnungsbehördlichen Praxis, aber auch im Studium, die Frage nach dem Ende der Polizeipflichtigkeit bzw. die Frage, unter welchen Voraussetzungen der Rechtsnachfolger eines Pflichtigen in dessen Pflichtenstellung einrücken muss, häufig anzutreffen.

Beispiele:
(1) Unternehmer und Pächter P errichtet ohne die erforderliche Baugenehmigung auf dem Grundstück des Eigentümers E eine Lagerhalle. Die zuständige Behörde erlässt daraufhin gegenüber P eine Baubeseitigungsanordnung. Nach Ablauf des Pachtverhältnisses wird N neuer Pächter. Muss N dem Gebot, das an P gerichtet war, nachkommen und den Bau abreißen?

(2) Die zuständige Behörde hatte gegenüber der Firmeninhaberin A verfügt, ein ohne Genehmigung errichtetes und auch nicht genehmigungsfähiges Gebäude zu beseitigen. Die von ihr dagegen eingelegten Rechtsbehelfe blieben erfolglos. Als die Verwaltung von A die Durchführung der Beseitigung fordert, überträgt diese das Baugrundstück auf ihren Ehemann B. Nach der Eigentumsübertragung verlangt die Behörde von B, der gerichtlich bestätigten Beseitigungsverfügung Folge zu leisten. Muss B dieser Aufforderung nachkommen?

Gesetzlich ist die Rechtsnachfolge nur vereinzelt geregelt. Solche gesetzlichen Regelungen bestehen etwa im **Bundesbodenschutzrecht** (§ 4 III BBodSchG, allerdings begrenzt auf die Rechtsnachfolge in die Verhaltensverantwortlichkeit)[1028] und im **Bauordnungsrecht** (dort gilt die Rechtsnachfolge für einige behördliche Erlaubnisse wie die Baugenehmigung, die auch für und gegen den Rechtsnachfolger des Bauherrn gilt, oder bauordnungsrechtliche Verfügungen wie Nutzungsuntersagungen oder Beseitigungsanordnungen). Im Übrigen finden sich kaum gesetzliche Regelungen. Das gilt insbesondere für die Rechtsnachfolge in abstrakte Polizeipflichten, d.h. in Polizeipflichten, die noch nicht durch Polizeiverfügung konkretisiert sind. Dass eine Rechtsnachfolge in der Praxis sehr wichtig ist, dürfte auf der Hand liegen. Wäre sie nicht zulässig und würde der Rechtsvorgänger nicht greifbar sein, hätte mitunter die Allgemeinheit die Last zu tragen. Gleichwohl reicht das praktische Bedürfnis nicht. Es muss sich – wie stets bei grundrechtsbelastenden Maßnahmen – eine Rechtsgrundlage finden lassen, die den Rechtsnachfolger eines Pflichtigen in dessen Pflichtenstellung einrücken lässt.

Ist ein Sachverhalt gesetzlich nicht geregelt, sind die rechtlichen Voraussetzungen (naturgemäß) unklar und es herrscht Streit. Das trifft auch für den Bereich der Rechtsnachfolge zu, soweit diese gesetzlich nicht geregelt ist. Die vorgetragenen Argumente zum Teil nicht überzeugend.[1029] Die überwiegende Rechtsprechung[1030] entscheidet unabhängig von verfassungsrechtlichen Vorgaben und rechtsdogmatischen Anforderungen pragmatisch-ergebnisorientiert. Nach ihr und der sie stützenden Literatur müssen

---

[1028] Vgl. dazu etwa VGH Mannheim NVwZ-RR 2002, 16; VG Trier NJW 2001, 531 mit Bespr. von *Pützenbacher/Görgen*, NJW 2001, 490 ff. Siehe auch BGH NVwZ 2017, 416: „Zur Vermeidung einer verfassungswidrigen Rückwirkung ist der Anwendungsbereich des § 4 Abs. 3 BBodSchG dahingehend verfassungskonform zu reduzieren, dass diese Vorschrift eine im Jahr 1926 erfolgte Gesamtrechtsnachfolge nicht erfasst."
[1029] Vgl. dazu im Einzelnen *Nolte/Niestedt*, JuS 2000, 1071 ff.
[1030] Vgl. nur VGH Mannheim NVwZ 2000, 1199 ff.; OVG Hamburg NVwZ-RR 1997, 11 f.; VGH Kassel (14. Senat), NVwZ 1998, 1315. Zur Nachfolgefähigkeit und zu den Voraussetzungen einer behördlichen Stilllegungsverfügung vgl. auch *Volkmann*, JuS 1999, 544, 545.

– soweit keine spezialgesetzlichen Regelungen existieren – drei Voraussetzungen erfüllt sein, damit eine Rechtsnachfolge eintreten kann:

II. Voraussetzungen einer öffentlich-rechtlichen Rechtsnachfolge

1. Zivilrechtliche Rechtsnachfolge

878 Der Übergang verwaltungsrechtlicher Pflichten setzt zunächst eine zivilrechtliche Rechtsnachfolge voraus. Dies ist nicht nur im Rahmen der Universalsukzession (§ 1922 BGB) der Fall (wobei sich die Haftung für die Verbindlichkeit aus § 1967 I BGB ergibt), sondern auch beim rechtsgeschäftlichen Erwerb mit vollzogener Übereignung und Übergabe (§§ 929 ff. bzw. §§ 873, 925 BGB) oder bei einer Abtretung nach § 398 BGB.

2. Nachfolgefähigkeit der verwaltungsrechtlichen Pflicht

879 Des Weiteren muss die betreffende Pflicht übergangsfähig bzw. nachfolgefähig sein. Sofern es sich bei der Pflicht nicht um eine höchstpersönliche, sondern um eine objekt- oder zustandsbezogene Pflicht handelt, ist das kein Problem.[1031] Besteht eine Verfügung, deren Verpflichtung übergehen soll, muss diese also selbst objekt- oder zustandsbezogen sein. Ausschlaggebend ist insoweit die „Dinglichkeit" der Verfügung.[1032] Dagegen wird die Nachfolgefähigkeit einer abstrakten, also noch nicht durch Verwaltungsakt konkretisierten Zustandsverantwortlichkeit fast einhellig abgelehnt.[1033]

3. Nachfolgetatbestand (Rechtsgrundlage für den Übergang der Pflicht)

880 Wegen des im Bereich der Eingriffsverwaltung uneingeschränkt geltenden Grundsatzes vom Vorbehalt des Gesetzes (Art. 20 III GG) bedarf es einer Rechtsgrundlage für die Begründung der Pflichtenstellung des Rechtsnachfolgers. Zunächst ist daher nach einer ausdrücklichen gesetzlichen Regelung der Rechtsnachfolge zu suchen. Für den Bereich des Bodenschutzrechts wurde bereits § 4 III S. 1 BBodSchG genannt, der jedoch nur die Rechtsnachfolge in die Verhaltensverantwortlichkeit (nicht auch in die Zustandsverantwortlichkeit) regelt.

881 Rechtsgrundlagen für eine Rechtsnachfolge finden sich auch in den bereits ebenfalls erwähnten Landesbauordnungen. Sie bestimmen bspw., dass im Falle einer Veräußerung des Grundstücks eine Baulast[1034] auch gegenüber dem Rechtsnachfolger wirkt (etwa nach § 71 I S. 2 BWBauO, § 81 I S. 2 NdsBauO, § 85 I S. 3 NRWBauO); ihr Bestand bleibt auch durch zivilrechtliche Absprachen zwischen Veräußerer und Erwerber unberührt. Damit wird etwa gewährleistet, dass bei der Errichtung eines Gebäudes über mehrere Grundstücke hinweg – auch später (z.B. bei Veräußerung eines der Buchgrundstücke) – kein bauordnungswidriger Zustand entsteht, der nicht durch Verfügung gegenüber dem Erwerber („Rechtsnachfolger") beseitigt werden könnte.

882

[1031] Vgl. *Stadie*, DVBl 1990, 501, 504. Zum Diskussionsstand vgl. auch *Nolte/Niestedt*, JuS 2000, 1071, 1072 f.; *Rau*, Jura 2000, 37, 38 f.
[1032] *Volkmann*, JuS 1999, 544, 546.
[1033] *Muckel*, Fälle BesVerwR, S. 198 ff.; *Zacharias*, JA 2001, 720, 721 ff.
[1034] Die Baulast ist ein in nahezu allen Landesbauordnungen enthaltenes Rechtsinstitut, das es Grundstückseigentümern gestattet, sich im Wege einer formalisierten und in das Baulastenverzeichnis einzutragenden öffentlich-rechtlichen Willenserklärung gegenüber der (Baugenehmigungs-)Behörde zu einem bestimmten Tun, Dulden oder Unterlassen, das sich nicht bereits aus öffentlich-rechtlichen Vorschriften, insbesondere nicht aus der Bauordnung selbst ergibt, zu verpflichten. So können nach den Bestimmungen der Bauordnungen bspw. die Sicherung der Zufahrt mittels Baulast übernommen werden, die Errichtung von Stellplätzen für benachbarte Grundstücke gewährleistet, die Erschließung eines Grundstücks oder die Errichtung eines Gebäudes auf mehreren Grundstücken gesichert werden. Neben der Zufahrtsbaulast ist Hauptanwendungsfall für die Bestellung einer Baulast die Übernahme von Abstandsflächen.

Auch bauaufsichtliche Anordnungen (Nutzungsuntersagungen, Beseitigungsanordnungen etc.) gelten gegenüber den Rechtsnachfolgern der Personen, an die sie gerichtet sind (vgl. etwa Art. 54 II S. 3 BayBauO, § 79 I S. 5 NdsBauO, § 61 V HessBauO).

Fehlt es an einer ausdrücklichen gesetzlichen Regelung wie bspw. § 4 III S. 1 BBodSchG, ist zu prüfen, ob einzelne Vorschriften des öffentlichen Rechts, die eine Rechtsnachfolge in verwaltungsrechtliche Pflichten vorsehen, **analogiefähig** sind. Voraussetzung für eine analoge Anwendung ist aber neben der planwidrigen Unvollständigkeit des Gesetzes die Vergleichbarkeit des geregelten Falls mit dem nicht geregelten Fall. Nach der hier vertretenen Auffassung scheidet eine analoge Anwendung von Rechtsgrundlagen aber bereits systematisch aus. Wegen des in der Eingriffsverwaltung uneingeschränkt geltenden Grundsatzes vom Vorbehalt des Gesetzes (Art. 20 III GG) sind zur Rechtfertigung von Grundrechtseingriffen stets ausdrückliche Rechtsgrundlagen erforderlich. Eine analoge Anwendung von Rechtsgrundlagen missachtet diesen Grundsatz und verstößt damit gegen das Rechtsstaatsprinzip. Auch das BVerfG hat in seinem Urteil über die sog. „Online-Durchsuchung" von Computern klargestellt, dass eine analoge Anwendung von Rechtsgrundlagen verfassungswidrig ist.[1035]

883

III. Zusammenfassung

Die Rechtsnachfolge in öffentlich-rechtliche Pflichten ist nur vereinzelt gesetzlich geregelt, etwa im Bodenschutzrecht und im Bauordnungsrecht. Das praktische Bedürfnis einer Rechtsnachfolge auch im allgemeinen Polizei- und Ordnungsrecht ist ebenfalls offensichtlich, denn es kann nicht richtig sein, dass sich etwa Unternehmen durch gesellschaftsrechtliche Umwandlungen oder Umstrukturierungen ihrer Pflichten entledigen. Allerdings greift nun einmal im Bereich der Eingriffsverwaltung der im Rechtsstaatsprinzip verankerte Grundsatz vom Vorbehalt des Gesetzes (Art. 20 III GG) uneingeschränkt, weshalb auch eine analoge Anwendung von Rechtsgrundlagen nicht in Betracht kommt. Dem Gesetzgeber steht es aber frei, unerträgliche Zustände durch Schaffung entsprechender ausdrücklicher Rechtsgrundlagen zu beseitigen. Es kann nicht Aufgabe der Rechtsprechung sein, selbst bei noch so großem praktischem Bedürfnis unter Missachtung von Verfassungsgrundsätzen (hier: Gewaltenteilung und Vorbehalt des Gesetzes) Missständen durch analoge Anwendung von Rechtsgrundlagen in der Eingriffsverwaltung zu begegnen.

884
-901

[1035] BVerfGE 120, 274, 302 ff. - dazu ausführlich oben Rn 308 ff. Auf die Frage, ob die Voraussetzungen für eine Analogie (insbesondere die planwidrige Regelungslücke) vorliegen, kommt es also gar nicht erst an.

G. Verwaltungsvollstreckung

I. Form und Funktion der Verwaltungsvollstreckung

902 Allgemein geht es bei der Verwaltungsvollstreckung (auch Verwaltungszwang genannt) zum einen um die Vollstreckung wegen Geldforderungen und zum anderen um die zwangsweise Durchsetzung von Verwaltungsakten, die zur Vornahme einer Handlung, Duldung oder Unterlassung verpflichten (vgl. § 6 I VwVG). Zwangsmittel der zuletzt genannten Vollstreckungsart sind

- das Zwangsgeld und die Zwangshaft,
- die Ersatzvornahme
- und der unmittelbare Zwang.

Der Verwaltungszwang ist ein wichtiges Mittel zur Durchsetzung des materiellen Rechts. Denn wird eine Verfügung vom Adressaten nicht befolgt, würde der Zweck der Verfügung in Frage gestellt, wenn die Verfügung nicht durchgesetzt werden könnte. Entscheidend dabei ist, dass die Verwaltungsbehörde den von ihr erlassenen Verwaltungsakt selbst durchsetzen kann (Grundsatz der **Selbstvollstreckung**). Sie braucht also nicht – wie die obsiegende Partei in einem Zivilrechtsstreit – einen gerichtlichen Vollstreckungstitel. Dieser ist vielmehr im Verwaltungsakt vorhanden. Man spricht insoweit von einem **Selbsttitulierungsrecht** der Verwaltung.[1036] Voraussetzung der Selbsttitulierung und Selbstvollstreckung ist lediglich die Befugnis, Verwaltungsakte zu erlassen[1037], und dass der zu vollstreckende Verwaltungsakt einen vollstreckbaren Titel hat. Einen vollstreckbaren Titel haben **Verfügungen**, die Verbote und Gebote enthalten. Dagegen sind feststellende und rechtsgestaltende Verwaltungsakte mangels Titels nicht vollstreckbar.[1038] Die Verwaltungsvollstreckung hat mithin eine dienende Funktion. Sie zielt auf die Durchsetzung des durch die Verfügung konkretisierten materiellen Rechts ab; ihr kommt eine Beugefunktion zu. Freilich fordert der Grundsatz vom Vorbehalt des Gesetzes **spezielle Rechtsgrundlagen**.[1039]

Allgemein wird die Verwaltungsvollstreckung wie folgt definiert:

903 **Verwaltungsvollstreckung** ist die zwangsweise Durchsetzung verwaltungsrechtlicher Verfügungen durch die Verwaltung.

> **Beispiel:** B hat in der Nähe von Cuxhaven auf einer Sanddüne im bauplanungsrechtlichen Außenbereich (§ 35 BauGB) ein nicht genehmigtes (selbstverständlich auch nicht genehmigungsfähiges) Wochenendhäuschen errichtet. Als der Baubehörde dies bekannt wird, erlässt sie gegenüber B eine Baubeseitigungsanordnung (= **vollstreckungsfähiger Grundverwaltungsakt**). B weigert sich jedoch, der Verfügung nachzukommen. Daraufhin droht die Behörde an, die Verfügung zwangsweise durchzusetzen, indem sie nach Ablauf einer bestimmten Frist ein Abrissunternehmen mit der Beseitigung beauftrage (= **Androhung** des Zwangsmittels). Als B auch die gesetzte Frist untätig verstreichen lässt, teilt ihm die Behörde mit, dass sie einen Abrissunternehmer mit der Beseitigung beauftragt habe (= **Festsetzung** des Zwangsmittels, sofern landesrechtlich vor-

---

[1036] Zur Titelfunktion und zu anderen Funktionen des Verwaltungsakts vgl. *R. Schmidt*, AllgVerwR, Rn 346 ff.
[1037] Zur Verwaltungsaktbefugnis vgl. *R. Schmidt*, AllgVerwR, Rn 590 ff.
[1038] Vgl. auch *Peine*, AllgVerwR, Rn 1279. Sollte mit dem Erlass eines feststellenden oder rechtsgestaltenden Verwaltungsakts eine Kostenentscheidung verbunden sein, ist diese zwar vollstreckbar, das ändert aber nichts an der nicht möglichen Vollstreckbarkeit der Hauptverfügung.
[1039] Vgl. §§ 28 ff. MEPolG; Bund: §§ 6 ff. VwVG, §§ 1 ff. UZwG; BW: §§ 1 ff. VwVG; §§ 49 ff. PolG; Bay: Art. 70 ff. PAG; Berl: §§ 1 ff. UZwG; Brand: §§ 1 ff. PolG; Brem: §§ 40 ff. PolG; §§ 11 ff. VwVG; Hamb: §§ 17 ff. SOG; §§ 18 f., 27 f. VwVG; Hess: §§ 47 ff. SOG; MeckVor: §§ 79 ff. SOG; Nds: §§ 64 ff. POG; NRW: §§ 50 ff. PolG; RhlPfl: §§ 61 ff. LVwVG; Saar: §§ 44 ff. PolG; Sachs: §§ 39 ff. PVDG; SachsAnh: §§ 1 ff. VwVG; SachsAnh: §§ 53 ff. SOG; SchlHolst: §§ 228 ff. LVwG; Thür: §§ 51 ff. PAG. Vgl. dazu Rn 907 ff.

gesehen). Zwei Tage später erscheint ein Bagger und reißt das Gebäude ab (= **Anwendung** des Zwangsmittels).

Das geschilderte Verfahren ist der Normalfall der Verwaltungsvollstreckung und wird als **gestrecktes Zwangsverfahren** bezeichnet. Regelmäßig wird es von den **Ordnungsbehörden** angewendet. Auch müssen Beamte des **Polizeivollzugsdienstes** bei der Gefahrenabwehr vor Ort sofort handeln können, um gefahrenabwehrrechtlichen Verfügungen Geltung zu verschaffen. In solchen Fällen wäre das gestreckte Verfahren aber oftmals nicht wirkungsvoll. Die Polizeigesetze und die Verwaltungsvollstreckungsgesetze haben daher die Möglichkeit der **unmittelbaren Ausführung** bzw. des **Sofortvollzugs** geschaffen. Danach kann Zwang sofort angewendet werden, sei es ohne Androhung und (wo vorgesehen) ohne Festsetzung des Zwangsmittels oder sei es sogar ohne Grundverwaltungsakt. 904

> **Beispiel:** K stellt seinen Wagen in der Innenstadt verkehrswidrig und verkehrsbehindernd ab und macht einen Stadtbummel. Die Polizei sieht sich veranlasst, den Wagen sofort abschleppen zu lassen, weil sich mittlerweile schon ein Verkehrsstau gebildet hat.
>
> In diesem Fall gebietet es die Dringlichkeit, die Gefahr sofort zu beseitigen und das Wegfahrgebot, das bei Anwesenheit des Fahrers diesem gegenüber auszusprechen gewesen wäre, mit Mitteln des Zwangs unverzüglich durchzusetzen. Die Gesetze sehen diese Möglichkeit als unmittelbare Ausführung bzw. als Sofortvollzug ausdrücklich vor (vgl. Rn 953 ff./1025 ff.).

Die Verwaltungsvollstreckung zur Durchsetzung von *(vollzugs-)polizeilicher Verfügungen* unterscheidet sich nach der aktuellen Rechtsprechung des BVerfG[1040] grundsätzlich nicht von derjenigen zur Durchsetzung von Verfügungen der *(Sonder-)Ordnungsbehörden* im Rahmen des *Allgemeinen Verwaltungs- und Ordnungsrechts*. Hier wie dort können **wirksame** (nicht notwendigerweise rechtmäßige) Verwaltungsakte Grundlage einer Vollstreckungsmaßnahme sein. 905

Nach der genannten Rechtsprechung des BVerfG[1041] kommt es bei der Frage nach der Rechtmäßigkeit einer Vollstreckungsmaßnahme im gestreckten Verfahren somit nicht (mehr) auf die Rechtmäßigkeit der der Vollstreckungsmaßnahme zugrunde liegenden Grundverfügung an. Es besteht mithin **kein Rechtmäßigkeitszusammenhang zwischen der Primärmaßnahme und der Vollstreckungsmaßnahme**, oder anders ausgedrückt: die bloße Rechtswidrigkeit der Grundverfügung stellt kein Vollstreckungshindernis dar. Das folgt aus dem Umstand, dass auch ein rechtswidriger, aber nicht nichtiger Verwaltungsakt wirksam ist (vgl. §§ 43 II/III, 44 VwVfG). Daher kann es hinsichtlich der Vollstreckung nur auf die Wirksamkeit der Grundverfügung ankommen (vgl. § 6 I BundesVwVG). Die Verwaltung darf also grds. auch einen rechtswidrigen Verwaltungsakt vollstrecken, solange dieser nur wirksam ist.[1042] Freilich eine andere Frage ist es, ob die Vollstreckung eines rechtswidrigen Verwaltungsakts im Ergebnis auch verhältnismäßig ist. Auch für den Rechtsschutz hat dieser Umstand Konsequenzen; vgl. dazu Rn 934. Zum Sofortvollzug vgl. Rn 952 ff. 906

II. Rechtsgrundlagen für die Anwendung von Zwang

Im Gegensatz zur Realisierung *privatrechtlicher* Ansprüche, bei denen es eines gerichtlichen Verfahrens bedarf, um einen vollstreckbaren Titel zu erlangen, schafft sich die Polizei- oder Ordnungsbehörde mit dem Erlass einer Verfügung selbst einen Vollstreckungstitel, der mit eigenen behördlichen Vollzugsorganen (d.h. mit Beamten der Voll- 907

[1040] BVerfG NVwZ 1999, 290, 292. Vgl. auch OVG Hamburg NordÖR 2002, 469, 470.
[1041] Vgl. zuvor schon *Schenke/Baumeister*, NVwZ 1993, 1, 2 ff.
[1042] Etwas anderes gilt freilich dann, wenn die Behörde bei Anwendung einer Zwangsmaßnahme weiß, dass die Grundverfügung rechtswidrig ist. In einem Rechtsstaat darf nicht sehenden Auges Unrecht vollzogen werden (vgl. BVerwG NJW 1984, 2591, 2592). Vgl. dazu näher Rn 934.

zugspolizei) durchgesetzt werden kann (**Grundsatz der Selbsttitulierung und Selbstvollstreckung**, s.o.). Der Vollzugspolizei, die ihre eigenen Verfügungen und die Verfügungen der Ordnungsbehörden durchsetzt, stehen verschiedene Zwangsmittel zur Verfügung, insbesondere unmittelbarer Zwang, d.h. körperliche Gewalt und Hilfsmittel der körperlichen Gewalt, zu denen auch Schusswaffen gehören. Diese Vollstreckungsmaßnahmen greifen besonders intensiv in die Rechtssphäre des betroffenen Menschen ein. Daher leuchtet es ein, dass allein die Befugnis zum Erlass der zu vollstreckenden Grundverfügung i.V.m. dem Grundsatz der Selbsttitulierung und Selbstvollstreckung dem **Vorbehalt des Gesetzes** nicht genügen kann. Zu fragen ist demnach nach einer weiteren Rechtsgrundlage für die Anwendung von Verwaltungszwang. Sowohl die Zwangsmaßnahme (das Zwangsmittel) als auch das Vollstreckungsverfahren (die Durchführung der Zwangsmaßnahme) sind durch ein **Parlamentsgesetz** festzulegen.

- Auf **Bundesebene** stehen den Vollstreckungsbehörden des Bundes das VwVG, das UZwG und das UZwGBw zur Verfügung.[1043]

- Auf **Landesebene** trifft man auf verschiedene Konstellationen: Grundsätzlich finden sich die Rechtsgrundlagen für den Zwang in den Verwaltungsvollstreckungsgesetzen (die für alle Ordnungsbehörden, d.h. für die Sonderordnungsbehörden, die allgemeinen Ordnungsbehörden und den Polizeivollzugsdienst des Landes gelten); sofern es um die Ausübung von (unmittelbarem) Zwang durch Beamte des Polizeivollzugsdienstes geht, finden sich in den Bundesländern entweder Vollregelungen in den Polizeigesetzen oder Regelungen, wonach ergänzend zu den Bestimmungen des Verwaltungsvollstreckungsgesetzes die Bestimmungen des Polizeigesetzes über die Art und Weise der Zwangsausübung gelten.

Beispiele: In Nordrhein-Westfalen stehen den Vollzugsbehörden insbesondere die §§ 50 ff. PolG und §§ 1 ff., 55 ff. VwVG zur Verfügung. Auch in der *Freien Hansestadt Bremen* differenziert das Gefahrenabwehrrecht nach Zwangsmitteln und bestimmt, dass Zwangsgeld (sowie Zwangshaft) und Ersatzvornahme nach dem BremVwVG anzuwenden sind, während für die Art und Weise der Durchführung des unmittelbaren Zwangs durch den *Polizeivollzugsdienst* das Polizeigesetz gilt (§ 40 II BremPolG). Ähnliches gilt für Rheinland-Pfalz. Vollstreckt dort die Polizei eine Verfügung, gelten gem. § 57 POG die §§ 2-6 I und die §§ 10, 14-16, 61-67 und 83-85 des LVwVG. Lediglich der unmittelbare Zwang richtet sich nach §§ 57 II i.V.m. §§ 58-66 POG. In Schleswig-Holstein finden sich für die Vollstreckung durch die Polizei und durch die Ordnungsbehörden einheitliche Regelungen im Landesverwaltungsgesetz (§§ 228 ff. LVwG). Vgl. dazu insgesamt den Regelungsgehalt der Landesgesetze.[1044]

III. Allgemeine Voraussetzungen der Vollstreckung

908 Nach dem Aussagegehalt des § 6 I BundesVwVG (die Landesgesetze sind i.d.R. inhaltsgleich, vgl. z.B. § 11 I BremVwVG) setzt die Vollstreckbarkeit der Grundverfügung (= Verwaltungsakt i.S.v. § 35 VwVfG) voraus, dass diese entweder (1) unanfechtbar ist, (2) ihr sofortiger Vollzug angeordnet ist *oder* (3) ein gegen sie eingelegter Rechtsbehelf kraft Gesetzes keine aufschiebende Wirkung entfaltet. Auf der anderen Seite darf sich der Verwaltungsakt noch nicht erledigt haben. Das ergibt sich aus der Regelung des § 43 II VwVfG, der besagt, dass der Verwaltungsakt u.a. so lange wirksam bleibt, bis er noch nicht erledigt ist. Daraus folgt: ein erledigter Verwaltungsakt ist nicht (mehr) wirksam. Die Wirksamkeit ist aber Vollstreckungsvoraussetzung (s.o.).

[1043] Vgl. aber auch §§ 58 ff. AufenthG für die Abschiebung.
[1044] Vgl. §§ 28 ff. MEPolG; Bund: §§ 6 ff. VwVG, §§ 1 ff. UZwG; BW: §§ 1 ff. VwVG; §§ 49 ff. PolG; Bay: Art. 70 ff. PAG; Berl: §§ 1 ff. VwVG; Brand: §§ 53 ff. PolG; Brem: §§ 40 ff. PolG, §§ 11 ff. VwVG; Hamb: §§ 17 ff. SOG, 1 ff., 15 ff. VwVG; §§ 18 f., 27 f. VwVG; Hess: §§ 47 ff. SOG; MeckVor: §§ 79 ff. SOG; Nds: §§ 64 ff. POG; NRW: §§ 50 ff. PolG; RhlPfl: §§ 61 ff. LVwVG; Saar: §§ 44 ff. PolG; Sachs: §§ 39 ff. PVDG; §§ 1 ff. VwVG; SachsAnh: §§ 53 ff. SOG; Schl-Holst: §§ 228 ff. LVwG; Thür: §§ 51 ff. PAG.

Alternative Voraussetzungen der Verwaltungsvollstreckung

Die Grundverfügung ist unanfechtbar

Unanfechtbar (also bestandskräftig) wird der Verwaltungsakt durch
- Nichteinlegung eines Rechtsbehelfs (i.d.R. Widerspruch) innerhalb der gesetzlichen Frist (vgl. §§ 70 I, 74 I VwGO) oder durch
- rechtskräftiges klageabweisendes Urteil.

Der sofortige Vollzug wurde angeordnet

Die Anordnung der sofortigen Vollziehung bestimmt sich nach § 80 II S. 1 Nr. 4 VwGO und setzt ein überwiegendes öffentliches Interesse oder ein überwiegendes Interesse eines Beteiligten voraus (vgl. ausführlich *R. Schmidt*, VerwProzR, Rn 918 ff.).

Ein gegen die Grundverfügung eingelegter Rechtsbehelf entfaltet kraft Gesetzes keine aufschieb. Wirkung

Ein solcher Fall liegt hauptsächlich vor
- bei unaufschiebbaren Anordnungen und Maßnahmen von Polizeivollzugsbeamten (§ 80 II S. 1 Nr. 2 VwGO),
- in anderen durch Bundesgesetz oder für Landesrecht durch Landesgesetz vorgesehenen Fällen (§ 80 II S. 1 Nr. 3 VwGO).

Hinweis für die Fallbearbeitung: Die Feststellung, ob eine Grundverfügung bestandskräftig ist oder ihr sofortiger Vollzug gem. § 80 II S. 1 Nr. 4 VwGO angeordnet wurde, bereitet in aller Regel keine größeren Schwierigkeiten. Solche können aber in der Feststellung bestehen, ob der gegen die Grundverfügung eingelegte Rechtsbehelf (Widerspruch oder Anfechtungsklage) aufschiebende Wirkung entfaltet oder ob die aufschiebende Wirkung kraft Gesetzes ausgeschlossen ist. Die aufschiebende Wirkung ist zum einen gem. § 80 II S. 1 Nr. 2 VwGO bei unaufschiebbaren Anordnungen und Maßnahmen von Polizeivollzugsbeamten und zum anderen gem. § 80 II S. 1 Nr. 3 VwGO in anderen durch Bundesgesetz oder für Landesrecht durch Landesgesetz vorgesehenen Fällen wie bspw. § 212a I BauGB, § 84 I AufenthG, § 54 IV BeamtStG, § 37 TierGesG, § 3 I WBO ausgeschlossen. Zu beachten ist schließlich, dass die aufschiebende Wirkung auch nicht gem. § 80 IV oder V VwGO wiederhergestellt worden sein darf.

Eine Vollstreckung *vor* Unanfechtbarkeit bzw. ohne Vorliegen der genannten Voraussetzungen ist nach Bundesrecht (§ 6 II BundesVwVG) und nach dem einschlägigen Landesrecht (z.B. § 11 II BremVwVG) u.a. möglich, wenn dies zur Verhinderung einer rechtswidrigen Tat (im Straßenverkehrsrecht primär § 49 StVO i.V.m. § 24 StVG i.V.m. § 1 OWiG) oder zur Abwendung einer drohenden Gefahr geboten erscheint. Zwar beziehen sich diese Vorschriften auf Verwaltungszwang, der ohne vorausgegangenen Verwaltungsakt angewendet wurde (**Sofortvollzug**). Wenn aber der Verwaltungszwang schon ohne vorausgehenden Verwaltungsakt zulässig ist, kann ein vorausgegangener Verwaltungsakt, auch wenn er noch nicht unanfechtbar geworden ist, der Vollstreckung nicht entgegenstehen (*argumentum a maiori ad minus* = Schluss von dem Stärkeren auf das Schwächere).[1045]

909

Schließlich ist zu beachten, dass Vollstreckungsmaßnahmen den **Grundsatz der Verhältnismäßigkeit** beachten müssen. Dies ist so selbstverständlich, dass die meisten Vorschriften über die Zwangsmaßnahmen nichts über Erforderlichkeit oder Angemes-

910

[1045] VG Bremen NVwZ-RR 1998, 468.

IV. Zwangsmittel

911 Die Vollstreckungs- und Polizeigesetze regeln abschließend, welche Arten der Zwangsmittel zulässig sind (z.B. § 9 I BundesVwVG, § 11 I HmbVwVG, § 65 I NdsPOG). Dazu zählen Zwangsgeld (und Zwangshaft), Ersatzvornahme und unmittelbarer Zwang.[1046]

1. Zwangsgeld und Zwangshaft

912 Die Verhängung von Zwangsgeld[1047] ist das probate Zwangsmittel zur Durchsetzung *unvertretbarer* Handlungen (⇨ Handlungen, die nicht durch einen anderen vorgenommen werden können, vgl. etwa § 11 I S. 1 BundesVwVG) bzw. bei der Verpflichtung zur Duldung oder Unterlassung einer Handlung.

> **Beispiele:** A lehnt es ab, der Behörde eine bestimmte Auskunft zu erteilen. B weigert sich, seinen Führerschein herauszugeben. C widersetzt sich dem behördlichen Gebot, eine bestimmte Impfung zu dulden. D missachtet die Anordnung der Behörde, die Gewerbeausübung einzustellen.
>
> Hier können die jeweils geforderten Handlungen nur durch den Adressaten selbst vorgenommen werden.

Bei der Durchsetzung (Erzwingung) von *vertretbaren* Handlungen (also solchen Handlungen, deren Vornahme durch einen anderen möglich ist[1048], etwa das Wegfahren eines verkehrswidrig abgestellten Kfz) ist i.d.R. ein anderes Zwangsmittel, namentlich die Ersatzvornahme, einschlägig. Ausgeschlossen ist das Zwangsgeld dadurch aber nicht.[1049]

913 Die Verhängung eines Zwangsgelds ist nicht etwa eine Geldstrafe zur Sanktionierung von begangenem Unrecht, sondern sie stellt ein **Beugemittel zur Durchsetzung eines Verwaltungsakts** dar, der auf die Vornahme einer Handlungspflicht gerichtet ist. Der Vollstreckungsschuldner soll durch einen drohenden Vermögensnachteil zur Erfüllung seiner Handlungsverpflichtung veranlasst werden. Daher darf Zwangsgeld auch wiederholt verhängt werden.

Die Höhe des Zwangsgelds ist durch einen gesetzlichen Rahmen bestimmt (vgl. § 11 III BundesVwVG). Bevor aber das Zwangsgeld in einer bestimmten Höhe festgesetzt und ausgesprochen wird, ist es grds. anzudrohen. Bleibt die Androhung fruchtlos, erfolgen die Festsetzung und die Beitreibung. Dies geschieht nach den Bestimmungen über die Vollstreckung von Geldforderungen.

Ist das Zwangsgeld uneinbringlich, kann das Verwaltungsgericht auf Antrag der Vollstreckungsbehörde Ersatzzwangshaft anordnen (vgl. § 16 BundesVwVG). Diese ist kein

---

[1046] Während Bay (Art. 71 ff. PAG), Hess (§§ 48 ff. SOG), MeckVor (§§ 86 ff. SOG), Nds (§§ 65 ff. SOG), NRW (§§ 51 ff. POG), Saarl (§§ 45 ff. PolG), SchlHolst (§§ 235 ff. LVwG), SachsAnh (§§ 54 ff. SOG) und Thür (§§ 52 ff. PAG) in ihren Polizeigesetzen alle drei Zwangsmittel selbst regeln, normieren Brem (§§ 40 ff. PolG), BW (§§ 49 ff. PolG), Hamb (§§ 17 ff. SOG), RhlPfl (§ 57 II i.V.m. §§ 58 ff. POG) und Sachs (§§ 30 ff. PolG) nur den unmittelbaren Zwang. In einer *Polizeirechtsklausur* müssen also hier ergänzend die Verwaltungsvollstreckungsgesetze herangezogen werden.
[1047] § 31 MEPolG; Bund: § 11 VwVG; BW: § 23 VwVG; Bay: Art. 73 PAG; Brand: § 20 VwVG; Brem: § 14 VwVG; Hamb: § 14 VwVG; Hess: § 50 SOG; MeckVor: § 88 SOG; Nds: § 67 POG; NRW: § 53 PolG, § 60 VwVG; RhlPfl: § 64 LVwG; Saar: § 47 PolG; SachsAnh: § 56 SOG; Sachs: § 22 VwVG; SchlHolst: § 237 LVwG; Thür: § 54 PAG, § 48 VwZVG.
[1048] Wortlaut etwa von § 13 I S. 1 HmbVwVG.
[1049] Einige Verwaltungsvollstreckungsgesetze wie § 11 I S. 2 BundesVwVG lassen bei vertretbaren Handlungen Zwangsgeld nur zu, wenn die Ersatzvornahme „untunlich" ist, und statuieren damit einen Vorrang der Ersatzvornahme. Diese Regelung ist, da sie Ausnahmecharakter hat, jedoch nicht verallgemeinerungsfähig. In den meisten Landesgesetzen stehen dagegen Zwangsgeld und Ersatzvornahme gleichrangig nebeneinander, sodass auch das Zwangsgeld grundsätzlich bei vertretbaren Handlungen verhängt werden kann.

eigenständiges Zwangsmittel, sondern dient der Fortsetzung des Zwangsgeldes und stellt somit ebenso wenig eine Strafe, sondern eine Beugemaßnahme dar.

> **Hinweis für die Fallbearbeitung:** Da das Zwangsmittel *Zwangsgeld* eine gewisse Zeit erfordert, kommt es regelmäßig nur bei aufschiebbaren Fällen, etwa bei der zwangsweisen Schließung einer Gaststätte, in Betracht. Für den *vollzugspolizeilichen* Bereich ist es daher von geringerer Bedeutung.

2. Ersatzvornahme

Eine **Ersatzvornahme**[1050] liegt vor, wenn eine dem Verantwortlichen obliegende, *vertretbare* Handlung von einem anderen, nicht notwendigerweise der Polizei selbst, auf Kosten des Verantwortlichen erbracht wird.

914

Die Ersatzvornahme besteht im gestreckten Verfahren aus der Androhung, der Festsetzung[1051] und der Anwendung des Zwangsmittels. Eine Ersatzvornahme kommt nicht bei Unterlassungen oder Duldungen in Betracht, diese sind nämlich unvertretbar und können nur im Wege des Zwangsgeldes bzw. des unmittelbaren Zwangs durchgesetzt werden (zur Abgrenzung vgl. Rn 927).

915

Da die Verpflichtung, eine vertretbare Handlung vorzunehmen, nur auf einer polizeilichen Anordnung – einer Primärmaßnahme – beruhen kann, lässt diese sich wiederum, soweit sie im Wege der Ersatzvornahme durchgesetzt werden kann, allein auf die **Befugnisgeneralklausel** stützen. Denn die Standardmaßnahmen verlangen eine unvertretbare Handlung. **Daraus folgt, dass es im Bereich der Standardmaßnahmen keine Ersatzvornahme geben kann**.

> **Beispiel:** Ein Platzverweis kann nur von dem Adressaten selbst befolgt werden. Verlangt wird also eine unvertretbare Handlung. Kommt der Verpflichtete dieser Standardmaßnahme nicht nach, ist ein anderes Zwangsmittel als die Ersatzvornahme anzuwenden. Grundsätzlich kommt hier nur der unmittelbare Zwang in Betracht.

Führt die Behörde die vertretbare Handlung selbst durch, handelt es sich um eine *Selbstvornahme*. Wird ein Dritter mit der Ausführung der Handlung beauftragt, liegt regelmäßig, aber nicht notwendigerweise ein Fall der *Fremdvornahme* vor.[1052]

916

> **Beispiel: Abbruch eines sog. Schwarzbaus** durch einen von der Behörde beauftragten **privaten Bauunternehmer** bzw. **Abschleppen eines verkehrswidrig abgestellten Kfz** durch einen privaten Abschleppunternehmer jeweils auf der Grundlage eines privatrechtlichen Werkvertrags (§ 631 BGB)[1053] mit der Vollzugsbehörde. Dadurch ist klargestellt, dass die Heranziehung Privater aufgrund zivilrechtlicher Verträge diese nicht zu Verwaltungshelfern macht, sondern dass diese selbstständig, aber als Beauftragte oder Bevollmächtigte der Vollzugsbehörde handeln. Daraus folgt aber auch, dass es sich *nicht* um eine zivilrechtliche Streitigkeit zwischen dem betroffenen Bürger und dem privaten Unternehmen handelt, sondern um eine öffentlich-rechtliche Streitigkeit

---

[1050] § 30 MEPolG; Bund: § 10 VwVG; BW: § 25 VwVG; Bay: Art. 72 PAG; Brand: § 55 PolG, § 19 VwVG; Brem: § 15 VwVG; Hamb: § 13 VwVG; Hess: § 49 SOG; MeckVor: § 89 SOG; Nds: § 66 POG; NRW: § 52 PolG, § 59 VwVG; RhlPfl: § 63 VwVG; Saar: § 46 PolG; Sachs: § 24 VwVG; SachsAnh: § 55 SOG; SchlHolst: § 238 LVwG; Thür: § 53 PAG, § 50 VwZVG.
[1051] Nicht in allen Landesverwaltungsvollstreckungsgesetzen sind sämtliche Zwangsmittel festzusetzen. So wird in der Freien Hansestadt Bremen lediglich das Zwangsgeld festgesetzt (§ 18 BremVwVG, dazu gleich).
[1052] Vgl. etwa § 25 BWVwVG, § 66 I NdsPOG, § 52 I S. 2 NRWPolG und *Schenke*, POR, Rn 553. Bedient sich die Behörde zur Vornahme einer vertretbaren Handlung eines Dritten, so liegt deshalb noch nicht automatisch eine Fremdvornahme vor, weil die Geschäftsführung bei der Behörde bleiben kann. Bleibt die Behörde Herrin des Verfahrens, ist selbst bei Heranziehung eines Dritten von einer Selbstvornahme auszugehen.
[1053] So zu Recht ausdrücklich BGH NJW 2014, 2577, 2578; *Maurer/Waldhoff*, AllgVerwR, § 23 Rn 64; *Knemeyer*, POR, Rn 367; a.A. *Burmeister*, JuS 1989, 256 ff., der von einer öffentlich-rechtlichen Indienstnahme des Dritten durch zustimmungsbedürftigen Verwaltungsakt ausgeht.

(Verwaltungsrechtsweg) zwischen dem Bürger und der Vollzugsbehörde. Die jeweiligen Kosten (die von dem mit der Ersatzvornahme Beauftragten in Rechnung gestellten Kosten sowie die Verwaltungskosten selbst) werden anschließend durch Leistungsbescheid festgesetzt. Vgl. dazu den **Abschleppfall** bei *R. Schmidt*, Fälle zum POR, Fall 13.

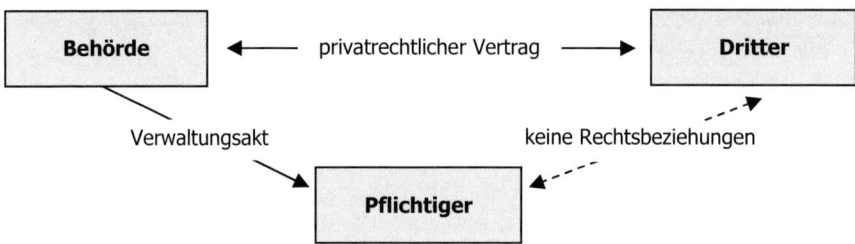

917 Dass sowohl Selbst- als auch Fremdvornahme auf Kosten des an sich Pflichtigen erfolgen, ist selbsterklärlich, denn wenn der Pflichtige selbst der Verfügung nachkäme, müsste er ja auch die Kosten tragen.

918 Im Gegensatz zu den meisten Landesgesetzen regelt § 10 BundesVwVG die Ersatzvornahme ausschließlich in der Form der *Fremdvornahme*. Führt eine (Bundes-)Behörde demnach eine Handlung selbst und mit eigenen Mitteln aus, muss diese *Selbstvornahme* juristisch als unmittelbarer Zwang qualifiziert werden, dessen Kosten (wiederum anders als in den meisten Ländergesetzen, vgl. nur § 13 II S. 1 HmbVwVG) aber ebenso wie die der Ersatzvornahme gem. § 19 BundesVwVG zu erstatten sind.

Daraus wird deutlich, welche rechtspolitische Zielsetzung der Möglichkeit der Durchführung der Ersatzvornahme als Selbstvornahme in den Landesverwaltungsvollstreckungsgesetzen zukommt. Um die Kostenlast auf den betroffenen Bürger zu übertragen, hätte es anderenfalls einer dem § 19 I i.V.m. § 12 BundesVwVG entsprechenden landesrechtlichen Rechtsgrundlage bedurft.

3. Unmittelbarer Zwang

919 **Unmittelbarer Zwang**[1054] ist die Einwirkung auf Personen oder Sachen durch körperliche Gewalt, ihre Hilfsmittel und durch Waffen.

920 Der Polizeivollzugsdienst kann die von ihm erlassenen Verfügungen mit Mitteln des unmittelbaren Zwangs durchsetzen. Die Ordnungsbehörden können dieses Zwangsmittel durch eigene Vollzugskräfte (z.B. Außendienstbeamte) oder – mittelbar – durch die Vollzugshilfe des Polizeivollzugsdienstes einsetzen. In den meisten Bundesländern wird der durch den *Polizeivollzugsdienst* angewendete unmittelbare Zwang durch die Polizeigesetze – wie z.B. in Baden-Württemberg durch § 49 II PolG i.V.m. §§ 50 ff. PolG und in Rheinland-Pfalz durch § 57 II i.V.m. §§ 58-66 POG – geregelt, sodass für die Art und Weise des unmittelbaren Zwangs durch den *Polizeivollzugsdienst* (und nur durch diesen!) die entsprechenden Vorschriften des VwVG nicht anwendbar sind (vgl. etwa § 49 II BWPolG; § 57 II RhlPflPOG).

921 **Abgrenzung Ersatzvornahme/unmittelbarer Zwang**: Regelmäßig muss der unmittelbare Zwang von der Selbstvornahme als Form der Ersatzvornahme abgegrenzt werden. Im Gegensatz zur Ersatzvornahme kommt das Zwangsmittel unmittelbarer

---

[1054] §§ 33 ff. MEPolG; Bund: § 12 VwVG, § 2 UZwG; BW: § 50 I PolG; Bay: Art. 75 PAG; Berl: § 2 UZwG; Brand: § 58 PolG; Brem: § 16 VwVG, § 41 PolG; Hamb: §§ 17 ff. SOG, §§ 15 ff. VwVG; Hess: § 52 SOG; MeckVor: § 90 SOG; Nds: § 69 POG; NRW: § 55 PolG, § 62 VwVG; RhlPfl: § 65 LVwVG; § 58 POG; Saar: § 49 PolG; Sachs: § 40 PVDG; SachsAnh: § 58 SOG; SchlHolst: § 239 LVwG; Thür: § 56 PAG, § 51 VwZVG.

Zwang sowohl für *vertretbare* als auch für *unvertretbare* Handlungen in Betracht, aber auch für Duldungen oder Unterlassungen. Daher kann sich die Frage nach der Abgrenzung von unmittelbarem Zwang und Selbstvornahme als Form der Ersatzvornahme nur bei vertretbaren Handlungen stellen. Geht es also um die Durchsetzung einer Duldungs- oder Unterlassungspflicht oder soll der Pflichtige zur Vornahme einer unvertretbaren Handlung angehalten werden (praktische Beispiele sind die Auflösung einer Demonstration durch den Einsatz von Wasserwerfern oder die Vereitelung der Flucht eines Bankräubers durch Schüsse in die Reifen des Fluchtautos), kann es sich bei dem Zwangsmittel nur um unmittelbaren Zwang handeln, da die Ersatzvornahme auf die Erzwingung vertretbarer Handlungen beschränkt ist. Im Übrigen ist der unmittelbare Zwang nach folgenden Kriterien von der Ersatzvornahme abzugrenzen:

- Geht es um die die **Einwirkung auf die *Person*** des Pflichtigen, liegt stets **unmittelbarer Zwang** vor, denn die Einwirkung auf den Pflichtigen dient stets der Erzwingung höchstpersönlicher und damit unvertretbarer Handlungen, während die gewaltsame Einwirkung auf andere Personen keine Handlung ist, deren Vornahme dem Pflichtigen obliegen kann. 922

- Bei der **Einwirkung auf Tiere oder Sachen** ist folgendermaßen abzugrenzen: Eine Ersatzvornahme liegt vor, wenn das polizeiliche Handeln mit der dem Pflichtigen obliegenden Handlungspflicht identisch ist; ist das polizeiliche Handeln dagegen nicht mit der dem Pflichtigen obliegenden Handlungspflicht identisch, handelt es sich um unmittelbaren Zwang. 923

  Beispiel: Die Polizeibeamten A und B werden zu einer Wohnung gerufen, in der offenbar körperliche Misshandlungen stattfinden. Als niemand auf ihre Aufforderung, die Tür zu öffnen, reagiert und das Geschrei sich intensiviert, sehen sie keine andere Möglichkeit, als die Tür sofort einzutreten. ⇨ Da diese Zwangseinwirkung nicht mit der dem Pflichtigen obliegenden Pflicht, einfach die Tür zu öffnen, identisch ist, liegt **unmittelbarer Zwang** vor.

  Hätten die Beamten, statt die Tür einzutreten, den Schlüsseldienst herbeigerufen, um sich von diesem die Tür ohne deren Beschädigung öffnen zu lassen, wäre diese Handlung identisch mit derjenigen gewesen, die dem Pflichtigen oblag; mithin hätte ein Fall der Fremdvornahme als Unterfall der **Ersatzvornahme** vorgelegen.

- Eine Ersatzvornahme kommt nicht bei **Unterlassungen** oder **Duldungen** in Betracht, diese sind nämlich unvertretbar und werden im Wege des Zwangsgeldes bzw. des **unmittelbaren Zwangs** durchgesetzt. 924

- Aus dem Grundsatz der Verhältnismäßigkeit folgt schließlich, dass die Anwendung des unmittelbaren Zwangs nur dann in Betracht kommt, wenn die anderen Zwangsmittel nicht erfolgreich oder untunlich sind (§ 12 VwVG, vgl. aber z.B. § 16 BremVwVG oder § 69 VI NdsPOG, bei denen zwar der unmittelbare Zwang nicht subsidiär zur Ersatzvornahme steht, aber im Rahmen der Verhältnismäßigkeit der Mittel und des Auswahlermessens der Ersatzvornahme nachstehen muss). Ein Konkurrenzverhältnis zwischen unmittelbarem Zwang und Ersatzvornahme besteht dann nicht, wenn es sich um eine *unvertretbare* Handlung handelt und somit die Ersatzvornahme *a priori* ausscheidet. 925

- Wie bereits gesagt, ist auf Bundesebene zu beachten, dass in § 10 BundesVwVG ausschließlich die Ersatzvornahme in Form der Fremdvornahme geregelt ist. Will die Behörde selbst vorgehen, kann sie dies nur im Rahmen des unmittelbaren Zwangs. Eine Abgrenzung ist dann nicht erforderlich und nicht möglich. 926

Bedeutung der Abgrenzung des unmittelbaren Zwangs zur Ersatzvornahme: 927
Die Abgrenzung zwischen Ersatzvornahme und unmittelbarem Zwang ist nicht nur im Hinblick auf den Grundsatz der Verhältnismäßigkeit wichtig (der unmittelbare Zwang ist nur als Ultima Ratio zulässig), sondern auch deshalb, weil das Polizei- und Verwal-

tungskostenrecht für Maßnahmen des unmittelbaren Zwangs nur vereinzelt[1055] eine Erhebung von Gebühren und Auslagen für den erforderlichen Einsatz vorsieht, wohingegen bei einer Ersatzvornahme der Betroffene generell zur Übernahme der Kosten herangezogen werden kann.[1056] Als von der h.M. verwendete **Abgrenzungsformel** sollte man sich merken:

- Ist die Zwangseinwirkung mit der dem Pflichtigen obliegenden Pflicht identisch, liegt eine vertretbare Handlung und damit eine **Ersatzvornahme** vor.

- Ist die Zwangseinwirkung dagegen nicht mit der dem Pflichtigen obliegenden Pflicht identisch, liegt keine vertretbare Handlung und damit **unmittelbarer Zwang** vor.[1057]

Freilich ist die h.M. in der Anwendung dieser Formel nicht ganz widerspruchsfrei. So soll im Abschleppen eines verbotswidrig (oder verkehrsbehindernd) abgestellten Kfz eine Ersatzvornahme liegen (vgl. Rn 1031). Betrachtet man aber die o.g. Definition der Ersatzvornahme, ist dies zweifelhaft. Denn mit einer Ersatzvornahme soll gerade nur das ausgeführt werden, was auch vom Pflichtigen verlangt werden kann. Es ist aber nicht ersichtlich, dass vom Pflichtigen (hier: Halter bzw. Fahrer des Kfz) die Verbringung und Verwahrung des Kfz verlangt werden könnte. Die Vorgehensweise der h.M. wird aber erklärlich, wenn man die o.g. Kostenseite betrachtet.

Zum unmittelbaren Zwang vgl. im Übrigen Rn 963 ff.

[1055] Vgl. Bay: Art. 75 III PAG i.V.m. § 1 Nr. 8 PolKV; BW: § 49 I PolG, § 31 III LVwVG i.V.m. §§ 7 f. VollstrKO.
[1056] Siehe *Wernsmann*, JuS 2002, 582, 585 f. sowie Rn 997 ff.
[1057] Vgl. bereits die 1. Aufl. 1997; später auch *Durner*, JA 2009, 911, 912.

V. Rechtmäßigkeit des Verwaltungszwangs im gestreckten Verfahren

1. Allgemeine Voraussetzungen

Das Verfahren des Verwaltungszwangs im Polizei- und Ordnungsrecht basiert dem Grunde nach auf dem des allgemeinen Verwaltungsvollstreckungsrechts. Hier wie dort gehen die Gesetze vom sog. gestreckten Verfahren aus, bei dem eine Vollstreckungsmaßnahme auf einem vorausgegangenen Verwaltungsakt beruht. Dessen zwangsweise Durchsetzung erfolgt in einem streng formalisierten mehrstufigen Verfahren und ist an folgende Voraussetzungen geknüpft, die **kumulativ** vorliegen müssen[1058]:

- Rechtsgrundlage für den Zwang
- Formelle Rechtmäßigkeit der Zwangsmaßnahme
- Materielle Rechtmäßigkeit der Zwangsmaßnahme

928

a. Rechtsgrundlage der Vollstreckungsmaßnahme

Rechtsgrundlage ist die Vorschrift des VwVG über das gestreckte Vollstreckungsverfahren[1059] i.V.m. der Vorschrift des konkreten Zwangsmittels.

929

b. Formelle Rechtmäßigkeit der Zwangsmaßnahme

In formeller Hinsicht müssen die **allgemeinen Zuständigkeits- und Verfahrensvorschriften** eingehalten werden: Wichtig ist vor allem die sachliche Zuständigkeit der Vollzugsbehörde: § 7 I BundesVwVG, § 12 BremVwVG, § 64 III NdsPOG. Danach ist für den Verwaltungszwang die Behörde zuständig, die den Grundverwaltungsakt erlassen hat.[1060] Für die örtliche Zuständigkeit kann die Besonderheit auftreten, dass wenn sich im Laufe des Verwaltungsverfahrens die örtliche Zuständigkeit der Behörde ändert, die bisher zuständige Behörde mit Zustimmung der nunmehr zuständigen Behörde das Verwaltungsverfahren fortführen kann, wenn dies unter Wahrung der Interessen der Beteiligten der einfachen und zweckmäßigen Durchführung des Verfahrens dient (§ 3 III BundesVwVfG). Eine vorherige Anhörung ist wegen § 28 II Nr. 5 VwVfG entbehrlich. Als **besondere Verfahrensvorschriften** sind die **Androhung** des Zwangs (Rn 939) und (wenn erforderlich) die **Festsetzung** des Zwangsmittels (Rn 942) zu beachten. **Fehlt** die erforderliche Androhung, kann sich die Rechtmäßigkeit des Zwangs nur noch unter dem Aspekt des **Sofortvollzugs** ergeben (Rn 952 ff.).

930

c. Materielle Rechtmäßigkeit
aa. Allgemeine Vollstreckungsvoraussetzungen

Materiell müssen zunächst die vier **allgemeinen Vollstreckungsvoraussetzungen** erfüllt sein (vgl. z.B. § 6 I BundesVwVG, § 11 I BremVwVG, § 64 I NdsPOG):

931

(1) **Materielle Vollstreckbarkeit des Grundverwaltungsakts**: Der zu vollstreckende Verwaltungsakt muss einen vollstreckbaren Titel haben. Einen vollstreckbaren Titel haben **Verfügungen**, die Verbote und Gebote enthalten. Dagegen sind feststellende und rechtsgestaltende Verwaltungsakte mangels Titels nicht vollstreckbar (vgl. Rn 902).

932

(2) **Formelle Vollstreckbarkeit des Grundverwaltungsakts**: Die Grundverfügung muss – wie sich unmittelbar aus den gesetzlichen Regelungen ergibt und in der Einlei-

933

[1058] Die nachfolgende Darstellung ist eng an der Gesetzessystematik orientiert (vgl. auch das Aufbauschema bei Rn 937).
[1059] Bund: § 6 I VwVG; BW: § 18 VwVG; Bay: Art. 70 I PAG; Berl: § 5 II VwVfG i.V.m. § 6 I BundesVwVG; Brand: § 53 I PolG, § 15 I VwVG; Brem: § 11 I VwVG; Hamb: § 3 III VwVG; Hess: § 47 I SOG; MeckVor: § 80 I SOG; Nds: § 64 I POG; NRW: § 50 I PolG, § 55 I VwVG; RhlPfl: § 61 I VwVG; § 58 POG; Saar: § 44 I PolG; Sachs: § 19 VwVG; SachsAnh: § 53 I SOG; SchlHolst: § 229 I LVwG; Thür: § 51 I PAG, § 53 I VwZVG
[1060] Da im gestreckten Zwangsverfahren i.d.R. die zu vollstreckende Grundverfügung im Gutachten bereits geprüft wurde, kann hinsichtlich der Zuständigkeit in Bezug auf die Grundverfügung auf die vorhergehende Prüfung verwiesen werden.

tung bereits beschrieben – entweder (1.) **unanfechtbar** sein oder (2.) ihr sofortiger Vollzug muss angeordnet worden sein oder (3.) ein noch nicht rechtskräftig beschiedener Rechtsbehelf darf **keine aufschiebende Wirkung** haben.[1061]

⇨ Zu (1.): *Unanfechtbar* sind *bestandskräftige* Verwaltungsakte, gleichgültig, ob sie durch Ablauf der Rechtsmittelfrist oder durch rechtskräftige gerichtliche Entscheidung bestandskräftig geworden sind.

⇨ Zu (2.): Der *sofortige Vollzug ist angeordnet*, wenn eine separate Verfügung ergeht oder zumindest eine separate Regelung besteht, in der explizit angeordnet wird, dass der Verwaltungsakt sofort zu vollziehen sei.

⇨ Zu (3.): Das *Nichtbestehen der aufschiebenden Wirkung* ergibt sich aus § 80 II VwGO, ist also dann anzunehmen, wenn der Rechtsbehelf gem. § 80 II S. 1 Nrn. 1-3 keine aufschiebende Wirkung hat oder eine behördliche Anordnung der sofortigen Vollziehung gem. Nr. 4 getroffen wurde[1062].

> **Hinweis für die Fallbearbeitung:** In der Regel ist die erste Variante nicht gegeben, weil es zumeist um die zwangsweise Durchsetzung von Verwaltungsakten geht, die noch nicht bestandskräftig geworden sind. Die zweite Variante wird zumeist dann vorliegen, wenn eine Sonderordnungsbehörde handelt und etwa eine gewerbe- oder gaststättenrechtliche Verfügung zu vollstrecken gedenkt. Die dritte Variante ist v.a. immer dann einschlägig, wenn der Polizeivollzugsdienst Zwang anwendet. Denn Rechtsbehelfe gegen Maßnahmen des Polizeivollzugsdienstes entfalten wegen § 80 II S. 1 Nr. 2 VwGO keine aufschiebende Wirkung.

934 **(3) Wirksamkeit der Grundverfügung**: Es ist einhellige Auffassung, dass der zu vollstreckende Grundverwaltungsakt **wirksam** sein muss. Ein *nichtiger, zurückgenommener, widerrufener, anderweitig aufgehobener* oder *durch Zeitablauf oder auf andere Weise erledigter* Verwaltungsakt ist das nicht (vgl. §§ 43 II, III, 44 VwVfG) und kann daher nicht vollstreckt werden. Daraus folgt aber auch, dass auch ein **rechtswidriger Verwaltungsakt Grundlage einer Vollstreckungsmaßnahme sein kann, solange er nur wirksam ist**.

Dieser Befund entspricht nicht nur dem Wortlaut der einschlägigen Gesetze, sondern auch der bereits genannten Rechtsprechung des BVerfG[1063], wonach es bei der Frage nach der Rechtmäßigkeit einer Vollstreckungsmaßnahme somit nicht (mehr) auf die Rechtmäßigkeit der der Vollstreckungsmaßnahme zugrunde liegenden Grundverfügung ankommt. Die **bloße Rechtswidrigkeit der Grundverfügung stellt kein Vollstreckungshindernis dar**.[1064] Das folgt aus dem Umstand, dass auch ein rechtswidriger Verwaltungsakt grds. wirksam ist (vgl. §§ 43 II/III, 44 VwVfG). Daher kann es hinsichtlich der Vollstreckung nur auf die Wirksamkeit der Grundverfügung ankommen (vgl. § 6 I BundesVwVG). Die Verwaltung darf grds. also auch einen rechtswidrigen Verwaltungsakt vollstrecken, solange dieser nur wirksam ist (etwas anderes gilt nur dann, wenn die Vollzugsbehörde die Rechtswidrigkeit kennt, denn es kann nicht sein, dass die Behörde bewusst rechtswidrige Verwaltungsakte vollstreckt). Freilich eine andere Frage ist es, ob **das Vollstrecken eines rechtswidrigen Grundverwaltungsakts nicht unverhältnismäßig ist**. Denn auch und gerade die Verwaltungsvollstreckung hat im besonderen Maße den Grundsatz der Verhältnismäßigkeit zu beachten. Ferner kann die Rechtswidrigkeit des zu vollstreckenden Verwaltungsakts Auswirkungen auf die Kostentragung haben.

[1061] Innerhalb dieses Prüfungspunkts brauchen die Voraussetzungen also *nicht* kumulativ vorzuliegen. Es genügt das Vorliegen *einer* Variante.
[1062] Freilich ist die in Nr. 3 zuletzt genannte Variante ebenfalls von Nr. 2 umfasst.
[1063] BVerfG NVwZ 1999, 290, 292; so auch OVG Münster NVwZ 2001, 231 und OVG Hamburg NordÖR 2002, 469, 470 f. Zuvor schon *Schenke/Burmeister*, NVwZ 1993, 1, 2 ff.
[1064] Das ist die logische Schlussfolgerung aus BVerfG NVwZ 1999, 290, 292. I.E. wie hier *Schenke*, POR, Rn 540; *Muckel*, JA 2012, 272, 274 f.; später auch OVG Lüneburg NVwZ-RR 2015, 445 und OVG Lüneburg DÖV 2015, 392; *Waldhoff*, JuS 2015, 862; a.A. *Jahn*, JA 2000, 79, 86, *Knemeyer*, POR, Rn 358 und *Götz/Geis*, POR, § 13 Rn 8.

Für den **Rechtsschutz** bedeutet dies, dass soweit der Kläger ausdrücklich nur die Zwangsmaßnahme (diese stellt nach der hier vertretenen Auffassung einen Verwaltungsakt dar) angreift, nicht auch die Rechtmäßigkeit der Primärverfügung geprüft zu werden braucht, sondern nur deren Wirksamkeit. Das kann zu dem Ergebnis führen, dass die fragliche Vollstreckungsmaßnahme recht*mäßig* ist, obwohl die ihr zugrunde liegende Primärmaßnahme rechts*widrig* ist bzw. war. Das ist aus rechtsstaatlicher Sicht grds. unproblematisch, da der Bürger ja gerade gegen einzelne Vollstreckungsmaßnahmen gerichtlich (ggf. nach § 80 V VwGO) vorgehen kann. Bedenken bestünden lediglich dann, wenn der Grundverwaltungsakt so kurzfristig vollstreckt würde, dass die zwischenzeitliche Anrufung des Gerichts im Verfahren nach § 80 V VwGO nicht in Betracht käme (irreversibler Vollzug vor Unanfechtbarkeit). Sofern sich die Primärmaßnahme also noch nicht erledigt hat (und somit noch wirksam ist), wird der Kläger daher regelmäßig versuchen, auch die Wirksamkeit der Grundverfügung zu beseitigen. Das kann er nur, indem er gleichzeitig Anfechtungsklage gegen die Grundverfügung erhebt. Kommt dann das Gericht zu dem Ergebnis, dass die Grundverfügung rechtswidrig ist, hebt es diese gem. § 113 I S. 1 VwGO auf, wodurch deren Wirksamkeit entfällt (§ 43 II VwVfG). Im Verfahren nach § 80 V VwGO ordnet es die aufschiebende Wirkung (des Widerspruchs bzw. der Anfechtungsklage) an. Damit entfällt gleichzeitig die Grundlage für die Vollstreckungsmaßnahme. In der Klausur muss also stets genau das Klagebegehren untersucht werden. Kommt der Kläger nur über die Aufhebung der (noch nicht erledigten) Grundverfügung bzw. über die Anordnung der aufschiebenden Wirkung zu seinem Ziel, wird anzunehmen sein, dass er auch eine Anfechtungsklage gegen die Grundverfügung erheben bzw. einen Antrag nach § 80 V VwGO stellen will. Ggf. muss der Richter über § 86 II VwGO eine Erweiterung des Klagegegenstands anregen. In diesem Fall wären in kumulativer Klagehäufung (§ 44 VwGO) sowohl die Grundverfügung als auch die Zwangsmaßnahme zu prüfen.

Beispiel: K parkt seinen Wagen in einer mit Zeichen 290 zu § 41 StVO gekennzeichneten großflächig angelegten Halteverbotszone, die den städtischen Flughafen umgibt, und fliegt in die Ferien. Nach der Rückkehr erfährt er, dass der Wagen abgeschleppt wurde. Hinsichtlich des Kostenbescheids macht K geltend, dass das Abschleppen rechtswidrig gewesen sei, weil für die großflächige Halteverbotszone keine Rechtfertigung bestehe.

Rechtsgrundlage für den Kostenbescheid ist die landesrechtliche Bestimmung über die Kostentragung einer Ersatzvornahme (das Abschleppen eines verkehrswidrig abgestellten Kfz stellt eine Ersatzvornahme dar, vgl. Rn 569 sowie ausführlich den Übungsfall bei *R. Schmidt*, Fälle zum POR, Fall 13). Der Kostenbescheid ist jedoch nur dann rechtmäßig, wenn die ihm zugrunde liegende Ersatzvornahme rechtmäßig ist. Die Rechtsgrundlage einer Ersatzvornahme ist ebenfalls dem Landesvollstreckungsrecht zu entnehmen (vgl. etwa § 10 BundesVwVG, § 15 BremVwVG, § 66 NdsPOG, § 13 HmbVwVG). In materieller Hinsicht setzt eine Ersatzvornahme im gestreckten Vollstreckungsverfahren insbesondere voraus, dass eine vollstreckbare Grundverfügung vorliegt. Vorliegend bestand eine solche, denn ein Verkehrszeichen stellt eine Allgemeinverfügung i.S.d. § 35 S. 2 VwVfG dar und ist materiell sofort vollstreckbar (vgl. Rn 1025 ff. sowie ausführlich den Übungsfall bei *R. Schmidt*, Fälle zum POR, Fall 13). Da dieses Verkehrszeichen weder nichtig ist noch zwischenzeitlich aufgehoben wurde und sich auch nicht erledigt hat, ist es – unbeschadet der möglichen Rechtswidrigkeit – nach wie vor wirksam und taugliche Grundverfügung für die Ersatzvornahme *Abschleppen*. Allerdings setzt eine Zwangsmaßnahme im gestreckten Verfahren nach den Verwaltungsvollstreckungsgesetzen eine **Androhung** des Zwangsmittels voraus (vgl. etwa § 13 BundesVwVG, § 17 BremVwVG, § 8 HmbVwVG). Eine solche ist vorliegend aber nicht ergangen. Insbesondere kann eine Androhung nicht in dem dem Halteverbotsschild zugrunde liegenden Wegfahrgebot gesehen werden, da dieses Gebot ausschließlich Regelungsgegenstand des Grundverwaltungsakts ist. Sofern das Verwaltungsvollstreckungsgesetz keine Entbehrlichkeitsregelung bzgl. der Androhung enthält, war das Abschleppen im Rahmen des gestreckten Vollstreckungsverfahrens rechtswidrig. Dies unterstellt, konnte die Abschleppmaßnahme nur im Rahmen eines **Sofortvollzugs** (vgl. etwa § 6 II BundesVwVG, Art. 29 II BayVwZVG, § 11 II BremVwVG, § 64 II NdsPOG; in Hamburg greift das Institut der unmittelbaren Ausführung nach § 7 SOG) rechtmäßig sein. Dem Sofortvollzug wiederum ist eigentümlich, dass gerade kein oder kein wirksamer Grundverwaltungsakt vorliegt, auf dessen Rechtmäßigkeit es hätte ankommen können. Abzustellen ist aufgrund der Formulierung in § 6 II BundesVwVG (und z.B. in Art. 29 II BayVwZVG, § 11 II BremVwVG, § 64 II NdsPOG): „im Rahmen ihrer Befugnisse" auf einen hypothetischen Grundverwaltungsakt. Vgl. auch hierzu den Übungsfall bei *R. Schmidt*, Fälle zum POR, Fall 13.

Unbeschadet dieser Konstellation ist schließlich zu beachten, dass es auf die Rechtmäßigkeit der (hypothetischen) Grundverfügung erst recht (oder jedenfalls) nicht mehr ankommt, wenn die Grundverfügung bereits bestandskräftig geworden ist.

935 **(4) Fehlen von Vollstreckungshindernissen**: Privatrechtliche Hinderungsgründe (z.B. Eigentumsübertragung, Miteigentum, Vermietung) zur Ausführung der angeordneten Maßnahme machen den Grundverwaltungsakt nicht wegen rechtlicher Unmöglichkeit rechtswidrig. Es liegt aber ein Vollstreckungshindernis vor. Daher wird eine Duldungsverfügung gegen den Dritten erforderlich, wenn dieser der Vollstreckung nicht zustimmt.

Mögliche Klausurkonstellation: Mieter M bewohnt ein formell und materiell rechtswidrig errichtetes Haus, das aufgrund einer nicht beachteten Baubeseitigungsanordnung (vgl. etwa § 76 I HmbLBO) nun im Wege des Verwaltungszwangs abgerissen werden soll. Dazu ergeht zunächst eine Beseitigungsanordnung gegenüber dem Eigentümer und Vermieter E verbunden mit der Androhung, dass bei deren Nichtbefolgung der Bau zwangsweise auf Kosten des E beseitigt werde (vgl. § 13 BundesVwVG, § 17 BremVwVG, § 8 I HmbVwVG, § 70 NdsPOG). In diesem Fall ist E die Beseitigung des Baus (= Vollstreckung der Verfügung) so lange rechtlich unmöglich, wie M sich auf den Mietvertrag berufen kann. Eine solche vorübergehende Unmöglichkeit führt jedoch nicht zur Rechtswidrigkeit der Beseitigungsanordnung und Androhung, sondern verhindert lediglich, dass die Abrissverfügung im Wege des Verwaltungszwangs durchgesetzt werden kann, solange nicht der Mitberechtigte M einwilligt oder dessen Einwilligung durch eine separate, ihm gegenüber ergangene Duldungsverfügung ersetzt wird.[1065]

bb. Tatbestandsvoraussetzungen des konkreten Zwangsmittels

935a Nach Feststellung der allgemeinen Vollstreckungsvoraussetzungen („generelle Zulässigkeit von Zwang") sind die Tatbestandsvoraussetzungen des konkreten Zwangsmittels (Ersatzvornahme, unmittelbarer Zwang in Form des Schlagstock-, Schusswaffeneinsatzes etc.) zu prüfen.

cc. Ermessen und Verhältnismäßigkeit

936 Schließlich muss die Ausübung von Zwang ermessensfehlerfrei und verhältnismäßig sein. Im Rahmen der **pflichtgemäßen Ermessensausübung** (innerhalb derer die Verhältnismäßigkeit mitgeprüft werden kann bzw. muss[1066]) müssen die rechtsfehlerfreie Auswahl eines zulässigen Zwangsmittels und dessen ordnungsgemäßer Einsatz überprüft werden. Nachdem die Behörde das „Ob" (Entschließungsermessen) bestimmt hat, muss sie innerhalb des Auswahlermessens eines der drei Zwangsmittel (s.o.) ausgewählt haben:

- Der **unmittelbare Zwang** als die einschneidendste Form des Zwangs kommt immer nur als letztes Mittel („Ultima Ratio") in Betracht (§ 12 BundesVwVG stellt dies klar; be-

---

[1065] So BVerwGE 40, 101, 103; a.A. *Maurer/Waldhoff*, AllgVerwR, § 10 Rn 19, die von einer schwebenden Unwirksamkeit der Beseitigungsandrohung ausgehen.
[1066] Zur Begründung dieser „verzahnten" Prüfung vgl. Rn 718 ff.

dingt auch etwa § 16 BremVwVG). Vorrangig sind daher Zwangsgeld und Ersatzvornahme in Erwägung zu ziehen.

- Zwangsgeld und Ersatzvornahme müssen aber (rechtstechnisch) anwendbar sein. Geht es etwa um die Durchsetzung einer *unvertretbaren* Handlung („Duldung oder Unterlassung") ist die **Ersatzvornahme** nicht denkbar, sodass unmittelbarer Zwang möglich erscheint. Vgl. im Übrigen die Ausführungen zur Abgrenzung bei Rn 922 ff.

- Nicht zuletzt ist der **Grundsatz der Verhältnismäßigkeit** zu beachten. So stellt etwa § 9 II S. 1 BundesVwVG klar, dass das Zwangsmittel in einem angemessenen Verhältnis zu seinem Zweck stehen muss. Kommen zudem mehrere Zwangsmittel in Betracht, muss die Behörde dasjenige auswählen, das den Pflichtigen und die Allgemeinheit am wenigsten beeinträchtigen wird (§ 9 II S. 2 BundesVwVG, vgl. auch § 13 II S. 2 BremVwVG, § 12 I HmbVwVG). Ferner dürfen Zwangsmittel wiederholt und so lange angewendet werden, bis die Verfügung befolgt wird oder sich auf andere Weise erledigt hat (§ 13 VI S. 1 BundesVwVG, § 19 V BremVwVG, § 12 I HmbSOG, § 65 III NdsPOG). Schließlich kann das Problem zu diskutieren sein, dass ein rechtswidriger, aber dennoch wirksamer Grundverwaltungsakt zwar grundsätzlich vollzogen werden kann, der Vollzugsakt aber gerade wegen der Rechtswidrigkeit der Grundverfügung unverhältnismäßig sein könnte. Vgl. dazu den Übungsfall bei *R. Schmidt*, Fälle zum POR, Fall 8.

Beispiel: Überschreitet der Halter eines Pkw die zulässige Höchstparkzeit um etwa eine Stunde, ist es unverhältnismäßig, den Wagen abzuschleppen, wenn in unmittelbarer Nähe eine ausreichende Zahl an freien Parkplätzen zur Verfügung steht. Denn in diesem Fall besteht keine Verkehrsbehinderung, die z.B. von parkplatzsuchenden Verkehrsteilnehmern ausgeht.[1067]

Insgesamt sollte der Zwang im gestreckten Verfahren nach folgendem Schema geprüft werden:

Prüfung der Rechtmäßigkeit des Verwaltungszwangs im gestreckten Verfahren

Ggf. Vorprüfung: Vorliegen einer wirksamen Grundverfügung

A. Rechtsgrundlage der Vollstreckungsmaßnahme
Rechtsgrundlage ist die Vorschrift des VwVG über das gestreckte Vollstreckungsverfahren (vgl. § 6 I BundesVwVG und die entsprechenden Landesgesetze) i.V.m. der Vorschrift des konkreten Zwangsmittels.

B. Formelle Rechtmäßigkeit der Zwangsmaßnahme
Die sachliche **Zuständigkeit** ergibt sich aus § 7 I BundesVwVG bzw. den entsprechenden Landesgesetzen. Als **Verfahrensvorschriften** sind die **Androhung** (Rn 939) und (wenn erforderlich) die **Festsetzung** (Rn 942) zu beachten. **Fehlt die erforderliche Androhung**, kann sich die Rechtmäßigkeit des Zwangs nur noch unter dem Aspekt des **Sofortvollzugs** ergeben (dazu Rn 952 ff.). Die vorherige **Anhörung** ist wegen § 28 II Nr. 5 VwVfG entbehrlich.

C. Materielle Rechtmäßigkeit
I. Es müssen die vier **allgemeinen Vollstreckungsvoraussetzungen** (vgl. § 6 I BundesVwVG und die entsprechenden Landesgesetze) vorliegen:
  1. **Materielle Vollstreckbarkeit**: Der GrundVA muss einen vollstreckbaren Titel haben. Eine Vollstreckung von feststellenden und rechtsgestaltenden Verwaltungsakten ist daher nicht möglich. Vollstreckbar sind lediglich **Verfügungen**, d.h. Verbote und Gebote, die auf Befehl und Zwang ausgerichtet sind.

[1067] OVG Hamburg NVwZ-RR 2009, 995 mit Bespr. v. *Waldhoff*, JuS 2010, 279.

2. **Formelle Vollstreckbarkeit**: Der GrundVA muss – wie sich unmittelbar aus den gesetzlichen Regelungen ergibt – entweder (1.) **unanfechtbar** sein oder (2.) ihr sofortiger Vollzug muss angeordnet worden sein oder (3.) ein noch nicht rechtskräftig beschiedener Rechtsbehelf darf **keine aufschiebende Wirkung** haben.

Zu (1.): *Unanfechtbar* sind *bestandskräftige* Verwaltungsakte, gleichgültig, ob sie durch Ablauf der Rechtsmittelfrist oder durch rechtskräftige gerichtliche Entscheidung bestandskräftig geworden sind.

Zu (2.): Der *sofortige Vollzug ist angeordnet*, wenn eine separate Verfügung ergeht oder zumindest eine separate Regelung besteht, in der explizit angeordnet wird, dass der Verwaltungsakt sofort vollzogen werde.

Zu (3.): Das *Nichtbestehen der aufschiebenden Wirkung* ergibt sich aus § 80 II VwGO, ist also dann anzunehmen, wenn der Rechtsbehelf gem. § 80 II S. 1 Nrn. 1-3 keine aufschiebende Wirkung hat oder eine behördliche Anordnung der sofortigen Vollziehung gem. Nr. 4 getroffen wurde.

3. **Wirksamkeit der Grundverfügung**: Es ist einhellige Auffassung, dass der zu vollstreckende GrundVA **wirksam** sein muss. Ein *nichtiger, zurückgenommener, widerrufener, anderweitig aufgehobener* oder *durch Zeitablauf oder auf andere Weise erledigter* Verwaltungsakt ist das nicht (vgl. §§ 43 II, III, 44 VwVfG) und kann daher nicht vollstreckt werden. Daraus folgt aber auch, dass auch ein **rechtswidriger Verwaltungsakt Grundlage einer Vollstreckungsmaßnahme sein kann, solange er nur wirksam ist**. Etwas anderes gilt nur dann, wenn die Vollzugsbehörde die Rechtswidrigkeit kennt. Davon abgesehen erfolgt in der Fallbearbeitung an dieser Stelle i.d.R. lediglich ein Verweis auf die abgeschlossene Prüfung des GrundVA.

4. **Fehlen von Vollstreckungshindernissen**: Privatrechtliche Hinderungsgründe (z.B. Eigentumsübertragung, Miteigentum, Vermietung) hindern die Vollstreckbarkeit. Daher wird eine Duldungsverfügung gegen den Dritten erforderlich, wenn dieser der Vollstreckung nicht zustimmt.

II. Nach Feststellung des Vorliegens der allgemeinen Vollstreckungsvoraussetzungen („generelle Zulässigkeit von Zwang") sind des Weiteren die **Tatbestandsvoraussetzungen des konkreten Zwangsmittels** (Ersatzvornahme, unmittelbarer Zwang in Form des Schlagstock-, Schusswaffeneinsatzes etc.) zu prüfen.

III. Im Rahmen des **pflichtgemäßen Ermessens** stehen die rechtsfehlerfreie Auswahl eines **zulässigen Zwangsmittels** und dessen ordnungsgemäßer Einsatz im Mittelpunkt. Nachdem die Behörde das „Ob" (Entschließungsermessen) bestimmt hat, muss sie innerhalb des Auswahlermessens eines der gesetzlich zugelassenen Zwangsmittel rechtsfehlerfrei bestimmen. In diesem Zusammenhang ist in besonderem Maße der **Grundsatz der Verhältnismäßigkeit** zu beachten: Zwar ist eine wirksame Gefahrenabwehr gefordert, diese darf aber keinen Schaden erwarten lassen, der außer Verhältnis zum beabsichtigten Erfolg steht (§ 9 II S. 1 BundesVwVG und die entsprechenden Landesgesetze). Kommen zudem mehrere Zwangsmittel in Betracht, muss die Behörde dasjenige auswählen, das den Pflichtigen und die Allgemeinheit am wenigsten beeinträchtigen wird (§ 9 II 1 BundesVwVG und die entsprechenden Landesgesetze). Ferner dürfen Zwangsmittel wiederholt und so lange angewendet werden, bis die Verfügung befolgt wird oder sich auf andere Weise erledigt hat (§ 13 VI S. 1 BundesVwVG und die entsprechenden Landesgesetze). Schließlich kann das Problem zu diskutieren sein, dass ein rechtswidriger, aber dennoch wirksamer Grundverwaltungsakt zwar grundsätzlich vollzogen werden kann, der Vollzugsakt aber gerade wegen der Rechtswidrigkeit der Grundverfügung unverhältnismäßig sein könnte.

2. Das Zwangsverfahren

In Ausformung des bislang Genannten ist zu erwähnen, dass im Anschluss an die Wahl des Zwangsmittels durch die Behörde dessen grundsätzliche **dreistufige** Ausgestaltung folgt: Androhung, Festsetzung, Anwendung. Auf Androhung und Festsetzung kann aber i.d.R. verzichtet werden, wenn wegen Gefahr im Verzug sofort gehandelt werden muss (sog. **gekürztes Verfahren**). Ferner bestimmen einige Vollstreckungsgesetze, dass die Festsetzung bei bestimmten Zwangsmitteln entfallen kann.

938

a. Androhung des Zwangsmittels

Allgemeines: Grundsätzlich müssen Zwangsmittel angedroht werden[1068] (Prüfungspunkt: formelle Rechtmäßigkeit). Geht es um die Androhung von Zwangsgeld, ist dieses in einer bestimmten Höhe anzudrohen. Die Androhung hat den Zweck einer Warnfunktion: Sie soll dem Betroffenen zeigen, welche Zwangsmaßnahmen gegen ihn verhängt werden können, und ihm die Möglichkeit einräumen, innerhalb einer bestimmten Frist der Verfügung nachzukommen.[1069] Die Androhung ist daher ein Ausfluss aus dem Rechtsstaat. Da aber in manchen Situationen einfach keine Zeit bleibt, den anzuwendenden Zwang anzudrohen, ist die Androhung unter bestimmten, im Gesetz näher beschriebenen Voraussetzungen entbehrlich. Das betrifft insbesondere den Fall, dass unmittelbarer Zwang von der Vollzugspolizei angewendet werden muss. Dann ist eine Androhung entbehrlich, wenn die Umstände des Falls eine vorherige Androhung nicht zulassen, insbesondere, wenn die sofortige Anwendung des Zwangsmittels zur Abwehr einer unmittelbar bevorstehenden bzw. gegenwärtigen Gefahr notwendig ist (vgl. nur § 22 I S. 2 HmbSOG bzw. § 70 I S. 3 NdsPOG). Bedarf es aber einer Androhung, *kann* sie zusammen mit dem zu vollziehenden Verwaltungsakt ergehen (unselbstständige Androhung, vgl. § 13 II BundesVwVG) und *soll* mit ihm zusammen ergehen, wenn dem Rechtsbehelf keine aufschiebende Wirkung zukommt. Im Übrigen kann sie separat ergehen (selbstständige Androhung). Die Androhung ist grundsätzlich **schriftlich**[1070] (bzw. elektronisch, sofern die Voraussetzungen erfüllt sind) zu erteilen und **zuzustellen** (vgl. § 13 VII BundesVwVG, § 4 BundesVwZG)[1071] und muss sich entweder auf *ein* bestimmtes Zwangsmittel (§ 13 III BundesVwVG) oder *bestimmte* Zwangsmittel (so die meisten Landesgesetze) beziehen. Bei der Androhung einer Ersatzvornahme sind zudem die voraussichtlich entstehenden Kosten, beim Zwangsgeld ist ein bestimmter Betrag anzugeben (§ 13 IV, V BundesVwVG). Die Androhung eines Zwangsgeldes „für jeden Fall der Zuwiderhandlung" ist dagegen nicht von der Ermächtigungsnorm gedeckt.[1072]

939

Wegen der Wichtigkeit sei nochmals darauf hingewiesen, dass in Ländern des Einheitssystems bei der Ausübung von **unmittelbarem Zwang** durch den **Polizeivollzugsdienst** Art und Weise der Ausführung sich nicht nach dem VwVG, sondern nach dem PolG richten und sich daher auch die **Androhung** (und deren Entbehrlichkeit) ausschließlich nach dem PolG richten. Zum anderen ist das Schriftformerfordernis nicht zu beachten. Aber auch in den Ländern des Trennungssystems bestehen ähnliche Regelungen.

940

[1068] § 29 II MEPolG; Bund: § 13 I VwVG; BW: § 20 VwVG und § 52 II PolG; Bay: Art. 76 PAG, Art. 36 VwVG; Berl: § 5 II VwVfG i.V.m. § 13 I BundesVwVG, § 10 UZwG; Brand: §§ 59, 64 PolG, §§ 23, 29 VwVG; Brem: § 17 VwVG, § 44 PolG; Hamb: § 22 SOG und § 18 II VwVG (als „Hinweis" bezeichnet); Hess: §§ 52, 58 SOG; MeckVor: §§ 87, 111 SOG; Nds: §§ 70, 74 POG; NRW: §§ 56, 51 PolG, §§ 63, 69 VwVG; RhlPfl: § 66 VwVG, § 61 POG; Saar: §§ 50, 54 PolG; Sachs: § 20 VwVG, § 41 II PVDG; SachsAnh: §§ 59, 63 SOG; SchlHolst: §§ 236, 259 LVwG; Thür: §§ 57, 62 PAG, § 46 VwZVG.
[1069] Vgl. *Werner*, JA 2000, 902, 904.
[1070] Das Schriftformerfordernis gilt selbstverständlich nicht, wenn der Polizeivollzugsdienst Zwang anwendet.
[1071] Die Zustellung ist eine besondere Form der Bekanntgabe, die diese rechtlich sichern soll. In der Regel erfolgt die Zustellung per eingeschriebenem Brief. Dagegen erfüllt nach BVerwG NJW 2001, 458 das Einwurfschreiben der Post nicht die Anforderungen an die förmliche Zustellung nach dem VwZG.
[1072] BVerwG NVwZ 1998, 393, 394; zur formellen und materiellen Rechtmäßigkeit einer Androhung einer Ersatzvornahme vgl. auch OVG Weimar LKV 1998, 272.

941 Zur **Rechtsnatur** und zum **Rechtsschutz**: Der Androhung des Zwangsmittels, das der Durchsetzung eines Verwaltungsakts dient, der nicht auf eine Geldleistung, sondern auf ein sonstiges Handeln, Dulden oder Unterlassen gerichtet ist, wird ganz herrschend eine Regelungswirkung zugesprochen, mithin wird in ihr ein **Verwaltungsakt** angenommen.[1073] Dies ergibt sich daraus, dass die Androhung eine konstitutive Rechtmäßigkeitsvoraussetzung für die Anwendung des Verwaltungszwangs im gestreckten Verfahren darstellt und damit eine für die Fortsetzung des Vollstreckungsverfahrens unerlässliche Regelung trifft. Die Androhung einer Vollstreckungsmaßnahme zur Durchsetzung eines Verwaltungsakts, der auf eine *Geldforderung* gerichtet ist, soll hingegen *kein* Verwaltungsakt sein.[1074] Verwaltungsprozessual kann die Frage aber dahinstehen, weil gemäß § 18 I S. 1 BundesVwVG (der als allgemeiner Rechtsgedanke auch auf Landesebene zu beachten ist) gegen die *Androhung* die Rechtsmittel gegeben sind, die gegen den (Grund-)Verwaltungsakt zulässig sind.

b. Festsetzung des Zwangsmittels

942 Allgemeines: Vor allem § 14 S. 1 BundesVwVG sieht die Festsetzung jedes zuvor angedrohten Zwangsmittels vor. Demgegenüber sehen die meisten Verwaltungsvollstreckungsgesetze bzw. Polizeigesetze der Länder die Festsetzung überwiegend nur beim *Zwangsgeld* vor. Ist die Festsetzung jedoch auch im Falle einer Ersatzvornahme gesetzlich vorgeschrieben, stellt sich die Frage, ob das Fehlen der Festsetzung zur Rechtswidrigkeit der Ersatzvornahme führt. Des Weiteren ist fraglich, ob jenseits der gesetzlichen Kostenregelung die Kosten einer rechtswidrigen Ersatzvornahme u.U. über die allgemeinen Rechtsinstitute der öffentlich-rechtlichen GoA und des öffentlich-rechtlichen Erstattungsanspruchs ersetzt werden können. Das BVerwG[1075] hält am Erfordernis einer Festsetzung gem. § 14 S. 1 VwVfG für die Rechtmäßigkeit der Ersatzvornahme zwar grundsätzlich fest, meint aber, dass die Festsetzung im Einzelfall entbehrlich und damit trotz ihres Fehlens die Ersatzvornahme rechtmäßig sein. Dies sei der Fall, wenn die mit der Festsetzung verbundenen Zwecke auf andere Weise erreicht würden. Die Festsetzung habe für den Pflichtigen Schutzcharakter i.S. einer letztmaligen Warnung, aus der Sicht der Vollstreckungsbehörde mache sie den Weg für Zwangsmaßnahmen endgültig frei. Der Individualschutz und die Rechtssicherheit würden nicht beeinträchtigt, wenn der Pflichtige ernstlich und endgültig erkläre, er werde dem Grundverwaltungsakt nicht Folge leisten, denn hierin liege ein stillschweigender Verzicht auf die mit einer förmlichen Festsetzung verbundenen Schutzmöglichkeiten. Hinzuweisen sei auch auf §§ 28 III S. 2, 30 III WaStrG und die vergleichbare zivilrechtliche Frage des Verzugseintritts ohne vorherige Mahnung und Nachfristsetzung bei ernsthafter und endgültiger Erfüllungsverweigerung. Unter diesen Voraussetzungen ist die Ersatzvornahme trotz unterbliebener Festsetzung rechtmäßig.

943 Zur **Rechtsnatur** und zum **Rechtsschutz**: Die gesetzlich festgeschriebene Festsetzung eines Zwangsmittels ist ein **Verwaltungsakt**, weil sie eine Entscheidung über den Verstoß gegen ein Gebot oder Verbot trifft und somit einen Regelungscharakter aufweist.[1076]

944 Von dem allgemeinen Grundsatz aus § 80 I VwGO ausgehend, würde dies bedeuten, dass Anfechtungswiderspruch und Anfechtungsklage gegen die Androhung oder die Festsetzung aufschiebende Wirkung hätten. Dies hätte zur Folge, dass vom Zeitpunkt ihrer Einlegung an

---

[1073] BVerwG NVwZ 1998, 393; *Kopp/Schenke*, VwGO, Anh § 42 Rn 32; *Kopp/Ramsauer*, VwVfG, § 35 Rn 67; *Erichsen/Rauschenberg*, Jura 1998, 31, 38; *Schenke*, POR, Rn 546.
[1074] *Kopp/Schenke*, VwGO, Anh § 42 Rn 32.
[1075] BVerwG NVwZ 1997, 381, 382.
[1076] BVerwGE 49, 169, 170; *Götz*, NVwZ 1998, 679, 688; *Knemeyer*, POR, Rn 364; *Kopp/Schenke*, VwGO, Anh § 42 Rn 32; *Kopp/Ramsauer*, VwVfG, § 35 Rn 67.

alle weiteren Maßnahmen zur Vollstreckung des Verwaltungsakts unzulässig würden. Dadurch würde die Vollstreckungsmaßnahme ihrerseits suspendiert. Um dieses widersinnige Ergebnis zu vermeiden, ist die aufschiebende Wirkung in zahlreichen Fällen gemäß § 80 II S. 1 Nr. 3 VwGO gesetzlich ausgeschlossen (vgl. auch § 80 II S. 2 VwGO i.V.m. Landesrecht). Besteht ein solcher Ausschluss nicht, ist Raum für die Anordnung der sofortigen Vollziehung gemäß § 80 II S. 1 Nr. 4 VwGO.

c. Anwendung des Zwangsmittels

Grundsätzlich darf das Zwangsmittel erst nach erfolgloser Androhung und – sofern vorgesehen – Festsetzung erfolgen (§ 15 I BundesVwVG und die entsprechenden Landesgesetze). 945

Bezüglich der Anwendung eines Zwangsmittels (Ersatzvornahme, unmittelbarer Zwang) besteht überwiegend die Auffassung, dass es sich in Ermangelung einer Regelung *nicht* um einen Verwaltungsakt, sondern um schlichtes Verwaltungshandeln handele.[1077] Folgt man dieser Auffassung, wäre nach regelmäßig erfolgtem Vollzug („Erledigung") insofern ein in einer **allgemeinen Leistungsklage** eingebetteter Folgenbeseitigungsanspruch zu prüfen. Auch eine allgemeine Feststellungsklage käme in Betracht. Im einstweiligen Rechtsschutz wäre ein Antrag nach § 123 VwGO in Betracht zu ziehen. 946

Stellungnahme: Die Vertreter dieser Auffassung machen geltend, dass die Annahme, in der Anwendung des Zwangsmittels liege zugleich ein konkludenter Verwaltungsakt, der auf Duldung der Maßnahme gerichtet sei, lebensfremd und heute im Hinblick auf die Anerkennung der allgemeinen Leistungsklage (die ja gerade gegen schlichtes Verwaltungshandeln statthaft ist) nicht mehr zur Sicherung des Rechtsschutzes Betroffener erforderlich sei.[1078] Das ist insoweit nachvollziehbar. Bedenken an dieser Auffassung bestehen aber insoweit, als dieselben Vertreter bei den *Standardmaßnahmen* (trotz des in ihnen enthaltenen tatsächlichen Elements) von Verwaltungsakten ausgehen. Den Standardmaßnahmen komme eine Verwaltungsaktqualität zu, weil sie die Betroffenen verpflichteten, die tatsächliche Handlung zu dulden.[1079] Das birgt einen Widerspruch in sich. Konsequent wäre es von den Vertretern der genannten Auffassung gewesen, auch den Standardmaßnahmen unter Verweis auf die allgemeine Leistungsklage die Verwaltungsaktqualität abzusprechen. 947

Nach der hier vertretenen Auffassung ist aufgrund der Vergleichbarkeit der Maßnahmen eine einheitliche Betrachtungsweise geboten. Da sowohl mit den Standardmaßnahmen als auch mit den Zwangsmaßnahmen zugleich das Gebot einhergeht, die tatsächliche Vornahmehandlung zu dulden, sollte hier wie dort von Verwaltungsakten ausgegangen werden.[1080] Statthaft wären demzufolge die **Anfechtungsklage** bzw. die **Fortsetzungsfeststellungsklage** analog § 113 I S. 4 VwGO (ggf. i.V.m. dem Annexantrag gemäß § 113 I S. 2 VwGO). Im einstweiligen Rechtsschutz wäre der Eilantrag nach § 80 V VwGO in Betracht zu ziehen.

> **Hinweis für die Fallbearbeitung:** Nimmt man mit der hier vertretenen Auffassung hinsichtlich der Zwangsmaßnahmen einen Verwaltungsakt an, stellt sich zwar die Frage, ob der Betroffene nicht gem. § 28 I VwVfG zuvor hätte angehört werden müssen. Es liegt aber ein Fall des § 28 II Nr. 5 VwVfG vor, sodass die Zwangsmaßnahme jedenfalls nicht wegen unterbliebener vorheriger Anhörung rechtswidrig ist. 948

[1077] *Kopp/Schenke*, VwGO, Anh § 42 Rn 33; *Kopp/Ramsauer*, VwVfG, § 35 Rn 67; *Erichsen/Rauschenberg*, Jura 1998, 31, 40; *Schoch*, JuS 1995, 307, 311; unklar, aber wohl ebenfalls von einem schlichten Verwaltungshandeln ausgehend *Knemeyer*, POR, Rn 364.
[1078] So ausdrücklich *Kopp/Schenke*, VwGO, Anh § 42 Rn 33.
[1079] So *Kopp/Schenke*, VwGO, Anh § 42 Rn 35.
[1080] So auch BVerwGE 26, 161, 164 (Schwabinger Krawalle); *Hufen*, VerwProzR, § 14 Rn 23.

949 Schwierig ist auch die Beurteilung der Rechtsnatur von Zwangsmitteln im **Sofortvollzug**. Vgl. dazu im Einzelnen die Ausführungen zur Rechtmäßigkeit des Verwaltungszwangs im gekürzten Verfahren bei Rn 952 ff.

950
> **Zusammenfassung und Aufbauhinweise:**
> (1) Greift der Rechtsschutzsuchende eine Zwangsmaßnahme im gestreckten Verwaltungsvollstreckungsverfahren an, muss der Klausurbearbeiter inzident prüfen, ob diese Zwangsmaßnahme auch angedroht und (soweit vorgesehen) festgesetzt wurde. In diesem Fall liegt aber nur eine Klage vor. Soll nach dem Klagebegehren jedoch jede einzelne Vollstreckungsmaßnahme geprüft werden, liegt ein Fall der kumulativen Klagehäufung (§ 44 VwGO) vor. Hier ist dann keine Schachtelprüfung vorzunehmen, sondern es sind zunächst die Androhung, dann (soweit erforderlich) die Festsetzung und schließlich das Zwangsmittel auf die jeweilige Rechtmäßigkeit hin zu untersuchen. Sollte sich das Fehlen oder die Rechtswidrigkeit von Androhung und (soweit erforderlich) Festsetzung herausstellen, ist auch die nachfolgende Anwendung des Zwangsmittels rechtswidrig. Etwas anderes gilt, wenn die Anwendung der Zwangsmaßnahme auch ohne vorherige Primärmaßnahme zulässig wäre (sog. gekürztes Verfahren, dazu sogleich). Dann entfiele auch die vorherige Androhung (und ggf. die Festsetzung), sodass sich die Rechtmäßigkeit der Zwangsmaßnahme nur nach deren eigentlichen Rechtmäßigkeitsvoraussetzungen (Bestehen einer Rechtsgrundlage für das Zwangsmittel, Einhaltung des Verhältnismäßigkeitsgrundsatzes) richtete.
>
> (2) Da die Zwangsmaßnahme im gestreckten Verfahren nicht zur Voraussetzung hat, dass der (noch nicht bestandskräftige, aber sofort vollziehbare) Grundverwaltungsakt seinerseits rechtmäßig ist (dieser muss nur wirksam sein), kann es vorkommen, dass ein Verwaltungsakt trotz seiner Rechtswidrigkeit Grundlage einer Vollstreckung ist. Um dieses Ergebnis zu vermeiden, ist der Kläger gehalten, nicht nur die Zwangsmaßnahme, sondern auch die ihr zugrunde liegende Primärmaßnahme anzufechten. Das geschieht im Wege der kumulativen Klagehäufung gem. § 44 VwGO. Hier muss das Gericht dann auch die Primärmaßnahme überprüfen. Kommt es zu dem Ergebnis, dass diese rechtswidrig ist, hebt es diese auf (§ 113 I S. 1 VwGO). Mit der Aufhebung entfällt die Wirksamkeit (§ 43 II VwVfG), sodass es an einer vollstreckungsfähigen Grundverfügung fehlt. Die Zwangsmaßnahme ist schon deshalb rechtswidrig.

3. Abschlussfall
Sachverhalt:

951 Der nahezu mittellose A betreibt eine Diskothek (Konzession nach § 2 I GastG) und lässt dort den Handel mit Drogen zu. Nachdem ihn die Behörde mehrmals erfolglos aufgefordert hat, den Drogenhandel in seiner Diskothek zu unterbinden, entzieht sie ihm die Erlaubnis gem. §§ 15 II i.V.m. 4 I Nr. 1 GastG. Gleichwohl führt A seinen Diskothekenbetrieb weiter. Daraufhin erlässt die Behörde eine auf § 31 GastG i.V.m. § 15 II GewO gestützte Stilllegungsverfügung (Schließungsverfügung) und erklärt diese für sofort vollziehbar (vgl. § 80 II S. 1 Nr. 4 VwGO). Gleichzeitig droht sie für den Fall der Zuwiderhandlung die Versiegelung der Diskothek innerhalb einer Woche an. Als A auch der Schließungsverfügung nicht nachkommt, setzt die Behörde nach Ablauf der Woche unmittelbaren Zwang fest und versiegelt am nächsten Morgen die Diskothek. War die Versiegelung rechtmäßig?

Lösungsgesichtspunkte:
1. Als **Rechtsgrundlage** für die Versiegelung kommt die verwaltungsvollstreckungsrechtliche Vorschrift über den unmittelbaren Zwang in Betracht.

2. An der **Zuständigkeit** der handelnden Behörde bestehen keine Bedenken. Insbesondere ist *die* Behörde für den Verwaltungszwang zuständig, die den Grundverwaltungsakt erlassen hat (Grundsatz der Selbstvollstreckung). Sollte A nicht angehört worden sein, ist

dies unschädlich, da die **Anhörung** – unabhängig von der Frage, ob eine Zwangsmaßnahme Verwaltungsaktcharakter hat – gem. § 28 II Nr. 5 VwVfG unterbleiben konnte.

3. Die Versiegelung müsste aber auch **materiell rechtmäßig** sein. Das ist zunächst der Fall, wenn die vier **allgemeinen Vollstreckungsvoraussetzungen** erfüllt sind.

a. Materielle Vollstreckbarkeit: Der zu vollstreckende Verwaltungsakt muss einen vollstreckbaren Titel haben. Das ist bei einer Schließungsverfügung unproblematisch der Fall.

b. Formelle Vollstreckbarkeit: Die Grundverfügung muss entweder **unanfechtbar** sein, der sofortige Vollzug muss angeordnet sein oder ein noch nicht rechtskräftig beschiedener Rechtsbehelf darf **keine aufschiebende Wirkung** haben. Vorliegend ist die Schließungsverfügung noch nicht bestandskräftig, also noch anfechtbar. Allerdings hätte ein gegen die Schließungsverfügung gerichteter Rechtsbehelf keine aufschiebende Wirkung, da die Behörde den sofortigen Vollzug angeordnet hat (§ 80 II Nr. 4 VwGO). Somit liegt die formelle Vollstreckbarkeit vor.

c. Wirksamkeit der Grundverfügung: Die Schließungsverfügung muss **wirksam** sein. Wirksam ist ein Verwaltungsakt, solange er nicht *nichtig* ist, nicht *zurückgenommen*, *widerrufen* oder *anderweitig aufgehoben* wurde oder sich *durch Zeitablauf oder auf andere Weise erledigt* hat (vgl. §§ 43 II, III, 44 VwVfG). Vorliegend sind diese Kriterien nicht erfüllt, sodass die Stilllegungsverfügung wirksam ist. Insbesondere kommt es nach der neuesten Rechtsprechung des BVerfG nicht auf die Rechtmäßigkeit eines noch nicht bestandskräftigen Verwaltungsakts an, sodass vorliegend die Rechtmäßigkeit der Stilllegungsverfügung nicht geprüft werden muss.

d. Fehlen von Vollstreckungshindernissen: Etwaige privatrechtliche Hinderungsgründe (z.B. Eigentumsübertragung, Miteigentum, Vermietung), die der Ausführung der angeordneten Maßnahme entgegenstehen könnten, sind nicht ersichtlich.

4. Des Weiteren müsste auch das **konkrete Vollstreckungsverfahren rechtmäßig** sein. Das ist zunächst der Fall, wenn die Behörde das richtige Zwangsmittel gewählt hat. Vorliegend hat sich die Behörde für die Versiegelung zur Durchsetzung der Schließungsverfügung entschieden. Diese zwangsweise Vollstreckung dieser Verfügung[1081] könnte sowohl als unmittelbarer Zwang als auch als Ersatzvornahme zu werten sein. **Unmittelbarer Zwang** ist die Einwirkung auf Personen oder Sachen durch körperliche Gewalt, ihre Hilfsmittel und durch Waffen. Demgegenüber liegt eine **Ersatzvornahme** vor, wenn eine dem Verantwortlichen obliegende, *vertretbare* Handlung von einem anderen, nicht notwendigerweise der Polizei selbst, auf Kosten des Verantwortlichen erbracht wird. Die Vollzugsbehörde hat durch die Versiegelung der Diskothek keine vertretbare Handlung des A vorgenommen. Die Schließung bzw. Stilllegung der Diskothek ist vielmehr höchstpersönlicher Natur, mithin eine *unvertretbare* Handlung.[1082] Für die Vollstreckung unvertretbarer Handlungen kommt eine Ersatzvornahme nicht in Betracht. Auch das Zwangsmittel Zwangsgeld kam aufgrund der Mittellosigkeit des A nicht in Betracht. Die Auswahl des Zwangsmittels unmittelbarer Zwang war somit nicht fehlerhaft. Dieser wurde auch ordnungsgemäß **angedroht** und **festgesetzt** (insbesondere kann die Androhung zusammen mit der Grundverfügung ergehen, vgl. z.B. § 13 II BundesVwVG).

[1081] Verfehlt wäre es, auf die Versiegelung abzustellen, denn die Zwangsmaßnahme muss sich auf die zu vollstreckende Verfügung beziehen.
[1082] Vgl. oben Rn 927 sowie *Werner*, JA 2000, 902, 904.

5. Schließlich durfte die Versiegelung nur dann ergehen, wenn die Behörde den **Grundsatz der Verhältnismäßigkeit** beachtet hat. Sicherlich ist die Versiegelung der Diskothek geeignet, die Schließungsverfügung abzusichern. Auch ist kein anderes Mittel ersichtlich, den gleichen Erfolg mit gleicher Sicherheit, aber mit weniger einschneidender Wirkung für A herbeizuführen. Insbesondere kommt nicht das Zwangsmittel Zwangsgeld in Betracht. Schließlich bestehen an der Angemessenheit keine Zweifel, da die Versiegelung nicht außer Verhältnis zu dem mit ihr angestrebten Erfolg – Schließung der Diskothek – steht.

Weiterführender Hinweis: Da es nach der Rechtsprechung des BVerfG nicht auf die Rechtmäßigkeit eines noch nicht bestandskräftigen, aber wirksamen Verwaltungsakts ankommt, musste vorliegend auch nicht die Rechtmäßigkeit der Stilllegungsverfügung geprüft werden. Die Versiegelung war dementsprechend nur rein vollstreckungsrechtlich zu prüfen. Der Kläger wird daher regelmäßig versuchen, die Wirksamkeit der Grundverfügung zu beseitigen. Das kann er nur, indem er gleichzeitig Anfechtungsklage erhebt bzw. einen Antrag nach § 80 V VwGO stellt. Kommt das Gericht hierbei zu dem Ergebnis, dass die Grundverfügung rechtswidrig ist, hebt es diese gem. § 113 I S. 1 VwGO auf, wodurch deren Wirksamkeit entfällt (§ 43 II VwVfG), bzw. ordnet die aufschiebende Wirkung an. In der Klausur muss also stets genau das Klagebegehren untersucht werden. Kommt der Kläger nur über die Aufhebung der Grundverfügung zu seinem Ziel, wird anzunehmen sein, dass er Anfechtungsklage gegen die Grundverfügung erheben will. In diesem Fall wären in kumulativer Klagehäufung (§ 44 VwGO) sowohl die Grundverfügung als auch die Zwangsmaßnahme zu prüfen.

VI. Rechtmäßigkeit des Verwaltungszwangs im gekürzten Verfahren
1. Sofortvollzug vs. unmittelbare Ausführung

952 Das mehrstufige Vollstreckungsverfahren ist bei Gefahrsituationen, die vor Ort dem Polizeivollzugsdienst regelmäßig begegnen, wenig effektiv. In vielen Situationen ist es erforderlich, dass die Polizei – **ohne vorausgehende Gefahrenabwehrverfügung** – sofort das Zwangsmittel anwendet, damit der Gefahrenzustand überhaupt noch beseitigt werden kann.

> **Beispiele:**
> (1) Aus einem verunfallten Gefahrguttransportfahrzeug entweichen Chemikalien und drohen in das Grundwasser zu versickern.
> (2) Jemand hat seinen Wagen in der Innenstadt verkehrswidrig und verkehrsbehindernd abgestellt und macht einen Stadtbummel.
> (3) Jemand greift unvermittelt einen Polizeibeamten mit einem Messer an.

953 Das allgemeine Polizei- und Ordnungsrecht normiert je nach Bundesland **unmittelbare Ausführung** und/oder **Sofortvollzug**.[1083] In § 11 II S. 2 BremVwVG wird ungenau von einer „unmittelbaren Anwendung" gesprochen, womit wohl aber der Sofortvollzug gemeint ist. Auch auf Bundesebene ist der Sofortvollzug vorgesehen (§ 6 II VwVG). Inhaltlich geht es bei beiden Instituten um Vollzugs- oder Ausführungsmaßnahmen ohne einen vorangegangenen (Gebots-)Verwaltungsakt.

[1083] Unmittelbare Ausführung *und* Sofortvollzug: Bund: § 19 BPolG, (§ 6 II BundesVwVG); Bay: Art. 9, 70 II PAG; Berl: § 15 ASOG, (§ 5 II VwVG i.V.m. § 6 II BundesVwVG); Hess: § 8 HessSOG, (§ 47 II SOG); MeckVor: § 70a, (§ 81 I SOG); RhlPfl: § 6 LVwVG; SachsAnh: § 9, (§ 53 II SOG); Thür: § 12 I OBG, § 9 I PAG, (§ 51 II PAG). Ausschließlich Sofortvollzug: Brand: (§ 53 II PolG); Brem: (§ 11 II S. 2 VwVG); Nds: (§ 64 II POG); NRW: (§ 50 II PolG); Saarl: (§ 44 II PolG); SchlHolst: (§ 230 LVwG). Ausschließlich unmittelbare Ausführung: BW: § 8 I PolG; Hamb: § 7 I SOG; Sachs: § 8 I PVDG. Im Bundespolizeirecht und in Berlin fällt die Selbstausführung durch die Polizei (im Unterschied zur Ausführung durch einen beauftragten Dritten) nur unter die unmittelbare Ausführung, nicht unter das Zwangsmittel der Ersatzvornahme. Im Übrigen ist zu beachten, dass der *sofortige Vollzug* oder *Sofortvollzug* nicht zu verwechseln ist mit der *Anordnung der sofortigen Vollziehung eines Verwaltungsakts* nach § 80 II Nr. 4 VwGO.

953a Der Unterschied zwischen den beiden Rechtsinstituten ist unklar, zumal ihr systematischer Standort in den Polizeigesetzen verschieden ist. Die unmittelbare Ausführung ist als eine Vollzugsmaßnahme eigener Art im Zusammenhang mit der Verantwortlichkeit geregelt, der sofortige Vollzug dagegen als Sonderform der Vollstreckung. Die Ausführungshandlung ist beim Sofortvollzug Anwendung eines Zwangsmittels, bei der unmittelbaren Ausführung schlicht die Anwendung einer Gefahrenabwehrmaßnahme, die sich inhaltlich (nicht terminologisch oder rechtlich) als Ersatzvornahme darstellt. Von diesem systematischen Unterschied einmal abgesehen sind die materiellen Voraussetzungen aber im Wesentlichen dieselben[1084], vgl. dazu die beiden Aufbauschemata bei Rn 961 und 962.

953b Der entscheidende Unterschied zwischen den beiden Instituten besteht darin, dass es sich bei der unmittelbaren Ausführung der Sache nach um eine Ersatzvornahme handelt: Polizei und Ordnungsverwaltung führen zur Störungsbeseitigung das aus, was an sich der Verantwortliche auszuführen hätte. Deshalb ist die Maßnahme kongruent mit dem Zwangsmittel der Ersatzvornahme, das beim sofortigen Vollzug angewendet werden kann. Wie dieses umfasst sie auch die zur Ausführung erforderliche Einwirkung auf Sachen und Tiere (z.B. das Abschleppen eines Kfz, die Tötung des gefährlichen Hundes), ohne jedoch terminologisch ein Zwangsmittel zu sein.

953c Sieht das Landespolizeirecht sowohl die unmittelbare Ausführung als auch den Sofortvollzug vor (das betrifft Bayern, Berlin, Hessen, MeckVor, RhlPfl, SachsAnh und Thür) und kämen im Einzelfall beide Institute zur Anwendung, hat die unmittelbare Ausführung Anwendungsvorrang.[1085] Das gilt insbesondere für den Fall, dass kein Adressat vor Ort ist, der die Gefahr abwehren könnte, und daher die Polizei an seiner Stelle handelt. Verkürzt lässt sich daher sagen: In Bundesländern, in denen die unmittelbare Ausführung *und* der Sofortvollzug genannt sind, ist die unmittelbare Ausführung das richtige Mittel, wenn der Verantwortliche nicht oder nicht rechtzeitig erreicht werden kann. Dabei versteht die h.M. die Vorschriften über die unmittelbare Ausführung nicht als Rechtsgrundlagen, sondern verlangt eine hinzugedachte (hypothetische) formell und materiell rechtmäßige Grundverfügung, die sich auf eine „echte" Rechtsgrundlage stützt. Freilich fordert diese Konstruktion eine inzidente Prüfung der hypothetischen Grundverfügung, wie das auch beim Sofortvollzug der Fall ist (vgl. dort).

953d Bei denjenigen Landesrechten, die ausschließlich die unmittelbare Ausführung vorsehen (BW, Hamb, Sachs), ist von einem erschöpfenden Konzept der unmittelbaren Ausführung auszugehen. Daher hat in diesen Landesrechten die unmittelbare Ausführung nur im Regelfall den Charakter einer Ersatzvornahme, in Ausnahmefällen also auch den Charakter eines unmittelbaren Zwangs. Einer hypothetischen Grundverfügung bedarf es wohl nicht (a.A. vertretbar).

953e Teilweise wird die Auffassung vertreten, die unmittelbare Ausführung habe die Rechtsnatur eines regelungsersetzenden Realakts.[1086] Dem kann mit Blick auf die Gleichartigkeit mit dem Sofortvollzug nicht gefolgt werden, vgl. dazu Rn 959 f.

2. Rechtmäßigkeitsvoraussetzungen

954 Auch Zwangsmaßnahmen im Sofortvollzug müssen selbstverständlich die für sie geltenden formellen und materiellen Voraussetzungen erfüllen. Bei der **formellen**

[1084] *Götz/Geis*, POR, § 12 Rn 14.
[1085] VGH Kassel DVBl 1995, 370; *Knemeyer*, POR, Rn 343; *Götz/Geis*, POR, § 12 Rn 18.
[1086] *Götz/Geis*, POR, § 12 Rn 20, die diese Auffassung zudem als „zutreffende h.M." bezeichnen, jedoch keinen Vertreter benennen.

Rechtmäßigkeit entfallen jedoch die Androhung und Festsetzung; was bleibt, ist die Zuständigkeit. Bei der **materiellen Rechtmäßigkeit** sind die besonderen Voraussetzungen der Rechtsgrundlage (vgl. § 6 II BundesVwVG und die entsprechenden Landesgesetze) zu beachten. Danach ist der Sofortvollzug auch ohne vorausgegangenen Verwaltungsakt möglich, wenn dies zur Verhinderung einer rechtswidrigen Tat (im Straßenverkehrsrecht primär § 49 StVO i.V.m. § 24 StVG i.V.m. § 1 OWiG) oder zur Abwendung einer drohenden Gefahr geboten erscheint und die Behörde im Rahmen ihrer gesetzlichen Befugnisse handelt. Selbstverständlich müssen darüber hinaus auf der Rechtsfolgeseite Ermessensfehlerfreiheit und Einhaltung des Verhältnismäßigkeitsgrundsatzes vorliegen.

> **Hinweis für die Fallbearbeitung:** Sowohl in der Praxis als auch im Rahmen der Fallbearbeitung stellt sich in aller Regel die Frage nach der Rechtmäßigkeit des Sofortvollzugs zum einen immer dann, wenn die *Ordnungsbehörde* eine Vollstreckungsmaßnahme durchgeführt und dabei das dreistufige Verfahren nicht eingehalten hat. Zum anderen ist der Sofortvollzug immer dann in Betracht zu ziehen, wenn die *Vollzugspolizei* gehandelt hat. Denn aufgrund ihres eingeschränkten Zuständigkeitsbereichs (sie ist nur für unaufschiebbare Maßnahmen zuständig – Eilfallkompetenz) kommt sie für den Erlass von Maßnahmen des gestreckten Verfahrens weniger oft in Betracht. Siehe dazu den Abschlussfall sogleich bei Rn 991 und den Anwendungsfall „Abschleppen" bei *R. Schmidt*, Fälle zum POR, Fall 13.

955 Während die beiden Tatbestandsvoraussetzungen *Verhinderung einer rechtswidrigen Tat* und *zur Abwendung einer drohenden Gefahr geboten erscheint* i.d.R. durch einfache Sachverhaltssubsumtion festzustellen sind, bedarf es bei der Voraussetzung *Handeln im Rahmen ihrer gesetzlichen Befugnisse* einer Erklärung. Gemeint ist das Vorliegen einer **fiktiven (hypothetischen) Grundverfügung**.[1087] Dem liegt folgende Überlegung zugrunde: Zwar kennzeichnet sich der Sofortvollzug dadurch, dass das Zwangsmittel ohne vorausgehenden Verwaltungsakt vollzogen wird, nicht entbehrlich ist jedoch ein (hypothetisches) Ge- oder Verbot, das (sofort) vollzogen werden soll. Würde man auf das Erfordernis eines hypothetischen Ge- oder Verbots verzichten, wäre die Anwendung des Zwangsmittels bezugslos. Man könnte die Frage: „Was wird vollzogen bzw. vollstreckt?" nicht beantworten. Da ein zu vollziehendes bzw. zu vollstreckendes Ge- oder Verbot aber gerade nicht vorliegt, spricht man von einer fiktiven (hypothetischen) Grundverfügung. Diese muss – wie jeder andere Verwaltungsakt – formelle und materielle Voraussetzungen erfüllen, was in der Fallbearbeitung zu einer inzidenten Prüfung führt:

- Bei der **formellen Rechtmäßigkeit** sind Zuständigkeit, Verfahren und Form zu prüfen.

- Fraglich ist dagegen, ob die fiktive Grundverfügung **materiell rechtmäßig** sein muss oder ob (wie das beim Grundverwaltungsakt im Rahmen des gestreckten Verfahrens der Fall ist) die bloße **Rechtswirksamkeit** genügt. Teilweise wird bei der fiktiven Grundverfügung die volle Rechtmäßigkeit gefordert. Das ergebe sich aus der Formulierung der Gesetze, wonach die Vollstreckungsbehörde „im Rahmen ihrer gesetzlichen Befugnisse" handeln müsse.[1088] Diese Auffassung ist nicht zwingend. Folgte man ihr, bedeutete dies, dass die Polizei jenseits ihrer Befugnisse handelte, wenn sie einen rechtswidrigen (aber wirksamen) Verwaltungsakt erließe. Gegen die genannte Auffassung spricht auch, dass sie die Bedeutung der Fehlerunabhängigkeit eines wirksamen Verwaltungsakts, die der Gesetzgeber mit der Regelung in § 43 II und III VwVfG zum Ausdruck gebracht hat, nicht hinreichend beachtet. Auf der anderen Seite muss jedoch berücksich-

---

[1087] Vgl. bereits die 9. Aufl. 2005; sich anschließend *Muckel/Ogorek*, JuS 2010, 57, 61.
[1088] *Kingreen/Poscher*, POR, § 24 Rn 38.

tigt werden, dass die mit der Fehlerunabhängigkeit intendierte Rechtssicherheit im Rahmen des Sofortvollzugs gerade nicht besteht, sodass es aus rechtsstaatlicher Sicht jedenfalls nicht nachteilig ist, die volle Rechtmäßigkeit des fiktiven Grundverwaltungsakts zu fordern.

> **Hinweis für die Fallbearbeitung:** Freilich ist zu beachten, dass es auf diese Argumentation nicht ankommt, wenn nach entsprechender Prüfung des fiktiven Grundverwaltungsakts dessen volle Rechtmäßigkeit festgestellt wird.
> Davon unabhängig muss der Grundverwaltungsakt jedenfalls dann rechtmäßig (und nicht nur wirksam) sein, wenn es nicht nur um die Rechtmäßigkeit der Zwangsmaßnahme, sondern auch um die Rechtmäßigkeit eines **Kostenbescheids** geht, der gegenüber dem Pflichtigen erlassen wurde. Es wäre mit dem Demokratie- und Rechtsstaatsprinzip nicht vereinbar, wenn der Pflichtige, der die Vollstreckung eines rechtswidrigen Verwaltungsakts ggf. dulden muss, auch noch die Kosten tragen müsste. Daraus folgt: Je nach Auffassung besteht zwar ggf. **eine grundsätzliche Befolgungs- bzw. Duldungs-, keinesfalls aber eine Kostentragungspflicht bei der Vollstreckung rechtswidriger Verwaltungsakte.**

956

3. Schusswaffengebrauch durch den Polizeivollzugsdienst

Der Schusswaffeneinsatz stellt einen besonders schwerwiegenden Eingriff in Art. 2 II S. 1 GG dar. Rechtstechnisch ist er als **unmittelbarer Zwang** zur Durchsetzung einer Polizeiverfügung zu qualifizieren. Die **Voraussetzungen** sind den Rechtsgrundlagen zu entnehmen. Diese enthalten i.d.R. auch **Ermessens- bzw. Verhältnismäßigkeitsgesichtspunkte**. Im Übrigen gelten die allgemeinen Grundsätze. Vgl. dazu die zusammenhängenden Ausführungen bei Rn 977 ff.

957

4. Rechtsschutz gegen Zwangsmittel im Sofortvollzug

Für Streitigkeiten über die Rechtmäßigkeit von Maßnahmen der Verwaltungsvollstreckung ist gem. § 40 I S. 1 VwGO der Rechtsweg zu den Verwaltungsgerichten eröffnet. Die Klageart richtet sich gem. § 88 VwGO nach dem Klagebegehren. Ob gegen eine Maßnahme der Verwaltungsvollstreckung Anfechtungswiderspruch (§§ 68 ff. VwGO), Anfechtungsklage bzw. Fortsetzungsfeststellungsklage (§ 42 I Var. 1, §§ 74 ff., § 113 I S. 4 VwGO, ggf. analog) oder vorläufiger Rechtsschutz (§ 80 V VwGO) zulässig sind, hängt vom Zeitpunkt der Klageerhebung und von der Rechtsnatur der anzugreifenden Maßnahme ab, denn nur wenn ihr die Qualität eines Verwaltungsakts i.S.d. § 35 VwVfG zukommt, sind diese Rechtsbehelfe überhaupt einschlägig. Anderenfalls sind die allgemeine Leistungsklage oder die Feststellungsklage bzw. der Antrag nach § 123 VwGO statthaft.

958

Wie bereits im Rahmen des gestreckten Verfahrens dargestellt, besteht bezüglich der Anwendung eines Zwangsmittels (Ersatzvornahme, unmittelbarer Zwang) überwiegend die Auffassung, dass es sich um schlichtes Verwaltungshandeln handele.[1089] Unter Rechtsschutzgesichtspunkten sei die künstliche Konstruktion eines Verwaltungsakts lebensfremd und heute im Hinblick auf Art. 19 IV S. 1 GG i.V.m. § 40 I S. 1 VwGO nicht mehr zur Sicherung des Rechtsschutzes Betroffener erforderlich.

Folgt man dieser Auffassung, kommen die allgemeine Leistungsklage oder die Feststellungsklage in Betracht. Im einstweiligen Rechtsschutz wäre dann der Antrag nach § 123 VwGO statthaft.

[1089] *Kopp/Schenke*, VwGO, Anh § 42 Rn 33; *Schenke*, VerwProzR, Rn 196; *Schoch*, JuS 1995, 215, 218; *Kugelmann*, DÖV 1997, 153, 155; offengelassen von *Werner*, JA 2000, 902, 907.

959 Isoliert betrachtet ist diese Auffassung nachvollziehbar. Wie beim gestreckten Vollstreckungsverfahren bestehen aber auch hier insoweit Bedenken, als dieselben Vertreter bei den Standardmaßnahmen (trotz des tatsächlichen Elements) von Verwaltungsakten ausgehen. Den Standardmaßnahmen komme eine Verwaltungsaktqualität zu, weil sie die Betroffenen verpflichteten, die tatsächliche Handlung zu dulden.[1090] M.E. überzeugender wäre es gewesen, auch den Standardmaßnahmen unter Hinweis auf die allgemeine Leistungsklage die Verwaltungsaktqualität abzusprechen. Nach der hier vertretenen Auffassung ist aber aufgrund der Vergleichbarkeit der Maßnahmen eine einheitliche Betrachtungsweise geboten. Da sowohl mit den Standardmaßnahmen als auch mit den Zwangsmaßnahmen zugleich das Gebot einhergeht, die tatsächliche Vornahmehandlung zu dulden, sollte hier wie dort von Verwaltungsakten ausgegangen werden.[1091] Statthaft wären demzufolge die **Anfechtungsklage** bzw. die **Fortsetzungsfeststellungsklage** analog § 113 I S. 4 VwGO (ggf. i.V.m. dem Annexantrag gemäß § 113 I S. 2 VwGO). Im einstweiligen Rechtsschutz wäre ein Eilantrag nach § 80 V VwGO statthaft.

960 Aus Rechtsschutzgesichtspunkten kann eine Entscheidung für die eine oder die andere Auffassung aufgrund der Regelung des § 18 II BundesVwVG (dem ein auch auf Landesebene gültiger allgemeiner Rechtsgrundsatz zu entnehmen ist[1092]) aber dahinstehen. § 18 II BundesVwVG bestimmt nämlich, dass gegen Zwangsmittel, die ohne vorausgehenden Verwaltungsakt, also im Sofortvollzug, angewendet werden, *die* Rechtsmittel zulässig sind, die gegen Verwaltungsakte allgemein gegeben sind.[1093] Zwangsmittel im Sofortvollzug müssen daher grundsätzlich mit **Anfechtungswiderspruch** oder **Anfechtungsklage** angegriffen werden.[1094] Ist jedoch (wie regelmäßig) eine Erledigung i.S.d. § 113 I S. 4 VwGO eingetreten, ist die **Fortsetzungsfeststellungsklage** analog § 113 I S. 4 VwGO i.V.m. dem Annexantrag gemäß § 113 I S. 2 VwGO einschlägig. Ob es in einem solchen Verfahren der erfolglosen Durchführung eines Widerspruchsverfahrens bedarf, ist wiederum streitig, nach der hier vertretenen Meinung jedoch zu verneinen, vgl. dazu *R. Schmidt*, VerwProzR, Rn 455 f.

Wegen der Gleichartigkeit der unmittelbaren Ausführung mit dem Sofortvollzug gilt hinsichtlich der Rechtsnatur der unmittelbaren Ausführung und des diesbezüglichen Rechtsschutzes dasselbe wie beim Sofortvollzug.

Zur gutachtlichen Prüfung einer Zwangsmaßnahme im gekürzten Verfahren vgl. den Abschlussfall sogleich sowie den Abschleppfall bei Rn 1034. Doch zunächst sei das Prüfungsschema vorgestellt:

[1090] So *Kopp/Schenke*, VwGO, Anh § 42 Rn 35.
[1091] So auch BVerwGE 26, 161, 164 (Schwabinger Krawalle); *Hufen*, VerwProzR, § 14 Rn 23.
[1092] Wie hier OVG Münster BRS 55 Nr. 207; *Götz/Geis*, POR, § 13 Rn 6.
[1093] Anders *Pietzner*, VerwArch 84, 261, 284 f., dem zufolge § 18 II BundesVwVG nicht angewendet werden darf, da die Norm durch die erst später in Kraft getretene VwGO „außer Kraft gesetzt" worden sei. Zur Begründung führt er im Wesentlichen an, dass die VwGO abschließend die Sachentscheidungsvoraussetzungen regele. Die Anwendung des § 18 II BundesVwVG würde aber die Anfechtungsklage auf Akte ausdehnen, die keine Verwaltungsakte seien. Daher würde sie ein Vorverfahren erforderlich machen, wo nach der VwGO keines erforderlich wäre. Dies sei mit dem abschließenden Charakter der VwGO nicht zu vereinbaren. Diese Argumentation geht fehl. Denn sie übersieht, dass sich der angegriffene Akt regelmäßig vor Einlegung des Rechtsbehelfs erledigt und die h.M. für diesen Fall der Anfechtungsfortsetzungssituation ohnehin kein Vorverfahren fordert. Es ist also kein Vorverfahren erforderlich, wo die VwGO keines erfordert.
[1094] Zu beachten ist jedoch, dass die mit diesen Rechtsmitteln grundsätzlich verbundene aufschiebende Wirkung in aller Regel gemäß § 80 II S. 1 Nr. 2, 3 oder 4 VwGO ausgeschlossen sein wird. Folgerichtig wäre dann ein Antrag gemäß § 80 V VwGO in Betracht zu ziehen. Da die Vollzugsmaßnahme im Zeitpunkt der Anfechtung allerdings regelmäßig bereits vollzogen worden ist, ist zugleich ein Annexantrag gemäß § 80 V S. 3 VwGO zu stellen. In der Begründetheit ist dann der allgemeine öffentlich-rechtliche Folgenbeseitigungsanspruch zu prüfen.

Rechtmäßigkeit des Verwaltungszwangs im gekürzten Verfahren (⇨ Sofortvollzug)

Im gekürzten Verwaltungsvollstreckungsverfahren beruht die Vollstreckungsmaßnahme auf einem lediglich fiktiven GrundVA. Dessen zwangsweise Durchsetzung setzt voraus:

A. Rechtsgrundlage der Vollstreckungsmaßnahme
Rechtsgrundlage ist die Vorschrift des VwVG über das gekürzte Vollstreckungsverfahren (z.B. § 6 II BundesVwVG und die entsprechenden Landesgesetze) i.V.m. der Vorschrift des konkreten Zwangsmittels.

B. Formelle Rechtmäßigkeit der Zwangsmaßnahme
Die sachliche **Zuständigkeit** ergibt sich aus § 7 I BundesVwVG und den entsprechenden Landesgesetzen i.V.m. den Zuständigkeitsvorschriften bzgl. des fiktiven GrundVA.

C. Materielle Rechtmäßigkeit der Zwangsmaßnahme

I. Vorliegen der allgemeinen **Vollstreckungsvoraussetzungen des Sofortvollzugs** (vgl. § 6 II BundesVwVG und die entsprechenden Landesgesetze)

Danach kann der Verwaltungszwang auch ohne Grundverfügung angewendet werden, wenn dies zur Verhinderung einer rechtswidrigen Tat, die einen Straf- oder Bußgeldtatbestand verwirklicht (vgl. § 11 I Nr. 5 StGB und z.B. § 49 StVO i.V.m. 24 StVG), <u>oder</u> zur Abwendung einer drohenden Gefahr geboten erscheint <u>und</u> die Behörde innerhalb ihrer gesetzlichen Befugnisse handelt. Im Einzelnen gilt: Während die beiden Tatbestandsvoraussetzungen *Verhinderung einer rechtswidrigen Tat* und *zur Abwendung einer drohenden Gefahr geboten erscheint* i.d.R. durch einfache Sachverhaltssubsumtion festzustellen sind, ist mit der Voraussetzung *Handeln im Rahmen ihrer gesetzlichen Befugnisse* gemeint, dass eine Vollstreckung nur auf der Grundlage einer **fiktiven (hypothetischen) Grundverfügung** erfolgen darf. Diese muss – wie jeder andere Verwaltungsakt – formelle und materielle Voraussetzungen erfüllen, was in der Fallbearbeitung zu einer inzidenten Prüfung führt:

1. **Rechtsgrundlage für den Erlass der (hypothetischen) Grundverfügung**
   a. Spezialbefugnis im besonderen Gefahrenabwehrrecht (Rn 84 ff.) oder
   b. Spezialbefugnis im Polizei- und Ordnungsrecht (Rn 115 ff.) oder
   c. polizei- und ordnungsrechtliche Befugnisgeneralklausel (Rn 600 ff.) und
   d. keine Subsidiarität des Gefahrenabwehrrechts (Rn 68 ff.)

2. **Formelle Rechtmäßigkeit der (hypothetischen) Grundverfügung**
   a. **Zuständigkeit** der handelnden Behörde (Rn 607 ff.) und
   b. ordnungsgemäßes **Verfahren** (Rn 618 ff.) und
   c. Einhaltung der **Form**vorschriften (Rn 621 ff.)

3. **Materielle Rechtmäßigkeit der (hypothetischen) Grundverfügung**
   Anders als beim gestreckten Verfahren, bei dem die Grundverfügung lediglich wirksam sein muss, muss sie im Rahmen des Sofortvollzugs materiell rechtmäßig sein (str.).

II. **Fehlen von Vollstreckungshindernissen**:
Privatrechtliche Hinderungsgründe (z.B. Eigentumsübertragung, Miteigentum, Vermietung) hindern die Vollstreckbarkeit. Daher wird eine Duldungsverfügung gegen den Dritten erforderlich, wenn dieser der Vollstreckung nicht zustimmt.

III. **Tatbestandliche Voraussetzungen der konkreten Zwangsmaßnahme**
Liegen die allgemeinen Vollstreckungsvoraussetzungen („generelle Zulässigkeit des Sofortvollzugs") vor, sind des Weiteren die **Tatbestandsvoraussetzungen des konkreten Zwangsmittels** (Ersatzvornahme, unmittelbarer Zwang in Form des Schlagstock-, Schusswaffeneinsatzes etc.) zu prüfen.

IV. **Fehlerfreies Ermessen und Beachtung des Verhältnismäßigkeitsgrundsatzes**
Insbesondere dürfen andere Zwangsmittel nicht in Betracht kommen, keinen Erfolg versprechen oder müssen unzweckmäßig sein. Schließlich muss das angewendete Zwangsmittel verhältnismäßig i.e.S. (= angemessen) sein (vgl. dazu Rn 936 a.E.).

> **Rechtmäßigkeit des Verwaltungszwangs im gekürzten Verfahren**
> (⇨ **unmittelbare Ausführung**)
>
> Bei der unmittelbaren Ausführung beruht die Maßnahme (unmittelbarer Zwang; Ersatzvornahme) schlicht auf dem Umstand, dass der Zweck der Maßnahme nicht durch die Inanspruchnahme des Verantwortlichen erreicht werden kann. In Ländern, die sowohl den Sofortvollzug als auch den unmittelbaren Zwang kennen, ist wie beim Sofortvollzug auch bei der unmittelbaren Ausführung ein fiktiver GrundVA zu fordern (str.).
>
> **A. Anwendbarkeit der unmittelbaren Ausführung**
> Die unmittelbare Ausführung erlaubt die Durchführung einer Maßnahme, wenn der Zweck der Maßnahme nicht oder nicht rechtzeitig durch die Inanspruchnahme des Verantwortlichen erreicht werden kann. Rechtsgrundlage ist dabei nach h.M. jedoch nicht die Vorschrift über die unmittelbare Ausführung, sondern die Vorschrift über das konkrete Zwangsmittel i.V.m. der Vorschrift über die unmittelbare Ausführung.
>
> **B. Formelle Rechtmäßigkeit der Zwangsmaßnahme**
> Die sachliche **Zuständigkeit** ergibt sich aus § 7 I BundesVwVG und den entsprechenden Landesgesetzen.
>
> **C. Materielle Rechtmäßigkeit der Zwangsmaßnahme**
>   I. Vorliegen der allgemeinen **Vollstreckungsvoraussetzungen** (vgl. die entsprechenden Vorschriften der Landesgesetze)
>
>   Danach darf im Wege der unmittelbaren Ausführung eine Maßnahme getroffen werden, wenn auf andere Weise eine unmittelbar bevorstehende Gefahr für die öffentliche Sicherheit (oder Ordnung) nicht abgewehrt oder eine Störung nicht beseitigt werden kann.
>
>   Voraussetzung ist also, dass eine reguläre Vollstreckungsmaßnahme zu spät käme, dass sie – bei fehlender Handlungsfähigkeit des Pflichtigen – wirkungslos bliebe oder dass der Verursacher der Störung unbekannt bzw. nicht erreichbar ist.
>
>   Freilich darf in den Ländern, die sowohl den Sofortvollzug als auch die unmittelbare Ausführung kennen, die unmittelbare Ausführung nur auf der Grundlage einer **fiktiven (hypothetischen) Grundverfügung** erfolgen (str.). Diese muss – wie jeder andere Verwaltungsakt – formelle und materielle Voraussetzungen erfüllen, was in der Fallbearbeitung zu einer inzidenten Prüfung führt:
>
>   **1. Rechtsgrundlage für den Erlass der (hypothetischen) Grundverfügung**
>   a. Spezialbefugnis im besonderen Gefahrenabwehrrecht (Rn 84 ff.) oder
>   b. Spezialbefugnis im Polizei- und Ordnungsrecht (Rn 115 ff.) oder
>   c. polizei- und ordnungsrechtliche Befugnisgeneralklausel (Rn 600 ff.) und
>   d. keine Subsidiarität des Gefahrenabwehrrechts (Rn 68 ff.).
>
>   **2. Formelle Rechtmäßigkeit der (hypothetischen) Grundverfügung**
>   a. **Zuständigkeit** der handelnden Behörde (Rn 607 ff.) und
>   b. ordnungsgemäßes **Verfahren** (Rn 618 ff.) und
>   c. Einhaltung der **Form**vorschriften (Rn 621 ff.).
>
>   **3. Materielle Rechtmäßigkeit der (hypothetischen) Grundverfügung**
>   Anders als beim gestreckten Verfahren, bei dem die Grundverfügung lediglich wirksam sein muss, muss sie im Rahmen der unmittelbaren Ausführung materiell rechtmäßig sein (str.).
>
>   II. **Fehlen von Vollstreckungshindernissen**:
>   wie beim Sofortvollzug
>
>   III. **Tatbestandliche Voraussetzungen der konkreten Zwangsmaßnahme**
>   Es müssen die **Tatbestandsvoraussetzungen des konkreten Zwangsmittels** (Ersatzvornahme, unmittelbarer Zwang) vorliegen.

IV. Fehlerfreies Ermessen und Beachtung des Verhältnismäßigkeitsgrundsatzes

Insbesondere dürfen andere Mittel der Gefahrenabwehr nicht in Betracht kommen, keinen Erfolg versprechen oder müssen unzweckmäßig sein. Schließlich muss das im Wege der unmittelbaren Ausführung angewendete Zwangsmittel verhältnismäßig i.e.S. (= angemessen) sein (vgl. dazu Rn 936 a.E.).

VII. Insbesondere: Unmittelbarer Zwang

1. Begriff und Bedeutung

Das in der Praxis und im Studium bedeutsamste Zwangsmittel ist der unmittelbare Zwang.[1095] Die grundsätzlichen Voraussetzungen wurden bereits bei Rn 919 ff. aufgezeigt, sodass an dieser Stelle vertiefende Aspekte behandelt werden können.

963

Die **Hilfsmittel** des unmittelbaren Zwangs sind in den Polizeigesetzen aufgezählt. Zu ihnen gehören z.B. das Wegführen am Arm, Wegtragen, Abdrängen, Wegschieben, Boxen, aber auch die Anwendung des sog. „Polizeigriffs" sowie Handschellen, technische Sperren, MES (Mehrzweckeinsatzstock), Wasserwerfer, Sprengmittel (Explosivmittel) und Diensthunde. Zur körperlichen Einwirkung auf Sachen gehören z.B. das Einschlagen von Fenstern und das Eintreten von Türen. Darüber hinaus sind (freilich unter strengeren Voraussetzungen) **Waffen** zugelassen.

964

Die Aufzählung der Hilfsmittel der körperlichen Gewalt in den Polizeigesetzen ist nicht abschließend. Das folgt aus der Formulierung „insbesondere". Die Bestimmungen nennen jedoch die wichtigsten Hilfsmittel der körperlichen Gewalt, mit denen die Polizeibehörden dienstlich ausgestattet sind. Einer besonderen Zulassung bedarf es – im Gegensatz zu den Waffen – nicht. In Anlehnung an die Ausführungsbestimmungen der Bundesländer kommen als **technische Sperren** zum Absperren von Straßen, Plätzen oder anderem Gelände z.B. Absperrgitter, Seile, Draht, Stacheldraht, sog. spanische Reiter sowie Nagelböden oder -bänder in Betracht. **Diensthunde** müssen für ihre Aufgaben abgerichtet sein. Sie dürfen nur von Personen eingesetzt werden, die hierfür besonders ausgebildet sind. **Dienstfahrzeuge** dürfen gegen Personen (Ansammlungen) eingesetzt werden, um Straßen, Plätze oder anderes Gelände zu räumen. Der Einsatz ist so durchzuführen, dass möglichst niemand verletzt wird. **Explosivmittel** sind zur Verwendung als Sprengstoffe i.S.v. § 1 II S. 1 Nr. 1 i.V.m. § 3 I Nr. 2 SprengstoffG bestimmte Materialien; sie dürfen gegen Personen nicht oder nur unter sehr engen Voraussetzungen angewendet werden.[1096] Schläge mit dem **MES** sollen gegen Arme oder Beine gerichtet werden, um schwerwiegende Verletzungen zu vermeiden. **Reizstoffe** dürfen nur gebraucht werden, wenn der Einsatz körperlicher Gewalt oder anderer Hilfsmittel der körperlichen Gewalt keinen Erfolg verspricht und wenn durch den Gebrauch dieser Stoffe die Anwendung von Waffen vermieden werden kann. Gegen eine Menschenmenge dürfen Reizstoffe nur eingesetzt werden, wenn von ihr Gewalttaten ausgehen oder Gewalttaten unmittelbar bevorstehen. Die Beimischung in Wasserwerfern/Wasserarmaturen ist jedoch stets unzulässig. Ohnehin ist der in den polizeigesetzlichen Bestimmungen explizit genannte **Wasserwerfer** mit Blick auf die Menschenwürde problematisch. Dennoch hat das BVerfG entschieden, dass der Einsatz von Wasserwerfern – für sich genommen – nicht gegen die Menschenwürde verstoße. Auch sei es verfassungsrecht-

965

[1095] §§ 33 ff. MEPolG; Bund: § 12 VwVG, § 2 UZwG; BW: § 26 VwVG; Bay: Art. 75 PAG; Berl: § 2 UZwG, § 5 II VwVfG i.V.m. § 12 BundesVwVG; Brand: § 58 PolG; Brem: §§ 40 f. PolG, § 16 VwVG; Hamb: §§ 17 SOG, §§ 15 ff. VwVG; Hess: § 52 SOG; MeckVor: § 90 SOG; Nds: § 69 POG; NRW: § 55 PolG, § 62 VwVG; RhlPfl: § 65 LVwVG, §§ 57 ff. POG; Saar: § 49 PolG; Sachs: § 25 VwVG; SachsAnh: § 58 SOG; SchlHolst: § 239 LVwG; Thür: § 56 PAG, § 51 VwZVG.
[1096] Siehe etwa § 54a BWPolG.

lich nicht geboten, den Wasserwerfereinsatz gesetzlich so genau zu bestimmen wie den Schusswaffeneinsatz.[1097]

966 Als **Waffen** können je nach Bundesland Schlagstock, Distanz-Impulsgerät (Taser), Reizstoffe (z.B. Tränengas in Form von CS und Capsaicin; Letzteres besser bekannt als „Pfefferspray"), Pistole, Revolver, Gewehr und Maschinenpistole zugelassen sein (vgl. etwa § 18 IV HmbSOG). Bei den in den betreffenden Vorschriften genannten **Schusswaffen** handelt es sich um sog. Waffen im technischen Sinn, die sich mittels objektiver, im WaffG i.V.m. den in dessen Anlage 1 definierten Kriterien bestimmen lassen. Vgl. dazu Rn 1058 sowie hinsichtlich der Grenzen des Schusswaffengebrauchs Rn 977 ff.

967 Wenn die Polizeigesetze von Gewehren und Maschinenpistolen sprechen, sind damit **Maschinengewehre zwingend ausgeschlossen**. Dasselbe gilt erst recht für **Handgranaten** etc. Derartige Waffen sind in Ermangelung einer landesrechtlichen Regelung (vgl. aber neuerdings § 54a BWPolG) der **Bundespolizei** vorbehalten (vgl. §§ 9 ff. UZwG), wenn diese nach den Bestimmungen des jeweiligen Landespolizeigesetzes in diesem Land eingesetzt wird. Nach Art. 35 II S. 1 GG kann ein Land zur Aufrechterhaltung oder Wiederherstellung der öffentlichen Sicherheit oder Ordnung in Fällen von besonderer Bedeutung Kräfte und Einrichtungen der Bundespolizei zur Unterstützung seiner Polizei anfordern, wenn die Polizei ohne diese Unterstützung eine Aufgabe nicht oder nur unter erheblichen Schwierigkeiten erfüllen könnte. Nach Art. 35 III GG kann die Bundesregierung Einheiten der Bundespolizei einsetzen, wenn eine Naturkatastrophe oder ein Unglücksfall das Gebiet mehr als eines Landes gefährden. Art. 91 I GG lässt die Anforderung von Kräften und Einrichtungen der Bundespolizei durch ein Land zur Abwehr einer drohenden Gefahr für den Bestand oder die freiheitliche demokratische Grundordnung des Bundes oder eines Landes zu.

968 Welches der in den Polizeigesetzen zugelassenen Mittel im Einzelfall angewendet werden darf, richtet sich einerseits nach dem Grundsatz der **Effektivität der Gefahrenabwehr**, andererseits aber auch nach dem **Grundsatz der Verhältnismäßigkeit**. Eine nicht unerhebliche Bedeutung kommt in diesem Zusammenhang dem in den novellierten Polizeigesetzen aufgenommenen **Distanz-Impulsgerät** mit der Bezeichnung „Advanced Taser"[1098] zu.

969 Als besondere Ausprägung des **Folterverbots** und damit der Menschenwürde normieren die Polizeigesetze schließlich, dass unmittelbarer Zwang **zur Durchsetzung des Gebots, eine Erklärung abzugeben, unzulässig ist** (vgl. z.B. §§ 41 V BremPolG, 52 II HessSOG, 69 VII NdsPOG). Ob dieses absolute Folterverbot mit dem Sinn und Zweck von Folter, die darin bestehen, Inhaftierten den Willen zu brechen, diese gefügig zu machen und die eigene Macht zu demonstrieren, bei der Abwehr von Katastrophen, wie sie von terroristischen Anschlägen ausgehen können, vereinbar ist, lässt sich nicht ohne weiteres sagen.[1099]

2. Androhung

970 Während in Ländern des Einheitssystems die Verwaltungsvollstreckungsgesetze i.d.R. (nur) allgemeine Vorschriften über die Androhung von Zwangsmitteln beinhalten, enthalten die dortigen Polizeigesetze Sonderregelungen über die Androhung der Anwendung des Zwangsmittels *unmittelbarer Zwang* durch *Polizeivollzugsbeamte*. Wendet also (1.) ein Beamter des Polizeivollzugsdienstes Zwang an und handelt es sich (2.) bei dem Zwangsmittel um unmittelbaren Zwang, richten sich die Voraussetzungen für die Androhung und deren Entbehrlichkeit ausschließlich nach den Bestimmungen der Polizeigesetze. Die Vorschriften der Verwaltungsvollstreckungsgesetze über die Androhung des Zwangs werden insoweit verdrängt. In den Ländern des Trennungssystems sind

---

[1097] BVerfG NVwZ 1999, 290, 292.
[1098] Von Tom A. Swift Electric Rifle.
[1099] Vgl. dazu ausführlich nebst Beispielsfall *R. Schmidt*, Grundrechte, Rn 233; wie dort bereits seit der 6. Aufl. 2004 des vorliegenden Buches vertreten später auch *Götz*, NJW 2005, 953, 956.

dagegen sämtliche Bestimmungen des Zwangs i.d.R. im Sicherheits- und Ordnungsgesetz (SOG) zusammengefasst (vgl. etwa §§ 17 ff. HmbSOG).

Die Vorschriften der Polizeigesetze sind auch dann anzuwenden, wenn Beamte des Polizeivollzugsdienstes nach anderen Rechtsvorschriften zur Anwendung unmittelbaren Zwangs befugt sind; insbesondere finden die Vorschriften auch bei der **Strafverfolgung** Anwendung.[1100] 971

Der Androhung des unmittelbaren Zwangs wird ganz herrschend eine Regelungswirkung zugesprochen; mithin wird in ihr ein **Verwaltungsakt** gesehen.[1101] Dies ergibt sich daraus, dass die Androhung eine konstitutive Rechtmäßigkeitsvoraussetzung für die Anwendung des Verwaltungszwangs im gestreckten Verfahren darstellt und damit eine für die Fortsetzung des Vollstreckungsverfahrens unerlässliche Regelung trifft. Folge der Einstufung als Verwaltungsakt ist, dass die Androhung zu ihrer Wirksamkeit dem Adressaten bekannt gegeben werden muss (§ 41 I, 43 I VwVfG). Zudem ist sie **zuzustellen**. Daran fehlt es regelmäßig bei den sog. Abschleppfällen, was eine besondere rechtliche Problematik aufwirft (vgl. dazu Rn 1025 ff.). 972

Die Androhung darf nur erfolgen, wenn auch die Anwendung unmittelbaren Zwangs zulässig ist. Das folgt aus dem Konnexitätsprinzip, das zwischen der Androhung eines Zwangsmittels und dessen Anwendung besteht. Umgekehrt führt das Fehlen einer Androhung zur Rechtswidrigkeit der Anwendung des unmittelbaren Zwangs, falls nicht ausnahmsweise von der Androhung abgesehen werden kann. Von der Androhung abgesehen werden kann, wenn die Umstände sie nicht zulassen. Dies ist insbesondere der Fall, wenn die sofortige Anwendung unmittelbaren Zwangs zur Abwehr einer unmittelbar bevorstehenden bzw. gegenwärtigen Gefahr notwendig ist, also Eilbedürftigkeit vorliegt (vgl. z.B. § 22 I S. 2 HmbSOG, § 70 I S. 3 NdsPOG). 973

Als besondere Form der Androhung des Schusswaffengebrauchs ist der **Warnschuss** (steil in die Luft abzugebender Schuss, von dem nach menschlichem Ermessen niemand getroffen werden kann) zugelassen (vgl. z.B. § 22 I S. 3 HmbSOG). Andere Formen des unmittelbaren Zwangs dürfen dagegen nicht mit einem Warnschuss angedroht werden. Ein Warnschuss darf nur abgegeben werden, wenn die Voraussetzungen für den Schusswaffengebrauch vorliegen (vgl. sogleich Rn 975 sowie den Beispielsfall bei Rn 991). Andererseits dürfen Schusswaffen nur dann ohne Androhung gebraucht werden, wenn dies zur Abwehr einer gegenwärtigen Gefahr für Leib oder Leben erforderlich ist. Die Androhung ist demgemäß nur in bestimmten Fällen der Gefahrenabwehr, nicht aber bei der Strafverfolgung, entbehrlich. Stets anzudrohen ist der Gebrauch von Schusswaffen gegen Personen in einer Menschenmenge. In diesem Fall ist die Androhung vor dem Schusswaffengebrauch sogar zu wiederholen (vgl. z.B. § 22 III S. 2 HmbSOG). Daraus folgt zugleich, dass der Schusswaffengebrauch gegen eine Menschenmenge als solche unzulässig ist. 974

Zwischen Androhung und Anwendung des unmittelbaren Zwangs muss eine angemessene Zeitspanne liegen. Dies ergibt sich aus dem genannten Zweck der Androhung, der darauf gerichtet ist, der betroffenen Person Gelegenheit zu geben, sich so zu verhalten, dass von der Anwendung unmittelbaren Zwangs abgesehen werden kann. 975

Anders als die Androhung nach den Verwaltungsvollstreckungsgesetzen kann die Androhung nach den Polizeigesetzen auch **mündlich** ergehen. Das ergibt sich aus den 976

[1100] Vgl. dazu Rn 991 (Beispielsfall).
[1101] BVerwG NVwZ 1998, 393; *Kopp/Schenke*, VwGO, Anh § 42 Rn 32; *Kopp/Ramsauer*, VwVfG, § 35 Rn 67; *Erichsen/Rauschenberg*, Jura 1998, 31, 38; *Schenke*, POR, Rn 546.

entsprechenden Vorschriften der Polizeigesetze. Zulässig ist sogar die Androhung **auf andere Weise**, z.B. durch das Freimachen oder Zeigen des Schlagstocks.

3. Anwendung des Zwangsmittels, insbesondere Schusswaffengebrauch

977 Die polizeigesetzlichen Bestimmungen über den Schusswaffengebrauch stellen keine eigenständigen Rechtsgrundlagen für den Schusswaffengebrauch dar (dies sind primär die § 6 BundesVwVG entsprechenden landesrechtlichen Vorschriften); vielmehr zeigen sie als besondere Bestimmungen und Ausprägungen des Verhältnismäßigkeitsgrundsatzes Rechtfertigungsgründe, aber auch Grenzen des Schusswaffengebrauchs auf. Unter dem zuletzt genannten Aspekt handelt es sich um rechtsstaatliche Begrenzungen der weiten Eingriffsbefugnis zur Anwendung unmittelbaren Zwangs.

978 Der Schusswaffengebrauch – also der Gebrauch von Pistole, Revolver, Gewehr und Maschinenpistole (zum Waffenbegriff vgl. Rn 1058) – darf nur **das letzte Mittel** („Ultima Ratio") bei der Anwendung des unmittelbaren Zwangs sein. Schusswaffen dürfen nur gebraucht werden, nachdem andere Maßnahmen des unmittelbaren Zwangs (körperliche Gewalt, Waffen, Hilfsmittel der körperlichen Gewalt einschließlich Reiz- und Betäubungsstoffe, Schlagstock) bereits erfolglos (d.h. ohne den erstrebten Zweck zu erreichen) angewendet worden sind oder ihre Anwendung von vornherein als erfolglos anzusehen ist. Maßgeblich sind die Umstände des Einzelfalls, wobei die objektivierte Ex-ante-Sicht des handelnden Polizeibeamten entscheidet. So ist der Schusswaffengebrauch gegen Personen unzulässig, wenn die Gefahr durch Schusswaffengebrauch gegen **Sachen** abgewehrt werden kann.

> **Beispiel:** Einem gestellten Bankräuber gelingt es mit einer Geisel, die er in seiner Gewalt hat, das Bankgebäude zu verlassen und sein Fluchtfahrzeug zu erreichen. Die verfolgenden Polizeibeamten geben zunächst einen Warnschuss ab, was den Täter jedoch unbeeindruckt lässt. Bevor die Beamten nunmehr versuchen, den Täter durch gezielten Schuss fluchtunfähig zu machen, gebietet es nicht nur der allgemeine Grundsatz der Verhältnismäßigkeit, sondern bereits die polizeigesetzliche Bestimmung über den Schusswaffengebrauch, zunächst zu versuchen, die Flucht mit dem Fahrzeug durch Schüsse in die Reifen zu verhindern (wobei gelegentlich vertreten wird, dass Schusswaffengebrauch gegen ein Fahrzeug, in dem sich Personen befinden, als Schusswaffengebrauch gegen Personen anzusehen sei).

979 Kommt Schusswaffengebrauch gegen Personen dennoch in Betracht, gilt wiederum der Grundsatz, dass Schusswaffen in erster Linie nur eingesetzt werden dürfen, um **angriffs- oder fluchtunfähig** zu machen. Diese Regelung stellt eine tatbestandliche Ausformung des Verhältnismäßigkeitsgrundsatzes dar. Sie schließt die Tötung als Zweck polizeilichen Schusswaffengebrauchs grundsätzlich (zur Ausnahme vgl. Rn 981) aus, lässt jedoch den Fall zu, dass eine betroffene Person abweichend von dem mit dem polizeilichen Schusswaffengebrauch verfolgten Ziel tödlich verletzt wird.

> **Beispiel:** Ein auf der Flucht befindlicher Geiselnehmer wird von einem Polizeibeamten verfolgt. Dieser zielt auf die Beine, trifft jedoch ein lebenswichtiges Organ des Flüchtigen, weil dieser zum Zeitpunkt der Schussabgabe – für den Beamten unvorhersehbar – seine Körperhaltung verändert. Hier ist der Schusswaffeneinsatz gerechtfertigt.

980 „**Fluchtunfähigkeit**" liegt vor, wenn die betroffene Person ihre Beine nicht mehr gebrauchen oder sich aus sonstigen Gründen nicht mehr fortbewegen kann. „**Angriffsunfähigkeit**" setzt mindestens die Unfähigkeit voraus, Arme und Beine zu gebrauchen.

Eine besondere Prägnanz besitzt der sog. **„finale Rettungsschuss"** (auch „finaler Todesschuss" genannt), da er den denkbar **schwersten Eingriff in die Grundrechte** eines Menschen darstellt. Virulent wird seine Problematik insbesondere im Zusammenhang mit **Geiselnahmen**.

981

> **Beispiel:** Der äußerst gewalttätig vorgehende Bankräuber O ist auf der Flucht und hat eine Geisel genommen, an deren Hals er seine Pistole hält. Da er bereits zuvor in der Bank einen Bankangestellten erschossen hat, hat er nichts zu verlieren. Der Einsatzleiter der Polizei E hat daher Grund zu der Annahme, dass sich die Geisel in Lebensgefahr befindet. Er erteilt dem Scharfschützen S die Freigabe, O mit einem gezielten Schuss zu töten. Dieser erschießt O.

Zwar ist der gezielte Todesschuss in den meisten[1102], nicht aber in allen Polizeigesetzen ausdrücklich geregelt; die Polizeigesetze, in denen der finale Rettungsschuss nicht aufgenommen worden ist, enthalten lediglich die Bestimmung, dass Schusswaffen gegen Personen nur gebraucht werden dürfen, um sie angriffs- oder fluchtunfähig zu machen.[1103] Da aber ein „Angriffs- und Fluchtunfähigmachen" begriffslogisch voraussetzt, dass der Betroffene am Leben bleibt, schließen diese Vorschriften sowohl von ihrem Wortlaut her als auch nach ihrem Sinn und Zweck den Todesschuss aus. Eine gegenteilige Auslegung verstieße gegen den Vorbehalt des Gesetzes. Selbst wenn man der Meinung wäre, der gezielte Todesschuss stelle die einschneidendste Form des „Angriffs- oder Fluchtunfähigmachens" dar, gelangte man zu keinem anderen Ergebnis, da dann die weite Auslegung des „Angriffs- oder Fluchtunfähigmachens" dazu führte, dass die betreffenden Vorschriften gegen den verfassungsrechtlich verankerten Bestimmtheitsgrundsatz verstießen und verfassungswidrig wären. Daher stellen die betreffenden Vorschriften selbst dann keine Rechtsgrundlage für den gezielten Todesschuss dar, wenn dieser die einzige Möglichkeit darstellt, eine Person „angriffs- oder fluchtunfähig" zu machen.[1104] Der Schütze missachtet in diesem Fall den Vorbehalt des Gesetzes und handelt – aus öffentlich-rechtlicher Sicht – rechtswidrig.

982

> Fände der Sachverhalt des **Beispiels** von Rn 981 im Anwendungsbereich eines der Polizeigesetze statt, die den gezielten Todesschuss nicht geregelt haben, könnte sich S nicht auf eine polizeigesetzliche Befugnisnorm stützen. Der Todesschuss würde ohne Rechtsgrundlage erfolgen. Ob S bei einem Schuss wenigstens (straf- oder zivilrechtlich) gerechtfertigt wäre, soll im Folgenden untersucht werden.

Sofern keine spezialgesetzlichen Grundlagen bestehen, stellt sich die Frage, ob Polizeibeamte sich bei lebensverkürzenden Eingriffen in Bürgerrechte in *persönlicher Hinsicht* auf allgemeine Rechtfertigungsgründe wie **Notwehr** berufen können. Unstreitig ist zunächst, dass ein Polizeibeamter sich auf § 227 BGB, § 32 StGB (bzw. § 34 StGB) berufen kann, wenn *seine Person* angegriffen wird. Denn dann ist er höchstpersönlich betroffen und muss sich wie jeder andere Mensch auf die allgemeinen Notwehr- und Notstandsregeln berufen können. Fraglich ist hingegen, ob ihm § 227 BGB, § 32 StGB (bzw. § 34 StGB) zur Seite stehen, wenn er in Ausübung eines hoheitlichen Amtes Angriffe auf *andere* abwehrt (insbesondere also den finalen Rettungsschuss ausübt). Soweit keine ausdrückliche Regelung existiert, die die Begründung polizeilicher Befugnisse unter Rückgriff auf die zivil- und strafrechtlichen Vorschriften über Notwehr und Notstand ausschließt, geht die h.M. davon aus, dass auch ein im Dienst befindlicher Amtsträger (insb. ein Polizeibeamter) sich auf § 32 StGB berufen könne, wenn er zu-

983

[1102] § 41 II S. 2 ff. MEPolG; BW: § 54 II PolG; Bay: Art. 83 II S. 2 PAG; Brand: § 66 II S. 2 PolG; Brem: § 46 II PolG; Hamb: § 25 II S. 1 SOG; Hess: § 60 II S. 2 SOG; Nds: § 76 II S. 2 POG; NRW: § 63 II S. 2 PolG; RhlPfl: § 63 II S. 3 POG; Saar: § 57 I S. 2 PolG; Sachs: § 43 II PVDG; SachsAnh: § 65 II S. 2 SOG; Thür: § 64 II S. 2 PAG.
[1103] Bund: § 12 II UZwG; Berl: § 9 II UZwG; MeckVor: § 109 I SOG; SchlHolst: § 258 I LVwG.
[1104] *Schenke*, POR, Rn 561; *Kingreen/Poscher*, POR, § 24 Rn 20.

gunsten Dritter – auch mit gewollt tödlichem Ausgang – einschreite.[1105] Aus strafrechtlicher Sicht ist diese Auffassung zustimmungswürdig. Denn ansonsten würde sich die Situation ergeben, dass sich zwar jeder Dritte auf Nothilfe berufen und daher schießen dürfte, nicht aber der gut ausgebildete Scharfschütze bei der Polizei. Zugunsten des Opferschutzes kann man daher den finalen Rettungsschuss als über § 32 StGB (Nothilfe) gerechtfertigt ansehen. Dieser Befund wird zumindest von der Europäischen Menschenrechtskonvention (Art. 2 II EMRK) zugelassen. Im Übrigen besäßen die Länder ohnehin keine Kompetenz, die insoweit einschlägigen Regelungen aus dem BGB und StGB außer Kraft zu setzen. Ob ein Polizeibeamter von dem ihm als Privatmann zustehenden Rechtfertigungsgrund Gebrauch macht, obliegt also prinzipiell seiner persönlichen Entscheidung. Eine Anweisung durch den Vorgesetzten, hiervon Gebrauch zu machen, ist ausgeschlossen.

Demzufolge ist S im **Beispiel** von Rn 981 zumindest *persönlich* zivil- und strafrechtlich gerechtfertigt.

984 Fehlt also eine spezialgesetzliche Rechtsgrundlage für den gezielten Todesschuss, lassen zwar Notwehr bzw. Nothilfe den Strafvorwurf aus § 212 StGB entfallen, dies führt aber noch nicht zwangsläufig zur *verfassungsrechtlichen* Rechtfertigung des Eingriffs in das Grundrecht aus Art. 2 II S. 1 GG. Vielmehr ist aufgrund der Intensität des Eingriffs und der Rechtssicherheit eine **ausdrückliche gesetzliche Ermächtigung** zu verlangen; § 32 StGB wird dem Gesetzesvorbehalt nicht gerecht (s.o.).

985 Aus diesem Grund, aber auch, um dem verfassungsrechtlichen Bestimmtheitsgrundsatz nachzukommen, haben die meisten Bundesländer den gezielten Todesschuss explizit geregelt (s.o., Rn 982). Des Weiteren erübrigt sich durch diese Vorschriften die o.g. Debatte, ob ein Rückgriff auf das allgemeine Notwehrrecht statthaft ist. Denn wie der Wortlaut der entsprechenden Bestimmungen eindeutig zu erkennen gibt, wurde der im StGB enthaltene Rechtfertigungsgrund Notwehr/Nothilfe gleichsam als Rechtsgrundlage in die (meisten) Polizeigesetze transferiert.

986 Gebraucht also ein Polizeivollzugsbeamter die Schusswaffe als das einzige Mittel, um einen rechtswidrigen Angriff mit gegenwärtiger Lebensgefahr oder gegenwärtiger Gefahr einer schwerwiegenden Verletzung der körperlichen Unversehrtheit von sich oder einem anderen abzuwehren, ist sein Handeln auch dann zulässig, wenn es unvermeidbar zum Tod des Angreifers führt[1106]; insoweit wird das Grundrecht auf Leben (Art. 2 II S. 1 GG) eingeschränkt.[1107]

Fände der Sachverhalt des **Beispiels** von Rn 981 in einem Bundesland statt, dessen Polizeigesetz den finalen Rettungsschuss explizit regelt, könnte sich S auf die entsprechende Bestimmung des Polizeigesetzes stützen. Der Todesschuss wäre zulässig, stünde aber – auch wenn E dem S nicht nur die Freigabe erteilt, sondern diesem auch eine diesbezügliche Anweisung gegeben hätte – im Ermessen des S.

987 Die Abgabe eines Schusses, der als letztes Mittel zur Beseitigung der Angriffsfähigkeit tödlich wirken soll, kommt nur bei der Gefahrenabwehr, nicht jedoch im Rahmen der Strafverfolgung in Betracht (zur Abgrenzung bei Gemengelagen vgl. Rn 565). Insbesondere erfassen die Polizeigesetze, die den Schusswaffeneinsatz im Rahmen der Strafverfolgung zulassen, nicht den *gezielten* Todesschuss.

[1105] *Fischer*, StGB, vor § 32 Rn 6; Sch/Sch-*Perron/Eisele*, StGB, § 32 Rn 42b; *Schenke*, POR, Rn 562.
[1106] Eine Kollision dieser Regelung mit Art. 102 GG (Verbot der Todesstrafe) besteht nicht, da ein der Gefahrenabwehr dienender Todesschuss gerade keine Strafe darstellt.
[1107] Vgl. etwa die Zitierung des Art. 2 GG (und damit auch des Art. 2 II S. 1 GG) in § 32 HmbSOG. In Bayern z.B. wird Art. 2 II S. 1 GG separat zitiert (Art. 91 BayPAG), was der Verdeutlichungsfunktion des Zitiergebots besser Rechnung trägt.

Beispiel: Ein auf der Flucht befindlicher Mörder wird von einem Polizeibeamten verfolgt. Dieser schießt auf den Betroffenen, um ihn zu töten.

Hier ist der Schusswaffeneinsatz mit dem Ziel der Tötung von keiner Vorschrift der Polizeigesetze gerechtfertigt.

988 Eine Einschränkung enthalten die meisten Polizeigesetze, wenn sie bestimmen, dass der Schusswaffengebrauch **nicht angeordnet** werden kann und eine eventuelle Weisung somit nicht befolgt werden muss. Damit wird gleichzeitig deutlich, dass die Verantwortung für den finalen Rettungsschuss bei dem letztlich handelnden Beamten liegt.[1108] Diese Verantwortung bedeutet jedoch nicht, dass der handelnde Beamte allein aus „Gewissensgründen" den finalen Rettungsschuss verweigern darf. Dieser stellt zwar den schwersten aller denkbaren staatlichen Eingriffe dar, in ihm konkretisiert sich aber zugleich die letztlich verfassungsrechtlich begründete Schutzpflicht des Staates gegenüber dem rechtswidrig in schwerster Weise angegriffenen, bedeutsamen Rechtsgut.

989 Die meisten Polizeigesetze verbieten den Schusswaffeneinsatz gegen Personen, die dem äußeren Eindruck nach noch nicht **14 Jahre** alt sind, ausnahmslos. Eine derartige Regelung ist zwar grundsätzlich zu begrüßen, verkennt aber den Umstand, dass in der jüngeren Vergangenheit Schwerstkriminalität (insbesondere Gewalttaten) auch von Kindern begangen wurde, die diese Altersgrenze noch nicht erreicht hatten. Würde also bspw. ein 13-Jähriger („Amoklauf in der Schule") auf eine andere Person schießen oder auf diese mit einem Messer einstechen, könnte die Polizei den Angriff (bzw. weitere Angriffe auf andere Personen) nicht durch Schusswaffengebrauch (worunter in diesem Zusammenhang nicht der gezielte Todesschuss, sondern der „normale" Schusswaffeneinsatz, um angriffsunfähig zu machen, gemeint ist) abwehren. Unter Umständen wäre die Polizei somit daran gehindert, ein Tötungsdelikt zu verhindern, falls sich der Schusswaffengebrauch als das einzige Mittel der Gefahrenabwehr darstellte. Ob sich die Landesgesetzgeber dessen bewusst waren, als sie diese Regelungen eingeführt haben, mag bezweifelt werden. Möglicherweise wollten sich die betreffenden Landesgesetzgeber bewusst nicht dieser Problematik stellen. Jedenfalls sind die genannten Regelungen überholt. Einen Ausweg aus diesem Dilemma zeigt auch nicht § 32 StGB auf. Denn dadurch, dass die betreffenden Bestimmungen der Polizeigesetze ein ausdrückliches Schusswaffenverbot vorsehen, darf schon aus systematischen Gründen nicht auf § 32 StGB zurückgegriffen werden, um den Schusswaffeneinsatz öffentlich-rechtlich zu rechtfertigen. Diesbezüglich überzeugende Regelungen enthalten §§ 60 III S. 2 HessSOG und 76 III S. 2 NdsPOG, die den Schusswaffengebrauch auch gegenüber Personen unter 14 Jahren erlauben, wenn er das einzige Mittel zur Abwehr einer gegenwärtigen Gefahr für Leib oder Leben darstellt. Denn in einem solchen Fall greift das besondere Schutzbedürfnis, das das Verbot des Schusswaffeneinsatzes gegen Kinder unter 14 Jahren ausmacht, nicht.

990 Schließlich bestimmen die Polizeigesetze, dass der Schusswaffengebrauch unzulässig ist, wenn Unbeteiligte, insbesondere in einer Menschenmenge, mit hoher Wahrscheinlichkeit gefährdet würden. „Unbeteiligte" sind alle Personen, bei denen die Voraussetzungen für einen gegen sie gerichteten Schusswaffengebrauch nicht gegeben sind. Dies trifft nicht auf Mittäter und Teilnehmer der Tat, die den Schusswaffengebrauch erfordern, zu, sehr wohl aber z.B. auf Geiseln. Die Gefährdung muss mit hoher Wahrscheinlichkeit bestehen. Maßgeblich ist die objektivierte Einschätzung der handelnden Beamten. Werden Unbeteiligte gefährdet, ist der Schusswaffengebrauch unzulässig.

[1108] Anders z.B. § 56 HessSOG und § 72 NdsPOG, wonach (auch) der gezielte Todesschuss wirksam angeordnet werden kann.

Allerdings wird das Verbot, Unbeteiligte durch Schusswaffengebrauch zu gefährden, durch entsprechende Ausnahmebestimmungen relativiert. Danach ist der Schusswaffengebrauch zulässig, auch wenn Unbeteiligte, insbesondere in einer Menschenmenge, mit hoher Wahrscheinlichkeit gefährdet würden. Voraussetzung ist aber, dass der Schusswaffengebrauch das einzige Mittel zur Abwehr einer gegenwärtigen Lebensgefahr ist und durch den Schusswaffengebrauch keine Lebensgefahr für Unbeteiligte entsteht. Der Begriff „Menschenmenge" sollte in Anlehnung an § 125 StGB verstanden werden. Sie liegt vor bei einer räumlich vereinigten, nicht notwendig ungezählten, aber doch so großen Personenmehrheit, dass die Zahl nicht sofort überschaubar ist und deshalb das Hinzukommen oder Weggehen Einzelner für den äußeren Eindruck unwesentlich sind.[1109] Die Grenze wird bei ca. 15-20 Personen gesehen[1110], jedoch sind stets die Umstände des Einzelfalls zu beachten.

4. Abschlussfall

991 Die Polizeivollzugsbeamten A und B werden bei einem Streifengang in einer verrufenen Gegend der Stadt auf einen dem Drogenmilieu zuzurechnenden Mann aufmerksam, der vorbeikommende Passanten anpöbelt und aggressiv anbettelt. Als die Beamten auf den Mann zugehen, um ihn von seinem Handeln abzubringen, zieht er unvermittelt ein Messer und greift A mit den Worten: „Ich schlitz dir den Arm auf!" an. Nachdem er den Arm des Beamten mit dem Messer nur äußerst knapp verfehlt hat und A erneut angreifen will, schlägt B dem Mann wortlos mit dem Schlagstock auf dessen Arm, sodass dieser den Angriff aufgibt und - das Messer noch in der Hand - die Flucht ergreift. Nach kurzer Besinnungszeit nehmen A und B die Verfolgung des Mannes auf. B merkt aber bald, dass sie keine Chance haben, den Mann noch einzuholen. Er ruft deshalb dem Mann nach: „Stehen bleiben!" und gibt aus seiner Dienstwaffe einen Warnschuss in die Luft ab. Der Mann kann dennoch entkommen.

Waren die Maßnahmen *Schlagstockeinsatz* und *Warnschuss* rechtmäßig?

Variante: Wie wäre bei der 1. Maßnahme (Schlagstockeinsatz) zu entscheiden, wenn B statt des Schlagstocks die Schusswaffe eingesetzt und den Angreifer in der Schulter getroffen hätte?

Die gutachterlich ausformulierte Lösung kann unter verlagrs@t-online.de angefordert werden.

[1109] BGHSt 33, 306, 308; OLG Köln NStZ-RR 1997, 234; BGH NStZ 2002, 538.
[1110] BGHSt 33, 306, 308. BGH NStZ 1994, 483 lässt u.U. auch 10 Personen ausreichen.

H. Kosten und Ersatzansprüche

I. Die Kostentragung der Gefahrenabwehr

Nachdem auf der ersten Ebene die Rechtmäßigkeit polizeilicher Primärmaßnahmen und auf der zweiten Ebene die zwangsweise Durchsetzung derselben zu untersuchen war, sind nunmehr die Folgen polizeilichen Handelns Gegenstand der Bearbeitung. Es geht um die Frage, wer die Kosten der Maßnahme zu tragen hat oder Ersatz von einem anderen beanspruchen kann. Aus rechtsstaatlicher Sicht erlangt dabei die Regelung über den Schadensausgleich in Anspruch genommener Nichtverantwortlicher die größte Bedeutung.

1. Kostentragung durch den Verantwortlichen

Die Kostentragungsvorschriften des Gefahrenabwehrrechts gehen von dem Grundsatz aus, dass der Polizei- und Ordnungspflichtige die Gefahr zu beseitigen und die damit verbundenen Kosten zu tragen hat.[1111] Das ist richtig, denn er ist für den Gefahrenzustand ja selbst verantwortlich. Hat also der *Verantwortliche* (der Störer) die Gefahr mit eigenen Mitteln beseitigt, kann er folgerichtig die dafür aufgewendeten Mittel selbstverständlich auch nicht erstattet verlangen.

Anders verhält es sich beim *Nichtverantwortlichen* (dem sog. Nichtstörer). Wurde dieser ausnahmsweise aufgrund des polizeirechtlichen Notstandes zur Gefahrenabwehr in Anspruch genommen, stellt dies schon zur Genüge ein „Sonderopfer" dar; eine zusätzliche Belastung in Form einer Kostentragungslast wäre nicht gerechtfertigt. Sollten ihm durch die Inanspruchnahme Vermögensnachteile entstanden sein, kann er einen Schadensausgleich verlangen (z.B. § 10 III-V SOG HmbSOG).[1112]

2. Kostentragung durch den Staat

Andererseits ist es eine staatliche Aufgabe, den Schutz der öffentlichen Sicherheit und Ordnung zu gewährleisten. Folgerichtig trägt auch grundsätzlich der Staat die Kosten der (allgemeinen) Gefahrenabwehr. Dabei gilt das Entstehungsprinzip. Dieses besagt, dass der Träger derjenigen Behörde, die die Gefahrenabwehrmaßnahme vorgenommen hat, auch die Kosten zu tragen hat. Einen (späteren) Ausgleich unter den Behördenträgern haben die Gesetze nicht vorgesehen (vgl. dazu Rn 1012).

Polizeikosten bei (Sport-)Großveranstaltungen: Teilweise hat der Gesetzgeber (hier: die Bürgerschaft der Freien Hansestadt Bremen) durch Gesetz eine abweichende Kostenregelung getroffen. Das ist nicht ganz unproblematisch. Konkret geht es um die Frage, ob der Staat die Kosten von Polizeieinsätzen bei Fußballspielen, insbesondere bei sog. Risikospielen, von den Veranstaltern erstattet verlangen kann. Problematisch hierbei sind mehrere Aspekte: Zunächst ist es zweifelhaft, die Veranstalter polizeirechtlich als Verantwortliche einzustufen. Denn die Gewalttätigkeiten bzw. Störungen gehen von den Fußballrowdys bzw. Randalierern aus, nicht von den Veranstaltern. Letztere über die Figur des sog. Zweckveranlassers zum polizeirechtlich Verantwortlichen zu erklären, ist problematisch, da die Veranstalter Gewalthandlungen wohl kaum herausgefordert oder in Kauf genommen haben (zu den Voraussetzungen der Einstufung als Zweckveranlasser vgl. Rn 768 ff., insb. 773). Daher bleibt nur eine gesetzliche Regelung der Kostenübernahme durch die Veranstalter. Dabei muss die Regelung aber höherrangige Güter, insbesondere Grundrechte der Veranstalter, beachten. Sie muss hinreichend bestimmt sein, d.h. die Anlasstatbestände genau be-

---

[1111] Eine Ausnahme gilt nur dann, wenn der Störer über seine Verantwortlichkeit hinaus in Anspruch genommen wird. Dann gilt das zum Nichtstörer Gesagte entsprechend.
[1112] Vgl. §§ 45-51 MEPolG; Bund: §§ 51-56 BPolG; BW: §§ 55-58 PolG; Bay: Art. 87-89 PAG, Art. 11 LStVG; Berl: §§ 59 ff. ASOG; Brand: §§ 38 ff. OBG i.V.m. § 70 PolG; Brem: §§ 56-62 PolG, Hamb: § 10 III-V SOG, Hess: §§ 64-70 SOG; MeckVor: §§ 72-77 SOG; Nds: §§ 80-86 POG; NRW: §§ 39-43 OBG i.V.m. § 67 PolG; RhlPfl: §§ 68-74 POG; Saar: §§ 68-74 PolG; Sachs: §§ 47 ff. PVDG; SachsAnh: §§ 69-75 SOG; SchlHolst: §§ 221-226 LVwG; Thür: §§ 68-74 PAG i.V.m. § 52 OBG.

schreiben und auch die Person des Kostenschuldners bestimmen. Schließlich muss sie verhältnismäßig sein. Ob dies alles bei § 4 IV BremGebBeitrG der Fall ist, wurde jüngst vom OVG Bremen entschieden. Zunächst hat das Gericht zu Recht angenommen, dass die Gewährleistung der öffentlichen Sicherheit eine Kernaufgabe des Staates ist und dass daher auch die Kosten der Gefahrenabwehr grundsätzlich vom Verwaltungsträger zu tragen sind.[1113] Zutreffend arbeitete das OVG sodann heraus, dass die Gebührenerhebung gegenüber den Veranstaltern verfassungsgemäß ist. Es hat die Annahme, die aus zu erwartenden Gewalthandlungen resultierenden zusätzlichen Kosten für Polizeieinsätze bei gewinnorientierten Großveranstaltungen seien nicht mehr zulasten der Allgemeinheit aus dem Steueraufkommen zu finanzieren, sondern dem Veranstalter aufzuerlegen, gebilligt und die Gebührenregelung des § 4 IV BremGebBeitrG für verhältnismäßig erachtet.[1114] Das überzeugt. Es ist nicht einzusehen, dass die Sicherung eines störungsfreien Ablaufs gewinnorientierter (sogar hochkommerzialisierter) Veranstaltungen von allgemeinen Steuergeldern finanziert werden soll. Wer an Großveranstaltungen hohe Gewinne erzielt, soll auch selbst die Kosten der Gefahrenabwehr jedenfalls dann tragen, wenn zusätzliche Sicherungsmaßnahmen ergriffen werden müssen. Der allgemeine Staatshaushalt ist damit nicht zu belasten. Etwas anderes ergibt sich auch nicht aus dem Umstand, dass die (hohen) Gewinne versteuert werden und sich die Veranstalter auf die Weise mittelbar doch noch an den Kosten beteiligen. Zutreffend weist das OVG Bremen auf den Unterschied von Gebühren und Steuern hin. Während Gebühren gesetzlich geregelte einseitig auferlegte Entgelte für eine besondere Inanspruchnahme der Verwaltung darstellten und damit aufgaben- und zweckgebunden seien, handele es sich bei den Steuern um öffentlich-rechtliche Abgaben, die zur Deckung des allgemeinen Finanzbedarfs des Staates allen auferlegt werden, die den Tatbestand eines Steuergesetzes erfüllen[1115] (vgl. auch § 3 I AO). Sind also Steuern weder aufgaben- noch zweckgebunden, können sie auch keinen direkten Ausgleich für die Kosten, die mit zusätzlichen Polizeikontingenten verbunden sind, darstellen. Zudem ist es möglich, dass die Steuern ganz oder teilweise einer anderen Körperschaft zugutekommen (siehe Art. 106, 107 GG).

Von Risikospielen im Fußball abgesehen, könnten sich ganz ähnliche Fragen bei sämtlichen Großveranstaltungen (Rockkonzerte, Volksfeste etc.) stellen. Bei Versammlungen, die den Schutz aus Art. 8 I GG genießen, wäre die Kostenabwälzung auf den Veranstalter aber stets unzulässig.

3. Nachträgliche Neuverteilung der Kostenlast

995 Das Gefahrenabwehrrecht ist in erster Linie dadurch geprägt, dass (aus *Ex-ante*-Sicht) eine effektive Gefahrenabwehr stattfindet. Auf etwaige Kosten kann es daher (grundsätzlich) nicht ankommen. Erst bei einer *Ex-post*-Betrachtung können Überlegungen bedeutsam sein, entstandene Kosten gerecht zu verteilen. So kann es angebracht sein, einem Verantwortlichen einen Entschädigungsanspruch zu gewähren, wenn für diesen die Kostentragung unbillig wäre. Umgekehrt kann auch der Staat ein Interesse daran haben, die Kosten eines Einsatzes vom Gefahrverursacher erstattet zu verlangen. Das gilt insbesondere für den Fall, dass der Störer anderenfalls keine Veranlassung sähe, die Rechtsordnung zu beachten. Wenn bspw. die Kosten für das Abschleppen von verbotswidrig abgestellten Kfz von der Allgemeinheit zu tragen wären, könnte dies dazu führen, dass Autofahrer oft keine Veranlassung sähen, die Halte- und Parkvorschriften zu beachten. Ein mehr oder weniger großes Verkehrschaos (insbesondere in Innenstädten) wäre die Folge. Daher bezweckt die Kostentragung auch eine gewisse abschreckende Wirkung. Wegen des Vorbehalts des Gesetzes (Art. 20 III GG) ist die Zuordnung der Kostentragung jedoch nicht ohne Gesetzesgrundlage möglich. Für Ansprüche des Staates auf Kostenersatz sind daher entsprechende gesetzliche Grund-

---

[1113] OVG Bremen NVwZ 2018, 913, 916.
[1114] OVG Bremen NVwZ 2018, 913, 918 f.
[1115] OVG Bremen NVwZ 2018, 913, 918 f.

lagen erforderlich. Für den Bereich der Ersatzvornahme sind entsprechende Regelungen in fast allen Vollstreckungsgesetzen i.V.m. den Vorschriften des Gebühren- und Kostenrechts vorhanden (dazu Rn 998).

> **Hinweis für die Fallbearbeitung:** Im Polizei- und Ordnungsrecht ist der Kostenersatz im Zusammenhang mit behördlichen Vollstreckungsmaßnahmen der wichtigste und zugleich gefahrenabwehrspezifische Anwendungsbereich. In der Fallbearbeitung geht es zumeist um die Rechtmäßigkeit eines Leistungsbescheids. Dieser dient erfahrungsgemäß als Aufhänger für die eigentliche Prüfung der Rechtmäßigkeit der zugrunde liegenden Gefahrenabwehrmaßnahme (z.B. das Abschleppen eines verbotswidrig geparkten Fahrzeugs). Das hat den Hintergrund, dass nur die Rechtmäßigkeit der zugrunde liegenden Gefahrenabwehrmaßnahme zu einer Kostentragung seitens des vermeintlichen Störers führt.

996

II. Kostenersatzansprüche der Verwaltung

1. Kostenersatz bei Vollstreckungsmaßnahmen und unmittelbaren behördlichen Gefahrbeseitigungen

Hat die Polizei- bzw. Ordnungsbehörde (oder der von ihr Beauftragte) die an sich dem Polizeipflichtigen obliegende Gefahrbeseitigung (Ersatzvornahme, unmittelbare Ausführung, Sicherstellung, Verwahrung etc.) vorgenommen, stellt sich die Frage, ob ihm die Kosten aufgebürdet werden können.

997

a. Ersatzansprüche der Verwaltung gegen den Verantwortlichen

Die meisten Länder haben in ihren Vollstreckungsgesetzen i.V.m. den Vorschriften des Gebühren- und Kostenrechts die Kosten für die Ausführung der **Ersatzvornahme** (Fremd- und Selbstvornahme) dem Pflichtigen bzw. Verantwortlichen zugeordnet.[1116] § 10 BundesVwVG hingegen regelt nur die Fremdvornahme, bei Selbstvornahme muss dann § 12 BundesVwVG (= unmittelbarer Zwang) beachtet werden. Ist die Selbstvornahme juristisch als unmittelbarer Zwang zu qualifizieren, kann dies die Konsequenz haben, dass die Gefahrenabwehrbehörde die Kosten selbst zu tragen hat. Auf Bundesebene ist jedoch § 19 I BundesVwVG zu beachten.

998

Auch hinsichtlich der Höhe der Kosten enthalten die Bestimmungen des Verwaltungskostenrechts entsprechende Regelungen. Findet eine Fremdvornahme statt, sind die Kosten des beauftragten Unternehmens, die dieses der Verwaltung in Rechnung stellt, der Verwaltung von dem Pflichtigen zu erstatten.[1117] In den praktisch bedeutsamen Abschleppfällen zählen zu den Kosten der Ersatzvornahme nur die unmittelbar mit dem Abschleppvorgang verbundenen Kosten (ohne Standgeld und Gutachterkosten). Die Verwahrungskosten können aber entsprechend §§ 688 ff. BGB und die Verwaltungsgebühren nach Maßgabe des einschlägigen Gebührenrechts gefordert werden.[1118] In der Praxis wird dem Betroffenen bei Abholung des Wagens vom Betriebsgelände des Abschleppunternehmens von diesem der Kostenbescheid ausgehändigt, der sowohl die Kosten der Ersatzvornahme als auch die der öffentlich-rechtlichen Verwahrung und die Verwaltungsgebühren enthält. Es ist auch denkbar, dass die Kosten ohne Kostenbescheid schlicht zu zahlen sind. Im ersten Fall kommt als prozessualer Rechtsschutz die **Anfechtungsklage** bzw. die **Fortsetzungsfeststellungsklage**

999

[1116] Vgl. Bay: Art. 72 PAG; Brand: § 55 PolG; Hamb: § 39 VwVG; Hess: § 49 SOG; MeckVor: § 89 SOG; Nds: § 66 POG; NRW: § 52 PolG; RhlPfl: § 63 LVwVG; Saar: § 46 PolG; SachsAnh: § 55 SOG; SchlHolst: § 238 I LVwG; Thür: § 53 I, II PAG. In anderen Bundesländern gelten die allgemeinen Vorschriften: BW: §§ 25, 31 VwVG; Brem: §§ 15, 19 VwVG. Spezialregelungen finden sich hinsichtlich der Kosten über die Sicherstellung von Sachen, vgl. z.B. § 24 III S. 1 MEPolG.
[1117] Neben den allgemeinen Voraussetzungen gilt: ordnungsgemäß ausgesuchte Firma, keine erkennbaren groben Fehlgriffe in der Preiskalkulation, keine überflüssigen Maßnahmen durchgeführt.
[1118] Vgl. zu den landesrechtlich maßgebenden Kostengesetzen bspw. das BremGVG (SaBremR 202-b-2).

analog § 113 I S. 4 VwGO (jeweils ggf. verbunden mit einem Annexantrag gem. § 113 I S. 2 VwGO) in Betracht, im zweiten Fall ein in einer **allgemeinen Leistungsklage** eingebetteter **öffentlich-rechtlicher Erstattungsanspruch**. Vgl. dazu R. *Schmidt*, Fälle zum POR, Fall 13 (Abwandlung).

1000 Demgegenüber ist die Vollstreckung von Gefahrenabwehrverfügungen durch **unmittelbaren Zwang** für den Verantwortlichen grundsätzlich **kostenfrei** (beachte aber § 19 I BundesVwVG), da die Vollstreckungsgesetze und Bestimmungen des Verwaltungskostenrechts der meisten Länder eine Kostenerstattungsvorschrift hierfür nicht enthalten. Nur in einigen Bundesländern ist gesetzlich normiert, dass Kosten des unmittelbaren Zwangs erhoben werden können.[1119] In Ländern, die statt des Sofortvollzugs das Rechtsinstitut der unmittelbaren Ausführung einer Maßnahme aufgenommen haben, ist die Kostenerhebung gesetzlich ermöglicht (vgl. etwa § 7 III S. 1 HmbSOG).

b. Allgemeine Rechtmäßigkeitsvoraussetzungen

1001 Es leuchtet ein, dass die Kostentragung auch dann, wenn sie den Verantwortlichen trifft, nur Bestand haben kann, wenn sie rechtmäßig ist. Das setzt zunächst eine Rechtsgrundlage voraus. Denn auch die Kostenerhebung ist Bestandteil der Eingriffsverwaltung und untersteht daher uneingeschränkt dem Vorbehalt des Gesetzes. Zudem muss die Vollstreckungsbehörde die Rechtsgrundlage in formeller und materieller Hinsicht rechtsfehlerfrei anwenden. Dazu gehören insbesondere die Ausübung des eingeräumten Ermessens und die Beachtung des Grundsatzes der Verhältnismäßigkeit.

aa. Rechtsgrundlage

1002 Die erforderliche Rechtsgrundlage für die Kostenanforderung ist in den entsprechenden Polizei- und Verwaltungsvollstreckungsgesetzen normiert, soweit sie Ersatzansprüche der Verwaltung gegen den Verantwortlichen vorsehen (§ 10 i.V.m. § 19 I BundesVwVG[1120]). Zu beachten sind weiterhin die kostenrechtlichen Vorschriften des jeweiligen Landes in Bezug auf Höhe und Umfang des möglichen Anspruchs und spezialgesetzliche Kostenerstattungsvorschriften im besonderen Gefahrenabwehrrecht.[1121]

1003 Nach ganz h.M. besteht bei Fehlen entsprechender Rechtsgrundlagen keine Kostenerstattungspflicht, auch nicht aus öffentlich-rechtlicher GoA oder aus öffentlich-rechtlichem Erstattungsanspruch, denn sonst könnte das abschließende Polizei- und Verwaltungskostenrecht umgangen werden.[1122]

bb. Anspruchsvoraussetzungen

1004 Die Maßnahme der **Ersatzvornahme**, für deren Kosten Ersatz verlangt wird, muss formell und materiell **rechtmäßig** gewesen sein. Es ist eine rechtsstaatliche Selbstverständlichkeit, dass Kosten nur für eine rechtmäßige Gefahrenabwehrmaßnahme erhoben werden können. Die formelle Rechtmäßigkeit bestimmt sich nach der Zuständigkeit der Vollzugsbehörde (vgl. z.B. § 4 BundesVwVG, § 12 BremVwVG). Die Anhörung ist aufgrund der Regelung des § 28 II Nr. 5 VwVfG entbehrlich. Die materielle Rechtmäßigkeit bestimmt sich zunächst nach den Tatbestandsvoraussetzungen der Ersatzvornahme (vgl. § 10 BundesVwVG und die entsprechenden Landesgesetze) i.V.m. den Tatbestandsvoraussetzungen der Zulässigkeit des Verwaltungszwangs (§ 6 BundesVwVG und die entsprechenden Landesgesetze). Zuletzt muss die Rechtsfolge-

---

[1119] Vgl. etwa Art. 75 III BayPAG i.V.m. § 1 Nr. 8 BayPolKV.
[1120] Auf Landesebene vgl. bspw. § 15 i.V.m. § 19 III, IV BremVwVG.
[1121] Zu nennen ist bspw. die Kostenersatzpflicht in den Landesfeuerwehrgesetzen nach einem Einsatz der kommunalen Feuerwehr. Auch in den Landeswassergesetzen finden sich Kostentragungsvorschriften in Bezug auf Maßnahmen der Gewässeraufsichtsbehörden, siehe weiter unten, III. 1. (Rn 1014 ff.).
[1122] Vgl. nur BVerfG NJW 2011, 3217 f.; *Schenke*, POR, Rn 700.

anordnung (§ 19 I BundesVwVG und die entsprechenden Landesgesetze) beachtet werden. Vgl. dazu *R. Schmidt*, Fälle zum POR, Fall 13.

Zum Kostenersatz für die **unmittelbare Ausführung** zählen z.B. die Auslagen, die der Behörde durch die Beauftragung eines Unternehmens (z.B. Abschleppunternehmer) erwachsen. Aber auch besonderer Personal- oder Sachaufwand gehören hierher. Im Einzelnen bestehen in den verschiedenen Polizei- und Verwaltungsvollstreckungsgesetzen allerdings erhebliche Unterschiede. Die Rechtsgrundlage für die Kostenerhebung ist den Polizeigesetzen bzw. den Verwaltungsvollstreckungsgesetzen zu entnehmen.[1123] 1005

Kostenersatz ist auch bei **Sicherstellung** und **Verwahrung einer Sache** vorgesehen. Praktischer Anwendungsfall ist die bereits erwähnte „Sicherstellung" eines (verbotswidrig) abgestellten oder sonst gefahrverursachenden Kfz (Rn 569 f./577). Da die Entfernung des Kfz vom Gefahrenort in den Verantwortungsbereich des Halters (je nachdem, ob er selbst gefahren ist oder nicht, Verhaltens- bzw. Zustandsverantwortlichkeit) fällt und die Behörde dieser Pflicht an seiner Stelle nachkommt, ist die „Sicherstellung" juristisch und damit auch kostenrechtlich ggf. als **Ersatzvornahme** zu qualifizieren, sofern das landesrechtliche Kostenrecht (wie etwa § 34 III S. 1 SächsPVDG) nicht auch die Kosten einer Sicherstellung dem Pflichtigen auferlegt. 1006

Erfolgt das Abschleppen als Zwangsmaßnahme, handelt es sich in Bundesländern, deren Gesetze eine unmittelbare Ausführung nicht kennen, um eine im **Sofortvollzug** vorgenommene Maßnahme. Der Kostenersatzanspruch leitet sich aus der Ersatzvornahme ab (sofern nicht auch hier die Maßnahme explizit als Sicherstellung angeordnet und die Kostenfrage hinsichtlich der Sicherstellung gesetzlich geregelt ist). 1007

cc. Kosten bei Anscheinsgefahr und Gefahrenverdacht

Wie bei Rn 682 ff. dargestellt, ist die Gefahrenabwehrmaßnahme auch dann rechtmäßig, wenn sich im Nachhinein (ex post) herausstellt, dass eine objektive Gefahr nicht bestanden hat. Voraussetzung ist nur, dass die Gefahrenabwehrbehörde im Zeitpunkt ihres Einschreitens bei verständiger Würdigung der objektiven Anhaltspunkte eine Gefahrenlage annehmen durfte, obgleich sich nachträglich herausstellt, dass eine Gefahr in Wirklichkeit nicht vorlag. Das liegt darin begründet, dass das Gefahrenabwehrrecht eine wirksame Unterbindung des Geschehensablaufs verlangt und die Behörden nicht etwa zu tatenlosem Zusehen verpflichtet, bis es zur Vermeidung des Schadens zu spät ist. Davon abzugrenzen ist die Frage nach der Kostentragung. Da eine Gefahr objektiv nicht vorlag, könnte man erwägen, dass den Anscheinsstörer auch keine Kostenlast trifft. Andererseits gibt es Konstellationen, in denen der Anscheinsstörer die Anscheinsgefahr durch pflichtwidriges Verhalten verursacht hat. Für diesen Fall erscheint es sachgerecht, ihm auch die Kosten der polizeilichen Maßnahme aufzubürden.[1124] Die Kostengesetze der Länder bestätigen dies. 1008

> **Beispiel:** A befindet sich auf einer längeren Geschäftsreise. Um möglichen Einbrechern den Eindruck zu vermitteln, jemand sei zuhause, koppelte er vor der Abreise Licht und Radio an verschiedene Zeitschaltuhren. Den Nachbarn sagte er nichts. Daher machen diese sich nunmehr auch Sorgen, dass etwas passiert sein könne, und rufen die Polizei. Diese lässt die Tür von einem Schlüsseldienst öffnen.

[1123] Vgl. § 5a II MEPolG; Bund: § 19 II BPolG, BW: § 8 II PolG, Bay: Art. 9 II PAG; Berl: § 15 II, III ASOG; Brand: § 53 II i.V.m. § 55 PolG; Hamb: § 7 III SOG, Hess: § 8 II SOG, MeckVor: § 89 SOG, RhlPfl: § 6 II POG, Sachs: § 8 II PVDG, SachsAnh: § 9 II SOG, SchlHolst: § 230 III i.V.m. §§ 238 I bzw. 239, 249 II LVwG, Thür: § 9 II PAG i.V.m. § 12 II OBG.
[1124] Siehe auch VGH Mannheim NJW 2011, 2748; VGH München BayVBl 2017, 303, 304 ff.; *Schenke*, JuS 2018, 505, 515.

Hier bestand objektiv keine Gefahr. Von einer solchen durfte die Polizei anhand der Schilderungen der Nachbarn aber ausgehen (Anscheinsgefahr). Das Öffnen der Tür war daher rechtmäßig. Sofern man die Auffassung vertritt, dass A den Anschein einer Gefahr *pflichtwidrig* setzte, muss er die Kosten des Schlüsseldienstes tragen.

1009 Der **Gefahrenverdacht** ist dadurch gekennzeichnet, dass auf der Primärebene die polizeiliche Maßnahme auf unklarer Tatsachenbasis getroffen wird. Dennoch ist bei hinreichender Wahrscheinlichkeit einer Gefahr ein sicherheitsbehördliches Einschreiten geboten, um zu ermitteln, ob letztlich eine Gefahrenlage vorliegt oder nicht. In diesem Fall ermächtigt die Befugnisgeneralklausel die Behörde zur Vornahme eines Gefahrerforschungseingriffs. Außerhalb der gesetzlichen Regelungen (siehe etwa Art. 11 III BayPAG hinsichtlich der „**drohenden Gefahr**" – dazu oben Rn 694 und allgemein Rn 673a ff.) ist der genaue Inhalt der Gefahrerforschungseingriffe aber umstritten (vgl. dazu Rn 691 und 780). Geht man davon aus, dass Gefahrerforschungseingriffe von Amts wegen durchzuführende Sachverhaltsaufklärungsmaßnahmen gem. § 24 I VwVfG sind, die die Prüfung zum Gegenstand haben, ob überhaupt eine Gefahr vorliegt, muss die Verwaltung auch die Kosten hierfür tragen und darf sie jedenfalls dann nicht beim Verdachtsstörer erheben, wenn dieser den Gefahrenverdacht nicht schuldhaft verursacht hat. Sollte eine Rechtsgrundlage für den Entschädigungsanspruch fehlen, ist ein solcher ausgeschlossen. Eine analoge Anwendung von Rechtsgrundlagen über den Entschädigungsanspruch der öffentlichen Hand ist schon allein aufgrund des Rechtsstaatsprinzips unzulässig. Umgekehrt hat der Verdachtsstörer einen Entschädigungsanspruch gegen den Träger der Polizei, wenn er Kosten für die Gefahrerforschungsmaßnahme aufbringen musste. Sollte das Polizeikostenrecht keine diesbezügliche Rechtsgrundlage enthalten, kommt eine analoge Anwendung von anderen Anspruchsgrundlagen in Betracht. Da dies zugunsten des in Anspruch Genommenen erfolgt und im Übrigen auch geboten ist, steht dem auch nicht das Rechtsstaatsprinzip entgegen.

Beispiel[1125]: Aufgrund von Lichtbildern über Bombenabwürfe bestand der Verdacht, dass auf dem Grundstück einer Eissporthalle zwei Blindgänger aus dem Zweiten Weltkrieg liegen könnten. Die Gefahrenabwehrbehörde wandte sich an die Betreibergesellschaft der Eissporthalle. Auf der Eisfläche wurden an zwei Verdachtsstellen jeweils 19 Bohrungen vorgenommen. Es stellte sich heraus, dass es sich bei dem entdeckten Metallgegenstand um einen „Zerscheller" handelte, also um eine Bombe, die beim Aufprall zerbrochen und allenfalls teilweise detoniert war. Der Zünder war vom Bombenkörper abgetrennt. Objektiv bestand daher keine Gefahr. Gleichwohl nahm die Behörde die Betreibergesellschaft wegen der Kosten in Anspruch.

Hier durfte die Polizei anhand der Umstände von einem Gefahrenverdacht ausgehen, was den Gefahrerforschungseingriff rechtmäßig machte. Zutreffend machte das LG Osnabrück zudem deutlich, dass der Verdachtsstörer ein Sonderopfer für die Allgemeinheit erbringe, um die vermeintliche Gefahr zu beseitigen oder sich an der Beseitigung zu beteiligen. Dieses Sonderopfer müsse durch Zubilligung eines Entschädigungsanspruchs ausgeglichen werden. Der in § 80 NdsPOG geregelte Entschädigungsanspruch erfasse den Verdachtsstörer von seinem Wortlaut her zwar nicht. Allerdings weise die gesetzliche Regelung insoweit eine planwidrige Regelungslücke auf, weswegen die Vorschrift auch auf den Verdachtsstörer analog anzuwenden sei.

Das überzeugt. Der in Anspruch genommene Verdachtsstörer hat dasselbe Schutzbedürfnis wie der in Anspruch genommene Nichtstörer, der den Polizeieinsatz nicht verschuldet verursacht hat. Von beiden wird ein Sonderopfer gebracht bzw. ihnen wird ein solches abverlangt. Daher hat vorliegend die Behörde keinen Anspruch auf Kostenabwälzung. Im Gegenteil kann die Betreibergesellschaft der Eissporthalle Entschädigung verlangen, sollten ihr Kosten entstanden sein.

[1125] LG Osnabrück 29.3.2018 – 5 O 2410/17.

c. Kostenlast bei mehreren Kostenpflichtigen

Nach der Rechtsprechung steht bei einer Störermehrheit die Auswahl des Kostenpflichtigen (= Tertiärebene) im Ermessen der Behörde. Die Ermessensausübung hat sie vorrangig am Gebot der gerechten Lastenverteilung vorzunehmen. Gefahrennähe eines der Verantwortlichen sowie Verfahrensökonomie sind keine geeigneten Kriterien, die bei der Ermessensausübung Berücksichtigung finden dürfen.[1126]

1010

d. Form der Geltendmachung des Ersatzanspruchs

Aufgrund der sich aus den Regelungen über die Ersatzvornahme und der Zwangsbeitreibung des Kostenbetrags ergebenden Verwaltungsaktbefugnis und der Titelfunktion des Verwaltungsakts ist die Behörde nicht auf den Klageweg angewiesen, sondern muss ihren Kostenersatzanspruch durch Leistungsbescheid festsetzen und diesen auch notfalls selbst vollstrecken (Grundsatz der Selbstvollstreckung der Verwaltung). Für eine Klage würde aus diesem Grunde regelmäßig schon das Rechtsschutzbedürfnis fehlen.[1127] Der Vorbehalt des Gesetzes verlangt gerade auch hier eine Rechtsgrundlage in einem Parlamentsgesetz. Diesem Gesetzesvorbehalt werden – wie bereits dargestellt – die Polizei- und Verwaltungsvollstreckungsgesetze sowie die Gesetze über die Vollstreckung von Geldleistungen und die Gebühren- und Beitragsgesetze gerecht. Wichtig ist nur, *dass* eine gesetzliche Ermächtigung besteht.

1011

2. Kostenerstattung unter Verwaltungsträgern

Der Heranziehung zu den Kosten von Gefahrenabwehrmaßnahmen und Gefahrerforschungsmaßnahmen steht nicht entgegen, dass der Herangezogene selbst Träger öffentlicher Aufgaben ist, soweit damit nicht in dessen hoheitliche Tätigkeit eingegriffen wird.[1128] Solche Ersatzansprüche sind nicht im Wege der öffentlich-rechtlichen GoA zu realisieren, denn der handelnde und kostenbelastete Verwaltungsträger handelt aufgrund seiner „Eilkompetenz" nicht „ohne Auftrag" und führt daher kein „fremdes Geschäft" i.S.d. § 677 BGB. Als Anspruchsgrundlage kommt dann mangels spezieller Ausgestaltung der allgemeine öffentlich-rechtliche Erstattungsanspruch in Betracht.

1012

[1126] VGH Mannheim NVwZ-RR 2012, 387.
[1127] Anders ist es aber, wenn sich das Gericht ohnehin mit der Sache beschäftigen muss bzw. wird. In diesem Fall ist das Rechtsschutzbedürfnis gegeben. Beispiel: Der Schuldner erklärt von vornherein, dass er auf keinen Fall zahlen werde.
[1128] OVG Schleswig NVwZ 2000, 1196.

III. Entschädigungs- und Schadensersatzansprüche des Adressaten

1013 Werden durch Eingriffe in Rechtsgüter Einzelner materielle oder immaterielle Schäden verursacht, stellt sich die Frage nach Entschädigungs- und Schadensersatzansprüchen. Die ausgleichspflichtigen Tatbestände bestehen primär nach Maßgabe der Spezialgesetze[1129] und einschlägigen Regelungen der Polizeigesetze[1130], die eine Reihe von Sonderregelungen zum Staatshaftungsrecht enthalten. Für die Frage nach den konkret in Betracht kommenden Ansprüchen muss kategorisch zwischen rechtmäßigen und rechtswidrigen Maßnahmen unterschieden werden.

1. Entschädigung bei rechtmäßigen Maßnahmen

1014 Grundsätzlich besitzt derjenige, der **rechtmäßig** als *Handlungs-* oder *Zustandsverantwortlicher* in Anspruch genommen wurde, **keinen Entschädigungsanspruch**. Denn durch die Gefahrenabwehrmaßnahme wird er lediglich „in die Schranken seines Rechts" verwiesen. Verfassungsrechtlich bildet die polizei- und ordnungsrechtliche Verantwortlichkeit eine entschädigungslos hinzunehmende Beschränkung von Freiheit und Eigentum (Art. 14 I S. 2 GG). Das Nichtbestehen von Entschädigungsansprüchen findet seine verfassungsrechtliche Rechtfertigung darin, dass das Polizei- und Ordnungsrecht Eingriffe gegen den Verantwortlichen nur innerhalb der Grenzen der Verhältnismäßigkeit zulässt. Beachten also Gefahrenabwehrmaßnahmen den Grundsatz der Verhältnismäßigkeit, besteht grundsätzlich kein Entschädigungsanspruch.

1015 Etwas anderes gilt nur dann, wenn der Gesetzgeber trotz rechtmäßiger Inanspruchnahme eines Störers bei diesem eine **besondere Härte** erblickt.

> **Beispiel:** Aufgrund eines BSE-Tests ist bei einem Schlachtrind **BSE** festgestellt worden. Die zuständige Veterinärbehörde ordnet daraufhin gem. § 6 I Nr. 20 TierGesG i.V.m. der VO die sofortige Tötung des gesamten Rinderbestandes des betroffenen Hofes an.
>
> Hier hat der Halter grundsätzlich einen Entschädigungsanspruch gem. § 15 Nr. 1 und 2 TierGesG. Dieser entfällt aber, wenn eine der Voraussetzungen des § 18 TierGesG erfüllt ist. Das ist eine Sachverhaltsfrage. Vgl. dazu auch die durchaus austauschbare Konstellation der **Schweinepestfälle** bei Rn 1018 sowie die Fälle der Maul- und Klauenseuche.

1016 Ein angemessener Ausgleichsanspruch (Entschädigung) entsteht auch dann, wenn jemand durch eine rechtmäßige Maßnahme während des polizei- und ordnungsrechtlichen **Notstandes als Nichtverantwortlicher in Anspruch genommen wird** und dadurch einen Schaden erleidet.[1131] Das leuchtet ein, da ja dem Nichtverantwortlichen ein „Sonderopfer" abverlangt wird und ihm daher eine Entschädigung zugesprochen werden muss.

1017 Auch der **unbeteiligte Dritte**, d.h. eine Person, die unbeabsichtigt und nicht zielgerichtet aus Anlass einer rechtmäßigen Maßnahme geschädigt wird, hat einen Entschädigungsanspruch.[1132] Das gilt auch gegenüber Personen, die mit Zustimmung der Gefahrenabwehrbehörde bei der Erfüllung ihrer Aufgaben freiwillig mitgewirkt oder Sachen zur Verfügung gestellt und dadurch einen Schaden erlitten haben (vgl. nur 56 II

[1129] Vgl. etwa §§ 56 ff. InfSchG oder §§ 15 ff. TierGesG.
[1130] Vgl. §§ 45-51 MEPolG; Bund: §§ 51-56 BPolG; BW: §§ 55-58 PolG; Bay: Art. 87-89 PAG, Art. 11 LStVG; Berl: §§ 59-65 ASOG; Brand: §§ 38 ff. OBG I.V.m. § 70 PolG; Brem: §§ 56-62 PolG; Hamb: § 10 III-V SOG; Hess: §§ 64-70 SOG; MeckVor: §§ 72-77 SOG; Nds: §§ 80-86 POG; NRW: §§ 39-43 OBG I.V.m. § 67 PolG; RhlPfl: §§ 68-74 POG; Saar: §§ 68-74 PolG; Sachs: §§ 47 ff. PVDG; SachsAnh: §§ 69-75 SOG; SchlHolst: §§ 221-226 LVwG; Thür: §§ 68-74 PAG i.V.m. § 52 OBG.
[1131] Vgl. auch *Schenke*, POR, Rn 679.
[1132] Bay: Art. 87 II PAG; Berl: § 59 I Nr. 2 ASOG; MeckVor: § 73 SOG; SchlHolst: § 222 LVwG. Erstmalig wurde dieser Gedanke in §§ 74, 75 EinlPrALR (1794) geregelt. Vgl. auch OLG Dresden LKV 2003, 582.

BremPolG). Da diese Personen im Interesse der Allgemeinheit gehandelt haben, müssen sie auch von der Allgemeinheit entschädigt werden. Wenn für diese Fälle eine Entschädigung – wie in den meisten Bundesländern – gesetzlich nicht ausdrücklich geregelt ist, ist die Regelung hinsichtlich des **Nichtverantwortlichen**[1133] entsprechend heranzuziehen.[1134] Entsprechendes gilt für die Fälle der **Anscheinsgefahr** und des **Gefahrenverdachts**, sofern der Zustand durch den Anspruchsteller nicht zurechenbar verursacht wurde (vgl. Rn 1023).

Art und Umfang der Entschädigung entsprechen den für Entschädigungsansprüche aus enteignendem Eingriff und aus Aufopferung allgemein geltenden Grundsätzen. Insoweit sei auf die Ausführungen bei *R. Schmidt*, AllgVerwR, Rn 1061 ff. (Recht der staatlichen Ersatzleistungen) verwiesen. Es lässt sich aber sagen, dass sich der Ausgleich primär auf Vermögensschäden bezieht, die dem Geschädigten durch Maßnahmen der Gefahrenabwehrbehörde entstanden sind.[1135] Inwieweit auch **Nichtvermögensschäden,** also **immaterielle Schäden** (etwa Schmerzensgeld) vom Entschädigungsanspruch umfasst sind, ist den zum Teil sehr unterschiedlichen gesetzlichen Regelungen der Polizeigesetze zu entnehmen. Nach den meisten Polizeigesetzen werden bestimmte immaterielle Schäden ausgeglichen.[1136] Ein allgemeiner Aufopferungsanspruch kommt also nur dann in Betracht, wenn eine spezialgesetzliche Regelung fehlt. Es handelt sich um die Ausgleichspflicht im Fall der Verletzung des Körpers, der Gesundheit oder bei einer Freiheitsentziehung. Unabhängig von der Anspruchsgrundlage sind bei der **Bemessung des Ausgleichs** alle Umstände zu berücksichtigen, insbesondere Art und Vorhersehbarkeit des Schadens, Schutz des Geschädigten sowie Mitverschulden.

1018

Zu beachten ist jedoch, dass ein Anspruch auf Entschädigung, der auf den allgemeinen polizeirechtlichen Vorschriften über den Schadensausgleich infolge einer rechtmäßigen Inanspruchnahme als Nichtstörer basiert, ausgeschlossen sein kann, wenn der Sachverhalt von einer spezialgesetzlichen Regelung abschließend erfasst ist.

1019

Beispiel[1137]**:** B ist Betreiber einer Schweinemast. In einem vergleichbaren Mastbetrieb des benachbarten Landkreises wurde Schweinepest[1138] festgestellt. Aufgrund des Verdachts von Schweinepest auch im Betrieb des B erlässt die zuständige Veterinärbehörde mit Hinweis auf § 6 I Nr. 20 TierGesG i.V.m. der VO eine Tötungsanordnung des gesamten Bestandes. Bei der anschließenden Untersuchung des Materials stellt sich allerdings heraus, dass bei B´s Tieren Schweinepest nicht vorgelegen hat. B erleidet infolge der Tötung seiner Tiere einen höheren Schaden, als die Haftungsgrenzen der §§ 15 ff. TierGesG vorsehen. Daher begehrt er Schadensersatz nach der landespolizeirechtlichen Vorschrift über die Entschädigung infolge der Inanspruchnahme als Nichtstörer.

Wegen der besonderen Seuchengefahr konnte die Behörde die Tötungsanordnung rechtmäßig auf § 6 I Nr. 20 TierGesG i.V.m. der VO stützen. Diese spezielles Gefahrenabwehrrecht darstellende Vorschrift setzt eine tatsächlich ausgebrochene Seuche nicht voraus. Vielmehr genügt auch der durch Tatsachen begründete Verdacht oder Anschein einer Gefahr.[1139] Auch Tötungsanordnungen aufgrund einer bloßen „Anscheins-Seuchengefahr" sind daher rechtmäßig, wenn die übrigen Voraussetzungen für diese

---

[1133] Vgl. BW: § 55 I PolG; Brand: § 38 Ia OBG i.V.m. § 70 PolG; Brem: § 56 I S. 1 PolG; Hamb: § 10 III SOG; Hess: § 64 I SOG; Nds: § 80 I S. 1 POG; NRW: § 39 Ia OBG i.V.m. § 67 PolG; RhlPfl: § 68 I S. 1 POG; Saar: § 68 I S. 1 PolG; SachsAnh: § 69 I S. 1 SOG; Thür: § 68 I PAG i.V.m. § 52 OBG.
[1134] Vgl. LG Köln NVwZ 1992, 1125 ff.
[1135] Entgangener Gewinn und mittelbare Schäden sind nicht ersatzfähig, vgl. *Schenke*, POR, Rn 689.
[1136] Vgl. § 46 II MEPolG; Berl: § 60 II ASOG; Brem: § 57 I S. 2 PolG; Hess: § 65 II SOG; Nds: § 81 II POG; RhlPfl: § 69 II POG; Saar: § 69 II PolG; SachsAnh: § 70 II SOG; Thür: § 69 II PAG; siehe dagegen ausdrücklich Brand: § 39 I S. 1 OBG.
[1137] In Anlehnung an BGH NJW 1998, 544 ff.
[1138] Der Fall würde sich genauso darstellen, wenn es um die Maul- und Klauenseuche ginge.
[1139] BGH NJW 1998, 544.

Maßnahme, insbesondere die pflichtgemäße Ermessensausübung und die Beachtung des Übermaßverbots, vorliegen. Die in diesem Rahmen in Betracht kommende Entschädigungsregelung der §§ 15 ff. TierGesG erfasst daher auch rechtmäßige Tötungsanordnungen, die gegen einen Anscheinsstörer ergangen sind. Fraglich ist allerdings, wie es sich auswirkt, dass die landespolizeirechtliche Vorschrift, auf die B seinen Anspruch stützt, eine derartige Begrenzung nicht vorsieht. Allein aufgrund der Höhenbegrenzung der §§ 15 ff. TierGesG kann jedenfalls nicht ausgeschlossen werden, dem Nichtstörer und damit auch dem (nicht pflichtwidrig handelnden) Anscheinsstörer, der zur Bekämpfung einer Seuchengefahr nach den speziellen Vorschriften des TierGesG in Anspruch genommen worden ist, den weitergehenden landespolizeirechtlichen Schadensausgleich zu gewähren. Bei einer vorzunehmenden Gesamtschau muss aber nicht nur der Nachteil, sondern auch der Vorteil der Entschädigungsregelung der §§ 15 ff. TierGesG beachtet werden, der darin besteht, dass eine Entschädigung auch bei tatsächlichem Vorliegen einer Seuche zu leisten ist. Gefahrenabwehrrechtlich wäre wegen der dann zu bejahenden Störereigenschaft des B keine Entschädigung denkbar. B würde kein Sonderopfer erbringen, sondern lediglich in die Schranken seines Rechts verwiesen. Dieser Vorteil der §§ 15 ff. TierGesG, der im Einzelfall für den betroffenen Betriebsinhaber existenzrettende Bedeutung haben kann, wiegt jedenfalls nicht leichter als auf der anderen Seite der Nachteil, dass der Betriebsinhaber bei irrtümlicher Inanspruchnahme eine möglicherweise unter dem Verkehrswert liegende Entschädigung erhält. Auf die landespolizeirechtliche Vorschrift über die Entschädigung von Nichtstörern lässt sich ein Anspruch des B daher nicht stützen.[1140] Die Entschädigungsregelung der §§ 15 ff. TierGesG ist hier abschließend.

1020 **Anspruchsgegner** ist grundsätzlich die Anstellungskörperschaft oder – wenn gesetzlich abweichend – der Kostenträger. Der **Rechtsweg** für den Entschädigungsanspruch führt nach § 40 II S. 1 VwGO zu den ordentlichen Gerichten. Entsprechende Bestimmungen der Polizeigesetze haben insofern nicht nur lediglich deklaratorischen Charakter. Sie sind wegen Art. 31 GG sogar gegenstandslos, da die bundesrechtliche Bestimmung des § 40 II S. 1 VwGO die Frage regelt.

1021 Ist von der Verwaltung gegenüber dem Nichtverantwortlichen oder dem unbeteiligten Dritten eine Entschädigung geleistet worden, besteht ein **Rückgriffsanspruch** gegenüber dem Verantwortlichen.[1141] Der Rückgriffsanspruch ist öffentlich-rechtlicher Natur, auch soweit einige Polizeigesetze auf die entsprechende Anwendung der Vorschriften des BGB über die GoA (§§ 677 ff. BGB) verweisen. Im Streitfall entscheiden die Verwaltungsgerichte (§ 40 I S. 1 VwGO).

2. Entschädigung bei rechtswidrigen Maßnahmen

1022 Ist eine behördliche Maßnahme rechtswidrig, ist es rechtsstaatlich geboten, dem Betroffenen einen Entschädigungsanspruch zu gewähren. Hierzu stellt das allgemeine Staatshaftungsrecht einige Institute bereit, insbesondere den Amtshaftungsanspruch (§ 839 BGB i.V.m. Art. 34 GG), oder es gewährt Entschädigungsansprüche wegen ent-

---

[1140] Zu beachten ist jedoch, dass wenn es sich bei der Tötungsanordnung und der nachfolgenden Durchführung der Tötung um *rechtswidrige* Maßnahmen (etwa infolge mangelhafter Sachverhaltsaufklärung) gehandelt hätte, der Entschädigungsanspruch wegen rechtswidrigen polizeilichen Handelns - anders als der Entschädigungsanspruch des Nicht- oder Anscheinsverantwortlichen - nicht hinter der Entschädigungsregelung der §§ 15 ff. TierGesG zurückgetreten wäre. Diese stellt insoweit keine allgemeine polizeirechtlichen Vorschriften verdrängende Sonderregelung dar. Denn im Gegensatz zu den rechtmäßigen Eingriffen, bei denen dem Betroffenen eine gewisse Einschränkung der Entschädigung zugemutet werden kann, gibt es bei einer rechtswidrigen Maßnahme keinen Grund, ihm die volle Entschädigung nach den allgemeinen polizeirechtlichen Bestimmungen zu versagen (BGH NJW 1998, 544, 545). Darüber hinaus wäre ein Amtshaftungsanspruch gem. § 839 BGB i.V.m. Art. 34 GG in Betracht zu ziehen (siehe sogleich).
[1141] Vgl. § 50 MEPolG, BW: § 57 PolG; Bay: Art. 89 PAG; Berl: § 64 ASOG; Brand: § 70 PolG i.V.m. § 41 II OBG; Brem: § 61 PolG; Hamb: § 10 IV SOG; Hess: § 69 I SOG; MeckVor: § 75 III SOG; Nds: § 85 POG; NRW: § 42 II OBG; RhlPfl: § 73 POG; Saar: § 73 PolG; Sachs: § 51 PVDG; SachsAnh: § 74 SOG; SchlHolst: § 224 II LVwG; Thür: § 73 PAG.

eignungsgleichen Eingriffs oder Aufopferungsansprüche.[1142] Geht es speziell um Entschädigungsansprüche für rechtswidrige Maßnahmen von Gefahrenabwehrbehörden, sind Rechtsgrundlagen und Voraussetzungen in den Polizeigesetzen[1143] vorrangig geregelt: Danach besteht ein **verschuldensunabhängiger Schadensausgleich** für die Inanspruchnahme durch eine rechtswidrige Maßnahme der Gefahrenabwehrbehörde.[1144] Auf das allgemeine Staatshaftungsrecht muss und darf dann nicht zurückgegriffen werden.

3. Haftung bei Anscheinsgefahr und Gefahrenverdacht

Bezüglich des Ausgleichs von Schäden, die beim Anscheinsstörer und beim Verursacher des Gefahrenverdachts aufgetreten sind, bestehen *keine* gesetzlichen Regelungen. Die Rechtsprechung differenziert:

- Auf der **Primär- und Sekundärebene** dürften wegen der maßgeblichen *Ex-ante*-Sicht des Polizeibeamten sowohl Anscheinsstörer (zu Zwecken von Gefahrenabwehrmaßnahmen) als auch – bei hinreichender Wahrscheinlichkeit einer Gefahr – Verursacher des Gefahrenverdachts (zu Zwecken von Gefahrerforschungseingriffen) in Anspruch genommen werden.

- Auf der **Tertiärebene** (Entschädigungsrecht) sei dagegen die *Ex-post*-Betrachtung entscheidend, weil es hier nicht mehr auf effektive Gefahrenabwehr ankomme, sondern nur noch auf gerechten Schadensausgleich. Daher habe der Verursacher eines *Gefahrenverdachts* einen Entschädigungsanspruch. Sofern dies nicht polizeigesetzlich geregelt sei, erfolge der Ausgleich unter analoger Anwendung der polizeigesetzlichen Vorschrift über den Entschädigungsanspruch des Nichtstörers (vgl. etwa § 10 III S. 1 BremPolG). Voraussetzung sei nur, dass das Verhalten des Verursachers des Gefahrenverdachts nicht vorwerfbar sei.[1145]

Das bedeutet Folgendes: Der Verursacher eines Gefahrenverdachts hat grundsätzlich einen Entschädigungsanspruch für die Inanspruchnahme, denn er ist nicht verantwortlich, wenn sich eine Gefahr als nicht gegeben herausstellt. Hat die Person aber den Verdacht der Gefahr verursacht oder liegt die Verursachung in ihrem Verantwortungsbereich oder dient der Eingriff wesentlich ihrem Schutz, sind dies alles Umstände, die im Rahmen der Entschädigung Berücksichtigung zu finden haben und je nach Gewichtung zum völligen Ausschluss des Anspruchs führen können. Entsprechendes gilt für den *Anscheinsstörer*. Auch dieser ist grundsätzlich zu entschädigen, wenn sich herausstellt, dass eine Gefahr in Wirklichkeit nicht bestanden hat.[1146] Hat er die den Anschein begründenden Umstände zu verantworten, kann dies dagegen zum völligen **Ausschluss des Anspruchs** führen.[1147]

> Im **Beispiel** von Rn 683 ist fraglich, wer die genannten Kosten zu tragen hat. Wäre M Störer gewesen, hätte er die Kosten tragen müssen, da die Vorschriften über die Entschädigung den Störer nicht berücksichtigen (dieser wird ja durch die rechtmäßige Inanspruchnahme lediglich in seine polizeirechtlichen Grenzen verwiesen). M war jedoch nicht Störer, er wird im Rahmen der Gefahrenabwehr nur als solcher behandelt, um die Gefahrenabwehrmaßnahme nicht rechtswidrig werden zu lassen. Auf die Kostenlast kann dieser Gedanke aber nicht durchschlagen. Daher muss M auf der Ausgleichsebene

---

[1142] Siehe dazu im Einzelnen *R. Schmidt*, AllgVerwR, Rn 1061 ff. (Recht der staatlichen Ersatzleistungen).
[1143] BW: § 55 PolG; Bay: Art. 87 PAG; Berl: § 59 II ASOG; Brand: § 38 I lit. b OBG und § 70 PolG; Brem: § 56 I S. 2 PolG; Hess: § 64 I S. 2 SOG; Nds: § 80 I S. 2 POG; NRW: § 39 I lit. b OBG; RhlPfl: § 68 I S. 2 POG; Saar: § 68 I S. 2 PolG; SachsAnh: § 69 I S. 2 SOG.
[1144] Unter einer Maßnahme im dargelegten Sinne versteht man eine Handlung, die unmittelbar in Rechte des Betroffenen eingreift, ohne dass es auf die Finalität ankommt.
[1145] Vgl. OVG Münster NVwZ 2001, 1314; LG Köln NJW 1998, 317, 318.
[1146] LG Köln NJW 1998, 317, 318.
[1147] Vgl. *Götz/Geis*, POR, § 14 Rn 22; *Muckel*, Fälle BesVerwR, S. 83 ff.

wie ein Nichtstörer behandelt werden. Er hat somit grundsätzlich einen Entschädigungsanspruch analog der Vorschrift über die Entschädigung von Nichtstörern, der nur dann gemildert wird bzw. entfällt, wenn M teilweise oder ausschließlich den Zustand vorwerfbar verursacht hat. Ob das angenommen werden kann, ist eine Wertungsfrage. Vorliegend ist zumindest eine Minderung des Entschädigungsanspruchs nicht ausgeschlossen.[1148]

Gegenbeispiel: Angetrunkene Wohnungsinhaber machen sich einen Spaß daraus, eine gefährliche Situation vorzutäuschen, und rufen um Hilfe. Polizeibeamte treten die Tür ein und finden fröhliche Zecher vor.

In diesem Fall steht den Wohnungsinhabern selbstverständlich kein Entschädigungsanspruch zu, weil sie den Anschein einer Gefahr zu 100 % verschuldet haben.

[1148] Hätte ein Gefahrenverdacht vorgelegen, wäre ebenfalls eine analoge Anwendung der Entschädigungsvorschrift (etwa gem. § 56 BremPolG) in Betracht gekommen. Hätte die Polizei rechtswidrig und schuldhaft gehandelt, wäre auch ein Amtshaftungsanspruch (§ 839 I BGB, Art. 34 GG) zu prüfen gewesen.

I. Abschleppen verbotswidrig abgestellter Kfz

Nach allgemeiner Auffassung werden Verkehrszeichen als Verwaltungsakte in Form von Allgemeinverfügungen gem. § 35 S. 2 VwVfG angesehen (*R. Schmidt*, AllgVerwR, Rn 419/497).[1149] Ob Verkehrszeichen auch vollstreckt werden können, hängt davon ab, ob man ihnen einen vollstreckbaren Titel entnimmt. Dazu müsste man sie als Verfügungen mit Handlungsgeboten qualifizieren. Der BGH und das BVerwG sehen – gebilligt vom BVerfG – „mit dem Verbot zugleich das Gebot verbunden, ein Fahrzeug alsbald wegzufahren, wenn die in der StVO aufgestellten Voraussetzungen für das erlaubte Halten nicht (mehr) gegeben sind"[1150] und qualifizieren das Abschleppen daher als eine Maßnahme der Verwaltungsvollstreckung.[1151] Auf dieser Basis ergibt sich:

1025

- Das im Halte- oder Parkverbot enthaltene **Wegfahrgebot** stellt die vollstreckungsrechtliche **Grundverfügung** dar.
- Das Wegfahrgebot ist als Handlungsgebot **materiell vollstreckbar**.
- Wegen der „Funktionsgleichheit" und „wechselseitigen Vertauschbarkeit" einer Verkehrsregelung durch Verkehrszeichen oder Verkehrseinrichtungen einerseits und durch Polizeibeamte andererseits wird ganz überwiegend § 80 II S. 1 Nr. 2 VwGO analog angewendet und hiernach einem etwaigen Rechtsbehelf keine aufschiebende Wirkung zuerkannt[1152], woraus sich die **formelle Vollstreckbarkeit** des Wegfahrgebots ableiten lässt.
- Bei der Abschleppmaßnahme handelt es sich nach höchstrichterlicher – und richtiger – Auffassung um eine **Ersatzvornahme** (regelmäßig in Form der Fremdvornahme).

Die Punkte 1-3 sind ist mit Blick auf die allgemeinen Verfahrensgrundsätze (Bekanntgabe eines Verwaltungsakts) und die Grundsätze der Verwaltungsvollstreckung (Vollstreckbarkeit der Grundverfügung, Androhung des Zwangs, Zuständigkeit für den Zwang) nicht ganz unbedenklich und bedürfen der Erläuterung:

- Ein Verwaltungsakt, der Grundlage einer Vollstreckung sein soll, muss zumindest **wirksam** sein. Nach den allgemeinen Regeln wird ein Verwaltungsakt gegenüber dem Betroffenen in dem Zeitpunkt wirksam, in dem er ihm **bekannt gegeben** wird (§ 43 I VwVfG). Die Bekanntgabe beurteilt sich wiederum nach § 41 VwVfG. Die in § 41 III S. 1 VwVfG vorgesehene *öffentliche* Bekanntgabe, bei der es nur auf die abstrakte Kenntnisnahmemöglichkeit ankommt, greift bei Verkehrszeichen jedoch nicht, da Verkehrszeichen keine Einzelverwaltungsakte darstellen und im Übrigen auch keine Rechtsvorschrift existiert, die diese Form der Bekanntgabe zulassen könnte. Zwar kommt dann noch die Ausnahmevorschrift des § 41 III S. 2 VwVfG in Betracht, der zufolge eine öffentliche Bekanntgabe von Allgemeinverfügungen möglich ist, wenn eine individuelle Bekanntgabe untunlich ist, jedoch hat das BVerwG diese Frage ausdrücklich offengelassen. Es hat entschieden, dass die Bekanntgabe jedenfalls von solchen Verkehrszeichen, die den **fließenden**[1153] Verkehr regeln, allein nach den bundesrechtlichen Vorschriften der Straßenverkehrsordnung **durch Aufstellen des Verkehrszeichens** erfolge.[1154] Seien Verkehrszeichen so aufgestellt oder angebracht, dass sie ein durchschnittlicher Kraftfahrer bei Einhaltung der nach § 1 StVO erforderlichen Sorgfalt schon „mit einem raschen

1026

[1149] Vgl. BGH NJW 2014, 2577, 2578; BVerfG NJW 2009, 3642, 3643; BVerwGE 102, 316, 318 ff.; BVerwG NJW 2004, 698; NJW 2002, 2122 f.; VGH Mannheim JZ 2009, 738 f.; OVG Hamburg NJW 2001, 168, 169; NordÖR 2002, 469, 470.
[1150] Vgl. BVerwGE 102, 316 ff.; BVerwG NJW 2002, 2122 f.; OVG Hamburg NordÖR 2002, 469, 470; jeweils in Anlehnung an BVerwG NVwZ 1988, 623 (und im Anschluss an BVerwG NJW 1978, 656). Vgl. auch VGH Mannheim NJW 2007, 2058.
[1151] BGH NJW 2014, 2577, 2578; BVerwGE 102, 316, 318 ff. Vgl. auch BVerwG NJW 2014, 2888, 2889 f. Auf die für Hamburg geltende Sonderregelung des § 14 I S. 2 SOG (Sicherstellung verbotswidrig abgestellter Kfz) soll hier nicht weiter eingegangen werden.
[1152] BVerwG NJW 1978, 656. Vgl. dazu auch *R. Schmidt*, VerwProzR, Rn 908. Entsprechendes gilt für den Schwerbehindertenparkplatz, den markierten Fußgängerüberweg und für die abgelaufene oder nicht betätigte Parkuhr.
[1153] Zur Bekanntgabe von Verkehrsschildern, die den ruhenden Verkehr betreffen, vgl. sogleich.
[1154] Vgl. insbesondere §§ 39, 45 IV StVO.

und beiläufigen Blick" erfassen könne, äußerten sie ihre Rechtswirkung gegenüber jedem von der Regelung betroffenen Verkehrsteilnehmer, gleichgültig, ob er das Verkehrszeichen tatsächlich wahrnehme oder nicht. Es komme allein auf die **theoretische Möglichkeit der Kenntnisnahme** an[1155], sofern nur der Straßenverkehrsteilnehmer bei Einhaltung der nach § 1 StVO erforderlichen Sorgfalt und ungestörten Sichtverhältnissen während der Fahrt das Schild ohne weiteres erkennen könne[1156].

Damit gelten jedenfalls Verkehrszeichen, die den fließenden Verkehr regeln, allein durch ihr **Aufstellen** als **bekannt gegeben**. Von praktischer Bedeutung ist dies vor allem für diejenigen Personen, die z.B. Jahre nach der Aufstellung des Verkehrszeichens zum ersten Mal mit ihm konfrontiert werden (dazu sogleich), und für diejenigen, die als Halter eines Kfz eine Zustandsverantwortlichkeit trifft und die daher auch für den Fall, dass ihnen die Kenntnisnahme gar nicht möglich war, weil sie das Kfz gar nicht geführt hatten (Fahrer und Halter können ja personenverschieden sein), gleichwohl als Adressaten und damit als Pflichtige für eine etwaige Verwaltungsvollstreckung angesehen werden.

Aufgrund ihrer Qualifikation als Allgemeinverfügungen und damit als Verwaltungsakte unterliegen Verkehrszeichen der Möglichkeit der **Anfechtung** mittels Widerspruchs und Anfechtungsklage (§§ 68 I S. 1 und 42 I Var. 1 VwGO). Gemäß § 70 I S. 1 VwGO **beginnt die Widerspruchsfrist** mit der Bekanntgabe. Bei Verkehrszeichen müsste man daher annehmen, dass die Widerspruchsfrist in konsequenter Fortführung der o.g. Rspr. des BVerwG **mit der Aufstellung** zu laufen beginne.[1157] Wegen fehlender Rechtsbehelfsbelehrung würde jedenfalls nicht die Monatsfrist gem. §§ 70, 74 I VwGO, sondern grundsätzlich die **Jahresfrist** (vgl. § 58 II VwGO) gelten. Konsequenzen hat diese (folgerichtige) Auffassung für solche Verkehrsteilnehmer, die das Verkehrszeichen erst später als ein Jahr nach seiner Aufstellung zur Kenntnis nehmen können, z.B. weil sie zuvor die Straße zu keinem Zeitpunkt befahren hatten. Diese könnten das Verkehrsschild also nicht mehr anfechten, weil die – mangels Rechtsmittelbelehrung maßgebliche – Jahresfrist für den Widerspruch gegen das Verkehrsschild verstrichen ist.[1158]

Aufgrund dieser (vermeintlichen) Rechtsschutzverkürzung war es nur eine Frage der Zeit, bis das BVerwG erneut angerufen werden würde. In seiner Entscheidung vom 23.9.2010[1159] hat das Gericht zunächst noch einmal klargestellt, dass die Bekanntgabe eines Verkehrszeichens mit seiner Aufstellung erfolge. Sodann hat es festgestellt, dass mit diesem Zeitpunkt nicht notwendigerweise auch die Rechtsbehelfsfrist zu laufen beginne. Diese Frist werde vielmehr erst dann ausgelöst, wenn sich der betreffende Verkehrsteilnehmer erstmals der Regelung des Verkehrszeichens gegenübersehe. Jedes andere Verständnis geriete in Konflikt mit der Rechtsweggarantie des Art. 19 IV GG, die es verbiete, den Rechtsschutz in unzumutbarer, durch Sachgründe nicht mehr zu rechtfertigender Weise zu erschweren. Liefe die Anfechtungsfrist für jedermann schon mit dem Aufstellen des Verkehrsschilds, könne ein Verkehrsteilnehmer, der mehr als ein Jahr später erstmals mit dem Verkehrszeichen konfrontiert werde, keinen Rechtsschutz erlangen; denn bis zu diesem Zeitpunkt sei er an der Einlegung eines Rechtsbehelfs mangels individueller Betroffenheit (§ 42 II VwGO) gehindert, danach würde ihm der Ablauf der einjährigen Anfechtungsfrist entgegengehalten. Dieses Rechtsschutzdefizit werde auch durch die Möglichkeit, ein Wiederaufgreifen des Verfahrens zu beantragen, nicht in der verfassungsrechtlich gebotenen Weise ausgeglichen, dies schon wegen der besonderen Voraussetzungen, die § 51 VwVfG an einen solchen Rechtsbehelf stelle.[1160] Schließlich sei zu beachten, dass die gem. § 58 II VwGO maßgebliche einjährige Rechtsbehelfsfrist nicht erneut zu laufen beginne, wenn sich derselbe Verkehrsteilnehmer demselben Verkehrszeichen ein weiteres Mal gegenübersehe. Der Inhalt des Verkehrs-

---

[1155] BVerwGE 102, 316, 318 f.; bestätigt in BVerwG NJW 2011, 246, 247; BVerwG NJW 2016, 2353, 2354.
[1156] BVerwG NJW 2016, 2353, 2354.
[1157] So etwa VGH Mannheim JZ 2009, 738 f.
[1158] VGH Mannheim JZ 2009, 738 f.; a.A. *Bitter/Goos*, JZ 2009, 740; *Beaucamp*, JA 2008, 612, 615.
[1159] BVerwG NJW 2011, 246 ff.
[1160] BVerwG NJW 2011, 246, 247.

zeichens, das dem Verkehrsteilnehmer bei seinem erstmaligen Herannahen bekannt gemacht wurde, gelte ihm gegenüber fort, solange seine Anordnung und Bekanntgabe aufrechterhalten blieben. Komme der Verkehrsteilnehmer erneut an diese Stelle, habe das Verkehrszeichen für ihn nur eine erinnernde Funktion.[1161]

Stellungnahme: Diese Rspr. ist mit Blick auf den klaren Wortlaut des § 70 VwGO, wonach die Rechtsbehelfsfrist mit Bekanntgabe zu laufen beginnt, nicht ganz unproblematisch. Da das BVerwG aber zugunsten des Rechtsschutzsuchenden von der gesetzlichen Regelung abweicht, kann ihr im Ergebnis durchaus gefolgt werden. Damit lässt sich nun folgender gesicherter Befund aufstellen:

⇨ Die **Bekanntgabe** eines als Allgemeinverfügung zu qualifizierenden Verkehrszeichens erfolgt durch sein Aufstellen.
⇨ Die Rechtsbehelfsfrist beträgt wegen fehlender Rechtsbehelfsbelehrung **ein Jahr** (§§ 70 II, 58 II VwGO)
⇨ Die Frist beginnt zu laufen, wenn sich der Straßenverkehrsteilnehmer **erstmalig mit der Regelung konfrontiert** sieht. Bei nochmaliger Konfrontation mit dem Verkehrsschild beginnt die Frist daher nicht erneut zu laufen.

Danach wird beispielsweise auch ein **nachträglich aufgestelltes Halteverbot** im Zeitpunkt der Aufstellung auch demjenigen gegenüber wirksam, der sein Fahrzeug zuvor erlaubtermaßen dort abgestellt hatte. Denn obwohl der Betroffene sich nicht persönlich vor Ort befunden hat, ist er nach Auffassung des BVerwG Verkehrsteilnehmer und somit Adressat der durch das Verkehrszeichen getroffenen Anordnung. Verkehrsteilnehmer sei nämlich nicht nur derjenige, der sich im Straßenverkehr bewege, sondern auch der Halter eines am Straßenrand geparkten Fahrzeugs, solange er - wie regelmäßig - Inhaber der tatsächlichen Gewalt über das Fahrzeug sei.[1162] Sowohl die Bekanntgabe als auch der Beginn der Rechtsbehelfsfrist erfolgen somit regelmäßig in dem Zeitpunkt der Aufstellung des Verkehrszeichens.

Hat ein Autofahrer aber weder bei der Anfahrt noch bei einer Umschau nach Verlassen des Kfz vom Standort des Stellplatzes aus ein Halteverbotsschild gesichtet, sind nach Auffassung des BVerwG eine Bekanntgabe und damit eine Wirksamkeit des Halteverbotsschildes zu verneinen. Zwar treffe einen Autofahrer eine Umschaupflicht, nicht aber eine Nachschaupflicht. Ein Autofahrer, der aufgrund der Verkehrssituation (Beispiel: bereits dicht beparkter Seitenstreifen) nicht damit rechne, dass weiter hinten entfernt ein Halteverbotsschild aufgestellt sei, müsse nicht die gesamte Straße zurücklaufen, um nach einem Halteverbotsschild zu schauen.[1163] Freilich steht dies in gewissem Widerspruch zur Rechtsprechung des BVerwG hinsichtlich der nachträglich aufgestellten Halteverbotsschilder und ist nach der hier vertretenen Auffassung auch nicht überzeugend. Es ist keine überzogene Forderung, von einem Autofahrer zu verlangen, er möge ggf. zurück bis zur letzten Kreuzung/Einmündung gehen, um zu überprüfen, ob ein Halteverbotsschild aufgestellt ist. Überzeugend daher das VG Koblenz, das lediglich verlangt, dass ein Autofahrer sich über ein etwaiges Halteverbot an dem beabsichtigten Abstellplatz ggf. durch Rückschau auf die Beschilderung jedenfalls an den letzten 30 m des zurückliegenden Straßenstücks vergewissern müsse.[1164]

Die Wirksamkeit eines Verkehrsschildes **endet** spätestens, wenn ein entsprechender actus contrarius ergeht, wenn das Schild also aufgrund entsprechender Anordnung der zuständigen Straßenverkehrsbehörde **abgebaut** wird. Fraglich ist indes, ob die Wirksamkeit zumindest vorübergehend suspendiert werden muss, wenn das Verkehrsschild infolge von Umwelteinflüssen (durch Schneefall bedeckt oder durch Sturm um 90 oder

---

[1161] BVerwG NJW 2011, 246, 247.
[1162] BVerwGE 102, 316, 319.
[1163] BVerwG NJW 2016, 2353, 2354.
[1164] VG Koblenz 26.10.2018 – 5 K 782/18.KO. Zur prüfungsrelevanten Abschleppproblematik vgl. insgesamt *R. Schmidt*, Fälle zum POR, Fall 13.

180 Grad gedreht), von Beschädigung oder anderen Umständen (unbefugte Beseitigung o.Ä.) nicht erkennbar ist. Streng genommen besteht in diesen Fällen noch nicht einmal die von der Rspr. des BVerwG für ausreichend erachtete abstrakte Möglichkeit der Kenntnisnahme. Aber auch wenn man diese bejahte, dürfen dem Bürger keine rechtlichen Nachteile erwachsen. Die Fiktion der Bekanntgabe an sämtliche Verkehrsteilnehmer würde überzogen und wäre mit dem Rechtsstaatsprinzip nicht vereinbar, wenn man die Verkehrsteilnehmer auch für verpflichtet halten wollte, sich an Verkehrsschildern zu orientieren, die mit zumutbaren Mitteln nicht (mehr) wahrnehmbar sind.

1027 ▪ Die **formelle Vollstreckbarkeit** erfolgt analog § 80 II S. 1 Nr. 2 VwGO (Rn 1025).

1028 ▪ Hinsichtlich der **Zuständigkeit für die Anwendung des Verwaltungszwangs** ist zu beachten, dass gem. § 7 I BundesVwVG[1165] Vollzugsbehörde die Behörde ist, die den Verwaltungsakt erlassen hat. Verkehrsschilder werden regelmäßig von der Straßenverkehrsbehörde aufgestellt, die gem. § 44 I StVO auch für das Aufstellen von Verkehrsschildern zuständig ist. Demnach wäre die Straßenverkehrsbehörde auch für die Vollstreckung zuständig, nicht die Vollzugspolizei. Um das Problem zu umgehen, stellt die h.M. das Verkehrszeichen der Anordnung eines Polizeivollzugsbeamten gleich und bejaht die Zuständigkeit.[1166]

1029 ▪ Vor der Anwendung des Zwangsmittels im gestreckten Verfahren bedarf es gem. § 13 I BundesVwVG[1167] einer **Androhung** (und ggf. Festsetzung) des Zwangsmittels. Die Abschleppmaßnahme wird dem Halter/Fahrer aber regelmäßig nicht angedroht. Die Rechtsprechung qualifiziert daher auch die Abschleppmaßnahme als Maßnahme des **Sofortvollzugs** in Form der Ersatzvornahme (vgl. §§ 10, 6 II BundesVwVG). Vgl. dazu Rn 1031.

1030 ▪ Bei einem **Verstoß gegen die StVO** selbst ist ein gestrecktes Verfahren nicht denkbar, weil ein als vollstreckbare Grundverfügung fungierendes Verkehrsschild nicht vorhanden ist. Hier ist von einer *unmittelbaren Ausführung* bzw. einem *Sofortvollzug* auszugehen.[1168]

Beispiele:
(1) **Parken auf dem Radweg**, wenn ein entsprechendes Parkverbot sich nicht aus den Zeichen 237, 240 oder 241 gem. § 41 StVO ergibt. Das folgt unmittelbar aus dem Gebot des § 12 IV S. 1 StVO, zum Parken den rechten Seitenstreifen zu benutzen, anderenfalls an den rechten Fahrbahnrand heranzufahren. Hier ist die Abschleppmaßnahme regelmäßig verhältnismäßig, wenn die Radfahrer sonst gezwungen wären, entweder auf die Fahrbahn einer stark befahrenen Straße oder auf den angrenzenden Gehweg auszuweichen.[1169]

(2) **Parken im Einmündungs- oder Kreuzungsbereich**, wenn ein entsprechendes Parkverbot sich nicht aus den Zeichen 283 oder 286 gem. § 41 StVO ergibt. Das folgt unmittelbar aus § 12 III Nr. 1 StVO (5 Meter Abstand).[1170]

1031 ▪ **Abschleppmaßnahme als Sicherstellung, Ersatzvornahme oder unmittelbare Ausführung?** Aufgrund der oben, aber auch bei Rn 927 genannten Bedenken wird von einem Teil der Rspr. und Lit. das Abschleppen eines verbotswidrig geparkten Fahrzeugs auch nicht als Vollstreckungsmaßnahme, sondern als Sicherstellung i.S.d. POR (= Standardmaßnahme)[1171] angesehen.[1172] Eine Sicherstellung kann aber nur dann vorliegen, wenn die Polizei das Fahrzeug nicht an einen anderen Standort versetzt („umsetzt"), um

---
[1165] Entsprechende Regelungen enthalten die Landes(verwaltungsvollstreckungs)gesetze.
[1166] Vgl. BVerfGE 102, 316, 319 ff.
[1167] Entsprechende Regelungen enthalten die Landes(verwaltungsvollstreckungs)gesetze.
[1168] Vgl. dazu BVerwG NJW 2002, 2122 f.; OVG Hamburg NJW 2001, 168, 169; OVG Münster NJW 2000, 602; VG Berlin NJW 2000, 603; OVG Koblenz NJW 1999, 3573; VGH Kassel NVwZ-RR 1999, 23, 24.
[1169] Vgl. OVG Hamburg NJW 2001, 168, 169. Vgl. auch BVerwG NJW 2002, 2122 f. (Parken auf Bordsteinabsenkung).
[1170] OVG Münster NJW 2001, 172.
[1171] Vgl. Rn 569.
[1172] Zu den Vertretern vgl. ebenfalls Rn 569.

den Gefahrzustand zu beseitigen, sondern zu einem Verwahrungsplatz bringen lässt und dabei ein amtliches Verwahrungsverhältnis begründet (die amtliche Ingewahrsamnahme ist nach den Vorschriften der Polizeigesetze über die Sicherstellung Voraussetzung einer Sicherstellung). Da es der Polizei i.d.R. aber lediglich darum gehen wird, das Kfz zu entfernen und nicht, amtlichen Gewahrsam zu begründen und den Halter, Fahrer oder Dritte von der Einwirkungsmöglichkeit auszuschließen, geht die h.M. daher (bei Missachtung eines Verkehrsschildes durch den Fahrer) von einer **Ersatzvornahme** aus.[1173] Diese Maßnahme ergeht als Vollstreckungsmaßnahme des als vollstreckbare Grundverfügung fungierenden Verkehrszeichens. Da aber regelmäßig die Androhung des Zwangsmittels fehlt, scheint der Weg über den Sofortvollzug gangbar. In Bundesländern, in denen die unmittelbare Ausführung geregelt ist, ist diese indes vorrangig gegenüber dem Sofortvollzug. Dass auch diese Vorgehensweise gewissen Zweifeln unterworfen ist, wurde bereits dargelegt. Abhilfe kann nur der Gesetzgeber schaffen.[1174]

Der Streit um die Rechtsnatur der Abschleppmaßnahme ist nicht nur akademischer Natur, sondern hat einen ganz konkreten Grund: In den meisten Bundesländern sind nämlich die **Kosten** der Gefahrenabwehr (wozu auch die Sicherstellung gehört) von der Körperschaft zu tragen, deren Aufgaben die handelnde Behörde übernommen hat, sofern das landesrechtliche Kostenrecht (wie etwa § 34 III S. 1 SächsPVDG) nicht auch die Kosten einer Sicherstellung dem Pflichtigen auferlegt. Dagegen sind die Kosten der Ersatzvornahme (und der unmittelbaren Ausführung) stets von dem Pflichtigen zu übernehmen. Vor diesem Hintergrund wird klar, warum beim Abschleppen überwiegend eine Ersatzvornahme (wegen der fehlenden Androhung: Sofortvollzug) bzw. eine unmittelbare Ausführung angenommen wird. Ob dies mit der gesetzlichen Systematik vereinbar ist, darf bezweifelt werden.

- Schließlich darf das mit dem Abschleppen verfolgte Ziel in seiner Wertigkeit nicht außer Verhältnis zur Intensität des Grundrechtseingriffs stehen (**Angemessenheit** bzw. Verhältnismäßigkeit i.e.S.). Das kann sich v.a. in einer zeitlichen Dimension zeigen.

1031a

Beispiele:
(1) In der Rechtsprechung ist es anerkannt, dass die Wartezeit an einem mit dem Verkehrszeichen 283 gem. § 41 StVO ausgeschilderten absoluten Halteverbot im Allgemeinen 30 Minuten betragen soll, bevor die Abschleppmaßnahme angeordnet werden darf. Ob eine sofortige Abschleppanordnung verhältnismäßig ist, kommt auf die Umstände des Einzelfalls (konkrete Verkehrsbehinderung oder nicht) an.
(2) Bei einem Taxenstand, der mit Zeichen 229 gem. § 41 StVO ausgeschildert ist, kann aber auch ein sofortiges Abschleppen verhältnismäßig sein. Denn nach Auffassung des BVerwG misst der Verordnungsgeber der jederzeitigen bestimmungsgemäßen Nutzbarkeit der Taxenstände eine hohe Bedeutung bei, wie die Verwendung des Zeichens 229 mit der Wirkung eines absoluten Halteverbots für nichtberechtigte Fahrzeuge zeige. Nach Maßgabe der konkreten Umstände des Einzelfalls könne es allerdings ausnahmsweise geboten sein, mit der Einleitung der Abschleppmaßnahme abzuwarten, etwa wenn zum Zeitpunkt der Entscheidung über die Abschleppanordnung konkrete Anhaltspunkte dafür ersichtlich seien, dass der Verantwortliche kurzfristig wieder am Fahrzeug erscheinen und es unverzüglich selbst entfernen werde. Habe der zum Parken am Taxenstand Nichtberechtigte seine Mobilfunknummer am Fahrzeug hinterlegt, könne dies angenommen werden. Sei der Betreffende aber trotz Versuchs der telefonischen Kontaktaufnahme nicht erreichbar, sei eine darauf unmittelbar folgende Abschleppanordnung rechtmäßig.[1175]

[1173] Zu den Vertretern vgl. abermals Rn 569. Von einer Sicherstellung ist etwa nur dann auszugehen, wenn es der Polizei darum geht, eine Eigentumssicherung (bspw. wenn der Wagen unverschlossen abgestellt wurde) vorzunehmen (vgl. dazu OVG Bautzen NJW 2016, 181, 182; VGH München NJW 2001, 1960 sowie oben Rn 577/1006 f.). In bestimmten Fällen ist dann aber die Sonderregelung des § 17 I StVZO zu beachten.
[1174] In die richtige Richtung geht insoweit Hamburg, das in § 14 I S. 2 SOG eine Sicherstellung gesetzlich angeordnet hat. Freilich dürfte aber auch danach im Fall der bloßen Umsetzung keine Sicherstellung vorliegen.
[1175] BVerwG NJW 2014, 2888, 2889 f.

(3) Überschreitet der Halter eines Pkw die zulässige Höchstparkzeit um etwa eine Stunde, ist es unverhältnismäßig, den Wagen abzuschleppen, wenn in unmittelbarer Nähe eine ausreichende Zahl an freien Parkplätzen zur Verfügung steht. Denn in diesem Fall besteht keine Verkehrsbehinderung, die z.B. von parkplatzsuchenden Verkehrsteilnehmern ausgeht.[1176]

(4) Auch wenn die Polizei weiß, dass der Halter eines verbotswidrig abgestellten Kfz nur kurz zum gegenüberliegenden Kindergarten gegangen ist, um sein Kind von dort abzuholen, ist es unverhältnismäßig, das Abschleppen anzuordnen. Die Unverhältnismäßigkeit ergibt sich daraus, dass durch das Abschleppen des Kfz die Störung bzw. Behinderung erkennbar nur um wenige Minuten oder überhaupt nicht verkürzt werden könnte.[1177]

1032 ▪ Ist die Abschleppmaßnahme rechtmäßig, kann des Weiteren die **Kostentragung** problematisch sein. Nach dem Wortlaut der Vorschriften der Verwaltungsvollstreckungsgesetze erfolgt die Ersatzvornahme (bzw. die unmittelbare Ausführung) auf Kosten des Pflichtigen. Ein Ermessen besteht insoweit nicht. Die Kostenpflicht des Verantwortlichen kann nach der Rechtsprechung[1178] aber unverhältnismäßig sein, wenn die durch das Abstellen des Fahrzeugs verursachte Störung für den Verantwortlichen unvorhersehbar war.[1179] Es stehe den Fahrern und Haltern von Kfz nach der StVO grundsätzlich frei, ihre zum Straßenverkehr zugelassenen Fahrzeuge auf öffentlichen Straßen dort ohne zeitliche Begrenzung zu parken, wo dies nicht ausdrücklich untersagt sei.[1180] Allerdings müsse ein Verkehrsteilnehmer in städtischen Bereichen damit rechnen, dass sich die Regelungen für den ruhenden Verkehr nach einer angemessenen Vorwarnzeit in der Weise änderten, dass das am Abstellort zunächst erlaubte Parken für die Zukunft verboten werde. Zur Wahrung des Grundsatzes der Verhältnismäßigkeit hält die Rechtsprechung teilweise eine Frist von **3 Tagen** zwischen dem Aufstellen des Halteverbotsschildes und dem Abschleppen für erforderlich aber auch für ausreichend.[1181] Das OVG Münster[1182] ließ eine Frist von 48 Std. genügen, ist aber vom BVerwG kassiert worden[1183]. Das OVG Hamburg[1184] fordert hingegen eine Frist von 3 Werktagen und zusätzlich einen Sonn- bzw. Feiertag. Ein solcher Zeitraum sei erforderlich, da gerade in Ballungsgebieten Arbeitnehmer ihr Fahrzeug häufig nur an den Wochenenden benutzten, an Werktagen hingegen oft auf Fahrgemeinschaften oder den ÖPNV zurückgriffen. Der VGH Kassel a.a.O. hält zwar wegen dieser genannten Gebrauchsgewohnheiten vieler Verkehrsteilnehmer eine Frist von 48 Stunden für zu knapp bemessen, einen zusätzlichen Sonn- und Feiertag zu fordern sei aber zu „kompliziert". Es sei durchaus zumutbar, sich wenigstens einmal unter der Woche über sein Fahrzeug und die für den Abstellort geltenden Verkehrsregelungen zu informieren.

Stellungnahme: Ein Verkehrsverstoß über die genannten Zeiträume hinaus führt nach der Rechtsprechung zu einer dem Verhältnismäßigkeitsprinzip entsprechenden Kostentragungspflicht des Verantwortlichen. Freilich verstößt diese Vorgehensweise gegen den Wortlaut der Vorschriften über die Kostenerhebung (vgl. nur § 39 I S. 1 HmbVwVG: „werden Kosten erhoben"), wonach es sich um eine gebundene Verwaltungsentscheidung handelt. Deshalb kann man – mit dem OVG Münster[1185] – auch anderer Meinung sein. Nach der hier vertretenen Auffassung bestehen *verfassungsrechtlich* dennoch kei-

---

[1176] OVG Hamburg NVwZ-RR 2009, 995.
[1177] OVG Hamburg NJW 2011, 3051 f.
[1178] BVerwGE 102, 316, 319; VGH Mannheim NJW 2007, 2058, 2059; NJW 1991, 1698, 1699; VGH Kassel NJW 1997, 1023, 1024.
[1179] Im Ergebnis wird der Betroffene somit auf der Primär- und Sekundärebene (Gefahrenabwehr, Verwaltungsvollstreckung) als Störer, auf der Tertiärebene (Kostentragung) u.U. als Nichtstörer behandelt.
[1180] Insoweit deklaratorisch OLG Jena NZV 1995, 289; OLG Köln NZV 1993, 406.
[1181] BVerwGE 102, 316, 320; VGH Kassel NJW 1997, 1023; VG Berlin DAR 2001, 234 f.; VGH Mannheim NJW 2007, 2058, 2059. Wird also am 4. Tag abgeschleppt, ist der Kostenbescheid insoweit nicht rechtswidrig (bestätigt durch BVerwG DAR 2018, 398).
[1182] OVG Münster NVwZ-RR 1996, 59; OVG Münster NWVBl 2017, 164, 165.
[1183] BVerwG DAR 2018, 398 (Bestätigung der Drei-Tages-Frist).
[1184] OVG Hamburg DÖV 1995, 783, 784.
[1185] OVG Münster NWVBl 1995, 475, 476 (zu § 11 II S. 1, 2 Nr. 7 NRWKostO).

ne Bedenken, da hier (*praeter legem*) zugunsten einer mit einem Ermessen verbundenen Zumutbarkeitsprüfung der Kostenlast vom Wortlaut abgewichen wird. Bei der Frage, welche Frist erforderlich ist, damit die Kostenentscheidung verhältnismäßig ist, bietet die Drei-Tages-Frist einen wesentlich höheren Grad an Rechtssicherheit als die Sonn- und Feiertagsregelung (wo beginnt ein Ballungsgebiet? Zeitraum maximal eine Woche, wenn das Kfz bereits an einem Montag abgestellt wird?). Aber auch die starre Drei-Tages-Frist kann sich als zu lange erweisen, etwa wenn eine herannahende Baustelle für den betroffenen Autofahrer frühzeitig erkennbar war oder bereits aufgestellte Halteverbotsschilder zunächst überklebt (bzw. überdeckt) waren. Sind umgekehrt solche. Hinweise nicht gegeben, steht die öffentliche Hand in der Verantwortung. So hat das BVerwG zutreffend ausgeführt, dass die Erforderlichkeit von Halteverbotsregelungen – etwa aus Anlass von Bauarbeiten, Straßenfesten oder Umzügen – regelmäßig auch im großstädtischen Raum deutlich vorher bekannt sei.[1186] Folge daraus ist, dass die Verkehrsbehörden mitunter schon frühzeitig mit einer Gültigkeitsdauer versehene mobile Halteverbotsschilder aufstellen müssen.

Befindet sich der im Rahmen des Sofortvollzugs bzw. der unmittelbaren Ausführung abgeschleppte Wagen im Gewahrsam des Abschleppunternehmers, stellt sich die Frage, ob dieser die Herausgabe des Fahrzeugs von der Bezahlung der Abschleppkosten abhängig machen kann, mithin, ob er ein **Zurückbehaltungsrecht** (analog § 273 BGB) hat. Ein Teil der Literatur bejaht diese Frage nur dann, wenn das Gesetz ein Zurückbehaltungsrecht vorsieht; im Übrigen verneint sie ein Zurückbehaltungsrecht.[1187] Nach der Rechtsprechung der Verwaltungsgerichte besteht indes ein Zurückbehaltungsrecht. Der Betroffene könne die Herausgabe auch nicht im Wege einer einstweiligen Verfügung durch das zuständige Gericht erzwingen. Nach Auslösung des Wagens bleibe ihm immer noch die Möglichkeit, vor dem zuständigen Verwaltungsgericht die Rechtmäßigkeit der Abschleppaktion klären zu lassen und im Erfolgsfall die gezahlten Abschleppkosten zurückzuverlangen.[1188] Der BGH hat über ein Zurückbehaltungsrecht bislang nur für den Fall entschieden (und bejaht), dass eine *Privatperson* einen Abschleppunternehmer beauftragt.[1189] Nach der hier vertretenen Ansicht steht einer analogen Anwendung des § 273 BGB auf das öffentliche Recht der Grundsatz vom Vorbehalt des Gesetzes entgegen. Erforderlich ist daher eine gesetzliche Grundlage, die ein Zurückbehaltungsrecht normiert.

Ein **Übungsfall** betreffend die Abschleppproblematik findet sich bei *R. Schmidt*, Fälle zum POR, Fall 13.

1033

[1186] BVerwG DAR 2018, 398.
[1187] *Schenke*, POR, Rn 726; dem sich anschließend *Kugelmann*, POR, 11. Kap. Rn 64.
[1188] LG Magdeburg 10.8.2006 – 10 O 1543/06.
[1189] BGH NZV 2012, 127 f.

Synopse der landesrechtlichen Vorschriften

Die im Folgenden dargestellte Synopse gibt einen Überblick über die wichtigsten Vorschriften der Polizeigesetze.

	BaWü	Bay	Berl	Brand	Brem	Hamb	Hess	MV
Befugnisgeneralklausel	3	11	17	10	10	3	11	13
Aufgaben der Polizei	1	2	1	1	1	3	1	2, 1
Platzverweis	27a	16	29	16	14	12a	31	52
Privatrechtsklausel	2	2	1	1	1	3	1	1
Sicherstellung	32	25	38	25	23	14	40	61
Vollzugshilfe	60	67-69	52-54	50-52	37-39	30-30b	44-46	7 II i.V.m. 82a-c
Entschädigung	55-58	87-90	59-65	70	56-52	10	64-70	72-77
Datenerhebung und Datenverarbeitung	19 ff.	30 ff.	18 f., 23 ff., 43 ff.	29 ff.	27 ff.	10 ff. PolDVG	13 ff.	26 ff.
Inanspruchnahme nicht verantwortlicher Personen	9	10	16	7	7	10	9	71
Datenerhebung bei öffentlichen Veranstaltungen	21	33 I	24	31	29	18 PolDVG	14	32
Überwachung gefährdeter Objekte	21	33 II	24	31	29	18 PolDVG	14	32
Anordnungsbedürfnis einer Überwachung	22 VI	-	-	32 II, 34 II, 35 IV	30	-	16 V, 17 IV	-
Befragung und Auskunftspflicht	20, 35	12	18	11	13	12 PolDVG	12	28
Grundsätze der Datennutzung	37 ff.	53-66	42 ff.	37 ff.	36a ff.	10 PolDVG	20 ff.	36 ff.
In Anspruch zu nehmende Personen (unmittelbare Ausführung)	6-9	7-10	13-16	5-7	5-8	7-10	6-9	68-71
Identitätsfeststellung	26	13	21	12	11	12	18	29
Prüfung von Berechtigungsscheinen	26 III	13 III	22	14	11 V	13 V PolDVG	18 VII	30

Synopse der landesrechtlichen Vorschriften

Erkennungs-dienstliche Maßnahmen	36	14	23	13	11b	16 PolDVG	19	31
Längerfristige Observation	22 I	36 I Nr.1	25 I	32	32	20 I PolDVG	15 I	33 I
Einsatz technischer Mittel zur Überwachung geschützter Räumlichkeiten	23	41	25 IV	33a	33 II	22 I PolDVG	15 IV	34b
Richterliche Anordnung der Datenerhebung	23 III	36 IV	25 V	33a IV	33 III	22 III S. 1 PolDVG	15 V	34b V
Einsatz von Vertrauens-personen	22	38	26	34	34	28 PolDVG	16	33
Einsatz von verdeckten Ermittlern	22	37	26	35	35	29 PolDVG	16	33
Polizeiliche Beobachtung	25	40	27	36	31	31 PolDVG	17	35
Datenabgleich	39	61	47	40	36h	48 PolDVG	25	43
Rasterfahndung	40	46	47	46	36i	50 PolDVG	26	44
Datenübermittlung	41 ff.	55 ff.	44 ff.	41 ff.	36c ff.	40 ff. PolDVG	21 ff.	39 ff.
Berichtigung/ Löschung/ Sperrung v. Daten	46	62	48	47	36k	59 PolDVG	27	45

Synopse der landesrechtlichen Vorschriften

	Nds	NW	RhlPfl	Saarl	Sachs	SachsAnh	SchlHolst	Thür
Befugnisgeneralklausel	11	8	9	8	12	13	174, 176	12
Aufgaben der Polizei	1	1	1	1	2	1	162	2
Platzverweis	17	34	13	12	18	36	201	18 PAG, 17 OBG
Privatrechtsklausel	1	1	1	1	2	1	162	2 PAG, 2 OBG
Sicherstellung	26	43	22	21	31	45	210	27
Vollzugshilfe	51-53	47-49	96-98	41-43	37-38	50-52	168 II i.V.m. 33 II, V, 34 II, 35 II	48-50 PAG, 3 II OBG
Entschädigung	80-86	67 PolG i.V.m. 39-43 OBG	68-74	68-74	47-52	69-75	221-226	68-74
Datenerhebung und Datenverarbeitung	30 ff.	9 ff.	26 ff.	25 ff.	53 ff.	15 ff.	177 ff.	31 ff.
Inanspruchnahme nicht verantwortlicher Personen	8	6	7	6	9	10	220	10 PAG, 13 OBG
Datenerhebung bei öffentlichen Veranstaltungen	32	15	27	27	57	16	184	33
Überwachung gefährdeter Objekte	32	15a	27	27	57	16	184	33
Anordnungsbedürfnis einer Überwachung	-	16 II, 17 III, 18 III, 19 II, 20 IV	28 V S.1 POG, § 27 II PolG	-	-	-	-	-
Befragung und Auskunftspflicht	12	9	9a	11	13	14	180	13
Grundsätze der Datennutzung	38 ff.	22 ff.	33 ff.	30 ff.	55 ff.	22 ff.	188 ff.	40-41d
In Anspruch zu nehmende Personen (unmittelbare Ausführung)	6-9	4-6	4-7	4-6	6-9	7-10	217-220	7-10
Identitätsfeststellung	13	12	10	9	15	20	181	14
Prüfung v. Berechtigungsscheinen	13 III	13	10 III	9 III	15 III	20 VII	182	15
Erkennungsdienstliche Maßnahmen	15	14	11	10	16	21	183	16

Synopse der landesrechtlichen Vorschriften

Längerfristige Observation	34	16 I	28 II	28	63	17	185 I	34 I
Einsatz technischer Mittel zur Überwachung geschützter Räumlichkeiten	35a	17 II, 18 II	29	28a	65	17 IV	185 III	35
Richterliche Anordnung der Datenerhebung	35a III S. 1	17 III, 18 III	29 VII	28a III	65 IV S. 1	17 V	186 I	35 IV
Einsatz von Vertrauenspersonen	36	19	28	28	64	18	185	34
Einsatz von verdeckten Ermittlern	36a	20	28	28	64	18	-	34
Polizeiliche Beobachtung	37	21	32	29	60	19	187	37
Datenabgleich	45	25	37	36	87	30	195	43
Rasterfahndung	-	31	38	37	62	31	195a	44
Datenübermittlung	40 ff.	27 ff.	34 ff.	32 ff.	82 ff.	26 ff.	191 ff.	41
Berichtigung/ Löschung/ Sperrung v. Daten	39a	32	39	38	91	32	196	45

Synopse der landesrechtlichen Vorschriften

	BaWü	Bay	Berl	Brand	Brem	Hamb	Hess	MV
Vorladung	27	15	20	15	12	11	30	50
Vorübergehender Platzverweis	27a	16	29	16	14	12a	31	52
Wohnungsverweisung	27a	-	29a	16a	14a	12b	31	52
Gewahrsam von Personen	28	17	30	17	15	13	32	55
Durchsuchung von Personen	29	21	34	21	19	15	36	53
Durchsuchung von Sachen	30	22	35	22	20	15a	37	57
Betreten und Durchsuchen von Wohnungen	31	23	36	23	21	16	38	59
Sicherstellung und Beschlagnahme	32 f.	25	38 f.	25 f.	23 f.	14	40 f.	61 f.
Herausgabe sichergestellter Sachen	34	28	41	28	26	14	43	-
Behördliches Ermessen	3	5	12	4	4	3	5	14
Grundsatz der Verhältnismäßigkeit polizeilicher Maßnahmen	5	4	11	3	3	4	4	15
Ermächtigung zum Erlass von Polizeiverordnungen	10	93 S. 4	55	24 OBG	48	1	-	17
Polizeilicher Zwang	49 ff.	70 ff.	6 ff. VwVG	53 ff.	40 ff.	17 ff.	47 ff.	79 ff.
Zwangsgeld		73					50	88
Ersatzvornahme		72		55			49	89
Unmittelbare Ausführung	8	9	15			7	8	70a
Entschädigung	55 ff.	87 ff.	59 ff.	70	56 ff.	10	64 ff.	72 ff.
Rückgriffsanspruch	57	89	64	70	61	10	69	75

Synopse der landesrechtlichen Vorschriften

	Nds	NW	RhlPfl	Saarl	Sachs	SachsAnh	SchlHolst	Thür
Vorladung	16	10	12	11	14	35	199	17
Vorübergehender Platzverweis	17	34	13	12	18	36	201	18
Wohnungsverweisung	17a	34a	13	12	19	36	201a	18
Gewahrsam von Personen	18	35	14	13	22	37	204	19
Durchsuchung von Personen	22	39	18	17	27	41	202	23
Durchsuchung von Sachen	23	40	19	18	28	42	206	24
Betreten und Durchsuchen von Wohnungen	24	41	20	19	29	43	208	25
Sicherstellung und Beschlagnahme	26 f.	43 f.	22 f.	21 f.	31 f.	45 f.	210 f.	27 f.
Herausgabe sichergestellter Sachen	29	46	25	24	34	48	210	30
Behördliches Ermessen	5	3	3	3	-	6	174	5
Grundsatz der Verhältnismäßigkeit polizeilicher Maßnahmen	4	2	2	2	5	5	73	4
Ermächtigung zum Erlass von Polizeiverordnungen	55	25 OBG	43	59	32 PBG	94	175	27 OBG
Polizeilicher Zwang	64 ff.	50 ff.	57 ff.	44 ff.	39 ff.	53 ff.	228 ff.	51 ff.
Zwangsgeld	67	53		47		56	237	54
Ersatzvornahme	66	52		46		55	238	53
Unmittelbare Ausführung			6		8	9		9
Entschädigung	80 ff.	67 i.V.m. 39-43 OBG	68 ff.	68 ff.	47 ff.	69 ff.	221 ff.	68 ff.
Rückgriffsanspruch	85	42 OBG	73	73	51	74	224	73

4. Kapitel – Versammlungsrecht

A. Einführung

1034 Im Bereich von Versammlungen, bei denen ebenfalls polizei- und ordnungsbehördliches Einschreiten erforderlich werden kann, entstammen wichtige Rechtsgrundlagen dem auf Art. 74 I Nr. 3 GG a.F. gestützten **Versammlungsgesetz des Bundes**. Da jedoch die Föderalismusreform 2016 u.a. zum Wegfall der Bundesgesetzgebungskompetenz für das Versammlungsrecht geführt hat, sind seitdem die Länder befugt, diese Materie auf ihren Territorien zu regeln. Einige Bundesländer (Bayern, Sachsen, Sachsen-Anhalt, Schleswig-Holstein und Niedersachsen) haben von ihrer Gesetzgebungskompetenz Gebrauch gemacht und eigene Versammlungsgesetze erlassen. Andere Länder (Berlin und Brandenburg) haben Teilbereiche des Versammlungsrechts geregelt. In den übrigen Ländern gilt gemäß der Übergangsregel des Art. 125a I GG, wonach die Bundesgesetze, die u.a. wegen Art. 74 I GG n.F. nicht mehr als Bundesrecht erlassen werden könnten, als Bundesrecht fortgelten, sofern nicht die Länder eigene Gesetze erlassen haben, das Versammlungsgesetz des Bundes fort. Im Folgenden wird daher – soweit nicht anders gekennzeichnet – das Versammlungsgesetz des Bundes der Darstellung zugrunde gelegt, welches i.d.R. immer dann Anwendung findet, wenn **Art. 8 I GG** berührt ist. Denn diese Verfassungsbestimmung[1190] gewährleistet allen Deutschen[1191] das Recht, sich ohne Anmeldung oder Erlaubnis friedlich und ohne Waffen zu versammeln (**Versammlungsfreiheit**). Versammlungen unter freiem Himmel können allerdings gem. **Art. 8 II GG** durch Gesetz oder aufgrund eines Gesetzes beschränkt werden. Maßgebliches Gesetz i.S. dieses Gesetzesvorbehalts ist gerade das Versammlungsgesetz, dessen Zweck es ist, **versammlungstypische Gefahren** abzuwehren und zugleich einen **Ausgleich** i.S. einer praktischen Konkordanz zu schaffen zwischen dem Grundrechtsschutz aus Art. 8 I GG einerseits und den kollidierenden Verfassungsgütern Dritter (insbesondere Leben und körperliche Unversehrtheit) bzw. der Allgemeinheit andererseits. Die beschränkenden Regelungen des Versammlungsgesetzes sind daher in ihrem Anwendungsbereich grds. **abschließend** und sperren die Anwendung des allgemeinen Polizei- und Ordnungsrechts (POR). Man spricht daher auch von einer „**Polizeifestigkeit der Versammlungsfreiheit**".[1192]

1035 Die grundsätzliche Sperrwirkung gilt daher nicht nur gegenüber dem allgemeinen Polizei- und Ordnungsrecht, sondern – sollte die Versammlung auf einer öffentlichen Straße stattfinden – auch gegenüber dem **Straßenrecht**. Maßnahmen auf der Grundlage des allgemeinen Polizei- und Ordnungsrechts oder des Straßenrechts können grds. also erst dann getroffen werden, wenn der Schutz aus Art. 8 I GG nicht mehr besteht, etwa, weil die Versammlung insgesamt beendet, d.h. aufgelöst wurde, wenn Einzelne von der Versammlung ausgeschlossen wurden oder wenn es um die Abwehr von nicht versammlungsspezifischen Gefahren geht[1193]. Das Kriterium „Abwehr von nicht versammlungsspezifischen Gefahren", bei dem die grundsätzliche Sperrwirkung der Versammlungsfreiheit nicht greift, ist immer dann ein Thema, wenn die abzuwehrende Gefahr ihren Ursprung nicht in der Versammlung hat. Das wäre etwa der Fall, wenn ein Versammlungsteilnehmer die Teilnahme an der Versammlung lediglich zum Anlass nimmt, Gewalttätigkeiten zu verüben. Diesem kann dann ohne weiteres mit Mitteln des allgemeinen Polizei- und Ordnungsrechts begegnet werden. Aber auch, wenn das

---

[1190] Zu den Grundlagen des Art. 8 GG siehe ausführlich *R. Schmidt*, Grundrechte, Rn 602 ff.
[1191] Zu den EU-Bürgern vgl. Rn 1068 sowie *R. Schmidt*, Grundrechte, Rn 48. Solchen Ausländern, die keine EU-Bürger sind, ist das Versammlungsrecht durch Art. 2 I GG und einfachgesetzlich durch § 1 I VersG eingeräumt, freilich nicht mit dem hohen Schutzniveau des Art. 8 I GG.
[1192] BVerfG NVwZ 2005, 80, 81; VGH Mannheim VBlBW 2008, 60-62. Der Begriff der „Polizeifestigkeit" der Versammlungsfreiheit geht zurück auf *Anschütz*, Die Verfassung des Deutschen Reiches vom 11. August 1919, 14. Aufl. 1933, vor Art. 109 Anm. 7 (S. 519), siehe *Muckel*, JA 2017, 314, 315.
[1193] BVerwGE 82, 34, 38; 129, 142, 147; BVerwG NVwZ 2019, 1281; OVG Münster K&R 2019, 824, 825.

Bundes- bzw. Landesversammlungsgesetz keine abschließende Regelung für die Abwehr der im Zusammenhang mit der Versammlung stehenden Gefahr enthält, ist ein Rückgriff auf das allgemeine Polizei- und Ordnungsrecht denkbar und nach der Rechtsprechung auch zulässig. Regelt also das Versammlungsgesetz einen versammlungsrechtlichen Aspekt nicht umfassend und vollständig, sondern nur teilweise und (unbewusst) lückenhaft, kann und muss nach Auffassung des BVerwG in Ermangelung einer speziellen Regelung auf das allgemeine Polizei- und Ordnungsrecht zurückgegriffen werden.[1194] Dabei macht das BVerwG deutlich, dass dies auch für die landesrechtlichen Versammlungsgesetze gelte. Fehle es in einem solchen Fall an speziellen Regelungen im Versammlungsgesetz, stehe Art. 8 I GG dem Rückgriff auf die allgemeinen landesrechtlichen Regelungen nicht entgegen.[1195] Freilich müssen Eingriffe in die Versammlungsfreiheit stets im Lichte des Art. 8 I GG vorgenommen werden, auch wenn sie auf der Grundlage des allgemeinen Polizei- und Ordnungsrechts erfolgen. Die Vorschriften des allgemeinen Polizei- und Ordnungsrechts sind also – sofern man mit dem BVerwG den Rückgriff vornimmt – im Lichte der Bedeutung der Versammlungsfreiheit, also verfassungskonform, auszulegen. Auf das allgemeine Polizei- und Ordnungsrecht gestützte Maßnahmen sind demnach nur dann (materiell) rechtmäßig, wenn sie dem Schutz von Rechtsgütern dienen, die bei einer Abwägung mit Art. 8 I GG den Vorrang genießen. Dazu gehören die Individualgüter Leib, Leben und Gesundheit von Menschen, aber auch die freiheitliche demokratische Grundordnung des Grundgesetzes. Freilich ist damit noch nicht das Problem der fehlenden Zitierung des Art. 8 I GG in etlichen Polizeigesetzen[1196] als einschränkbares Grundrecht (siehe Art. 19 I S. 2 GG) überwunden, was für die Rechtsprechung indes kein Hindernis darstellt (siehe Rn 1103).

Beispiel[1197]: Im Rahmen einer Sitzblockade (die im konkreten Fall von Art. 8 I GG geschützt war) trafen Polizeibeamte die auf § 10 II S. 1 Nr. 2 NdsVersG gestützte Anordnung, sich auf den Gehweg zu begeben, um einer zuvor erlassenen versammlungsrechtlichen Beschränkungsanordnung gem. § 8 I NdsVersG, nach der die auf der Straße durchgeführte Sitzblockade auf den angrenzenden Gehweg beschränkt worden war, nachzukommen und letztlich die verkehrsbehindernde Wirkung zu beenden. Nachdem sich die Teilnehmer, darunter K, der Anordnung widersetzt hatten, setzten die Polizisten ihre Anordnung mittels Anwendung unmittelbaren Zwangs gem. § 69 I NdsPOG durch, indem sie auch die K durch einen Griff in das Gesicht und Wegdrücken ihres Kopfes auf den Gehweg schoben.

In der versammlungsrechtlichen Beschränkungsanordnung, die Sitzblockade zu verlegen, der Anordnung, sich auf den Gehweg zu begeben, und der zwangsweisen Durchsetzung liegt jeweils ein Eingriff in Art. 8 I GG vor. Diese Eingriffe müssten gerechtfertigt sein.

Die versammlungsrechtliche Beschränkungsanordnung, die Sitzblockade auf den angrenzenden Gehweg zu beschränken, stützte sich auf § 8 I NdsVersG, und die Anordnung, sich auf den Gehweg zu begeben, erging auf der Grundlage des § 10 II S. 1 Nr. 2 NdsVersG. Unterstellt, dass hierin keine Probleme bestehen, fokussiert sich die Frage darauf, ob die Anwendung des unmittelbaren Zwangs rechtmäßig war. Da das NdsVersG jedoch keine Befugnisnorm für die Anwendung unmittelbaren Zwangs zur Durchsetzung der Primärmaßnahme enthält, stellt sich die Frage, ob sich die Polizei auf § 69 I NdsPOG, d.h. auf die polizeirechtliche Vorschrift über die Anwendung unmittelbaren Zwangs, stützen durfte.

[1194] BVerwG NVwZ 2019, 1281 f. mit Verweis auf BVerwGE 129, 142, 147; BVerwG NJW 2018, 716, 717.
[1195] BVerwG NVwZ 2019, 1281, 1282.
[1196] Art. 8 I GG wird aber als einschränkbares Grundrecht zitiert in Art. 91 BayPAG, § 8 Nr. 3 BrandPolG, § 10 NdsPOG, § 7 NRWPolG, § 8 Nr. 3 RhlPflPOG, § 10 SächsPVDG und § 11 Nr. 7 SachsAnhSOG.
[1197] BVerwG NVwZ 2019, 1281.

Grundsätzlich entfaltet das Versammlungsrecht Sperrwirkung gegenüber anderem Gefahrenabwehrrecht (sog. Polizeifestigkeit der Versammlungsfreiheit). Das bedeutet nach der Rechtsprechung freilich nicht, dass in die Versammlungsfreiheit ausschließlich auf der Grundlage des Versammlungsgesetzes eingegriffen werden könnte.[1198] Hat das Versammlungsgesetz keine abschließende Regelung getroffen für die Abwehr aller Gefahren, die im Zusammenhang mit Versammlungen auftreten können, d.h. ist es lückenhaft, ist aus rechtsmethodischer Sicht ein Rückgriff auf das allgemeine Polizei- und Ordnungsrecht nicht ausgeschlossen. Auch das BVerwG ist dieser Auffassung. Sei das Versammlungswesen im Versammlungsgesetz nicht umfassend und vollständig, sondern nur teilweise und lückenhaft geregelt, müsse in Ermangelung einer speziellen Regelung auf das allgemeine Polizei- und Ordnungsrecht zurückgegriffen werden.[1199]

Regelt also das einschlägige Versammlungsgesetz einen versammlungsrechtlichen Aspekt nicht umfassend und vollständig, sondern nur teilweise und (unbewusst) lückenhaft, kann und muss nach Auffassung des BVerwG in Ermangelung einer speziellen Regelung auf das allgemeine Polizei- und Ordnungsrecht zurückgegriffen werden.[1200] Das gilt auch hinsichtlich der zwangsweisen Durchsetzung von Anordnungen, die auf der Grundlage des Versammlungsgesetzes getroffen werden. Enthält das Versammlungsgesetz (des Bundes oder des Landes) keine Regelung in Bezug auf die zwangsweise Durchsetzung von versammlungsrechtlichen Anordnungen, richtet sich die Zulässigkeit der Zwangsmaßnahme nach dem allgemeinen Polizei- und Ordnungsrecht des Landes. Freilich ist damit noch nicht das Problem der fehlenden Zitierung des Art. 8 I GG überwunden.

Da das NdsVersG keine Regelungen hinsichtlich der zwangsweisen Durchsetzung versammlungsrechtlicher Anordnungen enthält und auch nicht ersichtlich ist, dass der Gesetzgeber die zwangsweise Durchsetzung bewusst ausschließen wollte (also kein Fall des absichtsvollen Regelungsverzichts vorliegt), konnten vorliegend die Vorschriften des NdsPOG über den unmittelbaren Zwang (hier: § 69 I NdsPOG) herangezogen werden, freilich unter Beachtung der Hochrangigkeit der Versammlungsfreiheit. Die Frage, ob wegen der fehlenden Zitierung des Art. 8 I GG ein Verstoß gegen Art. 19 I S. 2 GG vorliegt, stellt sich vorliegend nicht, da Art. 8 I GG in § 10 NdsPOG als einschränkbar genannt ist.

1035a Gegenüber **strafprozessualen** Maßnahmen (s.o.) entfaltet das Versammlungsrecht nach der hier vertretenen Auffassung indes keine Sperrwirkung, da Gefahrenabwehr und Strafverfolgung nicht miteinander konkurrieren, sondern in einem Aliud-Verhältnis zueinander stehen.[1201] Jedoch darf das Strafprozessrecht nicht dazu führen, dass „über die Hintertür" die Versammlungsfreiheit eingeschränkt wird, wo dies sonst nach Versammlungsrecht nicht möglich wäre.[1202]

1036 Nach den allgemeinen Rechtsgrundsätzen kann eine Sperrwirkung jedoch nur so weit gehen, wie der Anwendungsbereich der Spezialregelung reicht. Das gilt auch für das Versammlungsgesetz. Dieses ist ausweislich des Wortlauts in § 1 nur für **öffentliche Versammlungen** anwendbar. Für nichtöffentliche Versammlungen kann es daher keine Sperrwirkung entfalten, sodass diesbezüglich auf das POR zurückgegriffen werden kann (str.), freilich unter Beachtung der Bedeutung des Versammlungsgrundrechts (verfassungskonforme Auslegung, vgl. Rn 1123 ff.).[1203]

[1198] BVerwG NVwZ 2019, 1281.
[1199] BVerwG NVwZ 2019, 1281 f. mit Verweis auf BVerwGE 129, 142, 147; BVerwG NJW 2018, 716, 717.
[1200] BVerwG NVwZ 2019, 1281 f. mit Verweis auf BVerwGE 129, 142, 147; BVerwG NJW 2018, 716, 717.
[1201] Siehe sämtliche Vorauflagen; später auch *Gröpl/Leinenbach*, JA 2018, 8, 13.
[1202] Siehe dazu BVerfG NVwZ 2017, 555 (erfolglose Verfassungsbeschwerde gegen die Identitätsfeststellung und Freiheitsentziehung im Rahmen einer Versammlung).
[1203] Dieser hier schon immer vertretenen Auffassung hat sich auch der schleswig-holsteinische Gesetzgeber mit dem Versammlungsfreiheitsgesetz vom 18.6.2015 angeschlossen. Soweit das VersFG die Abwehr von Gefahren gegenüber einzelnen Teilnehmerinnen und Teilnehmern nicht regelt, sind nach § 9 I VersFG Maßnahmen gegen sie nach dem Landesverwaltungsgesetz (das auch allgemeine polizeirechtliche Befugnisse regelt) zulässig, wenn von ihnen nach den zum

Des Weiteren ist zu beachten, dass das Versammlungsgesetz für eine **im Gang befindliche Versammlung** nur die Auflösung der gesamten Versammlung oder den Ausschluss einzelner Versammlungsteilnehmer kennt (str.[1204]). Minder intensive Maßnahmen, die das POR bereitstellt und die zur Gefahrenabwehr völlig ausreichen würden, kennt es nicht. Daher wird auch in diesem Zusammenhang diskutiert, dem Versammlungsgesetz keine Sperrwirkung beizumessen und minder intensive Maßnahmen unter Rückgriff auf das POR zuzulassen (vgl. Rn 1106).

Aber auch für das **Vorfeld der Versammlung** enthält das Versammlungsgesetz kaum Rechtsgrundlagen. Es regelt weder deren Planung und Vorbereitung, die Werbung für sie und die Einladung zu ihr noch die Anreise, obwohl der Schutzbereich des Art. 8 I GG auch das Vorfeld der eigentlichen Versammlung erfasst. Daher wird auch diesbezüglich der Rückgriff auf das POR, aber auch auf das Straßen- und Straßenverkehrsrecht, diskutiert (vgl. Rn 1102 f.).

> **Merke:** Liegt eine **Versammlung** vor und geht es um die **Abwehr versammlungstypischer Gefahren**, richtet sich im Anwendungsbereich des Versammlungsgesetzes die Zulässigkeit polizeilicher Maßnahmen grds. nach den Befugnisnormen des Versammlungsgesetzes, nicht nach denen des POR. Sind die Voraussetzungen der Befugnisnorm des Versammlungsgesetzes nicht erfüllt, ist die konkrete Maßnahme selbst dann rechtswidrig, wenn sie von einer Befugnisnorm des POR gedeckt wäre. Lediglich in Fällen, in denen das Versammlungsgesetz keine oder keine abschließenden Regelungen enthält, ist ein Rückgriff auf das POR möglich. Das ist in folgenden Fällen anerkannt:
>
> - Das Versammlungsgesetz regelt gem. § 1 VersG nur **öffentliche** Versammlungen (wobei es nicht darauf ankommt, ob die Versammlungen in geschlossenen Räumen oder unter freiem Himmel stattfinden).[1205] **Nichtöffentliche** Versammlungen (wobei es auch hier nicht darauf ankommt, ob die Versammlungen in geschlossenen Räumen oder unter freiem Himmel stattfinden) sind damit **nicht** vom Anwendungsbereich des VersG erfasst. Da aber auch nichtöffentliche Versammlungen vom Schutzbereich des Art. 8 I GG erfasst sind, wird vertreten, die Vorschriften des VersG so weit wie möglich analog heranzuziehen. Die Gegenauffassung unter Einschluss der Rspr. verneint die Möglichkeit der analogen Anwendung von Vorschriften des VersG und stützt Eingriffe auf die Befugnisnormen des POR (vgl. dazu näher Rn 1123 ff.).
> - Auch für das **Vorfeld einer Versammlung** (Planung, Vorbereitung, Anreise) enthält das VersG nur wenige Rechtsgrundlagen, weil es aus systematischer Sicht von einer bestehenden Versammlung ausgeht und als „Vorfeldmaßnahmen" im Wesentlichen nur Verbote bzw. Auflagen vorsieht (vgl. §§ 5, 15 VersG). Sofern das VersG für das Vorfeld einer Versammlung also keine Regelungen enthält und daher auch keine Sperrwirkung entfalten kann, scheint der Rückgriff auf das POR – etwa bei Identitätsfeststellungen oder Durchsuchungen – möglich. Da das BVerfG aber den Grundrechtsschutz aus Art. 8 I GG auch auf den Vorfeldbereich einer Versammlung (insbesondere auf die Anreise) ausgedehnt hat (Rn 1102 f.), wird teilweise vertreten, die Vorschriften des VersG so weit wie möglich auf das Vorfeld einer Versammlung anzuwenden. Diese Ansicht verkennt aber, dass die extensive Anwendung von Rechtsgrundlagen mit dem Grundsatz vom Vorbehalt des Gesetzes und damit mit dem Rechtsstaatsprinzip kaum vereinbar ist. Dieses verlangt bei Grundrechtseingriffen eine gesetzliche Grundlage, die zudem hinreichend genau bestimmen muss, unter wel-

---

Zeitpunkt der Maßnahme erkennbaren Umständen vor oder bei der Durchführung der Versammlung oder im Anschluss an sie eine unmittelbare Gefahr für die öffentliche Sicherheit ausgeht.

[1204] Die hier vertretene Auffassung wird gestützt von BVerwGE 64, 55, 57 f.; *Schenke*, POR, Rn 379; *Meßmann*, JuS 2007, 524, 526; *Krüger/van der Schoot*, NordÖR 2007, 276, 278; *Butzer*, VerwArch 2002, 506, 533 f.; *Schnur*, VR 2000, 114, 115; *Schoch*, JuS 1994, 479, 482; *Bergemann*, in: Lisken/Denninger, H Rn 561; a.A. *Tölle*, NVwZ 2001, 153, 156; *Kniesel/Poscher*, in: Lisken/Denninger, K, Rn 354; *Kingreen/Poscher*, POR, § 22 Rn 15: Auch Auflagen nach § 15 VersG möglich.

[1205] Zu den wenigen Ausnahmen vgl. Rn 1102 f.

chen Voraussetzungen Grundrechtseingriffe zulässig sind. Die Gegenauffassung unter Einschluss der Rspr. wendet daher nicht die Befugnisnormen des VersG, sondern diejenigen des POR an, legt sie jedoch im Lichte der Bedeutung der Versammlungsfreiheit, also verfassungskonform aus (vgl. zur Diskussion Rn 1103). In materiell-rechtlicher Hinsicht sind auf das POR gestützte Maßnahmen demnach nur dann rechtmäßig, wenn sie dem Schutz von Rechtsgütern dienen, die bei einer Abwägung mit Art. 8 I GG den Vorrang genießen. Dazu gehören die Individualgüter Leib, Leben und Gesundheit von Menschen, aber auch die freiheitliche demokratische Grundordnung des GG. Der Rückgriff auf das allgemeine Polizei- und Ordnungsrecht ist aber auch formell-rechtlich problematisch, weil Art. 8 I GG in etlichen Polizeigesetzen[1206] nicht als einschränkbares Grundrecht zitiert wird. Die nicht vorhandene Zitierung des Art. 8 I GG ist (mit Blick auf Art. 19 I S. 2 GG) aber unschädlich, sofern man sich auf den Standpunkt stellt, dass das Zitiergebot nicht bei mittelbaren Grundrechtseingriffen gilt[1207] und die konkrete Vorfeldmaßnahme lediglich der Sicherung der Durchführung der Versammlung dient und damit der Eingriff in Art. 8 I GG nur ein mittelbarer ist.[1208] Das überzeugt nicht. Denn die erforderliche Zitierung von Grundrechten, in die das Gesetz einzugreifen ermächtigt, soll den Gesetzgeber warnen, besinnen und ihn anhalten, sich die Bedeutung der Ermächtigung noch einmal vor Augen zu halten. Dieser Sinn und Zweck des Zitiergebots wird unterlaufen, wenn die Rspr. die fehlende Zitierung von Grundrechten nicht beanstandet bzw. versucht, den Grundrechtseingriff nur als „mittelbaren" zu qualifizieren, um das Problem zu umgehen. Rechtsstaatlich konsequent wäre es, sich keinem der genannten „Rettungsversuche" anzuschließen und Vorfeldmaßnahmen für rechtswidrig zu erklären, wenn dem VersG keine ausdrückliche Rechtsgrundlage entnommen werden kann.

- **Während einer Versammlung** gilt, jedenfalls soweit die Bestimmungen des VersG anwendbar sind und den Sachverhalt abschließend regeln, der Grundsatz der Polizeifestigkeit einer Versammlung. Denn mit dem Erlass des VersG wollte der Gesetzgeber dem Gesetzesvorbehalt in Art. 8 II GG Konturen verleihen. Eingriffe in Art. 8 I GG sind demnach grundsätzlich nur auf der Grundlage des VersG möglich. Maßnahmen auf der Grundlage des POR können also erst dann getroffen werden, wenn die Versammlung beendet, d.h. aufgelöst wurde. Dies gilt auch für den einzelnen Versammlungsteilnehmer (Teilauflösung der Versammlung oder Ausschluss aus der Versammlung). Das schließt freilich nicht aus, die bei der Durchführung einer Versammlung auftretenden Störungen mit den Mitteln des POR zu unterbinden. Rechtstechnisch wird die in § 15 III VersG zulässige Maßnahme *Auflösung* durch eine mildere Maßnahme nach dem POR ersetzt (sog. Minusmaßnahme, vgl. Rn 1106, 1111).

- Erst **nach einer Auflösungs- oder Ausschlussverfügung**, die im Übrigen ihrerseits mit Art. 8 I GG vereinbar, hinreichend bestimmt sein und dem Versammlungsteilnehmer unmissverständlich mitteilen muss, dass gerade *er* mit dem Ausschluss gemeint ist, können Maßnahmen uneingeschränkt auf das POR (Platzverweis, Ingewahrsamnahme etc.) gestützt werden.[1209] Dabei können Auflösungs- oder Ausschlussverfügungen nicht konkludent durch polizei- und ordnungsrechtliche Maßnahmen ergehen. Der Bestimmtheitsgrundsatz verbietet dies.

Besteht aber eine Versammlung und ist das VersG sachlich anwendbar, besteht nicht nur die o.g. Polizeifestigkeit des Versammlungsrechts, sondern die **Polizei** ist auch sachlich **zuständig** für Maßnahmen nach dem **Versammlungsgesetz** (sofern in dem betreffen-

---

[1206] Art. 8 I GG wird aber als einschränkbares Grundrecht zitiert in Art. 91 BayPAG, § 8 Nr. 3 BrandPolG, § 10 NdsPOG, § 7 NRWPolG, § 8 Nr. 3 RhlPflPOG, § 10 SächsPVDG und § 11 Nr. 7 SachsAnhSOG, sodass sich die Problematik in Bezug auf Art. 19 I S. 2 GG dort nicht stellt.
[1207] BVerfGE 28, 36, 46; BVerfG NJW 1999, 3399, 3400.
[1208] Die Rspr. (vgl. etwa VG Lüneburg NVwZ-RR 2005, 248 f.) umgeht diese Problematik teilweise, indem sie das Zitiergebot des Art. 19 I S. 2 GG einfach nicht erwähnt. Auch *Pieroth/Schlink*, Grundrechte, ließen bis zur 21. Aufl. 2005 das Zitiergebot unerwähnt. Für eine (methodisch) korrekte Fallbearbeitung ist aber eine Auseinandersetzung mit ihm erforderlich. Vgl. dazu die Argumentation bei *R. Schmidt*, POR, Rn 1072 ff.
[1209] BVerfG NVwZ 2005, 80 f. Vgl. auch BVerfG NVwZ 2007, 1180, 1182; OVG Celle NVwZ-RR 2006, 254; OLG Stuttgart NStZ 2016, 353, 356.

den Bundesland noch kein Landesversammlungsgesetz existiert). Zwar enthält das Versammlungsgesetz keine Zuständigkeitsregelungen, wenn aber ein Bundesgesetz keine Zuständigkeitsregelungen enthält, greift die Länderkompetenz aus Art. 83 GG mit der Folge, dass sich die Zuständigkeit nach dem Landesrecht bestimmt. Mit Blick auf das Versammlungsgesetz sind daher das jeweilige Ausführungsgesetz des Landes zum Versammlungsgesetz oder die Zuständigkeitsverordnung des Landes zum Versammlungsgesetz i.V.m. den Zuständigkeitsregelungen des POR zu beachten.[1210] In der Regel sind sowohl Sonderordnungsbehörden als auch – ohne dass ein Eilfall vorliegen müsste – der Polizeivollzugsdienst sachlich zuständig.

Beispiel: Eine Gruppe von Castor-Gegnern demonstriert in der Nähe der Bahnstrecke friedlich und ohne Waffen gegen einen erneuten Transport von Atommüll und die Einlagerung in einen in ihren Augen unzulänglichen Salzstock. Da der Einsatzleiter der Polizei gleichwohl einen gewaltsamen Verlauf und das Entstehen eines Verkehrschaos befürchtet, ordnet er an, die Gruppe „einzukesseln". Als sich nun auch noch der Castor-Transport verzögert, lässt er vorsichtshalber einige der Demonstranten auf die Polizeiwache verbringen.

Zur Einkesselung vgl. Rn 1107 ff. Das Verbringen auf die Polizeiwache stellt an sich eine Standardmaßnahme nach dem POR („Ingewahrsamnahme", vgl. Rn 449 ff.) dar. Unabhängig von dem Vorliegen der Voraussetzungen dieser Standardmaßnahme ist das POR aber nicht anwendbar, wenn das spezielle VersG einen Rückgriff auf das POR verbietet. Das ist der Fall, wenn eine Versammlung vorliegt, es um die Abwehr versammlungstypischer Gefahren geht, also von solchen, die im inneren Zusammenhang mit der Ausübung des Grundrechts aus Art. 8 I GG stehen, und das VersG den Sachverhalt abschließend regelt. Eine Versammlung lag vor (zur Definition siehe Rn 1041 ff.). Auch ging es um die Abwehr versammlungstypischer Gefahren. Für eine bestehende Versammlung füllt das VersG den Gesetzesvorbehalt des Art. 8 II GG auch abschließend aus. Daher war der Rückgriff auf das POR und damit die Anwendung der polizeigesetzlichen Standardmaßnahme Ingewahrsamnahme unzulässig.[1211] Damit richtet sich die Zulässigkeit des Verbringens auf die Wache ausschließlich nach dem VersG. Da dieses Gesetz jedoch nur zu ganz bestimmten Maßnahmen wie Verbot, Auflösung und Beschränkungen ermächtigt, zudem enge Voraussetzungen an das Einschreiten knüpft (insbesondere hohe Gefahrenintensität) und vorliegend weder derartige Maßnahmen ergriffen wurden noch deren Voraussetzungen vorlagen, waren sowohl das Einkesseln als auch das Verbringen auf die Polizeiwache rechtswidrig. Die Rechtmäßigkeit dieser Maßnahmen wäre allenfalls dann gegeben gewesen, wenn die Versammlung zuvor aufgelöst (§ 15 III VersG) oder die betreffenden Teilnehmer von der Versammlung ausgeschlossen (§ 18 III VersG) worden wären. Denn durch die Auflösung der Versammlung bzw. den Ausschluss Einzelner wird für den betreffenden Personenkreis der Anwendungsbereich des VersG beendet mit der Folge, dass das VersG auch keine Sperrwirkung gegenüber dem POR mehr entfalten kann. Allerdings können Auflösungs- bzw. Ausschlussverfügungen nur dann die Sperrwirkung des VersG aufheben, wenn sie auch wirksam sind. Hierzu hat das BVerfG entschieden, dass Auflösungs- bzw. Ausschlussverfügungen wegen des mit ihnen verbundenen Eingriffs in Art. 8 I GG dem betroffenen Personenkreis ausdrücklich und unmissverständlich bekannt gegeben werden müssten. Insbesondere könne in der polizeigesetzlichen Maßnahme (etwa in der Ingewahrsamnahme oder in dem Platzverweis) nicht konkludent die Auflösung bzw. der Ausschluss gesehen werden. Der Bestimmtheitsgrundsatz verbiete dies. Schließlich müssten Auflösungs- bzw. Aus-

---

[1210] Die Frage stellt sich nicht mehr in den Bundesländern, die bereits eigene Versammlungsgesetze erlassen haben, also in Bayern, Niedersachsen, Sachsen, Sachsen-Anhalt und Schleswig-Holstein. Berlin und Brandenburg haben Teilbereiche des Versammlungsrechts geregelt.
[1211] Etwas anderes hätte dann gegolten, wenn die Polizei bspw. gegen störende Nichtteilnehmer oder gegen gewalttätige Teilnehmer vorgegangen wäre. Dann hätte die Ingewahrsamnahme auf Grundlage des allg. POR ergehen dürfen, da sich die betreffenden Personen nicht auf die Versammlungsfreiheit hätten berufen können. Gleiches hätte gegolten, wenn die Polizei die Versammlung zuvor rechtmäßig aufgelöst hätte (dazu sogleich).

schlussverfügung auch in materieller Hinsicht dem Grundrechtsgehalt des Art. 8 I GG entsprechen[1212], was vorliegend nicht der Fall war.

B. Begriff der Versammlung

1041 Damit überhaupt erst die Thematik Versammlungsrecht und die Frage nach der Sperrwirkung des VersG aufkommen können, muss der Begriff der **Versammlung** geklärt sein. Zunächst ist davon auszugehen, dass die Versammlungsbegriffe des Art. 8 I GG und des § 1 VersG identisch sind.[1213] Da weder das Grundgesetz noch das Versammlungsgesetz diesen Begriff definieren, haben sich Rechtsprechung und Literatur seither darum bemüht, den Begriff zu bestimmen. Daher verwundert es nicht, dass unterschiedliche Auffassungen bestehen.

I. Gemeinsamer Zweck: Teilhabe an der öffentlichen Meinungsbildung

1042 Konsens besteht jedenfalls darüber, dass nicht jedes beliebige Zusammenkommen mehrerer Personen eine Versammlung i.S.d. Art. 8 I GG ausmachen kann. Als Mindestvoraussetzung gefordert wird eine Verbindung von Menschen, die **einen gemeinsamen Zweck** verfolgen.[1214]

1043 Das Kriterium der gemeinsamen Zweckverfolgung ist notwendig, um die Versammlung von Veranstaltungen, denen keine gemeinsame Zweckverfolgung zugrunde liegt und die daher **nicht** dem Schutz des Art. 8 I GG unterfallen, abzugrenzen. Keine Versammlungen i.S.d. Art. 8 I GG (und der Versammlungsgesetze) sind etwa Ansammlungen von Schaulustigen oder Wartenden nach einem Verkehrsunfall, das Publikum bei einem Konzert, einer Messe, bei nichtkommunikativen (Konsum-)Veranstaltungen wie Rockkonzerten, Fußballspielen etc. Hier verfolgen zwar alle (Besucher, Zuschauer, Zuhörer, Fans) den gleichen, nicht aber einen gemeinsamen Zweck. Jedenfalls aber dürfte eine Einstufung als Versammlung i.S.d. Art. 8 I GG (und der Versammlungsgesetze) an der vom BVerfG für eine Versammlung geforderten öffentlichen Meinungsbildung bzw. -kundgabe (dazu Rn 1044) scheitern.

Sogar das Zusammentreffen mehrerer Personen am Informationsstand einer politischen Partei soll nach Auffassung des BVerwG eine nicht von Art. 8 I GG geschützte Ansammlung sein. Der Annahme einer Versammlung stehe insbesondere der Umstand entgegen, dass der eigentliche Zweck nicht in der gemeinsamen Meinungsbildung und -äußerung liege, sondern allein darin, Vorbeigehenden ein einseitiges Informationsangebot zu unterbreiten, sodass allenfalls Art. 5 I GG einschlägig sei.[1215] Diese Auffassung vermag nicht zu überzeugen, zumal das BVerfG auch sonst stets eine großzügige Interpretation der Schutzbereiche annimmt. Sofern man jedoch eine Versammlung verneint, ist zu beachten, dass die Veranstaltung zu einer Versammlung i.S.d. Art. 8 I GG werden kann, wenn sich die anfangs fehlende innere Verbindung einstellt.

Auch bei **kommerziell geprägten (Event-)Veranstaltungen** mag bezweifelt werden, ob die Teilnehmer einen gemeinsamen Zweck verfolgen. So ist eine „**Weihnachtsparade**" nicht als eine durch Art. 8 I GG geschützte Versammlung angesehen worden, weil nach den tatrichterlichen Feststellungen die einzelnen Teilnehmer im Wesentlichen ihre eigenen,

---

[1212] Vgl. BVerfG NVwZ 2005, 80, 81 und ausführlich unten Rn 1105, 1115 ff.
[1213] BVerfG NJW 2001, 2459, 2460; siehe auch BVerfGE 129, 42, 45; *Götz/Geis*, POR, § 17 Rn 18.
[1214] BVerfGE 104, 92, 101 ff.; 128, 226, 250 f.; BGH NVwZ 2015, 1622, 1623; BVerwG NVwZ 2007, 1431, 1432 f.; OVG Berlin NJW 2001, 1740. Vgl. auch BVerfG NVwZ 2017, 461, 468 („Befreiungsfestigkeit" des Karfreitags).
[1215] BVerfG NJW 1977, 671; BVerwGE 56, 63, 67-69; BVerwG NVwZ 2007, 1434. Etwas anderes kann aber im Hinblick auf die Betreiber des Informationsstandes selbst gelten (vgl. dazu *Kniesel*, NJW 1996, 2606, 2611). In diesem Fall spricht der Zweck des Art. 8 I GG dafür, den Schutzbereich als eröffnet anzusehen, solange nur eine gemeinsame Meinungsäußerung erkennbar ist. Geht es lediglich um die Verteilung bspw. von glaubensgerichteten Schriften (Bibel, Koran) ohne flankierende gemeinsame Meinungsäußerung, ist die Eröffnung des Schutzbereichs des Art. 8 I GG indes problematisch (den Schutzbereich verneinend *Beaucamp*, JA 2017, 121, 126). In einem solchen Fall greifen aber selbstverständlich Art. 4 I, II GG bzw. Art. 5 I GG.

überwiegend wirtschaftlichen Interessen verfolgten.[1216] Auch bei sog. **"gemischten Veranstaltungen"** wie den Paraden ("Lovepeace", "Fuckparade", "Christopher Street Day") ist fraglich, ob sich bei ihnen überhaupt eine gemeinsame Zweckverfolgung bejahen lässt oder ob die Teilnehmer schlicht das Massenspektakel "konsumieren".[1217] Siehe dazu Rn 1047. Zu **"Occupy"** und **"Blockupy"** siehe Rn 1048.

Ungeachtet dieser Problematik gilt jedenfalls, dass eine körperliche Anwesenheit am Versammlungsort vorausgesetzt wird.[1218] Daher genießen etwa **Internetuser** in Foren oder im (virtuellen) Chatroom **keinen** Schutz aus Art. 8 I GG.[1219]

Das BVerfG fordert in ständiger Rechtsprechung, dass der gemeinsame Zweck in der Teilhabe an der **öffentlichen Meinungsbildung** bzw. **-kundgabe** liegen müsse.[1220]

1044

Das BVerfG führt dazu aus: „Das Grundrecht der Versammlungsfreiheit erhält seine besondere verfassungsrechtliche Bedeutung in der freiheitlichen demokratischen Ordnung des Grundgesetzes wegen des Bezugs auf den Prozess der öffentlichen Meinungsbildung. Namentlich in Demokratien mit parlamentarischem Repräsentativsystem und geringen plebiszitären Mitwirkungsrechten hat die Freiheit kollektiver Meinungskundgabe die Bedeutung eines grundlegenden Funktionselements. Das Grundrecht gewährleistet insbesondere Minderheitenschutz und verschafft auch denen Möglichkeiten zur Äußerung in einer größeren Öffentlichkeit, denen der direkte Zugang zu den Medien versperrt ist."[1221] Und in seinem Urteil zum Verbot einer Versammlung im Frankfurter Flughafen führt das BVerfG aus: „Art. 8 I GG schützt die Freiheit, mit anderen Personen zum Zwecke einer gemeinschaftlichen, auf die Teilhabe an der öffentlichen Meinungsbildung gerichteten Erörterung oder Kundgebung örtlich zusammenzukommen. Als Freiheit zur kollektiven Meinungskundgabe ist die Versammlungsfreiheit für eine freiheitlich demokratische Staatsordnung konstituierend. In ihrer idealtypischen Ausformung sind Demonstrationen die gemeinsame körperliche Sichtbarmachung von Überzeugungen, bei der die Teilnehmer in der Gemeinschaft mit anderen eine Vergewisserung dieser Überzeugungen erfahren und andererseits nach außen – schon durch die bloße Anwesenheit, die Art des Auftretens und die Wahl des Ortes – im eigentlichen Sinne des Wortes Stellung nehmen und ihren Standpunkt bezeugen."[1222]

Zu weit ginge es jedoch, den Versammlungsbegriff auf die **Erörterung politischer Angelegenheiten** zu beschränken. Eine derartige Auslegung wäre weder mit dem Wortlaut des Art. 8 I GG noch mit der systematischen Stellung des Versammlungsgrundrechts innerhalb der Kommunikationsgrundrechte vereinbar. Sofern die betreffende Veranstaltung aber die Erörterung politischer Themen zum Gegenstand hat, stellt sich das Problem nicht. Jedenfalls ist eine verbale Auseinandersetzung nicht erforderlich. Daher kann auch eine Zusammenkunft von Menschen, die durch ihre bloße Anwesenheit, die Art ihres Auftretens und des Umgangs miteinander Stellung nehmen und ihren Standpunkt bezeugen, eine Versammlung i.S.d. Art. 8 I GG sein.[1223]

1045

[1216] Vgl. OVG Berlin NJW 2001, 1740.
[1217] Den Versammlungscharakter beider Veranstaltungen verneinend BVerfG NJW 2001, 2459, 2460 (beides Kammerentscheidungen); bejahend hinsichtlich der Fuckparade BVerwG NVwZ 2007, 1431, 1432 f.
[1218] BVerfG NJW 2001, 2459, 2460; *Depenheuer*, in: Maunz/Dürig, GG Art. 8 Rn 45.
[1219] *Kniesel*, NJW 2000, 2857, 2860; *Depenheuer*, in: Maunz/Dürig, GG, Art. 8 Rn 45; a.A. *Pötters/Werkmeister*, Jura 2013, 5, 9 und *Kersten*, JuS 2017, 193, 198, die nach der hier vertretenen Auffassung damit jedoch die Wortlautgrenze des „sich versammeln" überschreiten und zudem die Grenze zu Art. 5 I S. 1 Var. 1 GG verwischen.
[1220] Vgl. etwa BVerfG NVwZ 2017, 461, 468 („Befreiungsfestigkeit" des Karfreitags); BVerfG NVwZ 2014, 1453 (Geldbuße wegen Verstoßes gegen VersG); BVerfGE 104, 92, 104 (Sitzblockade); vgl. auch BVerfG NJW 2001, 2459, 2460 f. („Lovepeace" und „Fuckparade"), das gleichzeitig die Definition der Versammlung in Art. 8 I GG mit der *öffentlichen* Versammlung nach dem Versammlungsgesetz gleichsetzt.
[1221] BVerfG NJW 2001, 2459, 2460 mit Bezugnahme auf BVerfGE 69, 315, 346 f.
[1222] BVerfGE 128, 226, 250 (Fraport) mit Bezugnahme auf BVerfGE 104, 92, 104; 111, 147, 154 f.; 69, 315, 344 f.
[1223] BVerfG NVwZ 2017, 461, 468; BVerfG NVwZ 2011, 422, 423; *Muckel*, JA 2011, 555.

1046 Dementsprechend ist eine **Versammlung** i.S.d. Art. 8 GG eine örtliche Zusammenkunft mehrerer Personen zur gemeinschaftlichen Erörterung oder Kundgebung mit dem Ziel der Teilhabe an der öffentlichen Meinungsbildung.[1224]

1047 Nach der Rechtsprechung des BVerfG fallen daher Volksfeste und (andere) Vergnügungsveranstaltungen ebenso wenig in den Schutzbereich des Art. 8 I GG wie Veranstaltungen, die der bloßen Zurschaustellung eines Lebensgefühls dienen und die als eine auf Spaß und Unterhaltung ausgerichtete öffentliche Massenparty gedacht sind.[1225] So hat das BVerfG hinsichtlich der bereits genannten „Loveparade" und „Fuckparade" entschieden, dass es sich bei beiden Veranstaltungen überwiegend um Musik- und Tanzereignisse handele, bei denen die von Art. 8 I GG geschützten kommunikativen Zwecke nur eine untergeordnete Bedeutung spielten. Sie seien daher *keine* Versammlungen i.S.d. Art. 8 I GG.[1226] Demgegenüber hat das BVerwG hinsichtlich der Fuckparade entschieden, dass deren Zweck darin bestehe, eine Gegenveranstaltung zur Loveparade zu bilden, und dass die Veranstalter nur deshalb dieselben darstellerischen Elemente nutzten, um auf die öffentliche Meinungsbildung einzuwirken. Daher charakterisiere das Gesamtgepräge der Veranstaltung eine Versammlung i.S.d. Art. 8 I GG, zumal sich im Zweifel der Freiheitsgehalt der Grundrechte durchsetze.[1227] Beim Christopher Street Day handelt es sich hingegen wohl zweifellos um eine Versammlung, da die in vielen Staaten nach wie vor zu beobachtende Diskriminierung von Homosexuellen gemeinschaftlich erörtert und kundgegeben wird.

Auch Veranstaltungen, die ihre kommunikativen Zwecke unter Einsatz von Musik und Tanz verwirklichen („gemischte Veranstaltungen"), können sich mitunter auf Art. 8 I GG berufen, wenn diese Mittel zur kommunikativen Entfaltung gezielt eingesetzt werden, um auf die öffentliche Meinungsbildung einzuwirken.[1228] Erforderlich ist aber, dass die gemeinschaftliche Erörterung oder Kundgebung mit dem Ziel der Teilhabe an der öffentlichen Meinungsbildung im Vordergrund steht. Ob das Fall ist, muss im Rahmen einer Gesamtwürdigung festgestellt werden.[1229] Kann danach ein Überwiegen des Unterhaltungszwecks nicht zweifelsfrei festgestellt werden, ist von einer Versammlung i.S.d. Art. 8 I GG auszugehen.[1230] Daher ist eine Tanzveranstaltung einer (von Art. 4 I, II GG geschützten) Glaubens- bzw. Weltanschauungsgemeinschaft, bei der nicht Spaß oder Unterhaltung, sondern die gemeinschaftliche Erörterung oder Kundgebung mit dem Ziel der Teilhabe an der öffentlichen Meinungsbildung im Mittelpunkt steht, eine Versammlung.[1231] In diesem Fall kommt es sogar zu einer Idealkonkurrenz zwischen Art. 8 I GG und Art. 4 I, II GG, was den Schutz kumuliert. Beschränkende Maßnahmen (etwa Verbote) sind in diesem Fall also nicht bereits dann gerechtfertigt, wenn sie den Rechtfertigungsvoraussetzungen in Bezug auf beide Grundrechte entsprechen, sondern sie müssen auch dem dadurch insgesamt erhöhten Schutzniveau Rechnung tragen.[1232]

Hinsichtlich der Veranstaltung „Rock gegen Überfremdung – Identität & Kultur bewahren – Rede- und Musikbeiträge gegen den Zeitgeist" hat das OVG Weimar entschieden, dass trotz (geplanter) Musikdarbietungen eine Versammlung vorliege, weil die Teilnehmer durch ihre Anwesenheit und mit den Musikbeiträgen dem Motto entsprechend „gegen den Zeitgeist" politische Botschaften ausdrücken wollten. Andere Modalitäten der Veranstaltung (wie z.B. die Verköstigung der Versammlungsteilnehmer, das Erheben von Eintrittsgeldern oder Gewinnerzielungsabsichten) fielen im konkreten Fall dagegen nicht so erheblich ins Gewicht, dass sie den Versammlungscharakter der Veranstaltung in Frage stellen könnten.[1233]

[1224] BVerfG NVwZ 2014, 1453; NJW 2014, 2706, 2707 f.; NVwZ 2011, 422, 423; BVerfGE 104, 92, 104; 123, 226, 250 f. Siehe auch BVerwG NJW 2018, 716, 719.
[1225] BVerfG NVwZ 2017, 461, 468.
[1226] BVerfG NJW 2001, 2459, 2460 f. (beides Kammerentscheidungen).
[1227] BVerwG NVwZ 2007, 1431, 1432 f.
[1228] BVerfG NVwZ 2017, 461, 468.
[1229] BVerfG NVwZ 2017, 461, 468.
[1230] BVerfG NVwZ 2017, 461, 468 f. Damit folgt das BVerfG dem Grundsatz „in dubio pro libertate".
[1231] BVerfG NVwZ 2017, 461, 468 f.
[1232] Das ist deutlich BVerfG NVwZ 2017, 461, 468 f. zu entnehmen.
[1233] OVG Weimar 12.7.2017 – 3 EO 544/17 („Rechtsrockkonzert").

Demgegenüber können sich sog. Facebook-Partys und Flashmobs (nicht aber Smartmobs) wohl kaum auf die Versammlungsfreiheit stützen. Ein Flashmob (engl.: zu Deutsch etwa „Blitzmeute" oder „Blitzpöbel") zeichnet sich dadurch aus, dass an einem öffentlichen Ort eine Vielzahl von Personen spontan erscheint, eine gemeinsame, gewollt sinnfreie „Aktion" durchführt und sich anschließend wieder zerstreut. Die Koordination erfolgt im Vorfeld meist über das Internet, insbesondere mittels sozialer Netzwerke, Weblogs, Chatforen. Die Teilnehmer kennen sich i.d.R. nicht (näher). Die Bezeichnung „flash" soll dabei zweierlei ausdrücken: Zum einen geht es um die Spontanität der Aktion selbst, zum anderen aber auch darum, Unbeteiligte zu schockieren oder jedenfalls zu überraschen. Flashmobs sind Ausdruck eines Lebensgefühls, durch eine „verrückte Sache" für eine kurze Zeit aus der Anonymität herauszutreten und nach dem Ende des Flashmobs ebenso schnell und spurlos wieder in diese Anonymität zu verschwinden. In erster Linie sollen sie Spaß machen bzw. ein Spaß sein.[1234] Insoweit kann man Flashmobs zwar dem gesellschaftlichen Bereich zuordnen, kaum jedoch die Teilhabe an der öffentlichen Meinungsbildung oder gar politische Wirkungen zusprechen. Aus diesem Grund unterfallen sie wohl nicht dem Versammlungsbegriff i.S.d. Art. 8 I GG.[1235]

Bei einem Smartmob („schlaue Meute") handelt es sich zwar auch um eine vergleichbare Organisationsform, im Unterschied zum Flashmob besteht hier aber eine politische oder gesellschaftliche Sinnhaftigkeit der Aktion. I.d.R. handelt es sich um eine Protestaktion, weshalb man eher unproblematisch von einer Versammlung i.S.d. Art. 8 I GG ausgehen kann.

Fraglich ist auch, ob die sog. Occupy-Bewegung (engl. *to occupy* = besetzen) eine Versammlung i.S.d. Art. 8 I GG darstellt(e). Dabei handelt(e) es sich um eine v.a. über das Internet verbundene Bewegung ohne Hierarchien oder Anführer, die in Deutschland 2011 v.a. durch zahlreiche „Aktionstage" in mehreren Großstädten (insb. Berlin, Frankfurt a.M. und Hamburg), die sich in erster Linie gegen die „unkontrollierte Bankenmacht" richteten, in den Fokus der Öffentlichkeit geriet. Legt man die auf der (heute nicht mehr verfügbaren) Internetseite von „Occupy Deutschland" vorzufindende Selbstdarstellung zugrunde, wonach man Unmut und Besorgnis über wirtschaftliche, politische und gesellschaftliche Missstände wie Korruption unter Politikern, Geschäftsleuten und Bankern kundtue, was das untereinander verbindende Moment darstelle[1236], wird man ohne weiteres eine Versammlung i.S.d. Art. 8 I GG annehmen können, zumal die Bewegung ausdrücklich konstatiert(e), dass man ohne Gewalt vorgehe und keine Strafgesetze verletze. Dennoch bestehen an der Erfüllung des Kriteriums „Verfolgung eines *gemeinsamen* Zwecks" (Rn 1042) Zweifel, da ein einheitliches Ziel, für das man streitet, nicht klar erkennbar ist bzw. war.[1237] Erforscht man aber die Hintergründe der Bewegung, wird der gemeinsame Zweck erkennbar: Man greift bzw. griff den gerade in sozialen Netzwerken wie Facebook, Twitter etc. vermehrt zu beobachtenden Unmut wegen (gefühlter) Chancenlosigkeit, Machtlosigkeit und Verteilungsungerechtigkeit auf und macht(e) darauf aufmerksam. Daher lässt sich gut vertreten, die für die Bejahung des Versammlungsbegriffs erforderliche Verfolgung eines gemeinsamen Zwecks anzunehmen. Bei den Aktionen von Blockupy (aus engl. *to block* = blockieren und *to occupy* = besetzen), bei der es sich um eine politisch links gerichtete Bewegung handelt, die sich gegen Kapitalismus und Globalisierung wendet und v.a. wegen ihrer Blockadeaktion in Bezug auf die Eröffnung des Neubaus des EZB-Gebäudes am 18.3.2015 in Frankfurt am Main auf sich aufmerksam machte, dürfte es sich zwar – gerade wegen ihrer Zielsetzung – ebenfalls um Ver-

1048

[1234] *Neumann*, NVwZ 2011, 1171, 1172; *Höfling/Krohne*, JA 2012, 734, 736; *Mann/Fontana*, JA 2013, 734, 740.

[1235] Jedoch kann im Einzelfall durchaus eine Versammlung i.S.d. Art. 8 I GG anzunehmen sein. Davon geht offenbar das BVerfG bei der Veranstaltung „Bierdosen-Flashmob für die Freiheit" aus, bei der auf das Schwinden des staatlichen Gewaltmonopols sowie auf eine zunehmende Beschränkung von Freiheitsrechten hingewiesen werden soll. Auf Kommando „Für die Freiheit – trinkt AUS!" sollen die Teilnehmer jeweils eine Dose Bier öffnen und diese schnellstmöglich leer trinken. Eine Versammlung kann hier jedenfalls dann angenommen werden, wenn anschließend ein Redebeitrag des Antragstellers und eine Diskussion erfolgen (BVerfG NJW 2015, 2485 f.).

[1236] Vgl. www.occupydeutschland.de – letzter Zugriff am 8.8.2017 (Seite heute nicht mehr verfügbar).

[1237] Davon geht das VG Frankfurt a.M. (NVwZ-RR 2012, 806) aus. In der Entscheidung ging es um die Frage, ob die Stadt Frankfurt a.M. ein Occupy-Camp auf einer Grünanlage der Stadt dulden musste. Das VG hat die Auffassung der Stadt, dass das Occupy-Zeltlager vor der Europäischen Zentralbank (EZB) nicht vom Versammlungsrecht geschützt sei, bestätigt (vgl. dazu unten Rn 1056c).

sammlungen handeln, allerdings ist der Schutzbereich des Art. 8 I GG zu verneinen, wenn bspw. Container und Autos in Brand gesetzt, Polizisten mit Gegenständen beworfen, angrenzende Geschäftsgebäude mit Farbe beschmiert oder deren Schaufensterscheiben eingeworfen werden. Zur Unfriedlichkeit vgl. auch unten Rn 1062 ff.

1048a Hinsichtlich des gegen das G20-Treffen in Hamburg gerichteten Protestcamps, das im Hamburger Stadtpark stattfinden sollte, hat das OVG Hamburg entschieden, dass die Elemente, die auf eine von Art. 8 I GG geschützte gemeinsame Meinungskundgabe gerichtet seien, eine nur untergeordnete Rolle spielten. Bei wertender Betrachtung seien das Übernachten auf dem Gelände und die dafür erforderliche Infrastruktur, u.a. das Aufstellen von bis zu ca. 3.000 Wohnzelten, kein funktioneller oder symbolischer Teil der Meinungskundgabe. Allein dem Vorleben einer „alternativen" Lebensweise komme kein versammlungsrechtlich geschützter Kundgabecharakter zu.[1238] Bei isolierter Betrachtung mag dem zwar zuzustimmen sein, jedoch kommt Art. 8 I GG auch eine versammlungsrechtliche Vorwirkung zu. Denn wie das BVerfG in seinem Brokdorf-Beschluss zutreffend formuliert (siehe unten Rn 1061), schützt Art. 8 I GG auch die ungehinderte Anreise zum Ort der Versammlung und entfaltet somit auch einen Vorfeldschutz. Kann also die Teilnahme an einer Versammlung nur dadurch ermöglicht werden, dass die Versammlungsteilnehmer in der Nähe des Versammlungsorts übernachten, und kann dies wiederum aufgrund der praktisch nicht (mehr) vorhandenen „ordentlichen" Übernachtungsmöglichkeiten in Hotels oder Herbergen nicht gewährleistet werden, bedeutet die Versagung der Errichtung eines Protestcamps die Vereitelung der Teilnahme an der Versammlung.[1239] Das daraufhin angerufene BVerfG entschied, dass die rechtliche Beurteilung der Zulässigkeit des Protestcamps versammlungsspezifisch zu erfolgen habe und nur das Ergebnis einer umfassenden Gesamtwürdigung aller Umstände des Einzelfalls sein könne.[1240] Auch hinsichtlich der Unterkunft von Teilnehmern bei den Demonstrationen gegen den G8-Gipfel in Heiligendamm („Camp Reddelich") hat das BVerwG entschieden, dass der Schutzbereich des Art. 8 I GG jedenfalls unter dem Gesichtspunkt der Vorwirkungen der Versammlungsfreiheit eröffnet sei.[1241]

1049 **Hinweis:** Die Unterscheidung, ob eine Veranstaltung eine Versammlung i.S.d. Art. 8 I GG (bzw. der Landesversammlungsgesetze) oder eine kommerzielle Veranstaltung bzw. Vergnügungsveranstaltung oder eine Veranstaltung ohne gemeinsame Zweckverfolgung bzw. ohne öffentliche Meinungsbildung bzw. -kundgabe ist, hat in der Praxis weitreichende Konsequenzen:

- Eine Versammlung ist zulassungsfrei, wohingegen eine nicht dem Versammlungsbegriff unterfallende Veranstaltung genehmigungspflichtig ist. Unter welchen Voraussetzungen die Genehmigung erteilt wird, hängt vom betroffenen Sachgebiet ab. Geht es um Veranstaltungen, die auf öffentlichen Straßen und Wegen ausgetragen werden sollen, greift i.d.R. das Straßenrecht (Bundesfernstraßengesetz; Landesstraßengesetze). Da öffentliche Straßen und Wege i.d.R. Verkehrszwecken gewidmet sind (siehe etwa §§ 3, 7 FStrG), stellt die Benutzung zu anderen Zwecken eine Sondernutzung dar, die – da sie außerhalb des Widmungszwecks und damit des zulassungsfreien Gemeingebrauchs (siehe etwa § 7 FStrG) liegt – einer Erlaubnis bedarf (= Sondernutzungserlaubnis, siehe etwa § 8 I S. 2 FStrG). Diese wird straßenrechtlich nur erteilt, wenn die Belange des Straßenverkehrs und der Anlieger nicht unverhältnismäßig beeinträchtigt werden. Die Entscheidung über die Genehmigungserteilung

---

[1238] OVG Hamburg NVwZ 2017, 1390, 1391 ff. Vom BVerfG NVwZ 2017, 1374 ff. (G20-Protestcamp) wurde die Frage im Rahmen des Eilrechtsschutzverfahrens offengelassen.
[1239] Bezeichnenderweise hatte seinerzeit das OVG Greifswald hinsichtlich des von Demonstranten als Basis für verschiedene Demonstrationen gegen den mehrtägigen G8-Gipfel in Heiligendamm eingerichteten Camps entschieden, dass zwar das Camp selbst nicht dem Schutz des Art. 8 I GG unterfalle, sehr wohl aber der dauernde Aufenthalt in einer Unterkunft, insbesondere, wenn er in einem extra für diesen Zweck hergerichteten Camp stattfinde (OVG Greifswald 15.7.2015 – 3 L 9/12). Die Revision vor dem BVerwG (NJW 2018, 716, dazu sogleich) führte zur Zurückverweisung zwecks weiterer Aufklärung). Hinweise auf die Entscheidung des OVG Greifswald finden sich im Beschluss des OVG Hamburg.
[1240] BVerfG NVwZ 2017, 1374. Siehe auch BVerfG 30.6.2017 – 1 BvR 1387/17 (jeweils G20-Protestcamp).
[1241] BVerwG NJW 2018, 716, 719.

steht im Ermessen der Behörde (siehe etwa § 8 FStrG: „darf ... erteilt werden"). Bei Flashmobs sollte eine Sondergenehmigungsbedürftigkeit indes nur dann angenommen werden, wenn die Veranstaltung geeignet ist, den öffentlichen Verkehrsraum in erheblichem Maße zu beanspruchen; anderenfalls wird man – sofern man nicht schon eine Versammlung annimmt – einen zulassungsfreien Gemeingebrauch annehmen müssen.

- Auch außerhalb des Straßenrechts kann eine Veranstaltung, die nicht dem Versammlungsbegriff unterfällt, genehmigungspflichtig sein. So ist z.B. nach § 31 I HmbSOG eine öffentliche Veranstaltung genehmigungspflichtig, wenn mehr als 10.000 Veranstaltungsteilnehmer zugleich zu erwarten sind oder aufgrund der allgemeinen Lebenserfahrung oder der Erkenntnisse fachkundiger Stellen die Annahme eines erhöhten Gefährdungspotentials für Leib oder Leben der Veranstaltungsteilnehmer begründet ist, insbesondere unter Berücksichtigung der Art der Veranstaltung, der Größe, Lage oder Beschaffenheit des Veranstaltungsortes sowie möglicher Konflikte unter den Veranstaltungsteilnehmern oder mit Dritten. Anders als im Straßenrecht besteht hier aber lediglich ein präventives Verbot mit Erlaubnisvorbehalt (Kontrollerlaubnis): Das grundrechtlich an sich Erlaubte wird präventiv zur Rechtskontrolle (vorliegend jedoch insbesondere zur Gefahrenabwehr) eingeschränkt. Liegen dann keine Versagungsgründe vor (§§ 31 VII, VIII HmbSOG), ist die Erlaubnis zu erteilen.

- Eine nicht genehmigte, aber genehmigungspflichtige Veranstaltung kann (auf der Grundlage des Straßenrechts oder des Polizei- und Ordnungsrechts) untersagt werden; Verstöße gegen die Erlaubnispflicht stellen zudem eine Ordnungswidrigkeit (gem. § 113 OWiG oder landesrechtlich z.B. gem. § 31 XIII HmbSOG) dar und können mit Bußgeld sanktioniert werden. Demgegenüber kann eine durch Art. 8 I GG geschützte Versammlung nur unter den strengen Voraussetzungen des § 15 VersG (bzw. der entsprechenden Bestimmungen der Landesversammlungsgesetze) verboten bzw. aufgelöst werden, wobei der strenge Prüfungsmaßstab des Art. 8 I GG zu beachten ist.

- Die Benutzung einer öffentlichen Straße durch eine von Art. 8 I GG geschützte Versammlung ist kostenfrei, wohingegen die Benutzung durch eine andere (sondererlaubnispflichtige) Veranstaltung kostenpflichtig (Sondernutzungsgebühren) ist. Auch im Übrigen können für Genehmigung und Durchführung von Veranstaltungen, die keine Versammlungen i.S.d. Art. 8 I GG sind, Kosten entstehen, die vom Veranstalter zu tragen sind (siehe etwa § 31 XIV HmbSOG).

- Im Sonn- und Feiertagsrecht kann eine Versammlung i.S.d. Art. 8 I GG eher zu einer Befreiung (d.h. zur Erteilung einer Ausnahmebewilligung) von einem gesetzlichen Veranstaltungsverbot zwingen als eine Veranstaltung, die keine Versammlung i.S.d. Art. 8 I GG ist.

Diskussionsstoff liefert auch der Fall, dass ein Veranstalter Personen „**mietet**", damit diese für seine Zwecke demonstrieren.

Beispiel (fiktiv): Im Rahmen des Besuchs des dänischen Kronprinzenpaares in Hamburg am 1.4.2020 demonstrierten einige hundert Menschen vor dem Rathaus gegen Monarchie und mangelnder demokratischer Legitimation des Königshauses. Im Nachhinein stellt sich heraus, dass die Demonstranten vom Veranstalter, einem dänischen Großindustriellen, für 100 € bezahlt wurden, um die Veranstaltung durchzuführen.

Ob eine solche Veranstaltung den Schutz aus Art. 8 I GG beanspruchen kann, ist angesichts des Normzwecks (demokratisches Partizipationsrecht) zumindest dann fraglich, wenn es den „gemieteten" Personen weniger um Kundgabe ihrer Meinung, sondern primär oder ausschließlich um Erhalt eines Entgelts geht. Stellt man bei der Frage nach der Eröffnung des Schutzbereichs aus Art. 8 I GG auf das Gesamtgepräge der Veranstaltung ab, spricht der besondere Charakter des Grundrechts gegen das Vorliegen einer Versammlung i.S.d. Art. 8 I GG.[1242]

1051 **Hinweis für die Fallbearbeitung:** Bei der Beantwortung der Frage, ob im konkreten Fall eine Versammlung i.S.d. Art. 8 I GG oder lediglich eine Ansammlung vorliegt, besteht zumindest für die Praxis eine gewisse Rechtssicherheit. Für die Fallbearbeitung ist wichtig, sich nicht von der formalen Bezeichnung der Veranstaltung beeinflussen zu lassen. Abzustellen ist allein auf den verfolgten Zweck. Liegt dieser in erster Linie in der gemeinschaftlichen Erörterung und Kundgebung mit dem Ziel der Teilhabe an der öffentlichen Meinungsbildung, schadet es nicht, wenn dies unter Einsatz von Musik und Tanz erfolgt. Denn im Zweifel setzt sich der Freiheitsgehalt der Grundrechte durch („in dubio pro libertate"). Lediglich rein (oder doch zumindest hauptsächlich) kommerziell ausgerichtete Veranstaltungen sowie auf Spaß und Unterhaltung ausgerichtete öffentliche Massenpartys müssen aus dem Schutzbereich herausgehalten werden. Dies hat zur Folge, dass eine Sondernutzungserlaubnis erforderlich wird, jedenfalls soweit die Veranstaltung auf öffentlichem Grund stattfindet. Eine Sondernutzungserlaubnis wird regelmäßig aber nur dann erteilt, wenn die Kosten der Abfallentsorgung übernommen werden. Soweit es aber um Parteitage, politische Diskussionsveranstaltungen, Demonstrationen oder Protestmärsche geht, kann der Streit um den Versammlungsbegriff dahinstehen, da diese Veranstaltungen allesamt unstreitig Versammlungen darstellen. Auch der in § 1 VersG genannte „Aufzug" ist eine sich fortbewegende Versammlung.

II. Mindestteilnehmerzahl

1052 Fraglich ist auch, ob für die Annahme einer Versammlung eine bestimmte **Teilnehmerzahl** erforderlich ist. Überwiegend werden zwei Personen als ausreichend erachtet[1243], teilweise werden aber auch drei Personen gefordert[1244]. Wenn man bedenkt, dass Art. 8 I GG die Freiheit des einzelnen Bürgers, seine Meinung gemeinsam mit anderen zu äußern, um damit seine politische Isolierung zu verhindern, schützen will, erscheint es angebracht, **zwei Personen** genügen zu lassen. Zudem folgt aus dem Wortlaut des Art. 8 I GG „sich versammeln" nicht notwendigerweise, dass es sich dabei um drei oder mehr Personen handeln muss.[1245]

1053 **Zusammenfassung:** Um eine **Versammlung** annehmen zu können, muss nach allen Auffassungen wenigstens ein gemeinsamer Zweck verfolgt werden. Das BVerfG fordert in ständiger Rechtsprechung darüber hinaus, dass der gemeinsame Zweck in der Teilhabe an der **öffentlichen Meinungsbildung** bzw. **-kundgabe** liegen müsse. Zu weit ginge es jedoch, den Versammlungsbegriff auf die **Erörterung politischer Angelegenheiten** zu beschränken. Die Frage kann jedoch regelmäßig offenbleiben, da es zumeist um Veranstaltungen oder Aufzüge geht, die alle Kriterien erfüllen. Was die Teilnehmerzahl betrifft, dürften im Hinblick auf den Schutzbereich des Art. 8 I GG **zwei Personen** genügen.

[1242] Vgl. näher *Bredt*, NVwZ 2007, 1358 ff.
[1243] *Papier*, DVBl 2016, 1417, 1418; *Hermanns*, JA 2001, 79; *Kniesel*, NJW 2000, 2857; *Kahl*, JuS 2000, 1090, 1092; *Höfling*, in: Sachs, GG, Art. 8 Rn 9; *Depenheuer*, in: Maunz/Dürig, GG, Art. 8 Rn 44; *Stern*, StaatsR IV/1, S. 1197 f.; *Kloepfer*, VerfR II, § 63 Rn 5.
[1244] OLG Saarbrücken NStZ-RR 1999, 119; *Hoffmann-Riem*, in: Alternativkommentar, Art. 8 Rn 18; *Benda*, in: Bonner Kommentar, Art. 8 Rn 21; *Kannengießer*, in: Schmidt-Bleibtreu/Hofmann/Henneke, GG, Art. 8 Rn 3; wohl auch *Jarass*, in: Jarass/Pieroth, Art. 8 Rn 4, und BVerfGE 104, 92, 104 („mehrere").
[1245] Vgl. bereits die 4. Aufl. 2000; später auch VGH Mannheim VBlBW 2008, 60-62. Mit dem Wortlaut „sich versammeln" in Art. 8 I GG schwerlich vereinbar BVerfG NJW 1987, 3245, wonach auch eine Einzelmahnwache eine Versammlung darstellen soll.

III. Spontan- und Eilversammlungen

Planung und **Organisation** sind keine begriffsnotwendigen Elemente einer Versammlung. Daher fallen auch **Spontan- und Eilversammlungen** unter den Versammlungsbegriff (näher Rn 1081 und 1082). Dass Versammlungen im Freien gem. § 14 VersG angemeldet werden müssen, ist in Anbetracht des Wortlauts des Art. 8 I GG, wo von „ohne Anmeldung" die Rede ist, für die Annahme einer Versammlung irrelevant. Freilich eine andere Frage ist es, ob eine nicht angemeldete Versammlung unter den Voraussetzungen des § 15 III VersG **aufgelöst** werden kann (vgl. Rn 1115).

1054

Dadurch, dass auch Spontanversammlungen unter den Versammlungsbegriff fallen, ist es möglich, dass z.B. Teilnehmer der Loveparade den Schutz des Art. 8 I GG genießen, wenn sie sich plötzlich zu politischen Fragen äußern.

IV. Geschütztes Verhalten

Zum **geschützten Verhalten** zählt zunächst die Freiheit, an einer Versammlung teilzunehmen und sie zu verlassen, aber auch über Ort, Zeit, Art und Inhalt der Versammlung zu entscheiden (sog. Gestaltungsfreiheit).[1246]

1055

Prüfungsrelevant ist insbesondere die **Wahl des Versammlungsortes**[1247], weil dies die Frage aufwirft, ob Art. 8 I GG uneingeschränkt den Zugriff auf beliebige Flächen oder Räume gewährleistet. Man stelle sich vor, das Versammlungsgrundrecht würde freien Zugang zu Startbahnen von Flughäfen, (geheimen) Militäreinrichtungen oder zu Räumen der Verfassungsschutzämter oder des BND gewährleisten. Ein funktionierendes Gemeinwesen bzw. die Wahrnehmung bestimmter öffentlicher Aufgaben wären dann nicht möglich. Daher muss die Freiheit der Ortswahl ihre Grenze in kollidierenden Verfassungsgütern finden, was entweder zu einer Begrenzung des Schutzbereichs des Art. 8 I GG (verfassungsimmanente Schutzbereichsbegrenzung[1248]) führt oder aber im Rahmen der Prüfung der verfassungsrechtlichen Rechtfertigung die behördliche Verbotsverfügung (oder Auflage) rechtfertigt. Überwiegend ist man der Meinung, dass die rechtliche Verfügungsbefugnis über den Versammlungsort eine ungeschriebene Bedingung für die Ortswahl darstelle und Art. 8 I GG insoweit kein Benutzungsrecht einräume, das nicht schon nach allgemeinen Rechtsgrundsätzen bestehe.[1249] Diese Sichtweise ist sehr bedenklich, da sie die Reichweite der Versammlungsfreiheit von vornherein in die allgemeine (einfachgesetzlich determinierte) Rechtsordnung einbettet. Folgte man ihr, hätten es der einfache Gesetzgeber und die Verwaltung in der Hand, die Reichweite der Versammlungsfreiheit ggf. sogar durch Benutzungsordnungen oder Satzungen zu regeln. Richtigerweise wird man das Recht zur freien Ortswahl grds. auf den gesamten **öffentlichen Raum** (insbesondere auf öffentliche Straßen und Plätze), wo ein kommunikativer Verkehr stattfindet, erstrecken müssen.[1250] Hierbei handelt es sich um einen (zulassungsfreien) Gemeingebrauch bzw. um die schlichte Ausübung des Versammlungsgrundrechts, keinesfalls aber um eine (zulassungspflichtige) Son-

1056

[1246] BVerfG NVwZ 2013, 570 (versammlungsrechtliche Auflagen); BVerfG NJW 2014, 2706, 2707 f. (Friedhof); BVerfGE 123, 226, 250 f.; (Frankfurter Flughafen); 104, 92, 105 f. (Sitzblockade); 73, 206, 249 (Sitzblockade); BGH NVwZ 2015, 1622, 1623 (Flughafen Berlin-Schönefeld); OVG Bautzen NJW 2018, 2429 – allesamt zurückgehend auf BVerfGE 69, 315, 343 (Brokdorf).
[1247] Vgl. dazu BVerfGE 128, 226, 250 ff. (Frankfurter Flughafen); BVerfG NJW 2014, 2706, 2707 f. (Friedhof); BGH NVwZ 2015, 1622, 1623 (Flughafen Berlin-Schönefeld); *Muckel*, JA 2016, 75, 76.
[1248] Vgl. dazu *R. Schmidt*, Grundrechte, Rn 127.
[1249] BGH NJW 2006, 1054, 1055 (Fraport AG); BVerwGE 91, 135, 138 f. (Bonner Hofgartenwiese), unter Bezugnahme auf *Depenheuer*, in: Maunz/Dürig, GG, Art. 8 Rn 78; vgl. auch *Hoffmann-Riem*, in: AK-GG, Art. 8 Rn 33; *Schulze-Fielitz*, in: Dreier, GG, Art. 8 Rn 35; *Geis*, in: Berliner Kommentar, Art. 8 Rn 34; *Herrmanns*, JA 2001, 79, 82; *Deger*, VBlBW 1995, 303, 304; *v. Alemann/Scheffczyk*, JA 2013, 407.
[1250] So auch BVerfGE 73, 206, 249; BVerfG NJW 2014, 2706, 2707 f. (Friedhof). Dabei kommt es nicht darauf an, ob der kommunikative Verkehr etwa durch Satzung oder (sonstige) Benutzungsregeln zugelassen wurde; entscheidend ist allein die **tatsächliche Eröffnung der allgemeinen Kommunikation** (BVerfG NJW 2014, 2706, 2707 f. - Friedhof).

dernutzung. Nähme man das Gegenteil an, führte dies dazu, dass eine wegen Art. 8 I GG („ohne Anmeldung oder Erlaubnis") nicht genehmigungspflichtige Versammlung ggf. beantragt werden müsste, auch wenn bei der Genehmigung Art. 8 I GG das Ermessen der Behörde dahingehend reduzierte, dass faktisch ein Zulassungsanspruch bestünde, sofern nicht höherrangige Interessen berührt würden. Aber auch bei der schlichten Ausübung des Versammlungsgrundrechts besteht der Grundrechtsschutz im Ergebnis nicht, wenn die oben genannten oder vergleichbare andere Bereiche betroffen sind. Rechtstechnisch ist in diesen Fällen zwar der Schutzbereich eröffnet, jedoch führen die gegenläufigen Verfassungsgüter zur Rechtfertigung des Eingriffs.[1251]

1056a Obwohl die Versammlungsfreiheit den Grundrechtsträgern gewährleistet, über den Ort der Veranstaltung grundsätzlich frei zu bestimmen, verschafft sie ihnen also kein Zutrittsrecht zu beliebigen (öffentlichen) Orten und zu beliebigen Zeiten. Außer hinsichtlich der soeben genannten Objekte ist die Ausübung der Versammlungsfreiheit auch auf öffentlichen Straßen, insbesondere auf Autobahnen, gerade dann einzuschränken, wenn etwa die Straße blockiert und Rettungskräften die Durchfahrt unmöglich gemacht wird. In solchen Fällen ist entweder eine verfassungsimmanente Schutzbereichsbegrenzung vorzunehmen[1252] oder aber es überwiegt das in § 15 I VersG genannte Schutzgut öffentliche Sicherheit, das im Rahmen der Prüfung der verfassungsrechtlichen Rechtfertigung des Eingriffs mit der kollidierenden Versammlungsfreiheit abzuwägen ist.[1253]

1056b Auch wenn Demonstranten tage- oder gar wochenlang das Wohnhaus eines ehemaligen (Sexual-)Straftäters „Belagern" und laute Beschimpfungen von sich geben, ist nachvollziehbar, dass damit auch schutzwürdige Belange des ehemaligen Strafgefangenen betroffen sind und dass für die Behörde die Möglichkeit bestehen muss, die Wahl des Versammlungsortes etwa durch eine versammlungsrechtliche Auflage zu beschränken. Denn auch ehemalige (Sexual-)Straftäter haben das (aus Art. 2 I GG i.V.m. 1 I GG) garantierte Recht, gerade in ihrem privaten Rückzugsbereich vor Schmähungen und Beleidigungen geschützt zu werden.[1254]

1057 Auch bei der Occupy-Bewegung (dazu bereits Rn 1048) stellte sich die Frage, ob die Gruppierung ihre Camps dauerhaft auf der Grünanlage vor der Europäischen Zentralbank errichten durfte. Das VG Frankfurt a.M. hat entschieden, dass dies nicht durch das Grundrecht der Versammlungsfreiheit gedeckt sei und dass das zuvor ergangene behördliche Verbot des Aufstellens von Zelten und des Campierens in Grünanlagen verfassungsgemäß gewesen sei. Das Gericht war der Auffassung, dass das von Art. 8 I GG umfasste Recht der freien Ortswahl nicht dazu berechtige, fremdes Grundeigentum nach Belieben in Anspruch zu nehmen. Das gelte auch für ein Grundstück, das als öffentliche Einrichtung der Allgemeinheit zur Verfügung stehe. Die Stadt Frankfurt a.M. sei berechtigt gewesen, wegen Vorliegens einer unmittelbar drohenden Gefahr für die öffentliche Sicherheit (vgl. dazu Rn 1088) Auflagen und Verbote zu erlassen (vgl. § 15 I, III VersG). Die unmittelbar drohende Gefahr für die öffentliche Sicherheit sah das Gericht im Hinblick auf die hygienischen Umstände vor Ort, aufgrund der massiven Verdichtung des Bodens in der Grünanlage sowie des mit der „Okkupation" einhergehenden Entzugs der Fläche für die Allgemeinheit als gegeben.[1255]

1058 Weiterhin stellt sich die Frage, ob Versammlungen auch auf frei gewählten **Privatgrundstücken** durchgeführt werden können. Bedenken bestehen deswegen, weil Pri-

---

[1251] Vgl. nunmehr auch VG Gießen DÖV 2013, 992 (mit Bespr. v. *Muckel*, JA 2014, 317).
[1252] Vgl. dazu R. *Schmidt*, Grundrechte, Rn 127.
[1253] VG Gießen DÖV 2013, 992; *Muckel*, JA 2014, 317, 318.
[1254] OVG Magdeburg NJW 2012, 2535 f.
[1255] VG Frankfurt a.M. NVwZ-RR 2012, 806.

vate grds. keine Grundrechtsadressaten sind[1256] und eine Benutzung ihres Grundstücks durch andere grds. nicht dulden müssen. Es ist zu unterscheiden:

- Jedenfalls verbürgt die Versammlungsfreiheit die Durchführung von Versammlungen an Orten, an denen ein **öffentliches Unternehmen** (bzw. ein **gemischtwirtschaftliches Unternehmen**) einen allgemeinen öffentlichen (Publikums-)Verkehr eröffnet hat. Denn wenn heute die Kommunikationsfunktion der öffentlichen Straßen zunehmend durch weitere Foren wie Einkaufszentren oder sonstige Begegnungsstätten ergänzt wird, können die Verkehrsflächen solcher Einrichtungen jedenfalls dann nicht von der Versammlungsfreiheit ausgenommen sein, wenn sie als Orte allgemeinen kommunikativen Verkehrs ausgestaltet sind und eine **unmittelbare Grundrechtsbindung** der betreffenden Einrichtung bzw. des Trägers der Einrichtung besteht. Dies ist etwa der Fall, wenn der Staat die Mehrheitsanteile an der privatrechtlichen Organisation bzw. dem Privateigentum hält, wie das z.B. auf Bereiche des Frankfurter Flughafens zutrifft.[1257] So umfasse der Frankfurter Flughafen neben den flugspezifischen und abgegrenzten Bereichen wie dem Sicherheitsbereich und der Gepäckausgabe auch Orte, die zum Konsumieren, Flanieren und damit auch zum Kommunizieren ausgestaltet seien. Daher stelle er insoweit eine Stätte kommunikativen Verkehrs dar, und die Grundrechtsträger seien berechtigt, dort von ihrer Meinungsäußerungs- und Versammlungsfreiheit Gebrauch zu machen.[1258] Noch weiter geht der BGH, indem er hinsichtlich des Flughafens Berlin-Schönefeld, der im Übrigen zu 100% der öffentlichen Hand gehört, entschieden hat, dass die Fläche selbst dann, wenn sie nicht zum Verweilen oder Flanieren offenstehe, sondern eher einem Gewerbegebiet gleiche, als Versammlungsort genutzt werden dürfe, solange sie nur der Öffentlichkeit allgemein zugänglich sei.[1259] Dem ist jedenfalls insoweit zuzustimmen, als von der Versammlung keine Gefährdung der Sicherheit und Funktionsfähigkeit der Einrichtung ausgeht.

- Steht der Ort im **reinen Privateigentum**, gilt wegen Art. 1 III GG keinesfalls eine unmittelbare Grundrechtsbindung der betreffenden Einrichtung bzw. des Trägers der Einrichtung, sodass grds. auch keine Duldungspflicht besteht. Das gilt jedenfalls dann, wenn die Eigentümer die betreffenden Flächen nicht der Allgemeinheit zugänglich gemacht haben. Wenn bspw. eine Gruppe von Personen aus Protest gegen ausländerrechtliche Maßnahmen das Dach eines Hotels besetzt, muss der Hotelinhaber dies nicht dulden. Das Dach eines Hotels ist der Öffentlichkeit nicht allgemein zugänglich.[1260] Anders sähe es wohl aus, wenn der Privateigentümer einer Fläche diese allgemein dem Publikumsverkehr geöffnet hat (was etwa bei einem öffentlich zugänglichen Supermarktparkplatz oder generell einer Fläche des Flanierens, des Verweilens und der Begegnung angenommen werden kann). Dann kommt – wie auch das BVerfG in seinem soeben genannten Urteil zum Frankfurter Flughafen angedeutet hat – unter dem Aspekt der **Horizontalwirkung** der Grundrechte[1261] eine Pflicht zur Duldung eher in Betracht, sofern die Funktionsfähigkeit nicht unzumutbar beeinträchtigt wird.[1262] In diese Richtung geht auch § 21 S. 1 des Musterentwurfs eines Versammlungsgesetzes des Arbeitskreises Versammlungsrecht, wonach auf Verkehrsflächen von Grundstücken in Privateigentum, die dem allgemeinen Publikumsverkehr geöffnet sind, öffentliche Versammlungen auch ohne Zustimmung des Eigentümers durchgeführt werden können. Ob eine solche Beschränkung des Eigentumsrechts trotz der Sozialpflichtigkeit des Eigentums (Art. 14 II GG) mit Art. 14 I S. 1 GG vereinbar ist, erscheint auf den ersten Blick zweifelhaft, sie ist aber nachvollziehbar und richtig, wenn man bedenkt, dass der Grund-

---

[1256] Das ergibt sich aus Art. 1 III GG, wonach nur die drei Staatsgewalten unmittelbar an die Grundrechte gebunden sind.
[1257] Vgl. dazu *R. Schmidt*, Grundrechte, Rn 80/94.
[1258] BVerfGE 128, 226, 251 f. Vgl. auch *Sachs*, JuS 2011, 665 ff.; *Muckel*, JA 2011, 557 ff.; *Enders*, JZ 2011, 577 ff.; *Kramer*, JA 2011, 810 ff.
[1259] BGH NVwZ 2015, 1622, 1623. Vgl. auch *Muckel*, JA 2016, 75, 76.
[1260] Vgl. dazu VG Berlin 29.8.2014 – 1 L 245.14.
[1261] Vgl. dazu *R. Schmidt*, Grundrechte, Rn 106.
[1262] Vgl. bereits seit der 15. Auflage. Das BVerfG hat sich im Rahmen einer einstweiligen Anordnung diesem Standpunkt angenähert, vgl. BVerfG NJW 2015, 2485 f. (Nibelungenplatz in Passau, der im Privateigentum steht).

stückseigentümer die Fläche dem Publikumsverkehr öffentlich zugänglich gemacht hat. In diesem Fall ergibt sich für den Eigentümer jedenfalls dann, wenn von der Versammlung keine Gefährdung der Sicherheit und Funktionsfähigkeit der Einrichtung ausgeht oder keine sonstige unzumutbare Beeinträchtigung vorliegt, eine Duldungspflicht aus § 1004 II BGB i.V.m. Art. 8 I GG, der über die Figur der mittelbaren Drittwirkung der Grundrechte Anwendung findet.

1059

> **Fazit:** Hinsichtlich der Wahl des Versammlungsortes lässt sich Folgendes feststellen:
>
> - Auf **öffentlichen** Plätzen und Flächen (auch Straßen) besteht das Versammlungsrecht grundsätzlich. Ist das der Fall, handelt es sich um einen (zulassungs- und kostenfreien) Gemeingebrauch bzw. um die schlichte Ausübung des Versammlungsgrundrechts, nicht aber um eine (zulassungs- und gebührenpflichtige) Sondernutzung. Andere Bürger (insb. Verkehrsteilnehmer) und der Staat müssen Behinderungen grds. in Kauf nehmen. Lediglich, wenn (etwa durch dauerhafte „Okkupation" von Flächen) die Wahrnehmung bestimmter öffentlicher Aufgaben unmöglich gemacht oder wesentlich erschwert wird, besteht der Grundrechtsschutz nicht. In diesen Fällen ist zwar der Schutzbereich eröffnet, jedoch führen die gegenläufigen Verfassungsgüter zur Rechtfertigung des Eingriffs.
>
> - Von der freien Ortswahl grundsätzlich *nicht* umfasst sind im **Privateigentum** stehende Örtlichkeiten bzw. Flächen, weil die Versammlungsfreiheit Öffentlichkeitsbezug hat und auch ohne Verletzung von Privateigentum ausgeübt werden kann. Stellt der private Eigentümer die betreffende Örtlichkeit bzw. Fläche jedoch regelmäßig der Öffentlichkeit als Flanier- und Konsummeile bzw. zu Demonstrationszwecken zur Verfügung, kann ihn Art. 8 I GG über die Figur der **mittelbaren Drittwirkung** der Grundrechte zur Überlassung der Örtlichkeit bzw. Fläche verpflichten. Dasselbe gilt im Falle einer Monopolstellung, wenn keine überwiegenden Interessen entgegenstehen.
>
> - Hinsichtlich Orte und Flächen, die zwar im Privateigentum einer juristischen Person des Privatrechts stehen, deren **Anteile** sich aber ausschließlich oder überwiegend im **Eigentum der öffentlichen Hand** befinden, besteht sogar eine **unmittelbare Grundrechtsbindung** der betreffenden Einrichtung bzw. des Trägers der Einrichtung. Das trifft z.B. auf Bereiche des Frankfurter Flughafens zu, die zum Konsumieren, Flanieren und damit auch zum Kommunizieren ausgestaltet sind. Dort sind die Grundrechtsträger berechtigt, von ihrer Meinungsäußerungs- und Versammlungsfreiheit Gebrauch zu machen.

1060 Zu der genannten Gestaltungsfreiheit gehören auch die Wahl der Form der Meinungsäußerung und damit das Verwenden von Lautsprechern, Megaphonen, Fahnen und Trommeln.[1263] Sogar das Mitführen der Reichskriegsflagge (ohne Hakenkreuz!) dürfte erfasst sein.[1264] Eine andere Frage ist die Möglichkeit eines entsprechenden Verbots (in Form einer Auflage i.S.v. § 15 I VersG).[1265] Geschützt sind auch vorbereitende Maßnahmen, insbesondere hat der Veranstalter in Ausübung der aus Art. 8 I GG fließenden Veranstalterfreiheit das Recht auf Darstellung seiner Intention in der Öffentlichkeit.

1061 Auch der ungehinderte **Zugang** zu einer bereits stattfindenden, bevorstehenden oder sich bildenden Versammlung bzw. Demonstration fällt in den Schutzbereich des Art. 8 I GG. Denn der Schutzzweck des Art. 8 I GG gebietet es, das Grundrecht nicht auf den Zeitraum der Durchführung einer Versammlung zu begrenzen, sondern seine Wirkung bereits in deren Vorfeld zu erstrecken; sähe man dies anders, liefe die Versammlungs-

---

[1263] BVerfG NVwZ 2014, 1453.
[1264] Würde die Reichskriegsflagge das Hakenkreuz zeigen, wäre sie ein Kennzeichen verfassungswidriger Organisationen, was zur Annahme der Unfriedlichkeit führte (und nach § 86a StGB strafbar wäre).
[1265] Vgl. dazu BVerfG NVwZ 2014, 1453 f.; OVG Weimar NVwZ-RR 2000, 154 L.

freiheit Gefahr, durch staatliche Maßnahmen im Vorfeld der Grundrechtsausübung ausgehöhlt zu werden[1266] Art. 8 I GG schützt deshalb den gesamten Vorgang des Sichversammelns, wozu auch der Zugang und die Anreise zu einer bevorstehenden bzw. sich bildenden Versammlung gehören.[1267] Aus diesem Grund kann auch die Errichtung eines Protestcamps in den Schutzbereich des Art. 8 I GG fallen (siehe bereits Rn 1048a).

Typische Maßnahmen im **Vorfeld** von Versammlungen und Demonstrationen sind nicht nur die Verhinderung der Errichtung eines Protestcamps, sondern auch **Personenkontrollen** (Identitätsfeststellungen, Durchsuchungen, Sicherstellungen von Sachen) an Zufahrtswegen sowie der sog. Rückführungsgewahrsam als Sonderfall des Verbringungsgewahrsams: Die betroffenen Personen werden angehalten und in Polizeibegleitung zum Ausgangsort zurückbeordert. Die besondere Problematik hierbei besteht darin, dass das VersG für derartige Maßnahmen keine Rechtsgrundlagen enthält[1268], diese aber in Art. 8 I GG eingreifen. Hier wird der Rückgriff auf das POR diskutiert, vgl. Rn 1039 sowie Rn 1101 ff.

V. Begrenzung auf Friedlichkeit und Waffenlosigkeit

Grundrechtlich geschützt werden nur **friedliche Versammlungen ohne Waffen**. Der Begriff der „**friedlichen Versammlung**" wird vom Grundgesetz nicht definiert. Von Rechtsprechung und Literatur wird er in Anlehnung an die Legaldefinition der §§ 5 Nr. 3, 13 I Nr. 2 VersG negativ bestimmt. Danach ist eine Versammlung unfriedlich, wenn ein „gewalttätiger und aufrührerischer Verlauf" angestrebt ist oder eintritt. Es muss eine aggressive körperliche Einwirkung auf Personen oder Sachen stattfinden, die von einiger Erheblichkeit (d.h. Gefährlichkeit) ist.[1269] Damit ist der Gewaltbegriff i.S.d. Art. 8 GG enger als derjenige, der im Strafrecht (§ 240 StGB) verwendet wird.

1062

So ist eine Versammlung als gewalttätig angesehen worden, bei der körperliche Handlungen von einiger Gefährlichkeit auftraten wie Gewaltausübung mittels gefährlicher Werkzeuge oder aggressive Ausschreitungen gegen Personen oder Sachen.[1270] Dazu zählt insbesondere das Werfen mit harten Gegenständen (Bierflaschen, gefüllten Getränkedosen, Steinen etc.) sowie mit Farbbeuteln, was wegen der objektiven Gefährlichkeit stets eine Unfriedlichkeit begründet. Erst recht liegt Unfriedlichkeit vor, wenn bspw. Autos oder Schaufensterauslagen angezündet oder auf andere Weise beschädigt werden.[1271] Ob das Werfen mit (relativ) weichen Gegenständen (Eiern, Tomaten etc.) unfriedlich ist, kann nicht eindeutig gesagt werden. Eine Unfriedlichkeit sollte aber jedenfalls dann angenommen werden, wenn sich derartige Aktionen gegen Polizeibeamte richten und die Situation dadurch eskaliert.

1063

Verhinderungsblockaden, also Blockaden von Verkehrswegen, sowie Sitzblockaden, bei denen sich die Teilnehmer auf passive Resistenz beschränken, begründen nicht ohne weiteres eine Unfriedlichkeit, selbst wenn dabei der Tatbestand der Nötigung verwirklicht wird.[1272] Daran ändert sich auch nichts, wenn sich die Teilnehmer untereinander anketten. Ketten sich die Teilnehmer aber an Sachen an (z.B. an Zäunen, Toren, Schienen, stehenden Zügen etc.), muss die Friedlichkeit in Frage gestellt werden, weil der Grad der Behinderung ein anderer ist. Das BVerfG nimmt aber auch in diesem Fall keine Unfriedlichkeit an. Die Frage, ob eine Versammlung unfriedlich sei, dürfe nicht mit der Verwirklichung des (weiten) Gewaltbegriffs in § 240 StGB gleichgesetzt werden. Vielmehr müsse die Friedlichkeit rein ver-

---

[1266] BVerfGE 69, 315, 349 (Brokdorf); 84, 203, 209 (Republikaner); BVerwG NJW 2018, 716, 719.
[1267] BVerfGE 69, 315, 349 (Brokdorf); 84, 203, 209 (Republikaner); BVerwG NJW 2018, 716, 719.
[1268] Die §§ 5 und 15 VersG enthalten zwar Rechtsgrundlagen, die vor Beginn einer Versammlung bzw. Demonstration greifen, erlauben aber nur ein Vorgehen gegen die Veranstalter, nicht jedoch gegen einzelne Teilnehmer. Diese können demnach nur mittelbar, d.h. über entsprechende Maßnahmen gegen den Veranstalter (etwa durch Auflagen oder gar ein Versammlungsverbot) getroffen werden.
[1269] BVerfG NVwZ 2005, 80 f.; BVerfGE 104, 92, 101 ff. (Sitzblockade).
[1270] BVerfGE 73, 206, 248 f.; 87, 399, 406. Vgl. auch *Hoffmann-Riem*, NVwZ 2002, 257, 259.
[1271] Siehe bereits sämtliche Vorauflagen, was sich 2017 beim G20-Gipfel in Hamburg leider auch so gezeigt hat.
[1272] BVerfG StraFo 2011, 180, 181; BVerfGE 104, 92, 101 ff.; 92, 1, 17 f.; 87, 399, 406; 73, 206, 249.

fassungsrechtlich bestimmt werden. Liege der Zweck der Blockade in der gemeinschaftlichen Erörterung und Kundgebung mit dem Ziel der Teilhabe an der öffentlichen Meinungsbildung, sei auch dann von einer Friedlichkeit i.S.v. Art. 8 I GG auszugehen, wenn sich die Versammlungsteilnehmer bspw. an das Haupttor eines befriedeten Geländes anketteten und die Zu- und Abfahrt versperrten. Denn in einem solchen Fall sei der erforderliche Grad an Gefährlichkeit noch nicht erreicht, um eine „Unfriedlichkeit" i.S.v. Art. 8 I GG annehmen zu können.[1273]

Verhalten sich nur **einige Versammlungsteilnehmer unfriedlich**, ist nur diesen der Schutz des Art. 8 I GG verwehrt.[1274] Es ist also, dem Wortlaut des Art. 8 I GG i.V.m. §§ 18 III und 19 IV VersG entsprechend, auf den einzelnen Teilnehmer abzustellen, nicht auf die Versammlung insgesamt. Nur wenn ein Einschreiten gegen die einzelnen gewalttätigen Teilnehmer nicht möglich ist, keinen Erfolg verspricht oder sich die friedlich verhaltenden Versammlungsteilnehmer mit den Gewalttätigkeiten identifizieren, kann entsprechend dem Gesetzesvorbehalt des Art. 8 II GG und unter strenger Beachtung des Verhältnismäßigkeitsgrundsatzes gegen die ganze Versammlung vorgegangen werden (Verbot, Auflösung etc.). Ist demnach die Versammlung insgesamt unfriedlich, ist *allen* Teilnehmern der Schutz aus Art. 8 I GG versagt, auch denen, die sich nicht an den Aktionen beteiligt haben, die die Versammlung haben unfriedlich werden lassen.[1275]

1064 Ein **aufrührerischer Verlauf** besteht oder wird angestrebt, wenn das Ziel der Versammlung in einem Umsturz des Staates liegt oder wenn aktiv Widerstand gegen rechtmäßig handelnde Vollstreckungsbeamte geleistet wird bzw. geleistet werden soll.

1065 Mit **Waffen** sind Waffen im technischen Sinne gemeint. Das sind Gegenstände, die geeignet und bestimmt sind, Menschen zu verletzen (z.B. Pistole, Dolch, Schlagring). Gefährliche Werkzeuge (i.S.d. § 224 StGB) wie z.B. Baseballschläger oder Eisenketten mögen zwar „waffenähnlich" eingesetzt werden können, sie aber dem Waffenbegriff zu unterstellen, überstiege den möglichen Wortsinn des Waffenbegriffs. Eine Überdehnung des Waffenbegriffs ist auch unnötig, da der Einsatz z.B. von Baseballschlägern oder Eisenketten ohne weiteres dem Unfriedlichkeitsbegriff unterfällt (Rn 1063). Werden aber abstrakt gefährliche Gegenstände nicht in einer Weise eingesetzt, die die Versammlung unfriedlich macht, ist gegen deren Einsatz nichts einzuwenden.

> **Beispiel:** Auch Fahnen, v.a. die Fahnenstangen, sind für sich genommen gefährliche Werkzeuge. Werden sie aber nicht zum Zweck des Einsatzes als Schlaginstrumente mitgeführt, ist die Versammlung zumindest diesbezüglich nicht unfriedlich.

1066 Unfriedlich ist eine Versammlung auch dann, wenn eine Unfriedlichkeit *droht*, also unmittelbar bevorsteht. Das sieht auch der niedersächsische Gesetzgeber so, denn er verbietet es, in einer Versammlung in einer Art und Weise aufzutreten, die dazu geeignet und bestimmt ist, im Zusammenwirken mit anderen teilnehmenden Personen den Eindruck von Gewaltbereitschaft zu vermitteln (§ 3 III S. 1 NdsVersG), und stellt zudem klar, dass der Eindruck von Gewaltbereitschaft insbesondere durch das Tragen von Uniformen oder Uniformteilen oder durch sonstiges paramilitärisches Auftreten vermittelt werden könne (§ 3 III S. 2 NdsVersG).

1067 Eine **Gegendemonstration** genießt ebenfalls den Schutz des Art. 8 GG, sofern sie friedlich ist. Bezweckt sie, die Versammlung zu stören, kann je nach Sachverhalt ent-

---

[1273] BVerfGE 104, 92, 106. Diese Grundsätze bestätigend BVerfG NVwZ 2005, 80 f. Vgl. auch BVerfG StraFo 2011, 180, 181 f. und *R. Schmidt*, StrafR BT I, 21. Aufl. 2019, Rn 798.
[1274] BVerfGE 69, 315, 359; BVerfG NVwZ 2005, 80 f.; NVwZ 2011, 422, 423; *Jarass*, in: Jarass/Pieroth, GG, Art. 8 Rn 10. Vgl. auch BVerfG NVwZ 2017, 555 f.
[1275] VG Stuttgart 16.4.2015 – 1 K 4014/13.

VI. Persönlicher Schutzbereich des Art. 8 I GG

In persönlicher Hinsicht ist der Schutz des Art. 8 I GG (nicht der des § 1 VersG!) auf **Deutsche** begrenzt. Der Begriff des Deutschen ist in Art. 116 GG legaldefiniert. **Nichtdeutsche** können sich demzufolge zwar auf das VersG, nicht aber auf das Grundrecht der Versammlungsfreiheit berufen. Für sie ist die Versammlungsfreiheit grundrechtlich lediglich über Art. 2 I GG geschützt, freilich nicht mit dem hohen Schutzniveau des Art. 8 I GG. Dies gilt zumindest im Hinblick auf Ausländer, die keine EU-Bürger sind. Daher bietet Art. 8 I GG auch ausländischen Staatsoberhäuptern oder Regierungsmitgliedern keinen Schutz, sich auf öffentlichen Versammlungen im Bundesgebiet in ihrer Eigenschaft als Hoheitsträger amtlich zu politischen Fragestellungen zu äußern.[1276] Fraglich ist, ob **EU-Bürgern** mit Blick auf das Diskriminierungsverbot aus Art. 18 I AEUV, das Anwendungsvorrang genießt, ein intensiverer Schutz gewährt werden muss (etwa durch eine „Umdeutung" des Begriffs des „Deutschen" in „EU-Bürger" in Art. 8 I GG oder durch eine Erhöhung des Schutzniveaus des Art. 2 I GG auf das des Art. 8 I GG).

1068

> **Beispiel:** Eine Gruppe polnischer Staatsbürger demonstriert in Hamburg gegen das polnische Scheidungsrecht. Nach Art. 56 § 1 Familien- und Vormundschaftsgesetz Polens kann im Fall einer „vollständigen und dauerhaften Zerrüttung des ehelichen Zusammenlebens" zwar jeder Partner die Scheidung beantragen. Stimmt der andere Ehepartner der Scheidung aber nicht zu, ist diese grundsätzlich „unzulässig, wenn sie von dem Ehegatten gefordert wird, der an der Zerrüttung des ehelichen Zusammenlebens allein schuld ist". Das führt in der Praxis also dazu, dass derjenige, der „schuld" an der Zerrüttung ist, kein Recht auf Scheidung hat. Nachdem nun auch der EGMR entschieden hat, dass die EMRK kein Recht auf Scheidung gewähre, weil sie ein solches Recht nicht kenne[1277], fordern die Demonstranten die deutsche Politik auf, sich für eine EU-weite Liberalisierung des Scheidungsrechts einzusetzen.
>
> In persönlicher Hinsicht setzt ein Schutz aus Art. 8 I GG eine „Deutscheneigenschaft" (i.S.d. Art. 116 I GG) voraus. Die Demonstranten sind zwar nicht deutsche Staatsangehörige, aber Polen und damit EU-Bürger, was die Frage aufwirft, ob das EU-Recht einen direkten Schutz aus Art. 8 I GG oder einen vergleichbaren Schutz fordert.
>
> ⇨ Für eine unmittelbare Anwendbarkeit der Deutschengrundrechte auch auf Bürger anderer EU-Staaten[1278] sprechen das allgemeine Diskriminierungsverbot des Art. 18 I AEUV und die besonderen Diskriminierungsverbote der Grundfreiheiten (etwa Art. 45 und 56 AEUV). Diese mit Anwendungsvorrang versehenen Vorschriften des EU-Primärrechts verbieten im Anwendungsbereich des Unionsrechts jede Diskriminierung wegen der Staatsangehörigkeit und ordnen damit eine Gleichstellung aller EU-Bürger an mit der Folge, dass für diese das gleiche Schutzniveau innerhalb der Union gilt.
>
> Der Anwendungsvorrang des EU-Rechts und die unionsrechtlichen Diskriminierungsverbote könnten dazu führen, dass *alle* EU-Bürger, und damit auch die polnischen Demonstranten, sich persönlich (u.a.) auf Art. 8 I GG berufen können. Folgt man dieser Auffassung, können sich die Demonstranten zur Durchsetzung ihres Demonstrationsrechts unmittelbar auf Art. 8 I GG berufen.

[1276] OVG Münster NVwZ 2017, 648, 649 f.
[1277] EGMR 10.1.2017 – 1955/10.
[1278] So vertreten etwa von *Breuer*, in: HdbStR VIII, § 170 Rn 43; *Ruffert*, in: Epping/Hillgruber, GG, Art. 12 Rn 36 f.

⇨ Gegen eine Anwendbarkeit der Deutschengrundrechte (und damit auch des Art. 8 I GG) auf Bürger anderer EU-Staaten spricht aber die ausdrückliche verfassungstextliche Begrenzung auf Deutsche.[1279]

Folgt man diesem Wortlautargument, können sich die polnischen Demonstranten jedenfalls auf den auf Ausländer unstreitig anwendbaren Art. 2 I GG berufen. Dann aber müsste wegen der genannten Diskriminierungsverbote des EU-Rechts und des Effet-utile-Prinzips bei der Prüfung der verfassungsrechtlichen Rechtfertigung des Eingriffs in Art. 2 I GG im Rahmen der Güterabwägung das hohe Schutzniveau des Art. 8 I GG herangezogen werden (durch Übertragung der von der verfassungsgerichtlichen Rechtsprechung zu Art. 8 I GG entwickelten Grundsätze auf Art. 2 I GG), sodass sich im Ergebnis derselbe (materielle) Grundrechtsschutz wie bei der unmittelbaren Anwendung des Art. 8 I GG ergibt.

Stellungnahme: Der Anwendungsvorrang des EU-Rechts mit seinen Diskriminierungsverboten spricht für die unmittelbare Anwendung der Deutschengrundrechte auch auf andere EU-Bürger. Zwar findet (auch) in diesem Fall weder eine Auslegung des Deutschenbegriffs statt noch kann Art. 8 I GG analog angewendet werden, da weder der legaldefinierte Deutschenbegriff auslegbar ist noch eine analoge Anwendung von Grundrechten in Betracht kommt. Jedoch wird man wegen des Anwendungsvorrangs und des Effet-utile-Prinzips des EU-Rechts den Begriff des Deutschen als EU-Bürger lesen müssen. Methodisch lässt sich dies nach der hier vertretenen Auffassung damit herleiten, dass man bei Unionsbürgern die Beschränkung des Schutzbereichs auf Deutsche nicht anwendet. Gleichgültig aber, welcher Auffassung man sich anschließt, ist der verfassungsändernde Gesetzgeber berufen, dem materiellen Gehalt des Art. 18 I AEUV und den speziellen Diskriminierungsverboten etwa dadurch Rechnung zu tragen, dass er den Begriff des „Deutschen" durch den Begriff „Bürger der Europäischen Union" ersetzt.[1280]

Inländische **Personenmehrheiten** (etwa eine politische Partei, die einen Aufmarsch oder eine Mahnwache abhält[1281], oder eine Umwelt- oder Tierschutzorganisation, die eine Protestaktion durchführt) können sich nach Maßgabe des Art. 19 III GG auf Art. 8 I GG berufen.[1282] Die Versammlung selbst (oder gar ein Protestcamp) ist indes kein Grundrechtsträger.[1283] Zur Problematik, inwieweit eine inländische juristische Person bzw. Personenmehrheit sich auf Deutschengrundrechte berufen kann, wenn sie von Ausländern beherrscht wird, vgl. *R. Schmidt*, Grundrechte, Rn 64.

VII. Ergebnis zur Herleitung des Versammlungsbegriffs

Unter Zugrundelegung der bisherigen Ausführungen ergibt sich folgende Subsumtionsgrundlage:

1069 **Versammlungen** sind ungehinderte friedliche Zusammenkünfte mehrerer Personen (nach h.M. genügen zwei) zwecks gemeinschaftlicher Erörterung und Kundgebung mit dem Ziel der Teilhabe an der öffentlichen Meinungsbildung.[1284]

Diese Definition hat sich z.B. auch der niedersächsische Gesetzgeber zunutze gemacht, indem er in § 2 des niedersächsischen Versammlungsgesetzes den Begriff der Versammlung definiert: „Eine Versammlung im Sinne dieses Gesetzes ist eine ... Zusammenkunft von

---

[1279] So vertreten etwa von *Gubelt*, in: v. Münch/Kunig, GG, Art. 12 Rn 5; *Scholz*, in: Maunz/Dürig, GG, Art. 12 Rn 97; *Mann*, in: Sachs, GG, Art. 12 Rn 19 f.; *Wieland*, in: Dreier, GG, Art. 12 Rn 72; *Lang*, in: Epping/Hillgruber, GG, Art. 2 Rn 21a; *Jarass*, in: Jarass/Pieroth, Art. 12 Rn 12 f.
[1280] So vertreten vom Verfasser seit der 4. Aufl. 2003.
[1281] Vgl. dazu BVerwG NVwZ 2014, 883 ff.
[1282] BVerwG BayVBl 1999, 632, 633. Auch rechtsradikale Organisationen, die (noch) nicht verboten sind, können sich auf den Schutz der Art. 5 I, 8 I und 9 I GG berufen (vgl. Art. 21 II/IV GG).
[1283] Siehe hierzu BVerwG NJW 2018, 716, 719 ff. (G8-Gipfel in Heiligendamm).
[1284] BVerfG NVwZ 2014, 1453; NJW 2014, 2706, 2707 f.; NVwZ 2011, 422, 423; BVerfGE 104, 92, 104; 123, 226, 250 f. Siehe auch BVerwG NJW 2018, 716, 719.

C. Beschränkungen der Versammlungsfreiheit

Beschränkungen der Versammlungsfreiheit liegen zunächst vor bei Maßnahmen, die das geschützte Verhalten regeln, z.B. **Anmeldungs- und Erlaubnispflichten**. Das geht schon aus der Formulierung des Art. 8 I GG „ohne Anmeldung oder Erlaubnis" hervor. Eindeutige Eingriffe sind auch **Auflagen**, **Verbote** und **Auflösungen** von Versammlungen sowie die sie bestätigenden Gerichtsentscheidungen. Auch die **Behinderung von Anfahrten** und **Personenkontrollen** während der Anreise beeinträchtigen das Grundrecht, da es seine Wirkung bereits im Vorfeld der eigentlichen Versammlung entfaltet; sähe man dies anders, liefe die Versammlungsfreiheit Gefahr, durch staatliche Maßnahmen im Vorfeld der Grundrechtsausübung ausgehöhlt zu werden.[1285] Des Weiteren sind die **Verurteilung** zu einer Strafe (Freiheitsstrafe, Geldstrafe) oder Geldbuße wegen Verstoßes gegen das Versammlungsgesetz sowie die Erhebung von **Gebühren** im Zusammenhang mit der Erteilung von Auflagen (gem. § 15 I VersG) als Eingriffe zu sehen.[1286]

1070

Da es für den Grundrechtsschutz nicht darauf ankommen kann, ob das staatliche Verhalten gezielt oder faktisch erfolgt, wird Art. 8 I GG auch durch faktische Maßnahmen jedenfalls dann beeinträchtigt, wenn diese in ihrer Intensität imperativen Maßnahmen gleichstehen und eine abschreckende (oder einschüchternde) Wirkung entfalten.[1287] So können **staatliche Überwachungsmaßnahmen** (Dokumentation, Videoüberwachung[1288], Fertigung von Lichtbildern[1289]) dazu führen, dass die innere Entschlussfreiheit, an einer Versammlung teilzunehmen oder ihr zu verweilen, beeinträchtigt wird. Ist daher eine Überwachung bzw. Datenerhebung (oder eine andere faktische Maßnahme) geeignet, Versammlungsteilnehmer abzuschrecken oder bei ihnen den Entschluss auszulösen, lieber auf die (weitere) Grundrechtsausübung zu verzichten, ist von einem Eingriff auszugehen.[1290] Das BVerfG hat in seiner Brokdorf-Entscheidung einen Eingriff bejaht bei „exzessiven Observationen und Registrierungen".[1291] Nach heutiger Grundrechtsinterpretation wird man aufgrund der weit reichenden Möglichkeiten, die die moderne elektronische Datenverarbeitung mit sich gebracht hat, aber bei jeglicher (und nicht nur bei exzessiver) Observation von einem Eingriff in Art. 2 I i.V.m. 1 I GG (hier: Recht auf informationelle Selbstbestimmung)[1292] und – bei Vorliegen einer Versammlung i.S.v. Art. 8 I GG – auch in dieses Grundrecht ausgehen müssen.[1293] Folgerichtig nehmen jüngere fachgerichtliche Entscheidungen einen Eingriff in Art. 8 I GG bereits dann an, wenn der Einsatz einer Kameraübertragung oder das Fertigen von Bildern geeignet ist, bei den Versammlungsteilnehmern das Gefühl des Überwachtwerdens mit den damit verbundenen Unsicherheiten und Einschüchterungseffek-

---

[1285] BVerfGE 69, 315, 349 (Brokdorf); 84, 203, 209; BVerwG NJW 2018, 716, 720; VG Lüneburg NVwZ-RR 2005, 248, 249 (Castor-Transport).
[1286] Vgl. etwa BVerfG NVwZ 2014, 1453 (Geldbuße wegen Verstoßes gegen VersG); *Greve/Quast*, NVwZ 2009, 500 ff.
[1287] Vgl. BVerfG NVwZ-RR 2016, 241, 242; OVG Münster K&R 2019, 824, 825.
[1288] Ob es sich bei der Videoüberwachung um eine Übersichts- oder Individualaufnahme handelt, ist bei der Frage nach dem Grundrechtseingriff irrelevant. Wegen möglicher unterschiedlicher Eingriffsintensität kann aber im Rahmen der verfassungsrechtlichen Rechtfertigung zu unterscheiden sein (wie hier *Neskovic/Uhlig*, NVwZ 2014, 1317 f.; nicht differenzierend BerlVerfGH NVwZ-RR 2014, 577); vgl. später auch OVG Koblenz NVwZ-RR 2015, 570.
[1289] OVG Münster K&R 2019, 824.
[1290] BVerfGE 65, 1, 43 (Volkszählung); später auch BVerfG NVwZ-RR 2016, 241, 242; OVG Koblenz NVwZ-RR 2015, 570; OVG Münster K&R 2019, 824, 825.
[1291] BVerfGE 69, 315, 359 (Brokdorf).
[1292] Vgl. bereits die 18. Aufl. 2016; später auch *Roggan*, NJW 2018, 723. Ob sich der Schutz der informationellen Selbstbestimmung jedoch aus Art. 2 I GG i.V.m. Art. 1 I GG oder im Anwendungsbereich des EU-Rechts vorrangig aus Art. 7 und 8 GRC ergibt, hängt von dem abschließenden Charakter des Unionsrechts ab (siehe dazu *R. Schmidt*, Grundrechte, Rn 222 ff.).
[1293] Siehe bereits die 20. Aufl. 2018, Rn 1070; später auch OVG Münster K&R 2019, 824, 825.

ten zu erzeugen[1294], zumal die Teilnehmer auch in Übersichtsaufnahmen in der Regel individualisierbar miterfasst sind[1295]. Das gilt selbstverständlich auch für Überflüge mit **Bundeswehrkampfjets** – und zwar im Hinblick sowohl auf die abschreckende (und verängstigende) Wirkung als auch auf die Fertigung von Übersichtsaufnahmen.[1296] Da durch schlichte Fokussierung und den Einsatz digitaler Techniken Teilnehmer individualisiert werden können, stellt auch die bloße Videobeobachtung einer Versammlung – ohne eine Speicherung der Aufnahmen (sog. **Kamera-Monitoring-Verfahren**) – demnach einen Eingriff in Art. 8 I GG dar.[1297] Generell muss wegen der heutigen technischen Möglichkeiten (Zoom) von der Individualisierbarkeit einzelner Teilnehmer und daher von einem Grundrechtseingriff auch bei bloßer Videobeobachtung ohne Aufzeichnung ausgegangen werden.[1298] Das gilt erst recht hinsichtlich des Einsatzes sog. **Video-Drohnen**[1299], unabhängig davon, ob eine Speicherung der Aufnahmen stattfindet oder ob der Einsatz von den Betroffenen bemerkt wird.[1300]

Schließlich sind – ohne Rücksicht auf deren Rechtsnatur – **Einschließungen** („Einkesselungen") und **einschließende Begleitungen** von Demonstrationen durch Polizeibeamte (sog. „Wanderkessel"), die sich dadurch kennzeichnen, dass einzelne Versammlungsteilnehmer die Versammlung nicht oder nur schwer verlassen bzw. dieser nicht beitreten können[1301], Beschränkungen der Versammlungsfreiheit.

1071 Eine **Beschränkung** der von Art. 8 I GG geschützten Versammlungsfreiheit liegt immer dann vor, wenn eine Versammlung **verboten** oder **aufgelöst** oder die Art und Weise ihrer Durchführung durch staatliche Maßnahmen (Auflagen wie Änderung der Routenführung; Datenerhebung durch Videoüberwachung bzw. Bildaufnahmen etc.) **beschränkt** wird. Das gilt auch in Bezug auf den Vorfeldbereich der Versammlung.

Sollten im Zusammenhang mit einer Versammlung Video- oder Fotokameras eingesetzt bzw. generell Daten erhoben werden, liegt regelmäßig auch ein Eingriff in die Persönlichkeitsrechte der Teilnehmer vor. Ob sich der Schutz der Persönlichkeitsrechte dann aus Art. 2 I GG i.V.m. Art. 1 I GG oder im Anwendungsbereich des EU-Rechts

---

[1294] OVG Münster DVBl 2011, 175 f. (das allerdings „bloße Übersichtsmaßnahmen bei Großdemonstrationen" zwar als Eingriff in das allgemeine Persönlichkeitsrecht, nicht aber in Art. 8 I GG wertet); VG Berlin NVwZ 2010, 1442. Auch das BVerwG sieht das (mittlerweile) so (vgl. BVerwG NJW 2018, 716, 720).
[1295] OVG Münster K&R 2019, 824, 825.
[1296] So explizit BVerwG NJW 2018, 716, 719 (G8-Gipfel in Heiligendamm – mit zust. Bespr. v. *Muckel*, JA 2018, 476). Zudem stellt das BVerwG zutreffend fest, dass die Bundeswehr nicht originär zuständig war. Es verweist auf Art. 87a II GG, wonach die Streitkräfte außer zur Verteidigung nur eingesetzt werden dürfen, wenn das Grundgesetz es ausdrücklich zulässt. Bei den Regelungen, durch welche i.S.d. Art. 87a II GG der Einsatz der Streitkräfte im Grundgesetz außer zur Verteidigung ausdrücklich zugelassen werde, handele es sich um Art. 87a III GG (äußerer Notstand), Art. 87a IV GG (innerer Notstand) sowie Art. 35 II S. 2 GG (regionaler Katastrophennotstand) und Art. 35 III GG (überregionaler Katastrophennotstand). Die Voraussetzungen dieser Regelungen hätten im Fall des Überflugs des Camps Reddelich durch ein Tornado-Kampfflugzeug und die dabei erfolgte Anfertigung von Luftbildaufnahmen durch die Bundeswehr offensichtlich nicht vorgelegen (BVerwG NJW 2018, 716, 722). Allerdings sei der Bundeswehreinsatz lediglich als technische Unterstützungsleistung im Wege der Amtshilfe für die Polizeibehörde anzusehen und damit – trotz des Einsatzes militärischer Mittel – Art. 35 I GG gedeckt (BVerwG NJW 2018, 716, 722). Das ist mit der Rechtsprechung des BVerfG zu § 14 III LuftSiG (Einsatz der Bundeswehr im Inneren, um von Terroristen entführte Passagierflugzeuge abzuschießen – BVerfGE 115, 118, 139 ff.) schwerlich vereinbar. Zwar geht es im vorliegenden Zusammenhang (selbstverständlich) nicht um den „Abschuss von Personen", aber darum, dass keine Ausnahmevorschrift zu Art. 87a II GG greift und die Amtshilfe nach Art. 35 I GG nicht so weit greift, dass die Bundeswehr zu Einschüchterungen der Bevölkerung herangezogen werden kann.
[1297] BVerfGE 122, 342, 368 f.; OVG Koblenz NVwZ-RR 2015, 570; VG Berlin NVwZ 2010, 1442; OVG Münster K&R 2019, 824, 825.
[1298] OVG Koblenz NVwZ-RR 2015, 570; VG Berlin NVwZ 2010, 1442; OVG Münster K&R 2019, 824, 825.
[1299] Hierbei handelt es sich um unbemannte Flugkörper, die mit Foto- oder Videotechnik ausgestattet sind.
[1300] Vgl. dazu ausführlich *Roggan*, NVwZ 2011, 590 ff.
[1301] OVG Bremen NVwZ 1990, 1188, 1189; OVG Hamburg NVwZ 1987, 829, 830. Vgl. auch *Kniesel*, NJW 1996, 2606 ff.; *Brenneisen/Martins*, Polizeiforum 2005, 56 ff.; *Krüger/van der Schoot*, NordÖR 2007, 276 ff. Ob bereits eine „offene" Begleitung (also eine Begleitung, die die Versammlung nicht einschließt und auch einzelne Personen durchlässt) eine Beschränkung der Versammlungsfreiheit darstellt, ist zweifelhaft; dies sollte aber zumindest dann bejaht werden, wenn (potentielle) Teilnehmer abgeschreckt werden, der Versammlung beizutreten.

D. Rechtfertigung von Beschränkungen auf der Grundlage des Versammlungsgesetzes

Liegt eine Versammlung vor, hält das **Versammlungsgesetz**[1302] wichtige Rechtsgrundlagen für Eingriffe in die Versammlungsfreiheit bereit. Dabei entstehen – gerade wegen der Beschränkung des Versammlungsgesetzes auf Abwehr versammlungstypischer Gefahren – regelmäßig Abgrenzungsprobleme zu den Vorschriften des allgemeinen Polizei- und Ordnungsrechts, zumal die Bestimmungen des Versammlungsgesetzes im Rahmen ihres Anwendungsbereichs grds. abschließend sind und den Rückgriff auf das POR ausschließen (zur Sperrwirkung und zur „Polizeifestigkeit der Versammlungsfreiheit" vgl. bereits Rn 1034 f.). Folgende Bestimmungen sind relevant:

1072

- Art. 8 I GG: Grundrecht auf Versammlungsfreiheit (allerdings ist Art. 8 I GG nur ein „Deutschengrundrecht")
- Art. 8 II GG: Gesetzesvorbehalt für Versammlungen unter freiem Himmel
- § 1 VersG: Versammlungsrecht (keine Beschränkung auf Deutsche; hat aber auch nicht die Hochrangigkeit wie Art. 8 I GG)
- §§ 2, 3 VersG: Waffentragungs-, Störungs- und Uniformverbot[1303]
- § 5 VersG: Verbot von öffentlichen Versammlungen in geschlossenen Räumen
- §§ 12a, 19a VersG[1304]: Bild- und Tonaufnahmen durch die Polizei[1305]
- § 13 VersG: Auflösung von öffentlichen Versammlungen in geschlossenen Räumen
- § 14 I VersG: Anmeldepflicht von öffentlichen Versammlungen unter freiem Himmel (spätestens 48 Stunden vor deren Bekanntgabe)
- § 15 I VersG: Verbot von öffentlichen Versammlungen im Freien; Auflagen[1306]
- § 15 II VersG: Verbot von öffentlichen Versammlungen im Freien, die an Gedenkstätten mit historisch herausragender überregionaler Bedeutung für die Opfer der nationalsozialistischen Gewalt- und Willkürherrschaft stattfinden sollen; Auflagen
- § 15 III, IV VersG: Auflösung von öffentlichen Versammlungen im Freien, wenn eine der in § 15 III VersG oder in § 15 I oder II VersG genannten Voraussetzungen erfüllt ist. Relevant ist insbesondere die Auflösung einer nicht angemeldeten (vgl. § 14 I VersG) oder verbotenen (vgl. § 15 I und II VersG) Versammlung oder einer solchen, bei der die Verbotsvoraussetzungen vorlägen (vgl. § 15 I und II VersG).
- § 18 III VersG oder § 19 IV VersG für den Ausschluss einzelner Teilnehmer von der Versammlung
- Vorschriften der Polizeigesetze (betreffend die Identitätsfeststellung, Durchsuchung, Sicherstellung etc.)
- § 163b StPO, wenn es um strafprozessuale Identitätsfeststellung geht[1307]

[1302] Zwar hat die Föderalismusreform 2006 u.a. zum Wegfall der Bundesgesetzgebungskompetenz für das Versammlungsrecht geführt, womit nunmehr die Länder befugt sind, diese Materie auf ihren Territorien zu regeln, und deswegen einige Länder (Bayern, Sachsen, Sachsen-Anhalt, Schleswig-Holstein und Niedersachsen, in Teilen auch Berlin und Brandenburg) auch eigene Landesversammlungsgesetze erlassen haben. Solange aber in den übrigen Ländern wegen Art. 125a I GG noch das Versammlungsgesetz des Bundes gilt, wird – soweit nicht anders gekennzeichnet – dieses der vorliegenden Darstellung zugrunde gelegt (siehe bereits Rn 1034).
[1303] Zum Uniformverbot vgl. aus jüngerer Zeit etwa BGH NJW 2018, 1893 f. („Sharia Police").
[1304] Zur Verfassungsmäßigkeit der §§ 12a, 19 VersG vgl. *Droege*, JuS 2008, 135, 137. Vgl. auch OVG Koblenz NVwZ-RR 2015, 570.
[1305] Das schließt die Anfertigung von (Luft-)Bildaufnahmen durch Einheiten der Bundeswehr aus. Auch ein Einsatz der Bundeswehr im Wege der Amtshilfe (Art. 35 I GG) ist ausgeschlossen, weil die Voraussetzungen des Art. 87a II GG nicht vorliegen (vgl. auch *Droege*, JuS 2008, 135, 139).
[1306] Vgl. dazu BVerfG NVwZ-RR 2010, 625 f. Siehe auch den Fall OVG Bautzen NJW 2018, 2429 (Alkoholverbot).
[1307] Siehe dazu BVerfG NVwZ 2017, 555 f. (erfolglose Verfassungsbeschwerde gegen die Identitätsfeststellung und Freiheitsentziehung im Rahmen einer Versammlung).

1073 Bevor also zu den einzelnen Rechtsgrundlagen des Versammlungsgesetzes Stellung genommen werden kann, müssen die öffentliche Versammlung von der nichtöffentlichen und die Versammlung unter freiem Himmel von der in geschlossenen Räumen unterschieden werden. Denn die **Rechtfertigungsvoraussetzungen** für Beschränkungen der Versammlungsfreiheit **weichen zum Teil sehr stark voneinander ab**:

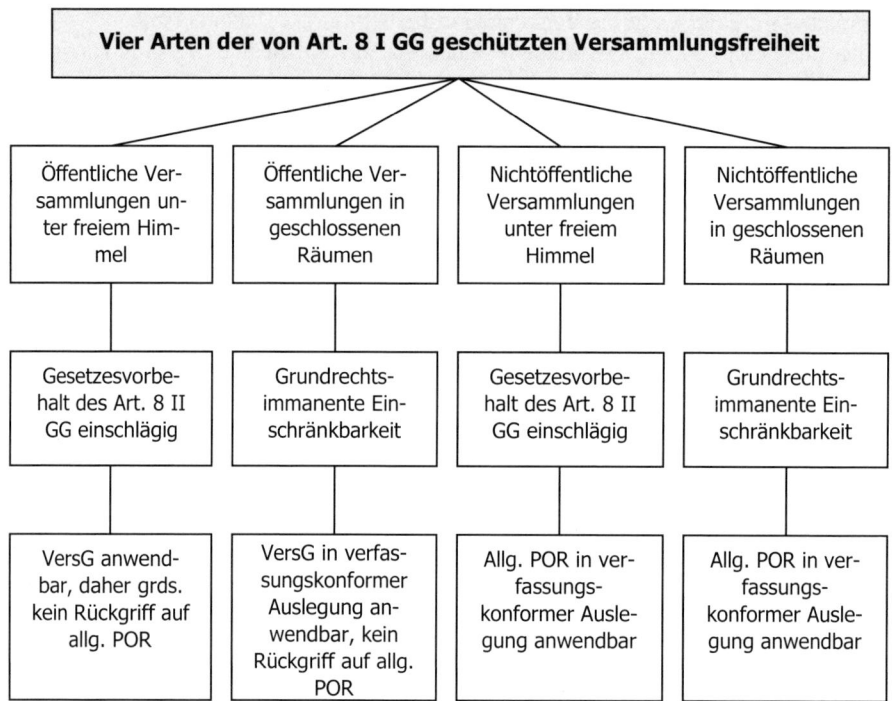

I. Öffentliche Versammlungen

1074 Wie die obigen Ausführungen zeigen, schützt Art. 8 I GG sowohl *öffentliche* als auch *nichtöffentliche* Versammlungen. Das VersG ist demgegenüber gem. § 1 VersG lediglich auf *öffentliche* Versammlungen anwendbar. Nichtöffentliche Versammlungen können demnach genauso wie Veranstaltungen in geschlossenen Räumen (für die wiederum der Gesetzesvorbehalt des Art. 8 II GG nicht gilt) nur durch kollidierendes Verfassungsrecht eingeschränkt werden. Daher ist regelmäßig eine Abgrenzung erforderlich. Bei der Frage, ob im konkreten Fall die Versammlung öffentlich oder nichtöffentlich ist, kommt es jedenfalls nicht darauf an, ob die Versammlung auf öffentlichen Flächen oder auf einem Privatgrundstück stattfindet.[1308] Entscheidend ist allein, ob zu der Versammlung **jedermann Zugang hat**. Ist die Teilnahme nicht auf einen bestimmten Teilnehmerkreis begrenzt, liegt eine *öffentliche* Versammlung vor. Wird dagegen zur Teilnahme geladen und wünscht der Veranstalter über den Kreis der Geladenen hinaus keine weiteren Teilnehmer, ist von einer *nichtöffentlichen* Versammlung auszugehen.[1309]

Beispiele: Mitgliederversammlungen von Verbänden, Gewerkschaften oder Parteien sind demnach *nichtöffentliche* Versammlungen. Gleiches gilt für einen Parteitag mit ent-

---
[1308] *Heckmann*, JuS 2001, 675, 678.
[1309] Vgl. BVerwG NVwZ 1999, 991, 992; OVG Weimar DVBl 1998, 104, 105; *v. Coelln*, NVwZ 2001, 1234, 1235; *Jahn*, JuS 2001, 172, 175; *Führing*, NVwZ 2001, 157, 159; *Heckmann*, JuS 2001, 675, 678; *Hermanns*, JA 2001, 79, 81 f.

sandten Delegierten und geladenen Gästen.[1310] Werden die Einladungen aber kopiert und frei weitergegeben und findet auch keine Zugangskontrolle durch den Veranstalter statt, ist von einer *öffentlichen* Versammlung auszugehen.[1311] Zu den *nichtöffentlichen* Versammlungen vgl. Rn 1123 ff.

Mithin ergibt sich folgende Definition der öffentlichen Versammlung:

> Eine Versammlung ist **öffentlich**, wenn die Teilnahme jedermann offensteht, insbesondere nicht von einer persönlichen Einladung abhängt.

1075

1. Öffentliche Versammlungen unter freiem Himmel

Steht fest, dass es sich bei der betreffenden Versammlung um eine öffentliche Versammlung handelt, ist des Weiteren zu klären, ob es sich bei der Versammlung um eine Versammlung unter **freiem Himmel** oder um eine Versammlung in geschlossenen Räumen handelt, denn der Gesetzesvorbehalt des Art. 8 II GG beschränkt sich – wie bereits erwähnt – auf Versammlungen unter freiem Himmel. Diese Beschränkung des Gesetzesvorbehalts hat den Hintergrund, dass der Grundgesetzgeber offenbar bei Versammlungen in geschlossenen Räumen ein weniger großes Gefahrenpotential erblickt als bei Versammlungen unter freiem Himmel.[1312] Daher dürfte es für die Abgrenzung weniger darauf ankommen, ob der Raum überdacht ist, sondern vielmehr darauf, ob Versammlungsteilnehmer unter sich und von der Allgemeinheit abgeschirmt sind, sodass Konflikte, die eine gesetzliche Regelung erfordern, weniger vorgezeichnet sind.[1313]

1076

> **Beispiel:** Daher handelt es sich bei einer Versammlung in einem Flughafen auch dann um eine Versammlung „unter freiem Himmel", wenn sie hauptsächlich im Innern des Flughafens stattfindet und damit überdacht und seitlich begrenzt ist, solange sie sich nur inmitten des allgemeinen Flughafenpublikums befindet, an das sich die kollektive Meinungskundgabe richtet. Denn in einem solchen Fall besteht im Aufeinandertreffen der Versammlungsteilnehmer mit Dritten ein höheres, weniger beherrschbares Gefahrenpotential.[1314]

a. Grundrechtsschutz unter dem Gesetzesvorbehalt des Art. 8 II GG

aa. Das Versammlungsgesetz als spezialgesetzliche Regelungsmaterie

Gemäß dem Gesetzesvorbehalt des Art. 8 II GG können Versammlungen unter **freiem Himmel** durch oder aufgrund eines Gesetzes eingeschränkt werden. Aufgrund der Bedeutung der Versammlungsfreiheit und des Parlamentsvorbehalts ist jedenfalls für einen gezielten Eingriff in den Schutzbereich des Art. 8 I GG ein förmliches Gesetz zu fordern. Der Bundesgesetzgeber ist diesem Erfordernis v.a. durch den Erlass des **Versammlungsgesetzes** (zur Föderalismusreform 2006 siehe bereits Rn 1034) und des Gesetzes über **befriedete Bezirke für Verfassungsorgane** des Bundes (BefBezG), welches das ehemalige Bannmeilengesetz des Bundes ersetzt hat (dazu später), nachgekommen. Als Eingriffsgrundlage können ferner das Straßenverkehrsrecht und das Straßenrecht dienen. Auf Landesebene kommen **Versammlungsgesetze**, Bannmeilengesetze, **Sonn- und Feiertagsgesetze** (und deren konkretisierende Rechtsver-

1077

[1310] BVerwG NVwZ 1999, 991, 992; OVG Weimar NVwZ-RR 1998, 498 f.; *Kniesel*, NJW 2000, 2857, 2862; *Jahn*, JuS 2001, 172, 174 f.
[1311] OVG Weimar NVwZ-RR 1999, 499.
[1312] *Leibholz/v. Mangoldt*, Jahrbuch des öffentlichen Rechts der Gegenwart, Neue Folge Bd. 1, 1951, S. 114. Vgl. auch BVerfGE 128, 226, 255 f. (Frankfurter Flughafen).
[1313] BVerfGE 128, 226, 255 f. (Frankfurter Flughafen).
[1314] BVerfGE 128, 226, 256 (Frankfurter Flughafen).

ordnungen)[1315], Straßen- und Wegegesetze sowie (subsidiär) die allgemeinen Polizei- und Ordnungsgesetze in Betracht.

Im Anwendungsbereich der beschränkenden Bestimmungen des Versammlungsgesetzes (bzw. des Landesversammlungsgesetzes) ist ein Rückgriff insbesondere auf das allgemeine Polizei- und Ordnungsrecht grds. ausgeschlossen, denn wegen der Beschränkung des Versammlungsgesetzes (bzw. des Landesversammlungsgesetzes) auf Abwehr versammlungstypischer Gefahren gehen die speziellen Regelungen gerade dem allgemeinen Polizei- und Ordnungsrecht vor („**Polizeifestigkeit der Versammlungsfreiheit**").[1316] Zweck des Versammlungsgesetzes (bzw. des Landesversammlungsgesetzes) ist es, versammlungstypische Gefahren abzuwehren (daher wird das Versammlungsrecht auch als Teilbereich des Besonderen Gefahrenabwehrrechts bezeichnet); es soll aber auch einen Ausgleich i.S. einer praktischen Konkordanz schaffen zwischen dem Grundrechtsschutz aus Art. 8 I GG einerseits und den kollidierenden Verfassungsgütern Dritter (insbesondere Leben und körperliche Unversehrtheit) bzw. der Allgemeinheit andererseits. Die grundsätzliche Sperrwirkung gilt daher nicht nur gegenüber dem allgemeinen Polizei- und Ordnungsrecht, sondern – sollte die Versammlung auf einer öffentlichen Straße stattfinden – auch gegenüber dem Straßenrecht. Maßnahmen auf der Grundlage des allgemeinen Polizei- und Ordnungsrechts oder des Straßenrechts können grds. also erst dann getroffen werden, wenn der Schutz aus Art. 8 I GG nicht mehr besteht, etwa, weil die Versammlung insgesamt beendet, d.h. aufgelöst wurde, wenn Einzelne von der Versammlung ausgeschlossen wurden oder wenn es um die Abwehr von nicht versammlungsspezifischen Gefahren geht[1317]. Siehe dazu Rn 1035 ff. und später Rn 1102 ff. Gleichwohl kann es in bestimmten Fällen (etwa im Vorfeld einer Versammlung oder wenn mildere Maßnahmen getroffen werden sollen als die im Versammlungsgesetz genannten) erforderlich sein, auf das POR zurückzugreifen. Die damit verbundenen Probleme sollen im Folgenden erläutert werden.

Nicht durch das VersG gesperrt wird die Befugnis der Polizei, im Rahmen der ihr obliegenden Aufgabe der **Strafverfolgung** (§ 163 I S. 1 StPO) gegen Versammlungsteilnehmer vorzugehen. So ist es z.B. möglich, Versammlungsteilnehmer gem. §§ 127, 164 StPO vorläufig festzunehmen, gem. § 163b StPO deren Identität festzustellen oder gem. § 102 StPO zu durchsuchen.[1318] Denn der Lex-specialis-Grundsatz gilt nur innerhalb eines Rechtsgebiets (hier: des Gefahrenabwehrrechts), nicht zwischen verschiedenen Rechtsgebieten (hier: dem Gefahrenabwehrrecht und der Strafverfolgung).[1319] Jedoch darf das Strafprozessrecht nicht dazu führen, dass „über die Hintertür" die Ver-

---

[1315] Oft heißt es dort (sinngemäß): *An Sonntagen und an gesetzlichen Feiertagen sind in der Zeit von 6 Uhr bis 12 Uhr öffentliche Versammlungen unter freiem Himmel verboten, soweit es sich nicht um Gottesdienste, andere religiöse Veranstaltungen oder Feierstunden von Weltanschauungsgemeinschaften handelt* (vgl. etwa § 3 I Nr. 1 HmbFeiertagsschutzVO). Derartige pauschale Verbote, die offenbar dem Schutz der ungestörten Religionsausübung dienen, sind mit Art. 8 I GG jedenfalls dann kaum vereinbar, wenn sie auch solche Versammlungen verbieten, die dem Zweck des Sonn- oder Feiertags nicht entgegenstehen (wie hier auch OVG Koblenz NVwZ-RR 2013, 641 f.). Um eine von vornherein anzunehmende Verfassungswidrigkeit zu vermeiden, haben die Landesgesetzgeber immerhin die Möglichkeit einer Ausnahmebewilligung zugelassen. Danach können *aus wichtigem Grund Ausnahmen vom gesetzlichen Verbot zugelassen werden* (vgl. etwa § 5 HmbFeiertagsschutzVO). Das wird man insb. dann annehmen müssen, wenn die Versammlung (etwa eine Mahnwache eines Tierschutzvereins vor einem Reitturnier oder einer Zirkusveranstaltung) in keiner Weise in Beziehung zu einer religiösen Veranstaltung steht und diese daher auch nicht stören kann. Vgl. dazu BVerfG NVwZ 2003, 601 f.; NVwZ 2007, 574; OVG Koblenz NVwZ-RR 2013, 641 f; VG Neustadt LKRZ 2012, 473; *Arndt/Droege*, NVwZ 2003, 906 ff. Fehlt eine gesetzliche Ausnahmebestimmung, ist die Regelung insoweit verfassungswidrig (vgl. BVerfG NVwZ 2017, 461, 468 ff.: „Befreiungsfestigkeit" des Karfreitags).
[1316] BVerfG NVwZ 2005, 80, 81; VGH Mannheim VBlBW 2008, 60-62. Der Begriff der „Polizeifestigkeit" der Versammlungsfreiheit geht zurück auf *Anschütz*, Die Verfassung des Deutschen Reiches vom 11. August 1919, 14. Aufl. 1933, vor Art. 109 Anm. 7 (S. 519), siehe *Muckel*, JA 2017, 314, 315.
[1317] BVerwGE 82, 34, 38; 129, 142, 147; BVerwG NVwZ 2019, 1281; OVG Münster K&R 2019, 824, 825.
[1318] Siehe etwa BVerfG 2.11.2016 – 1 BvR 289/15.
[1319] Siehe sämtliche Vorauflagen; wie hier nun auch *Gröpl/Leinenbach*, JA 2018, 8, 13.

sammlungsfreiheit eingeschränkt wird, wo dies sonst weder nach Versammlungsrecht noch nach POR möglich wäre.[1320]

bb. Anmeldepflicht nach § 14 I VersG; Spontan-/Eilversammlungen

§ 14 I VersG verpflichtet den Veranstalter bzw. Leiter einer öffentlichen Versammlung unter freiem Himmel, die Versammlung zumindest 48 Stunden vor ihrer Bekanntgabe (Ankündigung) **anzumelden**. Die Anmeldung ist kein Antrag auf Genehmigung der Versammlung, denn Versammlungen stehen wegen des klaren Wortlauts des Art. 8 I GG („Recht, ... ohne Anmeldung oder Erlaubnis...") nicht unter Genehmigungsvorbehalt.

1078

Die von Art. 8 I GG garantierte Genehmigungsfreiheit schlägt auf andere Gebiete, für die an sich eine Genehmigungspflicht besteht, durch mit der Folge, dass auch eine diesbezügliche Genehmigung nicht eingeholt werden muss.

1079

> **Beispiel:** Ist eine öffentliche Straße zum kommunikativen Verkehr gewidmet, stellt sich die Frage nach einer Erlaubnis von vornherein nicht. Die Benutzung ist im Rahmen der Widmung erlaubnisfrei („zulassungsfreier Gemeingebrauch" in Form eines „kommunikativen Gemeingebrauchs"[1321]). Soll eine Versammlung aber auf einer öffentlichen Straße stattfinden, die gemäß ihrer Widmung ausschließlich Verkehrszwecken dient, wäre aus straßenrechtlicher Sicht eine Sondernutzungserlaubnis erforderlich, weil die beabsichtigte Straßennutzung über den Widmungszweck hinausgeht. Auf der anderen Seite garantiert Art. 8 I GG, dass eine Versammlung keiner Anmeldepflicht unterliegt. Daher wird die straßenrechtliche Erlaubnispflicht von der versammlungsrechtlichen Zulassungsfreiheit überlagert. Die Wertung des Art. 8 I GG führt dazu, dass ein (zulassungsfreier) Gemeingebrauch bzw. eine schlichte Ausübung des Versammlungsgrundrechts, keinesfalls aber eine (zulassungspflichtige) Sondernutzung vorliegt.[1322] Nähme man das Gegenteil an, führte dies dazu, dass eine gem. Art. 8 I GG nicht genehmigungspflichtige Versammlung beantragt werden müsste, auch wenn bei der Genehmigung Art. 8 I GG das Ermessen der Behörde dahingehend reduzierte, dass faktisch ein Zulassungsanspruch bestünde, sofern nicht höherrangige Interessen berührt würden.
>
> Bei Versammlungen in Fußgängerzonen greift die Genehmigungsfreiheit noch eindeutiger. Denn Fußgängerzonen dienen gemäß ihrer Widmung gerade dem kommunikativen Gemeingebrauch, sodass nach den landesstraßenrechtlichen Vorschriften eine Genehmigungspflicht schon deshalb nicht besteht. Soll also eine Versammlung (eine Demonstration) in einer Fußgängerzone stattfinden, handelt es sich um einen zulassungsfreien Gemeingebrauch, sodass der Veranstalter bzw. Leiter keiner straßenrechtlichen Erlaubnis bedarf. Darauf, dass die Versammlung ohnehin wegen Art. 8 I GG zulassungsfrei wäre, kommt es nicht an.
>
> Unbeschadet der beiden genannten Fallgruppen gilt aber, dass die Versammlungsteilnehmer kein Recht haben, sich schlechthin und uneingeschränkt über die Rechte anderer Verkehrsteilnehmer in jeder Situation hinwegzusetzen. Das „Vorrecht" ist im Sinne einer praktischen Konkordanz zwischen dem Grundrecht der Versammlungsfreiheit und den widerstreitenden Rechten anderer bzw. der Allgemeinheit beschränkt.[1323] Zu diesem Zweck sind Auflagen bei der Streckenführung ein angemessenes Mittel (vgl. Rn 1091 f.).

Die Anmeldepflicht ist eine Obliegenheit. Ihr Zweck ist es, im Interesse aller Beteiligten einen reibungslosen Ablauf der Versammlung zu gewährleisten[1324], was insbesondere

1080

[1320] Siehe dazu BVerfG NVwZ 2017, 555 (erfolglose Verfassungsbeschwerde gegen die Identitätsfeststellung und Freiheitsentziehung im Rahmen einer Versammlung).
[1321] Vgl. dazu BVerfGE 73, 206, 249.
[1322] Vgl. auch hierzu BVerfGE 73, 206, 249; VGH Kassel NJW 1988, 2125.
[1323] BVerfG Die Polizei 2006, 105; OVG Bautzen SächsVBl 2002, 216; *Götz/Geis*, POR, § 17 Rn 15.
[1324] BVerfGE 69, 315, 350; 85, 69, 74.

unter Berücksichtigung der üblichen Straßenverkehrsverhältnisse letztlich unverzichtbar ist.[1325] Da – wie aufgezeigt – Art. 8 I GG jedoch ausdrücklich das Recht verleiht, sich ohne Anmeldung oder Erlaubnis zu versammeln, ist § 14 I VersG, der zwar nicht von Genehmigungspflicht, aber immerhin von Anmeldepflicht spricht, verfassungsrechtlich bedenklich, jedenfalls in Bezug auf Spontan- und Eilversammlungen.

1081 **Spontanversammlungen** sind Versammlungen, die nicht geplant waren und bei denen keine Veranstalter vorhanden sind, sondern die sich „aus dem Augenblick heraus" entwickeln.[1326]

Beispiel: Überraschend wird ein Angeklagter freigesprochen. Aus Protest gegen das Urteil versammeln sich spontan Zuschauer vor dem Gerichtsgebäude und demonstrieren gegen die Gerichtsentscheidung. Die Behörde sieht darin einen Verstoß gegen die Anmeldungspflicht nach **§ 14 I VersG** und löst die Versammlung gem. **§ 15 III VersG** auf.

Zwar lässt Art. 8 II GG Einschränkungen von öffentlichen Versammlungen unter freiem Himmel zu, allerdings bestünde ein klarer Bruch mit dem Wortlaut des Art. 8 I GG, der ausdrücklich das Recht verleiht, sich ohne Anmeldung oder Erlaubnis zu versammeln. Zudem bestünde in Fällen der vorliegenden Art, in denen es von vornherein praktisch unmöglich ist, den Anforderungen des § 14 VersG gerecht zu werden, die Gefahr einer Entwertung bzw. Aushöhlung des Art. 8 I GG, wollte man § 14 I VersG uneingeschränkt Geltung verleihen. Das BVerfG hat dies erkannt und nimmt seit seiner Brokdorf-Entscheidung **Spontanversammlungen** von der Anmeldepflicht aus, soweit der mit der Spontanversammlung verfolgte Zweck bei Einhaltung der Anmeldepflicht nicht erreicht werden könnte.[1327] Rechtstechnisch nimmt das BVerfG also eine verfassungskonforme Auslegung des § 14 VersG (und des § 15 III VersG) vor.

Im vorliegenden Fall wäre der Zweck der Demonstration vereitelt, wenn die Anmeldepflicht nach § 14 I VersG gelten würde. Daher können sich die Demonstranten auch ohne Anmeldung auf Art. 8 I GG berufen. § 14 I VersG ist – trotz des Gesetzesvorbehalts des Art. 8 II GG – nicht anwendbar. Auch § 15 III VersG ist verfassungskonform dahingehend auszulegen, dass eine Auflösung allein wegen nicht erfolgter Anmeldung ausscheidet.[1328] Denn würde man eine Auflösung zulassen, wäre der Zweck der Spontanversammlung in gleicher Weise gefährdet. Folgerichtig ist auch die Strafnorm des § 26 Nr. 2 VersG nicht anwendbar: Zum einen dürfte es bei einer Spontanversammlung kaum einen Veranstalter geben, der strafrechtlich zur Verantwortung gezogen werden könnte, und zum anderen würde man das soeben gefundene Ergebnis konterkarieren, sanktionierte man die nicht aufzulösende Spontanversammlung mit Mitteln des Strafrechts.

1082 **Eilversammlungen** sind Versammlungen, die im Unterschied zu Spontanversammlungen zwar geplant sind und Veranstalter haben, aber ohne Gefährdung des Versammlungszwecks nicht unter Einhaltung der Frist des § 14 VersG (48 Stunden) angemeldet werden können.

Beispiel[1329]**:** Die Einreise eines Staatsoberhaupts eines totalitären Staates wird erst 24 Stunden vorher bekannt gegeben.

[1325] *Hermanns*, JA 2001, 79, 82.
[1326] Vgl. BVerfG NVwZ 2005, 80 f. Auch sog. Flashmobs, bei denen sich Menschen spontan über das Internet an einem bestimmten Ort verabreden (Rn 1047), sind Spontanversammlungen, wenn die übrigen Voraussetzungen, die an eine Versammlung gestellt werden, erfüllt sind.
[1327] Vgl. BVerfGE 69, 315, 349 f.; 85, 69, 75; BVerfG NVwZ 2005, 80, 81. Geht man von der Verfassungsmäßigkeit der Vorschrift aus, ist es dadurch, dass auch Spontanversammlungen unter den Versammlungsbegriff fallen, möglich, dass auch Teilnehmer der Loveparade den Schutz des Art. 8 I GG genießen, wenn sie sich plötzlich zu politischen Fragen äußern.
[1328] Vgl. BVerfGE 69, 315, 350.
[1329] Vgl. *Kahl*, JuS 2000, 1090, 1093.

Würde man strikt auf der Einhaltung der Anmeldungsfrist beharren, hätte dies zur Folge, dass Eilversammlungen von vornherein unzulässig wären. Im Unterschied zu den Spontanversammlungen ist bei den Eilversammlungen aber nicht die Anmeldung überhaupt, sondern lediglich die Fristwahrung unmöglich. Daher ist § 14 VersG bezüglich Eilversammlungen zwar anwendbar, jedoch in verfassungskonformer Weise so auszulegen, dass Eilversammlungen anzumelden sind, sobald dies möglich ist. Das wird spätestens mit dem Beschluss, die Versammlung durchzuführen, der Fall sein.[1330]

Im vorliegenden Fall hat also eine Anmeldung gem. § 14 VersG zu erfolgen, und zwar mit dem Beschluss, die Versammlung durchzuführen.

Fazit: Der **Schutz des Art. 8 I GG** besteht auch dann, wenn eine Versammlung entgegen § 14 I VersG **nicht angemeldet** wurde. Denn die Eröffnung des Schutzbereichs kann nicht von einer erfolgten Anmeldung abhängen. Liegt eine Spontanversammlung vor, besteht regelmäßig auch keine Möglichkeit, die Versammlung gem. § 15 III GG allein wegen der nicht erfolgten Anmeldung aufzulösen. Aber auch wenn eine Versammlung nicht als Spontanversammlung zu bewerten und daher anzumelden ist, ist bei einem Verstoß gegen die Anmeldungspflicht der Schutzbereich des Art. 8 I GG eröffnet. Freilich eine andere Frage ist es, ob *in diesem Fall* eine Auflösung der Versammlung nach § 15 III VersG in Betracht kommt. Die Entscheidung steht zwar im Ermessen der Behörde (§ 15 III VersG: „kann"), wegen der Bedeutung des Grundrechts der Versammlungsfreiheit ist aber eine restriktive Handhabung erforderlich. I.d.R. ist daher von einer Auflösung abzusehen (verfassungskonforme Auslegung des § 15 III VersG). Sollte ausnahmsweise dennoch eine Auflösung rechtmäßig sein, hat dies zur Folge, dass die Versammlung nicht mehr besteht. Das VersG kann in diesem Fall keine Sperrwirkung gegenüber dem allgemeinen POR mehr entfalten, sodass Folgemaßnahmen (Platzverweis, Ingewahrsamnahme etc.) nach dem Polizeigesetz getroffen werden können.

1083

cc. Formelle Rechtmäßigkeit versammlungsrechtlicher Maßnahmen

Wegen Art. 83 GG richtet sich die **Zuständigkeit** für die Ausführung des VersG nach Landesrecht. Für die Erteilung von Verboten und Auflagen nach § 15 I VersG liegt die Zuständigkeit bspw. in Berlin und Hamburg beim Polizeipräsidenten, in Bremen beim Stadtamt, in Hamburg, Brandenburg und Niedersachsen bei den Polizeipräsidien, in Nordrhein-Westfalen bei den Kreispolizeibehörden und in Sachsen-Anhalt bei den Polizeidirektionen. Im Übrigen liegt die Zuständigkeit bei den Sonderordnungsbehörden („Versammlungsbehörden"), wie etwa in Bayern, Baden-Württemberg, Saarland und Sachsen. Im Hinblick auf die Vollzugsaufgaben der Polizei und deren Kapazitäten können die Versammlungsbehörden ihre Aufgaben nach pflichtgemäßem Ermessen nur in Abstimmung mit der Polizei sachgerecht erfüllen. Ist die Versammlung im Gang (oder befinden sich die Versammlungsteilnehmer auf der Anreise zum Versammlungsort), greift i.d.R. die Eilfallkompetenz der Vollzugspolizei oder es besteht eine originäre Zuständigkeit der Vollzugspolizei etwa nach §§ 12a, 13, 18 III oder 19 IV VersG. Typische **Aufgaben** der Vollzugspolizei sind der Schutz der Versammlung vor Störungen durch Dritte, die Sicherung der Durchführung der Versammlung durch Regelung des Verkehrs (was insb. bei sich fortbewegenden Demonstrationen sog. „Aufzügen" unerlässlich ist) sowie die Unterbindung und Sanktionierung von Straftaten und Ausschreitungen.

1084

Mit der Anmeldung der Versammlung wird ein Verwaltungsverfahren (§§ 9 ff. VwVfG) eingeleitet. Trifft sodann die Versammlungsbehörde grundrechtsbeeinträchtigende Maßnahmen (etwa, indem sie gem. § 15 I VersG eine Auflage erteilt[1331]), muss sie in

1085

[1330] So die h.M., vgl. nur BVerfGE 85, 69, 75; *Kahl*, JuS 2000, 1090, 1093; *Hermanns*, JA 2001, 79, 83; a.A. BVerfGE 85, 69, 77 f. (abw. Meinung); *Höfling*, in: Sachs, GG, Art. 8 Rn 58 f.
[1331] Siehe bspw. OVG Bautzen NJW 2018, 2429 (Alkoholverbot).

verfahrensrechtlicher Sicht insbesondere den Veranstalter zuvor gem. § 28 I VwVfG **anhören**. Das hohe Schutzgut des Art. 8 I GG ist bei der Entscheidung besonders zu berücksichtigen und zwingt im Zweifel zum Absehen von grundrechtsbeeinträchtigenden Maßnahmen[1332] oder zumindest zu großer Zurückhaltung und zur Wahl von weniger einschneidenden Maßnahmen (Beispiele: Routenänderung statt Verbot; zeitliche Begrenzung statt Verbot).

1086 Für die Polizei im Rahmen ihrer **Eilfallkompetenz** greift oft die Entbehrlichkeitsvorschrift des § 28 II Nr. 1 VwVfG.

dd. Materielle Rechtmäßigkeit versammlungsrechtlicher Maßnahmen
a.) Maßnahmen im Vorfeld einer Versammlung
aa.) Verbote und Auflagen nach § 15 I VersG

1087 Kommen (wie im Regelfall) die Befugnisnormen des VersG in Betracht, ist v.a. § 15 I VersG relevant.[1333] Diese Vorschrift ordnet auf ihrer Rechtsfolgeseite ein **Verbot** oder **Auflagen** an.

- Unter dem **Verbot** einer Versammlung gem. § 15 I VersG versteht man die Untersagung einer konkret geplanten Versammlung mit dem Ziel, ihre Durchführung zu verhindern. Das Verbot kann nur vor Beginn der Versammlung (also auch noch in der Sammelphase) ausgesprochen werden. Danach kann eine Versammlung nur noch (gem. § 15 II VersG) aufgelöst werden.

  Beispiel[1334]: Der Vorstand von V, ein eingetragener Verein, meldete für den 23.2.2020 eine Fackel-Mahnwache an, mit der an die Opfer des Luftangriffs auf Pforzheim am 23.2.1945 erinnert werden soll. Mit Bescheid vom 21.2.2020 verbot die Stadt Pforzheim die Mahnwache. Sie führte zur Begründung im Wesentlichen aus, der Veranstalter werde als rechtsextremistisch eingestuft. Die allgemeine Gefährdungslage in der Bundesrepublik Deutschland sei aufgrund schwerer fremdenfeindlicher Taten – der Tötung des Kasseler Regierungspräsidenten Walter Lübcke im Juni 2019 und der Ereignisse am 9.10.2019 in Halle und am 19.2.2020 in Hanau – hoch. Zur Lösung siehe Rn 1088.

- Unter **Auflagen** i.S.d. § 15 I VersG sind keine Auflagen i.S.e. Nebenbestimmung zu einem Verwaltungsakt (vgl. § 36 II Nr. 4 VwVfG) gemeint, da kein Grundverwaltungsakt existiert, der mit einer Nebenbestimmung versehen werden könnte. Bei den Auflagen i.S.d. § 15 I VersG handelt es sich vielmehr um eigenständige, in das Grundrecht der Versammlungsfreiheit eingreifende Verwaltungsakte[1335], die die Art und Weise der Versammlungsdurchführung (also das „Wie") betreffen. Treffender wäre es daher, statt des Begriffs Auflage etwa den Begriff **beschränkende Verfügung**[1336] zu verwenden. Auflagen in diesem Sinne sind etwa Verbote, Trommeln oder Fanfaren zum Einsatz zu bringen oder bestimmte Fahnen zu tragen (vgl. Rn 1109). Auch Beschränkungen der Ortswahl bzw. Vorgaben bei der Streckenführung eines Demonstrationszuges sind ebenso Auflagen i.S.d. § 15 I VersG wie eine zeitliche Verlegung der Veranstaltung[1337]. Eine Auflage i.S.d. § 15 I VersG liegt auch vor bei einer Anordnung, dass die Teilnehmer der Versammlung vor Beginn der Veranstaltung polizeilich durchsucht würden.[1338] Auch kann die Verfügung eines Alkoholverbots genügen, die Gefahr abzuwehren und so von

---

[1332] BVerfGE 69, 315, 355.
[1333] Vgl. dazu auch die bei Rn 1096 ff. geäußerte Kritik an der Novellierung des VersG.
[1334] Nach VGH Mannheim 22.2.2020 – 1 S 560/20.
[1335] Allgemeine Auffassung, vgl. nur BVerfG NVwZ 2008, 671, 672 und später auch BVerwG NVwZ 2014, 883, 884 f.; *Enzensperger*, NVwZ 2014, 886, 887.
[1336] *Kniesel/Poscher*, in: Lisken/Denninger, K Rn 349.
[1337] BVerwG NVwZ 2014, 883, 884 (Verlegung einer für den „Holocaust-Gedenktag" angemeldeten Versammlung der NPD auf den Folgetag).
[1338] Vgl. dazu BVerfG NVwZ-RR 2010, 625, 626 f.

einem Versammlungsverbot abzusehen.[1339] Eine Auflage liegt aber dann nicht mehr vor, wenn die Wirkung der Regelung einem Verbot gleichkommt, was insbesondere anzunehmen ist, wenn der Zweck oder das Ziel der Versammlung vereitelt wird.[1340] Bei einer zeitlichen Verlegung ist das der Fall, wenn eine untrennbare Verbindung zwischen dem Versammlungsthema und dem vorgesehenen Termin besteht. Dann stellt die Verschiebung ein Verbot dar.

Beispiel[1341]**:** Macht die Durchführung einer für den Holocaust-Gedenktag angemeldeten, aber von der Behörde auf den Folgetag verlegten Demonstration für die Versammlungsteilnehmer keinen Sinn mehr, stellt die Verschiebung keine Auflage, sondern ein Verbot dar. Bei der Frage, ob in der Verschiebung eine Ziel- oder Zweckvereitelung zu sehen ist mit der Folge, dass ein Verbot und keine Auflage vorliegt, ist das Versammlungsthema darauf hin zu untersuchen, ob es in untrennbarem Zusammenhang mit dem Holocaust-Gedenktag steht.[1342] Geht es also gerade um das Gedenken des Holocaust, ist eine zeitliche Verlegung auf den nächsten Tag als Verbot i.S.d. § 15 I VersG zu qualifizieren.

Gegenbeispiel: Steht das Thema der Versammlung aber in keinem (untrennbaren) Zusammenhang mit einem bestimmten Zeitpunkt, Datum bzw. Kalendertag (etwa bei einer am Holocaust-Gedenktag angemeldeten Versammlung, bei der es um die Anprangerung der Finanzkrise bzw. um wirtschaftspolitische Aspekte geht), ist eine zeitliche Verlegung auf den nächsten Tag als Auflage i.S.d. § 15 I VersG zu qualifizieren.

Anm.: Wie noch aufzuzeigen sein wird, ist eine Einstufung als Verbot oder Auflage mitunter ergebnisrelevant, da eine Auflage das mildere Mittel darstellt und daher eher zu rechtfertigen sein wird als ein Verbot.

Tatbestandlich setzt § 15 I VersG eine „**unmittelbare Gefährdung der öffentlichen Sicherheit oder Ordnung**" voraus.

1088

Die **öffentliche Sicherheit** umfasst die Unverletzlichkeit der Rechtsordnung, die Unverletzlichkeit der subjektiven Rechte und Rechtsgüter des Einzelnen sowie den Bestand des Staates und der Einrichtungen und Veranstaltungen des Staates oder sonstiger Träger der Hoheitsgewalt.[1343]

Aufgrund der gleichlautenden Merkmale der entsprechenden Tatbestände aus dem POR und des gleichen Schutzzwecks (hier wie dort geht es um Gefahrenabwehr) könnte man annehmen, die Merkmale einheitlich auszulegen. Da es bei § 15 I VersG aber um eine Beschränkung der verfassungsrechtlich garantierten Versammlungsfreiheit geht, ist bei der Auslegung des § 15 I VersG stets die **grundlegende Bedeutung des Art. 8 I GG** (ggf. i.V.m. Art. 5 I GG) zu beachten. Das führt bei der Frage nach der **Verfassungsmäßigkeit des § 15 I VersG bzw. eines Verbots** nach der vom BVerfG mehrfach bestätigten[1344] Kernaussage seines Brokdorf-Beschlusses[1345] dazu, dass

- § 15 I VersG nur dann mit Art. 8 I GG (ggf. i.V.m. Art. 5 I GG) vereinbar ist, wenn die Tatbestandsmerkmale (v.a. die Konkretheit der Gefahr) **restriktiv ausgelegt** werden (verfassungskonforme Auslegung),

---

[1339] OVG Bautzen NJW 2018, 2429.
[1340] Vgl. etwa BVerfG NJW 2001, 1409, 1410; OVG Koblenz DVBl 2013, 390, 391; *Kingreen/Poscher*, POR, § 21 Rn 27; *Schenke*, POR, Rn 373; *Gusy*, POR, Rn 426.
[1341] BVerwG NVwZ 2014, 883 ff.
[1342] BVerwG NVwZ 2014, 883, 884 f.; *Enzensperger*, NVwZ 2014, 886, 887.
[1343] Vgl. die (übertragbare) Legaldefinitionen bspw. in § 2 Nr. 2 BremPolG (allerdings ohne den „Bestand des Staates", was jedoch unschädlich ist, sofern man die „Einrichtungen und Veranstaltungen des Staates" dementsprechend weit auslegt), in § 3 Nr. 1 SachsAnhSOG und in § 54 ThürOBG. Zu den Begriffen „Gefahr" und „öffentliche Sicherheit oder Ordnung" i.S.d. POR vgl. i.Ü. Rn 629 ff.
[1344] BVerfG NVwZ 2008, 671, 672; NJW 2010, 141, 142 f.; BVerwG NVwZ 2014, 883, 884 f.
[1345] BVerfGE 69, 315, 343 ff.

- im Rahmen der gebotenen verfassungskonformen Auslegung des § 15 I VersG das Erfordernis einer **„unmittelbaren Gefährdung"** eine Gefahrenprognose voraussetzt, die auf **konkreten und nachvollziehbaren Tatsachen** (und nicht nur auf Verdachtsmomenten oder bloßen Vermutungen) beruht[1346]; zudem muss die daraus resultierende **Schadenswahrscheinlichkeit so hoch** sein, dass ein **(erheblicher) Schaden** jederzeit eintreten kann und daher ein späteres Einschreiten zur Abwehr der Gefahr nicht ausreicht,

  Beispiel: So war im Beispiel von Rn 1087 zum Versammlungsverbot nach Auffassung des VGH Mannheim die Verbotsverfügung bereits deshalb rechtswidrig, weil es an der Darlegung konkreter Gefahren für die öffentliche Sicherheit gefehlt habe. Allein aus dem Vorbringen, dass der 23.2.2020 in Pforzheim ein emotionaler und konfliktträchtiger Gedenktag sei und daher die Gefahr bestehe, dass genau dieser Jahrestag genutzt werde, um in Pforzheim ein Zeichen der Gewalt zu setzen, lasse sich nicht die von § 15 I VersG geforderte konkrete Gefährdung entnehmen. Die Ausführungen der Behörde gingen nicht über bloße Vermutungen hinaus; insbesondere sei nicht dargelegt worden, ob besondere, beispielsweise provokative oder aggressive Begleitumstände hinzuträten, die einen Einschüchterungseffekt sowie ein Klima der Gewaltdemonstration und potentieller Gewaltbereitschaft erzeugten. Dass die Teilnehmer Fackeln als typische Symbole der Darstellung nationalsozialistischer Machtausübung in aggressiv-kämpferischer Weise einsetzen würden, sei von der Behörde bereits nicht angeführt worden.

- ein Verbot (gleichgültig, ob wegen Verstoßes gegen die öffentliche Sicherheit oder Ordnung) der Versammlung nur unter strenger Beachtung des **Grundsatzes der Verhältnismäßigkeit** zulässig ist und daher erst dann in Betracht kommt, wenn mildere Mittel (z.B. Auflagenerteilung) nicht ausreichen bzw. ausgeschöpft sind,

  Beispiel: So wäre ein Verbot eines Aufmarschs einer rechtsextremen Vereinigung an einem „stillen" Feiertag wie dem Volkstrauertag unverhältnismäßig, wenn der Bedeutung des Volkstrauertags, der durch Art. 140 GG i.V.m. Art. 139 WRV geschützt ist, dadurch Rechnung getragen werden kann, dass der Vereinigung im Rahmen einer Auflage das Führen von Trommeln, Fanfaren etc. untersagt wird.[1347]

- und dass ein Verbot schließlich nur zum **Schutz gleichwertiger anderer Rechtsgüter** möglich ist.[1348] Als gleichwertige andere Rechtsgüter sind jedenfalls **Leib und Leben von Personen** anerkannt, aber auch die **freiheitliche demokratische Grundordnung** des Grundgesetzes.[1349] Ob auch der Staat mit seinen Einrichtungen und Veranstaltungen, etwa das Ansehen der Bundesrepublik Deutschland im Ausland bzw. die reibungslose Durchführung eines internationalen Wirtschaftsgipfels (G8-Gipfel), gleichwertige Rechtsgüter darstellen, zu deren Gunsten großflächige Versammlungsverbote erlassen werden können, ist in Anbetracht der besonderen Bedeutung des Art. 8 I GG fraglich.[1350] Denn oftmals bietet Art. 8 I GG dem Bürger die einzige Möglichkeit, sich im Kollektiv erkennbar zu machen.

  Beispiel[1351]**:** Gegner des G20-Gipfels planen für die beiden Tage, an denen der Gipfel stattfinden soll, einen Sternmarsch, der in das Stadtzentrum von Hamburg führen soll. Die zuständige Versammlungsbehörde möchte dies verhindern und verhängt im Wege einer Allgemeinverfügung ein großräumiges Versammlungsverbot. Danach sollten während der Gipfeltage nicht nur innerhalb der durch ein technisches Sperrwerk gesicherten Zone (200 m breite Pufferzone rund um den Tagungsort), sondern auch in einem grö-

---

[1346] Bestätigt nochmals von BVerfG NVwZ-RR 2010, 625 und BVerfGE 126, 55 ff. Vgl. auch VG Kassel 24.8.2017 – 6 L 5283/17.KS; VGH Mannheim 22.2.2020 – 1 S 560/20.
[1347] OVG Koblenz NVwZ-RR 2013, 641 ff.
[1348] BVerfGE 69, 315, 348 f. (Brokdorf); vgl. auch BVerfGE 87, 399, 407; 111, 147, 152 f.; BVerfG NVwZ 2014, 1453, 1454; BVerwG NVwZ 2014, 883, 884 f. Abzulehnen VG Karlsruhe (NJW 2005, 3658 f.), das ein Versammlungsverbot allein bei Verwirklichung des § 118 OWiG zulässt und Art. 8 I GG als Prüfungsmaßstab noch nicht einmal erwähnt.
[1349] Aus jüngerer Zeit vgl. etwa BVerwG JZ 2008, 1102, 1103 ff.
[1350] Vgl. dazu BVerfG NJW 2007, 2167, 2169, das diese Frage allerdings (wie in BVerfGE 69, 315, 352) bejaht.
[1351] In Anlehnung an BVerfG NJW 2007, 2167 ff. (G8-Gipfel); vgl. auch BVerfG NVwZ-RR 2010, 625; BVerfGE 126, 55 ff.

ßeren Umkreis keine Versammlungen stattfinden dürfen. Die Veranstalter sind der Auffassung, dass das Verbot ihr Grundrecht auf Versammlungsfreiheit verletze.

Wenn man die Hochrangigkeit der Versammlungsfreiheit berücksichtigt, sind gemäß der Kernaussagen der Brokdorf-Entscheidung Verbote und Auflösungen nur zum Schutz elementarer Rechts- bzw. Gemeinschaftsgüter zulässig, die im Einzelfall gegenüber der Versammlungsfreiheit vorrangig sind. Die bloße Gefährdung der öffentlichen Ordnung, die Beeinträchtigung des Straßenverkehrs oder Unannehmlichkeiten für Dritte dagegen genügen im Allgemeinen nicht.

Andererseits ist auch die (ungestörte) Durchführung des G20-Gipfels ein berechtigtes Anliegen der Gesellschaft. Bezüglich des G8-Gipfels in Heiligendamm 2007 hat das BVerfG entschieden, dass eine Verlagerung von Versammlungen in einen Bereich außerhalb der eigentlichen Sicht- und Hörweite, in dem der Staatsbesuch stattfände, das Grundrecht aus Art. 8 I GG jedenfalls dann nicht berühre, wenn der kommunikative Zweck der Versammlung, der sich an die Öffentlichkeit richte, nicht verfehlt und auch nicht erheblich beeinträchtigt werde. Zwar reiche allein die Befürchtung, dass die an der Konferenz teilnehmenden Vertreter auswärtiger Staaten Demonstrationen und Kundgebungen als unfreundlichen Akt gegen ihre Staaten empfinden könnten, für die Annahme einer versammlungsrechtlich relevanten Gefahr nicht aus. Tragfähig sei allerdings das Ziel, den G8-Gipfel als staatliche Veranstaltung sowie Leib und Leben der Teilnehmer zu schützen. Zudem bestehe ein überwiegendes öffentliches Interesse, Gefahren für das Ansehen der Bundesrepublik Deutschland und die verfassungsrechtlich geschützten Beziehungen des Bundes zu auswärtigen Staaten (Art. 32 I GG) abzuwehren.[1352]

Überträgt man diese Rechtsprechung auf den G20-Gipfel und lässt sich aufgrund gesicherter Hinweise nicht ausschließen, dass ein (Groß-)Teil der von der Behörde auf über 1.000 geschätzten gewaltbereiten Personen auch gegen den ausdrücklichen Willen der Veranstalter bereit ist, Gewalttätigkeiten gegen Personen und Sachen zu begehen, wäre ein Versammlungsverbot nicht unverhältnismäßig und damit rechtmäßig.

Zur Frage nach der Rechtmäßigkeit der Räumung eines **Occupy-Camps** vgl. Rn 1057.

1089 Unbeschadet des Umstands, dass man das Versammlungsverbot im Rahmen des G8-Gipfels auch anders hätte beurteilen können, lässt sich generell sagen: Es genügt nicht, wenn ein Versammlungsverbot zur Erreichung seines Ziels allgemein geeignet, erforderlich und angemessen ist. Vielmehr muss eine praktische Konkordanz zwischen dem Grundrecht der Versammlungsfreiheit und den genannten widerstreitenden Verfassungsgütern hergestellt werden. Das gilt auch hinsichtlich eines Verbots im sog. **polizeilichen Notstand**[1353], mag die politische Gesinnung der Versammlungsteilnehmer auch noch so unerwünscht sein. Denn solange das BVerfG gem. Art. 21 IV GG eine Partei nicht für verfassungswidrig erklärt hat, können sich die Versammlungsteilnehmer in gleichem Maße auf Art. 8 I GG berufen wie andere Personen.[1354]

> **Beispiel:** So war im Beispiel von Rn 1087 zum Versammlungsverbot nach Auffassung des VGH Mannheim die Verbotsverfügung weiterhin deshalb rechtswidrig, weil die Behörde nicht dargelegt habe und auch sonst nicht erkennbar sei, dass etwaige Gefahren von Dritten ausgehen, gegen diese aber nicht vorgegangen werden könne und daher ein Vorgehen gegen die angemeldete Versammlung als Nichtstörer – was nur unter engen Voraussetzungen zulässig sei – allein geeignet sei, der behaupteten Gefahrenlage zu begegnen.

[1352] Diese Formulierung war auch der dem Beschluss vorangegangenen Entscheidung des OVG Greifswald (NordÖR 2007, 290, 292 f.) zu entnehmen. Anders aber VG Schwerin v. 25.5.2007 – 1 B 243/07.
[1353] Vgl. VG Hamburg NJW 2001, 2115. Zum polizeilichen Notstand siehe Rn 826 ff.
[1354] Vgl. BVerfG NJW 2001, 2076, 2077 (1. Mai-Demo 1).

1090 Auch eine unmittelbare Gefährdung der **öffentlichen Ordnung** kann zum Erlass eines Versammlungsverbots berechtigen, und zwar auch dann, wenn Gefahren nicht aus dem Inhalt von Äußerungen, sondern aus der Art und Weise der Durchführung der Versammlung drohen und dabei Auflagen zur Gefahrenabwehr nicht ausreichen.[1355]

> Unter **öffentlicher Ordnung** im Sinne von § 15 I VersG ist die Gesamtheit der ungeschriebenen Regeln zu verstehen, deren Befolgung nach den jeweils herrschenden und mit dem Wertgehalt des Grundgesetzes zu vereinbarenden sozialen und ethischen Anschauungen als unerlässliche Voraussetzung eines geordneten menschlichen Zusammenlebens innerhalb eines bestimmten Gebiets anzusehen ist.[1356]

Ob eine Versammlung einer rechtsradikalen Partei (wie etwa der NPD) an einem Tag, dem eine mit Blick auf die Schreckensherrschaft des Nationalsozialismus gewichtige Symbolkraft zukommt, wegen unmittelbarer Gefährdung der öffentlichen Ordnung verboten werden darf, hängt davon ab, ob der Sinngehalt dieses Tages in einer Weise angegriffen wird, dass dadurch zugleich grundlegende soziale oder ethische Anschauungen in erheblicher Weise verletzt werden.[1357] Hinsichtlich des Holocaust-Gedenktags (27.1.) reicht es für eine Versammlungsbeschränkung aus Gründen der öffentlichen Ordnung nach Auffassung des BVerfG und des BVerwG nicht aus, dass die Durchführung der Versammlung in irgendeinem beliebigen Sinne als dem Gedenken zuwiderlaufend zu beurteilen ist. Vielmehr sei die Feststellung erforderlich, dass von der konkreten Art und Weise der Durchführung der Versammlung Provokationen ausgingen, die das sittliche Empfinden der Bürger erheblich beeinträchtigen.[1358] Liege diese Voraussetzung nicht vor und seien Schutzgüter der öffentlichen Ordnung unter keinem anderen Gesichtspunkt bedroht, überschreite eine Versammlungsbeschränkung nicht nur die einfachgesetzliche Ermächtigung in § 15 I VersG, sondern verstoße zugleich gegen das Grundrecht der Versammlungsfreiheit aus Art. 8 I GG. Diesem Grundrecht gebühre in einem freiheitlichen Staatswesen ein besonderer Rang.[1359] Die Ausübung der Versammlungsfreiheit dürfe nur zum Schutz gleichgewichtiger anderer Rechtsgüter unter strikter Wahrung des Verhältnismäßigkeitsgrundsatzes begrenzt werden.[1360] Störungen des sittlichen Empfindens der Bürger ohne Provokationscharakter oder Störungen, die, obgleich provokativen Charakter, kein erhebliches Gewicht aufwiesen, ergäben als solche keinen verhältnismäßigen Anlass für eine Einschränkung der Versammlungsfreiheit. Der Umstand allein, dass eine rechtsextremistische Gruppierung am Holocaust-Gedenktag eine Versammlung durchführt, könne daher nicht in grundrechtlich tragfähiger Weise für eine Versammlungsbeschränkung herangezogen werden, auch wenn die Wahl gerade dieses Tages als Versammlungstermin einer solchen Gruppierung von vielen Bürgern in tatsächlicher Hinsicht als unpassend und mit dem Gedenken an die Opfer des Nationalsozialismus nicht im Einklang stehend wahrgenommen werden möge.[1361]

1091 Bezüglich der **Verfassungsmäßigkeit von Auflagen** hat das BVerfG ähnlich entschieden, wobei es wegen der im Vergleich zu einem Verbot weniger schwer wiegenden Folgen, die mit Auflagen verbunden sind, an den Grundsatz der Verhältnismäßigkeit nicht ganz so strenge Maßstäbe stellt[1362], aber dennoch die konstituierende Bedeutung der Versammlungsfreiheit für eine freiheitliche demokratische Staatsordnung betont[1363]:

- Eine Auflage, die das Tragen von Uniformen und Uniformteilen ebenso untersagt wie das Tragen von Springerstiefeln i.V.m. dem Tragen von Bomberjacken und/oder einer

---

[1355] BVerfGE 111, 147, 156 f. (dazu Rn 1094); BVerwG NVwZ 2014, 883, 884.
[1356] BVerwG NVwZ 2014, 883, 884.
[1357] BVerwG NVwZ 2014, 883, 884.
[1358] BVerfG NVwZ 2012, 749 f.; BVerwG NVwZ 2014, 883, 885.
[1359] BVerwG NVwZ 2014, 883, 885 unter Bezugnahme auf BVerfGE 69, 315, 343 (Brokdorf).
[1360] BVerwG NVwZ 2014, 883, 885 unter Bezugnahme auf BVerfGE 69, 315, 348 (Brokdorf).
[1361] BVerwG NVwZ 2014, 883, 885.
[1362] Vgl. BVerfG NVwZ 2008, 671, 673 f.
[1363] Vgl. etwa BVerfG NVwZ 2013, 570 (versammlungsrechtliche Auflage).

Spezialgesetzliche Befugnisse außerhalb des Polizeigesetzes – Versammlungsrecht

militärischen Kopfbedeckung, ist rechtmäßig.

- Eine Auflage, die es untersagt, beim Umzug im Gleichschritt zu marschieren oder marschartige Formationen (Blöcke, Züge und Reihen) zu bilden, ist rechtmäßig.
- Eine Auflage, die bei einem Umzug Trommeln und, außer der Bundesflagge und den Fahnen der Bundesländer, das Mitführen von nicht mehr als 10 Fahnen erlaubt, ist rechtmäßig.
- Eine Auflage, dass die Teilnehmer einer Versammlung vor Beginn der Veranstaltung polizeilich ohne konkrete tatsächliche Anhaltspunkte für eine von der Versammlung selbst ausgehende Gefahr für die öffentliche Sicherheit durchsucht werden, ist rechtswidrig.[1364]
- Eine Auflage, die das Rufen von Parolen mit der Wortfolge „Nationaler Widerstand" wie z.B. „Hier marschiert der Nationale Widerstand" oder „Hier spaziert der Nationale Widerstand!" untersagt, ist rechtswidrig.
- Eine Auflage, die die Verwendung der o.g. Parolen in schriftlicher Form wie z.B. auf Flugblättern, Plakaten usw. untersagt, ist rechtswidrig.
- Gleiches gilt für eine Auflage, die es untersagt, in Versammlungsreden und Sprechchören sowie auf Transparenten Aussagen zur verbotenen „Freiheitlichen Arbeiterpartei Deutschlands (FAP)" zu machen bzw. die Bezeichnung „Nationaler Widerstand Hochsauerland" oder „Freie Nationalisten" zu verwenden.[1365]
- Auch kann die Verfügung eines Alkoholverbots genügen, die Gefahr abzuwehren und so von einem Versammlungsverbot abzusehen.[1366]
- Eine Änderung des Charakters einer Versammlung von einem Aufzug zu einer stationären Kundgebung ist nur dann rechtmäßig, wenn die Behörde dabei die Bedeutung des Aufzugscharakters für die Versammlung nicht verkennt und die widerstreitenden Schutzgüter (Gefahr für Leib, Leben, Gesundheit) ordnungsgemäß abwägt.[1367]

Generell stellen Veränderungen von **Ort und Zeit der Versammlung** bzw. von deren geplanter **Streckenführung** durch die Versammlungsbehörde grds. **Auflagen** dar.[1368] Derartige Auflagen sind nur zum Schutz der Versammlung oder zum Schutz von Rechtsgütern Dritter (insb. Leib, Leben und Gesundheit, aber auch Persönlichkeitsrechte) bzw. der freiheitlichen demokratischen Grundordnung zulässig.

1092

Beispiel[1369]: Veranstalter V meldete bei der Behörde für die Zeit von Februar bis April wöchentlich wiederholte Demonstrationen vor den Wohnhäusern aus der Haft entlassener Sexualstraftäter an. Bereits zuvor hatten von V organisierte Gruppierungen in regelmäßigen Abständen vor den Wohnhäusern der ehemaligen Sexualstraftäter demonstriert und Forderungen nach einer „Todesstrafe für Sexualstraftäter", „wir kommen wieder, bis ihr geht" und „Kinder- und Frauenschänder raus aus A" lautstark verkündet sowie mit Trillerpfeifen untermauert. Die Behörde erließ ein Verbot, derartige Demonstrationen vor den Wohnhäusern durchzuführen.

Trotz der Hochwertigkeit der Versammlungsfreiheit dürfen Versammlungen (unter freiem Himmel) gem. Art 8 II GG auf gesetzlicher Grundlage eingeschränkt werden. Eine solche gesetzliche Grundlage stellt § 15 I VersG (Bund) dar. Diese Norm setzt auf Tatbestands-

---

[1364] Vgl. BVerfG NVwZ-RR 2010, 625, 626 f.
[1365] Die Rechtswidrigkeit der drei zuletzt genannten Auflagen hat das BVerfG damit begründet, dass sie nicht die Art und Weise der Durchführung der Versammlung, sondern deren Inhalt beträfen. In diesem Fall sei die besondere Gewährleistung der Meinungsäußerungsfreiheit (Art. 5 I GG) zu berücksichtigen. Der Inhalt von Meinungsäußerungen, der im Rahmen des Art. 5 II GG nicht unterbunden werden dürfe, könne auch nicht zur Rechtfertigung von Maßnahmen herangezogen werden, die das Grundrecht der Versammlungsfreiheit beträfen.
[1366] OVG Bautzen NJW 2018, 2429.
[1367] Vgl. BVerfG NVwZ 2013, 570 (versammlungsrechtliche Auflage).
[1368] Liegt aber in der Verschiebung eine Ziel- oder Zweckvereitelung vor, kommt dies einem Verbot gleich (vgl. dazu sogleich sowie bereits Rn 1087 mit Bsp.).
[1369] Nach OVG Magdeburg NJW 2012, 2535.

ebene eine „unmittelbare Gefährdung der öffentlichen Sicherheit oder Ordnung" voraus. Da es aber um eine Beschränkung der verfassungsrechtlich garantierten hochrangigen Versammlungsfreiheit geht, ist bei der Auslegung des § 15 I VersG stets die grundlegende Bedeutung des Art. 8 I GG zu beachten. Das führt nach der Kernaussage des Brokdorf-Beschlusses des BVerfG (E 69, 315, 344 f.) dazu, dass ein Verbot nur zum Schutz gleichwertiger anderer Rechtsgüter unter strikter Wahrung des Grundsatzes der Verhältnismäßigkeit möglich ist. Als gleichwertige andere Rechtsgüter sind jedenfalls Leib und Leben von Personen anerkannt, aber auch die freiheitliche demokratische Grundordnung. Im vorliegenden Fall sind Rechtsgüter dieses Gewichts nicht betroffen. Allerdings wurde auch kein Totalverbot ausgesprochen, sondern lediglich die Wahl des Versammlungsortes eingeschränkt. Dies ist nach zutreffender Auffassung des OVG Magdeburg auch zugunsten anderer kollidierender Verfassungsgüter möglich. So sei das auch ehemaligen (Sexual-)Straftätern zustehende Recht aus Art. 2 I i.V.m. Art. 1 I GG (allgemeines Persönlichkeitsrecht), in ihrem privaten Rückzugsbereich Schmähungen und Beleidigungen sowie einem auf Vertreibung ausgerichteten psychischen Druck nicht ausgesetzt sein zu müssen, geeignet, die Versammlungsfreiheit trotz ihrer Hochwertigkeit einzuschränken.

Wenn aber die Veränderung von Ort und Zeit durch die Versammlungsbehörde der Versammlung ihren **Zweck nimmt**, kann die Auflage in ein **Verbot** umschlagen[1370] und damit strengeren Rechtmäßigkeitsvoraussetzungen unterworfen sein.

Beispiel: Der Vorstand von V, ein eingetragener Tierschutzverein, meldet für einen Sonntag während eines in der Zeit von 9 Uhr bis 12 Uhr stattfindenden Reitturniers vor dem Eingangsbereich der Anlage eine Demonstration an, mit der gegen die tierquälerischen Methoden des Reitsports demonstriert werden soll. Mit Verweis auf die Regelungen des landesrechtlichen Sonn- und Feiertagsschutzgesetzes, wonach an Sonntagen und an gesetzlichen Feiertagen in der Zeit von 6 Uhr bis 12 Uhr öffentliche Versammlungen unter freiem Himmel verboten sind, soweit es sich nicht um Gottesdienste, andere religiöse Veranstaltungen oder Feierstunden handelt, erlässt die Versammlungsbehörde die Verfügung, dass die Demonstration erst ab 12 Uhr durchgeführt werden dürfe.

In diesem Fall steht das Thema der Demonstration in einem (untrennbaren) Zusammenhang mit einem bestimmten Zeitraum. Die zeitliche Verlegung vereitelt den Zweck der Demonstration, nämlich Zuschauer auf die mit einer Dressur verbundenen Qualen der Pferde aufmerksam zu machen. Es liegt ein Verbot i.S.d. § 15 I VersG vor.

1093 **Fazit:**
- Die Gefährdung der öffentlichen Sicherheit oder Ordnung muss unmittelbar sein. Dies setzt eine **hohe Wahrscheinlichkeit** eines Schadens für die der Versammlungsfreiheit entgegenstehenden Rechtsgüter voraus.
- An die Gefahrenprognose dürfen keine allzu geringen Anforderungen gestellt werden. Es sind **konkrete und nachvollziehbare tatsächliche Anhaltspunkte** erforderlich (bloße Vermutungen reichen nicht).
- Eine unmittelbare Gefährdung der **öffentlichen Sicherheit** ist insb. dann zu bejahen, wenn Straftaten (z.B. gem. §§ 86a, 130 StGB) vom Veranstalter selbst begangen oder unterstützt werden oder auf andere Weise den Gesamtcharakter der Versammlung prägen.[1371]

[1370] *Kingreen/Poscher*, POR, § 21 Rn 27; *Schenke*, POR, Rn 373; *Gusy*, POR, Rn 429.
[1371] Aus jüngerer Zeit vgl. etwa BVerwG JZ 2008, 1102, 1103 ff.

> - Eine unmittelbare Gefährdung der **öffentlichen Ordnung** infolge der Art und Weise der Durchführung einer Versammlung kann beispielsweise
>   - ⇨ bei einem aggressiven und provokativen, die Bürger einschüchternden Verhalten der Versammlungsteilnehmer bestehen, durch das ein Klima der Gewaltdemonstration und potentieller Gewaltbereitschaft erzeugt wird.
>   - ⇨ bestehen, wenn Rechtsextremisten einen Aufzug an einem speziell der Erinnerung an das Unrecht des Nationalsozialismus und den Holocaust dienenden Feiertag so durchführen, dass von seiner Art und Weise Provokationen ausgehen, die das sittliche Empfinden der Bürgerinnen und Bürger erheblich beeinträchtigen.
>   - ⇨ Gleiches gilt, wenn ein Aufzug sich durch sein Gesamtgepräge mit den Riten und Symbolen der nationalsozialistischen Gewaltherrschaft identifiziert und durch Wachrufen der Schrecken des vergangenen totalitären und unmenschlichen Regimes andere Bürger einschüchtert.

Um die gebotene Restriktion bei der Auslegung des § 15 I VersG zu unterstreichen, hat sich trotz der in dieser Vorschrift eindeutig angeordneten Rechtsfolge „Verbot" oder „Auflage" in der behördlichen und gerichtlichen Praxis in überzeugender Weise das sog. **Kooperationsmodell** durchgesetzt. Danach müssen die Behörden, bevor sie die Durchführung der Versammlung von bestimmten Auflagen abhängig machen oder gar ein Verbot verhängen, zunächst versuchen, durch eine **demonstrationsfreundliche Kooperation** mit den Versammlungsteilnehmern dem Grundrecht aus Art. 8 I GG maximale Geltung zu verschaffen.[1372] Ist jedoch bezüglich einer geplanten Versammlung bzw. Demonstration aufgrund von **konkreten Erfahrungswerten** und einer **Gefahrenprognose** davon auszugehen, dass mit hoher Wahrscheinlichkeit von ihr Gefahren für Leib oder Leben ausgehen werden, bedarf es der einschränkenden Interpretation des § 15 VersG nicht.[1373] Auf Seiten der Veranstalter besteht dagegen von vornherein keine Rechtspflicht zur Kooperation. Insoweit spricht das BVerfG von „Obliegenheit". Das Fehlen einer Kooperationsbereitschaft auf Seiten der Veranstalter führt allerdings dazu, dass die Schwelle zum behördlichen Eingreifen wegen einer unmittelbaren Gefahr für die öffentliche Sicherheit herabgesetzt ist. Eingriffe in den Schutzbereich des Versammlungsgrundrechts sind hier also eher zu rechtfertigen als bei einer – wenn auch im Ergebnis gescheiterten – Kooperation.[1374]

1094

> **Hinweis für die Fallbearbeitung:** Dem Grundsatz der Verhältnismäßigkeit folgend sind die möglichen Maßnahmen somit in folgender Reihenfolge in Betracht zu ziehen: Kooperation mit den Veranstaltern, Auflagen, Verbot.

Adressat eines Verbots oder einer Auflage kann auch eine politische Partei sein. Das Parteienprivileg aus Art. 21 IV GG schließt nicht das Recht ein, weitgehender als andere Rechtssubjekte von Versammlungsbeschränkungen verschont zu bleiben, wenn eine vorgesehene Versammlung die öffentliche Sicherheit oder Ordnung zu verletzen droht. Verfügt eine Behörde mit dieser Begründung eine versammlungsrechtliche Beschränkung gegenüber einer politischen Partei, stützt sie ihr Einschreiten nicht auf eine vermeintliche Verfassungsfeindlichkeit des Verhaltens oder der Programmatik dieser Partei und das Parteienprivileg greift nicht.[1375]

1095

[1372] Vgl. BVerfGE 69, 315, 350 ff. (Brokdorf); BVerfG NJW 2001, 2078, 2079 (1. Mai-Demo 2); NJW 2001, 2459, 2460 („Loveparade" und „Fuckparade"); BVerfG NVwZ 2002, 982; VG Schwerin v. 25.5.2007 – 1 B 243/07 (G8-Gipfel).
[1373] Vgl. dazu BVerfG NJW 2000, 3051, 3053 (Vorläufiger verfassungsgerichtlicher Rechtsschutz bei Versammlungsverbot). Vgl. auch BVerfG NVwZ-RR 2010, 625; BVerfG 126, 55 ff.; VG Kassel 24.8.2017 – 6 L 5283/17.KS.
[1374] Vgl. BVerfGE 69, 315, 357 (Brokdorf) und BVerfG NJW 2001, 2078, 2079 (1. Mai-Demo 2).
[1375] BVerwG NVwZ 2014, 883, 884.

1096

Prüfungsschema für ein Versammlungsverbot[1376]

I. Rechtsgrundlage: § 15 I VersG
II. Formelle Rechtmäßigkeit
1. **Zuständigkeit** der handelnden Behörde (in Abhängigkeit vom Bundesland die Sonderordnungsbehörde, der Polizeipräsident o.a.)
2. Ordnungsgemäßes **Verfahren** (Einhaltung der allg. Verfahrensvorschriften, Rn 618, insb. die vorherige Anhörung des Veranstalters). Bei größeren Versammlungen gebietet es das Rechtsstaatsprinzip, das Verbot unter Setzung einer Frist anzukündigen und in der Frist Gelegenheit zur Erörterung zu geben.[1377]
3. Einhaltung von **Form**vorschriften (Formfreiheit, aber Schriftform üblich)

III. Materielle Rechtmäßigkeit

Tatbestandlich setzt § 15 I VersG eine „**unmittelbare Gefährdung der öffentlichen Sicherheit oder Ordnung**" voraus

- Unmittelbarkeit setzt eine **hohe Wahrscheinlichkeit** eines Schadens für die der Versammlungsfreiheit entgegenstehenden Rechtsgüter voraus. Dabei dürfen an die Gefahrenprognose keine allzu geringen Anforderungen gestellt werden. Es sind **konkrete und nachvollziehbare tatsächliche Anhaltspunkte** erforderlich (bloße Vermutungen reichen nicht).

- Eine unmittelbare Gefährdung der **öffentlichen Sicherheit** ist insb. dann zu bejahen, wenn Straftaten (z.B. gem. §§ 86a, 130 StGB[1378]) vom Veranstalter selbst begangen oder unterstützt werden oder auf andere Weise den Gesamtcharakter der Versammlung prägen.

- Eine unmittelbare Gefährdung der **öffentlichen Ordnung** infolge der Art und Weise der Durchführung einer Versammlung kann beispielsweise
  ⇨ bei einem aggressiven und provokativen, die Bürger einschüchternden Verhalten der Versammlungsteilnehmer bestehen, durch das ein Klima der Gewaltdemonstration und potentieller Gewaltbereitschaft erzeugt wird.
  ⇨ bestehen, wenn Rechtsextremisten einen Aufzug an einem speziell der Erinnerung an das Unrecht des Nationalsozialismus und den Holocaust dienenden Feiertag so durchführen, dass von seiner Art und Weise Provokationen ausgehen, die das sittliche Empfinden der Bürgerinnen und Bürger erheblich beeinträchtigen.
  ⇨ Gleiches gilt, wenn ein Aufzug sich durch sein Gesamtgepräge mit den Riten und Symbolen der nationalsozialistischen Gewaltherrschaft identifiziert und durch Wachrufen der Schrecken des vergangenen totalitären und unmenschlichen Regimes andere Bürger einschüchtert.

Aufgrund der großen Bedeutung der Versammlungsfreiheit ist ein Verbot aber nur unter strenger Beachtung des **Grundsatzes der Verhältnismäßigkeit** zulässig. Zum einen kommt es daher nur in Betracht, wenn mildere Mittel (z.B. Auflagenerteilung, Kooperation mit den Veranstaltern) nicht ausreichen bzw. ausgeschöpft sind. Zum anderen ist ein Verbot nur zum **Schutz gleichwertiger anderer Rechtsgüter** möglich. Als gleichwertige andere Rechtsgüter sind jedenfalls **Leib und Leben von Personen** anerkannt, aber auch die **freiheitliche demokratische Grundordnung** des GG. Ob auch der Staat mit seinen Einrichtungen und Veranstaltungen ein solches Rechtsgut darstellt, ist zweifelhaft.

[1376] Die Prüfung einer Auflage wäre entsprechend abzuwandeln und es wären weniger strenge Anforderungen an die Rechtmäßigkeit zu stellen.
[1377] BVerfGE 69, 315, 362.
[1378] Vgl. dazu *R. Schmidt*, Grundrechte, Rn 511.

Spezialgesetzliche Befugnisse außerhalb des Polizeigesetzes – Versammlungsrecht

Anwendungsfall[1379]: Der Landesverband Nordrhein-Westfalen der NPD (L) meldet beim Polizeipräsidium der Stadt S als der zuständigen Versammlungsbehörde die Durchführung eines Aufzugs durch die Stadt mit anschließender Abschlusskundgebung an. Die Versammlung ist unter das Motto „Stoppt den Synagogenbau. Spendet die 4 Mio. Euro dem Volk" gestellt. Der Polizeipräsident P verbietet die Versammlung mit der Begründung, dass die NPD, die sich bei ihren Versammlungen in der Vergangenheit stets zu einer Ideologie von Rassismus, Kollektivismus, Prinzip von Führung und Gehorsam bekannt habe, mit der Durchführung ihrer Veranstaltung den inneren Frieden und damit die öffentliche Ordnung i.S.v. § 15 VersG gefährde. Bei Durchführung der geplanten Veranstaltung sei zudem die öffentliche Sicherheit wegen Verstoßes gegen § 130 I Nrn. 1 und 2 StGB unmittelbar gefährdet. Zwar seien die Modalitäten des Aufzugs nicht zu beanstanden, da weder Fahnen, Trommeln oder Ähnliches mitgeführt würden, aber die zu erwartende Meinungskundgabe werde als Bekenntnis zum Nationalsozialismus geprägt sein und deshalb im Widerspruch zu den verfassungsrechtlichen Grundentscheidungen des GG stehen.

L ist der Auffassung, dass eine Meinungskundgabe nicht Verbotsgrund für eine Versammlung sein könne, solange sie nicht den Strafgesetzen zuwiderlaufe. P verweist demgegenüber darauf, dass die Meinungsfreiheit im VersG als allgemeines Gesetz Schranken finde, sodass die im VersG vorausgesetzte Gefahr für die öffentliche Sicherheit oder Ordnung das Versammlungsverbot rechtfertige. Ist das Versammlungsverbot rechtmäßig?

Lösungsgesichtspunkte:
Das Versammlungsverbot ist rechtmäßig, wenn sich die Behörde auf eine Rechtsgrundlage stützen kann und sie rechtsfehlerfrei angewendet hat. In Betracht kommt § 15 I VersG. Dies setzt zunächst eine Versammlung voraus, wobei die Versammlungsbegriffe des § 1 VersG und des Art. 8 I GG einheitlich zu verstehen sind.

I. Eingriff in den Schutzbereich des Art. 8 I GG
Durch das Versammlungsverbot könnte der Polizeipräsident in den Schutzbereich des Art. 8 I GG eingegriffen haben. Das genannte Grundrecht schützt die Versammlungsfreiheit. Versammlung ist die friedliche Zusammenkunft mehrerer Personen zwecks gemeinschaftlicher Erörterung und Kundgebung mit dem Ziel der Teilhabe an der öffentlichen Meinungsbildung. Bei einem friedlichen und waffenlosen Aufzug durch die Stadt mit anschließender Abschlusskundgebung ist das der Fall. Durch das Verbot ist auch in den Schutzbereich des Grundrechts eingegriffen worden.

II. Verfassungsrechtliche Rechtfertigung
Da das Verbot in die Versammlungsfreiheit eingreift, bedarf es einer Rechtsgrundlage. Eine solche könnte in **§ 15 I VersG** zu sehen sein, weil es sich um eine Versammlung unter freiem Himmel handelt und eine solche vom Gesetzesvorbehalt des Art. 8 II GG erfasst ist.

1. Formelle Rechtmäßigkeit
In formeller Hinsicht müssen bei der Verbotsverfügung Zuständigkeits-, Verfahrens- und Formvorschriften beachtet werden. Davon kann im vorliegenden Fall ausgegangen werden.

2. Materielle Rechtmäßigkeit
Materielle Voraussetzung ist, dass im Zeitpunkt des Erlasses der Verbotsverfügung der Behörde erkennbar ist, dass bei Durchführung der Versammlung die öffentliche Sicherheit oder Ordnung unmittelbar gefährdet sein wird (§ 15 I VersG).

a. Öffentliche Sicherheit
Die öffentliche Sicherheit i.S.v. § 15 I VersG umfasst – in Übereinstimmung mit den polizeigesetzlichen Bestimmungen – den Schutz des Staates, seiner Einrichtungen, der Individualgüter (subjektive Rechte) und der objektiven Rechtsordnung (also das geschriebene Recht). Ist also bei der Durchführung einer Versammlung mit einer Verletzung eines der genannten Rechtsgüter zu rechnen, könnte dies eine Einschränkung der Versammlungsfreiheit nach § 15 I VersG rechtfertigen.

[1379] Nachgebildet BVerfGE 111, 147 ff.

Eine Gefährdung staatlicher Einrichtungen ist etwa anzunehmen, wenn die Funktion staatlicher Organe gestört wird - etwa durch eine Demonstration auf Verkehrsanlagen oder in öffentlichen Einrichtungen. Dies ist im vorliegenden Fall jedoch nicht anzunehmen. Auch liegt die Annahme einer Verletzung von Individualgütern fern.

Möglicherweise ist aber eine Verletzung der objektiven Rechtsordnung zu befürchten. Wird bei einer Versammlung eine verfassungsfeindliche Meinung kundgetan, ist dies unter dem Gesichtspunkt der öffentlichen Sicherheit jedoch noch kein ausreichender Gefährdungsgrund. Das gilt auch dann, wenn Verfassungsprinzipien widersprochen wird. Denn ihnen lässt sich nicht das gesetzliche Verbot entnehmen, eine gegenüber dem Grundgesetz kritische Haltung einzunehmen. Wird aber durch die Äußerungen der Tatbestand einer nach § 130 StGB strafbaren Volksverhetzung begangen, liegt ein Verstoß gegen ein Verbotsgesetz vor, der ein Versammlungsverbot rechtfertigen kann. Ob im vorliegenden Fall ein Verstoß gegen § 130 StGB angenommen werden kann, ist zweifelhaft. Zugunsten der NPD muss davon ausgegangen werden, dass sie nur gegen die Finanzierung einer Synagoge demonstrieren will. Damit bewegt sie sich unterhalb der Schwelle des § 130 StGB und die Versammlung stellt keine Gefahr für die öffentliche Sicherheit i.S.v. § 15 I VersG dar.

b. Öffentliche Ordnung
§ 15 I VersG stellt aber auch auf den Begriff der öffentlichen Ordnung ab. Darunter sind nach Ansicht des BVerfG solche ungeschriebenen Regeln zu verstehen, deren Befolgung nach den jeweils herrschenden und mit dem Wertgehalt des GG zu vereinbarenden sozialen und ethischen Anschauungen als unerlässliche Voraussetzung eines geordneten menschlichen Zusammenlebens innerhalb eines bestimmten Gebiets angesehen wird.[1380]

Da der Polizeipräsident in der zu erwartenden Meinungskundgabe eine nationalsozialistische Prägung und damit einen Widerspruch zu den verfassungsrechtlichen Leitentscheidungen des Grundgesetzes gesehen hat, hat er genau darin einen Verstoß gegen die öffentliche Ordnung angenommen, die ihn zum Erlass einer Verbotsverfügung ermächtige.

Fraglich ist jedoch, ob der Rechtsbegriff der „öffentlichen Ordnung" (jedenfalls im Hinblick auf ein Versammlungsverbot) nicht zu unbestimmt und daher verfassungswidrig ist.

⇨ Als Argument für die Annahme der Verfassungswidrigkeit wird vorgebracht, dass eine pauschale Verweisung auf ungeschriebene, unbestimmte gesellschaftliche Vorstellungen die demokratischen und rechtsstaatlichen Grenzen der Verwaltung überschreite. Nur das Parlament könne – mit der rechtsstaatlich notwendigen Bestimmtheit – den Kreis der schützenswerten Gemeinschaftsgüter verbindlich festlegen.[1381]

⇨ Die Gegenposition führt an, dass der Begriff der öffentlichen Ordnung in jahrzehntelanger Entwicklung durch Rechtsprechung und Lehre nach Inhalt, Zweck und Ausmaß hinreichend präzisiert, in seiner Bedeutung geklärt und im juristischen Sprachgebrauch verfestigt sei.[1382] Selbst das Grundgesetz setze den Schutz der öffentlichen Ordnung in Art. 13 VII, 35 II GG voraus und verlange dabei erkennbar nicht, dass die Parlamente den Kreis der hiervon erfassten Güter abschließend festlegten. Schließlich könne es mit Blick auf das Demokratieprinzip nicht zu beanstanden sein, an die Vorstellungen der Mehrheit anzuknüpfen.[1383]

⇨ Daher ist das BVerfG der Auffassung, dass der Rückgriff auf diesen unbestimmten Rechtsbegriff erforderlich bleiben könne, allerdings sei durch verfassungskonforme Auslegung zu gewährleisten, dass es bei der Rechtsanwendung nicht zu unverhältnismäßigen Grundrechtseingriffen komme. So seien Beschränkungen der Versammlungsfreiheit, darunter auch zur Abwehr von Gefahren für die öffentliche Ordnung, verfassungsrechtlich unbedenklich, wenn sie ein aggressives oder provokatives, die Bürger einschüchterndes Verhalten der Versammlungsteilnehmer, durch das ein Klima der Gewaltde-

---

[1380] BVerfGE 111, 147, 152 ff.
[1381] *Götz/Geis*, POR, § 5 Rn 9 ff.; *Kingreen/Poscher*, POR, § 8 Rn 48; *Hebeler*, JA 2002, 521 ff.; *Störmer*, DV 1997, 233 ff.
[1382] BVerfGE 54, 143, 144 ff. Vgl. auch BVerwGE 115, 189, 195 ff.
[1383] *Muckel*, Fälle BesVerwR, S. 58 f.; *Schenke*, POR, Rn 65 f.; *Schoch*, POR, Rn 39 ff.; *Fechner*, JuS 2003, 734 ff.; *Schoch*, Jura 2003, 177, 180.

monstration und potentieller Gewaltbereitschaft erzeugt werde, verhindern sollen.[1384] Die öffentliche Ordnung könne auch verletzt sein, wenn Rechtsextremisten einen Aufzug an einen speziell der Erinnerung an das Unrecht des Nationalsozialismus und des Holocaust dienenden Feiertag so durchführten, dass von seiner Art und Weise Provokationen ausgingen, die das sittliche Empfinden der Bürger erheblich beeinträchtigten. Gleiches gelte, wenn ein Aufzug sich durch sein Gesamtgepräge mit den Riten und Symbolen der nationalsozialistischen Gewaltherrschaft identifiziere und durch Wachrufen der Schrecken des nationalsozialistischen totalitären und unmenschlichen Regimes andere Bürger einschüchtere.[1385] In solchen Fällen sei unter Berücksichtigung des Grundsatzes der Verhältnismäßigkeit zu klären, durch welche Maßnahmen die Gefahr abgewehrt werden könne. Dafür kämen in erster Linie Auflagen in Betracht. Reichten sie zur Gefahrenabwehr nicht aus, könne die Versammlung verboten werden.[1386]

Ob die Auffassung des BVerfG Zustimmung verdient, kann im vorliegenden Fall dahinstehen, weil der Polizeipräsident die Verbotsverfügung nicht auf einen etwaigen Ordnungsverstoß wegen der Art und Weise der Durchführung der Versammlung gestützt hat, sondern allein auf die dabei zu erwartende Meinungsäußerung. Denn **wird eine Versammlung allein wegen einer Meinungsäußerung verboten**, ist nach Auffassung des BVerfG Maßstabsnorm **Art. 5 I GG**, der gem. Art. 5 II GG seine Schranken u.a. in den allgemeinen Gesetzen finde und deshalb bei der verfassungskonformen Auslegung des § 15 I VersG zusätzlich zu berücksichtigen sei.[1387] Dies habe seinen Grund darin, dass die in den Absätzen 2 von Art. 5 und Art. 8 GG enthaltenen Schranken auf die jeweiligen Schutzbereiche der betroffenen Grundrechtsnorm bezogen seien. Der Inhalt einer Meinungsäußerung, der im Rahmen des Art. 5 GG nicht unterbunden werden dürfe, könne daher auch nicht zur Rechtfertigung von Maßnahmen herangezogen werden, die das Grundrecht des Art. 8 I GG beschränkten.[1388]

§ 15 I VersG müsste demnach ein „allgemeines Gesetz" i.S.d. Art. 5 II GG darstellen. Das ist der Fall, da sich das VersG nicht gegen eine bestimmte Meinung richtet. Es dient vielmehr dazu, den Rahmen für die gemeinverträgliche Durchführung von Versammlungen zu bestimmen und den Schutz der Versammlung zu gewährleisten.

Ist § 15 I VersG also ein „allgemeines Gesetz" i.S.d. Art. 5 II GG, kommt er als Grundrechtsschranke der Meinungsäußerungsfreiheit des Art. 5 I GG in Betracht. Wegen der grundlegenden Bedeutung der Meinungsfreiheit in einer Demokratie fordert das BVerfG jedoch, dass das die Meinungsäußerungsfreiheit einschränkende Gesetz seinerseits im Lichte der grundlegenden Bedeutung der Meinungsäußerungsfreiheit angewendet werden, d.h. dem Schutz eines der Meinungsäußerungsfreiheit übergeordneten Rechtsguts dienen muss (sog. Wechselwirkungstheorie).[1389] Der Schutz der öffentlichen Ordnung allein rechtfertigt daher nicht eine Einschränkung der Meinungsäußerungsfreiheit. Erforderlich wäre vielmehr bspw. eine Verwirklichung des § 130 StGB. Daran fehlt es jedoch im vorliegenden Fall.

III. Ergebnis
Das Versammlungsverbot ist rechtswidrig.

[1384] So explizit BVerfG NVwZ 2008, 671, 673.
[1385] BVerfGE 111, 147, 157. Wiederholt in BVerfG NVwZ 2008, 671, 674.
[1386] BVerfGE 111, 147, 152 ff. unter Berufung auf BVerfG NJW 2001, 1409 als Beleg für die Richtigkeit seiner Auffassung. Vgl. auch BVerfG NVwZ 2006, 585, 586.
[1387] BVerfGE 111, 147, 152 ff.; BVerfG NVwZ 2006, 585, 586. Vgl. auch BVerwG JZ 2008, 1102, 1103 ff.
[1388] BVerfGE 111, 147, 152 ff.; BVerfG NVwZ 2006, 585, 586; BVerfG NVwZ 2008, 671, 674.
[1389] Vgl. dazu R. Schmidt, Grundrechte, Rn 508 f.

1098 **Fazit:**

1. § 15 I VersG kommt als Grundrechtsschranke sowohl des Art. 8 I GG als auch des Art. 5 I GG in Betracht.

2. Wird die Versammlungsfreiheit allein wegen der bei ihrer Durchführung zu erwartenden Meinungsäußerung beschränkt, reicht ein Verstoß gegen die öffentliche Ordnung i.S.d. § 15 I VersG als Grundrechtsschranke des Art. 8 I GG nicht aus. Vielmehr ist in einem solchen Fall Art. 5 I GG Prüfungsmaßstab. Einschränkungen sind also nur auf Grundlage des Art. 5 II GG möglich, freilich unter Beachtung der Hochwertigkeit der Meinungsäußerungsfreiheit (Wechselwirkungstheorie). § 15 I VersG ist ein „allgemeines Gesetz" i.S.d. Art. 5 II GG, kommt also als Grundrechtsschranke in Betracht. § 15 I VersG ist aber verfassungskonform dahingehend auszulegen, dass sein Anwendungsbereich auf den Schutz höherwertiger Rechtsgüter als die in Art. 5 I GG genannten beschränkt ist. Fehlt es daran, lässt sich allein auf Grundlage des § 15 I VersG eine Versammlung nicht verbieten.

3. Aus den obigen Ausführungen dürfte schließlich klar geworden sein, dass das BVerfG in seiner Entscheidung nur von „Beeinträchtigungen" spricht, also nicht zwischen „Verboten" und „Auflagen" unterscheidet. Damit schafft das Gericht sich und der Verwaltungsgerichtsbarkeit den nötigen Freiraum, um in Zukunft über Versammlungsverbote zu entscheiden, die sich auf erwartete verfassungsfeindliche Meinungsäußerungen gestützt haben. Vgl. im Übrigen auch *R. Schmidt*, Fälle zum POR, Fall 1.

4. In **prüfungstechnischer** Sicht hat die Entscheidung verdeutlicht, dass in besonderen Fällen eine strikte Trennung der Grundrechte nicht möglich ist. So musste im vorliegenden Fall Art. 5 I GG inzident im Rahmen der Prüfung der Maßnahme am Maßstab des Art. 8 I GG geprüft werden.

5. Im Übrigen lässt die Entscheidung des BVerfG die bisherigen Grundsätze unberührt: Versammlungsverbote sind nur zum **Schutz gleich- oder höherwertiger anderer Rechtsgüter** (i.d.R. nur Leib und Leben sowie freiheitliche demokratische Grundordnung) und nur unter strikter Wahrung des **Grundsatzes der Verhältnismäßigkeit** möglich.

bb.) Flächenverbote und Auflagen nach § 15 II VersG

1099 Gemäß § 15 II VersG können Versammlungen und Aufzüge verboten oder von bestimmten Auflagen abhängig gemacht werden, wenn sie an einem Ort stattfinden (sollen), „der als Gedenkstätte von historisch herausragender, überregionaler Bedeutung an die Opfer der menschenunwürdigen Behandlung unter der nationalsozialistischen Gewalt- und Willkürherrschaft erinnert ... und nach den zur Zeit des Erlasses der Verfügung konkret feststellbaren Umständen zu besorgen ist, dass durch die Versammlung oder den Aufzug die Würde der Opfer beeinträchtigt wird". Als einen solchen Ort legt § 15 II S. 2 VersG das Denkmal für die ermordeten Juden Europas in Berlin fest. Andere Orte können durch Landesgesetz bestimmt werden (§ 15 II S. 4 VersG).[1390]

cc.) Sonstige Maßnahmen im Vorfeld der Versammlung

1100 Auch außerhalb von Verboten und Auflagen i.S.d. § 15 VersG kommen Maßnahmen im Vorfeld einer Versammlung in Betracht. Dazu gehören etwa **Gefährderansprachen, Meldeauflagen, Kontrollen** (Identitätsfeststellungen), **Platzverweise, Ingewahrsamnahmen** und der **Rückführungsgewahrsam**.

- **Gefährderansprache/Meldeauflagen:** Die Begriffe der Gefährderansprache und Meldeauflage wurden bereits bei Rn 597a ff. erläutert. Geht es um die Verhinderung der

---

[1390] Nach BVerfG NVwZ 2005, 1055 ff. ist § 15 II VersG verfassungsgemäß. Vgl. auch die klausurmäßige Aufbereitung bei *R. Schmidt*, Fälle zum POR, Fall 2.

Anreise von gewalttätigen Personen zu einer Versammlung, spricht oder schreibt die Polizei diese als Gefährder an oder verfügt Meldeauflagen. Insbesondere fordert sie die Betroffenen auf, nicht an der Versammlung teilzunehmen[1391] und/oder verlangt von den Betroffenen, sich zu bestimmten Zeiten bei seiner heimischen Polizeidienststelle zu melden.[1392] Dabei stützt sich die Polizei (in Ermangelung einer speziellen Rechtsgrundlage) auf die polizeigesetzliche Befugnisgeneralklausel. Da die Befugnisgeneralklausel aber eine konkrete Gefahr voraussetzt, können beide Maßnahmen nur ergriffen werden, wenn konkret zu erwarten ist, dass der jeweilige Betroffene bei der Versammlung gewalttätig wird. Allein seine Zugehörigkeit zu gewalttätigen Kreisen oder eine gelegentliche, zurückliegende gewalttätige Handlung genügen nicht.[1393] Ist mit derartigen Maßnahmen ein Eingriff in das Grundrecht der Versammlungsfreiheit verbunden, stellt sich die Frage nach der Vereinbarkeit mit Art. 8 I GG sowie mit dem Zitiergebot des Art. 19 I S. 2 GG.

- **Kontrollen:** Das VersG verbietet in §§ 2 III S. 2, 17a I, II Nr. 2, 27, Waffen und Vermummungshilfsmittel bei der Anreise mitzuführen oder sonst zur Versammlung hinzuschaffen oder für die Versammlung bereitzuhalten. Damit verlegt es die Schwelle einer konkreten Gefahr für die öffentliche Sicherheit auf die Anreise vor. Um daher bei der späteren Versammlung einen gewalttätigen Verlauf zu verhindern, kontrolliert die Polizei auf der Anreise zum Versammlungsort befindliche Teilnehmer, um nach Waffen oder anderen gefährlichen Gegenständen zu suchen, die bei der Versammlung wahrscheinlich eingesetzt werden sollen.[1394] Aber auch ohne diese gesetzliche Vorverlagerung der konkreten Gefahr wäre ein präventivpolizeiliches Vorgehen möglich, weil eine konkrete Gefahr aufgrund der späteren Verwendungsabsicht in jedem Fall besteht. Zur Abwehr dieser Gefahr können Kontrollen mit Identitätsfeststellung, Durchsuchung und Sicherstellung gemäß den Bestimmungen des POR erforderlich werden. Dabei setzt das Erfordernis einer konkreten Gefahr voraus, dass zumindest ein bestimmter Verdacht gerade gegen die kontrollierte Person besteht. Für die Rechtmäßigkeit der Kontrolle gilt, dass Prüfungsmaßstab nicht Art. 8 I GG ist, sofern man bei der kontrollierten Person eine Unfriedlichkeit annimmt. Daher ist auch das Zitiergebot nicht zu beachten.

- **Kontrollstellen:** Besteht lediglich ein allgemeiner Verdacht gegen alle, die zu einer Versammlung anreisen, liegt eine abstrakte Gefahr vor. Für deren Abwehr lassen die Polizeigesetze die Einrichtung von Kontrollstellen zu. Hierbei ist aber zu beachten, dass Art. 8 I GG betroffen ist, wenn potentielle Versammlungsteilnehmer schikanös oder schleppend kontrolliert werden, sodass sie von der Teilnahme an der Versammlung abgeschreckt oder abgehalten werden.

- **Platzverweis/Ingewahrsamnahme/Rückführungsgewahrsam:** Schließlich kann die Polizei bei einer konkreten Gefahr auch einen Platzverweis, eine Ingewahrsamnahme oder einen Rückführungsgewahrsam, also die Rückführung von gewalttätigen Personen zu ihrem Heimatort, in Betracht ziehen.

Da das Versammlungsgesetz bezüglich der genannten Maßnahmen keine Regelungen enthält, stellt sich die Frage, ob derartige Maßnahmen auf das allgemeine Polizei- und Ordnungsrecht (POR) gestützt werden können. 1101

Zunächst ist festzuhalten, dass der Schutzbereich des Art. 8 I GG auch das Vorfeld von Versammlungen, namentlich den Zugang zu einer sich bildenden Versammlung, umfasst. Denn der Schutzzweck des Art. 8 I GG gebietet es, das Grundrecht nicht auf den Zeitraum der Durchführung einer Versammlung zu begrenzen, sondern seine Wirkung 1102

[1391] *Kingreen/Poscher*, POR, § 21 Rn 46; OVG Lüneburg NJW 2006, 391; *Kiesling*, DVBl 2012, 1210 ff.
[1392] Auf die Frage, ob hier überhaupt eine Eilfallkompetenz vorliegt oder ob die Sonderordnungsbehörde zuständig ist, kann hier nicht weiter eingegangen werden.
[1393] *Kingreen/Poscher*, POR, § 21 Rn 46; VGH Mannheim DÖV 2002, 218. Siehe auch *Beaucamp*, JA 2017, 728, 732.
[1394] Vgl. *Kingreen/Poscher*, POR, § 21 Rn 48; *Götz/Geis*, POR, § 17 Rn 25. Siehe auch *Beaucamp*, JA 2017, 728, 732.

bereits in deren **Vorfeld** zu erstrecken. Art. 8 I GG schützt deshalb auch den Zugang und die Anreise zu einer bevorstehenden bzw. sich bildenden Versammlung.[1395] Sähe man dies anders, liefe die Versammlungsfreiheit Gefahr, durch staatliche Maßnahmen im Vorfeld der Grundrechtsausübung (z.B. durch Behinderungen bei der Anfahrt, durch bewusst verzögernde oder exzessiv umfangreiche Kontrollen etc.) ausgehöhlt zu werden.[1396] Eben wegen dieses vorgelagerten Grundrechtsschutzes bestehen Bedenken, das POR anzuwenden, weil dadurch die Wertungen des Versammlungsgesetzes mit seinen speziellen und grundsätzlich abschließenden Regelungen unterlaufen werden könnten. Auf der anderen Seite enthält das Versammlungsgesetz aber keine Rechtsgrundlagen hinsichtlich der o.g. Maßnahmen, was den Weg für die Anwendung des POR frei machen könnte. Dem hohen Schutzniveau des Art. 8 I GG könnte jedenfalls durch eine verfassungskonforme Auslegung der Befugnisnormen des POR Rechnung getragen werden. Allerdings ist damit noch nicht das Problem des Zitiergebots des Art. 19 I S. 2 GG gelöst. Denn anders als das VersG (§ 20 VersG) zitieren die meisten Polizeigesetze der Länder Art. 8 I GG nicht als eingeschränktes Grundrecht.[1397]

1103 Anwendungsfall: In der norddeutschen Stadt B wurde ein Gentechnologiezentrum errichtet, in dem Präimplantationsdiagnostik und Klonversuche unternommen werden sollen. Die Menschenrechtsorganisation *pro human* e.V., deren Mitglieder für eine radikale Durchsetzung ihrer Auffassung bekannt und teilweise wegen Haus- und Landfriedensbruchs vorbestraft sind, plant eine Mahnwache vor dem Zufahrtstor und meldet diese gem. § 14 VersG an. Am Tag der Veranstaltung reisen u.a. die rheinland-pfälzischen Mitglieder der Organisation mit einem gemieteten Reisebus an. Der Polizeipräsident der Stadt B befürchtet erhebliche Störungen für die öffentliche Sicherheit und lässt an der Stadtgrenze eine Kontrollstelle einrichten. Auch die rheinland-pfälzischen Mitglieder der Organisation werden kontrolliert. Es werden deren Personalien aufgenommen; nach einer Durchsuchung der Personen und des Busses werden auch einige Plakate sichergestellt, deren Aufdrucke den Tatbestand der Beleidigung erfüllen. Nach den Maßnahmen können die Betroffenen ihren Weg zu der Mahnwache fortsetzen. Dennoch sind sie der Auffassung, dass die Maßnahmen rechtswidrig gewesen seien.

Lösungsgesichtspunkte:
Vorliegend sind verschiedene Maßnahmen ergangen. Zunächst wurde eine Razzia, also eine planmäßige Überprüfung der Identität eines größeren Personenkreises durchgeführt. Auch wurden Personen und Sachen durchsucht und dabei gefundene Gegenstände sichergestellt. In der Fallbearbeitung sind diese Maßnahmen einzeln und hintereinander zu prüfen. Lediglich aus Platzgründen wird vorliegend von dieser zwingenden Regel abgewichen.

I. Rechtsgrundlagen
Da derartige Maßnahmen in Grundrechte eingreifen, bedurfte die Polizei entsprechender Rechtsgrundlagen. Diese könnten sowohl im Versammlungsgesetz (VersG) als auch im allg. POR zu finden sein. Die Bestimmung der richtigen Rechtsgrundlage richtet sich danach, ob eine Versammlung i.S.d. **Art. 8 I GG** vorlag, in die eingegriffen wurde. Sollte ein solcher Eingriff bejaht werden, sind grundsätzlich die Befugnisnormen des VersG abschließend.[1398]

1. Vorliegen einer Versammlung
Versammlungen sind ungehinderte friedliche Zusammenkünfte mehrerer Personen zwecks gemeinschaftlicher Erörterung und Kundgebung mit dem Ziel der Teilhabe an der öffentlichen Meinungsbildung.[1399]

[1395] BVerfGE 69, 315, 349 (Brokdorf); 84, 203, 209 (Republikaner); BVerwG NJW 2018, 716, 719.
[1396] BVerfGE 69, 315, 349 (Brokdorf); 84, 203, 209 (Republikaner); BVerwG NJW 2018, 716, 719.
[1397] Art. 8 I GG wird aber als einschränkbares Grundrecht zitiert in Art. 91 BayPAG, § 8 Nr. 3 BrandPolG, § 10 NdsPOG, § 7 NRWPolG, § 8 Nr. 3 RhlPflPOG, § 10 SächsPVDG und § 11 Nr. 7 SachsAnhSOG.
[1398] So auch ausdrücklich BVerfG NVwZ 2005, 80.
[1399] BVerfG NVwZ 2014, 1453; NJW 2014, 2706, 2707 f.; NVwZ 2011, 422, 423; BVerfGE 104, 92, 104; 123, 226, 250 f. Siehe auch BVerwG NJW 2018, 716, 719.

Nach diesen Kriterien kann die Einstufung der Mahnwache als Versammlung ohne weiteres bejaht werden. Bei dem Thema, gegen das sich die Mahnwache wendet, handelt es sich sogar um eine Angelegenheit von öffentlichem Interesse. Dass es sich bei der Veranstaltung „nur" um eine Mahnwache handelt, bei der nicht die verbale Meinungskundgabe im Mittelpunkt steht, ändert an der Qualifikation als Versammlung nichts, weil sich der Schutz des Art. 8 I GG nicht nur auf Veranstaltungen beschränkt, auf denen argumentiert und gestritten wird, sondern „vielfältige Formen gemeinsamen Verhaltens bis hin zu nichtverbalen Ausdrucksformen" umfasst.[1400]

Die Versammlung ist auch öffentlich, da sich ohne weiteres auch andere als nur die Mitglieder der Organisation anschließen können.

2. Anwendbarkeit des VersG oder des POR im Vorfeld einer Versammlung?

Liegt demzufolge eine öffentliche Versammlung vor, sind bei Einschränkungen der Versammlungsfreiheit grundsätzlich die Befugnisnormen des VersG einschlägig und abschließend. Fraglich ist allerdings, wie es sich auswirkt, dass die zu untersuchenden Maßnahmen während der **Anreise** zum Versammlungsort ergingen.

Nach zutreffender Rspr. umfasst der Grundrechtsschutz des Art. 8 I GG auch das Vorfeld von Versammlungen, namentlich den Zugang zu einer sich bildenden Versammlung.[1401] Ob damit aber auch die Anwendbarkeit der Befugnisnormen des VersG gegeben ist, erscheint in Anbetracht der Tatsache, dass eine Versammlung gerade noch nicht bestand, die meisten Befugnisnormen des VersG in systematischer Hinsicht aber von einer bereits bestehenden Versammlung ausgehen, fraglich. Wären Rechtsverstöße während der Versammlung aufgetreten, hätte § 15 III VersG der Behörde die Befugnis erteilt, die Versammlung aufzulösen oder entsprechende „Minusmaßnahmen" zu treffen.[1402] Doch für das Vorfeld einer Versammlung existiert keine vergleichbare versammlungsgesetzliche Rechtsgrundlage. Zwar enthält das VersG auch für das Vorfeld von Versammlungen neben Verbot und Auflagen (§ 15 I VersG) das Verbot des Mitführens von Waffen auf dem Weg zur Versammlung (§ 2 III S. 2 VersG), die Anmeldepflicht (§ 14 VersG) und das Verbot des Mitführens von Vermummungsgegenständen (§ 17a II Nr. 2 VersG), jedoch ermächtigen diese Vorschriften zu keinen Maßnahmen, die bei Verstößen gegen diese Vorgaben zu ergreifen wären. Allein in § 17a IV VersG ist eine Rechtsgrundlage vorgesehen, zur Durchsetzung des Verbots gem. § 17a II Nr. 2 VersG Anordnungen zu treffen.

⇨ Dennoch wird teilweise vertreten, dass auch im Vorfeld einer Versammlung die Befugnisnormen des Versammlungsgesetzes so weit wie möglich anzuwenden und die Tatbestandsvoraussetzungen für alle präventiven Maßnahmen etwa den §§ 5, 13, 15, 18 oder 12a VersG zu entnehmen seien[1403], wodurch sich etwa eine Personenfeststellung oder Durchsuchung als mildere Maßnahmen, sog. „Minusmaßnahmen" zu diesen Normen darstellten und das Polizeigesetz nur für die Rechtsfolge gelte.

⇨ Es ist aber auch möglich, eine räumlich/zeitliche Abgrenzung vorzunehmen, indem entweder auf den Wirkungsbereich oder auf den Zeitraum der eigentlichen Durchführung der Versammlung abgestellt wird. Eine solche Abgrenzung nimmt die Rechtsprechung vor.[1404] Außerhalb des stärksten Schutzes der Versammlungsfreiheit, nämlich außerhalb der Versammlung selbst, seien polizeiliche Eingriffe nicht ausschließlich am Versammlungsgesetz zu messen, sondern ließen sich auch auf das allgemeine Polizei- und Ordnungsrecht stützen. Da sich aber der Grundrechtsschutz des Art. 8 I GG auch auf den Vorfeldbereich einer Versammlung erstrecke, müssten die Vorschriften des allgemeinen Polizei- und Ordnungsrechts im Lichte der Bedeutung der Versammlungsfreiheit, also verfassungskonform ausgelegt werden. Auf das allgemeine Polizei- und Ordnungsrecht gestützte Maßnahmen seien demnach rechtmäßig, wenn sie dem Schutz von Rechtsgütern dienten, die bei einer Abwägung mit Art. 8 I GG den Vorrang genössen. Dazu

---
[1400] BVerfGE 83, 203, 209.
[1401] BVerfGE 69, 315, 349 (Brokdorf); 84, 203, 209 (Republikaner); BVerwG NJW 2018, 716, 719.
[1402] Zu den „Minusmaßnahmen" vgl. Rn 1111.
[1403] Vgl. *Dietel/Gintzel/Kniesel*, § 15 Rn 5.
[1404] VG Lüneburg NVwZ-RR 2005, 248, 249 (Castor-Transport); VGH Mannheim NVwZ 1998, 761, 762 f.

gehörten die Individualgüter Leib, Leben und Gesundheit von Menschen, aber auch die freiheitliche demokratische Ordnung des Grundgesetzes.

Stellungnahme: Die zuerst genannte Auffassung verkennt, dass Maßnahmen nach § 15 I, II VersG ein Vorgehen nur gegen den Veranstalter, nicht gegen die potentiellen Teilnehmer erlaubt, deren Versammlungsfreiheit durch die Vorfeldmaßnahmen eingeschränkt wird. Eine extensive Anwendung von Rechtsgrundlagen auf gesetzlich nicht geregelte Fälle ist mit dem Grundsatz vom Vorbehalt des Gesetzes und damit mit dem Rechtsstaatsprinzip nur schwer vereinbar. Art. 20 III GG verlangt bei Grundrechtseingriffen eine gesetzliche Grundlage, die hinreichend genau bestimmen muss, gegen wen und unter welchen Voraussetzungen Grundrechtseingriffe zulässig sind.[1405] Die Rspr., die eine extensive Anwendung der Vorschriften des VersG über deren Wortlaut hinaus ablehnt und folgerichtig auf das POR zurückgreift, scheint daher vorzugswürdig zu sein, zumal sie das POR im Lichte der Bedeutung der Versammlungsfreiheit, also verfassungskonform auslegt. Formell-rechtlich ist mit Blick auf Art. 19 I S. 2 GG dann aber die in den meisten Polizeigesetzen[1406] nicht vorhandene Zitierung des Art. 8 I GG problematisch.[1407] Die Rspr. ignoriert die nicht vorhandene Zitierung regelmäßig.[1408] Das Zitiergebot ist aber keine bloße Förmelei, sondern geltendes Verfassungsrecht. Teilweise wird daher versucht, die fehlende Zitierung des Art. 8 I GG als unschädlich einzustufen. So soll das Zitiergebot nicht gelten, wenn Vorfeldmaßnahmen Art. 8 I GG nur faktisch-mittelbar beschränkten[1409], weil bei faktisch-mittelbaren Maßnahmen das Zitiergebot generell nicht gelte[1410]. Das sei etwa der Fall, wenn die Maßnahmen dem Schutz der Versammlung insgesamt dienten, beispielsweise deren Friedlichkeit.[1411] Auch wird versucht, die Anwendung des Zitiergebots mit dem Argument abzulehnen, dass die polizei- und ordnungsrechtlichen Befugnisnormen aller Bundesländer schon im Ordnungsrecht vor Inkrafttreten des Grundgesetzes 1949 enthalten waren, es sich also um vorkonstitutionelles Recht handele, für das das Zitiergebot von vornherein nicht gelte.

Derartige „Rettungsversuche" überzeugen nicht. Die grundsätzliche Verpflichtung zur Zitierung des betroffenen Grundrechts soll den Gesetzgeber darauf aufmerksam machen, dass er die Möglichkeit der Grundrechtsbeeinträchtigung geschaffen hat (Warn- und Besinnungsfunktion). Darüber hinaus hat das Zitiergebot eine Klarstellungsfunktion. Der Gesetzesanwender (also die Verwaltung) soll wissen, in welche Grundrechte das Gesetz einzugreifen ermächtigt.[1412] Dieser Sinn und Zweck des Zitiergebots wird unterlaufen, wenn die Rspr. die fehlende Zitierung von Grundrechten nicht beanstandet. Schließt man sich daher keinem der genannten „Rettungsversuche" an, sind Vorfeldmaßnahmen (in Ermangelung einer anwendbaren Rechtsgrundlage) schlichtweg rechtswidrig, wenn – wie vorliegend – keine ausdrückliche Rechtsgrundlage dem VersG entnommen werden kann. Aus rechtsstaatlicher Sicht wäre dieser Standpunkt konsequent.

II. Ergebnis

Schließt man sich keinem der genannten „Rettungsversuche" an, waren die Feststellung der Identität, die Durchsuchung von Personen und Sachen sowie die Sicherstellung der gefun-

---

[1405] Dies hat das BVerfG bei der sog. Online-Durchsuchung von Computern klargestellt und eine analoge Anwendung des § 102 StPO ausdrücklich abgelehnt (vgl. BVerfG NJW 2007, 930 ff. – dazu oben 309a).
[1406] Art. 8 I GG wird aber als einschränkbares Grundrecht zitiert in Art. 91 BayPAG, § 8 Nr. 3 BrandPolG, § 10 NdsPOG, § 7 NRWPolG, § 8 Nr. 3 RhlPflPOG, § 10 SächsPVDG und § 11 Nr. 7 SachsAnhSOG.
[1407] Das Zitiergebot ist auf die vorliegende Konstellation anwendbar, weil es nach h.M. für Grundrechte gilt, die „aufgrund ausdrücklicher Ermächtigung vom Gesetzgeber eingeschränkt werden dürfen" (so BVerfGE 83, 130, 154; ähnlich BVerfGE 64, 72, 79), also für Grundrechte mit Gesetzesvorbehalt. Darunter fallen gem. Art. 8 II GG gerade öffentliche Versammlungen unter freiem Himmel. Etwas anderes gilt für nichtöffentliche Versammlungen in geschlossenen Räumen, für die der Gesetzesvorbehalt nach h.M. nicht gilt und daher auch das Zitiergebot nicht beachtet werden muss (vgl. dazu Rn 1123 ff.). Siehe auch *Beaucamp*, JA 2017, 728, 733.
[1408] Vgl. etwa VG Lüneburg NVwZ-RR 2005, 248 f. sowie *Jötten/Tams*, JuS 2008, 436, 440 und *Pieroth/Schlink*, Grundrechte, Rn 710 (bis zur 21. Auflage 2005). In der Fallbearbeitung wäre die Nichterwähnung des Zitiergebots aber ein schwerer methodischer Fehler. *Götz/Geis*, POR, § 17 Rn 25, wollen „unter Wahrung des Zitiergebots des § 20 VersG" die Befugnisnormen des POR anwenden. Das ist rechtskonstruktiv abzulehnen. Das einzuschränkende Grundrecht muss in dem Gesetz zitiert werden, dem die Rechtsgrundlage für den Eingriff entnommen wird.
[1409] BVerfGE 28, 36, 46; BVerfG NJW 1999, 3399, 3400; *Deger*, NVwZ 1999, 265, 267; *Schenke*, POR, Rn 343.
[1410] BVerfGE 28, 36, 46; BVerfG NJW 1999, 3399, 3400.
[1411] VGH Mannheim DÖV 1990, 572; *Dietel/Gintzel/Kniesel*, § 15 Rn 5 f.
[1412] BVerfGE 64, 72, 79; 85, 386, 403 f.

denen Sachen rechtswidrig. Folgt man indes der h.M., kommen im vorliegenden Fall die Rechtsgrundlagen des Polizeigesetzes für die Identitätsfeststellung (Rn 207 ff.) und die Sicherstellung der Plakate (Rn 560 ff.) in Betracht (beide Maßnahmen wären sodann auch zu prüfen mit dem Ergebnis, dass beide rechtmäßig ergingen).

III. Hinweis

Da – wie bei Rn 1034 bereits aufgezeigt – seit dem 1.9.2006 die Gesetzgebungskompetenz für das Versammlungswesen auf die Länder übergegangen ist, sind diese nunmehr befugt, eigene Versammlungsgesetze zu erlassen (oder aber – als Standardmaßnahmen – entsprechende Regelungen in die Polizeigesetze aufzunehmen). Dort, wo dies geschehen ist, ist Art. 8 I GG als eingeschränktes Grundrecht bezeichnet (vgl. Art. 23 BayVersG, § 23 NdsVersG, § 21 SächsVersG, § 19 SachsAnhVersG, § 28 SchlHolstVersG), sodass dort die vorstehende Problematik beseitigt wurde. Im Übrigen wurde – zumindest teilweise – Art. 8 I GG als einschränkbares Grundrecht in die Landespolizeigesetze aufgenommen[1413], sodass sich diesbezüglich jedenfalls die Frage nach der Beachtung des Zitiergebots erledigt hat.

In Ländern, in denen aber noch keine Änderung der bisherigen Rechtslage eingetreten ist, bleibt es vorerst bei der erläuterten Problematik (vgl. Art. 125a I GG).

> **Merke:** Im **Vorfeld einer Versammlung** scheint – sofern das Versammlungsgesetz keine Rechtsgrundlagen enthält und daher auch keine Sperrwirkung entfalten kann – der Rückgriff auf das POR möglich. Da sich aber der Grundrechtsschutz des Art. 8 I GG auch auf den Vorfeldbereich einer Versammlung erstreckt, müssen die Vorschriften des POR im Lichte der Bedeutung der Versammlungsfreiheit, also verfassungskonform ausgelegt werden. Auf das POR gestützte Maßnahmen sind demnach nur dann (materiell) rechtmäßig, wenn sie dem Schutz von Rechtsgütern dienen, die bei einer Abwägung mit Art. 8 I GG den Vorrang genießen. Dazu gehören die Individualgüter Leib, Leben und Gesundheit von Menschen, aber auch die freiheitliche demokratische Grundordnung des GG. Mit Blick auf Art. 19 I S. 2 GG problematisch ist aber die fehlende Zitierung des Art. 8 I GG in den meisten[1414] Polizeigesetzen der Länder. In Ländern, deren Polizeigesetze Art. 8 I GG nicht als einschränkbares Grundrecht zitieren, können nach der hier vertretenen Auffassung die Befugnisnormen des POR allenfalls dann angewendet werden, wenn man sich auf den Standpunkt stellt, dass das Zitiergebot nicht bei mittelbaren Grundrechtseingriffen gilt[1415] und die konkrete Vorfeldmaßnahme lediglich der Sicherung der Durchführung der Versammlung dient und damit der Eingriff in Art. 8 I GG nur ein mittelbarer ist.[1416]

1104

b.) Maßnahmen während der Versammlung

aa.) Auflösung der Versammlung und Ausschluss Einzelner

Während der Versammlung entfaltet der Grundrechtsschutz aus Art. 8 I GG seine größte Wirkung. Daher sind versammlungsbeeinträchtigende Maßnahmen, zu denen die **Auflösung** (§ 15 III VersG) und der **Ausschluss** Einzelner (§§ 18 III, 19 IV VersG) gehören, nur unter sehr strengen Voraussetzungen möglich. Vgl. dazu Rn 1115 ff. Das versammlungsrechtliche Verbot, die Versammlung von außen zu stören oder zu sprengen (§§ 2 II, 21 VersG), kann die Polizei mit den Mitteln des allgemeinen Polizeirechts durchsetzen.[1417] Die beschränkenden Verfügungen („Auflagen") der Ver-

1105

[1413] So wird Art. 8 I GG als einschränkbares Grundrecht zitiert in Art. 91 BayPAG, § 8 Nr. 3 BrandPolG, § 10 NdsPOG, § 7 NRWPolG, § 8 Nr. 3 RhlPflPOG, § 10 SächsPVDG und § 11 Nr. 7 SachsAnhSOG.
[1414] Wie aufgezeigt, wird aber Art. 8 I GG als einschränkbares Grundrecht zitiert in Art. 91 BayPAG, § 8 Nr. 3 BrandPolG, § 10 NdsPOG, § 7 NRWPolG, § 8 Nr. 3 RhlPflPOG, § 10 SächsPVDG und § 11 Nr. 7 SachsAnhSOG.
[1415] BVerfGE 28, 36, 46; BVerfG NJW 1999, 3399, 3400.
[1416] Die Rspr. (vgl. etwa VG Lüneburg NVwZ-RR 2005, 248 f.) umgeht diese Problematik teilweise, indem sie das Zitiergebot des Art. 19 I S. 2 GG einfach nicht erwähnt. Auch *Pieroth/Schlink*, Grundrechte, ließen bis zur 21. Aufl. 2005 das Zitiergebot unerwähnt. Für eine (methodisch) korrekte Fallbearbeitung ist aber eine Auseinandersetzung mit ihm erforderlich. Vgl. dazu die Argumentation bei *R. Schmidt*, POR, Rn 1072 ff.
[1417] VGH Mannheim DÖV 1990, 572.

sammlungsbehörde kann sie mit Zwangsmitteln, insb. dem unmittelbaren Zwang, durchsetzen.

1106 Ein besonderes Problem bereitet die Beantwortung der Frage, ob die Polizei neben den o.g. Maßnahmen befugt ist, während der Versammlung auftretende Störungen mit den Mitteln des **POR** (z.B. Identitätsfeststellung, Durchsuchung von Sachen und/oder Personen) zu unterbinden. Die h.M. bejaht diese Frage. Diese im VersG nicht ausdrücklich geregelte Befugnis der Polizei werde aus ihrer weitergehenden Befugnis, Störungen mit der Maßnahme der Auflösung entgegenzutreten (§ 15 III Var. 4 VersG), abgeleitet. Wenn – unter den Voraussetzungen des § 15 III VersG – schon eine Auflösung möglich wäre, entspreche es dem Grundsatz der Verhältnismäßigkeit, weniger einschneidende Maßnahmen (sog. **Minusmaßnahmen**) ergreifen zu dürfen.[1418] Dabei verbleiben die Vertreter dieser Vorgehensweise hinsichtlich der Rechtsgrundlage im VersG, ersetzen jedoch die dort angegebene Rechtsfolge (Auflösung, Ausschluss) durch eine mildere, dem POR entnommene (Ingewahrsamnahme, Identitätsfeststellung, Durchsuchung, Sicherstellung etc.). Das überzeugt nicht ohne weiteres, vgl. dazu Rn 1103/1111.

bb.) Insbesondere: einschließende Begleitung

1107 Nicht selten kommt es vor, dass die Polizei Demonstrationen begleitet. Eine Begleitung soll die friedliche Grundrechtsausübung der Versammlungsteilnehmer gewährleisten und für einen störungsfreien Ablauf sorgen. Die Störungen, die es dabei abzuwehren gilt, können der Versammlung durch Nichtteilnehmer drohen, bspw. Störungen durch gewaltbereite Gegendemonstranten oder allgemeine Verkehrsgefahren. In diesem Fall geht es um den Schutz der Versammlung vor Störungen von außen. Eine Begleitung kann aber auch durchgeführt werden, um bei einem unfriedlichen Verlauf der Versammlung gewalttätige Teilnehmer zu separieren, sie beweissicher festzunehmen und gem. § 18 III VersG von der weiteren Teilnahme an der Versammlung auszuschließen. In diesem Fall geht es um den Schutz der Versammlung vor Störungen von innen.

1108 Im Hinblick auf den Grad der Grundrechtsbeeinträchtigung muss zwischen der offenen und der einschließenden Begleitung unterschieden werden.

- Die **offene Polizeibegleitung** kennzeichnet sich dadurch, dass – auch aus Deeskalationsgründen – grds. keine direkte Seitenbegleitung der Demonstration erfolgt. Sollte gleichwohl wegen der Gefahrenprognose aus polizeitaktischen Gründen eine seitliche Begleitung angebracht sein, ist der Abstand zwischen den Polizeibeamten noch so groß, dass es Personen ohne weiteres möglich ist, sich dem Aufzug anzuschließen oder ihn zu verlassen.[1419]

- Wird aber die Begleitung in Abhängigkeit von der Größe des Aufzugs und dem Inhalt der Gefahrenprognose verdichtet sowie die Ausrüstung der Polizeibeamten aufgestockt, wandelt sich die offene Begleitung in eine **einschließende Begleitung**, die sich dadurch kennzeichnet, dass es den Teilnehmern der Demonstration aufgrund der engen Begleitung durch die Polizeibeamten nicht möglich ist, den Demonstrationszug zu verlassen und sich auch niemand mehr der Demonstration anschließen kann. Der Demonstrationszug ist bei der einschließenden Begleitung (wie bei der stationären Umschließung) vollständig umschlossen, Durchlassstellen gibt es nicht.[1420] Weiteres Kennzeichen der einschließenden Begleitung ist, dass die Marschroute des Zuges durch die Polizeieinsatzkräfte vorgegeben ist und dass die Demonstrationsteilnehmer gehindert sind, einen anderen Weg einzuschlagen. Schließlich ist auch die Kommunikation des Demons-

---

[1418] Für die Zulässigkeit sog. Minusmaßnahmen vgl. neben BVerfG NVwZ 2016, 53 f. auch BVerwGE 64, 55, 58; *Götz/Geis*, POR, § 17 Rn 26; *Kingreen/Poscher*, POR, § 20 Rn 18; *Schenke*, POR, Rn 377 f.; *Schnur*, VR 2000, 114 ff.
[1419] *Brenneisen/Wilksen*, VersR, Rn 406; *Krüger/van der Schoot*, NordÖR 2007, 276.
[1420] *Brenneisen/Wilksen*, Polizeiforum 2006, 56, 57; *Krüger/van der Schoot*, NordÖR 2007, 276.

trationszuges mit Außenstehenden weitgehend unterbunden.

Dass jedenfalls die *einschließende* Begleitung einen Grundrechtseingriff in Art. 8 I GG darstellt, wurde bereits bei Rn 1070 festgestellt. Fraglich ist allein die verfassungsrechtliche Rechtfertigung. § 15 VersG enthält auf seiner Rechtsfolgeseite lediglich ein Verbot, Auflagen und eine Auflösung. Die einschließende Begleitung könnte zunächst als Auflage qualifiziert werden. Unter **Auflagen** i.S.d. § 15 I VersG versteht man eigenständige, in das Grundrecht der Versammlungsfreiheit eingreifende Verwaltungsakte. Auflagen in diesem Sinne wären etwa Verbote, Trommeln oder Fanfaren zum Einsatz zu bringen oder bestimmte Fahnen zu tragen[1421] oder alkoholische Getränke zu konsumieren[1422]. Ob eine einschließende Begleitung eine Auflage i.S.d. § 15 VersG sein kann, ist fraglich. Dagegen spricht, dass der Begriff Auflage im Zusammenhang mit dem Begriff Verbot steht und dass ein Verbot gem. § 15 I, II VersG nur *vor Beginn* (und nicht während) der Versammlung ausgesprochen werden kann. Ein „Verbot" *während der Versammlung* ist juristisch als Auflösung (§ 15 III VersG) zu werten. Daraus folgt nach der hier vertretenen Auffassung, dass eine einschließende Begleitung keine Auflage i.S.d. § 15 VersG sein kann.

Auch die Qualifizierung als **Auflösung** vermag nicht zu überzeugen, denn eine Auflösung ist die Beendigung einer bereits im Gang befindlichen Versammlung mit dem Ziel, die Gruppierung zu zerstreuen.[1423] Bei einer einschließenden Begleitung bzw. Einkesselung soll aber gerade das Gegenteil bewirkt werden.

Schließlich ist danach zu fragen, ob eine einschließende Begleitung als sog. „**Minusmaßnahme**" rechtmäßig sein kann. Dazu müsste aber generell die Konstruktion „Minusmaßnahme" anzuerkennen sein.

Die genannte Konstruktion wird deshalb in Erwägung gezogen, um die in § 15 VersG genannte Rechtsfolge Auflösung abzumildern, indem man zwar formal bei § 15 VersG und den dort genannten Voraussetzungen *Gefahr für die öffentliche Sicherheit oder Ordnung* verbleibt (und damit der Sperrwirkung des VersG gegenüber dem POR Rechnung trägt), jedoch statt der genannten Rechtsfolge *Auflösung* eine mildere Rechtsfolge (d.h. eine mildere Rechtsfolge aus dem POR) wählt.[1424] Diese Vorgehensweise scheint vor dem Hintergrund des Art. 8 I GG und dem Grundsatz der Verhältnismäßigkeit geradezu geboten. Es ist für die Betroffenen weniger einschneidend, wenn die Polizei trotz Vorliegens der Voraussetzungen *Gefahr für die öffentliche Sicherheit oder Ordnung* bspw. die Versammlung kurzzeitig unterbricht, einzelne Störer in Gewahrsam nimmt oder des Ortes verweist oder die Versammlungsteilnehmer einschließt, statt die Versammlung insgesamt aufzulösen. Zwar steht dem der eindeutige Wortlaut des § 15 VersG, der ausschließlich ein Verbot bzw. eine Auflösung, nicht aber andere (wenn auch mildere) Maßnahmen vorsieht, entgegen. Allerdings soll diese Vorschrift ja gerade verfassungskonform ausgelegt werden. Freilich stehen dieser Vorgehensweise das Bestimmtheitsgebot, das Gebot der Vorhersehbarkeit und das Gebot der Rechtsklarheit entgegen.[1425]

In Bezug auf die einschließende Begleitung kommt als mildere Maßnahme die polizeigesetzliche **Ingewahrsamnahme** in Betracht, die an die Stelle der in § 15 III VersG genannten „Auflösung" tritt. Versucht man jedoch, die einschließende Begleitung unter den Begriff Ingewahrsamnahme zu subsumieren, stellt man fest, dass dies nicht ohne weiteres möglich ist. Denn eine Ingewahrsamnahme ist nach herrschender Definition

---

[1421] Vgl. dazu OVG Berlin NVwZ 2000, 1201, 1202.
[1422] OVG Bautzen NJW 2018, 2429.
[1423] BVerfG NVwZ 2005, 80, 81.
[1424] Sog. Ergänzungslehre, vgl. BVerwG NJW 1982, 1008; VGH Mannheim NVwZ 1989, 163.
[1425] Vgl. bereits die 9. Aufl. 2005; später auch *Ogorek*, JuS 2013, 639, 643. Zur Kritik an den „Minusmaßnahmen" vgl. auch Rn 1103.

die Hinderung einer Person, sich in jede Richtung bewegen zu können. Bei der einschließenden Begleitung wird aber die Bewegung zumindest in eine Richtung ermöglichst bzw. vorgegeben. Die Rechtsfolge Ingewahrsamnahme lässt sich als Minusmaßnahme zur Auflösung daher nur dann heranziehen, wenn man sie nicht als Hinderung, sich in alle Richtungen zu bewegen, versteht, sondern allgemeiner fasst und darunter jedwede Hinderung, sich frei zu bewegen, subsumiert. Dies wird – soweit ersichtlich – aber nicht vertreten.

1113 Versteht man den Begriff der Ingewahrsamnahme nicht derart weit, verbleibt als mögliche Rechtsgrundlage für die einschließende Begleitung nur noch § 15 III VersG mit der Rechtsfolge der polizeilichen **Befugnisgeneralklausel**.

1114 Allein das Vorliegen einer Rechtsgrundlage genügt jedoch noch nicht. Insbesondere müssen auch die tatbestandlichen Voraussetzungen (hier: **Gefahr für die öffentliche Sicherheit oder Ordnung**) sowie der **Grundsatz der Verhältnismäßigkeit** vor dem Hintergrund des hohen Schutzgutes des Art. 8 I GG beachtet werden. Sollte sich die einschließende Begleitung auf friedliche Demonstranten beziehen, ist zu bedenken, dass polizeirechtlich von einer Inanspruchnahme von Nichtstörern gesprochen werden muss. Maßnahmen sind nur unter sehr strengen Voraussetzungen möglich. So muss die Polizei vorrangig alle verfügbaren Kräfte gegen die Störer einsetzen. Aber auch im Übrigen ist zu beachten, dass eine einschließende Begleitung von friedlichen Demonstranten kaum verhältnismäßig sein wird. Denn sie unterdrückt die freie und ungehinderte Meinungsäußerung der Grundrechtsträger sowie die Möglichkeit zur Darstellung ihres Anliegens in der Öffentlichkeit. Außerdem ist mit der einschließenden Begleitung eine Stigmatisierung der Versammlungsteilnehmer in der Öffentlichkeit verbunden. Es besteht die Gefahr, dass eingeschlossene Demonstrationsteilnehmer von der Öffentlichkeit als gewalttätig angesehen werden, wodurch der wesentliche Zweck der Demonstration vereitelt oder sogar in sein Gegenteil verkehrt würde. Die einschließende Begleitung ist deshalb – jedenfalls, wenn sie zulasten friedlicher Demonstranten erfolgt – i.d.R. als unverhältnismäßiger Eingriff in die Demonstrationsfreiheit anzusehen. Werden die eingeschlossenen Versammlungsteilnehmer darüber hinaus daran gehindert, ihre Notdurft zu verrichten oder (bei hohen Temperaturen) Getränke zu besorgen, wird zudem eine Verletzung der Menschenwürde anzunehmen sein. Aus diesem Grund sind letztlich an die einschließende Begleitung rechtlich die gleichen Anforderungen wie an die stationäre Einkesselung zu stellen: Die Versammlung muss zunächst ausdrücklich aufgelöst werden, dann muss den Teilnehmern die Möglichkeit gegeben werden, sich zu entfernen. Erst in Anschluss daran ist eine – ggf. auch mobile – Einkesselung der Störer und unter den Voraussetzungen des polizeilichen Notstandes auch der Nichtstörer zulässig.[1426]

cc.) Polizeiliche Bild- und Tonaufnahmen

1114a Auch polizeiliche Bild- und Tonaufnahmen (etwa das Videographieren von Versammlungen zum Zwecke der Lenkung und Leitung des Polizeieinsatzes oder die Fertigung von Lichtbildern zwecks Veröffentlichung im Internet im Rahmen polizeilicher Öffentlichkeitsarbeit[1427]) greifen in das Grundrecht der Versammlungsfreiheit ein. Das gilt umso mehr aufgrund der weit reichenden Möglichkeiten, die die moderne elektronische Datenverarbeitung mit sich gebracht hat. Folgerichtig nehmen jüngere fachgerichtliche Entscheidungen einen Eingriff in Art. 8 I GG bereits dann an, wenn der Einsatz einer Kameraübertragung oder das Fertigen von Bildern geeignet ist, bei den Versammlungsteilnehmern das Gefühl des Überwachtwerdens mit den damit verbundenen Unsi-

---
[1426] *Krüger/van der Schoot*, NordÖR 2007, 276, 279.
[1427] OVG Münster K&R 2019, 824.

cherheiten und Einschüchterungseffekten zu erzeugen[1428], zumal die Teilnehmer auch in Übersichtsaufnahmen in der Regel individualisierbar miterfasst sind[1429].

Daneben liegt regelmäßig ein Eingriff in die Persönlichkeitsrechte (insbesondere in das Grundrecht auf informationelle Selbstbestimmung) der Teilnehmer vor.[1430] Ob sich der Schutz der Persönlichkeitsrechte dann aus Art. 2 I GG i.V.m. Art. 1 I GG oder im Anwendungsbereich des EU-Rechts vorrangig aus Art. 7 und 8 GRC ergibt, hängt von dem abschließenden Charakter des Unionsrechts ab (siehe dazu näher R. Schmidt, Grundrechte, Rn 222 ff.).

1114b

Als Rechtsgrundlage kommt § 12a VersG in Betracht, der über § 19a VersG auch auf friedliche Versammlungen unter freiem Himmel anwendbar ist. Tatbestandlich ist allerdings erforderlich, dass tatsächliche Anhaltspunkte dafür bestehen, dass von den Versammlungsteilnehmern eine erhebliche Gefahr für die öffentliche Sicherheit oder Ordnung ausgeht. Unter „erheblichen Gefahren" sind Gefahren gemeint, die für wichtige Rechtsgüter wie Leib, Leben, Gesundheit oder die freiheitliche demokratische Grundordnung des Grundgesetzes bestehen.[1431] Da ebendiese Rechtsgüter geeignet sind, die Versammlungsfreiheit einzuschränken, ist § 12a VersG abstrakt mit Art. 8 I GG vereinbar.

1114c

Ist § 12a I VersG abstrakt mit Art. 8 I GG vereinbar, fokussiert sich der Blick auf die Rechtmäßigkeit der Einzelmaßnahme. Zunächst ist ein ganz konkreter Anlass (Vorliegen von tatsächlichen Anhaltspunkten, die die Annahme rechtfertigen, dass von der Versammlung erhebliche Gefahren für die öffentliche Sicherheit oder Ordnung ausgehen) erforderlich. Die anlasslose Videoüberwachung (etwa im Rahmen von Übersichtsaufnahmen) durch die Polizei verstößt (auch bei Vorhandensein eigenständiger Rechtsgrundlagen wie Art. 9 II BayVersG und § 1 III des Gesetzes über Aufnahmen und Aufzeichnungen von Bild und Ton bei Versammlungen unter freiem Himmel und Aufzügen in Berlin) wegen der einschüchternden Wirkung daher gegen Art. 8 I GG.[1432] Das gilt erst recht bei Individualaufnahmen, aber auch dann, wenn keine Aufzeichnung erfolgt und dies für die Teilnehmer erkennbar ist. Verdeckte Videoüberwachung dürfte von vornherein mit Art. 8 I GG (und mit Art. 2 I i.V.m. 1 I GG) unvereinbar sein.[1433] Auch wenn sich der Zweck des Videographierens lediglich auf die Lenkung und/oder Leitung des Polizeieinsatzes bezieht, ist dies weder der gesetzlichen Regelung noch mit den Grundrechten aus Art. 8 I GG und Art. 2 I i.V.m. 1 I GG vereinbar.[1434]

c.) Maßnahmen nach Beendigung der Versammlung

Auch die Phase nach **Beendigung der öffentlichen Versammlung** kann mit Blick auf die Anwendbarkeit des allgemeinen Polizeirechts problematisch sein, weil das VersG hierzu kaum Regelungen enthält. Ausnahmen sind in §§ 12a und 13 II VersG enthalten. Aus § 13 II VersG (vgl. auch § 18 I VersG für Versammlungen unter freiem Himmel) ergibt sich eine Entfernungspflicht aller Teilnehmer nach einer Auflösung der Versammlung durch die Polizei. Ob damit aber der Weg frei ist für Anschlussmaßnahmen auf Grundlage des allgemeinen Polizei- und Ordnungsrechts, ist fraglich, weil Art. 8 I GG auch für die „Beendigungsphase" Nachwirkungen zeigt. Dennoch ist nach der hier vertretenen Auffassung die Anwendung der Befugnisnormen des POR zulässig,

1115

[1428] OVG Münster DVBl 2011, 175 f. (das allerdings „bloße Übersichtsmaßnahmen bei Großdemonstrationen" zwar als Eingriff in das allgemeine Persönlichkeitsrecht, nicht aber in Art. 8 I GG wertet); VG Berlin NVwZ 2010, 1442. Auch das BVerwG sieht das (mittlerweile) so (vgl. BVerwG NJW 2018, 716, 720).
[1429] OVG Münster K&R 2019, 824, 825.
[1430] Vgl. etwa BVerfG NVwZ 2016, 53 f. bzgl. polizeilicher Identitätsfeststellung, wenn Polizeibeamte ihrerseits videographiert werden und die Beamten die Personalien der die Videoaufnahmen fertigenden Personen aufnehmen.
[1431] Vgl. bereits die 5. Aufl. 2001 dieses Buches; später auch OVG Koblenz NVwZ-RR 2015, 570.
[1432] VG Berlin NVwZ 2010, 1442; a.A. BerlVerfGH NVwZ-RR 2014, 577 – dazu Neskovic/Uhlig, NVwZ 2014, 1317 f.
[1433] So auch Roggan, NVwZ 2011, 590 ff.
[1434] Erfreulicherweise haben dies nunmehr auch das VG Berlin NVwZ 2010, 1442 f. und das OVG Koblenz NVwZ-RR 2015, 570 entschieden.

nachdem die Versammlung **aufgelöst** (§ 15 III bzw. § 13 VersG) wurde. Gleiches gilt hinsichtlich einzelner Teilnehmer, wenn diese von der Versammlung gem. § 18 III VersG **ausgeschlossen** wurden. Denn mit der rechtsgestaltenden Wirkung, die eine Auflösungs- bzw. Ausschlussverfügung (= Verwaltungsakt) bewirkt, wird der Grundrechtsschutz des Art. 8 I GG beendet. Solche Personen können also unverzüglich nach den Polizeigesetzen z.B. in Gewahrsam genommen oder es kann ihnen ein (vollstreckbarer) Platzverweis erteilt werden, wenn im Übrigen die polizeirechtlichen Voraussetzungen (Gefahrenlage, Störereigenschaft, Verhältnismäßigkeit) vorliegen.[1435]

1116 Da die Auflösung (neben dem Verbot) der Versammlung und der Ausschluss Einzelner von der Versammlung jedoch den intensivsten Eingriff in das Grundrecht der Versammlungsfreiheit darstellen, erfordert es der Schutz des Art. 8 I GG, dass die Auflösungs- bzw. Ausschlussverfügung **eindeutig und unmissverständlich** formuliert ist und für die Betroffenen erkennbar zum Ausdruck bringt, dass die Versammlung aufgelöst bzw. sie für ihn zu Ende ist.[1436] Selbstverständlich sind auch materiell-rechtlich hohe Rechtmäßigkeitshürden zu nehmen, um der Bedeutung des Art. 8 I GG Rechnung zu tragen. Wird die Auflösungs- bzw. Ausschlussverfügung diesen Anforderungen nicht gerecht, ist sie rechtswidrig und entfaltet nach Auffassung des BVerfG (trotz der insoweit eindeutigen Formulierung in § 43 II, III VwVfG, wonach auch ein rechtswidriger – aber nicht nichtiger – Verwaltungsakt wirksam ist, solange und soweit er nicht zurückgenommen, widerrufen, anderweitig aufgehoben oder erledigt ist) keine konstitutive Wirkung mit der Folge, dass die Versammlung nicht beendet bzw. aufgelöst wird und Anschlussmaßnahmen auf der Grundlage des POR daher nicht möglich sind.[1437]

1117 **Merke:** Erst nach **expliziter Auflösung** der Versammlung bzw. nach **explizitem Ausschluss** einzelner Versammlungsteilnehmer von der Versammlung besteht die Sperrwirkung des VersG nicht mehr, sodass dem betroffenen Personenkreis gegenüber Folgemaßnahmen auf der Grundlage des POR erteilt werden können. Allerdings muss nach Auffassung des BVerfG die (Teil-)Auflösung bzw. der Ausschluss Einzelner von der Versammlung rechtmäßig sein, um die Sperrwirkung des VersG zu beenden und den Rückgriff auf das POR zu ermöglichen. Das ist der Fall, wenn die Verfügung dem strengen Prüfungsmaßstab des Art. 8 I GG entspricht.[1438]

d.) Zusammenfassung

1118 Bei **versammlungsspezifischen** Gefahren, die im Zusammenhang mit **öffentlichen Versammlungen im Freien** stehen, sind die Voraussetzungen für das polizeiliche Einschreiten und dessen Umfang speziell und **abschließend** in den Befugnisnormen des **VersG** geregelt. Ein Rückgriff auf das **POR** ist grds. **unzulässig** (sog. **Polizeifestigkeit des Versammlungsrechts**). **Ausnahmen** sind nur in folgenden Fällen anerkannt:

- Geht es im Rahmen einer **bestehenden** öffentlichen Versammlung unter freiem Himmel darum, Gefahren zu bekämpfen, die ihre Ursache *nicht* in der Versammlung haben, ist ein Rückgriff auf das POR möglich, auch wenn damit ein Eingriff in Art. 8 I GG verbunden ist. Denn in einem solchen Fall ist der Grundrechtseingriff in Art. 8 I GG lediglich eine Nebenfolge, nicht aber eigentlicher Zweck. In aller Regel haben die Gefahren aber die Ursache gerade in der Versammlung, sodass ein Rückgriff auf das allg. POR kaum möglich ist. Ist das der Fall und kann die polizeiliche Maßnahme nicht auf

---

[1435] Vgl. auch BVerfG NVwZ 2005, 80 f.; OLG Celle NVwZ-RR 2006, 254.
[1436] Vgl. auch hierzu BVerfG NVwZ 2005, 80 f.
[1437] Vgl. BVerfG NVwZ 2005, 80 f. (anders noch BVerfGE 87, 399, 400); OLG Celle NVwZ-RR 2006, 254.
[1438] Zur gutachterlichen Prüfung vgl. *R. Schmidt*, Fälle zum POR, Fall 4.

die Befugnisnormen des VersG gestützt werden, ist sie rechtswidrig (Polizeifestigkeit der Versammlung).

- Etwas anderes gilt, wenn die Versammlung **aufgelöst** bzw. teilaufgelöst wurde (vgl. § 15 III VersG). Denn mit der rechtsgestaltenden Wirkung der Auflösungsverfügung werden der Grundrechtsschutz des Art. 8 I GG und damit die Sperrwirkung des VersG beseitigt. Jedoch muss die Auflösungsverfügung materiell mit Art. 8 I GG vereinbar sein, um ihre konstitutive Wirkung zu entfalten. Sie muss zudem deutlich ausgesprochen werden und erkennen lassen, dass die Veranstaltung für die Betroffenen nunmehr zu Ende ist. Ist dies der Fall, sind Folgemaßnahmen (Platzverweise, Ingewahrsamnahmen etc.) auf der Grundlage des allg. POR möglich.

- Schließlich können einzelne Teilnehmer von der Versammlung **ausgeschlossen** werden (vgl. § 18 III VersG), wobei das zur Auflösung Gesagte auch hier gilt.

- Im **Vorfeld** von Versammlungen sind aus materiell-rechtlicher Sicht polizeiliche Maßnahmen (insb. Identitätsfeststellungen, Durchsuchungen, Sicherstellungen, Platzverweise und Ingewahrsamnahmen) auf der Grundlage des allg. POR zulässig, wenn die polizeigesetzlichen Eingriffsermächtigungen verfassungskonform ausgelegt werden, wenn also Eingriffe in Art. 8 I GG lediglich zugunsten von Leib, Leben oder Gesundheit von Menschen oder zugunsten der freiheitlichen demokratischen Grundordnung des Grundgesetzes erfolgen. Dem Rückgriff auf das allg. POR steht aber das Zitiergebot des Art. 19 I S. 2 GG entgegen, außer, man geht von nur faktisch-mittelbaren Auswirkungen auf das Versammlungsgrundrecht aus.

b. Bannmeilen und befriedete Bezirke

Zu den öffentlichen Versammlungen unter freiem Himmel zählen auch Versammlungen innerhalb der befriedeten Gebiete (= **Bannkreise**) der Gesetzgebungsorgane des Bundes oder der Länder sowie des BVerfG. Diese unterliegen aber speziellen Regelungen. So hat der Bund das **Gesetz über befriedete Bezirke für Verfassungsorgane** des Bundes (BefBezG) erlassen. § 2 BefBezG sieht ein abstraktes Versammlungsverbot vor. In § 3 I BefBezG ist dem Bürger aber ein Rechtsanspruch auf Erteilung einer Ausnahmebewilligung gewährt. Voraussetzung ist nur, dass keine Beeinträchtigung der Tätigkeit des Deutschen Bundestages und seiner Fraktionen, des Bundesrates und des BVerfG sowie ihrer Organe und Gremien und keine Behinderung des freien Zugangs zu ihren in dem befriedeten Bezirk gelegenen Gebäuden zu befürchten ist (vgl. § 3 I S. 1 BefBezG: „sind zuzulassen"). Fraglich ist, unter welchen Umständen eine Beeinträchtigung der Tätigkeit der genannten Verfassungsorgane bzw. eine Behinderung des freien Zugangs vorliegt bzw. zu befürchten ist. Jedenfalls ist eine Beeinträchtigung gem. § 3 I S. 2 BefBezG regelmäßig nicht anzunehmen, wenn die Versammlung an einem Tag durchgeführt werden soll, an dem keine Sitzungen des Bundestages oder Bundesrates stattfinden. Auch ist von einem Vorliegen einer Beeinträchtigung der Tätigkeit der betroffenen Verfassungsorgane nicht auszugehen, wenn die konkret geplante Versammlung sich nicht gegen das geschützte Organ, sondern gegen andere Adressaten wendet, die ihren Sitz ebenfalls im Bannkreis haben.[1439] Auch fehlt es an der erforderlichen Gefährdungslage, wenn sich die geplante Versammlung mit Themen befasst, die nicht im Kompetenzbereich des fraglichen Verfassungsorgans liegen. Soweit keine anderen Anhaltspunkte für eine Störereigenschaft der Versammlungsteilnehmer vorliegen, ist von einer Ungefährlichkeit der betroffenen Versammlung auszugehen.[1440] Jedenfalls besteht die Vermutung der Ungefährlichkeit einer Versammlung,

---

[1439] OVG Münster NWVBl 1994, 305, 309; *Ott/Wächtler/Heinhold*, VersG, § 16 Rn 2.
[1440] *Breitbach*, in: Ridder/Breitbach/Rühl/Steinmeier, Versammlungsrecht, § 16 Rn 41.

wenn das Thema der Versammlung nicht zur selben Zeit parlamentarisch bzw. verfassungsrechtlich beraten wird.[1441]

1120

> **Hinweis für die Fallbearbeitung:** In der Fallbearbeitung dürfte entscheidend sein, dass sich der Bearbeiter mit dem Sinn und Zweck der Regelung auseinandersetzt. Ratio der Regelung ist die Abwehr von Gefahren für die Funktionsfähigkeit der in § 16 I VersG genannten Verfassungsorgane und die Entscheidungsfreiheit ihrer Mitglieder. Wegen der herausragenden Bedeutung des Art. 8 I GG kann aber nicht jede Gefahrenabwehr ein Versammlungsverbot rechtfertigen. Vielmehr muss ein Schutzgut in Gefahr sein, das im konkreten Fall das Grundrecht auf Versammlungsfreiheit überwiegt. Ob das der Fall ist, muss durch Abwägung der im Sachverhalt beschriebenen Schutzgüter erfolgen.[1442]

2. Öffentliche Versammlungen in geschlossenen Räumen

1121 Aufgrund der Beschränkung des Art. 8 II GG auf Versammlungen unter freiem Himmel kann es Versammlungen geben, die zwar vom Schutzbereich des Art. 8 I GG, nicht aber vom Gesetzesvorbehalt des Art. 8 II GG erfasst sind. Hierbei handelt es sich um Versammlungen in geschlossenen Räumen, die scheinbar **vorbehaltlos gewährt** sind. Aber auch bei sog. vorbehaltlos gewährten Grundrechten ist eine Einschränkungsmöglichkeit anerkannt, wenn die Einschränkung zum **Schutze eines kollidierenden Verfassungsguts** (etwa Gefahr für Leben und Gesundheit der Teilnehmer oder Dritter) zwingend geboten ist. Aufgrund des Grundsatzes vom Vorbehalt des Gesetzes ist aber auch hier stets ein förmliches Gesetz zu fordern, das die Voraussetzungen eines Einschreitens regelt. Ein solches förmliches Gesetz ist das VersG. So stellen etwa die **§§ 5 und 13 VersG** eine zulässige Schrankenregelung dar, soweit sie sich auf Friedlichkeit und Waffenlosigkeit beziehen und die Einschränkung zum Schutze eines kollidierenden Verfassungsguts zwingend geboten ist. Vor diesem Hintergrund bestehen auch keine durchgreifenden Bedenken hinsichtlich der Anwendbarkeit des **§ 12a VersG** (insbesondere die Videoüberwachung) auf öffentliche Versammlungen in geschlossenen Räumen.[1443] Das gilt insbesondere dann, wenn die Voraussetzungen für ein Einschreiten nach **§ 13 VersG** vorliegen.[1444]

1122 **Anwendungsfall (Verfassungsmäßigkeit der §§ 13 u. 12a VersG)**[1445]: Die rechtsradikale Gruppierung „Nationales Deutschland" hat wieder einmal die Gaststätte „Deutsche Eiche" gemietet und die rechtsextremistische Szene zu einem geselligen Diskussionsabend mit anschließendem Festakt, bei dem auch die dem „Nationalen Deutschland" verbundene Nachwuchsband „Jugendstolz" auftreten sollte, eingeladen. Erwartet wurden ca. 100 Personen. Da bereits bei der letzten Veranstaltung Verstöße gegen §§ 86, 86a und 130 II StGB festgestellt und bereits am Vormittag die der Gruppierung angehörenden A und B wegen des Beisichführens von Gegenständen, die dem Tatbestand des § 86a StGB unterfallen, festgenommen worden waren, ordnete der Polizeipräsident an, dass 20 Polizeivollzugsbeamte die Gaststätte betreten und eine Identitätsfeststellung aller anwesenden Personen durchführen sollten. Zudem lagen gesicherte Kenntnisse darüber vor, dass auch während der Veranstaltung die Straftatbestände der §§ 86, 86a und 130 II StGB verwirklicht würden. Polizeiliche Videoaufnahmen sollen das Geschehen dokumentieren. So geschieht es. Bei der Durchsuchung aller Anwesenden stellt die Polizei verschiedene rechtsextremistische Bücher und Zeitschriften sicher, die den Tatbeständen der §§ 86, 86a und 130 II StGB unterfallen. Während daraufhin die Personalien aller „Gäste" aufgenommen werden, eskaliert die Situa-

---

[1441] OVG Münster NWVBl 1994, 305, 309; *Breitbach*, in: Ridder/Breitbach/Rühl/Steinmeier, Versammlungsrecht, § 16 Rn 41.
[1442] Vgl. dazu ausführlich *Werner*, NVwZ 2000, 369 ff.
[1443] Vgl. *Kniesel*, NJW 2000, 2857, 2865; *Guldi*, VR 1999, 180. Vgl. auch *Droege*, JuS 2008, 135, 137 f.
[1444] VGH Mannheim NVwZ 1998, 761, 764.
[1445] Angelehnt an VGH Mannheim NVwZ 1998, 761.

tion, indem die Beamten von einigen Teilnehmern mit Bierflaschen beworfen werden.[1446] Daraufhin verfügt der Einsatzleiter die Auflösung der Veranstaltung. Waren die Maßnahmen der Polizei rechtmäßig?

Lösungsgesichtspunkte:
Vorliegend sind verschiedene Maßnahmen ergangen. Zunächst wurde eine Razzia, also eine planmäßige Überprüfung der Identität eines größeren Personenkreises durchgeführt. Auch wurden Personen durchsucht und dabei gefundene Gegenstände sichergestellt. Des Weiteren fand eine Videoaufzeichnung statt. Schließlich wurde die Versammlung aufgelöst. In der Fallbearbeitung sind diese Maßnahmen einzeln und hintereinander zu prüfen. Lediglich aus Platzgründen wird vorliegend von dieser zwingenden Regel abgewichen.

A. Rechtmäßigkeit der Identitätsfeststellung, der Durchsuchung und der Sicherstellung

I. Rechtsgrundlagen
Da derartige Maßnahmen in Grundrechte eingreifen, bedurfte die Polizei entsprechender Rechtsgrundlagen. Diese könnten sowohl im Versammlungsgesetz (VersG) als auch im allgemeinen Polizei- und Ordnungsrecht zu finden sein. Welches dieser Regelungsgebiete einschlägig ist, richtet sich danach, ob eine Versammlung i.S.d. **Art. 8 I GG** vorlag. Sollte dies bejaht werden, sind grundsätzlich die Befugnisnormen des VersG abschließend.[1447]

II. Formelle Rechtmäßigkeit
Unterstellt, es lag eine Versammlung vor, müsste die Polizei für versammlungsspezifische Maßnahmen zuständig gewesen sein. Das VersG enthält keine Zuständigkeitsvorschriften, sodass die Grundregel des Art. 83 GG, wonach die Länder auch für die Ausführung der Bundesgesetze zuständig sind, zur Anwendung kam. Sollten in dem betreffenden Bundesland kein Ausführungsgesetz bzw. keine Zuständigkeitsverordnung existieren, war die Polizei nach den Zuständigkeitsvorschriften des Polizeigesetzes zuständig. Hinsichtlich des Verfahrens ist zwar an eine vorherige Anhörung gem. § 28 I VwVfG zu denken, allerdings greift der Ausnahmetatbestand des § 28 II Nr. 1 VwVfG. Formvorschriften waren nicht zu beachten (vgl. § 37 II VwVfG).

III. Materielle Rechtmäßigkeit
Die Maßnahmen waren materiell rechtmäßig, wenn sie sich auf rechtmäßige Befugnisnormen stützen lassen und diese rechtsfehlerfrei angewendet wurden. In Betracht kommen Befugnisnormen des VersG. Dies setzt eine Versammlung voraus.

Versammlungen sind ungehinderte friedliche Zusammenkünfte mehrerer Personen zwecks gemeinschaftlicher Erörterung und Kundgebung mit dem Ziel der Teilhabe an der öffentlichen Meinungsbildung.[1448]

Im vorliegenden Fall steht trotz des geplanten geselligen Ausklangs der Veranstaltung der politische Charakter eindeutig im Vordergrund, wodurch das Ziel der Teilhabe an der öffentlichen Meinungsbildung zu bejahen wäre. Allerdings könnte der Annahme einer Versammlung die Tatsache entgegenstehen, dass einige Teilnehmer die Beamten mit Bierflaschen beworfen haben. Denn grundrechtlich geschützt werden nur friedliche Versammlungen ohne Waffen. Der Begriff der „friedlichen Versammlung" wird von Rechtsprechung und Literatur in Anlehnung an die Legaldefinition der §§ 5 Nr. 3, 13 I S. 1 Nr. 2 VersG negativ bestimmt. Danach ist eine Versammlung unfriedlich, wenn ein „gewalttätiger und aufrührerischer Verlauf" angestrebt ist oder eintritt. Um eine Gewalttätigkeit annehmen zu können, muss eine aktive körperliche Einwirkung des Täters auf Personen oder Sachen stattfinden. Überwiegend wird verlangt, dass die körperliche Einwirkung aggressiv und von einiger Erheblichkeit ist.[1449] Ob dies für den vorliegenden Fall angenommen werden kann, ist fraglich, immerhin gingen die Gewalttätigkeiten nur von einigen Teilnehmern aus. Verhalten sich nur

---
[1446] In diesem Punkt unterscheidet sich der vorliegende Fall von VGH Mannheim a.a.O.
[1447] So auch ausdrücklich BVerfG NVwZ 2005, 80.
[1448] Vgl. zuletzt BVerfG NVwZ 2005, 80, unter Bezugnahme auf BVerfGE 104, 92, 104.
[1449] BVerfG NVwZ 2005, 80; BVerfGE 104, 92, 101 ff.

einige Versammlungsteilnehmer unfriedlich, die anderen dagegen friedlich, ist nur den unfriedlichen Teilnehmern der Schutz des Art. 8 GG verwehrt.[1450] Lediglich, wenn ein Einschreiten gegen die einzelnen gewalttätigen Teilnehmer nicht möglich ist, keinen Erfolg verspricht oder sich die friedlich verhaltenden Versammlungsteilnehmer mit den Gewalttätigkeiten identifizieren, kann unter dem Gesetzesvorbehalt des Art. 8 II GG und unter Beachtung des Verhältnismäßigkeitsgrundsatzes gegen die ganze Versammlung vorgegangen (Verbot, Auflösung etc.) bzw. der Schutzbereich verneint werden.

Im vorliegenden Fall wäre ein Vorgehen der Polizei gegen die einzelnen gewalttätigen Teilnehmer möglich gewesen, sodass insgesamt von einer friedlichen Versammlung i.S.v. Art. 8 I GG ausgegangen werden muss.

Liegen also eine Versammlung und damit die Eröffnung des Schutzbereichs des Art. 8 I GG vor[1451], richtet sich die Zulässigkeit von Eingriffen grds. nach den Befugnisnormen des VersG. Da vorliegend der Teilnehmerkreis weder nach bestimmten Kriterien festgelegt noch nach solchen begrenzt war und die Versammlung im Übrigen in einer Gaststätte stattfand, handelte es sich um eine öffentliche Versammlung in geschlossenen Räumen. Das VersG ist somit grundsätzlich anwendbar (vgl. § 1 I VersG); Befugnisnormen sind in den §§ 5-13 VersG zu suchen. Einschlägig ist vorliegend § 13 VersG.

Allerdings bezieht sich der Gesetzesvorbehalt des Art. 8 II GG ausschließlich auf Versammlungen unter freiem Himmel. Versammlungen in geschlossenen Räumen sind danach vorbehaltlos gewährleistet, was dazu führt, dass ihnen (trotz des Wortlauts des § 1 I VersG) nur Einschränkungsmöglichkeiten aus der Verfassung selbst (d.h. bedrohte Grundrechte Dritter oder sonstige wichtige Rechtsgüter von Verfassungsrang) entgegengesetzt werden können (sog. **verfassungsimmanente Einschränkung**).[1452]

§ 13 I S. 1 VersG lässt die Auflösung einer Versammlung bereits dann zu, wenn die genannten hohen Schutzgüter noch nicht betroffen sind, was die Frage nach der Vereinbarkeit der Vorschrift mit Art. 8 I GG aufwirft. Da aber § 13 I S. 2 VersG Eingriffsmaßnahmen zulässt, die sich gegenüber der in § 13 I S. 1 VersG vorgesehenen als weniger einschneidend erweisen, kann die Frage nach der Verfassungswidrigkeit dahinstehen. Zu diesen weniger einschneidenden Maßnahmen zählt insbesondere die Unterbrechung der Versammlung. Auflösungsersetzende „Minusmaßnahmen" sind also ausdrücklich zulässig. Da damit aber lediglich die Rechtsfolge modifiziert wird, sind alle anstelle einer Auflösung getroffenen „Minusmaßnahmen" an den Voraussetzungen des § 13 I S. 1 Nrn. 2 bis 4 VersG zu messen.

⇨ Nach § 13 I S. 1 Nr. 2 VersG muss die Maßnahme der Abwehr eines gewalttätigen oder aufrührerischen Verlaufs der Versammlung oder von Gefahren für Leben und Gesundheit ihrer Teilnehmer dienen. Vorliegend lässt das Bewerfen der Beamten mit Bierflaschen die Versammlung zwar gewalttätig werden[1453], allerdings fanden die hier zu prüfenden Maßnahmen *vor* dem Gewalttätigwerden statt. § 13 I S. 1 Nr. 2 VersG ist daher tatbestandlich nicht einschlägig.

⇨ § 13 I S. 1 Nr. 3 VersG setzt voraus, dass die Maßnahme Personen gilt, die Waffen oder sonstige gefährliche Gegenstände (vgl. § 2 III VersG) mit sich führen. Bierflaschen wird man diese Eigenschaft wohl absprechen müssen (auch wenn man in ihnen „gefährliche Werkzeuge" i.S.v. § 224 I Nr. 2 Var. 2 StGB sieht).

⇨ Schließlich erlaubt § 13 I S. 1 Nr. 4 VersG Maßnahmen, wenn durch den Verlauf der Versammlung gegen Strafgesetze verstoßen oder in der Versammlung zu solchen Straftaten aufgefordert oder angereizt wird. Einschränkend wird jedoch gefordert, dass von

---

[1450] BVerfGE 69, 315, 359; *Kannengießer*, in: Schmidt-Bleibtreu/Hofmann/Henneke, GG, Art. 8 Rn 4a; *Hermanns*, JA 2001, 79, 81.
[1451] Insbesondere sind nach der Rspr. des BVerfG (NJW 2001, 2459, 2460) die Versammlungsbegriffe des Art. 8 I GG und des § 1 VersG identisch.
[1452] *Jarass*, in: Jarass/Pieroth, GG, Art. 8 Rn 21; *Deger*, NVwZ 1999, 265, 266.
[1453] Der Leser könnte sich an dieser Stelle fragen, warum zunächst im Rahmen der Schutzbereichseröffnung von einer Friedlichkeit der Versammlung ausgegangen wurde und nunmehr die Unfriedlichkeit als Einschreitgrund herangezogen wird. Das ist kein Widerspruch, da es bei § 13 I S. 1 Nr. 2 VersG um das Unfriedlich*werden* einer Versammlung geht.

der Versammlung infolge einer aggressiven Grundstimmung eine derartige stimulierende Wirkung ausgeht.[1454] Vorliegend wird man davon nicht ausgehen können.

Demzufolge können „Minusmaßnahmen" gegen eine Veranstaltung zwar grds. auf § 13 I S. 2 i.V.m. § 13 I S. 1 Nr. 2 VersG gestützt werden, ein gewalttätiger oder aufrührerischer Verlauf waren zum Zeitpunkt des Eingriffs aber noch nicht gegeben.

IV. Ergebnis

Die tatbestandlichen Voraussetzungen des § 13 I S. 2 i.V.m. § 13 I S. 1 Nr. 2 VersG lagen damit nicht vor, sodass die im Rahmen der Razzia gegenüber den Versammlungsteilnehmern getroffenen, gegenüber einer Auflösung milderen Maßnahmen Identitätsfeststellung, Durchsuchung, Sicherstellung materiell rechtswidrig waren.

B. Rechtmäßigkeit der Auflösung

In formeller Hinsicht kann auf das zu A. Gesagte verwiesen werden. Die materielle Rechtmäßigkeit setzt wegen des Eingriffs in das Grundrecht der Versammlungsfreiheit eine Rechtsgrundlage voraus. Diese kann in § 13 I S. 1 Nr. 2 und 4 VersG gesehen werden.[1455] In materiell-rechtlicher Hinsicht erfordert der Schutz der Versammlungsfreiheit, dass die Auflösungsverfügung, deren Nichtbeachtung nach § 26 Nr. 1 VersG strafbewehrt ist, eindeutig und unmissverständlich formuliert ist und für die Betroffenen erkennbar zum Ausdruck bringt, dass die Versammlung beendet ist.[1456] Im vorliegenden Fall kann unterstellt werden, dass der Einsatzleiter diese Vorgabe beachtet hat. Auch lag ein gewalttätiger oder aufrührerischer Verlauf – im Gegensatz zu den oben geprüften Maßnahmen – zum Zeitpunkt der Auflösung vor. Denn durch das Werfen mit Bierflaschen wurde der Tatbestand der gefährlichen Körperverletzung (§ 224 I Nr. 2 Var. 2, Nr. 4 und Nr. 5 StGB) verwirklicht, der von Amts wegen zu verfolgen ist. Ermessensfehler und Verstöße gegen den Verhältnismäßigkeitsgrundsatz sind nicht – auch nicht unter Beachtung der gebotenen verfassungskonformen Auslegung des § 13 I S. 1 VersG – ersichtlich (müsste in der Fallbearbeitung näher ausgeführt werden).

Ergebnis: Die Auflösungsverfügung war rechtmäßig.

C. Rechtmäßigkeit der Videoaufzeichnung

Auch bei dieser Maßnahme kann in formeller Hinsicht auf das zu A. Gesagte verwiesen werden. Hinsichtlich der materiellen Rechtmäßigkeit gilt: Da es für den Grundrechtsschutz nicht darauf ankommen kann, ob das staatliche Verhalten gezielt oder faktisch erfolgt, wird Art. 8 I GG auch durch faktische Maßnahmen jedenfalls dann beeinträchtigt, wenn diese in ihrer Intensität imperativen Maßnahmen gleichstehen und eine abschreckende (oder einschüchternde) Wirkung entfalten.[1457] So können staatliche Überwachungsmaßnahmen (Dokumentation, Videoüberwachung[1458], Fertigung von Lichtbildern[1459]) dazu führen, dass die innere Entschlussfreiheit, an einer Versammlung teilzunehmen oder ihr zu verweilen, beeinträchtigt wird. Ist daher eine Überwachung bzw. Datenerhebung (oder eine andere faktische Maßnahme) geeignet, Versammlungsteilnehmer abzuschrecken oder bei ihnen den Entschluss auszulösen, lieber auf die (weitere) Grundrechtsausübung zu verzichten, ist von einem Eingriff auszugehen.[1460] Das BVerfG hat in seiner Brokdorf-Entscheidung einen Eingriff bejaht bei „exzessiven Observationen und Registrierungen".[1461] Nach heutiger Grundrechtsinterpretation wird man aufgrund der weit reichenden Möglichkeiten, die die moderne elektronische Datenverarbeitung mit sich gebracht hat, aber bei jeglicher (und nicht nur bei

---

[1454] *Dietel/Gintzel/Kniesel*, § 13 Rn 27.
[1455] Hätte es sich um eine öffentliche Versammlung im Freien gehandelt, wäre § 15 II VersG einschlägig gewesen.
[1456] Klarstellend BVerfG NVwZ 2005, 80, 81.
[1457] Vgl. BVerfG NVwZ-RR 2016, 241, 242; OVG Münster K&R 2019, 824, 825.
[1458] Ob es sich bei der Videoüberwachung um eine Übersichts- oder Individualaufnahme handelt, ist bei der Frage nach dem Grundrechtseingriff irrelevant. Wegen möglicher unterschiedlicher Eingriffsintensität kann aber im Rahmen der verfassungsrechtlichen Rechtfertigung zu unterscheiden sein (wie hier *Neskovic/Uhlig*, NVwZ 2014, 1317 f.; nicht differenzierend BerlVerfGH NVwZ-RR 2014, 577); vgl. später auch OVG Koblenz NVwZ-RR 2015, 570.
[1459] OVG Münster K&R 2019, 824.
[1460] BVerfGE 65, 1, 43 (Volkszählung); später auch BVerfG NVwZ-RR 2016, 241, 242; OVG Koblenz NVwZ-RR 2015, 570; OVG Münster K&R 2019, 824, 825.
[1461] BVerfGE 69, 315, 359 (Brokdorf).

exzessiver) Observation von einem Eingriff in Art. 2 I i.V.m. 1 I GG (hier: Recht auf informationelle Selbstbestimmung)[1462] und – bei Vorliegen einer Versammlung i.S.v. Art. 8 I GG – auch in dieses Grundrecht ausgehen müssen.[1463] Folgerichtig nehmen jüngere fachgerichtliche Entscheidungen einen Eingriff in Art. 8 I GG bereits dann an, wenn der Einsatz einer Kameraübertragung oder das Fertigen von Bildern geeignet ist, bei den Versammlungsteilnehmern das Gefühl des Überwachtwerdens mit den damit verbundenen Unsicherheiten und Einschüchterungseffekten zu erzeugen[1464], zumal die Teilnehmer auch in Übersichtsaufnahmen in der Regel individualisierbar miterfasst sind[1465]. Da durch schlichte Fokussierung und den Einsatz digitaler Techniken Teilnehmer individualisiert werden können, stellt auch die bloße Videobeobachtung einer Versammlung – ohne eine Speicherung der Aufnahmen (sog. Kamera-Monitoring-Verfahren) – demnach einen Eingriff in Art. 8 I GG dar.[1466] Generell muss wegen der heutigen technischen Möglichkeiten (Zoom) von der Individualisierbarkeit einzelner Teilnehmer und daher von einem Grundrechtseingriff auch bei bloßer Videobeobachtung ohne Aufzeichnung ausgegangen werden.[1467] Das gilt erst recht hinsichtlich des Einsatzes von Videoaufnahmen mit Dokumentationsfunktion.

Die genannten Grundrechtseingriffe verlangen zu ihrer Rechtfertigung Rechtsgrundlagen. Für Videoaufnahmen kommt § 12a VersG in Betracht. Für Versammlungen in geschlossenen Räumen wird allerdings dessen Verfassungsmäßigkeit angezweifelt, weil diese Versammlungen nicht unter den Gesetzesvorbehalt des Art. 8 II GG fallen. Es kommt aber eine mit § 13 VersG vergleichbare verfassungskonforme Auslegung, d.h. Einschränkung auf Friedlichkeit und Waffenlosigkeit, in Betracht. Die h.M.[1468] hält § 12a VersG daher dann für verfassungskonform, wenn er durch Auslegung auf die Fälle des (ebenfalls verfassungskonform ausgelegten) § 13 VersG reduziert wird. Das führt dazu, dass die Vorschrift bei Versammlungen in geschlossenen Räumen kaum anwendbar ist.[1469] Ist sie aber (wie im vorliegenden Fall) anwendbar, teilen Bild- und Tonaufnahmen das Schicksal der Maßnahmen, die sie dokumentieren. Sind also die Maßnahmen, die dokumentiert werden, rechtswidrig, ist auch die Videoaufzeichnung rechtswidrig. Sind die dokumentierten Maßnahmen indes rechtmäßig, bemisst sich die Rechtmäßigkeit der Videoaufzeichnung zusätzlich am Maßstab des § 12a VersG. Vorliegend hätten also Anhaltspunkte die Annahme rechtfertigen müssen, dass von der Versammlung erhebliche Gefahren für die öffentliche Sicherheit oder Ordnung ausgehen. Freilich ist mit Blick auf die gebotene verfassungskonforme Auslegung ein strenger Maßstab anzulegen.[1470] Bejaht man eine erhebliche Gefahr für die öffentliche Sicherheit oder Ordnung wegen der zutreffenden Prognose in Bezug auf die Verwirklichung der Tatbestände der §§ 86, 86a und 130 II StGB sowie wegen der Gewalttätigkeiten in Form des Werfens von Bierflaschen, war die Videoaufzeichnung rechtmäßig.

<u>Ergebnis:</u> Danach ist die Videoaufzeichnung ebenfalls rechtmäßig.

<u>Weiterführender Hinweis:</u> Zum Zweck der *reinen Dokumentation* dürfen Videoaufnahmen schon im Ansatz nicht angefertigt werden. Denn eine derartige Maßnahme ist weder in § 12a noch in § 13 VersG vorgesehen und stellt einen rechtswidrigen Eingriff in die innere Versammlungsfreiheit dar. Außerdem ist es unverständlich, warum der Gesetzgeber keine entsprechende Befugnisnorm für Versammlungen im Freien erlassen hat, gehen von solchen Versammlungen doch regelmäßig größere Gefahren aus (vgl. § 19a VersG).

[1462] Vgl. bereits die 18. Aufl. 2016; später auch *Roggan*, NJW 2018, 723. Ob sich der Schutz der informationellen Selbstbestimmung jedoch aus Art. 2 I GG i.V.m. Art. 1 I GG oder im Anwendungsbereich des EU-Rechts vorrangig aus Art. 7 und 8 GRC ergibt, hängt von dem abschließenden Charakter des Unionsrechts ab (siehe dazu *R. Schmidt*, Grundrechte, Rn 222 ff.).
[1463] Siehe bereits die 20. Aufl. 2018, Rn 1070; später auch OVG Münster K&R 2019, 824, 825.
[1464] OVG Münster DVBl 2011, 175 f. (das allerdings „bloße Übersichtsmaßnahmen bei Großdemonstrationen" zwar als Eingriff in das allgemeine Persönlichkeitsrecht, nicht aber in Art. 8 I GG wertet); VG Berlin NVwZ 2010, 1442. Auch das BVerwG sieht das (mittlerweile) so (vgl. BVerwG NJW 2018, 716, 720).
[1465] OVG Münster K&R 2019, 824, 825.
[1466] BVerfGE 122, 342, 368 f.; OVG Koblenz NVwZ-RR 2015, 570; VG Berlin NVwZ 2010, 1442; OVG Münster K&R 2019, 824, 825.
[1467] OVG Koblenz NVwZ-RR 2015, 570; VG Berlin NVwZ 2010, 1442; OVG Münster K&R 2019, 824, 825.
[1468] VGH Mannheim NVwZ 1998, 761, 762 f.; *Kniesel*, NJW 2000, 2857, 2865; *Dietel/Gintzel/Kniesel*, § 12a Rn 7.
[1469] *Deger*, NVwZ 1999, 265, 267.
[1470] Vgl. nunmehr auch VG Berlin NVwZ 2010, 1442 f. und *Roggan*, NVwZ 2010, 1402 ff.

II. Nichtöffentliche Versammlungen

Wie bereits erläutert, ist das VersG seinem Wortlaut nach nur auf *öffentliche* Versammlungen anwendbar (§ 1 VersG).[1471] Daher ist fraglich, welche Eingriffsbefugnisse für *nichtöffentliche* Versammlungen in Frage kommen, ob also wegen der beschränkten Anwendbarkeit des VersG auf *öffentliche* Versammlungen die Anwendbarkeit des **allgemeinen Polizei- und Ordnungsrechts** (Standardmaßnahmen bzw. Befugnisgeneralklausel) auf *nichtöffentliche* Versammlungen bejaht werden kann oder ob die **Vorschriften des VersG analog** heranzuziehen sind.

1123

- Gegen eine Anwendung der Vorschriften des allgemeinen Polizei- und Ordnungsrechts auf Gefahrenabwehrmaßnahmen im Rahmen *nichtöffentlicher* Versammlungen kann seit dem 1.9.2006 jedenfalls nicht mehr eine fehlende **Gesetzgebungskompetenz** der Länder für die Regelung des Versammlungswesens geltend gemacht werden. Können die Länder nunmehr also eigene Versammlungsgesetze erlassen, ist es nicht gesetzgebungskompetenzwidrig, wenn Vorschriften des allgemeinen Polizei- und Ordnungsrechts auf nichtöffentliche Versammlungen angewendet werden.

1124

Demzufolge stehen dem allgemeinen Polizei- und Ordnungsrecht keine kompetenzrechtlichen Vorschriften entgegen.

- Allerdings haben die meisten Länder bislang noch nicht von ihrer Gesetzgebungskompetenz Gebrauch gemacht, sodass dort gem. Art. 125a I GG das VersG des Bundes gültig bleibt. Daher könnten auf Vorschriften des allgemeinen Polizeirechts gestützte Gefahrenabwehrmaßnahmen gegen Teilnehmer einer *nichtöffentlichen* Versammlung (insbesondere in *geschlossenen Räumen*) über die im VersG gegebenen Eingriffsbefugnisse hinausgehen und so einen **Wertungswiderspruch** darstellen, da die Generalklausel weniger stringente Eingriffs*voraussetzungen* normiert als bspw. die §§ 5 und 13 VersG. Um diesem (vermeintlichen) Wertungswiderspruch entgegenzutreten, werden daher zum Teil die §§ 5 und 13 VersG analog herangezogen mit dem Gedanken, dass diese Bestimmungen als Konkretisierung des Art. 8 I GG ausgewiesen seien.[1472] Es gäbe keinen sachlichen Grund, ausgerechnet *nichtöffentliche* Versammlungen, von denen der Allgemeinheit geringere Gefahren drohten als von öffentlichen, dem VersG zu entziehen und dem allgemeinen Polizei- und Ordnungsrecht mit seinen weit reichenden Eingriffsmöglichkeiten zu unterstellen.[1473]

1125

Demzufolge steht dem allgemeinen Polizei- und Ordnungsrecht der abschließende Charakter der (analog anzuwendenden) Vorschriften des VersG entgegen.

Stellungnahme: Eine analoge Anwendung der Befugnisnormen des VersG verstößt gegen den Grundsatz vom Vorbehalt des Gesetzes und damit gegen das Rechtsstaatsprinzip. Auch das BVerfG hat in seinem Urteil über die sog. „Online-Durchsuchung" von Computern klargestellt, dass eine analoge Anwendung von Rechtsgrundlagen verfassungswidrig sei.[1474] Mit der h.M.[1475] ist daher das **allgemeine Polizei- und Ordnungsrecht** anzuwenden. Dennoch ist zu beachten, dass der Schutz des Art. 8 I GG fortbesteht, jetzt sogar in besonderem Maße, da der Gesetzesvorbehalt des Art. 8 II GG nicht greift und es sich damit um ein **vorbehaltlos gewährleistetes** Grundrecht handelt. Es ist also nur eine verfassungsimmanente Einschränkung möglich. Aus die-

1126

[1471] Ausnahmen stellen §§ 3, 21, 23 und 28 VersG dar, deren Bestimmungen auch auf nichtöffentliche Versammlungen anwendbar sind.
[1472] So *Kniesel*, NJW 2000, 2857, 2865; *Alberts*, NVwZ 1992, 38, 40; *Rühl*, NVwZ 1988, 577, 581; *Ketteler*, DÖV 1990, 954, 956; *Krüger*, DÖV 1993, 658, 660. Vgl. nun auch *Kingreen/Poscher*, POR, § 20 Rn 15.
[1473] *Rühl*, NVwZ 1988, 577, 581.
[1474] BVerfGE 120, 274, 302 ff. – dazu oben Rn 308 ff. Auf die Frage, ob die Voraussetzungen für eine Analogie (insbesondere die planwidrige Regelungslücke) vorliegen, kommt es also gar nicht erst an.
[1475] BVerwG NJW 1999, 991, 992; OVG Lüneburg NVwZ 1988, 638; VGH Mannheim NVwZ 1987, 237; OVG Münster NVwZ 1989, 885; VG Minden NVwZ 1988, 663; OVG Saarlouis E 13, 208, 211; *Kunig*, in: v. Münch/Kunig, GG, Art. 8 Rn 30; *Jahn*, JuS 2001, 172, 175; *Führing*, NVwZ 2001, 157, 160 f.; *v. Coelln*, NVwZ 2001, 1234, 1235 f.; *Rozek*, JuS 2002, 470, 476; *Schenke*, POR, Rn 343; *Gusy*, POR, Rn 419.

sem Grund will eine weitere Auffassung[1476] auch nur dann Abwehrmaßnahmen auf das allgemeine Polizei- und Ordnungsrecht stützen, wenn beachtet wird, dass in diesen Fällen nur solche Maßnahmen getroffen werden, die dem Schutz der Grundrechte Dritter oder sonstiger Verfassungsgüter dienen, die bei einer Abwägung mit Art. 8 I GG den Vorrang genießen. Dem ist zuzustimmen. Die Grenzen derjenigen Grundrechte, die schrankenlos gewährt werden, können sich nur aus dem Grundgesetz selbst ergeben. Daher ist ein auf die polizeiliche Generalklausel gestützter Eingriff in eine *nichtöffentliche* Versammlung in einer **verfassungskonformen Konkretisierung des Versammlungsrechts** zulässig.

1127 Dieser inhaltlich überzeugenden Lösung könnte dann nur noch das **Zitiergebot** des Art. 19 I S. 2 GG entgegenstehen[1477], das verlangt, dass das eingeschränkte Grundrecht im einschränkenden Gesetz genannt, sozusagen „zitiert" wird. Diese grundsätzliche Verpflichtung soll den Gesetzgeber darauf aufmerksam machen, dass er die Möglichkeit der Grundrechtsbeeinträchtigung geschaffen hat (**Warn- und Besinnungsfunktion**). Darüber hinaus hat das Zitiergebot eine **Klarstellungsfunktion**. Der Gesetzesanwender soll wissen, in welche Grundrechte das Gesetz einzugreifen ermächtigt.[1478] Die Zitierpflicht gilt nach h.M. aber nur für Gesetze, die „aufgrund ausdrücklicher Ermächtigung vom Gesetzgeber eingeschränkt werden dürfen"[1479] (also bei Grundrechten mit Gesetzesvorbehalten). Darunter fallen gem. Art. 8 II GG zwar öffentliche Versammlungen unter freiem Himmel (zu dieser Problematik vgl. den Anwendungsfall bei Rn 1103), nicht aber – wie im vorliegenden Fall – nichtöffentliche Versammlungen in geschlossenen Räumen. Daher verstößt der Rückgriff auf das POR auch nicht gegen das Zitiergebot.

[1476] *Deger*, NVwZ 1999, 265, 268; *Schoch*, JuS 1994, 479, 481; *Rozek*, JuS 2002, 470, 476.
[1477] Art. 8 I GG wird als einschränkbares Grundrecht aber zitiert in Art. 91 BayPAG, § 8 Nr. 3 BrandPolG, § 10 NdsPOG, § 7 NRWPolG, § 8 Nr. 3 RhlPflPOG, § 10 SächsPVDG und § 11 Nr. 7 SachsAnhSOG.
[1478] BVerfGE 64, 72, 79; 85, 386, 403 f.
[1479] BVerfGE 83, 130, 154; ähnlich BVerfGE 64, 72, 79.

Übersicht über die versammlungsrechtlichen Eingriffsbefugnisse

1128

	Öffentliche Versammlungen	**Nichtöffentliche Versammlungen**
Unter freiem Himmel	- Schutzbereich des Art. 8 I GG (+) - Gesetzesvorbehalt des Art. 8 II GG (+) - Daher VersG mit seinen Eingriffsgrundlagen, insb. **§§ 15, 19a, 12a VersG** anwendbar, sodass Rückgriff auf subsidiäres allg. POR (-), sog. Polizeifestigkeit des VersR	- Schutzbereich des Art. 8 I GG (+) - Gesetzesvorbehalt des Art. 8 II GG (+) - VersG ist allerdings auf *nichtöffentliche* Versammlungen grds. nicht anwendbar (§ 1 VersG), daher ist strittig, welche RGL einschlägig ist. Nach der hier vertretenen Auffassung ist das **allg. POR** in verfassungskonformer Konkretisierung des Versammlungsrechts anwendbar
In geschlossenen Räumen	- Schutzbereich des Art. 8 I GG (+) - Gesetzesvorbehalt des Art. 8 II GG (-), da er nur Versammlungen *unter freiem Himmel* erfasst. Versammlungen in *geschlossenen Räumen* sind danach verfassungsrechtlich vorbehaltlos gewährleistet. - Wegen der Möglichkeit der verfassungsimmanenten Einschränkbarkeit können **§§ 5, 13, 12a VersG** als Spezialvorschriften ggü dem allg. POR gleichwohl herangezogen werden, weil sie zumindest gem. § 1 VersG anwendbar sind, sodass Rückgriff auf subsidiäres allg. POR (-), sog. Polizeifestigkeit des VersR	- Schutzbereich des Art. 8 I GG (+) - Gesetzesvorbehalt des Art. 8 II GG (-), da er nur Versammlungen unter freiem Himmel erfasst - Gleichwohl Einschränkbarkeit gegeben (verfassungsimmanente Schranken). Wegen Art. 20 III ist aber eine gesetzliche Grundlage erforderlich. Nach der hier vertretenen Auffassung ist wegen § 1 VersG das VersG nicht anwendbar, sondern das **allg. POR** in verfassungskonformer Konkretisierung des Versammlungsrechts

Sachverzeichnis

Polizei und Ordnungsrecht 1 ff.

Abschleppen von Kfz 587, 1025 ff.
abstrakte Gefahr 666
allgemeine Aufgaben der Polizei 50 ff.
allgemeine Ordnungsbehörden 32
allgemeine Regeln der Datenerhebung 137
Altlasten 801, 814, 824
Amtshilfe 79, 84
Androhung des Zwangs 939, 970
Anhalten von Personen 190, 220
Anhörung des Betroffenen 618
Anscheinsgefahr 681
Anscheinsstörer 776
Anscheinszustandsstörer 803
Anspruch auf Einschreiten 712, 726, 727
Antiterrordatei 375
Anwendung des Zwangsmittels 945
Aufenthaltsverbote 429 ff.
Aufgabenübertragung 84
Aufgabenzuweisungsnormen 50 ff.
Aufsichtspflicht 781
Auskunftsverweigerungsrecht 191
Ausschreibung 325 ff.
Austauschmittel 739
Auswahlermessen 709, 713
Ausweispapiere 222
Ausweispflicht 137
automatisiertes Kennzeichenlesesystem (AKLS) 177c

Befragung 179 ff.
befriedetes Besitztum 528
Befugnisgeneralklausel 600 ff.
Befugnisse 111 ff.
Begründungserfordernis 622
Berechtigungsscheine 199
Berichtigung von Daten 400
Beschlagnahme von Sachen 560 ff.
Bestimmtheitsgrundsatz 623
Betreten von Wohnungen 510 ff.
Betretungsverbote 429 ff.
Betreuung 783
Betriebsräume 530, 543
Bewegungsbild 294
Bild und Tonaufzeichnungen 144 ff.
Bildaufnahmen 290
Bodenschutz 801, 821, 823, 891 ff.
Bodycam 171 ff.

Datenabgleich 355, 360
Datenberichtigung 400
Datenerhebung 127, 339 ff.
Datenerhebungsgeneralklausel 334 ff.
Datenkennzeichnung 346
Datenlöschung 346, 398
Datennutzung 346
Datenschutzgesetz 135
Datenspeicherung 346, 348
Datensperrung 398
Datenübermittlung 346, 388
Datenverarbeitung 347
Datenverwertung 394
Dereliktion 812

Distanzimpulsgerät 966
doppelfunktionale Tätigkeit der Polizei 93
dringende Gefahr 673
drohende Gefahr 673a ff.
Durchsetzungsgewahrsam 468
Durchsuchung von Personen 489 ff.
Durchsuchung von Sachen 502 ff.
Durchsuchung von Wohnungen 510

Eigensicherung 171, 498
Eigentümerhaftung 806
Eilfallkompetenz 18, 38, 52, 610 ff.
Einheitssystem 14 ff.
Einrichtungen des Staates 636
elektronische Aufenthaltsüberwachung 486
Entschädigung 1013 ff.
Entschließungsermessen 709
erhebliche Gefahr 670
erkennungsdienstliche Maßnahmen 22d, 93a, 236 ff.
Ermessen 705 ff.
Ermessensfehler 714 ff.
Ermessensreduzierung auf Null 722, 726, 727
Ersatzansprüche 992 ff.
Ersatzvornahme 914
Explosivmittel 498, 508, 581, 965

Fahndungsdateien 355, 358
Fangschaltung 294f
Fernmeldegeheimnis 257, 271, 293
Festhalten von Personen 220
Festnahme 449 ff.
Festsetzung des Zwangsmittels 942
fiktive Grundverfügung 955
finaler Rettungsschuss 981
Flashmob 1047
Formfreiheit 621
Freiheitsbeschränkung 190, 404
Freiheitsentziehung 190, 220, 404
Freiheitsentziehungsgesetz 484
Fußfessel 486

Gefahr 59, 657 ff.
Gefahr für Leib und Leben 671
Gefahr im Verzug 282, 526c ff., 674
Gefährderansprachen 597a ff., 1101
gefährdete Objekte 215, 228
gefährliche Orte 215, 227
Gefahrenabwehrmaßnahmen (Prüfung) 103 ff.
Gefahrenabwehrverordnung 860 ff.
Gefahrenverdacht 689
Gefahrenvorsorge 22c, 66
gegenwärtige Gefahr 669
gemeine Gefahr 672
Generalklausel 600 ff.
Geschäftsräume 530, 543
geschichtliche Entwicklung des Polizeirechts 3
Gesetzesvorbehalt 111 ff.
Gesetzgebungskompetenz 19 ff.
gestrecktes Zwangsverfahren 928 ff.
Gewaltschutzgesetz 433
Glykolwein 851
grenzüberschreitende Kriminalität 229
großer Lauschangriff 268

Sachverzeichnis

Grundsatz der Erstbefassung 53
Grundsatz der Verhältnismäßigkeit 718, 729 ff.

Halterabfrage 360
Handy-Ortung 294f, 305, 496
herrenlose Sachen 812
Hilfsmittel des Zwangs 963
hypothetische Grundverfügung 955

Identitätsfeststellung 189, 207 ff.
IMSI-Catcher 294f
Informationelle Selbstbestimmung 42, 133, 346,
Informationsbeschaffung 127 ff.
Informationssystem der Polizei (INPOL) 211, 219, 350, 362
Ingewahrsamnahme 449 ff.
Innenausgleich bei Störermehrheit 822
INPOL 325 ff., 362
internationaler Verkehr 229

Justizhilfe 81

Kennzeichen von Kfz 358
Kennzeichnung von Daten 346
Kernbereich privater Lebensgestaltung 257, 280
Konnexitätsprinzip 346, 906
Kontrollstelle 215, 225
körperliche Durchsuchung 489 ff.
körperliche Untersuchung 490
Kostenlast 992 ff.
Kraftfahrtbundesamt 358

längerfristige Observation 258
Laserpistolen 648
latente Gefahr 675, 800
Lauschangriff 268
Legalitätsprinzip 85 ff., 97, 708
Legende 316
Löschen von Daten 346, 398

Malicious Call Identification (MCID) 294f
Mehrheit von Störern 816, 774
Meldeauflagen 597g ff., 1101
Menschenwürde 653
Minderjährige 780a
Musterentwurf Polizeigesetz 39
nachträgliche Unterrichtung 284

Nachtzeit 537
Nichtstörer 826
Notwehr 983
Nutzung von Daten 346

objektive Gefahr 679
objektive Rechtsordnung 631
Objektschutz 491
Observation 258
Occupy 1048, 1057
Offene Bildaufzeichnung 171
öffentlich zugängliche Räume 543
öffentliche Ordnung 58, 637 ff.
öffentliche Sicherheit 56, 629 ff.
öffentliche Warnungen 850 ff.

öffentlicher Verkehrsraum 193
Online-Durchsuchung 308
Opportunitätsprinzip 75, 705 ff.
Ordnungsbehörden 28 ff., 51
Ordnungswidrigkeitenahndung 97

Personalienfeststellung 220
personenbezogene Daten 127 ff.
Personenkontrollen 193
Platzverweisung 415 ff.
Platzverweisungsgewahrsam 471
Polizeibegriff 3 ff.
polizeiliche Befugnisse 111 ff.
polizeiliche Beobachtung 325 ff.
polizeilicher Notstand 826
Polizeipflichtigkeit 749 ff.
Polizeiverordnung 633, 860 ff.
Polizeivollzugsdienst 52
private Rechte 68, 634
Prüfungsschemata 103 ff.
Putativgefahr 687
Putativstörer 779

Quellen-Telekommunikationsüberwachung 308t
Quasar 648

Radarwarngerät 565, 578
Rasterfahndung 376 ff.
Razzia 491
Realakt (schlichtes Verwaltungshandeln) 121
Recht auf Einschreiten 726
Recht des ersten Zugriffs 53
Rechtmäßigkeitszusammenhang 346, 906
Rechtsgüter des Einzelnen 634
Rechtsnachfolge 875 ff.
Rechtsschutz 108 ff.
Rechtsverordnung 860 ff.
richterliche Entscheidung 282, 295, 308q, 308u, 309s, 413, 478, 526a ff.
Rückkehrverbot 432 ff.

Schaden 678
Scheingefahr 687
Scheinstörer 779
Schleierfahndung 229
Schusswaffengebrauch 957, 977
Schutz privater Rechte 68, 212, 634
Schutzgewahrsam 460
Schutznormtheorie 727
Schutzpflicht des Staates 73
Schwerpunkttheorie 89 ff.
Section Control 117c
Sektenwarnung 850 ff.
Selbstbindung der Verwaltung 722
Sicherstellung von Sachen 560 ff.
simulierte Tötungshandlung 648
Sistierung 220
Smartmob 1047
Sofortvollzug 952 ff.
Sonderordnungsbehörden 29, 51
Speicherung von Daten 346, 348
Sperrung von Daten 398
spezialgesetzliche Eingriffsermächtigung 114 ff.

Ziffer = Randnummer

Sachverzeichnis

staatlicher Schutzauftrag 73
Standardmaßnahmen 115 ff.
Standortermittlung 294f, 305
Straftatenverhütung 22b
Strafverfolgungsvorsorge 22, 22a, 93
Störer 749 ff.
Störermehrheit 774, 816
Störung 59, 677
Strafverfolgung 85
Strafverfolgungsvorsorge 22, 158
Straßenverkehrsüberwachung 101
subjektive Rechte 634
Subsidiarität polizeilichen Handelns 68, 212, 634
Suizid 74, 461

Taser 966
Tatsachen die Annahme rechtfertigen 150
Telefonüberwachung 271
Telekommunikation 354
Telekommunikationsüberwachung 293, 510
Trennungssystem 14 ff.

Übermittlung von Daten 346, 388
ungeschriebene Gesetzgebungskompetenz des Bundes 23
unmittelbare Ausführung 952 ff., 962
unmittelbare Verursachung 766 ff.
unmittelbarer Zwang 919, 963 ff.
Untersuchung von Personen 490
unverzüglich 478

Veranstaltungen des Staates 636
Verantwortlichkeit 749 ff.
Verbotsnormen 632
Verbringung zur Dienststelle 190, 220, 423
Verdachtsgefahr 689
Verdachtsstörer 780
verdeckte Datenerhebung durch besondere Mittel 256
verdeckte Ermittler 314 ff.
Verhaltensverantwortlichkeit 763 ff.
Verhältnismäßigkeitsgrundsatz 718, 729 ff.
Verhinderungsgewahrsam 462, 471
Verhütung von Straftaten 67
Verkehrsdatenspeicherung 309 ff.
Verlaufsprognose 611
Verrichtungsgehilfenhaftung 784
verrufene Orte 215, 227
Vertrauenspersonen 310 ff.
Vertraulichkeit und Integrität informationstechnischer Systeme 308 ff.
Verursacherbegriff 766
Verwahrung von Sachen 584
Verwaltungsakt 120
Verwaltungskompetenzen 19 ff.
Verwaltungsvollstreckung 902 ff.
Verwarnung 100
Videoüberwachung 144 ff., 153
Video-Verkehrsüberwachung 174 ff.
Volkszählungsurteil 42, 133
Vollzugshilfe 76, 84
Vollzugspolizei 52

Vorbehalt des Gesetzes 111 ff.
Vorbereitungsmaßnahmen 66
Vorbeugende Verbrechensbekämpfung 22b, 239
Vorführung 413
Vorführungsgewahrsam 474
Vorladung 402 ff.
Vorratsdatenspeicherung 309 ff.

Waffen 498, 963
Warnschuss 974
Warnungen 850 ff.
Wohnungsbegriff 512
Wohnungsbetretungen 510 ff.
Wohnungsdurchsuchungen 510 ff.
Wohnungsgrundrecht 257, 510 ff.
Wohnungsverweisung 432 ff.

Zentrales Fahrzeugregister 359
Zentrales Verkehrsinformationssystem (ZEVIS) 358
zero tolerance 725
Zuführungsgewahrsam 475
Zulassungsbescheinigungen 579
Zusatzverantwortlichkeit 781, 784
Zuständigkeiten 50 ff.
Zustandsverantwortlichkeit 789
Zwang 902 ff.
Zwangsandrohung 939
Zwangsgeld 912
Zwangshaft 912
Zweckidentität 389
Zweckveranlasser 768

Versammlungsrecht 1034 ff.

Auflagen 1087, 1091 f.
Auflösung Versammlung 1115
aufrührerischer Verlauf 1062
Ausschluss aus Versammlung 1105, 1115
Bannmeile 1119
Beendigungsphase 1115
Befriedete Bezirke 1119
Blockupy 1048, 1057
Brokdorf 1045, 1056, 1061
Eilversammlung 1082
Flächenverbote 1096
Flashmob 1047
Friedlichkeit 1062 ff.
Minusmaßnahmen 1111
Nicht öffentliche Versammlung 1123 ff.
Occupy 1048, 1057
Öffentliche Ordnung 1088, 1194
Öffentliche Versammlungen 1074 ff.
Paraden 1047
Polizeifestigkeit der Versammlungsfreiheit 1034 f.
Sitzblockade 1063
Smartmob 1047
Spontanversammlung 1081
Versammlungsbegriff 1041 ff.
Versammlungsgesetz 1072 ff.
Versammlungsverbot 1087 ff.
Vorfeldmaßnahmen 1038, 1101 ff.
Waffen 1062 ff., 1065
Waffenlosigkeit 1065